八閩文庫

文獻集成
333

福建文獻集成

續編 集部 九

吴格 主编

海峽出版發行集團
THE STRAITS PUBLISHING & DISTRIBUTING GROUP
福建人民出版社

本册目次

雞肋集一卷

〔明〕侯官鄭珞撰

中國國家圖書館藏明嘉靖間刻本

雞肋集一卷，明鄭珞撰。珞字希玉，號訥菴，侯官人。永樂十三年（一四一五）進士，入翰林爲庶吉士，改授刑部主事。宣德五年（一四三〇）擢寧波知府。爲政嚴明而敏於事，懲惡除奸，老吏懾服。又節物力，汰浮羨，修舉學校，廣厲生徒。每涖政畢，輒至明倫堂與諸生質難可否，布衣之士識治理者，亦延訪之。寧波素稱難治，而珞綽有餘力，民幾無訟，治績爲兩浙最。後丁艱求去，民數千詣闕乞留，詔奪情復任，不允。尋擢浙江布政司左參政，未赴，卒於家。撰有十七史補遺二十卷，訥庵集四卷等。

此集收録詩凡八十餘首，略以五七言分。大多應酬之作，蓋寧波府志珞傳所云「時寄興吟詠，禮賢下問」者。中以題畫詩爲多，不乏描寫生動者，如題丁野夫山水之夏暑納涼：「長風溪上來，茶煙松下起。一曲南薰吟，雅懷淡如水。」既寫風煙之態，復益樂曲之響，詩意出於畫外，與畫相補，允稱相得而益彰。又或寓情操於題詩，如題傅主事禄翎毛之竹梅凍雀：「幽禽也負清高節，並立冬風傲歲寒。」賦寒禽以高節，堪比畫龍之點睛。集中多贈行之詩，偶有寄託，如送余朴齋僉事赴山西：「晉地豺狼皆遁迹，居民久待舊衣冠。」又有應制之作，大抵皆拘於禮節而作。至若真情畜積，不得不發，則自然動人，如聞四弟琈訃之「總爲相親還有日，誰知云别竟終天」，感傷之情躍然紙上。

詩後附珞所撰重刊漢雋序一篇。據序知珞之到任在宣德六年，而其主持刊印漢雋乃在英

宗正統四年（一四三九）。序稱象山邑庠舊有漢儁木本，歲久湮蠹，於時寧波民安物阜，遂求得善本，重加校正而鋟諸梓。史稱珞善治，於此可見一斑。

卷末有跋，署「丁酉歲孟夏一日楚南涯趙維識」。跋稱雞肋集乃珞手澤之遺，則此跋作於珞身後。檢嘉靖寧波府志秩官表載嘉靖十四年（一五三五）有名趙維者任寧波府同知，並注維字張甫，江夏人，進士。揆以履歷與籍貫，當即作跋者，而丁酉當爲嘉靖十六年。此書之付梓，或即其年歟？跋稱此集之刻，乃以世寄堂成，爰壽圖刻，以珞有惠政，乃以是集録附並刻以傳，故書口鐫有「附録」二字。世寄堂者，在寧波府公署内。

書後附有勅命二道，一爲宣德五年委任珞寧波知府時所下，宣明皇帝期望珞等能勵精圖治、造福一方之殷切。一爲宣德六年因珞上奏請聽民出海捕魚而下，以爲民人出海，易致倭寇，故自永樂十一年下令禁止，勅珞不得因小失大，擅違禁令。二勅似僅載於此書，而後者尤可供考據之用。其後又附宣德六年御製招隱歌并序，乃鄭珞領勅守寧波離京赴任時宣宗所賜。歌後有嘉靖十五年珞曾從孫威所作跋。書末附保留郡主鄭公奏疏，係宣德八年珞丁憂，浙江監察御史張惠所上之奏疏。（季忠平）

鷄肋集

訥菴鄭珞著

題丁野夫山水 陳遵道所藏

春色醉瑤草鳥聲度花雨臨流契浴沂幽興何能已

右春朝野趣

長風溪上來茶烟松下起一曲南薰吟雅懷淡如水

右夏暑納凉

泉飛石厓暝木落江南秋浮雲與吾意終日同悠悠

右秋日看雲

歲晚雲物古江空風雪寒非熊未有兆自理釣

鰲竿　　　　　右寒江獨釣

題何叔布捕魚圖

煙波寄遺迹風月諧予心得魚即沽酒一曲滄浪吟

古離別

偶逢故鄉人寄書故鄉去妾家住洪塘門前兩株樹

江上對月

江涵月影寒月照江水白一望萬里天蒼茫總秋色

題梅竹扇寄戴弘齡

世態若浮雲吾心比明月贈君歲寒枝相期抱

冰雪

題朱漢傑小景四幅

雲歸石岩暝花落春山空觀泉不知晚長嘯凌

天風

習靜遠人境深依麋鹿群棋中得真趣萬事如

浮雲

翠壁霽秋雨溪雲澹將夕一曲龜山吟悠然楚

天碧

千山雪初罷月色皎如素扁舟與巳闌乗流獨歸去

題蕭主事文小景 二幅

芳草寒雲古道夕陽野寺踈鍾試問山僧何事漫遊直上廬峰

入座雲山遠近隔溪煙樹依稀自得此中真趣於焉日暮忘歸

賜觀擊毬剪柳應制 永樂乙未端午

上苑分行殿旌旗夾道開六軍皆虎士萬馬捻龍煤電逐星毬過花迎綵仗迴

聖恩深似海載筆幸趨陪

又

佳節届天中　宸遊上苑東旌旗明瑞日金鼓慶晴風柳外雙朋合花邊萬騎雄歡聲驚得雋共荷　聖恩洪

慶成賜宴和黃約仲韵　永樂丁酉年

聖主嚴禋祀臣僚慶禮成九天頒德澤萬國沐恩榮韶樂隨風度宫花帶露盈故人同拜舞扶醉到西清

題玉田書室

高士遠世氛冥棲向幽静松門鎖白雲石室凝
秋暝潛心探道源長嘯發清興何當躡遺蹤孤
琴候蘿逕

薊門九日

客裡逢佳節蕭條對酒盃獨憐黄菊秀誰遣白
衣來竊禄慚無補妨賢愧不才緬懷陶靖節南
望一徘徊

送陳昌運宰河源驛

落葉满都城秋風送去旌故人千里别游子寸
心驚白鴈蠻天晚黄茆瘴雨晴河源雖地僻應

喜少逢迎、

從軍行

虜騎臨邊擻將軍出柳營塵飛牙帳暗日照鉄衣明夜月三秦道秋風萬里城何人吹玉笛一聽一關情

過居庸關

萬山皆壁立中道走羊腸地險由天設時清簡戍防嶺雲飛旆濕磵水落花香駐馬思登眺孤城閉夕陽

閿鄉寄亮姪兼呈舊社遊好

乘春遊陜洛客況自蕭踈薊北千山外閩南萬里餘竹林成遠別蓮社近何如未遂歸來願惟應寄素書

華蕚堂為易行人節賦

佳氣欝蒼蒼花開繞畫堂鶺原分瑞色鴈陣對天香聽雨秋同被聯詩夜對床別來成遠夢春草滿池塘

洪熙元年正月十日

聖製詩曰

二麥望雪已三陽爕理平和致感傷君相菲德

承天命勉加加省格穹蒼

欽和

聖製天不雨雪

公卿燮理在陰陽雨雪愆期重可傷應致

九重憂畝畂惓惓戒諭感蒼蒼

中秋對月

瀟庭凉露滴梧桐萬里無雲一鑑空醉倚石林

清不寐猶疑身在廣寒宫

背立美人圖

斜倚朱欄似惜春花容羞澁見風塵畫工用筆

非無意只恐傾城解悞人

竹枝詞

花開花落幾回春妾在江南君在秦忍向江頭頻北望江頭多有別離人

梨關嶺

立馬梨峰第一關閩天南望是家山客愁從此須分手好伴行人向北還

題王廷璧主事梅雪

風吹滕六灡江湘五出寒花正吐芳何遜閣前琢弄影袁安門外雪生香

題沈二胡羊圖

金華石上識初平，北海南頭憶子卿。影落畫屏消息斷，夕陽芳草尚含情。

題漁村晚照

水繞芳村日欲斜，半江殘照落蒹葭。数聲漁笛秋風外，漸逐閒鷗近酒家。

題敗荷鶺鴒 二首

露下寒塘秋水清，殘荷風細羽毛輕。最憐原上雙飛處，渾似儂家好弟兄。

蓮房露冷粉香沉，若為雙飛弄好音。愧我鴈行

成永別幾回展卷獨傷心

題夏廸山水小景

鏡天落日萬山秋雲水微茫島嶼浮欲訪仙源迷舊迹滿江烟雨一歸舟

題枯木竹石

湘靈夢斷湘雲夕凉葉瀟瀟鴻秋碧君山夜半風雨來萬頃波中老龍泣

題傅主事祿翎毛四幅

海棠白頭

艷色籠香玉露浮錦葩煖映[illegible][illegible][illegible]衣飛鳴長在

春風裡何事年來也白頭

石榴翠鳥

五月江南梅雨涼海榴花底羽毛香倦飛雖向深叢隱夢繞雲霄萬里長

敗荷鶺鴒

殘荷疎葦曉霜清相喚相呼若弟兄日暮寒塘秋色裡聲聲總是急難情

竹梅凍雀

月落梁園雪未乾數枝梅蕚映琅玕幽禽也頁清高節並立冬風傲歲寒

氈帽山雪後呈兵部崔侍郎 永樂甲辰孟夏二十七日

四月胡天雪未乾同雲萬里白漫漫月臨虎帳晴光薄風颭貂裘曙色寒尊酒對愁偏嶺北孤舟飛夢剡溪灣頗令一洗胡塵净疋馬寧辭道路難

賦得淮陰市送公望鄭先生之無為

路通南北接京華水繞重城十萬家楚戍日低煙市散關門風細酒旗斜韓侯亭下誰屠狗漂母祠前尚浣紗獨擁皐比經此地扁舟何異泛

仙槎

挽劉處士　御史黃叔父

白髮峨冠振士流，百年心事付滄洲。少微影落吳天夕，薤露歌傳鄮水秋。三徑菊松虛舊約，一川風月憶清遊。可堪矯首飛鳧路，芳草寒雲滿地愁。

賦得鐵甕城送楊仲芳

南徐山色擁孤城，千載猶傳鐵甕名。三國爭雄成往事，六朝遺跡揔關情。江流晚映樓臺影，雉堞秋傳鼓角聲。為報經行休弔古，倚門久逕繡

付录

衣棨

送黃資深得烟字

都門踈柳半含烟粉署郎官動别筵使節北𣊬頻沐寵扁舟南去勝登仙廣川草色微霜後吴苑砧聲落葉前遥望金陵何處是巍巍宫闕五雲邊

送盧質中分教韶州 舊為縣令

歲晏分携思惘然北風吹雪满長川一官振鐸辭京邑萬里移家入海天彭澤草荒陶令秫杏壇花落廣文氊只今四海崇文治好賦菁莪育

俊賢

題登瀛洲圖

功業輝煌藹盛唐衣冠濟濟上岩廊天空瀛海魚龍躍春滿蓬萊雨露香千載風雲逢泰運九霄日月焕文光惜無禮樂高謀斷僅使當時頌

少康

賦得仙霞關送人入閩

萬山迥與白雲齊迢遞關城入望迷樹繞驛亭春度客月斜茆店夜聞雞半空瀑布沾衣袂夾道花香襯馬蹄南望故園滄海上消懷詩景謾

留題

永樂甲辰元夕應制

瑞氣氤氳捧　紫宸時當佳節沐

恩新蓬壺月上午門曉寶炬花開萬樹春杖外

爐烟凝綵隊雲中仙樂奏韶鈞微臣愧乏涓埃

報願效嵩呼祝　聖神

春日退朝即事呈景宣諸知巳

九重瑞日映丹楓劍珮鏘鏘出　帝宫雙闕晴

雲春色裡萬家烟樹曉寒中羽儀治化登鴻碩

維幹邉彊列鉅公淺薄自慚仍竊禄也隨鵷鷺

沐恩同

挽高處士 侍講穀之父

翰苑新封荷寵恩雨楹夢覺謝塵氛安車誰赴申公召賦鵩空悲賈誼文別墅琴尊虛夜月故山猿鶴怨秋雲白楊風起淮南路薤露凄涼不忍聞

李芳給事中友竹軒

長歌伐木想遺音別墅新開向竹林嶰谷春雲迷鶴夢湘潭秋籟度龍吟歲寒共抱氷霜凜霄漢偏承雨露深世道悠悠交道薄如何對此結

蘭金

賦得蕭關古道送嚴大赴甘肅

青年裘馬度蕭關沙草茫茫道路難古戍日斜人去少晴川春盡雪初乾天低壠樹烟塵净月照邊城鼓角寒　盛世壯遊須買醉謾勞倚劍望樓蘭

聞四弟琴訃

尋兄西泛劍溪舡應喪孤寬野水邊揔為相親還有日誰知云別竟終天夜燈風雨懷張禮春草池塘夢惠連此恨欲消須瞑目一回南望一

潸然

賦得潞河新漲送朱主事勝還金華

潞渚烟波萬頃饒仙郎衣錦駕歸橈乍疑淮海潮初滿還訝巴江雪盡消聲起怒濤兼雨至光涵秋色接天遥中流鼓楫吴歌發絶勝乘槎下赤霄

送郭仲禋

故國相逢思不窮朝來馬首又西東十年入幕文名重萬里還家劍氣雄海色曉迷吴苑樹潮聲夜起楚江風班超才調終投筆不用臨期嘆

断蓬

江文昭梅雪軒

芳菲都向歲寒推獨有孤根昌雪開天女散花雲裡降玉人振珮月中來香隨東閣清風遠影逗西湖舞鶴廻幽絶超然塵世外更於何處覔瑶臺

送劉生文遜歸青田士行乃子誠意伯曾孫

先朝文獻有餘芳才子寧親上　帝鄉方慰旅懐趨鯉席又驚歸夢繞螢江帆影落青楓曉

籬菊生香白苧涼父老若詢京國事
九重屢見進嘉祥時進騶虞玄兔

送閩安鎮巡檢之京

南來司驗又三年劍佩翩翩覲
九天螺渚草青尊酒別龍門潮白片帆懸行衣
曉濕梨關雨驛騎秋經楚尺烟萍水相逢何以
贈醉來聊觧繞朝鞭鎮有石刻龍門二字

送余朴齋僉事赴山西

法星光映五雲端烏府新沾雨露寬驄馬重逢
都下別青山多向雪中看氷壺明月凝秋色玉

斧飛霜帶曉寒晉地豺狼皆遁迹居民久待舊衣冠

送陳克寧司務赴南京

北闕香烟㶒繡衣獨乘驄馬向南歸薊門凉雨鴻初度淮渚清霜葉盡飛别酒莫辭今日醉交情應惜故人稀烏臺風月多清暇吟對鍾山静掩扉

送東勝衛經歷

南樂哦松已奏功又從東勝佐元戎攻文慣草軍門檄撫劍長歌國士風雪霽薊天寒鴈下烏

啼煙樹曉烟空清時海内無烽警芳草平原獵騎雄

送牟時彥省兄還蜀 倫之弟

都門萋被暫成歡此日臨岐感二難在客每驚鴻鴈斷還家應念鶺鴒寒巫山月曉玄猿嘯白帝秋高落葉殘明到故園春正好池塘芳草夢中看

送江教諭之南城

桂林蚤歲振蜚英教鐸于今屬老成心逐曉鍾辭北闕夢隨陽鴈向南城杏壇花發春風早

泮水芹香化雨晴岐路一尊分手處寒蟬落葉不勝情

鍾山叠翠送鄭復言郎中歸越

鍾阜由來勝槩雄巍巍獨奠大江東靈鍾王氣開神甸勢若盤龍繞帝宫雲外数峰青崒嵂雨餘萬叠翠㠓茸仙郎晝錦經行日吟倚天風思不窮

洛陽道中懐古

萋萋烟草滿芳洲一望蒼茫思不休文物幾隨浮世改山河長是舊時秋北邙丘塚誰為主南

郭園林摠是愁獨有五賢餘澤在令人千載仰風流

宿洛陽鍾樓與楊廣文宴

偶逐鍾聲到石林况逢胡瑗是知音一尊席[illegible]斯文會四牡偏驚奉使心洛下雲山臨組席祇園花雨净塵襟老僧愛客猶支遁相與[illegible][illegible]坐夜深

送鄧靈官歸茅山

蚤向蓬萊得秘傳茅山深處契真詮青牛[illegible]日來城市白鶴乘春入洞天方外烟霞無限樂壺

中丹藥不知年相從欲問長生術曾著南華第幾篇

送張宗璉寺丞

一騎凌寒析木津鄉園久別夢歸頻鸞封光煥斯文重獸錦香沾雨露新孤棹夕陽淮浦晚亂山殘雪楚江春南行到處皆詩境定有清吟寄故人

賦得北固暝鍾初送陳六

北固山前欲繫舟鍾聲隱隱隔沙洲緫燕落葉驚離夢還帶寒潮感客愁幾點漁燈瓜步晚數

聲歸雁楚天秋閩南回首三千里醉倚西風賦遠遊

翰林院月試左掖聞鶯歌

蓬萊署色寒蒼蒼萬户劍珮朝明光流鶯舞影度雙闕逕送春聲出建章數聲纔度五雲裡百囀還聞上林杪宮柳沉沉九陌春禁鍾隱隱千家曉因風遠近布春聲春聲裊裊如有情不隨仙仗雲中散頻逐簫韶花外鳴流音徃復斷還續睍睆綿蠻聽不足初訝湘靈鼓素弦又疑秦女彈新曲秪今海宇歌 昇平九成正爾奏虞

廷岐陽尚未來儀鳳不但鶯聲獨可聽

過淵明宅

晨發小孤渚暮投潯陽郭緬懷彭澤翁愀然五情熱策杖覓遺蹤空山見荒宅五柳摧西風三徑已蕭索憶昔元興初先生負潛德豈無經濟心當年事施設道存志不伸寧為五斗折翩然賦歸來遂作山林客嗟哉義熙後詩酒聊自適所以紫陽翁特書在方册流風洒寰宇千載仰清節

金臺別意送孫瑀分教潮陽

金臺昔日何壯哉千金購士皆英才秪今六龍駐清蹕萬方豪傑争趨陪孫君卓犖閩南俊十載芸窻飽經訓三策曾陳董子言一官分教潮陽郡臺下分携思惘然臺前折柳送離筵孤舟明月三江路芳草斜陽萬里天韓亭風景還如昨好攬清芬振鳴鐸座擁臯比樂有餘逢人休嘆青氊薄

歌風臺送陳二赴淮安

扶蘇北去嬴塵奔秋郊兕毋啼黄昏鴻門宴罷范生卒皇皇帝業開乾坤南巡六蹕經鄉里呼

酒椎牛恣歌舞三侯慷慨泣数行耿耿雄詞照
千古當時意氣何壯哉今日飄零見古臺興亡
殊輙揔坏土焉知魂魄還歸來臺前水流朝復
暮臺下年年草如縷塵迹荒凉夕照中残碑剥
落寒烟裡陳平有裔才且良明當倚劍過臺傍
好將奇策振家學不用登臨徒感傷

題劉士行蘇李泣別圖　誠意伯孫

胡天八月秋草黄北風吹沙天雨霜烟塵萬里
雙鬢白漢節豈肯須臾忘一身許國誓生死寧
較羝羊乳不乳氈寒雪凍斷齧殭野火原頭爇

黄鼠故人裘馬何壯哉橫行來自單于臺平生心事君自見執手執手空悲哀帛書忽報上林喜遂持使節還天子麒麟閣上畫畫開千古英風照青史

瑞應騶虞應制

乾坤開泰運日月煥文明至治超三代和風被八紘堪輿凝瑞氣海嶽效休禎嘉貺因時出靈虫應世生呈祥來上國託迹自滁城外稟西方色中涵五緯精玄章非霧隱素質本天成濯濯霜花瑩彬彬墨彩輕寧同九鼎重還與四靈并

踐履懷仁義周旋協準繩德彰神化盛孚感
帝心誠今古嗟希見華夷播頌聲風雲千載會
雨露萬方榮淺薄慚無補嵩呼慶太平

題顏四會竹軒

顏君瀟洒謝塵俗繞屋惟令種修竹萬竿直節
凌雲霄半畝繁陰絶煩燠嫩葉柔枝翠欲流橫
窗拂席清且幽緑雲藹藹湘潭暝蒼雪翛翛淇
澳秋冰簾半捲棠陰靜對此鳴琴多逸興午夜
長空風雨來萬頃秋濤瀟清聽湛露三時滴不
乾高堂六月生微寒玲瓏最得吟邊趣旖旎偏

宜醉裡看君不見名花異卉呈佳色一旦西風
盡摧折何如此竹無凋零歲晏相期抱氷雪

古意寄景著内翰

結髮叙綢繆金蘭有餘芳如何膠漆固一旦成
參商君行遼海上妾家閩海旁相去萬餘里各
在天一方君如海上雲隨風遠飄揚妾心如海
水滔滔一何長登山山有巔涉江江有梁思君
令人老衷情安可忘

賦得泗亭柳色送周仲器掌教常山

君不見泗水亭繁華已矣成凋零危基千載夕

陽裡惟見年年楊柳青淮天三月春已老楊柳向人青更好秀色凝寒淡縷金長條嚲地濃於草依依裊裊灞河橋積翠浮光露未消晴分酒幔迷行騎暝拂青樓襯舞腰我昔西遊過淮甸歌風臺下初飛霰彷彿隋堤雨裡看依稀霸岸烟中見今朝折柳復臨岐送君此去重相思應知柳下停舟日也似都門惜別時

重刊漢雋序

宋紹興間括蒼林鉞甫嘗摭班固漢史要語輯爲一書名曰漢雋自序其意以行於世象山邑

庠舊有木本歲久湮蠹宣德六年其守四明丞
欲復刋以嘉惠學者郡事方殷因循未果今
上即位改元之四年秋　朝廷清明民安物阜
郡以無事於是求得善本重加校正迺鋟諸梓
以壽其傳庶林公纂集之勤不至泯没而操觚
之士一覽之餘則班史八十萬言鈎玄提要包
括殆盡至於西漢之世二百年間上自廟堂下
及閭巷文獻之懿歷歷可考如探滄海而得珊
瑚枝其快適爲何如哉謂之咀嚼其味甚美無
窮信乎其爲奇書也然則是書之行其有裨於

學者格致之功豈淺哉

附鷄肋集跋

世寄堂成爰壽圖刻試貽勸典南涯子曰夫論世以迹襄事以政原化以心斯集之刻有以哉訥菴公之迹之政前人之述備矣惟茲鷄肋集固公手澤之遺而心聲之著者也是用録附並刻以傳嗚呼閱斯集者因函以考迹即事以觀政誦詞以徵心而公之德之業將世世其有永矣然則是集之刻有以哉乃若司教有規備載學宫剌明全稿克世德業

是皆心之著政之顯而迹之耀然者别録以傳茲不復綴

丁酉歲孟夏一日楚南涯趙維識

勅命二道

皇帝勅諭寧波府知府鄭珞國家之政重在安民安民之方先擇守令朕臨御

以來孜孜夙夜保民爲心而比歲田里之民鮮得其所究其所自蓋守令匪人或恣肆貪刻剥削無厭或闒茸庸懦坐視民患相爲蒙蔽默不以聞致下情不得上通上澤不得下施令慎簡爾等付以郡寄夫方千里之民安危皆係於爾

用體朕心以保養爲務必使其衣食有
資禮義有教而察其休戚均其徭役興
利除弊一順民情凡徒玩愒毋事苟簡
毋爲權勢所脇毋爲奸吏所欺凡公差
官員人等有違法害民者即具實奏聞
所屬官員人等作奸害民爾就提下差

人解京尔亦宜奉公循理始終不渝庶

副朕之委任欽哉故勑

全　寶

宣德五年十二月初二日

皇帝勑諭寧波府知府鄭珞尔受職蒞

郡寄當益國利民以副朕望比言民情

内一件欲聽民出海捕魚此雖有利於
民而不思洪武永樂年間倭夷頻歲登
岸恣肆刼掠皆由民人出海捕魚或誘
引其至或被其掠去以勢脅之俾同入
寇海濱之民被害甚矣我
皇祖太宗文皇帝深思遠慮故於永樂

十一年間令户部禁約不許出海捕魚是豈不欲利於民蓋灼知其利少而害多也自是之後海濱寧靜民得安爲尔令不能熟慮輙爲無知小人之言所惑將來引寇害民誰任其責夫守令牧民故當順其情亦當思其患而預防之若

只貪目前小利而不顧久遠之大計上
無益於國下有損於民豈智者之所爲
哉兹特遣勑諭爾自今務遵永樂十六
年禁例不許擅違以啓民患故勑

全　寶

宣德六年九月十一日

御製招隱歌并序

賜寧波府知府鄭珞

朕惟賢者致治之具肆即位以來屢詔有司舉德行才智之士將與共圖治道然林泉巖谷必有遠引而不輕出者朕夙夜念之不能已已夫狂已來售非志士之本心而潔身獨善豈聖賢之中道故嘗作招隱之歌欲使幽遠之賢皆明朕志庶幾幡然有奮起者蓋昔人嘗賦招隱矣彼其有激欲與俱去遯世遺人一己之私朕之所懷天下之公題雖同而

志則異觀者亦亮乎志焉耳卿等爲國重臣
同朕欣感宴樂之暇特示觀之夫舉賢為國
人臣之忠其必有勉副斯意勿徒視為空言
可也

吾觀天地化育功四序五行實任之軒轅堯舜
致熙皞亦有六相兼皐夔君臣共濟自徃古大
厦豈是一木爲况乎涼薄資九五承大寶四海
之廣兆姓繁側席仁賢冀王道長林大澤高丘
巨壑豈無懷抱才德者蕭散幽閒樂其樂扣舷
清溪弄綠水結巢雲松招白鶴雲松蒼蒼白鶴

飛翠蘿搓曳春風時朝鏡黃獨夕茹紫芝放歌
考槃什吟咏梁甫詞如玉在璞韜其輝天之生
才將有爲豈使獨善而無施彼不輕施吾當致
之屡下求賢詔明珠寧無遺中夜有懷豈待旦
勞心咨來忘日晏嗟爾賢人何樂空谷有莘惜
然起畎畝傳巖何嘗終版築磻溪白首還膺揚
卧龍亦復興南陽早歲人間望霖雨大川利涉
需舟航嗟爾賢人無爲徘徊石泉麋鹿非爾伍
風雲天路爲爾開脫却芰荷衣挂在青崖隈翩
翩並駕蒲輪來黃金如山築高臺待爾爲咏臺

與莱毋為令我悵望思難裁

宣德六年二月十五日

此

宣宗皇帝御製招隱歌也先曾仲大父訥菴公領

勑守寧波陛辭而出

帝念天下之遺賢在野乃賜此歌而以招賢之

意望先公于時同領歌者如肇慶知府四明王

瑩吉安知府陳本深蘇州知府况鍾也兹以世

寄堂作敢附及之

嘉靖丙申歲冬十月曾從孫戚恭跋

保留郡主鄭公奏疏

巡按浙江監察御史張惠謹　奏爲考察官員事據寧波府鄞慈等縣里老錢童等連名狀告開稱本府知府鄭珞宣德六年正月十八日
勅命到任以來宣明教化奸弊屏除理訟無冤賦役均平今本官宣德八年二月二十六日聞母喪丁憂告乞轉達復任以慰民望等因具告到院除體訪相同外緣係保留官員事理未敢擅便謹具奏　聞伏候　勅旨

王皆山先生白雲樵唱集二卷附録一卷

［明］閩縣王恭撰

上海圖書館藏明抄本

王皆山先生白雲樵唱集二卷附録一卷，明王恭撰。恭字安中，號皆山樵者，閩縣人。約生於元至正初，早年漫遊江海間，明初隱居長樂七巖山，詩名與高棅相頡頏。永樂四年（一四〇六），徵爲翰林待詔，時年六十餘，預修永樂大典，書成，授翰林院典籍。撰有白雲樵唱集二卷、草澤狂歌五卷、鳳臺清嘯二卷。

此集中諸詩，多鋪陳自由閒適、平和淡遠之氣，故四庫提要稱其「迹其性情，本耽山野」、「吐言清拔，不染俗塵」。然亦時有「此身得似巢林鳥，飛來飛去不屬人」（後集聞狂客遊西岩余不能從賦此以寄）等語，寄傲之氣充盈其間。蓋以目睹明初文人罹難至烈，常交遊者如福州府學訓導林伯璟，因文受禍，故惟有「棄去名跡」，以樵隱自全。然早年之豪氣，仍流露筆底。

此本分前集、後集二卷，附録一卷。首有明成化十九年（一四八三）黄鎬序（首缺）、永樂九年林環王皆山先生白雲樵唱詩集序，末附録永樂四年丙戌林慈皆山樵者傳、永樂五年王偁皆山樵者傳、解縉皆山樵者贊、永樂五年丁亥林仲貞皆山樵者説、永樂五年曾棨皆山樵者辭及成化十九年癸卯黄鎬跋。四庫全書本則析前集賦高漫士適安堂題于方壺所寄畫（前補「歌行」一目）以下及後集「五言絶句」以下，統爲四卷。此本首葉鈐清翰林院滿漢文印，書中有墨筆塗抹修改及抄寫提示語，按之文淵閣四庫全書本，皆一一符合。其尤具體者，抄

本當四庫本卷二首葉，非但有如前述之分割卷次及首題文字，版心魚尾上補寫「欽定四庫全書」、魚尾下補寫小字「〇〇〇白雲樵唱集」，一如四庫全書款式，故此本確爲「四庫底本」無疑。傳世他本均爲四卷，皆出於四庫全書本，此則原本孤傳，不僅保留四庫底本面貌，又含四庫館臣點竄之跡，彌足珍貴。

又此本黄鎬序中明言「先生平昔所遺詩稿，曰白雲樵唱、曰草澤狂歌，皆隱居時作；曰鳳臺清嘯，乃入仕時稿也」。四庫提要於王恭三集成書時間及黄鎬刊刻白雲樵唱集始末，俱據此立論，因黄序首有缺葉，館臣爲掩因襲之跡，故抄入四庫全書時删落黄序。

書中鈐「翰林院印」滿漢朱文方印、「徐乃昌讀」朱文方印。護葉有隸書題耑「明藍格鈔成化本白雲樵唱（翰林院藏書），仲炤先生世守善本，徐乃昌題」，鈐「徐乃昌讀」朱文方印。仲炤即張志潛，乃清末名臣張佩綸子。結一廬書目卷四著録此本，知自翰林院流出後，入仁和朱學勤結一廬，以婚姻之故傳入張氏，後由志潛子張子美捐贈上海圖書館。（沈　暢）

明藍格鈔成化本白雲樵唱　翰林院藏書

仲炤先生世守善本　徐乃昌題

初年徵先生爲翰林典籍日與學士解縉紳胡光大檢討王孟陽諸先生結爲詩友氣象益高而先生平昔所遺詩稿曰白雲樵唱曰草澤狂歌皆隱居時作曰鳳臺清嘯乃入仕時稿也觀其前後所作率皆冲澹和平飄逸清雅而理趣渾灝雄偉且不覊於勢利不流於險僻可以繼盛唐追風雅以鳴

國家之盛而有一唱三嘆之遺音予宦遊

四方求先生之詩集久不可得其全成化
癸卯秋獻績自北而還南都視篆之暇偶
得白雲樵唱詩稿於南京吏部郎中黄汝
明之手汝明長樂人也手録先生斯稿衆
體兼備可謂全矣惜手魯魚亥豕不能無
憾遂託之編為前後二集共得詩八百二
十餘首復命本部郎中陳孟明校之將鋟
梓以傳永久而於草澤狂歌鳳臺清嘯二
集姑缺以俟後之君子採焉嗚呼先生之

詩敦厚純正透徹玲瓏當於開元天寶盛
特人物擬之下逮晚唐宋元則工拙自别
前輩莆田林脩譔先生序之詳矣予以晚
生末學安敢序先生之詩乎哉特因刻板
将成偕書此以紀歲月云先生名恭皆山
樵者其别號也
成化十九年癸卯秋八月丑丁日
賜進士資政大夫南京户部尚書前吏部
左侍郎三山後學黄鎬序

王皆山先生白雲樵唱詩集序

余家居時聞吾閩之長樂有王先生恭者以詩鳴先生時遯于樵自號為皆山樵者不欵與世接予以故未及見及來
京師獲與長樂人士通籍于
朝者交間於篇牘中獲覩先生所作及有能傳誦其一二者恍若聽張樂於洞庭之野閱武庫所藏不覺茫然自失已而嘆曰風雅輟響大音不完光嶽氣全英雋間出

如先生者天固將使之鳴
國家之盛豈終窮餓其身使自鳴於山顛
水涯與樵歌牧謳相唱和而已哉永樂四
年
朝廷方開石渠廣延天下士先生以薦至
相見於玉堂之署覩其神清體癯鬚鬢如
雪葛巾野服翛然如孤鶴振鷺知為風塵
表物得造化清氣蓋多也因坐與之談詩
其論五七言長歌律絕句則一欲追唐開

元天寶大曆諸君子而五言五選則特或
祖漢魏六朝諸作者而為之宋元而下不
論也予喜曰朝陽之鳴待先生久矣無何
果以詩名徹
宸聽得翰林典籍余益信天之所以昌先
生之詩者有在而又信詩果不能窮人也
退直之暇因得先生合集觀之有所謂白
雲樵唱草澤狂歌鳳臺清嘯凡若干卷其
談道理致則天地造化道德性命無不臻

其妙其模寫物槩則山川風月蟲魚草木無不極其形容其叙人事則興廢得喪戚愉悲樂無不委曲盡其情高而不浮深而不僻清新而不巧古雅冲澹而有餘味信能合諸家之長而泛溢旁出者也先生間以集徵為叙予謂詩以道性情也近世學者多不先以理性情為本而徒區區於筆蹊墨徑之間至或竊古人之陳言成說而掇拾補綴以為工是作者愈多而聲愈下

也若先生始自放山水之間不以勢利嬰其心其志趣冲澹襟度豁因已默契道妙而又淂肆力於學以充平日之所養故能流坎隨遇不礙於物蓋由先生道明而涵養性情者得其正故也是以形之詩一皆渾涵忠厚之發不加繩削而自合是豈尋常雕章鏤句者所能紡彿哉先生之詩不患世無知者第患雖知先生之詩而不能盡窺先生之蘊是亦未知先生也故盡

其素行之槩于篇端庶見者得有以考其實焉

永樂九年春二月吉旦

賜進士及第翰林院修撰莆田林環崇璧序

王皆山先生白雲樵唱前集卷一

明　王恭撰

南京吏部郎中後學黃熙編集

南京户部郎中後學陳潭校正

五言古詩

舟經彭蠡

揚帆過彭蠡遠見匡廬色瀑布天上来芙蓉望中碧東林鐘磬遠沽酒潯陽夕楓樹忽鳴猿凄然念鄉國

題諸葛孔明像

炎祚倏云季諸侯騁雄啚棲棲劉豫州三顧何勤渠

漢賊不兩立一心抱區區臨崩寄大事忠憤常蔚紆鞠躬乃盡瘁賢哉此丈夫

釣臺懷古

新室篡炎祚中興復輿啚故人即軒冕先生獨樵漁一出盡交態拂袖歸桐廬豈唯黄綺輩得與巢由俱我来訪遺跡高臺倚荒蕪洒酒酹千古悲風起天隅

銅雀妓

朝上銅雀臺夕弄管絃哀洒酒望陵樹悲風千里回飛縵絓青漢舞袖空徘徊君王不可見玉座成蒼苔

塞下曲 二首

橫行羽林兒生小邯鄲裏出塞入塞特顧勲寧顧死

去年戰桑乾今年戰樓蘭馬上擒突厥帳下降可汗

誰知百餘戰封侯竟艱難

登埤望烽火落日烟塵紫百戰久不歸空閨淚如水

漢兵十萬餘盡沒長城死城下有精靈啾啾月明裏

明妃曲

行行出塞門飲血思長安穹廬凍不暖雪飛邊草乾

漢国空外殁胡霜鏡中寒金鐺煮羊酪強接單于懽

夜半鴈声急琵琶哀自彈

秋胡妻

河洲美王雎所托有深意委身事良人誓死終不二
君行赴陳汝妾獨深閨裏采桑陌上桑翩翩路傍騎
黄金是何物視之若泥滓日夕采桑還行人已歸止
入門拜高堂適來狂馳子相顧默無言懷慚復何已
羞與斯人俱將身赴河水

妾薄命

妾家叢臺下花顏耀青春嫁得金吾壻飄飄車邉塵

昨聞羽書至陣歿交河濱戰馬委沙磧兵符屬他人
念此每欲死淋浪淚沾巾羅襦為君鮮瑤瑟不復陳
始信古人言容華多誤身

遊天台國清寺

飛步赤城標連峯積空翠杳靄蔥蒨間千秋隱靈異
石橋孤鳥外香界清暉裏群壑澹歸雲遥林引寒吹
遂造豐干廬垂蘿覆溪外真僧五百人各了西來意
頓此學無生超然謝塵滓

尋清冷臺訪洽上人

端居在人境久沒塵壤中探奇不憚遠於焉得佳逢
石怪互森列臺高結虛空林端宿雲去竹外微逕通
岩壑深杳靄天花雨蒙茸洽師禪門秀戒臘同古松
說法超上乘吾心歸妙宗予慚善根淺迷方莫能從
暫此松下石聊疎浮世蹤

秋塘曲

妾家住寒塘夫婿平原客白馬五陵遊空閨斷行跡
憶昨別君時蒲生柳條碧及此君不歸登艫感秋色

送春詞

褭褭楊柳枝紛紛五陵兒翩翩白鼻騧燦燦黄金羈

昔爲浣紗女今作吳王姬不惜送春去但恐換秋眉

悼隣婦

入江水有魚采山林有木栖栖東隣孀悲凉守空屋

年荒鬻釵釧服食恒不足雖有膝下兒身爲富人僕

浮生幾何時奄忽風中燭一旦壽命終蕭條但牀蓐

骨肉已不收親情復誰哭徒然束縛去瘞彼沙岡麓

爲問里中豪疇能念窮獨姬文昔埋胔千載耀芳躅

擬古

明月照我室攬衣起中堂北風卷帷幔羅襪微有霜
崇蘭委芳質、寒蛩鳴近床平生所親者宛在天一方
相思無由理況此寒夜長單居易為感不覺涕沾裳

暮秋過陳氏園林

幽人棲隱處苔逕連深曲秋至垂橘黄、霜清大梨熟
方池汎大影可以澄心目飲水共忘形何須徇榮祿

舟次鐔津

木落川氣凉鴻飛水容夕微燈射遠沙夜榜隣幽石
月色凄少寒、霜花坐來白遥見九華峰蒼蒼但蘿薜

書上方方壺醉墨山水

林下多白雲溪口饒水木長嘯鸞鶴群翛然在空谷
悠悠山色閑浩浩波光緑寄醉墨壺中唯應道機熟

與同志汎舟浔淨字

登艫發清嘯落日鏡湖淨微月波上澄帰雲鳥邊迥
水木生夏凉孤崖破陰暝矧兹簪珮同得此滄洲興
中夜棹歌還遥峯響烟磬

秋日山行

清秋發佳興着屐窮翠微鳥度黄葉澗猿啼白雲扉

野寺隱孤磬遥峰當夕暉浮雲淡空宇石瀨清心機緬懷蘇門嘯頗彿林中衣長歌望薜蘿思與塵世違

獨酌言懷

林居絶輪鞅獨酌形亦忘百年會衰朽一室任荒凉寤寐友千古游心見羲黄所以陶潛翁頹然卧柴桑

九月一日過崇信蘭若

荒山響清梵竟日無行跡釋子支遁流相逢澹空寂雲歸天際閑鳥度林中夕境凈秋色多心遠群機息妙契两忘言微鐘出蘿薜

送林漢孟遊温陵

月出螺渚寒，扁舟水容夕。独樹起鳴猿，逆山帶行客。
清源鐘磬音，金粟烟蘿碧。高唱人莫酧，採幽向禪寂。

送别

鷄鳴海氣白，驅馬臨長陌。遠樹帶鳴蟬，孤城對行客。
蓬累我蕭然，萍流子何適。相送独銷魂，青山澹寒色。

仲秋送人之塞上

河洲始鳴鴈，白露沾我衣。念子背鄉國，秋風度金微。
舉頭見黄葉，倏忽四散飛。如彼遠遊子，飄泊何當歸。

人生無百年會面安可稀行當慎霜霰皓首以爲期

雨中懷瓢所

積雨抱幽独齋舍何寥寥緬懷博陵子隱處唯一瓢
濯足双澗深行歌七岩遥如何在城市巾舄生塵囂
蕙草日已萎松花日已凋相思不可見夢落寒江潮

夏日過毖天王寺

炎暑不可度端居日方永同袍四五人共愛山中静
飛閣軼氛埃叢林逗蘿逕潭静熱已秋竹深午猶暝
初沿双溪轉稍入空中境婉婉林鳥声悠悠野僧定

平生好幽玩盡日愜佳與山水發清機風泉澹初性
日夕徐徐歸雲間響孤磬

經友人故宅

策馬孤城下經過淚盈襟開門絓蠨蛸井竈莓苔深
念彼泉下人悽然杳難尋蕭條故籬菊識我平生心
攬轡向前路徘徊出寒林誰知山陽笛惻愴猶至今

送別陳平叔歸黃山

置酒鴈峰上酣歌豁沖襟臨觴不盡醉何以慰我心
望望遥天雲蒼蒼遠州樹落日波上風殘鐘鳥邊嶼

此別雖未遠重來復何時論交愧知已握手翻成悲
君卧黄山雲我弄滄洲月雲月兩悠悠相思坐超忽

思誠齋爲曾照磨賦

冲漠窅無眹蒼蒼但幽玄仲尼既摽本兹道常豁然
末流矜小智百僞汩其天達人貴精一思將体乎乾
齋居澹而默萬彙紛我前渾淪靈臺奥緬爾太極先
衆妙倏有契洞然氷鑑懸始從勿妄語終以諧聖賢
誰歟涑水翁千載感微言

潘源潤思義軒

志士顧名節商人競刀錐義路久荒沒人誰得其蹊
夷齊独何爲行矣西山薇徛彼延陵子高蹤邈难期
清風激頹靡薄俗漸澆漓豈意千世下人猶想刑儀
端居貴名教動息懷所宜冥心戒苟得百行從可知
仲尼有明訓勗爾恒自持

林伯子師宴堂

交久敬弥篤仲尼稱其賢壓居任湫隘豆肉不掩肩
美哉君臣義金石行當宣遂令太史公忻慕思执鞭
吾子重高節尚友千古前堂開七岩下中有双澗泉

宴坐澹無私恬然忘外喧寤寐夢先哲道存猶未捐
余慚石父賤感激應誰憐

同林漢孟池景大静得軒壁

胚渾本無象聖人亦何言唯應遂初心庶以窺其源
寘栖守玄默水木澹丘園浮雲淨空宇爽氣當靑軒
妙契忽自領恬然忘外喧孰云吾道遠乃自靈臺根

連川醫者許得明悠然樓

樓居結遐想高超世人群寘栖寄寥廓心遠逸天雲
恬目見歸鳥夕嵐浮氤氳清暉曠無際攬之不盈分

緬懷沉蛟井金繩閟苔紋靈旣亘千古英声擢前聞

以言岐黄秘稽首長桑君毋令上池水獨涴靈臺棼

梁董教樂善堂

志士邁恒調所踐唯格言心以善自樂身將義弥敦

結堂奉脩瀡孝養勤朝昏庭閑水木秀春至池草蕃

世情徇榮禄所向多異門誰知貴天爵此樂難具論

題松陵吴文剛長春軒

習隱向微道了然玄牝門口含金鵶蕋身寄桃花源

結字閟青陽寒林变氛氳道逢太和際發生靈臺根

結想夢岐伯飛声繼軒轅希君黄芽秘永矣駐精魂

古田陳叔重着存堂

風樹嘆親沒含悽竟何言空餘永感下慨此雷露繁蘋藻潔特祀君焄蒿動精魂音容恍在睠謦欬恒若存堂虛儼像設林木當前軒林木有時變此心常弗諼

清江散人為林孔逸寫前林過雨畫

清川帶長林雨後宜水木澹淹天影寒孤光霽人目歸雲澹空青虛窗響懸瀑日夕山氣佳心閑道機熟烟際下遥鍾西岩數峰緑

題虎

麟鳳那可馴，托跡窮幽邃。群動爭朶頤，紛紛競相噬。何意爪牙雄，隱身翠微裏。朝膳松下麋，夕飲澗中水。矢心不咥人，逍遥白雲際。日與龍為徒，優游保終始。

寒夜宴集陳拙脩西軒

飛霰夜仍集，寒飈鳴近林。感君玉壺酒，微酣忽盈襟。中庖出豐膳，劇飲成謳吟。賓言無多酌，主稱宜再斟。人生亦奚為，所願長盍簪。何必候離間，臨風想徽音。顧慙悠悠者，辱此惠愛深。窮匱不能荅，嘿嘿以銘心。

書懷寄所知

孟冬天氣肅北風何凄涼引領望江介凝霜沾我裳非無越鄉感別久以為常終懷首丘念欲往川無梁越鳥辭舊林燕禽正南翔清川去悠悠離心日已長盛年不再至玄鬓忽已霜駕言適皇邑遠結金與張片言不合意東還守空堂因書許知己悵悵中自傷

書溪山林數篇

花溪過殘雨隱處青苔紋松栝逗天影蕭蕭鸞鶴群以言丘中賞遺身寄孤雲金梯與神遇華頂青氤氳

傳別駕風樹卷

疾風吹庭樹，游子常苦心。祿養已不逮，江湖行且深。
帡幪豈云樂，藜藿寧自任。懷哉古人意，錫類猶至今。
鄱水漾寒波，楚雲還遠林。含悽念幽壤，幾欲忘華簪。

題郭熙水墨為陳滄洲作

飛流積天鏡，勝寄來花源。尋林烟露晚，掃石泉蘿偏。
瑩神蕪遺境，歷寂焉累煩。身與鳥共遠，興將雲俱還。
以求滄洲侶，永矣洗心言。

題林彬家畫

谷口翠微路深溪明藥叢宴林候巾舄卷慢來群峰
心遠魚鳥狎跡幽猿鹿同行當復摇棹杳靄東林鍾

送鄭上舍縉省親之朔州

解辭受圭組分符撫黎甿何意五馬榮翻垂縵胡纓
持法在權貴皇仁無此情任歌夷門道感激誰爲平
驅車出宛洛悠悠念徂征恒山鬱空翠晋水空流声
部曲不見讓嫖姚豈知名下去且勿嘆寧親向邊營
何必兒女别臨岐淚縱横

送新寧簿丹徒鎦公之天官

廣十寫臺

翩翩瑶臺鳳鳴声何嗈嗈本期金琅玕韰尔栖棘叢
誰云小千室守道随汚隆三考未遷秩一官恒屢空
兹晨復辞滿祖道嘶華驄驛舫荔支雨江郵榕葉風
輶軒上京口坐聽金陵鐘到家未幾日謁帝明光宫
余亦彈冠者何由托冥鴻

九日宴集盤石得諸字

商飈號大野蕭索如孟諸落日送飛鴻千岩寒木踈
置酒登嘯臺初蘿極空虛酬歌醉僊菊列坐飄長裾身
寄傃鳥外神遊元化初飛声瑶池鳳遠致麻姑書遥

海上孤月寒潮帶歸魚天空百泉響徂鶴哀有餘不見松栢路蒼蒼閉玄戶誰知委運去千載隨荒墟且復酌美酒揮刀膾双魚人生非喬松不飲當何如

歲宴別施伯子還冶城甥館

沂泗不可極河汾亦悠悠眞源了無跡誰知遡其流受尔尚苦節擔簦適來遊披荒得微路稍見窺毒修尔家新寧墅来往冶城秋夜雨夢甥館殘燈億家樓臈日湖上別北風吹布衾寒山對緑酒大雪飄行舟我有跌宕懷翻然積離憂臨岐嘆孤鳳去去鳴舟丘

寄新亭林伯堅秀才

三峯過殘雨獨樹𡨋逐照鳥外尋斤雲霞邊發孤咲若人滄浪心掛席凌海嶠白社偶香緣清江隱漁釣緬懷中林期負我蘇門嘯榮賤非所知君其可同調

錢塘徐教諭春萱堂

陟屺積遥想望雲鬱重襟夫子樹叢萱羅生北堂陰愛日耀朝景繁英娟華簪採掇憂可忘睠睞情何深方欣禄就養亦爾道自任南陔有遺響白華多好音願言保貞素永慰慈母心

贈德成岩道者

巢居迥無跡浮人豈知名振文掇霞釆孤坐白雲英
神閑了遺境歆澹將寡營摽技與野鹿邈然兩忘形
適来本何期倏別寧鍾情長嘯忽歸去啾啾鳶鶴声

又

岩栖帯靈境寂寥布金園跫然足音少所遇麋與俵
井竈白雲裏枕席苺苔痕懸燈夢石榻蝙蝠飛前軒
腹中楞伽絰心觧口不言衆方委塵劫此独求真源
笋笠掛絶壁卷衣弄潺溪夜半月出山泉蘿四垂門

了然忘天地独與静者論

遯素軒為張伯和賦

圭組豈不貴藜藿豈不飢達士順流坎道在隨所宜
回也一瓢隱禹稷恒憂時傳岩亦何卑莘野寧久微
夫子尚名教遯世不見知遺身衡門下守素無外馳
大道且橐括時來將有為非徒野鹿性偃蹇如標枝

題閩清林中叔梅林畊隱卷

結宇隱空翠耦耕梅花林群嶺寄孤鳥衆溪澄一心
春至覘泉脉遥遥西頂岑負緣亢雲上杳靄窮源深

潭雨颯已至虹蜺生我襟翩翩洪厓子採藥青蘿陰
手持若木枝咲拂丘中琴以言得仙道豈必服黄金
言既忽飛去諸峯龍夜吟棒篁閟秋影石洞聞幽音
翹首望不及蒼然何處尋還歸理吾稼寧用競華簪

夢遊武夷吳十董大客建上

夕發紫霞想神遊紫霞峯迴飈汎輕棹九曲青芙蓉
又不見武夷君幽溪但濛〻九函閟仙蜕千載如花
紅白鹿行不迈丹樓烟靄中羽士尚控鶴真人猶豢
龍相携三姑石眺睨聞霜鍾毛竹隱初月天鷄鳴萬

松竇緣金梯上更歷千數重双壁忽中斷氤氳垂藥叢平鋪亘百里曠遠諧心胷居人牛鷄犬鼎竈并旁攏雲衣卷山罽石床疑鬼工洞中兩神女瑩色桃華容一笑粲玉齒再言情已通頗留就金液果然愜奇逢愁君乏仙骨茲去迷靈蹤

題馮公夙家藏方壺神嶽瓊林圖

吾愛方壺子翩翩列仙流嗽津結龍虎逍遥與天遊有時發仙秘戲掃瓊林秋趋然粉墨外坐使真華愁茲峯表神嶽漫漫元氣浮祥飈轉琪樹肅颯珊瑚鈎

玄鳳隱朝景三花媚灵湫伐毛紫霞裏濯足泉蘿幽
黄金變緣髓千歲栖蓬丘世人晒丹汞飯稻茸蜉蝣
披扃有遐想其將方外求

林思噐席上燕别高漫士得思字

月出東大堤含輝正流麗同心以綢繆何乃生離異
置酒登高臺、、中筵絃思臨觴不能御恨：：心已醉
憶昔俱少年眷言不相棄及兹别離特衷境倏已至
念君遠行遊嚴駕越淮泗阿閣入雲中皇居儼迢遞
京邑多故人誰為頤微細恨無承風翰隨君發遐裔

浮雲東南翔，夕景忽西逝。安能守窮賤，皓首以遺世。

題林漢孟瓢所

東林富俵鹿，下有靜者廬。四壁無長物，一瓢常晏如。
青蘿覆虛牖，落葉紛前除。初疑許由室，終類顏子居。
飯糗常自樂，飲泉非頤餘。双澗時浣衣，七岩間着書。
何須洗双耳，始與塵事踈。

贈周谷泰赴召天京

王風變諸夏，光嶽生才彥。遂令布衣臣，欻起皆纓弁。
馬卿寧久微，甯戚豈長賤。邑從甘泉宮，承恩未央殿。

金陵欝龍虎佳氣浮葱蒨天子坐明堂群公牧州縣
奇君倜儻懷而無故鄉戀恥學兒女仁含悽别親串
緑水睠行輈青山對華餞兹去復何辭皇情有深眷

方壺漁隱圖

滄波深不極孤棹獨容與白髮尚漁竿何心戀珪組
倏然水木興浩蕩沙鷗侶回首苺苔峯蒼茫夜來雨

題鄭氏家藏古畫

凉雨静氛埃孤雲結層陰飛流激荒澗嘉木澄幽林
鳥啼谷中静人間川上心誰為後来者當期此投簪

題山水小景

習靜喜還山，山水趣方永。灌木澄幽陰，風泉溜巔頂。
清聽空外遙，吾心坐未醒。
空山落葉時，渡口潮初長。遠樹帶虛亭，閑雲霽孤舫。
古路今人行，浮生幾回往。

書問耕堂

龎公喻錙表，仲尼小樊遲。為學貴自廣，遺安亮無危。
若人隱耕稼，取樂寧在茲。用舍隨所遇，榮賤心弗移。
閑門面場圃，開軒矚清池。椶葉覆我牖，藤花垂我衣。

方春始微雨薄言往東菑田叟旣相勉耰種恒及時
稻苗日已長稂莠日已稀遠心易無悶悟物兼忘疲
雖云体力倦斗酒聊自貽代擅夙有戒素食良可譏
豈不善微禄知命復奚疑

次韻奉畣鄭助教

凉雨淨炎燠微風松下来春言青雲客睨睨滄洲懷翰
墨冠時輩風流傾衆才高情表千仞逸足淩三台
旣欣簪佩伊復輿緇錫諧清言方屢接又恐心期乖
短褐遂漁釣衡門翳蒿萊寧知枉高駕酌我林中盃

盡醉無復辞俱忘形與骸

書金碧山水

群峯絢金碧積水澄天鏡蘩木生夏凉孤雲破朝暝波深魚鳥同地遠衣冠勝意愜遂忘機神閑無遺境擾擾塵坌中吾將弄烟艇

書林良箴雲山幽隱啚

滄江湛迴流野樹帶遠色白雲東山来邉與逌興集静撫丘中琴時散林下帙余亦淡蕩人相期此投跡

爲中林州題山水小景

落一字

離居襟塵想久別山水深茲然愜清玩復得諧夙心
積雨川上霽蕭蕭楓樹林空翠洒飛閣孤雲閉遠岑
若人此真隱緗帙與瑤琴悵望独不見空期鸞鳳音

書高謾士爲陳容齋作山水畫

落景逗秋思深潭澄夕氛金梯拂蘿月碧泉鏡中聞
但覺灵境幽都無浮世紛白鹿知關呦呦清溪濆焚
香鬼谷暝輟棹花源分瑩神寫水絃石床夢氤氳而
我烟霞侶今隨鸞鶴群唯餘瑶華音山水同清氣華
顶何寥寥我行多白雲長歌採三秀不堪持寄君

題畫二首

二十卧雲壑長吟招隱篇梯岩結凿構鑿石開山田
時徑翠微峯捫蘿拂青天脫巾掛修竹酌酒揮五絃
別來如蓬轉茲賞竟茫然白首竟垂釣蕭條東海壖
徒有鳶鶴心終無黄綺緣今晨展畫畫因以思林泉
何特還舊隱遂買秋江船
鷃冠飯雕胡分與時人淺道存心自玄豈必泉蘿遠
緑水浄鳴琴空林對虚館山中春桂枝倏尔飛霜滿
寄語青雲人投簪事應晚

題林景時水墨山水

向壁見空翠滿堂烟靄生都無粉墨姿但覓泉籟声羨尔丘中賞泝源結幽盟閑尋天窓外嘆佛青蘿行身與雲共遠心將俗独清予亦淡蕩人因之謝浮名願食金鵝蘂飛步窺蓬瀛

書周造士翁頭

極浦澹姿遥峯寫修書清暉襲房櫳緗帙生華滋嘉尔日在泮還遝山仍下帷唯應結幽興與我琴心期

陳思孝怡偲堂

伯仲我同氣結交我同門懇懇互覘諫參眦奚足云
常懷連枝愛豈必箎與塤所親諒已篤疎者情亦敦
若人尚古道堂構依山樊庭開水木秀清暉藹前軒
谷鳥時一鳴深池芳草繁伊彼伐木詠感茲棠棣篇
扵爲見高義薄俗難具論懷哉魯中叟千載垂嘉言

贈别陳少尹思孝服闋之天官

晨登無諸臺南望冶城闕垂楊夾衢路一日幾入别
行人悪離别僕御愁不發斯須竟參辰况迺千里訣
行人難久留結駟登瀛洲連宮出閶闔上有佳氣浮

鵁鶄麗飛觀銅龍起高樓結托畫中貴經過皆列侯
侯家連戚里日夕歌鍾起金貂錫元勳赤舄何几几
寘游良不惡冠蓋相縈絡誰懷長卿貧沉痾守藜藿

初秋同叔發彥時遊崇山蘭若

習靜厭紛擾幽尋給孤園翛然香林下似得桃花源
一鳥落天鏡千花秀禪門紛吾道機淺謬接甘露言
月色隱秋思荷香清夜魂終希偶緇錫永矢超塵喧

為醉樵書水墨扇頭

入山不辭遠愛此泉蘿僻悠然與心期孤雲澹而白

谷神養牝應乘了空色思與静者諧投蹤寄哲石

題高漫士

山䆗雨新霽孤雲𧰼猶飛嵐嶺隱空翠石林閑清暉

時與同心人逍遥爱荆扉都無浮世累共我飯蕨薇

日夕笑分去微風拂蘿衣

虚白子水墨畫爲陳思孝題

開畫見嵩少妙趣忽已領濛濛花源陰窈窕多靈境

石洞閟落紋天㐫逗雲影迎秋鷗冠凉先雪荷衣冷

長夜何所聞龍鳴在西頂

題傳別駕存省堂

大路久榛蕪末流異溪徑淳龐日已隳遂令此心病衆僞揮我真百邪乱吾正誰知灵臺中澹然大虛静馴擾無外馳澄明見初性嘉尔有道人于時復存省

張節推存心堂

形妙結元化虛灵独函中瀰漫八紘内廓爾天地同以言道自守了與真源逢澄明燭万变百体俱随從外視失初性蕩然若乘空誰應静夜氣復與灵臺通若人抱月神日夕懷深衷常慮變物淺思將拯疲癃

名堂有遠意豈惟昌厥躬

書陳思孟家藏古畫二幅

勝寄結幽夢遠林遶孤尋澹然花源裏杳藹雲木深
胸次不礙物但聞丘中琴唯應棄瓢者永言諧夙心

又

絶壁凌山梯連峯出孤鳥天虛灵籟寒月隱泉蘿曉
長嘯入蘇門蛩然足音少

賦得雲溪别棹送憲從事赴京師

手折臺上栢送君天外心雲飛陽溪水望望陽層峯

仙棹去俄頃滄波杳難尋行將拂霄漢發軔當在今
我有千古懷寄情江海深别離貴有贐愧無双南金

題劉姓家藏畫

秦人避囂處鷄犬桃花林水石隱天鏡泉蘿閒夜琴
紛吾厭氛壒欲往路瀰深永懷蘇門嘯邈然塵外尋

書水墨畫

嵐嶺閟迷措清暉長在門閑尋鬼谷隱杳靄迷仙深
灌水迴蔥蒨飛蘿垂可們豁然心境異邈尔朝市喧
苔際坐亭午微飈散氤氲潭浣予衣戴芳佩蘭蓀緑

水深見底澄明瑩心魂孤雲石上起與尔俱無言

題高廷礼爲陳拙脩繪滄洲隱

我昔放仙島夢神東海濵行歌小山桂遂偶滄洲人結交龍門子招邀浮丘生都無簪冕繫而有山水情浮丘逐銅輦龍門登玉堂皤然滄洲隱與我嗟滄浪有時備群書宛在竹深處境静不遑眠中宵啓前户龍門惜睽離故寫無声詩别後見雲樹相思但悽其

偶書醉樵扇頭

幽谷夜來雨遥岑積鮮雲山光與潭影清暉弃在君

佳期發琴興念爾鸑鶴群何為鮮蘿薜悵然坐離分

阜陽陳果之愛日堂

慈竹隱踈慢慈烏巢近林春陽發象彙寸草齊傾心
懿彼堂上人辛勤嗣徽音至思諒莫酧廓然天地深
以茲常愛日承顏競分陰常慮日苦短徂年易駸駸
皇天錫難老菽水當在今何必太行巔望雲佇層琴
客遊阜陽墅聞風感微忱誰持太中筆以著賢毋箴
南陔久不作為君起謳吟

游竹林深處因贈拙歸居士

深林霧初靄氤氳逗蘿逕煩熇遍朱火燮此山中靜
拂石雲共眠橫琴鳥皆听神閑境自玄物澹心逾迥
超然維摩屋水月初見性行苔人未歸岩棲独清淨

建安王彥真善墨竹道遇新寧林彥時寫

歲寒烟雨為別索余就題其上

黃鶴久為別蒼茫雲海涯青鸞尔何來婉娈湘山期
烟雨變叢色虛心獨華滋於焉脱節勁豈逐春華萎
二十五清絃一絃一悽其鸞鶴復分去鶴怨仍傷離
縱使鸞鶴悲終歸集瑤池梧樹秋不實天霜落寒威

誰能憐孤鳳日夕恒苦飢緘情寄幽夢憶君蒼筤枝

題畫扇面

山空水雲净月出洲渚白寒蕭槭幽風孤蓬逗秋色
垂綸久忘魚擊汰非干澤終愧坐磻溪皓首釣人國

陳大家題董羽神變畫

神蹤發幽秘变化誰可知玄感竟莫測孰能馴擾之
當其永潛翳曾不異蛟螭時来一奮激沛然與天期

為游道人書栖真畫

塵外俱太古塵内多澆漓夜即吸沆瀣晨將弄參差

恬然不嬰物至道其無爲

送陳和中赴召

河洲發仙舸明日過鐔津云是金臺客西遊謁紫宸
乳酒白玉壺送行多親賔酣歌供帳下策馬長江濵
越水碧到海楚山青入閩揮手謝余去遥遥連車塵
三月金陵道千花白門春皇居九天上簪紱羅群臣
飄飖双鳳侶追隨五龍賔日夕飯琅玕毋爲凢鳥嗔
兹行必特達飛書報鄉人

餞林一峯負譴赴京師

澤國皦春鴈風花送離筵揮觴念行子驅車發閩川
秉筆事藩府辭家已三年何知冶長繫徒使叱父怜
翹首白雲岡含悽鶺鴒篇囬林顧天属遠道同周旋
白璧非不貴精誠合其天明當抵京邑秦臺鏡高懸
含恩沐春露發興歸秋田故里足禾黍西崖好林泉
選勝拂霞坐尋雲謁金仙閑来結吟社暫割𡨋中緣

琴樂子墨菊襍以竹蘭貽張氏清玩

何事秉三秀清時謌考槃緬懷長林子中而鷃冠墜
露當朝飲落英為夜飡清冷上池水一吸無留殘嗟

爾郢中思徒勞抱琴彈唯應褰芳者可以同歲寒

雨夜舟中作

落日浮洞庭霄分逗烟舸側聞巴陵鍾遥愛君山火

片雨潭上来凉声蒲高卧龍鳴秋籟寒蛟泣灵珠墮

瑤瑟何悽其蒼梧曉来過誰能問重華空鼓蕭湘柂

哭滄洲陳景明處士

盥櫛中夜起悲謌淚盈襟御哀思明哲徒有不死心

昔来論久要落落襟期妙當以古人求今人少同調

君家足文獻勝事令人羡脱畧遠膏腴追隨狎貧賤

出入恋同声去番無吝情争聞柳下風競播栗里名
平生愛精獵着作多盈篋晨抄不輟手夕誦未交睫
客来即命觴譚浪如疎狂醉後又分詠敏捷皆成章
有時忽得句夜半扣予户開門見月明相邀到天曙
心跡兩悠悠功名無所求共吟蕭寺雨同醉鏡湖秋
長懷武夷趣歘徃嗟遲暮終羨子長遊空怜向平去
我本東西人移家託芳隣縹袍意所恋尊酒情益親
銘鐫向心骨倏尔鶩存殁開篋見遺書迸然涕俱出
憶昨登洪山徘徊蒼翠間俛仰遽云殁玄廬竟掩関

吞声不能道感激滄洲皓帳望無還期滄洲長春草

題吳奉使貪泉卷

寧浣盜泉水寧爨惡木薪貪泉爾何物一歃移我真井冽滋華池清冷沁毌府誰知灵臺根倏尔成幽蠹我聞濯纓者尚取滄浪清朝歌與勝毋昔賢憎其名至人方寸間澹然太虛淨常以堅白存何憂及緇磷于役念靡盬時時頋王程唯應貪泉戒永以資廉明

歌行

東門懷古

策馬夷門道蕭條愁殺人魏王公子不復見大梁宮殿隨灰塵七雄戈劍紛相擊秦兵已在邯鄲陌晉鄙難廻朱亥椎如姬早中侯嬴策春去秋來百草青古城落日烟塵生眼前不見抱關者世上空傳俠客名秋天搖落多愁思信陵原頭木應死誰見豪門愛士特誰有東流汴河水

隋堤柳

君不見長堤柳何嬝娜廣陵二月三月時兩堤人看青絲諱憶昔繁華大業秋此地曾經繫綵舟鶯聲忽

起黎陽变風光不駐江都遊千年往事東流去柳色
依依舊行路傷心不必嘆銷沉回首唐陵幾株樹

羽林少年行

生少事嫖姚出身羽林子力戰三邊豈頗身報雠千
里曾輕死相看雪刃氣如虹白日横行都市中鳴鞭
走馬入州縣紛紛郎吏爭趍風自言家住邯鄲陌出
入金門侍君側門犇不數五侯賓醉裏常輕二千石
日晚長楸校獵歸可怜人馬生光輝自矜恩寵常如
此大咲慒人終布衣

賦得函谷關送人入秦

岧岧函谷關比壯秦山路關門今古幾人行荆棘荒凉惟古樹君不見伯昜迢遞西入關騎得青牛去不還田文愛材客滿座鷄鳴犬狗今茫然秋風黄葉重關下金鎖平明出車馬男兒徒數棄繻人隱士曾聞抱關者君去西遊幾日歸五侯七貴相追隨歸時為問關城吏莫咲行人終布衣

謾歌

飲君玉壺酒聽我擊劍歌孝王賔客久寂寞梁園修

竹今如何五陵年少無知已膠漆陳雷更誰是昨日青雲四五人棄我悠悠一盃水錦袍白馬何匆匆當街上馬生春風並轡朝迴双樹下看花醉倒五陵東他人逐勢爭先後佇立道傍齊拜手君不見張良韓信貧流落江湖聊寄身一朝恩寵賜顏色豈得長為飄泊人

從軍行

少小事嫖姚辛苦烟塵裏力盡三邊境未歸身經百戰常輕死古戍蒼蒼絕塞邊黃沙白草暗祈連將軍

金印不得佩麾下銕衣今已穿往來陰磧狼山下破
訥峯南戰初罷走馬交河雪下時洗兵瀚海鴻飛夜
戰骨蕭條翳草根邊烽寂寞照營門只知邊將封侯
貴不見沙場愁斷魂

書鄭伯固冷齋卷

内食厭黎藿貂衣哂逢掖朝醉邯鄲春莫宿平原宅
香街白馬動行軒羨君讀書長閉門華堂綺席仍擊
鍾羨君一瓢常屢空石崇舍下金如土田蚡門前客
無數君將富貴等浮雲却向人間独辛苦高齋卷幔

對青山曲几残尊野菜盤簾前水鳥将心遠燈下松霜落夣寒幾年在泮閑搔首禄来何曽足沽酒弟子頻分出首符故人已結朝天綬他時青紫繫黃金莫負悠悠冰雪心

温陵留别陳四博士

軍城臘月桐葉飛北風蕭蕭吹客衣旅館狂歌轉蕭索故園長望空依微泉姬酒醒春還早那似繁華旧時好五陵白馬尽浮雲甲第朱門共秋草怜君十載教温陵不向青雲嘆未能堂下諸生揖胡瑗海内賢

豪趙李膺往來京國知名久健筆雄詞世稀有草聖曾騖御史驄風流每醉將軍酒他鄉生計近何如桐下蕭條楊子屋夜雨長愁旧國柳秋風忽憶故江魚嘆予飄泊紅塵裏相識惟君最知已問我年來只布衣念我家貧尚如此悠悠萍水各東西也似飛鴻踏雪泥百年心事難傾寫千里雲山又解攜迢迢金栗清源洞野鳥山花日迎送別後清猿夜夜声知君空有相思夢

故人陳子孟教董教三衢遣以事歸未幾函

還竟弗獲面使人怏怏故有是作

朝𣸣越江帆莫投冶城郭寒日衣上殘黴霜草頭落

城南種榔春復春幾度経過憶故人故人得官未得

意青袍束帶聊褁身蕭條客舍三衢裏一片柯山對

烏几得錢便買浙江魚渾家衣食公田来忽聞君来

喜不定幾日狂歌候蘿逕斗酒空餘别後期扁舟秪

是山陰興如何歸騎太匆匆冠蓋紛紛祖餞同嗟予

参差忽不見悵望青天飛塞鴻

題閩士倪生渠陽軍中春暉堂卷

倪生倜儻人眼白天下士腹中千卷人豈知未肯低
頭拾青紫如何孤劍獨從軍迢遞鄉山隔楚雲鴻鴈
声中空吊影鶺鴒原上嘆離群故園夢遠心常到惆
悵庭幃日應老落羽徧怜反哺烏春暉倍憶忘憂草
春暉燁燁照營門遊子時時念母恩白雲幾度頻回
首邊月何人不斷魂荒城古戍無州縣瘴水蠻烟雜
霜霰相逢俱是五溪兒寄書不到三秋燕昨夜寧親
賦獨還西風殘葉穆陵関衣沾彭蠡湖邊雨路指無
諸郭裏山君家更在羅江浦冊荔花香酒如乳穀水

重歡膝下情風沙不記軍中苦匆匆又說别家林衣上仍縫慈母針時平邊塞無烽火知尔長懸愛日心

題水墨小景

江城何人夜吹笛零落梅花曉無跡仙橋蒼茫隔海青人烟寂歷連秋色何處征帆天際歸夕陽楓樹鳥邊徹磯頭亦有垂綸者共向滄浪老布衣

歌行送别林良箴

拔劍擊銅斗醉作遊子歌涼風蕭蕭隳梧葉清猿孀孀啼綠蘿羨君為人好風采誰那襟期隔山海握手

頓分兩地愁卜隣空費千金買買臣蕭條主父貧布褐羡蔡多苦辛我今與子俱未達蹭蹬豈若尋常人伯勞東飛燕西去斗酒相懽别歧路座上同声歌送君杜陵野客心偏苦雙溪竹嶼入雲林君去携書更抱琴近聞下榻多賢者若箇交遊情最深

題洞雲耕隱卷

悠悠江上雲落落洞中叟老大還耕谷口田風流亦種茶桑柳蕭散孤雲野鳥邊夕陽門巷桔槔懸秋風落葉黄花酒盤石垂蘿白日眠曉籬野菜迎霜緑晚

飯山廚旋蠢穀羞逐隣翁日敗繒懶隨年少時千祿門前春雨泥復深辛苦由來不愧心鹿門向在雲深處鐳表殷勤那得尋

浮峯歌送進士陳以義貢京師

海上迢迢江水流江心絶巘青芙蓉横空積靄幾千丈緑蘿嫋嫋花濛濛深沉玉鏡浮仙島黛色青青不堪掃芳草磯頭望欲流夕陽渡口看還好翠壁紅泉高際天閑雲古木相連延嵐烟瀑雨猿声裏僧舍人家鳥道邊仙舟江上何瀟洒此地那能駐君馬思尓

青雲得意特莫忘出期綠蘿下

海上僊查贈丘二之儋州長史

海上仙槎流汎汎槎枒古木連枝蔓凉秋八月風正高凌轢鯨鯢泛霄漢依微珊瑚樹髣髴扶桑株宛疑太乙紅蓮華絶勝琴高赤鯉魚隨風飄飄五雲上烟霞為蓬浪為槳坐看神女弄珠遊卧听鮫灵剪綃響憶昔漂流海島間載得仙翁去不還又乘漢使河源裏星斗離離衣上寒析木津黄姑渚白波漫漫澹空宇袖得天孫秉石歸始知身到銀河裏君為仙吏下

兖州黎毋山青瘴海秋功成畢竟朝天去且着录查

汗漫遊

送林九愽士秩滿之天官

我聞昔時仲蒙子乃在籌峯白雲裏一朝高議動金門千載香名照青史君是仲蒙幾葉孫世澤流傳今尚存寧將詞賦客梁苑肯隨翩裏趋平原重林書舍何瀟洒花與南頭董峯下巷曲能迴長者車門前每繫青驄馬未年三十教黌宮官舍瀟然多好客坐上談經若流水衆中荅問如撞鍾今年官滿朝京國残

葉秋風帶行客澍水寒〻山鳥外青吳門曙月烟中白

九月秣陵鴻鴈飛霜花撲人初着衣日晚行過石渠署天明入覲黄金扉蓬萊差參五雲遍鍾阜蒼〻壓淮甸鳳闕韶音嫋〻聞龍池柳色深〻見此去應懷明主恩石田茅舍不須言男兒亦在功名早何必栖〻戀故園城隅别酒同傾寫愧我蕭條孟諸野相送寒〻江萬古心他年來問山中者

陳思孝石田山房

阿誰書室山陰墅旧是郎官棲隱處山頭先雪剪茅

茨石上開雲種禾黍禾黍秋香酒滿盃綠蘿花發映
苺苔龍龕樹底鍾初斷金漆湖邊月又來紫門盡日
人稀到山葉無風自飛隨堦下紅泉鳥飲殘谷口青
泥鹿行破憶昨郎官未仕時石田茆舍共棲遲青山
醉逐漁樵伴白眼羞逢杜宛兒金陵大道青天上別
後丘園也惆悵四壁寒蛩夜々声一簾草夢青々長
往事浮雲共渺然風流嘉政歿仍傳舊篋愁看書尚
在開門時見榻猶懸看君亦是青雲器野性還應愛
山水高卧山中絕世塵蕭々風木更悲辛男兒達節

有如此未必尋常畎畒人

賦得劍津送鄭孟宣之江右考文

閩溪迢迢絓絶壁平津之水深千尺神物湮沉不復知往往潭心飛霹靂銀河掩映流寒声玻瓈井底双龍行九華山色紛照耀丹楓寂歷秋風鳴吾夫子浮丘生送君幾度持文衡扁舟觸热那可度来往津頭須濯纓

送林彦賓重廬州省兄

斗酒不忍别空歌嘆離群夢隨楚天鳥心逐淮山雲

九月梨花紅千門響砧杵朝拂車上霜暮挍月中墅
一別連枝幾斷䰟秋風又念鶺鴒原此竹莫作分飛
鴈看尔双〻帰故園

題林良箴琴樂卷

太樸日已遠希音竟誰憐見君奏流水邈然無徽絃
絃中掩抑多深思世上誰能識君意愛客寧無沽酒
資得錢秖是修琴費四十年高尚不官琴心應與道
心閑羨君布衣能自樂知君一飄能自寬興來拂宮
羽冷然轉清商脫略徽軫外人琴兩相忘陰林折竹

寒蕭洒暗水流氷雨飄尾雪海凉天落鴈秋空山臘
月啼鳥夜山妻听曲款忘貧穉子弄絃心亦淳閑門
不受知音賞應似悠悠太古民

陳平林醉墨堂

黃山筆塚連糟丘墨池酒泉相映流霜毫畫酣玉蕤
露雲箋夜酗蒲萄秋黃山中人鶡冠子身褁綠蘿着
双屐蕭洒唯應繼右軍獲落偏能如長史山人草聖
自豪雄何事栖遲酩酊中年過五十無名位其宗蕭
然滄海東硯屏顛倒烏皮几落日壚頭睡初起向壁

憑陵小吏驚攙床揮霍郎官喜七閩大姓五陵兒握粟持金豈顧之心同氣合即揮洒帰卧山中無所為想當脫脕臨池處興入寥天與神遇深沉鉄綆鎖寒蛟偃蹇烏藤絓高樹魚麗雲烏勢縈紆疑是将軍破骨都驂麟翳鳳何飄忽倏忽仙遊盡珠闕又如袛苑說空禅奚花歷乱迷諸天離麗落磊千萬態流水行雲皆自然醒來不記濡頭墨千尺寒濤照眼白淮海仍傳寶晋風長沙復見蔵真跡黄山茆宇思悠々柿葉青々覆酒楼白頭未遂中書貴風流亦似醉鄉侯

黄氏小圃

漢陰丈人心不羈生小灌畦無是非寧辭白髮常抱甕大咲傍人皆用機吾觀夫子偏同調未肯逢時發西咲五十仍無簪冕榮半生独得丘園妙君家累葉尚高節太華三峯見秋月仙都白首卧松雲官署清風洒蘭雪霜露凄凄薄故林幾回風木感情深竦燈細雨懷親夢白石清池養道心藥欄花徑青山下若比平泉更瀟洒清齋時對去官人習靜長畱采芳者澗水世事日灌園浮雲世事不須論從教紈綺輕荷

葉不分饘腥薄菜根有時兀坐榕陰裏悠々目送孤
鳴起向人不飲少陵杯開口常輕馬遷史燕緑堂深
日々春来清堂上好娛賓嗟予江海流離客愧尓林
泉淡蕩人

題邑造士呉中美胡山書室

鄴侯架上書如積金薤琅玗映奎壁縱横断墨莽多
岐浩蕩真源了無跡延陵書舍帶湖山湖上書声掩
靄閒閉户不知秋葉落卷帷或見暮雲還山童洗硯
春池黒仙侶吹藜夜烟白半榻清聽草帶間一簾風

露芸香夕青春衣綵尚趋庭永日琴尊復聚星吟邊
挾水牽長鏡醉裏青天掃盡屛幾年在泮非常調猶
未携書發西笑心跡空冷魚鳥知文章已作簪纓料
同輩紛〻似子稀訟詩三百解人頤愁君便逐青雲
去誰共山中薛荔期

送别陳思孝赴天京兼寄董鄭二先輩

沙口柳條色滄波斷帰鴻君承紫泥詔西上蓬萊宫
憶君久抱千将器三尺鵜膏未曾試君不見騂騮叱
撥人豈知一蹴方看小千里黄金不独累層臺宣室

猶聞此夜開郭隗已知天下士漢文偏愛洛陽才
今四方同車轍萬乘宵衣係明哲報主應懷國士恩
承家莫負郎官節鄭虔況是槁門客早晚龍池道相
憶仲舒三策已成名闕下相逢亦寄声青絲白馬金
陵道酒幔河橋對春草天朝此去故人多江海誰怜
布衣老舟從故里莫停橈春水桃花半落潮自慚落
拓空華髮看尔飛騰上赤霄

籌峰歌為長樂尹王道齋賦

海上群峰一峯别群山向下如丘垤雲開華頂見琉

球天盡滄波帶吳越元氣鴻濛溼不飛京霜五月襲人衣迴臨飛鳥空青外始識籌峰天下稀石林陰洞何冥窈万籟天声散秋色南澗飛泉鶴夢清太陰積雨龍藜白我聞仲蒙子雲卧清暉裏一旦金馬門名高北山水憶聻仲蒙罵賊時悠悠往事亦堪悲支離一代忠臣義感激千秋達士知郎官作縣先名節独訪遺蹤弔前列載酒唯澆石上苔回鞭不醉山中月東山歌酒蘭亭筆疎散當年竟何益願君遺愛比桐鄉功名記在籌峰石

送長樂林彥衡之嘉禾文學

先生考滿家尚貧十年坐見淮山春一官今來未得意匹馬東還喜拜親君家世業多文獻堂上儲書万餘卷腹中琅玕不自矜宛西騏驥令人羨承恩今復教吳中祿薄官卑道益崇銅墨相逢皆磬折衣冠駢立競趨風閶天九月秋蕭索寒葉吹霜鴈邊落壚頭酌酒醉黄花大隄涼月照金沙金沙堤上愁為别一片孤帆度江浙若過三衢見故人為言白髮鏡中新

題張師夔木石

荒村怪石連樹根古苔蒙茸野棘縈鉸龍騰空虎豹蹲寒霜落葉啼清猿石門窈窕通仙源我欲飄飄絶世喧櫟山老人無復存往往人間驚墨痕梦着銀箫亦斷視垂蘿飛鳥如可捫石泉冷冷洗心言白雲飛来誰與論

賦得鶴山訪舊送別余綬自軍中還温陵

尋許秀才

余生笑結纓胡纓許子衣褐應迸名緑波芳草怨離別渭樹江雲今古情昨夜城頭吹笛聲相思起听落

梅行梅花江上潮空白黄鶴山中月自明石田茆舍
温陵上飯稻看書亦踈放去日兒童半白頭舊時猿
鶴今無恙念此令人思轉悲鄉心已掛刺桐枝明朝
疋馬温陵道不負秋風鷄黍期

送李浩復永寧

對酒擊長劒男兒重横門行騎紫馬笑結纓胡纓常
恩肝膽瀝竟未嫖姚識時來激忠憤身與鴻毛擲尔
今年少才堪數遠逐旌麾在行伍幕下還教重阿滕
軍中已見留孫楚七閩自是古秦封今日温陵鎮尚

雄時平瘴海無邊警天尽琉球見遠峯往來射獵寒
沙磧任久翻忘異鄉陌紫莢花深騎影迷刺桐葉暗
炊烟積昨日單車奉檄歸過門應得訪庭闈蹔隨旌
鳫雲邊落又逐征帆海上飛撫然北去南跂趾石刻
銅標今尚尔為報邊頭將士知丹青好在雲臺裡

書三山奇觀圖

七閩山水多奇勝秦漢封疆古來盛無諸建國何英
雄赤土分茆於此中荒城野水行人度細柳青榕舊
宮路浮世空歎逐鹿時斷磯不辨屠龍處忽從畫圖

見三山正在無諸故壘間麗譙官署人烟積塔廟琳
宮野照開琳宮塔廟相揮映平遠清冷海天迥落葉
霜傳鳥外鍾垂蘿月隱烟中磬東城西郭騎紛紛旌
節朝朝候使君誰拂塵衣訪仙跡獨凌三島望孤雲

送釋大冶歸省還西塔蘭若

西峯塔影連青漢天半鈴聲度飛鴈朝散炅花世界
香夜懸燈火星河爛此僧年少着袈裟手持木杌口
楞加身寄空門如槁木心將秋水植蓮花兩峯宴坐
談空寂何事家山動遥憶定裡啼鳥返哺聲別時春

草忘憂色學道由來不顧鄉道成應復念高堂衲衣
暫借徧瀾舁壽酒唯傾般若湯風溪上回輕舸紅葉
吹霜向人墮願結三生石上期只恐他生復無我状
别悠悠幾日逢回風暮雨送行踨孤雲野鶴悠悠去
目断金鰲一片峯

送葦石上人還樵陽西塔

金天向西多佛祖寳筏東來多梵語直指单傳悟者
稀沙門衲子徒辛苦初聞祇苑布黄金復有袈裟入
少林夜雪齊腰將見性霜刀落臂始安心西峯法侶

多僧氣曾與空門掌書記丰倡應超敢上乘萬緣只合西來意白雲鄉舘去遲遲憶得從前別毋時今日重尋故園樹幾回落葉又抽枝秋風野水黄花路浮世相逢偶相聚玄度清談不復期道林咲別知何處去去滄波難重陳青山明月與誰儕連天塔影空青外唯將法雨謝時人

書香山九老圖

唐家名臣白居易暮年脫略青雲器抗節羞趨當路門拂衣起謝人間事以茲踈散愛香山洛下群公亦

遂閒玉堂金馬俱殘夢流水孤雲同去還石樓烟樹朧朧見八節迴灘瀉秋練雲衣落落古松姿鶴髮皤皤凍梨面人生宦達應如此豈必浮名絓青史楚國三生少見機竹林七子徒爲尔名遂身閒古所稀洛陽山水又清暉青山何處無佳賞白首湮沉空布衣

題會稽吳漢津遠遊卷

騕足小千里鵬飛搏九州唯應星軺使得以窮周遊騑騑四牡今何往秦漢山川古風壤聖主恩綏下國時王人位列諸侯上官船昨夜廣陵秋二十四橋閒

棹謳長淮柳色迷津吏一片楊州帶驛樓單車又發
閩関道九曲溪山舊來好沈剡波深歷歷雲鈞龍磯
斷青青草君不見主父西遊久不歸蘇秦金盡故交
稀寧持使節御君命出入臣藩復帝畿春風太液花
如霧夜月瀛洲訪仙侶白下亭西賣酒家鳳凰臺北
吹簫處故園迢遞會稽山鏡水仙舟也夢還若使功
成拂衣去此心長在五雲間

奉寄浮丘鄭助教兼東董記室

西膠愽士金門客白馬青袍夾城陌天池種藻上林

花身受皇恩不顧家春風幾見橋門柳祿米唯應足
沽酒囊無一物寄妻孥篋有空書示僚友憶昨驪駒
未別鄉新寧山水競風光縣人爭揖芭蕉館墨客都
尋柿葉房六平山下秋同夜半古峯南夜聯席別後
相思何處尋鳳臺碧草連天色王門記室寂情親官
暇相過德有隣飛札定應思漫士因風也式寄樵人

答黄嗣傑兼柬王介軒先輩

沙館忽歸夢楓州空月明與君別來凢幾日相思不
覺聞秋声來清小苑霜初肅扶留葉大甘蔗熟青山

桓家野王弄秋玉流落秋亭半枝竹君山老人何處歸夢入瀟湘洞庭曲浮丘仙客伍湖心復向滄波學鳳吟不吹玉塞梅花調不奏青樓楊柳音商声遲遲羽声急寒蕭飛花露香入水靈鮮珮撇波來山魅吹燈倚雲泣萬事無心一葉舟夜寒星斗落船頭數声絶島魚龍矚三弄澄潭鴈鶩秋初聞鳳在岡倏尔羈吟水天籟風泉何處鳴落木寒須一時起浮丘子通靈仙汗漫終懸魏闕情曲終又欲逢來去日抱雲璈朝玉京

酧陳師貢

雲卧碧溪裡，別來凢幾春。口中獨未言声利，身上何曾染市塵。君家兄弟多逢掖，吐論遥軽二千石。高蹈寧耕数畝田，折腰耻作諸侯客。傾盖逢君惜未深，見君同調復同心。紙今交遊重朱綬，何人貴義軽黄金。世人共咲悠悠者，擊劍狂歌孟諸野。萬事秋空一片雲，得錢且醉黄壚下。聞道朝廷禮数優，衣冠闕下盡名流。憂君更欲君先達，顧我滄波空白頭。

耽犂子歌為長樂鄭友衆賦

繞舍雲半間黄菊吹香酒千斛瀛洲仙侣久忘機昔時驄馬今布衣共君兄弟日携手閑看孤鴻天外飛

書漫士為陳拙脩繪滄洲别墅

金隄沙北鏡湖東前窺籌嶺後炉峯滄洲老人年七十朝朝宴坐於其中葛巾竹杖何蕭散卧爱清暉不知晚魏闕青雲夢裡過謝池碧草吟中滿五岳仙遊去路深擊鮮子舍費千金如何白髮滄洲上野鶴閑雲一片心龍涎酒盞鸕鷀勺遠勝仙家大玄酪送客天明水鳥啼禅絃夜簷花落龍門高士掃新啚揮霍

霜毫倒墨壺京國浮丘亦知己題詩早晚寄高湖

送林彥衡子壻遊漢赴嘉禾吉期

蜀葵初黄栁飛雪棹歌声裏行人别别思空随海上波客心已醉吳中月嘉禾山水盛繁華才子今遊若到家金屏射中双棲鳥紅燭争開並蔕花問君今年二十幾大額踈眉有如此少君不愧鮑家郎樂廣應奇衛公子水玉相親情更多泮林官况近如何爲言白首甘藜藿豈望青雲到薜蘿

空江秋遂浮丘鄭助教索予賦之

新亭才人心不羈腹中三禮猶眈犂生事常懷汶陽北夢遊未識灞陵西青山白野閑來坐離黍吹花向人墮瀟洒還同谷口耕風流也南陽卧誰知宣室聘椎才不使遺賢滯阜乘使者飛書催上道郎官立馬送離杯幾回待詔金門裏擢上華騣未由試甲第歌中少故人五侯賓從無知己以茲翻憶鹿門春却句清時便乞身匹馬行辞白門柳群公餞出秣陵塵故園獨樹闔川道數畝山田半秋草孺子應知食力安安淵明況及歸來早入門長笑復長歌仍把春衣換

薜蘿自言林下耽犂好不道天朝薦剡多

題高漫士爲王明府繪吳航勝覽

無諸故國新寧縣西控雄藩古侯甸文物遥通漢職方河山舊入秦封建霸氣榮光幾百秋卉衣推髻变中州清朝礼樂弥寰宇比屋絃歌見魯邹六平遠樹烟中出百里清暉趣非一一片滄波海嶼秋千門霽色扶桑日滄波東遊日悠悠憶昔英雄駐采舟御國龍帰何處在太常雲去至今愁伸蒙岩頭桂香晚中丞石上岂花滿陳蹟空餘野鳥飛英声不逐浮雲散

我侯遠抱連城璧僚佐相輝應籍籍近郭行春露冕
時古臺下馬彈琹夕風流墨客龍門士揮霍双毫寄
深意都將勝槩紀方輿更喜賢侯重民事

白馬篇

宛馬如雪色青絲轡来好五陵俠少年騎向長安道
長安道上花正香吴姬垆頭紅粉粧翩翩白馬繫高
柳據坐胡床喚酒嘗自矜出入金門裏立在殿庭誰
敢視武皇昇天去不歸人馬蕭條翻被欺不及田翁
學種穀日日村中抱黃犢

老將行

生小事邉州罷歸頭尽白玉門邐迯别来深雲鳥魚麗旧曾歷三天吴鈎兩斛弓絓在閑門高閣中羽林一二少年輩昨日封侯欺老翁翻思戰場裏秋霜断人骨髑髏夜夜声滿天尽是長平旧降卒

賦易水送人使燕

燕山北起高義義東流易水無停波北風蕭蕭筑声切昔人於此送荆軻啚中中首非良計堪嘆燕丹無遠器髑髏空死樊將軍日莫秦兵滿燕市往事空餘

易水寒白鷴飛下地椒乾經過此地對流水知尔踟蹰馬上看

箏人勸酒

新豐美人青樓姬絳裊素腕嬌双眉暫歇秦箏勸郎酒西凉葡萄金叵卮郎君但飲休辭醉百年悠悠憂中是神血朝凝不復知日暮青山北邙裏迴身更整十三絃金鴈離離繞鈿鐔十二欄杆月將墜錦筵紅燭浮青烟人生歡樂那能久豈惧星躔倏奔走妾容未改君少年日日尊前勸君酒

長相思

長相思相思春復秋秋風撲簾霜入樓卷簾兒月令人愁鶴閑音信長悠悠絡緯夜斷声斷續梧桐蕭颯寒稷綠秦箏獨抱思繁絃為君彈作相思曲相思復相思思君君不知願為夗與央双飛向天池歲歲年年無別離君不來長相思

行路難

古鏡蟠龍野台色赫顏欲改青鬢白三尺魚腸燭下看玉壺擊碎心未寒悠悠漳水輪臺樹信陵平原澍

何處騎射紛紛杜宂兒驕嘶紫燕躍青驄銅駝陌上
春風暖田竇門前客應滿白頭執戟不遷官晝日忏
玄門自閑雪風蕭蕭面如割史雲桁上無全褐君不
見羊腸九折坂覆轍相尋歲華晚君不見瞿塘灔澦
灘敗蓬如舞落驚湍田文失勢馮驩去廷尉門空鳥
啼樹二君所見何太遲署門謝客徒爾為食客滿堂
盡珠履剖膽輸肝竟誰是階前車馬若雲屯倏忽蒼
苔生滿地感激令人氣不平中宵起坐待天明唯有
君家梁上燕秋去春來無世情

○○

望秋月

望秋月在家見月如等閑幾度天涯望秋月明月雖同非故山擧頭問明月古往今来幾員缺明月如有言問我少年今白髮君不見汾水秋風鴻鴈来鄴中歌舞盡蒼苔憂懽只問今時月曾照离宮與露臺今月應將古月同古人今在九泉中誰言金粟西陵下不見流光到梓宮

妾薄命

玉釵墮地無全股双鳳蟠龍兩分去雖藏匣底終棄

捐欲賣傍人不直錢轆轤死轉黃金井手挽銅鉼繋
纖綆誰知綆斷鉼墮泉千尺深沉不窺影銅鉼墮泉
釵墮地君心何得生離異

去婦詞

刺促何刺促東家迎鸞西家哭哭声休使東家聞東
家新婦嫁郎君滿堂笑語看珠翠夾道風傳蘭麝薰
浮雲上天花落樹君心一失無囬悟明知遣妾何所
歸飲淚行尋出門路青銅鏡面無光采苦心尚在容
華改東家新婦傾城姿似妾從前初嫁時 。

東樓歌

東樓美酒黄金杓客子迎霜葛衣薄西樓朝飯盤有
魚客子家林無斗儲他人方寸那堪托傾倒三盃吐
然諾咫尺相看隔九疑不待明朝異山嶽君不見牙
籤緗帙滿床頭不及雷塘百畝秋君不見誦詩三百
徒爲尔泰青一弄傾人耳滄波去去堪乘興楚鶴孤
雲本無定毛生自薦秪徒勞魯連豈頋千金贈行路
難難重陳史雲只合長苦辛落拓還騎少遊馬往来
嵩華青山下

代閨人荅輕薄少年

繁華嘯芳年，蔓艸對凼思。妾本趙燕姿，誤身任俠子。長安任俠矜少年，五花白馬黄金鞭。平明馳逐新豊市，日晚吴姬垆上眠。玉驄一别知何處，可惜佳期夢中度。窌竹丁香起暮愁，桃屏十二巫山雨。露盡冬青猶未廻，轉頭黄葉委蒼苔。空簾盡日無人見，寂歷黄昏月又来。

水墨鸜鵒

山鸜鵒，羽毿毿，声斷續，不逐雌雄向空谷。何事孤枝

抱寒獨山桃野竹更芳菲縱有虞羅也見機紅香落盡忽飛去深山古木行人稀

孀婦吟

開篋見珠翠思君前日情秪言恩愛長相顧豈誤音容隔死生東流逝水何時返倏忽青天綵雲散銅鏡粧臺不復窺羅襦綉被荒塵滿月明繐帳凉如水燈火熒熒照虛位寂寞空簾鵲影閑蕭條穷巷虫声碎東隣車馬如雲屯西隣謌舞日紛紛不羨他家夫婦好寧甘守節在君門新墳峩峩倚山麓春去秋来艸

應綠夜半傷心不忍啼天明獨抱孤兒哭

送陳滄洲遊浯水便登方廣岩

閩山西来多法園谿西一道通仙源灵花貝葉相輝映道林鑿齒皆清言遥岩二月霜花積千丈垂蘿裊烟碧水簾風卷半空寒石室雲来萬山白真僧不見賔頭盧片月孤峯色相癯六時天樂聞鍾磬百尺風潭寫畫圖仙舟此别饒佳趣豈學悠悠向平去林僧定掃壁間呇山人况有鷁人句

書閣憲淮安陸公駜馬朝天卷

驄馬新鑾蹄翩翩錦障泥朝鳴栢臺下莫走金陵西金陵西上連双闕白門秋風桂香發手中玉斧綉爲衣馬上霜威面如鉄故園淮水望猶賒心念王程不顧家閶闔九重歸使節炉烟咫尺誦皇華朝回月隱南宮樹夢裏猶听七閩雨一道風霜露冕時幾年紅海星軺曙聖主恩深念遠臣穷荒今日頼咨詢功成畢竟登台輔應繼貞元第一人

題新寧陳叔謨留耕別墅

識子青年未官禄閉户看書心亦足南畝東皐厭遠

尋退耕耘在靈臺曲靈臺一道自通天中有泠泠幾
竅泉犂牛錢鑄知何用仁作春苗義作田大田多稼
徒爲爾豈必流傳到孫子何似君家方寸中子孫食
力垂無窮

奉賦僉憲陳公鶴峯親舍

栢臺使者金門吏家住惠陽萬山裏青山歷歷孟家
鄰喬木蒼蒼鄭公里黄鶴連峯入翠微白雲親舍對
清暉山厨日送菰容膳野服時逢萊子衣别來久矣
懷鄉國身受皇恩歸未得林鳥頻聞返哺聲萱花幾

變忘憂色七閩露冕肅秋霜攬轡唯應憶范滂會使
鄉人看晝錦惠陽山水有輝光

題張少尹淳溪燕居卷

溧陽咫尺金陵道行人盡說淳溪好美髯公子未官
時飽食河魚飯秔稻公子青年氣最豪身長七尺錦
宮袍清寒玉露金莖直蕭洒雲天海寉高別來倍憶
淳溪柳窓蕚青青覆虛牖愛日堂中五綵衣春風席
上連枝秀三年佐縣得吮松官舍蕭然多好容應待
鄉林歸省日又從霄漢沐恩濃

贈黄典簿修築隄防

君不見召公埭白渠叔敖鄭渾功最殊年豐粒米多
嬴餘閩卅属縣滄海隅築海為田農力劬炎風赤日
秋草枯漫〻斥鹵連荒蕪民飢不足供王租我公到
來人復蘇鳩工築防備不虞濱澗厳湖水可瀦汙邪
甌窶变膏腴禾黍油〻接桑榆公田有穀兵有儲春
風二月花滿途村北村南開酒垆黄堂白叟但歡娛
馴雉不驚椎哺雛紅蓮實幙瑩氷壺玉樹掩映青珊
瑚訟庭無事鞭用蒲功歸令尹名不沽政成秣馬朝

京都便當發軔青雲衢顒作霖雨霈九區非但小邑
蒙沾濡

贈煦磨瑞桃歌

成周嘉禾紀王瑞一莖芃芃連九穗漢家宮殿發靈芝金光曄曄生銅池紫文緗核浮香來復見君侯府庭内王母仙根豈浪傳玄都佳種今猶在繁花並帶玉交柯異體同苞孕太龢非関雨露生成别自是公門佳氣多紅蓮幙下開仙館何必天台羡劉阮鸂鶒斜飛不敢窺祥烏款下空偷服錦袍朝覲又承恩釆

摘唯應奉至尊宸居玉食天齊壽九節昌陽何足論

送閩縣尹松江張公秩滿之天官

吳苑梨華赤闌閣霜度時輶軒首京路蹀躞嘶青驪郎官舊隱松江口門前種得先生蓴忽逢明主寄婺慺肯使遺賢滯陵藪三年製錦動香名千丈澄潭照眼清日與同官俱坐嘯頃令豪吏尽銷声君家文獻非常調健笔雄詞世應少卓茂何妨密縣早魯恭豈謂中年小鳳臺西上雪花飛琴鶴翩翩也自隨雲霄相逐夔龍遠留此甘棠去後思

歌行奉餞閩守姑蘇陸公秩滿之京

吴門山水多奇秀使君独継宣公後錦袍新綉鷺絲紋銀印低垂虎頭綬閩城官柳拂双旗花裏行春五馬遅訟庭幾度聞鳴鵙仙館三回見荔枝功成又欲朝京去遠心已絓南宮樹枇杷開花鴻鴈霜此時正及鄉山路車傍父老持百錢馬上同官惜别筵悤恟好借留河内黄覇終須出潁川金陵客舍春還早快馬輕裘滿馳道使君行篋但蕭然唯有貞元諫書草

贈閩藩參政永嘉楊公秩滿之天官

春幃戰勝得名香，錦袍白馬尚書郎。景星流輝煥霄漢，鳴鳳展翼翔朝陽。承恩出入蓬萊殿，天子殷勤寄方面。七閩父老候幨帷，八邑諸侯拜車傳。無諸舊國古樵都，更喜明公遂剖符。千尋泰華懸秋月，一片清氷烟玉壺。憶從西笑離鄉陌，鴈蕩天台夢中碧。恋國常思瀝寸忠，臣時每欲陳三策。三年報政出閩藩，千里趍朝覲至尊。好晋召伯甘棠惠，應沐周王湛露恩。

贈閩郡别駕江右傅公考滿之京師

豫章才子龍門客，别駕閩州声籍籍。春帆曾食漢家

魚秋燈幾听南樵笛王程迢遞不辭難守道何妨末
轉官白雲茫茫鄉山遠風木蕭蕭隴日寒銀鞓束帶
烏紗帽錦作朝衣紫鳶誥佐郡長懸魏闕情歸驂又
指吳門道江亭把酒別同僚盧橘花深惜去棹南宮
此度非常調應接鵷鸞上九霄

題陸太守瞿塘日暮圖

白帝城頭烏欲棲瞿塘峽裏暝猿啼山通劍閣峨眉
遠水落荊門郢樹低公孫舊業知何處十二危灘虎
鬚怒雁飛愁度百勞閑行人畏到三巴路絕壁連峯

馬道賒石林殘照幾人家垂蘿夾岸迷天影午夜滄波逗月華巫陽縹緲望中開行雨行雲尚有臺山花不省襄王夢楚烏何知宋玉懷岷江一道向西來蜀客帆檣迩迤迴洪濤有時不可下灔澦當頭大如馬紛紛世路羊腸曲豈獨瞿塘驟心目尽知險處重周防誰肯安流處傾覆使君高誼輕常調吏散披圖但長吁明朝身到五雲端下見瞿塘一盃小

三山朱孔周南樓儒親

飛樓軼浮埃迴繞三峯翠樓中十二曲欄干下瞰蒼

卷一此止

蒼〻但鱗次七閩重鎮舊繁華九陌三衢十萬家連營國步軍容盛法宇仙臺鳥道斜遙天塔影迴孤鴈何限清暉卷虛幔洗馬濠頭過雨香釣鱸磯下春潮滿白雲飛上越王山憶昔豪華午夢間城池百戰今誰在草色千門幾度閑玉章繪袞分秦土琱弓白馬空陵樹霸氣榮光共渺然屠龍射鱷知何處登臨懷古興悠〻酌酒彈絃醉不休傳陵才子能高咏灵武詞人鮮唱酧門外金羈多上客独怜王粲未銷憂

白雲樵唱集卷二

歌行

賦高漫士適安堂題于方壺所寄盈

小隱翻成大隱媒終南捷逕近蓬萊君家草堂独蕭
洒半占峯南松際閒草堂松際秋声裏四壁清暉映
烏几卷幔朝眠日出高野寉孤雲秪如此孤雲野寉
澹忘形羸得丘園養性靈飛騰未應郎官宿嘉遯猶
當處士星吟詩作畫多閒放心跡悠悠古人上玩宇
天空踏遠懐嘯臺夜雪閒清響王門記室旧交情國
子先生若弟兄清時共逐鵷鷺去白頭誰同鷗鷺盟
頎余別是滄浪客蓬累相逢即相得對酒龍門月色
秋放歌鷄嶼瀨頭白壺丘仙墨思紛紛千里神交寄

樹雲坐卧草堂時見啚知君不羨北山文

送劉宗實被薦之京

先生昔事李輕車廟略縱横有竒策刀頭見月夜飛鞍楯鼻吹霜曉研墨露布軍中論五兵前鋒校尉盡知名横出入龍驤幙長揖經過驃騎營承平四海無烽燧歸卧東山兀然醉誰知鶚薦下青冥又卷龍弢赴丹陛鳴騶擁路百花香海燕初飛鴈北翔分手独怜孫楚别傍人休道鄭生狂

送鳳陽閒仲貞遠省外父復歸于建上

客有佩長劍行趋驃騎營入門拜旌節氷玉仍双清門前繫着青絲騎冬青吹花香拂袂上馬誰怜矍鑠翁東床正憶風流婿軍中置酒氣偏豪紅烛金盃虎帳高子平頭搖羽扇美人纖手送車螯家臨帝苑長淮樹芳草萋萋望鄉處又逢海水動離情却指芝城是歸路芝城梅水接蛮烟雨地𩀱心惜别筵自愧臨行無可贈何人更有繞朝鞭

送張少府朝覲

閩州少尹家何處夢裏青山溧陽樹訟庭無事独哦

松走馬金陵看花去青繩御路連青天五陵俠少黄
金鞭紅橋青幔多買醉少尹囊中無酒錢朝回道過
御山口春風又發秦淮柳溧水芹邊二校文相逢爲
問平生否

感懷

不彈貢禹冠不結省朱綬幾處移家任轉蓬半生失
路唯耽酒免園挾策也徒然欲遂長沮學種田秋風
四面相如壁舊物空餘子敬氊異鄉淪落無朋友論
交昨日今何有誤將偃蹇對時人豈謂新知不忠厚

萬事蕭然一布衣白頭夢想故山薇抱琴欲奏倚蘭曲目送雲天一鴈飛

偶書

片善不敵金萬言一盃水誰爲枯魚嘆邈矣南華子今人結布交結心古人貴義輕黄金麦毋與人不復見指廩輕囷何處尋

送别曾伯剛歸青浦

太常峰南正飛雪嚴公湖上梅初發遥天片日下澹波斷鴻声裡人將别借問君家若箇山白雲携得扶

頭還碧羅舊業連青浦高卧心閑夢亦閑看君意氣
非常調未肯逢時發西笑萍梗長留滄海蹤詩書不
作青雲料客裡相逢情最親離居自愧家常貧旧遊
冠蓋今誰在白首襟懷有幾人念君此行何草草岐
路吞声不能道遙傳掬淚到麟峯傷心為吊方山皓

題岐陽鄭彦林家藏五馬出浴圖

天皇雪消氷始開天寒賜浴皆龍媒奚官剪拂荷君
寵為惜流沙大苑種房精夜照滎河水靈物蜿蜒昼
飛起春雷十日繞龍池赤驃驊騮電光裡唐家天上

宴連枝花萼樓前紉鞴時紅纓並逐儀鸞去七旒双
旌何足奇

送林七洙省親之休寧

無諸城頭春雪飛臈酒未醉縫春衣独怜遊子江東
去正值閔河鴈北歸江東遠樹徽州出羨尔王渾得
官日白首雖寒慱士氊多才已判文衡筆前年買棹
問平安南浦東江正采蘭新安到後枇杷熟閩徼歸
特絡緯寒〻還家三逕秋声早故壟松楸不堪掃有淚
空悲二弟殤多情後憶双親老茲別蹉跎度幾霜頬

將飛夢遶高堂沙頭見月長回首天畔懐兒更斷腸
兒今亦是儒林秀寺簿雲孫少卿後玉堂文献故家
声魚珮金龜虎頭綬鯉也青年曾過庭誦詩三百未
成名擔簦别墅稀同調記室王門得從兄青驪又栢
寧家處不比王陽去時路山城小店越人烟夜火殘
鍾楚閔樹千里迢迢候起居家人日夕念双魚到時
早覓新安使兼寄皆山樵者書

長歌贈别高漫士赴召天京

故人垂鈎滄浪磯故人雄詞天下稀故人今辞復鶴

去手持白璧登王畿白駒皎皎離空谷振鷺飛飛出
林木晨勞膂想嘆凌雲夕感哀衷夢操桑雖云畊種
食為天未許清時隱大賢薜蘿舊結山中賞符印今
看腰下懸知子過吳會所遇多同声為我道離别相
思但鍾情五年頃隔浮丘面昨日燈前夢中見八口
相隨赴辟雍一官又轉陪同輩魯筵記室久分簪前
度書來悵遠心幾時走馬山東去汶水寒流充樹深
當年共結漁樵伴星離雨散腸堪斷千里滄波一片
雲東飛玄鳥西飛鴈憶昔相逢樂事偏滄洲堂上酒

如泉題詩醉掃岩泉壁枕籍山僧膝上眠此時歡樂應難再屈指同心幾人在雲壑風泉半是愁碧空片月懸秋海白頭樵子真堪笑落柘何曾適常調握手頻為傾蓋歡多情竟作分飛鳥閩州山水送離觴荔枝垂花盧橘黄輶軒欲發逢梅雨祖道驪駒不堪駐待子東門供帳時我乘款段沙頭路

書鄭克剛雲泉清隱卷

伯陽居柱下曼倩金馬門大隱朝市間坦世非避喧何如小隱雲泉裡黄裳竹杖青絲履白雲為伴去還

来石泉冷冷洗心耳雲本無心猶為君吟邊卧内共
氤氳泉飛隱處偏清響雪夜凉天夢亦聞道人解作
山林事興入冊青老將至一飯王門不願留歸来豈
負雲泉意道人家本住西鏞何事因棲海上峯我欲
尋山採芳去雲泉深處候高蹤

夏日同龍門高漫士遊碁山寺

逸人共結肖朱緩六月閩天火雲厚觴熟梅邊告我
行歆行且盡壚頭酒碁山海上古招提銀甕絲繩興
復携三峯直下幾千丈仙人奕處清猿啼知君平生

愛靈境爲君拂拭青蘿影野殽杯浮蕙草香石渠水
浸井瓜冷祇園樹裏貯行庖蹔解塵衣挂竹梢詩成
破却山靈膽醉倒傾翻老鶴巢迴岩積翠連飛閣遥
海蒼蒼暮潮落舞影争嫌白日斜歌声未道離情悪
擬從方外寄餘歡云是山僧謁縣官野鹿迴看避仙
珮沙禽何意訝儒冠千金流水猶能注陌上離駒不
堪駐頋君身到五雲端莫忘碁山送行處

贈嚴校尉復職還鎮東

校尉家林者箇邊桐栢蒼蒼際淮水居巢城下范增

鄉放緱山前亭臯里憶昔軍中獨数奇壯心每遇嫖

姚知騎射曾矜羽林子縱横不数并州児時来忽領

偏裨將肘後銅章百夫長唾手封侯未有期刮目逢

人已相讓霜蹄蹔蹶氣猶豪鵰鶚低飛鎩羽毛孤營

錯莫三秋夢一劍空餘百戰劳昇沉去去何須嘆

聖主恩深邁鎦漢始知燕頷豈徒然莫把龍殳等閑

玩銀帶瑪弓匹馬歸木綿花發鷓鴣飛夫人堂上收

残淚穉子門前捉錦衣閩州水鎮梅花寨祖道驪歌

動江介酒盡沙頭双玉瓶幙中主將遥相待

和高漫士梅江謡

梅江水流浩浩居人盡說梅江好自從海上築城池使車絡繹無昏早梅江水深復深行人一見懷千金老夫平生愛江水日飲一石無貪心青羅盤盤数峯色攙高望見扶桑白蜃氣朝凝鮫女宮珠光夜照天吳宅居人生小住江皐架壑榜岩結構穿沙鷗不省逢機事江叟何曾識縣曹峩峩百雉連山郭夷島清寧無摽掠將門子弟解逢迎大姓兒郎談禮樂有時江上漁歌發棙柁抽向江空瀾蹣跚竹簍紫蟹肥檥

刺金盤素鱗活龍門子何處來向予西指鳳凰臺京
行此別三千里悵飲應須數百盃謝公好爲蒼生起
山中猿鶴徒爲尓到日秦淮有鯉魚尺書先梅寄
江水

送鍊師張銘新歸上清

羽人重周遊蹤跡半天下渡海窺蓬壷尋雲歷嵩華
朝登徂徠頂夕眺琅琊臺盤桓三珠樹醞藉九霞杯
長生大道應無外嬰兒姹女遥相待金摀結藥養神
丹玄牝垂根長臍帶學道何妨暫出山收琴賣藥到

人間五侯七貴希相問抱得瑶笙鶴上還遝還山宴坐璚林久龍虎峰南一回首秋風入洞鳫啼霜忽憶鄉山菊花酒歸来宛是遼城鶴滿面猶酣太玄酪仙歌未了淚縱横残日瀟瀟隴樹声誰知雲水烟霞性也動松楸霜露情寒冬別我無諸郭遥指仙都在寥廓横天鶴影珮声微惟見千山雪花落

高漫士為許宗顥作山水畫

水墨有遠態酔来甞訝真烛前瞥見三湘意便欲牵裳行采蘋滿堂飛翠疑可掬眼花忽墮愚公谷主人

捧觴我不聞但覺啼猿與秋瀑林間巾舄如有情誰
向滄浪唱濯纓颯然片雨歸彭蠡恍惚孤雲還赤城
醒来始悞双毫妙我與龍門昔同調世人觀畫不觀
神老夫只在丹青表

許宗顥椰子盃歌

君家一双椰子盃遠從交廣帶将回剖開瘴水蛮烟
腹割斷玄霜玉露胎烏梨木柄銀鋑口若比匏尊應
更厚蓮房半側碧筩深中有黄流汎鬱金最憐竹裏
泉中洗不厭松邊石上斟人言此盃能辟蠱傾銀注

玉空論富少陵未許称太瓢讁仙且莫誇鸚鵡山人
心愛口不言肯遺還山酌白雲君不見豐城双寶劍
當年知已亦平分

王氏牧隱卷

山人不種亦不耕買山放犢應逃名閑吹一曲無宮
調高卧千峯不世情瑶琴在床書在篋河汾到君今
幾葉懶随時貴競簪纓耻逐浮人尚漁獵五月南風
陂水深跡白雲將與滿山陰人牛看到相忘處始是山
人一片心

送陳孟敷牧潮陽

別久相逢不問官握手且尽平生懽腰間金帶懶不繫壁上虎符人自看醉來借問今何職皂盖朱幡二千石郢上行人有去思潮陽父老遥相憶作郡休令五馬遲須知明主愛惸嫠行春鰐渚滄波晚澆酒韓山落木時檳榔葉暗蛮天雨吏散公庭鳥啼曙帶印雖云案牘劳懷人莫忘漁樵似樵人偏孪使君知為惜交情在布衣他日諸郎如問絹應傳清節到林扉

書鄧子静畊隱

阿翁隱處何瀟洒竹嶼南頭鳳丘下守道偏將谷口人養拙應同漢陰者而今髮白老丘樊帶經也或究微言生平不憂五陵道嘉遯羞過七貴門世人未鮮此翁意此翁心跡孤雲是低頭不肯揖陳蕃食力何曾愧徐稚脫略凡機無世情幽人野鹿伴經行秋風別墅黃花酒夜火山厨緑芋羮有時濯足苔溪晚放犢寒陂不知遠幾片青山荷蕢歌半林落葉同僧飯盤石懸蘿地更偏猷携乃高興寄秋田且喜琴書應有

托蔡邕雖老仲容賢

海上酬三峯諸友

晚家大隄曲幾見大隄春開門對三峯宛若平生親

別來滄海東倍憶三峰好眼前不見同心人夢飛只

在三峰道早晚歸来大隄曲三峰壚頭酒應熟

山水扇頭

山蒼蒼兮白雲谷窅窅兮夕氛鴻高飛兮遠逝蟬薄

暮兮空聞汎木蘭兮容與隱薜荔兮氤氳紛吾老兮

旣拙擔相從兮夫君

題梁氏家藏十牛圖

渴莫飲汙渠水，飢莫食衰草根。孟諸桃林春正綠，洞庭笠澤多清源。五侯櫪上皆騘馬，哭殺田翁事畊稼。陰山劲卒氣偏豪，幾日銷兵賣宝刀。群行聚散無迹遠，遥望長洲日将晚。不聞寗戚歌，不見百里奚。猛虎當頭向前去，空村尚有綠林兒。

荅陳伯堅蝤蛑弁詩見寄之作

郭索蹣跚隱深澤，百尺寒絲誰釣得。双螯落刃碎青霞，滿殼流脂泛金液。感君特寄到沙堤，竹簍乘來不

淣泥尊前正值霜橙熟堪咲吴王一蟹低

書陳果之阜陽亭

阜陽山水多佳致亭子幽幽翠微裏雁池梓澤不湏論緑野平泉只如此平泉緑野多喬木未勝君家昇陽曲書幌遥臨𩃬海青飲缸倒浸南山緑石門沙嶺竹邊房同谷方池映橋霜霜煎夕照松声遠雲際飛泉月影凉畊童牧吏閑来去艸衣笋笠還朝暮主人尚擬鹿門居坐客都迷輞川野羨君三十着儒衣灑洒亭中独下帷殷勤且畢青雲事他日還遮應昼綉帰

書倪氏經鋤堂

西隣無牛長苦辛東隣多牛今家貧兒孫生小不識字頭白終為畎畝民君家累葉皆儒雅豈學隣翁但耕稼數畝荒畦手自鋤一卷遺經坐仍把廚中有粟床有書万事浮雲心澹如向人懶掉儀秦舌避世翻輕沮溺徒方今聖代多推轂玉帛戔戔賁丘谷我亦休畊汶上田與尔相期在喬木

澄清歌為閩憲僉孫公賦

驄馬何處来翩翩下霜臺七閩大道無氛埃袖申明
月連城價腹裏琅玕柱石材閩山青峩峩閩水净如
練露冕巡行歷州縣手持白簡綉作衣膽落金吾鉄
為面佐理曲来有政声紀綱百粵共澄清清如金莖
雲間之露白澄似水壷秋夜之月明山亦収其霧川
亦歛其滓泰階熒熒懸六星秋毫遙遙洞千里列郡
官曹亦如水憶昨霜威偏齊魯汶陽泰岳沾時雨又
持玉節按閩荒鄉心幾度夢潯陽方今
天子多殊渥暫遣遐陬訪民瘼早晚功成列上台令

人更憶孫弘閣

題小米水墨

寒山深白雲蕭〻楓樹林嵐烟瀑雨生衣簪綠蘿裊

裊懸我心靈源中石齒齒散髮輕舟弄雲水欵弃風

瓢洗双耳茆屋荒岡絶四隣青林残葉少行人苔逕僧

磬連孤鳥竹裏仙家隔素塵布衣未了生平事愧尔

双毫寫出思白頭遥想米家風夢落濡須墨池裡

送鄭克復睢陽軍

空山忽鳴鵙露白秋草寒〻離居感物候况有行路難

從征睢陽裏，飲馬黄河水。孤劍二十年，寸心五千里。
揭来問鄉館，捧檄仍徵兵。戚戚戀毋恋，依依兄弟情。
行當辞復去，悠悠念王程。黄雲白鴈秋瀟瀟，野水西
風汴城郭。洛苑初霜赤棄飛，大梁古道黄花落。戎衣
此去勿遅遅，莫向清平嘆数竒。白頭好遂還鄉計，萎
被重歡綵重戲。

送林洙之徽州省親

去年沙頭柳堪折，與尓嚴君惜离别。今歳沙頭復送
君，柳條拂面花如雪。新安今去問平安，莫嘆嚴君尚

冷官胡瑗由来布衣士鄭虔不厭坐氊寒看君亦是
奇男子白面踈眉有如此懷裡琅玕人未知手中結
綠誰堪比別後秋風歸未歸他鄉應復念慈闈經過
莫上滕王閣辛苦須縫菜子衣

連江陳氏春暉堂

護花媚凉秋慈竹後霜色春草同生雨露榮寸心莫
報陽春澤以茲感激念春暉薄俗如君孝養稀三時
每供葅容膳五色都縫菜子衣他人朝夕唯井旨温
清何曾得親喜菽水而今不盡懽蕭〻風木徒爲尔

知君閑門埜水濵青山独樹孟家隣清時正尒觀風教錫類唯應及里人

書漁樵畊牧四畫

扁舟夜唱滄浪曲朝飯蘭皐爨湘竹垂楊輕拂鯉魚風千丈春潭曉未緑日暮双双得紫鱗漁家生計任長貧豪門綺席銀絲膾愧尒漁郎多苦辛

山人豈是悠悠者何事樵歌孟諸野蕭條茆舍住寒村生小何曾識縣門東隣作商走風雪西家為郎嘆離別人生未必勝樵夫朝朝暮暮對妻孥

石田新雨苔花碧禾黍秋香百餘石誰教釀作甕頭
春醉裏看山了残帙讀書何必問時淸縱有荒年莫
廢耕鹿門精舍青山裡春去秋来無宦情
畊童生小無所知慣騎牛背度晴陂横吹紫竹無宫調
笑殺五陵遊俠兒荒林野水凉蕭瑟山葉吹霜鳥還落
信陵墳上草青青幾見残碑礪牛角

書岱峯先塋卷為邑曹掾陳氏作

岱山連雲轉林麓中有山人舊書屋春風独樹孟家
隣垂蘿野鳥愚公谷山人去後餘泉扃落木寒猿那

可听階蘚猶存故行跡簷峰不改别来青後人戚戚
悲霜露竟日凄凄感風樹啼鳥空聞返哺声白雲况
是関心處寸禄休嗟名位卑多才又喜際明時蕭曹
事業應須繼林壑光輝會有期

題陳滄洲家藏王甥至之山水圖

公乃王郎之舅氏昔年遺興滄洲趣白水應同萬古
心青山不盡平生意初疑衡霍乱峯迴石廪芙蓉天
上開又疑瀑布香炉頂霏紅沓翠空中来連林襍樹
紛隈隩屋頭清暉霽人目片片春雲帶鶴還淙淙野

水流氷繞雲間雞犬更誰家雲際風泉半落花囬岩
積靄天梯小絶壁懸蘿鳥道斜白頭久嘆同声遠臨
水看山夢猶懶濯足磯邊月自明弄琴石上苔應滿
不見羊曇四十春西州雲物幾囬新丹青共堪日惆
張豈必山陽笛裡人

嶼南林公谷壽自號雲外道人上清方方
壺為寫茂林雲外圖索余題其上

嶼南山水新寧少況是君家茂林妙林間瀟洒薜蘿
衣双舄飄然凌翠微連嵐過雨看城黛片片雲來度

滄海誰識孤雲是此心此心更在孤雲外蕭散無心
任去来因風幾度到瑶臺瞑随西頂龍飛去晴帶空
江鶴共回自言放浪雲林久大道由来賤芻狗曲几
宜看老氏書衡門静對先生柳樂山棲上與悠悠遥
惟却卷横湖秋一声長笛飛霜裡雲影離〻半寒水
壷公醉墨天下聞况是仙都鸞鶴郡而余大夢独未
覺不知雲為君兮君為雲

贈風陽王将軍時鎮平津

王将軍鳳之雛驥之子武弁承家佩金紫春風早食

金琅玕昨日長鳴渥洼水玉帳遥臨𦐇水清少年白皙又專城尊前醉墨歌千首案上軍書論五兵故園久別臨濠路忽憶先塋感風樹鼎湖龍去鳳西飛板鱗附翼今何處君家叔父愛文章風流亦羨紫羅囊須知七葉功名在應繼三槐德業昌

國子先生鄭孟宣以

賜告歸省丘墓暇日訪余新寧之沙堤余因載酒於滄洲野堂以讌之適文墨交方外交翁然來集酒酣樂甚分韻賦詩余得酒字

皆　庚辰孟秋七月

上客何處來繫馬堂階柳馬頭尚帶秣陵塵衣上猶香白門酒寧知此地重携手張燈復話昔年舊問我蕭條但布衣念我棲遲向田畝滄洲地主忘年交把酒相歡兩情厚鳥外晴波對急觴天邊白月當虛牖山林已是忘形久更喜支公說空有旅思休驚一葉秋佳期況及双星候狂歌擊筑君知不痛飲何須問牛斗明日相思壁水遥唯有新詩滿人口

題吳氏養拙卷

世人競巧智子独尚渾朴世人機事有機心子独無機心亦樂閑閑山水少逢迎曲凡琴尊隱姓名大美玄酒無滋味標枝野鹿俱忘情世人大咲延陵拙不學儀秦謾饒舌作室翻嫌樗里謀懸樽却羡豪人說東隣少年取錦衣西隣歌舞日光輝清時何用嗟淪落飲水看雲誰是非

吴雲歸興送别王明府子姪還姑蘇

何處發歸興吴江多白雲晴教積水青楓合寒帶空洲遠雁分游子前年別張掖酒泉南頭夜霜白扁舟

忽過釣龍臺回首姑蘇是鄉陌小阮曾為狀又知十
年應負竹期林叅差雨雪遥相問迢遞關河又別離
羡君兄弟東歸去白馬双嘶首前路行人未听虎丘
鐘春風已緑吴門樹萊衣重戲莫遲〻百里邦君有
所思懸知舊國看雲處不比并州見月時

書樂邑長史高涼黄公性成六平清致

軒丘之人何坦蕩奮身擬在蕭曹上三語曾聞作掾
名一言尚遇知音賞雖云枳棘不棲鸞暫屈長才向
小官月俸持還酒家去春衣猶似帝京寒六平峯下

開仙韶案牘閑時任蕭散南澗飛泉卧内清西林爽
氣朝来滿自從下馬少鞭笞隣邑爭傳贊畫奇遂使
郎官唯坐咲每逢才子即聯詩有時独上横琴石万
水千峯起遥憶金馬長懸魏闕情銅魚不記鄉山邑
南營考績待朝天莫咲行囊但一錢應知太史求循
吏籍〻声名継頴川

題高同漫士水墨啚

高君興發泉石間含毫揮霍寫雲山白雲無心去復
還青山對人閑更閑垂蘿飛鳥疑可扳淺淺石瀨流

潺湲嵐烟瀑雨清心顏迩来京國推名畫片紙應論
百金價嘯臺声響人競聞不道無声更潇洒

題馬自牧水墨山水

烏外懸蘿青幾峯紅泉翠壁花蒙茸人間不見問津
者林下空餘避世蹤昨夜山中度凉雨落木寒猿半
窓曙日夕天空鏡水深不辨仙源在何處

題梁董教歲寒亭

君家結亭樂幽栖佳樹陰〻唯鳥啼横經不知白日
悕坐見青山低城南城北春風滿陌上春榮正堪玩白

馬朝穿桃李蹊朱輪夜過金張舘臈月寒天雪更深看
君亭上独行吟眼前草木俱摇落知尔青青松栢心

奉荅陳先海先輩

朔雪寒〻鴻半江海五侯池舘誰相待支離王粲身未
逢落振蘇秦舌還在梅巃霜前早識君三溪花畔又
論文栢山夜雨聞鍾梵䔲舘清灯對水雲今年復過
沙京下百丈峯南是君舍衣冠蕭洒輞川人山水依
稀鹿門社别後那能寄遠書秋風空釣鴈池魚往歌
酒店墩頭月思尔堯枝湖上居

題嶼南林遵性學圃軒

君家書室依林坰日夕清輝多在庭出户時看花嶼近巻帷唯見童山青蒼苔古木連深曲懸蘿石上孤雲宿露蘖垂籬菘薤香水藤拂檻瓠瓜熟任是閑門客到跡自甘蕭散學犁鋤新鑿小池宜抱甕時閑高舘復携書紛〻甲第皆粱肉何事丘園未干禄稚子能羞苜蓿盤家人鮮壓葡萄緑寂〻林扉絶四隣角巾野杖亦容身公門若更栽桃李先数林泉種圃人

題周家山水圖

野人不到山中久見山若見平生交咫尺相看觧有情幾番别去仍回首石林精舍小䓁庐便欲牽蘿學隱居周郎拍手向予笑云是吾家山水畵角巾野杖行瀟洒又似商顔採芳者瀑水淙淙鳥外飛岩花寂寂雲中下潭声樹凉蕭蕭世人何必輊魚樵霜枝可薪魚可濯時来不負金臺招

題山水畵

憶昔扁舟過南楚飄泊瀟湘洞庭浦積水寒〻天夢澤深疎鐘淡月巴陵曙君山独上思悽然竹樹蒼凉繞

暮蟬空陵草沒皇英骨古井苔荒柳毅泉一别湘江
向十秋披圖遠憶舊時遊青楓寂歷烟中曉遠岫依
稀鳥外愁雲帆去去尋仙島我欲因之拾瑶草再三
招手呼不来令人独立傷懷抱

題畫馬二幅

世人徒愛馬不鮮與馬知長鳴倦蒭秣力殫翻羞之
飼以玉山禾飲彼清冷池龍性復矯矯矯知真權奇
荷君剪拂君門裡厮養年深亦知已感激羞懷伏櫪
恩常思一日行千里

赭衣胡人鬚半黄一生恥事单于王往来牧馬山陰口曽是邊頭射鵰手紫騮連錢白鼻騧蹴沓霜蹄来漢家豈知物变長安道人馬傷心對秋草迩来御裡貌青龍独数天閑飛越峯

書琴高跨鯉圖

焚香禮璲席遠望空懸迌翩翩列仙人騎魚撇波去憶別人家二百秋暫来復去誰能留冀山青青涿水緑相思不見令人愁華陽亭下秋風晩應教嵇生廣陵散何處重期太古音荒城落葉蒼苔滿赤鯉迢迢海上

行春風幾度到瑶京笑予亦是謫仙者未得騎鯨歸上清

奉餞林思和秩滿之天官

三月閩州柳堪折泮林上客来作别自言官滿欲朝天不向家山卧明月君家兄弟並承恩冠蓋聯蟬共一門看君已是丈夫行况復少卿賢子孫大常峩峩綵雲裡見君才名亦如此黄鵠高飛隘九州驊騮一蹴行千里傾蓋逢君惜未深相看又逴别离吟共圍暮雨孤尊酒目送南鴻一片心吴檣積水冊楓堤淮樹青山秣陵社白下亭中醉墨時鳳凰臺上彈琴夜

故園迢遞白沙堤榕葉青青拂石隄功成早着還鄉
綉毋令睇望空雲氾
書松陵夏尚忠王明府道齋故人也明府
繪望雲圖令其子埽遺之索余題其上
毗陵客舍淹湖裏鄉心秖憶吳江水閑門千樹別来
青笠澤孤雲望中趐孤雲迢遞故鄉山也似梁公馬
上看膚寸任隨零雨散飛揚還帶莫天寒看君已抱
連城璧何事猶懷兔園筆朝飯歌殘首蓿盤春衣夢
繞班爛色王郎此去揖清芬明府緘書遠念君他時

好在青雲上画首姑蘇是白雲

牛上翁

時既和年既豐樂莫樂如牛上翁短衣半濕楊柳露長笛吹老棠梨風君不見苦竹嶺頭淇墊水鷓鴣相呼作人語馬上郎官攢兩眉海北天南路何許翁家有栗牛有莎世人造物如翁何牛飽歸来浩〻歌江上兒孫雨一簑

為陳必宗題高漫士山水畫

水墨不求似意在丹青表前朝独数僧巨然後有方壺可同調龍門此日發天機揮霍霜毫亦神妙遥林

積水湛清暉全削芙蓉連翠微中有白雲朝暮飛雲
飛盡逐青山去山灵笑謝紅錦衣主人原是幽棲者
喬木蒼蒼北山下我亦滄波淡蕩人醉裏閑尋有声畫

為陳必尚題山水啚

太常積飛翠朝夕侵我戶嚴公湖上水色映靈臺虛
鳫峯屋上三山峭散帙鳴琴亦高妙半榻閑雲鶴夢
醒一簾初日藤花笑顧余性癖愛清暉終日相過盡
醉歸幾度離家声別調何時恩許卸朝衣黄花九月
高楼酒無那明朝又分手座中應感去年人馬上空

攀未霜柳酌酒看山㒷暫同君家兄弟氣如虹萍蹤

自愧無南北聊寄相思水墨中

題高漫士為周仲器作黄山書室啚

海上見空翠黄山積扶輿連林結幽搆中有千卷書

白日但垂帷抱琴常晏如何必鄴侯家於焉董生廬

有時岩際書声起天籟泠泠拂流水清響遥傳埜衲

禪余音半落鮫人耳芸草春香静掩門河汾洙泗共

誰論閑將活水澄心鏡向人大笑黏忘言翰林墨客

枯双筆揮霍新啚㒷偏逸寒寒松满屋疑有声白雲卷

簾怕飛出軒珮追隨入泮林玉堂天路五雲深白頭
爲尔伸長句直是漁樵一片心

賦得幔亭峯送人之建上

鶴岑虔天開洞門仙翁騎龍宴曾孫曾孫大醉仙翁
別木魅鮫童吊溪月葛花濛〻篠竹荒石雲縈巖參
差凉銀湾逗帆嘯蒼突玉函千年蛻金骨峯頭藥草
九節香胡麻作飯與君嘗待君騎魚還故鄉

題侯明府河陽滿縣花卷

君不見河陽潘郎花作縣蘢葱千樹行人羨縣南縣

北正花開二月三月花如霰拄笏香浮按牘清揺鞭
色映宮袍茜看君為政應不煩還如堯李竟無言成
陰共借陽和力結實都含雨露恩莎庭吏散心如水
山鳥含花下聽事花底時聞窓賤琴花邉或駐王喬
履前年玉斧將繡衣膽落金吾鐵面威今年復把郎
官筆可怜銅墨生光輝河陽只愛芳菲色未勝君家
會種得春風早食金琅玕歲寒莫負凌霜栢

美朱峰為從爭訴寃

北門天霜秋草衰南山桂樹青連枝鶺鴒低飛声正

悲爷急難兮兄痛之邊頭軍帖嚴有期将作遼陽征
成兒阿兄含寃摧兩眉誓将生死長相随天門九重
龍虎威逞鱗猛鬚誰敢窺以額扣閽天始知天始知
事還白不使全家隷兵籍君不見同胞紛紛日相訾
行義之人乃如此

爲鄭可久題漫士畫

龍門畫史多神墨紛紛見者誰能識自從走馬入銮
坡片紙人間求不得高堂素壁洒林泉王屋嵩丘遠
岫連對榻長飛洞庭雨開簷欲放蒼梧烟玉融才子

中林士脫落塵機愛山水想是龍門大醉時揮灑含毫為君起張鶴山中那可招暫時看畫憶漁樵長安莫道終南近自古雲林遠市朝

送王借之永嘉訓迪

谷口離歌動行篋馬首西風卷殘葉芹類今看釋菜嚴棘闈舊覩穿楊捷東嘉形勝古名州鴈蕩峯迴浙水秋驛館莫援菰米飯山城寒過木綿裘廣文官舍江天裏官暇彈絃聊隱几抱膝休歌梁甫吟傳經且授毛萇義權門要路四時春念尒官卑祿更貧聞道

此鄉多大布不須遥寄到樵人

書少尹陳思孝松庭清曉卷

官署双松何彩翠吏散人稀苔滿地獨坐松間是何

誰才子風流太丘裔薄曉松枝清露繁公庭無訟寂

無喧常思佐理甦民瘼不分端居愧主恩迺翁倜儻

龍頭客曾事先皇佩銅墨京使爭傳德政碑邑人共

說郎官澤枯魚衘索幾何時倏尔空愁風樹悲莫言

累乗仍州縣九棘三槐應有期

長樂陳士宜三桂堂

七閩南宋舊繁華喬木朱門非幾家新亭甲第開三
桂云是中山有嫣裔拖金躍馬綰銀章兄弟蟬聯被
寵光綉篋黃綾官誥重銀勾華扁御書委儒英門對
千峯秀三樹蟠根日應厚容色三時緑霞檐飛霜九
月凉侵牖陰丶丘木護泉宮歲丶雲孫尚掃松秋菊
春蘭時祀别襄衣慱帶古人同故家文献今如此累
葉猶能拾青紫請君回首趙家陵大衆落葉秋声裏

陸推府望露思親卷

陸侯東膠士家林西楚鄉别来念親舍目極孤雲翔

孤雲飄〻洞庭渚夢飛不到三湘浦天門西望数峯
遥澧水東流寸心苦昨日承恩别紫宸閩州父老候
車塵争看壁水環林秀来佐朱幡皂盖臣莫言束帶
恒推府韓琦趙抃多殊遇三尺探知行獄情一簾隔
断苞苴路朝〻訊讞不辞煩名宦由来古所言若待
錦衣歸省日夫人含笑問平反

贈新寧陳五處士大初應召

祖道百壺酒千人歌送君玉壺擊宝劍壯氣横孤雲
玉〻壺擊断歌声作遠海春朝為君落别路行看指鳳

皇青山不得隨後鶴主父西遊感慨多馬周辛苦遇
常何〻如高卧東山頂一上金門觧緑蘿問君今年
幾十霜鬚眉稍白髪半黄長松歲寒起凌厲良驥老
大方騰驤龍鍾好為蒼生出莫愛丘園長隱逸作縣
還堪魯卓齊為邦尚可龔黄匹君到皇州春正深龍
池柳色動鄉心白門酌酒看花醉青瑣聞鶯委珮吟
同遊倏尔皆朱綬笑我嗟跎空白首玉堂西掖故人
多相逢為問平安否

唐主簿陟此畾

陟彼屺兮何所思，日春〻兮心不夷。望雷陽兮不可見，返余轡兮首中逵。雷陽一髮青無際，浩蕩鯨波数千里。匹馬天涯思故園，夫人堂上悲遊子。〻有園林漳水濱，家人曾浣綵衣塵。檳榔花下紅諼草，別後紛披幾度春。自云薄宦沾微祿，夢飛不到雷陽曲。乞身歸養應及時，莫比前人嘆風木。

送閩藩從事吳景從考滿赴銓科

閩藩大府多從事，延陵公子非凡吏。簿書八郡覽清名，刀筆千人讓。初試南宫今去考，功名迢遞河山入

帝京畫省堂中拜方伯麗樵門外別同声紛〻祖道
螺江口午日蟬声市門柳丹荔高堆瑪瑙盤玉壺滿
載葡萄酒官船擊鼓離歌發一片炎雲海波潤彭蠡
驚心楚樹秋白門買醉吳門月西遊畢竟休恩多應
與群公接珮珂若對翰林高待詔道予問訊今如何

○○龍龕龍集并序

○○○新寧有佳山水而龍龕又山水之尤佳者
也搢紳鉅公往往輩出由清淑扶輿鍾秀
所致也今年夏浮梁丞陳思孝服闋將赴

天官余走送海上因造茲山丞廼率其族
人賫酒饌驀香炉峯憩望海亭抵水樂堂
遂觴金余仙之居少長咸萃凡十餘輩既
酣丞昆季果之衛之舉酒屬余賦詩辞不
獲已遂書于壁聊紀一時之會時
永樂甲申六月十又四日也
蓮宇最高處青蘿隱丹梯鐘鳴海色動四壁聞天鷄
篬竹蒼梧埜翠分石林陰洞未歸雲香炉峯小開窓
見水樂声寒隔坐聞廻風颯颯吹松栝落日澄潭見

毫髮龍眠水底呼不醒千歲寒[illegible]雨落滑而我發遐想興来隨所之緣雲踏鳥道披荒上天池天池色映黄姑水手接飛藤洗双耳鬼谷仙源杳靄間鴈蕩天台只如此望海亭中載酒来石楠花氣拂金極葛衣醉倒繙經榻紗帽狂歌施食臺龍龕法似心無垢宴坐禪扉說空有玄度難酬支遁詞鑿齒曾於道安厚浮習少尹欵朝天群從相看惜别筵遥想五雲双闕下時〻飛夢繞林泉

書陳思忠鍾山草堂

東人結廬雲水間有時飛夢遊天関西人白馬長安
道身寄玉堂心在山草堂尺在鍾山口石門南頭岱
溪右古木垂蘿遶四簷紅泉琴當壁虛牖怜君白面
魯諸生却愛幽居隱姓名與来滿載東山酒春至還
尋谷口耕卷幔横經坐曲房穿林着履采芸香天寒〻
煮茗僧同榻月出彈絃鹿近床岩扉近舍多幽處向
子河須更長去心遠能忘朝市喧機閑自得烟霞趣
独鶴孤雲任此身至人舒卷道為隣草堂亦有山灵
在莫學周顒却笑人

題高漫士爲杲之繪阜陽别墅

吾愛龍門子解作無聲詩今爲玉堂客畨共粉墨竒滿堂山水多佳處何限清暉阜陽曙百道泉聲縹緲間幾片雲来欲飛去石門沙逕逗微曛飛紅水沓𡺚長亂𥁕仙人煉處毋梯近野衲行邊鳥道分房攏正對鍾山色龍龕蒼茫岱溪白槃谷重逢李愿㞐輞川復見王維宅主人兄第俱好竒酌酒鳴琴更下帷客至頻移剡溪棹興来或賭山陰棊龍門繪事今無價千里相思五雲下我是林泉一布衣爲尓翻爲有聲畫

題鵪鶉

山禽奔奔好毛羽翼短飛飜戀榛莽荒原野逕薜荔稀莫憚王孫便飛去原頭八月起秋風寒菊初花把把紅雌雄相隨莫相閙官裏頻將錦衣綉

書三山造士劉恒哲挹翠軒

三山蒼蒼冶城裏樓臺十萬歌鐘起君家正在冶城西門對千峯翠如洗黛色空濛連翠微和烟着雨又霏霏澹隨野鳥偏宜夢濃帶孤雲欲染衣日出塵歆滿城陌羡君閒䕃見山色九衢鞍馬市聲喧羡君游

心竹素園君莫愛張仲蔚逍跡空山避朱敍君莫
愛陶弘景自茸泉石烟霞病五嶽名山競遠尋那
知城市有山林泮池來往堪乘興終是雲霄萬里
心

題陳敬山晋安丹室

丹室人間那可尋嵩丘王屋五雲深先生結茆白
何處生令九轉成黄金芙蓉出昪秋花吐曲密房
圅夜窓曙陽遂光中結坎離方諸影裏交龍虎早
服還丹變羽翰弱流東遊任漫漫秦皇漢武徒辛

苔驪山茂陵荒草寒有時買藥春城暮門掩西林杏
千樹相逢稽首長桑君與君竹木枝頭露

題龍山歸隱卷

山人在山心自閑偶逐無心雲出山雲飛飄飄落江
海忽訝山人何得還山人舊是霜臺吏曾與綉衣掌
書記八州郎吏揖清芬三尺兒童識名字萬事人間
轉眼非山人大笑拂衣歸昔時猿鶴今無恙别後杉
松又幾圍林泉未勝功名好羨君忘機一何早每因
京使買琴絃屢向詞人借詩槀興來躡屐到僧家竹

裏焚香白日斜合嶼壺山落天鏡五峯百丈横秋霞
我昔逃禪此山裏日坐𡕕花嚥潭水夜半龍鳴萬籟
聲四五沙門忽驚起幾年奔走愧塵顔欲借金梯復
再攀頭畱十日與君飲醉倒白雲秋半間
書高漫士爲道人游月窓作水墨圖
茲山連峯勢磅礴空翠濛濛生中落始悟方壺蘇裏
塗復訝商公與時作竹澗堂臨溪水濵龍門墨客問
通津相逢大醉仙家酒戲墨持歸鶴上人鶴上仙人
與山好每見此山應絶倒雲斷蒿丘少室閑龍鳴華

頂天台早我亦平生吾愛山塵緣未割竟何顔頭隨
飛花花源去一見秦人遂不還

送憲吏鄭彦林考滿赴吏部

我昔維舟東上潭見君家住岐陽南門垂栗里先生
抑身着柘臺從事衫前年寄詩沙頭道去年期我山
中菴匹馬今年又離别斗酒何年共笑談今去皇州
霜正落兄逢淮樹葉初酣呉女當垆卷細袖白門烧
酒破紅相人人盡道山公好於尔長林無不堪

題高漫士逸墨山水

古人逸筆多大意壽岩實晉方壺是今之畫史誰最奇玉堂待詔予知己此君别自有天機恰似張顛草聖時醉來也觧頭濡墨醒後翻言畫者誰滿堂積翠横仙嶠主人坐聽蘇門嘯萬籟天聲發指頭一白道風泉出心竅歘借岩扉隱鶡冠緑蘿青壁共誰攀江雲渭樹悠悠别聊寄相思水墨間

秋夜燕集濮陽别墅分得散字

逸人家住千金水别墅閑畊濮陽裏人言此水直千金尔獨丘園厭聲利莫愛西臺亭草特美君亦有好

連枝河東三鳳只如此田氏一門誰更竒荒林野
水金沙路曾是先人舊行處滿月寒花色自老斷
腸風木聲偏苦禾黍登塲酒復篘斷壺剥棗宴同
遊滿堂醉舞多年少愧我倡往今白頭雲間片月
懸秋漢遥海星沉夜將半感君兄弟昔畨人謂我
天明莫分散

題林導性墨竹

嶼南山人心不羈含毫醉掃蒼筤枝斬釘雀爪何
怪怪兎起鶻落偏竒竒國初始重方壺筆昔比湖

州更飄逸冊立金錯未足誇吳興籀法應難匹臨搨
由來失本真當場落墨要驚人山人獨向靈臺悟信
手拈來如有神

九峯貞隱卷爲道人游月窓作

君不見閩閩西來劍水東連峯九箇青芙蓉吾師若
箇峯頭住物表孤高淡忘慮三花五粒常滿樹焚香
閱遍五千言雲笈七籤玄又玄太素既雕師自然莊
周列子書滿篋宴坐冊房不交睫霞步雲裾風𩗗匕
大道窅窅復冥冥神谷不死忘我形泥丸宫中可通

灵世人習隱只是隱飲酒何曾悟玄牝塵刼紛紛師一哂

牧牛圖

禪客觀心如牧牛人牛兩忘心即休恰如牛上小童子百慮不関神自由黄桑貫鼻素縧索水淺莎長草衣薄馴擾由来任本貞倒行逆拽空牢落

題南岳夫人圖并序

月窓道人手是圖指爲南岳夫人且索題其上余稽其實廼晋司徒魏舒之女

名華存遇景真𡗝人授以黃庭內景之
祕即此是也雖然亦莫究其實俟識者
辨之予又觀其風神蕭散意態濃遠無
迺吳道子閻立本之筆耶
彼美人兮何得仙鍊大穌兮保長年馱白牛兮降朱
鳥心黃庭兮口不言貲婑媠兮心澹靜巧靨輔兮体
輕便髮鬟雲駐兮膚瑩雪覞脩蛾兮目成嫐曳霓裳
兮結羅襪被紋縠兮雲錦鮮錯木難兮佩明月冊胡
盧兮腰下懸挾兩嬰兮先僮婢負躨兕兮如遠遭咢

綠婉孌麻姑比肩幽渺沕穆委虵蹁躚倐鳶翔兮千仞忽龍遊兮九淵御祥飈兮復褰擧仙之人兮儼若旋衡山岩嶔崟岈層顛絳樓彤楹汜凡丹田獨春容兮于大道衆莫知其玄之又玄余旣覯芳儀而自失兮神怳怳而内遷邈灵爽兮不予顧山寂寞兮水濊濊荒唐誕幻不可惻漫汗丹青那可傳

答黃嗣傑

来清小圃堪娛客主人迯来間不得朝到縣門夕到家山風吹落梔子花竹邉石上烧茶處與君别来幾

朝暮我有相思一片心爲君鵩日抱瑶琴

高凉梁惟正愛日堂

来日短短去日多百齡悠悠易蹉跎事親不可得而久日短心長知柰何簾前白日閑来度强半光陰夜中去長日須教十二時時時好在承顔處遊宦因茲想故鄉銅魚山色對高凉家臨電白城頭樹走馬别来凡幾霜憶昨西臺着綉衣今爲花縣亦忘機寥寥廨宇秋灯下海濶天遥有夢歸

海上逢陳生

陳生拜揖當路岐未道姓名那得知別離不覺二十載倏忽相逢如有期憶子年纔十五六負笈朝朝向予讀我今鬚鬢已皤然子亦形容過半宿別路蕭條霜正深漁錢沽酒又分襟到家若見平生友為我慇懃達遠心

憲從事新寧陳氏歸隱卷

識子何太遲誰家見顏色胡餅臈酒介軒樓紅燭離堂孔彰席憶昨見君毛骨奇白面虬鬚秀兩眉九苞鳳羽朝陽日百鍊魚腸出匣時清署淹留几

幾載百司共喜文無害何意翻捐從事杉到家偏
着斑斕綵階下紅萱映白茆活鱗香稻徧山庖簾
前肆伍凌霜竹借與慈烏来作巢莫言村西一丘
壑小山松桂長如昨心遠能教地自偏何必廬阜
天台有犢鶴

書新寧高魯仲心遠堂

門外有人事門裡無俗聲超然心境静邈尔塵慮
清宛如林下安禪客身寄蒲團意空寂又如仙客
味卌經玄牝門中澹而嘿有時拂几獨鳴琴希聲

忽度緇帷林猗蘭掩抑東歸思沂泗春波千丈深横
經只在閑堂裏浩蕩真源了無際卧想羲皇軒后時
坐憂無懷葛天氏桂松青青半占山泮林多暇日應
還誰知一片灵臺曲更在孤雲杳靄間

王克剛碧蘿山房

醉樵醉樵家何處垂蘿拂窓泉繞户屋頭萬萬翠微
峯巻口千千石揇樹寂寂垂蘿翳古松縈烟攏月又
手葺花飛晚搨僧同坐葉作秋衣手自縫山人直是
幽栖慣來往紅塵亦蕭散採樵時少醉時多在泮日

長歸日短歸去山中百慮消芭蕉葉長蔽初苗纏香
玉面時登饌酒熟黄精屢洗瓢草書逸興如濤湧滿
城見者神皆竦鉄限年来踏又穿霜毫歳久埋成塚
羨尔幽居對緑蘿青雲高興近如何還將墨客龍門
畫来覓皆山樵者歌

書梅江陳汝疇家藏古畫

呉綠半幅無金縷越樹淮雲楚天雨兵燹流傳不記
年丹青漫滅空存古絶壁連峯窈窕閒劍門迢遞對
荆關踈鐘遠火寰斜谷落葉秋風子午山西遊去去

羈塵綬草衣笋笠今何有箕山不見弃瓢人渭曲難逢釣魚叟君家父子愛林丘靜裡乾坤不着愁南塘耕罷閑看畫醉倚千金水上樓

書黄士傑来清亭

太常東来凡幾峯仙山獨削金芙蓉君家作亭此山下生聽秋聲連萬松仙床石室壷蘿畔何限清暉落飛幔北闕青雲夢裡閑西山爽氣朝來滿少飲翻能學醉翁草玄何必似揚雄討論未愧天人理嘯傲還將麋鹿同玉堂爭識傳岩子簿領香名亦如此君有

灵臺一片清來時不在清暉裏

寫林中州書崇梨白頭

有鳥有鳥頭雪白羽離披一雄啾啾挾兩雌高飛畏
彈射栖宿不分離山果熟時無苦飢哂彼炎州翠殺
身徒尒爲何如此鳥之智如愚癡老向林泉誰得窺
棠梨結子竹花謝春去秋來同一枝

高京梁惟正賢婦歌

君不見銅魚山高峷嵂蜿蜒下有龍湫蜜神秀清冷
杳靄中散落誰家作英物清門女大初嫁夫射中金

屏與夢符勉郎也似樂羊婦懷節偏同曹大家郎騎
驄馬西臺客妾向空閨侍姑側朝吟劉向列女篇夜
誦曾參孝經蒙義爲王雖不顧情願夫天路受恩榮
銅魚山崩海水竭世上應磨賢婦名

奉題清遠伯水墨畫中寫松竹梅

君不見徂徠峰頂秋濤作瑯琊臺上天聲落君不見
黄陵廟前千萬枝楚雲湘雨青離離不知何樹臨寒〻
冰冷盞空香拂征騎乍逐吳歌曲裏殘又向邊人笛
中起君侯受鉞下閩藩草木還沾雨露恩山中亦有

凌霜栢思向侯門深根托

題龍虎将軍鳳陽童公思親卷

将軍少年論五兵刀頭幾歲成功名腰懸鵲印行分
閫令嚴虎帳居專城望鄉更在雲飛處思親夢繞
臨濠樹羽檄星流怨後期綵衣日遠那能傾憶昨鳴
珂出帝京一門兄弟被恩榮誰知畧地攻城手偏動
瞻雲陟屺情上流澆酒三軍醉半菽飢分苦留意
應嫌食子徒徇功却咲辭親空嚙臂南鎮閩州勝
玉關唯将忠節慰慈顔由来葵藿傾心處只在春暉

寸草間

題劒溪上人坐禅卷

釋子安禅何處山鐔津溪上辟蘿間身將鶴畔松同古心與岩頭雲共閑九峯禪觀通雲月百六灘聲廣長舌翠竹黄花捻是禪西来直指何言説磨甎作鏡無光彩刻舟求劒知何在吾鄉兄弟刹那間若問江湖三十載戒刀禪尺與蒲團定裡休將色相看直教鉄鑄脊梁骨不用安禅禅自安

書林景時墨竹二首

水墨掃金錯毋惜柯丹丘鶻兎互起落復變文湖州
吳興老所已仙去紛紛作者誰能悟石室流芳何處
尋壺丘羽客心偏苦虛白子通仙灵三湘雨色閑青
青皆山樵入酒半醒晚風吹夢秋冥冥明朝飛上居
山去一曲瑤簫龍為聽

楚山脩玉凌雲起影落誰家畫屏裡斷粉殘香夜不
收寒枝只是生秋來多情遺襟度湘臯別有篬筤節
更高為君飲盡上池水看此毿毿長鳳毛

西昌鄭奉使安泰堂

楚國多秀士鄧君如鳳凰刷毛霄漢上覽德岐山陽
君家文献猶存古安泰壺中如樂土開簾時听九江
潮酌酒晴看五峯雨散帙断絃絶世情坐来心地自
然平夫入壺上無愁色稺子堦前同咲声東城南陌
何凄断緑野平泉也凋換三湘竄逐怨江蘺萬里覊
危對秋鴈此際問君誰似君日高猶卧半床雲只言
永結烟霞想何意今随鵷鷺群使車到處争迎送乳
酒青絲白銀瓮西上金門自此昇山中茆屋空多憂

送鄭居仁以楷書赴召

作家山房多柿葉架上床頭饒古帖柳骨顔筋手屢摹王廙鍾繇毎精徧兎園挾策幾經秋不見將名千五侯一瓢只謂山中隱匹馬那堪西上遊河橋酒幔青青草祖帳離歌滿官道行篋春衣莫畏貧上將權門與君好高閣陰陰遶鳳池紫花鸞綾先陸離擅場點筆須經意莫比家林醉墨時

九鷺鷥啚

屬玉何翩翩群飛向空濶非無霄漢心蹩尔弄流沫緑水幾斤雲青山半行雪有時寄蘆花相將乱明月

此鳥清臞絶世塵往来烟波不屬人若教尽逐鴛鴦
去誰共沙頭鷗鳥親

漁樵耕牧啚

山水相逢任踈散孟諸日夕歌声遠大野春苗葉未
齊長川水草香猶短峽口泉籬隔世塵雲間鶏犬是
秦人重林峯壑無歸路流水桃花幾度春白頭未悟
丹砂理縱酒狂歌鷗冠子一片孤雲野鶴心秋来夢
著青青裏

水墨橫啚為美養恬書

梗樹重林隔花遠仙源一道緣溪迴太常峯頂千秋雪石門洞中萬古苔石門隱映灵湫窟積水澄波洞毫髮龍鳴午夜發天声僧定空山見秋月美人家住石門東散帙垂帷杳靄中千嶂雲来囪户白半岩雨過野泉紅美人自是儒林秀叔父風流今白首醉来莫賭山陰與[棊]在寧陪竹林酒門前水磑霜花米席上春盤膾鮮鯉何意匡廬四五峯飛落君家畫屛裡君今見畫思隱淪謂我年来得句新誰知紙上千章富不換倉中五斗陳

賦得沙堤送别造士王克劉赴召入瀚林

新寧海邊沙作堤人烟兩岸草萋萋潮歸去鵝鸖印行跡兩到楓州沙更白沙山繚繞大堤平故老虛傳峯相名漁梁晚波牛渡淺堰口春泥馬蹄軟新水還流舊水声古人過盡今人行青幔紅橋幾廻别官柳秋風不堪折才子辭鄉近九重嘶杯堤下動别客遥知草詔明光裡沙上空流送别蹤

捻賦山陰十詠

泮林才子多愛山吏書共往青蘿閒洙泗河汾恣採

歷天根月窟窮躋攀龍王樹分嵐嶺一室寥寥是心
境龍吟絶澗靜琴声鴈落曾摽慧灯影石林精舍梵
鍾徹垂蘿葉暗桐陰稀負薪扣角非同調觧聽書声
忘却歸有時散帙烟霞表灣灣長空際飛鳥江心潮
没一峯浮石首雲間衆山小青幔紅橋酒甕香江鄉
初緑棹歌長相逢白髪非春事憶昔金門是夕郎傾
壷禾秀多狂趣世人那得知其故亦需麟鳳佇翱翔
莫忘山陰讀書處

東溪精舍襍詠為吳中美作

延陵精舍東溪口六曲屏山對虛牖絶壁連峦入萬松一磵盤陀大如斗盤石垂蘿更偏黄精潭上寫水紘化成水月三千界古洞烟霞小有天烟霞香徹浩水月澹忘知誰知魯中叟發彼川上喻谿水東流接泮林雲泉佳處萃青衿金門舊隱時同展白頭老樵来听琴孤亭五月秋声起列坐樫陰卖流水借君磯畔濯塵纓何必箕山洗双耳

雪溪行旅歌為古縣陳齋之賦

君不見燕代城頭雪花白片片飛空大如席居庸関

口秋即寒白翎凍損地椒乾駱駝凌競馬不發卷髪
虬鬚膽欲折公主琵琶善調多都護狐裘冷如鉄行
旆逶迤出柳林買胡車上尽馱金蒲萄十斗飲不醉
瀚海層氷千丈深廻看宮闕連天起萬歳山高玉華裡
雪散春回宮草青百年王氣東流水江南春早雪声
残行客休高行路難西遊大道青天上不比居庸関
外着

題前給事陳行四讀書室

給事先朝罷官日拂袖還山坐虚室牙牌角帯厭羈

縻大布烏巾任閑逸鄭侯架上五車書玄宴床頭万
卷儲心中有悟即大笑懷裡無錢常澹如憶昨逢君
領鄉貢何恨居人走相送南陌看花日幾回春闈得
桂今成夢君家面面好林泉莫把榮華記昔年一瓢
且醉山中月數畝還杈上江田潮潤春苗緣瓜地秋
香摘林熟古洞雲龕鶴共行石門沙嶺僧同宿玉軸
牙籤半草堂開教子弟競三場經旬不出蛸蠨戶見
月唯開薜荔房西風黃葉何蕭瑟鏡裡秋霜數莖白
壁間猶掛汾亭琴扁上時看紫陽墨知君守道更忘

貧緗帙恒開絶四隣垂帷閉户且安命未必琴書付
别人

無聲詩趣贈林賀齋畫史

風流摩詰居輞川在官也或思材賢與来解作有声
畫醉後無声詩更玄長林才子非常調却與藍田共
心竅乾坤意氣轉清泠散落天機發神妙居庸雪花
凝不開紫雲二室連嵩臺蕭條三峽流泉去倏忽空
江秋雨来夕林返照緑原騎残葉踈鍾隔村寺郎官
湖上酒滿舡浣花溪口駃騠醉櫂門列戟揖清芬衆

史駢肩過不群[illegible]壘遠過曹氏子臝裎偏動宋元君閑居委巷塵蹤少藐視千金一毫小恥隨延壽枉蛾眉懶學邊鸞媚花鳥湘山湘水別来深憶昔王門遇賞音白首回家無長物黄花滿廷與孤琴別離已久重携手自咲無錢可佑酒掃素含毫不作難為貌山林布衣醜

題林逸人水竹居卷

中州逸人隠于横塘所居環樹脩竹鑿池以通潮汐暇日常宴坐其中與道徜徉澹如也因以水竹居自

名其堂且索予長句詩就主人擊節而歌歌竟請書

爲贈文

清莫清如金塘之碧篠澹莫澹如玉淑之澄瀾紅泉

一道寫天影青林五月驚秋寒草堂宴坐如空寂遠

過山陰子猷宅初疑飛夢落湘皐彷彿蒼梧起瑶瑟

磷下苔邊好濯纓看書高枕謝浮名白鷗小艇滄浪

調黄鶴孤琴静夜声閑門永日無車騎半榻清風几

然醉動處偏澄静者心既節方知此君意客来呼酒

共論文燒笋烹魚每夕曛自恥老兵工長律更喜兒

郎書八分憶昔聞君訪仙島壺丘員嶠多灵草九轉黄金祇浪傳數莖白髮歸来好如今高蹈隱鄉山學得劉伶善閉関只愁西伯非能獵忽到滋泉水竹間

寄題灵武王孟敭南湖草堂

湖南小山誰結茆潮陽使君歸避敲五馬行春何處在空梁落月多神交後人此地還廬墓日望寒松嘆風樹損菴昼坐想音容齋夜起悲霜露阿翁曾與石為鄰今見盤陀若大賔阿翁當年與山好仰止今朝思古人澄湖積雨秋波浄菱葉荷花落天鏡出户

唯將鷗鳥親罷琴也逐漁樵共君家事業何可當兄弟聯翩如鳳凰新製文章行滿篋舊藏袍笏尚堆床溪藤歙硯相輝煥金薤琳琅映華翰秘閣圖書出晋唐故家彝鼎趁秦漢我昔登龍候使君滿堂賓客正論文南陽醉墨今何在太史清詩久不聞前朝冠盖多如雨誰共使君同日語地下逢人不愧心人間有淚空傳古三十年來別永陽白頭無復更登堂心隨輞口栾家瀨夢落盤中李氏庄看君豈是悠悠者昨日橋門動声價合浦初還照乘珠流沙遠致空郡馬

到家又結草堂期曾對山灵發誓辞名遂古来應税駕南湖誰儗北山移

吴航高魯仲將赴春官同學交繪其鄉龍門勝槩離為十詠分題于上余独裒衆目總而歌之以識其別

清暉高樓連翠微清暉主人帝下帷春簾半占和烟卷秋苗三江帶月吹樓扉正對三江水半占青山落烏几文筆浮峯鴈影邊夏雲夕照天声裏岱陽千樹拂晴霏迢遞風帆鷄嶼歸綠波芳草潮頭白空翠濛

濛来濕衣竹枝歌斷瀛洲渡〻口行人自朝暮江心
船呑送僧鍾何限年光此中去有時躡屐聞秋籟樵
歌牧叟非余類吳嶺三山只覺窺青雲北闕遙相待
北闕西青雲上遊龍門今夜發仙舟明年桂枝君應
得還憶家山醉倚樓

贈別曾君伯剛遊廣東訪陳潮州

曾君遠遊何所親潮陽太守君故人豪士蒲堂皆瞌
別嗟予四壁常家貧看君豈是彈冠客間道芥邊久
屋席網罟寧加縱壑鱗樊籠不掩沖霄翼家林別去

且遲〻道過陽陵謁舊知司校開堂連别墅參軍遺
像有新祠清漳山水舊城邊羅氏繁華昔在茲驛路
停驂空吊古河橋買醉更題詩双旌出迓韓山口未
話鄉心即携手遠道休愁館穀稀故人俸禄堪沽酒

九日燕集題高牧隱清暉樓壁

我昔大醉清暉樓燭前醉眼如滄洲九華五老將心
遠〻七澤三湘隨夢流湘紋卧簟清如水紈扇平頭小
奴子黄葉声〻枕上来白雲片〻床前起酒醒樓扉
曙月凉青綾猶覺蔵蘭香向来水木通幽處始悟冊

青落醉鄉茲晨看昼重携吳更喜仲容初戰勝黃門給事此同遊玉堂侍詔曾晋詠九月黃花酒滿槽主人洗盞客持螯風流笑傲清暉裏到處爭傳牧隱高

甑所應召指所居喧中寂索詩為別

慱陵有道者生事唯一甑觸目盡擾擾寘樓獨寥寥傍人笑問何能尔云是灵臺本如此雲海天虛夜月閒霜林木脫秋声起有時齋沐坐禪床復覔真人曲密房鼻端有白分明見腔裏無機自在忘草玄更倚揚雄席飲酒不愁元亮壁吟思千重境又玄凡情一

洗心寂皆旧隱東林野水邊避辥猿鶴謝蘭荃玉堂

冠蓋思同調滄海漁樵寫贈言仙舟朧月閩川道大

宇飛花過江島稽首喧中別故人他年来訪商山皓

書皎白處士墓表後

少微經天何煒〻處士不言情亦愜仙源渤海出清

河南安尚書今幾葉人言處士曾懷宝脫畧凡機一

何早仲舉空怜徐稚高王弘未識渊明好三十儒衣

鬓尚玄蕭條元季事戈鋋金天厭見攙搶動洛邑長

愁郟鼎迁誰似當年独高潔清風飄〻洒蘭亭仙客

神交碧落遊仙入口受青囊訣別墅閑堂野水濱日長高枕道為隣龍門月出翁山曉鶏嶼花明亭嶺春堂前玉樹驀摧折顏巷俄聞喪賢哲天上文章記玉樓人間皎白傳清節況有承家伍桂芳若為黃鵠嘆孤房傷心忽洒亡人淚九膽曽番教子方生平約契歸同穴百歲何曾眛成説宦遊令子遠辭天千里家林泣婦血福山原上草离离地下焚黃會有期黃閣詞臣書墓碣白雲居士賦哀詩

送長樂池二鮮之春官

京行二千八百里馬上青雲帆下水平時送客使人
愁此度离歌為君喜自從鼓篋凡幾載踏槐一旦香
名大青袍士子羨英声白面諸生讓先輩我亦愛君
毛骨殊九苞威鳳空群駒秋闈筆下若流水魯史胸
中如貫珠頋君此行無草〻百步穿楊即飛報西望
青雲不可攀来往空歎鶴岑道

贈龍門高十六沂應會試

龍門高生倜儻磊落英妙年春秋五道落筆頃刻如
流泉胸中雲夢已八九腹裏琅玕俱洒然昨日戰勝

如登仙仙棹西遊拾青紫巨眼青春閲才子五色雲中得桂枝聯袂看花杏園裏君家叔父聞應喜

阜陽陳全果之將赴春卿遠來索別遂作長句兼簡鄭林三二先輩

新寧造士誰最奇阜陽説詩多觧頤散帙長歌小山桂壓帷或戛金明枝凉秋別我遊郷試寸晷風簷初得意壓棘懸黎又遠投淡墨氈書擬高第朧雪飛花瀾路岐送君南浦亦悽其古来離別生親愛若問傍人那得知仙舟幾宿經吳楚水緑蘋香酒如乳楊子

空江曉上朝白門遠樹春含兩冠佩紛紛集鳳臺千
人角鬪騁雄才宮花拂帽瓊林醉銀燭朝天紫禁廻
君家大阮春坊客宗弟金門早通籍退食應懸霄漢
心趁朝好獻天人策一別雲泥悵望深看君今去得
聯簪倘逢梅雪憑相問若得浮丘道遠心

贈吳易平還溫陵

延陵家住溫陵東南窺大海連空濛五夜扶桑氣先
白四月刺桐花正紅延陵自是黃冠客名姓幾時隸
兵籍寨頭莊列万餘言篋裏孫吳二三策一著戎衣

又十年三時講武復談玄閑教弟子六七輩郎誦黄庭千百篇寥〻一室梅花寨鍾磬冷〻發天籟鮫女聞經罷泣珠漁人听法争持戒心本孤高絶世囂有時飛扎問三茅醉磨夜斗七星劍憂斬秋潭独角蛟昨夜營門領飛檄秣馬徵兵遠行役道過鄉山得到家松門霜雪廻春色我昔青年愛遊衍蓆帽肩輿不知遠金粟峯頭鶴共眠清源洞裏僧同飯雲樹荒臺秋草蕃溫陵大姓幾家存繁華不見今頭白待尓重来仔細論

送金曾仲省親赴滇南

漢武祠碧鷄遣使下滇池輿啚既混一宣必論華夷山川遥遥隔中夏椎髻何曾沐王化烏麼猶愁中慶春夢飛不到昆明夜九月凉秋百草凋孤臣畸士共魂銷風霜但覺南冠冷雨露那知北闕遥子行僊僊赴絶國心戀嚴君多感激八千里外怨睽离十九年中斷消息念此令人欲奮飛遂將行篋巻征衣鶺鴒原上分秋影諼草堂前嘆夕暉閩閔西上連吳越独樹淮山青一秣野飯朝行雲憂鐘棹歌夜渡巴陵月

輶軒幾日到雲中万磧千山路不窮青山好處休停
騎白首營門望阿戎

雲峯歌送閶上人歸

七閩山多如蜀川千崖万嶺疑登天六華峯高雪作
頂五月夜半聞寒蟬美蓉石室人稀過蓮宇香臺尚
經火無字碑横任鹿眠摩香石冷從猿卧憶作法園
初布金三千緇錫繞叢林徑行龍象諸天影禪寂鯨
鼍万籟音杉枝青〻低拂地木人也悟西来意五百
年光轉眼休重見真僧出凡世鐔津法侶觧楞枷却

下九峯登六華枯木庵前拄如意畨香堂上搭袈裟
揭来下界相逢處幸接微言沐甘露鑿齒由来識道
安遠公自是奇玄度法舟今去幾時逢塵世空瞻象
骨峯歸見住山煩問訊西江一派是禪宗

書高翰林繪閩嶠歸雲送周擴泰還長樂

一風東来吹海山南雲北雲飛度関北雲畢竟從龍
去何意南雲將鶴還雲飛適與飄風遇片片經天散
仍聚但見無心出岫閒寧知變態為霖去周子辭天
便拂衣龍門觧辟上金扉吳鉤入水疑雙化趙璧連

城喜獨歸々来海上還畊釣食稻安眠問口笑白首
誰同晚節高黄山独契歸雲妙聞道龍門悵別深為
君双筆繪家林秋天夜々多歸夢應羡孤雲還故岑

贈温陵王玉堅遊京師

王郎鮮劍還鄉里六年不憂軍中事垂竿靜釣鰲江
雲買舟忽過梅誠水自説年来愛遠遊束装今去上
皇州溪行笋笠三山兩水宿蒲帆五月烁棹歌明日
過京口我亦西遊今白首分手前程莫嘆嗟白門相
過應沽酒

題高待詔為用衡作水墨畫

延陵逸人偏愛山飛憂一室宛窈門仙舟往〻弄溪月幔亭綠水九曲声瀑湲別来林下多幽思廼與畫中偶相似蕙帶花衣絶世囂孤亭对坐說前朝白頭晩悟青暉意醉裏援毫為君起借問風流昼者誰王堂待詔高廷禮

書董景和家藏高待詔山水畫

我昔楊舲過彭蠡香炉瀑布空青裏潯陽渡口買江魚落帆酌酒看潮起吳楚帰来静掩門旧遊山水共

誰論仲蒙岩頭醉秋月太常峯前聞夜猿林扉只愛長蕭洒那知忽尔天書下何日東還遂隱心抱琴来訪垂帷者

題僉憲山東高公永思堂卷

臨淄城頭風樹悲東流汶水歸何時愁看風樹将流水困思親沒無還期蘼蕪堂下秋霜色日夕君高動精魄三時愴悽想音容一氣幽明本無隔佳城遥望欝蒼〻春去秋来宿草長此日豐碑應表墓他年幽壤定焚黄綉衣玉節承恩厚鄉縣枌楸别来久藁薦

東還未有期栢臺西上頻回首

海上贈陳汝機

君家海上如棲遁食魚飯稻應無悶朞來蘭酌任天真醉後忘言亂方寸古貌清嚴軀幹徵隱侯体弱不勝衣昂霄聳壑皆先代摶散空疎無是非貲郎藻思今忝有古詩誦得三千首跡遠誰同方寸交心知豈在林中酒客裏相逢兩度霜対君無計斈徉狂自怜落拓鍾情者處君父子情俱忘

書王景樢麗澤書室卷

東隣販繒為賈衒西隣握筆趁州縣北隣金多家富
豪笑我儒生事書卷居家住近翠微峯屋裏芸香户
外松朝經暮史有餘暇飲水曲肱無戚容永日垂帷
坐佔畢復喜朋来同散帙活水旁通麗澤迴真源直
向靈臺出逐句尋章失本端真居誰復貫天人鳶飛
魚躍無窮趣雲淡風輕總是春以茲考究幽玄理浩
氣彌浸小天地四壁猶堪薄萬鍾一瓢自可輕千駟
開門合與帯畫山一干清暉几席間家僮洗硯滄浪
近稚子晒書簷落閑阿翁今年七十五鶴髮飄兩映

接哭

章甫綉衣驄馬煥林泉禪室香床度花雨綵服翩翩
日過庭羡君容鬓未星星長因益友開三逕不負傳
家教一經自愧貧居破茅屋土中白蟻何其毒萬卷
床頭一蠹休明日從君借讀書

○僕以貧居湫隘凡書籍成部帙者悉置床頭一夕
風雨暴作中夜燭之盡為白蟻所壞方累月痛
惜適值景撝持卷来覓拙作故結末云耳景撝
家多書必有重本豈靳輟贈三五帙耶時
永樂辛卯人日翰林典籍王恭書

白雲樵唱前集卷之二

五言近体

金陵送人落第歸江南

鳳臺寒日莫千里送君還别憂愁京雨鄉心絓楚山
落花偏擁棹歸鴈獨臨闗應醉家林月青雲好是閑

野望

極浦遥山外荒江瘴海頭夕嵐松葉暗孤嶼鳥声幽
塞笛飄寒淚隣謳起莫愁連天秋草色歸思日悠悠

送鄭浮丘被詔重赴京師

闗河殘葉下征棹復西遊遠火臺城逈微霜禁苑秋
詔書天上出宣室夜深留浩蕩論經史時時近冕旒

江樓聞笛、

纖月絓楓林，晴樓覆夕陰。誰家吹鳳管，永夜作龍吟。
楊栁邊頭恨，梅花客裏心。天明漢江上，唯見水雲深。

古鏡

匣裏菱花鏡，摩挲恨轉深。土花浮綠暈，秋月閉寒陰。
漢女曾窺額，秦人已照心。蛟龍今剥落，徒尔折黄金。

夏夜曲

初月照廻廊，鳴瑲出洞旁。竹清殘暑氣，荷汎小池香。
雪腕宮羅潤，雲鬟夜月涼。庭前有梧葉，早晚落銀床。

翡翠

美爾炎州翠，双栖羽翼微。雨香紅玉着，風颺碧羅衣。
避鶻藏深竹，啣（衔）魚上釣磯。吳宮矜首飾，莫道網羅稀。

送人從海城軍

從軍江海上，征棹去微茫。瘴雨孤城白，秋風大野黄。
旌旂連壁舍，烟火近鮫房。但使封侯貴，何須憶故鄉。

送人還嶺海

别君滄海上，況是暮秋天。亂葉驚離席，孤雲逐去船。
荔枝瘴雨外，椰葉夕陽邊。回首風塵隔，相思共渺然。

松寺清秋

迢遞青蓮宇，雲邊事々幽。松花山路晚，鶴夢寺門秋。黃葉僧前落，清泉屋上流。所嗟塵累久，那得此淹留。

秋日遊山寺

荒山殘日晚，秋思正凄涼。野鳥啼花徑，溪泉溜竹房。鐘聲雲外遠，樹色雨中黃。更與詢休輩，焚香坐石床。

送衲子遊方

乞食向人烟，心閑處々禪。浮杯江上月，浣衲澗中泉。蜀道峨眉遠，廬山瀑布懸。振雲自飛去，誰得扣玄々

聞鎦一敦擢監察御史

幾年遊壁水，一旦候金扉。勅賜騎驄馬，人看着錦衣。
天連楓陛曉，霜借柏臺威。此際如相憶，毋令尺素稀。

輓邢逸民

流落衣冠後，他鄉幾度春。卜白首，坐忘貧。
昔愛林中酒，今爲草下塵。平生數行淚，爲爾歇沾巾。

老將

髮白未封侯，休論舊日功。酧恩空有劔，錫宴豈無弓。
關塞孤愁外，風霜百戰中。太平應棄擲，流落灞橋東。

挽僧

人間刪久住隻履獨西歸夜雨虚禪座寒山瘞衲衣

鴿栖青草畓猿吊白雲扉從此無期會空令淚欵揮

夜到漁家

渡口集昏鴉緣村逕路賒楓青迷野水竹密暗江沙

遠火人声絶孤帆月影斜扣門驚犬吠如入子陵家

宮人入道

雨露恩寧薄烟霞思獨迷向人披鶴氅無分卷龍衣

女伴愁將别君王夢亦稀他年青鳥使啣表到金扉

經漂母墓

寂寞淮陰路荒城接楚原誰能懷漂母曾此飯王孫
孤塚今猶在千金不復論身慚非國士茲去向何門

昭君怨

掩淚向邊州君恩此日休身隨胡地遠心是漢宮愁
鴈塞春難度龍堆草易秋玉容何足貴翻作羽林羞

山路見落花

野花垂嶺口無主亦芳菲色映林僧帽香隨木客衣
凄凉猿折去零落鳥啣歸日暮人行絶山風吹更飛

送林山人入城

林棲無外事訪舊入東城漸失聞猿處多逢結駟行
古榕藏驛舍殘柳拂軍營薄暮遥鍾起紛紛辟荔情

題王孫挾彈圖

金衣騎小鉄迢遆茂陵山按鶻花邉落鳴鞭柳外還
斷猿驚羽箭過鴈落金丸歸醉瓊樓夕天街雪正寒

寒村訪隱者

谷口微霜度寒村獨見君西風正蕭索落葉不堪聞
古路無行客閑門有白雲爲憐幽處好不忍便離群

秋暮寄山中人

水國催寒早，微霜幾夜砧。懷君隱居處，殘葉亂山深。野鳥無遺跡，孤雲不繫心。懸知燈火夕，閑坐听猿吟。

書江山別意圖送羽人還神樂觀

羽人何處去，歸事玉宸君。飛珮花間別，橫簫鶴上聞。過關閶樹斷，絓席楚江分。想到齋宮夕，員丘候五雲。

同故人曾伯剛燕集陳家樓

偶作山陽會，翻驚夢裏逢。盍簪怜草色，携手嘆萍蹤。雨暗樓中樹，雲開鳥外峰。故人湖海氣，應不愧元龍。

書谷口雲深圖

連峰轉幽邃竟夕白雲多峽裏非人境春深但女蘿

仙源空翠遠香界斷鍾和鳶鶴飄〻去塵蹤獨柰何

題黃声玉環清樓

樓虛千嶂合水木澹清華積雨仙源白歸雲鳥道斜

褰衣凌野翠捲幔拂秋霞想見横經夕蒼藤落數花

梅江送林中州歸龍塘

清時尚不官道在任家寒夜夢梅花帳朝吟苜蓿盤

魚風吹鬓冷釺月照衣殘歸去鄉林下横塘竹萬竿

題郁判官望雲思親卷

吳岳片雲橫偏閧遠宦情鄉林孤望斷客路寸心傾帶雁迷親舍緣霜度客旌太行曾按節千古重懷英

題陳孟敷耕圖

野情魚鳥邊孤興寄秋田霜降黃花酒山空白日眠雲根緗帙散林杪桔槹懸吾亦棲棲者遥知沮溺賢

擬唐儲光羲題陸山人樓

愛爾幽棲處樓居水木清松高清鶴夢竹密助猿吟簾捲山光入窗虛日色明獨慚官府繫臨眺不勝情

擬唐祖咏江南旅情

支離卿可道搖落倍凄然歸夢將秋月愁心對暮天吳山蒼靄斷楚樹白雲連日夕凉風動鄉原若个邊

擬唐祖咏題韓少府水亭

少府愛清暉孤亭近翠微石林娛晚坐池水净風扉野鹿啣花過溪雲帶鳥歸何須謝纓冕臨眺始忘機

擬唐祖咏蘇氏別業、

忘機依別墅豐水帶南山野竹連孤嶼溪雲伴獨閑鹿鳴花外去鶴夢雨中還宗、何人到年、但掩關

擬唐王仲初邊上送故人

羌笛與胡歌相逢柰别何關河孤夢斷邊地幾人過
沙磧鴻聲小輪臺雪片多看君馬上去拚取醉顔酡

寒夜擁爐有懷

擁爐寒夜坐寂寞對閑居凍雪千山白情人萬里餘
京南無過鴈汶上少來書愁絶殘燈裏横窻片月虚

送人奉使市馬

使節向宛西承恩出御堤千金求駿骨萬里得霜蹄
漢武思神驥燕昭重駃騠歸朝應早計首蓿苑中齊

送僧遊金陵

金陵維帝里宮闕五雲間師到是何日禪西若箇山浣衣天界曉清梵紫金閑早晚門人念東林定裏還

上巳遊五雲寺

詩酒蘭亭會如何共遠公行看五雲裏絕似虎溪中清梵花臺雨名香竹逕風未須論祓禊自覺萬緣空

暮春送人還溫陵

斗酒惜分襟溫陵驛路深閩河孤客棹滄海故人心荖葉迷行旆桐花醉客簪清源仙洞好知爾日登臨

征婦怨

夫婿遠從征雲中路幾深作旗餘帳帛買釼斷釵金
被綉香蘭浚粧奩鳳影沉年、衣上淚隨恨寄寒砧

挽黄蘗大休上人

隻履復還西令人憶我師空門了生滅塵世漫凄其
馴鴿棲新塔靈花落故枝愁来双樹下空有淚如絲

送人之雲南

雲中路不窮迢遞入烏蒙馬上看山别天涯見月同
昆明波浂、金齒樹朦、異域空相憶音書幾日通

送人從温陵軍

温陵南海上，孤劔獨横行。策馬經花縣，看山到栁營。明珠来市舶，兎葉遍山城。長揖嫖姚幙，從容論五兵。

贈倭僧

叅方离日本，乞食向中州。滄海無行跡，浮天但法舟。扶桑孤島曙，貝葉舊房秋。借問西来意，無言坐石頭。

送人使重馹

奉詔浮東海，魚龍護去舟。双星别鳷鵲，幾日過琉球。絶島夷王拜，重番使節遊。歸朝應早計，休起見京樓。

梅花戍觀練兵

笳吹動江城將軍練五兵水揺金甲影風度角弓声
戎幕斜連海軍麾遶下營時平嚴武備非欲樹功名

夏日遊碁山寺

載酒空門下林幽暑氣清半天聞梵語双辟隱鍾声
野鳥知禪意孤雲薄世榮何應謝塵事從此學無生

夏夜泛江因造澹山

畫舫宜凉夜滄江酒氣清星河分棹影鷗鷺起歌声
海曠天低水潮平月到城澹山有佳處遥見蚌珠明

侍

送中州逸人歸龍塘

幽棲何處是積水近柴扉樽酒沙頭別輶軒月下歸竹深林鳥待村遠故人稀遥想齋居裏狂吟竟落暉

挽林醫敬仲歿爪蛙國

君懷秦緩術埋骨向扶桑昔賣人間藥今修地下方魂飛隨漢使客葬感夷王此日龍門道清猿益斷腸

寄衣曲

秋風飛虜塵閨裏搗衣頻拭淚逢邊使緘情寄遠人不辭勞妾手未省稱君身莫待封侯日歸來但着新

梅江送林澤中歸嶼南

賣藥偏成隱，相逢但布衣。梅江秋外别，花嶼雨中歸。
遠火千峯夕，遥鍾獨鴈飛。自言今白首，此去故人稀。

客中見新燕

可憐江中燕，幾日到烏衣。欲向誰家去，多應舊主非。
落花深巷小，喬木畫梁稀。自咲天涯别，秋風想未歸。

題漁舍秋烟

郭守鄰鮫室，青山落釣舟。菊潭霜漸冷，楓樹葉皆流。
酒醒聞邊鴈，機閑見海鷗。烟波隨處好，妻子亦無憂。

山居春晓

仙源隔幾塵林館更春宜藥暗青連雨雲孤白近人浣衣溪沫綠濯足埜苔新余亦無機者誅茅傾卜隣

寒夜宿張藻宅偶賦

旅人眠不安抱劔夜中彈月映花林白霜凄畫壁寒澹雲孤夢遠流水半生殘想是平原館萋萋草正繁

都門即事

都門開望處車馬藹香塵禁繞龍池樹鍾殘鳳闕春衣冠三輔客劔履五侯賓唯有楊雄宅門前草自新

○五言排律

○○　奉賦閩藩叅政鳳陽張公忠孝堂

淮右多卿族天朝重縉紳東膠呈綵鳳左轄應祥麟
荒服資文化名藩寄大臣一官忠孝在三調涵
恩均戀闕瞻天逈榮親愛日頻懷英雲独望令伯
表深陳鄉遠龍飛處壹高鶴髮新塗山青歷々濠水
綠津々衣綵趨庭夢腰金報
主身丗禀何彩華風木忽悲辛霜露思泉壤雲霄睇
玉宸心隨葵藿盡情感蓼莪真堂構仍先志綱常激

後人所希登宰輔特出贊　皇仁

寄三衢陳八董教

懐君屬秋暮離思滿凉天百越孤雲外三衢独鴈邊須鳴飛楚葉潮落見湖田稹水横經緑柯山巻幔連醉吟官舍雨興掃墨池烟舊葉閑三逕移家恋一廛風霜怜宦薄雨露喜生全交態今寥落相思独惘然逢秋驚髮变悵别使心懸歎拜桐溪墓因行雪夜船

書宋儒陳烈官誥後

吾愛陳夫子名高慶曆中官卑心獨古跡遁道彌通

屢薦金門對難轟壁水銅七閩沾化雨百代仰儒風
芸閣絲綸在芹宮祀享同雲孤怜故物應復繼高蹤

歐陽明府絃歌亭

令尹文忠後廬陵世代深青年宜帶印白日但鳴琴
浩蕩春陽澤雍容太古音一亭崇禮教百里運謳吟
露晃朝氣淨褰帷午樹陰風雲飄逸氣山水寫冲襟
桃李清官舍棠梨冐客簪昔聞常衮化今識子游心
高士恒分榻貧人屢賜金所希金石刻千古作佳箴

美憲僉陳公重修玉融天寶陂

咨訪代宸聽霜威八群中褰帷詢潦旱按俗憫年凶
地古渚防失江流斥鹵通綉衣親計栗玉節坐鳩工
瘴海秋騰隼関河曉駐驄已兼修廢墜非但慰疲瘉
陂水寒仍緑鹺田歲又豐永貽饘粥惠寧忘我侯功
利澤思王景恩波感白公銘心那可報鐫石紀無窮

書黄典幕盤石書室記

盤石隣幽構青山獸下帷别来鄉望斷心遠宦情微
官舍羈黄綬親闈念綵衣秪應懸覲闕那得戀春暉
故國銅魚杳音書白鴈稀家林唯有夢時遶薜蘿帰

題新寧陳叔永環秀樓

勝地三峯峙，名家幾葉繁。太丘聯遠裔，瀉水接長源。
飛構岡巒入，連甍紫翠樊。樓開孤鳥上，人語白雲根。
奕氣朝来合，清暉夕更繁。旁窺冠德秀，前眺太崇尊。
蕭寺香林舊，隋朝古木存。煙空遥見鴈，秋杪近聞猿。
葭菼平臨海，鳧鷺宛在亹。擢歌廻竹浦，漁笛帶楓村。
幔卷霞生席，簷虛瀑照門。盡携山水興，全隔市朝喧。
魚沫吹蕪影，藤花映履痕。機忘泉滿聽，琴靜月當軒。
蕭洒衣冠里，棲遲竹素園。境超楊子宅，人擬謝公墩。

楊

靜賞疑盤谷幽尋訝陸渾高譚皆玉屑列坐總瑶琨
自笑東山隱叨逢北海樽冊梯期再會重與了心言

林景時雲山圖

鷲嶺積蒙茸連山翠幾重險疑金粟洞高訝玉華峯
谿過雲藏屋林深雨翳鍾客帆秋外小仙珮鳥邊逢
夢遶三花樹歌殘五粒松考槃多在澗惆悵獨迷蹤

題姑蘇吴文剛中和堂

吴君有道者隱處入松陵堂構中和在人將太古稱
箕裘今奕葉簪綬世飛騰榻有留徐穉門多候李膺

興来書滿案歡極酒如澠山水長招隱琴樽或聚朋
兆溪春〻漲小笠澤晩波澄芳草薰頻捲孤雲几獨凭
松江全帶雨茗水半流氷琳館聞霜磬香臺見夜燈
茆亭深絓月雪洞晝垂藤賢聖惟心到乾坤一氣凝
仲尼嗟已遠茲道更誰徵

書滄州翁家藏高漫士山水圖

草屋帶滄波連峰掃黛蛾路疑盤谷入門訝輞川過
野杖依松桂春衣換薜蘿弄琴魚鳥近巷慢水雲多
機靜都忘世樂成遂永歎紛〻人代裏纓冕欲如何

楊

七言近体

吳城懷古

姑蘇城下刺蘭橈却憶吳王古市朝香輦路邊春寂寂舘娃宮外草蕭〻千年往事空啼鳥半夜疎鐘自落潮明發不堪回首處瞋烟秋雨過楓橋

送客之楊州

廣陵西上路悠〻此日怜君賦遠遊吳岳曉鐘迷遠騎楚天涼雨到孤舟瓊花觀裏春何在煬帝宮前葉漸秋二十四橋歌酒夜王蕭吹斷使人愁

經鄂王墳

疋馬南行度淅河，汴城宮殿遠嵯峨。中興諸將思平虜，負國奸臣主議和。黃葉古祠寒雨積，青山孤塚夕陽多。六和塔影西風裏，陵樹蕭蕭野鳥歌。

賦得白鴈送人之金陵

燕山榆葉望秋稀，雪羽蕭蕭向楚微。夜雨芦花看不定，夕陽楓樹見初飛。影隨漢騎營邊落，夢遶胡兒笛裏歸。君到石城霜漸冷，暮雲声斷欲沾衣。

送僧試經赴金陵

奉詔西遊説梵經秋風應到石頭城帆飛楚水舟中飯夢落淮山樹裏行一錫獨携空界月三車遥對廣庭声禪心彼此隨緣住塵世空驚遠别情

贈别友人之長沙牧

青年作郡被恩榮五馬瀟々向楚城関外葉飛鄉舍遠湖南草緑吏人迎嶺雲漠々空離恨津樹依々若送行君到長沙應暇日定懷賈誼不勝情

送人遊廬山

廬峰天外麗清暉金削芙蓉合翠微石鏡倒明華頂

曙香爐遥絓瀑泉飛謫仙吟處苔應没惠遠門空客
到稀此度山人多邂逅爲君談咲拂塵衣

江城春晝偶作

郭外空林帶夕霏海天離思遠依、流年又逐殘春
去華髮空驚兩鬢稀啼鳥落花孤夢斷白雲芳草舊
遊非家園此日堪惆悵况是天涯客未歸

逢廢塚有感

敗壙崩塋不記時况逢寒食最悽其天陰燐火沉荒
樹雨積苔花入斷碑塵世謾傷千古事人生誰是百

年期白楊風裏堪惆悵日暮聞猿但益悲

甲戌歲九日旅懷

客裏凄凉欲暮愁忽逢佳節倍離憂西風白髮慚烏帽旅舍新寒憶弊裘千里故人同落葉十年歸夢隔滄洲别来記得家林賣黄菊花時醉不休

戴野寺残僧

古寺蕭條絶四隣寺前松栢幾回春月明下界猶聞磬年老荒山少見人貝葉舊听双樹法衲衣孤坐两朝身秋風已爛蒲團草悟得西来意自真

送人貶海南

官亭幾度飲離觴此日憐吾謫遠方馬上看山椰葉暗津頭沽酒荔枝香秋深嶺表猶多瘴臘盡天南尚少霜憔悴更須懷直道臨岐何必淚沾裳

送越山隱士

憐君久住在空山寂寂岩扉晝不關落木寒泉青嶂裏素琴孤鶴白雲間五陵年少何曾到三逕秋來秪獨閑欲問塵中何事業青雲能有幾人還

題彭韞玉秋山行旅圖

閑門秋晚葉皆飛征路逢霜客漸稀獨樹斷猿愁遠騎隔林残燒映行衣西風一飯人烟少落日千峰夕鳥徵莫向他鄉留滯久故園山水候君歸

温陵留别陳方山先輩

温陵雪後鴈声寒芳草青〻客未還千里離情江上月十年鄉思夢中山荒城對酒應难别遠路逢春好是閑滄海故人零落盡臨岐那忍聽陽関

題郭幹臣家藏趙大年汀渚秋烟卷

大梁公子寫滄洲幾百年中墨尚留芳草秖疑常曲

社青山多是洛陽秋天邊積靄鴻初斷浦口微霜葉盡流遥想繁華何事業汴河東去更悠々

題長樂林生叔達湖山幽處

樓前積水映丹楓清隱林扉趣不窮人影迥臨飛鳥上書声遥在翠微中青山對酒聞猿斷花奠橫琴與鶴同此日長安鳳城内五陵車馬正匆匆

題墨梅

林下花時雪更繁蕭條苔逕共誰看空香半入閑僧定霜影全侵鶴夢閑任着隣歌江上發恐隨邊笛月

中殘故人天外遥相憶欲寄南枝愧獨难

喜林崇高見過

十年萍梗愧西東千里佳期此日同圖畫祇今追北苑衣冠誰復識南宮鄉心幾度春雲外詩思千峰暮雨中欲把酒杯留醉賞沙頭歸珮莫匆匆

和林孔逸見寄之作

淮陰漂泊嘆王孫生事蕭條一劍存春草閑臺思舊葉暮雲孤館寄荒村月明野寺同栖鶴落葉寒山听斷猿傾蓋相誰似者且陪歌舞倒芳罇

次韻陳九狂客西岩見寄之作

黄金沙界挽岩嶤，鍾磬微、下九霄。禅榻鳥啼残雨過，香臺經盡落花飄。心持半偈縁應淺，身寄迷途恨獨遥。堪咲此生何住着，期君天路遠相邀。

賦磐石秋風送別

磐石蒼蒼入翠微，秋風竭、碧羅飛。凄凉半度誰家遂，颯沓全吹野客衣。瘴断徠声漸遠，荒崗残樹葉將稀。由来此處堪乘興，何事同心又遠違。

次韻答高漫士 二首

萍梗飄、未遇時兴懷惟有故人知离心幾度曾相夢交態于今更不疑黃菊青罇誰共榻白雲高館獨埀帷遥知玩字樓中月應惟登臨每負期

林館深秋黃菊殘微霜楓樹葉初丹浮生秖觧劉伶觧失路應怜范叔寒落日斷鴻愁裏听故園衰艸夢中看龍門知己能相問欲和陽春愧独難

寒夜宴别陳叔晦 得霜字

縣城高館宴離觴共對寒燈别意長孤嶂啼猿驚落葉誰家残笛度微霜雲山驛路遥相送魚鳥滄洲舊

莫忘知尔懷人何處是秣陵春樹遠蒼蒼

送林彦賓之淮上省兄

斗酒何須惜路岐此行偏感鶺鴒詩青山野杏淮南暮孤棹微鍾雪後時楳斷曉閑鷺落葉鴻飛滄海憶連枝十年官冷英山下幾度看雲悵别離作

王融謝生見過

客裏留君喜盍簪天涯携手便同心青山舊葉何須嘆野館残尊且共吟滄海斷鴻將落葉夕嵐踈雨帶寒砧他鄉况是交游少萍水相逢思轉深

哭陳叔晦

泜道青雲定有期忽聞長逝使人悲尊前握手難重會客裏論心更與誰月隱屋梁愁独夜䰟飛淮海夢歸時青山何處荒墳樹未絓吴鉤涙已垂

留别馮公魯兄弟

海國微霜葉已卅玉壺清酒夜漫〻天寒客路鴻声晓月落芳江樹影残情在不堪分手去興来猶恋故人歡惠連群從偏能賦一曲驪歌欵和難

送蔣節菴錬師還建上

十年江海慕清芬何事逢君又别君花嶼到来應幾日茆山歸去独尋雲清溪碧水琴邊落黄葉秋声鶴上聞自愧萍蹤無住着欲將飛佩息塵紛

送林思禮歲貢成均

十年漂泊故人稀歲晏逢君又遠違候館莫鴻鶩别夢粤河残雪照行衣潮生楚岸風帆夕樹遠淮山驛路徹此度橋門應早達莫忘書札問林扉

病中喜鄭浮丘見過

莫藥烟中静掩門泮林官暇動行軒天涯蹤跡慚多

病客裏心期憶共論空舘亂蛩孤燭夜荒原殘葉數
家村相逢未久還分別愁倚秋風獨斷魂

早秌懐林良箴因憶東峯諸上人

正月孤帆別遠津秋風林下忽沾巾他鄉久住愁双
鬓故國遙看隔幾塵江海又逢初下葉関河同是未
歸人坐来更憶東山賞共對閑僧話夙因

爲陳毅駿賦東墅閑居

習靜何須隱翠微一間心遠便忘機窓臨絶嶼雲来
近門掩荒洲客到稀禾黍露寒秋釀熟蒹葭霜冷夜

漁歸知君悟得幽棲趣，却向清時𥘶布衣。

初秋寄清江林崇高先輩

十年滄海寄洋蹤，迢遞鄉山思萬重。鳥外明河秋一葉，天涯涼月夜千峯。心知久別䰟應斷，生事中年夢亦慵。無限相思何處着，越山仙島樹蒙茸。

寄三衢董教陳孟敷

離別中年夢亦驚，未應王謝獨閑情。家林久已無音信，江海今餘幾弟兄。浙水斷鴻秋水影，粤河殘葉夜中声。遥怜姑蔑千峯裏，何處相思月自明。

奉餞鄭浮丘赴召天京二首

三楚文衡憶重持泮林寧厭一官卑論經已被

先皇詔懷策今逢　聖主知長樂曙鍾宮漏永蓬萊

宵炬珮声遲承平正爾需賢佐莫對鄉山悵別離

黄葉山中把酒杯行人西上鳳凰臺関河馬色迎寒

度江郭鴻声帶晓催三禮才名天下少九重冊詔日

邊來懸知此別雲泥隔擬欲彈冠愧不才

與連川吳彦器夜酌

延陵才子舊知名今日應怜好弟兄客裏襟期疑是

夢天涯萍水況多情清秋一葉琴中落黃菊孤尊月下傾、盞相逢還又别不堪江上斷鴻声

送陳平牀歸黃山

沙頭宴别酒微醺客裏那堪獨送君蓬鬂相看渾似夢洋蹤無定又離群黃山卅聖誰同調處士香名世共聞莫嘆蔡邕今已老仲容年少總能文

題玉融鄭可久遊建溪卷

谷口閑耕歲不豐烟波何處寄行蹤孤舟夜泊鍾津渡九曲朝看玉女峯残葉市橋溪上酒夕陽蕭寺鳥

邉鍾遠遊知有懷親夢應到鄉山苐幾重

逢楊珣感舊

十年萍梗愧相違我尚飄零子未歸江國鴻声鷮別棹河橋艸色照行衣他鄉共嘆生涯薄往事空怜故舊知日暮臨岐倍惆悵伯勞東去燕西飛、

近体留別楊二高隱客三山

別情羈思共何如迢遞鄉山夢有餘仙井碧泉思舊業客庭芳草對离居関河夜笛鴻飛外海國春帆雪霽初愧我萍蹤無住着知君終食故江魚

寄蔣節庵錬師

觀門迢遞碧蘿陰塵跡空懷物外尋滄海月明人去遠瑶池秋晚鴈來深孤雲野鶴悠悠别積水江楓夜夜心遥想山中多勝事相思時復寄瑶琴

贈别王董教弟歸沔陽

白酒黄花醉共驩景陵歸思又漫漫愁看南浦連枝别况是西風落葉殘三楚帆飛湘鴈遠五華人去海霜寒故鄉却戀多魚米應念賢凡尚冷官

送林彦時謝得圭之建上

才子溪行秋興深仙舟同泛復同心也知王粲偏能賦誰識嵇康更解琴驛館夜殘明候火市樓霜曉度寒砧遥怜别後陽春調客裏何人爲賞音、

書建寧守宣城芮公敬亭山房

宛陵南向敬亭峰山水青青思萬重雪霽双溪寒對酒風來遠岫夜鳴松窓臨太白看雲處門對玄暉玩世蹤聞道一麾令出守未應林下独從容

題宋王附馬西園雅集卷

西園簪珮日聯翩共愛風流戚畹賢金將池臺連

帝里玉堂詞翰藹賓筵機閒羽士絃中意心静林僧竹下禪莫向繁華驚物換大梁宮樹也蕭然

閩江别意送陳伯武服闋之天官

無諸故國柳條新折柳空江悵遠人殘雨緑蕪分别路斷雲歸鴈送行塵孤舟蕩漾家林夢双闕依稀帝里春遥想仲容終宦達定應風木更悲辛

暮春寄曾伯剛

紅燭深窗歎夢君十年多難愧離群愁看青浦無来鴈吟對滄波見夕曛楓樹幾回秋外落竹枝誰忍夜

中聞相思況是殘春雨目盡遥天漠漠雲、

同高漫士夜集陳叔謨出庄埶

傾盖相逢意轉親六平高館醉殘春流年白髮看花盡幾夜青燈對雨頻心逐斷鴻猶惜別興隨芳草更留人龍門知已情何限飛佩應怜寂寞濱

莫春邑中與漫士别時滄洲叟命邀不果来

縣城春莫雨紛、歌罷驪駒厭獨聞蓬鬢相逢俱未達萍蹤無定又离群緑無客路風將遠黃鳥官亭酒半醺江上草堂誰倚和杜陵白髮更思君

贈别林伯予召天京兼柬鄭助教董紀善

蓬苿薦剡五雲深才子囊書赴上林双澗野僧留别偈七岩山色寄離心廣文官舍期同飲記室王門待盍簪明到秣陵應話舊爲言江畔獨行吟

青雲知已半京華滄海逢君又别家莫雨獨瞻原上栢春風遥泛日邊槎吴門湫湫江波晚淮樹蒼蒼驛路賒聞説九重怜孝念未應辜負舊煙霞

寄曾伯剛趙景哲二

鴻鴈南飛不寄声暮雲春樹遠含情白湖高館何年

别青浦孤帆幾日行香界竹深僧共隱市樓花滿酒同傾誰怜白髮滄江上閑倚東風听晚鶯

爲樵僧賦閑雲軒

城郭紛紛靜者稀野雲多恋定僧衣依微乍入靈花去蕭散仍隨法雨飛心寄虛空忘色相身将生滅悟禪機世人未識孤寒意遥聽經声礼翠微

秋夜陪鄭助教蒼林宴集分得深字

沙堰雲歸半夕陰露荷烟篠净煩襟明河一葉秋声早紅烛虛庭醉影深壁水舊遊千里會青山歸興故

園心滄洲況與蒼林近此地應期重盍簪

挽陳方山先輩

清朝遺老舊恭軍幾處移家遠世紛白馬公孫何事業青袍書記向来聞西風野水山陽笛秋草黄花郭外墳零落異鄉空有淚憑誰書寄嵒江雲

歲暮岱峯同龍門漫士留别高景度先輩

龍門歲晚惜同心迢遞龜峯遠更尋殘雪亂山頻對酒白雲芳草又分簪離堂夜燭依聲斷别路江楓鴈影深名下只今多俊逸臨岐高唱比南金

送别林彦時之建上

黃葉紛、秋滿天故人今夜惜離筵他鄉見月長為客別路逢霜半在舡劍浦綠蕪連晚燒慢亭荒樹帶寒烟明朝碧水丹山下知尔相思若箇邊

送嚴主簿罷官歸黃州

罷官歸種故侯瓜鄉國蒼茫楚望賒湘水無情空吊古江蘺初綠暫還家鳶栖野棘誰同調玉點青蠅未是瑕宣室他年思賈誼更持黃紙到長沙

閩江別意贈丘孟政服闋之天官

錦袍紗帽去飄飄風木聲中思轉遥春樹暮雲愁對酒綠波芳草暫停橈白門月曙聞孤笛楊子江寒見落潮此度宦遊須補報未應空荷聖明朝

山水圖爲造士陳琳能書

屋上羣峯舊隱居澹雲涼月午窗虚滿庭芳草人稀到半畝黄精手自鋤積水斷橋寒鳥外夕陽鳴磬夜霜初洋林莫羨蘇門嘯未許尋山共結廬

辛巳九月邑大夫宰僚佐及群士燕六平峯

薜蘿迢遞隱仙都簪佩登臨載玉壺閑樹早霜秋外

落奥河寒笛雁邊孤紅泉翠辟人皆醉緑酒黄花晚
更須此會明年誰最健重尋山水採茱萸
奉和國子先生鄭孟宣退朝聽鶯之作
蓬萊佳氣滿　瑶京禁柳青青聽曙鶯華路下聞千
囀曉春風逞度萬家声近隨天仗和鸞馭散入雲門
間玉笙不獨清平歌此調高臺還有鳳凰鳴
書閩郡照磨江石曾公秩滿之京便道省親巻
歌賦萊衣未有期且將簪弁戀　明時三年考滿孤
琴在千里寧親一鶴隨建水暮帆鍾杳杳楚城寒雁

樹離〻過家暫醉西江酒莫遣都門疋馬遲

送陳樂舞省墓歸閩復還天京

宮縣声繞鳳臺春萬舞雍容對玉宸華表忽驚千歲別恩波遥借一歸人邊淮獨樹斜連海故隴寒楸遠入閩莫向塵中成久別太平天子重明禋

題姑蘇王仲瑚松陵展墓圖

花縣寧親着綵花松陵回晋念荆扉鄉心一夕恩偏逢朔鴈稀丘隴蓬高隨處没邊頭風雪幾人歸明朝疋馬姑蘇道遥望松楸入翠微

題玉融鄭伯勲龍江環翠樓

舊遊西上久從官何事樓居尚考槃近郭雨深千樹繞滄波雲盡数峰寒簾前落葉兼秋听笛裏飛鴻拂曙看好是瑞岩僧磬晚滿衣淸露更凭欄

玉融潘原潤將義塟其師黄山陳平林一日持廣騁集過予愧貧不能助遂賦此以贈之

布衣相對兩忘貧共憶黄山淚滿巾高士姓名因有傳中郎書籍與何人墨池雨冷苔空積筆塚秋深草自新惆悵一盃何所寄唯應高誼独悲辛、

簡曾伯剛

逢君傾蓋轉消魂多少離心不忍論白晉異鄉無舊業青山衰草閉關門関河夜雨頻驚夢鷗鷺秋風久負言莫向樽前同感慨舊遊能有幾人存

嶼南宿別貢士林執中 得青字

紅燭離堂酒半醒驪歌今夕若爲听故人好是身隨桂浮客空嗟跡類萍花嶼悅鍾湖上别鳳臺春樹夢中青應知晝綉長林下白晉還来到玉緋

癸未元日簡龍門高漫士

喜得春回共酒期醉來持鏡轉堪悲年漸伯玉知非晚身咲相如見渴遲衰鬓又逢殘臘後勞生幾度陂元時遥憐小隱龍門下應對椒盤獨咏詩

贈林士仁服闋赴京師

秋衾銅輦夢來稀墨綬新縣映赭衣風木不堪寒夜听塞鴻偏向別時歸晴天入楚千峯出積水邉淮獨樹微想到鳳臺朝覲後宦遊何處念春暉暉

題蕭將軍家藏山水圖

十年身被白雲留見盡青山到白頭微雨數峰孤磬

夕半林殘火幾家秋風波不繫衣宏棹魚鳥相懷謝
尚遊聞道將軍戎暇日偏能看畫想滄洲

越山秋色送秦校尉還觀海軍

稽峯閑望赤城標霞氣蒼茫水霧銷獨樹過江吳地
盡斷雲歸海楚山遥空林木葉驚秋雨極浦鴻声帶
晩潮相約買舟尋賀老知君終事霍嫖姚

送林牀仁計偕之京

泮林官蒲歆趨朝况值　金門早見指粵國青山江
上別秦淮秋水鴈邊遥砧催帝苑霜初落馬度官城

葉漸飄若得浮丘書信便爲言衰老尚漁樵

贈林漢孟赴召天京

七峯岩下舊逃名何事輶軒赴上京白首相逢萍梗
別青山誰共薜蘿情踈煙夜大丹陽騎遠樹春風白
下鶯想到都門知已在南宮西掖有逢迎、

題吳景元江臯雲卧

宦遊西上正紛紛何事江臯獨卧雲夢裏杜蘭隨意
緑鏡中魚鳥向人分潮歸沙館當窻見漁唱楓洲巷
慢聞身外浮名都不繫唯應林叟得逢君

和林孔逸見寄之作

西岩爽氣亂峰頭此地曾陪靜者遊雨霽珠林芳草遍春深蘭若落花幽清池白石俱禪意野服黃冠半道流自愧浮生無住着飄然江上一孤舟

贈別劉宗礼還京師

官舡一櫂大江流才子還京賦遠遊帆帶夕燕依御苑夢隨涼月到家樓長淮鴈影催寒曙近郭砧声報晚秋此度金門應早達莫令鄉舍久淹留

送浮丘鄭先輩被命重赴京師

丹陽京口暝烟收幾度勞歌送客遊吳岳曉連秋雨碧御河寒帶雁声流衣冠召對金門裏文翰周旋玉案頭聞道漢庭深顧問承平不遣賈生憂、

贈別林孔逸從劉丘軍

越城砧杵暮紛〻多少關情與送君別路寒山鷰落葉深秋孤雁恐離羣蘇門日照霜中樹羌笛寒凄塞上雲聞道漢南曾獨立也將書劍去從軍

寄鳳池故人鍾大

谷口遥鍾半掩門疎燈空館住荒村樓閣葉上鷰新

雨砧杵声中憶故園多難未錯豪傑氣長貧難吞舊
交恩鳳池月色歌鍾裏應念残山獨聽依

書延平王將軍閩山勝覽卷

遠携兵印鎮南州山水青青馬上遊玉帳醉看華頂
溜瑀弓閑掛劍潭秋双溪樹底泉聲合九曲花邊瘴
雨收自是承平多勝事七閩應許擅風流

道人延翠軒

山水嬋娟掃黛屏濤暉迢遞到柴扉雲歸獨樹天邊
小雪罷張峯鳥外青寒蘚帶花侵卷幔野泉流葉近

閑庭浮生只解人間事未得從師種茯苓、

寄滄洲狂客

三年憔悴得君憐君上青雲益惘然客裏思鄉何日到天涯見月幾回圓未期歲晚同携手預恐新正對別筵貧賤獨慚無可贈臨岐空憶繞朝鞭

奉荅陳滄洲

白髮滄洲似者稀瑾華應愧寄林扉每憐独客如萍梗更有何人惜布衣梧葉滿庭殘暑退青山對酒小凉歸莫愁隴水音塵遠早晚關河候鴈飛

寄劉大

閒宵燈裏夢劉郎夢覺還驚是兩鄉孤館幾回江上月流年空度鏡中霜青蒲野水林扉靜黃鳥山亭酒甕香遥想丘園多樂事也應飛札慰離傷

留别黃山周氏兄弟

候館逢霜落葉深更堪憔悴對青衿荒村野水殘陽路遠樹孤雲故國心絶地也怜頻送酒情多誰忍更分襟惠連群從皆清俊别後相思總解吟〻

文筆山房爲延平郡造士朱員賦

文筆山深隔翠微清暉迢遞映書幃門臨絶澗逢人少簾卷孤峯見鳥飛四壁泉聲喧午夢半簷藤影落秋衣鐔津自昔多才俊詞翰如君世所稀

挽黄山周正卿

與君相識便相知却歎相逢最後時滄海幾回明月夜黄山終負薜蘿期秋風野水寒猿斷落葉荒原弔客悲遥想泉臺今不恨傳家應有鳳毛奇

書番陽戴氏侍萱堂卷

樂平才子舊知名曾是清朝被寵榮萱草别来應有

夢白雲頻望不勝情關河迫遞娛親舍銅綬淹留近
海城他日錦衣歸省去故園鄱水有餘清

歐陽明府江上草堂

青原山上草堂開竹杖黃冠日往廻雨過新潮低卷
幔雲連孤嶂落御杯聞碁每憶林間榻静釣還思石
上苔佳政緟令人共說未應陶令賦歸來

題晦之城南秋堂

汾陽孫子久忘機萬卷經書隱翠微閉户不知秋葉
落卷帷時見白雲飛岩花色映鳥紗幘澗水聲寒薜

荔衣想是過庭趨講暇也應城市往来稀

題鄭浮丘碧蕉書舘

鄭老心閑却忘官泮林唯對碧蕉閑盈軒色映烏沙帽拂凡凉生首蓿盤半榻秋声寒外落一簾幽夢月中殘杜陵野老時相問應遺題詩葉上看

玉融陳氏怡怡堂

魏帝連枝不共榮淮王斗粟若爲情風霜况是同根帶骨肉崔伶好弟兄山色暁簾沙鴈白海天秋嶼雪鴒鳴合懽也似姜肱被長奏塤篪酒共傾

題江山烟雨圖

夢渚蒼蒼入楚煙岳陽南面雨如懸人家寂歷青楓外仙嶠空濛獨雁邊飛閣迥臨聞笛處微鍾遥到釣魚船張帆莫向瀟湘浦雲暗蒼梧水柏天

次韻荅黃嗣傑

滿林烏桕飄殘臈獨客関心漫倚樓幾處移家蘺落葉十年歸夢在張舟青塘野鳥當窓白積雨寒山卷幔幽何似董湖高隱處朝、巾舄與同遊

題鄭克曼復睢陽軍手卷

綠髮辭鄉白髮歸，遠因行役問庭闈。離心又惜連枝別，愁思仍隨獨鴈飛。汴河霜落寒砧早，梁苑煙空晚樹稀。行到洛陽秋色後，柳營長是憶春暉。

沙堤燕集次韻荅王介軒黄嗣傑

滄洲沙舘共懽携，紅燭青尊月易西。孤客獨怜洋尚泛，幽期那侶鶴同棲。霜飄敗葉催殘臈，鴈引寒聲入夜溪。何事故人俱斷酒，風流佳句若爲題。

題澹游雨竹啚

孤舟凉雨楚溪頭，葉葉寒聲鏡裏秋。湘水夜傳金奏

響卽雲朝拂玉英流空香暗逐王孫夢殘粉深閨帝子愁鳴鳳不来春杳〻爲誰遺褋向中洲

送糧長林思器赴召京師

王貞曾稽夏禹篇漢庭輸餉獨推賢遐方巳献編民數大姓應操賦栗權千里山河趋魏闕一帆秋水入吳天楓墀若听綸音後歸興西風白鴈前酒盡沙頭白玉瓶海雲閑樹遠行經孤舟落葉丹陽渡殘笛秋風白下亭三楚人烟天外小六朝山色鴈邉青怜君此去應觀國行听韶音到廣庭

送林思隱之金陵

布衣何事欵朝天螺渚霜空見發船閩樹曉開分楚澤越城寒火接吳烟白門酒熟誰同醉華館燈孤咲獨眠闕下名公多舊識莫令歸興後春前

同滄洲翁吞高漫士兼寄高牧隱

多病文園興未休滄洲魚鳥待君遊花邊復掃留徐榻磯畔空期訪戴舟渤海詩名今獨步藍田墨興世爭求懸知牧隱風流在共醉清暉半占秋、

耿將軍具慶堂

曾逐嫖姚立戰勳漢庭方識耿將軍千鍾已遂榮親
願一叙常思報主勤花拂萊衣春尚早月明姜被夜
初分東吳此樂應稀少忠孝于今幾處聞

秋日寄王介軒先輩

林下蕭條隱角巾黃花時節憶同人陶潛解印寧辭
倦蘇晉長齋豈是貧華髮流年看獨変青山明月夢
来頻近聞籌谷多僊賞〻却滄洲野水濱

寄林彦衡訓迪嘉禾

檇李山川接上腴魚塩粳稻滿東吳橫經不道官猶

冷祿薄還堪酒屢沽霜落鄉林思舊橘秋深江郭憶寒鱸綈袍別後情何限莫惜新吟寄墅夫

次韻答王介軒

曾是天墀綴曉班綉衣行郡遠人懽秋風忽夢并桑柳故晚還歌楚澤蘭匣裏吳鈎誰復羨尊前郢曲和皆難佳期憶在来清館共對榕霜五夜寒、

懶慢唯應漉酒巾鶉衣無計合時人一瓢陋巷誰能問四壁秋風獨忘貧北闕青雲隨夢遠西山明月憶歸頻卜隣幸與滄洲近又欲移家住海濱

送郁判官秩滿之天官

東膠冠蓋舊称賢佐郡曾分刺史權官署到来應似水禮闈今去獨朝天家臨故苑長洲樹鍾度寒山半夜船遥想五雲霄漢上從容又賦帝京篇

書王明府家慶

幾年戎馬悵分飛此日 君恩賜獨歸張掖寒雲行處滿魯城霜鴈别来稀西江買棹尋花縣南國趍庭換綵衣官滿他年應晝綉吴門鄉樹碧依々

贈邑造士陳汝登之軍中

漢家烽火在邊庭才子西行獨請纓自是寸心懷補
報也将孤劒學從征天門久欲陳三策沙漠今看論
五兵莫對洋林愁此别他年還着錦衣榮
與幕席上同高慢士奉和王尹元旦寄州憶子詩
張掖何人獨冠軍遠隨征騎入邊塵天涯柏酒愁中
斷寒盡梅花客裏春魯國山河應独望并州風物更
誰親班衣此日棠陰下骨肉何須嘆越秦
奉寄龍門高漫士牧隱二先輩
玩宇平臨半占峰清暉遥映翠微松雲来鷄嶼應還

倦鳥下龍門去亦慵池草任隨吟處長江花徧待醉
時逢十年自咲無家别誰念滄浪遠寄蹤

輓陳方山先輩

七閩冠蓋盛繁華白晋温陵獨寄家憂客尚懸高士
榻隱居唯種故侯瓜歸䰟杳杳鄉林晚旅襯迢迢驛
路縣誰料别来成嘆逝九原長望使人嗟

寄别陳志鴻罷官歸高凉

觧印行歌出將營千軍流淚共含情鄒陽書上誰称
屈王粲才高賦謾成天連故國銅魚遠霜落寒江白

鴈鳴自愧神交鶺此別不堪離恨更沾纓
得官何似罷官閑閩海秋風一騎還五嶺黃節通驛
路百城寒水接鄉關離心不醉霜中柳歸夢應尋鳥
外山聞說舊遊多鷓鴣未應空老薜蘿間

浮丘鄭公國子助教余病不能餞寄詩以別

成均典教遂忘機聖主恩深許暫歸疋馬又從江
上別孤舟還向鴈邊徼初霜葉落經吳苑夜犬寒砧
入帝畿自咲不才逢盛世故山空老薜蘿衣
荒居病起對空林隣笛誰堪折柳音白首襟期鶺是

夢滄波離別惜同心梨關月出鴻声小笠澤天寒騎
影清遥想聖朝多雨露未應官冷觧朝簪

題松山司簷余公海城春意

曾勞弓劍事邉塵復綰銅章領徼巡匹馬向經吴地
雪一官遥寄越城春鶯花水鎮朝衙静蝦菜江鄉夜
邏頻三載銓闈應不負定知霄漢沐恩新

贈琉球典簿程氏賜歸番易

冠帶趋朝沐寵光曾將聲教化夷王扶桑東際非
吾土彭蠡西流是故鄉白首還家江上騎青山獨對

雪邊房懸知陸賈風流在不羨裴家緑野堂

送陳履中侍大父入京

君家大父遠朝京念爾辭家侍此行緑酒紅亭西上路白雲鄉樹故関情孤帆夜落秦淮水双闕時聞禁邸鶯莫道重闈今别去鄉人遥待錦衣榮

挽江山陳仲晉

墨綬新懸鬢巳皤宦遊西上易蹉跎青山竟掩孤墳在浮世仍傳並秀多門柳不堪愁裏賦琴臺誰忍醒時過愧無公子魚腸劍掛向空林野樹柯

送閫藩從事考滿

西游帳飲氣偏豪多少同聲惜户曹别路斷鴻将去棹亂山殘雪送征袍蓬萊春近鶯声早阿閣雲開鳳影高明到五門朝覲後相思空有夢䰟勞

贈陳逸民

萬事忘機一布裘似君宜向古人求秋風幾度驚双鬓夜夢無應到五侯多暇興来猶散帙老年身倦少登楼蔡家尚有文姬在對酒當謌且莫愁

連川趙原滄洲圖

冠蓋紛紛多宦游，怜君生事寄滄洲。半池艸夢飛殘雨，一片荷衣掛遠秋。卷幔雲山天外小，近入魚鳥鏡中幽。遥知霜露松門夕，秋氣寒泉興未休。

偕陳叔殘宿崇山蘭若期少尹陳思孝不至賦得近休一首遂書于壁

化城烟磬晚微微，何事同心也負期。双樹焚香栖鳥定，空山對酒白雲隨。風飄仙梵清機遠，月隱禪枝夜坐遲。明發寄聲賢少尹，支公渾似鄭當時。

送兵衛從事考滿赴銓

幾年從事總兵機千里輶軒入帝畿驃騎別時多載
酒故人分處尚留衣秦淮遠火春鴻斷長樂微鍾晚
雪稀聞道宦遊西上好莫將蓴菜憶東歸

贈張明府入奏

滿縣棠梨春着花郎官書奏覲京華帆開楚水猶逢
鴈道過金壇得到家紫禁曙鍾雲外聽白門春酒日
邊賒遙知馬首春歸早不待青門盡種瓜孤

送人代兵後還鄉

十年弓馬似君稀到老還鄉願不違祖道百壺孤棹

別溫陵千里遠人歸江橋夜火霜蠔熟野舘秋風海菜肥好是北堂調膳後閑看兒女咲韋衣

咏詹時雨哭永寧許將軍

釵鋒鏑盡馬蹄穿夷虜憑陵尚寇邊誰念將軍能死國遠持兵印獨歸泉荒城聽雨傷秋草滄海招魂愴暮烟忠憤向來同感激溫陵南望淚潸然

奉寄齊府紀善鄭孟宣召還京

三年書信遠寥寥知在臨淄道路遙空使多情長憶別誰知白首得還朝曳裾幾醉齊門酒奉使應勞漢

使軺想到　九重頻顧問好陳三策輔唐堯

寄陳仲全編脩兼左春坊

宛陵曾釆泮芹香一上鼇坡被寵光禁裏疎鐘移夜直花間鳴佩出春坊思家幾度江田綠念别休驚龐樹黃遥羨阿戎同禁苑朝朝如在竹林鄉

高待詔自京回必遜王脩撰寄声相問賦詩以荅之

幾年分教向長沙此日摛文在帝家清禁日斜還視草白門朝退輯看花玉壺載酒多同醉青鬟流年想

未華近得故人天上别感君傳語問烟霞

寄翰林王孟敷兼促皆山樵記

釣鱸橋上惜分簪别後聞君入禁林近道相如能献賦誰言賈誼少知音未陽独樹還家夢魏闕晴雲捧日心寂寞山林樵采事何時為記比南金

詩寄梁浮丞陳思孝工篆入翰林

故人西上悵離魂幾度封書寄華門别夢正懸江口雁相思誰那嶺頭須晨朝柒翰臨飛閣日久聞鐘出禁垣宸睿若教金石刻知君不久徃承恩

寄贈林志仁博士

麟經独抱上王畿宮錦新裁博士衣六館夜凉聞漏起五門天曙退朝歸鳳凰臺上吹簫過鳷鵲樓前見雁飛西掖環林應不遠相逢休道故人稀

寄潘源潤因悼黄山陳平叔

偶因行客問潘郎憶得黄山醉墨堂斗酒幾迴澆宿草松門何處閉秋霜尺書不到邊鴻断三逕猶存舊業荒何日遠尋高待詔扁舟能過輞川庄

寄王融鄭三秀才

空齋病起怯秋声無那啼鵓向夕鳴涼雨一天孤烛
夜断鴻千里故人情寒花浥露江離白独樹含霜瘴
海清遥羡勝遊多上日瑞岩僧舎喜逢迎

三山林文質索咏鶴骨笛

誰殺青田一片霜死疑横吹到山陽声無龐水將魂
断曲畫梅花帶髓香華表仙歌驚落月瑶臺秋夢怨
清商唯應吹上天壇去好伴雲璈事玉皇

爲林中洲題馬畫、

漢家神驥出宛西鳳臆蘭筋破月題異北羣空知汗

血長楊猶罷見霜蹄青絲引轡穿花入黄帕象鞍對
御嘶莫道時平淹棧豆飛騰思與六龍齊

送陳自立遊古田

孤舟何處共堪携紅樹千山野水西別路鴻声天外
小荒江帆影望中迷到楼残笛兼秋听向壁新詩倚
醉題我有相思寄流水寒潮唯到白沙谿

挽鰲峯十二明

傷心嘆逝恨千重雲想秋衣月想容青草泉門今独
閑綠樽池館幾時逢碁山訪寺餘残雪花嶼寻春有

舊蹤何處臨風堪洒淚泖頭南望見鰲峯

謝得圭東嵐秋思畱

海上僊山連翠岑夕嵐孤樹遠沉沉遥天落葉鴻邉盡絶島殘鐘雨外深烟火數家餘舊業漁樵幾處動歸心秋来好是蓴鱸美知尒看畱憶故林

高要嚴氏具慶堂

嚴助閑堂野水濵每同兄弟日娛親到家幾度瞻雲迥戀闕還應愛日頻山色半簾銅鼓曙潮声入坐頂湖春史臣定寫帋客傳咲拂端溪紫石匀

海天離思送林生復瓊州軍

十年弓騎向邉州，暫喜還家又別愁。緑酒江亭鄉樹晚，斷雲南雁海天秋。鯨波萬里孤舟遠，椰葉千峰片雨收。明到瓊臺霜漸冷，知君長夜看吴鈎。

初秋留别石田阜陽諸公

相逢那忍别匆匆，緑酒清詩興不窮。病起異鄉驚暮雨，坐來高館見秋風。関河一葉離聲裏，江郭千峰醉影中。堪咲人生多是别，盍簪能得幾回同。

石田佳處阜陽亭，幾度清遊倒玉瓶。金井夜凉初葉

下石門雲盡数峰青林間掃榻同僧定洞裏鳴琴共
鶴听正好歡携仍又別不堪愁思晩冥冥

懐安蔣明府望雲思親卷

馬上闉闍若太行白雲飛處似河陽寧教帯雨將歸
夢莫更因風度遠郷親舎幾廻空外憶庭情偏向此
中忘遥知吏散棠陰下柱笏行看欲断腸

挽梅江陳以仁先輩

龍峰耆舊幾人存独客心悲不忍論華表鶴歸塵夢
遠火微星墜海雲昏留賔別館空懸榻點易寒窓静

掩門零落為君歌薤露行人無淚也銷魂

題憲檢校沈公望雲圖

隱侯家世異湖陰何事看雲悵別心親舍幾年違色養宦遊千里戴華簪烏臺月暗懷鄉遠鶴髮秋來入夢深自昔忠臣緣孝子白華歌盡有餘音

贈判官秩滿赴天官

府僚官滿動行軒西出閩關望白門千里独隨征騎別一麾多付路人言趨朝不用逢楊意薦剡于今有巨源明到南宮應考績政成此外更何論

送邑造士蕭戴貢冑監無以国子博士林志仁

西上青雲引興濃泮林才子躡仙蹤遥淮独樹千峯雪極浦寒山半夜鐘辟水到特春鴈盡金門朝退故人逢風流博士如相問白首林泉事事慵

暮春宴集海田張氏家樓 分傷字

谷雨新晴海氣涼遠山樓外色蒼蒼烟深野樹聞歌鳥風急飛花落羽觴玉嶼金塘看月出錦筵紅烛醉宵長独怜蹤跡猶萍梗客裏揮毫謾自傷

七言排律

贈邑長史高凉黄惟成

賛襄花縣独馳名高論心閑政自平寸禄只充沽酒費一廉誰似到官清公餘東帯横經坐吏散空庭着屐行芹泮下車嚴釋莱棠陰懸榻待時英宦遊此日非梅福宣室他年是賈生宛馬向来空冀北呉鈎終見發豐城高凉月隠鄉林夢准泗秋深魏闕情知尓長才姑小試不慭黄憲舊家声

夏日遊碁山寺燕集

塵中何處避炎蒸静愛空王澹愛僧泓界樹凉晴作

雨石渠泉響暗流水青山載酒隨閑到飛閣觀潮倚
醉登水繞蓮化通寶藏路迴蘭若轉金繩仙人碁局
埋迷草開士禪扉閑古藤荒殿鳥啼時近榻香臺猶
卧夜窺燈老來行止愁無地病後懽携愧有朋明發
別離方外去何時清興又同乘

挽鎦牧

龍陽孫子參軍裔簪紱承家世系長千里河流通地
脉一天奎璧煥星潢衣冠况復明三禮文彩唯應倫
九章華館朋來秋寂歷楓江雲斷夜凄凉賈生年少

另起卷四

原空

人皆惜李賀才多世共傷新壟漸隨蒿里沒舊書猶帶泮林香雲迷花嶼空飛夢月暗蕭江更斷腸惆悵籌峯峯下路一囬行到一沾裳

白雲樵唱集卷四

五言絕句

送劉逸人還山中

落日鷓鴣鳴遥村送獨行看不見望望有餘情

秋陰

寒雲將遠空落葉與飛鴻漢苑秦陵外悲凉是此中

黃葉

帶雨飄階冷隨風看慢凉愁心故宫樹片片落寒霜

聞漁笛

漁人將楚竹吹向月明中莫奏梁州曲金河有斷鴻

古鏡

寶鏡何年鑄龍紋積暗塵非関磨洗倦恐照白頭人

歸鳥

片影雲邉没孤声月下微雲霄千萬里何以故巢歸

聽猿

十年聞遂恨此夕更沾襟别淚三声下孤愁一夜深

柳塘鷺鷥

烟柳拂波声霜衣沘日明青山對孤影亭倦五湖情

鷓鴣

緑樹殘春外双飛錦翼齊長沙有遷客莫向雨中啼

訪鄧山人

飛鳥落藤花林幽小逕斜白雲深鮮意相與到居家

踏青

雨晴原艸新黄鳥恋行塵年少看花伴如今有幾人

艸色

拂拂度林坰霏霏上野亭王孫歸未得空向雨中青

滄洲十咏

緑湖

雲歸巔業齊雨積波声小日夕水容青飛来双白鳥

漁艇

白鷗將野櫂蕩漾波光冷木落秋氣多孤篷逗霜影

蓮塘

荷静香露圓波深藕根白白皙誰家兒折花水邊劇

古柳隄

寒潮落沙堰高揶入荒烟莫把長條折秋來欲繫船

白沙岡

連峯沙似雪迢遞帶滄波好是殘陽外人稀野鳥多

釣磯

片石翳雲根隱映波光曉君看直釣翁機静忘魚鳥

桃花蹊

幽蹊入林深仙花滿高樹咲謝滄洲人來去桃源路

竹裏軒

露葉凝曉烟霜枝老苔石夜半独行時清凉滿巾舄

瓜圃

烟蔓日已長，露花日已滋。爲問東陵子，何以青門時。

秋香亭

池净秋氣寒，黄花日朝露。卷幔待情人，幽香滿林路。

○○鄭山人幽居

林虚孤鳥白，花落乳泉香。寂寂垂蘿下，圖書共一床。

漫興

亂山波上遠，片片似脩眉。山下蘼蕪艸，春來感别離。

湉

要路何曾看閑門積漸多五陵松柏外隨雨上盤陀

春原牧馬圖

芳草滿春原青驪度郭門四看天廐上若箇是承恩

度白鶴嶺

鶴嶺翠微分山行半白雲停驂不忍去前路市聲聞

夏夜山中

靜夜月微明脩然萬籟清山禽忽飛起偏傍竹林鳴

水墨枯木

色借蒼苔古春隨野蔓空回看五陵上無樹起秋風

宿鳥

深林纖月上嘖嘖独棲特夜半山風急𩿨飛過別枝

陳滄洲遊方廣岩不果行

聞説乗溪擢尋源過水西如何雨花處欵徃路先迷

王將軍席上賦舊戰袍

先皇親賜錦着向戰場秋銷盡蟠花色将軍更未侯

題鸜鵒

毛衣如泥墨性慧独能言寂寂空山去休随衆鳥喧

贈人遊北京

勝遊何太遠飛佩入燕京唯有灣河水東流是舊声

秋獵

獵馬向風飛琱弓白錦衣平明射鵰去日暮五陵歸

落葉

秋風林下起亂葉正紛紛只可醉時看不堪愁夜聞

使客

弓騎獵平原春衣汚酒痕經過無舊主莫閉孟嘗門

送老兵還鄉

觧劍辭邊將蕭條白髮新無家也歸去勝作異鄉塵

初秋尋烏石蘭若

不到禪扉久靈花又早秋白雲飛欲去還被遠公留

為靈武王孟敬題水墨扇頭

飛步凌翠微疎身出林杪孤嘯不可攀雲邊數峯小

林良箴溪山秋興扇面

萬葉琴邊落孤雲鳥外微家林好歸去誰厭薜蘿衣

題畫二首

虛舟泊迴潭烟澹水客久誰解滄浪心山空月白下

微風漾花潭夕景澄天鏡孤櫂信潮回蒼茫海波迴

題葡萄

斗酒別涼州明珠落貝丘佀將寒露影添作漢宫秋

題東籬晚香畫

池上凌霜菊別來凢幾秋今朝見畫畫忽起故園愁

書墨菊

翠葉迎晚烟黄花過秋雨我思栗桑人西風但延佇

書黄桂家畫鶺鴒

争飲恥羣鷄高飛謝黄鵠落日陂草寒萋萋慣幽独

書墨竹貳首

何處動秋聲摵摵簹篔玉遥夜清不眠懷人在空谷

毰毸翡翠羽錯落珊瑚枝鳳鳥久不至瓊簫空自吹

書海棠禽

梟梟棠梨枝瑜禽啄花去一片落長門思君恐遲暮

書梅花双雀

幾欲踏瓊去天寒舊路迷梅邊偶相得併作一枝栖

書林景時倣米老

雲雨暗青楓寒山野望中誰將醉時墨遥寄米家風

書陳平叔山水扇頭

鳥沒山意寒漁歸水容夕長嘯望林扉微風動蘿薜

六言絶句

題畫

白首支離傲世青山独坐忘言長嘯一声何處斷雲流水仙源

書扇頭

茅屋垂蘿野烟青山独樹凉蟬白首豈能忘世桐江未勝滋泉

題水墨小景二首

白鷗門外孤艇黄葉山中一瓢惆悵青雲舊侶相思不到漁樵
絶頂閑雲翠微孤琴野杖荊扉惆悵同聲别遠青山叙日行歸

墨竹

秋影半枝金薤上池凉露何多誰把玉簫吹断湘江一夜寒波

書山水啚爲希召作

緑樹村邊茆舍暮雲江上漁舟白髮青山歸去玉堂

金馬悠悠

○七言絶句、

●●送人從北平軍

薊門霜華正紛紛不見燕臺只見雲君去試看臺下草何人更憶樂將軍

胡人牧馬圖

草白陰山朔雪晴胡兒牧馬近燕城只今猶有灣河水日夜東流恨不平

長信宫落花

深宮花謝使人愁片片隨風滿御溝妾命自憐花共
薄君恩那似水東流

蘭亭懷古 二首

曲水飛觴迹漸陳山中花木幾回春風流内史歸何
處空使今人憶古人

褉禊亭中自漸低昔人行處草萋萋多情㝡是山陰
鳥啼向春風滿會稽

杜鵑花

蜀鳥啼來口血深染成花蕚滿空林芳寃不逐風吹

散還向天涯碎客心

漁笛

扁舟吹笛度横塘疑乃声中也断腸莫道漁郎無别恨武陵雖好是他鄉

西岩蘭若

白雲深處磬声徹衹樹林幽映竹扉幾度月明禅榻夜洞須溪鶴也忘機

寄山中友

一别青山音問稀白雲流水思依依不知老鶴巢邊

樹幾度開花幾度飛

題方壺道人山房 二首

洞門一逕入烟霞九曲溪泉繞洞斜鉄笛一声山月冷独騎黄鶴問仙家

羽人住處是仙源蔓草藤花掩洞門看罷黄庭人不見唯餘寒瀋與霜猿

題張良歸山圖

抽却朝簪別漢家赤松相候在烟霞如今悟得全身計不似從前慱浪沙

采蓮曲 二首

吴姬日暮隔雲歌玉腕羅裙采芰荷晝漿浮空看不見娟娟微月照湖波

渡頭凉月映羅衣紅藕香深暑氣微忽見郎船過江去一雙鸂鶒背人飛

步虚詞

緑章封事奏瑶京侍女如花弄玉笙夜半朝人上鶴九天環珮月中声

寒塘曲

玉燕古釵墮寒水曲塘無波深見底茨菰菱葉爛成泥唯見美蓉抱香死

老馬

百戰沙場老此身長楸宮艸幾回春只今棄擲寒郊路猶自悲鳴戀主人

秋閨

垂簾空見月昏黃絡緯啼來也斷腸幾度繫書君不答鴈飛應不到遼陽

孤鴈

鈿絃聲裏自成行無那分飛落楚霜前侶飄零何處
在青春作伴好還鄉

聞子規

枝上声声怨落暉居人聞此也沾衣啼時莫近湘山
路更有長沙客未歸

咏秋風

青蘋江上響瀟瀟吹得林間萬葉飄何處凄凉寂闃
別数株残柳灞陵橋

挽僧

禪室焚香夜坐同寺前新塔起悲風浮雲自是同生
滅空使行人哭遠公

秋山、

絶頂風凄萬木黄露寒雲白色蒼蒼夜深一片藤蘿
月照見天河水氣凉

秋江送别

江亭相送欵斜暉黄葉西風動客衣惆悵孤帆今北
去数行白雁又南飛

梅花城聞角

何處金笳報五更梅花零落滿江城人家久住應惆
悵況是今朝在客情

贈道士

雲卧山房秋草青步虚声断月冥冥凄凉行到空壇
上拾得松間舊鶴翎

秋色

清曉微茫帶遠鴻晩隨殘照上丹楓莫將風笛頻吹
却恐落鄉園野樹中

酒旗

半幅青帘柳外新新豐市上幾回春只今緑水紅橋路南北應稀買酒人

秋荷

西風一夜鏡湖秋零落残香逐水流猶有多情双翡翠月明憂逐采蓮舟

野塘翡翠

蘭苕深處好相衣時向泖塘自在飛莫畏黄金妝翠羽吴王宫裏美人稀

訪僧不遇

寺門深閉對青山何處浮盃更未還萬壑千峯人不見滿林霜葉磬声閑

野花

引蔓離披覆緑苔碧蘿深處為誰開自怜冷落山林下也向春風咲一回

芭蕉

葉卷花紅色未乾乳鴬啼断雨声寒玉攔干畔宮簾側不似家林醉裏看

閏九日賦

昨日龍山把酒盃，今朝還上最高臺。西風不待重吹帽，黄菊何因緩緩開。

賦得草色寄同袍友人

色惜羅衣緑更新，樂遊原上幾回春。只今烟雨河橋路，愁對青青憶遠人。

村居

草徑茆扉帶軟沙，隔林鷄犬幾人家。青山盡日垂簾坐，落盡棕櫚一樹花。

江亭送别

緑楊江上把離盃，居去金陵幾日回？淮岸蒼蒼吴樹遠，相思應在鳳凰臺。

春鴈

春風一夜別衡陽，楚水燕山萬里長。莫怪春來便歸去，江南雖好是他鄉。

蚕婦

粉黛無心鬓影涼，十年猶着舊衣裳。東隣西舍迎鴦日，正是春風陌上桑。

送人之京

送居南浦飲離觴官柳青青野水香借問風帆何處落秣陵城下樹蒼蒼

衰柳

西風昨夜灞陵秋千樹蕭條帶驛楼莫道離人空有恨暮蟬寒雀也関愁

江上聞笳

江上遥聞吹笳声夜残楓冷最関情断腸況是凉州曲何異山陽客裏行

海城秋晚

西風一鴈海城頭羌笛声中水乱流楓葉蕭蕭山月
下戍楼残火幾章秋

秋城聞鴈、

海國凉秋白鴈声行人一騎發邉城故鄉聞此腸堪
断况復今朝在客情

客舍聞擣衣

山館蕭啼碎客心悪聞何處響孤砧数声驚覺還家
夢一夜挑燈憶故林

同友人尋梵宇

清溪一道出寒林蓮宇蕭條野樹深無数青山看不
厭白雲芳草两同心

村居

楓林草屋半蒼苔寂寂柴扉映竹開啼鳴数声春自
好五陵年少不曾来

春山對酒

山頂春泉帶雨香数声啼鳥近壺觴遥憐曲水蘭亭
下衆落風流野草長

新燕

海燕双飛下柳塘主家臺榭已荒凉玉窻綉户春雲外不忍翻飛過别墻

山窻夜雨

深澗垂蘿暗竹房半枝殘燭雨聲凉蕭條樹葉千峰裏不住啼猿斷客腸

老僧

寺前蘿逕盡荒苔懶向人間弔渡杯堦下双松今百尺青青曾是少年栽

遊岩泉寺

野寺迢迢隱碧岑曲欄荒殿古苔深可憐一段岩頭
水洗盡浮生用世心

送人回京口軍

楊子江頭楊柳花金山對向是京華行人歸醉軍城
酒北向青門正熟瓜

秋聲

西風初起鴈声微千里關河葉盡飛借問凄凉何處
落五陵松柏遠依依

翡翠

品流曾不讓山鷄珠樹林深碧羽齊莫近梁王池上
去野烟寒雨草萋萋

山樓對酒

樓前積水映蒼蒼卷幔孤雲落酒杯更盡一樽秋雨
外故山曾有幾人回

贈閩山隱者

隱者閑門映竹溪白雲來往伴幽栖松花正熟山中
酒半畝黄精藥又齊

碧筩飲

試折青荷當玉觴緑莖通處馮瓊漿幾回醉買西樓

月卧載蓮舟夢亦香

月下聞箏

愁心不見薛瓊瓊何處銀箏半夜声腸斷十三絃上

月一絃一柱捴関情

郭幹臣五馬山房

昨夜愁声落漢原長陵金粟尽啼猿誰家風木無窮

思五馬山深独閉門

爲高漫士題支離傲世圖

南苑芳菲雨露新空山寂寞独離塵也知樗散非時用却倚雲林冷咲春

淵明

帶印何如漉酒閑五株殘柳舊関関石頭城下秋烟冷正是東籬采菊還

題畫馬

逸思由來不受覊長楸宮外草萋萋流沙路遠空回首亭向龍池影裏嘶

海上送別林崇高先輩二首

海上新晴野水春烟村花鳥送行歷十年客路堪惆
悵况復今朝別故人

朝來候舘唱離歌客裏雲山奈別何忽見陌頭千樹
柳青青那似故情多

聞往客遊西岩余不能從賦此以寄

往客登山逸興新欲同清賞愧無因此身得似巢林
鳥飛去飛來不屬人

東山留別林良箴寓舍二首

鳳林溪上見秋風客裡相看欲轉蓬鴻雁蕭蕭霜漸

冷別離况是葉声中

秋原千樹葉初飛夜火遥村吖搗衣莫向他山倍惆悵家林猶恐未堪歸

寄陳孟敷寓三衢

姑蔑寒山色似苔越城霜菊為誰開野藤洞口西月付與何人照酒盃

次韻吝林遵性

居去秋襟誰共開客庭辜負菊花盃西風野水寒禽外無那相思倚嘯臺

茆齋霜月圖

須斷霜空月影微半枝殘燭掩柴扉五陵年少皆纓冕何事寒山独布衣

野航風雨圖

楓樹蕭蕭野水西楚天雲雨正凄迷滄江欲暮風潮急誰汎扁舟更出溪

林屋白晝商山四皓

幾年雲卧得清閑捴被留侯悮出山若使漢儲非早計綠蘿青壁也何顏

為鄭浮丘題花鴨

曲欄閒罷欲離羣還憶吹香凡上聞積水天池非不
到野塘寒葦月紛紛

生色拒霜

絲毫將恨寄清酣夢落西風濯錦潭却憶故園涼月
曙斷奚殘粉濕秋衫

黃蜀葵

芳心曾為太陽傾雲葉離離玉露零想似茂陵仙夢
遠栢梁秋雨洒金莖

題林良甫所藏文與可墨竹

兔鶻蕭條墨影深湖州真跡重千金夢回月冷閑堂

曙空翠濛濛上客簪

為高漫士題方壺做米小景

暮雲春樹意俱閒鶴上瑶笙去不還夢覺屋梁殘月

曙半簾空翠米家山

瀟湘雨竹

夢入零陵見舊立忽聞瑤琴不勝愁覺來一片空山

雨散落瀟湘萬葉秋

林彥衡典教英山余以墨竹寄之因題于上

好是篔簹玉一枝露寒金薤影離離泮林官冷閑看盍知尔家園落夢思

書雲山小景

野杖閒行日未曛商歌休使世人聞生平寂是知心物祇有青山共白雲

題方壺清響生琳琅琅

壺丘仙客瀉琳琅金薤凌風片影涼夜半蒼梧飛夢到泠泠瑤瑟瀟瀟湘

題王獻之書展卷

練展誰涴墨淋漓，年少偏令太守知。它日王孫求草聖，莫將踈懶傲當時。

題陶靖節畵

束帶何須見督郵，寧辭五斗便歸休。秋風幾度黄花酒，醉看飛鴻過石頭。

和靖觀梅卷

門掩孤山少見人，梅花霜鶴自爲隣。秖今碼碯坡頭月，唯映巢居閣下塵。

鶺鴒野棘

野棘荒原日又殘蕭條孤影夜栖寒如今已遂連枝好又恐分飛在急難

白頭公

竹下棠梨花漸稀白頭相對語依依五陵年少多金彈莫戀殘春忘却飛

題董教沔陽王以義水墨扇頭

暮雲歸鳥也知還烟樹蒼茫楚望閑想是泮林官暇日此心遥在五華山

爲浮丘鄭助教之子礦題山水扇頭

橋門博士本忘機柿葉房深隱翠微好是白雲携不去朝朝飛上老萊衣

書柯丹丘墨竹并古木幽篁

鳳簫吹斷夜初澄雲葉攙從玉露凝絶勝洞庭涼月曙數声瑶瑟度零陵

孤根曾是老風烟直節從教雨露偏憶得樂游原上路漢陵千樹也蕭然

題扇頭

醉遂吟鞭任去遲夕陽前路更多岐上林春物仍堪
賞莫負秋風莽蕩期

題畫贈逸人

潮水春深綠到門半林殘火獨家村荷衣不醉長安
月只那鄉山夜夜猿

題高牧隱家藏西園雅集圖

清朝戚畹尚風流簪珮林泉結勝遊轉首西園撻落
後大梁佳氣也成秋

題竹木翎毛

蜻蜓轉逐斷香飛歌鳥残春聽漸稀爲報琅玕應結子荒山秋晩鳳凰飢

墨蘭

仙佩銷残楚畹香爲誰琴裏寄凄凉荒苔野棘稀人到揺落寒山秪自芳

澧雲湘水思悠悠捐佩空歌總是愁自負山林幽隱性不教人見也風流

金莖琳琅九畹秋湘皋環珮爲誰留空香縱逐寒霜盡不比西風落葉愁

題梨花班鳩畫

繡頸爛斑錦翼齊梁園春樹好飛棲樂遊年少偏憐雨莫向花間自在啼

書馮公肅耕讀小景 嶼頭人

重巖雲擁讀書聲谷口人稀晚自耕不見五陵松柏外秋風離黍故宮情

送樂舞生陳志淳還京

躑躅初紅柳作花五雲西上是京華承平欲奏鈞天樂莫遣仙毋後別家

方壺竹

一鶴東飛出楚雲手携湘緑下人羣幾多金𥳑琳琅

影散入秋声夜夜聞

雲樹畱寄林和齋

曾記沙頭悵别難秋風幾度憂新安暮雲春樹無窮

思都付離人兩地看

題鄭浮丘家藏方壺水墨風竹

仙墨香銷鳳影殘上池凉水夜初乾侶将帝子蒼梧

瑟共作秋声萬葉寒

天籟蕭蕭何處鳴湘江雲葉助秋声幾多金𧗽琳琅
影何限冊立別裏情

寄董特貢魯府紀善

秋風黃葉滿貧居遥憶王門獨曳裾閩海幾回深寄
別秣陵何事少来書

王融潘源潤師事黃山陳平叔師殁哀甚
以訃音来告余荅詩且寓傷悼之意云

白首悲来𧗽露歌黃山烟樹索愁何逢人共惜楊雄
遊唯有侯巴淚更多

流水孤雲無見期屋梁殘月夢中悲憑將一掬清秋
淚洒向黄山舊墨池
别野霜空柿葉凋曲堂雲掩墨香銷碧蘿野逕黄山
裏誰更登臨望落潮
老去誰堪遠别離斷雲流水死生期傷心欵解延陵
劔絓向空林若箇枝

挽方山闡維那

雙樹花飛送斷香六時經梵轉凄凉青山何處堪埀
淚殘月疎鐘下影堂

禪心無住復無依何處飄〻隻履歸想是石橋西畔
去寒林空塟舊僧衣
来本無心去即休他時何處更同遊可怜施食臺前
鳥任是無情也解愁
翠竹黃花何處尋一團蒲草夜堂深驪珠忽度恒河
水空使浮生哭道林

題梨花鸚鵡

何處瑯禽緑羽衣梁王池上戀芳菲也知解語爲身
累從此無言竟夕暉

爲高廷禮書秋荷鶺鴒圖

双影蕭蕭鏡水清露荷遥夜落秋声西風野照荒原夕誰念飛飛憶弟兄

寄胄監鄭助教弁董魯府記室

秋声昨声滿京天多少離情夢日邊垂老更堪逢此别如何王謝惜中年

官暇行吟壁水秋曳裾閒惜鳳臺遊白門共醉吳姬酒誰念滄浪是别愁

詠白蓮

銀浦凉雲澹不收露臺仙掌夜悠〻玉簫吹斷瑶池月錯認華清水殿秋

題姑蘇吴文剛遠德祠

苕霅双溪遶墓林松陵霜露古祠深宋朝冠盖兒孫在秋菊寒泉一片心

爲鄭彦林題漁樵畊牧四畫

臘雪飛花溪正寒短蓬孤櫂興漫〻莫憐公子魚鬚笏擷與滄浪一釣竿

谷口雲深夕磬徹隔林樵唱數声稀興来一片松蘿

月長爲清光入夜歸

三畝誰同荷蕢心一瓢聊隱在山陰晚来醉倒柴桑酒不省門前春水深

躑躅花殘野水生鬧吹蘆管應同声草衣不帶新豐雨高卧雲根听犢鳴

題墨菊

故苑寒花何處尋荒山秋雨緑蕪深一枝獨咲西風裏也似柴桑玩世心

爲高景度題山水

盤石垂蘿野翠分半山啼鳥坐来聞上林春物遥相
待何事將心寄白雲

題林能畫竹

残粉空香玉露垂石壇星夜影離離白頭已遂滋泉
釣擬待秋風寄一枝

為林執中賦茂林十咏

独樹閑堂少四鄰東風黄鳥喚行人若教飛上龍池
柳還憶家林薜荔春

喬木新鶯

海雲飛盡見水奩止水無声墮玉蟾凉影滿天秋扶

冷為誰遙夜独鈎簾　右方池霽月

咲拂孤桐娟此君似携餘興度湘雲夕林逕小人稀

到彈與遼天海鶴聞　右竹裏横琴

三絶書編理尚玄若為残帙究先天巻幃坐對梅花

月悟得羲皇未畫前　右梅邊對易

竹裏烹葵掛馬鞭松間鼓火起孤烟誰知半餉林中

摘無限風流寄輞川　右烹葵邀客

山盤霜韮夜中尊細雨清燈竹下門不是少陵才独

徤暮雲春樹更誰論　右剪韮論文

花裏春雲拂樹開半林初日映寒苔数声幽鳥啼来
近似惜紅香落酒杯　右花塢朝陽

雲映蕉臺秋氣清半簷凉雨夜深情湘簾不卷猶残
酔徧向蕭蕭葉上声　右蕉臺夜雨

琴邊霜菊襲人香鳥外寒松落幔凉若道丘園心賞
薄淵明何事憶柴桑　若松菊流芳

半畒桑麻繞舍青雨餘晴翠入閑庭春来多少生生
意分付林扉畫莫高　右桑麻積翠

題墨竹

羞與寧王作管吹肯隨嬴女鳳樓期清平未奏雲門
樂幾見天寒墜葉時

書陳北永高漫士所作小景扇頭

鳥外群峰合翠微半湖烟樹隱樓扉桐江未勝龍池
好聊向寒磯釣夕暉

題墨梅

官路宮墻野水濵空香何處更宜人相思莫听搥伊
管吹落寒城五夜春

題吴中美水墨扇頭

菰蘆書室隱清秋千丈澄湖一葉舟回首上林春物
近来應長被白雲留

書陳摶大睡圖

驢背誰教一笑還白雲高卧萬機閑大梁陵樹秋声
裏西華烟蘿午夢閒

題界畫二圖

飛構凌空際楚天遠臨衡霍見湘烟閣中歌舞今誰
在芳草春波似昔年

連甍複道露臺秋簪珮行隨翠輦遊應是栢梁宫宴

羅侍臣詞賦盡風流

題施子安家藏蕭翼賺得僧辨材蘭亭卷

蘭亭禊事迹空陳片石猶傳定武真自是宸居貪翫物不關蕭翼觧賺人

書高淮水墨扇

偶坐孤亭趣不稀片雲空翠濕羅衣相逢莫話前朝事剩水残山只鴈飛

書陸大守山水二幅

霧下滄波葉盡流千峰残雨一絲秋孤帆謾憶桐江

上未勝滋泉下直鈎

雲際飛流見底清惟應官暇愛山行蘿衣相對林中浄忘却春風五馬榮

書鴝鵒小翕並枝圖

嬌養曾嗔辯語遲數声偏醉五陵兒想應睨畧樊籠去耳與鸜鵒共一枝

衮塵騮

輅御銀鞍賜浴歸錦塵香撲衮龍飛誰伶習戰陰山北滿地黃埃首蓿歸

墨梅

花落含章點翠蛾曲隨羌笛動情多閑心最是巢居閣淺月凉雲瑪瑙坡

題林嶠扇

出谷閑行楚杖隨水南村北夕陽時山翁也解輕儒服誰更中林独下帷

無酒

三逕無資鬓已皤一瓢閑却在烟蘿何時得遂絃歌興盡遺公田種木多

古寺

白猿啼近雨花臺林下僧稀野殿開借問蕭梁何處在空陵無樹有荒苔

野寺僧殘門半開春風禪室見莓苔數株松栢無枝葉盡是唐人手自栽

送老兵還鄉

曾逐嫖姚出漢關故鄉寧負老來還到家莫恨無金印數畝山田夢亦閑

百戰沙場一劍知龍鍾双袖鬢垂絲扁舟且逐還家

具莫向燕然羨勒碑

二馬圖

紫騮嘶逐玉花驄曾是沙場百戰功今日宛駒無汗血落花芳草灞陵東

挽送校尉

馳逐三單出楚關白頭慈母望生還歸䰟不到閩溪月飛度臨濠若箇山

訪羽人不值

仙壇花落正紛紛洞入丹丘半白雲童子閑門不相

識言師西去訪芧居

詠胡栱

結實重畨小更繁中原無地可移根自從鼎羅調和去薑桂紛紛不共論

詠倭扇

半剪青荷一片風月華蕩漾露珠融誰知萬里扶桑物盡屬中原掌握中

老漁

生事終年在水鄉龍鍾双袖鬓如霜于今不奈磯頭

坐閑弄兒孫卧草堂

僧房秋夜

古木閑岩坐入禪碧蘿飛處一燈懸蕭〻天籟千峯

月夢落秋潭午夜泉

美人吹簫

石欄干畔綠蕉陰紫竹閑吹學鳳吟寂寂長門春掩

静窗声那得到君心

送人度分水関

鐵鎖重関路湫漫嶺頭分水夜声寒君今欵度歸何

日應使行人羨郭卅

胡兒吹笛

雪淨陰山片月孤，数声羌笛起单于。不堪吹作梅花調，多少中原客在胡。

詠秋風

朝来拂拂洒征衣，吹得関河葉漸稀。回首茂陵何處在，空餘汾水白雲飛。

觀獵

九月雁天百草枯，暁分千騎獵平蕪。彎弓射殺南山

豹歸醉吳姬賣酒壚

書王孫射雁圖

錦袍朱帽綠弓絃却射飛鴻灞水邊不識柳林閑外路白狼黃鼠滿秋田

挽方山上人

新塔荒山生埜烟飄然隻屨向何天禪家自是無生㭍塵世空餘有淚懸

慈烏

朝天寒隴莫霜林來往長懸反哺心借汝庭前双栗

樹空山不用結巢深

秋園曉步

涼風飛露冷飄飄，菱葉茨菰色漸凋。莫嘆林塘秋氣早，五陵烟樹亦蕭條。

為陳安素題洞玄子所寄墨梅

江郭遥聞鶴上笙，也將仙墨寄多情。相思幾度閑花落，厭聽孤城一笛聲。

題王羲之愛鵝圖

雙翎閑汎墨池氷，悟入霜毫思不勝。遂使蕭郎窮墨

妙蘭亭應是掩昭陵

題趙太祖蹴毬圖

天上歡娛蹴畫毬太平應得侍宸遊龍姿已是黃袍貴何事軍中樂未休

信鳥

雙鳥枝頭弄早春若為飛去報音塵青綾月冷空庭曙正對残燈憶遠人

竹梅雙雀

倦飛雙雀也知寒梅竹霜空羽翼残回首梁園千樹

晚栖遲聊寄一枝安

書朱氏家藏墨竹

叢色脩脩覆石根春風曾見長兒孫清時好製虞庭樂何事青青老故園

書朱氏家藏畫鷹

一別長楊脫錦絛秋風閑立氣偏豪紛紛野雀休驚噪自向山林惜羽毛

題孤竹

直節何辭老石根幾回風雨共苔痕自從悟得孤生

意行到梁園却厭繁

高景度畫滄洲景寄舅氏陳拙脩

綠楊風引白鷗波波上遥峰掃黛蛾莫道同心如白水渭陽回首更情多

甬東諸葛宗道所作山水小景陳師貢索題其上

蓬萊宫樹晚葺葺却望青青遠寄蹤應想舊時依鶴伴独携歸與度溪松

題陳希召外舘山水圖

雲木深深少四隣綠蘿青壁斷行人扁舟已是桃花
水更問仙源隔幾塵

書四愛圖

内史風流逸思多黄庭讀罷興如何道林祗解憐鷹
鳥未勝臨池独愛鵝

放鶴亭邊月影凉六橋行處見微霜瘦筇不過錢塘
水只對梅花嗅冷香

種藕池邊秋草深朱華曽此遇知音只今惟有濂溪
水照見千秋萬古心

南宋諸陵草樹秋，尚怜太史舊風流。如今九曉青青
色，正在湘潭雨裏愁。

題墨菊

湘江閑唱九歌声，栗里應辞五斗米。誰為秋来風物
冷，露黄烟翠不関情。

題木芙蓉

西風吹袖玉顔酡，揺落襟期奈尔何。一自鳫池清賞
後，渠王賓客已無多。

書畫馬四幅

桃花滿背汗沾毛太僕承恩意自豪休道盐車稀駿
骨逢人誰是九方臯
玉河氷水浴青雲嘘滕驕行迥不群神駿秖今畫
裏灞陵誰顧舊將軍
監牧年深得馬情驌驦猶繫茜紅纓官中幾日無遊
幸閑向龍池緩緩行
背上青毛玉作團團人欵控更回看春風幾度長楸
草不見交河雪滿鞍

白蓮畫爲番易郭巡警賦

素襪凌波綠錦囊參差玉珮夜微涼清芬已在瑤池
上況是新承雨露香

書方壺清響生琳琅

鶴上瑤笙去不還却留仙墨在人間秋風更洒篔簹
玉猶似凌雲響珮環

書蕭子厚牧牛圖

閑吹蘆葉應村謳貪弄山禽忘却牛原草青青陂水
綠莫令文綉感莊周、

柯敬仲古木竹石圖

龍虎飛騰鳳影孤水蒼鳴珮小珊瑚漢家陵樹秋蕭索也似秋聲落畫圖

題蘇明遠墨菊

九月傲霜秋草衰黃花偏解與秋期玉堂天上同声遠滿目寒香欲待誰

爲陳石田題雪窓懸崖双清圖

叢竹香深蕙草寒孤高遥在翠微間上林何限看春客未借金梯㕘再扳

雨竹

蒼筤枝上雨冥冥不似黄陵倚棹听憶得小堂清響
夜銀燈猶在酒初醒
爲潘庠班伯時書淵明漉酒圖
酒漉烏巾不用篘醉来身外更何求黄花栗里秋光
滿好是無心見督郵
山水圖爲陳思孝少尹題
孤亭閑坐共忘機華頂飛泉半夕暉莫許小舟頻載
酒山林今日故人稀
酒船一棹鏡湖波雲掩稽峰半薜蘿休道謫仙今獨

福建文獻集成續編　集部

少山林往客也無多

題趙仲穆山水圖

渭水寒流霜葉踈桐江荒樹埜臺虛何人更把秋風釣與在滄浪不在魚

題陳衛之雲松軒壁畫李白觀泉

朝金臺是醉鄉香爐飛瀑晩蒼蒼布衣早悟雲泉興不到秋霜滿夜郎

羽人並舟圖

松下仙舟一葉開緑波芳草異人間莫將雲水烟霞

與共遯浮丘竟不還

繪梨花白頭

何處飛来共一枝任他頭首也相隨梁王池上春多少幾見開花結子時

題西村陳氏所蔵高侍詔水墨四幅

松桂春深野鳥啼緑蘿飛處隱仙梯瘦筇好是行来晩雲白山青水滿溪

春水重林舊草廬半村殘雨帶歸漁空山不是無猿鶴惆悵何人更隱居

水國霜空絶鳥飛亂山寒翠襲行衣何人獨在林間隱却向清時更息機

水墨年来誰取工玉堂詞客我心同林泉天上悠〻别那得相尋似畫中

趙景哲效米水墨

濡須不見米南宮墨客猶傳寶晋風應有離情何處着尽随殘雨上青楓

高廷禮水墨二啚

龍門醉後墨壺傾京國遥傳北苑名今日玉堂相夢

夜花曇春樹更含情

重林弟舍清溪口山人醉倒黄精酒峰頭昨夜春雨

多起拂蘿衣听寒溜

偶題林本清界畫

雲裏仙臺别望遥三花飛近水精槁秋山未下麻姑

鶴䖏負璚樓品玉簫

錢舜舉翎毛

嬌鳥双飛恋淺紅樂遊原上晚嘶驄别来已少看花

伴空對芳菲落畫中

我惜錢郎粉墨奇莫將花鳥讓徐熙湘簾幾度銀燈夕只許菱謌太液池

題林遵性臨方壺墨竹

我惜琳琅若故人一回行見一回親誰家搨得方壺影醉眼看時只悟真〻

墨蘭三首

去國誰鐫蕙草秋幾回遺褋向中洲只今澤畔行吟處湘水無情也解愁

翠葉瑶花凉露飛山林誰共愛芳菲花時莫更紉為〻

佩滿目秋風楚客稀

三逕微霜九畹寒斷香殘粉思漫漫多情公子今何
處白首空歌澧有蘭

書李白問月

銀甕開傾釆石春水天凉月夜無塵如何翠輦西行
處凝碧池頭照別人

高太史墨竹

乍見琳琅憶瀟湘恍然金薤想湖州誰將史籀臨池
法醉掃湘江幾葉秋

書補之墨梅

楊家墨妙世間稀曾是明光勅賜歸今日畫圖流落處断香殘粉思依依

梅花城留别

此會明年未有期便將輕别作長離多情莫學千金水總滿空江又落時

臘日山城見雪初故人别後會應疎沙頭無日無来鴈相問從今秖寄書

王皆山先生白雲樵唱後集終

附録須換寫
皆山樵者云云
低二格寫
閩有云云須換
寫下倣此

附録

皆山樵者傳

閩有高士王皆山氏生當方内承平時豹林谷之隱者其人中虛外夷剷鋤城府慱學強記貌甚偉言甚文禮甚度觧飲酒尤善歌詩有白雲樵唱等集壯年落魄不覊未爲世用自治城来樵于長樂之壽嶺董巖太常六平諸峰凡丹崖翠壁靡不登歷無有定所故自號曰皆山樵者時人莫之識而予先辱交焉

每遇風恬日煦即相與聚首歌伐木詩酌數行酒掛幅巾林下耳黃鳥好音幽懷泊如也自後予別去宦游十餘年爲山東文學掾遷轉國子博士山川伊阻霜朝月夕慨邂逅之無從耳年秋皆山亦以儒士被薦來京預脩書于文淵閣暇日過橋門執予手曰子故人知我者也曩爲貧故不得不業於樵以救溝壑之饑與買臣輩爲伍茲幸忝登名薦書齒諸逢掖士子于朝以仰望

聖天子之光明視向時樵者號野矣將更之若何予曰是焉用更爲哉蓋士之生也脩仁義懐道德時有遇不遇昔賢括布衣時不耻賤爲事如伊尹耕莘太公釣渭膠鬲魚鹽傳説版築百里奚爲人飯牛者比比皆然則子當季披敝裘腰斤斧入山林伐菑翳前條枚爲薪爲蒸以爨以煁非野也宜也今既徵于朝矣籍甚聲名方駸駸嚮用則當爲金門大隱當世大樵吾知

上之人將蘄子獻鄧林美材以供明堂建章千門萬户之用下之人欲子斫月中桂以爲寒者薪而區區培塿之松柏牛山之萌蘗弗取也子幸毋謂吾心志長而斧柯短斯副所望爾故雖仍舊號庸何傷傳曰窮則獨善其身達則兼善天下子獨不聞之乎皆山撫掌笑曰善哉敬佩教音服之無斁請書以爲傳

永樂丙戌臘國子博士長樂林慈志仁書

此刪

子成均之署

皆山樵者傳

七閩爲東南奥區其地有武夷諸山之勝西北引庄廬天姥相去峙立不千里而近古之隱德之士名可得聞而人不可得見者恒不在于此山之巔則在于彼水之涘若今所謂皆山樵者其殆庶幾於斯人之流歟樵者以業爲士漫游江海間中年乃棄去名迹葛衣草屨樵隱于七巖之山遠

兮

今二十年矣當其披雲岑偃月磴礪斧清澗之濆弛檐中林之野仰觀孤雲俯聽羣籟油然興萗柎石而歌之歌曰朝採吾樵兮西山之岑暮歸来兮白雲深我形雖勞兮庶無累於我心又歌曰陟彼西山言採吾樵幽幽長林可以息勞堯舜之世豈不美兮邈西山之莫招我思古人於焉逍遥歌以長嘯聲若鸞鳳山鳴谷答林樹振動翛然若將蜕汗濁而超鴻濛者既而廼曰

夫環吾閩皆山也山皆可樵也顧何必於
是乎於是復持其斧斤東採海上諸峰西
登武夷造九曲之深往来于幔亭仙掌間
又將道三衢入爛柯山求古人陳迹而覽
之以俟安期羨門子烟蘿雲逕之表冀有
所遇因自號曰皆山樵者云
論曰昔莊周行山中見大木焉伐木者止
其傍而弗顧周曰此木以不材壽又曰夫
直木則先伐矣此皆材之累而中道之夭

于斧斤者樵者入山有年其所見得不有同於是乎遯世之士雖非中庸潔身守志君子取焉

余爲樵者著傳越五年

朝廷搜羅遺逸而樵者以聘至京師且入東觀與校讎之列暇日過余翰林相視一笑余因戲之曰君得不以會稽之章綬而來乎樵者哂曰子幸毋深誚我吾之斧柯固無恙也因爲重書前傳漫識于此時

永樂五年丁亥仲春之望

翰林院檢討獨山王偁孟揚書

○○皆山樵者贊

閩士王恭自謂皆山樵者善爲詩有唐人風格蓋博學隱者云贊曰

葛天之民太古之音越唐過漢戛玉鏗金布衣蕭然不慕寵榮彊之而起朝陽鳳鳴

翰林院學士廬陵解縉紳贊

○○皆山樵者説

新寧王先生以皆山樵者自號予謂合火水石土積而高者爲山而艸木生之是生艸木者山也載山者地也舉大地皆山舉山之艸木皆樵也博扎豨乎盡求其稱也詩曰瞻彼旱麓榛楛濟濟薪之槱之左右趣之先生安重不遷爲人敬慕有類於旱麓之可瞻故曰皆山才美外見有類於榛楛之薪樵資夫日用之不可無故曰樵者彼以衆人之樵而視先生之樵是不知其

卓卓也今

天子嗣位先生舍其斧斤觀光于朝行步鏘如出言粲如、華蟲黼黻可以文盛世如金鍾玉磬可以鳴治音樵之進於是也至矣乎於是乎觀丁亥冬十月二十日長樂林仲貞書長安西之公邸

皆山樵者辭有序

皆山樵者姓王氏名恭閩人也閩地皆山而恭以文學行誼隱以樵故以自號今年

六十餘矣工於詩有盛唐之音平生罕與世接黄冠草屨往来閩中濯清泉息茂樹引觴獨酌負薪行歌人莫得見也廼者

朝廷大徵天下儒碩興石渠虎觀之事閩中以恭應

詔余時代匱詞林得與恭相識幅巾鶴髮風骨癯然翛〻乎似非塵世中人也事畢告老而歸過余言别作皆山樵者辭以送之

環七閩兮皆山欝蒼翠兮盤〻若有樵客

兮山之間葛衣草屨兮風雪顛朝出遊兮
負薪暮來歸兮煮石松濤撼屋兮蘿月白
濯足清冷兮捨焉以息超然遠世以自潔
兮遁跡空山而莫傳豈遺污濁而蟬蛻兮
傲睨萬物以尚友乎巢由石渠天禄兮邀
彼瀛洲以翺以翔兮俾余枝儺顛軒冕豈
余心之敢慕兮望皆山乎賦歸休清風浩
浩兮白雲悠悠斧柯無恙兮返吾故丘彼
會稽之章綬兮曾何足以少留

永樂五年龍集丁亥季夏立秋日
賜進士及第翰林院脩撰承務郎廬陵曾棨書
于京師寓舍之九竹軒、

右皆山樵者傳贊辭說乃前輩解縉王
孟揚曾子啓林慈林仲貞諸先生爲王皆
山先生作也皆山先生善鳴於詩遺有白
雲樵唱詩稿予巳爲之版行又得福州舉
人吳鏘以此文寄到南京予重前輩之文
章而益信皆山先生之才之德足爲後學

之模範也遂錄此附於白雲樵唱之後

成化癸卯十有二月後學九仙山人黄鎬

跋

八閩文庫

福建文獻集成

吴格 主編

續編 集部 一〇

海峽出版發行集團
THE STRAITS PUBLISHING & DISTRIBUTING GROUP
福建人民出版社

本册目次

淇園編四卷附雜録一卷

［明］莆田陳道潛撰

福建省圖書館藏清康熙九年刻光緒六年補刻本

淇園編四卷附雜録一卷，明陳道潛撰。道潛（一三六四—一四三三），字孔昭，號拙齋，莆田人。明建文二年（一四〇〇）進士，授禮科給事中，與修國史。永樂初出爲彝陵州判官，擢廣東道監察御史、巡按湖廣。十二年冬，以薦召入秘閣，纂修五經四書性理大全諸書，書成繼丁内艱，十七年冬服闋，改江西道監察御史。秩滿乞歸，里居數載卒。事跡具詳卷末所附陳中撰墓志銘、彭韶撰郡志傳與清吴鳳舉八閩人物志等。

拙齋之存稿，藴於家者二百餘年，以遭嘉靖壬戌之變，存稿散佚不完。六世孫敘搜輯遺編，僅得十之一，釐爲十卷，於嘉靖三十九年庚申（一五六〇）刻梓，有嘉靖三十一年壬子翁萬達序、三十九年庚申陳志序。清康熙間，十世孫震龍搜集嘉靖本殘編，參以族人手抄之本，方得其半，釐爲四卷，於九年庚戌（一六七〇）付刻。又以莆田陳氏遷自東陽淇水，輯刊拙齋存稿者陳敘號淇塘，陳志號少淇，乃更名淇園編。首有嘉靖本二序與康熙九年林之蕃、徐元文、陳玉成三序，末有震龍跋。民國二十年（一九三一），涵江印書局復據康熙本排印，併爲兩卷印行，即續修四庫全書總目提要著録之本。此書素所罕傳，嘉靖本明季或已殘佚，故千頃堂書目失載；而康熙刻本亦多見存閩省，前此未曾影印。此本係陳氏後人陳希賢等修補康熙舊版重新印行者。

此書分體編次，卷一奏疏、序，卷二序，卷三記、説、文、書、贊、銘、跋、詩，卷四誌銘、墓表、哀詞，合百二十餘篇。末附雜録一卷，録陳道潛等人墓誌銘、輓詩。書中尤以序文爲多，蓋迭經兵燹，所存皆偶然耳。當永樂初，拙齋以言靖難事謫判湖廣彝陵。其地不産穀而産茶筍，其俗素惑巫鬼，乃居官數載而善政益彰，觀卷一雙溪書舍序、嵩山白雲序，卷二送彝陵守牛侯秩滿序、送彝陵州判官馮君序、送許性和先生序、清儉齋序、贈道正李貞禱雨序，卷三紹德堂記、壽安堂記、州判滿考告彝陵城隍文等可知其情形。又當其退居莆中，惟閉門以經史自娱，然觀卷三重修尚陽江口橋記、重修木蘭陂記、涵江慈壽陡門記諸文，俱作於宣德中，乃知於桑梓造橋修陂之事，亦多所究心也。藉此可睹莆田水利廢興大略，故清陳池養纂莆田水利志多所引據。

書中有「耕冰寄廬」白文方印、「康修其藏書記」朱文方印、「康修其藏」朱文橢圓印。原書卷二所缺第十九至二十一葉、第二十九葉、第三十七葉，今據厦門大學圖書館藏本配補。（李振聚）

淇園編

蘭水陳拙齋先生著

淇園編

崑山徐立齋先生
晉安林涵齋先生
仝校

世孫震龍敬梓

拙齋陳先生存稿序

余叅授經書性理大全私

淑先生獨以御史同秘閣

諸曹預纂脩膺

嘗奮想見其明聰該博蓋

優於文者耶淩闈家誦先

生清江漁隱叙又盡其道

情興曠辭氣俊逸不規規

於達不欝〻於窮知進與
退焉譬者也余生後先生
百餘年思其人不可得得
見其後昆及其家藏集者

而遍觀之斯可矣已酉秋

余乃叨掌

邦政先生六世孫洪塘君官

駕部郎公遐持拙齋存稿

而請敘焉余覽而作曰嗟乎此莆先正之文也固吾疇昔所遐思而尚論者序安敢辭旋奔走家艱明年

冬趨師命又明年春陳
乞得羅還會淇塘君分符
守吾郡辱枉顧譚心甚懽
復以序請乃取是集而細

閱之其文悉可觀可傳者

也夫言之精者爲文必篤

其寔而藝者書之是故文

以實美無以世傳有其文

矣弗看其寔雖文弗傳也
看其文罷其實矣弗世其
人雖傳弗全也先生登建
文康辰進士歷官三紀終

始一心爲給諫上封事摘
判彝陵不鄙夷其民俗明
禮義定賦稅人至今思之
入拜御史侃侃諤諤諸凡

大時政大奏章多出所論
列年六十三乞閒引退猶
拜於壺山蘭水之間卒壽
七十縉紳學士聞而哀之

彭惠安傳其實布在郡乘
與桑陵誌所載彰彰可攷
拙齋之文夫固以實勝者
是宜傳自先生以壁經起

家其孫主政君及吾郡守淇塘君世守其經訓錄鄉閩者踵起錄禮闈者蔚興而東陽之陳遂甲於莆吾

雖不及見先生喜得先生之後爲吾郡守也然則拙齋之文其世也夫是又宜傳因序是集故表而出之

讀其尚論於斯集以存名
輯其存者耳爲卷十爲目
百有十之二附以別錄梓
之者湛塘君也先生名道

潜字孔昭拙齋其别號云

旹

嘉靖壬子九月穀旦步梅

山人揭陽翁萬達書于

鐵林之別野

敘

夫文可以傳人乎文可以傳人則古今之爲文者多矣何以策必先董賈奏必先宣公詩必先子美豈此數君子之

文獻高於古今我亦其忠愛之性方正之規篤於中而宣於外胥以式百代之人於不衰故不禁師表尊之金石奉之耳然則非文可以傳人直

文以入傳也余束髮窮經從
鄉先生側得聞拙齋陳公之
爲人公蘭水名賢登建文庚
辰進士歷官掖垣枉下以謇
諤劉方儀型當世時 成祖

欲表章經學選儒臣纂脩五
經性理大全諸書公以宏才
峻望特膺簡命恭勤參定至
今理學之昭明於天下者公
實與有力也余竊心焉慕之

恨生也晚不獲親炙其人以爲茍得其文讀之亦足適仰止之願矣迺叨登仕籍日羈風塵而公之文章又久佚於兵燹末由得探輿渺以爲生

平慰今年春公之世孫震龍
廼葺其家藏餘稿欲梓以行
世不憚走數百里請叙於余
並求較閱余敬誦之見其文
莕詩清雋淵醇不爲奇僻可

喜之論因想見其謇諤劉方
之概而儀型之思益殷迺往
而言曰公之文余購之多年
而不得者也而公之德則余
所竊窺而不忘者也以竊窺

不忘之人而得讀其文於匆季難購之後余何幸乎余之幸固如醉而醒也如還故鄉初見父兄也余敢不一言爲公表揚之乎雖然公之功業

在史册轂譽溢寰區又豈俟因文而始傳乎但人之好善誰不如我天下後世豈無慕公而不得見願得其文一讀以自慰其生平者乎是公之

爲人雖不藉文以傳而有公之德則公之文自當與董賈陸杜諸君子并垂於萬世者也斯所謂文以人傳者非耶因爲叙 晉

康熙庚戌蕤春晉安後學林之蕃拜手題

莆芝獻拙齋陳先生序

昔范文正司馬公陸宣公

諸前哲以至誠抒經濟以

經濟著鴻文內溥於心外

表見於天下加其文猶日
月霜雪久而彌新後世立
臣亦得立言之本法求章
句之末綴賦華藻淋漓

尋丘中藏邈焉無有則是峻宇雕墻而基址弗圖丹雘雖勤墍裨哉戊申歲余丁家艱守制堇門擬歷名

山訪名人搜名書以成夙
願迺洞庭道湘江臨芝水
一路山川名勝蒼崖翠壁
差可怡樂足慰平生芝城

有材瀝齋者詩畫名於海
表品節重于鼓山正余意
中之名人也訪之極手留
連竟日因與之談古今文

獻涵齋曰莆郡先賢
拙齋陳先生着纂脩五經
性理大全諸書至今為我
後學裨益匡集煌煌乎大

章理明筆厚沛若江河直
可敎傳而户頌今之世
孫震龍豪爽情學與余有
遊交素歡表揚其先達乃

扵兵燹之餘輯祖存稿走數百里求序於余余年老矣是敢求老言為弁余接先生之文詳而讀之見其發

揮性情究極理要攄景

嘽如晨鐘發夢朗月入懷

正余所謂意中之名書也

豈攻爲藻繪所縟不措心

而范馬諸公所究實而光輝着也圖末及置本擧峯而末自足宜乎先生之集置諸古人而不讓歷之爽

代而重新者焉讀此則凡世之注注於章句之微求工取妍者其亦可憬然覺矣

崑山後學徐元文撰

撰

侍御拙齋公存稿序

茲先世祖拙齋公存稿

也稿尚多錄其存爾公

歷事

累朝稱名御史會

文皇帝統一聖眞表章經
學　命儒臣纂脩五經
性理大全諸書于時脩
書諸儒凡翰苑部監得
入選者甚尠御史公獸

以行已恭慎學問該博與焉今諸書流布海内若門到而戶說公之聲名亦既重耀簡冊矣歟其所自撰述者尚藴于

家闕焉未傳也家大人懼其久益散逸搜輯遺編僅得其詩文如右蓋去今二百叅餘秊矣存著惟止此耳迺捐俸金

梓之以
大司馬東涯翁爲時聞
人乞存其首揚祖德也
志每珍諸笥中晨夕誦
玩謂文以理爲勝負焉

與時相污隆盛世之文
譬之太羹伭酒若淡肰
寡嗜以薦
清廟冲冲焉有餘味焉
何者至文不斲至味不

調也比其醇醲鮮衍紛
斥鼎俎非不令人饜厭
然懼其飽飫之極而精
粕之遺矣先公當
國家昇平之初摛辭命理

夫亦類是矣乎其亦足傳也已夫鋪潟藻裕燕翼作者之業也貽繩武篤駿惠述者之事也志承藉遙庇列班法從每

思先公謦誇風裁慶延繩蟄而其宏詞與旨又足以傳之無窮延如我後人蹇劣脩秩未效涓涘加之頹肰落殖弗能

以鉛槧自砥礪視先公誠愧矣愧矣展卷興懷將何以殫紹遹之孝而騁藝籍之林也哉按部之暇索筆謬書非敢過

於揄揚寔以識予作求之私云爾

嘉靖庚申五月望日寓泗水行臺裔孫志百拜謹識

侍御公存稿序

庚戌秋成北上公車歸弟震龍重刻

拙齋公存稿事竣謹再拜而識之曰嗟乎

古賢人君子聞　祖父名莫不尊而奉之

敬而儀之況我　拙齋公文詞德行煌煌

乎表彰於當世哉而且梓之者成高祖中

憲　淇塘公也序之者成曾祖中丞
少淇公也　中憲公與大司馬　東涯翁
有舊又爲其郡守梓是稿也而以存名雖
揚　祖德亦徵實行耳迫　中丞公按部
泗水乃輯而序之以示後人展卷興懷聿
念爾　祖寧無愧感交集哉吾家自唐

開國公　南塘公祖孫父子三世五登黃甲至明遷東陽則　侍御公始著為侍御公登洪武庚辰進士入拜御史上封事多所持論

文皇帝欲表章經學　命諸臣纂脩五經性理大全諸書亦以公行已恭慎堪為師

表不徒學問淵博著聞當世而已今三百年後公所著遺篇兵火散逸成兄弟久窘公車有志未逮慮文久弗彰遺先世憾乃弟震龍孝思維篤同弟麟超朝夕較葺能數百里乞序名公重梓而傳之夫文貴其人人重有文如公之謇直劉方忠愛不

忘則文以人重矣而理學昭明儀型一代
則人又以文貴矣後世讀其文如見其人
欽其人益重其文則是集也　中憲公
中丞公實式憑之百世子孫暨奕代聞人
咸瞻仰之寧第載在史册譽動一時而已
成弗類謹再拜而識之篇末耑

康熙庚戌九月重陽裔孫王成百拜謹書

淇園編選刻姓氏

選定

富沙楊　榮　解元進士文淵閣學士

毘陵胡　濙　侍郎祭酒

螺川胡　廣　狀元内閣學士

螺川蕭時中　脩撰

螺川陳　循　狀元内閣學士

新淦金幼孜　諭德

螺川周述　編脩

長樂陳全　侍講

晉安林誌　會元榜眼諭德

南靖李貞　編脩

晉安陳景著　探花編脩

永新劉定之　侍郎學士

長樂陳　淮　檢討

螺川羅　倫　狀元編脩

姑蘇梅　倫

番禺張　瓚　知府

餘姚陳　澍　左藩

晉安林　廸　叅議

冨沙楊　瑛　編脩

豫章張元禎　冏卿

揭陽翁萬達　大司馬

漳浦黃道周　內閣學士

晉安林之蕃　吏部考功司主事

崑山徐元文　狀元

同邑校選

黃壽生　解元進士翰林院檢討

黄約仲翰林學士
椏淇庚辰進士澛州知州
佘耀乙未進士饒州通判
林坦乙未進士貴州按察使
方鯉戊戌進士彰德知府
林文探花翰林學士禮部侍郎
翁世資户部尚書

林時讓 甲戌進士廣東左叅議
卓天錫 甲戌進士貴州按察使
鄭紀 庚辰進士翰林檢討戶部尚書
彭韶 刑部尚書
林俊 刑部尚書
弟繼之 吏科給事中
弟用 解元進士翰林院侍講

弟中𢆯丑會元户部員外

校刻

男

晒以子岳貴贈户部主事

曇以子輪貴贈别駕

孫

岳丙戌進士户部江西司主事

輪　辛卯舉人廣東梧州府通判

瑞　甲午舉人

寀　明經上饒教諭

曾孫

元綱　己酉舉人大理寺評事以子又

涓貴贈按察司僉事

珩　明經海寧訓導

伭孫

文賡以孫應元貴贈陝西布政司參政

文淊己未進士江西按察司僉事

文潮以子雲衢貴贈户部主事

文淮乙卯舉人

文濱以子敍貴贈兵部主事

來孫

敍戊戌進士廣東潮州府知府以子
志貴奉詔進階中議大夫加三品
服色
雲衢乙未進士戶部雲南司主事
一統以子應元貴贈陝西布政司叅
政

虞典歲貢

曾孫

志癸丑進士巡撫湖廣都察院僉都御史

忠貢元廣東揭陽知縣

應元癸丑進士兵部左侍郎兼都察院副都御史特賜劍印加服俸

一級

暐　己酉舉人

惠　沂州同知

仍孫

綵　荊府參軍

陽　復廣東始興知縣

雄　南亰庚子試解元

成泰台州同知

繼紳河南汝寧都司

九世孫

廷璣戊午舉人

廷瑺歲貢

十世孫

象乾丙戌舉人

玉成癸卯經魁

嘉會恩貢

震龍邑庠生輯梓

十五世孫

希賢辛酉拔貢部選儒學光緒六年補梓

十六世孫

錫麟己未恩科舉人閩清學教諭光緒六年補梓

凡例

一是集著之者　侍御公也脩之者　中憲公與　中丞公也念先代國族浮山文獻夙著迨　肇基淇水　公爲發祥之祖又中憲公台號淇塘　中丞公台號少淇茲顔曰淇園編者以存　諸祖之心思手澤云爾

一是集原曰存稿巳非全集第　侍御公博
學宏才凡臺省章疏多出公手湮没不傳
時論惜之幸纂脩復命一表尚存謹編以
冠章首

一原本爲卷十爲目百有十之二附以别録
兹表序爲卷之一又序爲卷之二記説文
書賛銘跋五言古五言律七言律七言絶

為卷之三誌銘墓表雜録為卷之四

一原集評閱多出富沙　楊公螺川　胡公令皆散逸閲而弗書誠不敢妄也而編定之者螺川　羅公地官　羣菴公也而原梓之者　中憲淇塘公與　中丞少淇公也手抄珍藏從叔祖文學朱台與從伯家脩也今較閲選定者晉安　涵齋林先生

崑山　立齋徐先生龍小子謹承先志安
敢僭長祇為兵火遺逸謬膺是任知我者
幸諒之

震龍頓首謹識

男
軒宸舉
輔宸彌太學生
軾宸宸
載宸德
仝敬梓

淇園編目錄

卷之二

具慶堂記

清源祠清寧方丈記

惜陰軒記

重脩尚陽江卩橋記

重脩木蘭陂記

涵江慈壽陡門記

說

雁軒說

文

書

贊

銘

跋

題黄甲仕先生詒安堂

送友人之京

送魯侍御

送王侍御

送金明葬兄還雲南

輓楊長史妻

七言律

奉母二首

先妣龔氏孺人誌銘
戸部主事王君誌銘
東里吏科黄君誌銘
鎮前佘君誌銘
澄渚俞文道誌銘
冲溪王君誌銘
處士劉則遠誌銘
處士陳伯信誌銘

墓表

哀詞

淇園編卷之一

閩莆拙齋陳先生著　　孫　震龍　重輯梓

奏疏

廣東道監察御史臣陳道潛謹

奏爲乞除僧道以安生業事。臣聞古昔王政之行也。國有學。黨有庠。術有序。士知乎禮義。而無見異思遷之爲。正其德利其用厚其生。民安乎土著而不至有游惰不根之慮。此固唐

虞三代之隆。王政大行。而僧道邪說不得入
其間也。我
國家自垂拱以來。治化風行。士食舊德。農服先
疇。庶幾崇本力業。而王道以行矣。然其間不
無怠惰無賴之民。
聖世不容之列。相率削髮冒爲僧徒。倡建寺宇。徧
滿都邑。鼓天下之民而從之。盖近日尤甚矣。
臣以爲凡此僧徒。非甘爲清淨寂滅也。亦討

無所之耳。一則作奸亡命無所逃匿。因之混
冒爲僧。以爲苟免一時之計。其實皆奸惡之
徒也。一則懶怠性成。無所聊賴。亦冒入爲僧。
以爲苟安旦夕之謀。其實非有修鍊之性也。
以此勸誘愚俗民。且有背本廢業而日趨于
邪矣。故凡僧道盛者。王政之衰也。伏惟
陛下以神聖之資。志唐虞三代之道。臣願凡軍民
倡削髮爲僧者。查其隸籍。乞發遠邊輸作。其

餘徒衆并令返本力耕。爲民種田。郡邑寺宇即行毁除。編爲士儒肄業之所。其產業田糧。俱宜入官。以克軍餉。如此則野無不耕之土。國無游惰之民。不惟邊力可固。而貧民亦得所矣。至於佛之怪誕虛無。其道主於滅性壞倫。則固不待臣辨而自明者也。臣無任戰慄祈懇之至。

永樂六年二月　　日奉
聖旨禮部知道

巡按江西道　察御史臣陳道潛謹

奏爲救荒爲卹民之要務懇乞發倉賑貸以安

元元事臣奉

命巡視江西省訪察斯民之利弊臣竊謂國之利

在民民以食爲大既見新淦太和二縣今冬

田被風損穀價騰貴民苦荒饑臣伏思前者

兩淮潁州北京臨城等處咸給粮賑貸民皆

歌舞化日慶逢

盛世臣知
皇仁無疆必不遺此一方之民也昔汲黯過河南
矯制賑水旱貧民萬家富弼知青州多端賑
救民賴以生趙抃知越州先事預備民以無
患今臣之剛直任事不如汲黯經濟不如富
趙而江西之饑又未若河南青越之甚者而
臣區區微忱願有所請誠以
帝德廣被尺土之民亦宜予之以衽席之安也且

臣職所在理宜竭愚盡言俾斯民得所日被
德化于無窮也伏乞發倉及時賑貸臣不勝
激切待命之至

永樂十七年十月　日奉
聖旨戶部知道

表

纂脩四書五經性理大全諸書告成復命表

時同太學士胡廣右春坊楊榮右諭德金

幼孜等纂脩書成復命屬公草稿姓氏倫

載今陛祿書大全中

陳道潛

伏以

六經之道昭如日月經緯乎天地貫徹乎古今放

之則彌六合卷之則退藏於密用之於身而身脩

行之於家而家齊推之於國則國治施之於天下而天下平蓋世必有經而道昭未有舍經而能治理者也是以聖王垂憲必資道以開人賢哲肇基必稽古而作述故伏羲則河圖而演畫大禹因洛書而錫疇孔子刪詩書脩春秋寓一王之法周公陳王業制禮樂貽百世之規况乎精一執中之傳允重丁寧告誡之旨如斯顯跡昭然可觀自王道既衰異端蠭起僭裂秦火之餘穿鑿漢儒之弊其

間有者不絕如綫莫能究其指歸一切趨於苟且夤緣故習鮮克正之於乎聖人之道不行而百世無善治聖人之學不傳而千載無真儒遂令往轍之難尋益發前脩之永嘆夫否極必泰晦極必明由夫濂洛關閩之學興而後堯舜禹湯之道著悉掃蓁蕪之蔽大開正學之宗不幸屢阨狂言既揚復抑又因循數百年之間卒無能會其說于一蓋必有待於今日矣天啓　聖明誕膺景運　太祖

天縱之聖以武功定天下以文教興太平首建學校頒賜書籍作養人才茂隆政治四海內外翕然同風欽惟　皇上文武聖神聰明睿知纘承大統紹述鴻勳成功盛德雖三皇而無以加事業文章與二儀而同其大治已至而猶以爲未至功已成而猶以爲未成體道謙冲遊心高遠乃者聿新宸斷脩輯六經恢拓道統之源流大振斯文之委靡博采先儒之格言以爲前聖之輔翼合萬途於一

軌會萬理於一原地負海涵天晴日皦以是而興
教化以是而正人心使夫已斷不續之墜緒復屬
而復聯已晦不明之蘊微復彰而復著肇建自古
所無之制作纘述自古所無之事功非惟備覽經
筵實欲頒布天下俾人皆由於正路而學不惑於
他岐家孔孟而戶程朱必獲真儒之用佩道德而
服仁義咸趨聖域之歸頓回太古之淳風一洗相
沿之陋習煥然極備猗與盛哉竊嘗觀之周衰道

廢汲汲皇皇以斯道維持世教者惟師儒君子而已未有大有爲之君能倡明六經之道紹述先聖之統如今日者此　皇上所以卓冠百王超越千古者也臣等一介書生粗知章句大學賢關渾未造其閫奧圓冠句屨固慚列於章縫幸逢熙洽之時謬忝校劇之任每授成於指教亦何暇於施爲樂睹就緒登勝欣慶與天下而同量於萬古而有光尊所聞行所知求不負於教育正其誼明其道

斯補效於昇平無任瞻仰激切之至謹奉表隨進

以聞

序

三山熊樓落成贈大參彭公序　陳道潛

善爲治者雖動鉅工興大役而民弗知焉斯善爲治者也或曰物不天來終復地出功不使鬼必在役人安有興鉅工大役而不知者曰因民情之所趨順而誘之曲爲之防故大功成而民晏然後不加焉此民所以不知也閩爲東南一大藩三山鼎峙布政司雄據其中前有熊樓下施石柱巍然冠

出方區高大壯麗舊稱爲東南第一歲久寢壞功大費煩因循莫輯至某年吳郡彭公由廣西道監察御史授閩藩大參素善籌畫莅政初黜貪立廢勤政事革吏弊期年之後惠孚八郡乃相其舊址謀于同列曰今且興役郡縣里胥僉緣科斂役外之費什伯不啻且大功繁興宜惜民力未可幸然爲之今之浮屠殿宇規制宏壯或有災圮隨復修葺愈加侈麗無他順人情而爲之耳矧是舉一不拂

平民〻固忻然從之者乃詢耆老有尙義者明立簿書遣往八郡諭富室以公意隨所施助明註于簿八郡聞之各競與焉又擇尤有戒行之僧付之雖後一匠傭一夫僦直皆依價償之簿書詳明人匠餼廪有法經始於某年月日巨甍隆棟高廣壯麗觀昔有加詢其貲則出富室之樂施詢其役則僦貧民之傭作大功遂而後不加民非眞善爲治乎畢工之日彭公會同列諧余言爲序余曰夫譙

樓者門上之樓也或登以望氛祲遠特爲華麗故又曰麗樓莊子曰毋盛鶴列於麗樓之間則周時巳有之後代又增以銅壺刻漏以明時刻又創鼓角以警晨昏則古之挈壺氏司寤氏之職皆統焉雖爲華麗不過也下至都邑皆有焉況閩稱巨鎮雄藩爲東南一都會其高廣壯麗也固宜吾想公落成日四顧而望內據都邑闤闠前有平原沃野四山誇奇競秀而環拱中又繞以大江商帆賈舶

出沒於烟濤浩渺間昔人所稱山水登臨之樂人物邑居之繁難得而兼者咸於是樓盡之矣夫蘭亭就荒晝錦久圮至今傳之不衰以右軍之名韓公之德爲之增耀耳是樓之成雖一時之功公之碩望又有出於是樓之上也余年少應賔興嘗登斯樓嗣是東西馳鶩者三十餘年所閱多矣誠未有若斯樓之勝與夫山水之奇也傾圮之餘每嘆難復詎知任起廢之責在公乎今退歸田里苟因

緣得到登高有作雖老矣尚能爲公賦之公之績可紀者多是樓特其一耳

驄馬圖序

陳道潛

事有曠百世而相感者其志同其道同也蓋氣運之推移人事之失得雖有古今之殊而有志之士立心造行以古人自期待其道義之符意氣之協則無異也若豫章許公所謂以道義意氣而相感者與出身爲名進士歷仕中朝爲才御史今春奉命按臨鄂渚間一日以驄馬圖俾予序之予思公繪是圖也意豈在馬也其所自期者遠矣夫驄馬

獸中物耳昔之乘驄馬者何限未聞有畫之者且馬之良者莫驊騮騏驥白義山子諸類世或圖之不過遊玩之具耳獨漢桓典一乘驄馬至今爭繪之意誠出於馬之外矣故余謂公是圖也實以古人自期待時置左右以爲箴耳嘗攷桓公之爲御史當漢靈帝內臣秉政誣陷正士一時柱後惠文者非無其人賴桓一人士氣稍振今公披閱之餘思桓之赤心事上若何而持與狥義忘己若何

而操與又若何而能使當時豪强畏避之若斯與
若何而能使後世士大夫仰慕之若斯與如是則
桓之清風高節赫然於千載之上而公之精神志
氣亦與之相爭於千載之下矣昔人謂事有曠百
世而相感者其斯之謂也孜古賢士身遇明時無
事可見至於衰世始有抱義徇道而以名節自礪
者今公所遇之時與桓異矣生逢　聖代公道照
明會天率土鈞陶至化從容奉職焉跡所經之處

江山千里豁然清曼雖豺狼亦皆屏跡又安有狐鼠肆意於其間哉使桓公而生今世則後代驄馬之圖可無作也雖然時有不同而忠君憂國疾惡揚善之理則同願公終勗之

贈南海邑簿葉仕謙歸田序　陳道潛

人言南海少廉吏因其地有貪泉至而飲之者輒貪夫豈然哉蓋其地饒多南金寶璐與外國之貨焜燿悅目非操行純白視富麗華靡爲外物者鮮不爲其所溺是人心誘於物而貪豈泉能貪人哉有友自南回談及南海事曰始終廉潔不受民財者獨有南海一主簿耳因論及貪泉事余嘆曰信泉之能移人何不能移彼主簿耶昔吳隱之二論

信矣遠洪熙改元南海主簿閩中葉仕謙援例告疾許歸田里一日同都院司務陳公刑部主事孫公謁余於寓厮詢之即其人也余夙聞其名而重其去因畢前論以告之夫泉本潔物也能滌人之汚詎能反汚於人古今以貪名莫之能改寃其歸乃人之貪者多以累是泉豈泉眞能累人哉假使南海得百葉主簿則是泉之名可以滌而滌之雖夫宦於其土者不知其幾惟吾子獨著廉名其操

行特異雖久淹茲土而清議之所不舍今其歸也不徒歸矣吾聞子所居大江迤其前方山遶其外葛巾藜杖優游閭里倦而休也江上之清風山間之明月與子南海一廉吏三者同之亦萃天地一時之清氣豈不樂哉視彼貪陸賈之橐乘肥衣輕其清濁輕重果孰爲優而孰爲劣哉有識君子必能辯之余素重仕謙之廉特書此爲仕謙餞且爲南海貪泉解嘲云

送長楊教諭柳原貞序　　陳道潜

長楊荆僻縣也地隣蠻界民性粗悍粟米力役之征多不以時余判彝陵嘗以事至其邑獲識廣文四明柳原貞其人操行純方并心苦淡日與其徒講課於烟火寂寥之地或至夜分絃誦不輟恍訝重山容林中有此鄒魯風因詢其學之所出則或爲方岳重臣或爲　朝廷名宦每歲科目不乏人余深疑爲民者何性習粗悍而不從征役爲生徒

者何濟濟蹌蹌而知禮節得非原貞之教使然歟永樂丙戌冬余又重至其地諸生相見禮畢咸列趨而前同致詞曰振吾學校淑吾諸人者自柳先生始今已滿九載將課最於天官吾徒失所瞻依無以爲報願丐一言爲贈余聞師道係於天下重矣韓子曰道之所存師之所存也然今之爲師者多曰我資秩當爲是官彼固不得以道責於我也爲弟子者亦曰彼品秩宜爲是官我固不敢以道

望之彼也則爲師弟子者特其文耳而原貞獨於深山窮谷能推其道以淑諸人于以見師道猶存也今將攷績升秩于他郡雖曰失之於此人惜之得之於彼人悅之而榔先生之道猶若也吾願天下爲師者咸若榔原貞則師道千古矣

萬木圖序

陳道潛

凡事出於人者皆可以有心求之惟天不容僞嘗觀世之爲善者有心求報而福未必獲惟無心而福之至若券也豈非有心者猶出於僞而無心者一本於誠歟莊子曰無心得而鬼神服吾有取焉今廣平楊公大父達卿先生之種樹也所謂一本於誠而無意於求報者歟先生雖隱不仕而濟人之心未嘗忘也忽遇歲歉鄉人乏食先生悲憫之

心固不容過然顯而與之則家施弗及國且近於邀名而人或忌之乃言其山募人種樹有植木一株者償粟一斗不過假之以散其粟數其惠而沒其名耳當時陰騭之感已形於夢而先生弗計焉不數年間所種之木盛茂條達森然蔚然是天彰先生悲憫之心形於生物而謂冥冥中不有司其機者吾不信也迨今五十年先生之後益昌而先生之孫適際盛時爲名侍從常動水木之感特繪

是圖期衍先生之澤於無窮昔人以善無報者爲未定之天報之明盛者爲天之已定是固然歟然余以先生之事求之天而已定未定之故皆如先生可求而得則天心從可量矣吁先生種於五十年之前而子孫獲於五十年之後茲山之木舊嘗殆盡而萌蘖之生發榮滋長視昔有加是豈人力乎哉今錫公又力爲善培植而灌溉之則是木之繁植益未有涯使後之子孫睹斯木之榮美以驗

楊氏種德之符則是積是似必有不能忘其本者矣

清江漁隱序　　陳道潛

夫有道之士進亦樂也退亦樂也其遇時也登廟廊黼聖主策勲立名布德施惠以淑乎人固樂也其不遇時也抱道懷德韜其智晦其能寓情於山水魚鳥間亦樂也何則盖道在是樂亦在是耳清江陳彰晦素以才行聞于鄉結屋于清江之上恬於進取惟以延師教子爲務晝則扁舟一葉適情於雲水之鄉夜歸讀古人書講論道德以充其所

有號清江漁隱所余爲之序余謂漁隱者隱於漁者也古來有志之士懷道而隱者非一而於漁者爲多然能隨時進退推其有以淑乎人者則僅見焉夫蒻笠簑衣縱聲於江流浩渺中斜風細雨恬不知歸而舉網得魚一飲千杯倚棹長歌情陶意適忘其身之所有與夫天地之所以大人皆以是爲漁者之樂謂其能遺聲利脫塵紛而以避世爲高也余曰否否是殆溺於一偏往而不返者之爲

非道之正也韓子曰天生賢者非使其自有餘而已益將以補其不足也故聖不煖席賢不黔突豈得已哉特惡其衒炙求售進不繇道耳昔有年餘八十垂釣渭濱非隱於漁者乎一遇主而奮鷹揚之勇錫履東海其功業與周相終始又有垂釣桐江亦非漁之隱者乎適四海永清身徼萬乘動天象而歸天下想望其風采者無不嘆漢天子之大故曰桐江一絲能繫漢鼎是一進一退皆有益於

天下後世非直泉石烟霞終老山水比也傳曰賢者識其大者今彰晦才行士也固將因時而出推其所有以淑乎人吾故以遠大者期之彰晦勉乎哉

贈宏休上人之靈雲序

陳道潛

莆推名山巨刹靈雲囊山俱號秀絕代有名僧而靈雲據八壺之高尤爲名勝囊山背有峰若垂囊故名二山恒推名僧更爲住持靈雲則了堂始創繼之者湘江德嶠也湘江後住持囊山德嶠以福州鼓山構寺特請而靈雲住持鈌焉國權僧師儀與囊山衆僧共請宏休次補之特繪靈雲桃花洞歸雲圖以餞余聞古稱無心者雲也曩德嶠以無

心而出今宏休亦以無心而歸夫人心應物以無所爲倏然而來倏然而往無復固滯者非雲歟況上人以無心爲宗寂滅爲主乎今宏休朝與雲俱出也飄然無所係夕與雲俱返也翛然無所拘應酬而動禪定而寂猶夫雲也無心焉耳矣然或謂澤萬物下土者雲也漠然太虛騰天上下變化不可測度者雲也雲之靈有如是焉上人無心功名所謂澤萬物下土者無足言矣而隨天上下其有

然乎莊子曰列子御風而行旬有五日而後返夫御風騰雲其致一也吾意古之至人出入空曠中一無心爲之也今宏休澹然無累出入往來直隨桃洞之雲或在襄山之北或在靈雲之南蹤跡飛揚不滯方所其無愧夫雲矣乎予遊於方之内而談及方之外亦迂矣然師儀等皆翹楚士試往質之

雙溪書舍序

陳道潛

雙溪書舍者夔陵司訓羅一和藏書所也余左謫夔陵民和事簡公退之暇焚香默坐忽動古人之想遂窮編帙以廣聞見奈地僻少書每借於一和氏則無不立應因以景一和之所寶者誠有在也蓋倚相之所讀宣子之所不見者與夫蘭臺之所掌金匱之所藏者一和咸畜而有之然書者載道之輿也千古聖賢心術之微於是乎在焉畜之傳

者尤貴究而精之一和苟有意於斯留心載籍究聖賢之終始則雖生千百世之下如登千百世之堂矣豈不樂哉彼穹窿棟宇高則高矣刻角雕墻麗則麗矣至于峙江山之奇玩風月之勝者皆無取焉

嵩山白雲序

陳道潛

爰陵守牛侯西京嵩縣名族也累歷外宦常迎致其母就養焉出而蒞政入奉慈幃愉愉如也一日其母曰爰陵雖樂非吾土也吾今年七十有五矣嵩縣吾祖宗墳墓所在宜歸以終天年會其季子某至固迎以歸侯涕泣留之不可瀕行謂余曰吾今拜違膝下不得朝夕以奉正欲借狄公之白雲以想望爾余聞而悲之曰昔三代盛時自卿逮大

夫而下賢而仕者必使還治其鄉之民迨其老也又使師而教之所謂始終于鄉者也降自中葉以其生于私也必使避鄉而仕焉自是士大夫始有遠鄉離井越千萬里以仕者則其親固有不得與之俱矣然天性之恩人孰無之是其觸物興懷而動無窮之思者固孝子之心有所不容已焉侯雖久歷外任然迎其母就養庶幾古人祿養之義仕雖異鄉未嘗少離親側也今母氏以年老欲歸亦

人情反本之思耳侯以懷親之念無所於托欲寓之嵩山之雲是亦孝子惓惓不忘意也余於侯之事不能不重有感焉余離家五千里違親六載餘矣思欲一覩慈顔而不可得罔極之恩無由少答其何以爲心哉若以望雲可以思親則閩山之雲猶嵩山也然所望者祗可寓情於遠而無由置身於親之側此余於侯之事重有所感因書以寓焉

雪梅軒序

陳道潛

所貴乎君子者當於性情品行觀之苟秉性淡薄操行清白而其所尚者亦以氣應之夫雪與梅鍾天地之清氣關造化之淨機欲究其源採其蹟非知道君子不能也嘗夫六花飛出寒威遍於九野堆瓊積素所以深蓄陽氣於地下令壯長不洩以兆來歲大有之書斯時也平原廣野層崖幽谷百卉皆凋而梅獨秀與雪爭妍所以著剝復之交領

生生之意於冬至子之半故昔人謂觀梅可知先天之妙者此也今興郡别駕東粵林侯發身太學性情淡薄品行清白來莅吾郡之三年始治衙署爲亭於堂之後栽梅種竹以爲公餘憩息之所而以雪梅額軒而余爲序余素敬侯施政宜民累經黜陟使以廉能稱爲之言曰夫雪聚陽氣以兆豐年梅當雪時不息生生之意今侯秉性操行近之而又敷惠於民俾咸得所是不必芘芘叅苗隱然

有豐稔之思亦不必屡律回春熙然有覆載之仁
其視梅與雪亦奚愧哉昔王子猷山陰訪戴徒竊
一時之興林和靖暗香踈影特誇諷咏之詞是皆
逸入墨客者流好尚雖同而實致則異也余因侯
有恵民之政衍而言之幸勿以爲迂可也

壺山丘隴序

陳道潛

進士顧本德雙親葬於壺山之下後登第屬當行邁慨不得歲時展拜因繪爲圖自隨展玩以寓人子不已之心焉永樂丙戌春與余會于夔陵河次握手道故因出是圖欷歔良久曰吾宦遊千里先人墳墓不寧于懷鄉人士咸序而詩之子於故人中爲最獨無言乎余聞至哀無文至敬不飾人子不幸而親不逮不能見父母之容自當懷父母之

心夫江山已殊鄉關遼隔先人之丘隴不能接乎
其目而致敬致慤豈能忘乎其心心不忘則咫尺
之圖即可以寓千里之思公餘展玩到處皆壺山
丘隴也奚必登是山之麓然後始爲可盡其情也
況今　聖天子以孝治天下內外臣工能勤于官
澤于民者皆褒及其先本德才湧氣銳進身伊始
苟能砥礪名節振奮事業異日或爲良臣或爲循
吏樹表阡於先人墓側則九原爲之增貴壺山爲

之增色而丘隴之草木亦爲之增輝矣奚獨區區
斯圖已哉昔人隴崗之事至今侈之本德其勉諸

望雲卷序

陳道潛

望雲何爲而作也陝右馮翊趙侯思親作也趙侯蚤年銳志讀書膺鄉貢授江陵司李常以母老在堂晨昏弗及作是圖以寄之夫雲者漠乎太空舒卷本無常心也何以托人子思親之心哉豈不以孝子之念久積於中一旦登高望遠雲飛之處親舍在焉凝神馳思邈乎天涯寸心飛揚與雲俱往身雖隔乎萬里而心已陟降於親之左右矣繇是

而言謂雲可以托思親者亦可也然嘗聞之忠孝一道也毋乎一心也子之望親如此親之望子更何如也屬意之餘期待備至將不曰吾子職于彼必能舉其事而無曠官乎必能和於政而無負民乎必能盡心於國而榮及於家乎如是則爲子者將必移孝爲忠以求副親之望也節推趙侯律身不苟刑當而政清荆以南莫不仰其德而懷其惠可謂克舉其職而無負於民矣異日必推恩升秩

而榮及其親矣今其思親之心念念不忘至形於感時觸物之頃其於巳之望乎親與夫思所以副親之望者兩盡矣古人謂求忠臣必於孝子之門趙公有焉

送康志高還鄉序

陳道潛

永樂己丑春　皇上將巡北京思惟舊人共政特命吏部起諸致仕而歸者俾總州郡事廬陵康公援例落致仕來署夔陵即進耆老於庭詢及民間休戚繼覲版圖備稽民數多寡知夔陵爲弊州民稀役重乃喟然嘆曰　皇上以斯民爲慮特寄於老臣可以老故而不究心乎遂專意民事自朝伊夕不厭勞勤凡可以綏民者無不委曲爲之予來

佐是州觀公所爲嘆曰方今少年輩徒苟且緩吏
責取辦目前以集事爲能而民之休戚弗計也公
爲民如是眞不負　朝廷圖任舊人之意矣仰惟
我　朝尊賢敬老年踰稀耊者苟有所長咸不聽
其去今公再起爲州年纔六十精神志慮明爽若
少年何以遽聽謝政而歸乎　朝廷起公於既老
用公於未衰可謂任無遺賢矣庚寅冬　大駕還
京軫念老成不欲久勞以政乃於次年夏召公等

還京俾仍前致仕百姓咸齎咨涕洟而惜其去予
等亦謂公老成爲國深達治體且精神志慮亹亹
忘倦當爲百姓蘼留亦不宜遽聽其還山也第
朝廷策命維新公去志浩不可禦其行也稱觴以
祝曰國家優待老成重煩以政者　聖君之惠也
身處畎畝不忘　朝廷者臣子之心也公雖退休
凡民有休戚事有失得者當以　上聞可也

贈莆邑葉侯之京序

陳道潛

昔人稱吏之良者有二曰不忍欺曰不敢欺夫不忍欺在德不敢欺在威未有缺一而能成其名者莆邑歸安葉侯莅莆七年矣其始至也巨奸宿猾逋卒奇民梗化善政不可施乃芟除夙蠹民信服者衆侯之善政可次第行矣莆介山海水分南北木蘭正當水窮入海之處於邊海多作陡門以洩之前此咸憚其難而莫敢爲侯奮而重修之民翕

然供役畚鍤雲集木石山積外築巨堤以障海內作重隄以防河然後剔石固址搜殘補缺侯戴星出入躬督其役土石堅緻可遺久遠凡再閱月而畢功猶以畜而不洩則漲澇爲害而端明林埔二陡門久弊令如築陂爲之務爲永賴計其於秋蘆等陂及潚渠小水凡關水利漏者修之塞者濬之井井然便於民至於 先聖廟庭舊制高廣而梁桷缺壞赤白多剝不治朔望趨拜不成禮城隍祠

宇榱樸下宇散落委靈弗稱焉咸改爲之規制宏
敞煥然可觀而山川社稷郡厲旗纛隸祀典者莫
不爲之一新又以江〻元豐二橋俱當要路相度
鳩傭而修改之六七年間治莆善政列〻可述傳
循良吏如葉侯者在所當紀也昔西門豹鄴中最
賢令也史起謂其鄴田高而漳水在其旁西門君
不知引以溉是爲遺利葉侯在莆而無遺利可不
謂能古人之所難乎宣德七年當入　覲郡中耆

老同致詞曰古稱啻治之世不多見而善治之人亦不常有吾儕老矣閱爲治者多矣如葉侯者誠不減於古今將述職矣　朝廷舉賢如不及吾懼其往而不還也幸爲吾述其治績以[illegible]屬望之私焉余因耆老之請粗序其事而不辭

送袁伯素之雲南順寧府推官序　陳道潛

雲南古爲六詔地族類甚衆大抵皆蠻獠悍輕易怨蜂屯蟻雜控御失所則往〻跳梁周漢以來咸所不臣蜀諸葛武侯雖七縱七擒示以威信然卒反覆難制至唐尤倔强數爲西南邊患自　太祖皇帝混一寓內威德所被雖殊方萬里自古及漢唐所不能臣者悉皆臣服獨古滇奉職尤謹捧琛執贄京邸絡繹日無虛館而　朝廷設郡縣立官

佐以長治之視之亦如內地永樂二年春夔陵袁伯素自太學生課最上第授古滇順寧府推官余自朝職左官判夔陵適與伯素會觀其篤而不浮恭而有禮因推敬之及行出門惘惘甚有離别可憐之色竊怪之曰大丈夫受命雖絕域亦無所辭蓋以重君命也今古滇就法度日久同於內甸人之之古滇者若東西州焉而伯素惻惻焉解者曰伯素新喪其弟家有老母今舟行則經巫峽瞿

唐至重慶又陸走數千里中間緣崖踏谷踰歷險阻且淩炎雲冐瘴雨是行也萬無予母俱往理若何而不戚々哉然古云篤於忠者戾於孝又云求忠臣於孝子之門是二者雖若相戾實相為用也今伯素果能因俗為治綏輯一方策勳於萬里外以膺　聖天子光寵則異日來歸使人咸頌曰幸哉袁氏有令子矣豈不足為父母榮而孝亦豈外是哉故余序於後因以勉伯素且以慰其母云爾

學思齋序　　陳道潛

進士昆山呂寅伯暨余友趙仲宏奉命來武昌同謁余於寓第袖學思齋卷且言具尊人智男先生所命以爲進學之規俾余序之余旣受之反復思之莫得其義蓋人之爲學探聖賢之微窮古今之變將以發其聰明益其心思未聞學爲愚者也若以爲甯武子顏子之愚則武子退藏沉晦顏子深潛純粹皆非愚也仲尼言柴也愚參也魯亦言其

質之偏不失爲純篤高賢私心往復如是者再忽拍案起曰先生之意蓋有在矣得毋以去古既遠淳風漸漓矜才炫能者以沾沾爲智潛窺默伺者以察察爲明甚至於衒玉而賈石厲鳴而鶩翰紛然雜起混正亂雅世莫得而辯之今先生欲寅伯學愚蓋以爲進學之始當去僞即誠歛華就實寧過於厚爲參之魯爲柴之愚及學成世用藏智於沉晦之中韜明於純粹之域器度渾然無事皎厲

爲武子顏子斯可矣然又問鴻荒之世人文未著民皆魚〻鹿〻無思無爲橋焉若愚將游心於混元之始獨立於太素之初而反本還真者乎先生之意是未可知也寅伯歸於趨庭暇請以吾言質之其信然否乎

贈醫官王從善序　陳道潛

醫之爲術古聖仁民之心也其書肇於黄農雖未見所據然其探陰陽造化之微窮天地生物之妙劑量調護濟夭札之危措安全之地誠非聖人不能也其爲術妙而難窮能造其深而窺其奥者少也或有造焉能以聖仁爲心而博濟乎人者又少也考諸司馬遷所傳者僅扁鵲倉公二人耳是可見深造之難也扁鵲秘術不傳而卒爲爭能者潛

害以疢倉公懷秏不濟爲人搆陷逮獄竟以幼女緹縈上書獲免是能深造又以仁民爲心博濟乎人者爲尤難也南京四川道監察御史鄭某造余言曰今秋吾兒獲病彌留在京諸醫揭扁於門衒玉而賈石者比比是皆操術邀利誤人之生惟應天府藥局王從善挾生人之術每以濟人爲心診脉知源投以良劑不浹旬而病瘳可謂精於醫而有仁民之心者也吾無以報祈君一言以贈余謂

古聖探陰陽之微窮天地之秘制爲藥者本以濟人也何傳其術者多不以爲念如倉扁之於醫可[redacted]至矣而猶愛吝如此是達於醫而未達聖人制作之初意也今王從會其術雖未必如倉扁而濟人之心則過之矣可謂仁而不悖於聖者也昔有言曰不爲良相當爲良醫王從會有之是爲序

淇園編

茂園稿

淇園編卷之二

閩莆拙齋陳先生著　孫震龍重輯梓

序

六桂聯芳圖序　　陳道潛

古人以植物之良擬其人之賢不無意焉周禮以三槐九棘擬之三公九卿盖槐取黃中棘取赤心外刺欲居其位思盡其事也又以松竹取堅貞厲節貫歲寒歷雪霜不變欲其則而象之也後來科

目取士尤重進士又以桂喻之益尊之〻至也事昉於晋郤詵桂林一枝之對盛於宋竇禹鈞丹桂五枝芳之歌于時文人秀士登科第者愈繁又有攀桂折桂之稱昆仲連登第者謂之聯桂而登科之籍謂之桂籍而桂之稱愈盛矣吾莆由唐宋以來文人日盛方氏廷範篤生六子仁逸仁岳仁瑞仁遜仁載仁逵皆繇進士出身時人榮之爲繪六桂聯芳圖以侈之其時進士愈重固有皓首窮經

而不可得一第者又有貴爲宰相出身竟不由進士者獨方氏一門孕靈鍾美萃賢爲多宜表而出之以勵後也尚攷當時上疏忤權奸者曰方公軫忠義所激奮不顧身者曰尚書公大琮慶源啓衍紹巖趾美者迭出雲興至　明方廷寘冢子孟明登庚戌進士次孟吉曁其弟四人彬彬輩出咸奮志窮經進而未艾乃出其先世六桂聯芳圖祈余言之余謂植物如槐棘松竹者欲人象其質之良

也如桂者欲人揚其芳之遠也今方家六桂聯芳幾三百載矣不有孟明繼美揚芳前人之緒幾乎息矣余願孟明植學以固其根種德以培其本使德充於内行備於外異日出而施之振而揚之則方家之桂枝益衍流芳所被爲報　國之忠爲及民之惠其澤不亦遠哉孟明其勉之

林氏九牧圖序

陳道潛

甚矣唐建貞人才之盛也豈非光岳之氣混融於重熙累洽之餘乎嘗嘆當時若韓李樊孟柳劉元白諸人僉起疊出一時文章之盛後人莫繼也攷之吾莆九牧林氏適生其時藹藹多賢古今罕有焉當時有林披者天寶十一載擢明經第由建州將樂令累遷蘄州別駕披生九子曰葦藻著薦曄蘊蒙邁蔇葦爲端州刺史藻貞元七年進士由容

州支使累遷江陵府使著貞元六年明經第終横州刺史蔦貞元十二年進士由郊社令累遷韶州刺史韡由景司馬遷通州刺史藴貞元四年明經第復應賢良方正科累遷邵州刺史蒙由孟陵主簿累遷循州刺史邁由興寧主簿累遷同州刺史芘由京兆參軍累遷福唐州刺史吁亦盛矣夫以九子俱賢又各爲州牧求之於古誠爲罕見昔聖人稱周有八士以爲宣王中興人才之盛昆弟俱

賢特表之以見其難後惟東漢史載荀氏八龍雖出一門乃掇合從昆弟姪古今以爲笑談然皆不及九牧林氏之多使當時有若聖人者嘆才難而許人物則必曰惟周之世於斯爲盛降自兩漢所未能及也余自少時聞父老談九牧奇事當時竟置於耳後遇戸部林和出其所藏九牧圖繪披儼然中坐九子圍立衣冠俊偉雍容一堂不覺爽然起敬嘆一時人物之盛惜乎爲史者畧而不載雖

戴蘊拒劉闢反言我項非頑叙礪石及莊滄州說稗權歸開二事耳其餘人竟見於閩中名士傳及林氏家乘而已再考韓公哀歐陽詹詞言閩人舉進士由詹始詹貞元八年與韓公同登而蘊乃貞元四年著貞元六年藻貞元七年實在詹前非獨史畧不載而韓公亦失之矣今莆城中前代有聯桂坊乃林岡孫子相繼登第當　朝有狀元坊則永樂三年林環魁天下士今林和任戶部尚書郎

皆九牧裔也何天鍾𡚁林氏詩書之澤久而未艾
而後世子孫之多賢也子孫賢則前人之聲光益
振爲林氏後者覩斯圖則思紹其業而濟其美若
徒衒於人以誇門第則前人之聲光薾矣

贈侍御顧仲誠考滿序　陳道潛

甚矣通材之難也長於外者或不足於內優於治簡者或不可以理繁昔孔子評及門高弟長於文學者不足於言語政事論當時賢士優於趙魏老者不可爲滕薛大夫是古猶難之況於今乎若廣陵顧仲誠昔懷偃商之文學而登高第及授行人司行人使於四方又兼予賜之言語而無辱　命未幾擢任監察御史奉　命撫六詔遠夷能令夔

人感恩知義革心向化大詔武臣去京師萬里多頡頏作氣勢不肯循規度仲謙歸備舉其事而歷糾之俾邊境臣民懷警懼而遵職守始知有　天子法度由是簡在　睿知以京師四方之所萃百工之所趨異物百貨之上供闤闠操雜中間不無伏藏奸蠹與夫困厄流離失所者特命仲謙出入咨詢夙夜惟謹均節恤養悉有成法數年後惠澤洽於天下百工往來者咸獲飽煖齕訇宴然無失

使之人亦奸宄亦無所伏矯護仲謙各善其職較昔山求為無愧使任趙魏老與滕薛大夫必能發之矣今已滿九載例當升秩　朝廷以仲謙習於事而人安之俾授前職仍領其事至永樂壬寅秋仲謙為御史二十年九載已再例再升秩濵行同僚集餞予於仲謙為同年進士特稱觴以慶曰若吾子誠所謂通材者也昔達使六詔能布　天子威德於裔夷近在京師能均　天子恵澤於畿甸

其遠近之績已驗矣特播政於中州者有未試焉
茲行也必當試其所未試者異日美政清譽隱然
動於一方使予有所藉而言曰仲謙乃吾同年進
士則亦與有光焉是爲華祝也爾

贈侍御于文通秩滿序　　陳道潛

永樂十二年冬余府按巡湖廣蒙徵同　朝紳與石渠編校之任時都憲特遣四川道監察御史于文通棄職來代交際不浹旬間匆匆即別去納交雖淺已知爲沉靜篤實君子也後余編校事畢纔丁家艱至十七年冬改調江西道監察御史豫章與西蜀隣道五六年間出入接膝特加敬容益密文通之爲人其平居溫溫不立崖岸若無以異於

人者至於遇事詳施注意已定則確然不回其果斷有如此者與衆混處寡默無言似可忽易至於疑刑讞獄人之所難者獨潛心悉究閱訟牒以傳爰書核擬精當事例詳明欲少易之而終不能其慮刑精審有如此者迨更辛丑　赦宥之後獄稀事簡衆或以餘暇退休君獨於公室爨食茹薙蔬終日危坐課吏所入晏歸日以爲常其卅心恬淡勵志精勤有如此者至於交際雖若滑稽然終始如

一無炎趨寒棄之態若斯人者其不可景企也哉
洪熙元年春文通爲御史九載例升秩焉同列咸
重其去繪圖以餞之以余素知文通者復徵余言
爲弁余惟世之矯飾沽名者多務實無華者率循
常調獘也久矣今　天子執政銳治掌衡鑒者體
天子盛心旁求務實之人以資世用若文通之
沉靜恬退不自表襮而勤事務實有爲有守者如
此當與時之先聲後實者異也昔裴行儉黜浮華

而任敦實士風爲之一變方今操行儉之柄者不無其人果能擢用如文通者亦勸士勵俗之一機也豈不幸歟余尚以文通卜之

贈侍御何邦傑秩滿序　　陳道潛

永樂甲辰春南京福建道監察御史鄂潛何邦傑累秩當再考例適天官質政同道監察御史魯希文集朋僚以餞之俾余爲贈言余謂贈言者古有之昔子路將行孔子曰贈女以帛乎贈以言乎對曰請贈言是師之贈言也子路謂顔淵曰何以贈我顔淵曰何以處我是朋友之贈言也然其所言非腴詞虛譽也爲師者有勉進之義爲朋友者有

相規之益何公與予永樂壬辰同罪今職廣竊朋友之義以爲贈夫言之可以取信於人者惟其實豈有其實雖無言而有不可掩者存焉今之贈言者至於連軸累幅率皆危言泛論而無其實無實雖累至千萬言無益也邪傑立身側事惟求其當不以毀譽於外爲重輕可謂實勝君子也實勝之人當以實告毋敢以浮言瀆也公居職十餘年矣憂患殆居其半而處之裕如操心該慮施爲措注

益堅且勵咸無變其舊予竊壯之豈古所謂知命安分君子歟昔范文正凡有所爲必盡其方不擇利害爲趨舍曰爲之自我者當如是其成與否有不在我者雖聖賢不可必吾豈苟哉願邦傑益勵初心而以文正所志者爲法則不待浮言而自有不可掩者存焉先正有曰立志當以明道希文自期待予亦以是爲邦傑瀆行之祝

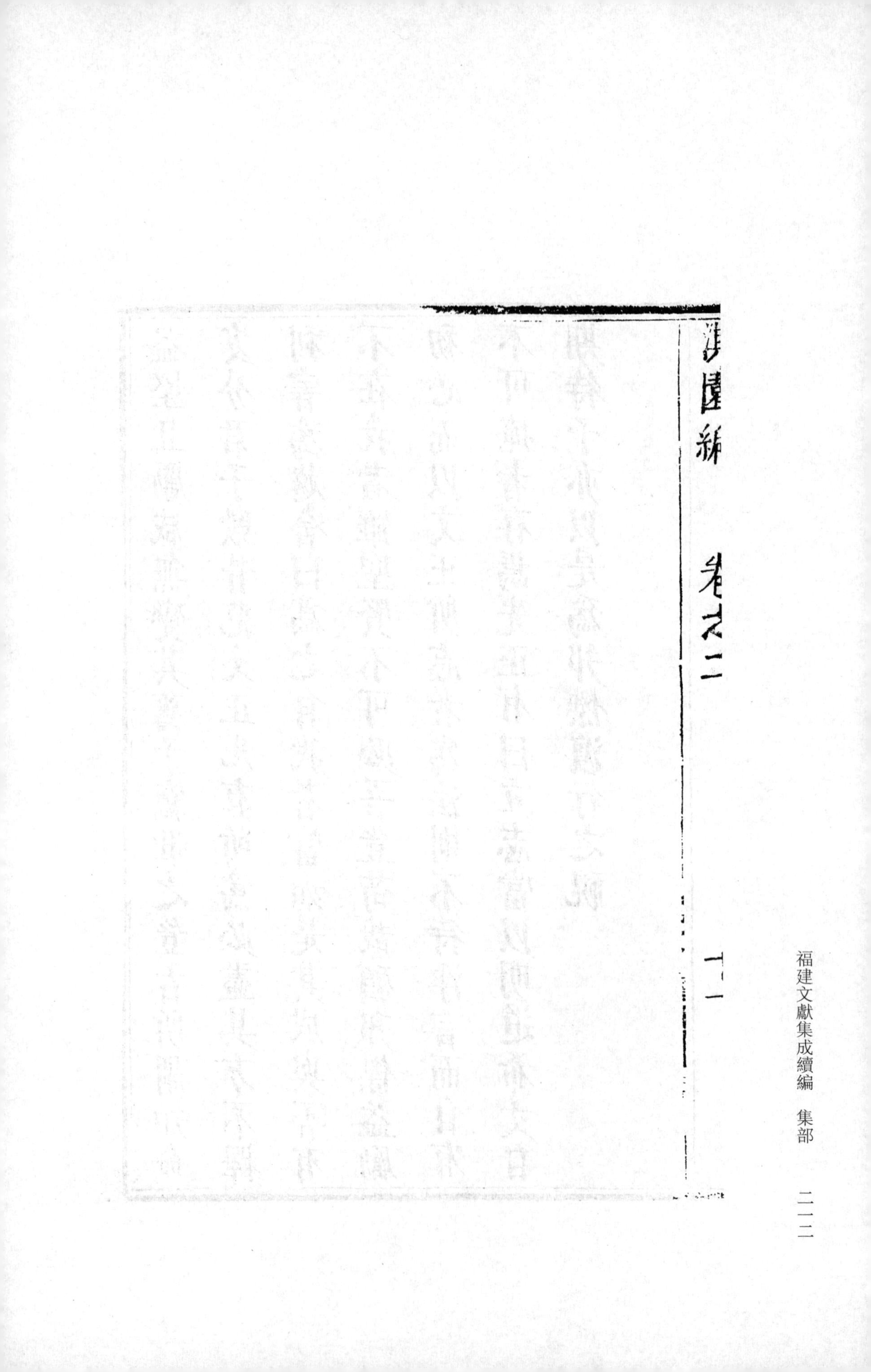

送侍御陳希進秩滿序

陳道潛

古稱雍熙泰和之治者必曰唐虞稽之於書舜命官多矣而與刑官論爲獨詳曰欽哉欽哉惟刑之恤哉其稱文王曰罔攸兼于庶言庶獄庶愼又曰其勿悞于庶獄說者謂刑天下重事揭其重而舉之以見聖人尤盡心焉攷諸當時任刑之臣若皐陶明刑弼教必先於刑期無刑蘇公式敬由獄斷致夫長我王國於此見虞周之君以其所盡心者

深責於其臣而其臣卒能盡心效職無負於其君
吁盛哉由漢以來識治之君未嘗不以刑爲重至
於刑之疑者與夫巨獄之難决者特命御史治之
自是御史兼任刑官應少徵執法之象有繡衣持
斧之名其職始重我　朝稽古爲治凡中外刑之
難明者與夫不服而累有異辯者悉歸之都憲而
命御史理之中間恐有枉濫不幸至於憂軫　聖
念拳拳告戒而憂憫元元之意即舜文之用心也

但任其責者果能盡心教職無負　皇上之托有若虞周之臣者乎今南京廣東道監察御史章貢陳勉希進氏出身爲名進士授職爲才御史永樂壬辰夏余亦叨受是職忝與聯事于時訟牒盈前兩希進應之裕如至於酌人情以參律意援據精當輕重高下靡失毫釐可謂獄無枉濫者矣後又奉　命按兩浙〻之刑繁於天下其豪猾被逮往往逋杭州黠莫敢誰何希進到未及半載咸自出

求理後有被訟者輒請待辨夫希進何以得此於人豈非能辨曲直明是非善酌律文而合乎人情之變哉余益信其獄無枉濫爲能不負所托者也今已滿九載將質政於天官而升秩焉余辱舊僚於其行也特舉古之善明刑者用以期之然古之善是者多矣而獨上舉虞周之臣者傳曰其在賢者識其遠者大者今希進賢者也故特舉以爲告

贈侍御鄧直方蒲考序　　陳道潛

永樂癸卯季春南京陝西道監察御史盱江鄧直方九載蒲考同寅魏源等集㦝預謁余言以贈余謂贈之爲言增也所以增益其所未至也老子曰富者贈人以財仁者贈人以言而其爲言也簡而蘩脩之於己可以善其身施之於事可以及於人故曰仁人之言其利溥哉後之贈言者弗及焉始繁其文備其行事俾增重於一時或因寓其戒勉

之意焉今直方醇雅篤愼幼脩於家出身爲名進士及居官莅事脩行人稱爲才御史然御史七品官耳齊耳目之寄任激揚之責時事有難言者御史得以陳之豪猾有難治者御史得以糾之發理刑名而辨枉濫秩卑而責重職要而事難苟律已有未謹慮事有未周人情律意有未深則其職未易舉也直方歷職九載嘗出按虎林西粵俱著能聲居中任職而無廢事必其律已也謹慮事也周

人情律意也深余忝列繡衣後朝夕兢業懼舉其職之不暇安敢希仁人之言以爲直方增益耶而名位非素顯德行不素脩其言不足爲時輕重又安能俾輕重於一時也哉重魏之請稍繁其文備其行事使未知直方者覽之畧知其生平而已抑以勉直方倒行升秩或持憲一方或牧民一郡益當飭身勵行俾芳聲異績藹然宣著爲時增重有不待余言者矣

贈侍御劉仕行秩滿序　　陳道潛

永樂癸卯秋南京廣西道監察御史漢川劉仕行以九載滿將爲京師之行同道王公合同寅餞之屬命余爲贈言余忝同列納交於仕行四載餘矣未能周知其行實獨以耳目所及者言之近畿之郡號稱難治者曰蘇松常鎮四郡俗偷民黠猾胥豪室盤據其間雖輶軒之出亦往往巧設機穽以柰之故都憲每遣御史必難其地之人十六年以

仕行剛勁有手力特遣出按至則搏强擊貪舉刺無所囘避吏胥豪右聞其至者莫不寒心縮頸數郡千里咸帖然終不能染毫非處心公慮事周而豪猾狙詐者無所施其技乎迨十九年春　皇上徹成周之制肇建兩京改舊都憲爲南京都察院大新庶政侍御有濫員汰之時院之長佐憚乏人僉舉仕行署院事議者謂其出於同列獨任其事咸以爲難仕行力振綱紀不恤人言其施爲措注

張王去留毅然無所撓後雖罹屈辱更憂患而剛勁之氣自若也昔孔子言吾未見剛者又曰棖也慾焉得剛釋者謂慾則不剛〻則不屈於慾仕行內固無慾且稟浩然之氣以成之也世之言剛者內多慾徒以客氣用事小折辱輒懷齒剛舌柔之戒至於和其光同其塵者較諸仕行風斯下矣仕行明春秋登己卯鄉薦得聖人褒貶義永樂六年除授御史素以剛直名今因其行書以爲贈且勸

以歌使之益勵歌曰

懿彼仕行兮人中巨擘賦質剛勁兮秉心貞白

乘驄出按兮有聲斯赫㒓胥豪右兮聞風褫魄

處事果斷兮毅然不惑有豸斯冠兮寔惟其職

贈侍御曾希文秩滿序　陳道潛

夫諫官分職各有攸司而不相侵越者自古然也故掌禮制者不侵錢穀主刑名者不預兵旅至於工技造作之微莫不皆有專職而不可紊也惟御史之設雖兼刑名而於百司庶職凡官有賢能貪懦政有修舉廢墜事有是非當否無不可舉而言者故特號爲風紀之司耳目之寄誠使庶官得人不過善一司之政務御史得人則可辨百司之邪

正歷代以來必選剛廉方正者居之今天台魯希文第永樂四年進士觀政刑部即剛毅有聲十二年特擢福建道監察御史余亦忝列後塵間陪末議見其慮刑之際所謂上服下服有倫有要酌情準律曲盡其當知其善於用刑也暇日質其所學一主先儒正說析理精微不雜於異端又知其所學者正而邃於經術也及其莅事律已凜然有不可犯之勢廢官苟非其人莫不側目避之乃益知

其剛毅有爲可爲儒者有用之學也當其秩滿欲去惜若希文者不多見嘗贈以詩曰持憲咸若人奸豪氣欲奪非過譽也情發於中而形諸咏也今同列何邦傑等重其去特繪爲圖以餞之復徵余言爲弁余謂　聖制在内百司有不法者許御史糾之在外諸司有蠹政者從憲司治之希文已施於内而未試於外也適今　聖天子布維新之化鋭意民事在外長風紀者有若希文十數人參錯

其間貪邪歛迹黎庶袵席矣是圖也雖以見一時去思之情抑有期待之意深焉希文果能因是自勵竭忠於　國悉力於民勲猷所樹行可爲麟閣之圖矣幸相與勗之

贈侍御江志堅秩滿序

陳道潛

庚辰歲予叨與翰林學士富沙楊公同登稔聞其師蘇先生伯厚名至永樂壬辰予時爲監察御史時富沙江志堅以易經舉進士亦授監察御史江公乃蘇先生婿楊公友也予聞而甚喜以爲退食暇得以質所學繼奉　命出巡于外又各丁家艱竟不相偶而願莫遂迨己亥予服闋復授江西道監察御史庚子江公亦服闋授前北京道御史後

因設兩京以北京爲直隷再調南京交趾道御史數年間晨夕得相聚首觀其刑名吏事練達精詳問學源流委有傳授且推誠待人不爲表暴胸次坦然無岐逕誠坦蕩君子也因恨知交之晚焉至甲辰春江公累秩當再考大理評事霞城王日初等咸徵言爲贈予年逾耳順文思衰落窘於酬應慕江公於十年之前而得遂交於十年之後文字雖疎不可以無言夫御史職專繩糾兼執　天子

法爲天下平所謂秩甲而職重者也然至藩考往往超陞不與他官等豈非　朝廷優報以示勸歟任責者當仰體盛恩至意而無負所職可也江公莅事不苟律巳無瑕院中稱良御史可謂無負所職矣然是行也亦敢有期焉易九五飛龍在天一下文明象言觀國之光利用賓于王今適際　聖人履九五之尊應賓興之典居清要地者當深求蘇先生之學潔靜精微使上不負　聖天子下不

負所學是所望也楊公適在　中朝君鄉友也而
予忝同舉焉至廣陽請以是言質之

贈刑部照磨姚功茂考滿序　陳道潛

毘陵姚功茂繇胄監生歷撫寧清豊邑丞未幾冉改南京刑部照磨永樂癸卯秋滿考濱行鄉友監察御史陳伯敬等繪金陵送別圖以餞之求余言以闡圖意余謂圖者圖其像而有所慕也古人願望有德者後世仰之不可見則圖之以景其德也濟世有功者欲其昭於天下後世則圖之以重其功也又有幽人志士高標雅興窮登臨樂山水好

事者亦圖之以慕其風致也今功茂蒲考而別交游之友至於繪圖以贈之盖功茂平昔善與人交人不忍其去特繪以寄思耳然余重有勉焉士之立志當以古之超卓者自期不可以凉薄者自處我

朝幅員之廣極天際地咸入職方而刑部分統十有四司十四司之刑名成案悉歸之照磨所照磨按三尺法而授閱之其有枉失者賴以糾舉而改正焉然上刑適輕下服下刑適重上服惟齊

非務有倫有要至詳至悉非深法律之經權諳
國家之故實者未易能也功茂由佐邑選居是官
三載閒人無異議必其素嫻於法令故實者矣今
質政天官往返不過二三月耳諸君子離索之思
猶可已也但願功茂旋歸之日盡瘁 國事求如
古人可圖之實則前之立德立功者所當擇焉彼
幽人志士窮登臨樂山水乃好事者之爲無足慕
也然功茂刑官也古之明刑者多矣其最顯者莫

過於臯陶之種德至今猶冒之豈非功茂之所當

勉歟

贈刑部主事王師舜秩滿序　陳道潛

自古爲治不能去刑惟在任刑得人而已三代而上稱爲治者曰虞周三代而下稱爲治者曰漢唐由今攷之舜命九官其辭簡而質獨臯陶論刑爲特詳周稱文王能明德愼罰至於康誥吕刑又終始致意焉後世稱援擬精當創作謹嚴者曰漢法酌古準今縝密詳備者曰唐律是上而虞周下而漢唐皆不能去刑惟在立法之善而得人以理之

也哉　朝法古爲治尤慎於刑既立刑部都院以
分理之又設大理以詳評之猶慮有所枉濫至於
屢軫　聖念拳拳告戒其好生矜恤之心至矣任
理刑之責者宜其憂勤盡瘁思有以副　皇上之
意三山王師舜篤寔慎重君子也繇進士擢西曹
司屬浙江浙刑獄繁於天下其豪猾健訟者咸鑿
空構立譎詐百出讞訊之際又矯情飾貌援引蔓
延紛紊糾雜難其情而師舜勞心窮詰孜孜不怠

九年間所問者無慮千百始終不罹過差可謂善於理刑矣亦可謂憂勤盡瘁而能盡其職矣壬寅蒲秩同邑同寅孫某等祈余言爲贈余忝爲御史嘗究心刑獄覩後訟譎詐者巧於誣詆而知推鞫之難深嘉師舜任繁劇之司終始可無過因念仕刑者咸能憂勤盡瘁無負　上托俾巧詐者不能施其技而人無枉濫則漢唐不足擬而可上軼虞周矣豈不盛哉於是乎言之

贈浙江憲副魏文淵之任序　陳道潛

宣德元年　天子以江右爲東南名藩民稠事夥財賦所出近盜賊間發獄訟繁興思得良監司以鎮撫之侍御史文淵魏公源秩滿特擢今職受命乞便還謁祖然餞之官許之衆咸慶　朝廷得人羨文淵公義私恩有所不廢吾觀文淵昔廵兩浙京兆俱著嘉績居中獨推署都院事邇者蘇常濱江小醜萑蒲具舟摽掠商旅不通糧運淹阻有司

以聞時欲勦捕恐及無辜特　勑耿正侍御史督之衆推文淵以往議者以爲江濤浩渺賊人出沒無蹤咸爲公難之公乃托別遣相度地形藏伏以誘之不一二月間悉皆就擒於是商旅坦行糧運弗滯公之風聲遍於金臺達於武林矣內外之績已白此衆所以爲　朝廷慶而期公爲良監司也昔范文正以不才監司爲一路哭聲司馬文正以良監司爲一路福星吾想浙之貪竊者聞風而靡

善良者慰望其來或私相慶以爲哭聲止而福星見矣公抵家展謁以盡私情當勿遲其驅以伸公義使風裁凜於一方上無負　朝廷委任之意下有以副吾儕屬望之私是所願也

贈福建僉憲楊公秩滿序

陳道潛

古之治天下者莫不本於賢才而後代庶職之繁所任之人不能皆賢故必彰善癉惡激濁揚清此風憲所由設也今禮樂兵刑錢穀其職各有理之者所謂有司也而風憲者所以糾察之者也有司得人不過善其一職風憲得人則惡者不得肆善者有所勉百職俱舉凛然如巨防制水民賴以安焉當其按臨列郡民之邪僻與夫猾胥貪吏若無

所容民之善良與夫獄之幽滯欣欣喜色如秋霜始肅而海宇澄清如陽春布惠而品物榮生陽以舒之陰以斂之其功不亦大乎江右崇仁楊公出身進士以方直廉正聞授貴竹按司僉事貴竹舊屬蠻夷新入版啚公至化頑俗馴暴性威惠行於西南隨丁家艱服闋改授吾閩僉憲閩雖僻處民陶至化號海濱鄒魯公移難就易振頓風紀數年後貪者去廉者植抑者伸冤者直不動聲色列郡

晏然昔人以守令難賢只求賢臬司臬司得人則守令俱得矣以今觀之信哉不必多求百予駿也今楊公通任九載威惠及人將贋政天官憲使李公憲副劉公咸惜其去求言爲贈予以楊公持風憲九年政績已著今奏最晋擢殆未可量奚待余言哉惟先忝激揚之任常有慊焉年老歸閑每觀良風憲未嘗不羡慕於田間茲行也不覺起登仙之想志意衰耗言而無文姑以罄吾衷焉耳

贈興郡貳守林侯再考序　陳道潛

國家設官置吏創制立法非他凡以爲民也任斯職者或正或佐或僚屬亦非他凡以安民也安民之道賦役有煩簡政務有因革齊民有强弱至不一也其要在於公而無私也爲所當爲也在於抑强扶弱也適寬猛之宜也今之議者以牧民之難有二若興賦歛促徭役以辦集爲能則政急民困而取怨於下若因民便遂其欲以寬縱爲務則政

隳事弛而受責乎上進退維谷所以難也殊不知古之受廛任土者無有不需賦之地不任役之民而政務之有因革齊民之有强弱牧民者苟能爲所當爲適寬猛之宜民咸悅之又焉有取怨於下而獲罪乎上耶興貳守南海林侯莅郡十餘載矣閱郡守者五郡守咸尊而禮之資爲賢佐更黜陟使者三黜陟使咸褒而賞之稱爲能官凡與一賦皆所當賦而無賦外之需動一役皆所當役而無

役外之擾至於或煩或簡或因或革咸以爲民也茲非公而無私乎爲所當爲乎又非抑强扶弱適寛猛之宜乎而獲譽乎上詒惠乎下非幸也宜也宣德六年三月侯歷職再考民懷之士大夫慕之僚屬胥吏思之郡守會稽陳侯節推餘姚牧侯因人心祈余言爲贈余聞古人曰知善不言與臨瘖同因舉其事而樂道之

十一

送夔陵守牛侯秩滿序　陳道潛

今之職於官者其進身之途有二咸不能無偏以儒名家者滯於古不通時變往往失於迂而緩以吏爲師者狥於法不知大體往往失於拘而過有能通儒而不迂精吏而不拘者豈非所謂良有司乎今夔陵守牛侯於二者可謂兼之矣侯本中州嵩縣世家幼年以有志讀書選入太學業成而仕連宰二縣所至咸著能聲轉鄂渚藩司照磨鄂渚

爲楚巨鎮往來文書山堆庋積侯能精於吏而飾以儒剖决精當無所遺漏期年之後文書清簡案無留牘方岳大臣咸服其能於是用薦者擢授夔陵守夔陵又當楚蜀之交民稱後重丁中之民盡役於官而民咸告病焉侯莅事伊始除荒剔蠧數年之後逃遁復還笑歌載道今例再考民熟侯之政皆咨嗟涕洟懼其去而不還也父老相率扶携咸有借恂之請則侯之政可知夫侯進身太學儒

其素習也又能旁通吏業見諸臨民者其政績又彰彰如此夫登儒而迂吏而拘者比哉世稱漢代多循吏考史所載以儒術飾吏事有文彩可觀者董仲舒公孫弘倪寬三人耳方今　朝廷重守吏循良固無愧於漢然如侯者亦不多見後世秉史筆而傳循吏者舍侯何以哉雖然黄霸漢之三公也以其才長於治民特寘諸循吏之列後世亦必有公論者焉余嘗職彝陵與侯爲僚盍學儒而迂

也慕侯爲人因表而出之以俟觀風者採擇焉

送彝陵州判官馮君序　陳道潛

時稱有司之難者非通都大縣民煩政劇之爲難而偏州下邑民稀役重之爲難夫民煩政劇之地有民足以任役凡有才者皆可逞也而民稀役重之處無民以應之欲事不廢而民不擾不其難乎彝陵雖名爲州而人戶不滿九百地濱大江適當楚蜀之交中間運夫傳置防兵邏卒衆役萃之以九百戶之稀民而應諸役之衆爲之者不其難乎

永樂甲申春余左職判奚陵其守則中州牛侯判則武溪馮侯余至實爲重職然皆一例視事非唐之員外置者比二公之行牛温和詳雅周於事而精於治馮軒豁洞達敏於才而宜乎俗觀夫以輕任重以寡爲衆措置有法而賦政均平故役雖重而民無怨焉越明年春馮侯以三年秩滿將考績於天官予感同寅之賢於其行也不能無言焉昔子產鄭之賢大夫也與晉爭承謂成周班貢輕重

以列以伯子男從公侯之列則民有弗堪而懼無以立國是邑小而役重僑子產之所難也今吾子以星散之稀民而應要衝之重役其事不廢而民不擾焉是能反昔人之所難者而推之以行也今聖天子銳意太平求賢如不及以子之才吾恐不終於是脫鱗揷翮而羽儀於　天朝也不遠矣

送許性和先生序

陳道潛

永樂甲申春余左官判婺陵有司倉許性和先生者謁余於寓館隤然其貌臞然其形禮度從容意必其爲儒者及與之語果不可及其學長於易明陰陽消長體用顯微之理甚得其指歸及論古今人物當否制度沿革始末上下千載間歷歷如貫珠余撫心自度以爲僻處小州何幸得斯人哉間嘗出其所爲文則長於議論汎濫停蓄層見疊出

圖闕變化森有矩度寂寥乎短章舂容乎大篇闕之累日而無盡焉余因惜斯人有如是才宜從容陪玉堂之老以輔成至治否則當職胄監師以造就天下英才今乃偃々於下僚而爲錢穀末吏不幾屈乎未幾而　聖天子慈復舊制凡有才而伏下寮者皆還其職先生舊爲儒官例復儒職余喜先生得伸所長而不終於屈將行稱觴以餞之曰是行也或掌衡帝制或汶敎一方抒其所長黼黻

皇猷自足以鳴國家之盛固云幸也然有不能釋然者燹陵之後後生小子有向慕者無以矜式一二士大夫慱談今古有所疑難者無以辨晰吾儕職是州地僻人少每有疑政欲質之先生者今竟不可及矣於其行也先以公天下爲心爲先生賀然後以及吾之私焉是爲序

頤學齋藁稿序　　陳道潛

莆地夙稱文獻往往多鴻儒碩彥獨黃思永先生以理學名予少時陪杖屨接欬音久矣及先生授安福論不果遂其業後獲交先生之孫惟益聰穎超卓絕祖武論語驚人人異之嘆其學有源委永樂初登進士第會與儕輩講究朝夕以相磨淬未敢捨所學以務爲人意乃自陳乞優閒職以成舊業故以進士出身而授晉府伴讀王官例非大故

不得蕭考當道亦不得薦舉所以公二十年間任
得大肆力於學造詣日益進凡爲詞章則以理爲
主而才驅氣駕自成一家言至宣德五年守制囘
出其璞學齋稾稿俾予序之予受觀之累日不厭
其序事則典制鴻裁其援引則根據深博觀者起
望洋之嘆猶長於四六新奇藻麗出人意表非學
優才裕何以臻此而後生新進之士竊見一班於
殘編斷簡中者固未可預擬倫也嗚乎余老病乞

歸文學凋謝荒於耳而塞於心觀公之作如空谷中聞蛩然之聲寧無愉快乎夫政事文學古人所重公蘊經濟之才置身散地雖學大進而致君澤民之道拘不得施其能無歎于懷焉今年五十餘壯志未艾也況　聖天子右文興治凡才學優長之士布列無遺公文名夙著閱歷老成豈有終老於儒而棄姫姜之業哉服闋趨　朝罄其素蘊思所以上答明時俾後之評文章政事者有所藉口

爲引重余雖登　朝爲御史不能奮厲出奇俛無
可紀之績因病求退聊竊知止之名問其學則又
荒落遺忘二者皆無可述序公之文欲其以余爲
戒且致其愛莫助之之誠

愛日堂序

陳道潛

天有常行一日有一日之度一歲有一歲之度非可得而緩急遲速之也而或以爲緩急遲速者在人異視之耳故有一日三秋千載一日之說夫固各有爲也萬物本諸天人生繇於父母欲父母康疆以遂其罔極之報者人子皆然也莆邑吳興葉侯搆堂養親以愛日顏之所以寓其眷慕無窮之意傳曰化國之日舒以長非能使羲和緩轡黃道

增度也蓋理國之世民樂熙皥出作入息寬舒安泰故視其日若舒以長然是謂堯日之民今侯以愛日名堂耳旨之餘瞻侍左右每懷不逮之恐而懼夫青陽易度焉眞如大禹之惜分陰李白之繫長繩而其望於親之壽而形於愛日之誠有如是與然而祈親之壽不若成親之名壽之享於身者有盡名之垂於後者無窮葉侯素有能聲甫民咸稱爲循良之吏余願終始如一使其民如堯日之

民則談侯之賢者必誦曰葉氏有令子則父母之
令名肅民家傳戶誦世〻物諼矣雖老彭之壽奚
足多哉余故繹愛日而併及之

[illegible]圖紀　卷之二

清節堂序

陳道潛

莆邑侯湖陽袁公莅莆之三年民咸稱其公正廉平宅心操行終始如一滿考日士大夫求善繪者以圖其祖袁叔之清節堂迻之余謂清節乃持己居官之美行然修於己而無益於人施於政而無裨於下亦徒然耳公治莆三年督稅賦均徭役賦以時人役以時集民畏其威而懷其恵有日矣易曰節以制度不傷財不害民見事風生不可動搖

有安之亨而無奇之窮能益於人裨乎下昭〻矣然吾又聞公濵行時囊篋蕭然旅資爲匱遣人抵家取給而其清節益可徵矣民愛之如清氷置諸玉壺如貞松淩夫霜雪擬諸其祖可謂無忝矣夫虛譽之在人者易泯實行之在人者難忘公善政在民〻自不能舍公今　聖主在上鋭意求治觀風考績而黜陟者比〻稽之往事出縣尉而躋顯秩者後先相望吾知百里之地無足久淹賢者矣八

清儉齋序　　陳道潛

夫士之能自修者觀其好尚而可知矣所好有偏正乃理欲之分君子小人之判也今彝陵守新安汪侯志尚清儉厥處華靡於藏脩息遊之所即以清儉顏齋所以明其素志也永樂庚寅冬繇近官除守是州余適僚佐他日謂曰吾忝寄一州祿俸有加而志尚猶昔也子寧無一言相贈其藉以爲官箴乎余惟儉者清之源而理欲得失之機也每

嘆世之殉私黷貨而蒙惡名者其原常起於奢也服玩貨財聲色狗馬種種可樂至於一費千金一食萬錢無不快意焉者不知物非降自天必盜於人食君之祿而盜人之貲縱無賄敗其若公論何今汪侯知律身以儉則凡服玩貨財聲色狗馬舉無足以累其心雖有希世之寶通神之財亦不足以動其念由中徹外無不可舉以示人者故望之者猶繁星之列秋旻芒寒景色不可得而狎也猶

玉壺之置氷瑩光寒瑩徹不可得而汚也視彼黷貨縱欲而蒙惡名者果孰優而孰劣歟昔人紀貪廉者一以桑八百株稱一以椒八百斛傳至今揚名垂戒昭在目前千載而下聞者可以自省矣汪侯以進士出身蒞政伊始勵志甚鋭又能以清儉律身其不奪於物也必矣故余舉其明而易見者爲言旣以勵汪侯亦因以自警云

具慶堂序　　陳道潛

人有至願而能遂之者慶莫大焉夫靈芝瑞草與爵榮祿世以爲慶是皆外至之物未足云也曾子曰吾親存啜菽飲水而心歡親亡五鼎之奉而心悲是父母俱存天然之慶世莫有加焉者郡椽林孟拳佳士也鄉推爲吏夙有賢聲而父母俱存兄弟無故作堂顏曰具慶祈余敘之余以父母鞠育劬勞顧我復我詩人稱其罔極今孟拳獲天二親

齊壽誠可慶也吾想芳辰令節二老登堂佳賓良友稱觴上壽而孟季兄弟衣萊衣趨侍雍二愉二其樂可勝言耶回視夫芝草之祥五門之奉豈足以易此哉余老矣親逝已久抱終身之痛恨不獲登堂稱觴爲賀歌南山之篇咏九如之詩以助其慶焉是爲序

具慶堂序　　陳道潛

荆州郡司馬鄭公華亭名族也奕世樹德至其父母愈加培植而子孫遂益蕃衍公之言曰吾荷祖宗世德在子行者若而人在孫行者若而人在曾孫行者若而人會孫將娶而玄孫又在望焉二親俱登八袠故吾以具慶顔堂所以表吾榮養二親之意子其爲我言之吁公以能吏名荆楚間予耳之素矣近以公事穡公於崧滋睹公丰采恢弘而

雍肅方正而練達知其爲世澤之冑也語曰積德以貽子孫者後世必食其報又曰天道無親常與善人是可徵也夫人生於天地間衣食饒足獲福而富者寡矣富而克壽者爲尤寡至於伉儷俱躋耆艾則百無一二焉況又能克生賢子以振耀之而若孫若曾輩咸弁起承家則又千無一二焉今鄭門悉有而專美之謂非天之集慶而報善人與吾想芳辰令節朝日方升牖之二老坐於北堂而

子姪孫曾各以序列有若芝蘭玉樹挺榮競秀于階墀之下更拜迭起稱觴爲壽天倫之樂無以加此其爲吉慶何如耶惜吾不獲登斯堂歌南山麟趾之章以侈其盛耳猶憶華封三祝唐天子尚讓之弗居而鄭封君實兼之所謂具慶者比於聖人而爲盛焉是爲序

贈道正李貞禱雨序　　陳道潛

皇上務農重穀至於軍伍亦罷歸屯使盡治南畝迨歲庚寅政化太和雨暘時若歲有豐兆既而夏五六月不雨穡人焦勞時燕陵守康公判趙公暨城守千戶沈公憂形於色相與咨度曰吾輩膺天子牧守軍民今值旱乾禾稼不登寔吾守土者之責也乃同出次於外屢兼齋戒命道正李貞設醮於彌羅宮禱焉李貞承命惟謹於六月念五日

庚申舉行次日辛酉晚大澍達旦壬戌又雨田野
皆盈焦者復青槁者復生農夫歡于野商旅歌于
市咸歸其功於諸公而諸公不有相與造余言曰
是雨非予諸人力也乃道正李貞嚴持戒律精於
法所致也願一言以侈其事余將授意委達歸重
其請言曰夫造物者默主宰於冥冥常顯應於昭
昭惟誠能格非法可致令道正李貞極其精意達
諸公之誠以紹介於天則可若曰以法則彼昭布

於上者豈法所能動哉昔晏子有言曰有德者動無違事祝史薦信無媿心是以鬼神用享國受其福祝史與焉今李貞能以精意達諸公之誠以獲貺於天延及于民是亦古良史祝之流亞也荆楚俗尚鬼巫覡哇淫無所不至李貞雖托身於老子能以精誠感格鬼神自有應驗是可尚也若别有所謂法者則非余所能究也

贈僧師儀之國權住持序　陳道潛

國權爲妙應生長地後以祀父母爲浮屠妙應號聖僧言有應驗人傳爲讖語信奉者衆故國權爲叢林最每推住持以主是寺必其精於戒律衆行脩整足爲人儀表者由妙應至今五百餘載代不乏人邇來僧衆稀香火寂殿宇圮賦稅多不時入着老寺僧重妙應發跡之所共推襲山師儀以補之夫莆叢林多矣而襲山爲奇師儀又襲山之上

座者先爲老僧席堂高弟出遊湖海歷名山巨刹嘗爲虎丘寺藏主其執行峻特器識弘大於群經則究觀秘義而懸判深微於衆行則由定發慧而默契道本寬和有容囊無私畜膺是舉也固宜余謂叢林之廢興在乎住持之賢否夫囊山猶舊也清規戒律猶舊也然昔廢而興者有一行倡之於先連城繼之於後遂巍然爲莆中名刹無他起廢有人也今師儀之國懽與囊山援壞且其流派同

灝吾願移其爲囊山者而爲國權則傾者以新散者以復駸駸然日興以盛矣乃預歌起廢之章以期之歌曰

五百年後今再逢　時人仰慕思聖功
古今興廢茫無窮　離而爲合蔽而通
讖言終古開群蒙　何緣昔廢今昌隆
云有達者傳眞宗

贈囊山新住持鈍師序　陳道潛

唐晚年莆有僧黃揑盤妙應師者行無拘檢而口所言皆合時人咸信之始開巨刹於茲山以垂形若雲號曰囊山又多爲讖語雖千百載無不驗人多傳之歷五百餘歲莫知其幾廢興迨其興則又愈盛　國初暫頹至一行又興矣繼以連城則愈昌矣今連城已老僉推素有戒行者住持鈍師志大行潔於經教皆懸判精微思造乎眞源於性行

則妙通有無而求入於實相外貌從容內行脩整不沽虛名無殖私槖故衆欽其行推而次補焉予友張逵明於師有夙好求文以贈之余謂物之廢興乃理之常浮屠久而尤盛將其法廣大可以人存與抑妙應善地脉凡所創造皆鍾山川之勝故其傳多得賢而起廢者有人與然余所與遊者三人曰一行則聰明曉暢法慎而行尊曰連城則戒行整勵道脩而能勤今鈍師道廣通達包納能以去

覩前人爲無愧寺之壇場殿宇佛藏山門一行連城巳次第爲之脩於外者粗備矣而其飭諸內者鈍師其勉之余聞儒者以禮立釋教以律持今夫究精微而嚴律戒通奥妙而窮秘懿光前啓後使妙應之跡傳之無窮令後人追念前徽者曰若其能大吾道場若其能興吾佛法若其能道大而容衆豈不美哉

送林邦俊講學襄山院歸鳳石序　陳道潛

儒者之學自東京而後與釋老之說並行中間各有闓達高遠者出自爲馳角或乖而顯或合而離黨同訾異其爲書充棟紛紛籍籍千餘載莫得而合也代究其人晉湯休惠遠時則有王逸少陶淵明與之遊唐文暢浩初時則有柳河東韓昌黎與之遊然韓柳諸公所見各異韓送文暢序有墨名儒行儒名墨行在門墻則麾之在彝狄則進之柳

逸浩初序言其道與易論語合夫逸少淵明特達士也昌黎河東海內大儒也或一時羿厚而與之遊或各執一說而論有不合究而思之覩其末而未原其本也佛家本於空寂合於吾儒所謂太極皆本於無之說是其紛然不同之中必有渾然大同者在也今鳳石山林邦俊讀書窮理究精微之蘊於儒釋之書必有所深味者也於囊山講學有年矣將歸鳳石院師儀等相與求言以贈余謂囊

山前叢林之最者也師儀聰顂僧中之翹楚者邪
俊多年與講貫儒釋之書紬繹靡遺存心知性之
說明心見性之理必灼見於不同者而反之於大
同有以究其歸而會之也昔希哲原明篤學儒者
也少從胡先生瑗孫先生復石先生介遊又與二
程先生爲高弟晚歲更從高僧圓照宗本證悟盡
究其道斟酌淺深而通融之今吾老矣於儒釋之
所不同者尚感頗直指明心見性與杜子美所謂

第一義回向心地俾曉然知所歸則終身爲聞道
之君子何辜如之茲因師儀之請就問焉

東里黃氏族譜序

陳道潛

族之有譜其來尚矣周有小史掌邦國之志以奠世系辨昭穆後太史因世本以定世家魏晉以來尤重世族至用以取人則過矣唐亦脩氏族然皆統於官天下之廣固難悉備而後來家自爲譜亦其勢所必至也故韓魏公以孝稱之夫以曾南豐之精博歐陽子猶議其世次不明況他乎後代士大夫欲尊祖敬宗而不忘乎本者未嘗不慨於斯

吾莆黃思永先生名儒也有志譜牒推其先世修爲家乘曰前代厄于兵燹者不可復追矣紀吾所知者不可緩也其法盖用歐陽之史記年表者至其孫惟益又續而新之俾予序之欲使子孫觀譜知源可以興其良心不忘乎本也嗚乎萬物本乎天人本乎祖後代恩衰義薄有一再傳後卽祖視如路人者由不知祖宗一本故也倘因茲譜於會宗合族之際而長幼有序如木之根榦枝條不紊

如水之源流派別分明相愛相接有恩有文而聖賢親〻之道猶可見焉於風化所助豈淺鮮乎哉昔叔孫穆子論不朽者雖不在是至於推本所自使人盡尊祖敬宗之心以興起異日孝慈之念則范宣子之言猶不可廢也故謹述之不能無望於嗣世之君子云

易直齋序

陳道潛

江陵有賢幕府曰周君心無險僻行無私曲識與不識咸稱爲温良長者嘗以易直名齋屬余序之余嘗讀禮言能由乎禮者則易直子諒之心生傳曰夫子温良恭儉讓以得之先儒釋之謂良易直也周君命名之義其本於此乎因繹其義曰易者無險僻也直者無私曲也夫道若大路然廓然大公衆所共繇其平如準其直如繩易曰履道坦

書曰王道正直是也三代而降聖賢道否申商秦儀之徒紛然並出於是權謀術數之說興刑名功利之心熾故有外示坦夷而心藏溪壑者其險踰太行之道又有反覆變眩陽爲誠朴而中實姦詐者其曲若羊腸之坂夫聖人之道本易直也而昧者易之以險壞之以曲今周君讀聖人之書而志聖人之道叅荊州幕有年矣屬州統縣無不慕而悅之咸曰周君豈弟人也余觀世之權譎多端設

機偕入閒周君之風盡亦有所懲乎因係以歌曰
尊易直兮若康衢佩禮樂兮冠詩書義以爲路仁
爲區安而行兮肆而趨足優游兮以自娛又歌曰
行險曲兮若巖逕胸溪壑兮心陷穽覆賢良擊方
正闕而生兮夭而命終屼嵲兮爲可病

三山孫氏族譜序

陳道潛

夫人本乎祖爲士者不可不知其所自也然世移年遠無法以維繫之則世系有不明昭穆有不辨而人始忘其本矣故定世系辨昭穆周禮特設小史以掌之魏晉以來猶尚世冑歷隋至唐刊定氏族藏掌於官猶古意也及唐之衰其書散失上之人既無法以聯屬之士大夫欲奉先追遠而求本源者不免家自爲譜亦其勢之所必至也故韓魏

公言能謹譜牒而不忘其祖爲孝之大亦有爲而
發也當時若曾子固之述其先世派系歐陽公猶
譏其失夫曾子固之精博學猶若此則自譜學
失傳之後世系難明可知矣今三山孫氏家譜有
曰崇字士謙者登洪武乙丑進士授監察御史時
始脩之其姪曰曦字明遠者又登永樂壬辰進士
授刑部主事復重脩焉中間所述自晉至崇及曦
灼然可攷自晉之上不知者闕之不敢妄援曲附

以誣祖誑後嗚乎若崇與曦可謂不忘其祖如韓
魏公所稱者矣凡人之生其初一源也由一而降
至於不可得而計焉若無譜以系之則數世之後
親〻義薄未必不由於是爲孫氏子孫者咸能以
崇與曦爲心則本支延綿至於百世咸昭然可攷
矣使人知尊祖敬宗敦親睦族化民德以歸於厚
亦非小補也崇脩是譜時有建安鄭尚書述于前
曦重修之旣請豫章胡祭酒爲序不鄙而求於余

可以見拳拳修譜之意立譜序例二公既詳之矣

余茲不贅及焉

西洙吳氏族譜序

陳道潛

昔三代時宗法立而國之氏族皆統於上故周禮有小史掌邦國之志奠世系辨昭穆自宗法廢士大夫之後子姓昭穆混淆莫辨而有志敦本不得不私有所記載此譜牒之設君子重有取焉然一經兵燹故家喬木不與海桑俱變者幾何于時譜牒散失數代之後有一二賢子孫欲求本始之緒漫莫之考實重有識者浩嘆也今莆陽西洙吳孔

誠族頗繁衍追求始祖僅得六世其上則莫之究益於勝國奔亡失之且孔誠之言曰吾賴祖宗之德苟至完矣今聚族而居者已數百指失之於先者已不可追若不及今正之後莫稽矣且世之好事者多旁引他族自大其門第以誇於世重爲有識者非笑今吾所載惟盡吾心紀其可知者其不可知者非可强也故自曾祖而上但載其行所紀甚略貴傳信也自曾祖而下子姓派別所紀甚明

詳所知也既成命其子保求予序其端以傳于後予與孔誠居接壤且有姻好嘉其能傳信以敦本不托異以立高昔郭崇發拜汾陽之墓識者非之狄漢臣不敢冒梁公之後議者以爲有見盖不貴華而務實人心公是也夫吳自泰伯受封錫姓以來二千餘年歷代子孫散居海内神明之後固多聞人然求其能顯身傳後者亦自其躬不在措擬傳繼以爲名耳晉范宣子自言其祖由唐虞歷夏

商至晉各有受氏以此爲不朽而穆叔鄙之言其所以爲不朽在於立德立功立言之君子今吳氏族譜之設其敦本睦族別親疎序昭穆固權輿於此然其所以爲吳氏不朽者又存乎其人吳之子孫尚知所勉也

謝氏族譜序

陳道潛

自宗法廢則世系不明昭穆莫辨而人始忘其本矣後欲復古而無繇特假族譜以維係之使世系昭穆猶有可稽親疎恩義尚有所係亦三代聖人遺意也然有不幸值變易而譜弗存此仁人孝子不能無遺恨也南京都憲都事謝持中序次其高曾祖父暨兄弟子姪派系示予曰吾本江右章貢世族遭元季失譜遠者無所據僅記此耳失於前

者既無所追尋於後者逮今猶可補也蘄予序以弁之俟自今而後吾之子孫得有所據知自吾始庶無終失也予謂俗偷義薄有親服未盡即相視如路人者由不知有譜而忘其本故也一有知之又好奇鈎譽冐引他族以誇世胄是知有譜而不知離本以覬合猶無益也今持中慨前之失惟紀其所可知欲以實録而傳諸後豈非知本之士而存仁人孝子之心者乎使後之子孫知今日立譜

之意繼而祀之無失其真自五世之後祖遷於上宗別於下支系派別井然有條覩諸譜者尊祖敬宗其於會合宗族序親疎別長幼恩義之隆禮法之盛三代忠厚之遺意復興於謝氏之門矣後之人其勗諸

張員外母挽詩序　陳道潛

永樂乙未孟夏西曹郎官張尚玉母陳孺人訃聞尚玉爲位而哭哀毀踰禮予與友黄行中葉艮能奔吊尚玉泣曰尚玉不孝離左右十九年母嘗付書曰汝但當盡力所事慎勿以吾爲念尚玉不敢違奉以周旋今竟已矣聞者咸嘆孺人之賢京師能詩者多爲挽章以哀之俾予爲之序予惟古者賢士大夫之没惟誄其行以謚之而無哀挽之辭

至宋玉唐景、流有楚些大招之作魏光祿勳繆襲始作挽詞及唐韓柳諸公又作哀詞益亦以義起者也然宋景招詞之作憫當時讒諂蔽明主聽不聰使賢者抱志而歿益傷其生之不幸韓柳諸公之作哀詞又以賢者有俊才未及用世不幸蚤夭而哀其志之不遂是皆有爲而作激於情之不容已也今孺人克生賢嗣爲　國家用而又誨之以忠貞子遵奉母教勤於所事秋官之屬歲推其賢誠克副所望而爲父母榮雖久違左右而有離憂其志樂矣孺人年七十有九而以壽終生順死安哀挽之詞可無作也然予美孺人能不昵私恩勵其子盡忠於天朝其志可嘉尚玉雖盡公義以不獲奉母於晉老其心竟有所歉故予原孺人之意而以慰尚玉之心云若孺人之世系行實則墓誌備之矣茲不贅

淇園編

斯園詩

淇園編卷之三

閩莆陳𢗅齋先生著

裔孫震龍重輯梓

記

紹德堂記

陳道潛

彝陵司訓譚彥章博學君子也世家四川江陰碧雲溪上其父智明先生生號爲儒宗彥章幼好學父子自爲師友智明先生歿鄉先達宋志道何季周彥章皆執弟子禮季周以彥章能繼父業於毀脩

之所特以紹德名堂葢以侈之也永樂甲申余左職判夔陵與彥章相善一日彥章出名堂之義俾余記之余樂其父子相繼以儒因忘固陋而不辭焉昔三代時貴賤咸有世業鑠金爲刃凝土爲器百工也若築冶鳧㮚氏之攻金韗鮑陶旊氏之爲器其子孫襲箕裘得齊量者謂世業公侯伯子男之有爵卿士大夫之有秩其子孫襲爵邑承祿秩者謂世官若夫種學積文佩仁服義以詩禮相承

者吾儒所以傳家也爲子孫者能游夫詩書六藝之文服乎文行忠信之教是亦世其儒矣今彥章克繼先業季周先生名以紹德可謂能揚善矣夫築冶梟臬韗絕陶旗之世其藝既非儒者所習公侯伯子男卿士大夫之世其官又非儒者所有則所紹者非德而何哉吾意是堂也智明先生開之於前殆將積仁以爲基植禮以爲制而彥章承之於後又能陳義以構之脩信以成之塗之塈之以

問學丹之䕶之以文章則可謂全堂矣至於溪山之勝槩規制之壯麗余皆不及諸獨以彥章能世業足爲吾儒榮特緝其義以記之詩曰世濟其美是續是似彥章有焉

壽安堂記　陳道潛

夌陵醫官張仲容江陵人也邃於醫荆有求者輒效由是咸推爲良時　遼殿下開府江陵聞其名特書壽安堂賜之仲容震忭紫王之賜襲藏惟謹求予書於下方竊惟賢王天縱多能天下得其賜者喜爲至寶今特書以賜仲容所以賜之者厚矣夫洪範五福莫先於壽而三曰康寧則是壽安者福之大也仲容奚可獨受之必當廣益其術以濟

乎人使皆全其天年而無夭札葆其元氣而無疾患咸躋眉壽之域乃爲溥君之賜然術之濟人者有限道之濟人者無窮惜乎仲容局於藝而施於人者不遠矣雖有和緩之能倉扁之技亦不得人人而濟之仲容更宜脩身窮理以植夫道則異日賛天子裨教育使八荒同於壽考而天下舉得其安則所以溥君之賜益遠且大矣

來月樓記　　　　陳道潛

吾鄉吳君孔誠置別墅於玉池結屋三間東臨大江南對壺山前有池形如璧壺山蘸影焉昔值春明天明雨霽孔誠策杖繞池詠天空雲影之句吟清風明月之詩淡陶寫性靈獨追古聖樂不可勝言矣未幾而歿其子時俊思繼先志闢而廣之爲堂若干楹名曰賓壺東南又結小樓名曰來月余嘗造焉問其名樓之義對曰吾先人每風清月白

嘗於此玩物見性以讀書之道教吾曾今歿矣每
遇月來時懷德音而儀容竟不復覩此吾所以名
樓之意也願爲記之余謂孝子思親隨觸而感春
雨秋霜履之怵惕故子路曰木欲靜而風不止子
欲養而親不逮狄仁傑登太行山見白雲孤飛曰
吾親舍其下瞻望久之夫雲雨風霜皆造化無情
之物而人則有情者也因此觸彼乃有無窮之感
是皆本於孝子一念之誠非强而爲之耳今時俊

見月思親其致一焉吾想登斯樓也海月初升麥焰几筵遙憶誨爾諄〻恍聞咲語之聲昔杜子美與李青蓮友也有落月焰屋梁猶疑見顏色之句議者謂李杜傳神也況時俊父子間思之而聞其咲語固情之必至者也不必謂祭之〻時而後僾乎其如見也時俊求余記之余因其思親之心而推言之至於樓之形勝江山之奇與夫四時景物雲烟花鳥之盛覽者宜自得之是爲記

夢萱堂記

陳道潛

夢之爲徵其來尚矣詩書俱載而雜見於子史者尤多惟周禮備究其原分所夢有六至設官以掌之而占吉凶則夢之徵於事信矣莊周獨言至人不夢夫以孔子之聖猶夢周公則周之言誕矣後世徵於物者有如夢松夢蘭而獲吉夢槐夢桑而得凶今工部虞衡主事孫公昔作堂養母以萱爲宜男之草堂之前後多植之毋殁思之不置而萱

常形於夢是其見於物雖同而所以致之者則異殆與孔子之夢周公同意也大抵人之精神志慮相爲流通晝之所思夜則形之於夢孔子未嘗識周公而夢見之由其志行周公之道而神交氣會自相孚於數百載之下矣今予雖不敢以聖人擬之然母之於子生而盡其養歿則致其思寤寐之間有若生平而所植之萱常形於夢者理也雖然忠於孝無二致某果能移其所以孝者竭力王事

則異日夢松之應未必不由萱基之也勉之

具慶堂記

陳道潛

凡人有至願而能遂之者亦甚難矣蓋物本於天人生於父母欲父母壽康得遂其報者人子至願也欲子孫之賢以克昌厥後者父母至願也然生人中鍾其粹保其全伉儷享壽者實寡焉又得賢子孫克盡其孝而益昌其後者尤寡焉夫以子路之孝恨不得爲親負米子文之賢而憂若敖之鬼餒是逮父母之養與子孫之賢者自古爲難也古

之君子稱人之福必介之眉壽其詩曰既多受祉黃髮兒齒猶以爲未足而曰君子有孝子也又曰永錫禧祚也然誦其言其亦祈祝之而已求其人以實之則難矣今大理評事霞城王日初親壽而康日初出身爲名進士敭歷中外蔚有聲稱是咸得遂其至願焉猶以祿仕于朝而親居故里鶴山下弗得朝夕侍側既圖鶴山白雲以抒其思又繪二親於堂以紀其實祈余言之余謂天之嘉貺鍾

之於人爲慶子願親之壽親願子之賢古今所同苟得其願慶孰加焉然皆賦之於天而不可必得故有父母不存而興永感者有父母一存而稱偏侍者比〻焉日初父母俱享壽考是天獨厚之俾遂其願宜其特繪以爲榮也又能憂勤舉職稱爲賢子以克開其後是天又厚於其親俾遂其願而王氏之慶源益衍矣今歸爲親壽賀客塡門取前詩詞歌咏以對揚天之休慶亦人世至樂也故爲

之記

清源祠清寧方丈記　陳道濟

夫萬物之紛擾生乎動者也其本則真一而靜古之至人能窺陰陽闔闢之機天地造化之始嘗於靜中見之矣若夫憧憧往來事物交乎前神志役乎內至於昏而莫覺迷而忘返由動之紛者亂之也有能審乎此可謂有道之士矣金陵聚寶山舊有清源祠秦時蜀守李冰之子二郎因山爲祠有高士湯靜淵入其中於祠旁闢地構爲方丈餘遂幽

奇門外不一里許即闌闠而肆而是室則閴然沉深若壺中之日月靜裡之乾坤遊覽者嘆其咫尺仙凡以爲動中之靜翰林學士楊公顏之曰清寧成國公書扁求余記之余謂老子曰天得一以清地待一以寧易曰天下之動貞夫一邵子曰天向一中分造化是一者貞靜無雜乃陰陽闔闢之機天地造化之始老子與吾儒合者也靜淵有見於此豈非有道之士乎然余以爲天地得一而清寧

者本也聖人致天地之清寧者用也余嘗登聚寶
山望鍾阜龍盤石城虎踞南有新亭風景　勝江
山形勢古今一也然由吳歷晉宋梁齊陳二三百
年間竟爾偷安一隅謂之清寧可也自太祖高皇
帝混一區宇遐方臣服及皇上繼統上則三星順
軌而乾象以清下則山川貢職而坤道以寧豈非
聖人致天地之清寧而吾與衆人所同樂而同見
者哉若欲求夫天地得一而推清寧之本則俟他

日屏紛華棲方丈凝心息慮與子神遊於太素之初立乎無極之始則自得矣殆難以言語文字名也靜淵又號靜菴鎮江丹徒人方外特達士也二郎神本蜀人祠於灌口不知何時舊碑載宋嘉熙年嘗葺之亦莫致其所自始故畧之

惜陰軒記

陳道潛

余判彝陵之明年以事至荆州獲識遼府典寶錢塘浣氏見其年少俊特英妙之氣溢眉宇間皆已入仕猶篤於學嘗構一室顏曰惜陰謂余曰某及今壯歲弗力於學以爲進修地迨其老也則無及矣昔陶侃云大禹聖人猶惜寸陰至於常人當惜分陰吾竊以之自勵焉子幸爲我繹其義余見浣氏所惜者獨異因爲之言曰夫俗之所惜者珍寶

金玉玩而奇之以爲罕有車馬田宅愛而重之以爲燕翼至於易度光陰往而不復者則諉曰此天運之常無足惜者今予獨於分陰是惜其亘出夫人矣蓋其雞鳴而起力學不倦每有焚膏繼晷而惼〻夫日月云邁歲不我與之意此其德日以進學日以成出而用世豐功偉節清名雅譽載在簡冊昭然天壤垂之萬世不泯也彼玩日愒歲而謂今日不學尚有來日者固不可與比倫矣若夫不

知學爲何事徒愛珍寶金玉車馬田宅率皆生無聞於時死無聞於後與草木同朽腐者又何可同年語哉是知惜陰者雖不能久生於世而有不朽者存也不惜陰者縱享世百年駒隙易度也吾子既知所當惜進德脩學願今俾後未可以淺近議也余少弗力于學迨今四十餘矣縻於冗職奔走汩沒恐老無聞焉書君斯軒重自愧慕

重修尚陽江口橋記

陳道潛

是橋跨兩府在福清莆田之交處尚陽江口上當北溪下通潮汐始造於宋淳祐壬辰溪流湍悍迅急往來毀而復新者不計所可考者泰定間州判趙煥卿也洪武二十七年水汎復圮莆邑宰王文焯募造永樂四年仍圮太守周宗燧造木橋暫渡宣德六年前後橋梁復斷者六往來病焉莆邑侯葉公方勤水利廢者俱興乃留意橋梁數載而後

畢功攷舊橋原有三十四門後因狹窄洪水輒圮今斥爲二十四門高舊址九尺廣五尺堅壯可以禦湍暴貽久遠又於橋北建亭一所廣四丈二尺深三丈六尺又構小屋三間以接往來圮者復完傾者復新車無濟盈徒無厲深豈不韙與按是橋北通上國南達泉漳使客傳遞商賈往來寔爲達路不可暫廢昔子產鄭之賢大夫以乘輿濟人於溱洧孟軻譏其惠而不知爲政今葉侯居劇縣操

箭御煩熊聲聞於人舊矣治橋乃其餘耳欲紀侯
遺事蕪詞不足以周德聊以表其識緩急利害之
宜其他治行可推而知矣

淇園編　卷之三　十三

重修木蘭陂記　　陳道潛

凡物久必壞創之者固難而起其廢者尤不易莆邑侯葉公素以能聲聞至宣德五年冬再莅于莆政令益新治化益明知民利病益詳而民信服者益篤期年後舊廢無不修舉乃進耆老於庭詢木蘭陂爲南北洋水利前人累修之尋復敗壞民咸憂之侯察功大乃白于郡守會稽陳公曰昔西門遺利史起興嗟今木蘭陂莆水利之大前人創之

可坐視其壞而不修乎陳公由春官尚書郎出守是邦銳於爲治深喜侯能贊而成之遂計匠度傭鳩工量材公帑出之錢又捐已俸以助費號令一施民翕然各供其役畚鍤雲集木石山積先築二堤以禦河水以捍海潮然後盡剔其石鑿前之弊再加濶一丈深若干堅實土灰以固其址又密布樁枝於上乃縱横疊石鱗次櫛比層爲退階如牛眠狀至石梁而止石梁舊三十有二後因摧折遂

塞其四濶二十五丈厥昔爲圃焉措事繁劇惟侯
一人綜理庶務戴星而出躬督其役政令嚴切賞
罰明信郡守時往莅焉辛亥十一月某日與工壬
子正月某日告成後五日天暴雨溪水大至漫陂
耆老曰是雨先數日功難以就此非吾侯之誠心
而天鑒之乎甫中之水是水爲大水利之功是功
居多民心協而天心應侯之澤溥矣遂相與屬筆
於余余竊惟碑者紀其實與其功之成是陂之作

錢氏始之李氏成之創於前者固不可無傳起其廢者尤不可無紀然無其功而紀者是謂後人之羨而人以爲諛有其功而不紀者是謂沒人之恵而人以爲忌諛與忌君子不爲也侯之功如此容可昧其實乎使繼侯者皆以侯之心爲心則錢李之功赫若前日事雖千載一時也莆民受恵無窮矣余因人心之協與天心之應爰述其績與陂成之歲月云爾

涵江慈壽陡門記　　陳道潛

莆之爲郡介山海間潮水至木蘭陂而止水源有二分南北二洋一自永春仙遊來者溉南洋田其源差遠水勢稍緩一自駟華延壽溪出者溉北洋田迫於西山之近一夕驟雨則泛濫瀰漫故多設陡門以洩之若涵江慈壽其一也年久石傾堤圮潮汐浸入歲時旱澇蓄泄之方俱廢三農病焉宣德五年冬邑侯葉公以水利爲重乃屬囊山僧連

城交老黄得賓董其事民喜曰是吾利也咸懽赴之相與出穀若干石傭匠斸石至底石灰以固其址然後鱗次櫛比累石而起庚戌冬十一月某日興工辛亥年二月某日告成深一十一尺廣於深又加七尺五寸長於廣又倍焉中爲涵閘二間每閘六尺六寸土石堅緻可遺久遠以爲禦災之備

按郡誌慈壽陡門宋蔡君謨創之更百四十載知軍趙彥勵重造之迨今又二百餘載不知幾廢興

而葉侯又新之夫物久必壞而起廢則存乎人非偶也昔周單子聘楚過陳見其道穢川澤不陂梁遂知其將亡蓋道塗水利三代爲政之法周官尤謹古循良吏在所先焉豈不以政有宜於民者不過便於一時而水利之興遺惠可及於久遠葉侯莅莆先修道塗濬溝渠新城隍廟今迺傍縣廨舊廢俱新治民事神而後及於所居可謂知爲政之先後矣侯湖之歸安人也字叔文是役也承命而

勤所事者有繪集選卷八集二云

說

臞軒說

陳道潛

余友戶部主事王成之神清而體弱貌秀而形臞靜掃一室植竹與梅取其清瘦類己者因號曰臞軒每風清雪霽靜坐相對若蟬脫穢而遊於萬物之表或疑名軒之義殆如葆真之學養神食氣而入玄牝之門又若蒙莊之說槁形灰心而遊造化之始蓋將制形鍊性欲長生而慕昔人所謂山澤

之臞者也余謂凡有形氣於天地之間者無有不盡之理成之儒者也信道篤而獨理明素知神仙之說爲虛誕豈慕是哉蓋以巳所賦之形與軒所植之物同此清臞特以形侶者名之昔人有貌如削瓜者其容瘦能明刑弼教成有虞無爲之化有身如斷椔者其形臞能制禮作樂開成周雍睥之治是容雖瘦而德則懋形雖臞而道則腴成之素有智識居職蔚有聲稱志希古人其所慕者豈不

在是與

養素軒說　　陳道潛

甚矣文勝之弊周末以先進爲野人後進爲君子夫子矯而正之曰如用之則吾從先進聖人既沒周道益衰靡然日趨於儀文度數之末本然之質幾乎泯矣千載而下有能反華以樸去僞以眞雖未任隄障末流之責亦可謂知本之士矣毘陵有隱君子曰陳伯恭者厭世奢繁於所居之軒特以養素顏之所以示夙尚也因其弟烏臺伯敬氏祈

余言以表之余謂素者無文之謂即物之質也今伯恭好尚與合可謂循名責實者矣因爲言曰大祀之禮器用陶匏掃地而祭大樂之聲朱絃疏越一唱而三嘆原其本也至於進退登降之繁絲竹管磬之盛則禮樂之數靡矣布帛之文菽粟之味衣食之常也而膏粱肥甘之旨紈綺絺繡之文則口體之奉滋矣老子言五味令人口爽五色令人目盲是皆末流文勝之過也及權謀機巧之風起

華靡飾僞之俗成而大道益隱矣是尤可嘆也今伯恭能知本後文先質以養乎自然之素其不可貴矣乎故因伯敬之請爲本其説俾世之鑿渾沌雕太素者見之庶知所自省若夫專尚乎質徑情直行而遵子成之弊轍吾則豈敢

張氏二子字説　陳道潛

參軍張達明將冠其二子先來求字曰余先在金臺爲椽長子生於鍾山之側名曰鍾山後除新安長幕次子生於黄山之下名曰黄山皆隨其所生之地而名焉願爲之字使得以自勗余字鍾山曰弘英黄山曰弘秀而告之曰天地生人皆萃五行之精英與山川之秀氣周雅曰惟嶽降神生甫及申二公萃是山之精英後世頌是詩者仰其事業

猶見宣王中興之盛今弘英律身制行厚重不遷有是山屹立安靜之德效吉甫申伯之爲其勲業之盛振揚於時巍然與鐘山並高宋人有言曰眉山三蘇草木皆枯三蘇聚是山之秀氣文彩煌〻足徵宋仁廟神廟人材之盛今弘秀種學積文編章壯麗有是山蒼然紆蔚之秀若東坡頴濵之文而高風雅韻永垂後代煥乎與黄山俱峙則亦申甫三蘇耳楊子雲曰顔何人哉希之則是二子其勉諸

州判蒲考告彝陵城隍文　陳道[illegible]

惟某佐職於茲土神亦陰主乎茲土幽明之分雖殊神人之理則一某昔年奉　命來官已遵國家之典告謁於神賴神陰祐今再謁選敢不告辭竊唯人之行事能欺之於人欺之於心不能欺之於神今某除前職不計祗佐職彝陵亦前後数年實歷兩考矣中間所行不能無負於民不能無歉於心不能無愧於神然亦反思或智有所不及或勢

有所不能未嘗敢爲私意以虐吾民神其鑒之

祭陳孺人文 侍讀黃讖之妻　陳道潛

唯靈禀賁貞淑賦德懿淳生于冑族長配名門偉哉良人碩學雄文化行東魯爲　王藎臣二十年間洙泗誾誾唯雷獨制家事永不淄磷男女遵訓婢僕懷仁曰余有于夙奉良姻懿哉令女寒門作嬪教知所自被於外親母儀婦德逾于族人天胡不淑與禍爲隣一疾彌留竟殞其身男女哀悲號于穹旻余忝姻戚寧不悲辛致侘薄奠淚濕衣巾

祭歐陽先生文

陳道潛

先生天資純雅世業詩書潛心墳典夙昇道腴初領郡教于嚴于蒲橫經芹泮日講唐虞探泫鉤賾衆惑以祛卓有師道不亢不汚二郡士子實仰範模升職太學仍典教樞訓勵有方髦士日趨文風益振教導弘敷學尊德遵老成之儒二十年間覃澤涵濡前後門第繼連高衢列職中外各效才諝雖非身任其功不殊歲在壬寅仲冬云初未來告

兆畬八云殂儀刑弗覩唯見喪車某等皆莆中士子舊日生徒曾沾教雨寧不痛痛傳覺致哉嗚呼尚饗

與京中友人書　陳道潛

故交足下竊惟僕以樸訥駑怯無適時材用登朝爲給事有年矣不能出一奇見吐一讜論以少答所遇徒知逐隊而趨綴行而出閔閔默默無所建明較其材品宜在長擯不齒之列蒙　聖恩宏溥且悉於用人雖占小善者亦以錄赦其立仗不鳴之罪而猶平叙以州佐之職承命震惕感恩無地奔馳上道以今年五月十五日到爰陵上訖家累

八九口亦皆幸逵治所無僉然又慮牧民之材非其所長恐終無以圖報於萬一且本州僻在楚蜀之交土地所產茶筍之外別無他貨至如民之賦稅食米亦皆仰給於他郡若上下州郡一有水旱之虞則茫然告匱徭繁民困逋租匿役不能盡理恐終躑躅不振以爲知己僉獨喜公等數君子台有用之才遭　聖明之世辟如黃鐘元鼎之登清廟足以鏗天地感鬼神而僕鳴鳴咬哇不入俚耳

固其所也孟先尚玉以閩通練習之才式典西曹固當其職謹慎小心翼無或戒不謹之慮然愚於此又有說焉明慎用刑之心固當存於法之中而哀矜折獄之意又當行於法之外僕之所深望也顧福諸公方正通敏今觀政於各部辟如輕車健馬於茲發軔慨慨乎關大路將疾馳矣前程遠大未可涯涘僕托久故之中懷不能已暇敢披露於左右幸裁察焉

燕居贊　爲黄伴讀作　　陳道潛

其容貌粹然而温其舉止樸爾而敦態度雖從容而儒雅意氣實遒往而不群正冠歛巾雖見其外之像而彬蔚涵肆未測其内之文手姿雅度雖得其外之貌而深解道腴未易窺其中之所存斯人也宜在乎翰苑臺閣之中胡爲乎二十載畏褐於王之門雖然他年艮覲或在朝端或居民社未可預擬倫

濂閩輯　卷之三　一

愛竹軒贊　　陳道潛

自古植物各有所好榮居富貴者多肆情於華靡若唐之名公卿爭尚牡丹是也遁跡山林者率廾必於節素如靖節之菊和靖之梅是也大抵取其風氣有所似者則好之也今侍御文淵魏公源風操雅勁深愛乎竹特軒以名之詩曰維其有之是以似之此之謂也諸公多賦詩歌咏予獨爲之贊

有篁者竹　在堂之下　特異衆卉　不與爲伍

冬則淩寒　夏不受暑　開華結實　能致鳳侶
淇澳吟風　湘皋夜雨　畢會此軒　孰悉其趣
蔓者暫敷　葩者暫妍　直躬雅操　既勁且堅
貫乎四時　正色碧然　有斐君子　酷生愛慕
勁節清風　符其矩度　令式令儀　永保真素

楷木杖銘

陳道潛

婣親伴讀黄公憫余老行履艱難特惠孔林楷木杖一枝一日閑適田間有物于前舉而擊之折焉夫剛者必折余先爲御史氣頗剛常非老子知雄守雌舌存齒亡之說舉事多類此今更涉事變始知昔之所爲險而得脱者亦幸焉耳激而爲銘因錄以自警云

生于孔子之地長于仁義之林雪霜經多歲月

巳深材良器工既堅且直更涉險危多賴爾力
功于扶持不堪奮擊爲忿于頑卒隳爾職物在
于世終無不毀剛者易折古今一軌陽子性剛
夜姑戕之蕭傳方直弘石傷之洞觀往古率多
類此激爲斯銘心焉孔疚

跋

逸士陳子烇先生跋　陳道潛

閩爲東南道學之地，鴻儒碩彥代不乏人。國朝以來老成凋謝，先生卓然以古學爲閩宗。余自知學，即望聲光、聆緒論久矣。繼先生以事至莆，余喜謂得學其所未學，聞其所未聞。未幾告歸，徒增景慕耳。後余應科目，習排偶以追時好。後遇先生於湖海，時先生已九十，引年控疏而歸。吁！前哲日遠斯文之欲墜猶千鈞之一髮幸而老成碩學爲天所眷巋然獨存若先生者其可不欽仰與余别先生久舊業不加脩而聰明日以退執筆書先生文寧無愧乎

繡衣持斧卷跋

陳洪潛

名者衆所共也惟有其實者可得專而擅之也右軍官制也人稱曰王右軍者羲之得而擅之也昌黎地名也人稱曰韓昌黎者退之得而擅之也繡衣持斧之名自漢暴勝之始後之爲御史者咸稱之蓋鋤强擊貪專而有之無愧其名也黨附權要冒而有之適爲名辱也元季有楊惟敬爲西臺御史能彈劾藩王削其分地當時豪横聞風歛跡奸

邪按劾罷去誠有之爲是名以顏其堂者宜也惜乎元史不載豈當時繹騷紛擾而紀載者有所遺與余亦忝竊是職詩曰高山仰止景行ㄓ止因書卷末不覺赧然有警

寓思軒跋　　　　　　　陳道潛

㠍陵司倉豫章張宗禮二親叕没宗禮懷思不置因以寓思名軒求致奇許性和既爲序記復丐余題跋余聞之詩曰綏我思成禮曰思其居處思其笑語思其志意思其所樂所嗜是言將祭而致其思也今宗禮之思又不待乎祭凡耳之所聞目之所見無不寓焉夫子路聞風木之悲而傷親之不逮懷英睹白雲之飛而思親之在遠先得夫宗禮

之心之所同然者耳𥨊人子之身父母之遺體也行父母之遺體則思貽父母令名可謂孝矣故事君不忠則非孝蒞官不敬則非孝居處不莊則非孝而思忠思敬思莊是一舉足不敢忘父母一出言不敢忘父母奚在而不可以寓其思也余於致𠕋性和序記惟見其舉子路懷英二事其所寓亦狹矣故又推本而極論之以廣寓思之意云

金御史父哀詞跋　陳道潛

嗟善人之不幸兮而衆人咸有疑於天謂天之可必兮君胡殘於南邉魂藁葬於一方兮僕瘴雨與蠻烟謂天之不可必兮何二子之俱賢辛勤兩銳於萬里兮終遂葬於吳山之阡何天可必於三十年之後而不可必於三十年之前昔人謂天道須久而後定吾今知有驗焉噫精靈之有知兮可用於九泉

雲楸永感圖跋

陳道潛

司空王事陳安之二親相繼奄背居喪過毀既葬之珉瑁峰下服闋還　朝每遇春秋輒興念不已特繪雲楸圖以洩其思一日持以示余期書其後余謂雲者天地之氣楸者植物之類隨處隨有者也今安之遇山川出雲則恍然見故山之象感悲風動木則凄然聞冢上之聲深情摯意凡耳目之所聞見無不因而生感也然死生常理孝子雖有

不容已之懷固有不可追者在矣所可追者崇親之道也余聞昔有龍岡阡表者至今人慕之顯安之移孝爲忠異日有以表琱玥之阡者是所望也

慶壽序文跋

陳道潛

易曰積善之家必有餘慶蓋德之所積者厚則福之所集者備而貽澤可及於後世天道然也興廣文盱江上官先生乃祖德中先儒稱其隱居樂道恬於進取矣傲丘園有美田宅佳山水足以自娛年登八旬當其初度之辰孫子滿前若謝家玉樹燕山丹桂百載之下令人歆慕而諸福之盛直可樂也且立家塾曰鳳山書院延師教子弟及鄉之

俊秀者以成其業故一稱詹士彬一輩出可謂歛福而錫於人矣餘教所被而其孫當熙洽之時爲千里師以淑諸人抑又博矣然余於先生有進焉夫乃祖之德余讀前輩之文而知之而先生繩祖武立教於茲則所親見者也乃祖既立家塾以教人能移盱江爲洙泗今先生爲一郡風化首豈不能變莆陽爲鄒魯乎此余不但爲莆慶而重爲先生永慶也

畫餅集跋

陳道潛

畫餅集序乃淯碧杜公序武彝范心遠之詩集也後燬于兵詩已不存僅存杜公之序范子孫猶珍襲惟謹祈薦紳者言之庶因文而知其祖然詳杜公之序言先生名集曰畫餅者豈蘇子所謂日喻者耶欲求其意而序之則似聞鉦聲而語之者矣夫杜公親見先生之詩猶懼若蘇子所謂聞鉦而求日者今先生詩既不存欲因杜公之序以求作

者之意則又若莊子所謂罔兩問於景者其求愈遠矣然子孫不忘其祖之意爲可尚也敬書以還之

故家遺韻跋

陳道潛

嵫陽令鎮江劉某祖提刑公爲宋嘉平名臣累降手詔褒異奕世珍襲惟謹至某之令　曾殿下特書故家遺韻錫之蓋劉爲嵫陽賢令甚有德政於民累升爲朝臣而父老輒相率赴京以請　朝廷以其協於民也累從之以此十數年間不離嵫陽而稱良吏故　賢王特書寵異余聞古之賢者有功德於時曠世之後景而慕之聞風而起猶足以

發其聲光况於賢子孫一氣相傳世澤相接者乎今某有聲於齊魯間而其祖數百年之遺响隱然復振可謂能榮先者也不然則蒼烟喬木雖存世遠而遺澤泯矣然余又見世之稱門第者身無功德徒冒其故號以誇於世非唯不足爲榮適爲累爾劉氏之後欲嗣徽音者能知在此而不在彼則提刑之遺韻益承而無窮矣

方郎中彥父哀詞跋　　陳道潛

秋官郎新淦方章彥父没三十年始持翰林編修周孟簡銘章士大夫詩文裝成編帙祈跋其後蓋欲𥙿揚其先人之隱德以圖不朽也余謂恃言以爲不朽者其歐陽子所謂無異草木榮華之飄風鳥獸好音之過耳而卒同歸於泯滅非可恃也然余既知之而復爲跋之意欲勉彥方氏以爲資諸人者不若反諸己也昔歐陽子父殁葬已六十年

始表攏罔之所言非敢緩也葢有待也彥方誠欲禄揚其親以顯於後世莫若竭忠於國盡瘁於民以待功成名立再緩三十年然後表所未晚也若果有成則先人之隱德自傳於不朽駝駝之言非可恃也

教授葉艮能哀詞跋

陳道潛

仲尼稱晏平仲善交久而敬之夫人交久則敬衰惟其終不渝始斯爲難也劉柳元白之交終始不變所謂君子者也余與葉艮能交雖未敢希乎古然爲郡弟子員時習同業學同師連床對榻者十餘年意叶志孚逮已卯鄉闈又同舉庚辰君偶在亞榜亦稱同譜授金壇教諭模範尊嚴操守有恒太常卿孫公時爲金壇令極尊禮之後調廣之高

要學規教導如金壇左加謹焉至永樂乙未陞金陵教授余任鄂渚御史適與石渠編校之列召回在京于時會晤彼已兩忘遨遊嬉笑言談講議互相磨礲浸灌以質數十年之所學朋友兄弟情敬異施焉時翰林諸老與國學先生及朝士識與不識者皆云葉教授行檢有方真善人君子也後余歸南京而陝右鄉闈聘君典試迨歸月餘而卒孫太卿聞訃千里外情事莫施惟為位而哭而已其

子茂存哀集其先人行狀銘誌哀文爲一帙丐余跋其後茂存余婿也余與葉交雖不敢擬古人庶幾乎能終始者也自老病歸舊友凋謝吾亦衰耗待終踦孫子立益可悲也仰而思之大化終期於盡然朋友五倫之一苟一息尚存情不容已故余歷敘其結交始終之由于以寓其不已之心焉

友人鄭力久挽詞跋　　陳道潛

凡人之窮通壽夭不係於巧拙係於所賦之命何如耳吾友鄭力久篤行純雅讀父祖書善屬文尤工羲獻篆隸書法居於鄉而聞於鄉進於學而舉之士友推之升於北雍而太學生咸景而慕之年四十三竟没於金臺謂賢者宜貴若力久之材宜儕於卿士而竟不霑一命謂仁者宜壽若力久之行宜至於耆耄而竟不及中年所謂命者是耶非

耶後于芹微翰林縉紳詩歌誌銘裴演成軸祈余
跋之韓子有言曰凡物不得其平則鳴若力久者
適遇　明時當强仕之年有可用之材宜振耀於
世竟賷志而歿宜紳士大夫感激不平之嘆形之
於言有不容已者矣况余與力久嘗有雞黍歲[illegible]
懷舊臨文嗚悼寧不泫然乎

詩

五言古

題存誠齋　陳道潛

昊穹司播揚萬物咸森迸唯人孕淑靈粹然異其禀夫何形氣私衆欲爲心病熾然盛七情汩爾戕吾性淳風自此漓巧僞日分競譸張恣爲幻皂白何由定薰蕕混跖廣英護同蛙黽其源了無存還與獸禽鮮偉哉宣尼孫懼世喪其正中庸著格言

爲爾攜表領云何千載餘無人踐斯境卓彼朱程
徒人傑由天挺垂訓醒群迷欲追作者聖一誠要
長存衆妄咸驅屛勿二亦勿三操之由內省瑩然
方寸間萬理皆明淨聖道久鬱蒙一旦咸彪炳懿
彼鄭君子欲繼濂伊盛書此作官箴持此爲龜鏡
隣封慕德門南邦仰高行偶然識荆州臨風起余
敬

題怡萱堂　　陳道潛

孝子志養親〻德何由報劬勞顧復恩罔極同穹旻追今弗盡懽後時徒悔懊親居在北堂多種忘憂草高堂春晝長日映晴花好對此百憂忘顏怡雙鬢皓彩衣娛後先不覺親容老一朝領戒檄遠使閩南道違親倏三載歸程苦不發中心劇懸〻有若風中纛蜀山青巍〻錦水流浩〻一片思親心已逐先春到

待漏　　陳道潛

新霜降微寒，丙夜不安席。起視夜何其，東方猶未白。儀槼已尊嚴，衣冠先謹飭。金門尚未啓，玉漏曉猶滴。懸知假寐間，各思罄已職。隱然聞鐘聲，進趨咸踧踖。綴班若鵷鸞，侍立拱圭璧。

其二

天臨黼座新，龍顏時悅懌。渙汗自天頒，萬國皆春色。斯時報國心，惟餘一寸赤。

題淩御史蕚韡堂　陳道潛

古道曠幽邈淳風日澆靡秋風吹紫荊顔色就凋顇深嘆同氣人哀薄少恩義他人雖可親炎附寒則棄一朝赴急難終竟須昆弟姬公古聖人垂訓昭可紀箕豆自相煎千載玷清議淩氏矣兄弟超然與時異義重情深誠乎見真意秀競謝家蘭芳襲燕山桂怡然一堂上温温敦友悌高視古人中日夕歌棠棣柯葉固同根花蕚原并蔕萬物理

固同由來無二致人鍾天地靈安可薄仝氣願茲
棠棣華韡〻吾永世

題淩御史梅園書堂

陳道潛

勝地遍植梅寔惟梅園里中有幽人居皓〻炤軒几積雪瑩瑆琗淡月浮香氣萬卉未發芽兆出春來意感此宛羲經頓悟先天理斯人不可作傳家有賢子貞白肅霜威儼與雪中比歲晏已揚芳和羹姑未擬千載皓素姿祇欲紹前矣不學孤山翁放情在山水

題詒安堂黃甲仕六七先生　陳道潛

太朴巳久散淳風日澆漓嗟彼昏中叟汲〻難縫維刻深起轢斯譎詐稱秦儀雀螳巧相候鷸蚌更相持勞心竟何益終日乘危機頹波日靡〻反樸知何時有美涵江士寬仁出天資詩書爲士範忠厚傳家規心憎訐人過口絕談人非種德樹其本積善培其基素懷誠坦蕩至性無險巇惟此詒孫子安用金玉爲嗟余空好古感激生嗟咨舉世戚

若人俗可追軒羲願言守此道千載恒無虧

送友人之京　　陳道潛

東風扇微和條綠江亭柳驪車出北門餞我平生
友再勞千里行重敘十年舊緩唱陽關聲曲盡離
亭酒壯心良激磨離情莫宿留聖代協唐虞萬物
咸在宥際此昇平時好結蕭朱綬努力播清芬勿
負壺山秀嗟我遲暮年叨沐皇恩厚家鄉許暫歸
嚴程不可後常懸丹闕情夢聽金壺漏孟冬冰未
凝薊門好相候

閩新　卷之三　十

送曾侍御　　陳道潛

秋高天宇曠露零霜欲結故人別我去嚴裝晨戒
發驄馬新鑾蹄行行赴天闕握手城北隅惻愴不
成別若人夙所慕秉志何芳烈瑩若玉壺冰皎若
霜臺月又如美珪璋渾然無玷缺至性不緇磷用
世任磨涅鋤強不吐剛孰云剛必折植弱不茹柔
耻作柔茹舌持憲咸若人奸豪氣欲奪美君九載
間終始全名節況值維新化寰區蒙湔雪湛澤浹

猾孽餘波完殲彼致理在得賢銳意訪英傑適君

報政時才已是施設行〻重勉旃揚芳紹前哲

送王侍御　　陳道濳

天高寒露零冬行已屆序肅衣年少郎政成别我去握手大江邊大江日東注别意與之俱悠悠不可住斯人江右良素懐用世具才識獨超倫孤忠夙自許平持三尺法攷古精援據觸物無遁情剖析分毫縷白皂不混淆剛柔無吐茹遡者各睽離惆悵難重遇栖府舊人稀雲路繼騰翥徒然望後塵日暮空延佇

送金明葬兄還雲南　陳道潛

吳門有高士蚤歲恣宦遊宦遊竟〻不返遠發滇海頭滇南遠何許邈在西南陬家鄉萬里餘旅櫬歸何由草莽天一方長路何悠〻天道遠必復善人有報酬朅來得賢弟適戍西南州胸中存至義忼慨非常儔嘻彼原隰裒亦惟兄弟求况茲謫戍近此志那能休哀〻壠莽間晨夕勞訪蒐悲情感耆舊得以啓冥幽岷峨非坦途巫峽非安流殷勤奉

遺蛻艱難歷阻修滯䰟數十載一旦還首丘哀淚
灑墳土悲風動松楸名垂滇海逈義激吳門秋私
恩旣云畢公義諒難留促裝還舊徬西上買行舟
公私旣兩盡進退何其優大道曠幽邈俗尙已日
偷風吹紫荆樹日夕凉颸〻人有骨肉間相視如
怨讎錐刀計微利兄火弟不收天地均賦予彼此
何薰藉感君有高誼端爲楚聲謳

挽楊長史妻　　陳道潛

維南有淑人婷質世鮮儷貞心擇所歸蚤作君子媲入門奉尊嫜順適無違志殷勤相夫子妻道尤凡備良人別在京王門曳長袂諸兒資教育宗祧賴時祭辛勤二十年終無負所寄母儀既可嘉婦德獨貞懿宗親共稱賢里隣無異議晩期偕老歡一朝倏長逝良人天一方遠抱悠悠意落月想芳儀秋風嘆帷幬獨抱一生心自托埋幽誌余觀宇

淇園編　卷之三　二一

宙間生物亦可戾蕙蘭種不榮衆草滋蔓地貞淑若宜人云胡不永世寘ᄼ大化中吁嗟孰司契勉爲蒿里歌用作九原慰

七言律

奉母　陳道潛

倦翮何由返故林愁來不覺淚沾襟慈親燈下千重意遊子天涯一片心楚水望窮青靄積閩山夢斷白雲深人生此際情何限終日臨風動越吟

其二

秋風漸漸動荆巴久别親闈倍憶家昔喜三男同膝下今憐仲子獨天涯懸知多病顏非舊遥想長

愁鬢易華欲省晨昏何日遂側身北望久咨嗟

七言絶

奉兄　　陳道潛

與兄一别十年中老邁俱非舊日容若得　皇恩

歸見日白頭相對兩衰翁

其二

江湖不覺歲蹉跎惆悵年俱半百過落日天涯回

首處關山萬里白雲多

戒子

愧余飄泊已無成望汝年來稍俊明聖主乞身何日遂到家應喜有孫迎

其二

昔別應知汝尚愚不知別後竟何如愧余已被儒冠誤猶望年來子讀書

五言律

奉兄　陳道潛

落日翎原上相思倍愴神江山分兩地骨肉本三人海幽勞歸夢天涯愧此身鄉書能會達無惜寄來頻

題澄墩別墅　有引

甫東里黃孟珍二十年前舊友也予衰老致政囘家思舊日故人唯伴讀黃君獨存

予感風痿病無舟車寸步不能自致近黃

君索和澄墩別墅因訪而題之

夙抱丘園志惟躭水竹居逈無塵務雜惟讀古人

書談笑皆鴻碩生涯有佃漁論文如不厭白首一

柴車

侍御公律詩蘊厚不減初唐原集數百作為兵

火散佚　中憲淇塘公只得其家庭最切者數

首珍襲惟謹餘者窮搜莫遘徒憎嗟悼而已

淇園編

卷四

栩園錄　卷四

淇園編卷之四

閩莆梲齋陳先生著

世孫震龍重輯梓

誌銘

先妣龔氏孺人壙誌　　　　陳道潜

先妣諱　姓龔氏世家莆之蘆江考諱先字德明

妣年十九歸於我先君性淑惠慈朗儉勤好禮相

先君無違德凡內外宗姻慶吊賓祭事必先餝備

而先君不勞焉於諸子雖愛甚不姑息以恩誼道

潛等稍長謂先君曰兒曹須令讀書以禔身不可終於農畝爲田舍子即遣就外傳從壽溪方履道先生學繼遣之于道潛入郡庠補弟子員與以卒業適天禍我家驟及大故而祖父母尚無恙先妣恐傷尊懷茹哀飲哭竭心殫力以飭家事上奉舅姑使老者如其子之存下撫諸孫使幼者如其父之在後十數歲○祖父母相繼即世先妣泣曰吾冢婦也敢怠大事乎夙夜營爲節縮浮蠹以庀葬具

壁囊亨有勞疾焉又四歲道潛登第爲給事中先妣曰是子始仕即爲言官懼其不勝任既而果以言不合出判夔陵先妣喜曰乃吾志也然吾聞祿入不足以自養不有以賙之恐生邪心即遣舅氏龔有鄰數千里賫資給之且囑曰吾艱難遺汝讀書今初得一官好廉謹自持用若不足吾可再賙勿隕越爲先子羞時道潛子昕昞晌尚幼俱在家先妣撫教備至及長成又力爲之畢婚娶不使之

有後慮故道潛得居官蒲考陞爲御史不以賄敗先妣教也永樂十三年八月十五日以壽終于家先妣生於元辛巳年四月念六日享年七十有五子男三長即謙次即道潛次壽先卒孫男八昕昞鵬曄聽鉉錡晏係女十有一曾孫男五嵩峻巒嶠嶔、曾孫女二以永樂十四年九月十八日丙午葬于俗清里祈雨山之原時先君歿葬已三十年至是合窆焉嗚呼先君蚤世成吾家遂吾諸孤俾有

祿仕俱先妣力也卒無孝道不有一命之贈以[redacted]

其親獨以不孝之辭擬述先德何如人子耶吳[redacted]

罔極嗚呼痛哉孤哀男論道潛泣血謹誌

戸部主事王君墓誌銘　陳道潛

宣德四年二月念八日戸部主事王君成之卒于京其年五月次子文餘以柩歸越明年瘞于羅漢峰之原先期長子文翰以余乃父舊友仝宦于京知之爲悉晰哀請銘今上元年秋余奉　命至家謁先塋君丁祖母憂未起二年釋服期同赴闕值君連病余恐限逼先行後君病稍愈亦繼往次年九月余以年老風疾天官引奏　欽賜還山不意

君竟以丧歸存殁興感其忍銘乎君諱信功字成之行一其先有諱晞亮者爲宋少傅給事中君十二代祖也後寂然莫聞曾祖諱元良祖諱尚孫元仙遊主簿考諱慮妣陳氏聰慧能讀書　朝廷求識字女官有司以應懇惻告于幼而罷君稍長遣入郡庠補弟子員永樂癸未登賢書隨丁母憂至丙戌登進士第時脩大典選授翰林庶吉士與石渠校讎之任贊成請葬父母回　朝授今職奉職律

已惟勤惟謹曹無廢事尚書稱重焉諸曹咸敬之
時有祀于南郊特預分獻之列人以為榮後嘗未
畢命工部尚書宋再輸材于蜀舉君同往憂勤其
事不避艱險上下間關感嵐有觸疾適有祖母憂
遂守制回而宋大司空竟感嵐卒蜀後君起復已
滿九載累功致勞升秩必矣竟以先感嵐耗卒于
京邸可謂以死勤事者矣君生於洪武辛酉年十
月十三日享年四十有九配方氏子男三長文翰

娶江西僉事黃廷詳女次文幹聘聯桂教諭林信玉孫女三男幼女一適興化衛指揮董公適子鏞嗚乎吾莆王氏自少傅公十二代至君再顯君謀深慮遠處事精詳家與有爲竟未盡其用吾黨傷之初余自郡庠領己卯鄉薦行赴春宮而君適入學稱余名缺後數年亦登花萼迨晚歲幸獲同朝又會晤於家杯箪筆墨交情道誼幾三十載矣每嘆朋友凋零余老疾君雖未邁抱恙在躬俱有退

休之志相期乞假於　明主築衹談咲以盡餘年詎君以前疾殁余望孫焉因含淚而銘々曰

少傅顯宗　後竟莫聞　延十二世　奕重夫君
君位于朝　卓然有立　夜々奉職　循々雅飭
處事精詳　必躬必親　曹無廢務　朝稱能臣
國有興作　輸材于蜀　跋履山川　出入溪谷
晨夕艱瘁　嵐瘴所侵　秉心則勞　積病實深
服闋回朝　而病不起　天佑善人　柩歸故里

堂封表固　羅灤之原　以旌勳事　過者式焉

東里吏科給事中黃君墓誌銘　陳道潛

前吏科都給事中黃君希尹永樂甲辰正月念七日卒越四年丁未余承　命歸謁先塋其子濬以余嘗與其父同寅稔知其父以銘爲請余匆遽逼限還朝顧一時舊人俱無存者切友朋之義與存殁之感盡然內傷有不容辭焉君諱眪姓黃東里人靑以儒名家者世推東里諸黃其先有由進士任御史曰滔者以文章鳴唐乾寧間東里諸黃祖

之宋紹興間曰公度者再以狀元顯君七代祖也
高祖諱焆曾祖諱輔仁咸以儒世其業父諱良能
尤博學窮經爲莆儒宗號稼村先生授游泮儒學
訓導後以君貴贈承事郎母鄭氏封太孺人君年
十六即喪父時賦役繁重門戶多故艱以大父猶
在淺土雖未弱冠出入幹蠱周旋竭力於苫塊艱
難中畢葬二喪而事母尤孝謹不令知有貧約狀
咸稱曰稼村先生有子矣後補郡庠生領丙子鄉

選入太學繼以母老子幼上表陳情乞歸養日親
年七袠兒甫八齡業存五十畝僅供租賦之輸家
無擔石儲甕乏饘糜之計 朝廷憐之竟爲當道
所阻莫如其願後適內侍乏員命胄監中遴選三
百人嚴試於吏部君登第三擢授吏科給事中紀
事詳審自以職近居密可否獻替慎重不敢洩外
無知者辛巳秋秩滿特降 勅封贈其父母隨擢
歸省尋遷左給事中壬午年冬再陞都給事中時

値　成祖中興注意近官君晨夕左右授諸司章奏糾舉違謬當事凜然梗直不阿諸曹憚之又夙夜精勤出納惟謹由是眷遇日隆有大用之意一日朝罷　上特曰黃畊南人雖語言謇訥而忠愼有餘先時都給事中徐琦等咸出任方面衆咸謂君行當依次銓授適母鄭氏訃至君含哀入奏特賜楮幣百緡助給葬事服闋還　朝調禮科給事中時四方貢獻日無虛舘禮科事特煩竟以奏對

語音謇訥出爲撫寧丞撫丞在北欲其習正音而復任之後竟以前任糾舉梗直觸當道者忌再調交阯清潭丞君曰窮亨命也當更迭赴之恬不以介意到任咸破崖岸爲之曰寧丞負余〻不可負丞故撫寧清潭各有善政遺惠在民戊戌冬報政還京朝中籍〻咸謂黃公在外久宜再陞朝列君以性與時違且年已邁無復進取志適有例從事久者許寄名歸田里君遂援例到家杜門養志不

預外事惟以文墨自娛三年竟卒正寢君生癸卯
年五月念二日享年六十有二配鄭氏子男二長
卽濬文雅稱其家次曰澍女二咸適望族孫男一
曰朴孫女二濬等卜以某年月日奉葬于某山之
原昔庚辰春余忝登第三月卽授禮科給事中未
諳　朝典多蒙指示入而同朝出而連袂至癸未
秋君先守制回家其年冬余以不合奏對出判夔
陵丙戌春君服闋還　朝乃以奏對謇吃而丞撫

寧竊念倅生南邦幼習土音舌本強矣一旦覲
天顏萬乘之威倉卒應對間誠有難者後余忝再
登　朝爲御史君才優於余竟斥不復而卒於家
豈非命耶其事不可不白於後宜余銘之銘曰
騂騮超逸　一蹶而替　鴻鵠高舉　雲端垂翅
偉哉黃君　發歲登庸　密邇淸光　言聽計從
眷遇日隆　行將大用　糾繩違謬　庶僚憚悚
奏覆之繁　語音或愆　言訥行正　昔人所賢

期期周昌　古稱遺直　君今異是　奔走南北
南旋之後　肥遯歸田　鼓缶而歌　式歸夫全
驇亭進退　恬然莫競　偉哉黄君　可謂知命

鎮江佘君墓誌銘　　陳道潛

處士佘君卒之明年夏其弟進賢縣知縣佘耀走書會余於金臺言曰耀之姪豫卜期將葬吾兄埋幽之銘耀以愆知吾兄莫吾子若願以爲請余先人與處士父有夙契佘與處士繼有姻好義不容辭處士諱某字叔恭甫鎮江人曾祖諱某祖諱春父諱　字谷良好善樂施爲鄉望人妣某氏繼母某氏處士天性温厚儀表凝重父没善於幹蠱治

家有法克完父業所居隣海埭中有腴田數百頃居民所資夏秋潮泛堤敗民嘗病之處士曰是亦鄉之政也不煩於官躬計畝鳩工常率衆先期厚其堤防以禦之鄉民賴以完給尤好賑窮賙急貧弗能償者常折券與之有豪俠者以橫逆加之處士輙折節禮下之弗與較久之人皆曰處士仁人也不可犯余嘗服其雅量惜其弗見用於世所可見者此爾處士之歿在永樂辛丑年某月日距其

生於某年月日享年若干配鄭氏克盡婦道相其夫子男三長稼次隨次井女四長適余子峒次適某氏次適某氏孫男五孫女二卜以某年月日塟于某里某山之原嗚呼處士與余有再世之好弟得寫一哀之奠而獨數千里緘詞以銘君之墓又可哀也銘曰

世爭巧艶兮衒麗呈葩　君返淳朴兮渾爾無瑕
天寒其逢兮施者不遐　幽堂永固兮後嗣孔嘉

仁必有後兮天命不差

澄渚俞文道墓誌銘　陳道潛

宣德二年三月念四日莆澄渚俞氏文道卒及秋其子珍茹哀踵門請曰先君平昔嘗獲私於夫子今窀穸有期願以宰中之石爲託余與文道素有舊近有姻好義弗辭君諱湛姓俞文道其字也曾大父諱欽大父諱祿咸韜晦有隱德父字德俊以德行聞於鄉益振遺惠母某氏勤儉善相夫家益殷子三君其季也從兄弟五八支俱盛以貲雄一

方君尤挺出知禮好義操履恒端有事常先其族人咸敬信之故飭於外而修於內舉措協同而澄淆之俞大振於莆洪武末肯擾例設糧長分爲七區歲一更之君以貲爲二區糧長後以充是役者非人糧多耗竊不時選有恒心恒產者常年爲之縣以幹貲俱稱無出君者君勵族人曰往歲一年即更尚有破產者今常年爲之苟不協力幷心敗可待也乃分房責辦區畫有方相時豐歉徵斂有

法風夜敬恭其事糧完常爲六區最郡縣屢獎以勵其餘又好施與歟歲有逋負者多代輸焉不能償者焚券與之惻然有隱恤之義母喬白在堂君出理公務入奉甘旨侍左右怡〻愉〻藹然有孝友風春王二月瘡發於足百方莫瘳竟以是終距其生於戊午年某月日享年五十配余先卒繼娶蔡子男四長即珍璧林聰敏善繼志次珦璉瑗女四長適林敬和次適余侄錡次笄未行次尚幼卜

以其年月日葬于某山之原與余氏合塋焉嗚呼蓄久者其洩必大君家三世儲慶而發於君族盛人衆雄於一方君能綱而揭之睦而聯之內外脩飭又能拓而衍之引而延之能承能繼其可銘也

銘曰

爲善獲福理勿疑　蓄而必發今其時
根深暢茂分八支　綱而揭之非君誰
事公服孝成無虧　內外修飭各獲宜

卹貧施惠儲厥貽　後人其承勿替之

冲溪王君墓誌銘

陳道潛

君諱顒字季昂王姓世居冲溪其先出宋晋公祐之系南度後來居于莆譜牒經亂派屬莫究高祖諱恪曾祖諱寶先祖諱天錫奉母以孝稱元季兵寇掠殺祖以計保全其鄉鄉人感之父諱理樂會好儒鄉有郭滄洲先生以詩鳴於莆嘗與賡和號壺山文會子四君其季也性爽闓炙風度篤於孝友父母蚤逝每遇忌晨必號慕終日至廢寢食先

壠在鳳山絕頂艱於陟降歲時必躬率子姓拜掃雖數不憚君暨諸兄雅而文俱從郭滄洲先生學亦長於詩暇日宴集昆季後先迭奏怡怡愉愉士之稱友弟者歸焉後長兄以事卒于京君涕泣走數千里負遺骸歸葬仲兄脫遘疾棲遲枕席彌年君診視候問無缺節旦率子弟捧觴稱慶羅拜床下以是爲常尤邃於桑道茂李虛中之學以人始生所値年月日逆推其禍福鮮有不驗至於卜筮

地理之書亦皆涉獵性嗜恬退不慕榮達去先盧
里許結屋數間引流種樹雜蒔花果旁闢一軒置
琴樽圖史于左右靜坐其中或散步郊垌課畊閱
稼優游里閈爲終焉之計當歲在巳偶感微疾遽
命子區畫後事曰以吾所推今不起矣未幾果卒
時永樂十一年八月初七也君生於元庚子年其
月日享年五十有四配許氏淑慧有婦道子男二
長偕次侃俱秀挺孫男緒卜以其年月日葬于其

山之原其子偕持堂兄士俊之狀來請銘余與君舊有姻好次子君之婿也己卯歲余忝鄉薦與君別去至丙申丁內艱而歸聞君卒已四年存歿之感每切于中幽石之刻所不敢辭昔三槐王氏君之祖蘇長公序其事言善惡之報當求其天之已定今君之祖嘗有隱德逮君三世俱行善不怠以時攷之天定已久今君塞而不顯又不甚壽爲善者惑焉意者其在後之人乎姑爲銘刻諸幽以俟

之云爾銘曰

木終於山　不夭其天　玉沉于璞　其形則全
嶷嶷王君　與物無競　晦于丘園　以適其性
旣畊且讀　有以自娛　蕭然一室　左圖右書
孝於奉先　友于兄弟　律身不苟　旁及於藝
甲子未過　順化而歸　積而不發　後人之貽

處士劉則達墓誌銘　陳道潛

處士諱某字則達行仲七姓劉莆洪坡人曾祖十六府君祖三十府君父德規行仲三妣某氏處士幼卽慧而警敏長而端雅凝重處家理生有法事公畏慎有遠慮時依山民多流竄田里荒蕪逋租匿役里胥不能盡理處士緝綴招復有方里人咸依賴以爲重所居據山水之會有禽鳥之美採山釣水倦於仕進故以處士自號每芳晨良夜或杖

策邀溪尋源或泛舟下四華遊壽水脩然山水間有古隱者之致然猶奉公務撫鄰里勤脩鄉政非如泉石烟霞者比惟其韜晦不顯其大畧可見者此爾不幸於丙午某月日以疾卒距其生於壬寅某月日享年六十五配史氏婉嫕儉勤先於甲辰年某月日卒享年六十子男二長有感娶陳次晚得女二孫男二下以丁未年某月日葬于保豐里洪山之原與史氏合窆焉余時適歸謁先塋有感

哀懇以銘予素聞處士名有古隱君子風又感求請之誠因不辭而爲之銘 曰

平生擅一丘壑而樂夫山水之鄉然猶綰轄鄉閭而卓然爲一鄉之望非全與世刮掃而耽夫泉石之膏肓蓋有契于莊叟而緣督以爲常者也

處士陳伯信墓誌銘　　陳道潛

莆有隱君子曰伯信宣德元年正月四日卒明年予承命歸謁其子榮資賡等以其鄉先生歐英之狀茹哀踵門請銘予素聞處士名又其子制服將終而憂戚滿容必謹遵乎禮者因不辭焉處士諱驕字伯信陳姓莆興福里壽山前人曾祖諱忠大父諱嚴父諱起宗母許氏累代俱有隱德委祉後人兄弟五人處士其季也處士生六歲即喪母舉

止不類凡兒稍長風姿凝重知人情世故凡幹蠱舉無廢事父喜曰吾家白眉族其昌也父歿哀慕毀瘠葬祭一遵於禮處兄弟恭順無違諸兄弟愛之遇鄉里族人謙遜有恩鄉閭族人敬之又植家治生有法家日以裕乃擴禮於正寢之東立祠堂以祀先祖又創家塾延名師以訓子弟暇日坐于塾稽經諏律談古今道理舒發其性情逮夜又課其子弟學業之勤惰而懲勉之由是山前之陳為

盛其子弟循禮法敦信義而士論歸之以其有詩書資產足以自娛而息意於進取故晩年以處士自號以見志配林氏諱觀字淑明年二十歸于處士朗慧靜專儉勤好禮待妯娌宗族和而有容訓子女僮僕嚴而有恩處士生於某年某月日卒於某年某月日享年五十有九子男五榮資曆哲亨蕘秀承後女二長適黄次適梁皆名族孫男八秤秴秤秙穖稞稫稹孫女八曾孫一榮等以宣德三

年某月日奉處士弁母林氏柩合葬于合浦里澄溪山之原嗚呼夫人能以禮植家者嘗爾久而弗替處士之先世有隱德族盛無慮千餘指處士能振而倡之好古攷禮建祠創塋以奉其先而淑諸後子弟咸彬彬雅飭卓有宏模可謂富而好禮者矣是宜銘銘曰

盛門胄族　貴於由禮　創業植基　貴於能繼

處士之先　多儲厥貽　疑疑處士　作而承之

考古由禮　資富能訓　枝葉繁矣　益培其本
年幾耳順　式歸夫全　幽堂永固　孫子綿〻

淡墨編　卷之四　十三

王君資守墓誌銘　　陳道潛

君諱存字資守行德六姓王世居莆冲溪高祖諱某行三二曾祖諱某行四十祖諱某行原一始遷于郡城之寧眞門外考諱某行建五妣黄氏君生而岐嶷性豁達夙有志洪武間有御史用刑酷甚杖過觧有全者時君父爲賦役事爲人所逮將法慮無生理君年甫二十即奮然曰凡生子本以代父今吾巳長成反以事憂其父焉用子爲毅然代

法到官慨而言曰父年老怠於事者其之罪也依例受杖而歸瘡區殆甚而竟獲全人異其爲孝感後以齒德選爲郡者老董事公正有法尤精於史學闢小軒列經史圖書于左右稍暇朱子綱目不釋手深嘆其紀年繫事有法褒貶筆削得旨間談歷代名賢事跡上下數千載纚纚如貫珠同列咸推先焉不幸舉夾夫子暨弟留俱殤期功近親亦罕年五十餘煢煢孤立深以後事爲憂有人啓以

字螟蛉君怒曰吾上人豈可爲此且鬼神不歆非類近親縱無吾族尚有諸阮擇而立之猶吾子也宣德元年配陳氏卒君察近族猶子侃循〻雅飭即命承重爲嗣曰吾之無子者天也汝舍嗣吾即吾子也迨吾存日先定汝無啓後爭至宣德二年某月日君亦棄世人咸多君有先見君生於洪武庚戌某月日享年五十有八所立嗣子侃不忘君德衰之若所生惶〻奔走亟圖襄事將以某年月

日奉君及配陳氏柩合葬其山之原嗟呼昔鄧攸無兒時人以爲天命無知予因疑夫冥〻者茲無準今質於君則愈惑矣然侃惶〻感〻恩若所生又能竭力葬君則猶爲有子矣因不辭而銘之銘曰

后皇植物　萬有不齊　不仁而盛　當昌而微
孰司其柄　酌其盈虧　或都無情　任其所惟
質之於君　固有可疑　會處變者　在於轉移

擇嗣之良　不負所貽　卒能葬君　足見先知

銘示後人　勿替孝思

陳雲樵先生墓誌銘

陳道潛

莆游埭有雲樵先生者得道宗正一之法行以濟人莆信機祥病者必謁治之輒效又深於五行以人年庚配以生克旺相推人壽夭吉凶每〻奇中持是二術兼掞兎園冊以教於鄉〻人以雲樵多藝術咸尊而敬之無老少俱以先生稱雲樵志方外不屑〻人間事惟遇病患急赴之以是人咸德之不幸於某年月日卒享年若干其子灼懇〻請

銘按雲樵姓陳字循朝雲樵方外號也曾祖某妣某祖某妣某父某母某配林子男二長即灼娶某次某幼女一適黃卜以某年月日葬於某山之原嗚呼雲樵常志乎方之外而不能不囿於方之內所持之術予嘗疑而不信然多有驗而中者盍陰陽之默隲鬼神之幽渺其理有難究者歟因爲之

銘曰

陰陽之隲　孰睹其妙　鬼神之幽　孰窺其徼

漢有李王　嘗通其竅　周官崇雩　亦有其兆
君持是術　或領其要　今君殁矣　伊誰其紹

張母黄氏孺人墓誌銘　陳道潜

宣德元年秋予友樵李嘉興府張遠明走書京師日某䘮失怙賴母劬勞晨夕訓勵以至於成今獲戾于天母氏殞世而窀穸有期敢以宰中之石爲請永樂十年予職烏臺時遠爲秋官椽秋官劉公凡繁急章奏悉經遠明詳覆有難事必與相商予雖枿諳未嘗納交迨後往還見其識量過人竊嘆非賢母不能果歷新安忠州樵李熟卑俱著能績

嗟夫尚賢與能固儒者事况舊日雅相愛義不容辭按孺人諱義姓黄夙有徽齊無違夫子内主中饋奉賓祭外睦鄰里禮姻族人皆稱爲賢配及夫卒諸子尚在襁褓以栢舟自矢工女紅勤織絍夙夜蓬頭禿十指勵僮奴治生業家稍裕瘞夫於延壽里爰坑之原諸子各有成立人又稱爲賢母宜俟達明貫顯皤皤黄髮含飴弄孫詎未膺一命之報於永樂甲辰正月十九日歸終正寢距其生於

某年某月日享年八十男二長卽達明娶陳次達
徵娶吳孫男五日安山鍾山黃山永山金山孫女
二曾孫一卜以某年月日與父合窆嗚呼古云匹
配者萬福之源今孺人以一婦人能起夫家於旣
衰又克生賢子開來世緜綿之盛其福豈淺〻哉
是宜銘〻曰

蚤有淑聞兮善相其良〻人旣歿兮矢心允臧
扶植夫宗兮弗墜而昌母儀妻道兮可紀彰〻

克生賢子兮用益有先一開其源兮其流愈長
百歲同歸兮有函其藏

周母朱氏墓誌銘　　陳道潛

朱氏諱誨甫沙堤人既笄適清江周子祥子祥家素豐品魁梧而才特達爲鄉望人不幸與長子妃保俱蚤喪女二亦相繼殤獨朱與幼子性煢子孀居憂勤勞瘁朝紡夜織植家道於艱難之中及性長聰敏幹蠱能業其家而朱皤然鶴髮含飴弄孫克享其報至永樂十一年以壽終享年六十有七子男即性字秉初孫男三俊哲膺孫女一卜塋于

景德里羅漢山之原秉初茹哀請銘予與清江接境嘉朱克守婦道能扶周而不墜又嘆濂洛道衰異說並行世多不葬其親竭財力悉費於浮屠以求渺茫不可知之福而秉初能不累於流俗竭力捧土以葬其親是能遵聖訓令落魄孫憐不至暴露於荒草殘烟之外其亦可尚也因不辭而爲之銘曰

噫天夙喪　恪盡婦道　餋子有成　晚食其報

羅漢之西　朱氏之阡　天道不爽　宗祧綿ニ

吳母王氏墓誌銘

陳道潛

宣德八年春濠塘吳尚昭踵門來請銘曰昭不幸幼年父殁賴母劬勞粗得成立今母將塟而埋幽之石未刻願有望也予與尚昭所居不三里許尚昭之父彥完與予幼年友也因有不得辭者按吳母諱殊姓王氏世居莆江口右族也曾祖念八府君妣林氏祖萬十一府君妣鄭氏考大十處士妣蘇氏王在家以聰敏聞族人咸羡之及歸彥完以

不及奉舅姑爲恨每春秋祭奠甚有戚容以道相夫子閫範脩飭夫族咸宜之歸吳旬餘彥完不幸王晨夕泣曰翁嫜旣不復覩所天不天矣若可獨生與時門戶多故權厝喪於居室之東偏稙志勵行曰而死止此雛耳天將興之使可活吾且活以活此雛家世貧絲麻織紝益勤又常惕其子昭曰昔夫死稱未亡人言其待死也而父在殯多年所不即安土者在子唯汝在妻唯我形影相弔猶舉

紫也立而以報而父族姻聞者無不起敬後子昭果克紹先業改葬其父於孝義里山斗巖之原王氏喜曰而今乃可以見而父九原矣果於宣德七年九月三十日以病卒距其生於元至正十九年己亥享年七十四宣德八年遷柩與彥完氏合窆焉子男二長即尚昭娶姚次昱先卒女一適林孫男一娶姚孫女四長適陳次未行嗚呼昔韓愈謂盧行簡能塟父母求銘以圖長存爲眞能子今尚

昭能振父業又能求銘先德可不謂能乎當彥完
初歿吳氏不絕如綫王婦人耳能矢心訓勵其子
以昌吳後是皆可銘〻曰
夫亡之後　矢心益篤　啻無不報　日有遲速
克生賢子　再整夫族　克家幹蠱　鄉閭推服
淑質懿行　足以範俗　婦道母儀　宗姻肅睦
天道有常　其周必復　尚爾後人　有轟其伏

韶州府儒學訓導盧質中墓表　陳道潛

韶州府儒學訓導盧質中宣德己酉三月七日卒于官後數月其長子傳至遂以喪歸明年月日葬于某山之原時予以老病歸傳以予與父舊友也特造而言曰先君之殁翰林學士曾公已爲之銘而封隧之石未有以表於外願以爲請嗚呼予老病乞休俯仰三十年前舊時文學之友凋謝殆盡如窮經飫史高談雄辯若質中者尤不可多見夫

善人君子難得而易失舊遊零落如此反顧身世生死之感益可悲矣質中學優仕蹇志不伸而歿尤不可無表於外質中幼穎異入郡庠爲著録生證據古今出入經史可謂學者師由其潛心積學有素也一時後生咸尊仰之後貢北雍永樂辛卯舉于京聯成進士第時營造未畢隨遣偕宋大司空入山採木上下溪谷不避艱險時役夫疊運不繼同遣者懼中曰民無食弗死即散難拘倒即移

文附近有司貸粟候運到如償民賴以蘇事畢還京授浙江海寧令海寧素難治巨奸宿猾淵藪盤結根據已深時臬使周公新注意捕奸拾棍無底業而衣食於官者悉寘諸法質中請曰民非素頑由無教也今某甫到請免二百人罪若復不悛寘未晚也由是人咸從善而深固之奸亦稍息不敢肆後領匠赴京有巨猾犯事官捕歲不至質中促之就獲不謂侍御史以風憾羅織之竟弗白而議

從戎民感惠者鳴衆舉留而邑之仕於朝者亦白于　廷天官稔知君究起赴優等開復君懇以年老辭曰願以已之所長者以淑後人上不負　朝廷可也遂授廣東韶州府儒學訓導豫章藩司聞之聘典文衡未就道而卒嗚呼質中前在海寧志有所爲迸駕方騁而輒阻後在韶州其志已衰欲行其教而遽卒豈非命耶今故交在者莫余舊也余痛質中之能不施於劇任恨質中之究不白於

所司而其教不行於人竊怪老天何於不肖者厚
而於賢者薄耶質中諱炳以字行曾祖某祖某考
彥華妣曾氏配黃氏子男三長即傳次侗次偕女
二而求銘懃懇圖質中永久者甥劉武也劉武新
舉進士嘗從質中學懼後世漸遠無以知質中者
故表之

挽檢討黃行中哀詞　陳道潛

余與友黃行中生同甲辰陞一週而黃君沒君性正直內剛外和好惡不偏勤問學善屬文獨出于等儕余忝登第後君又再試京闈題多士入翰苑德業未施而竟止是時高材碩學者相繼凋謝環視如君者不可復覩矣那能勿悲因綴之以詞曰

嘆長才日零替兮身世孑然而孤踦求如君者不可復見兮哭之過時而悲若君之立身制行兮堅

確無間於險巇追古人之交道兮實今時之所稀何賦之命兮而奪其時德業不見於設施兮傳於世者獨以其詞正抱厥器旅于天庭兮邅索然輒響於盛時其麗澤之所及兮後學猶往往而是師覽君遺文兮庶永其思

附雜錄

拙齋先生墓誌銘

昔公别余剡門時余嘗謂人曰居官若公齒德爵可謂兼全矣今而又得冠帶于家真肅之罕有也余今年省親歸則聞公已去年淺矣兹欲往弔而未遑行一日子昕等以鄉先生吳允恭所述公行實來請銘余安可辭公蚤失怙教出於母初受學於壽溪履道方先生先生稱其光陳宗者必是子

著錄鄭牽時學行爲莆首稱已卯領鄉薦庚辰登
胡廣榜進士第授禮科給事中與修　國史則於
今少傅工部尚書謹身殿大學士建安楊公爲同
年同事楊公每稱公之學行且自以爲不及既而
出爲湖廣竟陵州判官楊公則曰此屈其才然而
爲州亦一州之福也公無慍色是州多山林不產
穀而產茶筍歲賦仰給於隣州公至州處置有方
賦無愆期其俗素惑巫鬼公漸明之以禮用變其

俗居數載善政益彰爲監察御史裴公成祖所薦
通考亦擢廣東道監察御史楊公則曰此穪其才
公無喜色莅政務體春陽發育之仁不事秋霜肅
殺持節巡按湖廣藩臬州縣皆服其德前翰林學
士吉安胡公亦於公爲同年特薦纂修性理大全
諸書〻成賞鈔百緡以丁內艱還家守制無違禮
服闋改江西道凡內臺之有章疏奏議多出公之
筆長官皆稱公爲先生不敢呼名九載秩滿遂以

功榮贈父母奏乞焚黄先壠許之洎還　朝以病奏乞歸老田里又許之公爲人嚴重不爲戲謔爲文章得古人體人有求則樂與之歷官中外三十餘年清廉如初家居五年唯閉門以經史自娛非公事未嘗至於公室子孪糧于里則戒之曰毋挾勢以逞威吾之願也處兄弟族姻鄉鄰朋友各適其宜好談人善不好談人惡其有以人之惡告者則默而不答其有告以妖怪異常事者則啇斥之

臨殁惟囑子勿脩齋以崇佛事則吾地下瞑目矣
姑述其畧之槩若此公諱道潛號拙齋姓陳世居
延興里東陽高祖諱壽曾祖諱春祖諱安喜俱有
隱德父諱砮贈文林郎江西道監察御史母龔氏
前室林氏皆贈孺人繼室林氏封孺人子男六長
即昕娶方氏繼娶楊氏次昞娶王氏次晌娶佘氏
次暉娶黄氏次晏娶俞氏次曇尚幼女四長適林
氏蚤卒次適葉氏次適林氏次適林氏孫男十二

曰嵩峻嶔巒岑岱岐峉端岳微嶠孫女十有七曾孫男三曰鏞鍾鏍曾孫女一公生於元至正甲辰年五月廿三日卒於明宣德癸丑年八月初五日享壽七十先是子昕等卜穴塟公前室林氏於安樂里石牛山之原虛其中及左為公及公之繼室林氏壽藏至是子昕等卜以甲寅年十二月二十八日奉公柩而塟焉故銘〻曰

淳其行　粹其文　際盛世　登青雲　仕中外

三十春　廉守己　惠施人　榮雙誥　顯二親
備衆福　萃一身　必既久　名愈芬　衍餘慶
蕃子孫

賜進士出身奉訓大夫戶部員外郎纂修　國史
弟中撰

賜進士出身中順大夫浙江紹興府知府烏山方
鯉書

賜進士出身奉政大夫廣西按察司僉事國清林

坦篆

拙齋引

夫聖賢之道大公而至正無巧亦無拙也皇化陵夷民俗滋僞乃以君子之循理安分者爲拙小人之機變倖得者爲巧是故正其誼不謀其利明其道不計其功君子安之以爲正小人笑之以爲拙也君子視圭笏爲柴柵而巧於進者以爲拙視名譽爲韁鎖而巧於取名者以爲拙視金玉爲砂礫而巧於罔利者以爲拙當舍生取義則視死如歸

而巧於偷生者以爲拙是果眞拙者哉吾聞之拙於人者巧於天拙於智者巧於適拙於今者巧於古曾參之魯顔氏之愚孟子之不遇似若拙矣而巧於爲聖人之徒儀秦之辨鞅斯之智似若巧矣而拙於謀其身傳曰作德心逸日休作僞心勞日拙〻者作德者也巧者作僞者也作德者始雖若拙而終則有福而無禍有安而無危作僞者始雖若巧而入禍天刑未有能善其終者也其拙孰甚

焉由是觀之拙者未必不爲巧〻者未必不爲拙

也

賜進士及第狀元翰林院編脩羅倫撰

榿齋先生郡誌傳

陳道潛字孔昭東陽人也建文庚辰進士授給事中永樂初坐繼之事謫夔陵判後召　纂修五經大全諸書于時脩書諸儒翰林春坊多不得預部屬寺監亦無幾人御史獨有道潛以行巳恭愼學問該博在選士論矣之道潛與兄道亭相友愛兄以子少讓財產不受會元陳中嘗稱其家仕者可爲居官之法隱者可爲族里之師道潛後致

仕宣德八年卒年七十孫岳字孟申成化丙戌進
士授戶部主事孟裯任江西上饒教諭輪任廣西
梧州通判曾孫元綱任浙江衢州教授玄孫文滔
第弘治己未進士
賜進士出身朝列大夫刑部尚書彭　韶撰

勅命

都察院江西道監察御史陳道潛追贈父母

勅命二道

奉

天承運

皇帝勅曰朕唯爲人子者孰不欲顯揚其親而能

宣力效職朝廷必推恩以報之所以遂其顯

親而勸天下之爲孝者也爾都察院江西道

監察御史陳道潛故父士中善裕于躬慶延于後是致有子效用於朝推厥本源宜錫褒顯今特贈爾爲文林郎都察院江西道監察御史靈爽不昧尚克承之

奉

天承運

皇帝勑曰朕惟人子雖本於父而資於母德亦深矣故國家推恩存則有褒崇之命沒則有追

贈之典爾龔氏乃都察院江西道監察御史
陳道潛之母夙有懿德表著閨門爰生是子
效勞國家揆厥所自宜有顯襃茲特贈爲孺
人靈其欽承永光幽壤

洪熙元年七月十三日

都察院江西道監察御史陳道潜秩滿錫命

及故妻林氏繼妻林氏勑命三道

奉

天承運

皇帝勑曰國家設監察御史欲其振紀綱而勵風

俗以弼我國家之治非得剛方正直之士曷

克以臻爾都察院江西道監察御史陳道潜

發身賢科典司憲紀多歷年歲克著劾勞是

宜錫之以錫命承示褒嘉夫官以察爲能以
言爲職在持大體而畧細故在愛君子而戒
小人其益堅爾志益厲爾守毋私于法毋撓
于勢毋訐以爲直毋苛以爲能明以燭之公
以行之懋倚而不懈尚有顯爵以待爾成欽
哉

奉

天承運

皇帝勑曰朕惟爲人臣既推恩於其親又榮及其
配所以明國典而厚人倫也爾都察院江西
道監察御史陳道潛故妻林氏夙謹婦道用
相其夫既已蚤歿茲特贈爾爲孺人服此恩
榮永光幽壤

奉
天承運
皇帝勑曰朕惟爲人臣效勞於國者雖本於父母

亦有內相伉儷故推恩之典所必及之爾都
察院江西道監察御史陳道潜繼妻林氏克
盡婦道用相其夫故能盡心於所職兹特封
爾爲孺人服此恩榮永光閨閫欽哉

洪熙元年七月十三日

贈監察御史陳公拙齋通考序

昔吾聖人之去周也猶龍氏送之曰吾聞富貴者送人以金仁者送人以言吾雖不能富而竊仁者之號請送子以言子路將行辭於聖人聖人曰贈汝以帛乎贈汝以言乎子路曰請以言然則凡士君子之有行色者可無言以贈乎余同年友監察御史陳君道潛閩之宿學也以九載書天官其同寅毘陵蔣氏思誠等咸載酒于龍江之上祖而送

之且徵余言爲贈嗟夫余將何以爲公贈哉夫欲
以爲猶龍氏之所以贈吾聖人者爲贈則公聞之
稔矣不待余言而得也欲以吾聖人之所以贈子
路者爲贈則公誦之熟矣不待余言而知也公自
蚤歲以書經擢進士高第拜禮科給事中出判彝
陵州用薦拜今官被　召入秘閣纂修五經四書
性理大全諸書語其學則淵如也語其氣則浩如
也語其行則確如也故居侍從則士大夫賢之任

牧民則百姓愛之職風憲則百僚畏之處館閣則同列敬之公之賢誠天下所共聞又何待余言也哉方今　聖明天子宵旰圖治公於是行尚益遠其所圖益勤其所事孜孜焉勉勉焉夙夜求古聖賢之所以用心所以爲治利必興也害必除也惡必去也賢必用也納斯民於袵席措天下於無爲凡向之所以賢公愛公者益深畏公敬公者益衆則凡吾輩之見知於公者亦莫不與有榮施焉遂

書以爲贈云　旹

洪熙元年歲舍乙巳十有一月上澣

政議大夫資治尹禮部侍郎兼國子監祭酒胡濙

頓首拜序

僚友

霍萃　張紳　楊潤　陳應良

傅敬　何楚英　楊昺　張貫

郭廞　姜繼善　王灌　王輅

江得劉璧林責　王增佑
秦哲汪泳張斌楊銘
陳良仝頓首拜贈

[illegible]

[illegible]

[illegible]

附兄遯齋先生墓誌銘

邑之南箕有處士曰遯齋先生壽八十三卒其鄉鄰姻戚皆往哭于家而悼後進無所表率邑之士君子皆齊咨流涕而悼善人已矣其孤銳將占塋奉吉郡通判余君耀所述事狀介余宗姪鷟請余請銘余曰噫此固所宜銘矣其辭按處士諱謙字道亨陳其氏遯齋號也曾祖春祖安喜父簪以子道潛爲御史贈如其官母龔氏贈孺人兄弟三人

性孝友晨處士委以家政次御史公道潛補郡庠生季齡甫以理官府催賦之事遵父命也處士日侍親側怡顏承意恪盡子職所以品量出入用裕厥家者無不中意故父母無所累於心得優游晚歲以遂孝養之樂父沒哀毀踰節而殯殮葬祭悉遵朱氏禮辟浮屠老子之教事母尤謹無巨細必咨之而後行母沒處士年五十居喪過哀毀瘠骨立遇父母辰忌必哀慕終日雖老至不衰愛二弟

極厚御史公擢進士第授給事中歷郡御史慮其祿入弗給歲必賫貲以助且教書以清心爲勵故御史公以廉慎稱於朝野以文學重於詞林御史公五丈夫子處士皆及時遣就名教師爲畢冠婚之禮季齡甫蚤世三女尚幼處士教之育之及笄爲擇配歸焉處士一門子姪孫曾最盛皆怡怡愉愉敦和睦相率其義方也有自來矣處士性温厚端慤自治嚴謹其接人以禮其率人以義其誨人

必孝弟忠信爲立身之本姻戚鄉黨尊甲之屬莫不敬而重之嘗闢一軒蓄古書千餘卷暇日書不釋手尤熟於子談及先後治亂之事如指掌聽者忘倦平生足跡未嘗一造城府郡大夫歲行鄉飲屢以賓請輒[illegible]惟優游田里間以樂熙洽之世享壽考而終焉所謂福酬於德者處士之謂與其生元至正壬寅八月二十一日以正統甲子十二月十九日卒明年十二月初七日葬于谷清生沂山

之原配葉氏相成有道子男二長鋭娶郭理問仲宏公女次鉉娶俞氏女四長適通判佘君耀文適湯三適吴四適徐孫男五峨瑞崒岩峴孫女四銘

曰

德積厥躬兮惟其學之充福酧於德兮宜其壽之隆舍人其逝兮曷究余侗直筆無愧兮庶蔡邕之銘林宗

賜進士第翰林院脩撰承務郎烏山林文撰

賜進士出身中順大夫彰德府知府方鯉篆

賜進士出身承直郎江西吉安府通判佘耀書

贈監察御史陳公拙齋通考詩賦

東方欲曙龍樓曉銀箭氷壺漏聲小畫船揭鼓發通津扶桑日射都門皎于時有客索題詩爲贈陳君老繡衣慚余亦忝同門客謾寫新詞達素知柏臺群彥人中傑祖帳城東藹前列往來冠盖何顒昂總是稱觴奉君别驪駒歌罷動長吹珠玉聯篇興味深摩娑圖畫一回顧豈不價重雙南金春官亞卿文章伯命特石渠編校職慨然舉筆序卷端

道德闡揚尤烜赫風雲際會在斯時再賦長歌惜別離明朝寵擢登庸後毋惜信音慰所思

江旭鍾

拙齋先生輓詩序

致仕監察御史陳公道潛莆先正也居家以孝弟慈愛稱居官以寛厚廉謹稱尚恬退以全晚節安義命卓有古人風卒於今二十載矣晚生後進之士聞其風而慕其節恨不能起公於九原乃相率爲詩歌以挽之以寓其哀悼之情而壽其德於不朽耳其孫鄉貢進士孟[illegible]孟申稡爲一帙徵予引諸首追惟公之學也明乎聖賢之道不唯發之於

文章以應科目之求蓋欲施之於政事以踐其實耳公以書經舉進士初拜禮科給事中出判夔陵州用薦陞監察御史公之在禮科也　命令章疏出納者必稽諸正道諫諍彈劾所言者必關於大體人以正直稱公之在夔陵也民惑於巫覡則昭禮義之教以變其俗地少産稻穀則用溪山之利以益其賦人以良牧守稱公之爲御史也正色立朝臺綱以之而振肅持節出按郡政以之而澄清

人以良風憲稱又嘗被　召入秘閣纂脩五經性
理大全諸書人以該博稱歷官中外踰三十年〻
甫六十三適御史〻是內貳臺省外長藩憲　朝
廷益將以是職委之公懇〻焉決於求退在廷大
臣咸惜其去士君子莫不賢之既抵家杜門寡出
兄弟遂連床之約子孫遵過庭之訓賓朋宗戚來
訪者輙相與談論終日無非忠信孝弟之言如是
者踰六七年一日得疾〻且革召諸子侍立榻前

戒之曰吾平生戰兢自持幸免斥逐而歸年踰七十遂首丘之願幸莫大焉愼勿惑於佛老事以佛吾志吾瞑目矣嗚呼公孝弟之行足以息爭競之俗寛厚之量足以敦酷暴之政廉退之節足以抑奔競之風昔公在也則人有所則傚以發其良心而興其善行今公已矣則人貿貿焉莫知所之此後生晩進之士發爲詩歌以追挽之欲壽其德於不泯蓋出乎性情之正也然則是詩也不唯子孫

所賓世之人苟有志於善者讀之豈不沛然而興起其善行乎

賜進士及第翰林院學士奉議大夫烏山林文書

輓詩

一自騎箕去泉臺不復開黃門馳美譽烏府擅英才屢進匡時疏常存報國懷文章傳海宇事業付伭來高塚風鳴樹寒碑雨長苔銘文昭百世精爽燦三台父老思遺愛朝廷念彌諧嗟余生也晚翹

首重興衰

清江翁世資 太子少保戶部尚書

崴〻石牛山松栢蔭杯土陳君此卜藏凄其來暮雨君才當世用立朝列簪組黄門入持綉衣出操斧翰苑與纂脩討論極徃古懸車歸里閭寘鴻高騫翥白髮樂成化神遊定何許惟有傳家集文章燦黻黼子孫慎所藏不墜詩書緒

永新劉定之 禮部侍郎兼學士

千古經書日月明承恩脩纂見遺名驂鸞有路通
三島化鶴無聲過兩京諫草每於歸後出筆花曾
向夢中生牛山宰木由來美深覆孤墳久更榮

東吳錢溥 南京吏部尚書

光嶽鍾神秀清朝得俊臣文章追往古風采邁常
倫蚤作遊膠士俄充觀國賓穿揚呈妙手登榜遂
榮身遴選居黃閣追趨入紫宸諫書昕夕進奏對
往來頻出判夔陵日優游峽水濵雖於臨卑陋庸

以福斯民白璧終難掩黃金自足珍一朝膺鶚薦
萬里快鵬伸青瑣聲華舊烏臺寵命新氷壺那有
底秋水浩無津性理探玄奧經書別贋真石渠聯
袖領天祿萃簪紳抗疏陳情切懸車去意踆雞豚
時共社泉石日相親方擬台生背何期歲入辰牛
山浮樹靄馬鬣鎖苔茵草露淒涼夜松風寂寞晨
只留明月在千古炤嶙峋

長樂陳　淮　翰林院檢討

致政歸來兩鬢霜黃粱一枕夜漫〻空令後學懷
山斗無復中臺振羽翰苔徑兩荒詩社冷菊籬花
落酒杯乾承家幸有賢孫子擬看鵬程萬里摶

烏山林　俊　太子太保刑部尚書

曾於方册見高名羽翊皇朝製作成青瑣進言多
切直烏臺執法更詳明翫雲自得歸來趣采菊深
娛老去情惆悵英標今已矣墓門風雨綠苔生

姑蘇梅　倫

天上騎箕去追思恨不禁立朝持正色爲政竭仁心孝友稱鄉族文章重士林千年埋玉處過者爲沾襟

前埭林時讓　廣東參議

先生有道侔伊周先生之志常古求雲章汗簡爭點筆芳香萬古同名流壯年兩仕立津要青瑣蘭臺聲熖耀倦飛妥賦歸去來獨向聖明拜優詔盟身蘇散麋鹿鬧珂聲不復城市開閉門著書多歲

月倚杖放歌空雲山雲山蒼〻流水逝先生一夢

歸人世高風可仰不可攀徒使濡毫一揮涕

番禺張　璜　漳州府知府

簪筆螭頭侍聖明風霜又入栢臺清爭誇疏傳榮

歸老無奈宣尼夢奠楹逝水空流今日恨史書猶

載舊時名雲霄喜有賢孫子弓冶承家不墜聲

穀城卓天錫　廣東按察使

執法星沉曙色開不堪清夢掩泉臺盛時共惜蘭

臺彥內閣應憐太史才水冷清江龍巳蟄月明華
表鶴空廻休看埋玉平原裏跡雨微烟暗草萊

餘姚陳　渤　福建布政使

此生無分覩英標抱腕歌來倍寂寥著述巳探濂
洛秘激揚曾重聖明朝百年砥行應難泯千古哀
辭竟莫招淒絕故山埋玉處只今風雨冷蕭蕭 二

三山林　廸

夢入華胥久不醒世人猶道馬周名百年文獻歸

耆舊一代風流擅老成石室校讎心更苦玉階奏對疏尤明可憐後輩無賢識搔首斜陽淚欲傾

章江彭　韶　刑部尚書

鬱鬱僊原號石牛哲人埋玉幾經秋鸞臺久羨無雙士烏府曾推第一流茂績豈唯誇後輩遺文還可繼前脩只今萬里青雲上已有賢孫入勝遊

建安楊　瑛　翰林院編修

聞人凶訃也傷神況復儒林舊縉紳烏府風聲垂

後代黄門喉舌屬何人猶啼古樹添成恨花落空
庭老去春遥想石牛山下路幾多行客淚沾巾

仙溪鄭　紀　南京户部尚書

華髮從官到白頭世如公者豈常流黄門烏府昭
功業鳳閣鸞臺富纂倫一代聲名雖不忝平生經
濟未能酧如何忽起龍蛇夢埋玉牛山土一杯

南昌張元禎　太常寺卿兼學士

淇園編跋

先拙齋公以名進士出入臺省著作充棟時預修四書五經性理大全闡明聖賢奧旨故其爲文也弗事脂粉而昌明正大之致逈别尚流以所以見推於當時而當時諸先生亦已形於筆墨間矣是非龍之分所敢及亦非龍之識所易及者也弟丱角時閲原稿　地官翠菴公紹衣祖武與　羅念菴先生挍定惜梨棗未舉而鶴

逝焉越二百餘季壬戌之變舊稿散逸　中憲淇塘公朝夕搜尋僅存十之一愴然動念爰付梓人焉　東涯翁先生弁嘗以瓷前徽越今百餘季又有丁戌之變每念兵燹發所謂存十之一者得無又逸其半乎故於坊肆間斷簡殘編留心搜閱幸得　中憲公家刻一本參於從姊祖朱台與從伯家修之手抄合而爲一碁亭文尚存如右碁誌銘碁跋碁詞說詩歌誠所謂存

十之一今又逸其半矣至於奏議諸篇欲求其半亦不可得而蕩然靡遺矣不揣卑微捐貲敬刻頗無補　侍御公之嘉言宏論得與宣公章疏並傳矣因

聖天子簡前朝鉅作忠臣尚得以彙編之昌明正大畜以進庶可稍寬於文獻之不足者矣謹跋數語

十五孫震龍百琴謹識

八閩文庫

福建文獻集成

續編 集部 一一

吴格 主編

文獻集成 335

海峽出版發行集團
THE STRAITS PUBLISHING & DISTRIBUTING GROUP
福建人民出版社

本册目次

旂山翁文集不分卷奏議二卷

［明］閩縣黄澤撰

福建省圖書館藏清抄本

旂山翁文集不分卷奏議三卷，明黄澤撰。澤字孚仲，一字敷仲，晚號旂山翁，閩縣人。永樂十年（一四一二）進士。以是集中薇垣慶壽堂記末題「辛巳閩中八十三翁黄澤記」推之，當生於洪武十一年（一三七八）。曾任河南、湖廣左參政。宣德三年（一四二八），擢陞浙江布政使。撰有浙江采風録、旂峰詩集十四卷，注地理集要四卷。事詳明史本傳。

是集彙編記、序、墓志、祭文四類，凡一百一十七篇，不分卷。諸篇衡文考史，俱有可採者。如聖蹟圖序記正統間高均得時人所繪聖蹟圖，列三十有一事，與正統九年（一四四四）張楷首刊聖蹟圖三十八圖之本相較，多寡、次序均有不同，抑當日聖蹟之圖傳本綦多，張楷亦有所損益乎？重修漢書板序述南宋覆景祐本漢書修版重印源流，其文云：「福唐郡庠舊有是板，印行歲久，板有蠹朽，而字有漫滅者。自元大德九年乙巳至皇明宣德三年戊申兩修之後，迄今又三十有四年爾。天順五年辛巳四月朔，欽差鎮守少監括蒼馮公撫安之暇，詢知板之缺壞者凡四千八百有奇，出廩給之餘，市材募工，重刊完足。」此漢書遞經修版重印，則凡所謂元大德本、福唐郡庠本者，可知均爲宋刊元明遞修印本。

奏議釐分三卷，卷一爲從政河南所上奏疏，卷二爲從政湖廣所上奏疏，卷三爲從政浙江所上奏疏。正德福州府志録其所撰民隱十政疏，明史黄澤傳云：「宣宗立，下詔求言，澤上疏言正心、恤民、敬天、納諫、練兵、重農、止貢獻、明賞罰、遠嬖倖、汰冗官十事。」檢旂山翁文集奏議卷二，此實仁宗洪熙元年（一四二五）六月上疏言事，非宣宗時事。

明嘉靖間，黄澤之孫宗器曾刊旂山文集於浙中，有姚鏌序。此清抄本卷首有景泰元年（一四五〇）長樂吴實序，卷端題「五世孫公釪彙輯，六世孫廷策校閲，十一世孫行健重訂」，不及黄宗器蒐輯刊刻之事。抑黄公釪以刊本多所遺失，乃重加校輯歟？檢黄澤遺文，如嘉靖延平府志載永安縣新建儒學記，弘治嘉興府志載新建嘉善縣儒學記，俱不見於此書，則仍有遺篇未能盡採。此抄本於清帝諱字「玄、弘、寧」等多缺筆，「敦」作「敔」，當抄於同治間或其後。集中所載重修寧德夫子廟學記，亦見乾隆福寧府志，兩處頗有參差。蓋方志據原碑録文，碑本爲當日主事者修訂之文，而文集所存尚屬原稿耳。（李振聚）

旂山翁文集序

儒者之學有體有用體立而用行昔伊耕於野傅築於巖可用則已用則德業文章顯當時傳後世卓卓乎不可尚已太甲說命其德業乎其文章乎道有否泰所遭實難孔孟之才豈劣於彼時不我用則世之所傳者不過文章而已矣戰國而下若諸葛孔明若陸敬輿若范希文輩是皆當代之人傑其所表見燦如日星有明之興豪傑間出自宋景濂劉伯温後嘉謨偉績杳然無聞未必世無其人顧用與不用何如耳用與不用而治亂存亡之機係焉三山黃公永樂中由進士出叅梁楚二藩政既而存政於淅歷茲三鎮德業文之〻 縉紳所重其責難陳善之一忠

一

則下政四者具焉其澤民利物之仁則封事諸篇在焉其憂國愛君之誠則寓意於詩與文焉儒者之學有體而有用也若是正統初大臣專權公以孤蹇自疑上疏乞歸不允後果以直見棄杜門養晦迨今十年旦夕惟以飭厲子孫為務未幾奸倭紛紜四方盜起大駕北巡虜騎犯塞一如所料至是天下始服其炳見幾先而恨時之不能用也雖然世道泰豪傑之才丕顯於德業世道否豪傑之才僅見於文章才顯於德業固斯民之大幸才見於文章豈惟君子之不幸哉文章德業所係甚大嗚呼後之覽者得毋惕然有感於斯

景泰元年龍集庚午孟春丙辰長樂吳寳敘

旂山翁文集

五世孫公釪彙輯

閩旂山翁黄澤撰集　六世孫廷策校閲

重脩㝘德夫子廟學記　十一世孫行健重訂

皇明一統華夷文德之敷無遠弗屆㝘德雖瀕閩海而人材軼齒上郡實聲教所被之深也邑有學宫隘陋而敝因循有年莫克脩舉宣德丙午秋監察御史清江張公來巡首謁先師於泮上周旋顧瞻慨諸弛靡遂進儒紳而謂之曰夫學校乃教育人材之地非梵宫道宇比聖賢乃英君誼辟之師非佛老異端比仰惟聖賢在天之靈非殿廡無以寓其敬生徒梁棟之需非豐

一

備具以厚其養非琢磨無以成其材今若此咎將安歸豈司政
教者徒事虛文耶抑掌風紀者未遑及此也茲欲脩舉廢墜爾
其謂何衆曰諾唯公所命於是知縣吳興張君初教諭永嘉林
君約仲倡富民之尚義者而新之鳩材庀工百役咸集先作禮
殿脩兩廡而建靈星列戟之　於其外繼創御書閣新講堂而
增齋舍饌堂於其東既而鄉賢之祠鍾秀之坊觀瀾之亭漸次
以立復徙興文祠於戟門之左搆崇賢門於泮池之南造祭器
鑄鐘鼎築陂塘與凡廨舍庖庫徑術之屬靡不完好而公之用
心至矣暇則進諸俊髦而勸課之樂育有方士習丕變衆戴公
德之大不可以無述來徵文以昭示永久竊惟君子之為政也

不皦皦而異不混混而同凡所設施惟揆諸義今公之知大體
急先務如此則他日之事業又有大過人者昔魯侯作泮宮而
國人頌之良有以哉自茲以往凡我同志益思所以自勵期上
不負聖朝崇儒重道之恩而下不負風憲興學教勸士之德將見
是邑之士風益振而吾道之利澤無窮矣

宜斯堂記

愚昔從井軒宋先生游先生學行端重不妄交接惟與三山宗
明陳先生相友善先師沒已久今惟陳先生存先生年踰八袠
清心寡欲與物無忤所居有屋數椽書數卷植竹數竿終日垂
簾靜坐自訓蒙士外無他謀也人咸高其節或屢勸之仕先生

二

曰吾宜斯吾宜斯遂以宜斯名其堂致書來淛徵文以發其義竊惟立人之道曰仁與義仁義之道無他曰宜而已矣今夫言務實行務貞非持身之宜乎業務勤用務儉非理生之宜乎學務正動務禮非教子之宜乎與凡範圍天地之化酬酢人事之變亦何莫不各有宜之之道存孔孟晦而在下明斯道以淑其身者窮之宜也舜禹顯而在上敷斯道以善天下者達之宜也下迨衆技九流百家之微或業不類或志不同或時不一又無宜此宜彼之道耶宜之義其博如此誠不可以一言盡然先生學雖高而寡宜於俗行雖脩而寡宜於命惟恒存其所宜履其所宜以聽於天殆見積之久故發之也宏抑之深故揚之也遠

異時子孫有能推其所宜之道以為邦家之光者則人皆曰先生之宜斯至是殆驗仁義之道豈終有負於人哉愚忝交先生久故知先生之宜為詳遂不辭淺陋以記之因以勉其後之人云

貞壽堂記

貞壽堂者鳳池高圭氏奉母之所也堂以是名者戴母德靳母福也母謂誰前浙江按察使林公之女故處士時哲之妻也母天性慧順傅教弗勞于歸之年二十有一奉姑孝事夫謹相祭祀待宗族治家御下罔有缺遺越二年生子圭又三年生子壆琴瑟靜嘉荏苒十祀不意姑與夫忽相繼没時圭甫八齡壆甫

五歲母嬛然在疚或腹孤顧影而悲或設奠拊棺以哭攻苦茹淡夜分乃寢心勞力瘁人弗克堪既而以禮葬二親於文山先塋下母生長富貴中一旦罹此而不迷不惑何其賢哉何其賢哉圭既冠為娶士族黃氏女瑩將冠為定巨姓林氏女母今年四十有四豐裕康寧志操彌厲二子日向學不息適孫鑄亦清俊可愛而成立可期時哲有靈料必瞑目於地下矣聞以堂記見請義不容拒竊惟婦之行莫大於貞人之欲莫甚於壽貞可能也壽不可能也世有貞而不壽者果貞矣雖死奚憾世有壽而不貞者徒壽矣雖生奚益母貞母壽俯仰無媿殆易恒之六五所謂從一而吉者是誠足為世之為人妻為人婦為人母者

勸歷茲以往由艾而耆由耆而期使圭益友其弟俾壆益恭其兄諸孫諸婦問安養志時時不衰則芝蘭玉樹之森森也善行嶶音之秩秩也簪纓佩服之源源也天之報德高氏之慶固方進而未已也

四

壽萱堂記

昔箕子衍洪範五福之疇首曰壽次曰富曰康寍曰攸好德考終命達者以為名言而世之論福者莫踰於此盖人之至願莫如壽人子之愛親者亦惟祝其壽而已既壽而享諸福子心不亦少紓矣乎吾閩李尚文者世居闤闠中艾而不祿厥内陳貞亮自守教子男三克知所立長曰禎次曰祥善貿易而致裕季曰

禧以勤學選充邑庠弟子員每晨母坐於堂而子歸羅拜階下承顔侍膳情愛怡愉畢則各事其事禧歸母必詢勗其所業家庭春融萱蕃堂背因顔其堂曰壽萱志崇孝也正統戊午秋適母初度之晨諸子喜其親之壽登七秩也稱觴戲綵歡溢眉宇凡與其子游者舉喜其母之壽且美諸子之能養繪圖賦詩以張厥美郡造士陳文昭輩介余姪慷來徵文以弁圖首夫惟福之目五壽先而德次壽繫諸天德由乎人積於已也厚則得於天也亦厚天人感通之理淵乎昭哉孟陶之母善訓其子故軻成大賢而侃為名士今李母善教而諸子善承早晚禧擢高科當要路移孝為忠顯揚光大母氏之福殆方興而未艾也豈特

壽哉禎輩樂天之樂而文昭輩又能樂人之樂士風之厚皆君子之所與也余與尚文有世交之契今喜其子之善孝善成故亦樂為之記而不辭

公餘清翫圖記

知福唐郡事咸寍王仕美以公餘清翫卷謁余徵文按圖一即晋所謂竹林七賢者嵇康阮籍山濤劉伶阮咸向秀王戎也圖二即唐所謂竹谿六逸者孔巢父李白韓準裴政陶沔張叔明也三則宋之黄州團練蘇軾四又唐之弘文館分番侍講者曰亮于志寧蘇世長姚思廉許敬宗顔相時蘇勗孔穎達薛元超蔡允恭蓋房玄齡杜如晦虞世南李玄道李守素褚文達陸德明薛收餘則當時之賓從耳由晋迄今千有餘歲後之人有慕其風流醖

藉者有羨其才氣踈宕者有歆其遭際明盛者有憫其負材淪落者思其人不可見故命工繪圖置諸左右以寓其傾艷良惜之情今仕美當贊畫之暇焚香靜坐時一披閱聊以紓倥偬之懷與抑將尚友千古而儀範之與夫畫固末技也然君子有取之者以其所繪有關世教而有資於德也彼輕滅禮法遺落世事與夫不能引君當道者俱莫逃士林之清議於圖奚取惟才不見庸忠不見信者為可慨爾若耕莘釣渭望雲卧雪之類何反見棄於人而繪之者寡豈畫工之涯特熟於此而不熟於彼耶是皆莫可曉也詩云高山仰止景行行止此記者之意也惟高明以為何如

劉氏祠堂記

永嘉有文獻之裔曰劉介者讀書好禮嘗於棣華坊所居之東構堂四楹中列三龕以安先世之靈歲時饗祀無缺其適子賡以儒發身且司福唐郡庠之訓有年克紹先志而述厥事謂是堂雖設然常食常器常服常儀不可以祭乃遵禮度制為罍爵籩豆几案巾履之屬謹用仲月而行事族人里士可謂曰知復慮無以昭先德示後昆謁余徵記余惟祭先之禮昉於何時考之於書若歸格於藝祖若受命於神宗其證也三代以來各有廟祭而士之無爵者無文後或有祭於寢者此仁人孝子之誠爾至宋河南程夫子者出謂士不可以廟祭廟祭僭謂士不可

六

以寢祭寢祭褻僭不可也褻不可也不褻不僭其祠堂乎此祠堂之所由創是蓋以義起也禮以義起而極乎天理人心之善非所謂百世以俟聖人而不惑者耶今賡文雅有以亢宗醇篤而思廣孝況祿位得為而不悖於禮其有關於風化也大傳曰祭思敬書云奉先思孝然則孝敬又士君子立身報本之要道為劉氏之子孫者其永念諸

懷恩堂記

恩可報乎恩罔極而難報恩果不可報乎不報則恩絕此國子助教陳公懷恩之堂所以作也昔公未生而父沒既生而母沒父母之恩果可報乎父母沒而公之命不絕如綫幸見育於舅

此身賴舅以全活舅氏之恩又可報乎〻父沒母沒而舅亦沒向之不絕如綫者孰能成之卒賴朝廷以成之教吾於學授吾以官養吾以祿斟酌吾名而去取之斯恩之至重者是又可報乎哉親恩不報非仁也國恩不報非義也舅恩不報非禮也昧此三者而不報謂之智可不可也報之則懷於心懷於心則圖報之不已圖報之不已雖終吾身以報可也俾吾子孫以報亦可也生則吾報於身沒則子孫繼吾以報於後懷恩以報報而不替此公懷恩之堂所以名耶自公沒其子曰克昌者能繼厥志能述厥事由明經登高科累官而至御史律已有冰蘗聲治獄有忠恕聲巡歷有嚴亮聲驄馬所至山岳動搖青雲萬　殆未

可量此公報恩之徵也此公懷恩之堂　以克底於成也抑余聞之務報者天必善其後公昔能報而善其子子今能報而善其孫所報不已所善益遠為陳氏之子孫者永期圖報以善其後於無窮哉

友梅軒記

余表甥林彥明世居榕城早喪親事繼母以孝聞其沖澹尤異性愛梅嘗植數本於後圃搆軒其前扁曰友梅四明陳巡官繪圖以贈過余徵記夫天地之間所產甚蕃梅特植物中之一爾若桃杏之春蓮榴之夏蘭菊之秋是皆可愛者惟梅當臘發栗烈之時獨能挺然吐華噴馨於霜雪中氷清玉潔迥出塵表視

向日之爭妍競秀者為何如自和靖沒而世知好之者或寡子能知而好之得非有慕逋僊之為人乎昔逋僊隱居西湖之上讀書樂道不干聲利行誼之卓播揚縉紳其所詠暗香疏影之句至今膾炙人口子能學之何患不至玆觀所繪殆有深意子其識耶彼孤根如鐵新條如榆有始發如椒眼者蓓蕾如蜻蜓首者半開如蠶蛾翅者正者背者倒者浥露者迎風者離披欲墜者結思之密蓋楊王徐孫之流亞與是亦不必贅已雖然君子之所以異於人者以其志也以其學也以其行也子既沖澹又克孝親由是以擴諸心由是以訓厥子一期不改其操一期不替其芳一期不虛其用將見古人攫魁調羹之業可以馴致

八

豈終逋僊之窮而已子其念諸言既時座客高彥偉輩咸起謝曰先生之言幸啓茅塞請書以貫其圖云

奉萱堂記

王融戴惟昭蚤喪父賴母王氏鞠育訓誨以有今日每思孝其父而不得故旦夕盡心以孝其母士大夫嘉之爲顔其堂曰奉萱謁余徵記竊惟萱乃植物中之至微者而母實子身之所自出父母之德昊天罔極以萱比母輕重不倫君子奚取吾嘗考詩而知其説矣詩云焉得諼草言樹之背蓋堂北爲背母氏之居在焉諼名忘憂謂人食之能忘其憂故凡樹萱於背者亦惟欲母之忘其憂而已母忘其憂則心樂心樂則身安而壽可期

母安而壽非孝莫致此孝子之心所以不敢斥名其堂曰奉母特借其名曰奉萱者以此抑萱之為物必土以培之水以潤之然後遂其生母之為身必敬以養之誠以悅之然後永其壽惟昭之奉母猶奉萱者意本在此而不在彼也雖然吾將進子於道孔子曰夫孝始於事親中於事君終於立身孝之為道莫大於是子能讀書知立身矣又克孝母知事親矣未聞事君之術果何如也恭惟聖朝以孝為治屢求忠臣於孝子之門者欲敷至化於天下也誠能充己之學勵己之行移忠為孝得祿以養母推恩以及父孝在是忠亦在是矣奉萱之義不尤廣且大耶是為記

九

敬行軒記

君國子民建學為先故凡有天下者必資賢才以興善治士生斯世孰無致君澤民之心哉然敬行其本也昔舜命夔之典教首以直寬剛簡為言而成周之世則以六德六行六藝為教士非是奚學上非是奚取而世非是奚用哉道有升降士趨日卑明經者或詞章之攻仕進者或功利之急惟篤志好古能自拔於流俗者則不然爾宅心以仁既仁而加厚焉律身以禮既禮而加厚焉制事以義既義而加厚焉内焉而家脩此而已外焉而友講此而已大焉而天下不過舉此以措之而已吾閩乃紫陽朱子過化之鄉士習素厚而三山郡庠諸生曰陳鑑者合同

志士二十有一夙夜讀書惟實是務師嘉其志為表其軒曰敨行以余嘗忝出於諸是鄉諸縉紳後徵文以發其義嗟夫儒者之道其體具於心其用則與天地同其大士之為學上法天下法地每動必求諸其身是以孔子之贊易曰天行健君子以自強不息地勢坤君子以厚德載物者無非示人以敨行之路子能佩服聖訓以致乎其極則道不在天地不在聖賢而在我矣豈特擢高科當大任以成其功於一時耶爰疏前輩出身之大槩於左尚俾來者有所考且知所擇以自勵云

雙松圖記

凡植物之囿於兩間悉得天地之氣以生惟松挺然獨茂於歲

十

寒是松乃植物中之最壽者昔宣尼取其後彫而天保詩人亦嘗以此靳祝其上之壽良有以夫三山宜斯陳先生偕其配楊氏咸壽躋於耄且盃無恙正統甲子秋實惟宜斯之初度而子孫親賓戲綵稱觴以賀以樂彼玄冠縞衣巍然中坐者宜斯也儀容幽雅侍坐於傍者其楊也耶有如黃髮涵金兒齒瑩玉靜含溫恭動中矩度之二老者其真眉壽之徵與今年乙丑春又丁楊誕之晨宜斯之猶子連奉所繪雙松圖來徵文以艷其集慶之席余辭弗獲乃進而與之言曰夫人孰不欲偕老而康也亦孰不欲偕老而享其有子孫之養也顧方寸之所存何如昔箕子衍五福之疇曰壽曰攸好德而子思之贊舜曰大德者必

得其壽蓋壽係於天而不可以必致德由於人而可以自致壽既不可以倖得而况於雙壽乎至若德與壽稱福與壽稱世能有幾矧茲室家之宜彼此無媿閨門之邃嗃厲而和天之眷祐善人固方興而未艾也噫嘻松耶松耶其天錫難老之祥耶其將為謝家之玉樹竇林之五桂王庭之三槐耶姑記之以俟他日

閩盜原記

明代元以主中夏八十一年風俗五變洪武戊申太祖定鼎於建業水陸稱便惟時文臣則有誠意伯劉基學士宋濂尚書開濟相與斟酌所宜以弼成一代之治上懲元弊乾剛獨斷臣下

十一

有罹於法者輒竄殛誅夷無少吝惜故人人危懼旦夕以得生為幸然國富兵強令行禁止而天下之細民賴焉建文守成尚寬厚士勵廉恥教化興行將浸淫乎漢唐之盛未幾永樂兵起忠良之禍旁及九族浙之憲使王良獨能舉家自焚餘悉仍其舊職既而徙都於燕兵革土木殆無寧歲遠輸浩煩國用日耗凡犯至大辟者皆聽其贖利源一開蕩然無禁洪熙宣德承平襲侈委任非人太師楊士奇楚之逋逃以能文進與少保楊溥輩恃其爵齒輕改舊章雜進憸邪以植私黨延至正統宦寺擅權制從內降士進多門有用銀六千兩博一江南省使者吏暴民窮反形已兆侍講劉球以諫見殺尚書胡濙輩附權固寵濫

度僧道以倡異端異端起而妖誕作戊辰春劍川狂隸鄧茂七
倭官妖道陳得廣聚徒數千流劫鄉兵連帥合兵討之爲所
敗僵尸蔽野漬血盈川布政宋彰都指揮鄧安按察使方册匿
不以聞外以招撫為名不過陰行賄賂以欺罔上下是冬七府
貧民四出陳封之寇闔風響應罹害之家其苦萬狀列城閉關自固淫祀以徼福於
神忌下議已反行誹謗之令以箝其口道路以目勢不可已則
詭詞以請朝命都督劉聚都御史張楷提兵入境逗遛不進賊
勢益張民大失望越次年夏幸太監吉祥寍祥侯陳懋尚書金
濂率衆深入殲渠魁而納降服何期括蒼坑首葉宗留糾集閩
辦之民以撓戕邊鄙有司調發不均富者幸免又乘機橫斂金

十三

十三

帛人不聊生致有自剄以死向之降者復相繼叛去彼死於鋒鏑者誰墐誰哀此死於誅求者奚訴奚救悠悠蒼天嗚呼痛哉思昔帝王之興莫不以修德納諫用賢去姦為務今若此孰能達私情於上以為宗社計為宗社計必得良臣如汲黯郭子儀范仲淹者出而任之然後可悠悠蒼天嗚呼痛哉

一樂堂記

瀛洲去閩邑三舍許與新寧之境相接四土環滙厥土若浮洲之陽則處士鄒孔信氏之居在焉孔信昆季三人敦尚孝誼縉紳大夫嘗以一樂顏其堂介其友林世完謁余徵記竊聞諸孟子曰父母俱存兄弟無故一樂也斯樂在天人所罕得今既得

之何其幸與夫人之生於斯世孰不欲上有父母之依下有兄弟之託哉上有依則樂吾孝道之可行下有託則樂吾友道之可盡然有分焉弗可以倖致上焉具者或下之多艱下焉具者或上之缺望蓼常諸詩可誦可嘆雖欲言樂烏可得耶今孔信者幸生樂土幸際清時幸怙恃壽康而手足完好得天之祐以裕其家誠士君子名教中之至樂也奚以記為世完復作而請曰僕與鄒也盧猶櫛比所行之懿知之匪聞每晨之三人者祗率子婦立階下以俟其親之出出則瞻洋如儀問安進食食畢即雁次揖讓以退風雨寒燠動履惟常而況同爨之指二百有奇各務乃務而弗懈一門之中怡怡熙熙優游卒歲願終惠言

十三

以彰厥美余曰俞孟子又不云乎仰不愧俯不怍二樂也茲樂在人人固當勉勉之不已聖賢可期比子之云又何如也更當以是勉之嗚呼凡人之同有此樂者奈何不勉

南園八景記

南園翁黃原美監察御史黃鎬父也世居於山下耕讀游息之餘取其園中所見之勝釐為八題而時之以詩鳴者多為賦詠以豁其志間以記見屬余惟君子之學務崇本實故動必求諸身今觀所命之名殆有深旨似不可以淺近論其名軒曰養靜亭曰成趣者意謂軒之幽足以養吾靜靜有所得故亭〻之〻敞而可以成吾趣也其名石曰凌雲樓曰環山者意謂石惟堅而有

立吾志堅而能立則所立者日益高樓之高而可視吾處高而視之則所視者日益廣曰丹霞洞曰黃菊徑者洞非有以於闇然日章之文乎徑非有取於淡而不厭之節乎曰桂花岩曰梅花塢者一則喜其子能折高香巳魁俟庠之士一則冀其子將結嘉實以和商鼎之羮此八者君子體用之學在是而翁之意亦或在是彼外艷以逐時好者則未免有玩物喪志之累恐不足以為高明道浯水之西多清議士若見吾宗黃廷玉暨鄭培叔林文則諸故舊試質鄙說之然否願矣作而謝曰先生之言是請書以貫於卷

陳氏景德堂記

十四

閩號海濱洙泗凡故家巨族之教率其下者必先以孝友為務士舍是無取也去城十里許地名合沙而陳氏世宅於此其孝友實一鄉之望焉伯用晦仲用明尤好讀儒書而喜交名士故縉紳之與游者咸嘉其行為顏其堂曰景德謁余徵記思昔成王之美君陳曰惟爾令德孝友夫令德而止曰孝友則孝友乃景德之實而德之景者莫是過也蓋人有父母而孝之人有兄弟而友之孝友叙而天倫明孝友盡而人倫厚堯舜之道亦孝友而已矣今用晦克孝以倡其弟用明克友以事其兄由承顏順志以敦一家之仁由徐行後長以啟一家之讓邇而子孫一孝友之相親遠而族屬一孝友之相睦孝在是友在是而景德

之實豈外是哉若陳寔一堂孝友而德星見於天若陳褒一族孝友而德譽播於世若陳省華一門孝友而德位顯於[illegible]斯皆陳氏景德之明驗也書云惠迪吉詩云景行行止以介景福將見合沙陳氏之慶固方興而未艾余之記庶其足徵也夫

翠微書屋記

君子之學靜以為本靜則百慮清而心有所主否則物役於外而動動而踰節遂嬉以荒而廢此武進卞廷蘭氏之翠微書屋所以作也廷蘭世居闤闠中富而嗜學然朝夕所接不過故舊之往來耳於學奚取以故乃相宅後瀆河之所得地數畝繚以垣甃以徑搆屋儲書其中以居焉屋之西因窊為池池廣而泉

潔增凸為山山脊而峯秀餘則環植梅竹之屬以映蔽於其外而屋之景勝矣垣有門應門有僮非客不納塵累既除市囂亦遠簾捲而微風來窓開而晴光入童冠在列温温恂恂於以窮六籍之理於以閱百氏之文於以申詩禮之訓間有過者必焚香煮茗以叙款曲坐既久不覺境與情融興隨趣發洋洋然悠悠然人我兩忘動静俱泯莫知孰為賓孰為主孰為山林而孰為城邑也客既去散步於庭或倚樹而歌心遠地偏之句以自適書屋之助若此苟非中有所養則亦安知夫静中所得意味之妙又若此乎抑余聞古人之所以大過人者皆由其以素之有養也所養大故其設施造就也亦大今廷蘭之所養既大豈

文

七

終遯跡於此而不出耶出則其設施其造就亦必有異於人爾方伯公朝天班瑞良會可期請道鄙意以告尚冀其有以復我哉

靜中意思

十六

旂山翁耕讀於青溪之上罕接人事所居小齋中有書數卷琴一張香一爐終日垂簾端坐恬如也覺非居士過而問曰先生道不行於時而志揚足不出戶限而譽彰淵淵默默弗炎弗涼蓋古所謂中有養而外無所求者耶翁曰否養非吾所知也吾性朴吾材樗吾惟守拙以安吾靜而已居士曰靜中意思可得聞與曰難言也試舉其略以告粤自玄黃未判之先謂之混沌

混沌之中理氣莫辨視無見而聽無聞也此靜中之意思乎靜極而動動則天地闢焉日月行焉風雷鳴焉寒暑推移而變恠出焉聖人有憂之乃主靜以立人極而制動之術汲汲然不容已也是故以書契代結繩之治以禮樂陶民性之中以刑罰防民情之過夫然後夫婦別父子親君臣義而天下復相安於無事之境此亦靜中之意思也至若知靜而靜知動而動隨時進退與道偕行者惟明哲之士能之吾輩則皆莫之能也今吾目不別姸媸拙於視也耳不審宫羽拙於聽也智不察機變拙於謀也故言焉而人不我非行焉而人不我議衆以庸流視吾而皆不吾忌也此吾得以逍遥順適守拙之以安吾之靜靜中意思

殆難以語人也居士啞然笑曰先生之靜與我合遂長揖出門去客既去翁乃鼓琴而歌曰天湛湛兮無雲海汪汪兮[illegible][illegible]山幽幽兮萬籟息蛙鳴蟬噪兮不聞守吾拙兮安吾靜不終遯世兮以離夫斯人之羣

牧民清畏記

建昌胡君啓廸由進士擢任楚之湘鄉令湘鄉地大習澆素號難治君下車初即汲汲篤民而急其先務暇則進諸父老革訪求人情土俗之所宜行者以濟其未備所居小齋中又大書古人清畏二字以自警夫治民固以清為本清則心有所畏而本立畏以直内所以存此清也清以方外所以行此長也清在是

畏在是而牧民之要豈外是乎有如昧爽升堂丞與簿左右坐君心清凡錢穀簿書之類君悉與之相講究都則行吁則止由是而邑之政清矣日出莅事吏與民列堂下君心清凡告戒命令之類君悉與之相可否順則行拂則止由是而邑之化清矣日中而食食焉思畏畏素餐之我譏日入而息息焉思畏畏屋漏之我愧至若崇祀典重學校課農桑恤困窮謹刑罰一以是心行之行之既久則蚩蠢之民皆帖帖然畢歸於吾清畏之内爾雖然若登高必自卑若行遠必自邇古有是言也君今之治邑如此則他日之大用可卜請朝夕加勉幸無負吾斯文故舊之望

風憲清畏記

孟子曰伯夷聖之清者也夫人之清未至於聖則必心存乎畏而後清德之本立凡下伯夷一等者烏可不存畏心以立其本邪有如動靜交修表裏澄徹此吾閩憲使胡公之德之清其諸異乎古人所謂畏人知與不知之清也蓋畏人之清未免近名自畏之清厥濟斯溥吾想公昔之為士也存畏心以脩於家則一家之教清公昔之為宰也存畏心以施於邑則一邑之政清由邑宰而侍御敭歷中外戰兢自持山嶽動搖豺狼遁迹一道之風盍不清乎由侍御而憲副夙夜在公贊襄匪懈百度脩明上倡下應一司之風盍不清乎茲由憲副而憲長也此心之畏弗替

十八

厥初同寅協恭令行禁止是以兵民相安秋毫無擾四境之内清風穆如原其所自皆本於公心之一畏中來吁清之所被將不止此而已書云居寵思危罔不惟畏弗畏入畏公其念諸

歲寒三友圖記

錢塘沈應祥清修尚義所居小齋前列植松竹梅以供翫好每讀書鳴琴暇即鈎簾默坐閲玆久而自誦曰此吾徒歲寒之三益也好事者為繪圖以表厥趣凡與遊者又從而歌詠之致書徵文以弁圖首余曰天地間動植異類君子則各隨其趣之所適而愛之昔屈三閭之愛蘭蘭宜於春蘭花之幽寂者三閭之愛固宜周濂溪之愛蓮蓮宜於夏蓮花之君子者濂溪之愛亦

宜陶彭澤之愛菊菊宜於秋菊花之深淡者彭澤之愛奚忝今應祥所愛豈果有契於心與抑特取其足以悅吾目也應祥若曰古人之趣目觸而理寓物有奈寒之性士有歲寒之盟彼此相合吾惟順適以閱其理而已竊惟嚴冬氣肅之時物無不瘁惟松也有蒼然不可犯之色竹也有挺然不可奪之節梅也有凜然不可褻之馨吾惟好之篤故不覺其情之怡也吁子之所好誠是而吾之所取則不止於是然物之所以見重於人與人之所以見重於世者皆以其有資於用也彼松之材非可以建王者之堂乎彼竹之管非可以和大廷之樂乎彼梅之實非可以調金鼎之羹乎萬物之理皆備於我顧我之抱負設施何如

十九

耳詩云維其有之是以似之請書以為朂

花院稱觴記

瓊河碩人江氏故處士呂從芳之妻孝子文曙則曦之母也則曦以早年不及致孝於父為恨故孜孜然盡孝以事母母壽踰八袠康寍樂善而則曦之孝如一日凡與游者為繪圖賦詩以廣厥志介臺江李叔欽徵余記其所謂花院稱觴者余問其説叔欽曰孝子奉母堂名春暉今堂中所繪之景四曰花院稱觴曰槐庭戲綵曰蘭閣承懽曰萱堂愛日合而命之曰北堂四景惟兹花院稱觴乃其圖中之春景也孝子每當春日和煦時思因時以悅其母母不嗜飲孝子暇則率子婦設筵於堂命小女

奴數人戲綵歌詩以勸酒進歌曰春日遲遲兮百花開子欲悦母兮酌彼金罍子勸母飲兮聊以開懷酒再進又歌曰花院清幽兮淑景融羅芳潔兮薦金鍾婦勸姑飲兮樂大厦之帡幪酒三進又從而歌曰北堂敞兮設綺筵殽在豆兮核在籩祖母中坐兮人中仙孔雀屏暖兮香猊噴烟子婦怡怡兮趨蹌後先歌宛轉舞蹁躚孫勸酒兮跪席前孫祝壽兮祖母萬年語既余悚然而嘆曰善矣哉何孝子之能悦其親也既悦其親又何能率乃婦乃子輩以同盡此悦親之情也詩云孝子不匱永錫爾類天之福善固宜子子孫孫之多賢也與

黄氏耕樂齋記

二十

士農工商四民也類雖殊而各有所事士事進修農事稼穡工事什器商事化居大抵事遂其欲者樂否則困心衡慮而不樂以常情言天下之事莫勞於農農者多勞而少樂間有樂者要皆不若吾能常存畏心而常以畏為樂也吾世居閩郊東祖宗壹以力田為業凡為其子孫者厥心臧惟土物愛故樂之相承也非一日揭名於齋表吾志也若曰春日載陽我率疆以以佃我田以播我穀歡忻趨事罔有怠心此吾東作之樂夏而苗茂莠亦驕驕我率亞旅或麃或耔饁婦慰士此吾薅雝之樂八月其穫積之栗栗我率族人以啓百室百室盈止婦子寍止此吾西成之樂九月肅霜十月滌場烹羔酌醪以介眉壽嗟我婦子

曰為旼歲入此室處此吾農隙之樂時序遞遷樂罔或間爰讀我書爰勵我行窮通得喪一聽於天天之所在曰畏曰樂之所存也雖然昔龐公耕襄而樂彼能獨樂其樂不能遺其子孫以樂伊尹耕莘而樂彼能推己之樂而濟天下以樂嗚呼吾樂龐公之樂與吾推伊尹之樂與子孫永繼吾志永述吾事而懋諸

巡按福建監察御史凃公補鑄大成祭器記

皇明啓運列聖相承一以簡任賢才為事神治民之本仰惟古昔帝王為治之法散見於遺書何非孔子刪述之以詔後世則世儒貿貿然莫知所從故首勑禮官會議其所以崇德報功之典務合至公制下内自京畿外而郡邑莫不建學學必有廟廟

必有祭每歲春秋仲月行事名曰釋奠日用上丁禮行三獻樂用宮懸舞用六佾嘻盛矣哉王者之祀之遍於天下後世也如此吾閩乃東南文獻之邦實考亭朱子倡明道學之地洪武初所頒祭器樂器各極其精緻歷茲百祀間漸昏刓成化丁亥春巡繡衣涂至首謁先聖先師於泮上觀諸廢缺慨然興懷乃召福唐郡守吳淵通判毛祚與議其所費公恐煩民遂出廩給餘資命運使楊益禮勸四方來遊之商者至皆樂從月餘得錢二百餘緡悉付議者與工鼓鑄首鑄犧象尊一象尊一罍一登五銅二十爵十五次鑄籩豆簠簋四佰五十有六以銅計之重一千九百六十五斤以工計之僅一百五十餘日器視古而雅功

不督而成犒賞不勞而辦秋期至公復臨視益虔至若鐘磬之簴笙簫之管琴瑟之絃柷之椎敔之櫟亦皆脩飭如故公之用心不亦至哉將祀之夕殿廡清肅燭燎輝煌酒殽馨牲品潔小大駿奔執事有恪神歆人懽百福攸萃祭畢衆來徵文以紀公績澤不敏辭不獲謹拜手稽首直述其槩請刻碑豎於廟廷用昭不朽公名斐字　　江右豐城人由　進士擢今官歷中外赫然有聲其嘉謨善政異時自有執彤管者為公大書特書於信史兹不贅懼瀆而不嚴也

仙源慶壽圖記

仙源慶壽圖者閩士楊廷璧為欽差百户馬從厚作也圖中三

十有四人乃倣唐小李將軍着色為之凡衣青者九人衣緑者八人衣褐者三人緇者四絳者一紫者三而雲鬟翠飾者六其體態動靜異其衣冠舄屨異其疎密濃淡相間異各極精妙誠當代之絶筆也大要專以三清為主三清者謂三翁生稟之純一謂神清氣清而骨清詩云三壽作朋殆本於是三翁居中二翁對奕一翁巍然中坐以觀二女侍一執鶴翎扇二其緝御也童子三一執靈壽杖一拱立於傍一手舞足蹈旋轉蹁躚以調鶴也時王母知三清降則自洞右秉圭以出二女從一執蓬萊扇一奉盤以薦蟠桃斯二者蓋董雙成許飛瓊之流也須臾八仙亦隨班以參謁八者誰曰鐵拐風僧哥鍾離先生呂洞賓藍

芍

采和懸壺子曹國舅韓令也或拍檀板以歌或捧名花以進香
山九老聞三清降又自洞左而列於前七老互相告語指視端
竹各伸其瞻仰拜 之敬彼焚香擎芝之童則尾二老之末至
九老者曰刑部尚書白居易年七十四懷州司馬胡果年八十
九衛尉卿吉旼年八十八龍虎武長史鄭據年八十五慈州刺史
劉嘉年八十七侍御史盧真年八十三永州刺史張渾年七十
七秘書監狄兼謨與河南尹盧貞皆年近七十者此仙源一時
慶壽之會之盛典嗟夫佛老神仙洞天福地固世所罕見今或
幸見之信可喜而可樂然吾儒之所樂者則不在於是恭惟皇
明啓運六合 同春明良相逢華夷一統上有取萬壽之聖君下有

廿三

萬年之寰宇漸世斯民會極歸極此泰和之治所以比隆於虞周也奚必慶（羣）仙慶壽云乎哉

龍橋書舍記

夫世之所謂故家大族者豈在於門地之崇宮室之美田園之富而僕從輿馬之侈耶吾盖取其修身有本治家有法文獻有徵一門之內父慈子孝兄友弟恭而世世傳承之弗戾也德本諸身道行於外一此之推而無間否則烏能見重於清議哉吾閩乃紫陽朱子倡母（道）之邦民俗素厚而大家子孫之習尤厚於齊民且如松山葉暄字思獻者其遠祖曰叔安曰仲偉曰政卿曰可久累世業儒代有仕宦雖不顯實過於名可久之子鉞

字希武當元至順三年秋嘗以麟經中浙省之試丁時繹騷遂隱不出洪武初憲使陶公重其為人乃聘為閩庠之博士一時與渚賀濔得師是為思猷之高祖其子士顯亦以明經辟為汀庠之司訓司訓子貢字達夫號遜菴少有大志苦學力農家日裕遂相地於龍橋之東構屋儲書教授鄉里因扁其堂曰龍橋書舍遜菴子朔早年不祿朔子三長即思猷次瞰次居皆幼孤孝友皆講易授徒成化乙酉秋居領鄉薦今任江西石城邑庠之訓導思猷以余舊交來請撰其祖遜菴往日名堂之記余惟書者經史諸子百家格言之總名而三極之道備經賴天生孔子删述之而後定餘則又賴周張程朱諸子表章釐正講釋之

廿四

之而始明，克由其道，雖歷萬世而無獘。學者果能沉潛玩索，身體而力行之，則措諸事功無往不達。吁！為葉氏之後者，自茲以往，尤當兢兢業業，以永其傳於無替，書舍之記豈小補云。

薇垣慶壽堂記

成化丁亥仲冬既望，福唐致仕亞卿吳公謂澤曰：閩藩大方伯秦公總角時讀書於泮上，弱冠中進士，年四十由刑部郎中升今官。其為人也，寬而廉，剛而果，直而不阿，表裏一，豈弟之施而無二。自下車來，訪民情，除積獘，庶獄平，澆訟息，五穀熟而瑞蓮生於池。明當初度，方伯張公偕諸僚佐暨厥子孫設宴於堂以慶公壽。余忝舊交，求子一言以為賀。澤曰：嘻！壽固人所欲者而世不可以必得祿亦人所重者而世不可以倖得子孫由人所願而賴以為養者是又不可以兼得夫人既有生矣罕有壽焉既有壽矣罕有祿焉既有祿矣罕得子孫之多而能養焉子孫既多而能養矣又罕有身際明時出任大鎮而得大布其惠於一方焉備諸全福實難其人吾今於公見之此公之壽所以為可貴而慶壽之文所宜作也吾想是日也簾開清晝香噴金猊廣筵靜嘉殽核維旅賓主之賢子孫之美衣冠之盛禮行樂作和氣藹如既而有酌清酒以勸飲者有笙由庚以侑食者有着綵衣以舞蹈者復有舉壽盃以相酬酢者人生世間俯仰無媿此時此樂豈多得耶洪惟聖皇建極俊傑登庸庶績其凝河清

海晏令諸公當承宣之暇皆能推此樂以裕民而民亦各親親長長以樂其樂於田里上下相安如此傳曰一視而同仁篤近而舉遠非是之謂也吳公曰俞請書於軸以為獻是月辛巳閩中八十三翁黃澤記

世德流光堂記

向余客三山時辱賓於致仕憲使林君禮亨之館凡相知者皆承下顧間有鄉先生曰姚孟實者偕進士翁宗海及茂才程廷觧奉卷介禮亨進而求作世德流光堂記以贈其友沈思敬余謂禮亨曰思敬何人耶其名堂何義禮亨曰思敬閩中世家子余世親也五代末其鼻祖自光州從王潮氏入閩迨今五百七

十有餘歲姑舉其近而可知者言一世祖號建翁二世祖字希尹三世祖字以方號稼軒四世祖字可大號恬所五世考字亨道號耕隱而思敬則耕隱之適子也號巽齋自建翁至巽齋六世爾子孫良而族屬盛世皆孝友世皆力田世皆業儒世皆執禮敬賢世皆恤鄰好施平日所與交者皆縉紳大夫暨遠近之名士有如翰林修撰王中美陳叔剛內翰檢討王孟敭春坊諭德林尚默都察院都御史洪寶夫工部侍郎吳克禮工部都給事中姚孟聲浙江廣東貴三布政使曰黃敷仲林茂弘董積中雲南參議王思舜鶴慶府學教授陳宗政廣東按察副使張從周江西按察僉事高從時旭南安知府陳嶶仲華或親焉或師焉

廿六

或友焉皆契密莫逆或聚焉或散焉或請益焉皆有詞翰相往來要皆重其門地行誼之清高雖歷六七百年之久猶一日而不衰也余曰嘻堂名弗忝孔子曰德不孤必有鄰閩俗之厚海濱洙泗不其然乎余歸遽既而孟寶遣人復來索記遂書前日所云者以歸之閩山諸老見此幸無哂吾言耄尚冀刪削附卷世德子孫其永懋哉其永懋哉

重脩福唐開元寺記

福唐開元大禪寺在三山闤闠中乃方岳大臣歲時率其境内大夫士習儀祝釐之所也舊名靈山創於梁太清之四年迨今九百一十有四載唐開元二十年制改今額宋天禧中毀於災

隨已隨完國朝洪武初寺之艮隅半為豪右所侵側徑荒谿有
妨出入而殿閣堂廡間亦頹圮天順庚辰冬欽差少監馮公詣
寺徒修惻然興慨爰進緇流而諏其可委任者衆僉曰惟茲副
綱慧巍實住持是且望重叢林人素信嚮若素重焉功成可期
公曰俞汝來前昔釋迦如來宏發誓願以濟利羣生入中土來
在在顯化時而又得清心苦行之士捨俗出家托鉢化募故能
建諸菴院而嚴像設是以名山大郡寶坊龍象巍然煥然起人
瞻敬寺今若茲起廢維艱汝其勉之汝之予助慧巍退而諗於
衆曰寺役之鉅當務為急遂首請復故地節冗費積羨餘叩檀
那裒衆施計徒傭市材陶瓦取厲取鍛乃經乃營冏工之序先

廿七

大殿次經藏次泗洲堂次靈源閣次兩廡次方丈至若僧寮賓館垣門階術種種完好告成之日公率屬登殿稽首拈香恭祝聖壽蘄鴻禧已端拱而立諸僧伽演唄誦經作諸善事凡見聞者莫不讚歎曰大哉明公善倡之念乎美哉宿德善承之力乎翼日都綱智明偕諸山住持文俊輩謁余徵文請記公績余曰嘻性相本定世相亦幻空即是色幻不終空斯功之成談之若易抑孰知易中之難固不可以一言盡也敬援以記用飭來者噫閟宮之壞其誰為修

黃氏留耕堂記

余交厚祺黃元美屈指四十有二年重其上世素積善而見稱

七

於鄉厥子鎬由進士任御史而升浙臬之僉事先元美以鎬貴得封御史而歿厥次子鈞以父嘗扁所居之堂曰留耕謁余請記余曰耕指農務言汝世業儒不事稼穡奚留耕之謂鈞曰曩時膝下恭聽過庭之訓云服不必華溫而止食不必美足而止行不必危善而止是以家族之衆惟善是行每事不後人以先己不昧人而暴己不損人以益己粟雖無多必量餘以濟餒帛雖無多必量留以濟寒財雖無羸亦量留以濟不給凡有所求留本以自裕而非有所圖也余曰嘻吾知爾父之所留矣蓋農留耕以百畝之田言士留耕以方寸之心言名同而實異也昔孔子云耕也餒在其中耕且或餒餒固不可留也又云積善之家

廿八

必有餘慶善必獲慶善誠不可以不留也夫人一心萬善悉具存則人失則獸心之用其大矣乎然心爲田必仁以培之義以治之培以仁猶農隨時以糞厥土治以義猶農相時以護厥苗土腴苗茂而嘉穀熟不猶仁滋義潤而子孫賢邪子恒以仁存心以義制行則孔子所謂積善者在是而父所扁留耕者在是爾宜益拓所留以裕乃後抑聞汝之族屬多讀書勵行以圖進取歸吏爲我陳古人四留之銘以飭之是又留耕言外之一助云嗚呼小子奈何不留

延平郡守鄭侯去思記

皇明受命統有萬方列聖相承一以選任賢才爲敬天保民之

廿

本故内而宰輔府曹外而方岳郡邑九德咸事庶績熙而邦本固否則蠹孽滋而禍亂作且如吾閩素稱文獻之邦大郡八而屬邑五十有奇北阻崇岡南薄大海國初以其勢難合一遂分建二閫以鎮其地復簡畀良牧以綏厥民是以七十餘年農富兵强相安無事未幾薦舉惟賄士出多門羣小鴟夷全無顧忌官箴隨師律弛民不聊生沙尤盜起七郡動搖所損甚大蓋由當時任表率司牧之長者非吾中州士類之良擅用夷以變夏鼠輩之罪可勝誅耶成化初聖上即位首清選法黜憸邪乃擢監察御史舒城鄭時為延平之知府時發身賢科剛明廉介自下車來毅然以宣上德達下情興學校變風俗為己責若曰官

艽

貪則法奈侯嚴以御吏而請託之不行政猛則民殘侯慈以撫衆而鞭扑之罕用斂重則財匱侯寬以恤農而毫髮之無科又如新三賢祠廣學宮地脩義倉營義塚驗産編夫明刑弼教竭誠格神靈雨輒應殫心殫力於茲三年夫何丁亥秋民不幸侯丁外艱去服齊衰服却餽贐金父老挽舟嗚嗚以泣道旁觀者莫不悽愴吁侯果何修以致此雖古循吏不是過也侯去久大邑耆民　　等猶感念不已皆具狀介進士翁晏吳珙來徵文欲鏤板懸於鄉賢祠壁以示不忘澤不佞敬次第其意以歸之且以勸諸在位者當脩天職亮天工子天民毋庸庸保禄以取議於天下後世文之有無奚足為侯之輕重哉異時自有執形

廿九

管者為侯大書特書於國史也

永思堂記

福唐太守洛陽畢公亨系本周支門地清白父道翁母王氏子五人公其季也公少穎異公特勉之以進學而母訓日嚴景泰中公擢高科官侍御故二老得荷恩典之贈此永思之堂所由作也居無何升令官黄堂政暇退食自公悵桑梓之云遥傷悲風之撼樹乃重扁所寓之堂曰永思蓋深示吾没齒不忘之痛也嗟夫父母之恩昊天罔極自襁褓而孩提由孩提而弱冠夙興夜寐之箴朝門暮閭之望是豈一言所能盡哉故凡為子者誠不忍以其没而弁髦之也吾想吾親之存也饑思食渴思飲

三十

寒思衣今欲食之飲之衣之皆不可得步思策出思輿疾思侍今欲策之輿之侍之亦不可得登堂不聞其聲所可見者書籍杯圈而已展墳不覿其色所可恨者松楸草莽而已哀哀父母生我劬勞念茲在茲釋茲在茲永思之苦止於此與抑不特此耳君親一體忠孝一思公盡移此思於此日予事君不忠非孝也吾思盡心以報國莅官不敬非孝也吾思盡愛以恤民忠孝兩盡永思之義不亦廣且大耶請記於堂以備觀省

味經堂記

餘姚尚節魏公廷用唐文貞公之二十八世孫也累代業儒公纘其緒危言危行名重於時宣德中公膺賢良方正之薦始丞於

瀧再調於濬所至皆盡心存卹故民戴之若父母性剛介不能俯仰涪湛竟解綬歸居閑無事乃於舊第之西搆堂儲書以恢世業以廸我後人因名其堂曰味經諸子諸孫每朝夕從事於斯以相勸飭長子瀚天性高明不煩程督遂以春秋中甲戌進士而官侍御政事文章講習有素敭歷中外赫然有聲嘗按治雲南歲周當代而六詔軍民夷獠乞留者以萬計今茲來閩亦一以澄清方面安養軍民為務智足以決大疑仁足以活死獄勇足以勝重任期年之間政清訟簡盜息人安味經之效何其彰彰也若是間徵文以發其堂義余惟士品有三物各有味顧人之所嗜者何如耳道德之味一功名之味二富貴之味三彼

味功名者其志馳味富貴者其志陋味道德者其志崇其用廣道德之味舍六經何以哉況六經乃古聖賢維持世教之書而修齊治平之道備吾能味之以修身以舉而措之天下也不難矣嘻子遵父教而克舉其官父以子貴而官同其秩一門之内光榮如此何莫非累世稽古傳經之力乎自兹以往繼繼承承夙夜匪懈則所味益深所養益熟所學益充所業益大視漢之二韋宋之二范王之三槐竇之五桂不亦異世而同符耶請誌於堂以勗來裔

介軒記

福建憲僉康公麟始由進士而擢侍御由侍御而升今官其為

廿三

人也狷而貞廉而辨自下車來嚴以劾貪寬以植善期年之間政聲日著澤僻處山林間風出謁公以弗屑奔競即降階延入而坐於廨軒之東時旭日方升四座宏敞新竹亭亭翠如膏沐神清氣和語合情暢頃之起指楣間介軒二字請記澤謝不敏越歲餘公偕同寅下顧濵行復申前請曰向屬軒記豈久而或忘耶公聯轡去澤強執筆搆辭竟無次第隣叟偶過視草笑曰介義近在目前子奚愚而不肖也易不云乎介於石不終日貞吉釋者謂君子當豫樂之時獨能以正自守故吉是介有堅確意孟子曰柳下惠不以三公易其介釋者謂凡事各有廉隅不可踰越為和是介有分辨意然貞乃介體而辨非介之用與今

廿一

有人焉靜而閑邪存誠集義養氣則德性凝定而介之體立動而應事接物揆理度務則條序分明而介之用行二者相資盖合內外而一之者也若然則身可脩家可齊國可治而天下可平介之義不亦盡乎言既澤茅塞頓開恍然而悟翼日敬具其言以復且以鮮區區遲拙之恥云

世澤流芳堂記

世澤流芳者南京錦衣衛指揮林斌燕居之堂名也名之者誰乃其子源志欲顯揚祖宗德業於悠久故名斯堂以自勗且以勗其後之人也嘻源之志其大矣乎愚考三山人物志及按源今求記之文曰林本光州固始人其上世有祖曰延之者在唐

光啓初偕七大姓從王潮氏入閩遂家於海濱之合北里迄今五百八十有餘歲姑舉其近而可知者言曾祖遂字伯祥幼孤性孝異於常兒能刲股和粥以愈母疾又善撫二老弟自娶至老不析居嘗代弟輸運涉海大風覆舟舟人盡沒公獨觭憑一木以濟鄉井驚異至若睦族恤鄰賑貧救患與凡見諸少傅楊公所撰孝友之傳中者茲皆不贅永樂初太祖宗文皇帝入正大統論功行賞公以子功蒙召至京慰勞宴賚欽賜冠帶榮歸故鄉後以壽終於家復蒙遣官贈賻如制士林輿論咸以是皆由先生平日積善所致也公子觀字用賓斌之父源之祖也少負大志好交名儒洪武己卯歲當擾攘上謁文皇於潛邸一見語合

即留置行營使掌功載後以武功累升錦衣衛之指揮萬幾暇
上從容諭曰卿今任職吏宜讀書又聞對近臣曰觀事朕久篤
慎可嘉聞其每隨軍北征行李不過騾馬各一而已尋有譖者
上知其妄曰觀安有此自是眷注益專或命審察民隱或簡出
使外番貂裘錦袍不一其賜仁宗登極首升陝西之都指揮宣
宗念其勳舊復遣使馳驛召還原衛後以疾卒英宗臨朝聞訃
嗟悼勅官諭祭賻贈有加仍命子斌護喪歸葬畢入謝俾襲父
舊職留守南京斌素忠廉克舉其職一門三世簡在帝心若曰
稽古周有名公父子同心弼亮四世林氏世澤殆類是與嗚呼
君親之恩天地同大自今以後凡為源之子子孫孫者固宜盡

孝盡忠永圖補報於罔極愚之記庶其有傳也夫

呰

聖蹟圖序

江西憲僉三山高公之子均遵正道崇正學聞得時人所繪聖蹟圖圖列三十有一事寘諸座右時一展玩以寓其景仰之思過余求序謹依所列而釋之昔叔梁紇娶顏氏女禱於魯之尼丘山而孔子生實襄公二十一年巳酉冬十月二十一日庚子也為兒嬉戲常陳俎豆設禮容及長為委吏料量平為司職吏畜蕃息既而與南宮敬叔適周問禮於老子適齊聞韶景公欲封以尼谿之田晏嬰不可公惑之反乎魯脩詩書禮樂以啓後學定公以為中都宰四方則之遂為大司寇相公會齊侯於夾谷

廿四

齊以夷樂進孔子歷階正言以郤之齊侯慙而謝過遣使歸魯所侵地攝相事三月鬻羔豚者弗飾賈男女異路道不拾遺齊人懼遣使陳女樂文馬於魯南之高門外君相往觀而怠於政孔子行過匡顏刻御匡人以為陽虎拘之月餘適衛靈公與夫人同車使孔子為次乘醜之去適宋與諸弟子習禮於樹下司馬桓魋欲殺之拔其樹適鄭與子貢輩相失獨立於郭東門至陳有隼集於陳楛矢貫之公問故曰隼來遠矣其肅慎氏之矢也求之故府果得焉擊磬於衛有荷蕢者聞而嘆之學鼓琴於師襄子將西見趙簡子至河而反復如衛靈公與語仰視蜚鴻去適蔡使子路問津於沮溺厄於陳從者病莫能興楚昭王興

廿一

師迎之免王將封以書社地令尹子西止之反魯乃删詩書正禮樂贊周易脩春秋春秋成而麟死於鉏商氏之手孔子泣而傷之一日忽夢作曳杖於門逍遥而歌七日卒在哀公十六年壬戌夏四月十八日己丑也葬城北泗上弟子皆服心喪三年惟子貢廬於塚側凡六年歷秦至漢高帝過魯始以太牢祀此圖所叙之大略也雖然竊有所疑不敢不告尼山之禱是也未聞母獨出郊而禱諸戲陳俎豆是也未聞兒時輒冠以行禮問禮學琴是也問官學樂不當以例録乎泣麟曳杖是也夢奠兩楹不可以類附乎聖人之教自近以及遠何遺伯魚過庭之訓也聖人之政先德而後刑奚取荀況騰口之辭也借論及此君

廿五

子擇焉

恩德錄後序

正統戊辰春閩沙尤之盜起守臣莫之能討以貽方面羞上以刑部右侍郎臣薛希璉有文武才授以節鉞俾往保釐公至問盜所由父老曰由於吏公為治其甚者盜尚熾又問曰由於政公為除其敝者盜猶未息又問曰由於塞公為敷其信者越三年貪者廉蠹者剔利之弛者張洞壑之反側者皆漸次效順遂協衆謀因卭為城因澗為隍寬貢賦謹儲蓄演武脩文禮賢勵士威德大行間過余東山下徵文序其恩德錄後意謂恩乃聖明所錫者德乃先世所積者始由積之厚終底錫之隆令二者

皆萃於渺渺之躬俯仰思之吾果何脩以致此哉吾可頃刻怠忽而弗思所以報哉圖報於吾吾可弗盡心思以永所報於子孫哉故上自朝廷之制敕下迨公卿大夫士之撰述若序記表傳行實銘誌哀輓詩辭與夫像贊塋林之類或繪於圖或載於冊或勒於石靡一不具嗚呼觀公用心是可謂克篤忠孝之大者也蓋公以進士起家拜御史陟亞卿歷中外能聲籍甚簡在上心已非一日至於贈封之榮寵任之重詞林鉅公述之甚悉尚奚用區區一言之贅縱言之亦奚足以為公之軒輕邪竊惟子孫之行莫大於孝臣鄰之分莫踰於忠非忠無以報恩非孝無以報德此儒者之常談也然君親之恩德罔極而臣子之

廿七

廿六

忠孝難窮自今以往冀公益勉乃孝益罄乃忠與凡納降恤困扶顛持危之道益殫乃慮誠如是則德日新業日廣恩日盛爵日崇子孫雲仍繼述昌熾薛氏之慶固方興而未艾也斯錄之光詎可量乎

浯江八景詩序

黄為閩之著姓曰諷者五代末由浮光來以諫議大夫以直迸居浯江之陽實為黄岸諸黄之始祖積累孔厚代不乏人八世孫浩與其子光俱中延祐進士第浩終漳浦令至今人頌其政不衰十八世孫環英偉亢宗壯而不祿其子鍵任繁昌邑簿人咸服其平環之弟曰璋字廷玉者敦禮尚義鄉稱善人暇讀之

廿六

之暇寓情山水書即其所居之景以命名賦詩凡士林之善鳴者皆與賡唱成什而徵余序其首蓋是江之南有石隆起而平波光林影映帶左右每風日和暢時而廷玉引觴垂綸以坐因名其處曰醉魚磯江之北有溪深曲沮洳行者病之而廷玉毅然率倡鳩材募工架梁其上遠近稱便因表其望曰語水橋宅之西有堂翼然輪奐鮮美世事始祖之主於其中曰諫議祠宅之南有洞穹然高明亢潔世傳葛洪之井在其下曰僊人石又其南碧嶺岧嶢迥出霄漢四時雲氣氤氳不絕又其西奇峯聳翠狀如立象㟝嶁在下若獸蹲伏曰棲雲嶺曰大象峰是已至若浮屠有廬睽綴山麓金僊有刹半出山腰鐘鼓之音接乎目

廿七

塔幢之影接乎目曰通玄菴曰精嚴寺非此也耶之八者皆因實景以陶寫吾之性情固非矯假以誇耀乎人者比吾嘗稽世人之所尚而知其中之所存彼逐物者其志馳樂道者其趣淡金谷豹林之宣驕飾詐孰若鹿門盤谷之穩重清高哉況玉家遯無求善貽厥後高陽氏之澤諫議既有以續之於前諫議公之光廷玉又有以揚之於遠殆見地因人而益勝景因詩而益顯然則肯堂肯構肯播肯穫吾於華宗之子孫固深望其敬懋之勿替也

送禮部主事陳巖仲詩序

恭惟聖朝以孝治天下以仁育萬民以禮待臣下士以文階進

者率皆三載考績三考其績而黜陟之考得其最則視其祿秩
或頒誥或給勅以褒其親而及其身與配否則弗與然尤重於
朝臣朝臣得誥勅者親存則予告歸省沒則歸祭告於其祠士
生斯世沐茲寵光何其幸哉時三山之仕者僅百人而獲預恩
典者什之一朝廷激勸之公而賞不僭也如此乃正統壬戌春
禮部主事陳嶶仲者以考最奉勅而歸祇行焚黄之禮遂謹勒
勅於碑竪碑於墓以為其親榮親戚交游罔不歆艷猗歟休哉
公程有期驪駒在道候邑大尹梁君率諸縉紳出餞於郊各賦
詩以贈其行而徵余序余惟詩者志之所之在心為志發言為
詩言之不足宜其嗟嘆永歌之不容已也國朝統一華夷禮俈

卅八

樂和故善詩者多能追逐古作謂非得於道德涵濡之深其能然耶觀之是什可見雖然忠孝之道無窮而學無止法嶶仲行當益勉其所未至以求無負皇上之恩則他日簡拔之公與夫褒揚之大豈若是而已哉

贈里正盧宗和役滿序

皇明法古為治制度詳悉期以暢吾一視之仁而已蓋四海黎民之衆非朝令而夕可周故內設府曹臺院外設藩臬郡邑皆為安養斯民計也茍非慎擇公謹端厚之人以充里老吾見德意雖宣而下情或壅求無愁歎之聲不亦難乎閩為東南大藩而閩邑居五十弖之首邑之鼓山密邇諸司被化最速凡充里

老之人若極一鄉之選若浦東盧宗和是已宗和世業儒教授鄉里洪武中其尊翁由茂才擢任鳳陽之司倉後以最升東廣之巡檢引年終老於家迄今子孫皆克遵其遺教適是里耆士缺當道者詢於衆衆僉曰惟宗和宜宗和辭當道者強起之既而復以老疾辭當道者復強留之正統辛酉春宗和又以丁産之殷出膺里正時年雖高乃心不懈每使其子弟輩旦夕執役於官上完公務下恤困窮至月朔望而宗和偕諸父老謁上官悉以民情之休戚達上官採其言而行之由是上無過舉下無失業不惟吾邑之民安而八郡四十九邑之民舉安聖朝一視之仁何其溥哉歲月既週役已云畢凡諸交游咸樂吾鄉之總

廿九

且嘉宗和之克舉兩役求文以爲善者勸余惟天地之大德曰曰生聖人之大寶曰德官布德於上民承德於下而里老則通上下之情以廣其德者也若宗和者是誠所謂公謹端厚之士上無負於委任下無負於仰賴者耶茲重其友之請遂不辭而序於首簡云

送懷安縣儒學訓導胡淵序

邑庠司訓胡子澄秩滿將之京儒林諸彦咸繪圖賦詩以贈而介閫帥王公請余徵文以弁其圖首余僻處林壑不與俗接久且莫識子澄履歷之詳當何詞以復竊惟聖朝道虞夏治超漢唐其所以譽髦斯士者曰養與教而已歷歲既久恐教養之

法隳又慎擇憲臣之良者以專其督養固豐也教固密也督固嚴也何斯士之譽髦者或此然而彼不盡然耶蓋由執教鐸者之克舉其職與否焉爾夫帝王之道具諸經歷代事蹟具諸史必知焉而後行必學焉而後知學之弗篤弗知也知之弗明弗行也行之弗至弗成也學之篤知之明行之至則身由是而脩也民由是而理也政化由是而旁洽也若然舍教曷以哉王公云子澄蚤廸義方其學自家始長循規矩其教自身始故其館下生徒皆淳雅異俗濟濟有成由此觀之是所謂執教鐸而克舉其職者非耶昔晦翁之教南康安定之教蘇湖必嚴條約而以身先之所以出其門者皆明體而適於用子澄之教殆亦柯

範先哲而施與彼率後學誦陳文以趨捷徑者所就鄙陋其視此不亦有忸於中乎今將明試以功顯庸可必顧當推其所以造就斯士者以膏澤斯民矣此固君子之素願在子澄所當勉或者勿以余言為迂而哂諸

南湖鄭氏族譜序

族有譜尚矣古者因生賜姓胙土命氏姓以別婚姻氏以辨貴賤而又統之以九兩約之以五宗然後昭穆明長幼序疏戚洽小而保族宜家大而庇民正俗其所繫不亦重矣乎後世氏族不一或以官為氏者或以地為氏者或以德或以技或以王父字或以始封邑為氏者木本水源井然不亂滎陽之鄭本出姬

姓昔宣王封其弟友於鄭是為桓公穆公之後有子七人又號七穆至若公子游公子卬漢相當時尚書崇大司農玄唐中尉元璹博士虔雖世殊地異要其姓氏則亦不甚相遠吾閩自天福中八姓由浮光來曰元弼者仕王潮為諫議大夫實為南湖諸鄭之遠祖累經兵燹譜牒弗完而世次莫考今五世孫璠爰輯舊聞以紀厥自六世孫複偕其弟兵部主事塾又嗣而修之名諱行次主配卒葬靡不明備來徵文以垂久遠余惟三代以前國史有紀譜無可作秦漢而下小史職廢譜不作可乎此考亭朱子所以深有取於宋儒歐陽氏蘇氏之法之善其於世教豈小補乎哉雖然為鄭氏之子孫者當體前人作述之心於以

四乚

尊祖而敬宗於以睦族而廣愛嗚呼其尚敬懋於無替哉

金臺綵觀詩序

正統丁卯正月既望兵科給事中高時旭之子基將上金臺以省以侍而三山之嘗與游者咸嘉其志壯其行或託為詩歌詞賦以張之繪裝成卷因名之曰金臺綵觀過余徵言以弁其端夫綵觀之言美其孝也竊惟孝乃百行之本而士君子立身之大節莫先焉稽諸載籍有歷耕以供子職者有日三造寢問安者有善繼而善述者有請將徹之餕以養志者有登太行而望飛雲者有舞斑斕之衣以悅厥心者階等雖殊而為士林之所稱許則一顧人之取則何如耳今時旭生名門紹世學際明時

擢巍科登顯秩而日近九重之清光榮幸實大況基之生膝下二親壽盃兄弟同爨家庭之政嗃厲而和奉親之暇讀書自樂下至童幼亦皆馴雅可愛於稠人中殆不多見蓋古所謂孝類不匱者非耶且能將慈闈之命跋涉萬里以伸問安之敬於退食自公之餘數年睽違一旦而會温詞婉容藹然而可掬視彼取水上堂詐跌卧地美雛取笑於旦暮者為何如也趨庭有訓裨益良多尚幸式遄而歸以啓余之茅塞若羣英之珠玉明潤情見乎辭自有能評之者又奚待云云之贅

江西廣信府儒學教授鄭先生挽詩序

江西廣信郡庠掌教鄭先生致仕歸七十有四而卒凡交游及

四二

從游者皆往哭哭皆盡哀而退厥子嶕等率諸孫治窀穸於城西之祭酒嶺葬期近向之哭者復寓哀於詩以泄其情而俾余序余惟士生天地間沒後而能見哀於人者有幾況先生操履文學之卓卓者乎先生閩之著姓兄弟三人伯曰關字公啓仲曰闇字公立季即先生曰闓字公望也伯仲疏爽俊邁先生和厚抑畏鄉閭月旦以德門三鳳目之先生尤嗜學不倦蚤從前脩撰陳叔恭教諭李叔中二夫子講三禮稍暇即過從紀善鄭孟宣王中美井軒宋如璧檢討王孟敭諭德林尚默郎中董資深憲僉洪遵道憲副陳伯煒諸同志討論經史百家言及古今人物文章而上下之他如螺洲林公魯主事鄭學初按察使林

茂弘修撰陳叔剛輩聆其緒論譬猶欲陟百仞之臺而獲假其階也間發為文辭一本於理而不苟永樂庚寅春發郡庠貢成均辛卯秋考京闈壬辰春試禮部對大廷俱列上第文皇當宁勵精圖治維時進士多膺顯要先生毅然以作興士類為已任力懇於當道願處教職當道者莫能屈其志授安陸州學正以行始安陸次無為終廣信有經鎔範者率擢巍科登峻秩治行之懿燦然可觀至是人人皆知先生之教不專於文而已曩嘗侍楊少師諸公坐聞其評吾鄉士大夫之恬退者一先生二員外郎浦城陳九疇曰此館閣之清議爾先生歸來時首展先壟次謁宣聖廟次訪諸故舊畢即杜門謝事惟納二三經生以授

四三

其業或間一出見者輒拱手趨揖曰老先生老先生云余所知見者若是是亦詩人哀挽之意也至若世系言行之詳則有存菴陳先生華所撰之墓誌在

臺江賦別詩序

正統丁卯夏三山高公時旭由兵科給事中升江右之憲僉越五年辛未秋其子均欲往省侍先期告別於鄉之執暨平日所與遊者廣右憲僉吳公適自新寍至與浙藩大叅葉公江右憲副凌公滇陽左轄王公代府紀善鄭公南康守劉君刑曹郎中劉君無為守林君户曹主事孟君當塗令吳君皆居閑無事拉諸文士設祖筵於釣龍臺上時積雨初霽萬象澄明商飈徐來

桂香滿席觥籌交錯心暢神怡席尊吳公笑謂諸老曰人生蜉蝣志類不一萍跡梗蹤流轉無定茲晨宴集亦名教中之一樂也能不吐珠玉以賁行色乎王公顧侍史謂之曰取紙筆來我摘唐人詩句中有關於送别者為題使各得以伸其趣鄭公曰録題於楮丸而投諸槃隨乜所得以授知詩不成請以蘭亭酒數罰於是龎眉皓首者或倚几而思白面星瞳者或擊節而詠而六七俊逸或相嘲相謔以相促逼須臾風鳴雨灑不覺自然之成什也獨余拙於捷成落衆後衆曰宜飲觶既又寬予曰子拙於詩豈拙於文耶宜累以序竊惟餞别之詩始於何時吾於周雅見之矣若宣王之舅申伯出封於謝樊侯仲山甫築城於

四四

齊而卿士尹吉甫皆賦詩以送之崧高曰吉甫作頌其聲孔碩蒸民曰吉甫作誦穆如清風是已今臺江之詠視彼亦奚愧哉均問安之暇宜奉此以進尊翁若曰其也清其也雅其也和其也淡幸識諸心歸以啓余之拙吏紉謝曰柏臺嚴密之地未審日來亦有此樂否

故封文林郎貴州道監察御史徐公挽詩序

夫士所以見重於清議者豈徒然哉必生而見稱於時必没而見思於後也苟生而無聞死而無述不過醉生夢死而已是烏足以謂之士世有挾才以矯俗者固清議所不取世有違道以干譽者亦清議所不取惟守常履坦無求無營而自能起人之

敬慕者今分陽之徐公者此其所以見重於清議也公生名門孝友忠信平居之時祀先睦族一循於禮治家訓子一由於義接人待物一本於誠今公之沒凡知公者皆哀念之不置此士林之挽詩所以作與公子朝宗早承厥志由進士而任監察御史朝廷嘉朝宗之克舉其職故推恩以其子之官封其父朝宗又由御史升河南之憲僉由憲僉升福建之憲副歷中外三十餘年廉明有威吏畏民服觀其效則可以知其教矣嗚呼公之善蓋於一鄉德如彼其厚也公之簪冠於一族壽如彼其延也公之貴萃於一門福如彼其備也然上天之報公清議之歸公士林之哀公也奚忝薤露有章敢不奉命以弁其什

四五

三山送别序

三山送别者閩方面諸公暨屬官偕境内父老出西郊以送致政憲僉之歸姑蘇也君始由科第選入翰林為吉士永樂中文皇以銓曹官非其良首擢叅議於浙君性明達克舉厥職人誦其名至於今而不衰既入為御史風力愈勁正統初録舊勞升今秩自下車來律已嚴待人恕有作姦犯科者輒痛懲之不少貸故所至咸蹈其繩墨已巳秋以年將七袠恐久縻好爵以妨賢路援例上章乞致仕朝憫其老可其請焉時凍雨初霽江梅盛開祖筵既張驪駒欲發有舉爵者進而揚曰恭惟聖朝法古為理今八十有二年矣凡官於内外者惟賢惟才不可勝數在

禮與法四十仕而七十致所以勵廉恥重名節也彼位公孤者必論道經邦寅亮天地焉彼位（任）六卿者必恪率乃屬以阜兆民焉彼列方面者必承宣德化振揚風紀焉歷歲三十約經十考幽者黜之明者陟之是以賞罰當而教令行及其既衰上則重其年弗煩以政下則因以寵利居成功彼此道盡而廉恥之風行雖然士君子之出處而廉恥之風無時不行於彼此況吳為東南文獻之邦而汝南月旦之評往往歸之後當以向之施於政者以訓廸其子弟以化導其鄉人其為益也實大視古之都高爵食重祿不能斡國之蠹與老而不服致仕有玷名教者奚翅倍蓰什伯哉衆僉曰是盡觴以別適有執筆之史在傍因次

四六

第其語以冠諸圖首云

中養堂後序

越之新昌有隱德君子俞用宜克敦古道以教其子弟凡士大夫與遊者嘉其能教顏其堂曰中養氏序述題詠於前而復徵余序其後夫中之為義即書所謂維帝降衷之衷即傳所謂民受天地之中以生之中人雖均受此中以生但所禀不能無清濁厚薄之異故賢智之士或過於中而愚不肖者則又不及乎其中也人之父兄誠能以吾之中而養之則講究學問薰陶德性抑其過勉其不及日就月將優游饜飫漸不自知其入於中之域矣譬之射焉大侯既抗弓矢斯張而射者正身審視然後

發則自有以樹乎鵠之中譬之御馬車攻馬同和鸞皆具而御者端正執轡然後動則自有以騁乎衢之中教之與學何莫不然亦惟在乎熟之而已孟子曰中道而立能者從之盖示人以進學之要而欲其自勉之力爾為俞氏之學者能服其親之啓導必靜焉惟中是主必動焉惟中是行則身由中而脩也家由中而齊也國亦由中而治也吁中之有益於學也其大若是尚冀勗諸

秋江別意圖詩序

夫所謂世家巨族者豈在其門地之高宮室之美田園之富而僕從輿馬之侈耶盖取其治家有法文獻有徵而子孫孝友相

四七

承之無替也以孝友為持身之本則家焉而齊族焉而睦鄉焉而和國焉而理此道之推行而無間否則何能見重於清議哉昆陵乃昔泰伯季子禮讓之鄉士習素厚而大家子弟之習尤厚於齊民況重蒙聖朝熙洽之化而益歸於厚乎近覩閩藩方伯黃公兄弟之賢因可驗其習俗本源之有自景泰乙亥夏黃公之弟曰希敬者來自武進以省其兄以敦同氣之好登堂問安稱觴祝壽進退周旋曲盡禮意兄之待弟也亦怡怡其容肫肫其愛悃悃其誠藹然春風和氣之可掬詩云兄弟既翕如鼓瑟琴何古今人情之不約而同歟維秋之中凉飈自西積雨新霽節序變遷桑梓在念將治裝告辭以歸而幕賓錢塘李君率

諸寮屬出餞於洪江之滸祖筵既張殽核維旅有舉兕觥以勸飲者有解雜佩以贈行者有歌白駒以留別者又皆惜其去而知義之不可以久滯也遂各賦詩以道其志焉詩成謁余徵序竊惟古重名教六行以孝友為先成周取士法也為政以孝友為本成王之美君陳是也今方伯能以此道施於政希敬能以此道篤於親世家文獻之足徵也如此茲承命序故特舉其所重者以為贈希敬其益勉哉若諸作在什則不待余言之贅

三山夜雨圖詩序

三山夜雨圖者閩藩大參李君為送弟顗之歸博羅作也其義奚取蓋取二蘇彭城夜會之意與昔宋儒蘇明允氏生有二子

長曰軾字子瞻次曰轍字子由一門之中父子兄弟相為師友故其學問行誼之醇文章政蹟之卓至今照耀青史百世而下孰不景仰而樂御〔道〕哉今夫閩廣之相去地如彼其遠兄弟之相與情如彼其親弟之念兄也既不遠千里而來登堂之頃必敬傳父命以慰勞其兄若曰忠上之心誠與涖民之政行與持己嚴而待人恕與兄之慰勞其弟也若曰吾親安而志樂與邱壟松楸幸無恙與汝學有進而故舊之不遺與然流光易邁歸養有期言有盡而情無盡此夜雨對牀之感誠不異於古人彭城之感也曰王事靡盬不遑將父斯情自不能不動於夜雨之時曰凡今之人莫如兄弟斯情亦不能不動於夜雨之時曰民之

失德乾餱以愆斯情又不能不動於夜雨之時茲善鳴者各探其情而言之悉或美其兄之能孝或美其弟之能悌或頌其父之能教以底於成渢渢之音可絃可誦愧余言不文聊應命道其梗槩以備詩引之缺

賀三山曾用敷詩序

聞古長樂郡東南海而西北山地之可田者大率什之四歲收其入上以輸公廩下（次）以給鎮防又次以給諸番入貢者之禀稍焉年豐則盈年歉則朒由昔之所費與今異也曩時守土之吏多良而寡劣能節儉以存贏餘近則不然鳴義矯虔剝民以逞致激沙尤二邑之盜起而盜之起也甚微而莫之能弭及其烈

四九

也刼府庫焚倉囷纜溪塹嶺故鋒鏑之慘蔓延於列郡之無辜彼皆泄泄然而不急之救藩屏之托一至是耶聖天子閔斯民荼毒而怒吏之不道也勅大臣以問故由是誅姦宄殲渠魁恤降附以安反側然戍屯相望餽餉愆期流移之歸缾罄罍恥奈嗷嗷之待哺者何未幾朝出其令曰民有願出粟以助官者聽三山曾用敷世業儒而尚誼遂集諸同志而語之曰境内危急如此若各積弗散仁乎慢令弗趨義乎衆唯唯即相率出以白於上唯時刑部尚書薛公布政使范公按察使陳公咸嘉其志而敬勞之用敷首就舟出米八百斛募善挽之工遡流以上自洪唐而小箸而茶洋而劍川凡所歷溪灘風濤之險皆不憚勞瘁

每以身為之倡同志者接踵至糧足而事濟有司以聞制表宅里賜冠帶以蠲丁役天恩賁臨羣情欣躍至有持憲節於千里外者聞風亦喜形諸歌詠況隣里交游之近者乎詩既成什謁余徵序竊惟君子之所以異於人者以其有仁義也今用敷存心之仁用財之義過人遠甚且蒙聖明褒旌之榮若是是足為世勸也敬書以為珠玉之引云

送鄉貢進士馬純還新淦序

昔孔子設教於魯而四方豪傑之士咸仰盛德而樂從之游夫以天縱之聖豈諸豪傑所能彷彿其一二哉然有不安小成而欲求造乎其極者必其立志高而用功至也稽之當時達如賜

五十

焉則曰天階不可升也敏如赤焉則曰弟子不能學也魯如回焉則又喟然嘆曰末由也已吁三子且爾況其他乎惟其志高而功至故偃商得其文學之一體由求得其政事之一體而顔曾冉閔之流則得其德行之全體向也何難今也何易豈特孔子之善教哉實由其徒之善學爾正統丁卯冬新淦馬狀元之子仲常率其子純和者不遠百里假我柯範固辭弗獲遂抗顔而強為之師叔和性明而靜氣鋭而堅盡棄舊習惟新是圖積累既深欣然有得視諸生中殆所謂立志高而用功至者非耶庚午秋適當大比合八閩之來試者毋慮六百餘人叔和談笑入場揮筆立就揭榜之晨果登首選同儕歆羨不啻如魁首而

見五雲中之孤鳳也茲將言旋其父執高彥偉輩偕來徵言以贈竊惟聖賢之道有體有用吾儒之學貴明體以適於用文章不過潤身政事足以及物不亦先達之名言乎和叔宰生文獻之門克揚文獻之懿其進固駸駸乎而未已尚冀益崇乃志益懋乃功則古人之道德勳業悉由此進而況詞章云乎哉科第云乎哉今之贈生以歸即曩日之勵生以學者也生其念諸生其念諸

紀夢序

五七

詩源始於何世虞廷賡歌此源之所由始詩名見於何代商頌猗那此名之所由見詩法定於何人孔子刪述此法之所由定

源之始名之見法之定皆本於天理人心之正而形於人聲自然之和者其義有經有緯其意温厚和平其詞簡奧微婉故被諸管絃而用之閨門用之邦國用之郊廟後聖繼作莫能越此詩豈易言乎哉太樸既散風氣日開正音弗完士趨日下一變為漢再變為魏三變為晉四變為唐若陶若陳若杜若李非三代以下詩人中之巨擘乎復即其近者言之元之姑蘇有楊孟載者出與高季廸張來儀徐幼文皆以詩鳴詩稱四傑楊詩清和婉秀長於煉句故世多慕尚之雖苦吟之士鮮窺其蘊詩豈易學乎哉閩之憲僉天台楊公早通三百篇之旨以擢高第及官秋曹倥偬之餘不廢吟詠蓋上遡賡歌而下旁及於諸家者

也嘗夢孟載託其先世以筆見授公學日進才日裕而譽日隆夫豈偶然而然耶實由精神之所感召也昔高宗之夢傅說生同時而異其地昔孔子之夢周公生異世而同其心公之所夢其今人之夢與竊惟詩有別才非關書也詩有別趣非關理也然非讀書窮理之至者則不足以語此詩豈易能乎哉愚嘗誦公之詩嘆其高深平淡清潤縝密不涉理路不落言筌天機流動其妙莫測是誠有悟於賡歌猗那之表者非耶茲承命序遂不辭無似而僭評及此云

刑部尚書薛公平冦序

洪惟太祖高皇帝受天明命以定華夷而四方豪傑咸際風雲

五三

之會以弼成大業於茲八十有八載矣其間或以武奮或以文揚或文謨武畧之兼濟者枚舉一二何浙東前後之多賢耶昔龍泉章三益以儒者之武平暴亂官至御史中丞潛溪宋景濂以儒者之文定制度官至翰林學士青田劉伯溫武以贊兵機文以經邦治榮膺伯爵乃孫襲焉斯皆一時之先達而翊運之元勲也是以皇道清平萬方馴服民安物阜之效邁漢唐遠甚猗歟盛哉承平既久習尚因循文止一技之工武特匹夫之敵甚至阿唯以固寵委靡以附權更張以啓釁其弊可勝道哉復即其近者言之吾閩實東南文獻之邦素號易治曩時任牧佐者若晉陽辛彦博汝南房安掌風紀者若四明陶厚仲上虞謝

肅職郡邑者若海虞陸子榮錫山倪文俊諸先輩皆剛明正大以張其綱慈祥廉靜以理其目故士敦禮讓家業農蠶文物彬彬海濱洙泗民到於今稱之不少衰邇來則否薦舉路廣士進多歧奔競成風廉恥道喪致有用夏變夷者有施奪導盜者有黨惡陷良者虧國體損國威瀆人紀滅天常城復於隍劍川盜起原其初心彼豈恃富而好鬥哉彼豈好鬥以取戮哉彼豈好戮其妻孥哉釜魚之躍實有所激而然爾夫何兵連禍結毒流七州漬血成川僵尸蔽野坐視恬然道路以目嗚呼人乎天也天乎人也九重有憂之以刑部右侍郎薛公有文武才授以節鉞往問厥由公奉命維謹深入廣詢不憚勞瘁約束嚴明秋毫

五三

無犯首誅姦吏殲渠魁次除苛政納降附次安反側蘇困窮於是深山絶谷始喜復覩天日之明而萬感聖恩命公之來拯已也越三秋而乃以寇平聞上嘉乃勤懋乃績升本部尚書位正卿鎮守如舊俾終惠於閩公拜命稽首曰今事之盛聖明之教將士之力蒼生之幸也臣何功繼今以往臣旦夕惕厲以圖報稱而已臣何功維時藩臬諸公皆碩德重望能持正論服人心不輕許可者僉謂不可無文以彰寵命表殊勳俻來徵序竊惟吾儒之學有體有用有文有武文不徒文濟時為貴武不徒武敵愾為難書曰不剛不柔厥德允脩詩云文武吉甫萬邦為憲公之謂也視諸先達不亦異世而同光乎何淅東豪傑之多也若

是至於對揚休命之詞願終始銘心以自勗他日尚當磨蒼崖之石別取大手筆者一以昭皇朝恩德之隆一以永公豐功盛名於不朽云景泰辛未五月既望述

送福唐憲僉蔡公致政還大庾序

愚嘗讀易而知天人之道矣夫陰極而一陽生復而臨臨而泰泰而壯壯而夬陽極而一陰生姤而遯遯而否否而觀觀而剝剝而終復循環無端變化莫測故寒暑之代謝日月之晦明萬物之消長皆係焉是以君子之為學仰觀俯察默而識之於心少而學壯而行老而止窮達得喪一法乎是而已昔伊周佐主以建不世之功及其既老則曰罔以寵利居成功茲予其明農

哉此士君子出處之軌範也苟壯而乏兼善之資老而昧獨善之守謂之材且智可乎洪惟聖朝設科目以賓賢班爵祿以待士内外百司九德咸事若老若疾下則上乞骸之章上則允致仕之請藹然三代禮義之遺風也士際斯會何其幸耶大庾蔡公始由進士而登郎署由郎署而僉憲綱敭歷有年能聲籍甚今以得請將歸衆皆惜公之去而莫之能留也偕來徵文以贈余惟仕宦至將相富貴歸故鄉斯世情之同欲然有命焉不可幸而致飯疏而枕肱處陋而瓢飲斯聖賢之真樂然有性焉未易學以能凡下聖賢一等者亦惟養性以俟命爾時而當行則擴吾之性以奮揚時而當止則安吾之命以嘉遯公學孔顔之

學蓋深於易者其進退豈不綽綽然有餘裕哉衆之愛公也情
余之揆公也道於是乎書

送閩庠歐陽教諭秩滿序

思昔先王之治天下莫不建學立師以崇化基學建矣而尤慎
於立師者非以師乃後進模範與學弗建師弗立故教泥不行
學建而師道立師道立則賢才興賢才興則政化行而風俗美
師道之有關於治道也如此我朝法古爲治自内而外皆設學
擇師以闡其教慮教之有未至也復勅憲臣以專其督責是以
師皆得人教無所缺而賢才傑出治效之隆豈小補哉吾閩實
朱子倡明道學之邦士性素醇不狃近利士見素正不涉他歧

五五

若得端人碩士以為之師譬猶揭列宿而使視其視之無或差奏八音而使聽其聽之無或雜指康衢而使由其由之無或悖故凡來典是邦之教者亦皆樂其導之之易且幸吾成功之無難也正統中泰和歐陽先生之來掌閩庠教也知其然順厥習而無咈寬厥規而不煩瀋乃源疏乃流而已故大者成小者造擢巍科登要路蜚英騰茂彬彬可觀而善教之功歸焉歷茲九載促裝有期而候庠彭司訓來徵余言以贈蓋先生出自名門家教有素其上世有為刺史為太傅者迄今有為御史為助教及為憲副者由祖而孫由父而子由文章而政事傳授繼承彼此無媿實之不可揜也若是敷奏以言明試以功雲程萬里未

可量也詩云載色載笑匪怒伊教請以是為先生頌又云無念爾祖聿修厥德請以是為先生勗

送閩藩都事謝懐玉報政序

閩為東南大都會土地物產士風民俗與上國齒余少從縉紳遊間獲覩郡邑藩臬閫衛郡邑學校大夫士師之有威儀文辭者肩摩踵接退而察其操履學術設施之懿每願學之而未能是以五十年來令行禁止訟簡刑清民安物阜何聖朝委任之得人彼受茲委任者又何其能亮天工而能保所受之天民也壯奔走四方髮種種而幸以免歸歷詢向之富者貧良者困賤者得志鴟義矯虔者莫敢誰何竊怪民俗之戾常復疑司政教

五六

者或弗昔若也戊辰秋沙尤盜起未幾七州之亾賴者亦乘時執鉏棘以挺致寇之徒始心駭氣恧大悟往非而悔莫可追也朝遣憲臣來鞫悉服厥辜無一漏網於是廷簡羣臣中才德之優者託以方岳之重而餘姚謝君實膺剡薦來為是藩幕之賓惟時妖氣尚熾羽檄交馳水陸多虞百需罔措稍有稽誤即以軍法從事君惻然號俗謂之曰琴弗膠柱鼓劍弗刻舟求一應施為惟權是用既而舟車之通轉輸之給民不告勞公私稱便至若臨疑有斷議論風生遇事敢為不避艱險而為上官之所器重者殆非筆舌之所能盡今三載報政戒行有期僚佐來徵言以贈余老且拙懵於時政奚以言為無已願有告也夫當政

七一

庬法弛之後必更張之乃可善治然位高者恥下問志滿者忌直言功成者忽細故冀復任日宜益思官廉政舉流息民安之故明謨於上推類而行之則濟時利物之功豈止如斯而已衆曰然請書以為贈

巴水風帆圖序

閩瀨江之陽有大族之子曰林汝晳者業儒而勵行茲以茂才膺名之天官而其友葉士謙邀其平日所與游者設祖筵於巨舟維時晴波漲綠東風扇和舟行中流不疾而速主賓獻酬相顧樂甚各賦巴水風帆詩以寫一時之興好事者遂繪圖以為贈謁余徵序余嘗讀易之渙彖曰舟行水上渙君子以利涉大

五七

川詩之意蓋取乎此夫水之為物有源有流始涓涓而澗壑自澗壑而江河由江河而會於海極爾古之人造舟以濟不通厥功實大然舟非水弗浮人非舟莫載舟非帆弗行而帆非風則亦莫之能進今汝哲之行舟則整整乎其究水則浩浩乎其廣而風又徐徐乎其來也彼司舵者謹其舵而司帆者謹其帆水有淺深舵者則推移其舵之宜風有緩急帆者則高下其帆之用知緩急識淺深斯可濟險而免於患學之與仕何莫不然將自瀨而螺螺而臺臺而洪自洪而上泝建溪越錢塘過楊子經直沽而底於潞斯時也舍舟而輿正衣冠入金門拜聖明於九重之邃敷奏以言設施所蘊正汝哲利涉之時也豈直出水之風

帆而已書曰若濟巨川用汝作舟楫尚冀以古人之勳業自勉衆曰然請書以賁行色

五馬行春圖序

唐虞建官內有百揆四岳外有州牧侯伯秦立郡邑罷侯置守令之守非古之侯乎古人乘車而駕車以馬一車四馬兩服兩驂漢制郡守有異政者車加一馬每歲行縣則乘皂蓋朱幡之車之出此福唐太守唐公所以有五馬之遊而士庶之詩所由作也公發身賢科歷秋官之郎中升今職其心恕其氣剛其行潔自下車來禮遺逸剪耗蠹辨疑獄尤孜孜以安養斯民為務退食之暇感節序之變遷慮民情之或壅而乃星言夙駕出舍

於郊維時天宇晴明風和日暢萬物發舒盎然生意之可掬花村柳塢民舍鱗如雞犬不驚藹然絃誦之遠聞白叟黃童喜公之至皆相率磬折迎候於馬首公為傳車勞之曰汝徭役舒與汝賦斂薄與汝閭里安與衆皆俞俞以對公又曰汝田墾與汝蠶飼與汝畜牧蕃與抑政有過舉與或化有未孚與爾髦士小子亦有造就者未與衆復俞俞以對自東而南自西而北周爰咨度夕陽在山五馬騑騑戴星以入吁我公愛民之心勞矣哉是宜邦人感德之深而歌詠之不容自已也思昔召伯循行南國以布文王之政民懷其惠故甘棠之詩作今之歌詠殆繼甘棠之遺響者尚俟觀風者採而獻之於上早晚徵賢有詔公其

自此升矣余當率諸耆老敬歌九罭之詩以餞

送福唐太守唐公朝京序

天順己卯冬福唐太守唐公將有述職之行三山耆民與士大夫之致政閑居者咸欲借留而不敢乃竊相語曰閩之列郡八上焉皆山下則瀕海凡為守者皆得專制一方以行其志惟茲中要上臨三司政務棼如權不在郡故其設施也難夫上有臨則分嚴而守之志不得伸權不專則民疑而心之頑未易化守乎守乎其黄堂畫戟乎其玉麟銅虎乎然欲獲上以治民非才德之優而識變通之宜者則不足以與此惟公廉明剛正遇事敢為志期古人恥屈其下視篆日即撤屏蔽大視至公表裏洞

然一視無外悉以所欲伸者白諸上復以所欲化者頒諸下意謂儒風當振吾則禮賢而拔才民病當甦吾則除苛而省費獄訟當清吾則朝鞫而夕判焉奸弊當革必請託之不行也廩儲當積必糲粃之弗納也置郵當督必編役之普平也舊政之隳次第脩舉歷茲半期上信下服渤頴之循殆不是過今雖暫别奈列邑民心之悵悵何余聞而釋之曰子之言是抑非大同之論也書云羣后四朝明試以功易曰錫馬蕃庶晝日三接古之道非今之道與恭惟聖明在上宵旰求賢以圖至治公是行也輿論攸歸大用可必若接錫而升藩臬之長以歸則不惟十三邑安而八郡五十邑之民舉安若接錫而升諸朝列豈徒八閩

之民被公之恵將見天下蒼生均被公之恵矣又奚彼此之間

衆躍然曰都請書以賁於贈行之軸

馮氏留芳集序

欽差鎮守福建都知監少監馬公寛仁簡正志專撫安百度修明境内大治間接余而告曰我世家括蒼祖宗素以積善為務凡為子孫者亦頗知向學而勵行先考永樂中任北京宣課司之副使所嘗從事者多當代之碩德若少師兼華蓋殿大學士廬陵楊公少傅兼謹身殿大學士建安楊公少保兼武英殿大學士永嘉黄公時皆與進而見重焉後致仕歸日惟以善為教既沒而葬余懼潜德之或泯也遂徧求諸公之文以託不朽又

卆

與余有斯文之舊者若少保禮部尚書臨川金公禮部尚書兼翰林院學士江陵楊公禮部尚書兼國子監祭酒毘陵吳（胡）公輩各得其所撰表誌以鐫於墓上之石及有賦挽詞以寓其哀者近彙成集名曰馮氏留芳將鋟梓以傳子幸為我衍其說俾吾後人服膺而弗失也余覽畢而嘆曰嗟乎善乃人心所固有之理非假外求而後得者顧積與否何如耳蓋善以脩身則道立善以治家則教行善以為政則功加於時善而留芳則慶延於遠今公之操存設施一本乎此則子孫之繼述者必黽勉乎此勉而弗墜吾見斯集之傳於有永而無替也宜哉

送福唐太守唐公報政序

士生斯世孰無行道濟時之心哉顧才與命之相配如何耳有其才無其命闇然懷寶以增輝有其命無其才枵然濫竽以苟祿若今福唐太守唐公乃今士論所謂才命相配而無忝者與公性剛明行己以直自信甚確不苟進趍始由秋官主事升郎中由郎中升今職皆出自宸衷制從中出初無昏夜援上之私其來閩也一僕自隨宦情如水門無私謁苞苴不行閒嘗延余坐令左右具膳出疏食菜羹啖若膾炙既而陪公行後圃荒涼雞豚絕迹過其寢藁席在床布衾無緼過其庖冷竈生塵梁無懸腊相顧一笑退而為公惻然者累日何祿仕之貧若是蓋必有其故而人莫之知爾其勤政也五鼓坐堂吏具稿進塗竄去取

六七

咸適厥宜其聽覽也孤兇嫠婦悉召至前稽貌察辭寃抑立判凡百處置莫不皆然惟茲四年終始一致吏畏其威民懷其惠但不能利方以狥俗耳人多異公之清而不知清中之旨人多憚公之嚴而不知嚴中之恕上或尤公之抗而不知抗中之忠嗚呼今之為郡者視公或罕余敢過譽所好誠士大夫中公論之所不容掩者爾惟聖皇在上公道昭明早晚奏最大廷登庸可必更期大展所蘊以濟蒼生以慰士林之望詩曰心乎愛矣遐不謂矣中心藏之何日忘之敬書此以附於末用繫我邦人日後無窮之思云

贈福建左布政使徐公秩滿朝京序

唐虞建官外首州牧商周之制克知宅心今布政使非古之牧伯與皇朝法古為治立賢無方惟士由制科進者為上選六卿方面率由此出蓋以其學術之正操履之臧而歷練之熟也若今浮光徐公世良殆所謂學術正操履臧而歷練熟者非耶公出自是科任御史其在道也恪守憲綱夙夜匪懈繩糾訊讞惟忠是存其出巡也遠而遼陽近而畿甸民情軍務斟酌適宜既而考最升蜀之叅議時松蕃盜起檄公協除粮餉兵機因有攸失居亡何以丁憂起復調於會而善譽益振上嘉乃績遂再有閩藩左布政使之升公視事來内嚴外寬門無私謁堂階之下鞭扑無聲郡邑田里之間咸誦清德天順庚辰春朝覲輯瑞畢

六二

上勑廷臣大計羣吏衆僉以公等十臣才行政績之實聞天恩霶霈宴賚襃旌書曰敷納以言車服以庸所以明賞勸也詩云既見君子孔燕豈弟非以示慈惠乎明良相遇千載一時宜思何如以為報兹當述職超擢可期公必大展所蘊以荅聖恩以光我科目若曰安中夏制夷狄進君子退小人之類必有其術罔俾韓范專美於昔

故儒林郎福建布政司經歷李君挽詩序

輓詩昉於何時黃鳥詠於風虞殯紀於史而薤露蒿里見諸傳又云君子作歌維以告哀是詩也歌也皆古人傷悼賢人君子之亾也且如閩藩幕賓李君者在任有善政既而致政歸錢塘

卒之日凡卿士大夫之與游者咸惜其用不盡才而壽不滿德故聲嗟氣嘆之餘一寓其哀於詩詩既成什厥子俊含哀致書遣其弟傑來徵余序按墓誌云君始由郡庠生入太學有聲於時當道者薦於朝超授畿内之建德令九載考最遂再有藩幕元僚之升其來閩也余稔聞其政君達治體勤慎弗阿應變處常如水赴壑先是任長官者貪暴自賢用夷變夏以致劍川盜起毒流七州幸蒙朝廷遣將以討平之盜既平餘風未殄又幸賴君克贊大猷而一新之政再新民甫安君精力未衰而遽然勇退何吾閩八郡蒼生之失望也君雖云旋而吾閩猶旦暮惓惓翹首西望者冀君或復起東山之卧也奈何天不憖遺而竟

六三

俾吾民之終失所望乎噫鄉人之惜君也其哀有限鄉人之痛君也其哀無窮余素仰德且重後輩之請臨楮悽愴因濡（拭）淚濡筆而書以歸之

鳳池高氏慶壽序

大順辛巳四月（朔）鳳池進士高惟敬造余請曰圭少孤賴母林氏以育以訓稍有知幸荷伯父憲僉公勵圭以學公歿復幸伯母盧氏與母協心飭戒以有今日伯母早食天祿榮封孺人龍章命服光稱厥德今壽六十三六子九孫克愛克敬誕晨在邇敢求一言以艷其會慶之席余曰嘻壽固人所欲者而世不可以必得祿亦人所重者而世不可以偶得子孫尤人所願有而賴

以為養者是又可不可以幸得夫人既有生矣罕有祿焉既有祿
矣罕有壽焉既有壽矣罕得子孫之多而能養焉備斯全福實
難其人此孺人之壽所以為可賀而慶壽之文所宜作也吾想
是日也堂開青晝香裊金猊賓筵靜嘉殽核維旅長幼怡怡序
立階下拜跪祝頌歡聲如雷既而有酌醴齊以勸飲者有笙由
庚以侑食者有著綵衣以舞蹈者又有舉壽盃以相獻酬者一
堂之上和氣藹如雖堆金積玉不知其為富也雖聯騶列蓋不
知其為貴也雖夕陽在山不知其為旦為暮也人生世間此時
此樂豈多得耶是可尚也已雖然高氏實三山之世家詩禮之
傳承有素上克洛之下克紹之茲觀惟敬致孝於其伯母也若

六四

是則知族中昆季致孝於其叔母也豈異是詩云子子孫孫勿替引之余敬誦是以為高氏之後人勗

送周大尹歸治龍溪序

天順壬午仲秋望後之七日有清漳友生胡隆華造余請曰僕漳之龍溪人幼承師訓而嘗與聞月旦之評敝邑治大物蕃風俗淳厚素號海濱洙泗且如學校以育才而禮讓興田里以居民而衣食足粟帛有貢賦之常城堡有守望之舊凡百庶務井井有條是以四境之內雞犬相聞而絃誦之聲不絕今也不然薦舉路濫士進多歧由他歧出而為令為丞為簿者或良或否彼否者之政簿書期會而已苞苴聚斂而已鞭撻桎梏豺狼士

芥之而已如士大夫之公論何天順改元初聖天子勵精圖治凡天下邑令缺即勑吏部必慎選進士中之良者以補故進士之克舉其職者多若吾邑周令非進士之良而克舉其職者乎始令至邑時禮賢士訪遺老察邇言反弊政崇勸勉而士氣揚課農桑而民業裕謹出納而會計當箕斂之害除嚴緝捕而萑苻斂获之徒散嚚訟簡案牘清怨詈消頌聲作民之受惠實多今歲大比令與掌卷之列竣事將歸敢求一言以贈余曰嘻生能言之士也若然古之循吏不是過余又何辭之說雖然百里之政政也專城之政政也而廟堂之政亦政也令今日之設施非異時之經濟與令其勉之毋怠

玉節行秋圖詩序

玉節行秋詩者閩中士庶為美巡按繡衣伍公作也意謂節公所持以示信而行秋云者謂公克宣肅殺之令以平寇與閩之郡邑六十一北阻重岡南薄大海國初以其險遠難一故分設二關之兵以鎮仍簡任良吏以撫綏其民人是以九十餘年化行俗厚道不拾遺邇來官箴隳武備弛故芽櫱潛生於其間若今汀之上杭建之政和是已彼二邑之地曰犂壁曰刀背者其寨七曰石門曰赤水者其洞九天順癸未秋羣盜據險竊發官兵屢出無功是冬臘旦公至會官以議既而嘆曰民弗可極盜不可縱師老財匱法將謂何衆懼以退越明年甲申春公往視

師乃選精銳乃獎賢勞乃縱間諜乃嚴斥堠遂率衆深入二旬之餘連奪三寨破七洞賊勢挫衄脅從乞降惟渠魁不悛者合其餘徒列柵以拒又歷二旬凡十七戰而盡平之道途既清流亡復業捷音上聞班師奏凱而公之代官至嘻公向脫民於難今遽舍之以歸此士庶所以不能忘情於公而歌詠之詞自不容於不作也雖然文經邦武敵愾古今一道爾惟公久官內臺多歷年所揚清激濁綽有聲稱今之巡按又能統兵以平大寇聖朝用人何嘗假才於異代哉是行也敷奏以言褒升顯要必再大展所蘊以濟蒼生此又詩人言外之意余特發之以弁於珠玉之首云

祈雨有應詩序

昔箕子衍庶徵之疇以驗雨暘燠寒溫之候蓋欲為國者謹天戒而脩人事也極無極備謂之咎徵上則反躬脩德以祈於神誠斯格格斯順豈別有他道哉福唐郡統邑十三玉融海鄉地大人衆惟農是務甲申之歲自正月至於四月不雨田多龜坼民讙以憂通判毛君至其官吏耆民以旱禱不應告毛曰嘻上天示譴此吾牧民者之責也即日齋沐出舍於郊徒步走赤日中衆皆駭奔以從凡境內祀典之神與神龍窟穴之險遠者皆弗憚跋涉務竭吾誠以叩之衆志既同此感彼應五月朔後五日雨應期明日又雨歷三晝夜大雨如注既而天氣晴明祥風

應律農夫如雲其耕釋釋厥土塗泥厥苗斯播而秋期可望矣官吏慶於庭老稚樂於野士庶之能詩者皆託諸歌詠以頌德竊惟聖朝任官惟才故內外之臣咸精白一心以殫乃職是以休徵時應四海乂安邇來恩詔屢頒求直諫汰冗員訪民隱除積弊煥乎維新之治毛君又克廣廉勤以稱任使一念之萌其應如響是豈聲音笑貌為哉異時任躋顯秩所任益崇則所被者益廣矣君名祚字天錫浙東人一族之內叔姪兄弟皆由科第以進及有任廣東憲僉者其事神治民蓋亦講之有素云

送劉林二茂才省親序

皇明啓運六合同春列聖相承一以建學立師作養英才為致

六七

治之本憲教之未至也又選任憲臣之賢且嚴者以總其大綱成化丁亥春吾閩提學憲僉游公以來秋當開科乃召外庠諸生集於三山貢院以考之時延平郡生劉弘秀福寧邑生林仲敷俱以禮經中試畢將歸辭公曰生輩皆習禮與然榕城之專門三禮者多若昔修撰陳叔恭都憲洪寶夫憲僉高時旭輩皆是經魁天下若今竹谿進士鄧弘中亦以是擢魁於鄉闈者生盍留此以求歸宿之地乎二生退遂造館下請益生敏而勤恭而遜克邁乃訓凡同業者亦皆樂與之交麗澤相滋日有進益越二年己丑春皆欲歸省其親衆惜其别乃設席於竹谿之頭以餞之酒未半弘秀起擊壺歌曰天宇清兮淑景融溪柳緑兮

岸花紅鳥嚶嚶兮求友吾將戲綵於庭兮獻金鍾仲敷亦起而歌曰溪頭山兮蒼蒼溪水滙兮汪汪求友志遂兮吾將拜吾親於重慶之堂歌竟有鄧用中者又起奉爵而和之曰聖皇垂拱兮天下文明羣賢在位兮振振瑞麟我多士兮樂育於泮文質彬彬兮居必擇鄰我之樂兮浩浩樂達己兮達人我歌既陳我酒再斟溪林茂兮溪流漾金君之別兮孤我心善孰道兮過孰箴青雲萬里良會有期兮毋金玉爾音數日後有好事者挾溪頭別意圖過余求序余曰嘻君子之道有內外有體用學求其全而已學在是樂亦在是若二生者可謂樂己之樂若用中輩可謂樂人之樂皆士大夫名教中之所與者因次第其語以貫

六八

其歸

故奉議大夫刑部湖廣司郎中秦公輓詩序

輓詩昉於何時乎黄鳥詠於風虞殯見於史而薤露紼謳具諸傳曰詩曰謳名雖不同大抵皆本於古人傷悼善人君子之亡追其啓殯則命挽柩者歌之以宣其哀也嗟乎天地茫茫古今逆旅人與萬物囿形兩間生死晝夜之理一而已達人大觀曷嘗介懷於此哉維生有可稱之德者則死有可挽之詩若故封奉議大夫刑部湖廣司郎中秦公暨其配宜人之殁則人人之哀之挽之也宜公諱文字志學世為淮之鹽城人祖仲傑永樂初始挈其四子來涿今為涿郡人奉議孝弟和厚同族有欲寇

其業者同鄉有恣暴以凌侮之者悉讓而納之不與校有困而乏食者有貧弗克葬者悉助而給之無吝容凡遠近親疎之過從者必曲盡禮意以待之無忽三子皆良長曰敬敏而嗜學公嘗訓之曰吾老愧無利澤以及人異時汝能立志以顯親推仁以惠下吾目瞑無憾正統戊辰敬舉進士歷官至刑部郎中公以子貴封如其官配宜人同郡名家女幼而能學父患風疾久既嫁歸寍而奉承之孝不衰至若相夫睦族治家教子之類咸得其道天順庚辰敬由郎中超升浙藩布政使奉議宜人前後皆以壽終於家方伯奔喪歸凡知其二親素行之詳者莫不聲嗟氣嘆一寓其哀於詩詩既成集公服闋遂調升閩藩之左布

六九

政使自視篆來清明剛果政化大行間以詩序見屬嗚呼奉議之與宜人生名門襲世德又能積善致生賢子而位方岳之尊生榮死哀固無可恨然祿雖逮養而遽違恩宜加封而遽止此為其子孫者之心猶宜悵悵然而未以為足也洪惟聖朝任賢圖治以方伯德譽之隆榮升有日吾見旦夕九重龍誥之加贈也高堂五鼎之時饗也雄文發潛而墳上穹碑之再立也二親有靈寧不莞爾一笑於地下耶余因序時而及此公宜益思所以自勵永期用親答君親之恩於無替云

聖母天妃靈應序

成化二年春琉球國遣通事梁應祇修朝聘之禮於京公暇造

澤請曰應生長海邦叨食天禄自祖至今三世矣每歲奉命進
方物必載駕巨船載其畜從以行先期應與一二僚屬各沐浴齋
戒具香幣冊祝以禱於聖母天妃之宮念慮精專無敢或怠發
碇至中流四顧茫然水天一色杳無畔岸仰瞻紫宸如在天上
可畏可懼之甚然衆心所恃以為安者二一荷聖母默相之靈
一賴朝廷洪福之庇晝則天宇晴明和風應候夜則星月皎潔
波濤不驚稍有憂疑天燈力現旬月之間凡有事於舟者皆心
暢力紓如涉蓬萊之境既入港謁上官受指導已遂由劍建而
錢塘由錢塘而江淮由江淮直沽以底於潞整衣冠奉表入金
門率衆鞠躬屏息以拜龍墀下皇情怡愉厚加宴賚以遣衆出

七十

郡城各備牲醴以賽以飲笑談坐臥罔不稱懷凡此之類皆神賜也今將言旋寶殿巍巍祥光在目願靳一言以為謝澤起答曰嘻聖母代天弘化普濟羣生之功固天下古今之人所共知亦天下古今之人所共戴者也易不云乎一陰一陽之謂道陰陽不測之謂神視弗見聽弗聞洋洋如在乎其上此聖母之德之盛所以體物而不可遺也與雖然書曰鬼神無常享享于克誠子能存誠以感神則當推誠以報國繼茲以往子其永懋此誠而勿替哉謹拜手稽首以獻序

西蜀牟氏族譜序

牟氏族譜者閩臬僉事重慶牟公為譜其族而作也牟本祝融

之後以國為氏世多聞人若漢有博士長司空融者若宋有景
先冲陵革起者皆相繼登科書香不絕而革起則蜀中之巨擘
乎蜀之年莫知所始古者因生賜姓胙土命氏姓别昏姻氏明
貴賤當是時圖譜有局掌譜有官剋釐之嚴截然不易儒紳之
家譜無可作歷世既久二史職廢姓氏混淆五服莫别譜不作
可乎此近代歐蘇氏之譜作而考亭朱子所以取之也今觀是
譜所録斷自六世祖順八翁始以上疏遠無從而考六世而下
釐為四宗一宗二宗三宗之派惟次第其子孫之名他弗之悉
者略也非故略也疑以傳疑不敢不略也本宗之派備疏其名
諱生次配胤出處履歷卒葬之詳者非故詳也信以傳信不敢

七一

不詳也何哉慎之也公廉明剛果克舉其政豈弟和厚克亢其宗譜自公作而慎若此是公一以仁孝誠敬之心待其族凡為其族人者若皆能體此而於三宗之譜務致其詳則本支明昭穆序疎戚辨則尊吾尊以徧及於四宗之尊親吾親而旁及於四宗之親冠婚喪祭之禮行叅謁燕饗之情洽教成於内化行於外傳之無窮豈云小補詩云無念爾祖聿修厥德嗚呼為子孫者當世修其德以求無忝於祖亦永求無負於公哉

龍江康氏族譜序

昔聖王之理天下也必制禮以係萬姓之心禮行於下而民志定則教化可興而風俗可厚是故立君以統其異立宗以合其

同上下相維體統不紊此後世族譜之所由作族譜作則自吾
之高曾而祖考祖考而子孫木本水源秩然一定昭穆由是而
明嫡庶由是而別疏戚由是而洽人親其親人長其長而天下
平譜之所係不亦重乎謹按龍江康氏譜乃福唐憲僉康公之
自譜其族也康本姬姓后稷之裔十三世武王爲天子遂封其
弟曰封者爲衛侯没而謚康故其後以謚爲氏流風餘韻世多
偉人趙有康安燕有康遷梁有約宋有戩而京兆東平會稽是
又中州諸侯之望爾龍江之康莫詳攸出兵燹之後譜失其傳
斯譜斷自元富公始迄今凡九世五世能者有保障功全活甚
衆今由子貴伏蒙賜勑褒獎階文林郎監〔散〕官監察御史豸冠繡

衣光　雲曰父子積善之徵與竊惟上能啓後曰仁下能承上曰孝仁孝誠本支相傳之命脉也然尊祖敬宗伸吾仁孝於既往宜家保族衍吾仁孝於將來嗚呼為子孫者當益修厥德以期光大康叔之業於無替哉

虚車集序

文能載道車能載物否則文為虚文而車為虚車也六經莫尊於易而莫古於書易道陰陽而四聖之心畫寓書道政事而帝王之治法寓天生宣尼為萬世之木鐸春秋之筆凛凛乎其嚴也如彼文之所存而道之所存歟自是而降君司馬氏班氏韓氏歐陽氏蘇氏曾氏亦人傑爾迨周程張朱四君子出而六經

四書之道遂大闡而無遺回視諸子瞠乎其後文之攸傳而道之攸賴也文之有關於道也如此文不關於道猶輮輪飾而人弗庸文其虛文而車其虛車乎文水高公早悟而嗜學晚造深而道益明少擢巍科職内臺今僉閩憲而兼督學政院動合矩度縉紳望之若山斗肆筆為文惟道是本間出其所撰虛車集而徵余序觀集之名知公之謙德矣竊惟文之體有二有聖哲之文有賢豪之文聖哲之文天地自然之道也賢豪之文學力當然之道也其揆一而已矣下此則詞章云乎哉俳僻云乎哉道惡乎在茲承公命因借論及此而序以弁其端吁厥彰厥徵匪靈弗瑩余於是亦云

古

七三

玉融八詠圖序

玉融八詠者乃士庶林本清輩頌其邑幕賓程君之善於為政也謁余徵序余惟邑古為州地大務劇民多好義而尚氣凡理之得其道則服否則勃然沸於訟曩稱循吏惟吾鄉清源林先生而已是後罕有聞焉今程君之善於為政而見詠於人者八八者何曰德洽融民曰聲馳藩鎮曰涉險迎貢曰秉誠格神曰餉給邊戎曰威息隣寇曰成梁濟衆曰守素居官而是已君自下車來處心恕燭理明廣詢察以達情崇教養以厚俗由是老稚安於鄉商旅萃於市此澤洽融民之一君自下車來贊政勤奉法謹寬簡朴以集事詰幽隱以雪冤由是上官器其才委任

有所託此聲馳藩鎮之二邑濱大海每番舶入貢偶為風濤之所簸激者衆懼失措君則率壯夫駕巨艦極力援護以濟此涉險迎貢之三邑嘗旱蘊隆蟲蟲田將龜坼民來告災君即齋沐出禱至期神示靈應甘雨如注而百穀用成此衷誠格神之四朝廷立鎮防以衛蒼生歲命有司轉輸以給其食君督運有方倉廩充溢頼有備而無患近時草寇竊發將延蔓於齊民遠邇之勢相倚君即率民演武設險分屯以潛消其凶虐此餉給邊戎之五而威息隣寇之六融雖海鄉實當衝要晨昏之往來者弗絶且溪流深滙衆恒病涉君能相宜以造石梁故經是者罔不感念其惠融土沃饒俗尚華侈前之宰是者鮮不隨風而靡

七四

今君廨宇荒凉蓁薉布被客或有哂其陋者君付之一笑而已此成梁濟衆之七而守素居官之八雖然此特其名耳在君子則當勉其實苟名實之無稽縱圖之詠之奚益余既叙君美於前君當勉其實於後衆曰然請書以為勗

來鶴亭詩序

天依形地附氣而人物則囿形於兩間以生者也彼此類異感通則同苟求其故曰誠而已矣姑舉其顯者言之景星慶雲麗於天嘉禾瑞麥產於地而祥烏靈雀集於庭傳記所載可信不誣孰謂世無所感而彼虛其應哉今觀巡按福建繡衣白公來鶴亭詩可見矣公汴人也端謹孝友由進士而擢今官存心待

人惟誠是主自奉命來清軍撫民歷三寒暑廉而明嚴而不酷上下相信庭無屈聲每與藩臬諸公議大政讞大獄時怡怡如肅肅如也成化丙戌冬凍雨新霽天宇清融公退食暇與二三儒者講論治道於院後之亭閴素無鶴忽有一雙自北而來回翔良久而下棲於亭之前者馴熟近人蹁躚可愛公喜謂客曰吾弟名鶴契濶日多念兹在兹吾今見鶴猶見弟也遂擊節歌曰柏府深兮芳樹陰柏府之後林有亭故鄉有弟别離久今鶴之來如有情客去後是夜月明如晝聞窗外有嘹唳音公喜不寐又從而歌曰鶴兮鶴兮仙家禽縞衣玄裳朱頂明林空月冷萬籟息仰天引頸而長鳴故鄉有弟久未會鶴之鳴兮知我心

歌竟因名其亭曰來鶴翼日方岳諸公見鶴見詩感嘆不已退各唱和成集而方伯秦公來徵澤序余惟誠者君子感人感物之本也惟公愛弟之心誠於中故鶴之誠應於外此感彼應一天理之自然思古盛時凡賢士大夫即物以賦詩者多若鳲鳩鳧鷖玄鳥之類此唱彼和是亦人情之自然此來鶴之篇豈容於不録耶顧余淺陋不敢固讓敬書其槩以弁於羣公珠玉之首

樵梓英華詩集序

曩予承乏浙藩時與今致仕太常少卿餘姚陳公有斯文之好春燕秋鴻倏忽一紀而雲樹蒼茫之情欝如也天順甲申夏廵

按福建繡衣郄公至辱承佳什見寄余閲之累日不釋手間出示吾友憲使林禮亨禮亨覽畢嘆曰嘻浙東詩學之盛如此又何父善鳴而子善應也且吾聞自林子羽王孟敭二先生没學失其傳吟無絶唱詩云伐柯其則不遠盍名斯集梓行以啓後進是亦君子成人之美乎余曰俞集何名禮亨曰橋梓英華哉余曰都禮亨又曰名既稱情不可無述子其序之余按詩五冊八集四曰和古選曰和七言古選曰和近體者皆步唐陳伯玉諸人韻曰和八詠者乃步宋董嗣杲韻而公令器通政君所作必多想未脱藁兹特附其出使紀行之一集也若曰詩何始昉於堯塗之擊壤詩孰和見於虞廷之賡歌颯颯乎太古之音耳

皇極敷言醇而深五子之歌懼而怨詩之音節視古差異自是
而後世趨日下人心日漓柏舟録而風變黍離降而雅亡幸而
天生孔子者出遂舉其籍而討論之明六經崇四始萬世法程
至是大定故曰小子何莫學夫詩歷漢魏晋唐以迄於宋代各
有作惟唐之聲律為近古公今唐音之和果近於古與抑近於
唐與夫古之和詩擬其題今之和詩兼其韻擬其題者得肆吾
志於題之外兼其韻者則局吾志於題之中四集之和題在是
韻在是志則出入變化而不拘於是苟非學邁羣倫而才兼衆
美者能如是耶若通政君之兩使外藩歷涉險遠念親而孝戀
闕而忠忠孝之誠溢於詩辭之表亦足以見家教之有素然一

門之中橋蒼梓秀英華發越光景恒新固宜流布四方以為學者之矜式昔衛宏嘗序詩余非宏比聊述梗概以弁於篇端

送鄉貢進士尹廷用赴春闈序

世之所謂故家大族者非以其門地之崇簪纓之盛而田廬蓄聚之廣耶吾蓋取其積德有恒立業有本教子有方而克延其祚胤於無替也有開於前而莫繼者非耶有繼於後而弗彰者亦非也開而能繼繼而能彰者吾今於閩藩大叅尹公之父子見之矣公子三皆和厚端謹其長曰璠字廷用者性最通而嗜學凡諸經史罔不究心尤邃於易遇作文時沉潛有得即伸紙濡毫頃刻而就弱冠中四川壬午之鄉試明年丙戌當大試於

七七

京豫稟父命以行其入境也扁舟直下官屬莫知其來及既拜親也問安侍膳士庶罕識其面然王程有期驪駒在道二三同志咸重其去顧義不可留也詣門徵文以贈余惟惇典之叙曰父子曰君臣取士之方曰六德曰六藝經濟之術曰政事曰文章知斯三者則知所以成己而成物爾傳云柳汁染衣朱袍黙首芥祥入夢者非進取之或有其兆與爾惟鹽梅爾惟舟楫爾惟霖雨者非際遇之必有其時與廷用行哉中會闈之魁對大廷之策皆計日可得洪惟聖明在位天德日新内外大臣惟賢是用更期益殫乃忠永紹世德以恢世業必若商之二伊漢之二韋宋之二范而後可請書以勗其行

閩山沈氏世德流光堂詩序

世之所謂故家大族者非以其門地之崇簪纓之顯而田廬蓄積之饒耶吾蓋取其秉性有常治家有道教子有方立業有本而克延其世祚於無替也性存道行教成業久一此之推而無間否則烏能取重於士林之清議乎有如閩山沈氏世德之厚有幽其光月旦之評固宜其見與也沈氏之先本汝南浮光人唐光啓中從王潮入閩迄今五百七十有餘歲近恙其孫思敬之詳圖得見其源流之所自彼始祖建翁來居閩之積善里詒孫謀以燕翼子後值兵變其子希尹乃徙於侯官而占籍焉希尹之子以方號稼軒稼軒之子可大號恬所恬所之子亨道號

七八

耕隱而思敬則耕隱之冢嗣也歷茲六世祖宗子孫皆尚淳朴所秉所治所教所立與凡祀先奉親崇儒禮士睦族恤鄰之類大抵皆相時宜而不戾於祖思敬之孝不亦有光於今與成化初元春鄉有同德之士曰姚孟實翁宗海程廷肅輩咸重其賢為顏其堂之扁曰世德流光仍賦詩以頌其美秉彝好德之心也時之致政閑居者若憲使林禮亨大叅王思舜憲副張從周暨諸髦士亦皆樂道其善而寓情於詩詩成什而徵余序易曰天行健君子以自強不息又曰積善之家必有餘慶名堂之義或在乎是夫天行健日月麗空而流光人積善子孫繼德而流光天人之理一而已然諸詩辭平淡清新可絃可誦顧余不文

八十

聊述其略以備詩引之缺且深致勗於沈氏諸族之子孫云

送太學生林榮後應召之京序

書曰天叙有典勑我五典五惇夫五典者何即孟子所謂父子親君臣義夫婦别長幼序而朋友信也若朋友則介乎四典之間古人必資之以講習修齊治平之道其所係不亦重乎吾閩乃朱子倡道之邦風俗素厚凡為士者必慎交接故所與交者每動必相飭戒以無負於所學焉昔余與林茂弘高時旭皆從蔀齋林尚黙先生遊服膺明訓不敢少懈於心既而蔀齋進士及第歷升至春坊諭德茂弘時旭相繼登科皆出掌風紀之重皆赫然有聲於時顧余何人亦幸濫竽於方面之末也數年以

七九

來蔀齋茂弘時旭俱以壽終惟余衰朽無似尚涪湛於田里間每霜晨月夕未嘗不感今而思昔前科時旭之姪惟敬先領薦書以出茂弘之子榮後及余孫元貞同中内廷之試而歸三子向日皆從講學余一見悲喜交集蓋喜後生之學有成而悲前輩之德容不可復覯也今年冬榮後應召將行踵門告别元貞惟敬咸惜其去偕來徵文以贈易曰麗澤兑君子以朋友講習大抵聖賢教人無非欲其取友以成吾善今觀三子交誼之美如此得非孔子所許斯焉取斯之士與閩俗之厚於兹可徵恭惟聖皇在位治化日新明良相遇千載一會榮後行哉山公待子久矣顯秩之躋計日可卜更期益殫乃心以攄所藴上思以

報九重寵任之恩下思以慰爾父平素期望之志若曰蕭朱結綬王貢彈冠彼區區瑣屑之辭又奚足以為達者道耶元貞惟敬起謝曰都請書以為勗

八閩問俗詩序

天順甲申春聖天子嗣大歷服欽明温恭勵精圖治萬幾之暇爰進羣臣而諭之若曰予代天理物一遵成憲然因時制治決壅為宜夫四海之廣必得其人以通衆志爾等宜慎舉所知以聞時監察御史餘姚魏公遂膺薦而有巡歷八閩之行公至文武元僚率屬以見公祗示來意曰惟兹大藩一方表率所係甚重今位藩牧者能承流宣化與典藩臬者能振肅風紀與掌藩

八十

閫者能守律安邊與任郡邑學校者能養能教與領戎隊戍屯者能耕能練與若大若小能布上德而達下情與衆咸唯唯以退翌日明恩示法一榜皦然懸於通衢又明日乃進耆彦乃訪遺逸乃課師生乃恤煢獨乃黜貪暴乃雪煩冤乃均徭賦而百度舉矣既而星言夙駕出舍於郊白叟黄童聞公之來相與磬折迎候於馬首公為停車勞之曰汝徭賦均與汝田里安與汝廩食足與汝生業遂與抑政有過舉與或化有未孚與爾髦士小子亦有所造者未與衆復俞俞以對夫何歲月如流瓜期已及甘棠詠召九罭留周古今情同不容自已此三山儒紳所以有八閩問俗之詩於以頌公之嘉績也雖然我公之歸大用可

必鹽梅舟楫霖雨顧所任何如耳嘻功成者忽細故志高（滿）者忌直言位高者恥下問世有是言公則無是也竊惟方今之務當進君子而退小人當安中夏而攘夷狄公宜圖之無俾名世豪傑專美於昔至若詩之工拙則不待余言之贅也

建德郎氏重修族譜序

昔聖王之理天下也必制禮以係萬姓之心禮行於下而民志定則教化可興而風俗可厚是故立君以治其異立宗以合其同上下相維體統不紊九兩法行而後世族譜所由作也族譜作則自吾之高曾而祖考祖考而子孫木本水源秩然一定昭穆田是而明嫡庶由是而別疏戚由是而洽人親其親人長其

長而天下平譜之所係不亦重乎按氏族志云郎本姬姓系出於魯懿公之孫費伯城郎以居故子孫遂以為氏今魚臺縣之有郎亭是已姑即其近者言宋侍郎簡錢塘人皇祐進士淑東吴人是皆江南士族之望爾建德之郎莫究攸始兵燹之後譜失其傳斯譜乃其五世孫慶所作歷歲浸遠本支日蕃六世孫勝則又因舊譜而重脩之四世以上缺而不書慎吾所自出也四世而下備書弗遺詳吾所由分也前録抱子今不録者譜為郎氏作不敢附入異姓以亂真也重脩之法之嚴若是知禮君子蓋有取焉慶字士禎由永樂甲申進士官給事中而終河南憲僉勝字汝彬由　進士官御史而升福建之憲副憲副之

進如日之升而未已也雖然無念爾祖聿修厥德百爾來裔其永思繼述二公修德之美於無替云

海天歸思序

成化乙酉維秋之暮余友李賓旭之子端者來徵海天歸思文以贈其友徐養中之行余辭以疾越數日端復造門以申前請曰養中都人漢南州高士後世業儒其尊翁嚴而善教故養中與其兄貴中日熟家庭之訓貴中既仕翁以養中孤學寡助俾出從師以廣其所未至曩歲來闕拜先君於館下凡時之在門者重其和厚亦皆樂與之游麗澤相滋時有進益閱三寒暑往冠省兄其學益進今來叙别敢終惠一言以為其鄉榮又曰端

八二

昨餞養中於臺江上酒半養中推爵起擊壺歌曰閩天高兮蒼蒼閩海深兮茫茫我家於鄱兮我歸故鄉伐木於林林木繁陰閩天高兮閩海深求友志遂兮別我同心又歌曰鄱之麓卭壠在目我今歸展兮樹如膏沐鄱之陽有門有堂我親樂善兮壽而康舞斑斕兮稱觴我田之腴我室之渠琴瑟在御兮童稚愉愉我歸何樂兮樂讀我書歌竟端與二三友亦起而和之曰吾儕之樂兮樂在悅親吾儕之樂兮樂在博古而通今吾儕之樂兮樂在達已而達人我歌既陳我酒再斟閩天高兮閩海深後會有期兮毋金玉爾音余曰鄱君子之學有內外有體用學求如是而已學在是樂亦在是若養中者可謂樂已之樂若而輩者

可謂樂人之樂是皆名教中之所與者也宜書之以貴其歸

重修漢書板序

經載道史載事古不有是言乎易詩禮經也書春秋史也理具於經事詳於史不讀經無以知聖賢著作之心不閱史無以考古今紀錄之跡考其跡斯可以知其心歟姑即漢書言之漢承周秦之統歷四百二十五年其間君臣之賢否政化之污隆國勢之分合制作之詳略最難捜集時有司馬遷氏出遂作紀傳書表以成一家言後之執筆者雖若班固范曄之良卒不能易其體故世之學古者賴有考焉福唐郡庠舊有是板印行歲久板有蠧朽而字有漫滅者自元大德九年乙巳至皇明宣德三年

八三

戊申兩脩之後迄今又三十有四年爾天順五年辛巳四月朔欽差鎮守少監括蒼馮公撫安之暇詢知板之缺壞者凡四千八百有奇出廩給之餘市材募工重刊完足仰惟聖朝崇文重道曩命儒臣纂修永樂大典及五經大全諸書頒布中外恩至渥也今公又能上體列聖之心用完是書民不知勞而成功速士知感激而文教興是宜序之以示方來云

送閩藩大叅張君致政還鄉詩序

夫君子學以求道而仕所以行其道也時而仕吾則推此以濟民時而止吾則斂此以獨善進止無常惟道是主若今閩藩大叅張公非士論所謂克明進止之道者乎公汝南故家學行醇

正始由國子生出判德安之郡政存心厚律己嚴境内化行民
安物阜此其少年所試之初政也九年滿天官奏升户部之郎
中其在曹也簿書詳明出納惟允國賦充而民食足既而改調
兵部之車駕司兹司所掌政務尤煩公能悉心贊襄罔有遺失
故聲譽日起而升今官此非其壯年所歷之善政與公下車來
寬和清慎不改故常撫愛吏民無異赤子衆視向日之專權滅
義以肆其毒於遠邇者為何物成化乙酉冬公壽及期援例致
仕驪駒在道行李蕭然公懷怡怡無所不可奈同寅諸公與吾
邦人之悵怏不已何贈行有詩承命作序澤曰嘻四時代謝成
功者去知足知止古之道也緬惟周公之明農留侯之辟穀晉

八四

公之退休達人大觀浮生若夢後之視今猶今之視昔爾吾想公歸之後親賓過從殆無虛席兒孫勸酒其樂陶陶暇則歌皃鷺既醉之篇祝朝廷萬年之福因念曩在仕途倥偬之餘未審能有今日此樂否請以問公敬併述此意以為序云

送通事梁應奉使還琉球序

士生斯世孰無行道濟時之心哉顧吾與時之相遇者如何耳才與時會則其登庸也易時與才戾則其成功也難進止有宜顯晦有命然道行志遂於一時則又不如歷世趾美於悠久者為可尚若今琉球國通事梁應殆士所論所謂道行志遂於悠久而無忝者與梁本長樂之著姓應字克誠自幼好學涉獵羣書

其上世有諱某者居海濱善測候而兼利涉之術皇明受命天
下歸仁茲國乃在閩海外風帆之便歷七晝夜可至上有三山
極其廣遠俗視諸番為馴洪武初首奉稱正朔稱藩某為航海通
道以入貢朝廷嘉之錫以王爵而望祀其山川故某以功錄為
其國之通事往來給驛例以為常乃子回善事父而達政理凡
歲聘跋涉之勞回與有力而同事者安之某老王請以回代永
樂中回亦以功累升為長史階正議大夫賜三品服後以壽終
正議四子而兄某與應皆襲蔭以宣力於外無替厥服鄉評歸
之成化乙酉春聖皇即位應奉王命率其元僚上表稱賀今年
春復率衆進方物上多其勤厚加賞賚以遣維夏之季凱風自

八五

南舟次江湄應辭以别時之致政閑居者若工部亞卿吴公山西憲使林公雲南大叅王公廣西憲副張公暨親友葉思獻輩謂宜徵言以贈余惟天性五仁義為先天倫五君親為大道莫越乎此也應歸復命之後循循翼翼思益勉其所當勉則臣職益修天恩益固太平之福被諸無窮豈特世禄世官而已衆曰俞請書以為勗應起拜曰都謹受教

故東隱郭翁墓誌銘

正統六年五月二十有六日錢塘處士郭翁卒於家越明年冬其子祐被衰服來閩詣余拜且泣曰先君在日嘗囑兒輩云士惡没齒而芳弗揚知我者惟方伯吾没後汝必乞公文以誌墓

今謹以狀來請復拜泣不已余憐而許之按狀翁諱庸字原中粟隱其號也系出汾陽後家素裕不巇於利幼從邑庠司訓潘伯剛先生學長與南湖貢先生光弼張先生相友善時之名士若俞子中鄔天民張伯臧輩皆交契莫逆經史百家咸通大義鼓琴賦詩清澹自足尤善誘掖後進賑困乏如不及扁其所居曰松月山房寓幽寂也每知己至必具酒饌以盡歡洽無賢愚無少長凡聞翁名與識翁面者皆知敬重余時承乏浙藩每歲鄉飲翁位二賓之上以故得與相接觀其容聽其言雖泯隸輩亦知其為長者翁世居闤闠中余間以公事偕都憲諸公出翁閭余過每扶策出視久之余見翁亦私傾慕或咨詢民隱翁羣

八六

言侃侃無毫髮顧忌裨益實多豈意别翁未久而遽長往不返
耶嗚呼惜哉翁生平清直儉約不隨俗浮沈嘗著歌詈訓以勵
子孫晚年作詩自頌曰五福雖難備三殤幸不逢太平無事日
得作白頭翁其從容自適如此翁生於元之丁亥六月十八日
距卒春秋九十有六以卒之年八月二十四日與配謝氏合葬
於雞籠山之陽子男五長曰豫次曰恭曰方曰裕曰真者仁庠
造士行修而遂於易女三長妙堅適徐氏次妙澄適姚氏次妙
盈適戴氏皆士族子孫男五長曰本次曰經曰文曰奭曰瑀女
七曾孫男四長曰鑑次曰衡曰麒曰麟女五嗚呼翁碩德高年
處泰而裕子孫既蕃考終無愧殆洪範所謂五福俱備者非與

余忝知翁且重祐之請安可以不文辭銘曰

猗歟郭氏　系出汾陽　轉徙既邈　翁生於杭　齒德惟稱
蘭玉齊芳　生播令譽　没垂耿光　鬣封孔固　厥魄斯藏
我銘翁墓　翁也不亡

故處士陳子金合葬墓誌銘

正統癸亥五月朔苦雨薰旬泥潦載道三山七十九翁曰陳鑑者挾冊走十餘里踵門拜而請曰鑑之先君及妣葬且久每以未得名筆誌墓為恨先生知我者言可信於後謹以狀來惟憐而許之幸甚澤曰文固不子靳也顧荒落之詞奚足以發先世之潛德哉再辭弗獲已按狀君諱鎖字子金父福元昭信校尉

八七

母徐氏先卒繼王氏君賴昭信及王母撫育以成比長事親孝持身謹而治家訓子克勤克儉配碩人何氏名恵字善慧十八來歸善養尊章克相其夫而家日裕生男女四人既而子金没昭信没而王母亦没焉碩人四顧煢然守義不二益克苦思承期以不墜視華麗之飾泊如也嘗語佛曰汝長頗有知宜經理以活諸孤謂鑑曰汝幼穎宜從舅氏學以淑汝後乃婚乃嫁咸不失期永樂初佛以人材徵至京奏許歸養鑑開館授徒交多名士碩人卒時年八十有二諸子奉柩合葬於城西高安山之原祔先兆也禎適詹事舍人張有謙興適鄉人劉珙孫男五長述領丙午鄉薦任廣東高要之教諭卒於官次超次遂次週次

連曾孫七嗚呼士有一長足以自立況三善乎婦有一貞足以敦俗況二美乎佛能養而鑑之孝雖老不衰皆士論之所與者是宜銘銘曰

嗚呼子金　克敬克孝　維配碩人　克貞克教　脩短弗齊
分也奚校　合藏於幽　匪幽匪耀　文以顯微　式昭爾後

處士脩仁劉先生墓誌銘

永嘉實東南文物之邦士生其間而見重於清議者三曰敦本實紹家學趾仕武達則光否則黯黯而光有所賴若修仁劉先生是已公諱文恕脩仁則清議中之私謚也世居荆溪代有其人八世祖諱安節者仕宋為起居郎偕其從弟給事安上從伊

洛諸儒游名重於時四傳至國諭漢偉生元副使光光生公悅
世濟厥美公悅公之父母陳氏有淑德至正中生公於玉沙之
蒼嶴天性醇謹且嗜學孝友信義人無間言凡有凶吉動罔違
禮元季鄉有秉時為暴者公挈家入郡城𢀡華築室以居時平
返玉沙省先壟葺田園處約而裕治生飭子日有進益輒散所
積以賙困乏有鬻田者公厚其直以還或問其故曰是為子孫
計宜益彼冀有濟耶婚嫁畢營壽藏適興林泉悠然自得歲時
杖屨入城謁先祠會親友肅肅如怡怡如也亡何子元亮卒遂
慨然囑其內應以撫孤嫠躬課孫介出入必偕俾習禮度介卓
有立公力也春秋八十有五應後公一年卒洪武己卯臘月四

日合葬於玉沙祖壟之麓遵治命也女一適士族林孟禮孫女
一茂才王參其壻也曾孫男三長賡次恒次廪女二介痛念所
自託建平教諭曹諒撰狀以竢今賡由儒顯且司福唐郡庠之
訓有年文行一致造就日多信世美之進而未艾也嗚呼士貴
儒業而儒行顯晦得喪何足計哉物斂於冬其發也勃然物潛
於淵其奮也轟然往既有開來復有續德人之光夫豈偶然昔
有樹阡表於四十餘年之後者士君子何嘗議其緩也是宜銘

銘曰

維皇降衷　民有恒性　士克有恒　命或靡定　靡定也天
人兮孰競　猗歟脩仁　時靖而靖　德弗負時　時定則應

八九

翹翹孫枝　華實日盛　寵命自天　盛德之證　玉沙之陽
山蒼水瑩　冲氣之鍾　永錫祚胤　爰述斯銘　聿惇來敬

故廣東左布政使林君墓誌補遺

余友林君茂弘卒於正統庚申之夏其子綖奉諸名公所撰文來蘄一言余辱交久誼不容辭顧紀載未備遂拭淚以補其一二君諱碩遵常翁其父也昔君爲博士弟子時偕余從莆齋林先生學君性雅強記絕人翁一枉顧謬見推許故君每受業退必過余麗澤焉永樂辛卯歲當大比莆齋以易魁八閩之士君以春秋余以詩忝廁於其後壬辰莆齋復魁天下士君與余中甲科廷試莆齋進士及第余同君釋褐進士既而莆齋官翰林

余濫竽藩佐君拜浙江道監察御史君練習吏事能聲籍甚凡他道疑獄當讞者例必簡君二三人會訊而平反之若汴齊楚蜀閩浙間事關大體及有隱伏難詰者必命君往其受知如此時河淮督運有蘭侍郎者威勢烜烈或使酒陵下海寍守禦有湯千户者縱卒販海莫敢誰何君蜚章劾之皆浹汗伏罪戊戌丁外艱歸喪葬一循禮度服闋調貴州道當道者咸推讓其老成丁未九載考最超升浙江按察使浙號大藩煩劇特甚官屬並緣為奸君櫛剔而蓼薅之致以非語中傷上終釋不問戊申余承乏浙藩幸獲同事而君毅然以澄清方面為已任吳冦史慶真越冦童進達括蒼冦諸裕五甌冦盧宗琦輩各聚亾賴四

九十

出剽掠君設方略擒之盡未嘗濫及無辜有誣良民謀為不道者前後摉據毋慮五六百家君廉知其寃直之紹寍台温四衛士卒舊例月給其粮二斛俾專守海後半其給而遠役之君上陳其由悉復於故自是庭無滯訟獄無滯囚官無滯政上下相安時和歲稔境内無事乃募修錢塘三夫子廟兩新岳少保祠而封植其墓禹穴南鎮城隍諸廟次第完葺而體制有加暇則進師生而飭勵之戊午秩滿所部乞留章上君以母老請恩許歸省未幾而廣東左布政使之命下命下之日衆方期君以大厥施嗚呼奈何天豐其才而遽嗇其壽耶是可哀也已君歷仕四朝治行表表莫能悉記敬述梗槩以附諸作之末亦區區結

劍之初心也若彼之巳詳者茲則不復贅云

淑人陳氏墓誌銘

昔孔子論詩而首二南蓋以是為人倫之本而王化之基也南國大夫妻之德修於家故蔽芾甘棠之詩作今觀方伯林君茂弘之政則乃配淑人之賢可知淑人諱徽字德美三山處士陳仲良之孫石城典史伯齡之女母李氏善教女女有士行宜配君子故合北遵常翁慎擇主婦而得焉翁詩禮舊家鄉稱長者曩嘗董里賦時歲歉民饑賦無從出翁為質田以納後食或弗繼淑人知之輒罄粧資以贖且相夫盡孝事親而諧其內外居亾何茂弘以才選補郡庠生水陸往還艱於跋涉淑人區畫有

方凡衣資之供罔有缺失間歸休沐問安退屢致勸飭是以茂弘年甫二紀即領薦書中進士官侍御敭歷四方赫然有聲者固拳拳服膺乎家庭之訓然而旦夕暫御之箴亦豈小補哉當茂弘按治西蜀時遵常以壽終於家淑人哭之哀躬率諸卑幼以襄事及茂弘歸若喪葬祭悉賴其禮之備而無憾宣德中茂弘以最升浙江之憲使淑人奉姑以就禄養浙地大政煩習尚侈靡淑人内理家政孝謹儉約不改故常憲使盡心於公訟簡刑清境内大治九年滿民懷其惠上章借留遂詣闕陳情乞歸省母朝廷嘉之賜誥獎諭因而再有廣東布政使之升寵命下臨照耀桑梓何數年來姑與方伯相繼淪謝淑人又率子婦輩

以畢大禮始終之道盡矣今淑人壽幾七袠臨終從容語言不亂三子六孫諸婦諸甥咸在左右嗚呼天之報德何其昭昭也若是墳木蒼蒼合葬有日適子紱來請墓文余忝世交既誌之又從為之銘銘曰

人道之大　曰孝與忠　孝以基始　忠成厥終　猗歟淑人
克相夫子　移孝為忠　士論所與　勸忠於孝　錫寵自天
凡有知覺　孰不勉旃　浮生幾何　電光易翳　爰發幽潛
永詒來世

淑人蕭氏墓誌銘

三山林君禮亨永樂中由進士官御史歷事五朝累升山西按

九二

察司之按察使七考皆最恭荷聖明賜誥褒奬又推恩以光閨闈故配蕭氏自孺人恭人而淑人屢陟華階既崇且顯天順庚辰八月朔淑人卒壽七十四次年冬公率子璽奉柩以葬於其鄉大善山之原葬後命璽來徵墓誌按狀淑人諱寓字妙安父泰齋其先江右廬陵人母邑東鄧氏湖廣黄州郡守之女淑人幼孤頼母善訓既歸於公事尊章相祭奠待宗戚處妯娌悉得其道居閑紡績不涉戲談呵詈批笞罕及媵婢其持躬率下之嚴也又如此蚤歲未有子堂妯陳氏有嬰曰芸者囑與之育淑人育而愛之若已出暨長為擇良配以全其所託焉始公為吉士時留淑人家居以代養食味既調必嘗以進食衣必完潔供用

以時二親喜曰吾婦猶女也舅遘疾旦夕從姑服勞弗少懈疾草躬進洮頮水相姑視殮殯如儀公歸百需悉備後之喪姑也亦然公起復由吉士而御史由御史升山西之憲副由憲副升憲長淑人皆能節約以積俸餘及致仕歸遂謀於公曰舊居族大且蕃盍讓吾宅以紓彼俾彼有困逼之憂公曰然吾志也乃罄簪珥器皿之屬買地搆屋於城南鐘山之陽以處歲時往省舉族安之鄉閭咸高其義子一即璽孫男二士源士清孫女二曰禎曰祥璽妻文水高大叅女士源妻同郡董方伯之孫女餘尚幼嗚呼淑人生名門嬪巨室素行之臧足為族範是宜享有祿壽以侈天寵之彰於無替也銘之奚忝銘曰

九三

積之厚發之茂婦道母儀式啓爾後大善之麓麓有墳宸章在匣玉璽龍文文何云表芳懿子孫念哉視此銘誌

雲南安寍鹽井提舉歐陽君墓誌銘

福唐邑庠司訓歐陽昕將奔其父提舉君之喪以行奉狀徵文歸誌其墓君諱剛字守中號素菴世居彭澤之新谿系出吉州刺史琮之後詩禮簪纓之盛冠於其鄉君性清澹襟度坦夷重義輕財鄉稱長者内而事親教子外而接人待物恂恂孜孜因有矯急早從桐城曾先生學退而焚香靜坐原象以究其義即辭以玩其占久之有得曰道在是矣在諸生中又以善楷名永樂初選入秘閣與脩大典書成俾卒業成均以備擢用君以二

親垂白乞歸就養銜命而西恩霑桑梓晨昏侍膳情意怡愉既
而親終自斂至葬禮無或違服闋入貢試事都臺小心匪懈銓
曹以君足任劇職奏除光祿寺之典簿寺務最煩日之供億取
辦目前者難以數定君精敏絕人克料以應鮮至稽誤同官賴
焉越三載以最升雲南安寧之鹽井雲南古荒服安寧遠在南
徼外場之丁夫半雜夷獠卒難馴服君因俗設施不競不絿人
情用和課溢常額後致仕歸日與故舊結林泉觴詠之社月得
司訓分祿以助社中之費天順癸未春終於正寢享年八十八
五福之全如此配徐氏繼晏氏皆先卒子二曰暉曰昕孫四皆
嗜學謹行女二皆有家孫女二未笄昕歸擬以是冬臘月之吉

九四

奉妣晏氏柩合窆於其里之北隴發潛埋幽之文禮不可廢故徇孝子之請而不以淺陋辭銘曰

嗚呼素菴　積美之楙　曰昔曰今　光前裕後　北隴之麓
厥土玉肪　雙璧合葬　永固其藏　石火電光　孝子心苦
勒文埋幽　敬誌斯所

安素處士鄧君墓誌銘

成化丁亥臘月朔鄉有孝子鄧璉者踵門泣而請曰璉寡祐不幸先君没葬期近靳一言以埋諸幽余亦泣而慰之曰而父與僕交最久知德者莫如僕言敢靳耶君諱韶字希舜號安素高祖泰曾祖文正祖子宜父景周母林氏父始由閩庠生領鄉薦

永樂戊戌授廣東化州儒學之司訓在任六年卒卒時君甫十一歲與母俱在閩側室王氏護喪至君内無昆季哀慟幾絶惟賴伯父愛訓之若子而君之事伯父如事父視堂兄希亮希淵不啻如同産焉年浸長刻苦讀書凡陰陽地理之術罔不究竟教子務學不以寒暑風雨廢女兄三曰瑩曰亨曰賢皆體母心以時而歸於名族親賢敬長奉祭咸盡其道而恤患尤切里有林舜郎三人者前後各以人命起訟公私誅求連歲不决濫及齊民君極力救解境内獲安正統戊辰沙尤盜熾吳航之傭曰林添二人者夜逢邏兵掩誣為諜將寘重辟公憐其寃率衆伸理卒白其辜舍傍有橋上榕下溪清爽可愛每盛夏君與二三

九五

同志憇此吟咏以消永晝其視勢利泊如也配洪塘張氏慈祥勤儉克相厥家子男四適即璉學行之懿光重儒林次瓛次瑤次琳孫男三曰翰曰昺曰豖幼女二君疾未革時命璉取篋出狀示之曰汝祖司訓公歿吾時幼且違膝下遠近得門生莫泰來為侯邑令故幸論而詳焉吾死後汝必求方伯黃公文以表鳳卬墓璉曰諾復名諸子姪各致戒飭至若棺斂喪葬之宜及禁用浮屠之類猶拳拳不輟嗚呼公幼孤長克自奮勵以有今日疾大漸神思不亂其明達如此惜乎僅得下壽而止此發潛之辭雖不足為輕重然余景仰之情亦至爾銘曰

三山之鄧　實閩故家　幽人安素　坦坦無瑕　所積既厚

宜祿宜嘉　壽不滿德　如何其嗟　峩峩其墳　東山之麓
工揜其輝　文揚其馥　天眷孔昭　錫以遐福　龍誥之頒
永賁林谷

故大中大夫資治少尹福建左叅政顔君墓表

正統丙寅六月十有二日福建布政司左叅政顔君卒葬於某山之陽越二年冬其子讓不遠千里奉狀詣余拜且泣曰先君在日嘗囑兒輩云吾奔走仕途二紀餘知己者莫浙江左布政使黄君若吾没後必蘄公文以表墓今謹遵治命來徵一言以昭不朽言訖復嗚咽不已余憐而許之按狀君諱澤字澤民世為姑蘇人元季兵起有祖曰伯原者避亂徙家常州之江陰國

朝混一遂占籍焉父明遠母許氏積累厚而經理勤家裕好施君生於洪武辛酉三月之四日弱冠為郡博士弟子員傑出流輩永樂辛卯領鄉薦壬辰中甲科選入刑部用折庶獄君性闓敏練習吏事凡兩造具備者數言立決五辭不孚者必詳訊而平之能聲日籍時貴州民獠新附文皇以其地僻俗獷艱於化理首簡廷臣之良者出為藩臬長又擇進士中之英特者以弼其政令於是上親擢君為清遠知府朱衣象笏拜命以行到郡之日因俗為治不柔柔以茹不剛剛以吐人心用和未幾丁外艱所部交章乞留朝狥其請而起君於衰經中設施措置益謹弗懈九載考最升閩之左轄閩為東南大藩郡邑五十有八文

物彬彬海濱洙泗君循繩墨以綏之所至號稱頌佛繼丁内艱歸所部乞留如前上復奪其情俾還舊治以慰吏民之思三考再最給誥命階大中大夫資治少尹衆方期君以宏厥施奈何天遽奪其壽而止於斯是可哀也已是可哀也已君配徐氏生子讓繼薛氏女二一適衛蘇州衛千户劉永一適中書舍人徐頤孫男三曰瑄曰玠曰璞瑄為邑庠生行醇而學邃顯庸有日積善之徵也女二幼未行嗚呼昔君與余業同經中同榜同對大廷之策同理秋官之刑同為文皇所知同親擢用況志同道同相知最稔是安可以不文辭哉詞曰

惟頫之先　積累孔碩　君之攸稟　剛亮端直　文足潤身

九七

材克理劇　德立譽彰　政敷惠溢　鴻蜚於天　遷斂厥翼
繚壙有垣　鐫文有石　爰示後人　念此無斁

葉孺人沈氏墓表

正統戊辰秋劍川盜起遠近大族有重累者悉徙入閩城以居時山中葉孺人沈氏亦隨其舅姑夫子挈家衆五十餘口來今年己巳正月之望而孺人以疾卒於其兄亨道之館既殯凡親戚之同來者皆往弔弔皆盡哀而返卒哭其子興良服傫然造門拜且泣曰興不孝不自殄禍及母俟寇平當歸葬敬來徵文以發潛德惟尊翁憐之興嘗聞諸舅曰母諱華字德淳行六父恬所母林氏生於建文庚辰九月之七日五歲而孤賴母鞠訓

以有今日余同胞四人至相愛也惟汝母最慧八歲從姆教授孝經
十五讀列女傳即曉大義笄而精五飯冪酒漿縫衣裳念不及
奉其父而事母極孝永樂癸卯冬歸汝父室家孔宜汝祖忘適
翁任南海簿致政歸與汝祖母林年踰七袠俱垂白在堂康寍
樂善汝母以冢婦總家政勤儉和平為諸婦倡每相祭祀供甘
旨待宗戚御卑幼皆循循不苟宣德丙午生女婧適永慶林徵
士之子僅己酉生汝為汝娶官賢黃仲和之女敏壬戌生女娀
幼未行不妬忌子輯側室所出家雖裕一錢尺帛不妄費詆婦
歲入租者以千計汝母憫其勞聽其自槩而善遣之有貸貧久
不能償者輒禀命以火其券生之春秋僅三十爾所存厚而所

九八

稟薄故及見汝輩之成與言及此嗚呼惜哉竊惟閨門之行孝敬儉恕為本觀諸葛覃螽斯之詩可見今孺人之善視古無媿天之報德豈可量耶念余素與忘適翁相友善又忝姻屬既重乃夫克容之賢且嘉與之能孝而知其所本也遂次第其意以為表云辭曰

三山之沘　寶閩故家　生有淑女　温栗無瑕　嬪於右族
軌度孔嘉　女家子室　宜享其遐　壽不滿德　如何其嗟
斯墳峩峩　閩山之麓　有淵者溪　有喬者木　土擁其輝
文揚其馥　碣亭在茲　爰視爰讀　子子孫孫　萬年之福

樂善處士鄧公墓表

閩有樂善君子鄧公者唐光啓中其先從王潮由浮光來因家於邑東之竹嶼姑即其近者言公之始祖興高祖泰曾祖天福祖文正父子宜皆業儒務農守道循禮母陳氏克治厥家子四人公其適也公生於洪武己酉十月之幾望卒年七十一正統庚申臘月既望葬於寶峰先塋之側歲歷二紀禮魁孫珙求文以發潛德按狀君諱光字景晦樂善乃鄉人所號者弟建景初斌景周昱景昭女弟三公性直諒見義必為不苟循襲十六喪父奮發自強痛念孤嬛極力幹蠱冠笄婚嫁悉稟父命以行二妹不幸偕其良人殁各遺一女子然無依公匍匐為畢後事遂移二雛以歸長為擇配一適臺江鄧氏子旦一適芝田周氏子

九九

清粧資之均無少吝惜無何母亡哀損成疾奉柩合窆結庵以居因念族屬先塚之荒穨者二十餘所舉裒而附於遠祖三十翁墳墠之下歲時展奠無缺永樂甲午秋景周領鄉薦得授廣東化州之司訓在任數年卒厥内林保抱子韶護喪來家公懼失墜多方安慰恐其纖毫有介於懷暇則飭韶以學病則籲天以蘄志期必遂而後已其厚於親戚也如此凡待鄉曲亦然封疆之交古有三患浮屠寺占據中逵病民出入沿山田剛燥蕪穢艱於耕犂山麓溪春常奔決壞民田廬公謀於衆首相隙地以徙其居次渠巳田以通水利次築長隄以障狂潦費罄巳出工均諸人三患之除至今稱便其推恩於外也又如此配鄭氏

同志相須合穴以葬子晟子卓慈祥孝友無忝所生女二林焆葉居壻也孫男四瓚珙珩珽珙即禮魁顯庸有日女二曾孫男七太奉雍瑞舉睿魁女八嗚呼鄧氏自入閩來迄今五百七十有餘載祚胤之盛日升月恒誠彼蒼福善之徵也茲重珙請故特表出使鑱於墓上之石以為族中之子孫勸亦以勸鄉黨之為善者觀此當益思所以自勉云

廣東化庠司訓鄧先生墓表

司訓鄧斌字景周者閩之竹嶼人父子宜母陳氏兄弟三人先生其仲子也性簡默而和厚早從國子上舍李叔中先生學弱冠補閩庠博士弟子員受說尚書大義於省元和仲陳先生之

門洪武初經師皆起自民間各極一時之選若吳朝宗之高遜林泉林清源之名重臺閣與夫黃谷民林興祖盧玉相陳子美張彥起林伯璟諸先輩皆端嚴淵懿博極羣書八郡儒紳景仰山斗凡諸生之在其館下者有如唐震陳鑄王褒唐泰陳安唐燦陳琦朱瑜王偁林賜林誌曾芭黃安胡敬洪順葛回王善陳閏戴乾林文澧等或醇而雅亢而直鈍而堅皆清修苦學傑出人表時方岳大臣若憲使陶公垕仲大叅范公敬先憲副謝公肅每月朔望謁宣聖畢即升堂會講勸勉以禮郡守陸侯子榮政務暇復召師生集於庭下循名責實以旌別其淑慝三年大比較閱惟公解榜一開衆口稱快明年貢春官對大廷或賜進

士及第或賜進士出身布列中外庶績咸熙萬邦寍謐此皆聖
朝建學立師任賢致治之明效也惟我景周積學既久永樂甲
午秋領鄉薦乙未春中副榜授廣東瓊庠之司訓丁内艱戊戌
春服闋改化州振鐸之旦慨土風士習之卑惕然以拔陋躋融
為已責於是朝暮坐大堂之上合三齋生徒而總督之談經論
史必求其實悟而後已六載之間歷子卯二科而士之報秋捷
與計偕登甲科者直與名庠齒功垂成而先生没噫惜哉茲因
子韶遺孫曰璉者奉門生莫泰狀來請墓表余特備述吾鄉曩
時師友之盛者以告且莫知今昔師道士風教化之盛衰高下
為何如然區區之有感於景周者亦深爾

百一

祭先考太中府君文

維宣德四年歲次己酉十一月癸卯朔越十有八日庚申孫子黄澤等敬以牲醴庶品致祭於故顯考大中大夫資治少尹湖廣布政司左叅政黄公之靈嗚呼惟考之德忠厚淳實惟考之恩昊天罔極無怨無惡有子有孫善積於己慶延後昆龍誥之封天禄之養優游百年庶幾無恙秋江旋旆疾在膏肓湯藥弗効遽成永傷靈輀告行葬日維吉鳳山之陽永藏體魄嗚呼仁者有後君子令終千古永訣哀慕何窮尚享

祭上古山神文

維正統九年歲次甲子五月庚戌朔越六日乙卯前嶼黄澤偕

子讓敢昭告於右仙山之神惟神崇高極天奠此東土興雲出雨膏澤生民今讓卜築於此耕讀樵牧以資衣食敬具菲儀用伸奠獻安豐之利神其惠諸尚享

上園興工祝文

維天順二年歲次戊寅五月丁亥朔越四日庚寅善溪境民黄謹敢昭告於后土之神惟神博厚載物有感必通今於本境上園起造房舍與父母家眷同此完聚興工之始祈恩於神伏望雨暘時若人事和諧工匠平安虎蛇遠遯歷玆以往永保康寍敬獻菲儀用伸祭告尚享

祭善溪境神文

百二

維天順二年歲次戊寅十月丁卯朔越二十有二日丙子善溪境民黃澤偕男黃謹敬以葷素清酒致祭於三聖大王之神惟神山川之靈鍾於列聖陰騭下民鄉井寍靜神惠無疆報德弗稱澤感神恩極其崇信設像建祠以寓誠敬神宅之安廟祀之盛地久天長荷神之慶尚享

祭石仙山神文

維天順三年龍集已卯十二月已酉朔越十日戊午善溪境民黃澤敢昭告於石仙山皇土之神惟茲名山高大清厚靈氣久欝時而發祥今造壽墳興工動作神其保佑俾無後艱敬具菲儀用伸祭告尚享

祭亡女黃汝常墓文

維天順七年歲次癸未三月庚寅朔旂山七十九翁薄具蔬果之禮用祭於故女黃恒之墓曰嗚呼我女孝婉顓堅為巨室婦朝虀暮鹽不幸短命葬此多年龍鍾老父長奠墳前嗚呼我女苦痛難言尚享

祭林諭德先生墓文

維天順八年歲次甲申二月甲申朔越十有五日戊戌門生黃澤敬具菲儀致祭於故奉訓大夫諭德林公之墓曰唯公之德忠實溫恭唯公之學儒林所宗內翰春坊小心翼翼天不憖遺輿論攸惜雙璧合葬喬木高墳褒德之語煒煒龍文澤昔從游

百三

多承教益感恩之心無時或息醴齊之酹蘋藻之陳音容在目

俯監微誠尚享

告脩李園祖墓文

維成化三年歲次丁亥十一月癸巳朔越十有五日丁未孝孫

黄澤等敬具牲醴庶品敢祭告於高祖考黄公一府君高祖妣

林氏一夫人曾祖考黄公二府君曾祖妣張氏二夫人祖考黄

公三府君祖妣李氏三夫人顯考黄公四府君顯妣宋氏四夫

人曰嗚呼惟我祖宗積德深厚自元至正二年買山造墓安葬

八位已經一百二十有八年近見墓上磚石剥落及草木荒穢

甚謹於本月初四日命諸子孫備料興工逐一修理今磚石補

砌堅密草木亦皆除淨宅兆如舊遺魄永安敬用祭告尚享

祭田道叔文

維天順五年歲次丁辛巳十二月丁卯朔越十有二日戊寅閩縣雙溪里民黃澤敢昭告於田道叔之神曰朝廷禁立淫祠鬼神不附非族濫祀無文誠為褻瀆送神出門免犯天律敬告

祭祠堂文　時文中由四十五歲考中赴京

維天順六年歲次壬午六月甲子朔越四日丁卯孝孫黃原貞敢昭告於高祖考贈大中大夫湖廣布政司左叅政黃公三府君高祖妣李氏三夫人曾祖考贈大中大夫湖廣布政司左叅政黃公四府君曾祖妣宋氏四夫人祖妣陳氏五夫人顯考黃

百四

公六府君顯妣林氏六孺人曰惟我祖宗積德深厚詩書之慶久而愈延原貞叨廩郡庠懼無進益幸蒙恩試忝預光榮今將北上再試大廷遠離庭闈不勝感愴更祈水陸平安功名遂志謹告

祭福建張布政文

維年月日具官某謹以牲醴庶品致祭於福建左布政使張公

嗚呼東魯名門上庠碩士行懿而芳才雄而裕始奮跡於黃堂遂蜚英於粉署撫字贊襄輕車熟路來旬來宣丕釐庶務食少事繁有疾弗顧天不憖遺溘先朝露望公靈輀我淚如注曷以宣哀薦此情絜尚享

祭厚祓黃元方文

維年月日具官某謹以清酌庶羞致祭於亡友黃元方之靈曰嗚呼元方孝弟忠信生於名門美譽日振庚子之冬爾兄識我既而見汝汝情亦好青霄蒼海人各一方暮雲春樹永懷不忘近得南音喜汝無恙冀叙幽懷以慰惆悵風波無期竟没不返爾存孔良爾壽奚短聞汝之喪哀汝特甚豈無他人不如同姓心馳遥祭以泄我哀魂兮鑒此尚嗚呼痛哉尚享

祭刑部主事戴宏祚文

嗚呼我友儒林之良歷職郎署嘉聲孔揚奔訃而南啜粥深墨家鄉匪遥不進而晝爰治棺槨爰正衣衾權厝於浙以竢南音

百五

首卬有期敢負初約不亾者存奠此清酌尚享

祭山中葉克容文

嗟嗟處士惟性之存克守世業以裕後昆凡百猷為用稽中正宗戚鄉閭孰不敬信天之佑善將期百年數既有定壽莫可延扈嶼之魂君昔所築今瘞於兹永受遐福椒漿之酹沼毛之陳魂兮有知鑒我微誠尚享

祭鄧母林氏文

嗚呼坤道之懿曰貞曰慈慈以玉子貞以亮夫母也全此純一弗渝善人云亾理莫可測慶終後人壽嗇於天含哀薦芳靈其昭格尚享

祭來少監文

維年月日具官某敬以剛鬣柔毛庶羞清酌致祭於故少監來公之靈惟靈德性寬厚才識高明官居近侍出鎮榕城能宣上德能達下情四境樂業百穀用成脩學香芹之泮演武細柳之營南闢濟衆之渡西建迎恩之亭政行遠邇惠洽軍民正帡幪之是庇忽梁木之云傾愛戴者衆訃聞酸辛某欽承上命代鎮全閩念君舊契膠漆雷陳几筵在目肹蠁來臨尚享

祈雨文

維年月日具官某敢昭告於昊天后土之神漢閩越王之神福州府城隍之神江湖潭洞龍王之神惟天地萬物父母惟神萬

化之靈幽明分殊感通理一其欽承上命總鎮全閩睠茲亢暘心切憂懼深思咎徵之譴實由政事有愆除洗心滌慮改過自新敬率都布按三司官一體致誠叩禱外願賜三日之霖普濟八閩之困神其昭鑒早沐洪恩謹告

祭梁僉事文

嗚呼裎身豹變積金斗齊命也素定惟人之為惟公之生士林翹楚早奉絲綸繼司風紀我忝承宣與子交好凡有闕遺更相戒告意公碩人德久業大何契濶之未幾遽梁木之云壞公有壽母煢煢倚閭春暉莫報子情何如公有弱子未堪多難置而弗扶子盍不憾追悼高風痛公之死覿公遺骸涕零如雨嗚呼

哀哉玉樓何許薄奠沼毛公其鑒此尚享

祭房叅政父文

致祭於故處士房公之靈嗚呼氣化消息陰陽轉丸俯仰今昔伊誰永存惟公之生壽祉莫量有子且賢國之保障菊圃秋景紫泥待封龍蛇云逼哲人之終我有豆觴敬陳於几靈兮來思右此蘩芷尚享

祭貞素處士鄧公出殯文

敬以牲醴之奠致祭於故貞素處士鄧公之靈惟公之性溫厚淳實惟公之行安和端直言足為鄉黨之師動足為宗族之式疾彼小人甚於柳跖天不憖遺孰不悼惜輀車戒途永歸窀穸

百七

澗沚沼毛薄奠前席

澤臨終時不能　筆特令男謹書此以勉諸孫

我筮仕時即以敬天忠君保邦恤民為務觀封事內之所載者可見若曰省被災郡邑九十萬石之糧活拯未軍夫二十萬人之命者是南州嘉識天下文明孫華之生風雲際會今再書此以勉汝

吾孫天慶讀書養性存心必誠行禮必敬事上必忠交友必信仁義廉明始終相應凡我後人永保天命心動時務謹思力到處行方便

百八

奏議卷一

河南布政司左叅政臣黄澤謹奏為便民事本司所轄民稠有僻居山野田地磽瘠者有濵臨黄河連年被水淹没者臣往河南等府巡視民瘼詢據當地人民説稱往年五穀薄收遞年拖欠税粮人民逃竄近蒙朝廷將永樂八年以前逋欠税粮盡行蠲免又蒙住運木植深荷厚恩無可補報且永樂十年田禾頗收為因買辦白麻薴席生銅等物數多驛所馬牛車船不時倒死損壞人民倍償艱難又黄沁等河連年被水衝决不時起夫脩築及往過江擡官物夫差數多耕作者少見在人丁除老幼殘疾等項外中間貧民凡遇差役必加倍倚倚以致因而逃竄抛下

税粮靠損見在所以天壽山人夫朋合不敷見蒙差官起取若照原數起遣恐小民無知乘機逃竄又至開封府汜水縣據本縣開報實有成丁男子二千八百六丁役占一千一百九十三丁逃竄三百八十八丁見在一千二百二十五丁内以四丁朋起天壽山夫二百三十四名其餘人丁耕田辦納税粮實是丁少不敷除逃民着令本縣知縣師中吉設法招撫外臣以汜水一縣較之因起夫逃竄其餘州縣亦有夫役恐一槩倣傚逃躲不惟有悞春農且恐來歲失所如蒙准奏乞勅工部將河南所起天壽山人夫以五分為率減免二分便益

一為民情事臣歷本司所屬地方巡視民瘼詢據里老人等説

稱各府州縣見在人民為因科差繁重所有遞年稅粮拖欠至今未能完結且如河南等府登封等縣有全家充軍並死絶撥付不盡地畝及逃民王九兒等拖欠永樂九年十年十一年夏秋稅粮汝寧等府西平等縣永樂十一年水渰無徵秋粮南陽等府汝州等州縣見在人民納欠永樂十一年本色秋粮數多蓋因前年薄收所得子粒俱已食用盡絶見蒙上司逐日杖限催徵委無本色可納實是艱難不免棄損逃竄當諳鄉村看得人民中有身無完（全）衣居無完屋食無純粮者甚是貧窘若照舊數催徵委實致民失所如蒙准奏乞勅户部將所屬州縣全家充軍死絶人户同撥付不盡地畝遞年拖欠稅粮並水渰無徵

粮米蠲免其逃移人户及見在人民納欠秋粮乞令准納小麥
庶幾官粮易完民無虧損
一為民情等事據懷慶府河内等縣老人高忠等狀告各里為
因永樂十三年六月内雨水連綿低窪處所苗稼被水渰没高
阜去處苗稼被風傷薄收今蒙杖限催徵本年秋粮上倉不無逼
廹告乞折收布鈔據告如蒙准奏乞勅户部將永樂十三年未
完秋粮全折布花納官聽候運赴北京備用便益
一為公務事伏惟聖朝設官分職各有定規近因所司眈悞公
事數多致蒙各部分差辦事官監生人材前來所屬府州縣守
併切見此等差來人員食則應付廩給歇則應付鋪陳用則應

付館夫出則應付脚力中有一等因公擾民者如蒙准奏乞勅今後除軍務一應重事差人外其餘常行事務如起取人材查理人匠追徵錢粮收買物料等項只着司府州縣整理完報庶幾官省應付民免侵漁

一為驢足事查得本司承准行在兵部準字二百五號勘合坐買脚力驢三萬四千頭除派屬買納委官提督令民喂養外續據河南等府洛陽等縣民人張林等狀告各里夏秋薄收草料供給不敷誠恐瘦損驢足未便據告如蒙准奏乞支本處在官草料喂養前項驢足便益

三

一為民情事查得本司據開封府備項城縣申稱本縣地窪又

近黃河自永樂七年以來連年被水將衙門公廨並街坊民居一槩渰浸倒塌乞將衙門等項移於本縣地名店堠高阜去處搭蓋照得前項衙門民居委在低窪每年被渰是實如蒙准奏乞勑工部將前項縣治學校衙門倉庫公廨移於店堠高阜處所從儉搭蓋便益

一查得本司據開封府祥符等縣人民張本等狀告俱係衛輝府廣積倉斗級收受接管永樂六年七年十二年萩麥在倉不期永樂十三年六月十七日驟雨狂風至十九日一更衛河山水泛漲衝塌倉廒將萩麥渰流不能救護蒙巡按河南監察御史霍莘等盤量得濕潤虧折粟麥共該一十一萬二千四百七

原書缺

原書缺

明白免罪不賠今告前因緣奉勘合追問事理如蒙准奏宥罪

免賠便益

一照得本司先承工部勘合内開取勘衛所軍器務要窮究廢弛下落腹裏衛所欠少不多就將補造軍器暫且停止臨邉地方缺少數多勘酌减半補造除遵依外近該信陽陳州潁川懐慶寍山五衛並潁上衛輝二守禦千户所各將洪武年間原缺及起運撥付陝西等處俱作缺少之數一槩開料到司着令民間辦用查得内開合用絲鉄筋角共計六十一萬六千九百五斤一時買辦不敷又無所轄人民為因水撈艱難累蒙聖恩給粮賑濟及將一應買辦生銅等項停止今陳州等衛所各要辦

五

料補造軍器若便照例停止係干軍器欲便派屬買辦委的民
難緣係軍務民情謹具奏聞

奏議卷二

湖廣布政司左叅政臣黄澤謹奏為民情事照得本司所属武昌等十三府興國等十七州江夏等一百一縣實徵秋粮芝麻米豆三百三萬九千一十三石洪武年間止起運綿布一萬九千九百九十七匹每匹准米一石觧赴南京官庫交納其餘俱存本處衛所州府縣（州）倉収用永樂十六年奉户部勘合起運本色並折色米綿花共該八十三萬六千七百五十七石赴南北二京及淮安通州等倉庫交納永樂二十二年奉勘合起運本色並折色米一百一十二萬八千六百四十六石比與永樂十六年之數又添三十七萬九百七十一石臣體得所属人民逓

六

年送運秋粮赴通州等倉交納為因水路窎遠經涉閘埧洪道及冬月河凍舟楫阻滞在途守候動經一年方得回家其户下田地缺人耕種辦粮多致貧乏今又添加前項粮數愈加民難如蒙准言乞勅該部將起運北京及通州淮安倉府粮米九十萬三百石暫且停運照舊存留本處軍民倉内交収以甦民力便益

一件俸給事竊惟忠信重禄所以勸士也且如本司見役通吏令史典吏共計六十七名各帶家小在於公廨内居住專一書辦公文況出入公文數多紙筆等項俱係各吏自備以應官用各吏該支俸給不等每月只關鈔貫别無俸米食用委的貧難

者多無以激勸廉恥如蒙准言乞勅該部量給食米與各吏食
用庶幾人知所勸也

一件民情事切照洪武年間户部奏准印造寶鈔與銅錢通行
使用實為便民自永樂三年蒙户部榜文禁約銅錢不許行使
以致各處軍民人等經營生理艱難如蒙准言乞勅該部照依
洪武舊例銅錢與鈔相兼行使便益永樂二十一年十一月初
一日

一件民情事照得本司所屬武昌等府每年該徵秋粮米豆芝
麻二百三萬九千一十三石洪武年間止起運折色米一萬九
千九百九十七石每石准收綿布一匹觧赴南京官庫交納其

餘俱存本處收受永樂十六年奉户部勘合起運米八十三萬六千七百五十七石赴南京并通州等倉交納至永樂二十二年奉勘合起運折色并本色米一百一十二萬八千六百四十六石比上年之數又添通州并淮安府倉米三十萬三百石及京庫折色綿布一萬六百七十一疋准米一萬六百七十一石近蒙户部勘合雖將前項起運粮米改撥南京各倉交收以臣言之終是起運數多存留數少遞年合用民力船隻搬運艱難如蒙准言乞勑該部將洪熙元年起運粮米斟酌量減定撥南京各衛倉交納以甦民力便益洪熙元年六月十一日

一為陳言事恭惟皇上新登寶位詔求民隱臣謹陳十政以對

臣竊惟救時之政有十一曰正心二曰恤民三曰敬天四曰納諫五曰練兵六曰重農七曰絶貢獻八曰明賞罰九曰遠嬖幸十曰汰冗官凡此十者小試之則小康大用之則大治假此者霸純此者王願治之主豈可舍王而圖霸哉夫人君一心萬化之原古之善理天下者存誠以養此心故私欲不能淫致知以明此心故邪説不能惑忠言正道日陳於前接賢士大夫之時多也淫樂慝禮不近於目親宦官宮妾之時少也外誘既除心術必正心術正則閨門清朝廷肅百官奉職天下和平臣所謂正心者此也夫民者國之本古之司牧此民者必庶而富之富而教之也今也丁耕疲於力役婦女困於耕耘富者怨徵斂之

煩貧者罹凍餒之苦田廬蓁莽機杼空虛盜賊輙至殺人慈父
莫保其子若不更化惠鮮誠恐民心不測臣所謂恤民者此也
詩云敬天之怒莫敢戲豫是敬天乃恤民之本也邇年以來或
洪水橫流而下民墊溺或赤旱千里而黍稌不収有日食地震
之災也有蟲蝻霜雹之害也天變若此宜速改圖君德既修天
心必悅昔成湯罪己祈天宣王懼災修政帝王之治尤貴防患
於未然勿褻天怒而不悟也書曰木從繩則正后從諫則聖是
納諫又圖治之本也聖明在上屢求直言今位高者模稜而不
諫位卑者首鼠而不敢諫民之疾苦不上聞君之德澤不下究
各存形跡彼此嫌疑疾在腹心久則難治昔大舜好察邇言禹

聞善言則拜況今法古爲治烏可舍舜禹而他求哉臣所謂敬天納諫者此也易曰地中有水師君子以容民畜衆是練兵者聖人所以捍外而衛内也兵强好戰者亡國安忘戰者危武王載戢干戈文帝勞兵細柳蓋此意也今也南征北伐師出連年輜重牛馬耗散巨萬又江北疲於營造江南困於轉輸城池壞而不修器械缺而莫補偷鼠冦竊發不知國家何以禦之傳曰一夫不耕或受之飢是重農者聖人所以裕民而足國也漢文恭儉玄默故貫朽粟陳迨至孝武營宫館伐匈奴卒之四海困窮遺害不小況今科差日煩飢者弗食土木屢作勞者弗休養官馬者或鬻子以償駒佃官田者或典妻而納稅耗蠹之極民

實不堪倘人心一摇不知國家何以留之臣所謂練兵重農者此與昔先王之御戎狄也不喜其臣不尤其叛曷嘗樂其來而利其貨哉今之獻者窺伺我虛實勞擾我人民耗費我金帛也漢郤良馬而不受史稱其明秦罝鮮卑於長安卒受其害為今之計宜放還達官絶其貢獻遣將備邊練兵積粟而已昔先王之待臣下也有善當旌雖讎不吝有惡當棄雖親不容賞罰既明孰敢不懼今陋劣無術者或因循而貴顯耿直守正者或詿誤而調遷法無定科人懷僥倖為今之計宜舉善薦賢分理庶政總明核實信賞必罰而已臣所謂絶貢獻明賞罰者此與夫嬖倖之人其心險其智深其行譎親之如飲醇酒久而不覺其

醉且發狂也踈賤之則易使寵任之則擅權古之宦官者不使典兵不預國政此聖人慮事之審所以防微而杜漸與夫冗雜之官其德輕其才劣其費大如蕘稗之芃芃不芟除之則穢我嘉穀也授之以政則素餐考其功能則無補古者建官惟百省心省事以省官者此聖人節儉之主所以尊賢而貴爵與臣所謂遠嬖倖汰冗官者此與然蒭蕘之見已陳於前臣於終篇亦有獻也伏願陛下黜異端而崇正學則心術正矣省刑罰而薄稅斂則民生遂矣却祥瑞而躬自厚則天心悅進忠良而廣咨諏則言路開簡將帥而時練習則軍旅必精也罷不急而重民時則農者必勸也修文德而謹武備貢獻豈不絶乎開誠心而

布公道賞罰豈不明乎進君子而退小人則嬖倖遠慎選舉而
嚴考覈則冗官清尤必重親親之恩布維新之政務施實惠毋
尚虛文含宏光大以體至仁勇智剛明以行正義如此則君德
日盛宗社尊安華夷咸服而國祚萬年矣臣不勝憂念之至謹
昧死密進以聞洪熙元年六月二十一日

一件修理嶽廟事臣聞經國有典祀神為先使民有時當務為
急伏覩南嶽衡山神廟前宇椽瓦脱落用木枝梧後宇梁棟傾
頹用草苫蓋神像飄淋於風雨下民有失於觀瞻然祀典所關
理宜修葺奈工程浩大而人力不敷如蒙准言乞勑工部轉委
本司官前去照依洪武二十七年事例起倩衡州長沙永州寶

慶四府人夫用工合用匠作物料口粮就於彼處該班人匠內
存留及於係官錢粮內支買應用完日具數呈部庶稱朝廷以
禮事神之意洪熙元年十一月二十四日
一件民情事臣聞民惟邦本本固邦寧國保於民民保於信恭
惟皇上即位以來下明詔罷不急蠲逋負天下歡然咸樂太平
之治查得本司自洪熙元年九月起至宣德元年四月止累蒙
行在工部並工部玄字等號勘合各差聽選官李明善等到司
抄紙起匠數多買辦紵絲青碌竹木等項又蒙戶部湖字等號
勘合復徵逃民之粮催科峻急應辦不前小民無知因而逃竄
及看得鄉村人民有身無完衣居無完屋食無純粮者亦有典

賣男女以救眼前之急者若欲照舊料徵委的逼民失所除南
京修理殿宇成造軍器急用物料督屬解納外今將坐派一應
物料開坐伏望乞勑該部將數内紵絲紙劄銀硃青碌竹木等
料及逃民糧米量為蠲免以甦民力便益

計開

行在工部玄字一號勘合為賞賜事差聽選官李明善等三
員買紅緑紵絲二千七百疋

行在兵部因字五十四號勘合為抄造紙劄事該内使院來
保等三名抄造行移勘合等紙二百五十萬張

工部玄字四號勘合為修造黄舡事差辦事官闕賢等二員

坐採杉株等木二萬七千六百四十根椶毛二萬斤
行在兵部玄字四號勘合為預備物料事差辦事官田春等
三員坐買銀硃等料三千斤
行在工部因字五十七號勘合為預備成造事坐買猫筀竹
六十五萬根
行在工部因字六十一號勘合為採取物料事該內官劉安
坐買銀硃等料九千斤麂皮三百張
工部玄字一號勘合為修理等事差聽選官李琳等二員坐
採猫筀竹一十六萬四百根
工部玄字三號勘合為修理事差辦事官堵思義等二員坐

十三

買片大碌等料一萬七百四十斤黄麻子二十石
行在工部玄字十一號勘合為修造等事差主事高騰坐買
生漆四萬斤
行在工部因字三十七號勘合為買辦事該内官駱善等二
員坐買生漆二萬斤
工部玄字三十七號勘合為修理事差辦事官梁恵聰等二
員坐買黑鉛生銅七萬一千斤
工部因字三十九號勘合為修理事坐辦木炭二萬斤
工部因字三十九號勘合為成造物料事坐採筀水竹一萬
六千三百根宣德元年四月十五日

一件軍民利病事查得本司累蒙工部並行在工部等部因字等號勘合坐買羅緞銀硃生漆青碌生銅黄白臘等件及採辦猫筆等竹杉株等木抄紙淘金并潛運粮儲征進交阯勦捕苗蠻等項差撥軍民數多又該内官黄倫等齎鈔一十三萬貫收買杉松等木起倩軍夫運赴南京交用近承工部並前軍都督府貫字等號勘合坐採大料杉木七萬根訪得前項木植附近山場上年節次採取去訖窵遠場所人力採運艱難即今旱乾軍民艱食若便依數採運誠恐因逼失所如蒙准題乞勑該府該部將前項木植停免以甦人力便益宣德元年六月十八日

一件軍民利病事臣聞生財有道節用為先經國有方保民為

要與其勞民以足用孰若節用而愛人切照湖廣都司布政累因償運粮儲征進交阯勦捕苗蠻等項差遣軍民數多在家生理者少近蒙行在工户二部湖字等號勘合各差内官内使御史主事等官吴壽等一十九員分投辰州等府并五寨長官司等處抄紙淘金及採辦水銀硃砂等物不時起倩軍夫偹辦物料艱難較其所得不能償其所費况前項坑冶五十三處多臨邊境誠恐逼廹軍民竄入蠻洞未便如蒙准奏乞勑該部將前項坑冶紙劄停止及取各官回京以甦民力便益宣德元年九月十三日

一件民情事本司近承户部湖字一百四號勘合坐派宣德元

年秋粮米一百一十萬三百六十六石運赴京衛並淮安府倉
交納照得本年月日不等節據武昌等府備興國等州江夏等
縣甲該里老周名七等呈自五月至八月終缺雨田禾無收及
據襄陽府備均州并穀城等縣申稱山水泛漲衝没田禾漂流
人畜等項民食艱難除已委官踏勘具奏外緣本年該徵粮米
若便督屬運不惟無粮可徵抑且逼民失所今查武昌等五府
便利水次見在倉粮共二百一十萬五千九百二十石有零如
蒙准奏乞勅該部行下本司將前項見在倉粮轉行所屬府州
縣委官量備夫舡抵數運赴原定倉分交納暫將宣德元年該
徵秋粮折收布鈔解赴京庫交收庶幾公務足而飢民安

西

一件民情事臣聞國以民為本民以食為天國之所重在民民之所急在食宣德元年月日不等節據漢陽等府備漢川等縣申該里老梅伏五等呈本年自五月至八月終一向缺雨田禾無收即今人民缺食及據襄陽府備均州并穀城等縣申山水泛漲衝没田禾漂流人畜等項緣災人民數多預倉積穀數少計其丁口賑濟不敷乞將見在倉粮驗口給借候秋成抵斗還官等因照得先據岳州等府備華容等縣申報人民缺食已行委官踏勘賑濟具奏外今該前因若候明降至日誠恐飢民失所除行屬於見在倉粮内照例驗口給借候來年秋成抵斗還官及備呈該部訖緣係民情並動支倉粮事謹具奏聞宣德元

年十月十六日

一件民情事准本司咨前往所屬巡視民瘼詢據岳州等府巴陵等縣里老蔣永和等説稱各里人民易受等為因去年旱澇無収缺食累蒙朝廷優恤賑濟奈縁各户人口數多今春多採野蒿蘆笋樹皮草萊等項充飢度日今年四月巳中尚欠種子田地荒蕪不能耕種見蒙行在户部並户部差官催并各年拖欠未完税粮及令自備舡隻裝運官粮前去南京並淮安府倉交納小民貧苦不能存活多有潛往通城等縣潛住及審據荆州等府石首等縣里老成瑛等亦説前因行據知府趙銓等覆勘是實除令給粮賑濟招撫復業及勸借種粮使令趂時播種

外如蒙准奏乞勑該部將所屬洪熙元年以前各年拖欠未完
税粮并宣德元年拋荒及灾傷無徵粮米暫且停徵仍將原坐
宣德元年起運南京并淮安府常盈倉粮米少候宣德二年秋
成之後儹運以甦民力便益宣德二年五月初七日

奏議卷三

浙江布政司左布政使臣黃澤謹題為民情事照得所屬紹興等府新昌等縣人民為因缺食已經賑濟查得節承行在及南京户禮等部勘合坐買銅鐵青碌生漆銀硃黑鉛絲綿白臘牛皮紗羅紵絲金箔等料共計六百七十萬斤張疋箇採辦竹木三十餘萬胖襖褲鞋一十四萬抄造紙劄二百萬張織造綾段一萬四千五百餘疋節差千百户辦事官舍人監生人等二百四十餘名提人等項差撥長觧動經萬數又有内官内使指以收買寶物禽鳥花木等項為由帶同厨役軍牢人等絡繹往來衛所府縣拷打官吏粮里人等科要金銀等物及有無藉官吏

十六

軍民見役里長并殷實大户影射差役投充管數養户鋪行等項名色專一帮隨内官撥置害人以致軍民不安生業粮里不能辦粮有典賣男女者有流移外縣者有聚為強竊盜者誠恐激變未便除會同浙江按察使林碩詣屬撫安外臣荷國厚恩備員任使軍民疾苦理宜上聞隱而不言罪當萬死伏望聖明憐察乞勑該部從長會議今後遇有買辦物料量為減免以甦民力及命行在都察院出榜禁治庶使奸頑知懼良善獲安緣係民情謹具題知宣德二年八月二十七日

一為民情事照得嘉興府所轄三縣嘉興縣一千六百里崇德縣五百里海鹽縣四百三十三里共一千九百三十九里人民

二十九萬六千三百六户税粮共該八十五萬餘石歲辦課程軍需及坐泒物料數多每縣設官四員各差部粮鮮匠等項只存一員管事或遇事故只得暫委巡檢等官署印不能控制以致粮長豪民輕視官府聚集人伴動經百數撑駕快船各執鎗义扒棒指以催粮等項為由將鄉村小民捉監在家非法拷打因而擄搶財物奸淫婦女燒毀房屋間有被害之人赴官告理差人行提反被豪民拒捕不服或將原告謀死致使小民輕官府而畏豪强避差徭而多逃竄税粮連年拖欠物料累歲不完政務日繁詞訟不息吏因生奸民不安業臣會同浙江按察司按察使林碩議得海鹽縣東南接連大海嘉興崇德二縣多係

十七

湖蕩水鄉地廣民稠實難管束如蒙准題乞勑該部從長會議
不拘常例將嘉興縣分作三縣崇德海鹽二縣分作四縣各立
衙門設官分理庶使豪民有所管攝奸弊得以袪除公事易完
民不逃竄誠為便益宣德三年九月二十九日一為民情事今
將所言事件開坐差承沈珪齎進謹具題知

一件民情事照得所屬杭州府遞運所洪武年間原設紅船二
百一十七隻永樂七年奉兵部勘合摘撥五十隻各運水夫發
去龍江遞運所走遞每年輪流替換往復車壩損壞連年修理
不及近年接遞番貨並應付往來公差官員遞解軍囚絡繹不
絕又兼採辦果品花木禽鳥等項俱要長運赴京人船兩缺如

蒙准題乞勑兵部將摘撥龍江遞運所船隻發回杭州遞運所
接遞庶得官民兩便
一件清理軍伍事據顏雍義等告係嘉興等府嘉興等縣軍籍
蒙朝廷差官齎冊清理解赴該衛補役起程間切思原衛俱係
雲南兩廣不下萬里路遠艱難又兼盤纏缺少老弱貧苦者多
非惟軍士在途失所抑且負累解人無辜告乞照例存留近衛
便益據告查得先承行在戶部勘字六百十四等號勘合內開
該勾衛軍士離原衛二千里之外除逃軍正身並已解軍丁外其
餘該勾軍士暫發附近衛所食粮操備已行遵守今顏雍義等
俱稱逃故軍人戶丁不係逃軍正身欲便照例存留係奉欽差

六

行在吏部右侍郎黄宗載冊外清出軍丁未敢擅便如蒙准題
乞勑該部將各軍照例暫留附近衛所收操便益
一件民情事據杭州府富陽縣民人包敬等連名狀告有本縣
知縣邱瑜廉勤奉公差役均平民心悦服宣德元年三月内蒙
委清理軍伍挨出山西太原右護衛故軍方佛勝姪方汝邱本
人赴京捏告本官受贓行在刑部差官來提遇赦續除知縣劉
欽來替百姓如失父母據告查得知縣邱瑜見蒙行在吏部坐
取如蒙准題乞勑留知縣邱瑜以慰民望
一件開讀事伏覩詔書内一款各處逃移人户悉宥其罪許於
所在官司首告發回原籍復業免其差徭二年其户下虧欠税

粮盡行蠲免欽此行該湖州等府各委同知樊昭等勘得烏程縣人户陳添保等委係例前逃移例後復業是實將拖欠該免税粮造册保結呈繳該部訖回承浙字一千一百二十五等號勘合開無布按二司委官保結難便准信臣思得税粮已蒙聖恩蠲免及已經府縣委官覆造冊繳部之數若依今次勘合重委布按二司堂上官員覆勘緣各司正佐官員時常公沾不能會同覆勘若候有官會勘保結部委的展轉年久獘害尤多況今民情艱難是實如蒙准題乞勑該部將前項逃民拖欠税粮等項照依詔書内事理蠲免便益宣德四年三月初六日

一為民情事節該欽奉勑諭令大論中外官員人等公差在外

九

敢有仍前貪虐害民者爾布政司按察司巡按監察御史並奏具
實跡密封奏聞欽外除欽遵外宣德四年九月初一日據嚴州
府桐廬縣申該本縣粮里夏亞滿等九十八名狀首本年八月
十四日蒙欽差內使馮讓到縣取要花草禽鳥寶物等項切緣
本縣地瘠民窮無處採辦本官發怒將粮里人等拘拏赴官喝
使根隨軍牢葉其等九名用藤棍吊打著要虛報物件却乃暗
使軍牢逼要亞滿等銀一百一十六兩絹七十七疋花綾二疋
分送馮內使等入己又據金華府蘭溪縣老人張士良狀告宣
德四年八月十五日欽差內使馮讓到縣將士良拏去綑倒用
藤棍行打逼要銀三十一兩金四兩五錢交與帶來姓葉軍牢

収送方得鮮放又據本縣里長杜文遠等連名狀告宣德三年十一月内蒙欽差内官馬真到縣坐催烏金紙等料將文遠等鎖項令皂隸費敏府吏陳昭及税課司大使李泉巡檢李祥該吏吴大亨沈得齊徐叔良軍牢蔣文陳昌周觀音堡節次徵取銀一千兩交與舖户曹斌等収去等因參照前事係於貪虐害民今差紹興府大有倉大使張昇齎捧謹具題知宣德四年八月初三日

二十

一為民情事臣聞民者國之本財者民之心然理財固在於覈實而保國尤在於愛民切思所屬温處二府平陽麗水等七縣産銀坑冶數多自永樂年間至今累蒙行在户部差官分投按

季閘辦且如宣德元年春夏秋冬四季七縣共解過課銀八萬七千八百餘兩以十年計之已辦過八十七萬八千餘兩況自前至今其各場所産之鑛有頗勾辦課者有不勾辦課者有淘取盡絶無從辦課每年着令坑首人夫賠銀納官者富者賠至今而消之貧者賠至今而逃亡又所屬會稽餘姚等縣今年田禾薄收人民有食菱菜度日者金華浦江等縣人民聚為強盗刼掠鄉村者除行淅江都司按察司及行屬委官會捕存卹外及思各處亦有坑冶閘辦年久不無同此艱難如蒙准言伏望聖恩憐憫乞將前項坑冶停罷以甦民急便益緣係民情謹具題知宣德五年十月十五日

一為民情事臣聞救荒之政薄征為先安民之方節用為要與其多徵以備用孰若弛禁以利民切思所屬人民累蒙坐買物料抄造紙筆起運粮草閘辦銀課織造羅叚加徵課程追罰船鈔採取竹木等項數多遞年依數應辦不缺近年以來或因田禾薄收而缺食或因科差重併而逃移農夫或因遠輸而失耕商賈或因重稅而失業田荒屋敝財匱民窮强者或為盗賊以偷生弱者或賣男女以應急民間疾苦不能備陳若不從寬誠恐激變今將所言事件開坐伏望聖恩憐憫乞勑多官會議從長斟酌而行便益若所言不實臣等甘當萬死緣係民情謹具

題知

二乚

計開

一件行在工部堂字三十四號勘合仰採辦筆管等料觧用

臣等查得自宣德元年起至宣德五年止該辦筆管二十萬箇兎狸皮四千四百張山羊毛二百五十斤除派杭湖二府已辦過筆管一十三萬九千七百八十箇兎狸皮二千九百八十張山羊毛一百五十八斤經今五年科派浩重民貧不能完納前件乞暫停止便益

一自宣德元年二月内承准行在工部堂字四十二號勘合該造白榜紙并中夾紙共二百萬張當派嘉湖杭金嚴衢寍紹八府起夫辦料團局抄造經今五年不得休息除觧過紙一百三

十萬二千五百八十張未完紙數尚多為因上年田禾薄収又
薫料少民貧不能完納前件乞暫停止便益
一杭州等十一府所屬税課司局河泊所共計二百一十七處
自宣德四年五月初一日起至宣德五年閏十二月終止除辦
正額商税課鈔一千六十三萬五千六百七十一貫三百三十
八文觧起官庫交収訖額外加倍徵鈔三千五百七十二萬六
千二十九貫七百三十八文在官今看得加徵鈔貫比之正額
大多每季着令巡攔賠納艱難致有典賣男女等項者前件乞
為照舊止辦正額課鈔便益
一承行在户部浙字一千三百八十六號勘合取勘得杭州府
二三

仁和錢塘二縣茶紙等項舖户夏政等七十八户共計門面一

百一十間每間逐月税鈔五百貫自宣德四年十月初一日起

至宣德五年閏十二月終止已税過鈔八十八萬貫觧官訖今

各人原告門面鮮有物貨堆積每月着令納鈔艱難前件乞為

照舊停免便益

一所属杭州等六府每年商税課程俱収鈔貫惟處温衢紹金

五府并税課司屬局河泊所共二十一處除逓年商税収鈔之外

又另辦課程及魚課銀四千四百四十八兩七錢納官今看得

各縣出銀坑冶見蒙行在户部差官按季閘辦每年該辦課銀

八萬七千八百餘兩觧京別無餘剰課銀可納前件乞將前項

商稅課銀除免便益

一自宣德五年四月起至宣德六年四月止節奉行在工部堂字六百三十等號勘合坐買金箔金線青碌紗羅布疋銅鐵皮張等項共計一百七十萬二千六百七十七斤貼副箇除派杭州等十一府已解過五萬六千九百一十三斤貼副箇未解數多為因上年田禾薄收民人貧困無可辦納除成造軍器等項急用物料照舊辦納外前件乞為量減辦納便益

一照得所屬衛府數多軍民不能無訟近年以來或妄捏虛詞以上聞或毛舉細事而害眾見提見問之囚動以萬計監候保候之人將及千名及至問招已成有懼怕解京通同長解逃回

廿三

者又有畏懼解京決配行至中途暗將長解謀故者况今府縣
起運官粮數多而軍衛累歲缺粮供給前件乞勑法司今後凡
有赴京告狀者差人押回或着巡按監察御史或着都布按三
司提勘問結除真犯死罪呈詳待報及官吏有犯解京外其餘
軍民人等有犯笞杖徒流及雜犯死罪者照例就發本處民倉
納米贖罪發落便益宣德六年五月初九日
一為鑄造銅錢事近承工部天字三十號勘合批差主事孫昇
等例到司仰買生銅等料鑄造宣德寳錢一萬五千錠計該七
千五百萬箇除派屬買料及委官督造外今照所屬解到銅料
中間多有洪武永樂寳錢及歷代銅錢若便一概鎔銷鑄造不

無重費工力又恐遲悞應用如蒙准題乞勅該部轉行原差官員除儘造新錢外其餘之數若將前項舊錢湊足交收實為官民兩便未敢擅便謹具題知宣德七年六月初三日

一為民情等事今將所言事件開坐謹具題

計開

一件成造船隻事切照本司所屬府縣人民遞年起運南北二京白粮并臨清淮安等倉粮米共一百四十六萬石俱係自備船隻裝運兌納其浙江都司所屬衛所官軍運粮淺船近年係是民間備料雇匠成造六百七十隻解赴淮安厰撥與官軍領用及至官軍運粮捕倭船隻損壞又令民間辦料

茁

修理不無重併擾民况所屬民人連年田禾薄收內多缺食
及見今應辦粮差織造紵絲紗羅採辦竹木鑄造銅錢買辦
生碌金箔等料并坐採船料動經萬計委的艱難如蒙准言
乞勅該部今後凡有運粮捕倭船隻損壞着令各該衛所軍
餘并原駕船官軍自備匠料修理庶為民便
一件民情事據紹興等府上虞等縣申備民人李廷延等狀
告為因上年夏秋無雨禾稻晒損人民缺食即今採取野菜
充飢度日委的艱難先蒙坐派各項顔料數多應辦不前誠
恐失所等因具申查得宣德八年正月起至本年十二月終
節蒙行在工户等部坐下金箔硇砂青碌生熟紅銅銀硃生

漆紗羅紵絲紙劄猪鵝等項共七十萬二千七百五十斤貼
貼張箇枝足除依蒙派屬採買陸續起解外如蒙准言乞勑
該部今後凡遇科派顏料等項量為減派便益
一件採取茶芽事先該欽差内使阮達採取所屬杭州等府
錢塘等縣茶芽二千九百七十五斤赴京進用近承行在禮
部以字四百十四號勘合仰將數内茶芽一千斤交付内使
阮達送京其餘一千九百七十五斤着令本司另行差人轉
送行在光祿寺交納緣前項茶芽係是依時採完合照前例
一併送用如蒙准言乞勑部今後所採茶芽仍照先例盡數
交與内使阮達管送赴京便益宣德九年四月初三日

旨

一為民情事據杭州府富陽縣申該民人舒元等連名狀告自
宣德八年春夏雨水不均田禾薄收即今青黄不接人民缺食
況又農種在邇各家耕牛舊冬亦被雨雪凍死兼無種子播種
申乞賑濟等因續據本府錢塘昌化二縣及紹興府上虞山陰
會稽三縣寧波府定鄞二縣處州府縉雲縣嘉興府嘉善縣各
申俱因今上年田禾薄收即今人民缺食及訪得台州等府黄巖
等縣亦有此等缺食人民俱各尋取野菜蕨根充飢度日委的艱難除行委
通判劉時道等詣屬取勘撫恤設法勸粮接濟外係於民情謹
具題知宣德九年四月二十日
一為應付事近該兵部黄字十七號勘合批差司務張忠到司

仰撥杭嘉嚴金衢五府遞運所紅船四十一隻送應天府龍江
遞運所收用承此查得本司節承行在工部等部堂字一千一
百四十等號勘合該欽差少監羅玉内官吉祥等三十五員每
年在於所屬府縣做造海味果品織造羅段採取物件等項及
有鎮守福建内官阜洪周華等每年常有供應官扛到來俱用
紅船長州送通州水次交卸往復動經三四箇月方得回所又
要整備夫船聽候下次裝運況兼琉球等處進貢方物俱從衢
金嚴杭嘉五府地方經過及本處軍需等料使客人等絡繹不
絶各所紅船不勾差用往往僱倩民船輳數裝載尚且不敷若
將本處紅船撥去龍江遞運所交收委的日後缺船悞用如蒙
其

准奏乞勑該部將前項坐撥船存留本處接送便益宣德九年
十月初九日
一為民情事照得本司先因存留粮米不勾歲用具奏要將宣
德九年分秋粮存於所屬附近倉分交納續蒙行在户部議得
所屬温台寍處四府户口食鹽遞年俱照口數納米紹興等七
府每歲只納鈔貫合將紹興等府户口食鹽照依温州等府事
例納米支用行移到司切詳温州等四府係是邊海去處每年
秋粮只在本處近倉收受免其遠運支鹽納米人不為難其紹
興等七縣該徵秋米遞年俱運臨流淮安等處遠倉交納節次
拖欠不能完足又兼上年荒旱田禾薄收人多缺食今令驗口

納米委實艱難如蒙准奏乞勑該部將紹興等七府原額戶口食鹽照舊存納鈔其倉糧不勾歲用去處仍將軍民衙門見犯罪囚照例納米贖罪定撥該倉交收實為便益宣德十年十二月

二十八日

一為患病事臣係福建福州府閩縣左二坊民籍先由進士欽除河南布政司左叅政後丁母憂起復調任湖廣布政司左叅政九年考滿欽陞前職今又六年考滿給由到行在吏部緣臣未滿之先原患風疾時常舉發又兼頭暈頭眼昏四肢疼痛累行杭州府醫學撥醫調治未即痊可誠恐虛縻廩祿有妨公務節該欽奉詔書內一款文職官員年未七十老疾不能任事者皆

令冠帶致仕免其雜泛差徭欽此臣今委實患病如蒙准奏伏望聖恩憐憫放臣回還原籍醫治待病痊可仍即來京以圖補報謹具奏聞正統元年八月二十四日

一為栗果事承准行在户部行在浙江一百七十七號勘合湖州府安吉縣奉據銅山等鄉里老張茂陸等呈稱本鄉犯人凌説洪武二年間全家抄劄遺下栗樹分撥民人凌祥等承佃歳辦栗子一百八十九石五斗經今六十餘年樹枯人絶該辦栗子遞年陪閉人難抄出到部仰本司委官取勘徑自具奏定奪行據本司委官理問所副理問裘濟呈前去公同本府知府事梅藩覆勘得前項栗樹俱各枯朽無存及佃户楊旺孫等俱已

死絶是實保結到司謹具奏聞正統二年六月十六日

一為拖欠粮草事近承行在戶部行在浙江一百八十五號勘合查得浙江等布政司所屬宣德八年九年十年該徵起運南京淮安徐州等倉塲并存留粮草等項不見納足完報忝照各司府縣經該官吏俱合照卷查問奏奉聖旨經該官吏再都記他罪自文書到日為始再限他六箇月要完若又不完具奏拏問欽此除欽遵外將本司各年未完納稅粮馬草等項數目備仰轉屬照依奏奉欽依內事理欽遵徵納承此照得先承行在戶部浙字一千八百四十四等號勘合開徵宣德八年九年十年起運存留馬草絲絹等項已經累行杭州等府仁和等縣及委

廿八

本司左叅政等官饒禮等督屬納獲各該倉庫關单到司陸續
轉繳該部訖未完之數催據紹興等府備山陰等縣申開宣德
九年十一月欽奉節該勑書内開逃移人户遞年拖欠税粮草
束免徵民間應有事故人户拋荒田土從實取勘開報除豁欽
此欽遵勘得所屬前項逃移人户及全家充軍死絶並水災等
項税粮馬草分豁停徵蠲免數目造冊差典吏宋順等賫繳到
司本司就差各吏陸續賫送行在户部去訖今奉開催前項各
年未完税粮馬草等項欲便行屬催徵緣各屬節次申稱俱係
節奏詔勑停免之數及照所屬台州等府黄巖等縣自正統二
年五月以來久旱不雨田禾焦乾又兼小蟲生發食傷苗稼小

民日食艱難欲將前項停免稅粮等項督民輸納不無逼廹失所除查各年實徵未完之數欽遵督屬催納關单回日另行繳報外今將各年該徵稅粮馬草分豁已完未完停徵免徵蠲免數目備細造册具本專差承差徐宗生齎捧進繳如蒙准奏乞勑該部將宣德八年九年十年停免稅粮等項照依詔勑内事理除豁以紓民急實為便益未敢擅便謹具奏聞

計開宣德八年九年十年該徵夏稅秋粮馬草

麥四十一萬五千一百六十三石九斗八升三合三勺零

米六百四十三萬八千一百八十石七斗一升八合五勺零

細絲七萬斤

荒絲一十一萬八千五百五十二斤十五兩零

絹二十四萬四千二百七十一疋八尺二寸零

鈔一十四萬六千五百二十七錠一貫一百四十九文零

荒絲折絹八十九匹八尺六寸

幣帛絹三疋

原額小絹一十二疋

粗絹一百七十九疋二丈九尺四寸

粗苧布二十一疋三丈

粗絲折絹三百一十二疋二丈六尺三寸

粗絲三百九十四兩四錢二分五釐

租麗麻布六疋一丈八尺
馬草二百六十三萬三千四百五十二包五兩二錢停徵逃
移人户並海潮衝破塘岸等項
麥九百八十九石五斗七升一合三勺
米二十一萬一千六百五十五石八斗三升五合七勺
鈔三錠二貫一百六十八文
馬草一十三萬四千八百一包五斤六兩九錢
免徵全家充軍並死絶事故人户等項
麥八千八百三十四石一斗四升五合
米六十五萬一千九百四石一斗九升三合七勺

細絲八百三十九斤五兩四錢
絹二百二十八疋一尺九寸
荒絲折絹二十三疋一丈六尺七寸
鈔三百五十一萬錠三貫六百九十六文
租絲折絹一丈四寸八分
馬草四萬五千七百九十七包五斤
蠲免被災去處米二十四萬七千一百七石七斗五升九合
除豁倒塌官屋并倒死官牛租賃
麥九百七十六石六斗四升二合八勺
米穀二千三百六十一石五斗五升四合三勺

鈔二錠一貫八百文
實徵
麥四十萬四千三百六十三石六斗二升四合二勺俱完
米五百三十二萬五千一百五十一石三斗八升三合九勺
已完五百三十二萬三千四百一十一石二斗三升四合二
勺未完一千七百四十石一斗四升九合七勺
細絲六萬九千二百六十一斤十一兩六錢已完六萬八千
四百五斤二兩一錢未完七百五十五斤九兩五錢
荒絲一十一萬八千五百五十二斤十五兩已完一十一萬
六千九百五斤六兩四錢未完一千六百四十七斤八兩六錢

白綿八萬二百一十八斤十二兩已完七萬八千二百八十
斤三兩未完一千九百三十八斤十兩
絹二十四萬四千四十三疋六尺三寸已完二十四萬三千
五千三百七十六疋一丈七尺未完六百六十六疋一丈九
尺三寸
鈔一十四萬六千一百六十九錠三貫四百八十五文俱完
荒絲折絹六十五疋二丈二尺九寸俱完
幣帛絹三疋俱完
原額小絹一十二疋俱完
租絹一百七十九疋二丈九尺四寸俱完

租苧布二十一疋三丈俱完
租絲折絹三百一十二疋二丈五尺八寸二分已完三百一
十二疋五尺三寸四分未完一丈四寸八分
租絲三百九十四兩四錢二分五釐俱完
租麄麻布六疋一丈八尺俱完
馬草二百四十五萬二千八百五十二包九斤十五兩俱完
正統二年八月二十九日
一為民情事臣聞法久弊生必更張以濟治政興務舉宜簡靜
以安民切見本司所屬每歲實徵稅粮米麥等項共該二百六
十萬五千六百石有奇洪武年間止是粮里人等自行徵納不

世二

缺後因永樂年間起運北京等處遠倉交納數多以致逐年拖欠不
足續蒙欽差户部右侍郎王瀹帶同辦事官吏部郎中孔註等
五員名巡前來巡撫併督本司另委左叅議武達等二員職專催
理浙江按察司又委僉事侯軏總督其事府縣各委通判縣丞
等官李峋等八十二員分投催部悉得依期完足經今年久事
有定規數無遺負其前項巡撫總督官員不無在外閑散有曠
厥職如蒙准言乞勅該部查照洪武永樂舊例及照今減省事
例行取巡撫浙江官吏回部管事總督官回司理刑止着本司
府[illegible]原委官員催納每年仍令本司催粮官照例馳驛赴京復
命如此則責有所歸事無不理為臣下者得免尸位素餐之恥

當粮里者亦免十年九牧之煩實為官民兩便如不可已乞照
山西河南事例只着巡撫直隸蘇松等府侍郎周忱兼管浙江
粮事亦為民便正統三年十月初四日

一為民情事案照先承行在户部行在浙江二百二十六號勘
合開徵正統三年秋粮本司已經行屬徵納通關類繳外未完
之數查得先據金華等府備金華等縣申稱本年夏秋亢旱田
禾枯槁間有近水薄収田粮俱已照數徵納其旱災粮米委實
無徵續該欽差巡撫浙江户部右侍郎王瀹具奏仰將荒旱田
粮照例折収銀兩行據金華等府蘭溪等縣民人朱以質等連
名告稱本年夏秋亢旱田禾無収已將成災田地頃畝粮數告

廿三

蒙府縣委官踏勘明白造冊具奏去訖今蒙准候秋成折收銀兩即日人民飢謹及今歲大小二麥被雨浸損不實若到今秋通行徵納不無重併誠恐逼民失所如蒙准言將前項旱災粮米暫且停徵以紓民急等因具告到司參照所告要將正統三年旱災粮米暫且停徵一節未敢擅便謹具奏聞伏候勅旨正統四年四月初二日

重刊林文安公詩集八卷附録一卷文集九卷

（詩集卷一至附録）

〔明〕閩縣林瀚撰

日本内閣文庫藏明嘉靖間刻本

重刊林文安公詩集八卷附録一卷文集九卷，明林瀚撰。瀚（一四三四—一五一九），字亨大，號泉山，閩縣人。成化二年（一四六六）進士，選翰林院庶吉士，授編修。弘治九年（一四九六），擢禮部右侍郎，仍掌監事。十二年，改吏部，轉左侍郎。十三年，升南京吏部尚書。正德元年（一五〇六）四月，敕兼南京兵部尚書，參贊機務。次年，以忤劉瑾，謫浙江參政。五年，瑾誅復官，尋致仕。卒年八十六，贈太子太保，謚「文安」。子庭棉、庭機，孫爌、烴，皆舉進士，又皆官至尚書，有「三代五尚書」之譽。撰有經筵講章、泉山奏議等。明史藝文志著録林瀚集二十五卷。

此本乃據嘉靖十六年（一五三七）林瀚孫林炫編、福州知府胡有恒校刊本翻刻者。按陳節之重刊林文安公詩文集序，稱林瀚詩文「舊有刻本，間多僞訛」，又據林文安公文集後敘（文殘闕，失名），知嘉靖初其子庭棉嘗刻瀚文集於湖廣布政使任上；侄庭模刻講章奏議於潮州任上；嘉靖十六年，孫炫重編瀚集，由福州知府胡有恒校刊印行；後三年庚子（一五四〇），胡本書版焚燬，瀚六子庭榆見泉後又翻刻胡本。蓋數十年間，凡四刻矣。今廣東省立中山圖書館與福建省圖書館藏有明嘉靖三年序刊本林文安公文集，殘存卷一至卷四（奏議）、卷十五至十九（記、書簡），皆是舊刻之本。詩集八卷，録古近體五七言，排律、聯句、詞調等，末附録林廷玉撰墓誌銘，楊廷和撰神道碑銘。文集九卷，録經筵講章、奏議、序、記、書簡等。

人。朱彝尊静志居詩話卷八謂其「詩不耐深思」，梁章鉅則辯曰：其詩「直攄胸臆，想見其人。朱竹垞謂其詩不耐深思，而不知其擅長處正清空如話也」，蓋渾厚典雅而又不事雕琢者。林俊林文安公傳家集敘評其文「文平氣順，一根于理，謹質學子固，澄練學仲申，而氣度暇整，動應繩墨。如輕縑便體，嘉穀之濟實用」。

是集爲林瀚現存最完整之詩文集，據日藏漢籍善本書録，此本係仁孝天皇文政年間出雲守毛利高翰獻贈幕府，明治初歸内閣文庫。卷前有「林氏藏書」、「佐伯侯毛利高標字培松藏書畫之印」等印記。原書卷三第十二葉、卷四第四葉誤裝在卷四之末，林文安公文集後敘原錯裝在卷八第八葉後，卷八第九葉錯裝在第八葉之前，影印時據原書葉碼乙正。又卷七頁碼有「又五」、「又六」、「又七」、「又八」，原來分别裝訂在第五、六、七、八葉後，實則此四葉内容應相連，今統一調整到卷七第五葉後。（鄧富華）

林文安集

一

重刊林文安公詩文集序

予爲童子論學時知有林文安公竊嚮往之未之逮也比從公諸子及鄉長老大夫得聞緒言懿行予蓋嘆慕不能置云公官翰林歷胄監臺省平生所爲詩若文凡若干篇舊有刻本間多譌訛吾福郡守愼齋先生乃躬加校閱用梓以傳陳子曰君子修辭要以闡道述德昭紀陳時章之典號矜恍刻鶩靡異非

所以為達也根極章詰乃不詭於摽臆予觀
文安公所為集舂容正大爾雅涵渾不溺習
艱僻要皆趨翼於道可謂論學通方理情宣
志也公之言曰藝文蔚矣貴在德業日新謂
非知言哉予嘗入東觀校繹秘藏得覽睹
國史所編次名鉅臣言實未嘗不歛容欽羡也
公位邁三朝勲庸操行多散見史帙所論著
咸可師則乃體貞履規亟勿周慎其志慮常

有以自下斯盛德君子也然予見逆豎璉劉政播凶薦紳先生多所歛避公獨抗直雖為所中傷不懾沮是何其屹然壯也或曰文安公根器佳且克識大好學循道訖久遽不回信先哲之遐風後師之道範矣文章緒餘何論哉何論哉公諸子位諳上卿咸服禮象賢足章教列傳曰雖無老成人尚有典刑率德式文愼齋予所為表賢厲化也迪惠後人深

矣深矣緝文之士尚知所重之

嘉靖丁酉九月吉日

賜進士翰林院修撰儒林郎同修

國史　經筵官後學方山陳節之謹序

重刊林文安公詩集卷之一

南京禮部郎中不肖孫炫謹編
知福州府事後學山陽胡有恒校刊

五言古詩

馬學士良佐李少卿子陽小集足言夢中句

再集盡餘歡留連不可久雲風凌寒潦水涉良友秉燭一論心出門還握手清宵夢寐中得句良不偶我正思丘園君方近台斗青雲同致身白髮百[illegible]

分得海字送大司徒鄭公還京遊

木葉鼓雲風寒觳秋幾倍故人忽南歸握手情何眞
珍重拜　殊恩桑梓增光彩南度分水關鄉音定無
改八面壺公山青青久相待月明遠馳思離愁浩於
海

分得樹字送太常子陽北上考績

我憶識君初瀛洲喜相遇玉人邁當流卓卓棟梁具
一瞬二十秋白首金陵聚君今別我行我將別君去
歸舟渡錢塘青山隔烟霧黃閣重懷賢江天淵雲樹

和太子太保太原周公伯常所寄韻

大珠與良璧誰道終埋淪價比連城重神光照輿論
緬懷周太保珠璧櫝中存寸心懸一鏡瑩潔無纖塵
三朝匡大業八表揚清芬赤手扶　堯日白頭布
皇仁我昔來閩海託交忝與陳鴛鷺長聚首芝蘭日
相親可堪一分袂烟波何泯泯清誨久不聞伊誰藥
沉疴昨宵夢初覺鷄聲遠比隣起讀保完集燦燦皆
殊恩明時重元老寧遂煙霞身再擢代言筆揮灑宸
有神我當泉山下遥瞻蓬島雲願將憂世策一一向
天論

漸庵

學海渺無際驟進良獨難有美儒林彥感之成長歎
閉門坐空齋居易探孔顏妙契萬物理鹵莽非吾安
嗟彼一簣土爰成九仞山茫茫萬里途始於跬步間
羽儀雲路鳥夙止于與磐川水流不息寖入滄溟瀾
誰云往哲駕邈爾不可攀寄語行道者毋趨捷徑關

應制春日

東風扇微和旭日舒以遲乾坤滿春意萬象何熙熙
盛德爰在木韶光良可怡輕烟含草色好鳥鳴花枝

底事縈我心農功須及時百穀播原野雨暘無衍期
四海樂有年載誦豳風詩

贈坦然翁劉公壽之

風塵一脫屣時聽歌濯纓世路從崎嶇康莊獨安行
峩峩芙蓉峯萬仞凌太清扶藜醉登覽眼界何分明
滔滔巫峽水奔流訝雷轟操舟試來往但覺如掌平
若翁胡能爾靈臺絕榛荊詩成黜險怪惟吐心中聲
緬懷陶靖節千載垂芳名卓哉青山老教子聯登瀛
有時仰天笑誰契吾平生蕩蕩古君子淳風今五更

題生意蒲前卷

步入蓬壺景飄然如有神幽亭護山水無地棲紅塵
東風一扇暖百卉迎芳晨眼前生意足細草鋪青茵
九夏雨初歇平池波粼粼白蓮花欲語玉葉香無倫
露落涼飈起秋聲動穹旻蒲萄水晶紫籬菊金英新
玄冬霜氣肅翠竹良可珍二品梅爭發醉仙逢玉人
四時此佳致賢東樂相親安得杜陵老歷覽歌陽春

同年會中闈韻得渭字

凜凜雪風寒論心夜猶未杏園三十春情懷藹同氣

有美黃少參一部登科記時英老栢臺豸虎鑾鵷鷺
卓哉丹山翁胸中爛經綸壯猷敗荆州渴思良未慰
明星催入朝京兆獨勞瘁禮樂推太常齊卿擅清貴
誰似少司徒兄當天子宰學士陸與程偉哉廟堂器
健筆掃霓虹雄詞高漢魏瀚也袞膺才賢關誤多士
所願我羣公共霖敷萬彙勳業繼何人耕莘與釣渭

臥雲亭為鄭少谷父翁題次沈啓南韻二首

江亭聚山雲獨向雲中處雲去我心孤夜寒雲作被
分付床頭雲雲易蔽吾耳雨風捲雲來頓覺雲成市

何者為祥雲凌雲鳳雛起

我約雲爲賓茅亭日相處覆冒仰青天奚假公孫被

山色迷怡神泉聲清入耳扶筇白湖橋絕跡紅塵市

海內望甘霖從龍須一起

五言絕句

送芝山僧還次東海韻

緑遍芝山草東風消地春雲中飛錫下知是遠歸人

夏日懷歸　用古人名

荔子真將熟鄉心有若飛　君王寬詔下未許浩然

五月望舟中書懷　卅藥名

客途過半夏榕圃正當歸欵附子音信天南星使稀

吳匏菴家賞菊數殼限韻得騎字

長至節云近秋香猶幾枝萬花中老將金甲帶霜騎

雙竹

分出湘江岸凌雲勁節齊明朝紅日上應有鳳凰棲

病中簡方質夫

寒溪坐中堂卧聽清聲溢無那病未甦心旌懸咫尺

月夜獨坐

獨坐松篷下開門進月來庭心光不動暗室有靈臺

緘題山海經寄山海關鄭同年

故人隔山海遥寄山海經飛鳴度雲去海闊山青青

五言律詩

輓胡先生憲祖父母

惆悵龍洲上空餘偕老堂鸞隨金母去琴伴玉人忘

古栢悲秋雨芳蘭落曉霜忍過雙壠下隣笛轉凄凉

輓二劉進士母

桂子初聯第萱堂夢已寒泥金書未達埋玉土應乾
慈竹悲巢鳳菱花帳舞鸞碧紗窗裏月空照舊熊丸

題東莞梁文煥栢庭卷

為愛庭前栢蒼雲日日横影分淇竹翠香訝楚蘭清
不改氷霜操堪怡丘壑情東園桃與李回首幾枯榮

賜扇

鍾鼓初朝罷虞廷賜扇回裁雲向霄漢握月下蓬萊
一掃炎氛去頻招爽氣來皇風自清穆何用蔭庭槐

邵司正祖母輓詩

夢又瑶池去，愁雲隔幾重。魚軒歸路杳，鸞鏡暗塵封。
珠箔閒秋月，萱階泣夜蛩。貴溪溪畔水，空照白芙蓉。

題冢宰倪公家藏九龍山人王孟端畫竹次胡祭酒先生韻

勁節凌霜老，孤根抱石堅。影分銀漢月，枝拂玉堂煙。
庭際儀雙鳳，林間坐七賢。九龍山下士，涵筆思飄然。

小山秋霽應　制　小山在內苑廣寒宮南

雨後山光碧，何人一洗來。水簾秋氣爽，石洞曉雲開。
幽徑通西掖，虛亭倚上台。憑高瞻望處，紫塞絕氛埃。

送舒廷音分教桐鄉

京國理行裝青氈古錦囊儒官辭桂闕文旆指桐鄉山色逢秋瘦江聲帶雨凉門墻人似玉次第折天香

送高宗禮司訓改任雲南

化雨浹湘潭重來聖澤涵秋風辭薊北晴雪到滇南講罷人初静詩成酒半酣何當拈彩筆一掃碧雞嵐

壽楊學士母七十

館閣歸寧日慈闈雲滿頭鏡湖開瑞日雲漢幾中秋矣捧雙龍誥誰修五鳳樓不須種萱草百歲自忘憂

圃中新井

翰苑看新甃寒泉同一泓影涵銀漢瑩色借玉堂清潤物施餘澤烹茶解宿酲轆轤風外急時雜讀書聲

題竹送談憲副時英赴任西川次韻一首

持此送君去相看不盡情詩緣蒼玉賦酒向碧筒傾節勁名增重心虛物自輕栢臺涼雨過一片翠雲生

寄題建安楊治中恒叔陶園諸景和韻

夢入陶園遊歸來堂上坐怡顏庭少定寄傲窗徐過花外黃鳥轂松間素琴和盤桓稱我居回首紅塵那

夢入陶園遊遐觀臺上坐紅雲翘首飛白日彈指過
情話却相投詩歌還自和誰知閒散人要路任渠那
夢入陶園遊獨倚雲岫坐常關門始開日涉橋初過
自酌酒頻斟連篇句誰和試問彭澤翁古今要得那
夢入陶園遊群山列青坐崎嶇丘緩行窈窕壑横過
植杖又沉吟擢舟謾賡和指點知還鳥古來更誰那

重刊林文安公詩集卷之二

重刊林文安公詩集卷之二

南京禮部郎中不肖孫炫敬編
知福州府事後學山陽胡有恒校刊

七言古詩

早朝

雞聲初徹鍾聲寒月華猶在玉闌干萬年枝上鶯間關花落東風事事閑千官環珮聲珊珊肅步聯翩趨鵷鷺班　聖皇袞冕登金鑾雉尾雲開宮扇開仙韶雷動蓬萊山嵩呼舞蹈瞻　龍顏堂堂臺閣總歐稽手

扶紅
綸音頒經筵催起詞林官
明良共
晨盛典垂不刊微臣幸沐 天
恩寬頤
旻心用坐令四海皆磐安

送□和□

舞紅落葉清露早白鴈南飛秋漸老七閩才子着歸鞭馬蹄蹀躞都門道十載交情不忍分臨岐握手重殷勤今日一杯燕市酒明朝幾片螺江雲更約重逢在何處廣寒宮殿青雲路

送春　閏三月内閣試

今年春多三十日，送春也覺春歸疾。臨風欲賦送春詩，花事闌珊愁閣筆。東皇別我去難留，夕陽冉冉心悠悠。綠楊枝上鶯聲老，芳草渡頭香雨收。撫茲不覺傷懷抱，孤雲夢繞閩南道。高堂添却鏡中霜，安得春光鎮長好。回看九陌遊冶兒，錦韉白馬輕羅衣。少年只謂長如此，不問春歸春不歸。我曹幸列虞廷上，宦業功名須少壯。從教時事判炎涼，但布堯天春蕩蕩。

謁宋文丞相祠

黑風四起風塵揚，海日欲墮天無光。孤臣當時愈義手運天地厓山陽蒼蒼何為帝胡虜英雄灑淚空悲傷胸中生死早已决從容南拜無徬徨元聲于今已塵土忠良廟貌猶堂堂一篆紫烟譆正氣直與萬古扶綱常祠前誰植雙松栢歲寒勁節凌雲長天風吹我聽靈籟瀟灑衿冰雪生寒芒

題林待用躍鯉圖

莆江一望三千里萬丈洪濤拍天起巨鱗於此久潜蹤乘時奮挍深淵裡呼吸風雷若有神揚鬐鼓鬣遊天津眼前變化不可測正值暖浪桃花春群魚不[illegible]

空驚愕已向龍門換頭角便施霖雨濟蒼生更使餘

波遍枯涸

哭李欒城廷韶

寒笳吹落欒城月愁鶴啼猿共嗚咽美人一去竟何

之使我愁腸成百結翻思總角締交時泮林風月相

追隨幾年燈火夜同榻等閑折得蟾宮枝前年携手

龍門上霓虹豪氣三千丈碧江咲破芙蓉秋我尚青

袍君絳帳雪中把酒送君行半氈分處難為情欒庠

去去敷時雨門墻桃李增春榮遠期師道回鄒魯忽

報文星墮中天杏壇寂寂自黄昏歷世茫茫已今古
我時遠客在一天傷心淚落孤燈前顏色恍然殘月
裏學龕猶在光風邊關河迢遞歸丹旐悲風落日閩
山嶠九原莫恨桂蘭枯元宗有弟登　廊廟

分得酒字送張士繹還河間

金風吹黄薊門柳有客歸心懸馬首我來無那旅中
秋況復長歌送鄉友儒中舊交人中龍豪氣呼吸風
雷吼梯雲早折月中枝籍籍才名滿人口黄金闕下
拜新恩載驛河間啓蒙部沖芹香霧靄四時壇杏茂

雲幾千畝先皇寶錄屬纂修五鳳樓前呈太平琅函玉軸獻丹忱石室金縢垂不朽歸輳重整向河間行李蕭蕭何所有一擔靈物盡珠璣萬丈文光射牛斗臨岐駐馬重丁寧天家雨露君知否儒官重許杏園遊千載遭逢殊不偶明年桃浪拍天高會見蛟龍起淵藪傍人莫咲腹便便解醉瓊林百杯酒

挽何尚質進士父

生平雅趣烟霞島浮世功名跡如掃龍蛇夢斷越天愁翠竹蒼松為誰好松竹依然凌歲寒山翁竟之長

生丹黃鶴秋風歸海國碧苔春雨生詩壇詩壇不改
舊雲石忽見豐碑高數尺鳳毛早晚拜龍章夜臺
千古光如月

送游令之江夏

玉堦曉漏辭明主郎星一點光如許鳧舄南飛鄂
渚雲蘭舟夜泊湘江雨清時製錦掄奇才須令百里
淳風回鳳凰山上試登覽桃李盡向春陽開嘉政無
懸古三異魯恭千載稱循吏

平虜歌　七月十六日內閣試

秋風塞外胡塵揚獵騎馳逐窺邊疆大將　天語[illegible]
節鉞揮鞭西指腥羶場貔貅百萬氣如虎共言談笑
殲胡虜威聲震動犬羊群知是天兵鳴戰鼓一道旌
旗耀日明豺狼遁跡妖狐竄單于納款將麾下狼烟
頓熄邊塵清露布朝聞　九重裏凱歌喧天天亦喜
四夷從此盡來王萬載太平　堯舜理

送彭閣老歸省

幾年視草鑾坡上海內謳歌伊呂相白雲忽動故園
心椿堂鶴髮三千丈陳情有表扣　龍樓暫許歸寧

恩寵優曉月半鈎辭　魏闕秋風五兩登仙舟祥雲
朝擁鳴珮裡白簡烏犀照羅綺邦人共訝上公歸此
歸不為蓴鱸羡娛親何用萊衣斑頓回堂上長春顏
霞觴侑以玉麟脯恍疑光景非人間人間疇能全此
樂親在高堂于堪閣至樂何須地上仙遐齡願等松
間鶴遂却庭闈愛日誠　九天回首紅雲深重來商
家溥霖雨大慰四海蒼生心

秋鴻　内閣試

秋風起兮寒露瀼碧雲影裏群翱翔明月何處來瀟

湘滄江萬里天茫茫一聲叫落蘆花霜南去關河道路長遊子思親選一方淚痕為爾沾衣裳誰將錦瑟彈清商回翔欲下集汀傍漸于磐陸儀羽良肯隨燕雀紛飛揚澤國秋深菰米香何須更度衡山陽水碧沙明網不張漫驚漁父宵鳴榔鴻兮鴻兮動有常凡鳥安敢相頡頏知時去就能自量往來不為傳書忙天北天南俱故鄉

應制冬寒憶邊戍

歲晏風如棘凍雲橫朔方將軍號令嚴閫外角聲暮

起沙塵揚貔貅壯士幾百萬牙旗玉帳羅于將一望
紫塞天茫茫北遏胡虜西戎羌鐵衣兠鐙夜跨馬障
前膽氣何堂堂念爾殫忠力共掃群豺狼時乎玄冬
寒徹骨貂裘煖閣猶似卧雪懷冰霜黃沙白草萬里
外指僵欲墮誰禁當錫爾衣餽爾糧可能溫飽無凋
傷我欲洗兵甲散爾歸農桑舞干因壘師聖王賀蘭
山空玉關閉坐令四海同羲皇

秋塘瑞鳥圖應制

蓮塘雨過秋如洗數尺澄波清徹底兩兩珍禽何處

來飛入塘中弄烟水相呼相與良有情莫遣漁翁鳴榔驚翠盖蓮莖霜後老黄蘆幾葉風中蔽白鷺瑞應元同匹九鳥不敢群游息曉來並立晴沙頭占斷滄波秋一碧争如五采雙鳳凰梧桐曉日丹山陽安得天風扶羽翮直向霄漢聯翱翔似此珍禽世稀見虞人未許藏機變　商家至治弘萬年羅網今看解三面

前赤壁圖應　制

東坡散誕神仙流進向赤壁乘蘭舟蘭舟凌風縱一

蒼茫江萬頃滄波秋星斗森羅夜初静皎然孤月懸
飛鏡酌酒對客發浩歌頭忘傲世垂睫病洞簫何處
吹清聲嗚咽風露心惺惺莫教如怨更如泣水底多
少魚龍聽沉吟撫景思前代往事令人增感慨周郎
孟德徒爭衡英雄豪傑今誰在兀茲赤壁鎮黄岡江
流浩浩山蒼蒼坡老文章照今古江山草木相輝光

題王孟端畫竹

九龍山人王孟端胷中千畝青琅玕醉來捉筆一揮
灑六月虚堂風雨寒輕綃半幅森蒼玉盡日披圖看

不足翠鸞鳳舞罷龍江隈秋碧石雲影落湘江曲一枝東舌
徑飄飄生清風一枝西氷霜老節參天蒸君不見黄
伯鸞文與可渭川筆意古來好九龍山人王孟端風
格端與二公同品藻

題瑶池春信紅梅圖

雪花連日飛長空千秋萬壑鳴寒風誰道陽和不擇
地早傳春信瑶池中瑶池池上非凡境玉宇瓊樓五
雲頂中有鶴髮酡顔仙四時調取丹砂鼎丹砂煉就
鼎初開乾坤春意隨陽回萬玉枝頭一分洒紫霞擢

映蓬山隈初疑桃源花競吐滿眼韶光稱歌舞不應
歲晚氷霜嚴郤有東風落紅雨又疑金谷種海棠一
望十里紅羅妝不應鐵榦高幾丈天風時復飄清香
頃蘤異態不可識百卉人間敢同植洛陽試問賣花
翁幾種立冬放春色自會群仙遊上林上林日煖紅
雲深未論鼎鼐調羹事已許點點皆丹心西湖處士
空潦倒只愛湖中風景好早知此地此花奇寧與詩
家重品藻

泉石偕筌圖

碧雲數畝湘江曲誰種江干萬枝玉枝扶散影落晴
波波光掩映林光緑有時颯颯來清風不比金谷飄
春紅翠鳳辭巢鳴舜日蒼虬捲霧騰逢空巖巖巨石
苔花紫砥柱中流儼如許障斷紅塵半點無六月坐
來不知暑遠峯天際青螺浮蔣逕嶰谷輕烟收山中
定有脫俗者可似當年王子猷子猷一去今千載此
君清致依然在冰霜萬壑歲寒時勁節虛心終不改

重刊林文安公詩集卷之二

重刊林文安公詩集卷之三

南京禮部郎中不肖孫炫敬編
知福州府事後學山陽胡有恒校刊

七言絶句

題紅梅次韻

玉顔粧點費天工染得春綃雪亦紅莫是太真初宴罷晚風扶醉粉墻東

題塘溪八景

下村烟樹

孤村烟雨曉濛濛樹色蒼茫隱映中一曲鶯簧何處
奏緑楊枝上語春風

閘頭早潮

東望扶桑曙色開六鰲駕得雪山來龍門此去無多
路好聽春風二月雷

城頭蘿月

蒼龍蟠結古城頭高掛青天玉一鈎詩社醉歸吟訖
處還疑身在廣寒遊

墩邊漁火

罷釣歸來月滿船江天人靜夜如年推蓬忽露孤燈
影驚起魚龍不敢眠

隔塘巢鷺

清修長在水雲鄉五月蓮塘盡着霜浴罷飛從深樹
去却疑白玉露青囊

岡背歸鴉

古樹秋風日欲沉黃雲城外噪饑禽月明何處巢棲
穩喬木參天是上林

橫岡牧笛

跨犢歸來興若何笛聲嘹亮度荒坡聲中總是昇平
調不似南山白石歌

古路樵歌

生平悟得買臣機礪斧長歌入翠微適興不知天色
晚一肩擔盡月明歸

過魚橋望 孔林有感

堂堂闕里 素王家江漢林秋澤未除老檜不堪歸
烈焰東風愁落杏壇花庚申夏聖廟災手植檜燬
萬古乾坤此一家 東山東望太山賒翻思對越橋門

日曾見庭槐九度花

題焦中書梅卷四首

一風

一曲霜風玉笛寒枝南枝北半闌珊珠鈿落盡香猶在莫作春堤柳絮看

二煙

漠漠湖天一抹間不知何處是孤山詩人欲覓水霜操無那青紗障玉顔

三雪

貞姿元不着纖塵帶雪開時更有神莫咲浩然寒透

骨腔中自有一團春

四月

波光冷浸老逋家白石闌干月已斜五夜鶴鳴清夢覺一枝踈影在窓紗

足董尚矩編修夢句

好風吹上梅梢月董句夢破燈窓一枕書起傍瑤花探消息乾坤春意近何如

題林泉生卷次張汝弼韻

空谷秋清蘭有香南山霧重豹深藏縱然一出尋詩

亦只在青松古澗傍

和張汝弼韻集古

遠寺鐘聲帶夕陽盧綸　馬蹄惟覺到秋忙羅鄴　重來蕪恐無尋處鄭谷　逢謝春風白面郎司馬曙

何景明舉人辭歸賦此壯之

伊洛何家此景明詞章落筆盡天成李唐譩說張童子　昭代凌雲蓋世英

送李世賢代祀闕里同年席上限韻一首

一騎秋郊露氣濃曉山雲淨碧重重瞻依

闕里門墻後便握封章拜 衮龍

九日會餞致仕提學僉憲同年石宗海還江浦

即席限韻二首

瑞菊花開近竹窻故人重對話經邦誰知雷煥張華

劍風雨聲中又一雙

當年翰苑共書窻宗海與予皆庶吉士策獻 先皇撫萬邦握

手西風重別去碧天雲冷鴈雙雙

賦得奕葉清風送少司徒許公仲子廷美赴任

大名府推官次史年兄天瑞韻

桐門春早翠雲深老節昂霄護石岑秀出新枝高
百尺清聲動處影搖金

詠吏部東廂前文官果樹

離披翠葉覆雕欄日日朝回子細看花碧花緋花又
紫方知此果是文官

弘治十有三年庚申八月初十日赴任南京吏
部灣河登舟將以十三日解纜而行仲子兵部
主事庭掃走送至此別歸因寫數句授之追用
癸丑春官祭酒時寄渠韻

鴻恩曉拜　帝王家鄉國松楸夢不賒此去樟林山
下路九天春曉到梅花
自分泉山老舊家尚書又荷
國恩賒東風一騎金陵道禁苑香生萬樹花
十三日張家灣開舟感懷用前韻
寸心戀
闕又思家天北天南道路賒一片瀧岡阡上石幾經
秋草幾春花
黄文澤送至楊村驛辭歸詩以别之

金閶通籍况通家奕葉朝紳沐寵賖此別情懷今兩
地秣陵煙樹玉京花

遇倪冢宰公于靜海舟中話舊

停舟靜海話官家南北天曹　雨露賖我向留都君
向闕江梅誰寄雪中花

讀石翁詩是日東光河上遇戶部侍郎王公民
望惠以此集

嶺南丘壑石翁家雲霄漢功名老去賖何事鶴書招不
起白雲深處飽松花

過德州弔同年張文淵墓

秋風客棹過君家白首重逢願已賒司馬臺端人去
遠更堪秋落紫薇花

弔同年楊僉憲公溥墓

栢臺風采動官家投老雲泉一夢賒今日哭君思往
日玉京同看杏園花

過武城弔同年傅商佐墓

忍過東州舊友家傳巖人去夢寬賒當年翠栢臺端
月愁向墳前照野花

過臨清弔同年管世隆墓

清源勝地玉人家太僕　恩光自不賒為問林泉棲老處秋籬還有幾枝花

寄題高唐姜文博南莊八詠

思親堂

曾分天禄自官家百歲高堂願已賒風木鼓寒愁不寐夜窓無淚落燈花

讀書處

渭水分來舊世家五車經史為誰賒文章付與青雲

器待看江淹筆有花

教子塾

聞説燕山竇老家義方庭訓未應賒名門亦有書香遠重折蟾宮桂子花

聚石山

往日平泉故相家數峯奇石聳雲賒何如九仞功成後只種淵明一本花

種藥欄

世業良醫有幾家活人心地似君賒滿畦生意春風

憂更有霜前探菊花

延賓館

一榻清風近酒家，范張鷄黍信非賒。門前常有停車客，倚杖呼童掃落花。

觀稼亭

有莘郊外老農家，春雨犂鋤力轉賒。稼穡艱難天自憫，不教稂莠雜開花。

栽花囿

洛陽金谷幾豪家，紅紫爭春眼底賒。誰識此中詩景

富葵花開遍又蘭花

歌風亭懷古

一劍英雄帝漢家碭山雲起瑞光賒歌風亭在人何在芳草斜陽自落花

下邳懷古

下邳何處子房家千古名同漢業賒為問圯橋黄石上幾番春雨長苔花

清江浦訪同年石憲使翰卿家

清河河上憲臣家石奮門墻慶澤賒此別思君應不

詠秣陵春早有梅花

淮陰弟同年楊貫之墓

三禮科名第一家九卿勳業汗青賒夜來愁聽山陽笛落盡新阡幾樹花

廣陵弟同年李用修墓 用修成化中尹連江曾見訪夜話

三十年前過我家江村有酒豈須賒誰知今夜維揚月不照霜臺玉樹花

京口弟費補庵墓 己丑會元

楊子江頭祭酒家蒼生霖雨望應賒當年指授春官

日馬上誰簪第一花

過金山寺

金山頂上梵王家萬里江山四路賒曙色漸分京口渡數聲寒鴈落霜花

蘭溪訪同年章德懋僉憲

蘭江江上故人家三十年來會晤賒白首重逢秋色晚還堪老圃看黃花

衢州弔同年太平余太守邦毓之墓

重過三衢太守家雲山猶解故情賒不知兩郡[illegible]

詩愁落東風幾度花

常山吊同年鄭時暉之墓常為繡衣讞治吾閩後調尹京山不禄

往日清風豸史家宦情不待老來辭入閩江海俱流澤謾說京山一縣花

廣信吊同年西川婁憲使克讓墓

海内文章一大家栢臺清望錦江賒可堪長夜埋前月冷照豐碑碧蘚花

廣信吊同年畢僉憲廷琢之墓廷琢同予為蕨吉士後自冬官擢僉憲提學山東

貴溪溪上畢公家翰苑金蘭夢裡賒鄉曾只今思化

雨東風桃李幾開花

十月初七日度分水關

海濱鄒魯半儒家忝紹詩書舊業賒分水關門重度

日宮袍香染故山花

訪同年致政僉憲富陽祟端本

會江江上玉人家夢寐相思歲月賒此日重逢俱白

首瓊林春樹幾開花

寄鄭正郎希大舟次

兩京同是　帝王家話別龍江鴈影賒為採故園秋
色傍傲霜多少徑中花

九日書懷

阿揭起　闕楷還家天北天南望眼賒誰侍鳳臺最
高處一杯金露酌黄花

過滄州趙德輝同年舊居有感

太學㔶林志業同君歸三徑老秋風今朝客棹滄州
過壠樹巖雲悵望中

同年會中留別二首

奏功來謁　帝王家白首同年會不賒一座清風櫶
樹底故情還憶杏園花

一章緘别乞還家　聖主恩留顏已賒歸棹又從江
上别鳳城涼雨看荷花

重過德州張侍郎文淵同年舊居有感

黃金榜上列名同飽挹　清朝國士風此日停舟君
故里一石麟芳草暮烟中

過同年楊僉憲公溥舊居有感

瓊林宴罷早　朝同凛凛霜臺古柏風一自京塵分

手後平原隴樹夕陽中

重過平原訪同年陳太守子宜話舊

君門射策少年同玉珮聲聯禁苑風一自黃堂投契

後相思都付月明中

過武城訪同年高大參良佐話舊

杏苑看花策馬同紫薇堂上仰高風誰知白首重逢

日握手沙頭似夢中

重過同年傳憲使商佐家有感

金鑾獻策壯心同栢府聲華一道風堪嘆傳巖人去

遠百年門地綠陰中

過濟寧張同年時禎舊居有感

曲江春宴早年同晚羨林泉太古風今日重過君舊宅哭聲愁聽雨聲中

過宿遷同年羅雲漢舊居有感

外臺聲價內臺同歸卧青山一枕風老我鍾吾江上客暮烟疎雨感懷中

重過儀眞同年栁太守邦用家有感

兩過同年栁子家黃堂舊業夢中賒誰知古水嘉禾

[illegible]看雨井棠幾樹花

舊題安成王梅邊門生祭文山公稿後今重改

上近二字

養士恩深士氣豪不分廊廟與蓬蒿梅邊節槩秋雲

上直近文山萬丈高

閱武偶成十月初八日

閱武晨登上將臺晴雲瑞旭自天開儒臣一拜 君

王命百萬貔貅掌握來

七月七日晨閱 孝陵宮墻途中和趙武靖

占韻

霜飛幾陣釀新寒出郭初聞曉漏殘歷遍鍾山
陵寢路瑞烟深鎖六龍壇

畫竹

月滿湘江夜色寒英皇聯珮跨青鸞珮聲忽逐江風
急驚起王猷倚醉看

戲東張東海

民寢蓬萊第一峯浮雲何事礙仙蹤山翁未識南陽
士故把青莉試卧龍

雨竹

瀟湘春雨半晴時翠倚江干玉幾枝誰識此君塵不染虛心惟有鳳凰知

正德二年丁卯春二月望日致仕歸宿于龍潭驛

歸程一日到龍潭領得　恩波海共涵故國青山先入夢荔花香雨落鬖鬖

和臨海趙弘道進士來韻二首

文光萬丈臨閩海何處騷壇將不降忽吐珠璣驚老

眼眼中名士信無雙

題紅梅

羅浮仙子醉凝脂雪裡芳容分外奇一點丹心元不妬任教春滿杏花枝

慈烏夜啼

泣對萱花日易西海天風雨晚淒淒寒窗正作思親夢驚破慈烏半夜啼

題宋太祖微時與陳摶奕棋圖

英雄未遇陸沉詩羽客山中一局棋五季末年無敵

何傷高者有誰知

夢中作烈女詩

妾心願似天上月妾容不羨路傍花泉臺若見亡人面細問溪頭女浣紗

上元日思梯兒用前韻

欲探雲南省內春良宵燈月與誰親八旬老父今多病問寢空懷萬里人

懷梯兒首句用弘治癸丑寄來韻

去年今日汝還家慶壽筵開樂事賒拜舞高堂春似

海腰横一束紫金花

去年今日汝還家宦海鄉山路轉賒但得荒陬人感
化東風坐對紫薇花

寄楓山章亞卿

一别楓山十過春玉堂燈火舊同親當年海内心交
者白首相思有幾人

題鄰霄臺

鄰霄臺石巋巍峩日月星辰手可摩東望海門潮正
消　皇明萬載此山河

聞姪孫春闈得捷喜而有作

春風對客醉雲林　帝里傳來最好音四世名登金榜上總緣先代慶源深

有懷大司徒洪洞韓公貫道

海濱林下坐春風却憶東山老謝公西望太原云萬里論心幾向夢魂中

有懷同年庶吉士章德懋石宗海李世賢諸友致政家居者

翰苑論心五十春　三朝半是白頭臣月明湖海相

思夜林下清風有幾人

寄王宜學思 文端公曾孫任編修謫三河縣丞

手携諫草別鑾堂一道文光燭上台南去昌黎祠下拜九天宣詔有時來

和楊邃菴元老歸田韻

累上金門疏幾通許歸鄉國野堂中却將宦海風波事都付浮雲一笑空

賜勑歸來墨未乾投閒置散不為難憂心一點丹心在長把宣公奏疏看

紫閣崇歸僅一秋蒼生翹首望伊周不知袖手林間坐天上誰修五鳳樓

玉帶麟袍起布衣生平不嫁半毫非如今領得明農勅尤勝東都宋璟歸

楊子江波滾滾流群鷗自在水中浮忽聽江心蘆笛起濠庵正倚見京樓

訓焜烇二孫

二孫辭我上南都侍養親闈樂有餘世食天朝無限禄報恩多讀幾車書

重刊林文安公詩集卷之三

林文安集

二

[illegible]文公集　二

重刊林文安公詩集卷之四

南京禮部郎中不肖孫炫敬編
知福州府事後學山陽胡有恒校刊

七言律詩

家尊以郡守致仕遹又承　恩進一級喜而有作

嚴君解組向山家重沐　天恩到海涯綠野堂中新拜命黃金帶上又生花稱觴咲撚千莖雪柱笏回看五色霞從此更祈春不老蓬壺長進棗如瓜

壽林仲羙母

瑶池金母遠相過帶得蟠桃薦綺羅瑪瑙杯中浮石髓鹿葱花下列仙娥四時長喜青芝茁兩鬢從教白雪多却憶夜來翹首處婺星燦燦照天河

進賢女子許嫁而夫亡守志而終詩以挽之

結褵將遂百年歡誰謂仙郎骨竟寒翠羽未聯釵上鳳黃塵深掩鏡中鸞閒庭夜月空蘼蕪消古井寒泉澈肺肝地下相逢應識面從教和淚剖心看

送張天駿還松江

臨岐忽賦送君詩君去衷情更語誰芳草連天分手
處好山如畫到家時三頁堂上春無限五鳳樓前會
有期只恐客窗清夢覺不堪明月照相思

送任驛張兄復任河間

故人重別 帝王州正值荷花五月秋一棹晴山江
上路半窗涼月竹邊樓君從瀛海鳴孫復誰念新豐
客馬周聞說禹門春信近杏壇回首是龍頭

輓竹庄徐先生

竹庄人去竹誰看庄上空餘玉萬竿嶰谷秋殘烟色

暝湘江日暮雨蕭寒七賢已謝紅塵夢三徑猶存白石闌此日鳳雛悲舊業不勝血淚洒琅玕

馬鬣封塋為俞寅仲作

重泉千古夜冥冥留取新封太史銘海鶴歸來孤月白石麟卧處一山青券基臺草消人何在宰樹霜寒葉自零羽舊經從休掛劍夕陽隣笛不堪聽

送陳汝璋州傳之蘄庠

携書載鐸出長安還是儒林舊日官潞水帆開燕樹遠蘄陽雲淨楚天寬秋波冷浸琉璃簟曉日光凝苜

省盤講罷杏壇無一事鳳凰山色醉中看

送南雄陳廷獻赴南雄遂還家兼柬鄭恒中

藍袍扶策上 皇州五色雲中拜 冕旒文藻已呈金鳳闕劒光又逐木蘭舟青燈涼雨橋門外白鴈寒江故國秋爲問南湖舊知己有懷何處獨登樓

翠栢軒爲國子彭學録作

小軒推排白雲左右栢當軒趣更長遶砌盤根堅鐵石凌霄老幹飽風霜影横詩壁蒼虬卧濕透書闈翠雨涼勁節歲寒渾不改絶勝桃李競春芳

登科

昔年曾醉鹿鳴歌今際飛龍第一科賜第玉階 天語近題名金榜 聖恩多瓊林曉日傳綵管杏苑春風動綺羅報 國効忠從此始顒披肝膽侍 鑾坡

瓊林 賜宴

近臣傳 制下層霄 賜宴瓊林雨露饒香溢 天厨新斝斚春回蓬萊舊簞瓢雕欄花影臨瑶席禁苑鶯鷇雜鳳詔試問當年呂文穆遭逢曾似 聖明朝

釋菜

曉陪多士出　天閶端拜宗師造化恩緑藻香芹雖
俎豆青袍白簡擁橋門千年文物中　朝盛數仍宮
牆萬古尊雲漢昭回儒道泰永隆　聖治等乾坤

禁中聞鶯

金衣公子愛芳辰出谷飛來戀　紫宸幾度嚶回東
閣曉數聲啼破上林春烟深宮樹秦簫緩風起龍樓
郢調新別有高梧丹鳳語却嫌嬌舌混韶鈞

雨後觀漲

天公昨夜瀉天河平地須臾萬頃波濺沫亂從鮫室

噴怒氣逢向海門過風前白浪千堆雪鳥外青山一點螺野渡近來行客少孤舟閒却扣舷歌

次鄒維時韻

詩名不讓武功姚長嘯煙霞意氣飄謝眺句從江上得杜陵愁向酒中消才欺白雪應難和身伴青山不可招蠡甂有鳳毛文采盛　虞廷終許聽簫韶

壽工部吴恥卿

白頭倦展濟時才百粤風煙泛蠡回天上已承冊鳳詔山中長醉紫霞杯　皇家元老推先達洛社耆英

纔後來共道神仙在平地何須騎鶴訪蓬萊

挽安成彭志梅翁閣老先生叔

長夜漫漫夢不醒百年歷車付蒼冥詩壇賸有驚人句文館惟餘教子經幾樹梅花空自白一庭草色為誰青仲容墓閣如椽筆大寫　清朝處士銘

懷古　內閣試

尋閒獨上越王臺滿目興亡事可哀宋主行宮惟綠草考亭舊業半蒼苔樓船東去家何在雲谷春深花自開山色不知風景別還從江上送青來

輓陳處士

德星光掩客堂間，高士槐柯夢已闌。白石荒凉春蘚碧，紫芝零落夜霜寒。生無書達公卿府，歿有詩登李杜壇。幾卷南齋遺稿在，鳳雛攜上五雲端。

輓陳母

一從仙夢隔塵氛，長使鄉閭悼少君。玉鏡誰看雙鬢雪，錦機空鎖半窗雲。萱堂花落春風老，宰樹烏啼夜未分。善積也知流慶遠，階庭蘭桂總超群。

題松江丁舉人錦雲書屋

書巢新結碧江濆朗朗書聲徹夜聞座上談經無俗
客窗前辟蠹有香芸湘簾半捲龍潭雨縹帙長舒鶴
渚雲了却十年燈火債杏園春色儘欣欣

輓林進卿主事父母 父別號松軒

松軒冷落北堂虛空憶龍封寵渥殊百歲同歸蝴
蝶夢九霄高翥鳳凰雛詩書社散秋雲薄機杼聲
沉夜月孤惆悵文山雙壠上一天烟雨暗榛蕪

分得青字送周上舍還泉

鼓篋橋門屬妙齡賦歸南過短長亭纔於渥水是龍

種又向卅山養鳳翎花塢笙歌春獻壽雪窗燈火夜
談經都城此別君須記紫陌東風柳眼青

送浦憲副還松江

獬豸冠中髮尚玄故山歸去樂陶然今朝水上笠端
客明日烟霞洞裡仙松菊有期天不負風波無恙客
猶眠隔窗忽聽歌聲動知是康衢擊壤年

輓臚山陳處士

仙翁一夢絕蓬壺誰復品泉賦白駒綠野有亭惟檜
栢青山無主半榛蕪烟空海國鷗群散月冷梅窗鶴

影孤蜴壁有人乘五馬寄哀多少句聯珠

次潛中趙鄉老平山懷古韻其一

王輦南來不浪遊七閩何地築園丘已拋龍鳳雲間殿遠駕風波海上舟王氣消時天地老胡塵飛處死生讐忍將宋室興忘事吟倚斜陽淚自流

其二

翠輦金輿載恨遊豈緣南粵覓丹丘鍾聲落日孤村寺海色西風萬里舟不道蛟龍忘舊主獨憐孤兎媚新讐今人只見瀟江水還遶行宮山下流

應　制薊門煙樹

千章嘉樹薊門東樹色蒼茫接遠空幾抹淡烟春杳靄一林佳氣曉蓊葱樓臺隱映青山外車馬依稀紫陌中啼鳥飛來如有意綠陰深處語東風

送陳廷璧黃巖訓導

故人離思逐秋帆雙愁分向玉函凉月滿衣辭紫禁好山當戶到黃巖香生几席桂初種翠遶堦庭草不萎樂處可悲魚雁報莫言醉筆懶題緘

送人

旦出都門霽氣清宮雛新製舞衣輕庭闈[illegible]髮十七

梦江漢秋風萬里情何處雁留題桂去故鄉今見下

車行遙知整旆還朝日又是東風芳草生

送郭文學河源教諭

袍笏榮沾　聖主恩綠槐道上送王孫較多行李書

千卷何限離情酒一尊帆掛薰風移潞渚城臨秋水

到河源鐸聲振處天荒破桃李花開春滿門

龝日感興

獨倚斜陽思不禁滿林風葉共蕭森詩懷何處逢人

遣宦况閒来對菊吟紫塞天寒霜信早碧江雲冷雁
聲沉西風莫向窓前過吹動庭闈故國心

重刊林文安公詩集卷之四

重刊林文安公詩集卷之五

南京禮部郎中不肖孫炫敬編
知福州府事後學山陽胡有恒校刊

七言律詩

丁酉歲春正月穀旦齋居次羅仲明韻奉東院中諸友時用焚香爲題聯句

石鼎香清境不凡羣仙琢句謾題銜步聯玉署三更月手染春雲五色緘雅樂聲音元異俗大羹滋味不須鹹錦囊莫厭蕪詞入願借風斤一一芟

慶成宴歸再用羅韻

蓬萊風景遠塵凡　賜坐綸音彩鳳銜千載風雲今日會　九霄宮闕瑞烟緘金樽醴酒濃於珀玉舄鹽梅味不鹹宴罷歸来春滿眼小庭新草未應芟

壽陸太宜人八十

永日萱堂瑞氣饒册臺無地著塵囂香分羅綺筵初列風動雲霞帔欲飄鶴算近聞登八袠鸞封兩見下層霄兒孫滿眼森如玉珂珮蟬聯輔　聖朝

天馬峯

危峯挺出渥洼姿氣骨稜稜勢欲馳吞吐雲烟成仰秣騰驤霄漢許誰羈寒泉一洗休兵後曉日初蒸立仗時莫笑主人鞭不起塞翁得喪了無疑

壽致仕程尚書夫人六十　九月十一日生

一從司馬遠還鄉金母手神鬢未霜青鏡流年看六袠黃花前日是重陽玉盃浮蟻饒家慶錦帳垂雲盡寵光簪鶡又傳天上喜鳳雛文采照春坊

泮隣書屋

築室如何近學宮芳隣絃誦四時同箕裘世業姚江

上詩禮門牆孔廟東石硯潤涵芹沼雨竹窗香度杏壇風後昆獨抱天人策獻入　金鑾紫閣中

送唐令宗器還任慶雲

郎星焜燿慶雲中入奏循良第一功玉漏聲稀西掖路金爐香滿　大明宮歸程雨歇青山暮候館涼生綠樹風漢室有期徵卓魯朝陽鳴鳳在梧桐

立冬應　制

小春時節屬玄冥一夜霜花匝地明秋意盡從西陸去寒光初向北郊迎豐年有頌農功畢邊境無虞將

令行不識陰崖窮谷裏誰將冷煖問蒼生

臘日宴百官應　制

臘月佳辰逢臘日大官張宴近　鑾坡玉壺清酒便蕃瀉金巵香羨次第和五鳳樓前春意早萬年枝上雪花多周家大蜡遺風遠聽取臣工既醉歌

送周可大僉憲還任浙江

扁舟曾過浙西東水蘗聲華處處同劍珮近逢　雙闕下衣冠又別五雲中寒生薊北雪盈尺春入江南梅幾發只恐外臺留不久羽儀霄漢待鵷鴻

送商少保先生致政還嚴陵

謝事南歸兩鬢秋　三朝勛業見伊周手扶堯日行天表筆洒商霖沛海陬鍾呂久懷林壑志江湖還繫廟堂憂不知晚節如公者衣缽何人付仲謀

封御史李公挽詩

當年繡服照江鄉吏隱風光一草堂處世無心成白首濟時有術付青囊　龍章舊誥恩猶在馬鬣新墳事可傷木落空山秋已去野烟衰草自昏黃

送章德懋先生致仕還蘭溪

懇疏君門得觧官男兒事業十年間　鑾坡日近心偏赤柏府霜嚴鬢易班朝野共嗟賢士去雲泉應候主人還明朝顧問尋蹤跡知在金華第幾山

題山水圖用董尚矩侍讀韻

窮通世事坐談間自古龍鱗不易攀碧澗有聲塵慮净白雲無恙我心閒琴牀畫拂松邊石詩景春搜雨後山絶少輪蹄逢此地故人霄漢幾時還

送太守唐公還任

薰風五馬入　京華昭代襲黄政獨嘉　雙闕有天

分雨露三山無地不桑麻慈闈問寢雞聲早客路逢
秋鴈影斜只恐棟梁應大用甘棠封境遍開花

其二

宮袍扶醉別群仙客路秋風白鴈天萬仞金山江上
寺一泓冊井石中泉調琴政暇多清況製錦才高更
少年霄漢有期重會日鐵冠峩豸　玉階前

賔山樓爲陳文用繡衣作

義江風景勝蘭亭誰架岑樓頫六經百尺近依霄漢
際四時長對一山青東君柱笏峩金豸高士排雲擁

翠屏我憶清秋登覽夜德星光處見文星

和錢學士會陳都閫于金山韻

壁立江心萬仞山小孤山色只如閒清風一道來金馬積雪千堆勝玉關塔影不隨流水去洞門長待宿雲還爲詢蘇老參禪日曾說當年稼穡難

送白宗樸之任南京尚寶卿

鳳臺南去鳳成群　闕下符卿獨數君才器早於金榜重詩題曾向玉堂分帆飛淮海拖秋雨樹隱鍾山隔暮雲莫忘河橋今日別數聲寒鴈醉中聞

送吳汝太赴宜興教諭

客窻聯榻夜沉沉共話汪倫李白心一棹秋風分手去半簾晴月向誰吟蓬萊 宮闕還相待桃李門墻自有陰此別何須重感慨蘇湖流澤海爭深

和李學士悼馬韻

山溪水漲憶當年此馬真成濟險船青草葉肥曾仰秣綠楊枝動忽驚鞭趨 朝穩步城西月脫轡長鳴野外烟今日敝帷埋駿骨舊群空處最堪憐

三江舟中與陳德衡酌別方起首兩句李成

章而潮生解纜歸矣後足一首寄之

一棹三江候早潮方山誰道玉人遥烹雞載酒情何限倚馬成詩思欲飄白鴈聲寒天際雨丹楓影落渡頭橋懸知此別相思地春到梅枝雪未消

送林克稜分教錢塘

青春捧檄向錢塘三尺龍泉夜吐光　聖代新恩同海嶽君家舊物重珪璋風生祖道蟬聲晚雨過吳山樹色凉此地英材多間世待誰培養棟　明堂

送大司寇彭從吾先生致仕還莆陽

懇上　虞廷䟽幾章拜　恩歸去舊江鄉　天門日
繞　龍鱗動驛路秋隨鴈影忙一代人文應獨步入
閩山水盡增光何年得侍尚書履蹴露東籬採晚香

送鄭克應司訓之嚴庠

鄭虔南去表英才話對青山酒一杯數仞宮墻宣父
廟半空雲石子陵臺秋深旆影風前別夜靜書聲月
下来清思滿腔吟不盡梅花枝上有春回

壽致仕都憲長樂謝公仲仁

當年桂苑共簪花晚節榆君樂事賒夢繞　龍顏瞻

日月酬[illegible]鶴髮呼煙霞紫芝瑶草神仙境碧水丹山宰輔家况有翔雲鵷鳳起九苞文采耀　京華

和程克勤學士　慶成宴上韻

人日　圜丘大禮成筵開寶殿奏咸英　恩加玉筍班中老位定金閨籍上名宫樹鳥呼春意早御爐香噴午風清揮毫欲獻商周頌千載明良際會情

送同年沃荆州考績還任用都憲屠公韻

文章太守奏功回還有清聲似栢臺　天上玉麟分手去荆南竹馬待誰來平原暖日花千樹峽路春風

酒一杯早晚定應　宣室召不須遥寄雪中梅

送庶吉士許啓衷歸省

青雲人望白雲還一路東風度雪山金榜聲華騰海宇玉堂文采動鄉關新鶯細柳春江上老鶴喬松壽域間平遠臺高登覽處可忘霄漢侍　龍顔

壽封宜人林母八十

春臺燈月正輝光况有鸞書照北堂白髮曾同梅竹老青霄幾見桂蘭芳當年孟母機中錦此日麻姑洞裏觴一片飛雲閩海上湖南薊北望俱長

過李賓之學士先壠次程克勤韻

名途老去敢誇強况復題詩觸景忙十里眼看山不遠百年心共水俱長古來馬鬣無雙地西出　龍門第一鄉却憶閬天雲起處感懷空有淚淋浪

是日同登古臺又次前人一首

入冬和暖類春陽草色西郊半未荒獨樹侵雲臺自古兩橋橫水路俱長封塋又占蛟龍窟農畝初登稼穡場吟罷不知歸去晚滿身明月浸羅裳

送徐少傅先生乃子還宜興

手攜書劍別嚴君皎皎龍駒氣不群黄閣門墻麟趾
化碧梧枝葉鳳毛文燕山秋色霜前賦淮海潮聲月
下聞回首王京心不遠擎天有柱獨侵雲

哭亡女綵二首

攬鏡辭家十二年可堪風景頓凄然尚書冢婦宗祧
重祭酒嬌兒寵愛偏老淚雙垂槐市雨愁心碎繞栢
衙天九京何處逢慈母莫訴門楣不逮前

其二

[illegible]訃達京華淌目慘心數點鵑白髮衰翁勞攖

壻青雲才子望肥家一杯新土荫芳草九陌西風鼓落花莫爲殘春長飲恨 鑾封畢竟寵恩賒

送行人司副同年雍孔暘擢任南京驗封郎中

三十年前别翰林蒼梧翠竹定山陰龍廷有詔還聯珮蝸舘論文始盍簪銀漢曉星行處少金陵春樹望中深遥知對月相思夜兩地登樓一樣心

山東憲副寧洪楊茂元謫貳守于長沙詩以壯其行乙卯歲端陽日

酌此蒲觴别舊遊青山緑樹馬前頭賈生書劍長沙

路坡老衣冠廣海舟五夜繁星瞻　北極一天甘雨過張秋君家臺閣人如玉繼掌絲綸望仲謀

送林戶部還京

當時聯步玉階東憂喜還家竟不同堂北靈萱春咲日壠頭孤樹夜號風懷君長見樓前鴈顧我曾推雪裏蓬此別何須增感慨鵷鸞相㑹彩雲中

子陵釣臺

富春山下客舟過為挹清風感慨多龍袞故人天上夢羊裘漁父水邊歌一磯烟月還如舊五夜星辰空

君何須[illegible][illegible]千載事，[illegible]江波似渭江波。

歲暮王古直仁甫復至京師次吳匏菴韻

別歸詩社兩三年，玉樹依稀在眼前。萬里關山孤夢客，一帆風雪遠來船。乾坤長嘯誰開著，湖海重逢意灑然。寄語忘形謝方石，陳蕃舊榻未須懸。

三辰堂　姑蘇顧氏父子祖孫三世皆以辰年登進士故名

舊家門地化龍津，會合昌期動有神。萬里青雲三世業，九天黃榜一辰春。名揚海内高星斗，秀毓吳中萃鳳麟。為問橫金堂上老，光前裕後更何人。

壽謝千喬父母六十同十月生辰

小春時節壽筵張共訝姚江草木光二老連甲增寵筭十年兩度拜龍章山中雲席朝簪重堂北花迎錦帨香欲報洪恩霄漢遠心期教子輔成康

謁狄梁公廟

相周心事爲唐徽千載金縢見是非直道不隨芳草沒古祠巋有好山圍曾驚碧海驪龍睡快覩青雲亂鳳飛此日懷香瞻拜地白雲流影正春暉

清明謁　陵次吳原博見懷韻是日遇風

東風忽似朔風吹，頓覺歸心馬首馳。萬壑松聲寒欲裂，四郊花氣暗相隨。更無青白塵中眼，誰有敲推月下詩。詩伯雅懷何處寫，竹枝頻掃夜窗時。

寄姑蘇蘇廷玉義柏

當年客棹過君家，一段蓬壺景不賒。翠竹有枝初解擁，碧桃無樹不開花。金樽滿泛長春酒，石鼎新烹異品茶。爲問傳書南去鶴，壽儂何處煉丹砂。

十月二十五日奉禪祭于 茂陵時風寒特甚

謝方石吳匏庵因聯句見贈遂和韻答之

逼人寒氣北方颸遠道氷霜歎苦辭天上鳴鑾焉先帝
御山前瘦馬竪儒騎沙河氷落杠成後　寢熱香飄
幔卷時願取神功萬載可無商頌與周詩
寒聲徹夜鼓飛颸曉逐千官　闕下辭塵暗馬頭呼
僕控日斜牛背見鴉騎　茂陵前殿號弓地泮水西
堂借榻時獨倚闌干霜月白載歌韓孟近聯詩
北郭寒生捲地颸獨誇聯錦得新辭晴虹跨海真堪
畫天馬行空不受騎我正重裘俄祀日君當高枕放
朝時不知囊橐　詩卷　周又賦相思幾首詩

原書缺

九卿釋菜意同申我獨齋廬話舊賓文教秖今敷四
海光儀從古動三辰昔年樽俎懷東道此日衣冠列
上賓歸路雪消塵不起乾坤萬象總含春

初三日冊山限欲全用夫子事賦一首

麟經歲歷四壬申（春秋初年）周統從來不建寅義重君
臣書甲戌（晉盟王卿于平丘書日）分嚴夷夏託庚辰（魯及戎盟于唐書日）
紀綱世道齊（書晉與人爲首三家守公書）作賓瞻拜廟庭
思聖筆凜如斧鉞昫如春

又和冊山思親一首

書祉應高漢代申傳家詩禮宋胡寅麟袍玉帶光[illegible]

浙鶴髮朱顏面北辰四世　恩榮聞四海三公位望

冠三實華堂笑酌屠蘇消更約東風五百春

和馬日一首

國馬曾聞大僕中年來蕃庶倍於寅成群食野雲連

霧奮鬣風追星夜達辰紫塞休兵忘汗血雕題控轡正

咸賓也知今日祥光動散作天閑化育春

和人日一首

人迎人日歲庚申和氣祥雲遍八寅萬井笙歌懽動

地兩班簪綬慶逢辰白頭有泰山公佐素願寧孤謝
諤賓共秉丹心匡 聖治莫教寒谷不生春

郊壇齋宿喜風晴再次前韻

風伯清塵令一申飛沙聲歇漏初寅雲迎 鑾輅馳
南陌日遶 龍鱗下北辰 萬歲羲軒 天地主九
州海嶽 帝王賓明朝燔祀芬芳氣散作鴻鈞處處
春

十一日慶成宴上再用前韻

南郊大典 帝躬甲宴錫 金鑾吉辟寅禮樂法

敷鄒魯化衣冠共際禹湯辰 九天渙汗雲中

詔萬國來廷海外賓坐列東班叨近侍 龍顏喜動

玉生春

元宵用前韻

上元 恩與歲重中 賜假經旬日自寅萬井笙歌

宮間羽九街燈火夜爲辰都人踏月真成隊國士觀

光合用賓明旦上林花一放煖風先報 玉京春

匏庵吳學士家賞十八學士屏風燈次韻

繚繞燈下覩群公彷彿瀛洲夜宴容幾朶金蓮分瑞

彩半枝玉燭奏豐功綺羅燦爛奎星聚文物分明秀
氣鍾今去唐家千百載流光還在鳳池東

和仙遊鄭廷綱述懷韻

彩雲扶　日麗堯天元老名題　御榻邊忽聽　綸
音頒　桂闕又催行色起芝田烟籠曉院花前席風
送春江雨後船嗟我與君歸未得入壺山麓雪峯巔

大司徒周松露預約賞花感時事不果是夕護
月臺和韻

詩壇擬把舊盟尋造物無端負賞心正怪碧霄星斗

象更堪紫塞鼓鞞音花顏染得春應老月色盈觴夜
轉深手運化機台鼎事謾從　鄭蘭憶山林時周公有鄉思
故云

餞許季升于德勝關外次用山韻

載酒西來德勝關詩豪走筆羨川山多君步驟驅千
里老我才華豹一班曉日旌旂山甫去秋風鼓吹仲
淹還戰袍脫却朝　天日細把奇功啓　聖顏

和吳匏菴味藤花韻

長藤別後甫經年百尺蛟龍勢欲纏蜜葉鋪來青幄

展奇花開處赤心懸摘投香老宜賓客薦入芳筵伴
聖賢爲問梁園金谷譜東風彩筆可曾編

送張良弼出守平陽

玉麟符重稱才名綠樹青山此別情長樂曉鐘雙珮
遠平陽熟路一車輕雨收田野稽農業月满閭閻聽
頌聲暇日好看循吏傳潁川才調漢公卿

環碧亭爲大司寇毘陵白公題

故園涼雨滌煩襟十畝池塘半綠陰入座高名紅日
表五亭佳景碧波心賞蓮客散香風遠釣月舟歸

滿深雅趣無邊題不盡山川晋與樂天吟

送太司寇白公致仕還毘陵

鶴髮麒袍玉一團　璽書恩眷古稀朝班報道尚書去里巷歡迎太傅歸九夏炎心爭吐露四時山色倍光輝江湖莫訝　龍顔遠旦暮羹墻見　衮衣

壽王太宜人八十子華狀元孫守仁會魁五月二十日生日

八袠慈顔鏡裏開板輿迎向日邊來萱庭環珮龍頭士蘭砌風雲虎榜魁　御墨重頒雙鳳誥宮壺滿注九霞杯南薰微動瑶池景青鳥飛鳴日幾回

題岳武穆廟 丁巳冬作

錢塘江上鄂王祠凜凜英風破樹枝唾手燕南胡虜悍誓心天地鬼神知中原神器那堪碎南渡長城更倚誰我憶續編綱目日抽毫撫卷不勝悲

壽洞庭封編修王公八十諭德鏊之父也

乞身歸釣太湖舟世態風波百不憂紫誥恩從金闕下青山人許玉堂遊鳳毛才冠三千士鶴髮年躋八十秋試向姑蘇臺上望文星光與壽星俘

正月十一日大祀天地于南郊恭

命分獻中嶽之祈有作

南郊戎馬夜周遭　簡命公卿幸一叨　分奠又擎中嶽爵　特恩新賜內宮袍前日賜宮錦一表裏　烟飄春郭　龍香遠雪擁　天壇獸石高是日雨雪　和氣豐年從此兆　願教萬姓樂陶陶

再乞歸田未遂所願示庭梧乙未秋七月二十五日

三年兩疏乞歸休　詔下金門復諭留　華髮自知才力減　素餐深負寵　恩優　心懸　北闕中天日　夢遶東籬故國秋　且倩摶風南去鴈　傳書先到紹芳樓

闕里文廟告災　朝廷特命李學士傑祭告安
神棲賦此贈行
侍臣持節戒脩程　天子遥懸闕里情　宣聖廟廊
須畀建周家禮樂正風行烟凝堠館晨光紫秋入郊
壚露氣清歸到　金鑾承顧問東方幾處病蒼生
城南祖席中又和張中允天瑞一首
近臣近出　帝王家李白東行捧白麻闕里君看前
代檜武夷我憶故山茶黃雲秋盡村村稟紅[illegible]長[illegible]前
樹樹花明日歸來送知已海天南望舊烟霞

寄致仕大司徒周松露先生用鄭東園亞卿韻

清時踵武到蓬瀛四十年來老弟兄 紫禁趨 朝
紅日上碧山回首白雲生祥麟在野孤蹤遠倦鳥歸
巢兩翼輕海內人思文潞起金甌定覆 御前名

送淳安徐生順歸赴秋闈

麟經曾講 素王宮此別英聲動老翁槐樹陰連雲
淌路桂花香送月當空君持白璧公車器我愛青春
國士風宴罷鹿鳴歸獻壽文光掩映泰階東

送大司徒王公奉 詔兼左副都御史視師于

貴州

戰馬嘶風猛欲馳秋郊酌別駐金羈席前雲擁尚書履閫外霜飛大將旗虎豹生威分隊處犬羊落膽聚降時明朝露布聞 當宁韜范勳名更許誰

恭題戶部新建 玉音樓

葵藿同心建此樓凌雲棟宇壯西周淋漓 御墨龍箋上咫尺天顏鳳閣頭萬載鍾山佳氣護四時充日瑞光浮玉音頒與蒼生去江海應瀰沛澤流

和鄭東園齋居韻

甃青翦燭整烏紗坐聽門官報曉衙簪紱公餘直上
鳳吉畝自咲井中蛙風傳禁苑花香早月射軒窗竹
影斜忽領雉篇鶴破膽敢驅虎豹搏龍蛇

和東園第二首

此日齋居憶　帝州中霄飛夢拜　宸旒鶴聞戒誓
傳三殿起閱儀章按九丘霄漢有星也北向江河無
水不東流清時擬作南郊賦安得才華似日休

和東園第三首

片月遥看吐海涯敬亭誰伴讀君平青氈毛毯厚春寒

煖絳蠟心虛夜有葩卻憶郊壇隨 御輦謾傳河漢泛仙槎當年錫宴 金鑾殿更有龍團八餅茶

和東園第四首

百官環珮聽宣麻虎拜 龍廷語不譁御蹕仗分階下馬鳴鞘響散殿前鴉和風叻律催花信暖氣隨春到柳芽更喜平胡新露布不緣出塞一聲笳

和少宗伯李公世賢春丁齋居韻

記得當年祀兩丁具香清茗餅過靈覺闕已謝三秋事齋室元無一味腥盡日圖書堆石几中宵雷電繞

共看白頭重沐　恩波闊不數江湖與入濵

和光祿卿楊維高年見韻

門墻咫尺循千里忽有詩筒月下過雲錦織成花軸天機借得玉爲梭脩篁枝上巢冊鳳流水橋邊戲白鵞此地相思無限意不知春景爲誰多

太常卿楊應寧邀賞荼蘼花次成國公韻

天工巧點翠屏銀浥露花開倍有神節鉞元戎來帥府琹書舊友列儒紳香分南國多聯袂雪灑容臺不染塵分付荼蘼花謾落更留羅綺幾分春

病中再和楊卿維高一首

臥病經旬來客少門丁忽報上卿過青雲交誼同懸珮白首年華一瞬梭伏枕鵷聞簷外鵲臨池倦對雨中鵞此身只合歸田去海國雲山種藥多

壽鄭東園少司徒七十

昨夜憑欄望斗牛壽星光近　玉音樓壺公山隔三千里鄭老年登七十秋丹桂花飄詩景馥紫霞杯泛酒泉流更期同著尚書履歸釣烟波海上舟

哭同年莊定山司封

泚筆沉吟落葉秋故人無復見南州羊曇今從公去
碎雙劍看來淚自流翰苑有章青史重定山無主白
雲愁試披舊稿寒燈下一道文光射斗牛

弔李六白墓和劉東之參史韻

夜郎西去與時違老向青山掩石扉尚父獨憐豪士
困陽水誰道故情微荒原一帶蛩聲亂古木千章鶴
影稀莫問無端高力士沉香亭跡轉頭非

用韻詠雪

六花俄掩夕陽紅山色微茫眼底空皓鶴群棲三島

摑素娥爭舞九天風歌諧絲竹賓初散蹈破瓊瑤路
始通莫訝衝寒過遠市野橋還有探梅翁

和紫崖齋居

案頭一縷篆烟輕夜坐梅窓氣轉清簷下鹿眠孤月
影松間鶴唳九天㲉青燈獨對晋都客白髮遥懸故
國情手握化機君有待春風早向 玉階行

人日和東園咏雪韻

天花蓋地未全銷臘去春來又幾朝家近 禁城銀
鑄瓦舟横野渡玉鋪橋我居齋館心如洗君倚吟床

風欲飄燈下喜聞三白調爾將嘉瑞獻 中朝

送馬太守汝礪還廬郡

奏績初聞覲紫微又從南國拜親闈 雙龍旂影披雲觀五馬車聲載雪歸椿樹台垣根不老梅花驛路夢還稀小蘇况是金閨彥總有英風動九闈

和東園齋居韻

憶昔郊壇候起居光陰三載一籧廬 明禋玉帛懷 當宁子夜星辰望天畫花外乳鶯聲未展烟中拂柳眼方舒此時南國清齋館睡鴨鑪邊幾卷書

春三月考績比上舊同官翰林者侍郎楊維立鄭廷綱馬良佐祭酒章德懋少卿李于陽學士吳克温司業羅允升約以唐詩請君問取東流水別意與之誰短長爲韻人分兩字成詩一卷贈行舟中因括其十四字賦成一首寄以謝之

早同朝請侍　君王問字敲詩取月凉東閣星辰流遠念南都魚水可相忘春郊別意憐鶯語老景歸心興鴈翔三徑之中誰作伴短節吟望六天長

舟過揚淮覩飢民有感

雇役移棹到淮陰獨倚蓬窗淚濕襟萬井疲民渾菜色幾家豪右肆蓬心公田有稅焦如渴野樹無庋吟不禁指日麥秋歌頌起阜財群聽五絃音

送劉仁仲學士省覲還西川

文星五夜忽西移光動川中學士歸一疏懇陳冊彩去寸心遥逐白雲飛河橋草色迎仙旆驛路槐陰爽客衣拜舞庭闈稱慶後經綸事業在黄扉

送大司徒王公用敬考績北上

雨過龍江送客舟路人爭訝昔伊周曾開虎帳收兵

甲却擁麟袍拜　冕旒桂闕聯班紅日近槐亭此別綠雲稠白頭元老　三朝業不但平巒一壯遊

送羅司業允升侍親還泰和

西京才望動儒紳此別　恩光分外新綸綍領來金殿詔簪纓歸去玉堂親橋門老栢晋晴雪驛路孤梅報早春歡慶家庭猶未洽八方文物候陶鈞

送大司徒韓公貫道還京師

元旦和風轉化鈞鳳臺相送簪紳保釐南國聲華重弼亮　中朝簡命新兩岸雲山江上景萬年宮樹

日邊春　金門奏取蒼生事　薄賦輕徭切是貧

送徐希曾黄門擢少參于廣東

一樽酒盡勸離旌　共訝承　恩賦遠行　青瑣名揚雙鳳闕　紫薇花發五羊城　日高前路薰風早　雲歛長江夜雨晴　嶺海東南凋弊久　好敷膏澤濟蒼生

送吴充温學士考滿北上

錦帆江路飽秋風　入奏青錢學士功　聖主初朝金殿上　故人相候玉堂中　波光向晚千尋碧　樹色經霜兩岸紅　滿望榮親加鳳誥　詔書恩已下　天宫

送楊都憲應寧督馬政于關西

南國初逢禮樂卿春風憲節又西行　璽書遥下
金鑾殿繡斧重過鐵甕城一路雲山如有約三邊草
木總知名關西新舊龍頭上景仰何人化雨晴

重刊林文安公詩集卷之六

林文安集

三

柳文卷 二

重刊林文安公文集卷之七

南京禮部郎中六世孫炫敬編
知福州府事後學山陽胡有恒校刊

七言律詩

寄壽致政冢宰三原王公宗貫九十

霞觴聯舉鳳雛歸，瑞雪飄花散錦衣。九袠仙顔黃綺伴，五朝元老漢唐稀。綵綸光閣心長繫，杖屨青山願不違。三愛有文傳海内，奎星高對壽星輝。

送熊尚書騰霄公致仕還光山

曾

退身歸隱翠微間浮世功名付等閑入座恩光高近斗兩京才望重如山寒潭歲宴龍初卧晚徑風清鶴自還胸次寸册元不老幾番飛夢覲 天顏

賀金都憲德潤致仕居金陵

中朝柱石老才並謝事歸來樂未涯獬豸冠高凝雨露鳳凰臺古伴煙霞 帝鄉山水情如舊宦海風波夢已賒嗟我白頭心慕藺故園何日探黃花

賀太師馬老先生還鈞陽

功成 社稷遂懸車虎拜天恩訪落初八袠遐齡從

古上五朝元老更誰如高風遠繼香山社[illegible]

渭水漁堪歎白頭空慕簡青門未秉種瓜鋤

送尚書王公用敬還荊南

璽書榮捧別南畿元老投閒入翠微麟卧舊袍金出色鶴棲新帶玉生輝九天湛露[illegible]　君寵一路風光太保歸只恐雲霄不晋不久潞公還被袞龍衣

寄贈鄭郎中希大致仕進階

鳳臺一別四經秋羨子投閒未白頭鳴佩朝廊辭[illegible]去橫金卿國侍親遊春山覽勝雲隨騎夜榻延賓月

渺樓爲問瀟江江上景幾多烟雨暮歸舟

賀大司空李公時雍致政還睢州

賜歸有詔出 天宮寵眷頻加洛社翁經國舊推中執法退身今許大司空堂開綠野看春草路入丹山愛晚風李白詩懷隨處壯可無珠玉寄秋鴻

送薛德充通判還杭郡

送君南郭駐行裝話舊情深酒一觴環珮十年朝紫禁琴書千里起黃堂馬分岐路秋將晚鴈落汀洲夜有霜此去康民勞別駕漢家高爵待一程

正月晦日與同年十人會飲席間和石宗海給事韻

座有春風酒有泉一堂賓主盡皤然翻思身在龍門上却記名題鴈塔前宦海脩程同往日 皇家景運又新年盍簪半是神仙侶不讓無懷與葛天

車盤驛和從子庭模壁間韻

鉛山南下是閩山眼底羊腸路幾盤蝶困花飛三月暮雞鳴漏盡五更闌鄉邦泉石來清夢 廊廟簪纓愧素飧誰識老夫衷曲事愛 君容易報 君難

望樟山有感用梯兒思母韻

望入樟山淚濺衿一林風木百年心　朝端紫誥三迴至地下黃泉幾丈深此日投簪辭厚祿當年免服抱祥琴匡時志業遵遺訓敢獻封章效六箴

哭許都諫啓衷

銘旌引櫬遠歸遲北望憐君老淚垂諫疏幾函留館閣文章千古重葦東史魚遺直天應鑒唐介孤忠世共知不是星沉閩海上可無勳業到　龍夔

十年青瑣贊皇猷使節[illegible][illegible]動九州朝野暫分鴛鷺

上海邦爭覩鳳麟遊身歸舊日心何壯夢落重泉事
總休白髮慈闈奄斷處淄庭常草不忘憂

寄賀李西涯元老歸田用邃庵公送王器之都憲南還韻

相業光明不嫁非　紫宸黃閣可分違化行南國周公用望協東都宋璟歸千載風雲同際會萬山草木競增輝公車有日思文潞未許湘江買釣磯

送方襄溪高士還金華

歲寒溪上送寒溪幾篋經書一小奚詩草章章邀月

露文光閃閃貫虹霓官亭榕樹盤根古客路梅花玉
葉齋拜舞高堂親壽日佇看　徵詔出金閨

感懷一首用前韻寄西涯

老來岩野覺前非竊得投閒願不違日下鴛鸞思久
別山中猿鶴笑遲歸秋宵霧疊頻年結悵望台星徹
夜輝赤手擎天誰可代空懷尚父渭川磯

有懷洛陽元老劉希賢公

當年禁闥久從公別後江樓盼遠鴻　黃閣盛名千
載重青山雅趣幾人同樂天詩酒傳今日彥博衣冠

尚古風海内蒼生紛告病濟時[illegible]有寅亮天工

送庭模赴任潮郡同知

承恩捧檄下金坡往佐潮陽事幾多稚俗猶存韓子化清時不尚甯公歌風生碧樹蟬聲咽月淌澄江鴈影過坐向黄堂思祖訓庶民憂樂近如何

秋江晚釣圖

茗翁江上坐孤舟白首生涯一釣鈎魚隊正隨滄海浪鴈聲遥度碧天秋望擬禾黍雲連野歌動蘆花雪滿洲應羨富春山下老錦袍終不換羊裘

送張元器憲副歸鄉

笑對禪林整豸冠芝山古樹又棲鸞從教髮比梅花白自信心如荔子丹一棹清風江上別　九霄紅日夢中看他時起向臺端用依舊氷霜六月寒

用張東所韻寄林見素都憲

文武雄才蓋世名孤松同操水同清詞源筆底傾三峽器量胷中洞八瀛西上早時霖雨降南天午夜法星明　虞廷寤寐思良弼未許雲莊介鶴行

和林南澗中丞九日韻二首

秋深風景自光華菊節重臨酒設時偃老詔須天下

遠登高賦罷日初斜路傍荊棘休教茁江上芙蓉正

好花願祝　堯皇千萬壽海邦誰獻棗如瓜

退居蓬巷賦清寒敢望兒孫繼八蕭　誥敕五花光

奪目金犀奕葉鎮橫腰　皇家化洽文風盛閩海秋

高景物饒且對晚香同一醉未論鍾鼎與簞瓢

題方伯胡大轂竹亭壽意圖

明公最愛碧琅玕徽省虛心共歲寒勁節高凌三島

上清轂久徽五雲端湘潭浪噴蒼龍起壽域天開翠

鳳搏好造都臺臺畔栢霜飛六月捲簾着

郭總戎祖母輓詩

一生端爲大宗謀茹苦孀居到白頭手抱孤兒棲新徙心隨短表叩　龍樓珠旒纚袞瞻明主鐵券金書復故侯眼見蘭孫身掛印重闈冷落不勝秋

郭總戎父母雙輓詩

閫外威風閫內春將門伉儷王爲人世承文武恩覃竹日事姑婷詠采蘋一脉青山千古夢四時紫氣九京沖　恩加朋　國元勳[illegible]夜龍光照石麟

小箬舟中趕杓樟揄三子拜別京行詩以訓之

同爲天子小門生携取琴書一束輕祖道芳春華雨霽建溪流水玉泉清　九霄宮闕明良會萬里關山手足情册桂香飄秋色裏群英榜上好聯名

送彭少參師舜北上

酌別槐亭酒不賖藩臣捧　表上京華心懸　萬歲君王壽望重三朝宰相家歸省萱堂娛彩服荷　恩楓陛拜黃麻舊知如問泉山老自種梅花與菊花

哭李侗齋老兄

伏枕驚聞報訃音堪憐管鮑老知心黄堂舊澤晋嚴
節緑野清風付一琴月落侗齋文藻冷雲埋夏屋壽
星沉我來無限思君處倚杖秋簷淚滿襟

送大憲副薛公英復歸東吳

拂袖東歸整豸冠蒼生夾道欲留難鬢根初覺纖毫
白心地依然一寸川閩嶠馮幈晨踏月吳江鴈陣晚
驚寒鳳毛高折天香月五色祥雲注眼看

送姚方伯英之擢任于山東

多君情誼海如深此日離筵不忍斟東魯思周千載

澤南閩借寇萬家心秋高驛路堂堂節月滿江城處
處砧此去旬宣一敷政佇看大作濟時霖

哭致政元老李西涯先生

賜老恩光分外饒丹心咫尺戀 唐堯尚期霖雨甦
群服可歎台星落九霄海宇愁瞻周廟棟鄉邦淚洒
楚江潮我來惆悵思伊呂憂霖還同俟早 朝

和毛豸史伯温見寄 慶成侍宴韻

侍宴曾班 寶殿中衣冠坐近 御屏風萬邦玉帛
堯階獻千載 明良盛代逢北嶽天開佳氣紫東華

日上瑞雲紅如今老去江湖遠戀闕丹心一點同

送周御史獻可擢郡守于廣信

甲第蟬聯擁珮環秋臺家世栢臺班雙龍使節來金殿五馬車聲動玉山江岸舟移春色富郊亭酒盡曉星殘此行茂著循良政峻秩應邀　殿陛間

送鄒尚賓作宰于饒平

瀟江江上早潮平載酒題詩送遠行梓里曾推鄒栖志花封莫讓魯恭名日斜岐路蟬琴咽雲淨秋風鴈字橫為語黃堂循子道好將清白紹家聲

挽謝邦陔

謝家才雋數封胡，夢落泉臺竟不蘇。白璧詞章人已去，青雲世業望應孤。烟迷桂子秋香減，雨過荊花曉色枯。忍過佳城新卜處，夕陽芳草一丘墟。

驄馬西騰為御史高舜穉擢江西僉憲賦

馬蹄騰踏越王城，遠振江西一道聲。攬轡朝從雲外去，鳴騶夜向鏡中行。直追桓典當朝望，不忝張綱間世名。天上法星人共仰，外臺還似內臺明。

南峯小隱　為婺源封評事潘公賦

幽居不減古人風翠竹孤梅間老松　鳳誥鸞章須
比翮烏沙鶴髮隱南峯當樓秀氣山如畫遶屋書聲
水似龍騰達栢臺真儒器擬朝　楓陛佐羲農

脂粉搭唇霞捧日
牙梳掠鬓月攢雲

重刊林文安公詩集卷之六

重刊林文安公詩集卷之八

南京禮部郎中不肖孫　炫敬編
知福州府事後學山陽胡有恒校刊

五言律詩

雁塔題名送張進士廷芳使陜西

昭代金閨彥才華邁等倫胷藏霄漢志器負廟廊珍冊住初歸手青雲便致身賦從天上奏策向日邊陳董賈詞無敵鍾王筆有神風雲千載會雨露九天春御墨濡金榜仙韶動玉宸臚傳曾漢表宴罷曲江濱

躍馬襟懷壯看花喜氣津　龍墀恩寵厚鴈塔姓名
新瑞彩騰奎壁嘉祥擬鳳麟文明彰　聖治聲價重
朝紳特達唐常筆風流晉郤詵冊心懸日月浩氣貫
穹旻歷試民曹政宜揚　聖主仁一朝辭　北闕千
里向西秦霸滑關中路風廻馬首塵　綸音敷海岳
使節動星辰甲第期無忝賢勞莫厭頻臨岐無別贈
忠孝報君親

送彭春官歸田

門地人爭羨才華世罕儔麟經承舊業虎榜冠時流

筆所驚風雨文光射斗牛儀曹聲價重　魏國
優禮樂應容典英賢次第收匡時長策建為國士
憂伯仲登臺閣晨昏侍　冕旒正期同弼亮何事
歸休撫景勞清夢思鄉訝白頭年華空外鳥世事
中流拂袖行應早揚帆去莫留月明南浦　淡
山秋黃菊陶潛宅滄波范蠡舟煙霞多散誕泉石足
夷猶步引松間鶴機忘海上鷗朝紳嗟契闊野老喜
追遊白玉盃浮蟻青藜杖策鳩棋彈花塢靜卷展竹
窗幽盡日閒如許平生願已酬山中無限樂物外宙

何求渺渺　雙龍闕巍巍　五鳳樓北瞻增感激
聖壽等蓬丘

和上海談西賓朝寵來韻

投老雲山下高風愧昔賢　闕庭長有夢海島絶無仙種竹虛心直培松晚節堅霜螯供俎豆丹荔薦賓筵俛仰羲皇世優游耋老年故人詩一誦律呂雅相宣

七言排律

用吳編修韻題藥園幽趣卷

阿翁種蕉白雲深不羨廬山杏一林萬品蒙茸生雨裏四時潤澤傍川潯菊英亂疊黄金甲芰荷叢抽碧玉簪十指香泥春埴艾蒲衣清露曉鋤苓濃蒸石岜雲烟㵝翠滴冊臺梧竹陰海宇也知無伉儷天台何必遠登臨間開幽徑延僧話醉倚東風聽鳥吟家學已承三世遠年華不管二毛侵壺中儘有神仙術野外遥懸良相心我為懷君重展卷頓疑香雪洒煩襟

題義江陳文用僉憲邀碧亭八景

一亭新搆義江頭不減當年聚景樓勝槩奇蹤皆入

畫詩人墨客踵來遊文峯黛色迎窗秀石鼓嵐光近日浮林外撞鍾高閣曉月中横笛小溪秋松濤鼓翠風初起荷蓋張青露未收碧落鳶飛環八表滄波魚躍跨雙流天機動處群生遂風景分來四面幽未許東君懷此樂濟時勳業擬前修

和王亭聯句韻送鄭東園北上

紫薇香動管絃清曉漏昏鍾此別情星斗每緣詩景會松篁不改歲寒盟青萍池上魚雙躍綠樹庭前鶴一聲　昭代運隆三代運甲科名重六科名醲醇琥

珀杯中酒錯落珊瑚席上櫻萬國衣冠咸慶會九霄日月倍光明青雲後進多英傑白髮同年幾弟兄鳳闕鸞臺回首處可忘南國送離旌

詠蓮

秋軒忽聽賞蓮期逸興飄然闖緑漪唐律傳來心已醉郢歌吟罷夢還思上公庵宅神明衛瑞物鍾靈造化司梁苑穠華春似早濂溪光景日偏遲祝融遥借金風力商昊新分玉露滋兆叶禎祥宜有象慶敷花木更何疑朱顔瑩潔無纖翳翠蓋周遭見此枝西子

淡妝臨寶鏡太真微笑動香飈雙頭競奮昂霄志諸子深藏間氣姿麥秀兩岐天示巧禾生合穎世稱奇誰將數斗黃封酒注向群仙碧玉巵八座停尊情不攺一夔望重我曾知胷中霖雨伊周具筆底波瀾李杜詞獨愧微才叨後進每懷良會荷先施庭前慶看花日踏月歸來漏轉時

聯句

朝退從

玄武門經太液泄而西即景　李至世賢

行行仙路轉逶遲臣玄武門前馳步時鳥樹光涵紅日近瀚液池波映彩霞奇飄蕭似有凌雲氣臣衰朽能忘報國私自是天家多雨露瀚獨慚鳴盛負新詩臣

訪陳厚齋清化禪寺酒闌又與世賞侍講立聯一首

主人留客又開罇臣歸路迢迢日未昏瀚江海百年同逆旅臣簪纓累葉見賢孫瀚情多欲借東林榻臣朝罷能曾期左掖門瀚示我詩篇皆警句臣相如誰道

卧文園瀚昨世賞初病起故云

餞嚴大用符卿省親還江東三首

玉署青燈動別筵臣碧霄明月正高懸瀚一時文雅成佳會大用千里歸期定隔年臣雪裏梅花迎去旆瀚春來桺絮拂吟鞭大用君行已入高堂夢臣錦服鮮於綵服鮮瀚

其二

長安官舍隔西東大用記得論交十載中臣湖海知心人有幾瀚士林聚首興無窮大用寒燈影落虛堂

夜臣春服香飄故里風瀚遙相益莊大用江

東渭北夢還通臣

其三

酌取麻姑別舊知瀚佳蔬海味最相宜大用十年霄

漢丹心在臣一鏡風霜白髮垂瀚始信郢歌非易和

大用獨慚齊瑟謾勞吹臣明朝驛騎還遲發瀚須遣

玲瓏唱此詞大用

聽雨亭沈鍾仲律謝鐸鳴治傅瀚曰川李仁傑士英陳音師召李東陽賓之吳希賢汝賢賞荷花作

喜雨名已舊聽雨今復佳鍾高荷出盆沼幽意滿庭堦
鐸興惟周子同迹與昌黎皆傳瀚急敲乍疑雹暝入
轉成霪仁傑建瓴下高閣瀑布懸重崖林瀚垂簷散
緜挂橫砌流潦湝鍾猛訝戈戟鬭細如金石諧音擊
天亂傾蓋擲地紛鳴釵鐸濤翻駭躍鯉埜嚚聞鷮豺
東陽砰湃劇魯閧喧啾襍吳哇鍾清絕肴餓夷低迷
猶泣娃希賢未妨碧蘚合一洗紅塵埋林瀚欹枕石
堪潄遠闉山當排阜鴻誤一響蜀吠停群喔鐸鶴[illegible]
曳斷綆鷗夢飛霄涯鍾入窓盡爽氣四壤無枯荄林

瀚美兹造化功沃我詩書懷傳瀚羈縱尚幽蒨歸思
類江淮希賢命倌勤夙駕翦非招良儕音聯句企石
昂追遊愧芒鞵希賢對飲發天趣坐忘㥏心齋傅瀚
公意偶取劇吾文差勝排東陽子嘗作亭記野况比溪隱詩
租甚朝差傅瀚何特避炎溽倦耳為君楷東陽

苔石 羅璟明仲謝顯文明汝賢席上作

潤綠蔽雲根璟涵光到天表蒼翠漫為衣顯森聳輕
欲矯清逼瀨溪峯鐸寒生退之沼具瞻豈必高傅瀚
特立詎為小氣含沆瀣濕東陽勢隔崑崙渺雨過淨

如拭林瀚 泉通曲逕繞瀛海空駕鶩鳧音 松崖浪疊鳥
瑆草春添秀希賢 碧潭暗疑窈陰陰膚寸生璟 湛湛
廣輪島鑿從混沌初顒 坐鎮乾坤藐與盡若耶舟鐸
心驚精衛鳥晉鄉借恐奪傅瀚 永叔記防剽僧鬚贊兒
雙鬅東陽 夔足褰峯獨蹻平泉莊豈多林瀚 鈷鉧潭亦
少造化窺一卷音 風光泯孤篠終懷袍笏拜希賢 未
覺益池悄點亂郭熙皴璟 射疑李廣眺曰介當自貞
顒 為高此其肇螺盤捧秋碧鐸 蝟礫散春縹錯應愧
他山傅瀚 瑞或應先兆千金價肯惜東陽 四座看頻

掉不作甯生歌林瀚寧為屈原纍官間封比印音地

僻嘗須醵西日影漸沉希賢篇終情未了璟

齋居憶數五侍講 中朝房作 庚子正月

宦情詩興未蹉跎音司馬才高奈病何希賢筋力向

春添幾健鐸夢寬蓮夕定誰多東陽愁看老態吾非

昨傳瀚地隔交期理則那林瀚最是清齋相憶地鐸

風前時復聽鳴珂東陽

齋居有懷院中諸同官十韻

西窗翦燭夜沉沉林瀚白月清風共此心東陽昭假

林文安詩集　卷八　二

儼看神陟降鐸清齋真憶地幽深傅瀚蘭苕翡翠文何蔚希賢弱水蓬山思不禁鐸詩榻坐聞宮漏轉林瀚禮壇遥聽屬車臨東陽十年奔走誰先後傅瀚千載遭逢自古今希賢迎送有儀頻易服東陽追陪無計一聯簪林瀚沾恩屢許中朝宴鐸獻壽能忘大寶箴傅瀚昭代勳名須俊傑希賢閒官歲月恐侵尋東陽陽和在處春知海林瀚燈火通宵刻比金鐸盛事可無天保頌傅瀚願因韶濩託餘音希賢

郊齋聞賓之聯句刑部朝房奉柬一首辛丑正月

白戰西壇舊主盟 希賢 清宵何處許論兵 林瀚 忠安

翀羽憔思蜀 傅瀚 雄比炎劉定霸籌 希賢 月入綺疏

人未寢 林瀚 燈留竹几吏還迎 傅瀚 青綾被冷羅幃

靜誰賞元龍舒轆聲 希賢時師召 舒轆甚美

答 謝遷于喬馮蘭佩之李士實若虛 屠勳元勳徐霖用濟陳洵匯之

詩壇偶駐豈渝盟 遷 白戰誰知有甲兵 匯 西望未能

忘樂毅 蘭 左虛方欲迓侯嬴 東陽 雷鳴我已探鄰壁

士實 刃解誰真受敵迎 勳 年幼謝玄今在坐 霖 恐驚

鶴唳與風聲 洵

再柬翰著請禁詩夜天地茶爐等數十字

來往郵筒已報三 士實 倚牀餘暇正清談 遷 鴛鴻舊侶分還聚 臣 萍水浮蹤北更南 蘭 自是渴心如對面 士實 辛留新籍許同參 勳 門牆爾汝君休太 東陽 我在比隣恐未堪 霖

答

銅壺聲咽二更三 徹夜揮毫雜笑談 林瀚 列宿輝連天上下 同袍人隔地東南 傳瀚 謫仙詩句真無敵 唐士禪機豈易參 希賢 火冷竹爐茶未熟 枯腸搜盡三

□□仁傑

翰署詩來犯禁奉駁一首

歐家新禁十分嚴 東陽 未許奚囊信手拈 彝 敢謂霜

花成誤落 蘭 似煩蠅墨與重添 士實 張公可是忙多

錯勳李賀元應諱不嫌明日相看誰勝負 東陽 不妨

長笑共掀髯 臣

答

詩券如逋促更嚴 傅瀚 何人寸鐵手先拈鶯喉愧我

翻成謚 希賢 蛇足嗟君或已添白眼分隨時偃蹇 林瀚

蒼顏任與世憎嫌老拳毒手麻池後 希賢 此夜還應

一奮髯 傳瀚

再東西署

詩來已枉第三簡 傳瀚 興到寧論拙與工 仁傑 食葉

吳蠶聲欲老 希賢 投林蜀鳥勢應窮 傳瀚 調高白雪

驚歌枕 林瀚 思入青霄許轉蓬 希賢 莫詭彌明聯石

鼎高峯千古幾人同 仁傑

答

清齋三日謝郎簡 士實 淺恨雖醉字亦工 商[illegible]

冊神獨往臣詩逢韓愈智誰窮[illegible]詔坐深不覺孤燈燼

泂老去偏饒兩鬢蓬霖白戰有人先巻甲也應羞與

絳侯同東陽

賀仲尚質得孫席上作　董越尚矩　癸卯正月

榮節堂深紫氣浮越填門賀客擁鳴騶林瀚瑤瑜照

眼娟娟秀越弓冶傳家故故留音衣繡幾番移作

東陽酒香連夜出新芻傅瀚欲論家慶心應愜希賢

坐待堦庭玉樹稠林瀚

謁陵道中作　貴閣廷言　劉戩景元　謝遷于喬　乙巳七月

停車遲我清河北 闇 西望橋山樹色蒼 林瀚 興劇秪
憑詩作話 戩 書成還以袖為囊 東陽 草蟲滿地秋聲
早 遷 山月當空夜氣涼 闇 茅店對床清不寐 林瀚 尚
餘風露濕衣裳 東陽

清河向晚水風清 林瀚 下馬臨流漫濯纓 東陽 村巷
鼓聲連社日 遷 汀洲樹影接嚴城 戩 北門樓閣雲中
見 林瀚 東邸岩巒海上橫 東陽 新刹過時增感慨 遷
百金曾惜露臺成 戩

送楊中舍應寧還雲南省墓 倪岳舜咨 李傑世賢 乙巳正月

猶託春風始識荊傳瀚題詩相送出承明山環六

詔家鄉遠希賢水接三湘道路平烟火望深西入徼

東陽楸梧心迥此登城一封優詔天恩重林瀚十

載中書地位清去遂板輿還慰意岳回瞻楓陛更

馳情金山欲渡思停棹傳瀚滇海遥臨試濯纓今

高秋歸正早希賢蛩吟落月夢先成經過隨卜

賦岳問訊從人道姓名李泌少年曾入對傳季

何日重尋盟魚書直與千金抵希賢燕頷寧辭萬里

行翩翩孤凰巢漢閣傑騑騑四牡歷周京朱簾燕幙

招賢地 東陽 綠水青尊送客程吟社賡歌仍有約 林瀚
征帆安穩定無驚明朝不盡停雲思 岳 又聽離亭鼓
吹殸 際

吳原博家賞菊 吳寬原博 陸簡廉伯 陳璚玉汝 王鏊濟之

殘枝未覺怯寒颸 璚 淺酌諸公幸莫辭 寬 色映
金貂猶可插 簡 名傳丹鶴豈堪騎 璚 重陽過後非無
節 東陽 彭澤歸來信有時 簡 老圃抱香秋尚在 璚 待
梅同賦雪中詩 林瀚
秋筵曾約未開時 東陽 晚節相看豈後期 林瀚 松老

不妨荒徑伴鐸蝶寒仍許舊叢知綸落英正及騷人
賞璿佳色空晋隱士詩傑藏得一尊須盡醉寬醉來
還揷兩三枝東陽
醉愛寒香拂紫貂簡玉堂風采宴官僚璿肯孤晚歲
花神約傑須仗今朝酒聖澆鏊風雨尚懷前會阻寬
雪霜猶喜後時凋東陽不知陶徑孤吟處林瀚零落
何人許見招鐸

宴歸馬上聯句以謝東君

醉顔猶覺帶芳風恩東陽不是淵明歸去辭鐸秋色未

應霜後老林瀚 吟情不在雪中騎東陽 兩遭豈論重陽節鐸 一本還留十月時林瀚 我亦有花無客賞東陽 故園空負隔年詩鐸

詞調

送浦僉憲還松江　滿庭芳

器質珪璋秀鍾河岳天生間世奇才黃金榜上蚤歲占高魁列職白雲司裏平邦憲威動三台增聲秩提刑閩海孤月照霜臺　鄉園頻入夢季鷹去也靖節歸來認松江山色天闊雲開自許一人林下兩忘機

猿鶴徘徊重興念　君恩如海何處是蓬萊

送康僉都還南海　沁園春

夙抱麟經高登虎榜海内名揚自冠豸角繩違糾歷英風凛凛振肅臺綱簡在　宸衷擢僉閫憲一路威聲遁虎狼誰不道有冰霜節操鐵石肝腸　年來兩鬢猶蒼便收拾琴書歸故鄉問陶朱元亮五湖三徑清風千載何樂無疆碧水丹山閒雲野鶴物我無心竟兩忘感　君賜但嵩呼北望忭舞虞唐

九日製詞一闋用識今昔時序云爾　一剪梅

玉露金風秋未霜節遇重陽人遇重陽登高對客倒壺觴黄菊花香紫菊花香憶昔晨朝步玉堂始荷恩光終荷恩光如今謝事老江鄉坐見　堯皇食見
堯皇

送大司徒王公征貴州

恭惟　大司徒兼都憲公安王公　中朝元老昭代宏材兹拜　璽書宣天威于遠服躬持玉節定神策于中軍揖別留都停驂祖道允矣慨萬夫之望肅然掃一陌之塵謹述蕪詞聿彰盛典詠星分為不么詮

霽覽而有光詞曰　金井生涼碧天如洗　玉音宣下紅雲裏任當將相簡全才視師南奠荒陬也兼秩中丞典司風紀威聲遠逐秋聲起峒蠻斂跡罷干戈策勳看晉公侯位　右調踏沙行

蜂鶯燕鴈蝶鴉蟬

重刊林文安公詩集卷之八

附録

墓誌銘

賜進士都察院右僉都御史奉　勅巡撫保定等府地方致仕候官林廷玉撰

正德己卯九月二十九日泉山翁捐館王雖跧伏杜門以先君同舉于鄉且交莫逆翌日匍匐往哭既而翁子大參持司空林君狀以誌銘屬嗚呼王尚忍銘翁墓哉愴謝久之按狀翁姓林諱瀚字亨大號泉山世為閩縣人曾祖俊祖覲俱隱父元美永樂辛丑進士授上猶知縣歷知州知府致仕母鄭氏以宣德甲

寅二月二十五日生翁于上猶頴敏過人丱角遊郡庠弱冠麟經領景泰癸酉鄉薦成化丙戌會試中亞魁　廷試二甲三名選為庶吉士丁亥冬聞母喪守制己丑喪父俱哀毁踰禮葬祭循古從吉授編修乙未與修通鑑綱目丁酉書成　賜文綺寶鏹晋修撰丙午晋左諭德乞展墓　賜路費寶鏹戊申

孝廟登極與修

憲廟實録兼　經筵講官前後同考會試者三主順

天鄉試者一庚戌晋國子祭酒兼講官實録成

賜白金文綺甲寅上疏請開科貢
上嘉納開貢四年丙辰晋禮部右侍郎掌祭酒事歷
年三乞休致具蒙　勉留在國學垂十年待士嚴而
有恩撥歷循次雖勢家子不得越膳銀悉貯于官置
祭酒并師儒公署己未改吏部右侍郎轉左署部事
門無私謁九月陞南京吏部尚書再乞省墓辛酉倡
陳明黜陟等十二事有巡按御史被執及有二三生
儒夤緣傳授中書上疏力諫忤
旨乞致仕　勉留有學行老成才望素著之語歲當

考察京官上疏先自考不職又有職掌銓衡方切委
任之寔尋上重根本以回天變四事甲子乞休有學
行端謹精力未衰之留乙丑
孝廟賓天哭臨過京
今上即位為正德丙寅給事中丘俊御史石玠薦翁
公平廉介宜位冢宰尋陞南京兵部尚書条賛機務
會陳十二事言甚剴切與守備内貴論事嚴正不少
貸各處進貢守臣快船多為裁減逆瑾亂政執南京
言官翁獨往送瑾聞逼招同黨降淛江条政致仕後

指為大學士劉健等所黨[illegible][illegible][illegible]及逆瑾伏誅御
史湊相等疏翁德望[illegible][illegible]宜在[illegible][illegible]復舊銜致仕
汪正疏翁如環堵之儒賜[illegible]大月廩[illegible][illegible]秋入參
齎表入賀萬壽以翁八十有一乞致仕侍養
詔許暫歸省視再疏陳乞吏部擬奏
上曰林瀚歷事累朝名節無玷今既年高有疾林庭
㭿暫准在家侍養仍着本處有司時加存問以稱朝
廷優待舊臣至意大參侍養五年孝敬交盡翁甚愉
悅享壽八旬有六童顏鶴髮接人無惰容燈下猶能

偕小指所著有經筵講章泉山奏議及詩文若干卷
忽嬰疾數日竟不起

上聞念惜錫葬祭贈太子太保謚文安翁性孝家廟
祭必親臺祭猶泣下宗族孤貧婚嫁盡力賙恤大參
幼嘗許婚鄭正郎克和女後鄭夫婦歿累貴族求婚
竟不易平生和易未嘗言人過至嘗與人私論前輩
人後輩終不能及姚方伯鏌謂翁當
孝廟時有韓范之遇家政有萬石君之風處鄉里有
陽城晉鄙之化鄉人具瞻有文潞公富鄭公之望噫

副憲伯獻謂翁賤者即之不知其爲貴卑者即之不知其爲尊愚不肖者即之不知其爲賢且智獨非意相干者即之始知其稟不可犯祖及父俱累贈如翁官祖母蔡氏及母俱累贈夫人配黄氏莆東里宦族慈惠幽閑賢能内助先翁三十年卒封孺人累贈夫人側室魏王朱子男九庭桂領成化庚子鄉薦早世娶鄭氏守節詔旌其門庭㭿即大參君已未會魁庭楷輸粟指揮皆黄出庭杓廕叙南京右府都事庭樟庭榆俱太學生庭枌郡庠生庭枝巳卯舉人庭機俱

彥出女二長適黃太守渻次適鄭太守熠子境孫五
焞甲戌進士授禮部主事次煬燿烇娘孫女八志適
庠生蕪有橋恕憲愈懋慈志忍俱幼曾孫女二天賞
天堂翁還蜀續時大參以終養都事主事以論告三子學
生日銓曹歸諸子孫無不在側嗚呼可謂全福矣明
年庚辰十二月十三日將啓黃夫人窆合葬于城北玉
泉山翁所自擇之地銘曰
生而貴其卒卒也浪浪玉泉之宮欽欽也

神道碑銘

賜進士特進光祿大夫左柱國少師兼太子太師吏部尚書

華蓋殿大學士知 制誥 國史總裁兼 經筵官新都楊廷和撰

公諱瀚字亨大姓林氏其先光州固始人五代時隨

王審知入閩遂世爲閩人曾祖諱俊祖諱觀贈知縣

父諱元美撫州知府俱累贈南京吏部尚書母鄭氏

累贈夫人公以景泰癸酉舉于鄉天順癸未試院火

公與然彷彿見異人捽公踰墻而升獲免於難成化

丙戌舉進士改翰林院庶吉士讀中秘書連丁内外

艱壬辰授編修丁酉以纂脩續通鑑綱目成陞修撰
有文綺寶鏹之 賜尋授書內館丙午晉左春坊左
諭德遂乞歸展省
孝廟弘治初元戊申驛 召公還 朝同修
憲廟實錄侍講 經筵庚戌陞國監祭酒上疏言今
天下人材日盛科舉歲貢所取有限乞廣進賢之路
下禮部覆議郡縣各增貢一人行之四年而止丙辰
擢禮部右侍郎仍掌監事公在監垂十年待諸生恩
義兼盡凡差撥歷事皆有倫次不容請托故事祭酒

餐錢歲可數百緡公悉貯之官置公署一所至于今
監中官屬咸有廨舍者是公創其始也己未改吏部
尋轉左侍郎攝部事庚申陞南京吏部尚書又明年
以災異會諸司條上十二事多見采納有巡按御史
自治所被執又內降授二三儒生中書舍人公力言
其不可忤旨復上疏自劾不報仍乞致仕　優詔慰
諭之會有考察京朝官之　命公復上疏自考不職
乞先罷歸慰諭尤懇至公感
上知遇考察去留公議允愜未幾復條上重根本四

事曰保固南京佑啓
皇儲撫綏百姓增進賢才皆切時務
今上正德初元丙寅吏部尚書缺丘給事俊石御史
玠交薦公宜居其位未幾改南京兵部奉　勅參贊
守備機務因災異會陳十二事惓惓以濮
先帝遵　成憲重大臣納直諫親賢遠佞節財愛民
爲言剴切無忌然權倖自是側目矣又與同事中貴
人相可否不少假各路守臣進獻道南京索官舟往
往裁抑之多銜公者會逆瑾亂政臺諫官有言逮繫

詔獄公獨往送且贐之瑾聞之怒虛喝逮者詞連
公矯 詔下公浙江布政司右參政致仕久之瑾復
矯
詔謂公與大學士劉公健謝公遷尚書劉公大
夏韓公文都御史張公敷華輩為朋黨瑾伏誅言者
先後論薦復公尚書仍聽致仕又 命輿隸月廩以
示優寵甲戌公冲子庭㭿以雲南參政入賀 聖壽
禮成乞終養 命暫歸省乃速之赴任參政既
歸不忍離再疏以請 上念公累朝名德許之仍令
有司時加存問近世公卿間所未有也公北向拜且

泣諭諸子曰吾家世受 國恩今又荷茲殊寵顧吾老矣無能為報爾曹不可不勉時公孫琼已舉進士官京師寫書教之亦云然公在翰林同考禮部會試者三主考順天鄉試者一所取多得人及登卿佐遇事輒有論奏既歸林下士大夫造廬問道終日相對危坐無惰容音吐清揚令人聽之忘倦暇則賦詩飲酒為樂燈下猶能作細字點畫皆不苟以微疾卒于己卯九月二十九日弔者相屬於道訃聞

上悼惜之贈太子太保謚文安 命工部治葬事禮

音論祭于其家者拜皆與數也公天性至孝歲時有事先祠雖病必勉起行禮或祭于墓至老猶泣下待宗族最厚孤貧者周之子女鬻于他姓者為之贖歸俾婚嫁得所族有利公先塋風水者潛穴其傍或以為言公曰生既同堂而食死而同地以藏何不可之有創建祠堂十數楹虛其中龕祀合族遠祖亦義起也參政幼悟同鄉鄭郎中克和許歸以女已而鄭夫婦相繼卒有貴家欲求婚公曰吾兒于鄭雖未相知名吾已心許之矣卒不易歲嘗饑公家無厚儲倒廩

以顯不較其直每春月癘疫流行必市藥以給疾
多所全活與人交忠信和易未嘗言人過失門人
吏或有贈遺受之必以義賓客過從必極歡洽爲
文渾厚典雅不事雕琢所著有奏議經筵講章泉山
詩文集若干卷泉山者公所自號也配莆田黃氏有
賢行累贈夫人側室魏王朱丁男九人長庭桂舉鄉
試早卒次庭椰即參政弘治己未會試第五人文行
克肖於公庭楷福州左衛指揮僉事庭杓南京右軍
都督府都事庭樟庭榆俱太學生庭楙郡庠生庭

舉己卯鄉試庭機女二長適姚安知府黄澗次鄭墇孫男五長炫禮部主事次煬熣烇烺孫女八曾孫女二公生于宣德甲寅二月二十五日春秋八十有六葬以卒之明年十二月十三日墓在福州城北玉泉山之陽公仕兩京歷侍從教國子秉銓衡掌留鑰所至皆有聲績為善類所愛重而議者猶有不究其用之説卒時諸子孫皆在側侍湯藥受遺命人以為始終全福云銘曰　憲皇初政急於求士得如公者尤為茂異涵育詞苑如玉在璞以遺　孝皇試之大學

之

以人之效不貳銓事

既正諸司遂總留務

雲　先朝之遺不以庠

嵩爲快公身歸止敦亦旋

之不究人謂斯何天昌壽

皤老壽簡簡繁祉又多孫子寔克肖

其初終玉泉之陽公此永宅我爲刻

八閩文庫

文獻集成 336

福建文獻集成

續編 集部 一二

吴格 主編

海峽出版發行集團
THE STRAITS PUBLISHING & DISTRIBUTING GROUP
福建人民出版社

本册目次

重刊林文安公詩集八卷附録一卷文集九卷

（文集卷一至卷九）

［明］閩縣林瀚撰

日本内閣文庫藏明嘉靖間刻本

林文安集

四

重刊林文安公文集卷之一

南京禮部郎中不肖孫炫敬編

知福州府事後學山陽胡有恒校刊

經筵講章

皋陶曰帝德罔愆臨下以簡御衆以寬罰弗及嗣賞延于世宥過無大刑故無小罪疑惟輕功疑惟重與其殺不辜寧失不經好生之德洽于民心茲用不犯于有司

這是虞書大禹謨篇史臣紀皋陶歸功於帝舜的

言語帝是帝舜罔是無愆是過也皐陶因帝舜稱美他明刑弼教的功故以此歸功於帝舜首先以帝德罔愆這一句總說帝舜之德大中至正無有過差下文復歷舉無過的實事說如何是臨下以簡下是臣下簡是不煩密的意思在上的人若煩瑣細碎則在下的人無所容身惟帝舜之臨下則簡而不煩如何是御衆以寬衆是衆人寬是不急迫的意思統御衆人若急迫躁暴則衆人必皆擾亂惟帝舜之御衆則寬而不迫如何是罰弗及嗣

賞延于世罰是刑罰賞是爵賞嗣　十旨指人的

子孫說帝舜罰那有罪的止戮其身不連及其子

孫賞那有功的不止於其身必延及其後世所謂

善善長而惡惡短如此如何是宥過無大刑故無

小過是過誤犯法的故是故意犯法的大小指人

的罪犯說帝舜於那誤犯的其罪雖大直宥之而

不問於那故犯的其罪雖小必刑之而不赦所謂

眚災肆赦怙終賊刑便是罪已定矣而於法度之

中有疑甚可重可輕者則從輕以罰之惟恐傷其

生功已定矣而於法度之中有疑其可輕可重則從重以賞之惟恐失其心如何是與其殺不辜寧失不經辜是罪經是常法或有犯罪的於法度上可以殺可以不殺殺之則恐陷於非罪不殺又恐失於輕縱這兩端皆非聖人至公至平的意而殺無辜的人聖人心上尤為不忍所以帝舜於這等的寧姑全其生而自受失刑之責此其仁愛忠厚之至皆所謂好生之德衍溢漸漬洽于民心故天下百姓無不愛慕感悅都興起於善自然不犯有

司的法度皐陶這一段言語其意正說天下百姓不犯法度皆是帝舜好生之德感化他如此不是臣下明刑之功所能致也臣嘗論之天地之大德曰生聖人體天地之大德曰好生而好生之德實聖人所以配天地而育群生者也伏望
皇上以天地之心為心以帝舜之德為德圉斯世於仁壽之區措刑辟於無用之地則民協于中四方風動唐虞治効復見於今日矣臣等不勝惓惓至願

惟天聰明惟聖時憲惟臣欽若惟民從乂惟口起羞惟甲冑起戎惟衣裳在笥惟干戈省厥躬王惟戒茲允茲克明乃罔不休

這是商書說命中篇傅說既入相勸高宗法天道以治民的言語如何是惟天聰明惟聖時憲惟臣欽若惟民從乂天是上天聖是指人君憲解作法傅說說天高高在上未嘗有耳以聽凡世間的事無一件不聞得未嘗有目以視凡世間的事無一件不見得此無他只是一箇至公無私而已人君

為天之子凡事皆要取法於天如惇典庸禮命德
討罪之類悉體天而行一出於至公無私則人君
聰明與天為一耳臣是群臣欽若是敬順民是百
姓從又是順治人君既能法天聰明一出於公則
群臣必體是心自然同寅協恭祗承于帝也百姓
必體是心自然心悅誠服從欲以治也如何是惟
口起羞惟甲胄起戎惟衣裳在笥惟干戈省厥躬
羞是羞恥甲是鐵甲胄是頭盔戎是兵衣裳是五
等命服干戈是干盾戈戟傅說又說人的言語所

以文身本不起羞耻但輕出不當則未免有起羞之患人的甲冑所以衞身本不起戎兵但輕動不審則未免有起戎之憂此二者雖以為已要當慮其患於人衣裳所以命有德若不當賞賜的却賞賜他這便是輕了不如且收在篋笥中為是干戈所以討有罪若不當征討的却征討他便是輕動先要省察自家行得當否此二者雖以加人要當謹其用於已王惟戒茲允茲克明乃罔不休傅說又說言語甲冑衣裳干戈這四件皆是法天聰明

的條目王惟戒此四者之患篤信乎此心無私欲
而能公明則言語甲胄自不至於起羞起戎衣裳
干戈自不至於濫賞濫罰朝廷政治無不大公至
正而盡其休美矣傳說以此告高宗可謂善於責
難誠為中興之賢相也歟臣嘗考之皐陶陳謨于
帝舜有曰天聰明自我民聰明武王誓師亦曰天
視自我民視天聽自我民聽則知帝王致治無非
法天道順人心行以至公於天下而已恭惟
皇上聖德日新與天無間宜乎和氣溢于兩間仁恩

覃乎四裔矣然天下四方尚有水旱之憂北虜戎
夷尚有陸梁之患伏望 聖明法上天之道行至
公之心斅為律而身為度賞不輕而刑不濫則
聖心之公即天道之公由是百穀順成四夷賓服而
唐虞盛治可馴致矣孔子曰唯天為大唯堯則之
仰惟 聖明留意天下幸甚
得天下有道得其民斯得天下矣得其民有道得其
心斯得民矣得其心有道所欲與之聚之所惡勿施
爾也民之歸仁也猶水之就下獸之走壙也

這是孟子論人君得天下民心在行仁政的意思
天下是舉四海而言道是道理民是百姓下是汙
下壙是廣野孟子說人君中天下而立定四海之
民可謂得天下矣然得此天下自有道理在得其
民而已蓋天視自我民視天聽自我民聽民之所
歸即天命所歸必得其民然後能得天下故曰得
天下有道得其民斯得天下矣然欲得其民又自
有道理在得其心而已蓋君之與民分雖懸絶而
此感彼應心無不同必得其心然後能得其民故

曰得其民有道得其心斯得民矣然得民固在於
得其心欲得其心又豈可以聲音笑貌爲哉必有
其道焉亦曰所欲與聚所惡勿施而已百姓所欲
的莫急於衣食人君能制其田里薄其稅斂使百
姓每皆得煖衣飽食無饑寒凍餒之患百姓所惡
的莫切於勞苦人君於其春耕夏耘秋收之時凡
有興作不以役民使百姓每皆得安居樂業無愁
苦嗟怨之聲至於行一事立一法凡有利於百姓
的便行將去有害於百姓的便不行則所欲誠能

與聚所惡斷然勿施行德及於百姓如此那天下
的人誰不歡欣鼓舞都來歸向譬如水一般水的
性無不就汙下譬如獸一般獸的性無不走於壙
野水之就下獸之走壙乃自然之理民心歸仁實
出自然之性何異於此故曰得其心有道所欲與
之聚之所惡勿施爾也民之歸仁也猶水之就下
獸之走壙也臣嘗考之自古帝王不患不得天下
惟患不得其民不患不得其民惟患不得其心堯
舜禹湯文武之得天下由乎得民之心也夏桀商

紂之失天下由乎失民之心也戰國時節上驕下

恣治不師古民窮財盡澤不下施所謂仁政漠然

無聞故孟子發為此論警告當時而實可為萬世

法也我

太祖高皇帝得人心以有天下一本乎行仁政以得

人心

列聖繼統率由舊章仰惟

皇上嗣登寶位宅心仁民凡遇災傷則免其糧凡有

興作則節其力念織造逼民則止之念坑課病民

則罷能之念興端慼民蔽吾仁也則闢之念鄙夫殃
民蠹吾仁也則去之似此仁政皆遠法帝王之治
而近體
祖宗之心也伏望始終此心始終此治而斯世斯民
皆囿於仁化之中矣臣等不勝至願
孟子曰天下之言性也則故而已矣故者以利為本
所惡於智者為其鑿也如智者若禹之行水也則無
惡於智矣禹之行水也行其所無事也如智者亦行
其所無事則智亦大矣

這是孟子離婁篇論大智行事出於自然的意思性是人物所得以生之理如仁義禮智之類便是故是人性發見已然之跡如惻隱羞惡辭讓是非之類便是利是順利惡是憎惡鑿是穿鑿禹是夏禹孟子說道事物之理雖若無形難知然其發見之已然則必有跡可見如孺子井之時而惻隱的心發見受嘑爾蹴爾之食而羞惡的心發見這便是仁義之跡天下的人說性只從惻隱羞惡上說便容易見得仁義之性遇賓客而辭讓之心發

見見善惡而是非之心發見這便是禮智之跡天
下的人論性只從辭讓是非上說便容易見得禮
智之性但這幾件發見時節皆自然而然不待勉
強無不順利如水性趨下其勢無有不順這便見
自然之跡所以論性之發見只以順利為本若發
見時節有些矯揉便不是自然了故曰天下之言
性也則故而已矣故者以利為本然天下之理本
皆利順但小智之人自恃聰明肆行巧計每每處
事務為穿鑿不肯順著自然的道理所以行出事

來都不停當這等的人最可憎惡若智者之人處置事務都順著自然道理行與大禹治水一般這等人便是有大見識可愛不可惡的故曰所惡於智者為其鑿也如智者若禹之行水也則無惡於智矣且大禹治水如何是好蓋水之性本自下流當洪水泛濫時候疏通九河以歸於海都是順著水性自然導將去何曾用些私智務為穿鑿並無些〻作為一般所以當時水得潤下之性終不為害於此見得大禹之智大莫能加若智者之人處

置天下的事件件順著道理行假如有功當賞有罪當罰的我則順著這道理賞罰他不把私意去賞罰有賢可進有不肖可退的我則順著這道理進退他不把私意去進退這等以無事處事則件件停當不逆了道理便是好智識與夏禹之智一般大了豈是小小智識可以比得的故曰禹之行水也行其所無事也如智者亦行其所無事則智亦大矣大抵孟子言智而先言性者猶言水而先言源也程子為此章專為智而發可謂深得其旨

矣臣嘗論之智大者常循天下之理智小者惟任一己之私求之古人若帝舜好問好察用中於民故孔子稱之曰舜其大智也歟夫以大智之帝舜而又能任行所無事之大禹此有虞君臣所以可為萬世法也恭惟

皇上以虞舜之大智嗣

列聖之鴻圖敷宣政治一循天理之自然進用賢才務合天下之公論邇者 命將徂征而都勻寇赳期授首 命官治水而安平鎮不日成功斯皆大

智之妙用同夫虞舜之用心而思致無爲之治於
今日者也天下幸甚萬世幸甚

重刊林文安公文集卷之一

重刊林文安公文集卷之二

南京禮部郎中不肖孫炫敬編

知福州府事後學山陽胡有恒校刊

奏議

國子監祭酒臣林瀚謹　奏爲開科貢以進人材事

臣聞輔治必資乎人材人材必取於科貢方今科學舊有定額歲貢亦有常規兩途已盡取人之方天下宜無久困之士矣臣伏見邇者

皇上垂念雲南貴州二布政司科目解額數少特諭

舉人五名此誠　明見萬里恐有遺賢之盛心凡在
儒林悉皆欣忭不但雲貴之感　恩也臣自叨任今
職以來已經四載累考各處監生及觀會試所取天
下之士竊見人材之盛不特雲貴為然也請舉浙江
一處言之鄉試舉人雖多雲貴一倍而登名進士則
一倍雲貴有餘
皇上即位以来所取進士已更二科弘治三年進士
雲貴二名浙江四十六名弘治六年雲貴三名浙江
三十三名觀浙江一處人材之盛如此則南北直隸

及各布政司從可知矣雲貴既開解額各處尤宜加增如蒙　准言乞

勑禮部會同大臣并六科十三道官員計議亦照此例並開額數順天應天鄉試各增一十五名浙江等處十一布政司各增十名三年一度所增并雲貴不過一百四十五名如此則人心感激士氣振揚而科目得人以爲益盛矣其歲貢生員府州縣儒學并衛學亦有定例行之已久但今作養人材日盛一日且如廩膳生員中間四五十歲者十居五六若盡望其科

舉中式則取有定數豈能無遺若盡待其挨貢出身
則歲有常規豈容驟進欲盡汰之使為凡民則教已
成材不無可惜欲盡留之使列俊秀則年漸衰老終
為棄才此等不得出身增廣亦難進步往年雖有納
粟入監事例似疏通矣然皆富家子弟初學少年而
貧難苦志之士心非不願力有未能誠為可憫况查
本監納粟監生未行取者不過七百餘名南監亦
奏缺人差遣雖有攺撥事例名數終亦不多如蒙乞
勑前項官員通行計議合無自弘治九年為始天下

府學每年二貢州學二年三貢縣學衛學一年一貢行經四年之後學校庶得疏通人材不至困滯南北兩監不至乏人宜從　奏請停止照舊而行誠為便益若慮吏部積聚人衆監生不宜復增臣愚以為乞勑提調學校御史等官查審各學廩膳生員曾經食糧十年以上累次科舉不第者不為常例許其自願冠帶以榮終身各令就其本鄉社學訓誨童蒙以裨教化有司時加考校以驗勤怠量加賞罰其有不願冠帶者聽如此則廩無虛糜材不終棄而　朝廷

養士之恩待士之禮曠古皆莫及矣臣愚昧淺見上
瀆　天聽伏望
聖明少垂鑒焉為此具本親齎謹具奏
聞伏候　勅旨
弘治七年十二月　　日奏
聖旨禮部知道欽此該禮部議擬覆奏通行天下府
州縣各增貢四年等因題奏
聖旨是欽此
南京吏部尚書等官臣林瀚等謹　題為慎刑賞以

昭至公事臣等伏聞近有傳奉　恩旨特賜興濟縣
學生員孫伯諴等四名中書舍人鴻臚寺署丞等官
綸音下宣衆心駭愕不知孫伯諴等所懷何才所抱
何德姓名何以達于　九重而得授此美官也又聞
監察御史王獻臣巡按山東等處地方近蒙
欽差官校前往遼東執歸　京師不知王獻臣所誤
何事所犯何罪而致此重譴也臣等竊惟爵賞刑罰
朝廷之大政而天下人心視以為勸懲者故書曰天
命有德五服五章天討有罪五刑五用此唐虞盛治

所以垂法於萬世者也今生員孫伯讓等不由科貢
援此羨官竊恐正途士類困於科目積於胄監壅於
吏部者未必不萌奔競之心而廉耻之風自是薄矣
御史王獻臣方負一方重寄未有更代之人竊慮巡
按官員遽離地方邊境軍民因失所望而夷狄乘間
窺伺亦或有不免矣然臣等遠在南京聞此二事甚
關
朝政之大故不避斧鉞之誅同進芻蕘之言伏
望
聖上追回孫伯讓等除官　成命俾仍復學以
俟科貢出身　洞察王獻臣罪犯重輕俯垂寛宥俾

免含兗以全風憲之職則天命天討皆體典謨之意

而　朝廷大政皆協天下之至公矣臣等不勝戰慄

待罪之至爲此會本順差辦事官張宗齋捧謹題請

旨

弘治十六年五月初八日該通政司官奏奉

聖旨你每職居大臣如何不察事情輒便經率具奏

著回將話來欽此欽遵

南京吏部尚書臣林瀚等謹　題爲重根本以回

天變事驗封清吏司案呈奉本部送准尚書林瀚咨

前事臣伏聞雲南景東地方晝晦八日此誠非常之
異自昔所無是以上廑 聖慮特勑大臣前去祭告
神祇撫安黎庶仍令群臣同加脩省各陳所見以弭
災異此實畏天憂民之誠四海所賴以為安者也臣
竊惟天下之大根本有肆皆所當重而重之之要則
在 聖心運用之間爾為此開坐具陳伏望
采覽兼舉並行則根本以固民困以蘇政治以隆而
天意未必不可回也緣係重根本以回 天變事理
未敢擅便移咨本部專差辦事官徐傑齎捧謹題請

旨

計開

一保固南京以重

祖宗之根本京城内外連年水旱災傷軍民艱窘嚮

子救饑況猛風抜木地震者再

祖宗陵寢冇獲安寧如蒙乞　勅大臣計議行令南

京戶部量發京倉糧米賑濟饑民法司速斷

罪囚勿致淹抑如兵部官員造船板木毎年

虧損客商以致嗟怨宜行抽分廠積有板木

取用及各衙門供應器物應天府各項征科
可免者免可省者省如此則民財民力不至
困竭仰惟
聖心一運用之間而
祖宗根本之地可以永固無虞矣
一佑啓 皇儲以重天下之根本今 春官毓
德朝夕講明經史皆文學儒臣輔導左右罔
不仰體 聖訓伏望
皇上萬機之暇親試 皇太子輔習經史通悟如何

德業進修如何屏耳目之玩好戒禁苑之游
觀然此必皆　宮庭所已行者但臣遠莫能
知狂瞽進言萬一上契　聖心則培植天下
萬萬年之根本端在此矣
一撫綏百姓以重　邦家之根本今南北京畿
人民頻年困於災傷五穀薄收況為種田牧
馬採取柴炭搬送馬快等項船隻丁夫無分
晝夜不得休息是以窮愁之狀溺野怨嗟之
聲盈途此皆臣所見若至若山西陜西連年

供億征虜官軍雲南兩廣發兵以勦寇賊山東河南湖廣四川江西重造　闕里廟庭新造　諸王宮殿民財民力大有不堪浙江福建等處派辦各色物料比舊日增財力亦困官庫積蓄往往取解赴京率皆空虛不可不為之慮伏望　朝廷節省用度慎重名器官不輕授以糜俸祿賞不輕加以虛　内帑工不數興以困民力官不數差以妨農時仍乞
勅各處撫按三司等官務在節用愛民以蘇困苦如

此則庶民樂業和氣駢臻仰惟　聖心一運
用之間　邦家之根本永固於萬萬年矣
一增進賢才以重政治之根本今賢才日盛而
學校作養不為無人但科舉解額有限英俊
之士或未能以盡收也　臣前任祭酒時因見
雲貴加增舉人伍名已嘗奏　請兩京鄉試
每科乞各增舉人十五名浙江等布政司各
增十名未蒙准行竊意明年甲子之科正合
洪武十七年甲子年分

太祖高皇帝大興科目取士之期如蒙乞　勑禮部
計議加增鄉試舉人名數以廣賢路殆見天
下士類莫不鼓舞振興以慶遭逢之盛　天
心未必不為悅懌而將來庶事益得人以分
理之仰惟　聖心一運用之間而政治之根
本永固於萬萬年矣
南京吏部尚書等官臣林瀚等謹　題為奉
詔陳言以弭災異事臣等仰惟
陛下嗣統以來頒布政令式遵

祖宗成憲率由
先帝舊章 詔書大廣寬恤之恩海宇咸沐維新之
化沙汰傳乞陞官而倖進者俱黜裁減冗濫近習而
怙寵者不留禁絕異端則真人國師不容以害正
道罷設齋醮則正心誠意自足以通神明不市寶石
而內帑貨財豈至空虛不益莊田而畿甸農民自
然樂業初政如斯天下大悅宜乎和氣充溢災害不
生則 正德之治隆矣夫何數月之間天鳴星變地
震山移坤道之不寧尤甚乾道之不清也曠古未聞

于今疊見非特四方可憂在於南京尤甚臣等猥以
庸才謬膺重任贊襄有負於
聖治鰥曠獲罪於　上天致此非常之變難免不職
之愆捫心思咎竭誠獻忠臣等曾聞宋臣司馬光有
言人君之道一用人是也人君之德三仁明武是也
夫用人之道苟知其賢雖愚者日非之而不顧苟知
其正雖邪者日毀之而不聽仁則在於安養百姓明
則在於洞識安危武則在於斷絕奸佞光之大意如
此其歡諫當時人君不為無益也臣等謹效先代名

臣條陳今時要務所當興革者一十二事上瀆
宸聰少裨初政伏望
皇上俯賜允行庶幾　天意可回災異可弭而
祖宗億萬載之業可垂於無疆矣緣係奉
詔陳言以弭災異事理未敢擅便為此開坐具本專
差辦事官王相齎捧謹題請
旨

計開

一隆大孝以先天下臣等竊惟任天下之大責

者必立天下之大本孝者萬善之本明王所
以率先天下者也故夏啓隆敬承之孝而有
夏王業以昌成王勤在疚之思而有周治化
以盛
先帝以至仁治天下奄忽上賓雖遐方僻壤未有不
哀痛摧傷者也
陛下躬出於誕育之勞親承乎付託之重寧不盡哀
思慕以求致孝於無疆耶夫孝貴以實而不
以文彼食不貳味居不重席器不雕鏤衣不

以綺麗躃踊哭泣摧肝毀瘠皆孝之文也惟
任大臣而不疑乎
先帝之所倚用立大政而不易乎
先帝之所貽謀黜遠近習而力體
先帝之親賢遠奸不假貴戚而力行
先帝之割私任公戒餙邊備而常若
先帝之不忘乎夷虜節省財費而常若
先帝之不忘乎生靈愼惜名器而恪遵
先帝之準規作養人材而一體

先帝之成憲事無巨細行無内外惟訪
先帝之所已行者而力行之則大孝之實達於天下
而夏啓之敬承成王之在疚者曠萬世而同
符矣
一集羣議以決大政仰惟
太祖高皇帝奄有四海垂憲萬世設九卿分理庶務
太宗文皇帝置内閣預聞謀猷凡政無大小悉下該
部議擬上　聞必由内閣預開參決謀猷既
定然後　准行　列聖相承恪遵　成憲坐

享太平　陛下嗣大歷服之初繼體守成之
日急先務者莫此為大况諸大臣皆
先帝之所簡用受　顧命以輔
陛下者也夫何近来　旨申中出内閣之所議擬者
徑行改易所當謀猷者悉不預聞政令得失
之大體人心從違之大機天下治亂之大勢
皆此乎係可不慎歟伏望
皇上仰念
祖宗創業之至難

先帝付託之至重延接大臣講求治理凡百政務一

遵 祖宗事無大小悉從擬議再召内閣預

聞准行務得政令之大體務合人心之大公

務秉治理之大勢而後已如此庶無爲之化可

收於上而用人之道遠邁於前古矣

一 改州治以奉

陵寢竊惟名山鍾王氣於千古 諸陵妥 聖體於

萬年軍民拱衛歲時追思誠古今不易之大

典也臣等仰思 天壽山在於順天府昌平

縣地方　列聖陵寢皆奉安於此每年清明

中元冬至三次　欽遣文武官員陪祀及遇

帝后忌辰歲暮正旦並遣駙馬致祭往來皆經昌平

縣宿歇雖稱自備夫馬飯食亦未免勞擾該

縣接應艱難況縣小民貧今又漸增　陵户

數多實難供應如蒙乞　勑該部計議合無

昌平縣改作一州仍以密雲順義懷柔三縣

隷於本州助其力役凡有科派差徭及養馬

之類悉皆優免庶幾小縣人民拱衛　陵寢

必無怨嘆之聲得遂生養之願而寬䘏窮困

亦足以慰

列聖在天之靈矣

一崇儉德以裕財用切惟天之生財必足一時

之用不在官則在民方今天下倉庫空虛殊

無儲積人民艱食率多流移況又山陜各邊

胡虜猖獗所屬郡縣饑饉相因軍餉無可轉

輸賑貸無所仰給財用之缺乏之時勢之難為

未有甚於此時者也然財既不在官又不在

民求其所以足國之道端在節用伏望
皇上思繼體守成之重清生財大道之源凡近倖之
所賞賚貴戚之所請求不急之工作無益之
濫費傳奉之冗食盡行裁革不假姑容其他
政體有關於財用者上自
先帝之所施行　明詔之所停止下及廟廊之所數
陳科道之所建白一一加意遵信採納出自
乾斷俯賜施行如此則君德之明無一不照而
國家財用亦無不足之患矣

一省虛費以甦軍民臣等查得南京　御馬監
洪武初年爲養　御用馬疋專設養馬人役
飼馬草糧亦宜足備自永樂年來　乘輿北
駐當時遺下馬疋年久無存即今該監雖有
馬羸瘦八十餘疋俱係牧馬所及民間孳生解
送收養者並不係先前　御馬原數見役錦
衣衛旗軍三百六十五名牧馬所軍人三百五十
餘名通共七百餘名此外又用軍民匠籍不
知其幾養馬者少納錢者多其各項旗軍每

一月支米七百餘石一年共支八千四百餘
石歲支夏布七百餘匹綿布一千四百餘疋
其各衛所旗軍在外則關支倉米在內則關
支光祿廚飯又戶部每年會計餵馬草六萬
包料豆一千五百石各處上納用錢加倍人
皆嗟怨費有用之錢糧養無用之人馬誠為
可惜又訪得洪武年間定有種植餵馬苜蓿
地土本監應合查明派令各軍依時採取苜
蓿送納免其出辦價銀每衛多者四五十兩

一年不下千百餘兩緣此積弊甚無補於
朝廷深有害於軍民況今正係軍伍空缺民窮財
盡之時近年雖經科道官奏 准行令南京
戸部轉行查理馬數未報如蒙乞 勅戸部
將每年判撥草料暫且停止仍 請差南京
科道官各一員親詣該監清查將原留牧馬
所馬疋照數退出給散各衛所軍士騎操退
出贏子并各該州縣新生贏駒俱留本處准
其變賣銀兩候買備用馬疋起俵通將在監

久役旗軍取出守城操備以防不虞不許仍
前索取首帕價銀柴錢糧草不致冒費武備
得以充實軍民可免解納之苦應　天之實
未必不在於此矣
一增貢舉以進人才竊惟　國家用人才以分
理人才資學校以陶成
聖祖神宗創制立法既設府州縣學以專教天下之
人才又設兩京國子監合天下貢舉之人才
而教養之然必積功於歲年不責效於旦夕

而後分布各衙門歷事歷滿上選之後隨即挨
次選用是時在監坐班或十年者有之或七
八年者有之作養日多待選日少是以人才
多所成就治道多所裨益夫何法立既久事
漸更張入監則有納馬納粟之徒出監則有
減歷增歷之説及有一項門差最啓諸生趨
利之心奔競成風士習日壞况今南北兩監
坐班數少差撥不敷蓋因弘治十三年開貢
例止又蕪　内府六科原係散差者今俱准

作正歷目今兩京刷卷用人亦多是以各生
在監不過二年俱得撥歷從此作養日淺欲
望其積學成才難矣臣等仰思
陛下當體元居正之初正求才圖治之日況開科開
貢旣已舉行於　先朝而善繼善述允宜復
行於今日如蒙乞　勑該部從長計議量增
各處歲貢名數科舉解額及取囬京城九門
收查錢糧監生再不差遣以正士習以充國
學其歷事長差等項酌量　舊制定為常規

庶使人才日多教養日久期得真才以資實
用則兩監不至於空虛諸司不乏於任使而
士類沐維新之休矣

一修武備以禦寇盜臣等看得近年蘇常鎮楊
等府沿江沿海地方駕船盜賊日今縱橫搶
刼軍糧民財殺傷巡官商旅甚至南京城内
近日強賊十數餘人明火執杖進入禮部要
刼庫内俸銀打傷庫子此皆　國初以來素
未有者揆厥所由蓋因承平既久兵威不振

以致然耳查得南京大小教場　神機營新
江口操軍原有十數餘萬近來逃亡者多見
在者少富實精壯私役在閑雖有南京兵部
委官會同科道各官查點輒稱患病差占本
管官旗互相掩飾預告通狀以為備照即今
儌倖告者將及三萬各軍月糧公然關給不
行任支見操者多係老疾貧難軍器十分狼
狽若不嚴加查究誠恐奸頑窺伺致生他虞
如蒙乞　勑南京內外守備官及行科道官

會同兵部點查內有逃故者發冊清勾詐稱
患病者月糧截日扣除仍送法司問罪發落
該管官員若有私自役占及納月錢者指實
參　奏究治每年終將查過見在及逃亡軍
士數目具本　奏報查考庶人心知懼軍伍
不缺則寇盜可弭而　君德之武在是矣
一省匠役以甦民困臣等查德宣德年間南京
內官監為因起軍花樹赴　京行文上元江
寧二縣借取人夫盤運留用年久告豪裁革

天順年間又為修理花園墻垣該監仍行二縣借取人夫八十名撮工因留至今每名按季辦銀一兩六錢五分每季該銀一百三十二兩四季共計銀五百二十八兩節次奏行不蒙裁革又成化年間南京内官監因起運篩簸銅絲并龍鳳膳盒等器緊急移文上元江寧二縣借取篩簸竹篾油漆扇骨等匠上元縣九十三名江寧縣六十六名續又借取二縣銅絲匠三十名撮造止是一時撮工

應用亦留到今每名按季辦銀七錢每季共
辦銀一百三十二兩三錢每年四季共計銀
五百二十九兩二錢臣等切詳篩簸竹篾油
漆扇骨膳盒等匠本監自有本等食糧人匠
成造其花園人夫又不係原額人數俱一時
暫借撥工應用工完俱合放免今乃久留在
監歲爲常例俱要二縣辦納工銀通計每年
共該一千五十七兩二錢年復一年費出無
經官無所措只得於審編坊甲之時花分洒

派徵納但坊甲自有額該科買物料并一應夫差等項浩繁極力經營尚不能濟加以連年水旱災傷困苦愈甚前項辦銀花戶日漸召累消耗以至衣食不充逃亡相繼怨讟湍路誠不忍聞生民疲弊莫此為甚地道不寧有由然也况京畿根本之地尤當培固如蒙乞勑該部查照施行裁革蠲免解倒縣以慰畿民之心則君德之仁敷於宦災異自可消矣

一節工役以省財用臣等伏聞

孝宗皇帝聖旨一應衙門修理務須次第舉行

一時併作亦不許爭相較勝各自任情

欽此欽遵工無併作民頗安生奈何近年以

來修理工程又復日增月益一工未畢衆工

隨興巨細物料抽分竹木局關支不敷俱出

民間買辦各該鋪行人等因懼靠損脫逃竄

惟南京乃

祖宗根本重地而鋪行則在京庶民乃根本之本也

似此逋逃誠非細故然工程不得以不完物
料不容以不買未免追捕有類羈囚欽恐召
災莫此爲甚即今修理
孝陵裏外垣墻
太廟社稷壇場最爲重大之務不可少緩其餘廨宇
之修建城垣之改移一應勞費浩繁乞 勅
該部從長計議俱各暫且停止稍待和氣歲
豐然後次第修舉中間食糧人匠俱免請給
工銀庶幾工作有節財用可省民困可蘇而

災異可弭矣

一清吏役以革宿弊臣等看得各處叅充起送吏典守法奉公者固多其間冒名詭姓小揑詐偽者亦不為少近該御史車梁題吏部覆奏凡叅吏典除三司外其餘止許以府就府以縣就縣不許隔越府分叅充最為有理已奉　欽依通行遵守其間有等罷革姦吏或買求彼處該吏盜用空頭印紙私自塡寫起送或假批偽印欺詐百端究其所由盖因府

縣限隔兩不相照故也如蒙乞　勅該部計
議合無行令各布政司及直隸等府查審聽
缺農民除納銀助邊者挨次撥叅三司及本
府州縣外其餘盡行發回本家聽候本府本
縣有缺行取撥補不許容留在官那移作弊
撥叅隔越府分亦不許府州縣官輒將農民
申請定撥以致積聚人多動經數年不得實
叅弊源未清末流難塞合無嚴加禁革不許
似前仍留在官聽缺徇私害公敢有故違坐

以贓罪此法一行庶幾情弊可革詐偽吏典無由得計而官府亦不被欺瞞矣

一清馬政以防欺蔽竊惟國之大事在於戎而戎之大用在於馬况南京乃

祖宗根本重地而戎與馬豈可以不嚴備哉查得先年官軍馬匹槽下失養倒死者俱令本主自行買補後武寧侯朱永等因見官軍艱難立為朋合㨨頭之法各出銀兩助買至弘治五年南京兵部二次　奏定應該買補馬匹先

儘朋合樁頭銀兩每馬一匹幇貼租地公銀
四兩夫倒死馬匹既有二項銀兩幇貼買補
宜乎軍士蘇息而馬數完足也夫何近年以
來法久弊生人心玩愒前項銀兩各營管隊
官員多有侵欺入已以致追徵各軍辦納之
苦終歲無休而馬匹倒失拖欠之數常年如
故且南京大小教場并 神機等營原額馬
伍千餘匹即今見存不過三千兒中間瘦弱
瘸瞎老疾不堪騎操者多萬一有警急難措

置推原其故盖由各營積弊年久無[illegible]清查
然也如蒙乞 勑該部計議合無轉行南京
兵部見委點軍官員仍同南京科道官 之
遇馬匹下場牧放之時或在營操練之日不
時點閘[illegible]查催優免倒後朋合樁頭銀兩按
季[illegible]部[illegible]分驗封發回本營收貯
候[illegible]數若有侵欺那借者查
究[illegible]如遇急缺馬匹之時該部
委官督同各營把總等官將朋合樁頭銀兩

相兼租銀湊數收買務要照依時價揀選膘
壯齒小好馬不許仍前一槩濫收如此則銀
無侵欺馬得實用而京師有偹居重馭輕之
道得矣
一大優容以廣言路伏惟自古聖帝明王之理
天下必開言路以來天下之善故堯立謗木
禹懸諫鼗皆此心也我
太祖高皇帝酌古準今設六科十三道官皆以為言
職

列聖相承罔不容納及累下　明詔又許諸人直言
毋隱是以
先帝之時主事李夢陽進言激切關係國體甚重始
雖忤　旨終蒙原宥天下之人咸以　主聖
臣直大為　國家蒼生幸也今
陛下嗣位之初正宜虛心聽納不自用而取諸人尤
恐善言不至蒙蔽日滋邇者科道官建言事
體臣等未知其詳仰聞　聖旨切責竊有疑
焉夫言官以言為職言而得罪分也宜也其

如

朝廷明目達聰之意何其如

祖宗設官分職之意何其如　明詔直言無隱之意

何竊恐天下臣庶畏避不言則政事得失軍

民利病無由而達矣伏望

皇上擴天地有容之量體

先帝從諫如流之心凡言事者俯　賜優容量加採

納萬一所言不當乞垂　原恕不加斥責如

此庶言官得以盡其職而

朝廷得以聞其善矣

南京吏部尚書臣林瀚謹　奏為自考不職乞罷歸以回　天譴事臣伏聞今夏　京畿亢旱麥禾燋枯各處災傷　奏報迭至上廑　聖慮省躬脩德用感天心復勑文武百官同加修省冀消天變而兩京大臣臣亦叨具其一召災致異罪安敢辭邇者又奉綸音命臣會同各該堂上官員考察五品以下衆官具　奏定奪臣若不自考罷歸則已不能正何以能正人也切念臣年踰七十自考當退一也才不稱任

有[illegible]副名自考當退二也疾病侵尋
[illegible]老自考當退[illegible]當退
[illegible]盜[illegible]舍不生亦非[illegible]延片
[illegible]尚敢安於大臣之位而不悟
[illegible]大臣之義七十致仕著在禮經
卓爲明訓又云馳末景於桑榆負厚顏於鐘漏誠非
士大夫所以遵禮義之常其言載諸史冊臣切思之
古今同此理也伏望
陛上憫臣昏耄俯察自考愚誠乞　賜罷歸別選賢

良代臣職任庶幾當進者退不久於妨賢當升者升
不淹於待用則公論允協　天意可回而災異自弭
矣為此具本順差辦事官李佐齎捧謹具奏
聞伏候　勅旨
弘治十七年九月二十八日該通政司官奏奉
聖旨卿職掌銓衡方切委任災異示戒正宜同加修
省警察庶僚以回天意不允所辭吏部知道欽此
南京吏部尚書臣林瀚謹　奏為老疾乞　恩休致
事臣原籍福建福州府閩縣人由成化二年進士改

翰林院庶吉士除授本院編修歷陞修撰諭德祭酒
吏禮二部侍郎弘治十三年六月内陞授今職伏念
臣生際　盛時幸延七十三歳才非遠器冒禄四十
一年歷官入任供職　三朝位至六卿慮無一得累
次陳情致仕未蒙
先帝賜歸今當
陛下嗣統之初仰覩正德維新之治簡任賢良大敷
政化臣敢不鞠躬盡瘁罄竭愚庸圖報於萬一但
桑榆景迫衰病日侵肢體痛酸倍加疇昔齒牙揺落

四

十去二三步履艱辛精神昏倦非徒老耄妨賢實則
曠瘝僨事况見南京刑部尚書樊瑩近蒙
朝廷准其致仕還家臣與本官年正相等病亦多同
伏望 聖慈俯垂矜憫放歸田里以終餘年則臣獲
全晚節垂老首丘皆 大造之洪恩也然身雖處於
畎畝之中心豈忘夫 闕廷之上仰望
陛下養正心以去邪媚崇正道以絕異端務正學以
闢邪說親正士以遠憸人斯皆 聖明初政已行萬
方所仰而臣復以為言者惟願始終不替金石同堅

則正德之治隆於萬年而臣生則歌頌于海澨歿則
瞑目於地下矣臣無任祝望感戴之至爲此具本專
差辦事官蔡茂齋捧謹具奏
聞伏候　勑旨
正德元年三月十五日具本四月二十二日該通政
使司官奏奉
聖旨卿才德老成聞望素著方膺簡畀重任宜勉副
新命不允所辭吏部知道
致仕南京兵部尚書臣林瀚謹　奏爲謝　恩事節

該吏部覆題看得雲南布政司左參政林庭㭿所奏
再乞 天恩休致養親一節合無俯察本官為父至
情暫准在家侍養等因奉
聖旨是林瀚歷事累朝名節無玷今旣年高有疾林
庭㭿暫准在家侍養仍着本處有司時加存問以稱
朝廷優待舊臣至意欽此欽遵備行福建布政司轉
行福州府續該本府知府葉溥等特具羊酒肉帛親
到臣家奉宣 德音俯賜存問除望 闕叩頭外竊
念臣材識庸鈍遭際 聖明歷事 三朝 叨官八座

七上乞休之疏累家　俞留之恩竟以踈愚罔知忌
諱召負乘寔由於自致仍由幸遂乎初心賴　日月之
重光仰　乾坤之再造尋復舊銜於畎畝迭頒
新命於　闕庭始以薦揚榮沐廩輿之　賜繼因陳
請曲全烏鳥之私載塵　天語之丁寧時令有司以
存問顧玆　優渥之典濫及衰朽之臣　厚德難酬
惟訓子孫以忠孝殘齡未盡尚歌　治化之雍熙臣
下情無任感戴激切之至
正德十一年十月　日奏奉

聖旨禮部知道欽此

重刊林文安公文集卷之二

林文安集 九

重刊林文安公文集卷之三

南京禮部郎中不肖孫炫敬編

知福州府事後學山陽胡有恒校刊

序

送林肅玉詩序

吾閩林肅玉拜清溪巡檢將行鄉省諸朝士舊與交者乃取安雅陳先生詩中廿字分韻賦詩送之爰以首簡屬予及觀諸作珠玉襍陳金石交奏其壯肅玉之行亦至矣又奚予言為哉予聞清溪去英德縣北

可六十里許蓋合曲江湞水二流至此而狀其水殊
澄徹可鑑舊云飲之能令人精潔不汙故是溪得名
曰清又聞廣城之西有貪泉出焉昔人謂一歃懷千
金又謂飲之則潔白之質變由此觀之則清溪貪泉
詎非東廣一涇渭耶肅王為長者崇高甫之子上舍
瑩玉之弟讀書知禮義識達古今其自奉克耳簡泊
略無後驕之態蓋富而能儉固已脫去流俗遠甚況
其上世為貳守為巡宰如士英德輿二公又皆以清
約著蹟而其家法具存未泯今官于廣又得清溪而

飲焉其能守廉勵行以光乃祖必矣諸君致贈定韻以此詩者何居且安雅此詩亦為劉巡宰之廣作也其章末勉以石華可茹之意則安雅所以贈若人者亦惟欲其澹泊守廉不可以貪泉累也諸君之望肅王其安雅之于劉乎嗟夫介廉儉泊之士雖日飲貪泉而不能使之貪雖不飲清溪而不能使之不清何也惟吾之一心操之以正存之以公養之以寡欲故雖處富貴貧賤利害死生皆不可奪况一水所能清濁也哉肅王行矣過貪泉抵清溪試兩飲焉惟以一

心驗之然後當省予言為何如

送左諭德程君克勤歸省詩序

聖主分明教斬之去不須高起見京樓此唐王建之贈裴文忠詩也克勤將歸省其親吾同榜十有四人析此為韻各成一詩送之且虛其上方俾予為序克勤乃政敵大司馬晴洲程先生子也先生自起家進士歷事累朝政位通顯嘗擁重兵徃剪西蜀苗寇在軍中備歷險艱及寇平還師而足疾以作未幾復奉命往總南都機務然終不良于行遂謝事歸新安居

者久之維時克勤方職翰林為經筵講官繼有春坊
諭德之 命日侍 青宫不可斯須離雖定省必殷未
敢請也邇者倏聞季弟敏行遽卒于家乃懇疏乞假
暫歸冀以少解先生傷痛之懷
聖天子憫之即賜給驛而且有速來之諭蓋
特恩也夫先生為元老舊臣禮所當恤况抱戚之際
左宜慰安此克勤之歸不可以不速者
聖意也然館閣近臣啓沃資之輔導賴之編摩属之
此克勤之來又不可以不速者

聖意也歸之速者子道也來之速者臣道也一往還間而忠孝之攸係如此諸君詩歌揄揚亦至矣又奚予言為哉於戲伊陟象賢復相大戊丁公世美入掌兵權商周盛治以有伊呂父子佐之先生昔嘗柄是文武弼賛我　國家重熙之運豐功茂烈書諸竹帛殆不可磨克勤服膺庭訓踵武周行自舉進魁官侍從其器識之偉辭藻之工受知

主上久矣是歸也調膳問安之隙尚當告丁先生疾趨還　朝以遵

聖諭以修臣職以宏象賢世美之業則公卿巨室代
有其人而吾榜亦增重多矣伊呂父子豈得專美于
商周也哉

送王通守孟時之潮序

潮自韓昌黎作郡以來人漸其化皆篤于文行至于
今號稱易治而韓之廟貌更歷數百載如新且思韓
有堂仰韓有閣至姓其山曰韓山木曰韓木示不忘
韓也逮宋陳文惠公堯佐來判是郡秩雖不同而政
教大率遠師于韓不異時鱷魚復出為患甚于昌黎

未驅之前陳則貽暨津人網而戮之于市厥害由是遂消人咸德之故文惠之祠以立斯雖二公澤被于潮也深為潮人忠厚之風不亦南國甘棠之意乎吾閩王君子孟時甫弱冠以易學預領鄉書迭試藝奮闈不偶遂卒業國學而其器度才識卓然不群見者皆以遠大為期比入試銓曹天官卿手其文奇之遂請于

上拜潮郡通判以行縉紳厚子孟時者要予言贈夫潮為東廣南服鄰壤吾閩士風民俗相去殆不相遠舊

稱易治信矣矧今方伯彭公鳳儀憲長嚴公宗源暨叅佐如林如謝如俞如趙如陳皆為吾鄉先達鉅公洒者吾邑陳文用又以名進士為潮節推而令海陽者則又陳進士德輝皆賢俊也夫孟時得彭嚴諸公為方岳而其民以治得文用為僚而其善以進得德輝為屬而其政以行佐郡㝡績將不由茲而特異哉况當我　國家

聖德誕敷海岳效靈之日往時妖鼉悉已潛蹤不復敢為民患是則昌黎文惠固任其難孟時蓋處其易

矣於戲二公遺矩孟時之師而方今盛治則非二公之時孟時所遭二公或不逮也試以予言諗諸潮人考古驗今必有知其然者

送進士王器之尹上饒序

令天下縣令率用於進士而兩臺御史則又起縣令竟之此安民任賢　國家之盛意寓焉吾福王進士器之茲拜上饒令將行同鄉諸公以予知器之為詳徵言贈之器之乃吾友鄒平教諭廷用君之子自髫亂時侍乃尊于京師即以穎敏聞于士林凡縉紳大

夫試以對偶雖甚難者輒應彀而成皆夐然出人意
表識者固以遠大期之維時廷用方為舉子以邃于
春秋經學著名特為桐廬姚文敏公所知遂自乙榜
中薦司訓于其邑器之俾侍任者數年得于家庭之
教而問學日益以進成化丁酉甫弱冠歸應鄉闈㖷
手捧捷北来明年試春官不偶乃進遊兩京國學獲
交天下名士以廣其見聞而所造視昔益深且閎耳
今年春予適被
命同考會闈之試初場連閱數百卷中得一佳者因

出與主考徐王二學士先生展于燈下聚觀移時見其文雄偉特異皆嘖嘖稱嘆不已咸以得士相慶乃定其名冠諸前列比折號乃知是卷為器之所作于又未嘗不為吾鄉文物致深喜也既而入對　大廷策名進士觀政于夏官自大司馬以下曁郎署諸公罔不重器其才而禮遇有加焉茲蒞上饒以明敏之資充贍之學弘偉之器達諸政事吾見百里之邑不足治矣抑予聞子民之道在順民之情也民情惡勞也吾逸之民情厭暴也吾仁之民情患貧也吾賑之

夫如是則政通人和庶事畢舉使為賢令尹首稱則於

朝廷任賢安民之意為不負于庭訓為克承而予科目之薦拔亦不為無光矣況內臺峻擢斯蓋其階梯也器之行矣懋哉

送鄭世卿序

教與養治平要道也今

天子自臨御以来恒一意于斯謂養民莫要於縣令教民莫要於庠序之官用是近年縣令多簡進士以

克厥位重養民也獨府州縣學官科目之士厭其泥
困下位終弗克奮庸以自見于世故會試于禮部名
在乙榜者往往力辭弗居冀以待進士之舉
朝廷俯察其情下秩滿再試之　詔勵之然辭者尚
十九受者僅一二譽髦之效顧未大彰今年春復
詔有司嚴限年之制年逾二十五者弗允所辭
聖天子拳拳注意于學校之官如此重教民也夫天
下之民非養則生弗遂非教則性不復而教之養之
非兩得其人何以成善治于天下也哉吾閩鄭世卿

為吾友海豐教諭恒中之子故兵部主事學初先生
曾孫也春秋家學累數世擢科無間若海鹽訓導理
劇福州訓導文翰 寧府伴讀文鎬信豐教諭文綸
富陽教諭文欽遂昌訓導文述通州判官文穆歸善
教諭積中廣 訓導仲宏戶部員外郎建中先達諸
公皆其服屬吾鄉官族鄭云盛矣世鄉復以卓越奇
才一試而即舉于鄉再試而遂拜學正于徐州徐州
之行年所限也世卿志若有弗樂者然方筮仕之初
得英材而教育之視白首窮經尚未獲沾一命者遠

塞遲速何相遠耶世卿尚思國家所以教養斯民之心而勉于任職俾徐之士類咸克有成以爲世用則於

朝廷爲不負於宗祖爲有光于家學亦爲無忝矣矧進士之舉尚有可期世卿慎毋以詵晦下僚而自戀哉予與恒中先生爲莫逆舊交而婕好方新世卿又嘗一再及吾門故于子之行也不以須而以規

贈廷彦孫秋官序

邇者天氣向炎我

皇上慮刑獄之或滯也特

詔在京師執法諸司凡流杖以下罪之輕者俾立决
遣毋留其犯在重辟而有可矜疑者亦令聞　奏處
之
聖天子恤刑之心其天地好生之心乎然於刑曹厥
職允注意簡賢以任其事者重在得人不輕授也由
靖孫君廷彥甫弱冠即以春秋魁雲南鄉榜主司録
其文可範来學者凡數篇及舉進士拜官行人歷使
周唐晉鄭諸親藩奉宣　德意隨所至罔徑于儀遇
賜金繒則雍容懇辭竟不一受其蕭愼温雅見稱于

四方也已久迺者秩滿天官鄉薦南京刑部員外郎以大其用同朝士大夫咸以刑官得人為喜相與厚者屬言贈之予嘗讀易之豐至謂君子折獄致刑而必取象于雷電者以雷電明照而威斷也司刑獄者非體電之明則或闇于是非而失之枉非體雷之威則或流于姑息而失之縱縱則惡無所懲枉則善或蒙禍明斷君子夫豈病于是耶昔皋陶作士惟明克允君陳用辟爾惟厥中此虞周之世所以民協于中而囹圄空虛者有由然也廷彥行矣予所望者明斷

恒鑒于易象矜恤一體夫
聖心則無刑盛治彌贊愈得其人而臯陶君陳未必
專美于虞周耳予自交廷彥逮今幾三十載麗澤資
益不為不多茲于其別去此心自有不容已者故形
而為言率易不文非所計也廷彥其亦有以處我哉

送黟庠司訓林孔譽序

今制凡天下郡邑庠生有司歲一試之拔其尤以貢
于春官春官宗伯遂籍其名引　奏而廷試之又拔
其尤進居胄監俾淬礪所學以待後用然有為養而

仕樂于就教職者乃陳情于天官天官冢宰復籍其名引　奏而再試之又拔其尤者然後授以師儒之官非學有所本而素精于業者詎可以幸致耶延平林生孔譽試有司　內廷並在前列遂獲拜黟庠司訓以行其志光禄監事何君應壽徵予言贈且曰孔譽世家吾延去城南可二十里許里曰崇仁者寔李延平先生故居也先生在宋倡理學以師聖賢其流風餘韻至于今尚有存者故其里人敦禮讓重儒素翕然為吾邑之望林氏在里中又其望也孔譽以望

族子姓董漸夫昔賢之遺化謙和靜約深為士林所推兹之黟庠幸毋靳一言勉之可乎予聞孔譽業春秋者也昔延平先生嘗學春秋于仲素羅先生之門蓋與朱韋齋時為同志則春秋之在延平淵源固自有也天下後世且皆仰而師之况其省邪郡邪邑邪又况其里之近邪孔譽生于先生之里既克私淑以成其學問又嘗執是經就吾友翁秋官宗海而正焉夫宗海嘗以春秋鳴于吾閩出其門者擢科登仕率皆有聲于時矧孔譽又其高第也哉往師黟士吾知

其道非有他也遠推所聞于延平者教之以立其本近推所得于宗海者課之以精其業則師之道在是矣舍是吾何以為孔輿贈哉

贈南京羽林衛揮使鄭君序

淮陽鄭君廷舉襲其從兄求祥之爵拜揮使于羽林將行　朝士大夫相與厚者邀予言為贈予因告曰用兵猶用藥也藥之代病與兵之禦侮一理耳或者聞而咲曰子言誤矣藥之用志于生兵之用志于殺二者不啻陰陽晝夜劍佩矛盾之相戾何可比而同

耶子曰不然藥有方而用藥者醫也兵有制而用兵者將也將之材有五曰勇曰智曰仁曰信曰忠一或未備不可以言將醫道亦循是也拯人之疾痛可以為仁辯證之安危可以為智治療必竭其能可以為忠診視不爽其期可以為信而行此四者終始弗怠其醫之勇乎夫醫之用藥志于生信矣若曰將之用兵志于殺為此説皆非知兵者也昔鄧禹將百萬之衆未嘗妄殺一人東漢諸將孰愈于禹曹彬以十萬衆下江南不血一刃而李煜降汴宋諸將孰

愈于彬二子皆良將也皆善用兵者也所以効績邪
家而垂芳竹帛者其莫以殺耶以不殺耶予聞廷舉
方未貴時淮海間一名醫也及揮使之 命既下則
羽林一將耳故所告者如此方今太平無事文治聿
興兵戈戢而不用矧廷舉又推其所以為醫者為將
則夫生人之心固常存而不泯也執此以往吾知麾
下之士將蒙其福而不困于殘虐也必矣或者撫然
曰良醫主于生人良將主于不殺人信乎事雖異而
理不異也廷舉之行微此言不足為贈予遂援筆書

以贈之

送黃君盈中序

吾里中黃與林世相好也予於盈中為表昆弟而予從子又盈中甥也予二人方丱角時同學春秋于南湖鄭先生文鑰之門君之叔父彥祥以政從兄文升子之從兄亨仁族子重周皆為同館館則林橋董叟之廬而館人之子鐙亦為同業四方負笈至者視二族子弟倍焉館之南諸山弁列北俯清流而東西夾以小圃植花木頗蕃弦誦之暇或倚窻靜觀山川明

秀可挹可玩胸次悠然甚適也更數年館八供湯茗
雖夜分不輟衆皆多之自後踵入庠序為弟子員癸
酉鄉闈予謬先領薦及丙子則益中己卯則先生壬
午則以政蟬聯而捷其未捷者計二族尚四人也先
生初拜常山司訓益中掌教韻庠以政授董州州博
惜夫不祿于途予方困跡太學妄意後舉師友睽違
不胥晤者十載餘矣逮成化丙戌叨科甲第越明年
以母喪奔歸益中亦丁外艱于家嘗同即舊館而詢
之則故主已易而其父子且俱淪殁徘徊久之皆重

增感嘆而去益中服闋改任東安去冬以秩滿来
京師予亦具員史館聚首僅逾半載每談及同門諸
友二十年來存亡出處若是其不齊者豈非命耶益
中今又別予往教于繁昌予何以為益中贈哉夫善
學者善教之本也益中向傳於師者自離經辨志之
小成以底于知類通達之大成其學善矣故一施于
贛再施于東安陶成士類率以善教得名茲之繁昌
蓋孰路之輕車耳況繁昌之士秀而易教又非二邑
比耶惟予日遠師友善過罔聞德業終之無成可惕

也盖中其有以處我哉

送陸叙州詩序

陸君克深以祠部員外郎出守于叙吾同年凡若干人相率餞之人贈以一詩詩成僉命瀚序其意于首且克深初挾奇才取春魁舉進士高第尋被命入翰林為庶吉士年最少性最敏志最鋭氣最充論議最高抱負最大而詞藻之工特其餘事耳及拜官是部遂舉素所養者見諸施為歷郎署大夫能聲日著間嘗不避危險建白典禮大議風槩凛然為士論所

多未幾丁内艱家居
天子思其才亟欲用之方克深釋服北來不待復舊
秩而叙州之　命下矣昔者唐陸傪亦以是官出刺
于歙韓昌黎謂朝廷夙夜之賢都邑游居之良咸齎
咨涕洟以惜其去克深於叙猶傪之于歙也而遠過
之所謂賢與良者庸亦有惜之如傪否耶曰不然夫
克深于傪出處雖同而我　朝任賢之廣則大非有
唐比也内臣之賢可以外陟外臣之賢可以内薦故
百僚庶職皆知夫進退之節出入均勞之義初不以

是爲輕重也然則克深之去吾固喜其道之得行且
慶敘人將蒙其休澤也而奚以齎咨涕洟為哉雖然
先一州而後天下韓子之望侈矣克深將不有以副
吾同年之望也夫

送僉憲林君用淵赴任東廣序

國朝自設科以來一門昆弟凡三舉進士者始見數
家若安福之彭常熟之章新淦之何福山之孫而用
清用養用淵三林則自吾閩出焉是雖人才挺生用
協文運之隆而其家學淵源父兄師授之懿亦于是

乎足徵矣諸林乃考叔魯先生永樂中以禮經大鳴
于時比領鄉薦歷教常山興國二邑兩典江右湖南
文衡凡士經造就者學皆有成預薦拔者才俱適用
而遺德流風學者至今慕焉兄諸子式遵庭訓惟謹
故用清向任冬官主事用養今官大理寺正兩在南
都廌勤聲績並爲士林所多而用淵歷秋官主事員
外立　朝于兹殆將十載其文章政事蔚與伯仲相
伯仲也成化辛丑春嘗奉　命同考會闈之試時予
亦叨在列見其精勤謹密嘆服不已比竣事未幾天

官卿愿其學行醇雅擬薦僉憲提督雲貴兩藩學校當其時未獲　俞旨不數月而東廣僉事之命下矣夫東廣密邇吾閩用淵斯行得壽太安人于家而遂迎以就養甚非雲貴相去萬里有孤夙願比也然則不用于彼而用于此者

聖天子之心無乃俯循臣子孝親之一念乎用淵以刑臺能官出佐提刑之司輕車熟路殆無難行而鄉曲諸縉紳乃以贈言屬予予文何言可爲用淵贈哉易曰山上有火旅君子以明慎用刑而不留獄予呆

手釋之以爲慎刑如山不嚚如火憲臣所職當不外
此矧方今之治刑期無刑用此道也用淵之心蓋亦
上體　朝廷之至意乎予辱諸晁王教愛最久故于
用淵之行致辭不阿而敢告之如此云

順天府鄉試録後序

聖天子紀元弘治之明年當秋八月大比順天府先
期以聞　上命臣傑臣瀚擇士于文闈既三試竣事
爰列其氏名及採其文之尤勝者萃而爲録録成臣
當叙于後將以塵　御覽範四方而傳千萬載也惟

昔唐虞三代岳牧之咨元愷之舉宅俊之用賢能之
賓興于時世底雍熙而治臻泰和者雖曰輔弼得人
良由堯舜禹湯文武之為君躬行以倡率者克盡其
道所致漢唐以降漸不古若而士風漓矣我　國家
簡賢圖治　聖聖一心然是科則當
皇上嗣統之初而文治之方新也思皇多士樂育乎
清化者靡不交相欣慶而曰
天子日總萬幾宜恒　御經筵講明理道　躬臨太
學祗謁先師進儒臣講經于前所以風天下者隆矣

哉維新之化也是以六館暨畿内生儒得于觀感而
興宜乎星聚川奔戰藝于場屋者發而為文　章乎
天機雲錦五采奪目可快也初試之日方晝倏然大
雷雨以風不移刻天開日霽俾棘内之士得以盡展
所蘊似有鬼神默相于其間者殆我　皇上躬行盛
德所以感于天者如此易曰震來致福夫豈偶然哉
爾諸士子沐　朝廷之新化舉　龍飛之新科為觀
之觀光尚賓為晉之衆允上行此其時也夫校藝之
文蔚矣然德業非日新不可以行將効用于時尚當

篤忠貞慎名檢毋蓬乃心以柔物議宣推其自新者以新夫民則於　列聖作育之恩　新天子躬行之化庶爲不負茲之新録亦爲有光况唐虞三代之士又未必不可學而能也勗哉時乎

賀陳千兵符潤序

予嘗讀漢書至班超傳之始末而知其功之竒位之顯皆㓜志之壯所由定也盖超出自扶風儒家父彪兄固史稱其比良遷董兼麗卿雲則詩書世業從可知矣超夙負大志而孝謹有聞當永平初年居洛陽

傭書養母甚勤勞不怠一旦乃投筆歎曰大丈夫當立功異域以取封侯安能久事筆硯間乎聞者壯之自後從竇固西擊匈奴首捷蒲類之戰喻數載威聲大振遂以次伏鄯善下疏勒破于寘莎車龜茲諸虜而降之沙漠爲之肅清漢家迄無西顧之憂者皆超之力也未幾侯封定遠而厥志以償詎非一代之奇士耶　廬陵陳君符潤乃　太子少保禮部尚書兼文淵閣大學士莊靖先生季子幼承家教敏而嗜學年甫十七八進游于胄監其英偉之氣特達之才蔚爲

士林所嘉比先生不禄符潤乃扶櫬南歸大事既襄復北來榮授冠帶既而往旅于宣府適虜寇雲邊西疆　朝廷特命大將軍保國朱公征之符潤乃挺身自拔奮武勇以從卒收奇功凱還之日荷陞賞視衆有加既又輸粟以瞻邊餉遂拜　恩命進正千戸于龍門懷抱壯志亦少伸于此耳縉紳諸契舊相率徵言賀之予惟世家子姓文而文武而武常事也然有去武以從文去文以從武者所謂登山采玉入海探珠志各有所在耳符潤蓋志班超之志者是以手劍

一出而軍中奇之況韡靖先生及第賢科致身臺閣而相業隆于當時班氏之先殆未及此符潤年方壯志方銳而忠肝義膽有非衆所可倫將來勳業詎知不如班氏之後封侯食邑流芳於青史也哉瀚初入翰林時常侍教先生之左右而符潤亦相厚舊矣故敘其前日賀其今日而致望其後日云

重刊林文安公文集卷之三

重刊林文安公詩集卷之四

南京禮部郎中不肖孫炫敬編
知福州府事後學山陽胡有恒校刊

序

送太守董

弘治紀元之初新
天子丕隆德化以撫閩海内元元俾無一夫不得其
所而雲南去天萬里尤上廑
聖慮圖惟得人以牧之則轂教所被窶遐邇一無閒矣會稽董公德初以

名御史出守于玆　命下之日或者謂公負英邁之
才禀剛大之氣而又擅風憲之良顧授一郡而使之
遠去無乃其心弗樂乎是行耶予曰不然公之心多
憂民之心而　朝廷用公蓋為荒服之民計耳況千
里專城厥任豈輕也哉公始以名進士出宰于黟黟
人蒙其澤者恒思之逮今不忘及擢為御史首巡于
畿內繼巡于吾閩風裁凜然後先一轍當在閩時適
旱荒之餘疫氣大熾人之染病而危亡者不可勝計
公則衝瘴霧冒炎氛躬歷列郡下令有司多方以賑

救之雖窮鄉遠邑僻在山海之隅者無不周行撫視
凡所至則去貪墨鋤豪强決滯獄甦困窮遇有興土
木之役者立皆罷之亦毋病民由是憲度肅然而人
心罔不懷也其年適當大比入場屋中精白一心以
監臨之惟嚴惟公故所取之士率輿論之素歸者矣
明于薦賢之心公也急于憂民之心仁也公之心所
存者如是殆未可以是行而窺其不樂也然向自牧
民簡任於風憲今自風憲簡任於牧民執此以往一
郡不難治耳由兹而再遷焉則外而藩臬内而臺省

雖風憲牧民任之重則舉而措之庸有出于此心之
公且仁哉公之伯兄德和亦以進士歷官中外茂著
厥穀寔相伯仲蓋其所居乃安石東山山川之秀所
鍾英賢誠不偶然也公將之任太史鈕君宗源以有
同鄉同寅之好乃合士林素相厚者餞于都門謂瀚
知公頗深匪容或默遂舉向之澤吾閩者序以致贈
且爲閩人寓萬一之去思云

中山使節詩序

琉球爲海外番國中山其王號也前大未元覲爾不

通華夏雖迭招諭之弗至逮我
太祖高皇帝奄宅九有四夷率賓中山始遣使來
朝自後踵絡入貢歲以爲常凡繼世則請　命冊封
執藩臣禮尤謹而其外患寖遏士疆用寧者皆我
列聖德威遠被而柔懷保育之所及也不然豈中山
能自立其國耶成化戊戌夏世子尚賢雖監國踰時
然不敢自王也乃奉表上以
天子之命爲請
天子遂慎簡廷臣之中而得宜于使事者二人兵科

給事中董君子仁寔充正使持節以行　朝廷特給
麒麟朱衣及寳鏹百錠錫之視使近壤者不侔彰
殊恩也同朝諸縉紳率賦詩歌爲贈都給事中張君
文淵唐君宗明彙而成卷題其端曰中山使節且要
予言以引群玉惟夫使臣古所重也考諸先王遣使
之詩因體其心而勉其効職則曰駪駪征夫每懷靡
及而子貢以孔門大賢矣子特舉使事教之然則使
之爲任重輕可知矣况遠如中山而可不擇侍從之
良往耶子仁自舉進士列諫垣爲

天子近臣封章論疏非切肯綮者不陳忠鯁之槩士
林素已賢之則是行也哉
皇上所以柔遠之德保小之恩樂天之誠子仁其能
奉宣于中山而無愧夫使事也必矣予忝在同年又
奚以爲子仁贈哉因序是詩而并系詩于末簡云於
惟中山海徼攸藩爰共職貢稽首 金鑾 帝澤云
溥天地斯覔無玆遐陬煦育綏安嗣乃王國 冊命
用頒給事黃門輟爾清班皇皇玉節雲繞龍蟠島人
蟻集抃舞交懽海波不揚使舟聿還東風載和歸覲

天顔

贈憲使陳公之任陝西序

世未始無非常之才而非常之遇則自古爲難也賈長沙不遇于漢韓昌黎柳柳州不遇于唐蘇東坡胡澹庵不遇于宋數子者文章風槩皆雄于一時才之非常信矣然其不遇亦未爲不遇不遇非常之遇耳觀諸前史徙發一慨嘆也吾閩陳公叔振當成化乙酉甫弱冠即以禮經舉于鄉後五載已丑取會闈亜魁主司録其文以式來學比登進士前列復被命

改庶吉士進學于翰林其才非常于是而始見所遇
非常亦再端于此可知矣旣而拜監察御史之職然
授是職者非年逾三十不預厥有定制公時方二十
有五特以翰林儲養人材授之非常也未幾薦領
璽書理鹽法于兩浙提督學校于畿内用之於南則
國課充而久病竈丁以甦用之於北則風教行而一
時人才以盛其非常聲績騰播邇遐此非常遭遇所
由以階殆又不偶然也比服二親之喪家居讀禮甫
終適 朝廷用臺閣輔成之議凡藩臬元僚係一方

重寄不可以常職視之須遴選聞望素隆負非常才器者以克則方岳得人而天下之民安矣乃　命大臣各表其所知以　聞于時都憲屠公朝宗首舉叔振應　詔

聖天子特以陜西按察使授之其舊寅諸公徵言爲贈予惟列宮内臺夙負才望而擢居是職者在往時資格匪拘則爲常從今時資格拘之則非常矣然則非常之才宜有非常之擢使不遇非常之遇則如賈如韓如柳如蘇胡文章風槩漢唐宋孰其前之當時

用舍一聽諸天遇不遇殆非諸子所能必也公之遭
遇過之遠矣豈偶然也哉夫陝右為西北重鎮密邇
三邊或虜羌戎時或跳梁以侵擾我疆土虔劉我黎
庶又或假　朝貢之禮以蓄其窺覘之謀雖云責在
邊將撫臣而憲使以外臺之長恐視此亦非度外事
也惟養威以讋其氣敦信以服其心定策以破其詐
一方重寄或者無出於此公之所負所任所遇皆非
常也行當大樹非常之偉績遠振非常之風聲則非
常之位遇又將副天下非常之望矣幸毋曰非非常

談也何以爲我告

榮椿堂詩序

吾閩王用和先生頃者以子世英貴拜承德郎戶部主事之封王職方政夫嘉世英之克子也因名其堂曰榮椿復約諸朝彥爲詩呼畫史爲圖且命瀚爲序將馳之而南用爲先生慶焉方先生未貴時瀚嘗序以壽之而今日 寵光之臨蓋已預期其然矣夫木之壽莫壽于椿自莊周著書發爲是論故後世人子稱父曰椿者祝其壽也然曰榮椿者豈以椿歷歲既

[illegible]麦雪霜不凋不零不瘁不槁發木中
挺然獨異而覩之安享天年强無恙者殆有類于是
耶曰不然夫　朝廷之恩猶天之雨露也恩被臣庶
猶雨露之被草木也草木雨露而榮然則臣庶之榮
不伏夫　聖恩之及胡可得耶先生一林泉之老耳
龍章鳳勑煥然褒嘉在野之臣榮孰大焉堂以榮椿
名者昭　君恩也祝親壽也盖亦躰世英之心也政
夫之意無乃以是否耶況諸公之作長篇大章金石
交奏洋洋乎皆　治世之音非屑屑于賦情詠物者比

也使凡爲父者誦之有所師而思訓其子爲子者誦
之有所感而思顯其親則慈孝之心將油然而生矣
所謂可以興者豈獨古詩爲然我

贈憲副章公之任福建序

正道一載諸六經窮六經者務正學造正道也哉
朝設庠序遍于天下無遠邇暨師弟子非正道不傳
非正學不講然又慮其久而或怠故專風憲官以程
督之則教者有所法而施學者有所勸而勉人才於
是乎盛六經之道昭然矣淮安章公彥質廼者以東

廣僉憲賀　聖壽來朝京師未至已擢憲副總學政
于吾閩既至禮成遂奉　璽書陛辭而南吾閩仕于
朝者咸以鄉之後學得所歸依爲慶俾予述其意以
贈于閩公在東廣專是任者數年其大要惟正士心
敦士行而勵其所學一皆六經正道至于勸懲之公
則鑑空衡平群心罔不悅服是以嶺海人才于時爲
盛者公盛之也執此以往則海濱洙泗吾閩殆有望
耳又奚予言爲哉昔唐常袞以館閣鉅公出爲觀察
使于閩宅心愛士銳意勸學閩人之文寔自是而始

興焉逮至有宋天生晦菴朱子沉潛六經之正學闡
明六經之正道流澤益遠沾漑益深高山仰止不爲
無人而成德達材今日衆所望者公耳公自舉戊戌
進士居諫垣嘗以正學正道爲
先帝所知丁未春特命同考會闈竣事不逾月復進
爲督學憲臣皆異用也夫閩廣並東南藩服境土相
隣士風相類公移其陶閩士者以陶閩士俾窮六經
之奥求會於心毋外務毋虛矜庶仰體　聖諭所謂
崇正學迪正道黜浮靡之習振篤實之風服膺既久

則吾閩人文殆將追蹤宋儒之盛又匪但常衮始興之比而公之德教不可磨者在閩猶在廣也請以是爲公贈且致望于吾鄉之後賢云

戶部侍郎雲坡吳公輓詩序

嗚呼吳公亡矣亡之日爲弘治乙卯冬十有一月壬辰前此半月公聞吾子庭擢領鄉薦而喜乃約六司空南平劉公載酒崇報即寒牕張筵爲賀勸酬竟日曲盡鄉井斯文之好秉燭方歸孰意千古之别已隱然訣于此耳悲夫　朝廷命官諭祭其詞曰勤勞無

間于初終忠藎克殫於任使　聖心追思悼惜溢乎
言表然非公殆不足以當之中朝諸公挽詩之作其
有出此　天語之外者乎蓋公世家清漳自舉進士
拜給事中于兵科歷進左右都給事中太僕少卿正
卿戶部左右侍郎立　朝踰三十有餘載居諫垣而
言論婉以切居太僕而馬政裕以舉居地曹而國計
充以周當弘治壬子歲浙江守臣以洪水病民　上
聞乃　簡命公蒞職僉都御史往分其災至則殫心
賑恤而魚鱉之民生矣惟勤惟勞惟忠惟藎公於任

使終始此心而已今在九京服玆　聖諭可以無愧
矣作是詩者同年也同寅也同鄉也况皆同　朝也
非述公之碩德則贊公之宏才非重公之雅操則慕
公之汪度凡形諸言殆弗克已于衷也夫豈滌之無
從者哉况予於公爲布衣舊交辱雅愛而彌篤援
筆序此不覺老淚之汪汪也嗚呼雲坡

賀侍御林君三載奏績序

由夏商周而來文武士判爲二流業詩書者弗究韜
略身介胄者罔事章逢全才之士世不多見後數百

載惟漢諸葛亮庶幾乎此又後數百載韓琦范仲淹挺身于宋皆文而武者誠一代之人豪不世之全才也歟我　朝凡興軍旅以征不庭雖有大將統之而督其師者則　簡命文臣以行全才之士亦未嘗無其人焉西廣越在南服去　天萬里苗獞峒居而穴處者時出剽掠虎噬狼貪爲患于封境久矣弘治六年秋吾福御史林君舜舉往按是方適草寇大熾攻城棘路虔劉生靈茹荼一省皆爲震蕩舜舉至目擊猖獗之勢如此因歎曰事急矣遂約會總鎮暨方岳

諸公星馳請兵定策剋期翦之遴選藩臬中雄才以
脅武弁乃于是年除日竟趨伏羌伯毛公輩行營中
督戰甚力凡軍機緩急一惟舜舉是裁所向勢如破
竹賊衆望風奔潰直擣其巢峒百七八十處俘而馘
者六千有奇追回脅擄子女毋慮千百甫逾十旬而
妖氛汛掃土宇肅清民以寧居奏凱　朝廷遂進舜
舉階一級且有綵幣白金之　賜而西廣士夫平蠻
之頌作焉夫率兵討叛將家事也而舜舉以風憲儒
官克成其功視孔明之于仲達韓范之于西夏殆不

多讓文武全才又於斯見矣况還此西廣勍罷大臣
之寅緣希寵者不一茲之奏績風憲之最無忝矣
龍章鳳勅榮進二親是又 國家盛典而人子顯揚
之孝詎加于此哉將來位遇尚當踵武三代之全才
而漢宋諸子不論矣予因内臺諸公徵言爲賀庸序
以賀之且重吾鄉邦之有人云

送邇守羅君之平陽序

羅山諸文士恒以春秋赴河南省試予曩歲從計
京師聞有憲維羅君用是經擢名首選未幾又聞其

躬憲章繼領鄉書而伯仲經學大鳴于時憲維今職西安郡博其善教訇然有聲憲章迭進試春卿不遇退肄于太學脩志增藝逮今餘十載始謁選天官天官試其才儁大用乃于群士中特前其名以 聞遂拜 命平陽通判馬首欲西其友黃門徐君文振過予謂曰憲章爲人英偉振邁秀拔等夷其文懿且高其行端以古向也雖屢抑於會闈茲獲出倅大郡亦可謂不負其才而志行且伸耳吾友幸爲我序以贈之予辱與黃門爲久交而聞二羅之學行亦既有素

奚容以不文辭哉夫平陽爲唐堯故都淳風未漓郡
民猶崇禮讓信實自昔號稱易治其屬州縣三十有
五視他郡蓋倍蓰其廣故歷代生賢足爲後人所景
仰者甚衆清風可仰有夷齊焉文教可仰有王通焉
政化可仰有尹翁歸焉忠誠可仰有裴度焉德業可
仰有司馬公焉是郡也遠而被帝堯之化近而仰諸
賢之風又况我　國家仁漸義磨治隆俗美唐虞以
降于斯爲盛其稱易治信矣或者乃謂今平陽民俗
不惰習尚且偷官于斯者率以難治爲病予奚許其

易哉予曰不然今之平陽唐之平陽也平陽之民唐之民也治之有難易者不係夫平陽而係夫官平陽之人耳得人如憲章雖處以大任將推其經世之學亦無施而不可者矧居一郡之佐而顧計其難耶易耶憲章行矣異時奏績來　闕下予將詢堯之遺風暨諸賢之流澤而驗其所治果爲難易也夫

送行太僕少卿張公之任序

張公志寧以戶部郎中拜遷東行太僕少卿之　命將行舊諸同寅要予言爲贈公世家臨洮早以易學

舉于鄉卒業成均初仕爲吏部司務改任都察院歷
九載勤慎如一冡宰及都憲諸巨公遇待之禮視他
慕屬有加比考績得最遂進秩戸部江西司員外郎
未幾復進山西司郎中公在二司司糧儲出納惟公
惟平故下無怨言而國賦亦未嘗或虧誠一賢郎署
也頃者大僕　命下士論罔不宜之夫太僕之設所
以董牧政也成周之制官民通牧其法爲良至漢則
牧於民而用於官周制自是一變矣唐則牧于官而
給于民其制雖又一變然當時得張萬歲王毛仲諸

人善于其職故麟德開元之間蓄馬蕃庶于時爲盛
而軍旅之資用以不乏逮宋以來蓄于監牧者曰官
馬散于編戸者曰戸馬市于邊郡者曰戎馬制雖不
同其所重者惟監牧而已是以騏驥有院天駟有監
天廐有坊而群牧之使實專之故陳堯叟以樞密大
臣兼領是職然則太僕之任見重于前代也可知矣
我
朝蓋用成周良法參以漢唐宋之制而折衷之
故南北兩京既設太僕兩寺以總天下馬政而于江
北郡縣皆置專官以領其事然于遼東則又有行太

僕苑馬二寺之設蓋以遼陽爲邊方重鎮東夷北虜出沒匪常　朝廷嘗遣大將宿重兵以備不虞故馬之調發出于不時視他方尤在所當重也公以練達老成之才往貳太僕之卿任雖愈重舉而措之在公不難也異時牧馬以蕃兵資以贍邊疆以固上而有益于　國下而無損于民則公之最績聞于　朝野播于四方可期矣張王堯叟亦豈得專美于唐宋也哉

送王體立尹新會序

廣東西二藩爲苗寇所蠹民用匱寧今

天子臨御蓋嘗命將撫而平之然瘡痍卒未悉復故

隱憂宸衷宵旰弗釋用是蠲徭役罷征科省宥過

凡可以拯甦民困者屢　詔有司宣行甚悉至除守

令則尤慎擇其人徃與厥任意者守令得人則德化

流行而吾民之困甦矣龍溪王君體立自鄉薦來游

太學雖決試春官不售而問學志操卓然爲士林所

推邇于吏部循次入官或者重惜其才猶勸之退避

以待後舉體立因嘆曰　國家所以厚于養士者亦

林文安公文集　卷四　王

將授以庶職隨其所能而器使之也吾敢務名自匿
而顧父召乎　國家哉遂欣然就選得拜東廣新會
尹以行清漳諸朝士徵文為贈予聞古之治邑者若
子產在鄭而民不能欺子賤在單父而民不忍欺西
門豹在鄴而民不敢欺何也蓋不敢欺者讋其威也
不能欺者服其明也不忍欺者化其德也今天下列
邑未始不可鄴可鄭可單父也顧宰之者所施如何
耳然威勝則殘明勝則察察與殘皆民所病未聞以
德勝者病夫民也況新會值寇攘之餘民困未甦言

知饑者寒者勞者疾者嚶嚶然思聽子賤之琴久矣

體立方負用世之志又遭際

聖天子簡賢圖治之時兹焉得百里而宰之其于邑

民有父母之道焉父母之于子饑寒勞瘁則思有以

飽之煖之安之逸之其心無不至也所謂以德化者

豈顓是歟體立試舉斯心而加之于民然後驗諸民

心其果不敢欺邪不能欺邪不忍欺邪

送都憲倡公巡撫南畿詩序

大器倡公世家子鄆城自舉進士爲御史爲大理丞

爲少卿爲副都御史爲刑部侍郎正色立　朝二十
餘載其風紀之肅刑獄之平天下之士論歸焉間爲
忌者所中遂出守于徽郡未朞月政通人和郡人寔
父母之
聖天子知其經濟宏才而屈于下位也乃召還京師
復前少卿之任未浹辰即拜左副都御史　賜璽書
撫巡于南畿夫兩畿皆　天府之地視四方萬國攸
安其最先者然北畿之民恒饑于旱荒疲于牧馬之
償春于豪右莊田之侵欲南畿之民則又異于是糧

運德之重租貸之丁夫勞之豪勢之追債貧逼之加
以有司非人恣厚斂而橫科之東南雖云富庶而民
亦鮮有不困者正蘇長公所謂白圭猗頓亦化為篳
門圭竇者此也公向嘗巡撫于北畿覩前所云者皆
聚于目中歎曰邦本也可不固哉於是歷請于　朝
賑饑民蠲孳牧鋤豪家之奪民利者畿內之民頌公
之德猶甘棠之思召公蓋未始一日忘也茲之南畿
又公為御史時所按為郡守時所治之境誠舉　朝
廷德意而撫綏之吾見德者以起貧者以裕苦者以

息逼于逋負者以寬有司之[illegible] 者以[illegible]以懼則江
南之民困甦全然則民之病雖殊[illegible]生于 則一耳
民既充足則 國家財賦奚不給之憂耶與時進居
輔相弼成化理則天下之民足矣又不但南北兩畿
之爲然也公行有日都憲屠李二公即餞席定韻賦
詩以贈同 朝諸公賡而和之者衆其增一首者又
同年席間所鬮韻也瀚亦勉成二章附于末簡而屠
公又命序之故推公之偉績既大著于北畿未必不
大著于南畿也書言以俟之

（四卷終）

林文安集　六

重刊林文安公文集卷之五

南京禮部郎中木　訒炫敬編

知福州府事後學　莆陽胡有恒校刊

序

賀侍御劉君序

劉君敬之以大行人進官監察御史司正林蒙菴先生過予謂曰敬之世家于蜀早歲侍尊翁郡慱先生宦遊四方克遵庭訓問學大有所造遂用葩經舉丙戌進士來爲予同官其通敏之資端謹之行

操深爲寮寀所推嘗持節歷使諸蕃國能敷宣　德音罔或辱　命職者固期其才可大用也比三載書最天官天官遂薦之授以今秩吾儕與有榮焉予其爲我文以賀之幸毋辭夫御史古所重也建自成周歷秦漢而唐而宋或用以職諫諍或用以舉彈擊或用以治獄訟厥任雖重然各置其員司之故有侍御史有治書侍御史有殿中侍御史有監察御史有御史裏行分任其責初未以三事兼責于一人也我朝酌古準今定爲是官則皆曰監察御史而于諫諍

彈擊獄訟之事舉得兼之其責任之意視前代不尤

重且專耶

祖宗以來著爲憲綱非歷官中外卓有成績者弗與

茲選良法美意萬世可行

聖天子任賢敷理率由舊章至簡耳目近臣則尤慎

在得人非衆職比也敬之以宏才偉望進居是職宜

矣然所以舉厥職者豈有他哉曰諫諍必忠言讜論

足俾夫　朝政曰彈擊必英風義槩足讋夫奸憸曰

獄訟必公恕詳明足鑑夫幽枉夫如是則耳目之職

以舉而　朝廷簡任之意斯不負矣予以敬之同年也故以望之之意載諸賀之之序云

送曲阜尹孔君朝臣序

朝臣以

宣聖五十九代孫拜世職知縣于曲阜捧檄將東歸鄒魯諸縉紳請予告曰朝臣早負英偉之器進游三氏學宫潛心易學深造其精藴援筆爲文戛然出于士類衆皆奇之成化丁酉遂奮取鄉闈高第借薦試春官未售乃卒業于　國學待用于天曹凡十有餘載

而厥學之克厥德之成厥才之茂夙見稱于宗族見信于朋友見重于鄉邦靡不以遠大期之適曲阜虛世職之令大宗衍聖公乃循輿論表薦朝臣當之天官鄉爲請于
上詔特許焉吾黨斯文咸以得人爲慶惟兹言贈用敢累執事何如夫今之仕者未有不出于鄉國也近而數百里遠而數千里又遠而萬里者容或有之然其民風士習之淳漓賦役公需之輕重皆所未達鮮有不以爲病者惟

宣聖子孫則大異於是焉夫以曲阜之賢而治曲阜
之邑所謂民風所謂士習所謂賦役公需之類何者
不洞見于胸中殆無難治之慮耳況朝臣發身科第
卓然負用世之才使無是舉則顕秩穹階自有可待
未必百里之能屈也然以仕于鄉邦論之則當代惟
君一人矣位遇崇卑奚暇計耶所先者睦族所重者
仁民所持者公道所守者家法信如是斯無負于宗
族之稱無負于鄉邦之望無負于宗子之薦無負于
所學之經如是而為聖人之後矣勖哉朝臣行矣異

時化洽于曲阜轂聞于　朝廷大加顯用以澤夫斯民則世德之光又天下所仰瞻特一家一鄉一邑而已也庸序以誒之

嘉會錄後序

是錄也乃吾鄉黃少宰公近所編也公自正統中起家進士拜監察御史歷遷僉憲大參憲使左右伯于兩浙于廣東西三藩轂績赫然爲時所重是以方陟君都憲總國計于南京未幾入職吏部蓋聖天子所親擢也爰自發軔仕途逮今三十有五載

所領　制勑凡若干道及縉紳故舊所贈遺者如贊
如序如詩歌凡若干篇悉手録之每出入必篋以自
隨者服　聖訓也重朋友之箴規也間嘗出以示瀚
俾一言以識其末捧而閲之　天章奎畫雲漢昭回
而雅什維詞連篇累牘正昔人所謂瓊林瑶樹瞻之
在前金聲玉振洋乎盈耳也於戲公之是録豈直一
門子孫可晋傳以爲寶耶使天下後世之人得一見
之讀　朝廷錫命諸文則公事　君之忠顯親之孝
於此可推而志于忠孝者勸焉讀士大夫諸作則公

之功覆天下澤潤生民於此可推而志于用世者勸焉況我 朝人文之盛亦於此乎可考可徵錄之攸係其重如此是則前所云者本公之意斯又預發觀者意也若夫名錄以嘉會者則有少宗伯及靖江長史周馬二先達序於卷端詳矣故茲不贅

送太子太傅屠冢宰公致政歸四明詩序

大臣以舉職爲難而保終爲尤難也歷考前代若蕭望之之于漢張柬之之于唐寇平仲之于宋皆大臣也皆善舉職者也然于保終之難君子蓋不能無憾

焉屠公朝宗以太子太傅吏部尚書致政還四明
朝廷賜璽書給驛舟以行兒家食有祿服役有夫其
優禮大臣　恩典之隆殆無以加而公之遭逢亦豈
列卿少年者所可伴也蓋公自成化初科舉進士官
内臺出按西蜀風采已凛然振于一時不數載進秩
僉院副都左右都御史撫兩廣平外邦凡當大臣處
大政大事皆勢如破竹迎刃而解　朝廷既歷試其
能而忠賢才望簡在　聖心久矣用是召還以握臺
垣遂進拜吏部尚書迭加太子少保太保太傅職任

愈重而公率從容負荷若有力者之舉百鈞初不知
其為重且難也然在銓曹不四五載瀚得侍左右者
八九閱月其宅心之公恕知人之詳明制事之通達
殆非淺所能企及也昔宋璟為唐吏部尚書善舉厥
職當時賢之及大拜求退朱子綱目特以致仕歸東
都書之千載之下汗青炳然自不磨然則公之才璟
之才也公之任璟之任也公之歸璟之歸也越百世
而符同也如此其視前代之蕭之張之寇遭際不偶
而弗克保其終者欝暢何如也況嚴君在堂壽登耋

耄。榮封官階悉與公不異，錦袍玉帶輝映桑梓，此則璟之所無，而古今亦豈多見也哉？同朝九卿羨公之是歸也，並形諸詠歌以爲公贈，僉謂瀚于公爲同年，爲同寅，而是詩之序奚容以辭？雖然，公負名世之才，年甫六旬，丰神顒顒昂昂，歸然不衰，行將應召還朝，秉國鈞而匡聖治，當徯有日也。庸書以俟之。

保定五老榮壽會詩序

清苑韓公貫道向以副都御史奉璽書撫巡西夏

踰四五載間胡虜賓服邊疆輯寧遂累疏乞歸田園詔特許之既謝事家居時大理卿高陽田公景暘都憲蠡吾王公世用劉公汝器傳野吳公　皆以耆年致政于鄉一日會于韓公靜樂園亭中觴咏敘舊情甚適也于是約以諸公壽日集爲一會會皆有詩詩成復召善繪者圖之題曰五老榮壽會乃走書達予俾序其前於戲此衣冠盛事也稽之于古惟唐香山之九老爲一會宋睢陽之五老爲一會香山之會則白司寇樂天倡之而胡司馬果吉衛尉旼劉刺史真

鄭長史據盧供奉眞張刺史渾皆年踰七十者惟秘書狄兼謨河南尹盧貞未七十與焉睢陽之會則太子太師杜祁公衍倡之而王侍郎渙畢司農世長朱郎中貫馮郎中平皆年踰八十而畢公則九十有四矣唐宋此二會在當時已爲盛事傳至于今士大夫雖之歸休者亦歆慕之以爲美談况此五老同出保定一郡同仕 天朝位至卿輔同歸桑梓其人適符于睢陽而年尚未之及其年多同于香山而人則不滿者四然爲榮壽則古今一而已矣盛哉盛哉夫自

唐而宋自宋而今率四五百年而始有此一會是宜圖之以爲衣冠之慶又將附于香山睢陽諸不朽則今之五老視宋之五老唐之九老殆曠百世而同然耳奚其哉嗟夫予亦老矣願學未能執筆序此不覺歸興飄然于閩海之濱也

程篁墩先生文粹序

大宗伯篁墩程公文無不粹者是集所選其粹之粹耶不然非止此耳公自童年侍襄毅先生宦游蜀藩卽以奇才鳴于一時遂膺薦入翰林博覽中秘群書

學日以大進文日以有名天順壬午甫弱冠擢魁京闈而所録程式之文粹矣比成化丙戌舉進士及第而　大廷獻策之文粹矣自後歷官翰苑脩　國史進講　經筵典司鄉會闈試事而傳信格　君莅國之文無不粹者矣昔人嘗集漢文選唐文粹宋文鑑皆一代文之粹者篁墩斯集一人文粹也予閲其間若漢昭烈伐吳舊無告廟文也而公擬以一篇詞嚴誼正生氣凛然猶存殆漢文一粹耳程都知碑文専人所書者而公考訂數百載前人物事跡悉書識遺

亦唐文一粹也明良慶會卷者宋理宗與輔臣程元鳳賡詶詩章流傳于程氏子孫者而公品題當時君臣胥與之義罔不曲盡其意典雅莊重是又宋文之一粹矣特惜夫享年非永而經天緯地者未得盡用于時此則良可慨也然家藏舊稿尚富其孤錦衣千兵壎慮盡刻未易爲工乃屬公從子塡族子曾暨門人戴給事中璡之于全稿中摘其粹者次爲二十五卷僉謀壽梓以傳適大庾張公天衢來尹休寧乃公春闈所取士也遂捐俸成之爰徵序於予予與公爲

同年進士嘗友其德知其心推重其文舊矣盖公之文博贍精醇邃于理而充于氣視漢唐宋諸大家所著可以並傳無愧予不文奚足序公文之粹哉第慨今思昔義不容辭故爲舉其大要如此公名敏政字克勤以禮部侍郎兼翰林學士致仕贈禮部尚書篁墩其自號云

龍江別意詩序

龍江在金陵爲百川所匯帆檣別去而東西南北者日益以衆殆未可以數計然別一也而喜憂之態焉或

謂予曰大凡離别未有不致憂戚于其間者何以喜
爲予曰子知爲别之常而不知非常之别也南畿提
學陳御史王疇今日之别别之非常者也蓋王疇以
莆陽名士當弘治壬子秋用詩經舉閩省亞元主司
録其諸文以式四方比登丙辰進士第選爲庶吉士
儲才翰林館閣鉅公咸器重之積學三載遂拜御史
于北臺未幾將按治陜右瀕行復改　命董學政于
南畿士類領其教沐其化而悦其至公皆心感誠服
一無或間此予所見知者去歲冬懇陳惜老成宥往

直以彰　聖德一疏盖請留用大學士謝劉二輔臣且望充南科給事中戴銑輩不加譴也章上遂改丞于揭陽檄至即束書啓行吾閩諸縉紳暨士林諸善鳴者咸賦詩以贈其別卷成題曰龍江別意且屬予言以引其端惟夫龍江瞰千萬古此大川也而別去之人則有不同人之別去一也而寓意憂喜又不同焉夫辭親闈離鄉土而宗黨姻戚一旦暌違而東焉而西焉而南與北焉是不能以爲無憂也吾王疇念毋林太孺人垂白北堂久欲歸省制于法禁而未克

遂茲雖丞于潮陽之邑得以順途歸拜太孺人于膝下遂迎以就養其爲喜何如殆非别之有憂者比也位之穹卑奚暇計耶況忠孝臣子分内事也王疇是行忠于　君孝于親士林知之朝野知之而遐陬僻壤罔有不知之者不日　賜環而歸大用于時亦惟竭其忠孝而已韓子有云無疾其驅天子有詔者吾于王疇望焉匪但述其别之可喜而不足憂也是爲序

彭文思公文集序

載斯道以垂萬世者六經之文也去聖旣遠作者多
不原于六經故文自文道自道綦蕪久矣至唐昌黎
韓子文起八代之衰道濟天下之溺史稱其以六經
之文爲諸儒倡所得粹然一出于正信哉凡著述諸
文若詩四十有一卷其門人李漢彙集序之以傳嗣
後文人罔不師之宋歐陽文忠公歸然爲一代人豪
尊信表章惟恐或後世之論文者恒以韓歐並稱大
抵皆本諸六經而道寓焉安成彭文思先生天資明
睿夐出人表兒以僉憲一齋公爲父以文憲儀制二

公爲兄麟經家學蔚有淵源是以一出而大魁春闈
之士及入翰林爲講官孫　黄閣以任天下之重更
歷　四朝制作之富蓋不止此讀此十卷足以知其
餘矣乃弟都憲公彦恭將鋟梓以傳俾瀚序之惟先
生之文原諸六經本諸道參諸韓歐二大家寔相伯
仲而日光玉潔周情孔思充邃于歐殆今之一昌黎
耳若夫　經筵進講之章鄉會試録之序所以啓沃
聖心明揚賢俊有裨于　治化者斯蓋昌黎所無況
文獻世澤又非韓匹也瀚自蚤歲執經門下有年及

登科第幸從先生于舘閣之中續脩綱目甲辰春闈皆得以侍筆硯此則瀚之遭遇視李漢於韓公爲多獨序我先生之文不能道揚德學相業之萬一則於漢爲有愧耳於戲師之所存道之所存也可以不文辭哉

壽封内翰羅君七十序

泰和羅君舜臣方任國子助教時家器欽順發解西江遂舉進士及第入翰林爲編修君乃謝事家居未幾拜　恩封如其子官階逾數歲翰林擢司業于南

矣乃迎養東來居無何而先壠楸梧在念又將西歸

司業特上章請侍杖屨以行

聖天子嘉其孝也　詔特許之爰喜明年親壽七旬

思合族姻稱慶于高堂謂予知君舊矣頌祝不容無

言予聞舜臣甫弱冠卽領鄉薦克紹先司訓書香與

得祿養母遂拜青田教諭捧檄而南自後進教授于

安慶擢學正助教于兩京太學始陶成一邑之英才

中陶成一郡之英才而終則陶成海內之英才然皆

本于實德實學師表激勵有其方也是以館下多士

出而用世者皆著嶽績于時況在嚴于庭訓諸子問
學皆卓然有成司業才名蔚爲士林之望叔季欽德
欽忠亦聯登甲第拜運副于兩浙拜郎署于禮曹然
則封君是歸其所可慶者多矣夫年躋七旬而耳聰
目明康寧無恙可慶也三子登科列官中外而司風
化典國計贊禮樂者皆茂著豐功可慶也恭拜　天
恩進封近侍而巋然國老儀刑鄉邦可慶也他人于
此或得其一未必得其二或得其二未必得其三矧
司業奉　命侍行宜人所易得者哉昔陳省華在宋

左諫議大夫而尭叟尭佐尭咨三子皆位至台輔當時榮之封君父子亦省華父子也省華終弗克遂歸田之樂視封君不逮遠矣予於君向者同官國學辱知有素故舉此爲君壽且期三子者位遇當不下于尭叟尭佐與尭咨則君之加　封榮銜將不一而足斯又大可慶也序以待之

壬戌進士同年會序

交道古所重也惟心同則爲善耳故昔人謂朋而不心爲面朋友而不心爲面友君子之交豈其然耶廣

信呂君祖邦舉弘治壬戌進士拜虞衡主事來南都間出此録徵予言爲序且曰夔叨是科發身官自有録録既頒諸同年之長幼見矣乃約以其秋九月十又三日假武學爲一燕會會中列坐蓋不以名序而以齒序遂紀于是録兼註所分觀政之司暨初授官秩虛左方以俟進階之地夔因捐俸梓之俾人藏其一他日宦轍雖在東西出處可考而知朋友世講之義亦于是乎資焉予惟我　國朝科舉法制至爲周備鄉試有録則書郡邑經書會試有録書亦如之而

別以直隷諸省微不同也及登科有録則書曰學書行
書所生年月書曾祖書祖書父母書兄弟書所娶姓
氏書鄉會名次視二録所書者特加詳焉士荷　恩
榮若此殆曠世遭逢垂殼光于不朽者在是矣此之
一録又爲尊卑寖歷世講計也猗歟懿哉予聞祖邦
之祖舉辛未進士出守于夔甲科踵武其敦世交也
有自來矣凡爲其年契者貴在同此心耳語持身則
心同于清正語事　君則心同于忠敬語事親則心
同于孝愛語臨民則心同于寬仁語治獄則心同于

明恕易曰二人同心其利斷金斯之謂歟異時進位
大夫布列中外　廟堂台輔結綬而登則始終德業
將垂諸竹帛無一不本于一心之同非若懷夫面交
處豐約而移其志者比也詩曰矧伊人矣不求友生
又曰將安將樂棄予如遺此伐木谷風所以示萬世
朋友之勸戒也羣英交道去薄還淳其體經之意哉
錄中汪維賢王文明皆以丙辰巳未登春榜至是始
同獻策者若康德山孫直卿暨諸俊英百數十輩文
胄子官大學時手鑒羣之高才也故不辭而序於首

贈大司徒韓公還京師詩序

大司徒大司馬皆古官也建自少昊時歷唐虞夏商四代職任大率多同逮成周以天地四時定六卿分位故司徒爲地官以掌邦教司馬爲夏官以掌邦政漢唐宋或因或革而所典兵賦未始大異至我　朝法周制以建百官六卿分爲六部今户部尚書則古之大司徒掌天下財賦國家兵食所資以足者其任非可以重輕論也平陽韓公貫道兹以南部大司馬

恭膺　召命入爲大司徒遂于元旦卽治裝啓程少
司馬金公彙詩以贈公行俾予序之且公自舉進士
給事黃門謇諤英風振于朝野及出任方岳歷湖湘
東魯滇南三省正佐雖異而旬宣德政在在以公清
仁厚著聲未幾拜都憲巡撫于湖藩于河洛德威所
至吏民率懷畏遐邇攸同比擢爲吏戶二部侍郎皆
自結　主知非倖致也弘治癸亥秋乃拜大司馬佩
璽書南來參贊機務餘一載凡濟饑饉之民處兵戎
之事事妥民甦大副衆望茲聞還　朝咸謂輕重所

田以分雖願留而不可得予忝同年又嘗同官吏部
荷愛最云厚者奚以為公贈耶夫　國家軍旅總于
大司馬財賦總于大司徒足兵保國公既懋著其成
績然則足食以保民在公之斯行耳南北司徒司馬
厥任其果重耶輕耶惟近依　日月則與遠瞻　北
辰者似乎有間然亦未可以輕重分也公行矣　召
對前席未必無時則曰江南歲荒民困滋甚財賦日
不充矣傳謂足國之道在乎務本而節用仰惟　聖
心體之則唐虞三代之盛治端有望于今日

重刊林文安公文集卷之五

重刊林文安公文集卷之六

南京禮部郎中不肖孫炫敬編
知福州府事後學山陽胡有恒校刊

序

正思齋文集序

安成劉賢士因吾者齋以正思名名齋，遂用名其文集。也弘治中，予職司成于國學時，因吾以舉人抱麟經從遊館下，肄試其才學，傳詞粹器識不凡，乃知其章句儒生，深以遠大期之。未幾，告省嚴君荀峰先生于

梵臬一卧病遂至不起顏其年也嗚呼因吾亡矣予
南望而哭之哀馳香帛以奠其靈筍峰嘗紱斯集至
南銓示予每一展閱竒之惜之而悲凉隨之筍峰玆
擢觀察使于吾閩復取士林哀悼因吾諸作續刻集
後徵序于前予固不忍序又不忍不序也易曰君子
思不出其位思之正也詩曰思無邪思之正也傳曰
思者聖功之本非正思何足以語此然則君子可無
思耶思孔思孟思顏思程朱吾思既正所謂不出其位者
在是無邪者在是聖功之本在是而經傳不外乎一

心耳矧集中所著諸文殆窮天地萬物之理闡聖賢道德性命之蘊至謂論語唐虞氣象孟子三代氣象非學識卓越思所得其正者鮮能發為此論命之脩短天也然有斯集以傳世亦不為不壽矣爰序于前用寓感慨追思賢士意焉因吾名教

三山别意詩序

是詩也為贈御史李公國寶還　朝作也諸縉紳皆有詩歌彙集成卷爰徵予言序諸首簡予惟仁者贈人以言從古然爾故尹吉甫為贈申伯南封而崧高

作為贈仲山甫東行而蒸民作焉載諧三百篇以垂
訓萬世敦友道也三山別意豈徒寓情景象而為此
詩也耶公岳陽世家天資英邁學識高明迥出物表
甫弱冠舉進士兩宰壯邑茂著庶能聲績起而為侍御
正色立　朝謇謇諤諤豸繡中推為獨步比奉　命
南巡吾閩蹕一至而百職之貪墨者以黜豪右之
驕恣者以鋤吏胥之欺詭者以刑入郡賦役則躬閱
丁稅以定高下獄久難斷者則立辯枉直而囹圄以
空時遇亢旱則竭誠雩禱而霖雨沛然以降不朞月

閩境宇肅清人心感戴遐邇攸同歲維癸酉適當賓
興公于斯事尤殫心力期得真才以資世用節省民
財纖芥不容虛費禁防規制惟嚴惟密故所舉罔非
名士輿論翕然稱公矧登第舉子前此多不待放榜
而歸習以成風是科悉遵禁令預宴鹿鳴者九十無
一不至則自設科以來僅此一見也士林相賀以為
盛事文場既竣復興武舉亦精選得人禮遇特異予
在林下深為吾邦多士慶也公行矣方今
聖天子勵精圖治急于用賢執此以往可以當可以

者可以鄉可以相經濟事業皆優爲之澤被蒼生天下所仰其于閩之一方也何有哉諸公詩章無非仁者爲贈行而發金聲玉振輝映卷帙崧高烝民之流風餘韻存焉於戲盛矣又奚予言爲哉

侗庵小稿序

侗庵李公予布衣心交也其年少予者三後予六載登秋榜前予六載登進士甲科歷秋官佐大郡擢守姑蘇厲剛毅望振揚中外攸同比謝事南還壽已躋七旬有八予歸田來遇宴會陶然談自如皆不知老

而山獄重深淡而浪書潑其筆譎變化叵測也如此
略不隨時以求肆然而明虛凝混然而音不素調諧
家堂室以無滯心致行古遊羅雁嬗變忽沈發胸中之氣
矣往日又麗聲無涯足以為文上闕諸柳歷秦伯人
亭張東海汝弼亦信其書出一時閩人個儕同朝
廣回枚在輔陟從吾一天下可庇公同在朝羣臣
亦不待殺論而心悟其雄詞逸氣入矣乃任意部時
與東軒集曰秋宵稿曰歸田稿凡幾卷殷序眞贊于
愚光也從出所著詩文編曰個庵小稿其分類則曰

誠吾閩中一代人豪自林節齋黄旂山二先生之後蓋僅見也士林罔有不斂手推讓者矧老夫由童而冠而少而壯而老而耄幬仁沓益終始此心豈瑣瑣勢利面交者比耶乃兄廷韶教諭乃弟廷儀貳守廷芳義官暨昆玉詩文亦多可采聯錦而傳蓋有待也侗庵斯集可垂諸悠遠無疑已於戲李氏文獻其足徵于將來者在是乎言奚足爲重也哉公名潾字廷美仕籍以字行侗庵其別號云

韓氏族譜序

平陽之韓居洪洞者歷年垂二百以世計者十有二
昆弟族人衍至數千指蓋裒然一鉅族也然世以醫
爲恒業及胄道公始讀書起家由名進士司諫垣旬
宣于湖湘于齊魯于滇南進都内臺陟少宰晋都大
司馬參贊機務召還　朝爲大司徒致政西歸不遠
數千里走書來閩曰吾鄉世家大族譜牒之存者寡
矣吾官工部時承先人命黽勉成之西涯李先生嘗
引其端迄今幾四十年欲續譜之敢請一言以申其
義予與公釋褐爲同年歷仕爲同　朝銓部爲同貢

且同以晚年爲逆瑾所傾謫歸田里平生同心之交
如公有幾世譜之序敢以不文辭哉竊惟譜之作所
以尊祖敬宗睦族興孝弟之義成敦厚之風自封建
之法既廢尚賴譜牒之存可以明昭穆遡遠近别親
疎綱維風化而繫水木本源之思柰何世衰道微譜
法寖泯所謂存之者寡不獨山右一方韓氏一族爲
然也其不至于視宗族如途人者幾希兹譜之作不
獨有功于一族而已使吾鄉之人觀感興起寧不有
功于一方也耶不獨作範于一時而已使吾子孫繼

繼承承續述不替可以垂範于千百世也嗚呼司徒公茲譜之作其所係豈淺淺哉雖然公忠誠體國望重　三朝功在　社稷澤被蒼生行將垂芳信史不但家乘之存而已公三子士聰士奇士賢皆登科第聯芳仕版燁燁有聲于時而諸孫之頴秀者森然王立古曰子孫才族將大韓氏之族吾于是可占知矣況其先世以醫業鳴活人之功大矣韓氏之興其有所自乎是爲序

續修族譜序

吾林之譜至是凡三修矣始于永樂乙未先祖贈尚書公掇集于兵燹之餘斷自十一世而譜其所可知者至十三世衍爲六支以禮樂射御書數别之其詳具于吳航劉宗獻先生首序後五十年爲天順壬午先考撫州府君手自增修益明且備序而藏于家今又五十餘載矣正德丁卯某自南都謝事歸始建祠堂于居屋東園唐帽池北以篤追遠之誠暇閲兹譜則雲仍蕃麗幾倍于前中間存殁枯榮惻然興感屢欲續書以老眼生花握筆輒廢者數四歲乙亥仲子

庭掃以雲南參政疏冢　恩旨侍養于家丁丑冢孫
炫亦自禮曹謁告歸省爰命子孫輩參考增録親爲
勘詳仍質于大作家致政林貳守謹夫張州博孟敬
三復校訂逾一二年始克成編因拜稽而言曰昔文
正范公有云吾吳中宗族甚衆于吾固有親疎自祖
宗視之均子孫也祖宗積徳百餘年始發于吾得至
大官若獨享富貴而不恤宗族異日何以見祖宗于
地下今何顔入家廟乎某歴事　三朝叨登八座曉
荷　聖明優老時賜存問年已八旬有五此皆積我

祖宗父母積德餘慶之所鍾也顧區區報本寸心弗罄于衷每讀文正公格言慨嘆無已語曰德厚者流光願吾宗子姓世德相承以衍無疆之慶窮富貧達隨寓而安遠近親疎敦睦無間此則作譜合族之深意也子姓其念之哉雖然莫為于前雖美弗彰莫為于後雖盛弗傳子子孫孫勿替引之吾不能無厚望焉是為序

東海翁集後序

此致政南安郡守東海張先生遺稿也予自景

忝天順中爲布衣時與先生同遊國學殆十載比成
化初釋褐爲同年筮仕爲同朝交好久而益篤瀟惟
仙逝倏踰二紀落月屋梁每接英標于夢寐之頃今
見茲集猶見先生也老懷悲感烏能已于言哉惟先
生才高一世而位止郡侯德追古今而年僅下壽此
海内所共慨惜也然詞宗草聖名重華夷遺愛生祠
昭布嶺表視彼都高爵享眉壽而泯泯無聞者得失
輕重何如耶古人以令名壽考兼得爲難吾于先生
無復致憾矣況有子如憲副君弘宜都諫君弘至踵

登甲科敷休中外餘子及孫森然王立所以食報于
天者詎有涯哉先生天分甚高下筆若不經意淡氣
機流動神思英發如決江河沛然莫之能禦始駕萬
斛之舟凌海島觸洪濤烟雨晦冥珍怪百出令人心
駭目眩可望而不可攀也惜稿多散逸斯蓋存什一
于千百耳按閩侍御周公文儀雅負才名于時景行
鄉先哲特爲鋟梓以傳俾海濱後學得奇觀焉嘉惠
之意其至矣乎先生諱弼字汝弼世家丙戌進士歷
駕部員外郎致郡守事終于上[illegible] [illegible] 家海因以自號

學者稱爲東海先生云

長樂築堤林氏族譜序

樂邑據吾福山川之勝秀鍾人才古今傑然名世故有首石山鳴十洋成市之讖邑中著姓莫盛于林而築堤之林其尤盛歟上世自温陵遷于莆又自莆遷于樂邑之阜山科第衣纓累朝相望惜世遠譜逸莫之詳考元大德中有諱萬原者隱居樂善以敦厚稱于鄉生三子長昇生守祖基次最生居感恩分派悉載諸譜季昊生壻于樊氏徙築堤子孫遂姓其姓焉

堤居邑之六都星溪環碧台石呈奇識者因摘新築
沙堤之句名其鄉盖又據茲邑山川之勝繫也吳生
光榮光榮生汶以孫貴　皇明誥贈資政大夫都察
院右都御史汶生宗禮以子貴累贈官階如厥考然
每以氏繫不籍未能光復爲憾因取西湖逋翁故事
自號梅隱以見志焉梅隱生廷選即今致政南京工
部尚書竹田公也公登成化辛丑進士由郡推入爲
監察御史懇疏上　請得復初姓盖築堤之遷雖肇
自五世厥祖而本源之復寔惟竹田伊始光前裕後

厥功懋矣哉矧歷官藩臬台寺進位六卿功在　朝
廷名滿天下未老明農晝錦鄉國所謂沙堤之兆至
是而始徵山川孕靈毓秀之文固將有時而發也暇
日恪遵梅隱翁手錄譜圖一帙而增修之乃延請禮
經州博張君孟敬彥士陳景復考訂詳明彙成巨帙
上而　累朝誥敕下而縉紳詞章具載焉蔚乎炳然
信爲大家之文獻足傳于千百載無疑間以出示且
徵言引其端予惟張横渠有言宗法之有益于國家
也尚矣惜夫三代而後宗法寖廢魏晉隋唐之間猶

有中正之設譜牒所載依稀乎愛禮存羊之義及乎五季之衰一切絶響竒憾也已至宋中葉歐蘇二文忠公宗譜旣出世家望族往往師之今觀斯譜其得二公之家法者歟雖然顯揚祖考之善非智弗知非仁弗傳敬宗收族之道非義弗斷非禮弗叙克全四德之懿此譜所由定也竹田作譜之意其不在玆乎於戲惟仁惟義惟禮惟智築堤子孫不可不心祖宗之心也肅序于簡端舉此以相勗

見素林公西征集序

唐裴晉公之平淮蔡宋韓魏公范文正公之制西夏皆以一代名臣握重兵翦強敵功昭社稷而名垂汗青千載而下論文武全才者必首稱焉若吾見素林公之平蜀其今之裴邪韓邪范邪方公以御史中丞歸卧莆陽泛木蘭釣遊于雲莊青野若將與世浮塵遠焉正德庚午蜀寇陸梁勢日熾　天子俞九卿廷議召公往平之公拜　勅惝然而起曰金華之任臣義不敢辭遂兼程就道履巉巗涉險歷艱危萬狀會賊蔓延萬山中負隅猛勢莫之敢攖公飲泣以舍生自

誓以誠馭下以忠義鼓三軍莫不用命再閱歲數寨
渠魁並授首黨孽以漸削平而西土靖矣凱奏進右
都御史荷金綺之賜公疏辭甚力竟得請而歸於戲
功高一時名震天下而卒能保終完節直追綠野之
高風視韓范相州之判潁州之請有間矣况當陳師
鞠旅之秋干戈雲擾刁斗夜鳴寢食弗遑寧處而詞
章屢出屢工不為羽書所奪若集中編錄之富如此
雖古人何暇及耶獨惜夫茂陰相業未逮三公之究
其用者天下人望尚有待也雖然裴衣之子識官至尚

書右僕射韓之子忠彥范之子純仁皆繼登相位見素子逵以名進士爲司馬郎官論者謂其才器有父風伊陟象賢于公世美天意其有在歟茲集刊于蜀中海宇未能遍及吾閩轉運黄君子和姚君維寧見而心同仰止遂重繡諸梓廣其傳以寄予於公有宗婣之雅深知公者徵言引其端故因論唐宋三公父子之賢而舉此以望公焉若夫歷履之詳人品之高文章政事氣節之峻偉則已見於馬宗伯劉重慶戴伯絅諸君子之序天下後世可以考而知也又奚予言

爲哉公名俊待用其字別號見素一又號雲莊散人云

婺源桃溪潘氏續修宗譜序

古者宗法之立世系定而本支明孝弟行而習俗厚周官小史之職備矣迨司馬遷始倣世本爲史記考小史之譜爲世家蓋去古未遠然耳魏晉之時猶尚世冑唐命儒臣刊定天下氏族總二百九十八姓仕宦以此而通籍金閨婚姻以此而締好閥閱古意猶有存者後此大不然矣宋歐蘇二公創爲世譜一大

夫爹效之哉　朝學士新安程先生克勤又取二譜
而折衷之義例尤精今桃溪潘氏之譜一出其機軸
乃致政閩憲僉臣王公玉女所編公以博學宏才師鄉
邦此尤其敦本之心也間馳書徵予爲序且述其修
譜于桃源禪林中堂懸巨鐘款識宛然可辯乃其四
世祖初公宋大觀丁亥歲所鑄者遂參考舊乘而世
次以定古鍾其不朽之譜歟非耶按潘先爲周畢
公季孫之采邑子孫因以邑爲氏厥後爲滎陽之望
傳世益遠星處天下又各以其地爲望婺源桃溪其

一也其先有綿綜者居湖之烏程孝義著聞晉元嘉中詔旌爲純孝里歷隋而唐因廣明之亂自三山避地于歙之黄墩至逢辰公再徙桃溪及宋淳祐間厥孫應龍始立譜我　皇明洪武初孟剛輩又重修焉潘爲桃溪之望舊矣第去今百五十餘年未有續修之者正德壬申玉汝始謀諸族長延禮名士程君師魯續之丙子冬今僉憲公選太守公旦皆守制家居吾閩新僉憲公鑑且取道歸省一時尊幼隱顯者會萃一堂皆富于文學識鑒精審而師魯又學士從子

皆良史才也是譜信足爲一家之文獻矣信可傳之千百世矣矧前此應龍孟剛輩旣有序今珏公復有序沿流泝源舉無混淆顧予老拙奚庸贅哉竊惟譜牒之學才非良史未易言也是故世系不明或誣其祖誣非仁也是非不公或枉其實枉非義也宗支不辯或紊其序紊非禮也採摭不及或遺其善遺非智也信傳信疑傳疑一或不然非信也斯譜遠法于歐蘇近取于克勤仁弗誣義弗枉禮弗紊智弗遺而貫之以信世家譜牒之作孰能出其右哉雖然前作後

述諸公既殫厥心志矣世守弗替以全五德以衍桃溪之源流潘氏子孫其必知所務歟庸序以歸之

釣臺遺意詩引

君臣朋友在五倫皆以義合者若唐虞三代舜相堯禹相舜伯益相禹伊尹相湯呂望相西周文武一惟君臣定分初非為布衣交也至漢帝光武之于嚴子陵則異夫此耳子陵舊與帝同學及帝刈群雄而登九五乃變姓名披羊裘釣於桐江帝思其賢物色求之三反始出帝一見慮已遇之入論道同寢榻嘗授

以諫議大夫不拜終歸富春有徵不起史謂其逡性
風踈逸情雲上是已年八十而終帝賜錢百萬粟千
斛以贍其塋可謂篤朋友之意全貧賤之交矣後論
者以傲以執以不適時宜斷之殊無大中至正之評
也宋范文正公祠堂一記照耀古今簴矣迨我　朝
吾閩都運使張公惇學窮理而高于詞章者也乃考
其顛末原其本心寓意詩文而以朋友之義斷之殆
非唐虞三代君臣名分素定者比盖一洗紛紜群議
可與范文正公前記並垂釣臺于不朽耳間出以示

于遂引數語于前且憶昔過臺下而賦一詩云子陵臺下客舟過爲挹清風感慨多龍衮故人天上夢羊裘漁父水邊歌一磯烟月還如舊五夜星辰竟若何試問興周扶漢處桐江波與渭江波因附諸此求正于都運公且以寓景慕高賢于千載之上云

五石瓠詩引

五石瓠者建平宗友伯昭號也伯昭初侍尊甫僉憲公來吾閩三四載間內受家教精通葩經于心餘力乃讀春秋諸經傳以及五子百家書罔不究窮無漏

予嘗見其所著四書經義論策數篇奇傑博雅夐出時流嘆曰此塲屋中元魁文也其待時乎僉憲公廉正剛明振肅一方風紀平寇功成人望甚重位遇殆未可量茲膺　簡命進秩江右憲副不日西行伯昭因出是詩屬予引之於戲瓠容五石可謂大器矣昔惠子種而獲此以盛水漿則難於自舉掊而為瓢則瓠落無所容質諸莊子莊子乃曰盍以為大樽而浮於江湖吾子掊之正其拙於用大矣莊惠所論如此吾儕皆謂其寓言不可以傳信哉予憶成化中叨職翰

林奉　命內書館程督群豎課業年遇六月六日
朝廷則令典守庫務者曝其舊物于後廷予見一物
圓瑩而堅色如琉璃長可四五尺許叩諸典守者曰
此鵬翎也其中容粟五斗又見一大桃半核文理與
今桃小核無異典守者曰容粟五升近而諦視有刻
字焉蓋洪武初我
太祖高皇帝嘗命學士宋濂志之典守者曰惟茲二
物相傳以爲漢宮所秘故歷代寶藏以至于今然亦
不可考也四五十年來吾識于裹未始或忘由是觀

之則瓠稱五石謂爲寓言可也謂非寓言亦可也矧伯昭問學充博器負宏遠得諸家傳日新以此自況其志大矣且仁者以天地萬物爲一體瓠雖云大亦一物耳伯昭謙以自處遂取爲別號諸彥詩歌形容已悉無庸老夫贅言姑舉所見鵬翎桃半核驗之則古今天地間未嘗無異物也向非予目擊之使傳聞入耳其可信耶非歟夫五石之瓠大器也憲副公門地大家也伯昭大才也以大才出大家而負此大器奚患橋梓不聯輝於　盛世而踵登大用也哉肅即

此以引群玉

重刊林文安公文集卷之六

林文安集

七

重刊林文安公文集卷之七

南京禮部郎中不肖孫炫敬編
知福州府事後學山陽胡有恒校刊

記

望雲樓記

望雲樓者非望雲也蓋思親之意寓焉安成彭介軒彦洪自乃考僉憲先生伍宜人殁既卜湖山之原葬之又終喪恒悵然以思思之弗置輒泫然泣下無何乃樓于所居之西而望焉望而曰望雲者雲

何與于親耶雲之所在丘壟之所在也丘壟之所在吾親之所在也思吾親而不可見所可見者丘壟之雲耳故樓以望雲名也詩曰陟彼岵兮瞻望父兮又曰陟彼屺兮瞻望母兮古人篤于思親形而爲詩者如此厥後狄懷英西登太行顧指飛雲而曰吾親舍其下者殆與詩人之念一耳夫詩人狄公所以望而思之皆其親之存也存而致思在人子猶以爲常介軒二親弃且遠矣遠者人所易忘而不忘焉此望雲之樓所以建而終身之慕在是矣其與岵屺之陟太

行之登豈非同此孝思之篤耶樓既成乃寓書于其弟郎中　菴學士素菴二先生暨進士彥恭君曰名此樓者吾志也子盍徵文記之他日同歸展祭邱墓登而望焉則無窮之感將有不期而同者矣進士君述以語瀚瀚嘗執經素菴館下獲聞介軒之履行甚悉遂本其孝思之心而爲之記俾彭氏子孫皆知斯樓之所以名云而世之爲子孫者其亦有所慕而興于孝者乎

新立祭酒公館記

自昔祭酒無所居之館先後任是官者皆賃屋以棲其來久矣弘治三年庚戌冬予以春坊諭德拜　命而來亦就征南將軍黔國公朝宿之第居焉歲入其直白金八兩越五載遂以祭酒日膳之貲積于公庫者百三十兩購得　文廟南第三巷内郎雄指揮居屋乃謀諸掌司業事諭德劉公震託付監丞林大猷經營其事復專委學饌王永董其役撤舊而新之壇以第二層三間逮落成計所費與所購之直等焉明年乙卯冬復造第五層三間又明年丙辰秋復造門

房二門後之增新二層用繼積賸貲視前購之直又等焉茲以間計二十有六深可二十丈許廣則前狹而後張東西界以墻垣不移前一槐樹則戊午春予手植焉方予始遷而居公卿大夫多載酒落之歷覽之餘皆嘆曰盛哉此舉前所未有也已未秋予轉左右侍郎于吏部庚申夏六月進官南京吏部尚書當辭　聖廟之任諭德黃公珣職司業方署太學印章乃命徐典簿英請記其事遂舉是館之始末太要如此俾壽諸石使後賢踵來居者或遇敝漏則出其膳

貲修葺以待後賢不必計其所費而責償于後賢也後賢又以此而待後賢則一心之公可通于千萬載不異而此宅當與　廟學後天地而同存耳庸記于此以起後賢思之

潞州重脩廟學記

惟古昔帝王之治天下其大政有三曰學校曰封建曰井田是已去古既遠井田封建皆廢壞無遺肆學校之政所以敦彝倫淑人心關風化而陶成用世之賢材雖歷千百萬禩獨存悠久後天地而無窮焉我

朝法古爲治而損益過之自　兩都以至爲郡司州
邑戌衛莫不有學士自大比以至于月課日試一惟
以經明行脩爲進退用舍如近代所謂詞賦諸科悉
罷黜不設蓋降自成周歷漢晉隋唐以來其教化之
淳習尚之正未有過于今日也潞爲古之上黨大郡
人文迭盛于史籍不替　國初詔改而州之州之廟
學洪武中嘗以新矣越歲久日就頽圯弘治六年庚
戌彭城馬君廷震以鄉進士來守是州子民下士皆
自其仁禮之心所推由是政通人和黎元寔父母之

一旦仰瞻廟庭顧謂師生曰建學育才乃王政首務敝漏不治吾責也于是遂鳩工儲材首復豪右侵地以廣故基其襲舊而增修者則大成殿暨兩廡戟門明倫堂儒學道義二門端本養正存義三齋以至祭器廨宇之類是也其撤舊而鼎建者則靈星門講堂饌堂觀德亭以及鄉賢祠倉庫號舍庖廚之類是也工雖浩用雖廣皆出自侯之經畫及撿所毀道菴中良木裁製成之民無擾焉鄉賢舊祀文昌者凡三十有二人而學術高力之醇疵未逮議也侯援古今以

質于耆英少司寇阮公必成劉學正惟嶽又覆辨議
取其忠孝節義德行文章可為世楷範者定以十人
列主新祠春秋禋祀焉踰三載厥工告成惟嶽爰具
書因國子生王鄉請予道其顛末如此且請為之記
予手而嘆曰韙矣哉馬侯斯舉大有裨于風教也廟
貌尊嚴而聖道崇矣泮宮炳煥而士氣作矣先哲崇
祀而激勸彰矣况又分其餘力舉興百廢而社學以
立州志以脩朱子家禮以行釋老二教以禁神農夏
禹二聖之廟義陽祠名宦祠鐘樓鼓樓德風亭以構

以葺以甃凡類此者罔非化民善政矦之守潞殆文
翁之守蜀也昔姚崇宋璟皆嘗官于是州考其治蹟
蓋亦不多讓也繼自今涖于潞而遊于斯者際 國
家文明之運荷 朝廷甄陶之化被賢矦鼓舞作興
之敎如此必有卓犖環奇之士後先挺出于其間建
功立業以弼我 皇明雍熙之治以媲美成周棫樸
之賢則潞之人文自兹益盛四方州郡風聞而視效
者必衆也馬矦斯舉豈直有功于一州一時而已哉
肅記諸石以勉夫潞之士且爲世之司民牧者告云

潮郡庠復贍士田山記

潮庠自昔有田山一十九嶺門界於潮陽縣疆域中宋季值兵戈俶擾遂爲士人所侵元至正間復歸于學時潮州路官張宗元記之入　國朝久而不移間因廣海弗靖是山復爲民間有矣然山甲徐堡黄文泰陳廷高者荐訟于郡縣尚未結正成化乙巳教授三山鄭君必顯涖任茲庠乃毅然率其徒鄭世羡輩中請分道僉憲陳公英翁公晏文檄郡守林公和躬詣潮陽召集通邑耆老覈其事甚詳斷爲學宫之業

無疑矣其侵地者猶不知悔復佯聞于　朝冀遂其非而章章公議弗恤也事下新郡守周公鵬一秉至公之心乃稽卷牘乃考碑文乃按輿誌乃詢父老悉與前所斷者不殊用是議諸通判吳君璘推官姚君繼僉曰公乎確哉不可易也遂具達憲臺竟寘侵者于法田山如舊歸學一郡之人無少長罔不稱快且曰聖人在天之靈焉可欺乎鄭君乃具其始末走書請予爲記將勒石以示將來而杜後患也予惟范文正公嘗得善地一區術者以爲葬其上則子姓惟昌

公慨然曰與其昌吾一家孰若昌吾一郡之爲良哉遂去宅爲郡學之基吳人至今德之立祠祀於孔廟之側顧此貪夫乃侵學宫田山以利其家逮數十載尚迷而不復卒定于法然後正焉視范公之心公私義利何陰陽晝夜相反之甚耶夫學有田山潮之舊俗厚矣歲或凶荒民告飢焉則養士殆有所資廊廡門墻或有傾圮則取其材木用之脩葺而民財以省惟是故業士之資民之益也產于潮者孰非爲士孰非爲民奚可不審公私義利乃棄其厚俗而獨趨於偷

哉使非周公治郡鄭公典教則此田山而不混爲豪家業耶而今而後守于兹郡教于兹庠者尚思周鄭之用心恒謹其卷稽而典守之則十九嶺門之地後千百載皆爲學宮有矣庸記于石以告夫繼司政教者且使潮人皆知范文正公之爲賢云

潮州府重脩廟學記

潮爲東廣支郡郡必有學以儲英才學必有廟以崇祀宣聖其來遠潮之廟學舊在郡城内宋慶曆中遷于東江之湄紹興再遷太平橋左元至元燬于兵

丁郡守聚再創厥始張燕訪處恭擴而大之吳學士澂爲之記　國朝洪武三年重建正統間彭僉憲琉王郡守源增脩之嗣是若劉參政煒陳憲副濂毛僉憲吉郡守李永寧陳瑄周鵬葺或繪飾　聖像增置祭器或大其講堂廣其齋舍後先皆有記其贍學山田久侵于豪右者則鄭教授必顯力請復之而射圃射器之增則鄭侯良佐也予嘗兩記于石矣正德甲戌督學章憲副拯暨守巡張大參恩劉僉憲伯秀有事于潮視學宮歲久傾圮嘆曰敝矣曷新不可緩也

乃檄海陽令杜元吉董其役諏日鳩工市材孔良傾
者植之腐者易之漫漶者增飾之櫺星門儒林坊皆
去木而石其棟經始於是歲冬十月竣事於丙子秋
七月郡守率師生舍菜而告成焉丹碧輝映光彩聿
新高明壯觀邁超于昔王教授本予故人子也書來
請爲記仰惟　宣聖之道垂之千萬世而無窮則大
學校之教廟祀之崇亦必垂之千萬世而無斁也潮
居嶺南去京師殆萬里漢晉以来猶未齒于上國唐
常公袞爲潮刺史首興學校士民化之始知從事以

學韓文公愈以直諫謫刺是邦倡以忠義禮延進士
趙德爲師以訓學者潮人始篤於文行彬彬頡出逮
我
皇明治教旁敷道化日洽科第人文甲於列郡
而駸駸乎中州之盛矣士生斯鄉際斯時而樂育於
斯地又遇夫賢有司作興振勵之恐後何其幸耶夫
學者固將學夫聖與賢也聖賢之道不越乎五倫之
教六經之文而已諸士子朝夕討論體驗於身心之
間者要亦不外是故學必本于經術行必敦乎彝倫見
諸事物必純乎王道近而希賢則常韓之遺澤未泯

遠而希聖則孔子之大法在茲舍是而謂之學謂之
行謂之事功吾未之信也抑是役也經畫於談郡守
倫故財無妄費而民不知勞贊襄其事趙通判鏗陳
通判策溫推官明而予之從子同知林庭模亦預焉
法皆得以附書是爲記

筠谷軒記

筠谷軒者新安汪生惟簡藏脩所也方惟簡北遊太學嘗從予授春秋業其賦性之醇向學之鋭立志之堅確雖家素豐裕而能清苦自持予固以遠大期之比秋闈弗偶携書東歸不二載竟齎志以歿予聞而哀之爲走香帛一奠于其靈後十餘年爲弘治庚申秋予南來覆任道過清源有少年子登舟展拜愀然曰瓚姪汪文之孤也先人易簣時猶以教誨隆恩不能少報爲憾言未已輒泣下又曰先人平生性雅愛

竹因所居隣潛川多竹乃以筠谷名其軒且自號曰筠谷主人茲軒茲竹今固無恙而宰木拱矣孤每於軒前攀竹悲號覩軒之存猶吾親之存也聽竹之聲猶吾親之謦欬也第恐竹有時而瘁軒有時而圮孤之思亦將有時而盡矣願乞一言記于軒中俾後百千載汪氏之子若孫因文而求其軒因軒而求其人則先人不朽之託其在茲乎予聞而益哀之嗚呼惟簡亡矣有子如璜雖商於江湖間而汲汲圖以壽其親之名若此不賢而能之乎自是別後復馳書南都

人請是稿者再夫竹之愛在昔哲人多矣筠谷之義殆非無謂也唐玄宗手植竹後苑叢甚茂密顧諸弟曰兄弟相親當如此竹因謂之義竹孟宗母冬月思笋宗入竹林號泣笋為之生時人以孝竹名之夫竹一植物也其靈異乃如此顧人所以感之者何如耳使汪氏之子若孫茍能以孝義世其家則天必昌厥後人森然玉立以光大其門戶而求其傳世將曰筠谷之汪君子之族也是豈獨惟簡之不朽耶遂援筆書此用記其軒使愛竹而敦孝義者覽之則酬歌放

曠群然爲竹林之遊者何可同日語哉

重建呂梁洪分司記

徐州水南下湍急如奔至呂梁二洪其勢尤險中流怪石齒列危巨者象蹲倚觸者虎鬭簇立者豕屯視三峽駭月之狀殆不異也我

太祖高皇帝定鼎金陵

太宗文皇帝遷都金臺揆其道里寔惟適中之所凡九州入貢四裔來王　朝覲會同暨諸兵民轉輸商賈貿易率經於是皆不能舍而他適故長艘巨艦帆

檣上下昕夕之間動以百千計爭先務疾強凌弱衆
暴寡或至於忿擊覆溺者不可枚舉是以　朝廷特
勑一部臣徃治其事越三載代歸　定制也弘治丙
辰之歲工部都水主事紹興來君伯韶承　命以行
余嘗聞其廉能明果才器非常授以此任施設必有
大過人者明年秋走書語余曰惟玆二洪誠山川中
地險之尤者也南北舟行去來如梭經國務者為之
立篙師溜夫習於操舟之徒篤護牽放聚丁夫千萬
議者欲其息爭拯危此分司之官所由以設而球實

承乏焉第惜公居與民雜處况僻在一隅防範亦有不易周者將謀改觀適廵撫都憲太平李公廵河正郎樂安謝公來顧所居愀然亦以爲病議檄於州營之時州守何君崇理負才有爲遂力任其責乃出公帑市財鳩工復易民地以廣舊基而償價倍之建司臨河其中乃爲視事之廳廳之前樹坊扁曰分司進而爲門再進而爲儀門其左右爲歩廊廳之南今太子賛善子充費先生未達時書院也中有一亭皆已剥落悉更新之題曰狀元亭山東方伯李公若虛大

書以揭諸楣益存景仰賢哲以彰人傑也地靈之蕃
梁山川一何壯哉是役也經始於丁巳之春閱三月
然後落成僉謂不可無文記之以告來者書之所云
如此然余又聞其命工也不亟不徐其製度也不華
不陋民罔知勞而厥功用集若來公者可謂能副
朝廷簡任之意而州守何君相成此舉殆與蘇文忠
黄樓之建輝映於徐皆不朽之盛事予歸老有期尚
當維舟一登覽今古而後行焉是為記

鄭氏雙節記

孔子賛易修春秋垂訓天下萬世其大要在正三綱以淑人心焉爾蓋君為臣綱父為子綱夫為妻綱為臣而克盡其道曰忠為子而克盡其道曰孝為婦而克盡其道曰貞然忠孝之道處常者十九而變之所遭十一耳若婦人之行多不外見非不幸遭變故不過主中饋之賢而已其貞烈之操又何由而彰于時垂于後哉易曰恒其德貞婦人吉春秋書宋伯姬之卒傳曰嘉其死於節也意易言其理春秋載其事其訓之意昭然矣奈何太樸既散士鮮全節君臣父子

之間其不睽於道者幾希閨閫之流又安足望耶予觀鄭氏雙節堂蓋重有感焉堂爲節婦祝氏劉氏所居故因以名鄭祝劉皆上饒士族世有嫺好祝爲處士永常之女歸鄭君孔胃克持婦道年二十六而喪所天姑劉氏垂白在堂遺孤麒甫六歲四壁無依形影相弔祝仰天號慟矢志靡他躬紡績以養姑極其孝敬不衰撫麒漸底成立爲娶邑庠生劉觀之女爲婦生子潤十周而麒又卒劉年僅踰三十姑痛其子婦哭其夫聲徹鄰里不忍聞有爲之泣下者栢舟自

擔婦姑一心劉之養祝猶祝之養劉也劉之撫潤猶祝之撫麒也卒能保鄭氏之宗祊不絕如綫以有今日者雖儒丈夫亦所弗逮其於易之訓春秋之紀又奚愧焉祝年八十三劉年七十二完節而歸有司欲奏 請旌其門弗果嘗歲給粟帛終其身今大學士西涯李公賓之大書雙節以扁其堂薦紳士相率而歌咏之潤之子毅擢弘治己未科進士授南京夏官主事才猷德器卓然不群鄭之裔於前昌於後而二節婦之食報于天者其不在茲乎主事君與吾子庭

楊爲同年交且篤間奉此冊請爲記惟兹雙節之堂三綱所係風化所關固予喜聞而樂道者奚容以衰倦不文辭哉故特表之以風示天下後世俾爲人婦而遇變者師之然則盡忠孝於家國臣子兩全其道用增斯堂之光吾又不能無望於夏官爲弘治辛酉冬十二月望記

重刋林文安公文集卷之七

重刊林文安公文集卷之八

南京禮部郎中不肖孫炫敬編

知福州府事後學山陽胡有恒校刊

記

徽郡太守何君德政碑記

徽郡城中地狹民蕃閭舍鱗次而集其於郭外亦然所最慮者火患耳或一年一作或一年數作或數年一作延燔數十家數百家甚至數千家者有之民遭烈禍殆不堪其病前守皆莫之爲謀也弘治癸亥夏

何君子敬以名御史來守是邦歷行通衢嘆曰民居稠矣然無墻垣以備火患何怪乎千百人家不頃刻而煨燼也哉一日烈焰又作君馳至其所竭誠禱天望而拜之風定而火亦漸熄詰朝乃召父老駢集于庭諭曰降災在天防患在人治墻其上策也五家爲伍甓以高垣庶無患乎或曰富家固自爲謀如貧室何君乃下令率五家爲伍其當伍者劃地尺有六寸定爲墻基不地者朋貲財以市甎石且給役人工餐敢有抗者懲之民悉奉命惟謹不朞月城内外墻以

道計者二十有奇是役也淺識者或惜勞費齟齬其間既而通衢又告災災不越五家而止素利乘機攘奪者舉袖手無措民乃知築墻以禦火者太守德政何可忘也郡之義官許尚禮者獨走數百里奉貳守吾族子謹夫筆具事狀如前所云者請予記之將勒諸石用垂不朽予惟古之火正謂火官也掌察火星行火政以順天時而恤民患在帝嚳世則有祝融在堯時則有閼伯氏賴其德無患後世鮮有職是官者故火之患作惟守土之官是賴如劉琨治江陵而反

風滅火廉范治蜀令民蓄水備患其夜作用火者不禁患亦弗生斯皆德政所感而致也然惟惠及一時弗克悠遠民且感之不忘視火墻一築足以禦患於千百世者其爲謀之淺深垂澤之久近何如也然則徽人之德子敬視蜀郡之德廉范江陵之德劉琨者殆不侔也況子素重何君學行而聞其治徽循良善政尚多此特其一事耳進位通顯指日可期不紀玆石何以系徽人之去思而爲牧民者勸乎君名歆東廣博羅人起家弘治癸丑進士云

新芝峰朱文公祠記

晦菴朱文公當宋紹熙初以江東轉運副使改知漳州德化風行感於人心也深故後民追思建祠於郡治北芝峰之巔祀焉歲久日漸傾圮嘉定間危郡守稹按其地作書院倣白鹿洞規制聿成文公講學之志後賜額龍江則從儒官沈燁請也淳祐間方郡守來作堂於東名曰道源以陳北溪安卿配焉逮宋季紛亂而前所建者悉燬于兵地爲毗近浮屠氏所侵至我　朝洪武間李僉憲駿始復故址重建今祠增

以黄勉齋直卿爲配成化間周僉憲謨王郡守文繼
加修葺更堂名曰尊德尚有僧寺混處其間因循歲
遠未有銳意一舉正者逮正德庚午武陵陳公宗禹
以名進士秋官正郎來守是邦不期月間政化大行
遐邇稱頌首則浚砌 宣聖殿前石渠聚修郡邑兩
學齋舍及拜晦菴祠下仰而歎曰敝矣鼎新非吾責
耶況異端可並耶於是掃浮屠舊廬而空之遂集工
於市取材於林伐石於山陶瓦甎於冶爰命冊霞驛
驛承袁哲義官蕭美之者董其役中立正堂五間翼

以兩彙改舊堂爲前堂高其基尺許外爲門廡五間
左右爲宿所爲讀書室繚以周垣又西闢僧舍百餘
丈鋤槃曲而平直之徹城西通衢爲大門士由正途
緇流自是絕跡耳斯役也以冬十有二月始事越明
年春三月遂用告成其堂宇規模煥然一新皆極壯
麗視舊制殆倍蓰什伯也財費悉出陳公經畫民無
所預觀者罔不嘆羨羅郡判甫阮郡判芳許節推廷
用龍溪汪令尹泰咸相與殫力以翼其成蔡司訓元
乃語諸君曰太守公是舉尊大賢也崇正道也闢異

端也有關於風教甚大不可無文用垂悠久因具述
始末授庠生潘恩盧謙陳策不遠八九百里奉以告
予請記其事義不容以辭予考先後守是郡而宅心
興學愛民者在唐則有陳公泰在宋則有李公彌遜
垂芳竹帛至今人猶頌之當我　朝克踵二公芳躅
而師之者昔有王公仲謙錢公右訓玆則陳公洪謨
宗禹也使非其郡代有如是賢守則晦菴祠宇幾何
不爲茂草之墟瓦礫之場耶於戲闕里有洙泗固矣
而吾閩獲稱海濱洙泗者非文公生于斯仕于斯道

德風教所由以盛未必得此名也士經是祠者見名堂以道原則思道之有原在所當體見名堂以尊德則思德之可尊在所當勉孰謂聖賢之徒不于是而挺出廟貌之長存非人文風化之攸繫也與庸記數語以告夫是鄉之英俊俾進脩德業以希前賢期無負朝廷儲育之恩賢守振作之意明師陶鎔之功斯可矣不然則文公之祠果徒爲美觀所哉

建陽新遷廟學記

皇明法古爲治天下諸郡邑罔不建廟學崇祀宣

聖作育英才以敦風化建陽爲建寧鉅邑其立廟學舊矣然地逼山岩隘陋弗稱宋大儒朱晦菴蔡元定二先生皆出其鄉乃謂學校育賢當求靈秀傑地不容或苟因協議以同由護國寺基易之詎意僞學禁興姦臣媒孽其過力肆排擊流謫他方而前所建者悉歸山僧厥後國是復定劉文簡公爚爲請于朝始復故址歷三百餘年無或更焉逮我　朝成化癸巳歲教諭陳暢謬從士庶俗論竟請當道徙於縣治西隅遂使前學再移者又四十年餘其地襲爲富民居

癸正德壬申冬澧陽李公國寳以名進士出按吾閩
庠生張琚輩聞其風裁有素乃具陳厥事于公公臨
是邑拜謁廟下悵然久之曰王化攸行惟兹學校聿
昌而宗祀孔子者寔教之所自出也學宫卑隘且多
傾欹甚弗稱崇重至意于是會督學憲副慈谿姚公
英之分巡僉憲餘姚胡公時振商確新之下令咸大
尹雖劉司訓良能伐鉅材琢貞石賫集衆工仍徙於
同由舊址而增修焉上自大成殿暨兩廡戟門櫺星
門明倫堂下及觀德亭鄉賢名宦二祠居仁由義二

齋入泮有橋曰登瀛面山有亭曰挹秀臨水有亭曰
觀瀾以至儒官居第諸生講讀軒總倉庫庖廚無更
樓四座前後附列靡不周悉完固復構屋四十餘間
召民居守護祭器門墻購田百畝徵租贍學無非悠
久計也經始於正德八年癸酉夏五月六日落成於
明年　月　日悠然瀰深豁然宏敞視舊制殆倍蓰
什伯不侔耳財費雖浩悉出公經畫及掄所卸學宮
良木　裁制而成民無擾焉畢工請移聖像像當宋移
時迸裂匪全晦菴嘗貽書故人惜之今則儼然如故

略無少壓固吾夫子在天之靈所使亦諸公同誠所致非偶然也狀元峰屹立於前人恒病其卑狹胡公定策集土增高九仞廣七仞壯觀一邑其茲山乎又謂不可無文以垂有永因具始末緘書授庠生頡秀者蔡春施總不遠數百里告諸督學姚公屬予以紀其事予閱而嘆曰盛哉非前有哲人誰其始之非後有哲人誰其續之是以當宋代則朱蔡二先正首開其基逮今特則李姚胡三風憲名公宣心協誠爰復其舊始終殆天啓其衷也孰謂廟貌之長存山川之

靈秀乃非人文風化之攸繫也與於戲士游於斯者盍思淬礪刮磨以充廣其德業求道於群經考古於諸史窮而家居爲正人君子達而用世爲名卿大夫以弼我
皇明雍熙盛治以追踪虞周賢才庶幾於 聖朝作育之恩今昔吏學之意明師陶鎔之功舉無所負則山川氣運不與人文而益盛也哉建陽英俊感之勉夫

浦城縣真西山先生祭田記

宋參知政事資政殿學士贈銀青光祿大夫謚文
真西山德秀建寧浦城人也郡有祠配享于文公朱
子邑則專祠焉即先生家食時講道西山精舍在學
宫之西偏 國初因舊址建祠以祀景泰中縣令何
俊重加修葺擇其嫡派之賢者居之第雲仍寖微且
無田以承烝嘗之奉邦人有遺憾焉正德丁丑侍御
祁門程公時言按節吾閩巡歷之餘諭彭邑令絅曰
吾閩諸前巡按胡公士寧告云西山之祀久以無田
而廢姚提學英之嘗措田九畝稷尚寡而用弗充士

寧欲益之未就以瓜代而去惟慈尊賢崇祀風化所
關有司之職宜莫先於是也乃規措促令成之贖田
六十畝有奇定爲品格俾真氏子孫春秋供具牲醴
庶品至期以縣主之庶無簡略不周之患仍徵文勒
石用垂悠久不磨于是彭君具書幣遣庠生張簪徐
源不遠千里屬予以紀其事嗚呼自古鴻儒大賢道
明德立孰不欲功被當時澤流後世顧其行或使之
止或尼之行止豈人所能哉天也史稱先生立朝不
過十年奏疏無慮數十萬言直聲震天下及宦遊所

至惠政深洽中外交頌夫何時相史彌遠忌之臺臣
莫澤朱端常梁成大黨邪軋正群起而攻之力排巧
詆至謂眞小人僞君子用是屢起屢仆不能竟其所
蘊以匡悅宋之治天邪人邪良可慨也雖然先生心
經一卷括千古聖學之要大學衍義一書垂萬世治
道之規志雖抑於一時道實行於悠久迨我　皇明
極其崇信表章隆以伯爵謹祀　廟廷至於生長宦
遊之鄉在在有祠人心天理萬古一日孰得而忌之
亦孰得而誹之詆之也邪彼史莫朱梁之徒名污汗

青雖決江河莫能淼爾故予表而出之以正君子小人之辯且俾學於斯宦於斯者登堂瞻拜其亦有所勸也夫其亦有所懲也夫若真氏子孫自當遠守先生家法近體名爵史賢有司表章盛心以嚴以翼廟食于千秋耳奚庸予贅

豫章羅文質公書院記

吾道一脈自魯而鄒而濂而洛而閩閩自龜山立雪程門後載道南歸傳豫章延平以及考亭朱夫子洙泗淵源一脈脉絡貫通繩繩不絕至于今學者宗之

信有自矣郡中舊有延平書院將樂有龜山書院師
生春秋釋菜如儀今郡守姜公　以名進士歷秋
官正郎擢任是邦視篆以來復置意作興增置祭田
若干楊李二先生享祀無斁諸生瞻仰信向有歸獨
豫章書院初建於沙陽洞天巖西麓即先生塋下毀
于元末　國初邑令尹錫山倪峻率僚屬重建置田
租米年十二石有奇每歲寒食校官率諸生具牲帛
往祀焉姜公重念郡中釋菜尚缺一典因訪得舊南
平縣址近學宮學之齋舍尚隘儒生日衆不能容謀

依廟傍翔豫章書院前立牌坊坎儀門三楹正堂三
間立像其中寢室五楹後之兩旁爲號舍若干間聚
邑之生徒肄習其中邑人蕭地官九成輸地以立其
基具由請于清戎侍御王公應鵬得其紙鈔公帑計
百金復請于巡按侍御程公昌令其從宜處置仍得
百金合僚屬俸貲總得白金三百方鳩工掄材昉於
正德丁丑　月　日將以次年春落成先是走書來
徵予預爲之記謹按先生上世自豫章徙沙陽得洞
太山巖畔勝地家焉子姪寖廣因名其地爲羅源溪山

鬱秀先生寔鍾之自幼穎悟絕倫游楊龜山門無慮
百十潛思力行任重詣極一人而已行已耿介寡取
予凡世所嗜好一切絕之延平首稱之曰先生性明而
脩行全而潔充之以廣大體之以仁恕精深微妙之
至漢唐諸儒無近似者至於不言而飲人以和並立
而使人化如春風發物莫知所以然者著述有語孟
毛詩解中庸說台衡録春秋指歸而導尭一録特行
於世詩文多逸而吾齋一記道性命淵微甚悉考亭
雖受業延平而私淑於先生者亦多姜公是舉於吾

道信知所重而海濱洙泗豈虚言耶守玆劇郡蔗務
旁午乃能於政通人和之餘注意斯道其胸中灼見
亦非尋常比也予重其請弗敢辭謹次第大要如右
以見吾道相傳由孔孟而來何遠哉先生諱從彦字
仲素謚議謂其師友淵源洞明天理合道德博學曰
文清介絶俗著書有聞合言行相應曰質遂謚爲文
質公云

横街劉氏祠堂記

横街在吉郡萬安縣治之西五雲劉氏世居斯鄉其

先貫祥符宋南渡曰功甫者丞萬安子孫因家焉數百年來毓和凝祉衣纓相躡彬彬替至我皇明始大發於克平公公起家永樂甲辰進士官至刑部尚書忠勤體國歸然爲當代名臣公以始祖遺址淪于異姓命家器述古贖而歸之葺其堂曰復初遂以祀先衆因以族祖清一所遺地助爲之基故合族祀於復初者數年時未有記嗣是或厭其喧雜述古迺割地於復初之西衆共爲祠主其事者克安處士有臨掌教任其勞則述善述縉記之者宫保君先

生正言也逮今數十年子孫益蕃衍祠不足以容於是咸賓謀於衆別拓地於舊祠之西始終其事者述章述紳分其勞則咸毅咸傅咸彥咸極尚卿承卿諸叔姪也前爲堂以展祀後爲寢以棲神中爲庭翼以兩廡左廚右庫限以重門繚以周垣規模至是益宏且壯矣司寇公子述憲以成化丙戌進士歷湖藩大方伯諸孫咸卓人弘治庚戌進士終河南左布政使二公德化兩省至今思之不忘咸粟以弘治丙辰進士歷官憲長暨提學[illegible]聞德學蔚然爲一大師表

茲膺　召命入爲大理少卿雖晉服勤于公不家食
而見祠之建之徙捐撥費盡厥工不爲不多也迺愿
予忝同年心友咸栗充敦世好爰以新祠之記見屬
義不容辭乃作而嘆曰先王報本追遠之禮垂世作
範載諸經籍炳如日星中古以來卿大夫率無廟以
奉其先唐王珪位至上卿祭于寢史臣以偸不中禮
少之况其他乎逮宋文公朱子始作家禮易廟爲祠
堂俾力可舉而禮易行奈之何心欲爲者或力有弗
給勢可爲者或念有弗及茲甚則華寢堂以適安居

飾臺池以資燕樂視奉先之典如末務焉嗚呼豈古
禮之不易復厚俗之不易挽也邪是祠也有司惡巨
公開于先有方伯廷尉諸賢繼于後他如顯而仕者
隱而處者才而待用于庠序者亦皆以孝敬爲心致
孜爲水木本源之念劉氏其盛矣乎匪但爲江右之
名族寔海内衣冠之具瞻也詩曰永言孝思孝思維
則敢以是爲斯堂頌且爲五雲之子姓勗焉

重刊林文安公文集卷之九

南京禮部郎中不肖孫炫敬編

知福州府事後學山陽胡有恒校刊

書簡

寄林見素都憲

前月中得仲春來緘始知爲何椒丘　請謚疏内援引鄉先達彭從吾學行醇正舊謚未安之意反覆議論深協士林之公展讀數周感激無已但不審自後聖斷以爲何如况持此緘者罔知封題泉山爲誰直

至北都乃詢問轉發是以遲也崇明事施家自首已
斃于獄黨類驚疑者彭坦洞悉處以寬群心遂定令
弟敷教自若請勿懸憂令姪季瓊節推在楊新政有
聲可喜小兒庭梻公事已竣中秋後還部區區夏初
會會九卿同進慎刑賞一章不意忤　旨比合詞請
罪逮今未聞邸報儻荷　寬恩歸田里則爲幸大矣
餘具別楮不復

寄同年韓貫道司徒書

自去春一別倏爾廢歲且改元緬惟　閤下入朝未

幾　先帝俄而上賓新
天子嗣統之初吉凶大禮國用無涯非伏經濟宏才
殫心注措殆有不堪加以師旅北征餽餉尤爲難處
茲聞虜寇遠遁將帥俱已　召還邊境雖云無虞而
蓄積糧芻須防後患恐亦不可須臾緩也亮之亮之
近日議處莊田一節最爲固結人心之要仰荷
聖斷大甦畿甸民困甚多報至南都衆皆欣忭不約
自同光我契舊多矣歆慕歆慕瀚衰病日侵肩祿可
愧茲謹陳情乞身事在吏部裁制望於太師馬老先

生焦梁二先生前贊襄一語善爲奏請放歸田里以終餘年誠爲萬幸伏望留意生成則老朽終身感德其奚敢忘至禱至叩

寄艾都憲公書

春正月元旦日食是日午前南都諸縉紳方具朝服約赴禮部救護不意 欽差錦衣衛官校突至執十三道御史貢安甫王蕃曷浩史良佐李熙任諾姚學禮張鳴鳳陸崑蔣欽並械歸于京師外有薄彥徽曹閔先是北上暫免此患蓋緣諸位上章乞留劉謝二

閣老不料忤　旨致有斯譴士夫相顧皆爲失色況大司徒韓公徐黄門昂邊爾罷官六科及王主事守仁後先下獄衣冠之禍慘矣奈何奈何目今龍江關蕪湖江西浙江湖廣各處抽分南京織造並有宦官接踵而來蒼生重困其何以堪深爲可慮緬惟高明必有經濟長策以啓老懷感感

復四川巡撫都憲林見素公書

去歲此時話别于寒廳盡三鼓月兩分手逮今快快未已及秋間令器達入試文場老夫叩其所作斷以

元魁許之士論推讓亦同前所留臚儀遂預舉致賀
比揭榜乃黄廷宣首選閣下向謂王常當再見驗矣
以達生才氣驗於來科未晚也近領冬十月蜀中手
書試録萬里天涯愛念愚父子情分莫此爲厚感感
況聞視師西川撫安威令大副一方人望六七月間
通江連捷劉烈潛蹤餘黨亦皆奔散厥功茂矣顧以
五宜自居誠爲不伐及覽　奏議二章其一成於亂
賊存時及伏誅後復其一疏同進蓋挺身以當虎狼
赤手以扶　社稷非負大忠義大學識大涵養者誰

能及此視賈長沙陸敬輿胡邦衡放臣逐子前代者
翻覺憂世殆不讓之汗青千載炳炳如丹孚在親契
不爲無光也還師日尚希見報用慰老懷無望賜教
掃覺俾勉脩厥職爲良

寄韓少宰貫道書

四月内遠聞傳奉生員孫伯堅等中書署丞等官及
王御史獻臣被執二事報至南都群心駭愕僕遂約
會諸位同進一本不意忤旨著令回話是月初一
日咨到本部隨即開行初四日仍邀列卿集於後堂

會本認罪前者誤爲伯謙非得教墨不知其爲伯堅也今已改正知感知感但此一舉實出區區本心加譴首罪罷歸田里不至累及諸公誠爲萬幸　命下之日惟我知已走筆速示至禱至禱餘不具

寄𡶶楊書

泉山翁書與庭楊知及廿四日早陳陞千戶送汝此月十三日書來乃知　聖上從諫如流召見大臣諭以自訟之意誠爲至德但所幷三寺人皆非言官指劾姓名未免可疑劉黄門龍諫疏激切條陳有辱視

賈誼未必多讓真豪傑士也可敬可敬彦錦衣潤任此數年秉心公勤衆所稱羡我特以將才舉之前言節省驛遞一事倘得　進行而來沿途民力未必不少寬也李家宰明晨上任同年又未免相待一席章祭酒先生前月已南還決意請老未知遂願與否餘不述

又

汝寄江書慶附來書物近日俱到庭模今科未得遂志尚當苦心用功以俟後舉我思　先考尚書公嘗

時北上春官自行無僕至我得舉進游太學一僕林
坦抱病思家而還獨居內號日倩他友家人汲水躬
自炊爨至有今日汝輩不可不知前宅覘姪前月考
居一等名第二誠爲至幸我同諸弟妹在此平安如
常餘具前書不複

又

前月十八二十五日連得汝八月二十八日及重九
日所寄家書試録乃知領劄清查　禁兵事體重大
但聽堂尊主宰一秉至公行之縱有小人挾私間阻

恐亦不能遂其計也李西涯諫止修齋掛袍之疏愛
君愛民莫切於此然竟不獲俾尼之不從南都百職
聞此皆為痛心且云帷幄重臣章亦徒上下官復何
言哉我八月初間乞歸再有本去至今未聞 聖斷
如何但得一退則萬事足矣所請先壠神道碑文汝
可時到張東白家緩刻告領寄來入石爲緊今日午
前舉人林文纘至此方知吾閩秋試大男喜解元則甫
田黄如奎四魁皆出福城庭奎又復不偶奈何奈何
陳文用李鳴鳳乃子俱中餘具別楮此不重述

三

寄炫孫書

汝四月以前所寄家書會試録金榜題名集後先俱到舉家喜悦不勝叅政父又適朝賀　聖壽于京師此時想過蘇州漕治八月末旬可至崇文門外天假會遇殆非偶然今在吏部觀政月作假如三篇論學刑名不爲無益但須勤候　朝叅恭事堂尊司長勿得怠忽經史詩文功夫更須會友講明以求進益不可自畫今日我遣汝庶母凌氏及諸僮婢送爾媳婦上京完聚宜賃一小館居止日逐節儉用度不可狼

費吾家素無蓄積汝豈不知近日宗契粹夫都憲助以折米十斛歲定爲常以償識者當思報其德也餘具崔舍附去書中不複

訓子孫文

惟讀書可以立身惟孝弟可以爲人惟德義可以保家裕後舍此吾無以爲子孫計也子子孫孫其服膺哉

重刊林文安公文集卷之九

林文安公文集後敘

予潮郡憲見泉林子來徵予言曰先文安公文集康懿先兄昔刻于潮藩其詩章奏議秋江先兄刻于潮曾乞序矣嘉靖丁酉秋中谿李公元陽按閩屬郡守慎齋胡公有恒重刊庚子倘有回祿之變是板不存茲者命工翻刻以傳于家敢求言以垂不朽予重見泉之請乃爲之敘曰林文安公予初入館時得奉接其風采公之諸子曾得納交若康懿若玉泉與今見泉其秋江

以公之從子貳守吾潮時累與其談先世事如仁佗一司訓公亦公之叔祖與先子爲僚友後先子以秩滿至京時文安公在史館李曾受知及今二十餘年矣言猶在耳公之文章在天下後世文集石熊峯嘗序之謂公之文一以明經不爲無益之語而其爲詩和婉中有法則德之言侔乎不易之論也竊嘗評我

朝百七十餘年來文體亦屢變

國初之詩文皆醇實平正成弘間益宏肆

歸田雜録十一卷

[明] 龍溪林魁撰

日本内閣文庫藏明嘉靖二十二年刻本

歸田雜録十一卷，明林魁撰。魁（一四七六—一五四四），字廷元，號白石山人，龍溪人。弘治十五年（一五〇二）進士，授户部主事，陞員外郎、郎中。歷官鎮江知府、山西提學副使、雲南兵備副使，以廣東參政乞休致仕。撰有白石野稿、歸田雜録。嘉靖十四年（一五三五）主修龍溪縣志。生平事跡見嘉靖龍溪縣志、萬曆漳州府志、閩書英舊志等。

是集所收皆林氏致仕歸鄉後所作，故以「歸田」爲名。林氏於正德十五年（一五二〇）乞休，嘉靖元年（一五二二）得請，鄉居二十餘年。嘉靖二十二年（一五四三）病瘉後，「檢篋中，得應酬詩文雜稿若干首」，「刻于家塾，使兒曹誦之」。全書詩文併收，分十一卷：卷一五言、七言古詩，五言、七言絶句；卷二五言律詩；卷三七言律詩；卷四詩餘；卷五至七序；卷八記；卷九碑、墓表；卷十書；卷十一祭文。

四庫提要以「俊逸」評其詩，又謂「惟其稱心而談，不免乏鍛鍊之功耳」（白石野稿提要）。此集詩文多爲與當地仕宦、鄉紳酬贈之作，甚少涉及政事。感舊記回憶正德間知鎮江府時同僚，其中丹徒知縣桂萼官至吏部尚書、大學士，金壇縣丞劉天和官至兵部尚書，其餘諸人或爲按察司副使，或爲御史，或爲給事中，或爲郡守，各有善政。林氏「感舊懷賢，乃疏其概，以告兒輩」。（張學謙）

歸田雜録

全

一之十一

歸田雜録序

予自正德辛巳乞休嘉靖壬午得

請俛仰之間忽二十餘年矣所務

力田供賦之外無復世慮癸卯歲

病起檢篋中得應酬詩文雜稿若

千首不欲棄去刻于家塾使兒曹

誦之亦足以助含哺鼓腹之樂云

嘉靖癸卯冬十月吉白石林懋識

歸田雜録卷之一

白石林甡著

古詩五言

○寄杭雙溪二首

叢竹有佳翠。遥蔭清溪流。歲寒氣益足。未論三伏秋。巍梢止鳴鳳。毛羽照神州。冷々林下風。安得從之遊。

雙溪在何許。玉淸含淸風。灝氣滋靈源

上與銀河通銀漢不可即引領崑崙窮

何當生大翼舉手探鴻蒙

○題蔡鶴峯新居圖用謝雙湖韻

壯歲不出門流年欲成叟睠此萬玉峯

千秋一回首蟠礴孕元化静重基判剖

獨對渾雨忘卜築期永守上以結千齡

下以託百口鸞鳳棲巖崕麒麟在郊藪

仰止馳我情孤高合誰友坐月寫素絃

中天酌玄酒源泉日就海嘉穀秋盈畝
題咏各名流齒數復及走山高人亦高
君看仁者壽

古詩七言

○寄題黎念齋碧山八景

五峯如盖北倚天三疊蓬萊華盖前鄒
岡東來青龍躍隱々西阜於菟眠天爲
碧山生四輔其中衍沃爲平田柘藍白

石流青玉宛轉悠洋抱山足楓塘積墨
撥不乾清湖雨脚森銀竹蒙山高士黎
憲使拂袖歸來作山主君不見司空先
生還中條浮雲利名不可招清風穆々
披唐朝聞君此境神爲飄作詩寄題心
遥々

絶句五言

○元日

天上奏新春。千官奉紫宸。燈前開箧笥。聊拂舊衣塵。

○除夕

凍雲含雪意。作態傲貧家。不識園梅在。衝寒獨吐花。

○南洲省田四首

別渚生春草晴光照道衣　上鳥
相語背人飛
小屋搓江影長堤限水痕海潮眞有信
依刻到柴門
白鷗千頃雪黃稻半溪雲誰唱滄浪曲
風吹到耳根　[illegible]
斗門新入水半是柳江波浩　ヒ
君恩在其如補報何

絶句七言

聞

慈壽皇太后哀詔

一封哀詔下雲端病眼惟應帶血看一

十八年恩澤在

孝陵風雨望西山

至山莊

去日小荷方出水歸來緑葢已成陰不

知病後頭如雪還戴烏巾占竹林

丹荔離々綴小霞結芽如斗亦爲家不知春向何時去落盡棠梨一樹花

種得新篁十數竿煩枝刪盡午陰寒清凉不道炎威隔水雪還來歲暮看

小松眞欲學參天默々抽梢拂紫煙見汝千尋爭嘆羡不知根本賴黃泉

小童拂石布藤床管領南來一味凉受

底濃香通枕簟闍知茉莉吐西廂

公子池臺一百重十年辛苦揷芙蓉東園誰種無名草紅紫紛紛亂井中

○題林空齋松下携琴便面

松下誰囊子賤琴花封曾試牧民心薰風好記重華曲報答蒼生仰望深

○題葉榕溪便面金葵花

分得靈苗出上林天葩循自帶黃金不

教百卉爭顏色，獨向朝陽獻赤心。

○題黃梅凋墨竹

近來卜築鄰山谷，認得彭城一派春。老幹直參雲霧裏，蛟龍還自起兒孫。

○題表姪施仁南梅圖

最是百花頭上發，真情還爲歲寒開。休誇皎潔橫窗好，且看含酸入鼎來。

歸田雜録卷之二

律詩五言

○自咲

自咲謀生拙，求閑却未閑。墾田臨海水，結屋傍秋山。妻子貧能樂，交親澹亦驩。不才空老大，慙愧舊儒冠。

○青亭三首

素髮依荒壠，青亭傍小臺。山從天柱落

雲向海門來懶枕東窻曙遥書北鴈情

鍾期在何許千里獨徘徊

夜雨生寒氣炎方覺候殊被堪携翡翠

座欲布氍毹迸竹穿空屋飛花雜亂書

乾坤一家月無用歎歸歟

採藥萬山深閒行獨自吟世人無疾病

吾道任升沉極目青天外棲身碧洞陰

著書不足青竹日成林

○冬日江行

冬日良可愛，平江不復風。厨人供海味，溪友欵蒙衝。身世囂塵外，恩光暮景中。白雲能雨否，煩汝起從龍。

○周西峯別駕過草堂

周子豪難敵，臨官不動容。堂々凊海節，濯々歲寒松。未信時難濟，眞知道貴中。

搴帷看春草，情與問牛同。

○西峯别駕途中有作歲除予至郡

城公始録似用韻

上佐行柔遠干旌臨海涯清風動夷島

白雪照吾廬合浦還胎蚌韓江退毒魚

才高多暇日時得近三餘

○奉陪五石李大廵過南山寺别後

口占二首

野寺臨芳渚霜旌拂紫霄風清朱子韻

虹、郎、宋、人、橋、日、月、瞻依近滄溟指顧遥、
神、仙、在、何、許、天、籟、起笙簫、
北斗中天在前星擁極高行時尊夏正、
卜鼎重周郊、
帝力洪難識神功運不勞、巖松多雨露欣結
太平巢、
〇城中聞鄉田雨足知民不飢也喜
而有作

南人占歲計，春早首籌心。誰遣連霄雨，

時二守謝雲門方禱雨，更成三日霖。新

秧黃媚水，古木翠敷陰。老脚如加健，空

齋步復吟。

○雲洞餞梁岡都憲，遂過鶴丘閱鶴

○峯壽藏，是夕宿萬玉山堂，呈文

繼洞主。

早避青雲路，翻然白鶴丘。極知天地大，

聊、愆、水、雲、遊、笳、鼓、官、程、急、松、篁、我、輩、留
高情、未、能、別、横、桄、卧、滄洲
○林端山、自龍巖三百里至白石、以
其祖雨巖圖請題、予愛端山知
所重也、留之信宿、於其別也、贈
之以詩、
不見雨巖叟、得見雨巖圖、石欄、留、天地
雲仍事、典謨、劇談兼野史、清供仗園蔬

歸語同袍友。年來相憶無。

○讀白沙集

俊傑生南服。星辰麗泰階。一空涵海水。三島見蓬萊。獨拜徐孺塚。誰登郭隗臺。文章堪不作。翻遺世人猜。

○讀康齋集

康齋吾不識。垂老見遺文。豈的伊周地。懸旌孔孟門。南陽心未悉。甪里路終分。

何事南軍將。無端薦剡存。
○送宋東湖掌教晉化
東湖天下士。志不在寒温。年少才名重。官卑道望尊。景星明泮水。和氣藹橋門。遷擢尋常爾。期君報
國恩。
○東吳詔安
新治南溟近。賢名北斗高。夜絃、梭、月、色、

金鏡見秋毫下淚談民瘼懸氷照吏曹

邑人安惠愛無用太憂勞

○送曾秀才慶

暫借青雲步來遊白石村書聲叢桂館

名刺草堂門落筆驚年少懸燈每夜分

成身在何處忠孝報君親

○老母生日蔡鶴峯致雙鴈愛而畜

之悵然鶩群中不習也憫而放之

汝本雲霄物何從與鷺同定因粱稻苦
或忽網羅空日夂憐成翅秋高聽出籠
弋人行處有莫厭附鵬風

贈陳君録秀才 三首

不到龍巖夂風流畏後生三辰回氣運
萬里起雲程濟世無如學持身最尚淸
老夫無寸補爲子一留情
黄閣文章府青雲會合途太平在

君德培養賴吾儒位大貧爲貴能多智却愚

皐夔功萬世原不事訓書

此性原如水迎風波浪生唐虞開莽操

仁義化縱横我黨須辛苦先民有法程

聖門在何處赫日照靈扃

○

憶陳東谷以君録也

東谷陳夫子今爲泉下人庭前親玉樹

天北近金根夜月虞梁屋春風恨欄塵

懸腰三尺在無路答徐君

○奉寄樵翁去人不遇

昔年留别處猶憶鳳城陰煉石絲雙鬢

抉

天苦寸心釣臺滄海近詩社水雲深偶值南

飛鴈臨風寄遠音

○寄陳天游

天游在何許極目五羊雲六籍爲家業

三槐望子孫，東曹人漸老。南海月重輪，庭樹花流影。清歌昔日聞。

○憶王蘗谷

坐轉花間月，聽殘寺裏鍾。可人千里隔，一笑幾時逢。久病寬腰帶，高壇仰論鋒。聞君行補衮，五色望成龍。

○題謝雲門希萊圖 二首

綵袖懷初服，飛雲動遠思。名門昭具慶，

世美協重熙鏡水涵天碧瀛洲愛日遲

高堂還有望努力報

明時

之子思親處高峯即白雲雙魚銜遠信

千里報嚴君一笑無他事重榮有特恩

人誇經濟業渾是過庭言

○題蔡子欽高亭

三年不出戶幾度夢高亭喬木長成樾

春江只自清事幽忘文坐性癖愛閑行
西望龍騰近停雲入漢清
聞謝竹泉訃二首
愛我如兄第同年恩義深分符南過海
戀
闕北懸心浮世嗟長別空山絶遠音斷腸
流水奏誰嘆伯牙琴
官貴貧猶在名高忌亦深可憐吳下水

不照隱之心。竹搓隆寒色。泉流太古音。

潞河聯榻處。秋月憶絃琴。

○犬

此犬初來日。昂昂虎豹情。臥堂嫌地小。

趂獵愛霜清。戀主頻搖尾。防家不亂鳴。

功高那忍殺。爲爾惜韓彭。

○雞

庭前終日啄。百粒已充腸。爭食憩鳧鶩

戴冠學鳳凰萬方聽曉唱五德備天常

憐汝終烹汝何如羽翼長

○鴨　序名〻佳

花鴨不成群長鳴甲〻聞點頭思覓偶

睠戀若爲文食到肥時盡年惟瘦者寧

白鷗飢亦好汎〻海東雲

○鵞

白鵞能獨宿清夜每高吟隱約樊籠定

游揚野水深貪鷹空側目棲鶴若知心
莫訝羲之愛黄庭不換鵞

○鴈

兩々南飛鴈將投何處沙人思千里信
天放一行斜遠影涵秋水驚魂背落霞
野田終不集應恐畢羅遮

○蔡鶴峯惠新茘

喜接三峯使雙盤薦茘枝幸來珎果味

正慰老親思帶露紅衣潤含津玉肪奇因懷嘉樹下親摘伴金巵

洪藻塘惠蘿菜栽

高貲甘澹泊種菜滿庭新爽口堪無肉分栽更有人細宜供釋奠清却稱儒貧百事真相賴憑君共苦辛

曬醬

小院行秋日清光媚醬盆香騰知漸熟

佚詩

貨化欲無瘢味數鹽梅上功於鼎昂鼎尊

未須愁桀揹原不慕蒸豚

溪行

短帽出清溪空村草樹迷飛來何處鳥

隨意向人啼噴雪船迎浪橫雲屋隱隄

潮平歸路夕新月小堂西

老母八十一

慈堂忻八袠新歲復增春甘旨沾天祿

褒封荷帝仁。但祈能老建安。敢愧官貧
報答憑何地。焚香望
紫宸。

○賀黃慄齋壽

東山松竹好。陶令久歸田。生日黃花後。
開尊白雪前。兒孫聯綵袖。賓友擁華軒。
借問林間鶴。丹成幾百年。

○村居二首

村舍閑成趣。柴門晝懶開。樹因藏屋密。

泉似覓池來。試筏防苔滑。掀簾候燕回。

園人知竹醉。移本傍庭栽。

甕牖通山色。柴門擁稻花。有年真國瑞。

易足是農家。鵝鴨矜波争。牛羊下日斜。

未堪唯學圃。不種卲平瓜。

○偶成

百煉洪爐鐵。十年成鏌鎁。才堪登九陛

神可辟千邪卧久塵凝匣磨稀繡結花

驃姚行出塞憑爾定龍沙

歸田雜録卷之三

律詩七言

○喜雨

久旱眞貪聽雨聲，坐當簷溜不勝情。東田豈止謀衣食，大有誰來計斗升。晝展笑看枯𡸣緑，鏡浮鶩指渴池平。海松作意凝甘露，時甘露降城西山松上，巡按御史李公奏于朝。我愛新秧照水清。

修草堂

龍來萬瓦凌空舞甲午歲龍過草堂屋瓦飛其半龍去諸峯爲我青隱約三年居漏屋支持百費補茅衡樓依北斗頻回首戶啓南離靜展經高卧莫嫌容膝小但無慚愧夢魂淸

梁別駕弭節草堂

誰將小隊叩巖扃松下都無唱導聲彩

筆雄揮鋪好句。王琴輕拂寫高情。貧樽
自漉經冬酒。蔀屋常瞻近海旌。一淡交
懽眞不厭。黄花青竹眼偏明

〇四客

四客登堂地不塵。曾朱楊蔡舊時人。乞
詩有紙價如玉。買酒無錢面亦春。傾尊
豈止大聖樂。煑茶眞可集賢賓。黄金萬
斛不到手。糲飯一飽何云貧

○陳漢以王南塘内翰題扇見贈用韻題扇以報之内翰名同祖蘇州人

芝麓堂前春日晴，荔枝陰裏一禽聲。交簷過雨蛛絲重，曲院初風蝶翅輕。清話不妨同坐久，漫吟惟聽偶然成。青天漠漠隨毛羽，莫問鵬程與鷃程。

○陳漢索詩口占二首

春日遲遲春水生，識君仍作送君行。高

風未落英豪後雅韻能分翰苑清十里
柑花停去馬雨涯山色醉吟旌知心莫
訃過從日還望秋鴻遠寄聲
憶別蘇州二十年楓橋夜泊幾回船斆
魚自足江水獨鶴專高萬里天豈謂
朱顏凋鏡裏尚憐紅雨醉尊前春風一
咲千人石猶記揮毫對可泉可泉蘇州
守胡公別號也公名纘宗

哭陳蒼崖 有序

○車如流水不見蒼崖悲歌一章

以當哭

毒刄誰持割老腸廟門槐葉日蒼蒼横

窻碧草自孤館飲泣青袍慘二庠天地

不仁空造化鬼神應識護文章人生俯

仰成今古何論他年始嘆傷

○用陳東渠藏書樓韻二首

典墳充棟誰家樓樓下漳江萬古流三
世清忠峩豸角十年辛苦理蝇頭無収
未厭資多識静覽全勝賦遠遊却笑世
人書滿腹一生肥馬與輕裘
衡廌坊前水竹居書樓新築近先廬千
峯碧玉垂岡麓十里紅塵隔市墟浮世
人情醒是酔太空雲物巻還舒兒孫莫
訝生涯薄傳得書香便有餘

○寄林雨巖歸隱

不到龍巖十五年。高情猶自想諸賢。畏菴東谷今何在。時陳東谷黄畏菴俱下世碧水丹山夢可憐。月上明珠飛古洞。旱餘甘雨向秋天。吾家扁鵲聞歸隱。雨巖故爲其邑醫學訓科應有青芝滿玉田。

○答藻塘冬日見示韻四首

碧玉千峯紫翠深。可人書屋倚雲岑。未

嫵白雲侵鬢鬢不惺青石鑿毗心老去
盡焚封事稿興來還續打乖吟敢言萬
例同戚鳳喔々桀顛聽翰音
劉別初秋冬復深小堂稀客靜岑々尋
春拄杖來梅下汲月拏舟到水心往事
休嗟成夢寐壯懷空欲起呻唫相思一
刻堪如歲憑藉風翰好寄音
學道眞如學海深倦游横榻老雲岑誰

知石室藏書處全是金門獻策心南海明珠收不盡東門歸路去隨吟無端更作當時夢香案前頭聽玉音

莫辭杯酒十分深形閣何能換翠岑身在江湖長戀闕耳聞時事暗驚心好書靜讀添新見惡稿閑翻改舊吟安得與君尋九曲洗塵同聽棹歌音

○輓汪太母

母儀婦道兩稱純。百歲仙遊世幾人。勸
學尚餘熊膽在。承勛爭覩鳳毛新。溶〻
弱水瑶池遠。鬱〻隆岡宰樹春。獨有東
樓明月色。夜深猶自照轅門。

○送楊秀才瀛 二首

不見楊生二十年。此回高論更河懸。未
騖碧玉高千尺。欲踏青雲上九天。面目

堪親酬久別聲名無用愧虚傳

聖明八葉開黄道愼勿遭逢負簡編

漳江春水起紅濤高下神魚向碧霄金

榜姓名猶細事彩雲樓閣有巍巢源泉

百折東趨海蹄轍群方北入

朝老我不知雙鬢雪狂横醉眼寫風騷

飯後　三首

澹飯疏羹飽便休鼎鍾何事苦追求太

平已是三生福富貴難無萬戸侯耕織
不嫌兒女拙康寧惟恐老親憂當年意
氣凌霄漢羸得瀟〻兩鬢秋
呼童洗釜煑溪魚近舍人家酒正酤急
掃風軒留好客坐看春色滿吾廬鎖閑
自撫千竿竹懶學虚藏萬卷書試問歸
來陶靖節得官還肯折腰無
山城微雨坐黄昏犬静人家欲閑門弄

水游魚身半出，伴松歸鶴影雙翻。芳菲
未吐留春在，庭院寬除與月分。飲啄
明時無老健，生辰應附福星垣。

贈楊醫士元茂三首

楊子交親四十年，病餘一咲各華顛。君
持大藥能醫世，我挾空囊不貯錢。朋友
情懷汪似水。
朝廷恩澤大如天。與君相守莫相棄，百歲

康強即是仙

時常得病便勞君夏暑冬寒一幅巾父

子至情眞仰望交游多歲轉慇懃漁羹

品下鮮宜録社酒香微性却醇貧者只

能求扁鵲青囊安肯厭柴門

山光水色繞柴門木榻陶尊意自醇藥

力暗扶元氣轉行裝端爲故人勤不嫌

草閣横高枕獨上榴臺岸角巾早晩兒

曹會趨走紫芝山下禮茅君

江東驛亭小坐 五月五日

雨霽江亭坐翠微野人新薦菜芽肥山顛箇々青松立草際雙々白鷺飛午夢自便通蝶境晚涼真稱試荷衣龍舟在處逢人醉魚腹忠魂歸未歸

至馬岐山莊 五月六日是日夢翁忌日也

老大空飄兩鬢絲傷心猶恨盖棺時翁

亡予病不能視殮空山不改煙霞色古
木爭添雨露枝春水滿塘花遠近夕陽
歸路柳參差風燈泡沫人間世千古惟
堪一淚垂
○莘玉先生至草堂草飯口占
野田收穫正農忙忽道儒仙過草堂分
付兒曹具雞黍破除塵俗話暄凉法書
清勁尊前晉詩律渾雄愛盛唐真羨萊

羹風味別唾成珠玉口生香。

○呈曹少府海山

清秋獨立曉光寒。天地空濛見海山。絶頂居然臨北斗。孤根不動障狂瀾。百年老眼還重拭。萬里歸雲借一看。多事出家尋五岳。蓬萊應許恣躋攀。

○答曹海山二首

碧海春還物色饒。扶桑西畔見星標。一

雙白璧何皎潔。三歎朱絃豈寂寥。小范本開文武畧。長蘇尤重

聖明朝。老懷尚覺如江漢。萬里東流日夜遥。

海上青山照病容。驚波不動水融融。百年日月嗟吾老。雙眼乾坤見此翁。自笑虛舟横野渡。更諶孤劍倚空同。汗牛未畢平生願。漫展芸編落蠹虫。

陸文通爲書處則充棟梁
出則汗馬牛

○題謝雲門雙壽卷

屋壁詩書壓五車。里門突兀倚煙霞。壺中日月延雙壽。天下文章正幾家。歷歷金吾辭鳳闕。盈盈萱草照宮花。野人閑弄滄江水。自覺仁風滿釣槎。

○贈菊圃

菊圃夷猶八十年。清閑康健即神仙。平

生怕事門常閉但遇知音客便延所願
子孫能守業不貪金玉欲齊天我貧我
懶偏相愛歲歲花開上酒筵

和曹少府海山留別韻

一笑柴門停導騎滿囊珠玉照清尊張
琴獨鶴成官况極海恬波是國恩春近
風煙侵筆夢日長戈甲長苔痕期君事
業青霄上莫爲離情訴斷魂

○借鶴峯過蔡松峯祐江東別業二首

歸來重省舊田廬樵牧相親聽雜居愛汝小山松獨秀坐于明月柳方踈幼安生事遼東榻逸少風流江左書直爲幽人尋好景不知斜日尚停車

茅屋前頭布竹籬可人花木覺行遲江邊釣石高千尺峯頂雲松老四時最苦詩書尋實用難甘歲月付虛靡衰殘百

況俱銷歇獨有雲山暈夢思

○偶意

一寸丹心七尺身當時決計爲生民功名未就先多病泉石無嫌自可人天地恩深須報本田園計拙足安貧不羨遼東管居士白頭辛苦避風塵

○緝槧幃

晝堂官燭散華筵此帳曾供上客眠蚊

嘴有鋒亰不入，鼠牙無刃却相穿，休嫵
補綴如僧衲，且慰週遭護講氈，他日春
風圍錦繡，莫忘孤館雪霜天。

○遊開元寺晉寬上人留坐口占

三年不到紫芝峯，才到峯頭興便濃。萬
樹天花垂講座，一池春水照僧容。題詩
未減東林寺，策杖如登太乙宫。豈爲風
光留不去。

聖時民物太和中、

○和魏及齋遊九鯉湖、呈徐日峯掌

教、二首

九鯉壺公相對懸、雙旌獨鶴入壺天、蛟

龍已護仙靈去、山水長留景物妍、不惜

神游三夢裏、爲言真數百年前、蓬萊閬

苑空難到、只尺丹書可共詮、

空中紫翠一壺懸、事了來探枕外天、歷

歷雲巖如舊識、離々春樹出新妍、留題
日月荒煙裏、歸路牛羊落照前、聊次乞
靈端不爽、仙曹須是有眞詮、

○寄題夕陽寺用劉南郭韻二首

四月平田鷺作群、山中花事亦繽紛、千
秋野水流唐寺、一路奇峯失夏雲、碌々
塵容驚往夢、冷々天籟憶前聞、爲憐松
桂晚方好、不厭移尊到日曛、

暖煙芳草庶成群何况招提可息紛講
石坐來花自雨潜龍飛去洞猶雲白蓮
池淨心堪洗黄鶴吟高耳願聞豈羨相
逢開半日上方明月纔斜曛

○題外姪王詔柳塘煙水

門垂碧柳學陶家小々横塘淺々沙窓
愛陽春吹白雪瘦宜秋水映晴霞朝陰
遠近看魚躍暮影空濛步月斜倒看接

羅吾可醉習池風景不須賒

○至望山

怏劍無才割白雲扶篠來問隱人村愛山只合添松柏保業惟當教子孫若要索詩題石壁不妨斟酒滿陶尊試省舊時同筆研林間今有幾人存

陽莊十四景

○谷口松陰

東山之陽黃家莊攬奇襭秀天所藏嗟
予三到未全歷但能引目臨高岡長松
落ヒ蔭谷口六月兩腋生清涼同來貴
人莫喝導解帶石上聽笙簧

○洞門潭影

洞裏仙人俗不沾坐臨潭水鏡開奩數
株檜柏能離立天下池塘可盡兼興共
春風浮彩鷁心如秋夜浸寒蟾世間在

處逄塵土此箇澄清許學廉。

澗篁鳴籟

昔年曾見黃公竹。正在五松書屋東。今日陽荘竹如簀大者如鳳小如龍。澗波靜學蘭亭水。天籟長鳴虞舜風。堪笑清狂晉居士。敲門柱杖尋前蹤。

荔圃藏春

陽春、到、處、只、行、脚。才、到、名、園、春、便、留。誰

挿荔枝三萬本兼栽蟠木八千秋四時

但覺如三月元氣何妨有蓐状十二闌

干君莫鏁閬風玄圃聽人遊

書齋賓日

黄子山前作講齋風光全似赫曦臺直

期丹鳳迎陽出不道寒鴉帶影來吟愛

泚毫臨海水坐憐開卷對蓬萊憑君早

聽金雞語移此晨輝照玉階

吟楊棲霞

誰築詩壇倚翠微十年煙火覺全非更無俗迹隨人到時有飛霞伴鶴歸舊雨豈殊今雨潤茆亭争似竹亭巍欲從李杜尋家法又恐仙風不柰吹

湫壑般雷

雷興地底本常理龍在深淵亦所宜但是英雄將濟世却於神物便先知褱中

建業占應在海内蜚聲志莫疑爲報蒼
生渴如火八荒霖雨待伊誰

石窩吸海

京口曾臨吸海亭歸來仍得此奇名定
應五色成天後又化三生占地靈極岸
峯巒堪隱几浮空島嶼總來青胸中雲
夢何須説一覽茫ヒ八表情

曆臺夜月

雙石崚嶒半倚空隱屏曾見武夷宫平
臺更許留人坐清觀惟應與月同百巧
何緣尋鬼斧一塵無染自天風停盃欲
喚姮娥語剩覺雲霄只尺中

古壜春霏

三月春山百草青行歌來上舞雩亭側
身雲霧知天近極目人褱望雨生箕北
星辰瞻

九關漳南樓閣撫孤城昔賢波逝惟陳迹
自掃莓苔理姓名

北園秋色

菊花黄處蓼花紅高士園亭鎮日封八
月凉風生几杖九天清露洗芙蓉且須
對酒添秋興不羡停車愛晩楓最喜北
門開宰相賦詩猶羡歛神工

西渚夕陽

讀罷芸窻坐日西閒情眞愛夕陽遲兩
堦自信杈花影萬丈何妨寫竹枝近水
平沙星閃鑠赴巢歸鷺玉參差君看石
壁翻江底佳句空慙杜甫題

○南嶂寄雲

天削漳南第一峯崔嵬眞稱玉芙蓉但
覺晴雲生寸壘便興霖雨向三農松梢
月暝疑寒兎洞口風腥識卧龍何處鯨

音來不斷紫陽祠下隔山鍾

○東臯巢鶴

三十年前此地遊仙禽作室古松頭丹砂入頂不知歲玉羽凌空每待秋雲漢故無塵土夢飛鳴應切鳳凰樓梳風警露思清骨雜鶩黃粱尔自由○

○寄黃懶雲用汝淳扇子

短箑題詩寄懶雲○舊家人物古風存○別

來思想情難割病後音塵耳不聞陶令

長貧堪笑我管寧高卧或疑君東溪水

碧東山秀好把遺經教子孫

○徐日峯約飲詩以速之也　十月三日

試遣詩筒問日峯蝌蟄鱸膾入秋豐行

裝已從還山舍禮飲仍思侍泮宮雨過

黃雲將捲野割稻　曉寒青竹漫横牕攤

書壯懷自咲猶如昨卧聽芝山五夜鐘

偕黄梅澗省葉榕溪疾用張南涯韻

萬榕溪上曉尋春五馬堂前喜氣新福

壽來從心好處鬼神扶是德全人病魔

已伏君臣藥恩典終歸父母身莫羨燕

山談五桂百莖蓍草有靈根

冬至嘉靖二十一年壬寅十一月

六日是日以病倦不能陪祭

祖祠男夢熊夢星往

暑往寒來古又今一元生意是天心雨

儀不動藏功德萬彙將通無淺深日薄
梅枝開小玉風移簷鵲動嘉音獨憐老
病無筋力夜半懸情桑梓林

○作酒

俸鈔支吾買秫田柴門兼得柳江泉麴
生入座全無俗玉女聞香已半仙脉々
春潮鳴大甕盈々秋月泛華筵不須挨
柁雲安去一醉陶公石上眠

○磐石李公萬章別號

一方磐石瞰清渠。記得童時此釣魚。溪上更無塵跡到。榕陰端有可人居。安心只是娛耕讀。洗耳何曾問毀譽。幸際聖明天子世。百年歌舞樂唐虞。

○春日園中

君恩浩蕩與天同。元氣流行萬物通。但使家々無惡事。自然在々有春風。空濛

草色如人意荏苒花香自化工似覺從前虛用力十年燈火學雕蟲

○偶書

朝廷設吏爲蒼生何况諸公盡俊英但使身心無垢坋自然政業向清明恩波浩蕩流

皇詔化雨滂沱洗宦情敢謂太平真可致五雲高處望台星

○和徐日峯遊雲洞二首

四年不到仙人洞，忽見飛雲伴鶴來。世上浮華堪一笑，面前高下識三才。溪流自信隨花去，尊酒何妨趁菊開。欲爲昔賢理芳躅，斷崖空有古莓苔。

十里青松鏁緑苔，洞門端的爲誰開。儒珎本擅千金價，詩思真兼八斗才。不道山中銀甕出，且看天上玉人來。憑君分

取蟾宮桂五色雲邊次第栽

○寅陽寮僧會天招飲宗人希盛甥

郭喬瑞同遊

古佛龕前較梵書最憐文暢識吾儒斑

荆共愛松陰密煮茗無嘗井味殊世載

何妨高着目人情真似小烹鮮臨階自

拂菩提樹不動談鋒興已虛

○端午

年。端午自傷悲。老病空添兩鬢絲。先

子將臨觀化日。初七日先君不諱亡男仍切隕

身時。初六日次男夢身夭死江河積淚哀何極。日

月流光老漸衰。惟願兒孫敦孝敬。芳名

長遺九泉知。

○奉陪李五石侍御。遊南山寺。

雨過新秧綠滿田。水南山色畫熊前。風

松坐洗三生夢。江漢遙縈萬里牽。結社

未燃西落會省方親覲內臺賢匡時有力須圖報麟閣崢嶸在紫煙

○蒼石少府養真亭

山中習靜見天眞始怯長安九市塵落落窗松霜外老青青庭草雨中新白雲只合隨閑我黃卷何嫌對古人贈我芻栽還少在森森惟望滿園春

○用林寵樂貧韻

曉從書幞拂輕塵硯沼澄波照病人紅
葉爐中煨芋子碧天樓角過鴻賓十分
才調成何事半百辛勤博此貧茅屋三
間山萬疊乾坤私我一陶鈞

答洪藻塘用韻

偶緣新沐拂冠塵霜鬢翻驚鏡裏人且
喜催租無俗吏却憐題竹有佳賓霞蒸
石壁山如醉潮退江城海亦貧我輩共

知歌
帝德。更期伊傅秉朝鈞。

歸田雜録卷之四

詩餘

○錦堂春 賀顏太府奬勵有引

伏以旌奬賢能，廵方大典，歌謡德政，沐化輿情。惟薦剡之交騰，故頌聲之有作。恭惟具官，奇才獻國，正學名家，修六事以安民，秉寸丹而守職，齊刑以禮，刪末俗之枝條，設教由躬，端大邦之軌範，清風高鄭例門墻下入夜無金化月繞雙旌山谷中回春有律兵休積歲戈甲凝苔農不違時桑麻蔽野包孝肅不持一研眞可齊名趙清獻特寶張琴何能擅美六曹奉法人在氷壺八屬興仁民依玉燭兹者三陽開泰元正啓雲物之祥九闕揚名兩院入循良之奏古陵薦稿總録名流

當宁懸心允酬渴望旣傳修於三舘復示勸
於群僚濟々縉紳望巍標而引領堂々
藩臬飮芳譽以馳心慶動衣冠光生海
嶽惟持心之以畏迺聞命而益恭逸駕
途長鴻鐘韻遠廟堂器別柱石材殊幸
千里之同風卜三台之指日分香白筆
瞻紫閣以陳詞借席黄堂合蒼生而造
福詞曰

天上人看薦剡。漳南春擁霓旌，海水不波。山燧息，物色照人清。○誰叩玉皇香案，金甌裏記華名。口碑無數留難住，消息付鵬程。

○滿庭芳 賀顧太府優恤軍士有引

盖聞君子體仁，人無不愛；良牧為政，惠必兼周。觀撫軍之厚德，見識治之長才。允矣洪謨，椎哉遠畧。恭惟具官

聖代鳳毛士林麟角學尊經義俯百氏於
門墻政急民艱措群生於衽席漳江清
徹底一鑑澄心天柱立于霄全閩屬目
庭深草色化多訟以潛稀院落松陰覺
炎熾之自少河無渡虎不貽患於鄰封
夜絶來金豈遠嫌於白日狼煙銷斥堠
不鳴江廣之枹蜃氣歛樓臺弁造興泉
之福登百穀之祥而阜物順四時之序

以成豐第一流人世豈多哉邑二千石
公其有之茲以鎮戍開儲之期深體
朝廷養兵之念財求實惠牘委賢僚恩浹
貔貅仁深甲胄虎豹壯在山之勢封疆
固保障之安運用可以占文武之資勳
猷可以卜撫巡之漸所陳之頌既出軍
情莫助之誠將聞國是詞曰
國寄承宣民資師帥黄堂自古須人

朝廷慎選借寇沛洪恩眞箇仁風播動千

里内百物皆春穎漳南兵民何幸兵得

此賢君○爲邦誰可擬誠乎八邑愛洽

三軍邊城褁謳歌處々流聞道是漢家

良吏千載事何訝同芬還肴取廟堂柱

石勲業燭台垣

○

錦堂春賀顧太府誕辰有引

伏以吳山越水鍾間氣以生才皂葢朱

轓擁專城而撫郡民歸壽域天降昌辰

恭惟具官道宗正學身許

明廷黄甲騰芳文章矜式乎海内白雲分

署聲名久著於朝端惟

皇軫念乎遐方特命照臨於吾土丕宣

上德一人紓南顧之憂旁達下情百姓無向

隅之泣蓋經綸早承乎庭訓而愷悌允

出乎天真合千里以爲家藩籬斯剖鼓

群黎於敏德刑罰孔清福星垂八邑之
光誕日啓三秋之瑞煙銷萬島臨東海
以開尊歲卜千年指南山之入座聽五
袴歌不數人間絲管觀雨岐麥兼儛堦
下芝蘭治應第一望切三台爰奏俚詞
庸伸愛助詞曰
天上秋光剪月堂前春色開筵千里山
川浮瑞氣南極一星懸且喜波恬鱷

浦更肴燧息狼煙士民同樂眞堪愛行
馬擁喧塡
謁金門 送周別駕考績有引
蓋聞治人以脩身爲本秉軒嚴一念之
天守官以稱職爲賢
當宁重三年之績惟公廉之貫徹斯卓異之
宜書恭惟具官文章華國詩禮名家深
明體適用之資抱濟世匡時之畧年方

弱冠巳占巍科運際中興遂叅大郡光
風霽月嘗增金斗之輝嘉樹甘棠式茂
蘭陵之蔭幸福星之移照佐壽域之重
開四載連荒活飢民於百萬重溟告靜
銷宿寇於三陲談笑而清風生事不期
而自集動覆而纖塵絕令不肅而咸趨
民悅供輸不受欺於伹儈軍懷給餉沾
實惠於妻孥至於加禮知言垂仁無告

慈祥暢達元傲消融贍草色之長春展
芸編於暇日迹超乎薄書之外而心俘
乎閭閻之間蓋公之所獨知有人所不
能識者今茲三年考績合覆歷於二郡
六察書最奏名實於
九重祖道嚴於抗旌僚情難於判袂爰述
小引兼贈名言伏願忠貞益勤乎初心
贍秋旻而共遠事業繼宏於喬擢協帝

載以同然詞曰

分携處恰遇天香盈路五雲縹渺蓬萊

是仗劍凌霄去〇莫道民生細事清問

便應許叙青雲莫墜平生志記取離筵

句〇

〇滿庭芳　賀蒙别駕有引

恭惟具官五年孚秀獨驥空群文章馳

冠世之聲才畧適濟時之用三吳童餉

卷之四

韓轉運重見江南七載改官王忠文冊

來海上直而不訐方寸地無先入之遊

公以生明百尺臺有自然之照蓋職專

足國學重理財出納惟均百姓與三軍

同愛操持無玷清水與白璧交輝三點

不驚柳下風可親如昨一廉自許瓜園

履不納從前惟鎮海之一軍實全漳之

保障肆炊煙之萬竈貴賢佐之安存以

足食之政，而足兵，推養民之心，以養士
通治機之一體，培國脉於同流，細柳環
營，一任春風披拂，青芹繞泮，兼施化雨
沾滋，獨馬西歸，風月滿囊，詩一卷，長鯨
東遯，海天無浪，夢三秋，是以武帳之英
載託文庠之彥，頌德將銘於鼎石，乞言
下及於芻蕘，迺用群情，爰陳俚韻，詞曰
吏士雲屯，兵戎霧集，供儲所係非輕，况

懸邊要壘戰慕衛生靈深幸黄堂軫念

咨賢俾星駕南行如知道化風忠信春

色動江城　經綸才素定精稽軍實惠

逐廉生呼吸間天瓢滂沛海道清平不

盡人心感戴旋節日載道歌聲想魏階

霈俊傑肴取飛騰

謁金門　贈王大尹考績有引

恭惟具官三年宅職六事兼脩操惠直

原書缺

原書缺

過今如昔堂下蒼生懸命脉

天語須長憶

謁金門　賀陳少尹有引

盖聞治世張官總爲造蒼生之福仁人
在位恒存保赤子之心惟德澤之覃敷
斯頌聲之有作恭惟具官海内名流嶺
南偉望儒林拔萃筆花生五色之光膠
序蜚英文藻發六經之潤盖芳譽之久

著故上佐之榮銓琴鶴雙清自下車巳
聞簡靜閭閻萬井隨涖事益見和平理
民賦則不犯秋毫董京儲則專憂國計
清風滿袖何慚萬里朝天化雨隨輈爭
覩雙旌還任感
王言之在念察民隱之彌詳六曹愼三尺之
規百里賴一人之庇事歸中正判筆難
移迹涉嫌疑私書不啓波澄千頃天光

與雲影相涵。璧立千尋。士論與民情同服。豈弟君子。民之父母。眞無愧於斯稱。庶幾夙夜。以求終譽。尚僉祈於弗替。載陳歌頌。備當道之甄收。迓續榮光。卜巍階之擢用。詞曰。

公還署。匝地和風茸雨。琴堂東畔花千樹。正是春回處。○不但心勞撫字。兼了

上供王賦。

卷之四 十二

九重分得金莖露化作恩波布

歸田雜録卷之五

序

○漳南道誌序

予嘗見王氏漕河圖誌因以考事問成殊覺明便廼知圖書之學關吏治不細推而上之以謂不志天文無以觀象緯不志地理無以察山川不志官政無以考治道故周禮在魯刑書鑄鄭後世傳

卷之五

物勤政者宗焉。我

國家奄有萬方。

聖德神功，薄海内外。圖書之教不廢者，欲任

治之臣，知所考據，持循贊王度也。在

朝廷有一統誌。十三藩有通誌。郡國有府

誌邑誌。該載不同，其資治之用一也。顧

未有合一道之體，兼數省之要，以爲全

書者。今分巡漳南道福建按察僉事筆

山侯公撫治之暇合所履幅員著爲戌

書詳圖備紀事不虛存文皆實用一展

卷之間、

廟謨憲度民風物情山川之形勝興革之

利病煥然在目其爲一方官政指南可

謂切且重矣惟本道控制彈壓民之休

戚係焉其行事以

璽書故首之以

敕命其統體關督府故次之以憲臺汀漳不治則六郡不安故次之以全閩羽翼三陲實有專責故次之以本道文武張弛所貴乎時中故次之以因革事宜養民莫先於守令故次之以郡邑防内輯外莫大於詰戎故次之以衛所安邊守禦水寨諸司千仞之堤潰於蟻穴星星不滅動至燎原警邏不可忽也故巡司

之制不遺焉博而不汎約而不畧釐爲

二卷總之曰漳南道誌於乎公之心亦

精且勤矣嘗考之

勅命所謂持廉秉公正己率下序論所謂

直養懲忿窒慾思患預防公蓋惓惓於

此焉豈非以出治之本在於吾心弭亂

之機貴於未萌圖經掌故神而明之存

乎其人噫誌不徒作矣廼若諸生隨條

論斷、切實不阿、又足以覘公求言自劢不自滿假、操是心而不已焉、宣力以副之使、

當宁無遠顧之憂、將庶幾可無負矣、後之覽者、尚監于兹、

○送鄭西澗之任程鄉序、

或問於林子曰、如之何而天下治、曰、

天子聖於上、宰相賢於下、百司得人焉、天下

治矣曰

聖天子、今

皇上是也、賢宰相二三執政、近之矣、夫君相

造命者也、百司奉行而已、責治於百司

則可責人於百司不已細乎、曰非是之

謂也、夫君元首也、大臣股肱也、庶職百

骸也、天下者譬之一人之身也、方其無

疾也、喜而游、倦而休、情適於内、形適於

外，何樂也。偶有毛髮之疾，出於皮膚腠理之間，則呻吟展轉，不能自已，雖未至於廢全身之用，然欲其安如平日，吾知其不能也。何哉？氣脈相通故也。君之於民，一氣也；百司之於民，一脈也。廢一肢者，不爲全人；廢一職者，豈得爲能治哉？此百司之職所以重，非得人焉，天下不治也。

皇上中興鼎新百度于兹十有八年治化之隆涵海内外此極治之時也其政目最大者擇賢相與良有司而已程鄉潮陽遠邑被山帯海表裏閩楚雖其民甚淳然撫馭無術往往有干紀而梗化者嘉靖已亥交人鄭君西澗以貢士謁選天曹父之拜程鄉簿程人在京師者一見德容欣欣然相語曰

上軫念程人至矣假我以良父母矣旣受符
便道過家省墓展祀未有行色或以官
程速之君曰孝者忠之本也安有人臣
過桑梓之墟畏吏程而棄其心之終慕
哉君子聞而多之秋七月僕夫旣戒旌
旆在途郡薦紳與夫黌泮之彥張祖南
山酒三行君降席曰某不佞諸公辛辱
之祖餞聚散一時之迹惟教之言奉以

周旋將服之無斁敢以請於是林子述
天下之治體以告之君幸知其職重耗
眘登之病者起之秉法以自律還明以
自照使身不辱而政無苟焉則吾所謂
一脉者不息而元氣滋矣他日政成觀
風者薦循良之績君當爲首書鴻漸天
衢其進未涯君其勉之

〇送許舉人還同安序

南峯許先生既以易學領鄉薦進試禮部，友天下士益宏其所有，沉酣六籍，涵浸百家，作爲文章，平正通達，屛斥時尚，本知爲行，益以聖賢爲依歸，而時出其緒，以謊科目者也。初南峯之名起泉閩，泉人望南峯日高，而他郡人望南峯之高，猶泉人。於是漳之西山文獻家曰李氏者，先介紹走幣於南峯之門，百里勸

雋群其族之子弟即函丈受業焉南峯
不貶其高以其知君行者教之其教之
之言曰道不本六經而浮沉莊列者無
及吾門於是子弟從之而聖經尊焉又
曰理不本程朱而想像二陸者無及吾
門於是子弟從之而士習正焉既而曰
科瑒之文訓詁之餘也粟之帛之作之
者不恠耿之者不疑質諸經傳而有補

措諸政事而可行斯爲有用之文而吾黨他日庶幾有益於世也不然非所望於諸君矣夫吞刀吐火之術一時非不足眩人也而飢者不可飽寒者不可衣上之人苟一時之奇而録之取士謀國之道踈矣於是爲文鑿鑿然根據理致不爲浮詞靡論君子謂南峯之學用之必足以濟天下而亢激衒詭之士遠矣

然則南峯有功於李氏不旣大乎玆冬
罷館將遵漳水以還同安門下士李君
廷儒華則以吾友太常公之命來請言
吾聞南峯居浯嶼後浦世有聞人近歲
三鄉薦一進士聞以爲難則南峯之行
豈俟予言哉雖然無已也夫科擧士發
身之始也事固有遠於此者昔朱子吏
同安許升之從之遊朱子授以存心之

學升、之服而行之遂、以賢聞丞、相蘇公
生於同安、以德業名世、朱子記其祠曰、
始終大節、學者宜師、升之固南峯之族、
而蘇公其鄉之人也、高山景行、舍是奚
以哉、忠宣新州之盛、吾知南峯不爲鄉
人談也、必矣、予未識南峯、聞其名、名實
之地也、重以太常之請、則奚敢辭、於是
乎書、

○贈皮判簿序

君子之仕也礪操勤業酬吾之責而已無心乎上之知也而上之人倚之以爲重無心乎下之應也而下之人賴之以爲安盖職盡於官效成於國影隨響答理之必然非幸致也世固有爲名而修職者名得而志荒爲利而修職者利至而功棄何哉其所修者僞也傳曰無所

爲而爲者義也。有所爲而爲者利也。義利之間，君子小人之所以分。天下治亂之所由判也。宇宙之内，豈可一日無君子之道哉。今有廉不沾名，勤不謀利，操可以質神明，惠足以安黎庶，上敬而下愛之，果何人哉。若吾判簿皮君筠山，蓋其人也。初，君以學行重鄉校，及偕計春官，廷試入格，銓曹擬君檢校閩藩，在藩幕若

干年政不苟舉氷蘗之操凛不可干方
伯以下待以賓禮滿考擢簿龍溪職當
繁劇君靜以立體慎以周事一時邑佐
稱賢未或先者而君方孜孜以自牧
得無矜色失無阻志南靖平和二邑號
難治君先後奉檄視篆二邑人愛君無
異龍溪人去之日立石于道左過者歆
之二邑人至今言及君則手額曰皮侯

卷之十

皮侯得民如此亦可謂難矣郡侯石橋

孫公素慎許可事無巨細往往倚辦相

見不用屬吏禮貌至是擢江西按察乃

以幣金致重幣即君之署示獎賢焉君

子曰石橋公可謂樂善矣禮廉以勸守

獎勤以勸政吾知君之所以召隆譽躋

膴秩其來未涯也邑父老相率來乞言

予樂君之志而望君之風久矣乃不辭

而書之

送葉秀才還同安序

陳見吾先生爲士時蔡鶴峯延于家塾以教諸子予嘗宿雲洞先生命學者歌古詩爲商聲直徹雲際吾睡不能着拉鶴峯起坐巖石上擊節而聽之時明月方升海天一色百禽驩呼林木響應予以塵俗之耳不能聞此聲泥塗之士不

能爲此聲莊周所謂天地之籟會于空漠神明司之當有異人靈氣相薄將出爲盛世之華不偶然而至也因作詩以紀之有清風落落聞寥廓幽籟冷冷動湫寘之句後二年見吾遂發解爲閩榜第一人連捷登進士第出爲名推官入爲才御史忠言讜論披鱗逆耳苟有益君國不計利害若見吾者非所謂名士

而學爲忠臣者乎。予於見吾僅一見面而
已。今雖以言去國，然予思之未嘗忘。使
爲言官者皆如見吾，君安有過舉，國安
有墜政哉？歲己亥，兒輩寡師，因周希尹
氏延葉東川先生館于芝山之麓，使兒輩
授業焉。予不自老，亦日掃榻聽講緒之
餘。先生談易，淵然泝羲文之藴，至於微
顯闡幽，指南虛齋。世以虛齋之學羽翊

六經天下一人先生誠得其肯綮者也乃若發揮四書言言精實非大得宗旨何以至是作爲文章詞達理暢如有用我舉而措之故予今日之望東川猶向日也望見吾也歲除罷講將歸不能爲暄凉之別爰攄拙見作文以贈之舉首之間開科在前東川其自愛乎哉夫天下事亦爲之而已學不可名世非士也

用不足濟時非學也占一第佔々然自
足得則喜失則悲世亦安用斯人哉是
爲序

○送李舉人還泉序

李子鳴道於大海之陽日輟講將歸門
下士以恩義之別重僉以幣屬魏生𦕈
來山中請言夫李子以弱冠名占賢書
行掇巍科爲國生光何俟予言乃若滄

江之遊則有不容不敘者
國家軫念邊方從大臣議即海滄開安邊
館控制漳泉擇良郡佐總其政大凡宜
民善俗得從宜施行葢重寄也嘉靖丁
酉泉別駕東湖唐公實以賢能被檄往
劄于玆至之日輯寧不遑民用休和乃
建滄江書院于治東里許群其鄉之髦
秀肄業其中復博求有道之士爲之師

謀於泉守方南王公公曰必學行如李
新洲者於是先生辭不獲治裝偕唐公
西滄江之士方傾耳拭目冀聞道於先
生之門濟濟北面先生即函丈而授之
言道以六經言學以孔孟言德以性命
言文以理致揮斥百家屛絶時好嘗謂
聖人之道如日月在天江河在地有目
者可以共見有氣者可以同潤而必横

如莊、肆如列浮、如左禪、如陸然、後爲快

亦過矣由是先生之道日重、及門之士、

披拂涵泳、望的正宗、一時士習爲之丕

變、居無何東湖以瓜代東還、先生益勵、

尊嚴、濬源導流、濯其舊見、進以新知、文

度告貞、儒風式懋、至是數有成績、而先

生退然、有若甚不足者、盖先生之來、所

以成東湖之志、乃若所存、固將無天下

而善之而惓々於滄江之士彼此有不
能釋焉其爲道之念何如也予於是占
先生之進未涯也昔昌黎守潮以進士
趙德爲學者師潮學至今爲盛東湖湓
此而興學與昌黎同滄焉而潮豈遠乎
哉先生他日任天下斯文之責當由是
而推之若夫契闊懷思之常則不敢及

○賀黄廷選家庭獻壽圖序

夭千歲之松，其下必生茯苓，萬仞之泉，其上必有積石，何哉？天地孕萬物，間氣行乎其中，値之者，雖草木泉水，發爲靈異，有不得而禦者，是氣也。一鍾於人，大則爲聖賢，小則爲豪傑，其次爲文章，惇樸守義，尚行之士，其始也，自立其中也，立人，其終也，流衍布濩，福澤宏昌，蕃茂其子孫，巍峩其世業，古之人可數也，神明之後，尚矣。其五星之聚，九世之居，旨口之爨，亦其人也。漳自秦入職方，氏族未有顯者。永嘉之亂，八大姓入閩，黄氏尤著。若吾鄉東山之黄，其一也。所謂千歲之松，萬仞之泉者，蓋一顯於太守冉，顯於五松。五松由進士歷内外臺，文章德業，稱世名臣。松翁之子，慄齋由貢元令歸善，廉靜仁恕，循良之聲洋溢于廣海奉身早退徜徉丘壑非公事不入城府今年七十七歲世德相輝政業交茂吾鄉誦故家人物之盛首黄氏十月六日寔爲栗齋懸弧之晨先生之子君孫洸尊中堂將以是日以稱觴膝下而第五子銳廷選氏方以賦役竣事縣大夫以下咸重廷選之去而廷選又文學草庭葉公之愛壻也於是群大夫士凡

與廷選遊者賢廷選之才大慄齋之度
年尊載途冠盖傾社登東山之堂而致
南山之賀庠生林子嘉會輩復以幣來
請言夫五福莫先於壽壽天地之至寶
也然壽而不富者困故繼壽莫如富富
而不德者陋故繼富者莫如德夫是數
者得其一二宜難矣而黄氏一堂皆備
之在鄉黨爲榮在國家爲瑞豈不大可

尚哉黄氏懋德不已其慶未涯縉紳之
賀來曰吾知其益長也野夫雖耄尚能
繼筆而嗣書也諸公曰善遂書之

○賀郡博宋平軒先生得男序

人之道以積善爲本天之道以福善爲
用夫天人以善相須者也善立於此則
天相於彼氣扶輿而神左右之祥鍾秀
孕而賢嗣生焉書曰惟皇上帝陰隲下

民天之心豈有他用哉惟造民之福而
已似續福之大者故於積善之家盛德
之士天之意猶存焉若吾宋平軒先生
今玆得男是也先生建德人故龍陽令
富春歸叟公之孫前漢川司訓今魯府
教授竹坡公之子先生生而穎異簡靜
方正非禮不動加以學有淵源行遵庭
訓故成德甚早方爲士時人咸期以公

輔先生亦以經濟之畧自許八試鄉闈
竟不酬志乃嘆曰位之崇卑命也道無
屈伸君子所樹立必恃甲第而後施其
志耶嘉靖丁酉應貢上京師
皇上臨軒廷試入格拜吾郡儒學司訓載道
而南學者一見知先生非常人執經北
面先生示以知行要旨父之士習丕變
先是司訓宋東湖在任甚得士心去之

原書缺

原書缺

治非善教不興況得英才而育之吾益
知所以圖報矣至則以堯舜孔孟之道
直為諸生發其歸趣誠信平實不為激
論詭行以掩取時譽接引豪俊示以遠
大間遇貧寒尤加體恤故人無賢愚德
公惟一自郡守以下延致問政處以師
友公正言訏議動有裨益雖所主者一
於學政而郡中治體有關生民休戚者

公類得頏聞嘗以近時文體太奇或背
經旨風習如流參定發微指的蕩滌繁
言追古作者士方渢渢然改習崇本以
趨大成而公以微疾言笑自如曾不旬
日遂捐館舍八邑人士無間遠邇哀愕
悲悼如夫所親嗚呼痛哉初公嘗登高
覽勝以漳山川雄秀人文未艾手植槐
數十本於廟學之前曰見吾槐者知吾

心矣復捐俸刻科貢之名額於堂壁疏

履歷於其下曰覩斯額者可以自振也

顧題墨未乾槐陰載茂而公不存矣嗚

呼痛哉丹旐在途靈轝將發哀韻之聲

起于人〻冊成多至若干首嗚呼公其

没矣不腆之人辱公愛深旣爲詩以代

哭復撫冊而叙之嗚呼痛哉

溪邊新木覆山林巷設家塵
樓高聳看意擇留㘴香屋
墨舊藥君書當代之路
歲稀寶處便傳楚之代物屋

歸田雜録卷之六

序

○贈郡侯六泉顧公入覲序

嘉靖辛丑、維天下諸司述職之期我郡
侯六泉顧公、當奉職入
朝二、庠師生、徐君商狸、公文祥輩昌、言于
衆曰、六泉天下名士、
上爲蒼生、故俾守是邦、公方以大德深仁爲

八邑生民地學士大夫承式聞道實有開先、
而脩覲大典、不可議奪云如之何白石子
曰、此殆岳牧之臣、所以忠君而惠民者
也、公下車、以正心、脩身之學立政本以
公平正大之體臨政、務撫柔悉而民知
安紀綱定而民知守。政未半載澤溢一方、
非實心愛民無以及此凡人臣善其職
天子所欲聞者也、公所履八邑幅員千里分

職而治者無慮數百人其治狀豈能盡
如公志若此者尤上之人所欲知將爲
民而進退之其進退之本寔於公乎取
裁非實心爲國無以辨此況先王之制
祖宗之法在公安得不恪恭乃職以時厥行
僉曰允若茲當有言以相公行予其序
之予惟申伯蕃宣吉甫作誦行者贈言
其來舊矣甦不佞奚敢辭於是縉紳張

祖席于東門文車戾止士女如雲酒進
賦四牡公曰王事也敢辭勞而不盡厥
心賦蓼蕭公曰上之恩渥矣而吾實承
之敢不勉令德以凝寵光旣引拴戒發
車下之人祝曰惟公以忠亮媚于一人
式遄其歸以安我師是時也公方論士
還自場屋周覽咨詢地事民風於是爲
備對揚敷奏之謨有餘思焉君子曰公

造民福益有餘地矣於是乎書

送同安楊少尹入覲序

今制天下藩臬郡縣三年一朝其長吏缺則副貳攝以行無敢廢者以其事重也嘉靖二十年正月上日例當朝覲同安缺令其丞楊侯實總邑政於是巡按御史定侯名先報于朝閏去京師幾八千里故事應朝官皆計程先期啓行

而同安復在閩城之南八百里於是侯

發旆於庚子九月同安民沐侯之惠不

樂侯之去顧朝

天大政有非私情所能奪者則相與歌咏之

始曰皇皇者華于彼原濕吾侯其爲王

事勞乎哉又曰君子行役實勞我心吾

侯其爲民之思乎哉侯曰吾佐令者也

令賢吾不能獨不賢令不賢吾不能獨

賢，譬諸操舟，令司柁，而吾運楫者也。乎
波順流，一瞬千里，舟中之人安以忘危，
柁師之能也，而吾亦有力焉。不幸迷津
絶港，司柁者之責，而吾亦安能無過哉。
不敏竊禄于兹，偪邑缺令，叨柁師之柄
于今三年矣，幸無覆溺之患，不敢以專
自恃也。夫豈敢自賢，乃者奉職以報
明天子，姑迷爲人臣之職而已。於是耆民某

等數十輩、持幣走白石山中、告予曰、楊侯入覲有日、顧侯一邑之佐耳、非有高力雄位、足以移動人、異才巧思、足以徼名譽羅顯秩也。惟侯平生仁恕、愛民如子、而介慎勤敏、未嘗以怠傲廢職、詩謂豈弟君子、民之父母、侯其人也、惟執事一言以張之、世稱古陵薦稿、不過一書、與時宰耳、安知吾侯、不因執事之言、爲重乎。噫，愛莫助之，侯固無負於賢，然以吾視古陵過矣。雖然，侯之賢有足書者，不可但已也。

○希萊圖序

士之分必盡，而不可闕者，君親二者而已矣。然勢有不一，地有不同，有孝子之情不能直遂焉者，於是有以忠爲孝之說。若温嶠之絶裾，狄仁傑之望雲，王遵

凌九折坂之危蘇卿持十九年之節青
史尚之而其親亦有光焉然非孝子之
至情也惟夫天下一統至仁極治之世
文化丕冒無遠弗屆如我
國家今日之盛士生其時得折圭儋爵附
翼雲漢遷轉無便道之嫌違曠有覲省
之例國恩親愛內外相涵非若漢唐之
世扞格強藩齟齬夷狄御命之士因之

而效節立名者，所可比則士之遭際者，安得而不甚幸，而爲之親者安得而不甚樂邪。我少府雲門先生謝君盍有得於是者，而君方以不得事其二親爲憂，而二親所以甚樂乎君者亦以君之能憂而益樂也。先是時先生以書屬予曰：不敏幸父母之教，以一經成進士，具僚中外，今兹十年，日家君質翁始致仕與

吾母太安人還自京師顧不敏復繫官
千里惟古人不以三公易一日之養而
簡書嚴重人臣之義存焉輾轉懷思無
以自追竊嘗慕老萊氏悅親之旨爰繪
爲圖命之曰希萊寓庭闈以代愉婉之
義庶幾吾親之壽如萊親之壽不敏亦
竊以萊自附致祝願焉惟吾子其敎之
嗟夫雲門於孝可謂知所慕矣萊以七

十之年而嬰嬉親側天下豈有物可易

其愛哉雲門愛其二親而留志於是焉

吾知視天下之物薄也雖然孝之道亦

大矣詩曰孝子不匱言人子所當盡者無

窮也方今

聖明廣孝圖治人臣茍能於其職必推恩貤

封顯秩不一而足故子賢於國則親顯

於家其或不然雖鳴鍾列鼎君子不美

卷之六　　七

焉。雲門既能養志於其始矣，今方以名
實係
朝堂之望，崇階峻陟，計日可待也。建功立德，上慰
天子之倚畀，下致二親之逸樂，將不有大於
膝下之娛者乎？且閩浙接壤，起居之音，
晨發夕達，千里之程途，只尺之庭戶也，
異時藩車憲節，翱翔域中，將便道桑梓，
夷猶庭闈，所謂膝下之娛，固在也。豈惟

漢唐諸賢、懸旌萬里、決志成名、判忠孝
爲二途者哉、予嘗聞質翁之言曰、吾祖
吾父、皆薦于鄉、而不究厥用、有遺憾焉、
吾亦抑而不宜、遂不受庚寅之封、竟以
國子生就選、拜兵馬指揮、六載封其父
母、即拂衣去、由是觀之、翁之所欲爲者、
非吾所以望雲門者乎、吾知雲門負大
責重、求慰翁所謂遺憾者、雲門自視當

何如也。予爲前之說者愛孝子之情也，爲後之說者極孝道之大也。然前說其本歟，故曰立愛自親始。

○送學諭翟龍山會試序

朝廷以舉人署學職，借之以養士也。六年詔許會試，慮遺其才也。養士之職重，故真才出焉；遺才之慮周，故豪傑奮焉。國家文明之治，久而彌隆，夫豈偶哉。

上御極十有九載明年爲嘉靖辛丑則天
下士會試之期也我龍溪教諭龍山翟
先生在例當行之日予餞之龍江之
上先生曰公亦有言乎嗟夫今之士可
以大有爲也矣可以大有爲而小爲之
者晝也可以有爲而不爲者棄也晝且
棄非今之士矣何者三代而下一統之
朝非漢唐宋乎然漢業未衰亂之以操

莽唐運方隆禍之以安史宋人競〻於
夷虜益不足恃矣故才如孔明智如仁
傑道如周程張朱不能救當世之亂者
時不足也今六合爲家一介之士持片
紙出君門中國之内四海之外奔走奉
行唯恐不及如風霆出天雨露降地昆
虫草木無不生發輝光自我
祖開基我宗承業元氣充滿人物浩穰雖三

五之世無以尚之矣此何時邪然教化
未盡立也風俗未盡淳也四方未盡安
也盜賊未盡息也非得才無以濟之故
三年大比獨隆取士之科試之以文藝
崇之以甲第清階竣列分布中外責成
功而叙進焉孔子曰天下有道則見今
時之謂也然所謂有爲者豈必立異以
違俗哉亦學爲孔明仁傑程朱而已進

而上之聖賢事業亦吾度內不以窮而
縮不以達而伸貴之不見其有餘賤之
不見其不足則其有爲也亦大矣進則
成功退則成俗所謂眞才豪傑者非歟
先生行矣以先生之才取一第如拾芥
然上之人待之也重則望之也不輕即
一第矣將喜耶將懼耶必有擇矣若乃
青紫是紆隆赫是圖其名其實不問也

則非贈言之意矣

賀豫陽先生雙親榮壽序

按察副使豫陽田先生視閩學之二年爲嘉靖辛丑迎其父封君古川公母太恭人方氏就養官邸于時封君年七十三太恭人年七十二康寧好德褒服輝煌先生於課士之暇鷹服象笏侍左右上卌旨雖然以嬉視天下物無以加其樂者家人自内子以

下復能體先生之心奉事恭恪、藩臬諸公於
先生有兄弟之義、合敬同愛、無間連枝、於是
二親者日加懌焉七月二十九日、維封君誕
辰、而太恭人誕辰、維十月二十日、我十學師
生服訓崇始、將獻於具慶之堂、委文於不
敏、會病難執役、其年六月貳守蒼嶺
楊公涖任、復以意請、盖尚德之心、人之
所同、而先生於兕閔愛獎錄有平生之

交、僥知己有不能及者則奉揚文辭、昭
賁盛美、自分之宜、愧舊學荒疎、筆懃達
旨、然風聲所被、知封君爲人、樂義尚行、
開弘世業、延仁族里、恤之容衆、人無忤
色、太恭人純懿、治內於公同、德梲稱行、
誼之家、莫先焉、及諸子接翼科名、二親
者、益嚴忠愛之訓、日以聞子之善爲樂
官、榮若不與焉、猗賢矣哉、蓋嘗聞之、孝

子之事親也、善養爲上、祿養次之、飲食
供奉又次之、先生養親兼備於是而善
養有大焉試以文事論之、今天下文體
大變、張皇浮誕波流未止乃至塵
聖明之憂、下明詔敕董學之臣、崇經尚實、排
斥奇衺、
天語丁寧不一、而足先生服膺庭訓、礪志國
是、自視學東廣典兵西陲文武芳聲、流

布海宇天下之士聞風願學者久矣况
吾閩之士得親炙函丈其觀感淬勵當
何如而先生即人求文即文求行洗誕
以正鎮浮以重立的於聖學之精掃疵
於俗尚之外夸毗者改習禪寂者改心
今兹真才輩出壮我
皇猷格天之業造于芸香偕壽之親娱於
蔗境君子爲善孰大於是孝子事親亦

莫大於是、朱子曰善事父母爲孝、先生盍無愧於是矣、引伸觸類、雖他日位躋公輔、二親增紫重黄、其來未已、然而二親愛子、不能外是以爲慈、先生悦親不能外是以爲孝、是若可頌也、試以獻於壽筵、且以質於先生、以爲果然乎否乎

爲序、

賀田按察壽旦序

國家以學政寄風憲之司擇天下士而任
之世收真儒以弘善治百八十年于茲
矣然卓然稱乎其職真爲天下重者指
亦未易多屈大凡風憲之臣皆以稱職
爲難而提學若加重焉其所治者然也
葢學貴乎正有正學而後有正教有正
教而後有正士正士出而天下不治未
之有也士苟不正何以言學學苟不正

何以言教不正之士出欲天下治得乎
持艱任重非可自用其才以揮霍人之
耳目邀旦夕之譽者提學亦難矣哉昔
常袞在南閩文翁在西蜀以學開二藩
固其人往轍既遠文獻何徵前輩風範
所聞見而知者天台陳公選視學畿內
行部必駐節學宮將拝敬之旨敷在寬
之教當是時風紀樹於上廉聡行於下

故先生之門多士而成化之治有力焉
江東沈公鍾視學三省才者進之以德
華者充之以實忠厚立於上禮讓興於
下故先生之門多士而弘治之盛有力
焉今總學之臣類出名家豈無儁畧之
過人哉或名實未至君子有遺憾焉豫
陽田先生督學吾閩奉身以禮如圭璧
之在薦飲人以和如元氣之造物汰沙

石出瓊瑰屏艾蕭茂蘭芷不動聲色而激揚之政行焉此八郡之士所以仰神明而尊道德者也黄鍾啓律十又六日寔懸弧之晨吾郡師生徐子商輩馳心山斗愛莫助之則鵠立橋門望南山而祝東海進不敏而授之簡曰子其書所以壽夫子者乃僭述所聞如此若乃先生之年方富春秋天壽平格爲國蓍龜

日升川至未艾也海内之士爲道同情

豈不敏之私言哉是爲序

○送周西峯考績之京序

庚子秋七月判漳州府西峯先生周公

三年秩滿例當奏績郡以請廵院藩臬

報如制公方治行會安南有逆臣之變

上憫遠夷命大臣督三省兵討之議於吾閩

募水戰士羽書夜馳事比軍興時廵海

憲副應臺傳公分守僉議波石徐公兼
程至漳，公先移不出二道，計非公事不
集，即檄公募海滄兵。時公輟安邊佳劉
還郡已久，聞檄投袂去，既至，故所部豪
傑感公恩信，不數日得勝兵若干人，籍
以報二道。知事辦，夜發傳馳興泉，飭諸
募兵守佐，以公爲法。於是公始得北行，
郡人傾城出祖，冠蓋成林，士女無際，洒

三行寮寀言謌薦紳言情章甫之士言禮甲冑之士言惠田野之民言愛城市之民言安公中席怡然若有喜色焉旣而曰吾斯之未能信而諸公之所見許以昔賢之所難予何人斯而敢居乎於是幕僚李子芳陳綸輩進曰仕而無可述之業者荒有可述之業而無自下之心者侈公德政脩而勤不止民心悅而

憂益深夫不自足者德之府也不自止者業之都也

聖天子求賢如飢渴人臣苟能盡其職不次顯擢中外如公者所謂鳳毛而麟角也其能久滯於一郡之佐乎敢以是爲公祝又曰河之源惟不止其流也故其下爲海人臣事君惟不負其職也故其名爲忠夫善始者慮終而宦成者防怠歟

以是爲公規、公於是降席而揖曰、某雖不敏、敢不奉雅言、以周還。是日、秋江雨霽、澄波照人、賓主言別、有不能釋者。白石子援筆而書之。

送節推郭侯考績之京序

國家設刑部、内外臺郡推官、專理刑獄、雖刑大政也、

治有廣狹、其明刑弼教之責一也。故推

官善於其職者、進六察、六察之吏、善於
其職者、進刑部長、內外臺振宏綱、活群
命、衛百度、而趨之貞、刑之大如此、故曰
刑罰不中、民無所措手足、又曰刑罰清
而民服、曰中、曰清、苟非其人、道不虛行、
此司刑所以貴擇吏也、漳去
朝廷萬里、包宅山海、民性豪悍、喜訟易動、
故治漳之吏、視他郡難、歷數前政、得賢

守者十七錢公古訓陳公洪謨華是也
得賢佐者十三黄公芳梁公紈華是也
獨推官未聞有卓然稱其職者今始得
郭侯恥齋此上下之公論非不敏一夫
之私言也侯潮人下車廉以立本公以
濟用勤以振弛寬而民畏嚴而民愛嘗
曰守官箴塞吏責而已人臣之業有大
焉故侯厚於得民而薄於趨勢鋭於守

正而拙於謀便大都上嘉其節而自私者言其矯下蒙其惠而不逞者拂其欲觀其三年之間出門無生事之人守牘無有過之吏敬常事而不忽任難事而不恐可謂有氷蘗之守經濟之畧者矣薦剡交騰奬檄聯至侯無盈色人無間言此雖侯之餘事然非器足以大授者不能也兹當獻績于

朝廷臺藩臬書以上考日有行李之色念
漳潮接境椿萱八旬將便道歸省教授
徐君商華命門生黄日振等奉書來山
中委以贈行之文先是二守雲門謝公
嘗命題以壽尊公之作會遷刑臺去不
果今日之舉固疇昔之意也夫爲臣爲
子分所當盡者忠與孝而已侯以廉慎
供職有光庭闈以忠爲孝也今奉職過

家載服嚴訓，又將移孝爲忠矣。況昆季聯翩，合愛弘豫，篤于親者，固所以仁民也。是皆侯之素業，予復何言，侯行矣。潮鉅公盛程齋者，魁之友也，試以予言告之，又必有說也。

歸田雜録卷之七

序

○緒濂集義序

經書義若干篇吾郡守六泉顧公家食時燈窻之業也公治郡以興學崇道爲首務暇日出此編以示學者諸生授讀循堂泮奥積有日月以謂斯文非苟作者况文章公器當與天下共之遂捐貲

繡梓以傳而後甦爲之序洪惟
國家以正學養士今玆垂二百年海内豪
俊之才不爲少矣操觚染翰霧滃雲興
其於文也可謂盛矣然而雄放者遠絶
墨縝密者泥經旨守法固者神滯用力
苦者理晦求其超然習俗之表上足以
羽翼群經下足以發明戕䟽確然可爲
場屋指南者指亦豈可多屈公此作理

到詞精非經不引非傳不證觀其成篇
之文如澄潭萬頃風水相得如洞庭張
樂雲濩相宣傳曰精義入神亦庶幾於
是矣覽者潛心而有得焉方知公之嘉
惠獨苦不然誦之以羅一第得則委而
去之則非公之意矣

○壽郭東濱序

皇上子元元思袵席之謂非良牧無以善治

詔吏部擇進士領天下大邑若曰予大
夫行以道弼予一人往慎爾師於是東
溟郭侯得漳之南靖南靖宋南勝縣也
治琯溪

國初移今治去郡城三十里清溪自章貢
來數百里抱治而東山豁爲鉅野土衍
沃民生多俊秀故家業儒書風槩地利
饒厚盖郡西一都會也然累政苟簡官

礬豨閩故南靖有易治之實而有難治
之名侯至飭六事與民更始疏積弊而
鼎新之非甚不率不峻法於是奉約束
闔境相先未期而民改習既期而民改
心侯於是先民以禮先士以義墨者敎
以廉慤者敎以愛桑麻之陰雞犬之畜
茂育以時而頌聲作焉君子韙之自廵
臺藩臬郡守事無巨細咸倚重侯亦自

卜其道足以有爲也居益不倦四月四

日侯誕辰龍溪士民乞言爲侯壽且曰

龍溪仰南靖爲上游材穀之利資焉故

寄庄之籍半南靖侯實兼而撫之用是

龍溪之人戴恩德與南靖同予曰是也

猶有本焉吾聞侯生五歲失嚴堂太夫

人誓志宣訓學成角天下占巍科太夫

之教也今奉有民社思建立以成先志

以荅慈訓良工獨苦有非常人之情所
能識者古之人移孝爲忠侯懋忠為孝
書曰歛時五福用敷錫厥庶民詩曰孝
子不匱永錫尓類侯之謂也侯茂齡偉
畧方以政業壽斯民長有道侯念之哉

○賀劉君嘉賔待選榮還序

吾今而後知天地之用也生群物以資
萬民一物不備天地之用或息矣吾今

而後知人君之用也收群才以治萬國
一才有遺人君之用或缺矣故兼天之
道者存乎才盡才之用者存乎君才無
不用君無不明者矣君無不明天無不
清地無不寧者矣大哉用才乎其天下
治乎至哉生才乎其天心篤乎人君非
能有大於天也天之才必待君而後用
則君道與天道俾矣我

原書缺

原書缺

與之世爲昏姻予自爲童時往來陳氏甚熟識其長上暨其族之英彥禮讓文物森々然若先輩處善翁又其門之表々者翁之長子侃菴公視予行輩後數歲然繩嗣家法視翁不衰而振作開拓之績若過之頃者創別業於荔林逍遙其間毎東作西成之際竹笠芒屨徐行隴畝邂逅良侶雞黍相懽談笑竟日歳

事致享誠潔非户役不入城府四子皆
俊偉特達公教之以孝弟忠信四子服
而行之由飲食奉侍至於日用之細無
忤色今鄉里稱陳氏子孫以侃菴父子
爲賢侃菴今年六十九月二十五日爲
初度之辰其輩稱觴於膝下而庠生某
輩以介葛之懿則以幣來請言予惟人
生以壽爲福壽也者福之輻也福莫大

于德德也者福之基也古者六十以壽稱公躋其域矣而慎德不薄有光前人箕疇所叙公備之矣雖有不腆之言將何以增公之高益公之深耶雖然有說焉榮啓期九十帶索非不壽也而天與之貧顏氏之子非德不足也而天靳年焉故有生者不能必其必壽壽矣不能必其必富富矣不能必其必賢生而壽

卷之十

壽而富富而賢非世德之厚而天相不
遺者不得也若人者豈易得哉宜鄉邦
尊榮而頌聲載作也吾知其登堂之際
秋水涵空黄花遶檻珠履聯光玉樹交
茂歌南山之章開北海之尊公陶然中
席含天地之太和極家庭之至樂由是
緝德不止承休未涯由耆艾而耄耋而
期頤稱鄉里之祥貽太平之瑞豈直陳

氏之私慶哉。賓曰：辭孔嘉。各其書之，以記壽。始且爲他日之兆焉，是爲序。

○贈學諭朱秋涯之任贛榆序

嘉靖十九年六月，

上以龍溪司訓秋涯朱先生掌教贛榆。八月，部符至自京師，將行，僚友感先生之誼，諸生感先生之恩，則皇皇然不能釋。友人陳元愼以書至山中，謂予曰：秋涯典教大邑，僕御有行色矣。公能無一言乎？

憶正德中，今大司馬都臺浚川王公以

御史謫贛榆丞，寄予以近海集，則其邑

去海不遠明矣。請以海爲喻，可乎？夫學

亦海也。孟子曰：觀於海者難爲水。朱子

釋之曰：所見者大，其小者不足觀也。知

此可以言學矣。今夫涵天浴日，灝無際

涯，神鵾長鵬之所變化，明珠大貝之所

產出民生國用資焉海之用不亦大矣
乎然海不能自大河爲之本也傳曰先
河而後海河原而海委也顓楡之士以
奇才出應時用其高者爲公卿次之爲
牧守文章操行可以名當世傳無窮前
後相輝其於人才可謂盛矣然士能自
盛哉師爲之本也周子曰師道立而善
人多故天下之士遇賢師而不學者有

之矣未有無賢師而能自才者也秋涯
今天下之賢師也自先生之至龍溪言
不根於理不言行不合於道不行發爲
文章理充而氣贍所謂有道之士也使
得高位坐廟堂固一言可以興邦者而
隱用於一邑之教韓子所謂天大其才
而上之人小用之然先生兢兢然盡力
職業惟以不能盡師道爲憂未嘗發時

俗之嘆則其志豈役役聲利者可同日語哉淮楚豪傑之藪也贛榆之士輝山而媚澤者固學海之寶也惟先生導河源而深注之水益深則其產益盛吾知先生之責甚重也先生素不鄙予者其以爲何如

○賀劉士望新居序

或問林子曰室貴美矣哉曰衡門之下

可以棲遲泌之洋〻可以晤飢奚美爲
然則不美乎曰如竹苞矣如松茂矣風
雨攸除君子攸芋固貴美也二者何居
曰因天之時視吾之力而已富而貧作
之僑也貧而富作之妄也僑與妄君子
不爲也是故因木爲巢非以示儉上棟
下宇非以矜侈豐嗇不同隨時之義一
也劉君士望作室於郡城之南廣而爲

楹者五深而爲落者三構以良材甃以
貞石豁然者其堂穆然者其寢奕然者
其軒奥然者其室面東以迎陽臨市以
栽物堂以治家政寢以奉祭祀軒以供
休暇室以備燕息入其門君神和氣舒
童子治茗焚香伊吾織作之聲發弈著
間俗迹不至道味油然古人謂大隱居
城市君其人哉初君之遷是室愕然蠢

區。每風雨家人仰楹怖，君曰不一勞者不永逸，乃濯其舊而鼎新之，始工於庚子十月，告成辛丑十一月，可謂有餘力矣。考之日，郡士大夫咸往賀焉，而黄子梅澗輩則以諸公之命來徵言，士望上舍古愚君之弟子，不識士望，因其兄而知其弟，即其事而知其心，士望信賢者矣。諸公之愛之也宜。予聞劉氏出寧國

南寧宋時仕績甚顯洪武初元祖熾始
遷于漳今五葉矣尊翁秉仁氏淳朴治
生家益大君其次子也古愚績學向用
而君拓振方隆天相之時而善用其力
君子尚之况南市之盛一方靈秀萃焉
先輩魏希軒陳澹菴皆發身於是士望
作斯居將以聚族子孫將必望前脩而
興劉氏之美未艾也二君曰善遂書以

爲序、

黄母謝氏貞節序

女貞風教之紀也詩三百春秋二百四十二年莊共二姜紀共二姬之外無聞焉、噫難矣哉然人心豈盡死惟玆秉彝極天罔墜忠臣烈女世豈絶書斯人也固天之所𥡴殷民類不入禽戎聖人愼其事爲萬世風化關鑰意重矣哉吾邦黄母謝孺人年十八歸坊人黄成矩二十五而成矩没僅出一子甫方四月服除孺人屛膏沐誓不再適矩家故貧食且不給孺人茹艱百狀教育甫甫長而循飭學治生而家亦裕令孺人年七十四矣守志幾五十年氷玉之操凛然始終一日鄉人敬孺人之節喜甫之成立過黄氏之閭必式焉例節婦當旌門閭

郡以狀聞是時邑侯萬安劉公下車肖
端化理身顏堂以逬恩數郡士夫復索
予文按孺人守節事載邑志可澂者守
臣既言于上行當有命自
天予言豈能輕重雖然士夫之意不可辱又
禮逸有求諸野凡爲風化重也乃不辭
而書之

贈開元寺住持晉應上人還寮序

開元寺宅芝山之秀，土田之廣，宫室之
鉅麗，錢穀賦役之浩繁，僧衆之蕃偉，非
他刹可敵，且碧玉千峰，勝攬全郡，藩臬
重臣，巡方部使，有事于漳者，必輟簿書
之隙，以侈其游，而達官貴人，文儒墨客，
大凡登高能賦之士，停驂弭節，舉酒揮
毫，寫幽鬱之抱，發豪逸之興者，亦必登
開元而後惬，故佛之弟子陞爲住持者，

必其戒行清脩職見高遠治事勤愼律
身謙約然後可以領衆而衆不譁焉然
後可以理財而財不黷焉然後可以事
上而上不譴焉然後可以御下而下不
怨焉故開元稱良住持者必其才行之
異於衆也若晉應上人者殆其人矣哉
初開元之缺住持也有才力者謀於下
有勢援者謀於上寺衆甚憂之我郡守

石橋孫公召圖寺之僧庭見而親擇焉、拔普應於疇人中、時上人年未艾、動止常雅、半神温粹、望之可知其爲方外之流也、於是寺衆大悦、及升法座、居方丈、郡人士餙羔鴈、稱賀於上人之室、聚蹄結轍、何也、蓋主叢林者得人、則賦役辦、郡縣之所倚任也、綱領正、寺衆之所執範也、有文有禮、賢人勝侶樂從之遊也、

故上人之在方丈也，上臨之無怩色，下

奉之無惰容。庭樹垂陰，階塵不動。入其

門者，知其賢也。盖佳果結於良根，寒泉

生於美石。予聞上人祖於盛庵，師於彌

暢。盛庵住持中興法運，彌暢養晦禪學

清深。上方振芳緒於前脩，明本心於獨

得。故發爲一寺之華，卓然五禪之表。夫

豈無自而然哉。顧法譽方興，而閑心頓

洘引志清高避尊遐曠雖有郡尊之會有不能留焉隻鶴孤鶱片雲獨宿有非常情所能識亦豈中人所易能哉焚香誦唄諸天在前上人有不住而住不持而持者存焉吾方以閑暇携高朋尋上人結蓮社於泉石之濱東林虎溪之躅將不能專美於前矣是爲序

歸田雜録卷之八

記

〇大尹朱公生祠堂記

甚矣君子之道可以繫人心也大用之則天下治小用之則一方治在則民愛之去則民思之世之爲吏者亦何畏而不爲哉大尹朱公去長泰近二十年矣泰人思之不忘日益久思益深非有感

於君子而然者歟傳曰惟君子爲能通

天下之志天下且然况一邑乎况其身

之所覆乎嘗求公之政知公之得民也

教廉以洗民心教公以平民情教富以

養民力教義以定民分教讓以息民鬭

教恥以止民訟六教者公政之大端也

以是行號令以是立事體以是齊風俗

當是時導無不從戒無不止是故役莫

大於城也又公築之而民忘其營政莫先
於學也又公新之而士改其習隄水捍農
師李水勤事好禮法子産餘績班〻出
入漢吏可核也他如主議不剖龍溪西
境以益南靖民至今以爲安執轡瀼江
東官港以溉旱鹵民至今以爲利此其
餘政覃及鄰封鄰民之不能忘者也凡
公之動視國利害計民休戚舍是不爲

古所謂豪傑之才、循良之吏、公誠其人、
使得位盡行其志、培植元氣、流福蒼生、
蓋不可量、而一麾早卷、高尚林壑、雖未
嘗以毫髮之較介其中、顧爲天下國家
之計者、不能不爲公惜抱才懷玉之歎
也、庚子之夏、邑人謀永公之思、僉卜地
於城南、將廟貌而生事之、以狀白縣大
夫鄭子經正、鄭子感士民之義、皮以爲

是而高山景行文鄭子之志也會巡按
侍御石沙王公涖郡邑上其事王公覽
狀甚嘉焉報如請於是堂寢告肅規制
宏茂中塑公像用爲令時服式士庶雲
臻奔走瞻對如公矣止崇德尚賢於是
乎在徛可以爲百世之師矣公諱紘字
廷和無錫人弘治壬戌進士初授寧海
尹以治行擢監察御史立朝抗節不避

落職判福寧州，起知是邑，陞守潼川，遂
謝事還山，以道爲樂，風槩行義稱鄉先
生。日者周西峯自常州府通判吾郡，得
聞公林下康勝，方以爲慰，而邑人以祠
記請，遂述公之政畧，俾刻之。

○龍巖縣重建龍津橋記

龍巖縣南出城二十武，龍津橋在焉。長
二十五丈，廣一丈八尺，覆以脩亭，亭二

十八間亭之心額曰壁潙上通二京下
引閩廣盖漳西人道之會也行人輿馬
之迹日無停晷歲久木弊傾昃之勢不
撼而動過者危焉當路屢議改作不果
今年春三月我分巡漳南道僉憲筆山
侯公按治玆邑覽而歎曰此民命所關
也不治將有覆壓之患廼進其屬諭之
曰津梁王政也子産春秋賢大夫溱洧

之乘、孟軻不取、夫豈以子產爲非哉、治

貴大體、

朝廷以憲綱肅天下之治、橋梁之戒、森爲

著令、夫吏以修政、政以安民、此而不作、是

傳舍視官、秦越視民矣、顧民方重困、且

邑帑空虛、難以責成、於是檢公牘、得贖

刑金若干兩、喜曰、是足以成吾事、乃命

典史陳德昭、義官翁約中、購巨木若干

章鳩工授能撤腐材而新之植址達淵構亭達橋長廣之數不易舊貫而壯固雄麗倍蓰疇昔自某月某日始事迄某月某日兩越月而功告成邑人便之至於四達之旅絡繹平康行者嬉倦者憩無復向時憂阻之色乃若連甍蔽虧風雨攸除商賈依之而貿易男女遵之而異由民生禮俗亦復在焉邑人荷公之

德以謂事當傳遠，則以幣屬國學生翁
致中、庠生王宗啟、介友人陳元慎，來請
記。予嘗謁行臺聽緒論，知公之學，又嘗
見梅國之文，知公之政。蓋公濟時之略，
素具胸中，而忠信仁愛之節，皎如日月，
所至民望而從之，况逸道使民，民忘勞
焉，故觸事成功，其易如此，可以觀君子
之政矣。按狀橋舊名登龍，又名登通，元

時以火患改建清高山下南圯于水永
樂癸未知縣陳思敬即故址重建弘治
辛酉知縣黄廷圭重脩至是垂四十年
興舉之數若有待焉者公以片言起數
十年之廢宏功鉅費不督而集視皇皇
簿書期會拱手民患者得失何如也自
今言之凡治具之設皆爲民也造始貽
謀盖未有不善者使繼之有其人堯舜

之法至今未廢也惟夫人品不同趨向
迥別於是乎先民之法弛而生民之患
至雖有善者無如之何矣夫治世之道
且然況一橋乎宜公之浩歎切望爲民
惓惓也由是觀之公之所欲爲可量哉
公樂清人浙東名家由辛巳進士至政
南北吏禮以議禮忤時相落職補外周
旋郡縣者二十年風操自將所至以安

民厚俗爲先務、未嘗計位崇卑、而士論推許益重。至是由南安二守起僉閩臬、正己率物、清風穆然、君子稱之、以爲得憲臣體。是役也、公施德以嚴、人先而四方之人賴之。爰載事畧、使後之人有考焉。

〇雙壽堂記

雙壽堂者、文學竹坪吴先生、具慶之堂

也其慶而言雙壽者喜親之年也嘉靖
庚子父遺安翁年八十六母童孺人年
八十四俱康寧無恙怡然家庭先生以
分教繫官吾邑時興望雲之思二月望
日爲遺安翁啓誕之辰而童孺人設帨
之辰爲二十四日相隔僅一月馳目蘭
陔醉心膝下悵悵然恨其身不可翼而
往也則命甥白大芳服二親之教幸得

備儒紳之後方拜
命時謀告色養而二親誨以君臣之義不
敢輙拂東裝千里勉就東序上下二年
矣雖不敢苟顏師席以貽二親之憂然
烏鳥私情無以自効竊嘗一夕九起不
能自寧惟執事亦以教之乎嗟夫事親
之道亦大矣聖門之孝莫盛曾參以其
養志也先生不違父母之願以道起一

方之士使上得真才而用之可謂知臣職之重矣夫事親莫先於養志事君莫大於得士先生兼舉之吾知二親者聞之必樂樂則心泰心泰則神怡神以合天心以聚和此雙壽所以巍巍也故尺牘往還問候過於斑斕之戲舞名譽賢於甘旨之陳列韓子曰子在京師父母雖有離憂其心樂也南薆交輝垂光泮

水望之者興仁慕之者興孝樹風聲衍
遐慶豈特一時之榮而已哉昔龐公隱
居鹿門夫妻齊賢青史流芳翁以遺安
自目將非寤寐於斯而有得者乎然迹
龐公之心時丁漢季群雄角逐鹿門之
遯監世人之遺危而已方今以重熈累
洽之運草木禽魚萬國同泰蘭溪文儒
淵藪山水嘉秀至人之生於其間壽如

翁也宜

皇上優禮耆耇詔命頻仍食以大官榮以法
服則寵公所未聞而賢子用時肇華未
艾亦與夫妻子耘前之業矣予聞吳氏
自文可府君以文章行世紹基府君以
政事濟時德業熏蒸奕葉融徹傳至曾
祖德章隱于醫學事載邑志從兄尋甸
太守禧政在遐裔南人歌之而孺人乃蕭

進士復姓章品章琥七世兄弟也聚休
凝祉、良有自來夫豈偶哉爲吳氏孫子
者登斯堂覩義方佩慈訓衩慶未窮州
里之人過其間必式焉人子之情亦可
以少慰矣雙壽之云不亦宜乎竹坪起
而謝曰教之矣於是乎書、

○尊是堂記

是者理之的也尊之者奉之而不敢違

也、以是名堂者、曰峯徐子也、初曰峯治

第于雙峯之陽、所高公題其寢曰恭睦、且

記其義甚備前堂舊額曰常春汪白泉

所書也、曰峯愛其名筆不忍易則又摹

剴切之旨可以終身行者、用朝夕仰而

師之予爲定今名復繫之辭曰是之爲

義大矣、夫天命之性根於人心存之爲

大本行之爲達道所謂是者也、存養省

察使不差所謂尊也故曰尊德性言不
敢褻也天下之務千變萬化君子不難
於處者用其是而已是故得此是以脩
身者無隳行得此是以齊家者無戾俗
居而身安出而人安故自脩者以是尊
身處天下者以是尊人事君以得此是
爲忠事親以得此是爲孝至於室焉而
夫婦宜堂焉而昆弟愛近焉而宗鄰睦

遠焉而朋類乎有一髮之念違吾所尊
之是未見其能忠且孝宜且愛且睦且
孚焉者也雖然曲學者自是不學者不
知是將是其非而非其是矣得志而爲
之蠹人心禍風俗安在其能尊也故似
是而非君子惡之嗟夫世有文章節義
高一世君是矣用之反足以禍人之國
議論風旨下視考亭君是矣或謂其答

後學禪宗士得眞是不亦難哉易曰[illegible]
之毫釐謬以千里是不是之間而已日
峯横經東南方以道爲學海津梁恭敬
奉持一是之外吾知其無餘義也居斯
堂者子孫繩々將爲徐氏之光求是於
六籍而尊之皆如日峯焉徐其昌乎

○陽莊十四景記

黄子廷綸藏脩之地曰陽莊括其勝狀

爲十四景沿莊而入觸目異觀蓊然林於谷口者爲松瑩然鑑於石門者爲潭發幽籟於澗上者爲篁藏長春於圃中者爲荔至此山勢迴合谽爲衍沃堪輿家謂靈氣所萃乃即其中建書齋聚經史從吾事焉齋東向故曰賓日暇則臨草亭占石榻賦詩陶情俗况遼絶日與雲盪潒如列綺故曰棲霞出齋百武壑中

古湫寒泉險類虎丘劍池神物宅焉筮
世著靈跡庚子長郎泮赴省試人聞其
中有雷聲果取解爲閩榜第二人又百
武得石窩廓如板屋東俯溟渤含太清
飲元氣飄飄然有神遊八極之想迴轉
問雙巨石重疊上平如臺月出清氣襲
人與賓客班荆坐其上如在廣寒天柱
遺世獨立之表最高有古壇蓋昔人祈

雨處、間、古刻隱指漫滅不可讀。過于卿人禱之輒應，時倚岩遥望，慨然有澤天下之志，是十景者雖未足以盡莊之勝，然遊者至此，亦倦矣。於是徘徊左顧，則北園西渚在焉。盖衆芳歇而園之黄花始秀，月向夕而渚之紫翠方生，如人晚節不逐物而移者。右顧則南嶂東皐在焉，嶂之雲出則爲雨，皐之鶴來必應科，若君子以道爲隱顯者，邢東皋廷綸世居在焉。漳所謂東山是也。四時相禪佳景不絶，予爲之賦詩十四首，廷綸復以記請。夫山川靈秀之地，天必輔以勝景，景勝矣，又必生奇士名人以居之，若隆中之亮，盤谷之愿，徂徠之石，伊洛之程之邵，他如一丘一壑，屹然千載不磨者，必有人存焉。不然，梁園、金谷，豈不甚美？直足爲山水之蓋而已廷綸讀聖賢書承家世之遺烈因山求仁因水求智守不回之節如松操自虚之心如竹見月思明見雨思潤一景之接一道之寓也視其于丘園者有間矣或曰黄氏世有顯人其伯祖介菴公起爲良二千石祖易齋公起爲良執法嘗登覽于兹黄子業此以成先志家學方隆甲第輩出身方

以明經廩于學駸駸乎向用予謂地以人勝信哉莊之名未窮也予曰論則然矣但古人所以勝其地亦有道焉有無恃而貴不可及者黄子盖獨知而深信之矣莊之重其在兹乎是為記

○感舊記

正德壬申予承乏守鎮江時黎乾德龍臨江人為推官申伯温理平凉人爲丹

陽令、董應期相嵩縣人爲金壇令、丹徒令馬朝卿山東人、稍忽繩墨、改去、明年桂子實蕚來令丹徒劉養和天和以陝西巡按御史抗疏論時貴、左遷來丞金壇教官程一嘉、莆人、于震餘姚人、志皆尚上、一時人物有足觀者、後子實官至吏部尚書大學士養和官至兵部尚書乾德召爲御史、官至按察司副使、伯溫

召爲給事中引疾至今未出應期召爲
御史授任旬日即論權奸謫徐判官尋
擢僉事副使今在告一嘉召爲御史清
戎有聲卒官于震擢永福令有惠政皆
一代名人朗卿亦累官郡守獨予不才
流落南北無寸善可録慚在諸公之後
茲因感舊懷賢乃疏其槩以告兒輩於
乎人豈易爲哉嘉靖二十一年壬寅十

月二日誌、

○視菜

戊戌之冬、園人薄舊蘢之根掇棄池水、中更植新者、明年大旱、新植者枯死、棄根得水而茂、家人旦夌波取佐食、方棄根之未茂也、豈知其能食我、而日望其食我者、反不如棄根之力也、於乎豈直業園者爲然、文文山以不合去國、宋人視之一芥之士爾丁大全賈似道之徒方都重禄權勢赫然宋人固謂宗社攸賴而卒以忠烈殿趙氏三百年社稷者文氏之子丁賈之群風飄雨裂曾犬豕之不若何望其有益於人國哉予於植菜有感

歸田雜録卷之九

碑

○安邊舘張侯去思碑

侯諱天衢，字某，別號十峯，浙江山陰縣人。由舉人授延平府通判，壬寅正月選委住劄安邊，明而不察，威而不苛，仁不沽恵，清不釣譽。漳泉並海之民安焉。前政通判張侯元龍、鼎新黄公橋，民便之而道路未治，雨將行者病焉。侯斥罪金若干兩、購石而甃之、平崎嶇爲康莊者、將十里，民便之如橋，而長遠之利、過之。瓜代之日、父老勒石以頌，彰遺愛寓不、忘焉。於乎，侯涖舘半載耳、政平於内、寇平於外、垂去而便民之政益修、非有得聖賢大學之道、有是耶、石成，役不敏爲記故、書、

墓表

○明處士雅齋徐公墓表

始予求友於天下，得霞山蔡先生以道事之。後十年，得一所高先生，復以道事之。二先生者皆台州人，既之揚歷中外，道望醇偉，海內之士宗之。予退處海曲，不相聞者將三十年，然而仰二先生之風固一日也。嘉靖庚子日，峰徐君尚質銜

命典學漳南，文行器業，逈絶流輩，實與二
先生同邑。予固疑其源之委也，詢之，則
霞山君受業之師，一所君同門之友也。
乃作而歎曰：台之多賢，宜有尚質也。於是
考德游藝，月無虛日，尚質不以予爲
愚。一日過予草堂，僾然若有深思，既而
曰：先父母塟吾鄉羅莊龍山，今十三年
矣。惟墓上之石，猶有所竢也，敢以請，因

正德丙子夏初憲副白石林　公視學至上黨詢予曰郡有斷金會何如人也予曰公其試之公乃詣其會所則國賓仇時茂牛廷瑞宿以德栗廷佩郄宗魯先期以候書帙筆硯盈於几案製作課業積以月日公大喜曰此苦心舉子弗逮也於是商確人物譏評文字考論古今喪興得失公一一與之辯講五賓若大

有得而公亦嘉其好學之篤積學之深

遂傾倒如故舊然公旋節五賔餞至漳

河各賦詩一篇爲贈

潘藩宗室曁郡中士夫聞而和之五賔

裝潢成冊徵予序其後予惟世之交遊

惟以勢利相許故交不深而言或不情

今五賔内交於公以志節相尚文字相

契無求於人而公之與進亦以其志趣

邁往不群，可謂道相同而志相合矣。彤之詩篇，雖叙情惜別，詞調不同，而勸勉䂓戒，得古人贈言體，於此見白石同善之大焉，取人之周焉，五賓親賢之篤焉，求仁之切焉，是皆不可以不書也。識以歸之。

詩

瀋王逸仙

欽承

綸命督英才燁燁文光接上台公道有天懸藻鑑私恩無地着塵埃化敷桃李歸西晋名重璠璵播北臺光霽接人忘勢分曉漳別意更徘徊

宗室雲崖

風拂雙旌過敝邦赫然憲度凛秋霜衣冠濟濟瞻儀表棫樸蹌蹌仰鑑光穠葬

十月尚質奉公洎朱氏柩合埊于林氏之壠從先卜也嗚呼人之有家世猶地之有山川也山川之原遠人之家世實秉之以興徐氏自義烏三徙爲城西其來遠矣公中大之尚質又大之雲仍綿延而孝義方斅徐氏之祚未艾也人道與地道不有相符者乎書諸墓下使他日采行誼者録焉

故廣西梧州府儒學訓導木菴郭公墓誌銘

嗚呼此吾友木菴郭公之墓也公諱仁字明倫先世莆人三孝子之族十代祖熖從其兄孝子煒爲漳儒學教授因家龍溪公爲人端重穎敏年十四選充郡庠弟子員提學憲臣屢試優等補廩膳生累舉不利或弔之公曰學未至耳且

造物者，持其命，吾安之而已。城西法濟寺，有僧舍，白愛泉，中有古井，廣可丈許，水色澄碧。公假爲精舍，日坐泉上，香一爐，易一卷，暇則汲泉瀹茗，糲飯菜根，不役志外物。嘗自誦曰：使吾志行，誓不以所學負天下。正德辛巳以學行應貢，廷試入格。嘉靖甲申除廣西梧州府儒學訓導，過家上塚，徒步如布衣，鄉人多之。

至梧深以師職之重爲憂視榮利漠如
也晨起正席横經門下士摳衣請業教
之文必根理講必宗經因材篤誨懸的
立表士習丕變梧爲兩廣咽喉文武大
臣駐節於此以揑百粤公周還其間禮
無過舉自中丞以下相待改容公益以
道義自重人謂梧學師道如公指不多
屈士方望成于公公亦以爲國造士爲

已任，不幸感疾，遂至不起。嘉靖六年，某
月某日也。梧士大夫聞訃聚哭，知至親
哀傷之餘，形爲歌詩，令讀之，令人興感。
公可謂不負所學矣。使其位力足以動
人，其事業惠澤可量哉！初，鄉人林柳二
姓，商于潯，寄白金百兩，去無音耗。公垂
絶，囑其子褒曰：二商寄金，原識具在，其
人來則與之，不來告歸郡帑。庶幾其知

取之，勿泯也。褒奉行如公教，其不敢纇
如此。平生事父母孝，處兄弟睦，在鄉黨
無疾言遽色，視古之君子，無愧焉。曾大
父同，夫大父永敦，父德峻，皆晦德不仕。
娶鄭氏，通判慶之妹，有賢行。子男四：長
即褒，娶山尾黄義民孫女；次鷟，娶太江
蘇運判孫女；次輔，娶白石楊氏；次選，娶
甫山王氏。女三：長適侯侍御由之孫某；

次適丘某次適吳某孫男四尚幼嘉靖
二十二年壬寅褒等卜葬公于石門祖
塋之側則以狀來乞銘嗚呼吾安忍銘
公墓而公之純學懿行不可不述也乃
誌而銘之其辭曰惟郭之先自汾陽蕭
陽之宗流遠芳十世之祖徙于漳清白
相承名孔臧木菴豪傑起膠庠蒼梧教
澤何汪洋天不佐文公云亡佳兒奉襯

還故鄉。石門之山郭世藏。天高地厚山

水長我作斯銘。當無疆。

歸田雜録卷之十

書

奉温宗伯書

別久瞻望台光無日不馳下情前歳應
朝孫太守還承賜手札時常展讀如接
氷玉也恭惟
聖明有道有制久安長治基德萬年
東朝以賢聖之資育德承訓侕

宮僚輔導、如我執事諸公皆名儒極一代

之選、此天開我

朝中興無窮之運、夫豈人力哉、昔吴與弼

應聘至京、李文達愛其學行、薦于

英廟、命爲宮諭、與弼意在輔弼、竟不就職、與

弼不識

儲宮養德、繫治之重矣、伏願吾凡爲國愛

道、陳善沃正、使

舜德叶于重華、周業弘于善繼、則允之復出、
可謂無負、而吾榜亦有光矣、由是徐晋
台司贊翊
皇猷、厚天下之福、以遺蒼生、不亦善乎、門
生戴品向上之士、坐不偶就貢、因其行
便、草〻貢椷、伏惟尊炤不宣、
●奉唐司寇書
某不佞、辱門下知愛、不能樹立尺寸、以

報殊德耿耿之念、貫于心腑、恭惟弼教
大業光賛、
中興盡孝慈闇暫辭
倚注進退之節、海内向方、國有蓍龜民之
司命、昔人所謂邦家之光、非閭里之榮
者也、邑文學吳大芳言動有禮、非有得
金姿之英、無以至是、時能述山中起居、
真足懸慰、兹家人還省、某適在田間、謹

奉下狀，知不肅無以避罪，然數千里之

勤，二十年之慕，豈復在紙筆間，瞻望恩

光，神爽馳越，不宣。

○與張歷田書

東渠御史來，得手翰，讀之不勝懸慰，恭

惟執事服官以來，人品政事，超絶流輩，

清源大鎮，控制南北，叢域之所仰濟，

皇畿之所倚安，學識才畧，如我執事親提

鎖鑰具於生民邦家之福當不在前輩

之後矣鄙人跧伏林藪分於世途永隔

然洗耳清風尚能與海内之士共之書

中所言肇慶陳太守附翰未達亦不識

太守何姓名也陳六泉行取過京草々

奉起居老夫康平尚能躬耕食力餘情

不縷惟省亮不宣

○與陸石里書

陳漢至辱手敎佳帖登拜感〻載詠佳
什仰悉間中至樂景慕景慕審惟尊公
老先生以上壽仙遊執事親行大孝且
窆與太恭人同穴此天地間第一事執
事了之僕於高明良遠分哀慰又公子
入小學時得親課句讀世間無復有長
物矣恨無風翼一叩松陵侍立筆床茶
竈之側扁舟五湖拈弄煙水他日吳郡

書高人流寓之傳曰、某人某人不亦偉哉、復慮無緣出門、駁人耳目、抱此耿耿、如我石里何、袁林二司訓、實漳南佳士、不偶、至就貢、念其嘗出門下、必能詳達下情、郡人思執事如真父母、久而益戀、言及姓名、未有不以手加額者、公去可、謂無恨矣、穹石遺愛、必有能大書以貽千世者、臨楮不勝惓惓、惟邉亮不宣、

○與劉右洲書

東渠御史來得手翰如接氷玉恭惟執事清才雄畧青萍結緑世無全牛以刑曹直天下之理得才如執事洗寃弼教用和元氣以奠蒼生其效必有異乎人者龍溪士民思執事疇昔之德之政愈久而愈不忘安知一日不握風憲之柄涖我陬藩以慰此方之人乎顒俟顒俟

陳六泉行取過京、草草奉起居、惟冀嗣

便毋金玉雅音、不備、

○與黎念齋書

厚情深愛、道義骨肉、一思之一增高一

增深、方在仕途時、謂風檣陸轍、南北相

望、歲可計見、豈知林下與風雲途、邈相

隔、一札音塵、尚費周旋、餘況可知矣、然

古人相期、千世同心、苟心可同、約以千

世况同一統之朝同

聖明之君同太平之日乎天下何物可以

妨吾之同乎哉六月二十七日焚香坐

小軒有客敲門令親吴四衙之子也坐

定華緘書墨爛然惚然坐我念齋之傍

展玩徹夕比暁漳浦康知縣恕處吏至

則潮州王少府以致壬寅正月晦日吉

安舟次之書也雙玉交至如宿約然夫

豈尋常暄凉之音、可比哉仰知公子華俱已成立分煙人之自然也我太君老夫人以百壽考終甦不能奉相讀禮西瞻蒙山情思無限奉誦墓文潸然出涕也、家母今年八十四幸頗康寧長夢熊秀才一孫次男夢豸早喪二孫婦葉守之葉舊貴郡通判仁之姪女也三男夢楊秀才、四男夢齡農、五男夢星脫妾出、

魁夫婦承庇平安向胡司訓陞去魁在鄉失寄書悵恨彌月、今始釋也、情懷萬緒、筆不可慨、伏惟尊炤不宣、

與蔡鶴峯書

秋來風月加倍宜人而雲洞有清泉佳木卯其容色彌傲情懷知不在蘇門之下也近來道況當益佳勝想慕想慕不肖舊疾復作雖比前稍輕然老態日集

矣。兹遣人令兄先生處候問，便風附狀

松峯好學可愛，今和其詩二首，幸致之。

○與孫南江書

春初軍人吳潤卿至，承手教，鄉録之賜

仰悉高情。時病滞床褥，不能奉狀申謝

神飛山斗之下而已。至五月始能出戶

莊誦教言，感切心腑。緬惟讀禮時邁，想

孝思隆篤。大才純學，經濟所倚，當爲時

早出以慰士民之望梁岡都憲至自鄖

陽能述道况便槩甚慰因其從人行便

草〻起居無布前悃惟尊炤詞是便風

幸毋吝誨音臨楲不勝惓〻

歸田雜録卷之十一

祭文

祭王太孺人文

地有崑崙山宗之以爲高水有河源海宗之以爲大王氏之宗分茅五代翼〻愧軒士林蓍蔡孺人相之種德于邁鵲巢麟趾式此大邦篤生賢嗣國士無雙閥閲齊雲漳水之上井〻閨儀漳人之

仰昔者愧軒司牧乳源孺人相之流愛元元、馴教未齊，升于太學，一履一言，惟慎惟恪，咸卜慈年康寧，未艾何期，一疾永訣，千載嗚呼，孺人已矣，百世之下，爲婦之則，爲母之師，不没者存，流芳未涯。某等締交，令子義同，骨肉薄奠，一觴侑以同哭，嗚呼哀哉，尚饗。

祭林母施氏文

惟靈毓德高門于歸名族行美三從身
膺五福柏舟在河萱草樹北式訓孫枝
丕承祖服先業告歸祠堂亦復貞以律
家儉以型俗麗水兼金崑山片玉西逝
仙遊南瞻婺落於乎青鳥冥冥雲軿邈
邈丹青在堂九原不作猗歟哀哉尚饗

祭王舅公秉鎮文

惟王鄉之名族惟公王之哲人通敏英

偉尚賢任真智不欺弱富不傲貧予年
十五見公于第維時外祖命予相禮館
穀公門如子如孫彌月告别贈賚維銀
後十五年甥于梅墅公旣仙遊予亦從
仕諸郎繼愛以親以義俯仰幾何將四
十祀爰卜佳城况邇宅里歸神于天反
魄于地英〻後人奉輀如玉永奠名山
始終合福嗚呼歆哉尚饗

祭王六叔文名朝制外叔也

惟公太原之望甫山之宗身弘世業家擬侯封富而不儌淸而有容諸福兼備稀齡告終群孫濟濟開拓敷充如淵益深如山益崇於乎天地浩浩其化無窮藏體魄於名山與元氣而混融噫烝民之生如公幾人哀哉尚饗

祭菊莊曾公文

維公静以安身澹以養德斂進于退藏
用于默隱居城市之中不混塵囂之跡
豈謂稀年遽登仙籍於乎自公之疾時
亦向康今歲之春我來自鄉楚〻衣冠
來升我堂自謂一見即將長往我觀其
神勸以保養一揖下堂曾未踰月豈知
前言遂爲永訣於乎人生一瞬耳來者
何生往者何亡公有令子生業以昌天

地無窮公神洋〻哀此洋〻冀以茲觴
於乎哀哉尚饗

祭郭翁日省齋文

維公豪傑之才經濟之志九霄之翼千
里之驥高而未飛遠而未試謂天生材
必用于世豈知末疾遂至奄逝憶正德
初公遊大學吾女尚幼公舉婚議于心
許之遂不易笠及女于歸公已先逝感

疾之夕，予謂偶爾，豈知三月，公廼不起。公逝，毋何，吾女亦世没，而有知，可以相視。城南故山，于焉卜瘗，公柩在途，女柩亦往，二郎之喪，毒猶可憯。嗚呼！積德之門，天之所祐也，何乃至是耶？豈人道之不徵，天道之有爽耶？抑天之未定，福之在子孫者，固將徵而復盼耶？公靈在天，先知之矣，不腆之人，情無幽明之間。

也。於乎哀哉。尚饗。

〇祭郭氏亡女文

于年三十。乃有汝身。嫁汝于郭賢。稱六親。豈意芳年。先我爲神。嗚呼哀哉。汝姑汝舅。先已在天。汝男汝女。亦有黄泉。沒而有知。可以圓欒。嗚呼哀哉。漠〻雲山。蒼〻宰樹。林氏之女。郭氏之婦。不愧其生。何恨其死。嗚呼哀哉。尚饗。

祭黄壽官文公名資璋

於乎富壽康寧，忠厚淳樸，勤以克家，儉以型俗，君子所推，鄉人所服，吾見其人矣。公是也。年踰九衮，収天地之精華，善集百祥，積子孫之遐福。誰其報之，天是也。於乎公之始終，可謂全人矣。予年弱冠，辱公一日，日月益深，情愛益篤。空山聞訃，爲位以哭，東山之淚，掩于西州，延

陵之劍挂於墓木於乎公已矣生芻一
束酹于寘漠哀哉尚饗

祭李典膳文公名高洪塘人

於乎城南有公舊家之望富而好禮貴
不自上多男而賢方壽而壯豈知百年
俄成一夢於乎哀哉壬寅之夏登公之
堂黄雞白酒蘭桂成行及予張筵七月
初二公不棄予幕雨而至嗟從公遊其

目云淺千載之情鍾子一見松梧之姿
迥出塵俗亦有嘉言可書可錄於乎死
生常理也君子之在世存則人愛之沒
則人思之君子之澤豈有窮哉大化屈
伸倏然其蹤其逝如波其流如風知公
觀化之遊與古達者同也於乎炙雞絮
酒殊耿耿於音容尚饗

八閩文庫

福建文獻集成

續編 集部 一三

吴格 主編

文獻集成 337

海峽出版發行集團
THE STRAITS PUBLISHING & DISTRIBUTING GROUP
福建人民出版社

本册目次

人瑞翁詩集十二卷

［明］侯官林春澤撰

日本内閣文庫藏明萬曆間刻本

人瑞翁詩集十二卷，明林春澤撰。春澤（一四八〇—一五八三），字德敷，號旗峰，侯官人。正德五年（一五一〇）舉人，九年成進士，授户部主事，遷員外郎，坐謫寧州同知。歷肇慶同知，擢爲南刑部郎中，出知程番府，致仕。少時與鄭善夫、方豪爲詩友，所作多氣象雄偉，禮部尚書林燫亟稱道之。通禮經，撰有禮記筌蹄十四卷，又有家訓十六篇等。

林氏壽逾百歲，有司爲建人瑞坊，是集因以爲名，由其子應亮編次。凡十二卷，卷一賦及四言古詩，卷二、三五古，卷四、五七古，卷六、七、八五律，卷九、十、十一七律，卷十二五、六、七言絶句。崇禎九年（一六三六）林慎刻林昌裔所輯旗陽林氏三先生詩集五卷，内有人瑞翁集二卷；又有清抄本人瑞翁詩集五卷，清朱格抄本旗峰詩集十卷，皆出於此十二卷本。

林氏詩初學杜，後學衆體，不專一家，然才氣豐富，興致宏遠，寓莊雅于博大，寄俊逸于雄渾，五七言尤婉約清新。蔡文範序云：「觀其詩，少年諸作，温麗典則，猶藹然弘治之餘風。正嘉之間，縱横矯慨，無所不有。隆萬以來，祥雅和適，讀之悠然，真如坐花源之榻而遊擊壤之衢矣。」然四庫提要則謂其詩「頗有體裁，但乏深思厚力」。

此本爲海内外僅存之孤本，書中有「佐伯侯毛利高標字培松藏書畫之印」等印記，係文政年間出雲守毛利高翰獻贈幕府者，明治初歸入内閣文庫。（鄧富華）

人瑞翁詩集

一之三

人瑞翁詩序

余讀人瑞翁林先生詩
嘆先生取數之全
禀非常亦有山川之助焉
夫操觚染翰之士與延年
度紀之老其相去固已遠

耳修詞者尚黻藻而騁才
章疲精於刻畫樊而降年
末矣繕性者致虛而守靜
專氣而抱一外慕不存樊
而文采蔑矣四皓老於商
山子真隱於谷口不必有

文賈誼有聲於漢四傑擅
名於唐不聞有壽何者壽
者擅天地之元精文人洩
造化之靈秘二者不可得
兼即唐香山宋洛社之會
耆英萃聚時各有詩唱和

修爲盛事乃若踰八望九
已難其人矧年踰百歲壽
溢期頤如人瑞翁猶能騁
技於雕龍競爽於毫端少
而擱管老而彌篤非取數
之全古今之希覯哉翁所

居旗山之下旗山西來數
百里巃嵸崒嵂行若游龍
止若翔鳳疊翠層巒逶迤
而下展為長林欝為叢薄
大江浸灌潮夕經門山川
環拱風氣茂密而翁寔居

其麓詩曰惟嶽降神生甫
及申地靈人傑駿發其祥
宜有如翁者旣壽且文並
臻其盛也翁博學該洽才
識雄邁爲諸生即著有禮
說爲四方學者所宗舉甲

戍進士與鄭少谷先生為
友少谷以詩鳴於弘正間
與比地李崆同信陽何大
復相頡頏翁子司徒公即
鄭館甥翁定交於筆硯寔
切磋焉少谷詩宗杜少陵

尚悲壯而喜凄婉翁初亦
學杜後似散學衆體不專
一家然才氣豐富興致宏
遠寓莊雅於博大寄俊逸
於渾雄山林日久撰著益
工五七言婉約清新若郢

匠揮斤由基命中少谷之後可多得哉然少谷壽不滿四十位不過郎署身後落莫視翁餘慶判若霄壤司徒公致位九列養高林泉榮問休暢督學碧麓君

英年青雲師表人倫芳華
未艾而翁年踰期頤孫曾
挨膝老而益壯哦咏不廢
求之海内不能一二數也
昔邵康節有詩自云身經
兩世太平日眼見四朝全

戚時自以為慶以翁視之則身經三世眼見六朝代謝變更凡幾閱耳即無文釆表見已為難得而況其戚若彼耶古者憲老而不乞言天子袒而割牲祝鯁

在前祝噎在後公卿奉觴
大夫進履獎而未必皆百
歲之人能文之老使翁遇
此則蒲輪安車之迎誰實
先之故余讀翁之集以為
取數之全而謂山川為有

助亹其斐哉亹其斐哉

賜進士第大中大夫山東布政司右叅政前翰林院庶吉士浙江道監察御史奉敕提督河南學校按察司副使同邑晚生雲竹王應鍾

人瑞翁詩序 十

頓首拜撰

詩序

世所稱善爲文章者若賈誼禰衡謝惠連王勃之徒皆豐於才而嗇於壽說者固未嘗不以呻佔椎琢爲伐命之斧至史冊所載壽考鑿鑿可據者如竇公至漢文帝傳樂記時年二百八十矣范長生始事昭烈至李特時

猶存年百三十歲羅結百二十歲領
三十二曹李元奭百三十六歲爲耆
英首譙定百三十歲以易教授凡其
人皆浮游任職非有奇能異術如吐
納家高翔遠遯之所爲者而又皆壽
考何也蓋不佞之言曰三季之前真
氣未離故得其精粹者而爲文得其

淳固者而為壽而人之所鍾者為猶
全及其衰也粹者日駁淳者日梟是
故耆耋之夫鄉得一人焉則百里避
席矣風雅之士國得一人焉則千里
負墻矣且白首而無所表見者比比
皆是而玉折蘭摧千古有同恨焉嗟
夫即文章壽考二者猶難之又况祿

位子孫各臻其盛者乎由斯而談若
吾旗峰先生者無論耳目所睹記即
求之史冊未見其儔毋亦精粹淳固
之氣始闢於邃古而今復還之於
昭代先生所謂得全全昌者歟先生以
進士起家周流中外既踣而復振卒
之為良二千石余初入閩邃先生百

年之期士大夫無不詫為盛事今又
過二而先生行步舒翱耳目瑩徹雖
中年不如逢時對客猶日吮毫賦咏
不倦今觀其詩少年諸作温麗典則
猶藹然弘治之餘風正嘉之間縱横
矯慨無所不有隆萬以来祥雅和適
讀之悠然眞如坐花源之榻而遊擊

壤之衢矣宗伯對山林公論文章尤
慎許可至評先生詩則曰雋永有味
過於繼之豈虛語哉夫先生之與繼
之自在結髮時名相亞余不敢輕論
然繼之天材焕發未見其止而一時
宗匠如仲默子業亦屢屢不假之年
則其所受者謂非有所偏而然耶我

國家運會天統淳固精粹之氣似已離
而復今閩越人文漸著僅五百年較
之中土其在虞夏之間乎而先生之
獨鍾其全固所宜也不然即如前史
所稱水居鮮食之人多夭而不壽而
胡先生之履其盛若此哉先生既年
踰上壽而又司徒公為之子學臯君

為之孫金紫訢訢猶然旦夕執滫瀡
沭靧之節即傳之冠綾書之簡策寧
可一再見耶先生詩故有刻司徒公
離爲諸體附以近作欲重梓以傳謂
逌臣昔與學臯君同事西曹頗有前
狐之雅不可無一言迺不敢辭而書
於簡端

旹

萬曆八年仲秋望日

賜進士第福建都轉運鹽使司運判前

尚書刑部郎通家晚生蔡文範頓首

拜譔

人瑞翁詩集目録

人瑞翁詩集目録終

人瑞翁詩集卷之一

閩中百二歲翁旗峯林春澤德敷譔

戸部右侍郎男應亮編

邑後學林文卿王湛校

賦

一江賦贈天台王崇教

覽赤城之巨眽兮，遡神鑿於禹丘，濟靈淵之脩浸兮，綿𨓏越以行流。測玄脈而宼源兮，宊天姥之雲嘌。掖五嶽以下傾兮，睇台辰於漢表。艮兊布其通氣兮，山與澤以潛孚。吸天一之孔神兮，嘘溟渤於

尾閭靈滸瀁其秀發兮貞　皇運之鴻明誕碩人
於江涘兮抱太一之粹精朝秉列以澡身兮夕涵
渕而浴德引晞髪於丹丘兮承風沂之遺則紛内
美以沛瀦兮重潔脩而外章汀之蘭以紉佩兮渚
之荷以葺裳駕虬螭而上征兮召飛廉使清路鳴
河鼓以流轟兮指天津而徑度望閶闔而髙厲兮
登清都之大儀奏鈞天以鳴和兮紛先後乎咎夔
令宓妃升歌兮馮夷擊鼓協湘靈鼓瑟兮海若進
舞張承雲以雝雝兮軼八荒之暢熈攀閶維之浩
蕩兮流六漠以委蛇　皇嘉歆其授節兮耀靈暈

而西徂招搖麾其有翼兮辟氛埃於穹廬巳乃望祝融以弭節兮歷尉佗之故彊殿維藩于炎土兮沛大壑之遐荒豈靈脩之伊阻兮哀生民之多艱念四極之經營兮匪謇謇其疇與安旦固瘁於東征兮奭亦勤於西土也方叔既來旬兮申于宣以及甫也念匪躬之殫力兮彼聖哲亦云其遑遑苟吾心之忠信兮雖遠遊其又何傷矧若木之耀華兮指玄極而照之猗日月之懸曈兮澄朗鑒而耀之造句始而弘亮兮達姚姒之廣垠超無爲以至清兮與太一而合眞亂曰流峙錯列一氣凝兮碩

人應世川效靈兮渭呂莘伊茂徃跡兮浩湍洪瀾
麗乃一兮弦沛朝宗流未央兮毋溷爾源靈淵藏
兮、

四言古詩

吉人三章

澧有蘭矣惟蘭斯芳采采者拚吉人之裳兮何用
不搣、
沅有芷矣惟芷斯馥佩之云淑吉人之服兮膺此
多福、
伊吉人兮適敺眞兮匪掇縟藻而逐其淳斯吉人

之宅兮吉祥與賓

濟之川三章贈李兵憲

濟之川其流濺濺君子之明兮隱也匪潛彼悍夫兮胡逭其愆

濟之土其原膴膴君子之仁兮哀此宄旅彼煢嫠兮寔獲我所

濟之風其行蓬蓬拯殘佑良君子之公孰我慰兮我無慼容孰德我兮弗自以爲庸

鷂峰三章贈陸煥章

蟠龍蚪兮于南之阜維阜之南節彼山高有鳥維

鷁將翔以翺君子世德于彼遨矣
維鷁之文兮有翟繽紛于彼高岡鸑鷟爲群有斐
君子光前聞矣
維鷁之介兮嬌嬌云邁山梁時哉振羽翽翽樂只
君子世瀰大矣
甫田三章賦垣曲縣瑞穀
爰有甫田在晋之垣嘉禾一本厥穗孔繁眂載須
矣聲聞于闕維侯之德乃粒之恩
爰有甫田在垣之彊嘉禾九岐厥秀孔穰邑有禎
矣登于 天王一人之慶率土之光

爰有甫田在垣之曲一本九岐嘉禾實粟維王

格天維侯宣力維天之休太和之渥

隴頭流水歌

隴頭流水嗚咽不止我心懷憂行邁靡靡肅肅征

車晨發隴頭不見長安但見水流水流有聲濊濊

有情悲此形役我心未平

人瑞翁詩集卷之一終

翁詩集　卷之一

人瑞翁詩集卷之二

閩中百二歲翁旗峯林春澤德敷譔

戸部右侍郎男應亮編

邑後學林文卿王湛校

五言古詩

草亭閒望

草亭結山阿，曠視塵寰外。南薰舞新篁，飄飄吹我帶。六月不知暑，虛毿生清籟。緑樹漲繁陰，石磴侵曨藹。澗底漱泉流，巖頭聚雲靄。群動亦何情，寞然與心會。

送謝繼之明府調南海

佩我秋汀蘭愛予寒江梅蘭臭馥且遠佩之何時厭江梅有佳實孤根得所培繁陰庇以廣邑水閩山隈爲言比甘棠愛之勿剪摧今日海之南停車重徘徊願言各努力夙氣無塵埃

禫祭夕夢中自詠覺而紀之

兩鬢覺漸短百憂踵相感虛名竟支離莫釋終天憾陟岵頻咄嗟守廬奄及禫歲月不我羈我心良黯黯殘月下窗階蕭蕭中夜闇夢回成獨嘆蛩聲入凄慘

觀新荷

披穢鑿荒塘，當春種蓮菂。初夏荷葉生，亭亭水中滌。大者團蓋浮，小者青鈌積。鷺浴白雪翻，露瀉圓珠滴。尚遲水花發，晚色更幽寂。日夕徐步來，微風自閑適。留連委素懷，逍遥展良覿。緬想濂溪翁，此意未云逖。

山中暇日

三年棲故山，却笑成踈散。朱夏炎日長，白晝南風緩。草亭岸白幘，長松作侶伴。雖無陶令眞，未似嵇生嬾。鳥飛片雲輕，魚泳一川滿。群動忘形骸，天地

亦旅館奉此借餘閑玄門聊自欸

送杭澤西先生

黄鵠翩翩舉赤霄獨徘徊白鷗泳且游烟水間毬虞人遁百技羅樊不可媒歲晏北風吹良晨日逝摧木落洞庭波逺渚揚氛埃翔騄出西郭遵彼震澤隈離筵賦式微商調含餘哀文昌炳奎曜紫微承中台達人知止足凌厲出九垓賤子感深眷念昔登春臺事主頎盡年睽判胡相催百年未淪晦會報英瓊瑰

考亭謁文公祠

建溪訪闕里溪行邁巾車山水益奇駛林木亦盤
紆昭昭千載下巍巍先哲居吾道麗中天日月長
烱如餘光夙仰止獨立還躊躇但見山下溪溪流
洄以瀦尋源窅不得徘徊歲云徂

冉猍三衢別吉師召張佩德二明府

晨光散濃陰暖風吹芳甸彩鷁下滄洲白雲飛素
練春漲溯騰來山色遠邇現静念遘同心緬懷注
深眷憶昨登驛亭夜雨集華宴童謌送流觴厨羡
雜香膳四海爲弟兄二予重州縣嗟予愁遠征與
爾款相見今晨復遑遑回首故戀戀天步正多艱

我行敢辭倦願言同奮激莫遲華髮變

有女

有女獨抱素幽姿生遐方皎皎羅裳潔馥馥蘭佩芳睠言事君子遠適違故鄉托此百年身豈敢下君堂自君去朔方使我長相望朔方非樂土沙漠塵飛揚彼不顧返高堂中夜凉浮雲蔽白日妾心憂以傷願得東風力爲君促歸裝

暮泛白馬湖懷鄭少谷

返照明春湖片帆輕烟裏長空絶鳥飛汀洲見芳芷美人望不來春莫莫江水

望都門

晨征策蹇驢矯首望天閽回飈動地起滿目車塵
昏老馬尋故櫪春燕覓巢痕主人何所適西去馳
崑崙欲投蘭與椒含愁難具論歲月不可挽良辰
如逝奔同心願結歡思君蚤回轅

大司寇張公歸省

巖巖泰山阿偃偃萬年樹盈盈青女蘿依依蔓滋
附附枝巳昂霄作彼擎天柱佳辰暢餘光焜煌未
及暮戀戀遊子心豈不晨夕顧念茲時多艱重華
獨眷注載捧天綸温還酬孺子慕賡庭充軒騶天

庖下瑮貝蹭蹬歲寒姿感此殊常遇頗言永飧和
齊齡山嶽固

應節婦

雪霰飛廻飈孤梅度芳潔壯哉貞女心氷檗寒愈
冽昔栽合歡被臯蘭容與纈蕙帷動悲風遺雛仍
短折長夜懸苦心啼鵑淚凝血卒歲罹辛勤寒孀
逾九衮故廬遭煢殃厓熾焱自滅孰謂彼蒼窅赫
然庇全節雙闕峩暈飛百祀肅遺烈嗟彼冠裳徒
負天一何拙

竹巖

巖巖者維石猗猗者淇篆淇篆不改色維石邃虛谷威鳳歛其儀托此永棲宿上有實可飡下有泉可浴長嘯視群鴟腐鼠空相逐

送鄧廷贊叅政之滇

景風勁柔條朱光薄晴昊大夫有行役結駟之遠道日南天萬里去去拾瑶草漢署十年劬馮唐未爲老遲爾紫薇星照及遐荒堡昆明本無波碧鷄亦自好懷哉云甫申周翰歌天保我傷天閽瞑彗孛不可掃國士顛連時憂心正如擣悽愴値爭期踟躕感同抱

維石篇爲楊石齋閣老賦

巃嵸叢邃土封蛾眉蟠坤軸維石秀其英屹然峙砐硪奇姿逼象綿灝氣苞清淑中韞造化精乃是連城玉遭逢匠石氏采之登天闕柱石承明堂圭璋薦黄屋值兹歳載陰氛靃霩平陸巖巖當具瞻璇璣在轉轂磐石奠九垓回光照若木功成追黄石赤霄矯鴻鵠

贈汪白泉南征三首

朔風振遠阡寒流奔長河舳艫亘千里翠華揚天戈之子駕行邁長嘯横大阿從戎多苦辛志士思

砥磨砥磨良自益苦辛曷足多談笑罇俎間功成

聽凱詞

南服有壯士夜行猛虎窟猛虎豈不仁壯士氣自
作緐霜布路岐密雲翳山月險道有良圖守雌未
爲拙但得存利器何慮當盤錯君看魯仲連解紛
在倏忽

櫪馬思騰踏籠鳥思翔翺康莊馬蹄疾扶摇鳥翮
高丈夫負瑰奇豈能沉萊蒿義和無停轍晨謝焉
可逃江漢有方舟長風破巨濤行行司馬門慨慷
毋辭勞

送陳德元之濮上

河津倦塵勞舟軒無停迹故人下燕臺睠睠開胷臆歲晚多疾風畢巢穩棲翼俛仰宇宙間榮凋那有極濮上無新聲大雅從此陊

愛鵞圖

東都樂恬曠逸少元不羈放情翰墨場雲烟驁龍馳山陰隱丘壑素鵞為我怡飄然方外交玩世若浮粃披圖見眞意清風灑庭枝

滄洲晚泊

輟棹滄瀛樓忽叶滄洲趣小雨進風凉高天欲日

暮川揺迥照明林集昏鴉翥萋萋芳草烟膴膴平
原樹接景茫心神行役豈吾事南巡已經年北望
空愁思王粲哀世情楊朱泣岐路我聞十洲外別
有滄瀛處丹砂大如拳瑶草凝甘露何當解世紛
徜徉從此去丹梯躡飛梁羡門或可遇

贈陳天游赴　闕

軺襜歷川途大夫遠行邁靡靡抱隆思逸處不遑
逮列宿環北辰江漢朝宗滙持爾華封祝婉孌謦
忠愛翠華方遥遥顒瞻何所慰余亦綴鵷鸞睠兹
懷耿介顧陳天保章竊附祈招誠求言隆天厤靈

長不終艾。

東有稻粱阡二首

東有稻粱阡葱蒨雲屯列借此鴻鴈謀乃作鷗鳶
穴昔我行其野憯惻滋不悦駕言挾長弓援矢煩
激烈路岐殊多軌王良亦迷轍朱鳳豈不威胡爲
眩鑒別良辰難重逢摧我心中熱
志士憤世志皎若清溪泉觸彼中流石悲咽聲濺
濺豈不樂江瀾浩渺意其言所嬰適坎壈懷悒長
悁悁况非諦言時豈敢自棄捐出門復惆悵嗟彼
稻粱阡。

贈別方崇陵

星軺範雲驂振策遵芳武肅命出西臺駕言之齊魯商飈脆蒲稗賓鴻下煙渚將子動時悲豈不戀儔侶際玆　皇路清緬懷負靡盬重華垂至仁下車泣神禹齊魯且望都餘風慨遐阻淑問有皐謨籍聲振前古去去崇哀矜焦枯被膏雨

送廖師賢之東海

青陽盪晴昊萬象含光昭行役逮春華城闉戒鳴軺鳴軺何所適東海臨淮遥盛年富才藻咼不留清朝乖期徒嘖嘖相望復迢迢愧乏鮑叔薦猶懷

郭隗招徵黄諒伊邇贈子英瓊瑶千秋汲長孺漢
庭揚孤標遺馨未嵩沒去矣酬芳椒

挽陳母

終風起堂背遊子𤼵長嘆豈無三釜養風悲振林
端哀哉倚閭人苦蘗心獨艱少小不下堂機絲夜
漫漫鸞章華歲晏鶴夢歘不還睠彼建溪水咽流
聲潺湲

出都城留别諸友四首

僕夫肅征駕晨出燕臺門感爾同袍子餞我祗樹
園清謌揹林莽商絃凄以繁奉觴聽謌闋覺我心

飛騫孤鴻叫其侶飄蓬未離根會聚古所歡離群古所歎佩此孅婉意行行豈能諼
東行遵河津金風遞輕爽仰視浮雲馳俯視川光泱杪秋事孤征倐然發遐想宣尼無停車曾連不受賞賢聖固有趨其名在天壤而我此行役緬懷何愴怳
朝發都門車夕登潞河舟鴈落沙渚淨霜降菰蒲秋天寒節物換河漢曉夜流回望郭隗臺黃金不可求涼風吹易水壯士千古愁廢興已陳迹慨想何悠悠芳華容易歇蓬瀛何阻脩

今晨河水上河水清且寒天風西北來吹我衣裾單羈塵五六載羸馬無停鞍凌風望故山山遠望瀰漫松苓淨素月雲壑喧洄瀾仙隱未寂寞達人有大觀何時返初服鴻鵠高羽翰

表貞婦

女蘿蔓條枚歲寒有遠姿蘭茗揚清芬豈逐群芳萎憶昨諧嬿婉眷眷白頭期所天不可籲百折何敢衰膝下兒與女提之垂涕洟食此苦蘗味已覺苷如飴兒成亦逮老女成亦有歸晚携無母孫復躋黄金閨一心抱區區辛苦良足悲寒雲流素月

洽然心所知

掛劍墓

唐虞遜四海，夷齊棄孤竹。太虛浮雲流，達人豈步局。嗟爾紛紛紛場，刀錐競馳逐。飄飄吳季子，骯髒振頽俗。千乘且不居，長劍何足恤。長劍光陸離，上與星文燭。烈士許與心，肯以死生拂。墓土長夜封，墓樹揺春綠。我劍白日寒，高掛蒼旻肅。徐君如可生，我心良不忍。千秋聆故墟，徘徊想遐躅。

挽黄孝廉

江湖豋長嘯，淳風日漓薄。鄉邦有老成，乃爾復凋

落咄嗟孝廉君荒墟見渾璞大阮老司徒正訓垂
炳若孝廉飫漸陶矩步遵繩約結廬先塚阿三載
茸寂寞高木摇悲風孺號動寥廓蒼穹固有神瑞
氣爲之作鳴鳩棲戶巢水花獻奇蔓蠢爾狐與鱗
馴化世爭愕郡國爲薦揚天庭渙恩渥表閭光巖
阿孝子萬代灼邇來不出山養眞巢雲閣山雲亦
何心杖屨諧眞樂大丘式鄉閭龐公守丘壟雖無
一命階聲氣獨超踔頽言邁脩齡永資醫世藥何
乃奄忽閒蟬蛻出汙濁至人長不亡彭殤詎可度
傳家矧多賢典刑未落莫千秋九梁山嶔岑比喬

嶽

紫溪道中望鵝湖山

溪迴噴礴濤飛雲薄翠巘行行邁巾車迢迢下隴坂蒼煙出林遲黃犢鳴村晚節彼鵝湖山懸瀑青霄遠昔賢至道遵蘭芳遺九畹而我混緇塵緬懷徒繾綣愛此醒心泉豁然去煩懣

畏所贈鄭士望

晨曦欻以遊夕露易沾衣伞腸豈峻阪康莊有穽機驟轅一自逸轉轂憂顛危念子曷所畏赫赫天之威淵冰恒凜凜求言無終遠往者蒙大難銛鋒

攖如飴邇來投諸鞬牛刀信所揮既諳苦辛味敢渝戰兢持偉哉展禽子小官詎不卑行看赤鳥翁篤棐百代輝

贈陳士遠兼致雙襪

疾風驅凜秋寒朝集霜露撫心念同袍齒髮各非故愛爾松筠姿勁節逾遲莫雙氈比挾纊投贈致情愫願隨足下塵出入慎跬步

贈陳允陽之廣川

振鷺棄高風雲逵縱脩翼飛黃櫪下鳴千里氣自逸達人有奇步終當奮遐逖念予始遊燕憐子正

落魄乃今重邂逅羡爾賢聲籍省署非濁流含香豈賤役予今遊廣川賢哉勿益勵激董生讀書臺千載尚赫奕行當採藻蘋爲我訪遺迹

贈丘居易

楚楚黄石原崑丘鬱呂邃中有浮丘徒抗懷坦居易少負騫騰姿瑰藻欻清麗閶闔扣琅玕鏗聲走流輩歲晚引遐蹤芰服返初試燕喜翼雛飛鳳毛赤霄戾日潔揚天葩崑丘寵光賁焜華照餘齡桑榆鵠而媢舉鯢揖松喬八極俯長視

贈崔廷槐進士東征三首

薊門春始交天風吹歲暈將子事東征晨驂拂雕
鞍朝望古北峪夕遵山海關　皇情憫遠戍餉輓
出長安慰慰我兩溪友慇勤為加餐
加餐慰我友征途及爾私欸欸烏鳥情睠睠倚門
慈車徒照桑梓遊子娛萊衣衣線還密縫言歸當
遲遲慈顏耀餘景王事有程期
程期夫如何豈不遑將毋耿耿勞宵征有懷念靡
盬良馬騁脩途翔鷺振遐羽言茲發軔初桑蓬契
心許抗志凌青旻拭目以延竚

栢山

南山有古栢葳蕤霜雪姿下盤鐵石根上偃虬龍枝不遭斤斧辱清蔭蒼雲垂山阪舊仙侶言歸結茅茨天寒拾栢子食之長不饑山中歲月晚汗漫相爲期

朝元曲

炎興肇元紀六更娵訾躔蒼龍開首朔淑氣拂朱弦咸池吐晴旭閶闔生祥煙　重華正南面秉圭以答天今時當太平明堂洞廣筵皇皇四門闢惻惻群情宣願言登至理　主上壽萬年

硯莊爲葉良器賦

南山毓眞珉坤靈苞玉芳操觚昔有製龍尾擅詞塲物華凝灝氣山秀麥穹蒼絅惟山中人斸雲而脩藏灑翰迅清麗繡黼流大章鏗金鍾簴動獻璞璆琳鏘即兹登岳牧宣風邁遐颺豈不念初服康濟湏時良視草百代上兹山增耿光

妾薄命

素月出東壁凄風入我床妾心何所懟哽咽摧衷腸憶昔事君子結束爲糟糠蘭茝被容服歛衽拜姑嫜欵欵白頭吟心期不下堂如何中途阻屏妾之遐方黄金豈不貴衆口亦叵當青蠅一呫玷白

璧失其良蛾眉古所妬歡愛難久長慊慊出門去
淚濕嫁時裳不惜別離苦但惜時命傷妾身未即
殞妾心未敢忘思君白玉環惠妾未路光

望五老峰

何年五星精降此崔嵬巔屹立相拱向飛聳朝皇
天雲霄露端冕襟帶飄蘿烟霓裳耀參斗紫黛旛
幢聯日夕擎香鑪上燭太微躔濃烟灑空濕飛散
晴湖邊天門新逐客過此心茫然秋風送孤棹意
氣遥相憐斂容注清盼恍惚欲招延我本飄飄者
遨遊挾飛仙適然遭困謫未即祛塵緣長揖五老

去興在滄洲前功成乘白鹿接手扣玄玄

謁濂溪祠

涉江陟崇丘盥洗抱隆思仰止濂溪翁閟宮肅清祀迢迢艾子邦簿領揚芬地圖書揭中天洞啓千古秘絶響振希聲微言開叔世藐余生也晚瞻佇重延跂歲晏懼荒迷迴飆增感喟躡玆庭草芳氷兢恐自棄

登覽翠亭

晨登旌陽麓肅展濂溪庭緬懷遡遺躅騁武遵危亭崖寔遮奇狀葱蒨環來青仰盻浮雲飛俯視川

光晶尋源杳難見庭皋披餘馨跡躅發遐想慷慨
激衷情但恐愧往哲羲和逝無停晨禽混和光屈
子揚獨醒道情隨所適未敢憂沉冥

人瑞翁詩集卷之二終

人瑞翁詩集卷之三

閩中百二歲翁旗峯林春澤德敷譔

戶部右侍郎男應亮編

邑後學林文卿王湛校

五言古詩

春日出郭

行行東郭門，恊風盪晴曙。流觀騁覊孤，靜想悦情愫。窮陰淛夕濳，浮陽詰朝煦。叢條動初苞，文禽哢委羽。玄化默旋移，形運莽回互。徃懷與時俱，來慮却長顧。明德懼沉淪，風期夙欽慕。抱璞徒卞哀，操

絃萁鍾遇徘徊聊寫襟陽春藹遲暮

山行

山行遞盤迴崖側隱幽逕日暮春氣柔雲窅谷聲應叢蘿搖輕烟澄潭炯光瑩迢迢吳楚墟峰巒互掩映雖云遠行邁猶足寄清興所嗟形役塲流光不可競神理信難名貞元根所性欽此聖哲心獨與天壤竝

別陶醒老

景物暢朱和繁條耀陽晷念爾方外交皷枻下修水修水淼以縈湯湯注彭蠡憶陟雙鍾崖薄言采

桐予抗志雲霞端婉孌諧知己夙契良有因遐陬嗣延軌徽言滌靈襟寫悰析玄理華池潄瓊漿陽烏升海底感此塵莽中豁然爲予起玄圃蒼崖巔言接廣成子

豫章行

汎舟渡彭蠡遵路洪崖津朱光喣炎暑形役多苦辛撫心良不愜仰懷古之人梅生就小尉邈然雲霞身翩翩徐孺子高榻不受塵清風激寰宇流灑西江濱因之增慷慨朱絃鳴鬱湮

送張順齋入覲三首

文江鬖桂棹寒淥颺天風天風清且迅聲入蓬萊

宮澥海無佩犢潁川鳳來雝遥遥叔世下邈然稱

文翁虞廷式敷奏去矣念匪躬

匪躬念勤渠虔吉夙痌瘝寒谷呴春温三稔勞窹

寐㡯傀挽態幨眷爾棠陰庇去期不可留歸期那

可遲霄漢揚休光矯首重延跂

延跂如柰何私心戚如搗閱紀欵弟兄睽違何草

草曰余遘沉迷窋光照襟抱伯樂不相遭飛黄辱

泥阜顉躡凌風蹤努力馳清道

出東新溪上

更道坐拘攣暫息覺恬曠出郭臨清渠遵流濟輕舫懸崖激奔湍激石促文浪迴巒隨睫移玄穹灑襟蕩我本麋鹿群性適任疎放剡茲彌堪輿邑想俱幻妄何當一振衣千仞崇岡上

龍泉公宇

遠征費登頓曠懷舒屏營廻谿分楚碧層嶠來粵青梧檟翳千章畬畬散四坰值茲陽景煦暫緣俗駕停端居輟簿領展玩流階庭神理愜心悟盈嗟梗與萍

送蔣菊巖之賓州二首

廻飈動川渚將子城之隅日南渺萬里慽慽晨長徂兹山無猛虎楚謌懽以歓肙不廣終恵賢勞獨馳驅不見銅柱標穹然照寰區

念我忽不樂感念增拊膺昔聚秋節老今别仍商清昔聚多歡愛今别思俜伶浮沉竟難述去住重嬰情行哉蓀嘉祉延佇來音聲

宿淘金驛望陳子虛不至二首

江亭今夜宿不見郢中吟蘼蕪滿江緑秋浦暮雲沉商絃忽自奏誰憐山水音起坐望牛斗悠然傷我心

零落楚江客夜宿楚江邊所歡遲不至嘆息空凄
然千秋尋大雅至音誰與宣商飈起林末獨誦瑤
華篇

尹任之劉君亮出山相追信宿而别

青陽煦晨景黄鳥集南枝喬蟲兹求友聲宛轉交相
怡伊余寡偶世偃蹇多支離所懽有同調異轍而
合脾感子遵道軌端行良靡夷游神孔曾轍皎皎
不可緇伯牙奏希聲余亦慕子期春山邁遥遥百
里行相追萬壑混源泚千崖爭媚滋陽光溢流眄
神理愜心知空山語信宿繾綣難爲辭頽言崇令

德行勿復疑

金溪觀金馬潭灶水源自出羽士居之時暮遊秉燭

金馬出溪潭眞源隱臺觀百怪集龍宫夜光映霄漢仙樂從天來鹿車繞山畔何妨秉燭遊蓬壺結侶伴

詠鶴

客從遠方來遺我一縞鶴置之芳臺前矯矯青田魄羽毛雖闌珊風格自超逴圓吭仰赤霄清聲邈寥廓抗翅與微風有淬雲來薄平生萬里心知汝不受縛無乃蒙譴尤樊籠暫縻絡鵾鵬豈不俯垂

天俟羊角鳳兮德之衰四海亦飄泊為汝養修翎
兎猶翔廣莫

詠琴

昔我陟東華憇息嘉樹林欻逢羽衣叟縞帶瑆華
簪云從羨門子來自崑崙陰殷勤相促膝贈我緑
綺琴下盤龜紋縠上結牛毛森揮絃聊以奏颯然
太古音雙清動寥泬行雲停遠岑長揖謝羽叟報
以瓊瑶琛携歸重愛惜清夜霜鐘吟眷我幽鬱懷
豁然開素襟

松風圖

吾慕陶弘景守雌山之中遺榮軼宰相抗志遊羲
農天風拂松枝太音下崆峒翛翛釣天樂宜衆不
可窮頹然卧其下枕石搖絲桐風聲静入耳神君
與之通北里雜笙竽五陵喧歌鍾繁聲豈不媚覆
轍尋追蹤山中有真樂求言諧無終

養素軒

昔人悲素絲素絲易變移蒼黄幻藻繪綺繡媚華
滋自非抱真朴疇能涅不緇睠彼新安逸邈然山
水姿矯首事園綺抗顔輕非夔清泉足自潔白谷
良守雌静言塵網内輪鞅多險巇素心頹自葆勿

使徠鶴疑

門有車馬客行贈楊邦任

門有車馬客，肅衣登秋堂。欵接承芳訊，委虵動容光。新知重如故，懽覯迭相忘。伊余負夙心，歲晚多謬荒。樗材棄郢匠，衰鳳謝楚狂。遂蒙勤眷念，肙以答相望。叔世競浮藻，逝時紛濫觴。明德未湮沒，真源自靈長。前言名教樂，想像遊虞唐。多竅苦日鑿，多岐泣忘羊。顧嗟同津軌，混沌歸翺翔。

歐陽六一

俁俁歐陽子，秀發瀧陵區。炳文振五季，凌厲當前驅。呂黎逈山斗。異代名與俱。皇皇嘉祐間。多士翔天衢。正雅歛華蔚。古轍循蔓蕪。典謨千載邈。令人長悵吁。

胡澹庵

宋轍悲南航。北風不可競。遺憤靖康年。淚下如泉迸。犢犯肆元兇。倒持太阿柄。壯哉澹庵氏。壁立過千仞。一疏抗危言。白日寒光映。遥遥新州行。幽馨起我敬。

文文山

文山百世豪。超駕龍鳳舞。大厦已垂傾。獨支心逾

苦胡塵昧南天腥膻屻原土厓海不旋鑾燕獄竟
囚虜柴市一從容卅心烜千古正氣凝兩間三光
動寰宇

羅一峰

南服有佳士矯矯龍頭驤挾策揚大庭吐詞動宸
光雅志輕干祿奮身植天綱一鳴遠見斥棄置無
諸荒歸來慕鄒魯藜藿亦翱翔迢迢金牛洞中有
荃蕙芳節彼一峰高秀色凌蒼蒼

百歲全節爲曾宗周大母郭賦

娜娜青蘿絲附生南澗松松枯節不朽蘿蔓縈窮

冬貞婦世厤艱百齡亦寡逢百齡保完節鐵石誓初終悠悠食蘗心可以明蒼穹

雲山書屋

楚山鬱嵳峩丹崖積飛瀑無乃神物蟠有滃雲來覆山中考槃人雲構守幽獨一卷庖羲書函之以素櫝旦暮雲與游端居展書讀神交太古前雲深蓀芳躅

西塘雜詩

碩人事考槃濯園頤素心雖有黼裳榮何如葱蒨深芳華繡錯畛列樹敷丹林老圃豈寂寞逍遥托

遺音一解　遺音思綿邈陽晷逝載馳迨此日未夕
西麓含媚姿委折裘羊逕市塵不可緇欵欵延三
益續歌白雲詞二解　白雲飛央央廻影汎波瀾臨
淵俯踟蹰遡罙展流翫罙止停雲游淵沚潄石璨
逝者乃如斯川上感三嘆三解　三嘆仍徘徊素月
出東壁皦皦濯芳池漣漪晶含碧夜氣冽以清上
下寒相射神理誰與言且其心于玄宅四解　玄宅良
自守美人事潔脩剪彼層臺蕪蒔此猗蘭幽馨條
揚素英清馥隨風流采采自愛惜無令傷凜秋五
解　凜秋嗟履霜日夕天氣肅蜫華凋無餘森彼蕭

湘王詰朝雲雨深飄灑孳寔綠苛爾歲寒姿懷姝媚幽獨六解

吟風弄月臺程大中為南安司理遣二程從遊周濂溪今府治建臺扁云

南庾有崇臺巍然表荒陬員儀布風月遐躅耿前脩濂洛冥契餘光霽哹以遊豁然百世心上以揖尼丘蹇余夙迷落塵滓抱隱憂行邁慰佗疆陟止瞻臺周睠茲風月夕展側心悠悠

蒼梧行

我行蒼梧野湘水逝以東湘水東赴海蒼梧窅玄穹重華世縣邈慨想虞廷風紫鳳協韶舞揖讓忘

時雍南巡胡徂脩四海吾爲公蒼梧暮雲藹九疑眩悶宫猶遺湘竹淚遠意無時終

李東渠中丞一壺亭東渠謫戍南粤搆亭郭外曰一壺時遊覽焉

出自郭北門脩渚翳嘉林白茅夾青篠甕牖交縈陰中有聃翁裔潛元寄陸沉良晨展芳訊陽晷愜幽尋盎盎壺中春眷余披素襟促膝聽微論撫絃動哀音伊昔莅西陲羌戎遁霜鐔白日忽遺照棄置南海濤棄置勿復道履坦君子心居夷孔靡陋蒙難文所欽緬惟聖哲軌悠悠無古今

首春登昇眞岡

青陽發東軌朱𦏁燦嘉林出聆西崇岡悠然豁我
心涉江梯崖寥叢蕞條翳繁陰雲嘌古臺蕪巇吁悵
幽尋茂名遯世叟遐跡邈以沉飛昇竟何處石船
巇彼濤而我遊玄漠晨景逝駸駸越鳥有修翮南
枝嗟滯淫

題星巖歸詠卷

南有考槃者少嬰丘壑心朝騫珠海湄夕甜頂湖
陰下聆端水隩懸象昭艮岑斗魁錯列峙摇光動
巇嶔中有太古洞窈窕雲霞深舊懽覯遐晤爽致
愜幽尋諧茲靜者樂眞想初在襟不見五陵豪車

衮葳禍浧伊誰稱八達麴蘖哀酣沉頽結風雩者

瑶瑟嗣希音

送張犀浦方伯之滇二首

翩翩鴻與燕朔南無常游物性靡有適時化迭邁

流緬昔奉光儀馳景二十秋毌翎仰騫翮雲泥異

沉浮何意圖南表俯睫藩籬周霽景被南粤餘波

濫閩州婉戀㝍華折日南天阻脩悠悠歲暮心曷

以慰我憂

岀水漂春波晴暉麗芳芷逮此春華敷采采遺君

子君子何所之昆明在萬里紫徽周躔象遐光徹

蒙氾盛年崇令名台階不踰咫四岳登虞廷黃輿
還至理行矣竚風期永言禄嘉祉

贈林覺非

丈人遵海濱頹齡抱區區美芹夙在念餘光藉桑
榆遠征事燕薊謁　帝承明廬昌言一抗疏希聲
振天衢但得裨名教吾何愛髮膚魯連不受賞穎
作山澤癯歸來從黃綺紫芝歌以娛

遊歸宗巖

乘雲陟崇嶠戀此巖壑姿丹梯駕懸瀑青林梟蘿
絲石門側容武谷氣噓凉颸岩㝵互意態偃仰各

效奇高者龍鳳翔下者犀象馳窮搜縱軒舉高嘯
凌嶔巇天屏沁玄露一勺滌煩脾乃知塵溷閒咄
唶良可悲靈源本無垢至人多形遺吾將會玄漠
泰清以爲期

茅山棲霞菴

大化噓至清流霞注丹液暘谷媚靈光精華濃欲
滴矧茲神仙窟直氣上相直中有茅君徒潛元寄
遐遯凌晨潄陽津華渚鍊玄汁冥摟茁靈芽從茲
可不粒神仙亦遺形蟬蛻塵寰跡看爾從三茆峰
頭生羽翼

陽桃川席上

女蘿有深蔓鬱鬱含冬滋今晨高堂上春日方載遲遊子意戀戀慈母懷依依矧茲受天眷餘景有遐期鸞韋麗温藻燕賀流新詞奉觴曷不樂盤盤娱以嬉上以報　明主明明萬壽基

贈周受菴

海若蕩四窮淵泓不自溢百川委而東容納淼無迹云何秋水瀰詡詡誇河伯所以君子心至虚以爲宅大受本中虚戒盈良多益眷眷廣運中霆飈起纖積萬有潜希聲心齋澹無射聰言永懷姝德

音崇淵莫

西疇贈張大行乃翁

膴膴平疇川望望禾黍阡翳翳芋芡屯依依榆柳煙索居避輪鞅畢志在園田墟曲數來往相見道豐年豈乏濟時畧質任良自然萬鳥熟樊林遊魚趣深淵委順以乘化日夕高枕眠所願既易足而況阿子賢青雲有付托儀羽巳修騫悠悠西疇上清風今晏然

壽劉太宜人

協風暢晴昊萬有揚光熙詰旦辰望舒暮春淑景

遲天庭渙綸藻容臺昭羽儀皇覽揆初辰綵帨光
陸離迓兹鸞章賁眷爾烏鳥私慈顔悦遲暮念昔
罹艱危遺直卅投竄苦心從孤嫠倚門懷戀戀態
九長夜思今晨被寵耀曷以不樂爲勗哉忠與孝
求怡黄髮期

贈王錦衣

玄蟬吸露華皜兎茹月輝鴟鳶亦云鷙腐鼠卅自
肥清濁各有適智愚亦殊歸王叟執金吾朱輪耀
錦衣昔年王水部抗節干　皇威錦衣仗鉞行虎
口脱幾危忠信我所將千金爾胡爲千金抵一芥

忠信盬可虧清風薄寰宇百祀看巍巍

袁拙叟

松以明自爇鳥以慧自籠翹翹駢機者伊疇能令終守雌寶聃訓如愚契聖衷至人豈不神黯然居其掌袁叟亦拙者下憫末世風潛身不自衒詎識非其工吁嗟太樸散吾將誰適從風清天下拙矯首濂溪翁

王司徒夫人何氏挽詞

周南世已遠采蘋風斯遺中菁秀貞淑蘭畹生金芝司徒昔絕絃鸞膠續冰絲朱顏理清曲鼓琴忻

唱隨王事有行役朔南愼驅馳但令裨社稷苦辛焉敢辭烝嘗求追慕菽水井如飴膝前長兒女食指周寒饑妾自守糟糠願君爲臯夔仙娥本天質壓魄難久㝽願托素月輝求照君襟期

出守程番别金陵同志

自哂丘樊姿忝竊冠裳列踈頑中遘謏遠道驚躄躃嶺海蒙煙塵星霜倐更迭荷　恩賜環來得騁舊京轍清都流大觀良朋雅脩潔聊以息煩憂詎忍復乖别萬里下夷荒一麾慙薄劣豈爲擇地謀眷此臨岐切去去任吾生無令中腸熱

貴陽公移來促就道

倦翮趨舊林潛鱗戀故淵駕言還我里愛此敝廬便聽松摵石榻觀稼行山田鳥雀喧晨曙雞豚歸夕煙自春已徂暑混俗俱忘年吏從遠方來長跪堦庭前忽致臺府檄始覺纓組纒微官不速化晚歲仍遠遷牂牁荒徼外畏途道里徧中夜獨嘆息虛薄生憂煎沙漠不屈武西域亦勞騫伊彼何人斯受命無遠愆勗哉以礪鈍秉節當自堅

建昌喜雨贈王石梁使君

客行南豐道憂心惄如擣火雲熾炎曦黃埃漫枯

草不雨已三旬旁湟走村老暮抵盱江津倚樓豁
懷抱疾風自東來迅雷動穹昊飛雨如翻河欻然
起枯槁乃知王使君夜懇桑林禱詰旦走相携開
樽爲傾倒十載費勤劬夙心慕藴藻今晨復遠征
相逢恨不早贈子江蘭紉求結以爲好

尹少叅念祖堂

猗蘭托靈根蟠秀湘川濵靈根渥以培芬華播清
馥緬昔貽孫謀君子遺有穀眷兹振徽音無忝乃
祖服紫徽奠遐荒餘輝耿旁燭引領故山陬青葱
蔭松竹古堂結雲深遺經昔所讀阿翁手澤存苦

心良可掬堂以延幽馨心以長自勗頫言垂遠猷
斯堂求不辱

觀稼

仲夏日載長時雨亦既足農人藝四郊苦心淖泥
溽餉婦息檐陰牧兒戲犍犢沃壤泛膏泉露苗長
新緑我時行其野登高騁遠矚念此故蠻荒頗有
太古俗比屋事穮蓘芽荻存沕穆翠落千山濃影
倒一川渌寓目適休暇撫景豁心曲緬惟無逸懷
頫慶有年祝擊壤不聞歌遺音誰與續

貴陽貢院初夕

中金天淨寥廓晴光亘埏垓奎宿麗東辰風聲肅
流臺荒服濡化久詞場肇茲開明霞爛星象皎月
藜庭階鴻運丁清秋鶚薦收群才天祿臨太乙青
雲自天來今夕展良晤虛堂絶纖埃秉心觀人文
漢高昭回

野田黃雀行

悠野田禾黍熟黃雀鳴啁啁農人銍禾黍婦子嘻
馱悠歲時力作苦今晨逢有秋東人聚囷廩西鄰
醪馬牛賴彼蒼穹仁雨暘無愆尤蒸豚報田祖村
山招我儔上無猛虎窟下無毒虵湫輸租入城府

行何所憂

山行

山行多險巇，執轡愼驅馳。七盤駭峻坂，九折防崩坻。嗟此駑馬姿，側足望脩逵。局步不可展，迍邅復臨危。蛟螭噴毒霧，魍魎潛相窺。雖秉忠信心，蹇脩誰爲辭。履險知自戒，遭蹶知自持。暘烏日已逝，末路安可期。已矣勿復道，振衣歸武夷。

謝言者

高才多取忌，要津多罹憂。薄劣守遐方，曷爲人所尤。平生負轗軻，懷古思匹儔。一從入番郡，身輕瘴

厲遊何敢自鄙夷興居祟職脩秉心茍不一恐貽千古羞巧女競爭妍獨退反爲仇人言良足謝美疢眞吾謀樊籠今已脫高鳥橫清秋

錦溪新營樂丘成自題壙

旗山鬱盤盤前峰結瑤島仰攀仙厓榜俯漾錦川藻伊昔樂斯丘於茲愜懐抱久爲爵禄縻致身笑不早用拙莫予竒乃今歛吾道回首登故山日夕恣傾倒我生非松喬那能求壽考豫作藏眞窩香雲護瑤草餘生倘茍延泉石澤枯槁樂天復奚疑乘化以終老

題内子壙

念昔諧伉儷偕老以爲期撫景一何駛行年俱逾耆既服糟糠辛頗緣琴瑟宜恭承褒封貴復有郎署兒雖匪多福駢每懲非望思胥宇既有托同穴亦奚疑桑榆未逮暮兹山良足怡牛眠春草濕聊以俟齊眉

送沈二槐郡伯奏績之京

條風發東極青陽聿昭回星軺奏明績結駟登燕臺我閩藉穹覆鳳鳥隨候來一鳴翙津嶠再鳴越山隈棠陰蔽兩地膏雨分雙槐昔者聞借寇邑子

歡轟雷今聞欲徵黄惻惻群心摧嗟余山澤癯何以喻中懷感舊仍念今謁祖徒徘徊引領中夜星南躔鄰上台虞廷如陟岳流渥當無涯

贈林榕江赴　召

方舟遡洪渚晨風動遠裝璽書下起廢林壑生輝光養高跡久晦抱璞聲彌彰玄豹隱深霧毛澤煥其章孤鶴唳廣野聲聞于彼蒼神物不久鬱吾道豈終藏矧爾世臣胄風期重巖廊司馬乃祖服司空有義方聽履未絶響趨庭不遑將緬昔偕子出聯鑣含署香中逵忽乖阻雲泥杳相望吾衰守寂

寞別爾復徬徨努力崇令德著勳于旂常

石竹精舍贈劉憲副

節彼娥仙岡嶙岏屹千古雲根流蜿蜒盤鬱清溪滸叢篆益春温濃烟浥蒼雨逹人昔幽棲潔脩淨環堵擊石振遐音洗竹導芳矩履貞久不渝秉節誓自許我昔澄江遊顒瞻慕結侶跂足限風塵輸心悵乖阻君茲已登臺風聲播寰宇淇澳儀衛侯嵩高式山甫毋靦山靈顔德音良自努

題義溪陳肅之拙居卷

泉以井自竭膏以明自煎圓竅日一鑿駢機多罹

慫我愛拙居子少小悟眞詮不競紈綺習夙慕溪山緣清齋自養素高視太古前雲霞隱素姿墳典探其玄豈無鞶帨餙媚世以爭妍至道無別技至人無支言回愚與參魯洞見洙泗淵潛元入渾沌將以完吾天

貽董東逵山人蚪杖

紫檀老霜糵植根自玄圃羨門取瓊枝投我清溪滸一夜風雷聲化作神蚪股阿翁侵晨興驚看手親拄扶衰二十春出入健傴僂昨遇壺關老仙風動眉宇贈以神蚪枝欵欵如輕舉我秉太乙藜招

携結儔侶歲暮陟松崖夕陽遲花𨾏羨門會相逢雲霞共酬舞

雲水僧送龍頭杖作此紀謝

葛坡緑玉杖已化蒼髯龍暈霍手中物宛然雲外蹤感爾出塵鞅惠我扶衰容鱗角欲飛動風濤疑奔衝百錢諒可掛五嶽能相從阿翁不知老携此揖喬松

人瑞翁詩集卷之三終

人瑞翁詩集

四之六

人瑞翁詩集卷之四

閩中百二歲翁旗峯林春澤德敷譔

戸部右侍郎男應亮編

邑後學林文卿王湛校

七言古詩

客爲予言有從事釋冤獄數百作此奇之

君不見漢庭陰騭有于公，悠悠千載留遺風。蒼鷹乳虎爭擊噬，東郭韓盧竟雙斃。栢臺從事廉且明，稱冤數百俱回生。臺傍春風吹拍拍，臺上雪霜頓融釋。請君從此大門閭，異日堪容駟馬車。

聊城禦寇

百年海内謌太平潢池赤子誰弄兵白日豺虎嘯縱横敢撑螳臂侵聊城城門晝掩斷人行吳航老子官位輕揚眉殺氣雷轟鳴高談直與府君評運籌整旅宣天聲兇徒宵遁無留營妖氛迅掃天日清世間武弁談豪英高牙大纛誇身榮一朝聞寇落膽驚請問此老官何名

重九前一日過鄭少谷草堂相携登于山

龍山風流逈千載此日抱病先登臺穿雲步出草堂外疊磴砣曲踏蒼苔小亭花磁淪清茗蕭疎拂

樹西風來坐聽少谷語奇崛神氣飛揚歷九垓武夷方嚴直咫尺更渡弱水游蓬萊羲輪迴馭燕山頂片雲未散令心哀願携少谷向陽谷扶桑枝頭掃氛埃明朝細把茱萸看健懷已對酒中開

早稻行

南閩六月早稻熟滃滃黃雲覆平陸老農冒暑走腰鎌灑汗沾泥苦炎燠日暮妻孥載稻歸官租私債併催足只今一日無飽餐豈待五月糶新穀高門老吏横索錢誰知此翁食不足何當未死見伊耆擊壤由由歌鼓腹

春雪

玄陰鬱積何太深仲春氣候仍蕭森連朝苦雨凍復結漫空飛雪寒逾侵豐年之瑞且未見窮簷破屋何能禁只疑太皞不得令玄冥過爾爲滯淫孤征客子走萬里欲走未能憂傷心薊門天遠鴻鴈沒側身北望淚沾襟

竹崖

瀟湘春雨龍孫蟄撐秀丹崖森截岌薄烟噴霧飛翠濕暈漲空中濃欲泣崖下茅茨隱修眞沉瀣淋漓可不粒醉來擊筑歌紫芝萬壑風清天籟集曾

須長揖王子喬飄然千仞之間立

雪夜吟

城頭夜柝不停擊窻外寒光揺白日五更童子啓柴扉階下雪深已三尺客子僵卧眠未安布被多年不禦寒呼童掃雪烹山茗起來澣嗽澆肺肝肺肝焦枯愁思遠西望美人去不返美人何為天之涯關山寂寞歳將晚

六里屯行

策馬上東門行行六里屯松栢連阡庇立壟幡幢耀日羅祇園㕘碑浪揭生前事華屋宜棲死後魂

問是誰家蒙莖地當年聲氣揚天閶天閶高聲氣豪古來惟有一死無人逃當年烜赫今何在野風日夜吹藜蒿君不見嬴秦虎狼橫四海趙高一竪傾胡亥不知白刃入齋宫頃刻肌膚成俎醢君不見東京中人欻群起自把門生戲天子黨獄株連炎火熾袁曹一麾磔腐鼠邇來揚塵東海邊陵谷市朝多變遷刀錮南山猶有隙何須石槨爲三年玉魚金盌不終秘可憐白骨黄沙田郊原寂寞日色曛惟有白楊含莫烟

石川歌

巨靈擘破蒼崖壁，萬頃玻璃瀉寒碧。澄空潭影清人心，滿地嵐光濃欲滴。新安隱翁事清修，漱泉挑石多春秋。翁老乘雲上天去，晴川白日尚悠悠。石川主人孺子慕，拂石臨川悟真趣。只今海内多風塵，看君洗耳供遲暮。

竹齋

吳生清標不入俗，早結茅齋種青竹。春深風雨蟄龍孫，滿地蕭森簇寒玉。晴窗素月朗扶踈，凉飈拂拂時與俱。開窗露坐天宇濶，灑然身在清氷壺。黄陵廟前雲雨黑，瀟湘江上波濤白。歲莫不覩鳳凰儀，今寂山齋見物色。

題林汝桓督儲畫障歌

次峯堂上畫屏擁，刻曲藤膚光彩動。畫師拂素洒丹青，滄海分明來禹貢。次峯憂國心忞忞，畫師意態良有神。南出江淮北燕趙，稻粱轉輸多苦辛。千艘萬艘雲滃集，矗矗帆檣森列戟。潞津沙渚揚飛塵，轆轤輓引來絡繹。大車蕭蕭馬鳴，小車費人力。登之庾廩疲供億，司農會計番稽帷。漕官倉史走趍役，從來稼穡皆勤勞。太倉一粒民脂膏，萬里江山入咫尺。披圖覽畢吾心忉，只今辯食不可去，但見

鳴鶪黠鼠白日穿梁廡窮荒下邑多餓死何年一撲鶪鼠空坐令四海回春風

出城憇觀音寺

蔟蔟古道出平野菩提何代開蘭若早春出郭正冲融息馬入門得瀟灑相迎拄杖老浮屠自言家世南山居身是浮雲不住相從來回向心地初香風搖落庭枝影童子瀹茶汲春井蒲團深坐聽談空頗覺塵襟豁深省我知踈曠宜山林跼促樊籠非素心翠旗山前海月白靈源洞口烟蘿深君不見香鑪舊社白蓮開未負淵明歸去來

觀射

城南苑中春色緑主人邀客浮醽醁花間錦幛嘶紫騮堤上華標設棲鵠黄金臺下王將軍長身壯膽干青雲笑談運肘引神臂氣如食牛不可羣潞陽驄馬白面郎亦能左挽五石強從容並耦兩山立控弦輒發人堵牆一發俱穿虎豹侯再發再中侯之央鼓聲逢逢振大麓日色爛爍回精光乃知驄馬文武客當道豺狼避顔色將軍將子亦能文射策金門曾第一穿楊之手舊所聞以兹角勝眞相敵我生孱弱雖力彔桒蓬之志苦未酬見爾精

神覺飛動恍惚若在蒼旻遊援弓挾矢亦蹭蹈[illegible]
虞狸首遥相求中原未得髙枕卧只今邊壁亦多
故二人致力終無負吾聞兹藝德之輔從此來觀
矍相圃

榿野篇爲祝員外賦

榿野子居岷峨之間岷峨山蟠幾千里劍門月峽
扼九關蠶叢最開國遂封壤中有沃野雲彌漫遺此
靈根種種之青泥盤遂令蜀土擅此榿木名蒼雲
翠幄華滋蕃但見林霏野色遠意不可極浮嵐濕
翠噴薄蒼旻寒吾聞兹木地所敏三年合抱蔥蘢

擁小枝足薪樵大枝足梁棟樮楠梧梓名爭重榿
野子種榿于野今何許衡茅一室誦羲文風月四
時作賓主搴荔上高原擷蘭下芳渚與流滉漾百
花潭氣豪髙壓三城戍邇者移根天帝庭十年巳
附明堂柱乃知世之傑人烟霞木石終不可以拘
兮淵珠崑璧會當有奇遇君不聞莘野耕雲一匹
夫阿衡翊戴商王謨又不聞綠野林中一草堂裴
公投老光中唐丈夫出處關天下古人所就非徒
者吁嗟乎千秋百祀復何如當聞嘖嘖語榿野

正月三日風霾

白晝黄沙飛終宵疾風作沙飛漲天濕如雨風作
呼號翻海濁長安十步不見人破屋夜卧欲摧落
歲陽載動春事徵何意乃有風霾惡玄冥無亦過
其曆積陰不散東風弱長安客子抱病愁旅魂躑
躅苦飄泊君不見周王感悟風雷驚商家桑穀還
中興風霾一掃卿雲生

長安甲第行

長安甲第高連雲東市西市争華紛朝横牙纛暮
歌舞僕厮一旦傾邦君眼前氣燄未十載桑田洶
湧成滄海珎貝如山入　帝宫肌膚頃刻爲葅醢

樓臺冷落庭院空高門畫閉生悲風生時千乘與萬騎死後不見應門童吁嗟金張勢未已又聞許史縱横起朝求東市第暮求西市宅一朝第宅更新主春燕飛來依舊壘嗚呼太行之路能摧車後車踵踵仍奔趨從古豪華竟爲崇五陵金谷皆丘墟五陵金谷皆丘墟長安甲第不可居

送戴將軍歸鎮東

王融海東山嵯峨將軍少年學丘軻今時將子能知文武人之中猶足多廼者　龍飛正宸極揭來走馬登　鑾坡殿前指麾親授閫海東坐鎮無揚

波君不見邉塵邇來未息戈　朝廷側席思廉頗腰間寶劒常淬磨

贈蕭畫師東遊

虎頭金粟影微滅僧繇摩詰皆塵土古來能事馳丹青意匠心神不多數蕭生抱藝江湖間揮灑飛飈力追古往者　先帝宸遊時行宫召見登樓檜承　恩詔賜大官食拂素揮毫雲鳥舞邇來燕市走紅塵冥心長在水雲滸水雲變態天機存漫說良工心獨苦

居庸歌贈張心齋侍御

居庸城堞摩青穹關門跨峙虎豹椎千崖蕭蕭響
戍柝萬木慘慘回悲風上谷雲中出三輔北門鎖
鑰金湯固飛巒峭壁蒼翠寒迅湍驚濤雷霆怒憶
余昔度關頭雲邊烽初息無妖氛兒童走卒手加
額爲說潞陽張使君徃者　先帝事西巡翠華晨
渡榆河津六軍腰横白羽箭八駿身被金龍鱗駕
言遥遥向西指使君閉關不肯啓赤心獨把逆鱗
批勁氣直作神羊觗群小口噤不敢言乃挽六轡
回東轅使君六月霜風冷即今凛凛横關門君不
見朝廷有道單于欵土木之監猶未遠穆王馬跡

窮崑崙千載祈招徒懇懇嗚呼張公之力能回天
况當攬轡澄九埏吾將望爾於泰華之山巔

呂梁行為郭淺齋水部賦

玄圭錫帝開神功呂梁懸注河為東淜騰氣愁神鬼色噴薄力動黿鼉宮乾坤之中此奇壯鯨濤千古相摩盪徐淮簸蕩咫尺間日月黯黮空濛上邇來天地呈河清水部况有林宗名馮夷受命走擊鼓河伯俯首來吹笙三年不但舟航喜比屋猶知俎豆美數椽飛構碧山阿六藉雲聚青衿子此鄉會是一荒墟只今歘化文儒都道源春含洙泗脉

奎光夜照驪龍珠君不見吕梁之水日夜流吕梁書院留滄洲水部之名應不休

藕塘行

王塘滙注天滇水浴水芙渠淨漣泚芙渠之根含太始霜肌冷脆伏泥滓云是太華峯頭玉井裏奇種移來歷多紀茁芽秉陽擢脩莖卷葉揚暉擎翠韡奇葩絢日耀丹榮皎如龍燭騰光起凉飈爽颯凝玄陰便歛眞元歸根柢葉華榮悴良有時此根自蘊生生理乃知芙渠之根原是造化樞塘上主人意氣與之俱年來厭入聲利途堰塘種藕聊自

娱豪華波蕩枉馳驅安身立命還逐吾初濂溪周夫子愛蓮原不迂溪頭落日滿庭蕪秖今誰是濂溪徒藕塘爲爾重躊躇

東濵歌

扶桑浴日天之東萬流淜湃咸朝宗望洋淼漫不可測但見喧濤日夜聲琤琮馮夷擊鼓海若出風霆烟爍奔蛟龍有時風恬波静日彩麗上下一碧光溶溶東濵老子氣亦雄玻瓈萬頃羅其胷晦明變幻已飽歷冷熱世故心何容云將一葦航而東蓬萊方壺或可逢琳宫貝闕千萬重會當高揖羡

門翁浮游元氣於鴻濛

臥冢亭 方崇陵歸養乃弟築亭居之

蟠姑蔑兮崇崗孕靈秀兮神全煥彌文兮耿光登秋臺兮翱翔肅簡命兮行湖湘奮擊觸兮走豺狼胡倦遊兮歸故鄉聽吹篪兮築山堂洗耳兮泉琅擷翠兮山蒼嗟汝欲晦兮聲彌彰恐兹亭兮未穩藏

渡淮

長河五月南風健挂帆欻出淮陰甸暮雲隱隱翠陂陀爲指下邳天外見關河枕帶遥相連緬想英

雄殊可憐王孫漂母古城下老人孺子圯橋遳睽
下之辱何足耻慱浪空椎志未已一朝崛起乘風
雲蹙處項滅秦拮麾裹漢家赫赫張韓名功成自古
難持盈飄然高揖赤松去悲爾沉寃走狗烹往事
浮沉已陳迹悵望千秋三嘆息推蓬起坐月明中
萬里波光照顔色

田家行

五月南風大麥黄淮泗諸村生事忙老翁哺孫婦
走餉日晡總桔紛登場前年黄河洪水漲室廬滂
沒死未塟今歲聊醫眼下瘡月明對客携新釀

送高南波節推廣州寄懷張菊坡

驌驦飛塵走燕市，揭来再見南波子。霞城一別十五秋，憶携菊坡北山裏。清商對爾拂朱絃，澗濤忽落風松嶺。襟袖飄飄谿滇渤，麗藻烱烱飛雲煙。只今恍然似一夢，奔走風塵笑頳洞。漢署嗟予齒髮衰，金閨羨爾聲華重。爾今仗節五羊城，臯謨懔懔哀矜情。經術萬卷正須用，法律三尺候誰平。君不聞于公高門容駟馬，蒼鷹乳虎何爲者。踟躕白鴈秋風前，感激黃金古臺下。相逢豈忍復相違，問君赤霄何當歸。明光側席待賢俊，故人遲爾生光輝。

人生聚散亦何有胡不停車飲我酒南還若見菊坡翁為問短笻今健不

遠別離

遠別離今晨豫章行長安不可留燕昭古臺夊蕪沒春草萋菲風颼颼黄金不復見駿骨無人收鄒衍撫膺霜早隕漸離擊筑天為愁我生不得逢姚姒獨抱區區將安濟猰貐當道以磨牙鳳麟矯首而深逝白日曖曖吾心憂閶闔九重竟深閉惻惻抱關去聊向豫章行匡廬五老攢峰入霄漢康郎彭蠡淜湃狂濤鳴吾欲登高騁遠兮豁心目清泉

白石將以滌鬱鬱之餘情偉哉展禽子小官不自卑陶令未歸去折腰且莫辭遠別離何爲悲丈夫轗軻須明夷君不見豐城兩龍劒神物復合還有期

汶上晚眺

汶水湯湯下齊魯晚風眺望河之滸中天獨有尼丘山管晏培塿不堪數家臣何足置髙賢費宰視之若腐鼠只今汶上髙風吹吹下層空掃塵土狂夫落魄泣迷津側足停謌淚如雨蒿荻叢深鉅野湖星河影動牽牛渚泰山咫尺梁父平更上日觀

峯頭望寰宇

別馮東沂渡彭蠡湖有作

巖頭扣罷雙石鐘餘音遠振雲間松長揖故人下彭蠡北風高挂南飛篷青山陂陁露鼇背白浪噴薄愁雲容飄然中流縱一葦颯如風雨奔蛟龍長安逐臣正憔悴興來向此情尤濃揚瀾左蠡相激蕩大孤小孤當其衝沅湘下注九江水星緯高臨五老峯銀河瀉下一瀑布香鑪紫霧飛蒙茸太空逍遥送遠目八極渀瀁羅吾胷蜉蝣已在氛埃表江湖豈惜流萍蹤袖中莫邪忽吼動斗間燗見光

芒鋒

贈支醫士

種杏仙家渺何許天上白榆森可數岐黃眞意乂
支離蔦許丹砂亦泥土伊余抱病投荒城秋風搖
落旅魂驚新荷烟火不堪植脫屣鯢桓非世情支
生老去肱三折肘後仙方已參徹何當滿酌流霞
津漱我迴賜百憂結

哭妹

去年别汝出門日憐汝多難憂徬徨今年荒城聞
汝計值我遠謫心悲傷高堂永感同胞盡秋風慟

哭摧肝腸

十月望夜小堂散步

寒空輾月流素光落葉閉門驚早霜南遷客子滯一方步蟾惻惻巡迴廊西風欻作北風凉城上啼烏亦徬徨青山遶屋非故鄉舊巢長安畫省堂香鑪伏枕遥相望可憐衣冠罹禍殃灑淚盈把心内傷十年皮骨空奔忙時艱性拙悲欲狂仰看星宿多揺光太白忽在南斗央晦時避地聊猶徉

歲暮行三首

歲云暮兮駒隙馳寥天慘淡兮同雲悲閒幽谷兮

棲甲枝傷抱璞兮莫我知苦蘖食兮心煩思嗟我
有生兮胡支離望知音兮子期
歲云暮兮群芳摧空山峭僻兮猿鳥哀叢桂委兮
漫蒿萊望不見兮黄金臺感良辰兮驚逝頹嗟我
獨處兮心徘徊顧美人兮終懷
歲云暮兮玄運幽雪霰交墜兮風颼飀感凋敝兮
鷫鸘裘望故鄉兮碧山丘鴻鱗杳兮道阻脩嗟我
未歸兮心懷憂返初服兮何求
黄龍回途宿兜率寺觀牛竹坡壁間禪偈賦
此續題

洞賓巳去超惠老黃龍野蒿蔓瑶草閣黎嶺上雲渺漫何人更識尋真道仙家神物不可留源泉豈復藏吴鈎誰道白牛竟多力乃爾得之經千秋嗟余轗軻欲何往一粒眞丹愧未養昨歸黃龍兜率眠恍惚似覺菩提長古今賢豪玩世情往往有托逃其名君不見張良亦從赤松子遠公曾結陶淵明

脩江秋意送楊州幕

黃龍山盤紫雲裏山下轟泉六百里淵騰飛雪注江潭艾子城邊淨漣沘楚天昨夜生凉颷吹入江

樓暑氣消犀津渡頭月色淡旌陽峯頂劍光搖扁舟挂帆下江渚蓮幕飄飄渺何許南遊吳甸謁司徒北上燕臺覲　明主桑蓬豈止徇功名民生國計誰爲倩不見昔人詞靡盬騑騑駟牡勞宵征嗟予萍水相逢地舊是玉皇香案吏抱璞空懷卞子悲操絃會見鍾生意兩京車馬多豪賢鳴珂紫闥聲駢闐君去相逢如問訊夢魂還繞御鑪烟

滕王閣陪羅汝廷張濯之二郡伯蔡毅之節推聚宴漫歌

洪都城頭矗飛閣朱甍鳥革參寥廓上有雲旗日

馭之鵬飛下有鼉宮鮫舘之噴薄彭蠡波光搖綺疏匡廬翠霧沾帷幄我時泛棹洪崖津塵紛未得舒愁蟫只今詞場羅譚討招携遠騁怡心神張郎彥羅楚英吾鄉蔡子尤清真與爾十年海內舊弟兄豈是尋常萍水人嗟余獨轗軻飄轉江湖濱相逢一抵掌意氣俱嶙峋狂癖禰衡笑如昨知心鮑叔誰相親君不見詞人骨已朽帝子迹亦陳登高弔古空悲辛惟有庾公南樓興不淺范老岳陽憂未伸請君對酒聽我謌一闋清商激烈横秋旻

螺川逢黄子忠

碧螺山前天色晶江風颯颯江水明兀然依棹發
孤嘯忽爾扣舷聞欸聲十年故人一相見顏色風
塵感時變展席各敘今昔悲落日相看淚如霰昔
君風釆動中臺車輪輾向都亭埋两黜以來豈㠔
屼百折之後還崔嵬邅從何歸氣矯矯瘴烟漠漠
嶺之表肺肝元與鐵石盟豺狼尚避風霜曉余亦
被斥來江湖骯髒與世類相迂刖足猶懷楚山璧
鼓瑟不習齊門竽嗟余與君俱落魄把酒江頭慨
今昔直弦曲鉤安可論雲飛泥沉謾於邑君才豈
終淪艾蕭只今白日行青霄會須鳴劍一抵掌共

指扶桑銅柱標

元日陪周善卿夜談小酌醉中走筆作山人

勸酒歌

今晨何晨天氣新東風拂曙流蒼旻廬陵青山繞客舍相逢却似山中人君居東吴下我屋閩海濱海内十年舊弟兄邂逅奔走長安塵長安車塵笑倥偬從來矩步難爲用浮沉未足悲離合秖如夢山人送我酒且酌與君共從此同消萬古愁清風明月到處堪吟弄拉君鬚勸君飲新年今日迎舊年昨夜送與君對酌豈尋常莫負酕醄春滿甕平

生意氣亦飛颺羨君已是朝陽鳳孤燈照見霜雪
顏雙劍忽作雌雄動吁嗟臯夔龍見兮黄綺鴻冥
步兵空向窮途慟伊誰天壤名爭重

悟山行寄陳子虚

悟山子居斌崗之陽珠浦之上青嵐飛翠八百盤
夜光濯影三千丈上原峯荔下采茗獨立飄飄不
可伉秋鷹首整凌霄翰神駿挺立當天仗碧山野
人負骯髒王京謫來混塵鞅去年傾盖天華山形
骸謦欬即相忘今年鼓枻澄江津意氣留連益飛
宕大雅不作吾將衰清廟何人繼絶倡青眼高調

泣鬼神青山爲我色惆悵於乎眼中之人吾子望

真君山

玉臺積翠神仙苑昃岑蕭颯天風晚高閣飛臨華蓋寒晴川俯視黄圖遠埸來不見旌陽君小瓶瀦水滄瀛滿驚濤落澗松風長林端倏忽啼鵊千巖無人萬壑哀一身飄泊何當返塵緣老眼不湏猜仙賞寘心未應損武陵誰復問漁郎天台那得覓鎦阮玄圃滄洲望渺茫青霄白雲歸混沌放逐餘情苦未消獨立層巔懷偃蹇

送張晴川北征

南浦見晴川桃花春水緑長風挂席浮千艘餉輓
飄飄出吳越潯陽北望雲瀰漫起看萬里燕臺月
燕臺月照畫省堂我昔曾飄鷄舌香香鑪伏枕夢
魂杳李白狂歌遊夜郎因爾壯遊重自感臨岐慷
慨贈千將

浣溪行贈范師舜憲伯

吾聞蠶叢之區岷山屹立巉巇而蟠紆天標占奠
西南極坤維横絶奎婁墟中有靈源滃湧兮奔爲
長江幾萬里東入大海投尾閭岐流西遶錦城隅
洄洑瑩澈涵清虚何年神僧向此浣出百花圖遂

今繽紛絢彩遺跡留成都吾聞山澤本通氣光嶽
精粹亦相符岷江源流秀天地浣溪無乃靈之居
眞文自有會神僧胡爲乎浣溪子范大夫溪邊蔣
詡逕溪上孔明廬朝臨漱石夕翫游魚翺翔今古
天壤與俱意氣蕭灑出浮溘風標不入聲利途邇
來名動承明廬澄清波蕩流江湖江湖迢迢飲未
足有所思兮返初服秪今海内多焦枯渴者望爾
滿其腹嗚呼丈夫出處亦有時坎止流行毋自跼
浣溪清且泚可以洗君耳浣溪泚以清可以濯君
纓洗君耳兮靜自聽山中靈吹鈞天鳴霸圖王業

不足驚濯君纓兮君且行彈冠振衣逢休明虞廷簫韶賡太平要知在山泉亦清出山泉亦清江流東到海眞源長自澄噫吁嚱泐泥黄潦容易侵我欲源頭浣我心浣溪之水流何深眞源與爾遥相尋

北山歌贈龍光

北山之下山逶迤山有木兮木有枝繁陰年來被賡野衡門可以安棲遲君曾佐邑鳴絃歌河陽春暖落花多君饒出奇破吳楚亞夫幕下籌樽俎霸王之事何有哉北山移文不須猜淵明且醉東籬

杯

清狂歌贈郭詡

我昔西遊娍姥山山中松檜吼風寒言訪陶皮舊石室菉葹翳翳摧芝蘭夕陽下山發長嘯山前狂翁向我笑巾舄飄蕭鬢髮皤古顏不入流俗調狂翁由來清且狂傲睨一世遊羲黃興酣頓失天壤濶意到獨擅丹青場丹青淋漓走神魅天壤么麼一掉臂晴窓貌出山水姿散地歘起烟霞勢憶昨西昌出郭門狂翁適來攀我轅紛然邑子走塵市古風沕穆鶩猶存我本天華老逐客三載江潭行

偪側乃知仙隱自神奇猶向風塵能物色西風吹
我白莬裾欲尋初服還吾初相看便有蓬壺意任
翁毋乃陶皮之徒與

人瑞翁詩集卷之四終

人瑞翁詩集卷之五

閩中百二歲翁旗峯林春澤德敷譔

戶部右侍郎男應亮編

邑後學林文卿王湛校

七言古詩

九日西峰寺餞胡庸齋之南都視乃子職方用甫

青山俯平野，古松颯天風。祇園雲深矗飛閣，登臨宛在蒼茫中。况值清秋菊花節，東籬開遍黄金叢。廬陵文雅合賓從，長揖山塘庸老翁。庸翁商顏更

躩躒秋高獨挂文江蓬，文江飛蓬向何處，秣陵秀
色横烟樹。伯子玉堂第一仙，南領香風飄漢署。兩
都已重班生詞，千里長懸孺子慕。紫金山氣鬱岧
嶤，烱烱萊衣迎杖屨。天華逐客嗟滯遲，菊花照眼
驚三度。酌酒勸君聽我歌，山風吹散青霄霧。吾宗
司馬小泉公，寄言牢落江湖暮。

慈竹引爲呂明府壽母二首

中庭六琯浮初陽，香雲濃郁飄北堂。北堂慈竹含
晚芳，高枝噦噦鳴鳳凰。瑤池流觴泛紫霞，萊衣小
兒糴麟車。齊歌楚舞讙且譁，頮得壺宮日月遐。

河陽桃樹花滿枝春風早發含惠滋麻姑明粧鶴帔垂婺星燦燦光蕙帷琎池流觴泛紫霞萊衣小兒耀麟車齊歌楚舞讙且譁願得壼宫日月遐

送羅邦懷之京

涉江洲兮春草芳思公子兮未敢忘擷杜蘅兮不盈掬汎蘭槳兮遠予將佇大椿兮崑丘上庇九土兮含惠光附枝秀兮足梁柱清蔭結兮凌穹蒼公子去兮遊　帝鄉排閶闔兮琳璆鏘渺江雲兮惆悵杳故國兮遑遑吾將聽鳳鳴於赤霄玄圃之上奏世音以洋洋

寧庶人故宫

君不見豫章城中闤闠簇中墟莽然一平陸丹楹剥落朱門扃可憐舊是黄金屋雕甍碧瓦飛寒灰珎石奇花輸轉轂粉黛消沉野草迷館娃香逕蒼苔没陰渠瓦礫雜頽垣風雨啾啾鬼夜哭曾聞麋鹿遊姑蘇果見市朝變陵谷憶昔　高皇定寰宇親王玉牒皆茅土天潢流派願靈長麟趾國風播終古遡來覆轍何相尋令人三嘆心悲憮前有倡狂漢庶人後有魍魎寧化豎癯仙不解貽嘉謀遺爾孽濠猛於虎王門千乘豈不崇胡爲桀指窺金

釜鷄豚搜索哭芋茨舳艫叫突走商賈蛾眉奪入
歌舞臺曳裾牛集逋逃虜權門結賂擠忠良軍帳
椎牛咽簫鼓自矜叱咤風霆生觸轍便作螳蜋怒
豈知　宗社威靈未可移黃圖自有金湯固汲黯
未寢淮南謀亞夫一舉收吳楚君不見安慶城中
星砲飛狐群褫魄浮江歸王家渡口赤幟起踉蹌
失色沉江底故宮霄焰漲天紅滿城焦土隨飄風
潞河一夕虀粉空秪今西江之上但聞孫許之烈
陽明功

送王汝化北征

祝融峰前江月皎郢中白雪知音少清詞高動玉
堂春瑶琴遠度禾川曉與君邂逅天華城夢寐三
年遊紫清清廟朱絃久不作爲汝再奏升天行

中流砥柱圖歌

張侯皷舵彭蠡湖示我一幅滄溟圖披圖展玩思
超忽恍惚風雨來須臾良工妙態奪神理崖崿淵
瀰生筆底非從海上觀蓬壺那識人間此山水崑
崙磅礴天之中下臨萬頃黿鼉宫狂濤奔激日夜
亂砥柱當之何其雄儼如大君秉神武端冕巍巍
居九五元臣正笏立其前力挽頽波殿寰宇嗟予

對此心茫然清時飄轉江湖邊半生有懷負㟪屼
百折未敢愁迍邅天日晦明自有象何用悲歌苦
惆悵張侯北往尋河源道余嶺海心猶壯飄然已
在千仞之崖上

古梅引爲羅整菴太宰賦

吾聞傅巖之野有古樹槎枒糾踞偃亞而輪囷蟠
根下結坤靈秘虬枝上軋元極神云是傅巖築夫
手所植寒姿歲久擎蒼旻玄冥雪霰百卉槁香葩
孤潔凌霜晨化工完其實雨露滋其津傅巖兆奇
夢應世眞天人采之入調商王鼎和羹井渥流無

垠自茲人間始識有此樹萬木不敢争先春一從
氣化隨箕尾傳巖寂寞生荊杞漢鼎何人調唐羮
未云旨垂雲佳實紛泥滓漫山但植桃與李吁嗟
乎碩果不終食生意夫何如邇來三千六百歲靈
荄茁秀西岡湖太羅仙人造化手植根却傍湖水
隅水隅扶踈繞書屋清芬遠播開瓊琚一枝先奪
百花魁風雲萬里光扶輿黃金臺上三千秀摽花
高揭承明廬憶昔玉堂盛文藻風期香結蓬萊島
遠意清含太液波飛英淨照明光草南拂鳳臺雲
北拄華蓋蓀黃鍾淑氣動八埏群芳籍籍回枯槁

夫何爲乎閶闔雲湧知不可以久處兮歛華歸向湖濵老只今海内渴霖雨側足焦原盡愁苦啇丘曲轅樗櫟安足數嗚乎傳巖老榦天地間佳實尚飽風霜古定須再薦鹽梅年調爕黄金釜

題南極圖爲楊几川壽乃翁鶴峯封君

青城山頭騎鶴翁排雲飛下江陽峯鳴臯刷羽六十載翛然物外生清風峯前東走岷江水學字泂沿宛成几山川融秀爽氣横清標乃有几川子邇來繡斧出神都五馬龍驤高剖符千里山城無佩犢兩年江浦多還珠今秋述職　天王府早晚星

軺歌靡盬鶴峯翻入夢中青遊子不遑將父母白
雲溯溯狄公思彩袖遥遥萊子嬉小陽春色生華
渚江光上燭天之涯我本玉皇香案吏謫來几下
爲兄弟去年拜翁紫鸞書今年獻翁玉朮餌昨夜
掀簾觀太清西方忽見老人星云是南極應世出
光芒長照峯頭青鶴峯迢迢青不了南極夜夜澄
光皎君不見今時畫師稱小仙貌出老人獨分曉
我今爲君致之蠻叢最之山嘌

碧潭行

龍江之潭龍所宅澄泓滙注幾千尺歲深龍眠不

肯起江恬波净晦靈跡山色蟠紆結翠濃天光滉

漾揺清碧潭上鬅翁人不識漱泉卧梲潭邊石朝

來洗耳夕濯纓一曲滄浪意自適君不見潡潏沸

騰尾閭泛溢波濤噴激何時平使人對此凋顔色

梅嶺行

昔我夢南遊倐駕蒼鬅斜飛度白雲峽梅花香正

幽今晨驅車出南粤大庾山前見突兀陰霾裂洞

響哀猿亙石牽蘿揺古月盤紆鳥道颼颼聲兩厓

嘯風雲出没山坳古樹曲槎牙南枝向人花正發

停車小折香風寒始覺夢中事恍惚緬昔尉佗舊

土封今兹海國烏蠻風山川乘時日啟觀開元乃有曲江公曲江神力排山壯朔南孔道遥相通入宋以來瘴未歇逐臣遷客何匆匆英州别駕雷州户惠潮亦竄韓蘇翁萬里溪山末落莫千年意氣皆豪雄我今復從包孝肅度嶺更向端溪曲嶺頭梅白近含春溪上水清還可掬秪今海外稱勝遊白日遠照南山谷不須惆悵悲遷逐嗚乎不須惆悵悲遷逐

羚羊峽三首

羚羊峽前風色高羚羊峽口江怒濤長年移棹維

江臯青山白水亦相溢客心與爾同蕭騷
歲暮我行嶺之表天風吹度峽江嘌長歌遏雲聲
繚繞桄榔瘴雨含春消遊子何傷心悄悄
此生自信非蠕涎風雲變態仍問天何用跕跕鷩
飛鳶扶桑斷石去不遠銅柱高倚南山邉

莊梅峯歌

滌園傲吏清都翁千年下嘯梅花峯梅花香引羅
浮輿朅來南海觀奇蹤黄堂聊寄風塵足別駕亦
帶氷霜容老鶴終乘白雲去豈久傀㕍覊樊籠峯
前桂樹今千尺月華璚闕香尤穠海濱舊堂拜少

府雲泥鴻跡驚重逢八年之間一轉眄夜深鄰笛
悲鳴蛩君莫悲于公門閭高以容定國駟馬行如
龍

程雪厓陳西郭白沙敘別歌

西風淅淅下牂牁江頭素舸牽青蘿故人殷勤爲
惜別促席送酒流童歌酒酣徘徊暮山紫歌聲縹
緲行雲裏白沙津頭白水寒別愁忽逐江波起今
晨近別猶於邑明日遠別當何如近別應知遠別
苦結交聚散多煩紆嗟予飄零六七載江湖迢遞
復嶺海西郭忘年重芝蘭雪厓結褵生文釆明朝

忽報金陵行二子爲我歡悲生當歌對酒豈不樂
斷腸分手先悲鳴嶺南白下關山越千里青山共
明月願言努力相刮磨眼中青萍動寥廓

玄山行贈羅宅甫

玄山子居玄山巉巖乎雲樵之畔蟠踞於渤澥之
間云是玄圃山中舊圓嶠巨靈分擘移此青泥盤
紫煙凝黛露瑶島素月澄空懸碧環晨昏晦明不
改色噴薄遠意通天關上與玄天正色正相直下
壓后土孤格標塵寰培塿岸崒豈止萬餘者旁列
側視無與班玄山子結茅山中負磊磈避地草玄

三十載河圖祢秘泄庖犧夢寐姬孔遥相待歸藏
斷簡連山亡子雲嘵嘵競文釆帚編之中玄又玄
萬古眞源更安在嗟我南行尉佗封千山翳翳煙
蘿蒙歲寒空谷一相識玄山獨入青眼中玄山草
玄今何如山靈護爾翔天衢我亦周遊向玄圃上
叩玄闕開鴻圖山中靈吹神與俱

白紵歌

晨曦杲杲流虹川青陽脉脉桃欲然端弁飄裾賔
四筵錦瑟高張調蜀絃麻姑珥節雲旗翩鳳舞盤
旋繞膝前袢光照耀來日邊歌舞遏雲齊壽年

送史子龍之海豐

東風吹緑江草荄有客東過鳳凰臺燕京迢迢致雙札欣然使我心顔開兒曹報達朝天烏尹生出聽轟轟春雷昔日諸生幾人在君復鳴騶向南海寒氊豈久卧賢才青藜此去爛文彩羅浮咫尺梅花香海上一枝定先釆

金陵元夕

恊風噓太簇江南雪山瘦青天夜捲江頭雲九衢月色光如晝金陵佳麗舊神都六代豪華迹未蕪王謝堂前喧鼓吹金張舘裏雜笙竽右軍老子卄

寂寞獨坐空庭歌綽約素絃一曲月光寒野鶴高鳴動寥廓

送陽以道歸桃川

桃川予歸桃川朝發鳳凰臺夕指魚梟天蛾眉山月照滄海巫峽溪風吹紫煙錦城西去桃滿川春風爛熳開欲然落花片片隨流水青山悠悠不記年桃川主人好歸去何用窘束坐自煎君不見封侯何人曲如鉤道邊何人直如弦從來矩步難爲用自古紅顏多妬妍君今棄置勿復道且向桃川高枕眠赤霞瀲灩波光泛看君不異桃源仙

贈殷簡亭太常

蘇臺有美殷簡子小亭草構河之涘千載逕窺太古心茅茨數椽而已矣老松雙榦擬蒼雲脩竹一枝蘸寒水客來對雨摘嘉蔬與到褰裳采芳芷飛騰豈乏廟堂姿夷猶咲爲微官起太常俸入頗無多僅足烝嘗具耳古紛紛眼底矜繁華浮雲飛度太空裏請君淨掃此亭中莫使堦庭汙泥滓

結駟行送周幕司奏最之京

結駟抗行旌悠悠賦北征天風送黃鵠曉發鳳凰城秦淮酒壚起煙霧登車意氣傾湖海司空家世

銀臺風結交青雲發符釆三載揚聲執法庭秪今

謁　帝明光廷黄金臺前壯士過錦囊拂拭開青

萍知爾承家多節操鳳毛霄漢想儀刑

延平沈二槐郡樓宴集

溪風吹颿來劍州故人喜得沈君侯憶昨相違白

下秋今宵握手歡重遊張樂開宴城南樓青山落

翠清溪頭明月正照溪中流溪聲月色青山幽君

侯起舞風颼颼我亦放歌爲君酬忽報溪光直斗

牛紫氣輝騰爛不收恍惚雙龍溪上浮無乃豐城

神物不至今光恠生寒湫君侯壯節非凡儔不厭

落魄遥相求此夜眞消萬古愁願與溪山同不休

贈别李遷喬

去年飲馬卧龍津與君踏遍東山春今年對酌春亭下石畔花枝相枕藉人生浪迹眞轉蓬君今西行我欲東罷酒相看各惆悵傷春話别何匆匆看君腰間横紫電十年磨淬清霜鍊山中魑魅久潛踪天上星文今復見聞説　大廷方策勳醉尉莫慢李將軍早晚燕然高勒石馳聲報我滄江濆

會泉行贈陳以道茂才

飛瀑高挂南山巔轟馳巖壑侵雲煙漣漪泚泚漱

寒王喧濤琴瑟鳴絫絃問渠源頭竟何處山下之
蒙天之注銀河一泒從天来飛泉淼淼遙相遇由
来天乙生機神中流一氣融天津漱泉主人本孤
潔胷藏千頃無纖塵海内只今病枯槁側足焦原
渴行潦看君崛起寒泉濵天瓢一灑瀰穹旻曾聞
在山泉水清要知出山泉亦澄真源一掬莫教混
清流長遡銀河傾

題唐鳳臺上舍石鼓觀濤卷

越王城東天鼓峯東障炎海摩玄穹峯頭翠霧擁
仙島下臨萬頃黿鼉宫紫陽墨跡亘霄漢海濤千

古飈天風靈岳自兹迥增重大觀乃爾獨稱雄五
弇逍遥舊仙侶鳳臺欻下清都翁逸思崚嶒出泰
華清風蕭灑流崆峒揭來三山豁心賞飄飄意氣
高冝鴻興酣縱步皷峯頂振衣長嘯入洪濛長鯨
噴浪灑空碧扶桑浴日蒸霞紅阿翁嘘然一撫掌
渤澥萬態羅胷中君不見謝安雙屐廬敖杖逍遥
到處神俱融達人神遊自有道揮斥八極應無窮

人瑞翁詩集卷之五終

卷之五　十二

人瑞翁詩集卷之六

閩中百二歲翁旗峯林春澤德敷譔

戶部右侍郎男應亮編

邑後學林文卿王湛校

五言律詩

春日闕左門即事

太液晴波動，東風御柳新。忽驚萬里客，又度一年春。磊落意慚我，孤寒名後人。素餐何所補，頗效作良臣。

病起

臥病晨初起，幽行意頗長。潮生江上白，風動竹邊涼。引水添魚沼，傍陰砌石床。吏情袪未得，獨立望茫茫。

宿安原寺

夜宿招提境，山雲留半間。窗虚月慘淡，溪逼水潺湲。隱吏三秋暮，禪參半日閒。舊愁渾洗盡，野癖爲耽山。

過安原西庵訪友人書室

山僻投書隱，禪空洗俗心。草香眠麝穩，雲冷出泉深。一室延虚白，孤燈照古今。相逢歌未已，千古見

遺音

春日同田世英山行二首

出郭逢遲日看山入翠微草香春麝過石潤曉雲依食栢可長世爛柯能息機馬蹄舊壓土莫使賞心違

春起多幽思山行興亦長田家烹茗候稺子摘梅嘗杖屨於人狎林泉似我狂東風不久駐更與上高岡

寄貴溪江生以會

京國連床意江湖千里思別來惟涕淚病起強支

顚夜雨燈花落秋空鴈字遲王孫何地見芳草只

離離

門外窮冬雪天涯日暮雲浮生萍梗跡相失燕鴻

羣繼志早通禮知名能綴文長安春色裏爲想一

逢君

胡千中明府還自京師二首

雙鳬朝日去單騎自天回我喜識荆舊人歡借寇

來荒年須緩賦劇邑見高才懷抱傷秋盡爲君得

好開

相逺念未久相見獨情眞秉燭俱疑夢分金我爲

貧西風有遠別故國賴斯人去住匆匆意鴻鱗莫厭頻

途中逢驛使

途中逢驛使借問大同關鼙鼓邉塵急風霜天步艱遐方消息斷何日凱歌還戀戀孤臣意愁催鏡裏顔

嵢峡夜雨

窮陰雲氣合入夜雨聲䝞峡急雷霆鬬山寒虎兕嗥世途堪渰溕客棹恐波濤燈火孤帆影征魂遠夢勞

題楊恒叔陶園五首

太師有餘慶元亮此生涯久與園爲主年來鬢欲華帝鄉非富貴故國自烟霞羨爾歸來早清時日未斜

溪上山長好天涯鳥倦飛百年渾是夢萬事不如歸慈母昔縫線　君王今賜緋茲園丘壑裏花草正生輝

三徑菊松在芳塘春水新故園今有主野鶴認來人、日涉已成趣行休方是眞、君看西北路、滿目起風塵、

松蓊遲遲日桑榆翳翳陰浮塵雙睫外生事百年深擢撥隨鱗躍窻開入鳥吟是非今與昨回首更何心

近溪分剩水小巘積迴隄鷗狎對眠穩鳥還安故棲異花匝苔砌雜樹連蔬畦錯訝桃源路遲回望欲迷

浦城西郊次彭美中明府韻

山城遲日淨長路客懷開野老燒茶出高僧載酒來蘢風抽宿麥溪雪落殘梅阜蓋眞民牧陽春逐騎回

西湖次鄭少谷韻

湖上尋春事天涯泛梗同角巾山寺晚白馬𥶡堤風澤國吏情遠帝閽愁緒中未能從逋老莫擬哭途窮

石門村

春水平江潤石門細雨斜此鄉似淳朴桑柘羨生涯殊俗吾猶慰滄洲望不賒最憐醒客眼青𥶡間桃花

桃花

澤國荒荒日桃花處處紅可憐深造次又見舊東

風生事獨慙汝危時偏惱公莫須多賤泪愁殺杜陵翁、

登虎丘浮屠

浮屠侵杳靄巾舄得高清澤國山河麗吳江島嶼明鶯花隨世界戎馬繫心情何日風塵淨登臨嘆遠征、

惠山絶頂望五湖

一酌清冷味登山望眼青湖光混天色雲氣動山形時事悲吾出春愁向此醒扁舟愧范蠡芳杜渺烟汀、

沙灣夜泛

長河積春水，芳草漫平沙。遠路夂爲客，孤舟翲是家。天遥深逝鳳，樹客亂棲鴉。明滅金波影，飄颻泛月華。

病中

長安氣候變，卧病鬱蒸時。伏枕有鄉夢，探囊無藥貲。朝廷誰斷糾，事業每驚髀。洪武歷弘治，蒼生如不知。

送龔汝霖再任廣南

朔風動関塞，南騎出長安。五嶺重過地，一琴前度

官客心傷遠别天步正多艱去整繞朝策先彈貢禹冠、

送楊德敏之曹州

天地深秋氣風烟惜别時寒江稀遠樹高鳥托卑枝吾道不終晦　帝鄉還有期曹南望闕里咫尺見宣尼、

九月二十四日早朝

走馬出東署承明漏向殘月華分曙色霜氣重秋寒車駕榆林道衣冠玉筍班小臣金鑑録何處達龍顏、

小野堂對菊

客次悽踈放寒庭菊有花西風驚歲月南國負烟霞三徑秋山暮重陽落景斜淵明歸未得愁絶向京華、

憶鄭少谷

少谷吾憐汝形骸亦已忘飄颻四海志嬾漫十年郎玩世惟青眼歸山有草堂且從金馬隱與爾共猶徉、

張南津同宿

款款南津子論交凡弟行兒童今老大時世可悲

傷松竹平生志椒蘭歲暮香百年如夢寐燈火幾連床、

苦寒

未老先衰颯寒來已不禁北風欺病骨南雁寄歸心萬事黃塵莽中天白晝陰后夔如可作爲倡太和音、

送王世澤之韶陽

歲晚憐羈旅時名凸壯圖低枝安健翼老驥取長途、海上風烟路嶺南山水都、時違合吏隱道在有蘇湖、

長至

流光不可挽至日若爲情律吕黄鍾動風霜殺氣行胡雛終不滅漢馬故深征何處觀雲物鶤栖丹鳳城

弔劉蕡祠二首

落日悲荒壠陰風颯古祠昔賢生氣在唐室末光時甘露機何淺黄河恨已遲登科俱朽骨千載史臣詞

志士惜流落故山還有祠名高下第日心苦上書時一點歸何晚群姦死已遲豈知朝代别揮涕誦

君詞、

送人之嶺南

春色九門曉行旌五嶺長、山雲連島徼海月照桄榔、北鄙今多事南闗合預防、中丞諸小阮看爾白眉良、

次韻答方棠陵見寄兼懷鄭少谷張南津

遲日思君子招携汗漫遊、客蹤嫌地僻官冷喜春幽、青草風烟暝空庭燕雀留何時拉張鄭披豁話林丘、

送人歸華亭

華亭鶴已遠松江鱸正肥今朝張翰去冠盖出彤
闈天府名還重吳門興不遠渚蘭汀芷近小艇拾
芳菲

伍都憲擬歸田次韻

乾鵲傷風後高枝不自安周公能赤舄賀老謾黄
冠險路豺狼盛空山松桂寒驅馳存舊馬何得解
征鞍

舟中雨晴

返照明川色扁舟屬雨晴白鷗有閑致芳草未歸
情氛祲入薊河流到宛青緑堤垂釣者羨汝不

知名、

天津贈韓守清兵憲二首

雨漲流津急，河聲入海喧。黿鼉掔地軸，虎豹壯天閽。赤縣方多故，蒼生尚未溫。重關能保障，賴有一韓存。

邂逅滄洲滸，當年幸識韓。九皐能相馬，重禹舊彈冠。海上觀風遠，軍中頌膽寒。莫令襟帶地，鞞鼓動秦關。

浣俗亭贈鄭士鳳二首

繫舸滄洲滸，竭來芳草亭。地吞瀛海濶，天入薊門

青夜雨濕踈幔午風凉素屏緇塵飛不到江漢客魂醒

風露嗟行役亭臺欵主人水凉天不暑草鬱地長春未慣習池醉深憐谷口眞林泉能引興萍梗負歸身

秋郊晚望二首

斜日江湖冷遥天草樹迷總戎勞萬乘馳檄過三齊落木驚秋老歸禽帶月啼西風吹畫角商調益清凄

江城傳鼓角吏士盡戎衣野色向秋薄晚山入望

微、風波何日定時事與心遠、溪上黃花逕、憐子早未歸、

秋愁二首

寒、氣逼秋昊、繁華非久居、崑崙迷八駿雷澤有多魚、塞北兵何事淮南國已除、誰能解金甲、生計復犂鋤、

濟北原佳麗秋深欲斷魂漁、樵疲萬馬歌舞泣長門、落日星辰動清都虎豹喧書生空涕淚何力正乾坤、

出清源近村

馳逐悲多事倉皇出近村茅茨低野樹鷄犬閉柴門白叟鋤田健黄童戲犢喧風塵郄憐汝何處問桃源、

扈從夜過阿城

寥落古阿地宵征萬木號霜風殷地颯海月湧天高邊鼓動林麓屬車連羽旄艱難思致力飄泊敢辭勞、

除夕用老杜四十明朝過起句

四十明朝過年華向夕更風塵雙眼瞑湖海二毛生北斗初旋柄南都未解兵天涯慙栢酒獨酌更

含情、

首春聽樂序班彈琴

椒頌逐新年、鴻臚抱素絃、松風一披拂、石澗落潺湲、六氣生幽谷、雙聲清徹上玄、乎期山水意、爲汝忽飄然、

哭張南津

廿載猶兄弟、白頭與我期、焉知寒暑隔、乃有死生離、志士輕溝壑、危時重涕洟、當年一封事、尚不愧男兒、

董將軍園亭

繁陰連灌木清馥襲江蘅五月渾無暑薰風如有情帶鄉愁緒遠海國夕陽明昨夜青山夢松間杖屨輕、

濯纓閣會李臣川張伯初小酌四首

汨汨出齊郡悠悠下廣川子城叢灌木官閣俯清漣野興飛鳧外狂歌落日前新亭風景別不用泪潸然、

行邁日靡靡揭來芳草亭疎簾清水氣高樹隱蟬聲六月無煩暑孤雲有遠情塵緣袪未得聊此濯冠纓、

遶屋千章木臨軒數畝池風生天籟集波漾水禽
移性拙毻踈放時艱苦縶縻故園成獨感惆悵負
歸期、
行部公程簡東園興緒多亞枝朱果落近市濁醪
過吏隱依城郭人家近薜蘿賞心應未已更聽濯
纓歌、
鄭成昭餞穆家園
萍水天涯杳園林雨後凉蟬聲高入調花影爛成
章立壑吾生病風塵客路長浮雲苦未散翹首望
朝陽、

送林廷光出守高州

十載東曹長、一麾南郡行、聖君憐遠地、夫子比長城、鴈落趙天碧、風高瘴海清、頴川有黄霸、遥聽鳳凰鳴、

贈宋克仕尉西安兼懷張佩德

梅仙今作尉、姑蔑美山川、赤縣黄塵裏、丹楓白露邊、天涯悲送客、世誼想同年、籍甚張明府、遥知得汝賢、

由清源抵京、月餘復出通州行部、

齊轅初稅駕、三輔復移車、岐路更堪笑、室家那定

居萍流虛歲月，樗散合江湖。城闕西風起，憂心苦未舒。

通州喜戴師賢至二首

秋色連三輔，天涯復對床。否淙尊小戴，演署老馮唐。喜極翻疑夢，時危轉自傷。與君論社稷，橫劍欲飄揚。

白露扮榆冷，秦雲關塞高。故人來信宿，旅次有新醪。意愜氣平河嶽，風情到雅騷。經書開篋笥，無惜教兒曹。

病中懷鄭少谷二首

抱病秋光老懷人不可攀何時同避地羨汝早歸山與遠江湖外名高天地間芳隣吾已卜爲掃白雲關

衛川分手去濟上寄書來白鴈秋天沒黄花遠地開山翁迎舊侶朝士惜高才安否終當起蒼生重可哀

呈傅中丞二首

北嶽岧嶤上中丞節制遥兩年親扈從八駿喜歸朝雨雪逢春近兵戈指日銷瘡痍連郡邑猶望賤風調

薇省摳衣日，單門列仗前。風塵懷往事，文字忝忘
年。補衮瞻山甫，登樓憶仲宣。兒曹初學語，相見獨
垂憐。

正月二日途中二首

暖氣舒晴昊，晨光動早春。過橋初解凍，出郭已無
塵。北極金莖現，南枝紫陌新。時如蘇肺病，興遠覺
輕身。

稍見兵戈息，初逢歲月更。四郊無野哭，百鳥各春
聲。浩蕩看山意，遲回戀闕情。昨聞朝令節，已喜
聖躬平。

哭大司馬林泉山先生

海上傾天柱，人間哭舊臣。廟堂三世弼，光嶽百年身。漢史榮疏廣，周詩詠甫申。故山吾欲就，空滯薜蘿春。

春日王參戎泛舟御河兼試轉運二首

玉㶑下河漢，春水動樓城。柳塢隨舟轉，花風拂幔輕。覽時多逸興，籌國有深情。君是尋源使，銀河到底清。

河渚明青草，城陰上小舠。水從天際下，槎傍斗邊高。王氣荆襄起，軍儲節鉞勞。東風散愁思，浮白泛

春醪、

首夏睡起偶題

朱明啓初夏綠樹結繁陰、假寐消塵困、清齋見道心、皐夔眞事業、巢許竟山林、仰視浮雲外、青天無古今、

聖駕至自安陸奉迎于宣武門三首

曆數傳眞主、小臣居帝鄉、蛟龍今得雨、葵藿正傾陽、扈蹕千雲騎、來朝萬海航、夜深看北斗、紫氣辨千將、

朝旭初升海、狼煙不照邊、傳賢今舜禹、繼統漢昭

宣山谷思覲化經綸合用賢含香猶不賤自幸列清員

月明鳷鵲觀雲繞建章門代邸迎文帝朝儀陋叔孫乾坤南面正霄漢北辰尊遲莫初逢日芻蕘聽采言

出郭

出郭見青山凉風吹漢關燕雲連朔漠海岱擁長安行色轉秋思緇塵非壯顏悠悠天際鳥何處獨飛還

宿榆河驛

息馬驛亭暮塵勞笑未休、鴈鳴青嶂月水落野田

秋、宵柝無邉警晴山恣客遊、明朝有行役不作及

關愁、

白泮口

萬壑犇青海雙峯夾白泮、華夷明界限天地一封

疆、戍堞無烽燧山畬有稻粱、承平思往事未可忽

邉防、

省署對雪

晝省掖垣近朝回雪未消、乾坤渾太白風格亦孤

標、走馬迷燕市騎驢想灞橋平生不解事獨怪野

情饒、

元日

鳳紀王正月龍飛第一春、中興今日事、竊禄未歸身、元化還三極、晴光亘九垠、頌言新氣象、莫染舊風塵、

林平崖侍御招遊海音寺四首

逢日乘休暇、晴光行可憐、祇園明錦樹、碧海見青蓮、玩世寧違性、宜心合問禪、騰身逐驄馬、轉覺近三天、

玉臺凌曦靄、鏡閣照沉冥、無盡千燈影、真如萬劫

醒春湖浮日動梵磬出雲聽咄咄發深省寥天萬
古青、
太掖晴波湧春流遶夾城馬蹄芳草細晃影暮雲
平、肺病經時出塵襟向此清朅來觀化日委順已
無情、
招提天畔眼望重悠幽尋、瓊島煙雲媚銀潢藻荇
深、帝城春自滿旅泊費髙吟、樗散嗟留滯東風
負賞心、

春日署中即事四首

吏散塵囂寂堂空春事幽、砌花繁露整梁燕舊巢

修性拙名應薄年侵志未休自知奔走嬾却笑俠
徒遊、
淡句淹卧病盡省竭來遲春與心相負人知老有
期、煖花多宿草寒樹又新枝動業思前輩身名只
舊時、
管領東風得居常漫興多開軒移灌木護竹種新
荷肺病唯耽煖詩狂尚作魔春來幽意熟盡省亦
巖阿、
跡逐省郎後心違退食時近看炎漢詔不侶魏文
期、雲氣作春暝花陰向夕移東風遍寰宇未散相

人悲

夜雨二首

朱明麗炎熾，夜雨颯清虛。久鬱氣初破，新凉天稍舒。病多宜𨈆足，才拙愧官居。矯首天涯意，虞卿敢著書。

沉沉雨不止，閉户野凉侵。桃簟報秋早，江湖入夢深。夜清蘇肺氣，客久抱鄉心。遠想高飛鵠，隨風到故林。

退朝同林榕江出左掖

曙色明仙仗，秋風肅禁墀。退朝聯苑馬，歸院近曹司、白首看同調，丹心誓不移。此生山水意，變汝是鍾期。

舟中對月

流河今夜月，爲客渺孤征。秋色天涯滿，金波露下晶。水涵霄漢净，槎近女牛明。長路不愁思，塵煩已自清。

秋思

行役驚秋老，憂心對夕曛。南鱗魚鱉宅，西震鍥翁羣。志士長懷璞，野人空羨芹。燕山回首近，猶帶舊時雲。

鉅野湖

魯郊存故澤，野水漫平湖。遠影孤帆盡，高秋落日蕪。風聲凄鸛鶴，霜信脆菰蒲。惆悵獲麟地，蕭蕭古渡隅。

舟中逢初度日

歲事小春節，浮生初度辰。百年還幾許，四十有三春。國念涓埃重，親恩涕淚頻。舟中忍獨酌，釃酒對河津。

荒村夜泊

宵征市廛遠，歲逼風雲陰。落月荒村冷，閉門黄葉

深漕舟響夜柝戍婦調寒砧客子孤燈影蓬牕萬里心

宿青縣公署

江亭寒色淨夜榻水光連遠意青山外孤心白月前生涯眞泛梗客路又窮年深坐燒官燭聞鷄獨不眠

答鄭少谷聞薦

聞道采薇去山中避薦書弋人何慕鴈漁父竟登車驄馬開賢路客星明太虛長安雪霰霽遲爾到天衢

曉發河西驛

驛路遵河淛歸程近，帝鄉野鷄寒唱月，戍角曉吹霜。霄漢紅雲動，關山紫氣長。江湖不盡意，望闕更彷徨。

除夕

勞生機未息，今夕歲云徂。梅柳故園寂，風霜客鬢疎。椒花隨俗媚，燈火照人孤。筋力非年少，乾坤閒壯圖。

立春日

殊方初改歲，旅病又逢春。杯暖椒花媚，盤輕細菜

新年侵更世味性拙任吾眞近讀潛夫論淸愁見古人、

出都城途中作

紫陌天涯路薊山昨夜風十年眞泛梗萬里又歸蓬。蔌水懽無及江湖憂不窮可憐春色裡半是泪痕中、

放船

晴旭臨芳甸淸江好放船岸廻沙草色風裊㭎絲煙落景滄洲外輕帆白鳥前客情憐異域春興亘長天、

王家渡阻風

飄泊官河渡春深多烈風黄沙迷日月白浪噴魚龍、世事難高枕生涯易轉蓬乾坤自逆旅江漢任萍蹤、

候林榕江不至

春水下天涯美人思不來、風波各漂轉心事獨徘徊、謝傅虛棊局陶潜廢酒杯、天津跨河漢落日幾登臺、

舟中奮許士成次韻

六載樊籠役吾生野鶴心、釣舟聊汗漫旅月共招

尋長劍星文動枯桐山水音知君懷白璧定許售千金

哭鄭少谷五首

艤棹春湖上蕭蕭青野堂桑田忽以變松菊亦無光末世風騷遠斯文骨肉傷平生知己淚哭汝白雲長

執紼向何處青山白雨邊名高天亦忌道重世爭傳江漢先歸日英維不盡年梅亭有豐碣千古麗雲煙

少小慕儔侶論交爾獨深百年兒女眷四海弟兄

心、白日收真氣、黃鍾輟大音、江門空老我、落葉滿秋林、

零落晨星後、斯人何日甦、病多憂國淚、出為薦書行、宇宙浮精爽、江湖問姓名、彭殤非壽夭、不朽是長生、

峴水秋仍社、招尋不見之、星河成永訣、洙泗倍交顧、命苦賢人短、天將吾道衰、茅容黃叔度、意獨向月中悲、少裕嘗贈詩有交遊自識茅容早予謂誰當黃叔賢之句因及之

臥起

幽居成懶癖、臥起愛秋清、江白海天曙、雲深山雨

聲庭花神對整沙鳥眼俱明車馬門閭寂應餘肺氣平、

簡侍御凱旋

白簡生風肅青天攬轡來弄兵憂瘴海持斧出霜臺一掃蒼頭落長歌驄馬回遥傳今按節文武冠恂才、

寄林榕江

維揚昔把袂故國宵相思爾病加飡後吾憂洒涙時經年南浦棹長日北庄棊矯首天涯意青山詞紫芝、

岊江送李明府入覲

岊水初潮上、樓船萬里風、諸侯今述職、 天子正重瞳、一鶴翔雲外、雙鳬出海東、倘承前席問、回首念民窮、

同林格江北山夜宿

出郭風煙暝、相携過北山、松濤清夜榻、花雨浄雲關、撫瑟元同調、連床正解顔、去留蕭颯意、秉燭話時艱、

三月三日登建州善見塔

春深饒客思、躡翠上浮屠、煙靄青空杪、溪山赤縣

圖、況逢修禊日、緬想舞雩徒、嘯詠東風裏、宜心入
太虛、

陪友人遊丹青閣因謁帝齋祠

旅懷喜相見、携酒共看山、僧出雨花外、鳥啼雲樹
間、丹青明客眼、立壑洗塵顏、千載生賢地、蘋花照
水灣、

宿武夷宮

九曲廻輕棹、雲眠寄羽菴、溪聲入夜枕、山月照空
潭、天地奇如許、蓬壺夢侶酣、幔亭久陳迹、惆悵幾
晨驂、

靈山臺與方崇陵聯句

蘭若春方莫芳華晚未摧濬春遠公雙榻淨鄭老一樽開豪白鶴窺新竹青山對古臺濬春歸舟且停棹此地少塵埃豪

一竹贈劉傅士

獨挺凌雲勢翛然氣正雄廣文聊寄爽君子自清風淇澳歌初發瀟湘意不窮行看鳳鳥至鳴遍泬漻中

柯山洞

天闕浮人境飛虹跨石梁某殘化國夢柯爛白雲

香、鶴馭何年返蘭紉滿地芳、神仙不可見海外十

洲長、

清源感舊

衛水流萍地回思亳踔年、江湖雙鬢短夢寐寸心

懸、故老欣相見人家不似前、遲迴移棹去汀渚滿

風煙、

北河晚眺

焱熇下遠渚矯首望　神京、河漢夜凉動關山暑

氣清、天虛北斗近月迥東華明、野老舊芹曝迢迢

萬里情、

部直二首

晝省重來地清秋夜直時烏啼千里月風動萬年枝舊業驚棲散卑棲戢羽儀下帷對官燭隱几有遐思

鳳城喧擊柝閽吏報更籌月浸金莖冷參移玉露秋種桃悲道士紉茝慕靈脩高枕不成夢含香未散憂

愍齋韓忠定公挽詞

紫衣人世夢白璧死生完社稷悲唐介朝廷憶謝安孤忠存烈日百折不回瀾風節昭青史精光後

代看、

送城峯族兄分教浮梁

欸欸吾宗彦清聲重廣文、歲深燕市雪春入趙江雲、隱吏高卿相探玄破典墳、莫令湖海濶不遺鴈聲聞、

元日得家書

旅愁逢正旦遠道得家音、妻子荒年病風塵久客心、折腰仍五斗懷璧負千金、尚愧龐居士携家息漢陰、

夜宿呂梁值兩

忽忽短蓬底，山風送雨鳴，五更驚客枕，六月蝨寒聲，行路難如此，虚舟意自平，淜濊吕梁水，已入夢魂清，

淮上贈李少府

江上蘼蕪緑，薄遊言采芳，相逢李太白，同葺薜蘿裳，鸊鶘盤淮海，驊騮出汴梁，長沙愁絶客，見汝意飄颻，

清江馹鶴亭次李少府韻

萬竹蒼烟裏，江亭深處幽，鶴歸雲滿地，月上海澄秋，旅愬野情洽，狂歌客夜留，華亭風景别，湖海合

清遊、

蕪湖四合磯失風吹、韻答馮東沂大守二首

百丈牽江遠危磯潰急流風波秪自信舟楫若爲謀弔古經吴會投荒向楚州江湖結憂思與在岳陽樓

去國心仍苦迷津淚欲流弔湘未有賦浮海竟虚謀不見汨羅水還過謝朓州相憐五馬意何處獨登樓

過繁昌寄王希節明府

白下聞王子爲邦有好音、山連姑熟秀水下荻江

深夜月繁弦沸春棠幾樹陰南征慰愁寂戀戀故人心

建昌縣訪許竹光邀遊吕叟山亭

言訪竹光子相携入薜蘿青山黄鳥喜茅屋白雲多醉作披衣卧狂爲拔劍訶殷勤謝吕叟莫訝客星過

送喬弗之乃弟還澧州

芳草憐公子相看慰客居難兄稱召父慈母喜潘輿旅興知吾感愁軰向汝舒澧蘭堪采寄歲晚莫教踈

崙翁詩集卷之六終

人瑞翁詩集

七之九

人瑞翁詩集卷之七

閩中百二歲翁旗峯林春澤德敷譔
戸部右侍郎男應亮編
邑後學林文卿王湛校

五言律詩

元夕觀燈

墟市明燈夕招携竝醉看春杯湖海接社皷歲時歡白月心同遠青山意自安年來廣陵散慷慨向誰彈

龍窟光法寺夜宿

窈窕經崖壑諸天寂不喧萬山盤勝果雙澗會深源龍起雲迷洞僧歸月在門西樓獨卧處香滿給孤園

黄龍道中聞香

一躡菩提路欣然聞妙香山應如有識禪亦遠相將性拙隨流寓心清到上方青天飛劍術吾得問純陽

王秀才山亭聚宴五首

愛爾草亭凈青春聚薜蘿藥欄明客眼花逕遶童歌杯落溪風細山深野翠多微酣聊縱步蕙帶拂

雲和、
自笑烟霞癖、年來爲謫居、且尋嘉樹傳、不寄夜郎
書、掃石藉踈豁、揮絃薄太虛、他年此亭下、勝蹟未
荒蕪、
坐對春山酒、山青意獨醒、花飛蔣詡逕、地迥子雲
亭、混俗遵時晦、含光養性靈、江天今夜裏、定有少
微星、
薄遊興未減、終宴夜忘疲、香散花稍舞、芒寒月影
移、愁隨春已破、靜與懶相宜、山水冥心趣、遲廻只
自知、

王子下帷地山迴雲霧光燃藜降太乙探易見羲皇遠客事遷恣幽人言采芳花叢春未老更葺芰荷裳

吴城望湖亭二首

憑高見彭蠡愁思逈然開山與水經綿鳥兼雲往來時遶淹逐客興發漫登臺未死心猶壯長歌天地迴

舟行意忽忽騁遠此登亭放逐存心賞逢迎笑晚經二姑遥鎖黛五老近垂青雲島有仙窟東坡餂乞靈

送喬升之入覲二首

三載爲邦地，春風滿艾城。虞廷今述職，漢郡已知名。行色秋將晚，交期別後情。故人如問訊，遂客尚飄零。

自竄江湖外，相逢山水鄉。論心見大雅，養晦借餘光。爾赴燕臺路，吾思漢署香。丹心猶未泯，煩與報君王。

游龍華寺二首

行邁鬱秋思，薄遊清旅顏。祇園斜複道，勝果結叢山。骯髒吾猶拙，流離客未還。菩提獨樹底，寂是白

雲閒
蘭若秋風晚青山亦自幽谷深雲滿地僧定月當
樓性適眞無礙愁空合漫遊况逢曾子固慰我美
人憂時曾樵逵同遊
求新公署述懷
山城寒欲盡霜雪霽遥天攝縣豈吾志勞生空暮
年幽風三代遠同谷萬山徧百里猶堪卧慙予非
大賢
陳子虛姪希追送江浙以文字獻作此贈之
嗣宗才不世因識仲容賢欵欵見文字春江偏汝

憐逢迎覊旅地避逅孝廉船亦有棄繻者曾稱英妙年

春日廬陵道中

出郭緑郊熟征車發曉程野桃籠日炫畦菜簇花明滿目鶯春色游心駐遠情長沙留滞客又聽早鶯聲

送周善卿年兄量移温陵四首

舊日中臺傑霜飛氣尚寒豺狼曾避馬枳棘却棲鸞此去觀風遠無憂行路難漢庭前席近預報賈生還

悽愴難爲别春風語未温爾觀閩海月吾滯楚山雲放逐俱流涕飛騰獨不群緑漪亭子下能憶舊論文

爾過武夷下湞爲九曲遊山中開洞府海外見神州日月精華秘烟霞沆瀣流欲尋眞太始更上紫陽樓

無諸城下路西望是吾廬閃閃青旗動琅琅白谷虛未能就爨鼎早巳夢樵漁爲我寄僮僕先將三逕鋤

寄長沙孫性甫

苦憶孫明復相違已十霜雙魚渾斷絕五馬久翱翔吳楚關山接江湖意氣長徵黄知爾近誰念老馮唐

立春郡齋獨酌

歲華驚旅客春信報兒童京洛三年夢江城萬里風哀慙官獨後狂笑眼誰空對汝傳椒頌長歌樽酒中

早春出郭

江城昨夜雨原上草芽青春色不相負客愁何日醒朝廷誰記憶湖海尚飄零笑捨梅花下揮絃試

自聽

石津鋪次王陽明先生韻

自別天門日蹉跎復至今朧梅憐瘦影江月照孤心抱璞更誰識捐金何處尋予期如可遇便與奏希音

宿分宜舘

行邁散春愁青山愜勝遊倦途聊息馬暮雨厭聞鳩豈爲泥塗辱難忘廊廟憂連宵清夢裡幾度到皇州

袁州謁韓文公祠

嶺表昔移轍名邦今有祠妖魚遁海去旋馬望闕遲山斗儀形在文章宇宙垂蹇予流落地再拜不勝悲

金馬潭永寧縣東巨石浮出可坐十數人

金馬何年出潭光影動搖神駒臨渥水天廐下青霄野老能來此山靈或見招河圖不再見翹首望清朝

別胡東洲明府

相携驚別久相顧別猶難帆帶十洲雨雲迷五老山行藏徒慷慨嶺海任間關何事楚狂者長歌去

不還

市隱

小山招隱月爾是八公流鴻鵠高飛去虞羅不可

求向來城市上自有薜蘿幽因識徐高士清風遠

未休

解譏寄陳子虛二首

兩湖天下士雲漢扶天章豈有青蠅玷能爲白璧

傷草玄非寂寞遵晦自翺翔不見下帷者漢庭揚

耿光

念爾不稱意伊余獨繫情紅顔多見妬矩步故難

行短世悲吾道虚舟是此生向來名教地樂事更分明

馨泉

靈湫下河漢聲徹碧雲岑今廣莫鈞天會簫韶太古音在山長不濁到海若爲深荷蕢千秋意知渠亦有心

譚時敏二子同誕

譚子充閭慶春風較未遲名花開二妙玉樹發雙枝孤矢憂何事雲霄遠有期眉山今古望最是兩峰奇

永豐公署前鵲巢

偃蹇空庭樹寒枝鵲有巢山音時對語野意宛相交去國功名薄憂時夢寐勞客居何事喜風起暮雲髙

哭方棠陵四首

年來哭友淚滿眼未曾收少谷木初拱棠陵山復秋斯人俱短世吾道不勝憂失侶孤飛鴈哀鳴何處求

金臺昔相見爾在白雲司憤世賈生志清愁杜老詩交遊半湖海抗志古文辭轇我平生念逢人說

項斯
回首虎清谷春深到汝家山雲聯夜榻溪雨泛流
霞六客編猶在三衢路未賒何時能掛劍宿草落

殘花
去年帝子閣一别永相望君去登閩嶠吾悲流夜
郎音塵芳草夢滄泗白雲鄉歲暮霜天月猶驚落
屋梁

壽張太宜人次楊几川韻
月湧星橋夜天開海屋春喜看南郡客合祝北堂
人王樹凌雲起蟠桃逐歲新漢庭滂母老猶自識

君臣

孺子墳

湖上一抔土南洲孺子墳風清高榻上名動大江濆春雨餘芳草波光自夕曛東京傳節義於此見遺芬

南浦還棹

息馬出城郭清江好放舟匡廬迎五老龍鳳遶三洲水與天兼遠雲隨鳥共遊塵喧聊一洗心迹頓悠悠

峽江逢胡敬甫兼憶乃兄用甫

出峽相逢地維舟惜別筵嗟予南滯楚羨汝北遊燕賈傅未前席祖生今着鞭元方少司馬萬一故人憐

松峯清隱

岸寥小華頂古松糝雪青巖扉白日靜聞爾誦黄庭風落收松子雲深斸茯苓更傳元命秘寄我養眞靈

舟下豫章候楊几川撤簾敘別

吾思楊伯起剡曲泛舟來骨肉三生遇風雲萬里才詞塲罷譚討文釆動埏垓會面還驚別青山眼

竝開

懷別危雙江

春秋三傳後夫子動高名念我江湖遠逢君意氣生校文收國士獻納佇神京別後能相憶深秋嶺海情

翠峯

羣山連楚粤迢遞赴江廬寒翠撲秋水青蓮亭太虛陟崖頻杖屨伴鹿只詩書受得浮丘訣王門能曳裾

還家

六載江湖後歸來喜復悲丘墳新草木風雨敝茅茨訪舊半成鬼逢人多訴饑客心零落後秪益鬢毛絲

至贛州望吉安有懷

小艇下虔州孤城夾水流廬峯去不遠獨上望江樓轉徙驚衰鬢狂歌憶舊遊驅車問前路五嶺瘴烟收

端州除夕

旅泊端溪上蕭條度歲華百蠻多異俗萬里更無家栢酒對僮僕松風吹鼓笳移官懷　聖主未敢

怨天涯

正月三日陪錢南浦太守泛江三首

歲序倏云復茲辰淑氣融滄江明粵岫彩鷁送條風官長久懸榻吾生猶轉蓬青春能共濟應不哭途窮

南徼地多嶼經冬山亦青海雲消瘴野春色到江亭病骨近無恙客愁今已醒昨宵牛斗外只見少微星

郡齋席未暖津吏報江行秪爲將迎地翻爲出處情問途眞晚計浮海亦虛名宣室春來夢天涯念

聖明

宿腰古驛次黄竹溪憲伯韻

小城暮風急飄泊遠行旌攝郡思黄霸窮途耻步兵四郊尚多壘五斗豈吾榮賴有竹溪老山村話耦耕

新興道中

不識新州路今晨豈夢行溪山相枕籍雲水漫縱横弔古逐臣淚傷春老眼明時危敢求逸顛息緑林兵

病中二首

六年苦流落一病轉昏迷酷暑秋猶積窮荒氣不齊容顔非故我湖海未安栖何處尋初服丹山九曲溪

閉門秋欲盡伏枕夜何其未卜生還喜難忘去國悲衰年猶是客瘦骨豈緣詩客興憑誰遣狂吟秪自知

得亮子書

嶺徼頻秋望賓鴻向晚飛兒曹欣有報野老頗無違董賈諸生輩夔龍百世輝天涯應念汝吾欲碧山歸

蠻俗

蠻俗侏倆閧，民猺雜獞居。山巫夜跳鬼，峒女早投壚。藥弩防屯戍，腰刀泣荷鋤。黄圖本無外，何日洗兵車。

聞西山兵捷五首

天戈揚粵徼，日夜捷書馳。上將周方叔，元戎漢貳師。龍驤三部曲，獸獮百蠻兒。今日蒼梧嶺，燕然再勒碑。

中軍度瀧水，飲馬水東何。鐵峒無堅壁，銅環有倒戈。秋霜明憲節，子夜聽鐃歌。共説監軍使，東都馬

伏波

桓桓閭左戍赳赳出陽關白石清江麗蒼崖古雪寒陣雲開瘴雨掣電走烏蠻灣口林花落千年大

將壇

南有鳳凰營高飛太白旌緑林群盜仆黄犒萬山平貔虎氣尤健風飈勢獨横先聲達兩府最重右

軍名

自有高凉變伊余獨苦心孤城流血地多壘戰場陰敢論安危策聊爲奏凱吟　天威萬里遠滄海

日南深

清遠別羅宅甫二首

客次難爲別臨岐念汝深攀翻來遠道涕泗欲沾襟窮海探珠貝空山聽足音何人重懷寶愛惜豈千金

南遷遊嶺徼吾道有羅生典誥眞文字風騷自性情孤蓬三日話瑶瑟萬年聲看取清江別青山天外明

寄陳七巖

巖老太丘長星文耀薛蘿早辭簪紱貴獨受水雲和兩載心相結千年道不磨留春亭子下勝事近

如何

吳光祿

東郭春無恙丹厓寒不凋芝莖結金液樹色鬱青霄似是東園叟歸來西漢朝黃封光祿酒款接咲相招

孫可梅萬户

吾從孫武子試問十三篇巳掃西山穴逕清南海天春開新虎旅寒動舊龍泉爲爾一麾拭光清北斗邊

王中峰萬户

王子由小校致位萬户侯峠峯勢突兀虎帳風颷

飀廉頗尚善騎庾亮時登樓壯節未遲暮老鶻擊

更優

除夕至家二首

浪跡疲終歲今宵是故鄉碧山迎舊主畫燭動春

光桑梓寒温語屠酥潦倒觴已知非夢寐醉舞復

如狂

此夕云何夕客心難具陳恰來家守歲更與俗相

親竹爆喧聲起椒盤逐頌新人情本懷土故里是

還真

舟下錢塘

錢塘望吳越長夏大江風海氣乘潮上山形拔地雄經過今幾載飄轉又孤蓬冠蓋多非舊栖栖愧薄躬

九日對雨二首

幕府驚秋暮窮愁謾自傷西風吹宿雨南國負重陽莫問年來健徒知老更狂盡歡聊獨酌起舞亦猶徉

今日茱萸酒聊從風雨過醉扴烏帽濕神助菊花多采采將誰遺依依付漫歌秋聲轉條暢高拂紫

雲和

秋官寓邸即事三首

野人興未減，寓舍亦蕭騷。吳苑滄洲暮，鍾山紫氣高。風松寒夜枕，煙柳淨春袍。頗覺塵機息，吾生聊亦逃。

浪迹猶今日，衰年任此身。漂萍隨水泛，卜宅與山隣。省署晨書記，雲窻暮葛巾。向來談吏隱，歲晚道吾真。

齋居太液北，清眺石橋東。鷺浴蒹葭雨，馬嘶楊柳風。逕初開蔣詡，玄未草楊稚。千載龍蟠地，江山意

不窮

別吳國敘上舍

金陵舊天府欵接白雲司客鬢鷄香地人文豹變時飛騰看汝健聚散繫吾思容易江東別黃圖有遠期

黃生德明歸省

國士未登臺盛親買棹回秦淮千榔暗彭蠡片雲開禮樂觀周統文詞陋漢才江潭休穩卧早起聽春雷

夏日宴集鷄鳴寺憑虛閣二首

金鷄鳴已徹空翠撲飛鸞佛閣三千界天風十二
欄暑清商意動歌放客愁寬莫問六朝事長江是
大觀
青山開白社高閣四簷風天地冥心外江河舉目
中素王絃誦切　聖祖寶圖椎千載休明運何人
頌閟宮
秀水公署見孫
童孫能認祖一見破愁深未問巾中白却憐腰下
金行藏徒爾愧衰老已吾侵異域家庭喜醺醺如
故林

長沙謁賈傅祠

平生悲賈傅老我度長沙日月漢庭上風波湘水涯古松巢夜鶴芳藻薦秋華千載俱流涕長途謾自嗟

經桃源洞四首

阿房將失鹿巖谷有高人猿嘯林中月花開洞口春萬山肥紫蕨十里隔紅塵漢魏無人識猶云是避秦

武陵雲水路隱隱入桃源鷄犬何時物芧茨是處村車塵催白晝野草亂黄昏獨有青山在蕭蕭清

客魂

借問秦人洞巖扉不可攀桃花春寂寞流水日潺湲志士甘逃世僊風祇在山却嗔漁父至踏破白雲關

萬古俱陳迹玄宮空翠微漁郎迷舊路隱者秘神機桑海觟無變人民乆已非何年華表鶴更向此中歸

牂牁郡境

天開今郡國地控漢牂牁出守知才拙觀風值歲和九霄同雨露萬里共山河莫怨夷方遠　君恩

賜已多

答范唐山唐山以詩名頃辱相慕詩來見贈率爾奉答二首

寥寥空谷裏何處足音聞巖壑高風起蘭茗滿地芬詞林遺大雅蠹簡失皇墳白馬青崖路清秋獨望君

孤城黃葉下矯首憶唐山忽見九臯鶴聲聞霄漢閒未酬錦繡段空負玉琅玕爲整漁磯石從君野水灣

郡中立春

萬里王春日東郊出土牛衣冠聯部落鼓吹動林丘遠愧文翁化猶忘杞國憂𤤽風猶可想慷慨爲民謳

令部民漢服

落落臨邉郡棲棲守一官稍令夷部落漸學漢衣冠聖化本無外殊方且自安何能興禮樂親見國風還

元日喜晴

萬國朝元日孤臣戀闕情青春憐絶域白髮愧專城夜色新收雨晨光故放情東風知有意好須

泰階平

山行

萬山行不盡逺騁得芳晨野蕨依雲長巖花着雨新生成皆　帝力耕鑿是吾民自笑行春地山中臢有春

公暇散步西圃視僮僕種蔬

鬬雀喧亭午褰裾涉小園畦蔬時雨潤澗水夜流渾含食無魚味行厨有菜根故山萬餘里藉爾强加飱

威清館夜坐

堞樓發省鼓戍柝響初更烏雀荒林静關山旅月明安南方遣將凱口未休兵嘆息黔陽路艱虞苦未平

觀蚺蛇洞

神物深蟠處靈蹤不可求有時雲霧裏化作蝮蛇遊玉乳垂天巧氷潭出地幽殊方遠行邁奇崛每相酬

贈潘大武春試

傾蓋忻相訊憐君已不群一經左氏傳三策董生文秋别荆南棹春生冀北雲明光看奏賦華藻發

清芬

留別普定士夫

出郭逢仙侶攀裾登祖筵新秋山色裏別思客愁邊緑綺鳴空谷青萍出遠天行藏俱有道披豁是何年

東軒小坐

院鎖公臺静窻明小榻幽凄風鳴夜柝寒雨雜更籌荒服百年會人文萬里秋青燈舊詞客不寐散餘愁

庭下見鵪鶉

夜雨積秋潦階前見鶺鴒向人如眷戀念我共飄零嘖嘖聲何急揺揺意獨惺秋期望吾弟萬里眼猶青

賦懷二首

鎖院彌旬日宜心靜自依地幽群雀下天遠一晃飛撫世空懐璧驚寒欲授衣清秋廣陵散太息賞音稀

木葉紛已脱庭空獨閉門詩書餘白日烏鵲集黄昏敢以素絲變誰同青眼論遐方復歲暮心折到丘園

晚秋出郭

出郭意不樂看山日䟦陰窮荒寒氣早老眼暮雲深野獸號空谷丹楓染舊林南樓無鴈過何處寄歸心

臘月朔日覽鏡

覽鏡自相笑寒光映素絲半生多失路何日是歸期月朔已終歲年華還幾時眼前冰雪意獨有㵾梅知

早春出郭

出郭值清晨東風浄馬塵柳條青眼動草色碧君芽

新有土皆生物無山不受春遐方慙拙牧遲日照

孤臣

碧雲石李遷喬得之水涯甚奇壯

碣石出雲窾氤氲動遠天昨宵風雨作移置草亭

前菉竹結瑶翠寒釭沁玉泉亦知袍笏拜深爲故

人憐

牡丹花未開

姚魏有奇品初苞未放春不須呈國色已自見花

神水石幽相得雲霞遠更親東風亦解意含唉露

天眞

罷郡別何陋亭三首

小亭別汝去寂寞與誰隣往事成春夢先幾愧古人八番收劍氣九曲濯纓塵便約青牛老山中養谷神

邊城藉踈豁忽報解官回芳草歸途積青山咲眼開此亭還有主而我本非才臨別祝花草春風好自培

罷郡亦不悪天涯非久遊塞翁甘棄馬漁父願隨鷗歲月已虛度吏民休見留世間皆傳舍亭下散離愁

贈撫松諶廷舉

愛爾盤桓處孤松獨撫時風清空谷裏聲出白雲遲端水春留幕泮城酒滿卮登龍橋下路臨别不勝悲

舟下沅江二首

驅車出夷徼買棹下沅江春水遠相送青山高已降灘聲清客枕野色亂篷牕蘭芷芳菲處滄洲是楚邦

興逐滄洲去江光處處村天開雲夢澤地隱武陵源洞口桃花老湖邊竹淚繁清芬餘草木風物近

中原

途中得報喜陳子虛登第

頗意澄江上風煙十載前霞裾侵豹霧雪棹駕龍淵老我空懷璧憐君始着鞭釣舟滄海上目極紫霄邊

屋後山除穢二首

老去交遊寡春來興緒長愛山疑故癖鋤穢覺差强崖蘚經秋暈烟蘿拂地香歸休悔不早負我白雲鄉

茅塞憑誰訊春深果就荒斸雲豈自惜畚埶未相

妨小逕看仍舊新松喜漸長便成終老計更結愛
山堂

答借閒族兄

山中閒歲月偏許借吾兄南浦從鷗狎東皐放犢
耕獨醒緣少飲高卧自無營笑我逃名晚衰遲學
養生

清漳鄭汝宜揚州客還見過

鄭子維揚客青霄一束書趨庭回遠騎慕道欵吾
廬夜雨劇談舊春山慰索居北溪原上路荒草更
誰鋤

謝黄羅浮明府二首

久抱雲林拙蹉跎愧昔賢謬承明府意偏向野人憐有德慙虚譽無能恐暮年未甘衰朽棄頗聽武城絃

薄質非仙侶終焉一老狂雖迷丹竈術頗愛白雲鄉地僻琴書静山深薇蕨香遥看花縣主飛舄近清光

春晴遊錦溪二首

淹旬卧積雨朝日放新晴野逕雲相逐巖扉花對明臺前雙鶴舞谷口萬松聲何處釣天樂山中見

道情
晨光射川色出户曠懷開杖屨二三里溪山八九
廻香風流邃谷叢最緑拂層臺敢謂全生訣樗枝元
不材

茂對亭新成五首

寄傲得幽曠坐來愁已空憑欄千里月徙榻一江
風遠謝終南逕行招河上翁青山對高枕吾意附
冥鴻
何處藉疎豁孤亭入暮秋江山無盡藏天地本同
流夂與漁樵狎不妨麋鹿遊從兹看世務已是泛

虛舟

岑寂江皐老吾生亦有涯青蒲數種石寒露幾株花鶴唳揚清晝漁歌弄晚霞對時觀萬化端坐忘年華

江亭聊自放頗喜附吾廬獨往日無礙漫遊時不虛倦來惟枕簟樂處是琴書滿眼鳶魚意滄洲興未踈

老卧非忘世幽居敢賦騷銜恩思　聖主報國望兒曹白髮憂何事青山意自高永言天保頌遲日照蓬蒿

陳橋江分惠小盆[illegible]賦此爲謝

群鱗游潑潑高士寄情深贈我林泉勝知君江海心出潛散雲影皷息漾花陰藉爾消長夏微薰開素襟

陳橋江豫爲壽藏題贈

栢野藏春塢玄冬氣不寒高人情獨會樂生意相安掃石烟霞動放身天壤寬茲山能不老應有紫金丹

次韻答林東渠

小築聊携幼端居春更幽雨荒三徑菊門繫五湖

舟蘿磴穿雲上松皐伴鹿遊山中聞伐木感爾獨
相求

寄鄭湖峯兼贈乃子可熙

愛爾春湖暖峯頭一朶青流霞注丹液紫氣滿黄
庭雪棹堪乘興雲林許再經鳳毛炫文采定見奮
滄溟

題林味泉三宜軒

矯首三宜閣城南尺五天連枝皆玉樹喬嶽有井
泉白首一相見青山同可憐行藏不須計高枕是
神仙

秋暮何東園鄧雲巖枉顧贈詩次韻奉答

谷口喧晨鵲行歌采澗蘋香浮蘭桂棹光動斗牛津晚圃黃花節層巖翠竹春海濱二大老今日見斯人

與何東圃鄧雲巖紫雲谷小酌

雲棲藉跣澗團翠碧巖前潦倒眞成癖攀躋喜欲顛一樽酧樂地萬籟響鈞天今夕少微外争看紫氣躔

高氏貞芳詠

終風起堂背獨守蕙帷昏苦節啼孤子窮愁撫二

孫殘燈長夜寂白壁此生完千載栢舟詠凄凄欲
斷魂

初度日辱施毓江林五臺黄紹溪陳會泉諸
茂才惠貺贈詩次韻奉答二首

菊圃近霜辰穠香入釀新微醺初度日高卧小陽
春懶慢漁樵伴飄零草莽臣忽聞仙樂唱喚起夢
中人

簷鵲報初辰高詞染翰新朱絃無俗韻白雪有陽
春爲愛梁園客遥憐洛社臣山中松桂暖掃榻望
來人

自嘲

歲月嗟無幾形骸咲不同白眉三寸許青眼一雙矇丘壑煙霞外詩書夢寐中只餘腔子裏靜坐主人翁

人瑞翁詩集卷之七終

人瑞翁詩集卷之八

閩中百二歲翁旗峯林春澤德敷譔

戶部右侍郎男應亮編

邑後學林文卿王湛校

五言排律

皇帝即位三十韻

麟趾周邦舊，龍飛漢水清。寶圖傳九葉，曆數屬中興。代邸親賢最，公孫夙德成。百年元會合，千載聖神生。入繼眞希曠，貽謀自典刑。喜占畿甸色，禮肅渭橋迎。輦路塵埃凈，鑾輿節奏鳴。先驅廿雨足

踐祚太陽明閶闔祥風動蓬萊瑞氣盈五雲浮日
馭雙闕樹霓旌納陛登元老鳴珂進列卿詔從三
殿發恩溥萬邦宏天意良非偶人心已盡傾漢儀
今復覩堯典會重賡往者妖星孛頻年沴氣横城
狐憑竊弄封豕恣猙獰戎馬無休息風塵久晦冥
廵遊遍寰宇㑽擾動攙搶忽念鼎湖變旋看鄗鴞
平蒼穹未悔禍赤子豈回甦剥久時應復陰消日
向晴恭惟　主傑出妙年英北斗星辰正南
山氣勢嶸堯徒俱就縛叉側自安寧王貢彈冠起
皐夔接跡弁草茅忻慶幸葵藿效傾誠鵠刻彤墀

綴鵷香粉署榮馮唐未老日汲黯此生情社稷金
湯固謳歌雅頌聲頤言從犬馬報國重瑶瓊

駕出視牲

大寳飛龍日圜丘饗　帝時犧牛尊大卜路馬正
朝儀露肅南郊道風清北斗旗光依　明主近喜
溢小臣私郎署未爲老　帝鄉今有期從兹風雨
順天保頌周詩

贈劉僉憲

高節澄江漢清朝起隱淪外臺新使命柱下舊王
臣騏驥終先路豺狼久避塵夏變時懷骯髒抗疏挾

嶙峋雲氣浮雙闕風聲動八閩長安非遠別炎海正須春

河上逢唐守之學士旅櫬

咄嗟唐學士素幔忽東歸逆旅驚廻棹傷心淚濕衣龍頭一代選鳳翮九霄飛咫尺台衡近經綸事業遠聖明耆彥失吾榜故人稀史館紹遺稿文光照落暉

壽秦鳳山大司徒五十韻

丹丘文鳳翥翔特秀晉陵岡嶽降扶輿淑弧懸間世祥由來賢者出自是國將昌德美圭璋器胸藏鐵

石腸盡推才練達豈但藝詞章昔挨俊髦選名高
鴛鷺行地曹前輩重漢署白眉強憲節馳河洛文
衡典校庠菁莪含雨露桃李出門墻齊魯聯藩翰
湖湘歘激揚風行清海岱霧掃正綱常士起瞻依
斗民歌蔽芾棠甫中周道重召虎德言昌世啓中
興運天遺大老康　聖明登寶極耆舊集巖廊月
照貳卿位星躔　帝座傍元寮交協洽邦計值徬
徨贊畫殊無爽經綸妙有方驅除狐鼠食療愈腹
心瘡下屬叨愚輩于時竊末光教言頻縕綣恩意
實汪洋朽質蒙生氣蕪辭録寸長執鞭方蹭蹬效

轍忽參商公擢綏南甸余憂滯故鄉秩宗聞揖讓
戎務復張皇　眷眷懸思切輿情注望忙九峰頻
薦代八座共歸望入轉司徒正旋臨舊省堂近瞻
堯日月再補舜衣裳斗柄尊喉舌承明聳棟梁愛
君心愈赤謀國鬢俱蒼范老憂先急裴公望遠彰
已知經濟大眞見股肱良二品崇階陟三年奏最
敭　綸音來渙汗華誕際輝煌泉府頒繒鎰天庖
下餼羊六旬新甲子九月慶重陽雲表椿逾茂籬
邊菊有香秋容非冷淡晚節更芬芳玆日還重拜
舊恩何敢忘吐餔揖姬旦入幕老馮唐鴛鷺思鞭

策樗材費斧戕登龍懷報玖舞鶴效稱觴蘭茝堪
紉佩松筠耐雪霜中台五夜現南極一星芒元氣
苞無外春風樂未央箕疇增永命禹貢履康莊何
處覔三島吾心囿八荒恩波終不竭壽域更無疆
擬作風謠獻深慚草野狂

奉賀林泉山先生三十韻

元老明時傑天官間世人三朝逢泰運八座見名
臣巖石瞻師尹嵩高降甫申應知天所畀獨得氣
之淳蚤入英賢轂爭看廊廟珎經筵躬啓沃翰苑
密絲綸帷幄參機務謀謨秉國鈞勛名彝鼎上德

望海陬濵蕉鹿忘清夢尊鱸脫要津歸歟明且哲允矣壽而仁詩酒愉皤髮林皋岸幅巾一門榮四代八袠邁三春緑野裴公宅燕山竇氏椿安危仍繫屬老大更精神　明主優隆舊藩侯得侍親有司存厚典盛事動全閩薇省斑斕舞蘭堦錦繡新庭前浮瑞氣花下遇清晨遶座鳴絲竹登堂列縉紳百年唉蔗境萬里謝楓宸今古應稀見江湖誰與倫雕虫慙晚輩駑馬躡芳塵忝附賢孫驥同攀盛世鱗懷賢常拜手憂世未舒顰秖爲浮名累翻教天性淪衘門尋舊跡甕牖笑清貧山斗瞻依久

光輝照耀頻爲公長致祝多福自駢臻愧乏先容
具猶爲後賀賔聊將黃綺曲徵效獻芹眞

上陳希白中丞三十六韻

遠征事燕冀倦馬下錢塘訪舊中丞宅追歡故老
鄉廣帷深複道邃閣轉廻廊碣石嶙峋出山雲逶
迤藏西湖春雨媚南國早花芳徐孺下高榻彭宣
到後堂一尊談濶別千里慰凄凉躡磴庚樓曠嶢
空胥麓昴門庭無俗韻地望有輝光勳業留青簡
恩休寶御章閫中存峴首河内説卋棠定國名揚
漢裴公身繫唐要津多睊睊晩世恁遑遑衢路横

豹虎雲天逝鳳凰暗塵徒閉目夕露易沾裳出處
亦何計驅馳有底忙歸來羨未老相見意偏長緬
昔風雲地掄才翰墨場青衿慙首薦金馬侍班行
回首十年近食恩何日忘未酧青玉案空負白琳
琅渤泗中途變閩關舊業荒飄蓬生計拙極目旅
懷傷八駿迷清蹕孤舟客異方憂時憐賈傅覲進
似馮唐抱膝驚髀肉開函惜劍鋩乾坤尚蕭索江
海故漂颻鷹隼思霄漢鴻冥失稻粱別來歡會面
對此寫愁腸驛騎傳邉信　鸞輿歸正陽自茲三
極定莫許四夷猖與發顰俱破心翻喜欲狂呼童

買鄰醞對婦說行裝覽鏡看雙睫濟川須一航林間公獨樂天畔我將翔聚散匆匆意臨岐思渺茫

大悲寺次鄭少谷韻

故人萬里去倦客亦思休悵望滄洲遠遲迴野寺遊閒雲依淨土爽氣似清秋霄漢慙孤鳥人天憶白牛哀詞長激烈歲月秪淹留擬約鴟夷棹滄波天際流

謝活水謫泰州病中缺爲面餞情見乎詞

謝安今去國小郡大江湄芳草牽離别青山足護持功高多不賞心苦竟誰知已見豺狼避翻成薏

苡疑浮沉塵土夢去住世情悲獨抱傷秋病深憇出餞遲長沙非遠謫宣室有歸期一曲廣陵散天涯慰所思

采石謫仙樓

采石青山上滄江牛渚磯謫仙遊釣處山水有光輝自昔騎鯨去何年捉月歸天才本逸宕詩思妙仙機風月寄湖海乾坤一範圍英雄不世偶偃蹇亦多違落魄夜郎道飄零宮錦衣達人玩世故高鳥薄雲飛而我投荒去登樓望翠微蕭條不同代日暮采芳菲

初至分寧述懷

聖恩元不薄羈我此江山翠壁含秋興晴川盪旅顔濂溪芳草地山谷白雲關酌水羞蘋藻褰裳掇茝蘭鵬摶初鎩羽夔屈且投閒敢作懷沙賦空歌行路難南來頭半白北望淚雙潸伏驥思千里燒丹費九還陸沉仍自惜心折未全闌宣室憐蔚菲長沙或賜環

贈陳蘊翁二十韻

蘊翁年八十而我丈人行憶泛澄江渚言過珠浦堂笑傾樗社酒醉藉芰荷裳沙暖狎鷗夢草深語

麝香桑榆明暮景松菊邁秋霜剡曲王猷興鹿門
龎老鄉釣舟歸夜月漁父詠滄浪玩世憂何事貽
謀足義方大郎傳稼穡仲子達文章玉樹凌雲起
瓊枝聳鑿長承家眞不忝積慶自流芳念我藏身
拙迷途轉徙忙江皐餘病骨嶺表促行裝忽報仙
舟至來追祖道傍翻令吾抱愧喜與爾相將拜起
優無恙精神老更強古風殊汐穆遠別共徬徨骨
肉佳兒誼星文吾道光天開神驥出星漢大鵬翔
求結通家念侑山歌未央

上嚴介谿冢宰五十韻

吳楚開靈秘明公獨際時豫章楫降嶽彭蠡迴瞻
淇天運豈無意人文應在茲五齡能屬句七歲輙
成詩騕褭元殊步鸞凰自不羈明經超漢彥射策
軼唐詞孝廟焚香祝眞才入網縻明光抽彩筆璧
水擁皐比通籍先朝遇周行　聖主知粵南宗國
命郢上顯園祠吊古山川覽觀風節鉞馳忠勤惟
自靖寵眷每深垂北斗標喉舌南都振羽儀秩宗
弘大典元宰摠諸司八座經邦日三年報政期霜
清開匣劍心赤向陽葵鵷鷺歸仙列羔羊詠素絲
星辰高躡屐黼黻耀褰帷待漏開金鑰端圭上玉

墀王言温晉接臣悃切乾思前席意彌感拜麻恩
必滋勖名卑管晏事業比臯夔昨夜文光動中台
法座移人皆望司馬世已重韓琦國步雖無恙天
心未底夷災祥頻見異反側尚多疑饑渴思霖雨
調和屬鼎爕格心無外事濟世在人爲元氣須培
植太阿休倒持經綸今已具輔相豈能辭鵬翮乘
風便鳳鳴爲世奇豈惟賢夢卜坐見致雍熙握髮
知公久曳裾慚我遲耿躬窺甕牖迷路苦藩籬嶺
海昔飄泊風塵空咄咨敢云於世忤秪爲此生悲
賈傳情堪諒任安義匪虧身雖頻轗軻道幸未磷

緇每讀鈐山集曾過秀浦湄流傳剩膏馥沾潤得
糠粃邇竊登龍喜深符仰斗私蕪詞徒伎倆盛德
費噓吹倒屣延王粲逢人說項斯何緣經品藻已
幸遇鑪錘短髮惜將暮壯心知未衰夤緣餂倚玉
夢寐亦含飴詰旦公車出何年倦伏隨江風颯朱
夏雲翼望脩逵感激意何限攀翻如所之赤霄扶
日馭遠照定無遺

登燕嘴磯

江行山不斷高嘴勢如飛龍象浮明鏡黿宮動翠
微煙波空萬里秀色匝重圍步屧緣厓轉軒牕架

崟巍雲深花雨逕露冷芰荷衣眷眷維舟意吾將覓釣磯

辰流道中

楚封行欲盡黔嶺路何長曉騎衝辰水昏鴉噪酉陽由來流有芷不是鴈來鄉參井連天險牂牁出鬼方蠻兒負筐果苗婦種畬糧日月猶中土山川本異疆身頻臨嵲屼眼遍歷蒼茫豈惜窮途暮仍看短劍光繫誰銅柱表千里照遐荒

東苗山中

入山經圻峽吁駭見巑岏霧隱蛟螭黑風嘶虎兕

塞地偏多異俗天險亦奇觀野宿驚多壘煙屯肅
百蠻撫躬慚化理抱病敢偷安萬里棲棲意無歌
行路難

陳虛窻中丞枉顧奉贈二十韻

蕭肅中丞駕迢迢過草堂別經二紀許行各六句
強念昔官民部論心遇職方天衢聯馬足漢署竝
鷄香青眼欣相顧丹心耿不忘曉鍾陪鵠列仙仗
拜龍光　先帝屬兵革　今皇恢紀綱交期思稷
契許國邁虞唐豈謂萍和梗遂成參與商雲泥一
相失川路邈何長公起登卿執吾遷出夜郎年華

空冉冉消息兩茫茫今夕何夕茲鄉是故鄉雪
舟移剡曲花徑逶迤柴桑拄杖尋幽壑登山俯大荒
嵐光侵坐榻野翠接飛觴轉眄驚猶夢傾懷喜欲
狂林丘經品第蓬蓽頓煇煌後會應難卜先聲已
久揚　明廷召司馬早晚直宸章

贈劉帶川中丞三十韻

閩藩雄海上赤縣控鯨波秪玩承平態翻驚變幻
魔蠻煙轟小醜夷島閧諸倭雪焰腥氛熾凶濤殺
氣磨旄倪悲慘白骨郡邑莽黃莎　當宁撫髀急焦
原側足囉兩懲開府去獨注帶川多津甸挺名秀

殿廷掛甲科先聲播吳越正氣亘星河策馬從天
下颺旗拂海摩總戎令吉甫方駕豈廉頗伐鼓晨
看劍鳴笳夜枕戈威馳諸澳寨令肅大洋艖神駿
追風逸僕姑掣電過攙搶滅形穢魍魎遁么麼八
郡瘡痍復三山翠黛栽祥風千里迥炎海百神訶
徃歲流餘孽吾鄉痛舊疴感公提雪刃為我淨雲
窠獸彌填山谷狐奔入網羅犁鉏旋故隴雞犬認
荒坡老拙欣無恙顛連幸靡佗白頭深仰戴青眼
重摩挲未效報瓊玖空憐葺芰荷偶聞徵命下無
那去思何公起登台輔吾安卧薜蘿邉庭一灑掃

霖雨定滂沱遠海看銅柱中天仰太阿别離思惻
惻拜舞咲傞傞潦倒輸芹曝春風助凱歌

送陸邑傅解官還粤

詰旦出西郭芋江花雨天徬徨辭講席惆悵發離
筵白日猶遺照青山秪自憐也知元亮徑不負廣
文氊吾道本無恙師門仍有傳予家叨禮樂諸子
頼磨鐫宿昔蒼梧夢年来白雪篇方聞出谷鳥忽
報歸湖船老我驪駒詠看君鶴背仙從兹謝塵鞅
雲外影翩翩

人瑞翁詩集卷之八終

人瑞翁詩集卷之九

閩中百二歲翁旗峯林春澤德敷譔

戸部右侍郎男應亮編

邑後學林文卿王湛校

七言律詩

東山別業

君家移住青山前考槃不見碩人篇流水有聲雲卧處落花無數鳥啼邉秋籬鄰叟嘗新釀春雨農人告早田獨怪韓彭威漢楚不知松子是神仙

春日江村

茅舍緣江種竹稠，柴門雜竹對江流。草迷徑路黃牛出，水沒沙灘白鷺浮。農耒破雲移別隴，漁罾曬日集滄洲。近來再見江村路，更覺江村事事幽。

釣龍臺二首

偶停舟上越王臺，滄海桑田亦可哀。千古白龍天上去，何年黃鶴月中來。長江日暮潮初落，野樹春深花亂開。爲問無諸秦漢舊，古祠殘碣半莓苔。

千載無諸江上臺，釣龍人遠不勝哀。雲山西拱迢迢去，江水東流滚滚來。漢代衣冠今日別，海濱鄒魯古蠻開。傷春弔古東風外，獨向巖頭坐綠苔。

次韻答林松崖

喜有青山慰索居却悲白幘入秋初江天碧落孤飛鳥池館蒼茫自躍魚北望傷心遲鴈侶西巡何地駐鑾車中原不盡關情事獨向風簷展舊書

歲暮寄京華舊遊

咄咄山居又一年白衫芒屩足風烟天寒落木疎林下歲晏孤亭短日前漫折野梅思遠寄愁看隴月向人圓三邊消息今何似時向西江問使船

山間積雨

山居信宿曉烟沉洞口殘春野草深積雨熟梅黃

落地和烟新竹逕成林三年涕淚雙蓬鬢千古英雄一繫心直北長安何處是浮雲盡日外重陰

閒中憶鄭少谷草堂

獨上孤亭憶草堂野雲度峽望微茫鷓鴣啼歇山橫雨白鷺飛來水滿塘病起尚緣詩思瘦秋高偏爲客懷忙翠旗峯下吾廬舊何日林陰掃石床

秋日入城留別

無諸城下海雲流野色山容動客愁萬里風塵燕市夢三年涕淚越江秋囊空去矣悲行役歲晚悽其抱世憂零落壯心秖依舊西風慷慨拂吳鈎

水口夜泊

驛樓殘月送溪流山下頑雲晚未收歲莫江湖勞客夢夜深風雨亂鄉愁西征未返周王駿北望空歌甯戚牛何處野鷄啼太早孤蓬起舞拂吴鈎

元旦憶弟并示亮子

畫迹今日逢正旦江漢何歸鬢欲踈不見阿咸來守歲獨憐驥子會攤書每緣白晝看雲起況是青春學禮初我已迂踈名位晚年來事業汝何如

遊西湖净慈寺

春深湖上水光遥湖色春容迥自嬌花隱禪林迷

谷口雲生官閣倚山腰飄零杖屨逢三月蒼莽風烟暗六橋田首畫船歌舞地桃源莫爲說前朝

釣臺

翠𪉟層臺瞰碧流江山今古自悠悠半衾蕭灑無心着鳳詔聯翩有意求　帝座一星光五夜漢家九鼎重千秋蘋花盥洗登臺去一道溪風上客舟

登金山

中流鼇背凌空碧萬頃龍宮杳混茫今古波濤限南北乾坤形勝表荆楊六朝花草夕陽外兩岸風烟飛鳥傍獨酌中泠鮮愁結妙高臺上足徜徉

登焦山

海門浩渺青山寺不見當年焦隱居江草江花渾
汗漫山雲山鳥共蕭疎天涯落日隨陳跡洞口清
風薄太虛瘞鶴舊銘何處覓滄洲惆悵采蘼蕪

送表兄陳時勉移官平陽

天末商聲動素秋蓬萊宫闕莫雲愁風塵顔色見
兄弟江漢心情悲去留崎路不妨仍吏隱好山相
接是閩甌大家已喜東征近百甓能分北顧憂

秋興七首

層陰迢遞苦迷空八月黄沙吹朔風鬪塞極邊悲

草木羽書昨夜過崆峒何年克汗全歸欵此日嫖
姚盡總戎千里華山堪放馬廟堂不用賞邊功
西海凉波飄素烟堞樓鍾鼓曉昏闐雲深宮闕稀
聞珮風急關山有控弦欵欵祭公心獨苦茫茫金
母意相憐一枝棲息艱虞日萬里飄零歲暮天
黄蘗行邊劍戟稚清霜白草肅秋容莫砧正徹陰
山月曉角長悲瀚海烽天下軍儲肥社鼠江南都
邑鬬妖龍高城望斷風烟路回首南天鄉思濃
西顧燕然勢鬱蟠天驕牧馬擺輕鞍秦關百二空
云險蜀道勾連亦未難幕下紆朱多鈗首城頭到

弩少材官階庭獨立心如搗木柝聲中白露寒
長河檉柳净風條北望天山氣泬寥但使大原歌
振旅敢聞東海悔征遼蹉跎歲月心空壯夢寐江
湖魂未招却憶　先皇全盛日諸公染翰侍清朝
瓊島平臨太液池西山潞水遠逶迤清霜一夜菰
蒲脆白鴈數聲厓壑悲幽薊塵飛多魍魎江淮水
溢重瘡痍青袍朝士傷心日瘦馬長安有所思
天末烟塵苦不開商飈拂地早寒來滄江不見陶
潛菊荒草猶依郭隗臺北極有時還氣象東曹退
食漫遲回中宵獨步看牛斗長嘯秋旻月色哀

至日陪祀長陵

崖壑風高動九阡鼎湖龍馭起層巔山河不改文皇德臣子猶思永樂年隂殿月寒松檜影大常夜寂鷺鵷聯黄金臺北悲歌地萬載雄圖壯故燕

月夜

中宵冷絶散情光客思蕭然寒漏長汲黯無縁能悟主馮唐寧恨晚為郎窮年絡繹秦關戍拙計留連漢署香干羽兩階何日見夔龍憔悴立巖廊

聞大駕還蹕

大駕傳聞自陜還青春夜色破愁顔星環北極中

宵正月照東華萬井看衛士且抛金鎖甲將軍須
閉玉門關便隨畫省夔龍後日侍彤墀鴛鷺班

春日偕僚友出郊

朝陽門外近城村六里平蕪青草屯春煦香雲祇
樹暮風嬌野鳥谷聲繁每憐曼倩依金馬猶作山
翁醉習園笑把杏花對寮友還慙心賞負乾坤

潞河雨望

嬾雲殘雨暗滄洲回首長安驚早秋易水悲歌千
白日燕臺蹤跡落荒丘千年光岳關人事五月江
天送客愁物色蕭條行役裏却迷江漢一歸舟

中秋清源公署

萬里秋光旅夜清空庭倚杖轉傷情月明偏照干戈地風冷惟聞皷角聲東海魚龍俱寂寞南枝烏鵲尚飄零天衣欲把恩無力愁絶長安北斗城

行在所九日進菊

細梆風高飛翠華軍門九日進黃花平生犬馬空懷抱歳晚漁樵未有家霜月夜寒明劒戟稻粱秋盡叫烏鵶登高勝事可腸斷何處龍山天一涯

贈王明叔移官河東

吳門暮雨憶相憐濟北逢君倍愴然宣室未能留

賈傅河東猶喜見延年黃雲日瞑虛齊壘白鳥風高度隴川莫厭尚方雙舊舄飛鳧早晚到天邊

宿野人土炕

清霜滿地月在天夜隨屬車不得眠道傍野人土炕煖爨下童子芻薪燃一夢驚魂苦躑躅五更走馬聲喧闐書生歲暮見兵甲汝輩那得安桑田

春霰

歲陽載動春事微陰雲作霰日霏霏野田黃雀飢不食庭皐獨鶴鳴相依鬱鬱齊闕未得去寂寂燕臺何所歸故園春花已爛熳安得羽翮凌風飛

陪諸公遊清源西郊

日薄林霏風色柔西郊正及暮春遊鶯花汗漫人如醉岸圃蒼茫翠欲流舉目江湖同是客側身天地不勝憂燕鴻南北無消息芳草王孫怨未休

華嚴寺奉飲諸公

野寺春深草色齊僧房小飲共招携諸天净土空龍象古樹殘花落燕泥時事多違吾性拙風波未定有生迷遠公久約陶元亮定入廬山過虎溪

送翁繼榮之潮陽

河上匆匆遇客船時髦多落海雲偏遠天悵望烟

塵外故國艱難滹滾前風翮畢枝聊自息霜蹄脩
道更高騫羅浮饒引江湖興未是潮陽路八千

華嚴寺留別用舊韻

經年塵土爲居齊今日離筵復此携雨霽鍾清滄
海月花飛履印緑苔泥未酬范蠡扁舟願苦望周
王八駿迷我有祈招何處達問津羞向武夷溪

送李道夫令曲江

大庾之南山水都晴空一鴈向平湖地連楚越風
烟瞋天入羅浮海月孤茂宰清秋鳴去騎尚方他
日候飛鳧開元賢相嵩高地莫遣芳椒暗緑蕪

秋望

西風搖落井梧秋紫塞黄圖暮靄愁驫馬遠嘶江海意饑烏争逐稻粱謀百年許國夔龍後萬事違心屈宋憂白下天寒芳草歇凱歌未見到燕幽

秋日陪諸寮同王周二將軍飲田氏園

出郭天高野翠明徵君苕逕遠相迎羽林虎旅雲間出漢署鷄香風外清亭榭晚芳含碧落關山秋氣逈滄溟市朝喜與丹丘近暫借閒中吏隱名

次韻答陳天游

懶心幺負水雲遊白鴈聲寒復莫秋清夜偶陪徐

孺楊危時合借子房籌風塵瘦馬空馳逐江漢迷津問去留海上波濤猶作悪歸帆何日向安流

崔中使園亭宴集

中使名園折簡邀小橋陌上馬蹄遥赤城臺榭臨芳甸玄圃笙鏞下紫霄秋色遠山椎氣勢歳寒吾道未蕭條不愁夕露沾衣濕風外驪駒引興饒

潞城答汪白泉

濟北風塵秋夜别江東旌節隔年回萍蓬老我憂時病戎馬憐君濟世才三輔凱歌還玉輦百年勛業上雲臺潞河皷角霜天冷笑見征衣眼獨開

潞城軍中

燕臺一望四十里潞水猶屯百萬兵白雪關山天地凍黄塵道路鼓鼙聲歸牛不入桃林野戰馬空嘶細柳營去歲戎衣今更着許身深愧負平生

挽范允卿給舍

歸朝不見范純仁隣笛淒然思故人回首六年青瑣夢傷心萬里素車塵相如卧病何由起屈子沉憂竟未伸目極天台雲霧裏薜蘿洞口憶劉晨

寒食二首

萬里驚逢寒食節一春半是旅愁中關山芳草年

年緑榆楖新烟處處同綿上未銷千載恨漢宫獨
道五侯功悲歌猶立燕臺上日莫東風更轉蓬
城邊嫋嫋楖烟低城外荒荒霧樹迷岐路出門渾
未定人家上塚各相携故山松栢江湖泪朔漠風
沙草木凄春色已驚三月暮生涯轉愧一枝棲

田氏園觀牡丹

萬里傷春繫客懷清狂今爲看花來東風故着繁
華媚青眼聊隨熳爛開國色不嫌依散地野情饒
得放春杯宫中不見清平調自幸無如太白才

公亭午憩

巾幘塵埃苦未清懶心已自厭逢迎杜陵不道含
香賤阮籍從來玩世輕治粟無能堪補拙逃名有
禄代躬耕槐陰轉午公庭靜散步遲回足野情

暮春偕諸進士遊田氏園次舊韻

玄圃春深灌木清采芳逆爲故人迎澗分野水芹
香遠風捲晴絲燕語輕群馬不愁淹冀北眞龍今
見起南濱周宣漢武叨逢地麟閣須君並立名

早秋登昌平城樓

城上高山淩紫清山城氣候早凉生居庸南去蟠
三晉天壽西來奠七陵秋興又窮湖海望帝鄉

獨轢古今情登樓不道非吾土何處林端蕭瑟聲

昌平懷古

秋早邊城無伏暑夜深庭樹起涼風月明烏鵲羈棲地天逈關山感慨中抗疏深悲劉諫議劉蕡昌平人荒村猶祀狄梁公年光荏苒身岑寂聊采蘋花慰轉蓬

居庸關

山椎雉堞削芙蓉遠客來時秋氣濃風壑怒號嘶虎豹雲湫洶滃蟄魚龍乾坤自闢華夷限形勢眞成百二重昨夜攙搶下東海陰山不報夕陽烽

喜鄭少谷青野堂成

茭湖青野草堂新萬里雙魚慰我眞錄事無貲堪寄遠裴公未老便投身紅塵走馬嘶羈旅滄海冥鴻哄弋人天上春風正遲汝白雲他日結芳隣

夢中懷鄭少谷得江上漁舟忘歲月雪中鶴氅似神仙之句覺而足成

塞雲飛鴈下遥天旅夜懷人入夢邊江上漁舟忘歲月雪中鶴氅似神仙南宫文物思前輩北塞風塵異昔年木柝凄凄霜月裡故山何處意蕭然

旅夜

北風蕭蕭柝聲急霜天旅味寒更清往來戎馬一
回首此夜關山空縈情北斗星辰光不定南枝烏
鵲夢猶驚幾回伏枕聽殘漏病骨支顱卧月明

早朝

景鍾聲下動天閽仙仗翩翩兩掖分黃道正開新
日月赤霄未散舊祲氛垂衣側想唐虞治謀國深
慙董賈文咫尺　君門疑萬里每從班後戀　明
君

林榕江席上次韻二首

愛汝招尋笑語歡夜堂高宴聚騷壇塵踪萬里俱

為客月色中天不自看燈下對棊陪謝傳雪中攜
酒醉袁安碧山夢寐松筠老更與相攜共歲寒
欲理絲桐結所歡風塵不見杏花壇天涯泛梗渾
難定月下清樽合細看湖海有情吾道在廟堂無
恙客愁安夜闌秉燭休疑夢更喚郫筒破曉寒

孫九峯大司徒晚節園次韻

八座光中近　聖顔高情不改舊青山丹心霄漢
經綸地白髮雲林氣象間鶴嘯風聲秋宇迥松撐
虯骨老鱗斑蓬萊喜見夔龍集定有虞廷鳳鳥還

秋曉候朝

遠天淨洗露華滋碧月寒光浸玉墀金闕曉開青
瑣闥鐵衣夜直羽林兒晨星影落銀河淺朔漠風
高紫塞悲聽漏不堪蕭颯意衮衣何補　聖明時

九日舟中

潞渚波光漾客舟東行喜接故人遊江湖汗漫黃
花節蒿荻蕭踈白鴈秋天肅風雲清海嶽日高宮
闕照燕幽佳辰况值皇華地自笑馮唐漸白頭

天津夜泊

海樓鐘動暮雲停賈客鮫人集市腥帆影北來燕
月冷鴈聲南去楚天青徃年戎馬心仍折長路風

煙意獨醒行色又看隨彩鷁浮蹤端合任飄萍

喜漕河水漲

秋盡漕渠水脉深愁漕卒困行舟岱宗夜足蛟龍雨汶上源平河漢流踈拙敢云勞國計　聖明眞有格天休千艘帆影煙雲杪獨詠蒼茫散百憂

安平廟登臺

行役愁腸鬱九廻琳宮深處晚登臺徂徠秋水從天下鉅野寒凫帶日來北望燕都清朔漠東環瀛海接青萊登高極目風煙迥懷抱緣渠一好開

送楊舍人南還

華裾虎旅擁天閽君獨遅廻司馬門彈鋏不須悲
壯士登壇原是賤王孫鴈聲遥度霜前月鷗夢初
回海上村三尺龍泉謾輕試封侯多少起從軍

登太白樓

城上飛樓控混茫謫仙風月有輝光大觀天地詩
餘事高出塵埃酒外狂皃嶧遠山明去鳥青徐平
野入斜陽風煙極目更懐古歲晚登臨引興長

清源別黄道卿

衛水津頭繫客船相逢兒復是離筵壺山風物多
歸興漢署聲名最少年六載煙塵勞我夢五更霜

月送君天春來亦把滄江釣九鯉同尋眞道詮

青縣公署次范以和侍御韻

歲暮春馳車入小城塵勞何處問蓬瀛朔風曉東黄河合滄海天空碧月生燕壁秦關多俗駕箕山潁水有清名終乘一棹滄江去秋晚東籬掇落英

贈林榕江之留都

燕雲薊樹鬱蒼茫三月樓船下建康故國弟兄非異姓春江風雨偶連床两都争重班生賦十載相看漢署郎君到鳳凰臺下日泉山遺愛有芬芳

潞河舟中答林榕江

紅顏知我漸無緣幾度灣頭記歲年春色入江惟涕泪客程回棹又風煙飄零雲外下孤鳥羞澁囊中看一錢幸有弟兄慰岑寂新詩獨與病夫傳

寒食日楊村阻風

江館沙村倡去年風波今日阻歸船春深楊栁催寒食野外人家不禁煙風鳥寂寥悲落日愛君飄泊下遥天天涯風色何時定故國青山思渺然

山中懷高宗呂傳木虛

索居獨嘯山之中不見美人心忡忡鸛鶴風聲相倡和芷蘭露冷還菁葱北山移文秪自咲南郭子

綦誰與同出處遲廻歳云莫踃來河上問行蹤

答沈子公憲副贈別

卧起晨光開甕牖形容今覺不如前合依釣艇歸湖畔䙰䙰星槎望斗邊汝上相逢懷白璧海濱又喜見青天關河北望驚漂泊獨有丹心佀徃年

邑江會林遷于比部別蔡半洲黄門

出山又買遠行舟白咲推蓬起白鷗撫世事機忘不早衰頹蒲栁感先秋西臺慷慨同舟意青瑣殷勤爲國謀珍重兒曹護松竹絜蓬聊就便滄洲

重過陶園

歸來堂上聽談玄曾憶招遊十載前往度寒梅飛
雪裏今來紅雨落花天江湖歲月秖成夢丘壑烟
霞深可憐更向陶園覔三徑得從五柳問眞詮

田用周邀飲西觀林遷于黄兆見同會

碧桃錯落玄都觀載酒招携有故人夜雨溪山生
氣象春風冠蓋聚精神煙霞倚劒憑高閣江漢乗
槎問去津爲語緱山王子晉好留笙鶴待尋眞

訪方棠陵入金川途中

棠陵舊隱白雲岑剡曲孤舟爲爾尋胥胥谷風吹
水氣嘈嘈溪鳥弄山音三花洞口吾將採萬壑源

頭此最深江漢未遠千里約萍蓬聊慰百年心

棠花館方棠陵將依靈山築館命予賦之

春風是處有棠梨山郭能無隱者棲蓮社好開靈鷲麓草堂須近浣花溪薦書屢入中丞槖徵辟休教使者迷館下清陰留一榻野人早晚願相携

萬閫帥邀飲洪氏山亭孫憲伯同會

湖山小島臨華屋劍佩高懽惜別筵座合總戎雲鳥陣春回憲節雪霜天逕深亭樹花陰外臺迥笙歌夕照前江漢風流應不減萍蓬懷抱各相憐

遊西湖六橋

青山郭外馬蹄遲乘輿看山過六橋天淨水光晃

鷺鷥雨晴野色芰荷嬌蘇公堤上春仍舊武穆墳

頭恨不消十里煙花湖上路尋芳懷古思飄搖

同歐陽祠部登北固山劉郡伯送酒至

背郭青山遮女陴東南蟠據大江隄海門日射滄

溟濶貝闕天空碧落低龍起關河三輔靖鳥啼花

草六朝迷春曹幽興同懷抱刺史清樽隨杖藜

齊關公署舊植小槐四本數載成林感賦

昔年手種初盈把今日成林高幾尋橫枝盤糺自

交翠密葉掩映多繁陰轉午已爲公庭庇清風如

會主人心闗門舊事緫棊局爲爾相看意獨深

侯朝

御宿深宵直羽林禁城秋氣向蕭森五更趨走隨

堂侯十載瞻依戀闕心重入班行稀舊識自驚衰

朽惜分陰清曹未遣馮唐老會聽雲廷鳳鳥音

簡張崑崙

風肅金天日夜晴西山爽氣泬漻生古臺不見燕

昭客小榻長懷孺子情玩世太玄何日草尋眞高

蓋早時傾漫隨輿馬遊方外憐汝巢由傲　聖明

送謝惟善明府之龍川兼懷乃翁太平守惟

盛

愁結秋陰紫陌氛天涯憐汝復離群一琴漫哭移

三邑雙舄還看到五雲霜葉鴈聲行嶺外山花雨

色動江濆黄門難第今馮翊竝紀循良漢史勲

送龎將軍遊浙兼憶孫從一

故人裘馬每相憐忍對黄花惜别筵白髮交遊半

湖海青萍意氣薄雲天幽燕自古悲歌壯吳越年

來風雅賢南去好音憶孫楚看山湏寄白雲篇

秋盡感懷

薊門秋盡日蕭條宋玉愁魂不可招風迅得時鷹

隼急露晞遺恨蕙蘭凋傷心故國悲雲漢挾策何人問繞朝羸馬東曹塵冉冉碧山南谷望迢迢

聞故園苦旱寄汪白泉

越城消息近何如雲漢深驚有報書萬口饘糜向誰哺　九重宵旰賴公紓桑林側望心仍苦杞國懷憂計未疎燕市風塵愁絶處旗陽萬里白雲居

十月望夕奉邀高文溪侍御龔雲岡大史會餞陳南巖户曹還留都

霜夜小堂緣客掃燕京冷月向人圓相看皓魄一杯酒豈愛青銅三百錢驄馬近回畿甸轡龍顏新

動玉堂儤南曹已奏明光最鄉里而今不乏賢

次夕復會蔡半洲給事用前韻

萬里羈孤寒夜月清輝仍似昨宵圓且憑斗氣看雙劍未羨侯門食萬錢中允聲名傳左掖杜陵衰白問醉仙十年更忍憂時淚青瑣飛章羨汝賢

冬日遊天壇次范浣溪韻

丹鼎宵成煑石煙天門深繞玉驄鞭五城樓闕參差見三輔關河枕帶連嘆世未應浮海日尋眞久負買山緣十旬載酒乘休暇屬和何如白雪篇

省中對雪次范浣溪韻二首

景鐘聲動散啼鴉天女回風剪六花陸海緇塵空
色相瑶京樓閣動光華對君省署棲棲地憐我江
湖處處家想有豐年慰宵旰不妨衰鬢寄天涯
獨鶴不肯隨群鴉氷廳舞雪殘瑶花客意衝寒度
芳絜窮愁泥我驚年華翠旗峯前舊茅屋黄金臺
下非吾家歳深獨茵侵雪盛長鑱白首山之涯

立春殿廷侍班和范浣溪

東郭鞭牛簇仗來立春京兆獨登臺　鑾輿警蹕
清三殿干羽簫韶動兩階夏正日團姬嵤虔尭廷
曉報瑞蓂開小臣拜賜金花勝喜帶爐烟滿袖回

送丁進士使陝右便道省親

使君新折瓊林枝東風駟牡下天逵渭曲秦川渺行役隴屯羌戍破愁眉綵衣暖近庭萱日布被夢回春草池弧矢不違桑梓念經綸還許識皐夔

左官南昌留别同省寮友

阿閣天高鳳不鳴玄都春夢碧桃榮南昌仙隱尋梅尉西漢公卿薄賈生九折暫須迥峻坂餘風猶足籛滄溟香鑪伏枕相違日不盡迢迢戀闕情

舟發潞河

去年控騎上灣頭今日灣頭復買舟薄劣省郎歸

漢署倉皇逐客下江州生涯飄泊雲邊鳥浪跡浮沉水面漚心事謾勞漁父問清狂不作楚騷憂

舟下楊子江

咄咄南登江上臺江頭日暮使人哀曾聞嶺海多遷客未見風塵終棄才返照斷虹收雨去夜潮隨月度江來燕雲薊樹三千里天末孤臣首重迴

池口晏公橋晚泊 時初秋新月北風助帆馮東沂兄聯舟夜坐喜作

九華山色瀨江秀日暮小橋維客舟喜見好風從北下卻驚大火又西流炎荒不惜飄零去青眼相逢汗漫遊看取舊時殘月魄清光今夜復如鉤

秋夜答王曰明郡傅

夜堂深坐玉繩移寂寞孤城有所思楚樹月明烏鵲繞吳江風冷鴈鴻遲飄零去國慙唐介避近知音見子期白水青山秋色裏不妨棲息一枝時

呈周來軒少司寇

鳳凰山下草玄廬相見應憐相識初故國未忘青玉案秋風喜接白蒐裾貫城金掌升卿月執法鈎天近帝居海内蒼生望元老豈容閑釣楚江魚

贈别同年查北村

秋風摇落艾城邉岐路相違倍愴然楚水閩山同

是客海隅嶺表未歸年弟兄十載知誰健氣節平生覺汝賢粤下故人如問訊窮愁不賦弔湘篇

遊南山寺

艾城南擁青蓮宇峭壁高盤祇樹林曇磴散花僧禮畢石門拄杖客來深登臨漫到眞如境放逐還看不住心未許遠公結三笑薄遊暫過虎溪陰

登冠雲亭

一上孤亭凌縹緲俯看萬壑散氤氳飛蘿倒挂青霄月絶壁長留太古雲脩水遠隨鄱水去吳山近與楚山分謫居不厭清狂興擊石高歌日未曛

暮秋病中

索居伏枕卧山城，肺氣秋高苦未清。多病早緣蒲柳質，不才晚玷縉紳名。浮雲天上須臾變，流水灘頭日夜鳴。欲賦招魂酬宋玉，西風蕭颯若爲情。

九日鳳凰山登高州傅士諸君携酒至

羈思秋來頗自寬，鳳凰臺上散愁看。瘴消艾子山光暮，風動旌陽劍氣寒。開口且隨黄菊笑，放懷更盡白衣歡。酒酣猶記燕歌調，慷慨朱絃石上彈。

寄子

江湖飄泊寄浮生，千里家音倍感情。疏廣豈無遺

後念陳群不負起家名回思爾祖心仍苦想見吾孫眼獨明悲喜欲狂還自慰草堂又有讀書聲

答喬木齋用前韻

歲晏驚寒素髮生風塵相慰足深情詩書今幸有孫子臺省都忘無姓名蒼狗白衣隨變幻碧天凉月自分明亦知幽谷浤寥地合聽鄒陽吹律聲

瑞翁詩集卷之九終

人瑞翁詩集　十之二

大尾

人瑞翁詩集卷之十

閩中百二歲翁旗峯林春澤德敷譔

戶部右侍郎男應亮編

邑後學林文卿王湛校

七言律詩

戊子歲元旦望闕

天上王春改歲初，荒城北望效嵩呼。鵷鸞回首傷心地，犬馬終身報主圖。萬國有光新日月，孤臣落魄舊泥塗。東風早晚吹噓過，豈有南山一木枯。

立春日酬喬升之太守用前韻

淑氣朝回紫陌初土牛簫鼓競喧呼愛民願聽有年頌憂國深懷無逸圖盤薦不聞纖手送口脂那得絳唇塗與君且醉山城酒莫遣愁腸日夜枯、

立春日登文城樓

昨夜東風拂曙流探春獨望文城樓乾坤物色回生態貝趂江山矚上游濩落不投湘水賦傳伶還抱岳陽憂美人何處梅花發思折南枝寄隴頭、

雙井釣臺謁黄忠介祠

犀津十里釣臺下遠客春行辟荔叢天落萬峯翔紫鳳水蟠雙井會黄龍青山遺塚空文藻故里荒

祠秪亂蓬莫問涪翁南竄事趙江今亦照衰容、

登黄龍山

黄龍山頭雲亂飛黄龍山下行人稀、超師卓錫已寂寞吕仙拔劍猶是非、尋源且拄緑玉杖掃石倒挂青蘿衣、平生負奇笑峴屼汗漫爲寄吾心微、

羽客陳本邪雩祀得雨賦此贈之

赭石烟微白晝閑十年憐汝卧玄關偶緣公府憂雲漢獨上仙壇禮珮環、雷斧劈山轟谷只天瓢翻海下人間曉來逐客開青眼看盡江南雨後山、

暮春答陶醒老

杜宇聲中春欲歸客情春思又相違眼前風雨渾無賴身外風塵未息機底事三千六百戶自知四十九年非與君舞罷掀髯咲日暮青山一鶴飛

訪甬泉坡總憲

東皋行邁比溪航上界仙家碧落鄉天表雷峰凌泰華日邊憲節帶風霜巖花香靚斑爛服山酒春生晝錦堂高揚獨慚徐孺子滄洲聊采木蘭芳

別分寧耆舊

脩江曉發木蘭橈惆悵江頭魂未銷一自竄身隣虎豹幾廻問俗到漁樵殊方轉從悲吾道病骨生

還託　聖朝秖爲長沙憐賈傅文城回首意迢迢

調廬陵別駕

投荒未判死生期又報廬陵得近移稺散已多丘壑病萍流豈意廟堂知遠山魑魅初相避故國星河有所思爲念涓埃何地報芙蓉秋水不勝悲

赴廬陵舟至吉水灘

秋蓬飄轉欲何歸文水西風吹客衣佳致喜隨青眼到暮年未許壯心違烟波泛梗何榮辱塵世迷途空是非今夜少微度南斗江天雲霧頗清輝

聞亮子與鄉薦

碧山秋望暮雲明忽報兒曹聽鹿鳴嶺海形容聊自慰家庭詩禮有遺聲滄洲遠逐歸來興白首何愁身後名獨負平生芹曝意殷勤付與赤霄行

過文江釣臺懷毛東塘中丞

釣臺南邊林壑迂中有東塘舊隱居欲向山陰隨雪棹恐教茆逕帶雲鋤尚方不借朱雲劍使者終求顏闔閭滄海百年銅柱表豈應蹤跡混樵漁

荷山道中

零雨朔風催歲暮高原荒隴結愁天金門逐客八千里塵海迷途十五年不作懷沙吟澤畔何勞收

骨向江邊亦知眼底陽春動合見枯枝綴緑烟、

宿金城觀

萬松深鎖洞霄扉谷口鍾聲一鶴歸漢䢖秦花今落莫海雲山雨晚霏微清宵賸有仙遊夢浪跡渾忘宦轍違笑道玉皇香案吏爐烟猶帶舊征衣、

還郡齋奉答周善卿用前韻二首

去國清愁同旅地羡君高義薄雲天風塵回首各雙鬢爾雪逢春又一年、銅柱未收滄海外夜光豈擲暗途邊書燈更盡燕臺話茶竈頻燒楚竹烟

寒雨郡齋深掩扉僕僕山邑窮年歸并州自信轉

鄉思粤嶠何能歌式微魚書雲樹感遠寄雪堂文
酒那相遺準擬開懷試春興便須顛倒舞荷衣

除夕次韻答陳子虛二首

山雨聲中驚歲盡廣陵牢落舊南冠遠傳麗藻開
春色香動梅花報曉寒空谷秖今懷楚璧凉飈從
古棄齊紈青山白水吾將老周誥殷盤待爾看
泛駕每思千里道駑駘自笑不堪鞭九歌念我非
湘水三策知君是廣川豹隱何妨深霧裏鵬摶容
易赤霄顛便須爲掃衰年逕況得交游海内賢

答周善卿雨中種竹四首

柱下謫來惟種竹，使君父與俗相忘。一鋤斸雨春
雲動，萬玉生烟曉色蒼。歲晚虛心終鐵石，年來高
節帶風霜。同盟已托芳鄰近，更喜東亭有鳳凰。
荒塘積雨漾漣漪，古郡埤垣種玉時。遷客孤標原
不敁，野人懶性亦相宜。琅玕清響山風至，挽簟夢
回江月遲。便與此君成舊約，歲寒霜雪盡交期。
楚江峽雲送雷雨，東園昨夜寒聲多。稺子穿苔錦
棚脫，龍孫駕霧青霄摩。淇澳浩歌發清興，瀟湘晦
冥生白波。未妨託根置閒散，臨風高舞爭婆娑。
小塢新移烟雨莖，招携頻許到東亭。風流阮籍一

杯足潦倒王猷雙眼青散地只宜渠避俗衰顔合與爾忘形故園待我山窻下亦有清陰留户庭

首春喜陳子虛至館

卧病江城感歲初美人春興動吾廬音塵芳草誰相訊意氣青霄我不如野雪扁舟能訪戴清風一榻喜迎徐今宵秖恐德星現定有靈光下太虛

早春同陳子虛蕭鎮之泛江

星檣曉蕩白鷗波兩岸青山長薜蘿春水遠來江面濶人烟僻處鳥聲多流離豈宋多詞賦磊落鄒枚同嘯歌東望百川應到海仙舟勝事合如何

遊娍姥山

娍姥今歸何處仙壺天春老杖藜前苔根千歲龜蛇幻澗壑萬松猱玃懸訪道尚迷飡玉訣尋眞久負卜居篇不須更覔陶皮子雲在青山本自玄

過敖城遊仙觀

巾袍衝雨朝來濕猿鳥隔山春暮聲函谷未逢關尹跡故城猶有叔敖名王孫芳草誰相憶清廟朱絃空自鳴洞口白雲亦飄泊何須擊石問三生

復出永新溪上

春深不出情黯然今晨出山春更妍野鳥前村喚

布谷巖花宿雨開，杜鵑編輪激水田。邊叟倒流下灘溪上，船殊方物色可憐。汝塵勞羈旅幾忘年，

汶竹坂

禾水西登汶竹坂，雲山南望正蒼茫。水源高處入衡嶽，山勢遠來雄豫章。吳楚風烟春巳暮，江湖放逐老猶狂。迢迢更望長沙路，落日啼鵑悲弔湘。

重過遊仙觀

葛洪何日寄壺春，遷客重來春復新。洞口碧桃紛錯落，天門紫氣正嶙峋。未緣瘦骨能騎鶴，還向窮途幾問津。昨夜夢中舊仙侶，憐予三載謫風塵。

寄胡前岡三首

赤霄流彩下天華喜動江城天一涯罘苑詞人元
獨步石渠新製屬名家向來青眼心相照别後滄
洲興不賒京洛舊遊今夢寐伊誰能問賈長沙
近聞金馬迎詞客忽見長鬚贈鯉魚田野往時知
鼻缺文章今日重相如校書天祿青藜動起草明
光彩筆攄虞典周謨深望爾短簑吾欲老樵漁
碧山狂夫世罕識祇今牢落竟如何喜君湖海意
不淺念我風塵鬢欲皤五噫燕臺迷北望七哀楚
岸獨南歌年來頻與悟山子慷慨江亭葺芰荷

初秋偕陳子虛吴用晦曾濟之登快閣

斌崗晚翠流東閣，發興憑高日未曛。江下大荒連楚粤，天清炎瘴煦風雲。寘身偶逐蘇黄後，傾盖能逢董賈文。清夜商歌正激烈，遺聲莫遣九霄聞。

安成途中

閶闔風吹松栝林，問途又入小蒙陰。洞庭木落楚山瘦，瀘水天寒秋色深。郡邑歲時勞病骨，江湖日夜負歸心。安成舊是長沙路，宣室遺賢何處尋。

安成歸訪南湖劉仁甫值病未起以詩來謝

次韻奉答

山城歸客倦塵勞漫過南湖問楚騷歲晚卧龍猶
未起秋風羸馬不相遭獨醒屈子形容在多病相
如述作高老去安身定何處泰山孰與重鴻毛

出安成西郭

深秋出郭未蕭條楚客愁邊興轉饒南浦芙蓉明
暮水朔雲蜚鴈度寒霄遠聞城社妖氛淨近苦漁
樵生計消嶺表唐卿未歸日衰遲何以答清朝

出廬陵曲瀨寄陳子虛吴用晦敘懷未久惘
然而别

曲瀨津頭黄葉稀征衣欲敝更何歸寒潭水落蛟

龍盱斜日風高鷹隼飛官長程期太匆迫故人意
氣何乖違未得春容尋述作臨岐悵別空依依

再度禾川

楚岸行歌久客邊朔風吹水又禾川黄牛峽上重
來路白鷺洲前欲暮年遠愧少陵三禮賦獨憐子
建七哀篇兒童觧識形容在竹馬猶迎舊謫仙

劉雪崖中丞雪中以詩見招即席賦答

晨曦映山雪半消小松逕路寒蕭蕭氷霜自是中
丞操丘壑能爲賤子招豈是留侯終辟穀即看司
馬再還朝老來筋力猶强健笑指扶桑銅柱標

立春

山雨聲中寒欲盡，東風昨夜到江城。土牛村鼓且隨俗，遠水近山偏繫情。盤菜兩京思韭甫，菊松三徑負淵明。年來未問身歸處，天末空憐一鳥輕。

雪中答毛東塘見寄

白雪千崖凍未消，又江瀘水望迢迢。扁舟頗有王猷興，小榻能爲孺子招。不柰風塵侵病骨，何緣林壑語深宵。東塘謾作東山卧，北極還看北斗杓。

余安成署事王秀溪預鄉飲賓席，今春過赤谷，雪中邀飲，頌詩爲謝，次韻奉答

庠門往日迎三老郡國嘉賓集四筵俎豆光輝瞻具美衣冠禮樂動相先青山舊隱隆中卧白雪新詞洛下傳却笑敝裘仍濩落客途邂逅又新年

燈夕登宜春臺顧明府携酒至

飛臺縹緲竪飛旌遷客倚闌山雪晴天散風雲三極會地襟吳楚萬峰明城春不負登臨興燈夜更憐愁思清火樹星橋態載酒河陽千古足高情

登東華山訪王于治

郭門臺觀擁青陽風磴高盤接混茫江色煥光群動起烟花揺彩萬山蒼廿年洞口漫題石此日原

頭言采芳愛爾仲宣最瀟灑巖花谷鳥共徜徉

永寧縣即事

七溪花發谷風融地僻山深春自濃鄭澗遠歸彭蠡水楚雲高度祝融峯山橋野店城無市茅屋石田家有農老我驅馳來問俗不妨猿鳥訝行蹤

訪安成劉一舒廬墓

聞爾哀哀廬墓側手栽松栢已全生慈烏日落遊魂冷杜宇春深帶血鳴何處山中弔孤塚朅來江上結芳盟憑誰爲補孝廉傳太史聲光萬古明

送張菊坡還漳兼示乃子

廿年相見忍相違嶺表唐卿苦未歸江草江花新客眼山雲山雨舊征衣龎公高義交遊早小阮清才子弟稀海上青山頻夢寐北溪丘壑近依依

劉仁溥王以輔譚時敏吳用晦陳子虛招宴青華觀

東風招隱小華山古木飛蘿晻靄間玄圃仙家蓊空潤梁園詞客合躋攀釣天絕響雲門闋大雅遺音土鼓還鳳鳥相看下阿閣青牛未許出函關

登瑞華山次楊几川韻

上帝高居明彩霞碧桃零落有殘花身隨五馬春

三月目斷九霄天一涯鷄犬迥翔雲影動笙簫繚繞夕陽斜登臨不盡江湖思肯向東陵覓種瓜

瑞華山次王陽明先生韻

玄都樓觀俯青郊漫賦春遊續解嘲王母雲旗清晝下赤松星履步虛交千峰玉朮繽紛地百丈丹梯紫翠稍欲駕鸐車揮北極向來孤矢未能拋

訪毛東塘新第

山郭初開緑野堂青天飛翠落湖塘楚江烟雨新松菊秦隴風沙舊雪霜門外多逢長者轍樽前深醉故人觴浮雲朱拱笑題字遠愧鍾繇翰墨香

舟下豐城

曉發江城春水強江頭春漲渺扶桑光搓雙劍雌雄動睪鎖三洲龍鳳長謝客空云拾海月漁人何處咏滄浪東風滿目思芳草帝子閣前欲斷腸

泊南浦

豫章城頭天氣昏市聲舟栧競囂紛江豚初起江生浪山雨欲來山出雲司馬不逢楊得意覇陵那識李將軍便須移棹過南浦獨向汀洲采緑芬

次韻答范浣溪

碧虛繞繚紫雲音喚起蟠龍夜蟄深共訪丹梯遊

五岳敢輕駿骨售千金西方愁結美人夢南浦春傷遷客心便向浣溪洗塵耳殷勤聽汝白頭吟

次韻答胡東洲明府見贈

逐客飄零歸去遲十年已負夙心知東洲芳草悲相見故國井棠繫去思江漢遺吾湘水恨雲林聽汝式微詩猶聞宣室思才子尚愧江門白鷺磯

南浦阻風劉平嵩以都諫謫至莊三溪以郡守調至月夜邂逅小酌

北風不促文江棹爲遣今宵逢故人青瑣共悲湖海意朱轓又動羽旄新坐深月色同看好喜極酒

杯相勸頻聚散須臾猶不偶浮沉何必問蒼旻

青原山

曹源何處指青山七祖菩提秀可攀衣鉢豈緣遺上乘溪山故此結禪關雨花飛散潺湲外空月團明紫翠間放逐猶憐不住相幾廻洞口白雲還

病中喜諸友見過

野人病骨欲摧殘淹泊塵泥多苦顏未植新荷出烟火秖餘舊夢到邛郿交遊握手頻相問風雅含情頗自寬偶爾歌聲動金石天風吹散綠雲寒

重登快閣友人燕集

楚江歸路尚茫然髙閣重登秪自憐滿目雲山皆
故舊一時文雅合神仙弔湘空自悲前古獻賦猶
堪送上天江漢風流終不泯涪翁何意絶朱絃

秋祀文山祠

青螺峰下白蘋秋矯首文山悲故丘松瀉寒濤簫
鼓咽雨荒深院薜蘿幽胡塵滿目山河暗正氣橫
空日月流逐客傷心臨俎豆夕陽芳杜滿汀洲

送周君錫明府赴召

彩鷁朝隨閶闔風山城飛舄上瑤空紅雲日下鳴
丹鳳白簡霜前騁玉驄郊社喜逢三代典樵蘇頗

念萬方窮　君王若問長沙客每上江樓望漢宮

登天華山

函谷青牛歲月寒小華惆悵白雲殘香鑪晝沓空

回首旅鬢秋霜未掛冠何處珮環風外響他年龍

虎鼎中蟠便携五嶽廬敖杖玉宇高凭最上闌

東山

南湖橋畔問東山七級青蓮空翠間雷斧何年遺

古蹟佛燈深夜照塵寰昔溪南送青原雨贛水東

流白鷺灣悵望千秋共瀟灑涪翁詩句動江關

公署前芙蓉盛開

江城朝旭照疎林鷩眼芙蓉花正深秋水可憐明媚色遠天獨抱歳寒心東園桃李成蹊徑西掖梧桐失暮陰萬物榮凋秪堪笑天時人事每相尋

初度自壽次陳子虛韻四首

懶逐人間歌舞筵秪憐衰白問群仙屈平不死湘江畔唐介猶存嶺海邉華髪笑添初度日緑樽醉卧小春天歳寒更結松筠伴龍鳳婆娑風外翩瓊樓曾醉紫霞筵飄泊何如李謫仙鳳鳥未來霄漢上龍光長現斗牛邉渾忘半百不稱意却斷此生還問天拔劍高歌聊起舞短簑明月影翩翩

江月寒光照暮筵東南詞客意俱仙一時文雅形骸外萬里溪山笑語邊歸鳥不湏愁落日浮雲何事翳青天鯢桓只在春風裏莫待緱山野鶴翩笑看鮑老舞當筵底事丹砂覔葛仙鍾鼎山林吾分定江湖廊廟客愁邊故園松菊誰為主瀛海蓬萊別有天最羡留侯能辟穀赤松招引去翩翩

吉水途中寄毛東塘袁道生

江城斜景度迴隄江上寒山送馬蹄野水鴈凫天漠漠楓林霜露晚凄凄中丞慷慨瑶琴意國士相將桂棹携恠底別來太草草塵泥哀謝路猶迷

赴永豐宿龍仙寺

寒山夕暝飛翠濃祇園隱隱鳴疎鍾禪枝已宿竝命鳥虛堂且掛蒼精龍苦遭行役混塵鞅假寐齋居清道容明發豐江問俗去更度金牛觀一峰

遊永豐白鹿觀

玉臺積翠抱廻岑冬日不凋松栝林白鹿茹芝寒谷暖蒼龍含景碧雲深高軒文釆動星象逐客哀歌饒野心玄圃仙翁亦相識故教晴旭破群陰

人日喜尹洞山至館

美人東下黃牛峽正值椒花媚歲新溪雪小舟勞

夢寐山雲舊榻聚精神名家文陋齊梁體近代音傳雅頌眞青眼高歌吾未老魚龍先動楚江春

陪劉汝嘉户部遊青原山次韻

溪雲暫駐馬蹄忙流水桃花遠市塲漢節不嫌山鳥怪祖關深隱石曇香謝公蕭散遺雙屐阮籍猖狂漫一觴同省故人吾獨愧鳳鳴還自向朝陽

陳靜齋中丞招飲龍臺

千載龍蟠百尺臺中丞今日草堂開水光猶湧風雲氣野色還隨杖屨來范老江湖愁思遠丕平詞賦壯心哀三年兩度登龍喜不厭商歌數舉杯

重游斌山用前韻

江上重尋斌姥仙，杖藜又度落花前。藏春洞口煙霞暖，禮斗壇邊象緯懸。黄鶴歸來空解語，青牛去後落殘篇。何人會識鯢桓境，爲說真中玄又玄。

劉質齋司寇招飲五雲樓

卿月飛輪度碧空，春深緑野見裴公。江山樓閣登臨外，閩楚風煙悵望中。晝省香鑪悲故國，春城尊酒醉新豐。長沙遷客迷歸路，目斷冥冥天際鴻。

送王鶴亭方伯遷河南左轄

昔年北斗掛天津，曾照星槎碧海濱。豈謂鵬摶摧

羽翮又看鶴唳出風塵匡廬巳散千峯雨嵩洛今開萬里春早晚夔龍扶舜衮勿云江漢泣孤臣

舟居茹蔬

遠想朝廷記憶疎江湖漂泊竟何如頻年俗吏淹塵土多病野人甘草蔬醉尉猶鮭愁李廣迷津更欲問長沮遡來漸喜交遊熟叔夜端居未著書

送吳仲敬北行

飛旌縹緲緑槐陰五月文江潭水深單父三年回舊俗武城千載見遺音雲邊鳬影高飄去天上龍光近照臨宣室如逢問幽側從容聊道賈生心

夏月陪楊几川出廬陵道中喜值陰爽

夏雲薄暑生晝陰雙旌裊裊凉動襟藉爾高風爽颯意消此俗駕逢迎心白鷺群嬉野塘滿新蟬對咽槐葉深征途行行愜幽興狂夫那惜費狂吟

毖小徑鋪首句述杜戲呈楊几川

五馬舊曾諳小徑狂夫今喜一追攀千林翠護熊皮軾六月風清虎鼻山不謂勞形輿馬地也應問俗草茅間田翁著飲雜蠻語咲指嘉禾慰客顔

有詩人祠

相山宋相周必大結社祀唐杜叅軍審言舊

城西舊社暗榆枌不見昔人空暮雲丘壑尚遺周
益國風騷遠屬杜參軍逕深芳草經秋歇月冷啼
烏何處聞勝事豈應零落盡海隅有客發清芬

得報移端州留别廬陵

海上僊人薜荔裳清秋又别楚江鄉息機遠愧龐
居士轉徙何如唐子方魚鳥邇來憐故舊溪山他
日識文章雲泥浪迹休相問回首廬峯天漢長

次韻答毛東塘見贈

一卧滄江懶性便玄都未問種桃年秪緣逐客三
秋興近結中丞百代賢嶺表瘴煙仍馬首斗間紫

氣舊龍泉渭城忍聽陽關疊巴里難酬白雪篇

次韻答陳子器見贈

南冠喜逢陶謝侶高秋述作與同遊論心慷慨百年意悵別凄凉雙淚流賈傅尚遠宣室問希文空賦岳陽樓大廷三策看君健清廟餘音慰我憂

携陳節甫曾宗周吳用晦陳子器陳子誠曾子龍留别青原

江海孤槎何處還竭來留别舊青山虹橋駕鳌飛金粟花雨隨雲度祖關落落逐臣饒野興翩翩詞客動仙班相携更上丹崖頂青眼流觀天地間

贈曾黄門汝誠乃兄殖菴

近從青瑣識元方姑射仙人眉髮蒼綠酺黄花開歲暮烏紗錦袖出明光鴒原相望江雲曉鴈影分飛天路長近説斌岡春色媚琅玕芝草鬱金香

留别歐陽石江先生

憶向石江挹清泚滄江錦石相晶熒碧霄子夜升卿月寒水中流照客星述作乂爲湖海重舟航還擬歲時經風煙忽漫相違地芳杜滄洲逐夢青

樟樹别陳子虛

樟樹津頭别汝去朔風吹盡楚江秋宦途回首青

燈夢客棹看山紅葉愁四海逢人誰管鮑六經註
我是軻丘眞文天上昭河漢還憶南洲舊話稠

王臺館山行

山行亭午山霧消山中始覺山光饒野梅度雲晩
自媚巖草滋青冬不凋南遷幾何復嶺海北望無
那思雲霄遠遊且慰看山興歲暮敢云行路遥

遊玉華洞登絶頂

萬峯廻擁崑崙岫天剜玲瓏逈自竒邃古煙霞穿
透迤至今龍虎守巉巇神仙此地能相接魍魎由
來不敢窺昏黒上頭攀鶴馭星河光照碧琉璃

飛來寺

尉陀海上清溪峽飛錫空傳來處來五嶺雲山淹日月兩厓猴鳥隱樓臺遠尋勾漏仙翁迹不見軒轅帝子回野老秪餘泉石癖天涯牢落眼猶開

寺有軒轅庶子像四座

壽錢貞翁九十南浦乃父郡齋遥祝也

海門晴旭照維揚五馬迴看紫霧光正值伏生聞詔日遠將萊子舞衣長朔雲鴈度松花老南國梅傳竹葉香野客偶逢玄圃席兕觥高頌海山章

登披雲樓

百雉城依南斗傍樓頭高望古蠻荒天標銅柱山煙碧地接扶桑海日光陸賈使旌迷故轍包公遺井有新漿我來喜作溪山主誰道明時逐省郎

嶺海停雲卷爲錢南浦題

南邦召父遠來旬萬里猶縻報主身爲寄仙籌滄海上回看親舍白雲濱鑱鑱王胥遺貞鍊山甫嵩高詠降神九十封君未遲暮大椿曾道八千春

人瑞翁詩集卷之十終

人瑞翁詩集卷之十一

閩中百二歲翁旗峯林春澤德敷譔

戶部右侍郎男應亮編

邑後學林文卿王湛校

七言律詩

元夕李東渠中丞招飲次韻

星橋夜色動埏垓海國山城亦壯哉最愛中丞池館淨偶陪刺史節旄來深宵漫賦梁園雪久客難忘郭隗臺見說天衢氷霰霽元豐耆舊早徵回

喜泰鳳山再起南都大司徒

海濱大老起南畿紫鳳山頭光陸離道重兩都觀出處名高八座寄安危即看中國相司馬豈獨邊陲識子儀飄泊東青舊門吏嶺雲翹首壯心馳

壽沈母兼贈乃子少府

海濱日盡日南華萬里東征憶大家皂蓋飛塵聯五馬彩衣歸夢度三巴苦心久繫手中線春色暖生堂背花爲報慈顔好消息一琴猶是舊生涯

陽江夜角

江城畫角發深宵風動關山遍泬寥冷落梅花飛紫塞蕭疎月色度寒霄春風未擬腸先斷客夢翻

驚魂欲銷懷璧晚投戎馬地美芹猶戀　聖明朝

羅琴山中

連峰十里緑蘿陰見説羅含此鼓琴岑寂高山流
水遠闌珊啼鳥落花深瘴鄉異代悲同調春色遥
天惜壯心我有枯桐欲携往百年苦結子期音

登高凉北樓次黄竹溪韻

海郡傷春喪亂餘城頭煙火半丘墟請纓老我心
空壯賣劍懷人事不如去國未曾收涕淚移官那
復見兵車登臨極月天西北萬里憑誰將鯉魚

喜亮子登第

天門高擁　帝城春萬里風雲動海濱南省濫竽
聞稚子北辰翹首慰孤臣光輝更覺青霄切醉舞
那知白髮新報　主餘情今有托買山初興是吾
眞

喜雨

六月棲棲憂思深邇來雲漢更關心青天欲洗四
郊壘滄海翻傾三日霖遠喜瘴鄉生紫氣却看赤
土散妖祲湧携如意登樓舞日暮風生萬壑林

遣愁

孤城留滯又聞秋旅夢塵勞未散愁南國每須戎

馬計西山猶聚偰揄遊炎氛晝起宵還烈瘴霧長蒸午不收風土向來神鬼怕野人獨立看滄洲

冼夫人祠

古祠落日聞歸樵馮家老婦名不凋娘子行軍解破賊蠻夷有人聲動朝錦繖已與蓬蒿沒香魂猶憑巫覡招千載高凉問遺事白雲故國青山遥

高凉北樓新成

城北頽垣悲往事層樓此日壯孤城地蟠五嶺炎風遠雲散千厓瘴野清眼底豺狼看掃穴簷間燕雀賀新成闗門三老遥憐汝他日能無說姓名

高涼南樓新成

南郭樓成俯大荒天風旌旆颯高涼山迴銅柱撐空翠水落珠厓照夜光漫興庾公元不淺長憂范老未能忘自今多暇徜徜悵十二欄干南斗傍

陪祝白石大叅登南樓

嶺徼玄冬天氣暄登臨喜近紫薇垣十年湖海鴻泥跡萬里樓臺燕語温清渚泛光明錦佩丹山流彩耀朱旛共傳召虎來旬地薄伐而今至太原

留別高涼父老

曉雲擁騎出高涼始信并州是故鄉心苦一年悲

戰伐路迷何處問行藏山中已掃豺狼穴海上爭
看日月光忍別關門三老去喜渠安穩事耕桑
樂安驛見舊題感賦
息馬郵亭感舊題清宵客思轉悲凄兩年來往風
煙別萬里飄飄歲月迷樓外青山曾識面雲邊孤
鳥未安棲干戈甫定瘡痍在惆悵微軀東復西
宿獨鶴驛
獨鶴翩翩向暮林野田寂寂小山陰清聲何處九
皐喚頓足今宵萬里心誤落樊籠悲歲晚終焉仙
翮拂雲深緱山邈海未歸去且欲招渠伴一琴

遊海珠寺何少叅瓊黎侍御貫携酒至

尉陀海窟伏驪龍頷下珠光結蕊宮日月跳丸弱水外樓臺倒影夜明中紫薇曉躡星辰履繡斧秋生天漢風爲愛清狂共譚討玻瓈世界是鴻濛

壽竹溪先生

昨宵華渚流虹地竹色溪光到海清初度西山逢巻甲小春南極映長庚百年銅柱心逾壯五嶽丹梯眼倍明却怪疎狂老方朔食桃曾說是前生

召赴留都叅右軍事

六年塵土暗衰顔嶺表今朝喜賜環未向天涯悲

素髮且從白下看青山侯門劍戟風雲裏　聖祖
闕河錦繡間我亦參軍觧蠻語蠻煙歸去復投閑

端州留别鄉先生

隴上梅花送酒杯沙邊繫纜久徘徊一時文雅心
相結千里溪山眼並開天遠未疎鴻鴈字歲深猶
上鳳凰臺黄塵碧水春風淺日暮寒雲首重迴

次韻答倫右溪方丹山二首

野老自憐餘病骨瘴江今始泛歸航六年客夢渾
無定一飯　君恩未敢忘廊廟可容樗散吏衣冠
猶識舊仙郎五年詞藻多增色贈有春花二月香

幽懷曾對西江月浪迹復飄南海航聚散情懷徒
自愧浮沉身世已相忘賈生未報還宣室李白而
今出夜郎　聖祖萬年陵寢地孤臣晚拜御爐香

寄程雪厓叅戎次前韻

元戎寵餞臨江渚粵酒吳謳上野航湖海清狂吾
亦得風塵高義爾難忘醉鄉何處逃王績洞口他
年憶阮郎虎帳回看雲鳥陣客衣仍帶芰荷香

奉謝王兩洲方伯王南湖憲長出餞海珠寺

龍宮祖席海天澄貝闕珠光照五城雲捧紫薇臨
大岳霜清臺府動高旌三千里外逢賓主二十年

來老矣兄念我飄零不相棄歲寒應見古人情

重經飛來寺値雨

往時獨上飛來寺今歲歸來寒雨多野興却嫌風景殺壯心秪恐歲時過青山咲客初緣薄白日驅人柰爾何見說秣陵山色好雨花臺下細摩娑

芋原陪張犀浦小酌

騸駱城邊春水深野人宵傍紫薇陰酒杯邂逅三山雨棊局留連萬里心豈爲中郎能倒屣却憐鍾子是知音日南悵望天西北長劍還爲梁甫吟

心齋張方伯轉山東左轄

憶從潞水識平生湖海迢迢歲暮情繡斧閑關廻
日馭豺狼避馬重風聲廿年父子通家舊百越山
川瘴雨清西北兇門切宵旰未容齊魯駐高旌

黄襄敏公墓祠

金鰲洞口紫芝田惆悵司徒送老年一代玉魚蒙
葬地百年銅柱上擎天隴頭松栢寒逾古雨後溪
山春可憐小展生芻重回首秪今桑梓愧前賢

遊黄青厓太守山庄

巾車曉赴青厓約五馬山中春正深澗溜香浮芝
草長楚雲暖藉石壇陰松喬眞竊非人境稽阮仙

風在竹林尺五天高共時論他年杖屨更招尋

陪黃青厓遊精嚴寺

平生不識法華路今日聊爲因果遊曇雨散花白日靜蘿煙搓翠青山幽野僧出定逐雲去童子開顔緣客留何日虎溪結三咲松陰石榻好相酬

赴留都答林榕江次韻

遠從逸少風流後今日飄飄赴右軍山酒未酣鼇頂月江帆又指秣陵雲衰年落魄眞堪咲清廟遺音何處聞賴有弟兄能問訊天涯無復怨離羣

舟發芋原承謝活水林榕江揚東岡出餞郎

席酬答

嶺表生還遂夢未安秣陵何處路瀰漫故人老去眞難別客子愁來且盡懽遠喜襜帷出城郭放歌舟檝倚江湍洛中耆舊思公輩便擬東歸築社壇

奉贈

息萬松嶺承党頡東方伯洪西淙大叅枉顧

西湖五月萬松陰息馬松風小坐深僻地何由青眼到光天忽見紫薇臨含香回首十年夢去國寘思千里音今日故人重邂逅湖山忻寄薜蘿心

登大茆峯

獨嘯三茆第一峰青鸞飛去萬山風丹梯九轉玄
霄近玉檢千年紫氣融謾道谷神能不死向來元
化本無終隱居岑寂華陽洞誰植新荷煙火中

宿茆山上宮

瑶宇青蓮控夕曛洞霄高處謁茆君紫霞飛擁蓬
瀛路華蓋光摇象緯文龍窟水腥千嶂雨鶴巢夜
氣半間雲先天只在心齋裏隱隱疎鐘世外聞

金陵途中

紫金山色拂青霄江漢湯湯控海潮千古鍾陵佳
麗地萬年寶鼎　聖明朝曳裾暫托黄樞幕攬轡

初經朱雀橋嶺表歸來聊自慶兩都浪跡未蕭條

幕府晚眺

索居幕府愧無聞獨鶴凄凄悲失羣落木高風寒積雪荒庭衰草暝愁雲長鑱未赴西山約短劍還看北斗文爲問傳巖操築者何緣隨夢見明君

別張夏山參政

銀臺曾憶列羣仙回首羈孤二十年忽見紫薇花下月空悲幕府歲寒天蹉跎江漢未歸去惆悵雲泥相望懸眼底關山春意動莫隨聚散各風煙

至日朝天宫禮成遊西山道院

壺宮祝嚴大長秋西躋壺山最上頭江霧滿城生
紫氣陽烏出海照神州朝天珮轉星辰近化國春
殘几席幽仙賞尋常行處有更從何地覓丹丘

鐘山雪望

東風積雪晨未晞鐘山玉削何崔嵬瑤島光涵兩
儀淨水晶高照千門輝孤懷對汝共芳潔春意衝
寒生翠微天衢躍馬興不淺剡曲何事空舟歸

雪中登憑虛閣

曉約看山結騎來六花飛上白雲堆帝城不負青
春色官閣何孤濁酒杯天入蓬宮清世界地聯王

樹逈樓臺野人共結氷霜志十二欄干㫖並開

嚴介谿第宴集

黄扉深擁帝城春紫府衿雲繞座賓北斗光臨三極會東風暖煦百花晨狂歌有意親騷雅浪迹何能動縉紳此日春臺分半席寒庭芳草長精神

春日登雨花臺

城南山色春争麗臺上何年天雨花六代江河流日月三吳草木老煙霞瞿曇漫説維摩詰優鉢空聞尸葉迦法雨飛花零亂處莫辭尊酒對韶華

清明日遊北禪雲窽

青山誰鑿圓明竅萬古雲歸混沌天曇磴暖消花雨氣洞門深繞梵香煙載酒恰逢百五日參禪休問六千年捫蘿采秀銷憂得石上三生意惘然

檄下段秋官郎中

海上歸來鬢欲絲幕賓又上白雲司衣冠頗識仙郎舊樗櫟猶蒙聖主知短劍星文重自拭長途老馬笑應遲已叨唐介生還喜敢謂馮郎白首悲

寄題袁叟隆慶堂

我昔曾遊吳楚墟蒼梧翠竹見幽居鍾峰高傍春臺壯秀浦遠歸彭蠡瀦太古煙霞侵几杖青霄奎

壁照圖書堂前定有蛟龍起千載南陽諸葛廬

送同年郭世重之南雝

紫山秋色正蕭森百粵風煙別思深異域弟兄悲聚散幾年湖海共浮沉朱旛遠度三湘水驄馬曾馳八桂林西望伏波銅柱近許君莫負歲寒心

秋夜部直

城上烏啼夜角悲孤燈深坐白雲司風高楊子煙波迥露冷鍾陵草木衰讀罷楚騷憐屈宋夢回虞典想皐夔旅魂秋思增飄泊起步松陰月影遲

暮秋再遊雲竅

北郭寒山晚翠幽山僧作禮話重遊紫雲玄竅今
猶昔細菊繁華春復秋偶爾磨崖鐫混沌便聞噓
谷發颸飀散愁更上青峰頂目極長江天際流

送繆惟静乃弟惟欽進士寧親還滇

漢署兩京逢伯氏秋雲羡爾復高翔潘輿曉拂金
莖露姜被夢囘青草塘白鴈暫分江上影碧鷄遠
在日南陽定看匣裏雙椎劍並向青霄吐夜光

贈高凉王希賢上舍

秣陵漢署相逢日却憶高凉戎馬年徃事巳知心
獨苦别來頻與夢相牽諸生誰是赤霄侶之子無

忘嘉樹篇爲寄關門舊三老城南碑碣想依然

贈喬侍御擢陜西叅伯

使車西出動皇華渭樹江雲天一涯南國已清驄馬轡東風初放紫薇花夜深瀧月臨關戍寒盡羌春入塞笳爲報召公分陜地甘棠又見暮隂斜

喜陳子器至金陵以詩見贈次韻奉答因寄乃翁子虛

金陵忽見樵山子喜慰羈孤轉自哀老我風塵猶策馬憐君劒舄未登臺青蘿舊月夢千里白下春山共一杯江漢風流更何地爲君兄弟好懐開

送蕭鎮南

昔年皷枻溌江上爲爾狂歌賦姥春瘴海別來鸞歲月白門相見動心神芳洲暮雨靡蕪綠遠棹輕風楊柳新綵筆傳聞多氣象江湖誰是眼青人

題張白川瑞蓉卷

艶陽紅紫鬭紛紛春水寒花逈不羣晩色自憐呈麗日丹心獨抱倚祥雲江湖爲報秋臺信草木先留漢署文丘壑孤懷吾亦健歲深相結喜逢君

送劉實夫僉憲廣西

西江宿昔俱漂泊白下相逢喜復新舊國青山同

吏隱遠天長劍又風塵漫愁竹灑蒼梧淚想見雲開桂嶺春鄉里衣冠吾道重憲臺清節動秋旻

自金陵還家復值歲除

三年轉徙無寧居兩度還家值歲除爆竹椒花仍舊俗衰顏短鬢不如初溪山信宿春相見桑梓年華意未疎便向籬傍添水檻終焉歸釣覘江魚

山樓新成

懶性衰遲戀故山小樓新築擬投閑歲寒結侶松筠在日暮招羣鸛鶴還觀化飄飄滄海外放歌隱隱白雲間從今滿漱流霞液洗却浮生塵土顏

曉堂對雪

郡齋寒色凍晨梳，出戶空驚世界殊。一夜風雲清瘴野，萬山氷雪矐天衢。瑶臺玉樹新相見，旅泊閑情過不孤。獨鶴依依如解意，灞橋劖曲漫招呼。

奉答張犀浦病中乞歸次韻二首

乳燕移巢黄鳥歸，東山有疏返初衣。共看碧月照滄海，未卜白雲生翠微。歲晏可無廊廟志，天涯况復弟兄稀。鳳池早晚夔龍集，爲報蒼生願不違。

伏枕休歌去矣行，百年孤矢若爲情。馬卿多病從今起，范老先憂秪自驚。久客雲山頻檢點，新裝劍

鳥合經營蹇予淹泊誰相訊顧竚風期天路平

宿李遷喬西堂

唐帽山前太白堂碧窻夏簟送新凉花間水石留煙霧戶外松筠老雪霜但覺仙風清入夢那知星象爛生光今宵舊李相逢地萬古萍蹤耿未忘

出貴陽北郭范唐山候于別墅

出郭紛紛馬首塵青郊相見喜如新籬邊秋菊依元亮谷口春田憶子眞便與看山相陟降更聞攜酒在逡巡蹇予元是煙霞客識汝林泉別有春

登普定城樓

千峯飛翠繞孤城六月層樓暑氣清地勢大牙連越嶲天涯鳥道入昆明關山日暮殊方眼戎馬時艱逆旅情回首長安心獨折愁雲不見鴈南征

同潘薛二進士遊龍源洞

五里青山開洞府山中靈秘有真藏歲深龍臥碧潭穩春去仙遊瑤草香絶境嘯歌同擊石鈞天絲竹送流觴酒酣漫草逍遥賦洞口𢌞看白日光

登觀風亭普陽士夫宴集

翠壁高盤祇樹林玉欄梯繞碧雲岑大觀天地虛無境小隱煙霞晻靄深萬里羽仙同下榻百年瑤

瑟有知音夕陽崖壑清風起滿座蘭茗慰客心

新秋曉望

昨夜西風起庭樹曉來秋色到邉關溪山上下煙光裏鷗鷺縱横碧落間番郡兩年雙鬢改幔亭九曲幾時還不堪宋玉悲揺落獨坐山堂清旅顔

中秋散步

清宵月色不勝寒萬里清愁獨倚欄滿地金波秋水逈中天玉露桂華溥瓊樓高處誰相約寶劍開來且自看欲泛靈槎訪牛斗銀河猶恐動波瀾

寓貢院有懷張犀浦方伯兼寄同年高公次

送師舜二首

錦水鱸肥張翰歸高秋聊葺舊荷衣西風昨夜吹巫峽北斗清光動紫薇魏闕已聞明主眷詞場獨惜故人稀只今藥餌應須却臥起東山定不遠

星軺憶昨報秋行出餞無端更繫情故國青山公眼醒殊方白髮我心驚百年已約松筠侶數口何愁旦暮營爲寄錦城高與范邇來夢與訪君平

曉窻閱卷

玉繩低掛玉河津曉起眼邊無一塵座擁天香芸館靜簾掀秋色棘闈新古靈舊藁誰能薦太乙青

黎獻自神千載弁髦逢啓運鹿鳴知不負嘉賓

丁酉諸司入覲余以邊郡多故獨留弗與念違闕下數載悵然感賦

郡國諸侯同述職孤臣翹首五雲深風煙獨卧分符地犬馬空懷戀闕心春殿夢回香袖煖天門想像日華臨何緣便藉雙鳧影萬里飄飄到上林

題四香亭挽李州守

東風飄泊四香亭花雨闌珊香滿庭猿鶴已隨人化去竹松長結歲寒青南夷故郡多遺愛太學諸生舊典刑湖海交遊逢伯子白頭猶廢蓼莪經

郡圃何陋亭舊濵墻隅隘且敝余撤而新之

移于正方落成賦此

自信此邦終不陋新題舊號扁新亭青天化日本無外赤縣華風當漸更聊爲遠人留小草已知薄宦是浮萍自公猶愛吾多暇端坐雲霞滿地生

天畔孤亭開郡圃邉城春靜愜幽棲倚欄面面雲山出步屧離離草樹齊馴鳥等閑窺竹澗野花饒笑雜蔬畦緑渠更切故園想三逕清秋夢不迷

留别番郡吏民

兩載行春春未足吏民相送莫相悲淵明自笑歸

來晚何武馬知去後思在泮誰能歌魯頌甫田頗憶說豳詩新橋綠水長提路回首東風去馬遲

贈田西皐參戎

燕臺舊識嫖姚騎邊塞忻逢虎豹關劍氣由來沖北斗陣雲今已淨西山相携感慨十年夢自愧飄零萬里還知爾封侯談笑裏何時報我斬樓蘭

渡湘

萬山驅馬黔陽路五月移舟湘水潯漢賦空遺賈生恨楚騷猶見屈平心風波漠漠鴻冥遠煙雨蕭蕭竹淚深詞客歸來還自慰渡江高唱水龍吟

春日即事

東風噓暖到山家自笑逢春鬢已華谷口舊巢千歲鶴巖前新種四時花頗於林壑日相得獨念兒孫天一涯懷抱好開復惆悵楚雲鴈影杳長沙

溪源夜宿

溪雲飛鳥訪眞源溪上仙風清客魂怪石倚松臨嵲屼哀泉度壑弄潺湲蛟龍洞口如相見虎豹庭前不敢喧高閣夜深聞謦欬青鸞隨月到玄門

暮秋偕林東渠遊石松寺

翠旗峰下叢林晚西館相携眼倍明天迥風高雙

鳥逸江空木落萬山清秋容已縱煙霞老野色偏饒杖屨輕誰信昨非今更是我今方得古人情

聞林榕江起用

千尋榕樹蟠江曲萬里徵書動海濵立壑渾忘謝太傅衣冠舊識范純仁平生不忝承家操此日誰拚報主身岑寂碧山吾已老㱢然爲爾破愁顰

山行見梅

老卧山窓晝起遲山中香影滿南枝與尋側逕迂芒屩笑被廻風倒接䍦獨樹幾經冬不改寒花新與我相期年來謝絶雲霄侶春意淒清秪自知

原書缺

原書缺

妨倒芰裳今夜荒村破愁寂百年蓬蓽有輝光

初寒即事

楓林霜葉釀初寒谷口遲廻誦考槃三逕菊松延我老一川風月更誰看向來奔走眞如夢今日行藏始自寬鄰叟不須談歲暮花開葉脫總相安

内誕答陳橋江

拂衣爲愛舊青山春曉山風掃石壇花下獨憗雙鬢白日邊猶負寸心丹糟糠舉案惟蔬糲冠蓋當筵有麝蘭已作鹿門長往計百年家室盡餘歡

謝人送武當山榔梅杖

玄極神遊何處山櫛枝寄在古梅間千年霜幹誰相贈一朶雲根手可攀便約盧敖尋岳去更從太乙秉藜還袁翁藉爾提携力定駐丹丘不老顔

次韻答許竹居見寄

歲晏山中松菊伴招尋無柰故人何邇來綠野誰相問老去丹心獨不磨香動南枝迷谷口光垂北斗掛巖阿開緘應識許詢意花逕春風待爾過

長樂劉彥璋善古篆隸爲書門銘家訓率爾賦贈

景風吹動紫雲涼爲送荷衣度柳塘愧有蠹編存

舊訓敢憑鳥跡借餘光滄洲對榻揮毫逸碧海生潮染翰香千載何人知史籒素屏古色照山堂

答劉彦瑋

緑野江天喜再逢江亭清興未爲窮神交倉頡皇墳上愁破奕秋仙品中短鬢渾忘今夕白殘燈不厭夜深紅角巾霜露歸何速門外蕭蕭落葉風

答黄東瀛

卧起寒窻對碧山錦緘遥出白雲間瀛仙恰有笙鏞奏野老喜無塵土顔千載遺音流谷口一時大雅動江關青蘿石逕青霄月莫惜高歌共往還

重九前一日黄東瀛恵蟹栗諸品次韻奉謝

青鳥翔風下草堂恰逢明日是重陽撥爐煨栗看童喜酌酒烹螯對婦嘗適興好酬佳節醉放歌白笑暮年狂白衣果解淵明意不負東籬菊有香

喜董樟溪林體齋黄象麓一時見過

柴門長掩草玄廬今日欣迎長者車十載風塵驚髮鬢一時丘壑聚琴書山花頗足登臨興江草聊將懶慢居溪岸野橋雲樹接莫教巾屨往來疎

黄明府吳司教以賑濟出過草堂

晴曦朝煦碧山堂我有嘉賓喜倍常皁蓋劍衝星

象表青氈衣弄芰荷香車前坐見疲癃起谷口行

歌愷悌章况值花晨挹芳潤暖風吹遍水雲鄉

錦溪小築山堂成答林東渠次韻三首

野人寄傲丹丘頂小結茅茨四五間陶令新栽彭

澤柳龐公舊隱鹿門山松風澗水聲蕭颯溪友園

翁日往還老我餘生藉踈潤巖扉霄漢坐中看

拂衣久謝紅塵網避世深居翠壁間豐草茂林隨

杖屨嵐光野色聚溪山夜深劍氣高千丈歲晏金

丹到九還他日神棲如不泯令人傳作草堂看

別墅初開錦水灣柴門深遶白雲間千年丘隴寒

溫地萬壑烟霞遠近山谷口春聲鶯早出天涯日
暝鳥知還逐行藏已定吾何事歸去來辭靜自看

訪董樟溪

萬壑迢迢萬木陰君家住近水雲潯柴門竹塢琴
書靜野岸溪橋杖屨深列宿昔曾干氣象五湖今
已寫胷襟花前潦倒輸君飲滿座春風醉客心

春遊石松寺

法真松下法華境春半登臨春可憐野翠無天飛
雨外峰霞接地落花前林丘且畢餘生志杖屨聊
隨未了緣謾向虎溪結三笑揭來瀟灑是安禪

黄東瀛昆季枉顧贈詩次韻奉答二首

高蓋逕傾野老家，秋堂蕭颯轉輝華。松巖竹逕猶堪賞，鶴髮綸巾亦足誇。江頭獨喜鷗爲侶，籬下旋看菊有花。肯爲荒庭慰岑寂，山炊聊爾進胡麻。

碧山隱隱護吾廬，嵐烏烟蘿慰索居。杖屨步隨風雅後，損麄聲動笑談餘。滄江拂石坐垂釣，谷口斸苓歸荷鋤。遲暮相逢倍相喜，何妨下榻更迎徐。

丁未秋得子

野老何能出世塵，滿堂賓客賀麒麟。喜看門外青山色，齠笑巾中白髮新。身後書香應有望，眼前酒

債未爲貧曾聞仙果生來晚東海蓬壺別有春

寄壽黄東瀛

紫芝香動萬松林又報瀛仙初度臨谷響遠隨秋氣壯風聲高徹洞雲深千年鶴語松喬約萬里鴻寘園綺心見説王缸新露白何時醉卧石床陰

次韻答陳少虚茂才三首

愛爾謝庭生玉樹詞場况復識荆州山風偶下山中榻江月遥臨江上樓會見龍駒逢伯樂喜從仙馭接浮丘青霄世業看髦俊好慰滄浪舊釣舟

鳳穴奇毛天路求羽儀先已動神州遠尋丘壑即

傾盖爲愛溪山同倚樓空谷有人談宻宋窮荒何
地覔軻丘飛飆一瞬輕千里看汝長江萬斛舟
陳橋江以庠生就省椽冠帶榮歸次林東渠
韻爲贈
子夜江天望少微江橋今日有人歸少年董賈曾
朝夕歲晚蕭曹漫是非冠佩好酬高世志溪山莫
道賞音稀白雲老我松丘腰與爾長歌頽不違
黄東瀛山亭宴集
山逕松蘿拂紫煙山亭高宴小春天三江雲影㠀
鷺外萬壑松聲鸛鶴前白首放歌憐我老青尊滿

意遇瀛仙相携猶覺登臨健更與洪厓咲拍肩

陳橋江宅賞牡丹

上林國色動春風吹入江橋繡幕中湛露滋芳當晝茁流霞絢彩映堦紅笑看老眼神猶整醉領韶華興不窮向識洛陽姚魏品秪今緑野喜相逢

至日書懷

谷口風高短景催茲晨又報一陽回身辭黄綬十年夢手植紅梅幾度開混俗未能長閉户觀雲不厭獨登臺山中稍喜氷霜少得伴松林舞鶴來

首夏泛舟遊錦溪山次林東渠韻

春事蹉跎風雨外小舟今爲看山來蒼松崖壑巳
朱夏白首杖藜非壯懷樽酒未虚元亮徑釣竿久
傍子陵臺清渠錦水遥相映風雅含情羨爾才

哭陳舜禎二首

旅櫬飄飄返舊帷垂楊夜雨結顰眉朱絃秪爲鍾
期絶白首空懷宋玉悲文采流傳身後事溪山惆
悵眼中私未應故國秋江冷還有波光照夕暉
昔年窻下竝垂帷少小憐君最白眉掛劒撫心徒
自愧聞鈴揮涕爲誰悲錦溪舊隱元相近石漈崇
丘豈敢私老我題封更何祝亭亭玉樹倚清暉晲

爲舜禎題壙

賀張半洲赴南都大司徒

赤霄飛下紫泥書萬里風雲動海隅　聖祖舊都元定鼎司徒今日合登車山河錦繡觀風重廊廟聲光報政餘林下衰翁翹望意願聞化理益唐虞

贈陳蘧齋明府

列宿中宵近照臨花封飛旆甦棠陰五雲日影隨雙舄萬壑松聲度一琴觀稼恰逢霖雨喜是日有大并雨聞歌遥起武城心翠旗峰下清狂老暢望溪流到海深

喜曾孫生

卧起山窗晝正暄傳家又喜有曾孫黄鷄白酒饈遶菊翠壁丹崖谷口村八袠三春隨潦倒一門四代笑温存詩書世業衣冠胄碩祝華封報　至尊

次韻答王汝存

玉臺寤寐頗經年忽襲瑶芳碧澗邊梁甫舊聞諸葛詠漢廷誰識賈生賢林泉已自開三逕風月何曾費一錢肯許星文光彩筆青山遥接五雲仙

山樓對月

巖扉積翠擁山樓碧月澄空坐散愁澗底風松巢

野鶴天邉河鼓度牽牛神遊耿耿飛仙境逸氣飄飄控海舟老我秋懷正孤潔肯隨屈宋賦悲秋

聞平倭報捷

島夷腥穢熾南州十載瘡痍血戰愁天上將星今始出海濱妖魅已全收捷書夜報三山徼奏凱晨馳五鳳樓野老桑榆怡杖屨太平歌舞恣清遊

春日林翠巖環峰諸君枉顧

歲陽盛動慶王春聚首原非異姓賓桑梓衣冠真古雅烟霞杖屨各精神百年麤糲同杯酒一代豪華有幾人聞道海濱今已净喜隨椒頌逐年新

答林建峰西賓

午夜青藜照畫梁曉來賓榻有餘光新聲忽奏黄鍾律霽色旋開緑野堂老我夢酣麋鹿伴看君談咲鷺鴛行典謨静坐西窗月好整經綸獻帝王建峰治書經

哭陳郎輔之

深秋垂老復深悲苦爲陳郎慟哭時地下脩文何太早河東獻賦更誰期寄貧向憶西山蕨輔之作寄貧軒有晨採西山蕨莫釣東溪鱸之句介壽長留北海辭輔之壽予有知北海郗鑒辱東床之句腸斷凄風哀寡女蕙帷提抱兩孤兒

喜楚孫領鄉薦

城頭旌旆拂穹蒼綵仗喧塡晝省堂爲喜一孫登薦録笑看三世襲書香傳家秖有遺經在報國休令舊業荒老眼摩挲頻北望五雲高處斗牛光

送楚孫春試

翠壁丹楓岊水湄征帆遠赴杏園期風煙眼底舐鴻杳琴劒行邉匹馬遲經世文章誰董賈格天事業有皐夔金門父祖塵蹤舊聽汝臚傳步玉墀

喜楚孫登第

寒江草閣净朝曦款款輕舟扣我扉笑爲吾孫將

遠報得從春榜附餘輝　聖朝甲第叨三世霄漢風雲動九圍耆老山中芹縣意阜夔事業願無違

次韻答李邑傅

老卧青山笑至今山中已長萬松林拂衣谷口風塵静濯足源頭烟水深鷗鳥有盟長作伴蟄龍無意起爲霖高秋忽報驪駒詠遠寄長沙賈傅心

贈鍾杏泉國醫

種杏花開紅雨深麻姑泉繞杏花林壺中妙有鍾離訣座上曾聞莊舄吟不厭遠山丘壑冷更憐寒谷薜蘿陰爲君净掃風松榻坐聽琤琮萬籟音

登九仙觀次舊韻

九鯉停驂海上山夾城路遶雨花間落霞零亂朝
元閣古木蕭森豁谷開杖影飄飄龍化去簫聲隱
隱鳳飛還東樓憶昔琴書靜坐擁天風十二欄

合山橋成二首

錦江江上駕江橋閣道憑虛野與饒日湧彩虹横
碧落雲飛華表動青霄溪山遠近頻相訊桑梓寒
溫屢見招杖屨吾看天路永康衢頌效老農謡
一曲清江隱畫橋橋成佳致倍增饒龍宫光烱浮
銀海牛渚芒寒下碧霄吾黨衣冠欣有慶良宵絃

管醉相招浩歌縱步仙橋上不羨城南尺五話

答陳橋江次韻

風松高撼澗濤逐宿霧香浮碣石隈愛此溪山相陟降老予杖屨漫追陪谷聲上下聞啼鳥天氣陰晴報熟梅忽聽朱絃徐奏雅仰看雲漢影昭回

初度答董東逵次韻

卧擁壺春幾度寒那知樗散是何官秪憐地僻每忘盥為報客來旋正冠蓊圃招携藜杖煖草堂款接酒杯寬董公三老懷高義潦倒殘年且盡歡

又答陳橋江次韻

舊國音塵旅鴈稀碧山久葺芰荷衣神霄寶笈誰
能識詞客仙葩屢吐奇谷口古松霜後整庭前老
鶴月中飛柴桑滿意開三逕歲暮何妨醉習池

秋暮何東園鄧文岩枉顧贈詩次韻奉答三
首

野老清江開草堂雙邀鶴駕度江鄉雲深自是仙
風逈山静由來化日長喜與松喬同几榻久從園
綺謝巖廊笑看寒谷秋光裏滿地繽紛花草香

江上小亭江岸遶青山倒影入山塘潮平欵欵鷗
羣狎風細迢迢鴈陣翔仙佩遠從霄漢下德星高

照水雲央芙蓉酣笑芭蕉舞曉翠流光接混茫
秋高冉冉山中暮上客飄飄物外情雲氣偶從巖
石出松風旋作海濤鳴杖藜不厭層巔濕尊酒相
看返照晴仰聽颼飀動霄漢朱絃縷縷奏金聲

葉少洲五十三得子

天闕桂庭光奕葉歲深瓊樹挺新枝玉壺寒露清
如許玄圃春風較未遲驥足已酬千里步鳳毛定
有五雲期恠來野老巖棲久湯餅筵開總不知

病起

病起塵蒙烏角巾夢回方識杪秋晨可憐伏枕經

三月自笑捫鬚已九旬瘦骨總非前日態老懷猶

是本來眞杖藜潦倒聊乘化莫問松筠更幾春

九旬誕日林翠巖贈詩次韻奉答

龍鐘坐擁舊書帷笑看兒孫介壽嬉豈是伏生聞

詔日頗懷榮老放歌時草堂未敢疲終宴栢酒何

妨酌滿卮況有翠巖黃綺伴緱山笙鶴遠如期

春日江亭即事

老愛春山化日長山中却笑爲春忙柴門小整臨

江岸荔圃旋培護野堂欵客頗能恭對局開樽何

厭酒先嘗夜來猶夢南宮試記索中庸第一章時九

十二矣猶夢春試場中作道不可離題可笑也

送劉白麓邑傅赴龍陽

偃息松高不記春暮年傾蓋有斯人素襟促膝芝蘭味高誼暢懷湖海眞鶴馭又翔千里翩鱣堂不染一氊塵洞庭杳藹瀟湘綠西望龍湫好問津

董東逵花朝有作次韻奉答二首

山翁何有聲交歡見說花朝興未闌老眼笑看渾似霧小童扶步便於鞍不嫌芳草迷幽徑最愛香風破曉寒日莫未愁遲莫迫洞天自覺海天寬

山花明媚爲誰歡卧起山窻曉夢闌爲喜流鶯歌

出谷已捹老馬卸征鞍桑榆荏苒日將暝松菊棲
遲盟未寒更向花前重問訊春懷幾許老懷寬

壬申歲殷克齋中丞以　恩詔存于家邑
侯周揚川寔来將命賦此奉謝

山翁九十有三秋寄傲山中笑自休列宿清輝臨
大麓花封文藻動寒丘喜逢　聖主恩光溥自識
中丞禮數優滿眼兒孫欣舞蹈山翁潦倒更何憂

又謝殷克齋中丞

岑寂空山度歲窮苟延殘喘臥疲癃中丞祗奉龍
飛詔殊錫遥憐鶴髮翁三世登庸徒自愧五朝遺

老竟何功喜看幕府雲臺略高出開山百代勳

病起

病軀老迫歲深期獨喜春風願不違喬木烟蘿山靜處小樓燕雀日高時行厨已報晨炊熟卧榻方驚午夢遲爲喚侍童扶盥櫛碧桃猶濕露華滋

春暮小亭紅梅偶開一花喜而有作

羣芳滿眼並蘢葱忽見梅梢一點紅壯節已消殘臘雪新粧猶整暮春風老懷豈有韶華戀瑞氣偏呈造化工清醞一觴聊志喜偃醺徐步小庭中

携董東逵遊錦溪

錦溪山上翠微巔舊隱山堂自昔年洞口老松俱偃蓋庭前翠栢巳參天登丘聊踐風雩志掃榻高歌伐木篇莫道韶光今欲暮桑榆春暖更堪憐

庭前古梅秋半再開花一朶用前韻志喜

谷口秋高氣欝葱古梅又報綻新紅絳唇獨占楓林晚清馥兼揚桂子風縈叟行歌忘歲暮葶妝破格斂神工老予正值悲秋節一洗塵襟霧眼中

風鑑葉靜江見過詩以送之

卧穩寒窻晝未醒忽聞飛舄款柴扃往年惠顧心相許歲暮言過眼更青自哂崦嵫非遠照焉知抱

朴有眞靈殘軀觧得延殘喘老我荒丘肯再經

江祠華表成

晴曦朝出海門東華表江頭跨彩虹牛渚苎涵河鼓渡龍淵光動水晶宮中宵不夜千山月長夏如秋萬里風黃髮杖藜閒蹤步緑陰聊憇一漁翁

奉謝劉紫山中丞商燕陽侍御建百歲坊

翠旗谷口萬松風喘息猶存一老翁詎意夔龍黃閣上猶憐園綺白雲中擎天華表三山壯醉日桑榆百歲紅頳借末光垂晩照康衢朝暮頌華封

次韻答閩清冼明府

荏苒韶華度百年，何能振羽掀飛仙。秖從心上聊觀化，未信人間別有天。野鹿烟蘿春夢穩，海鷗雲水舊盟堅。絃歌忽聽流空谷，愛爾周行示我傳。

董惺菴明府以方田過山中有贈

海門日映萬峰巔，皂盖西巡閱甫田。共喜花封清瘴霧，預知繡斧動山川。馳驅不惜心神費，伸縮深惟土俗憐。百歲老翁扶杖出，絃歌聲裏拜青天。

巳卯歲初度示子孫

落莫山中已百年，山中又報小春天。一盃茗飲憂何事，萬壑松風意自仙。杖屨暖回初度日，斑斕懽

舞壽筵前當筵喜爲兒孫祝奕世書香世有傳

謝蔡青門比部辱惠拙詩序文

貫城星彩麗青霄萬里流音奏鳳韶動化高標炎海郡采詩光重白雲樵百年杖履春無恙三逕松筠老不凋行第有詞來黄耇可能爲達聖明朝

人瑞翁詩集卷之十一終

卷之十

人瑞翁詩集卷之十二

閩中百二歲翁旗峯林春澤德敷譔

戶部右侍郎男應亮編

邑後學林文卿王湛校

五言絶句

下關

未逐青牛去蕭然獨下關關門無令尹秋色滿空山

興田驛

溪山遞虛爽松栝盤層陰我有武夷興尋芳春正

深

廣川戲寄陳允陽

翟公門前雀林子河上舟相聞不相見斜日抱離

憂

試劍石

旌陽劍已化剖石留遺蹤猶聞風雨夜潭底泣蛟

龍

仙人橋

獨立架矼壑足跡尚依然逆想步虛日青雲半在

天

答劉一舒廬墓種木霏霏江上雨十首

霏霏江上雨，凄凄江上廬。借問山中人，種木今何如。

霏霏江上雨，和雨種冬青。不見堂背草，涕泗雙交零。

霏霏江上雨，和雨種芙蓉。西風不摧折，寂寞呈秋容。

霏霏江上雨，植子檜與柏。願守歲寒心，千年見顏色。

霏霏江上雨，植子桐與梓。願聽鳳凰鳴，雝雝諧律

呂

霏霏江上雨種松番兎絲下有鐵石根上有長相

思

霏霏江上雨二月陽春時不惜種木苦但惜春暉

遲

霏霏江上雨種木已成蹊蕖蕖相交結愁聞烏夜

啼

霏霏江上雨新枝莫輕折夜聽子規啼枝頭淚凝

血

霏霏江上雨汪汪江水深回首故山木伊余淚滿

襟

春日山行八首

小車度山曲桃李花參差幽香遠復邇藹而和風吹

曉日出杲杲春深天氣和山行不知倦汗漫春行歌

下山復上山隴阪費登頓行役未蕭條春色多繾綣

古木自糾結飛蘿揺煙稍山禽出幽谷相對鳴交交

上隴麥苗秀下隴菜花黄農家春事樂那復知侯王

田翁睡初起日晏開茅茨竹籬負山坳小塘明花枝

黄犢鳴草坂草青犢正肥野童走看客三五相追隨

山溪石齒齒水生數尺強夜來一番雨流帶落花香

六言絶句

石船 光法寺 澗畔

苦海鵞濤滿地慈航停棹何年彼岸乘風可到本來與石同堅

龍橋光法寺石澗橫梁兩山蓊鬱近有龍翔其下

崖跨石梁蓊鬱澗飛雪浪潺湲神物年來化去山雲日暮飛還

七言絶句

杭澤西先生有召阻風不能赴奉謝二首

山雨寒窗晝掩扉畫堂高榻久相違幾迴倚杖看天色雲逐溪風木葉飛

江門欲放木蘭舟無那江風動客愁見說先生有

歸興碧山秋水倍離憂

昌平途中大風三首

燕山二月北風高崖谷悲淒萬木號關塞春光無

雨露江湖心事恐波濤

昨日居庸萬馬回鐵衣猶帶戰塵來潑天黃霧迷

清晝吹入長安暗未開

寂寂春郊草欲青烈風猶作撼天聲非關青帝催

花柳却是飛廉氣未平

行宮六首

漢皇車駕擬南巡河上行宮處處新楊柳堤邊含

雨色翠眉愁結未舒嚬
直北河西楊柳青黃蘆白葦結新亭蓬萊端拱多
瀟灑日暮鵶聲過掖庭
河上行宮草草成土階蓬蓽待霓旌四海亦知堯
禹儉不施刻桷與丹楹
驛卒征夫且復休鑾輿未必竟南遊見說江淮民
力困行宮風雨使人愁
崑崙不見白雲謠何事周王馬跡遥草舍離宮行
處有可憐千載誦祈招
丁寧郡國莫誅求王輦南巡命已收吳楚亦知親

魯衛不勞細栁拜條侯

天津夜宿五首

海風夕起火雲收萬里河奔入海流仰直天津跨雲漢即看旌旆出江樓

雨歇西山潦水多風湍淅淅落滹沱晚來潮上月初出無數舟人子夜歌

南連齊魯杳天長北望燕雲接大荒最是兩河津要地暮帆烟樹入蒼茫

征衣凉動鬢毶毶夜色蕭疎海氣涵遊子空嗟來冀北美人留滯在江南

萬方迢遞尚風塵江漢飄零一病身今夜河南望
河北分明北斗挂天津

部署小園蒔雜蔬四首

省闈西旁開小園種蔬已見蔬葉繁林立與致亦
不遠便有鳥雀來聲宣

翳翳槐陰繞舍西青青藜莧一時齊塵囂愛汝藉
踈豁汲取井泉時灌畦

荳苗瓜瓞夾籬傍雨後牽風引蔓長最意故山護
茅屋薜蘿煙樹鬱蒼蒼

公曹長日苦淹留小圃猶堪散客愁閑裡短畦鋤

菜甲宦情未減野人幽

溪漲三首

九溪春漲湧洪濤白日蛟龍鬬雨號湖海萍蹤任漂泊輕舟真是一鴻毛

飛湍瀌瀌下灘鳴坐卧漂揺苦不平平地風波更堪慮丁寧漁父不須驚

建州橋頭浪蹴天建州城邊驚客船出門便有風波惡客子風波哄亦便

逋吏窠

零落曇花石磴前可容逋吏獨安禪虎溪爲我圖

三咲更與棠陵結白蓮

贈方坦翁五首 棠陵乃翁

逋吏年來不愛官坦翁携手樂團欒故人萬里堪
乘興伴汝春深看藥欄

飛霞沆瀣溢流津姑射仙人一幅巾向來不識桃
源路今識山中別有春

虎清谷口山人來山翁爲我走徘徊悠然亭下撒
魚網查潤橋邊洗酒杯

山翁勸客盡餘杯客醉猶能滿意陪倒着接䍦花
下立自誇不作玉山頹

昔年爲翁賦逋客今日當筵見顔色我與棠陵爲弟兄頗作青蘿附松栢

竟逹樓二首

雲壑飛泉翻雪浪天風舞鶴下煙篁小樓愛爾青山好浮世從渠白日忙

青山高閣故人家流水春深泛落花欲問鹿門何處是白雲相對葛巾斜

餽張崑崙笋絲鹿腊二首

翠旗巖下籜龍肥細剪飛霜萬縷絲金鼎鹽梅功未就山人莫怪送羮遲來詩戲送遲故云

徃年海上尋眞去玄圃分明揖羡門乞與丹丘玄鹿腊好憑青鳥寄崑崙

渡江望金陵九首

高皇事業乾坤上一掃腥羶日月明千載飛龍出淮海萬年寶鼎定金陵

大江西北潑天來江上風吹駭浪頹山色遠盤龍虎勢神都秀出鳳凰臺

長江自古爲天塹萬頃龍宮入杳冥梁苑吴宮何處是六朝花柳盡彫零

六月江風凉似秋青山兩岸夾江流南來山水秀

可掇日暮龍橋繫客舟
上清河頭楊栁陰吳姬壓酒歌吳音金陵子弟繫
輕舸笑擲金龜索酒斟
青龍山後海雲歸白鷺洲前沙鳥飛芳杜木蘭滿
江渚清芬遥上芰荷衣
南下吳都北望燕傷心最是革除年梁苑鄒枚功
盡録尊經閣上獨堪憐
白屋爭飛王謝燕秦淮猶唱後庭花夜來惟有清
霄月長照青山碧水涯
南征遷客笑南冠芳草王孫怨未闌喜見星河映

江水直從北斗望長安

闍黎嶺

東源廻度闍黎嶺千載純陽來問師欲喚闍黎說上乘着衣亭畔草離離

爭𥠖嶺

瑆草晴烟染翠嵐路人猶自說爭𥠖呂公惠老今何處回首黄龍駐客驂

永寧道中五首

南出禾川三十里秋坡前是七溪山鳥道争看烟霧裏峰頭只恐是天關

峽坼逕深蘿蔦昏林端魍魎語聲繁此生牢落不堪訴相逢惟道形容存

兩山夾水勢紆廻山雨半晴春水來一日渡溪三十六溪聲連出白雲隈

七溪嶺頭千萬峰東風吹散煙濛濛無處深山春不到山梅半落山桃紅

上山巉峨下山廻馬蹄盤旋驚欲頹流水又從山口出桃源别有洞天開

楊几川召飲桂花酒啖鯉魚膾張石塘席中

索歸遺母顧余永感亦承惠及徒增悲愴

而已且近以乞歸蒙几川諭留輒賦二詩

附謝

甕頭秋熟桂花香月夜分香到草堂南望白雲空灑淚接杯聊喚細君嘗

釣得龍門點額鰓霜飛入饌笑顔開而今舍食有魚矣長鋏休歌歸去來

題坡仙話禪圖

刺史當年腸已斷舞衣今日色歸空空空色色歸何處回首西湖明月中

望韶石山

虞帝南巡巳寂寥誰聞嶺外奏簫韶鳴球搏拊荒
山暮猶想遺風動有苗

曲江祠

芙蓉山下曲江頭丞相祠堂草樹秋𡗝甫從來識
石勒漁陽鼙鼓使人愁

嶺蠻謡六首

嶺徼之西山鬱盤桄榔荳蔻蔓藤蕃漢家率土今
無外怪底兹山雜百蠻

百蠻種落萬山徭藥弩蛇矛太剽驕隔水蠻音時
出没人煙東岸亦蕭條

銅鐶椎髻出山來洞口魚鹽裹巷回郡國年年費招撫犬羊觸突未心灰
瀧溪綠水接羅傍洞口蠻煙山箬蒼王孫啼上榆柳樹日暮偏愁估客航
聞道新靈初罷兵高州昨夜更縱橫白晝公門行剽掠可憐膏血灑孤城
欝林諸水下牂牁戍鼓材官晝夜邏當宁定紆南顧慮軍中更有一韓歌

秋宮詞四首

掖庭風動井梧枝又是高秋落葉時看取枯枝待

春色不將落葉寄新詩
沉香亭北夜爐熏自撥琵琶向夜分豈是玉顔偏
寂寞君王元不識昭君
秋水光搖太液池芙蓉花影漾漣漪臨池羞把蛾
眉照爲笑花開已較遲
昭陽日色照寒鴉肯把紅粧與鬬誇但願餘光偏
窮谷秋風揺落是繁華
庭前觀柳眼
春來消息眼中知煙雨摩娑展翠眉不逐艷陽明
媚態何妨桃李漫相窺

爲誰含瞋爲誰醒春去春來幾許經但願東君不
相負年年相見眼終青

中秋翫月奉次呂涇野先生韻

金波秋色逈光華遍照關山天一涯此夕追趨散
愁地何如少室采三花

郡齋九日四首

去年九日雨花臺金陵美酒菊花開今日孤城搓
落地南雲不見鴈飛來
西風野雀噪茅堂袁草空庭日漸黄忽見囊萸稚
子笑却驚今日是重陽

徼外難尋黃菊逕籬邊不見白衣人開口且須拚一笑莫教牢落倍傷神

殊方佳節誰爲侶獨有青山對郡樓也是天涯未淪寂流霞日度萬峰頭

夢鄉

家在旗山第一峰山前石屋夾蒼松尋常夢入風松下深識故鄉歸興濃

月下艤舟二首

沅陵山下暮雲歸野翠霏霏上客衣倚棹回看山月上江頭雲去月流輝

坐憐月下青山影靜聽灘頭流水聲從此扁舟好去便江山容我一身輕

訪黃明府吳司教于隆安寺山行四首

春山十里鬱蒼蒼古木垂藤花有香獨徃上方尋二妙香風輕透薜蘿裳

一春風雨暗到京曉起晴光紫翠繁見說星軺臨野寺山中烏鵲喜聲喧

山花錯落散餘霞山澗縈紆石逕斜明府愛山僧愛客新泉旋汲瀹新茶

僧房積雨松花老仙佩餘芬野色清怪底山靈亦

增色嚴花一陣綵雲升

負笈江山遠　難忘隔别憂　棲遲襟趣踏
窓光涇渭明　夜静吟青史　燈青照古人
珪璋猶未達　経綸夙素心

人瑞翁詩集卷之十二終

跋

詩六經之一三百篇之後自漢魏繼之至唐大盛君子曰刪後無詩何謂也詩樂與政通政與德通致一之道德析政棼至旮乃微故曰刪後無詩唐之李杜名家何如曰杜繇學而至精義入神李繇才而入玅悟天出大

亭李逸而杜工君子尚李而貴杜皆
三代之遺響也旗峰夫子振古豪傑
心事如天日政理如金玉問學如淵
海形諸咏歌極諸家之變態成一家
之自得與崆峒少谷大復齊名愛君
憂國之情悼時悲俗之意出處進退
之節陰陽鬼神之理備矣非以詩名

家者流也是故金臺以前諸詩如覆曠野豫章以後諸詩如馳峻岅聲因物感情以時遷變化之妙不得已也故觀詩可以知政觀政可以知德若序輩之傳蓋不專於詩也

嘉靖辛卯孟冬朔日門人棠邑常序書

八閩文庫

文獻集成

338

福建文獻集成

續編　集部　一四

吳格　主編

海峽出版發行集團
THE STRAITS PUBLISHING & DISTRIBUTING GROUP
福建人民出版社

本册目次

鄭文十五卷

[明] 閩縣鄭善夫撰

重慶圖書館藏明嘉靖間刻本

鄭文十五卷，明鄭善夫撰。善夫（一四八五—一五二四），字繼之，號少谷，閩縣人。弘治十八年（一五〇五）進士。連遭内外艱，正德六年（一五一一）始爲户部廣西司主事，榷税滸墅關。憤嬖倖用事，乃上書告歸。築少谷草堂於金鼇峰下，作遲清亭，以俟天下之清。正德十三年起補禮部祠祭清吏司主事，十四年署員外郎。因諫武宗南巡受杖，明年力請得歸。嘉靖元年（一五二二）起爲南京刑部郎中，尋轉吏部驗封司。行抵建寧，便道游武夷山，風雪絶糧，歸病卒，年三十九。善夫敦行誼，所交盡名士。工畫，叢篠怪石，得象外趣。作詩力摹少陵，與何景明、李夢陽等合稱「十才子」。撰有經世要談等。明史文苑有傳。

鄭氏病革時，乃以詩文稿託付門生高瀔、傅汝舟。身後由福州太守汪文盛主持編刻行世，即鄭文十五卷、鄭詩十三卷附録一卷（鄭詩已印入福建文獻集成初編）。汪文盛於嘉靖二年至六年間任福州知府，任内據陳鳳梧本翻刻儀禮注疏，又修補府學所藏元刊十行本十三經注疏書版。又刻有前後漢書、五代史記，皆高瀔、傅汝舟所校。高、傅爲鄭氏高弟，時佐汪氏校書，鄭文、鄭詩亦汪氏於其任内所刻，故可定爲明嘉靖初福州刻本。

鄭氏文集生前蓋有成稿，並曾求序於師友，是集卷首有正德十二年林俊，正德十三年林釴、黄鞏、殷雲霄，正德十四年王鳳靈序，均作題少谷文集。卷端作「鄭文卷一」、「閩鄭善夫撰，楚汪文盛刻」，卷二以下不署名。書末附林釴撰明南京禮部驗封司郎中鄭少谷先生墓碑，嘉靖三年十一月汪文盛、陳鑭立石。陳鑭時任福州府同知。正文凡十五卷，卷一奏疏、卷二傳、卷三序記、卷四墓誌銘、卷五祭文、卷六題跋、卷七至十五書札。鄭氏弱冠登第，不汲汲於仕途，官不過郎中。是時劉瑾、江彬先後用事，鄭氏屢屢上疏辭官，卷一即收乞歸疏三篇。據明史武宗紀，正德十四年，武宗詔諭南巡，爲群臣諫阻，乃下兵部郎中黄鞏等於錦衣衛獄，跪翰林院修撰舒芬等於午門。其後鄭氏與舒芬等復上諫疏，因受廷杖。「當先生罰跪時，猶草疏數千餘言納懷中，言所以不當出狀」（鄧原岳鄭繼之先生傳），即是書卷一所收諫東巡事宜。鄭氏以詩聞於世，鄧原岳評其「爲文章泚筆立成，渾雄蒼老，大抵出入諸子，而本之六經」，孫昌裔鄭少谷先生全集序謂：「世習知先生詩，而不知先生於文尤蒼潔，取法嚴而持論正，得之陽明、甘泉兩公麗澤爲多」，觀其文，筆氣浩瀚雄駿，學識兼到。

鄭氏詩文凡數刻，此刻所録雖不如後刻完備，然係現存最早刻本，可備校勘之需。此本卷三缺第三十、三十一葉，而裝入史記留侯世家空白葉（有版心、欄綫而無正文）兩葉，今據原北平圖書館舊藏甲庫善本縮微膠卷配補。（張學謙）

四本

鄭少谷集

題少谷文集

予亡慧執故滯真無足世道繫也居閒處獨謬意作古文詞取六經傳記秦漢而上書謬讀之亦謬効之竟無得其大都如航廣川茫然津涯捕風影無所得鏤脂刻氷負成勞於工巧又如宿留東萊凡骨未蛻身固在此也今年年六十六倦以老矣豨人鄭少谷繼之齒後余以倍悟獨前庚申余過其諸祖藩參建中少谷尚少語余忘之矣嗣是少谷文日起伸縮兩儀顛倒萬化輪古今而上下戲弄作者于掌股之間辟豈託寂寥響効職

濟典墳宗風雅出入莊騷以育附左氏起允究諸易吾難如此也蜩與鷽鳩決起而飛槍榆枋鵬搏扶搖而上者九萬里凡馬擿策不盡一舍一日千里國馬固能之物諸天異也抑風之積不厚則其負大翼無力鵬獨運乎哉馬食日盡粟一石則飽飽則力而材美外見少谷將無是之遭歟善自愛哉少谷袖稿來雲庄商略其藏否駮絶以訂所學噫予實惠我惡置予一喙哉無已則有告焉文寄道者也韓子踔絶蘇登千狀萬態而卒澤於道德仁義炳如也少谷子善自愛哉子將焚筆瘞硯以

侖子一嗜遂強疾乃挽書爲別

正德丁丑春二月下浣病叟見素俊書于雲庄青野

奠文序

二

題少谷文集

鄭子坐余於少谷草堂與論古今之聖賢曠絕於世之傷岐德與文聖凡賢軻德文稱矣后軻之愈愈視軻則愈固弗若矣聖賢同不同如此其曠絕也已世之澂弊盡人以詞夫斧藻其詞德之藻矣詞藻寔僻蕩德藻寔飾華僻蕩飾華時之然也柰之何其弗傷也故曰天下有道則行有枝葉天下無道則詞有枝葉夫行有枝葉者根本盛而條達也詞有枝葉者無詞曼説佻巧者之淺是故豪杰之興者世責之賴也鄭子其身之自根

其下所

本而達未强而負望於天下天下之知鄭子者唯曰其能通乎古之詞矣嗚呼鄭子無通乎古之道歟古之道不爲利回不爲義疚守道如守官是故鄭子之歿也於今之樊穚然而反之正以詞盡人不亦鍛乎使未有樹是市人舜裳于決其否也信乎鄭子者於今誠曠絶也况樹乎後者其文臙焉耶余從乎然者卜之也余忝張之哉

正德丁丑夏四月望日方山林鉞書

題少谷文集

傳曰文以足言言以足志不言誰知其志余友少谷文矣讀其近稿乃始得其才識之高意度之廣更歷之久且熟也向之知吾少谷不猶淺乎由是觀之世之人欲以片言而究底蘊一傾蓋而盡得其平生者皆非也雖然少谷之所以自見於世者殆不止此乎也又奚足以知之正德戊寅冬十月望日友人石峰黄鞏謹題

六經之文天也諸子山川草木也鉅纖醜正不倫亦各有生意矣下此直繪畫耳繼之知文者因以問之石

蕙文集

川殷雲霄題

文道之幹也本之則美而幹是用崇其不可崇朝植也賊夫道而澤夫文可乎壞殖削榮厚庇之以工以反求其本或有能生者矣昌黎子倡之吾用是觀少谷焉漫言乎漫之孚于正德己卯冬十二月朔筆峰王鳳靈謹題

鄭文卷一

閩鄭善夫撰　楚汪文盛刻

乞歸疏

念臣守官以來本無重疚只爲過憂殰瘍被庸醫所誤以爲驅逐百邪必須金石之藥不凝沉積五内反成腹心之災抵今雜証交攻形神沮喪臣切以病勢如斯而犬馬之勞豈能自効復恐失今不治而蒲柳之質詎免先零伏望 陛下憫臣幸未即死勅吏部放歸調理萬一生全有地則未死之年皆報恩之日也

諫東巡事宜

臣聞芻蕘草野皆得獻於君臣待罪禮官奉法無狀竊迹職事不能匡正萬一愧死無地近奉明旨有以威武大將軍鎮國公前往太山獻香者竊念此事雖芻蕘草野苟有一念愛君蓋有蒙死而言者必不可矣況臣身有官守職與奉行者哉臣聞天子端居外屏以示嚴也非郊社弗離其宗廟以承重也宮牆九重出則警蹕以防奸也夫以天下大器權重側目而不敢發者無其便耳 陛下遠不見曹欽不見劉瑾乎瑾固 陛下狎暱之臣也 陛下託以心膂委以機務時豈不以瑾爲盡

患社稷且日在左右而一旦叛逆乃爾況今乘輿遠出
內無儲君外有勁虜而驕貴弄臣專典禁兵萬一變作
陛下誰保以無虞也　陛下獨不聞英廟之事乎前車
之覆後車之戒臣不敢斷其必無也且　陛下遠舍宗
廟以祀太山誠以為社稷人民耶臣聞雨露所滋無不
孳息雷霆所壓無不摧折煦然而禧藹然而威萬化時
行百神率職者天也泰山之神其有尊於天乎故凡在
天之下者祖宗相承之社稷人民也今以付之　陛下
誠欲　陛下敬天之威和其人民保其社稷而能享其

宗廟獻香之事豈有重於郊社之禮與禘嘗之義乎今
陛下郊不視牲齋不避戒改卜者三出而馳道恐非所
以事天享帝也禘嘗大禮率不親往恐非所以尊祖敬
宗也是故圜丘之上烈風揚沙太皇太后祔廟之夕而
七月雨雹此天戒也　陛下顧不動心敬此天戒乃輟
萬機冒重險以事于泰山何哉臣見五岳之神不啻天
之僕隸也慢於主翁而敬恭於僕隸不待智者而知
其必不敢享也况今民窮財盡青齊淮楚之間水旱連
年甚至父子相食者六飛一過勢必肅匿山谷倘重傷

心更何以徼福於社稷哉夫興亡之勢皆積漸而後成
然不可不察也　陛下連歲北巡而爲　陛下留行者
抗言有害而未見其害非惟無害而反有利宜　陛下
厭言者之無稽而果於獨用其意也臣愚以　陛下之
漸成矣昔扁鵲再說齊君不用三見而遁去嘆曰昔公
疾在腸胃湯熨可及也及在腠理針砭可及也今入骨
髓矣雖有司命將奈之何哉臣恐天今不治而扁鵲遁
矣天下名實方懼大怪春秋尊無二上制王公而下皆
曰人臣今忽以天子之尊自貶而稱公此莫大之怪也

非但大恠也然必有大憂今天下藩王皆　陛下臣子
也車駕所至萬一以公禮處　陛下將安而受之耶抑
責其不臣無禮耶明明祖訓臣恐夜有執詞矣且陛
下之所欲自封者豈不以雄姿大畧自足累功將相耶
然任金革暴霜露縱能手格戰于身甚勞而功顧甚鄙
也臣聞堯舜惟恭默無爲而萬世言治不聞其擅一將
之長今不師堯舜則亦已矣亦不聞有先帝乎先帝敬
天勤民親賢遠色察佞幸絶將敗亦惟自正其心以爲
天下本寔未嘗有所作爲下親將相之事也然而文武

効用身不勞而天下治也　陛下與左右所習知者
陛下夜氣清明之時獨不一思先帝之所爲乎臣竊以
治亂之機實在　陛下一心心一正則百邪皆發　陛
下試試轉移靜求先帝何故身不勞而反治今何故身
獨勞而反亂則一切荒淫悖謬之事將自追悔不暇只
此一念欲成堯舜事業不難也夫以　陛下之聰明英
武顧不惜勞瘁其身以求治而豈惜一念之轉移哉惜
無明智者早爲　陛下陳之也臣本草茅久無仕進之
志痛惟先帝視天求才不忍以無用自棄抱此悃誠久

欲獻之　陛下明知職非言路觸忌諱以死誠惜
陛下之英明而不忍視天下之日敝也隱死上聞候命
闕下

奏改曆元事宜

奏爲歲差事照得正德十三年五月朔日食起復時刻
不合數多該欽天監中官正周濂等奏驗交食以改曆
元本部議得今後日月交食本監官仍依古法推步如
或未當暫免叅究即於官生内精選數人同周濂等講
究新法彼此叅驗等因本年十月十五日十四年四月

十五日十月十六日凡三次月食本部劉臣前往觀象
臺督同欽天監官生人等看驗其初虧復圓時刻分秒
古法新法俱有得失經該奏報外竊以經緯天地治曆
明時本聖賢事業而王政之首務也且天道幽玄其數
精微令欲以人合天非明理達數之原者鮮克與此是
故歲差之法自晉虞喜始定以歲策五十年差天運一
度何承天復定以一百年隋劉焯取二家中數復定以
七十五年唐一行復定以八十三年元許衡王恂郭守
敬復定以六十六年有餘凡經數十人歷驗千數年至

元授時曆似爲精密矣只今新法據許衡等六十六年有餘之數推演仍又不合天道豈易言哉且如定歲之法積四朞餘一日一日分加於四朞是故二至之時只在絲忽之間自古難準要須酌量以定者如定日之法一日百刻所以變爲九百四十畫者以氣朔有不盡之數難分也凡每月三十日二氣盈四百一十一畫二十五秒一朔虛四百四十一畫積盈虛之數以成閏是故定朔必視四百四十一畫前後爲朓朒只在一畫之間自古無有真知要亦須酌量以定者如日月交食惟日

食爲最難測月食分數惟以距交遠近別無四時加減

蓋月小暗虛大月入暗虛而食故八方所見皆同也日

爲月體所掩而食蓋日大而月小日上而月下日遠而

月近日行有四時之異月行有九道之異故旁觀者遠

近自不得而同矣如北方食既南方才半虧南方食既

北方才半虧是故食之時刻分秒必須據地定表因時

求合而後準也如正德九年八月朔日食曆官所報食

八分六十七秒而閩廣之地遂至食既其時刻分秒安

得而同今按交食以更曆元時分刻刻分分分分分秒極

精極細及至於半秒難分之處要亦須酌量以定者若差半秒積以歲月則躔離朓朒皆不合原筭矣是故隨時考驗以求合於天者苟非其人豈易言哉謹按漢唐以來皆設筭學與教習儒藝同科稱四門博士如宋錢藻孫覺諸儒皆爲筭學博士之官九章之法大明故定差法更曆元每得其人我朝筭法既廢而户部考校數歲限取數人又止於筭錢穀户口此於九章尚未得其一也况占天之書國法所禁而官生之徒明理寔少必須理明然後數精方今海内儒術之中固有天資超邁

究心天人之學者使得盡觀秘書加以歲月必能上揆往古下推未來庶幾曆元可正也近訪得養病南京兵科給事中樂護工部主事華湘開州判官余珊南京國子監生蔡子穀杭州處士孫一元此數人者聰敏靜深頗明理數之學而精於九章之法者乞勑該部照依太常少卿童軒事例於本職上超陞職銜其監生處士量加官爵使觀秘書與周濂等講究參驗數年然後責成其効於改造曆法庶克有濟為此具本親齎奏聞

乞歸疏

臣福建福州府閩縣人由弘治十八年進士正德六年十一月内除授戶部廣西清吏司主事八年七月内養病回還十三年六月内起復到部改除禮部祠祭清吏司主事十四年九月内陞授前職念臣生長南方禀受脆薄無以自幼學問乖張不能以志帥氣也七情交攻多方受病向雖乞歸調治又以優游光景自發瞋眩之藥寔未曾拔去病根即不自揣遽出干禄備官以來故病復作竟未有涓埃之報復蒙聖恩陞臣以署員外郎職事臣念一介寒士一旦偃然與五品大夫同列討

臣之德寔不能稱其位萬一況今爲寒邪所侵頭風肺氣喘息不安職業既荒慚悚無地臣今思耳目鼻口四肢百骸無非疴痛浸及腹心殊非旦夕可治也必須畜數年之艾靜處山林安守歲月齋居洗念庶幾可望其瘳矣此寔臣激切之言非有所假借焉者也伏望陛下憫臣愚衷乞勑吏部放歸調理倘或生全有日年力未暮以臣爲可備一命之寄臣豈敢久躭逸豫而惜馳驅哉爲此具本令家人某親齎謹具奏聞伏候勑旨

再疏

念臣自幼多病且不善養比入仕途積成勞瘵今春以來加以寒邪相迸醫藥不得其理克伐太過遂傷其元氣只今年未四十而耳目昏瞶手足瘦薾弱然如下衰之人此先零之兆也今不得歸臣恐有陰陽之患一旦死填溝壑是亦聖世一夫之不得其所矣臣切惟受病之原寔積勞所致然非勞於職業也居都會之間紛華恬淡之意二者交馳無所於定故曰撓其心耳心火宜下降而今上行是以陽日虛而陰亦損百爾害身之疾來乘其隙也臣願自今入山以寧其心務使百骸得理

然後出施之有政臣非不知既委質爲臣便合致身也

臣聞身修爲家國之始修如修補之云也修補得此身完固方可以之殉國今臣之身尚猶敝屋四面破碎今且治病奚暇於禦寇爾也古人必四十而後仕蓋以此時精氣方始完滿志意方始堅定矣况臣尚非強仕之年百病未除而即試有政養之未厚安望其用之有裨哉伏望 陛下放臣還山假臣數歲然後處以官守之地則臣方足以効勞於職業者敢不盡瘁於未死之年也

海仙人傳

閩大方伯龔公弘吳人生而穎少能通古墳典剖疑圖徽隱東海蒲華塘賞幽自爲將三十年抑而爲舉子文字進士起家以經綸當世事又將二十年廼思當世之無以爲也棄兩浙大參知歸海上日歌白雲篇疏南華經義上揖古人而與之游若真能拔世網而仙者嘗曰吾先代都官君祠部君冊有隱德吾有水石癖吾嘗如有忝於二君子也時人稱爲三隱先生云公處海上登

鄭文卷二

年以載逆瑾宜惛玩大權杓化天下豪杰而馳之公一不爲聞亦無飛日與窮島黃髮翁泛輕舸浮游震澤雲水間賦詠自怡或赤脚走海上峰觀蜃氣興沒龍吟蛟翔夜半日出咸池晶晶然長嘯大呼自以爲世外奇觀及天地和均　聖天子思得逸才以振草路弊乃復館爲令官時之人復稱爲海仙人云鄭善夫曰吾嘗聞古之神仙往往有隸官籍而皆豪杰輩爲之故葆真寓形完天道人聽其往也王喬之葉東方生之依隱玩世葛洪之句漏蓋其真有所得正不執滯於通隱之分也

是故隸圄不卑貂珥不亢拘餓不窮潛行不窒鋋刃不
嬰視世間一切榮辱起伏生殺壽夭化蔄有若劇戲然
而隨之者彼何人也哉龔公其真有所得矣夫

南湖三先生傳

南湖三先生露公莊公淑公其先滎陽人也遠祖昭晉
時爲泉建刺史過莆口愛其風土因遷祖墳於南山昭
固未家莆也三公舊譜云唐玄宗時人世居閩之侯官
天寶二載避李承昭之難自候官徙永泰又自永泰徙
莆之南山以祖墳在也山下有湖是爲南湖結講堂其

上以儒業昔古蠻俗六朝之間閒無聞士照諸載
籍唐興將百年亦未聞有作者自三公入莆人始興學
其後十室九書堂龍門半天下南湖之響振之也當時
稱爲南湖三先生云講堂在南山之麓因夢錫僧乞為
庵遂捨為庵及改精其旁復遇金仙請為刹復捨為刹
今城南五里廣化寺是也立寺之後移祖墳一十二丘
於西峰之下莊公從濤陽淑公從仙遊惟露公居莆由
是爲三邑之祖凡稱南湖鄭氏者皆三先生之後也嗟
夫三先生豪傑者也業儒於比屋未爲儒之時而二林

忠孝一方文武勛庸科第為天下中雖其學力而開
先者誰歟岷嶓積石河漢之始明者固有所推矣彼顧
無文王猶興者譜稱露為太府卿莊中郎將淑別駕皆
無可考然是詎足為三先生重輕哉

鄭顗公傳

天祐公字君作淑公之後少磊落不羈知元運將革自
負以豪傑之才耻與牛驥同皁處南湖嶹中意洒然也
是為南湖處士晚年世益亂上下溷淆上自達魯花赤
下至邑子丞尉競為饕餮降其風而化之乃憤然有回

淳反朴之志恤恤然賙貧鮮寡一物價平出糶使世之貪鄙也銷後游四方齋餘貲凡遇生物無大小貴賤即鬻而放之如是者十餘年入不能測其所藏感呼之曰顛公云公嘗假三世田其價已盡後其子賣乃召而告曰而父所鬻田若未盡而値也給之至其孫賣復告曰而祖所鬻田若未盡而値也給如故晚年每辟火食日醉醇酒數勺微醺輒麻鞋散髮走道上暢歌屈原漁父篇以自況其志或勸之仕乃喟然漫荅曰而不見飛鳶戰馬乎其一朱鬣白毛龍駱鳳臆終日不釋轡卒以

勢死其一垂頭昂尾駝頸騖膝踶齧蓄蹶棄諸野終年

而肥古之達者固不茍絜以罹患不避穢以養精也茲

盖得之舊譜祭之故老所傳云爾古之人有逃名佯狂

裂冠毁冕而求自拓其所極者世未易知也埋蛇渡蟻

近不在其身則惠膺之於其子孫云

南湖高士傳

昔人云澤中之蜥蜴不用則委蛇草莽間用則神變化

爲霖雨士亦然哉高士才氣英邁有大志傲睨一世若

無難事而乃涪湛於時焉年四十就憲府辟三年入補

尚書曹道莫有合者咲曰髮種種矣安能以一貧一秩
僕僕岐逕爲哉去之南湖之畔箕裘葛巾擷語曳索與
魚鳥爲伍歆然若忘情者及其論經世大務即捭闔弛
張洞視千古之上識者奇之間嘗語人曰士當用人勿
爲人所用又曰蒙莊巧愚奇而奇也大雅明哲正而奇
也蓋抗高志遏浮俟者晚猶好黃白之術及閱李道純
中和集即飄飄然道形智以往所謂道不偶乃自用以
康其身者歟高士平生極踽踽少合然與爲宜契者又
皆世令人如靈武王偁傅陵林誌漢孟吳航高廷禮輩

締文字之交云誌嘗曰峭直狷介可以信董史佚蕩佐俠可以結朱孟其見所稱許如此高士諱播字仕琛鄭氏號曰純菴蓋守其黑云

烈女輝傳

烈女輝者五河令周應文之季女也其先姬姓宋裔即國爲氏散處方隅應文蓋居庸之世也輝生而含慧抱素七歲知女訓嘗論夏侯令女曰一死事便了何截髮斷鼻乃爾應文甚奇之時有張耀者將子也習業於應文雋爽絕於流輩應文亦甚奇之間遂以輝爲耀待年

于歸夫禮未就而耀以正德九年六月死時耀年十七
禮不敢踰閾奔訃吞聲痛悼自廢其食飲雖父憂之糾
戚屬諭意不少變旬有二日遂自經於中堂中外聞者
莫不嗟惜聲動山後先是耀之家買棺畢氏得巨木一
本析而二之至是遂以及耀啼天其偶然邪耀性嗜花
草墀下自藝數十本英蘂繁蕪日供采擷耀死一夕盡
爲之凋焉山後暑多蠅自耀之死耀之家蠅亦去類盡
其次年乙亥所司部使者以事跡聞表其門曰節義遂
人鄭善夫聞之曰燕趙之風悲以壯其生人多忼慨奮

踵有所激觸即輕舍其生自古然哉故感燕丹之義而
死如赴者白虹遂爲貫日往往有焉輝一女子也一念
之至至感草木動天時是故城穨杞妻雷擊齊庭天人
通貫之理古今一也吾嘗論燕趙之士使充以仁義道
德顧但爲俠客劒士之稱顯後世已耶輝之天資冲粹
豈又不在學者歟夫

應先生傳

應先生昌者浙之仙居人也少讀書知大義即務爲躬
行中年以毋老稍出干祿久次得爲分宜縣尉常祿所

入悉移致于母旁及于母兄自奉惟儉衣糲飯晏如也吾聞先生事母與母兄備極顛沛初自京師歸至台聞母兄疫台距仙居百餘里乘夜走山谷穿虎豹及門抱持日省侍兄愈而後即安在官時有銜者譖其母祿當盡即茹素自罰日不安其位訖請歸寧徒步旬日至血其屨後居母喪又一一執禮時年已六十餘猶頓毀守墓側寢處苫塊衆止之曰奉几筵禮也中哀之年以死傷生恐非所以爲孝乎由是族黨遠近上自大夫下及衆庶咸翕然稱之至有聞風而起者云先生平生急人

之難有同閈者客死無依先生既爲殯之且力還其喪
焉其輕財仗義又如此在官數年廉慎以則恤民隱剔
蠹吏凡數十事蔚然入於人心給事張文稱之曰安得
似某者百人分布中外天下何憂不治太守朱華謂其
操持出衆有儒者之風焉中丞韓邦問提學蘇葵王崇
文咸亟稱之其子良今爲翰林吉士相時謀道脩先生
之行云鄭善夫曰吾聞君子之事親也下任力中任勞
其上不匱先生間關致養堅忍致敬禮而無忒慕以終
身又能纍己惠人以成其志而享其令名所謂任力與

勞而不匱者非邪孔子曰蓋本不同無務豐末比近不説無務脩遠詩不云乎惟兼友于兄弟施于有政蓋言反本修邇者也先生之施顧有司之者而未大邪正德中善夫與良定交于吴越之間得先生之行故爲之論次其事

樗翁傳

少谷子曰孔子曰小子何莫學乎詩學詩則多識於鳥獸草木之名夫識其名也非他也聖人取象以明理比類以成德咸取諸物也爾雅栲山樗其色小白生山

中類潦櫄散木也莊周之言曰商山有櫄結駟千乘隱將芘其所藾然匠石去之不以爲高名之麗者以其散也嗟乎神人以此不材陰符云人知神之神不知不神之所以神櫄翁西川洪雅人也張氏名某字某持釋書日以繕障盲爲事又通堪輿之學達古今事變成虧福禍與天地之化經綸之文言之鑿鑿張而翁之闔而闔之於諸無用之地取諸櫄也不龜手不用以洴澼絖豈櫄之云乎翁昔居花溪去邑會再舍時文物在邑翁有子鵬韻既裹中翁遂其處裨與賢士游以成其德云蓋

藏金於山藏珠於淵篠其全而用之天下若迪鵬爲侍御史遏權璫斥奸佞危言于朝不合則退合則進進則蓋于其所事世蓋方之棟樑輪題與道消息云昔者眉山蘇明允隱居於言不伉榮利後其子軾轍咸躋通顯翁得無類之然彼且著權書以示可用而軾轍又止以文章顯夭示諸無用者豈真無可用哉又況不爲軾轍者其上下何如也樗翁寓神於散合志於空將無以儒者之道爲風歸邪或曰釋氏之學古賢知者多之蓋其玄記自止直寄之以定其情焉爾矣

鄭文卷三

脩江先賢録序

史以考信古者有國有史古史莫信於春秋春秋魯史也聖人之文約而简其義大而公自秦人黜封建則史氏用獨獨則遺於是乎有紀録之書或以時或以地晉如志也自秦而下凡百餘家大率有四病不避則溢不溢則漏溢乎實之謂溢有所諱之謂避信輕之謂濫識淺而辭蕪之謂陋四者于其人焉不鑒於春秋之義也盡本原補史氏之遺耳余叙脩江

鄭文卷三

先賢録知聞于之書聞某秋也賢字孟直也字春秋艾
子之國也録賢而爲之春世者其及備五録山川之
能也始於漢者封建廢壞之後也遂置郡縣乃始於
三代之先者假一邑之文藏充也遂有五覧曰正曰
閏曰僞曰賊曰篡弑或正名以寔實或去實以全名
用宋庠之意而折其衷也賢有六科曰忠孝曰事業
曰文章曰特行曰貞節曰仙釋業有五義曰正曰續
曰附曰別曰外正者上也續者嗣也嗣似也附者依
人以傳也猶附庸之依於大國也別者別也別閏閭

之範也外者以道其道而外之也曰公曰先生者鄉
先生有尊之之文也録而必按其顛者不枉其是非
之實也凡是者皆用乎春秋者也録實則不溢號明
則不避科分則不濫義該則不漏是録也但補史氏
之遺耶稽信史矣

醫林集要序

余嘗讀内經不盡通曉然頗會其意自古成毁相因
陰陽散伏民鮮穀殺於是乎有草木金石之英以衛
之而毉之于越及岐扁庫[illegible][illegible]賈襄蕭陳絲奇徇春

酸辣苦鹹神奇臭腐[illegible]口帶畐毒殇發異而各有投
人之經而裨其主考者及其傳之說文人不解究竟
任疑用獨而經乃變亂至此是豈乎景始肆為論說發
其疑義而經復一明然方之異宜古今殊運兼以庸
醫固滯顛僭然莫適其所從百十義於閒有王氏璽者
廼復苞拜百氏之異同沿時適土倂長置短約為大
常而不畔于經於是乎陰陽相勝之機氣運旋斡之
變胗切攻發之法官禧和平之方木石溲液之分輕
重沉浮之數翕然遂大定名曰醫林集要凡若干卷

鄱陽胡公購而梓之以公於人人其惠博矣始予季
肺群其醫而藥之至彌歲月弗瘳豈真方之不足以
愈病耶是書之行有仁之惠也人有言曰不爲名相
即爲名醫其作用巨小功惠舒疾雖若弗倫而仁之
流一也人亦有言曰弗善爲醫莫善爲相有所操者
有所縱也公名韶時爲閩大方伯云

敘草木子

草木子業子奇氏括人傳物洽聞達於古今生元季
詭時匿德于龍泉之攏溪立言以昭厥志人亡識者

所著有範通玄理太玄本旨各二卷詩十有六卷文二十卷本草醫書節要各十卷齊東野語三卷草木子二卷草木子成於洪武戊午徃扦中稽上下之儀星纏之軌陰陽五行生尅之運海岳浸瀆夷戎希之之物神鬼伸屈之理草之變魚虫之尤律曆推步易術之大宗釋老禮制之書而之於六籍之緒大歸同焉野語記時事矣得荒兵菑異而文弗避而義則則乎春秋古稱虞卿非窮愁亦不能著書草木子其善窮哉草木子云者草計時木計歲以况其生而傷之

其言之立也或曰草木子劉基宋濂時人詳觀誠意
集末之及者而濂敘太玄本旨似不必贊其能夫二
子者亦蔽賢乎哉凡人賤近而貴遠知者相世機則
擁其識昔揚雄譔太玄法言與州箴以比迹聖人當
時雖劉歆篚號稱知己亦拙其書頗乃盛傳於後世
好奇者以為奧於孟軻然玄實失之滯法言州箴亦
多迂謬今觀草木子其義至精論甚正使遇賢知者
闡而張之定揚子矣其與法言太玄並傳後何嫌耶
而或者又以惟鸞胎生無無華之實胎卵濕化貴賤

之類病之是惡足以累其成哉舊本凡二十八篇今纂爲四野語凡三卷今爲二其七代宗子溥殺青而行之并曰草木子古語云傳先之美仁也刻成晋安鄭桑爲叙正德丙子夏日

重脩南湖鄭氏族譜叙

舊譜依歐陽法系圖以五世一提竊以人身各具五世五世一提則高玄揖格昆弟失倫且子前父名孫前祖名義不可爲訓今酌蘇法以父子爲世父上稱行明昆弟也稱爵稱公稱號若諡子下稱名明父子也

帙必實録示信也傳贊銘志倫本支詳所親也於賢
者雖疎亦倫賢賢也爲僧道不系女出而失節不系
絶之也出婦與失節不系既絶於其夫也系於子之
下明天下無無母之子也女而貞與婦而烈傳志附
其父婦節與賢附其夫勸也帙附祠堂儀節附祭田
附家法家約禮之倫也鄭出唐别駕莆南湖淑公派
閩中丞元弼公後傳八世至源深公徙三山今其斆
亦曰南湖不忘厥自也祠始源深公重始遷也以四
世祖天祐公配以功德推而立之也有祔祠以無值

者祔食恤無亂也某比到莆得通元弼公以上譜到仙邑得八虎以下派因拜祠墓合族人今增而詳之

居三山南湖十世孫善夫謹誌

僉事頤菴溪平寇叙

古稱蠻夷悍輕易怨以變控御失所則負岩峒相嘯呼如蜂屯蟻雜不可爬而梳之風氣之以也甌閩古百粤之地也潮漳之隩瀕海其隂多大山山連亘深阻小口中漫上廣下鋭蜿蟺數十里蔦道莽如行不可騎肩世惟蠻夷所擄而獲擒亡命之徒往往竄窟

附馬爲孽梗州郡兵至則憑要害下矢石狐伺鼠伏以逸敵我之騷騷急則移山蹈海視欹崎滉瀁若平地然數年歷文武畐議攻撫並用然力用頓而患且益滋盖攻而無法則我去而彼來撫而無信則朝聽而夕叛　朝廷大有憂焉乃命三省之師悉草薙而禽獮之由是而僉事頓君以簡行十月之吉視師于潮君至潮號令惟嚴賞罰惟明裨貳惟良甲卒惟驍閱惟時動惟機正月誓師進次于饒平由是而掇巢灌燹大遮擣杏害跐泪圖而夷之殲渠魁二十俘其

御盡自潮之南盡先漳潁之督而號之氣者昔之善
師者果而勿矜果而不得已行無行攘無臂仍無敵
執無兵以制勝也君瀏西書生也一旦仗鉞即戎以
當捍輕巨寇即能决全勝於幾之先以閑介胄之口
語曰韋縫之流不可語金革豈盡然哉君知足以集
事果足以有功恤足以輯民文足以經世此一事也
舉其全不有却走馬以糞乎潮郡丞林侯亭君之續
欲吾黨張之次年爲正德丁丑秋七月日晉安鄭㬎
爲之序

太白山人漫藁序

太白山人漫藁者吾友孫一元太初所爲詩也夫曰漫者觸而成聲無謂有謂之云也太初關西豪杰也束髮入太白山爲山人繼入終南汎觀恒岱遵彌蒙慕宣聖遺韵止于鄒魯之郊久之踰江淮下吴越鶡冠布袍獨立於萬象之表志子如也夫高蹤遠影者顧以世爲不足爲乎及讀其詩皆悲壯奇崛感激奮發而卒澤以冲和如神龍在淵變化不測得特而興乘雲雷以雨天下噫是豈忘情適性爲挈輿采祀者

倫乎或曰太初離親戚去墳墓遠遊于方之外與名
教或不相家者是何言哉孔子曰丘也東西南北人
也復欲居九夷莊子陵去齊適越管务安徙於遼東
孫明復隱居于太山之陽邵康節去家入洛四十而
後娶古之賢達流寓於外要必有所為而安焉昔獨
太初尔耶或曰吳越之人右文人易致名譽太初操
觚餙智揭揭然為高意有終南之捷者夫以太初之
才稍自抑以應今之世何往弗達顧甘心寂寥卒其
世以餂無端功名耶吾嘗與太初乘月汎洞庭浩歌

漁父傲睨一世似無少芥蒂於其懷又嘗與卧西湖之上見其息深深時乎天壤時乎地文要固有道者吾聞無欲而後可應世今之應世者可勝議哉漫藁凢若干余為之序以傳藁而曰漫則固傳也太初不與也

子通叙畧

子通一書余卧罷長安時口授林璧者毎講一通命璧録一通居兩月璧去講録止述而篇嗣是無從講者遂不嗣録是書出一時應務殊有語病嗟辭安能

盡余意耶雖然實余獨得之心而應之口者也雖然今之事舉子者用不行也故壁亦叛去於戲此學晦久矣舊習之膠人也固矣余安望世之余知也雖然不作溝中之斷千載之下會有知者余竢乎千載之下嘉靖元年春三月念四日求志齋夜坐偶閱而志之曰子者四子也曰通者通理也

送王子北征叙

雙林王子將北征十月初吉觴王子于新亭之上王子曰諸君子其亡命余耶鄭子晉曰子今可以踉足

而前矣曰余夢群羊而角子其先者夢而診其夢曰羊祥也羊而角觧之文也子將先群祥而起與文兑為羊兑正秋也子之起也其於秋與今余夢而信也前是癸酉之歲余夢其伯子余夢而信也亦無異於王子何王氏子數数余夢寐間耶昔商宗夢説按夢而得説得一説遂嘉靖乎殷邦方今天子秩德商宗蓋夢寐似説者將物色而賓之以嘉靖其天下王氏伯仲其人與王子工若天而佷若人吾見其注焉漻焉積之語矣聞之越矣時日及矣余眷曹賓人之舊

也今雖矇瞍向曾與於麗綺之觀矣無將毋媿於余行且感於天子之嫌者乎子今塗游于四樊吳越淮徐其歷也梁楚在西燕趙在北目將熒之耳將傾之當武皇之世天疆其毒百昌悁悁允辛酸苦阏靡不有也調之𩿧鴂以奉于天子在此行乎王子與曰嘻未敉而牂在奥赤弋而鶉在宎吾且疾鶉牂之扭吾遷說之能當余曰古語有之遊心上行人定其尊伏志無極天贊其吉且也二三子之與子交也相劵以內也相助以消也下是曷以命于二三子揚禪而顛

曰君不見吹劍首乎下是則一吷而已矣鄭子之
子也非信也其命子也信也於是王子載余言焉遂
北征

敘前立生行已外篇

前立生余友傅子也行已外篇歲爲卷歲之乙亥
余交余贊之録其所爲詩篇始乙亥始交余也前
生詩淵致瀟散多發之性情其道江湖林壑神仙
逸直舂其要妙蓋本風塵表人也平生志不專詞
然其爲詩實上下魏晋抗聲於武德天寶之間大

而還不論也余誠愛之慕之其不能使余忘情者
篇耶前丘生石所切磋者悉見之外篇自余外皆豪
杰士也豪杰之士無文王猶興詎分以辭章自炊乎
詩三百曰思無邪吾夫子之言也前丘生進于是矣
其發之性情故曰行已其見之文字故曰外篇云

唐石墓田記

正德十一年春巡按監察御史胡公文靜肇置朱晦
翁墓田于建陽崇正學也墓在縣西唐石大林谷九
峰下先時考亭九世孫澗澍裒田若干與唐石子

守者用蠶歲事守者易代而困田弗資且變歲事不

僻又凡幾易代弗復也子朱氏适往人人一有美

弗復謂之右文邪語曰不肖者廢之賢也[illegible]之一

亟用惕然下令有司處田若干畝畀守[illegible]

正輸公賦若干其令有司不得儳焉用[illegible]有[illegible]

亡困官可亡變積羸可備物用是祀無[illegible]

備于器而凡垝垣圮桶無弗佗[illegible]

百遷甑盌巖菹雕雕有禱有冀於戲[illegible]

是乎光哉凡祀有公田世不廢者惟孔氏之徒與一

老爲然然釋老乃愚夫愚婦出以欺佃有司傳二人少貧而賢者每斥而廢之且欲奮[illegible]居次其老[illegible]其道乃爾岂錄其孫子躋其有事賓其嬪甚崇而無殺如子朱氏者正邪之辨顧若是懸[illegible]政於閩首後念於其林墓君子曰見人心矣[illegible]幾世孫烜一日走輿情於心谷請記其熙貞諸珉以無忘公崇正之休十一月初吉晉安鄭善夫記

禹穴記

禹穴在會稽山陰昔黃帝藏書處也禹治水至稽山

得黃帝水經于穴中按而行之而後水土平故曰禹
穴世莫詳其處或曰即今陽明洞是已又云禹既平
水土會諸侯稽功于塗山尋崩遂葬于會稽之陰故
山曰會稽穴曰禹穴至今窆石尚存或然也後二千
餘年而司馬遷氏來探書禹穴歸而作史記文章煥
然爲百代冠說者謂是山川之助也又後千餘年而
晉安鄭善夫氏及山陰朱君節王君琥氏來復探禹
穴尋黃帝藏書處乃就梅梁摩挲窆石觀先聖下
像得禹穴於菲井之上徘徊瞻眺想其卑宮而於

爲之喟然興懷又想其執中用智與臯夔稷离之

臣又爲之憮然自失也夫自禹跡以後三千年聖

者不知其幾而惟司馬氏顯此山川之能發爲文章

亦惟司馬氏夫三千年而僅得一人於山川顧乚

文章顯何哉豈山川之能僅足以煥人文章邪世有

不爲文章者於山川何取也自昔至人見轉蓬而造

車觀游魚而造舟得河圖而成卦因洛書而作範咸

取諸物也子在川上曰逝者如斯夫不舍晝夜余乃

今知所取於山川矣禮登高而賦余未能賦姑記以示

言如此云

石龍書院記

石龍書院在紫霄山中谷嶼脩阻林木蓊然對虎聚之關而居之者石龍黄子也黄子任京師時與王湛二子論聖學聞道之明乃期作室於幽深以候二子者共之余時居吳大東南之衝也得多賢士故得見黄子繼得見二子與聞所謂聖學者歆然自鄙其平生憤悱而歸杜門五載仍依依如也乃復出山走四方求所謂三子或有以成吾志者由是遵合稽播

以登陽明之廬焉入焉由是東走入台南入雁蕩遂
復過黃子于委羽之陽語平生驩甚黃子曰吾南游
謂書院成矣遂偕處旬月晝談夕息余盡得聞所未
聞於黃子其真成我之志者於乎此學自孔孟而
後千餘年作者以濂洛數子其他徒志載籍揭日月
而行者可勝論哉吾儕幸嗣絶筆今者其會也然一
念依違遂至沒世嘻其可畏哉乃今欲於紛波中定
履更則十年裂冠而來于其廬猶候我楊子云在矣
然則進之在門進則塵之余嗣是又不重有畏哉書

院凡五間中爲凝道堂東曰賞幽西曰寓遠其高曰
虛白東軒曰天風西曰空翠曰石龍云者黄子之先
在洞黄山下有湖有石如龍出湖底水枯輒見故云

遊北山記

北山去黄岩瀕江六七里至山之樊巖石兼岩有洞
窅然曰小有空明天每風則聲從中出復曰天風門
山以洞勝故復曰靈巖巖下有瀑其聲琤琤然注[illegible]
川昔朱晦翁與杜方山南湖講學其上以川之狀與
樊川爲類故名曰小樊川後有杜清獻松司農者其

而張之故村曰杜村巖之上爲領曰招仙嶺東[illegible]
虚縣水百餘丈龍穴而淵曰龍匿匿下有亭曰二公
亭上有谷曰芝谷氣和則紫芝生之谷折而逕青蓉
崯峭泉滑滑出石罅爲小谷亭又西爲鷲峰峰益峻
林木益翳蘙紫出天畔北瞰赤城南臨雁蕩西望括
蒼東極滄海之隩復名曰紫霄水甘如飴其源出峰
頂一泓顯伏不常即志所謂影迹潭是已發蒼之交
黃子書院在焉余時東遊訪黃子居再信遂定北山
之約窮高極深復居再信時大雪歷山風逢逢振擊

猿狝晝嗁熊兒夜號余與黄子披蓑衣兀坐萬仞之表伐松枝燒榾柮斲同易仙仙如也於乎自余結髮遊名山川四美二難伴伴不損值間或相值矣其有如黄子者乎時艱歲徂窮荒遠海能使余安於寥而忘覊栖者誰歟吾聞之馮危履艱以居仁也余遊北山於黄子得餘性之道矣同遊者芝谷子空明山人赤城林孟養

思牧齋記

台州古稱風節之地其俗近朴其氣用剛其民易與

以善義浙東西數郡洋姜恭華而台皆反之及其敝
也吞龍以偷吞成以計一不相能至聚徒族相攻擊
訟纏孥裔不解積稍死從纤圄有悔者且風然曰豪
哉豪哉狡猾之徒則延蔓爲究愚黠黎治之急則糾
黨與縛長吏綫則日就積爰至其君子則或夾廉隅
潘翰而爲之是故救斯土者不曰民頑梗吾化也則
曰吏奸蠹吾政也夫斯民也三代之英也豈今昔不
相倫至此哉吾聞之教人猶牧馬也和其唇吻順其
恒度寬其銜勤時其食飲焉異類也固可馴之以累

馳而況人乎自其橛飾鞭筴之法繁燒之刻之戕之
渴之而曰世無良馬頎然思已矣金陵顧君華玉挾
才識志節爲今有聲徵爲天官郎久次出守開封忤
奄柄謫居嶺表者三年始復遷茲比至則喟然思曰
民敝久矣無他牧之無法也由是進父老而風之曰
尓若赤子也若尓父母也以繼自今若與尓灑而新
之不率若有惡勸兇振墮恥勸懲良庶恥政未及朞
而六邑風靡郡故有燕居久毀垣圮君經易壖掃場
飾粉堊塗以甃甓環以舟木旁有松數十株高可數

百尺磐石巍然可亭其亡延遠風作亂龍聲或曰是
松元至大間趙某所植者或然也特昔風教未絶俗
未變民有乖戾君徐衙寒燭坐其中於邑不懌小吏
報曰漏已三鼓矣君曰吾方思吾且所出者

漳州重新府治記

嘉靖二年春二月漳州府治成張子集案屬示厥成
續前守某知周子某乞理是邦贊歎具美請悉諸貞石
遂委役于少谷某附志業於二手著役無愛也禮陀
人營邦五寺其堂涂庭序廊廡閑闌各有差以戒分

也堂皆南嚮其崇脩數尋以臨明也有燕饗之堂以
肅賓合案其議庶政其隅有室以退思過今之郡治
即古之侯國也漳州南枕海又控島夷實維襟邦三
方皆連亘岩峇峒蹊脩阻厭大兵其按制防虞之艱
實不與他郡類先是漳之治郡治堂構攎撓腐級甓
四圮其燕堂爲墟鼫于與草門巷傾易吏覊處是謂
弗莊民之慢政且久也嘉靖改元張子假臺臣出牧
于漳至則喟然夫士階既遂明德新民是用莊以莅
者維茲郡治乃可以莅乎。於是乎度貲于郡倅杜君

郡聶君仁郡提刑胡君宗道得請濟粟若干石於是
乎以七月載功以龍溪尉聶彥漳浦尉莫睿司征郭
王者張王虞煥以其能受勾會以南靖尉闕鳳受陶
旊平質百用凡石材甃甓鎡錤櫝幹絢亜之屬一時
而登備勞民而役之七閱月而治成爲燕堂八楹崇
五尺六咫脩十尋而上横度九尺之筵十四之而下
遷外豁于左周序蓋甃悉以石用柱毬突名曰廣濟
翦爲堂治其漫漶鮮以白盛黄甃而繡綰堂東西爲
巷二十楹南爲門二階三開閎既除昭其觀也夫漳

人營室其庀材最艱材出延建以瀬至輸轉舉登于其宜茲維始事也龍溪柔碰有靈石裂決漲木千章来會城下是困崖嶍十許裸者耋老驚曰自吾生於斯齒亂而鬌未見此豈天將神之以相公之營耶之役也貲出于游粟力傭于游民神相以材問之四人無厲者足以考君子之政矣古人云作室猶治身門堂寢室猶之四肢百骸也而吾中處猶心也門廡不治猶手足之不仁也手足不仁不累心乎哉古人掃滌舍宇正使心地清明明德新民一也張子之政蓋

自心身之治而用之民者也高閑多庭豈徒爲莊耶將使繼者觀其外思無斁于其内也張子諱鵬西川洪雅人爲侍御史敭奸振滯見正德中云是年秋九月日某記

福清縣復祥符陂記

嘉靖元年春正月福清縣復築祥符陂夏四月陂成始興水利也閩八郡其四枕海民之半鹽魚以生福清土益鹵海益患其田下下不蓄暵稼而番人故四人外給恒十之七八焉宋祥符中令郎簡相土可田

蓄瀉五十頃而餘相水可瀦者得三十里而餘於是乎疏請截江而提廢民居百濬達而渠之引源于石湖之嶺導而界江瀦夾殺悍東抵于濮西臨于玉融南循于五馬北極于玉屏之隩所謂遵義求福求東西文興凡五區轉瀦御鹵田化而上以始自祥符故曰祥符陂蓋疆乎其浸也洪武二十三年陂決文興潮殺稼越正統七年邑丞陸忠復之正德十三年陂決南臺大娘垠潮復殺稼民至是大敝明年海虞陳侯逅來又二年下令于邑中曰余尔牧也忍視尔敝

敉今與尒復而陂以薄楊後受稽畫曰而往監之凡田頃出十夫十頃出百夫約畝受力駢力宣勤沉以巨衝實以砂黃由是荷鍤執畚四人雲至量日齊工乃湮乃防田畯報程餉夫走饟甫三月而告成績由是變腴敷膏候氣執成江有恒流歲遂大有繼自今即有炎嘯罔攸患由是黧老黃孺呼抃讙躍舉曰陂之悠悠樂只有秋徵庚之載齊民其亡瘳由是某某赤來致衆情請永憲于石水利裨荒政者也程伯子之上元朱晦翁之浙東塞決堤起淫堰古則王政也

而時慢之矣今之舉無數代論世哉矣起甲科令海邑毅斷神察大宜厥官此其政之一也余知矣故樂敘其績云

重脩桂林文廟記

正德辛巳春三月桂林文廟成行釋菜禮畢善夫退而言曰我夫子道法百王功垂萬世孔門而下之所稱論其至矣余過闕里拜夫子遺像蓋得觀歷代帝王崇尚之典云凡祀法祀功自王都郡邑皆祀夫子其祀物與祀天並者夫子之功則天也桂林之祀何

始乎始於宋省元潘坊廟成墀下茁二桂因名曰桂林祀有田鄉社行之不廢成化間桂復發墀下郡太守唐侯珣因益田若干歲以廟祀鄉耆宿某等復聚而仍之增四匹高復益田若干祀坊牖下以坊首事也今之佛老之教比之六經豈啻爝火於大明也今六經行天而爝火亦然者何哉夫子不攻異端而異端廢孟子攻楊墨而楊墨廢後儒無夫子之道孟子之辯使佛老蔓及於後世至明王之法不能制焉傷哉明法九郡邑許一寺一觀僑祈禳也今天下之御

社處於所事至與食飲同要雖明知者不免其故何也孟子云能言距楊墨者聖人之徒也牣始爲之至化其鄉不爲佛老而專事夫子在祀法亦當血食其社也故既祀夫子亦尸祀之云董事者某某益田者某某祠部員外郎鄭善夫撰

紀周太僕遇寇事

辛未春三月山西行太僕卿周公某如太原遇賊于朝歌變至令妻子縋垣而避之賊執公需馬射公中脅公創甚正冠堂上抱　天子誥勑矢死以委之時

胥者百至公亡匿也俄有朱千戶者渠魁也覩公肅
其鄙曰朝廷大官何得無禮刼公行不可曰不去群
小無知慮有奇巧時縣尉曹安亦在虜中固請從之
賊重公居之樓上命主者為食覓醫為藥其所以尊
而衞之者甚周公意其無他也以義讓之賊芔然起
曰吾豈願至此哉吾為賊瑾驅耳公曰瑾既戮曷不
改圖曰嘻吾無生之門矣既而糾其鄙去之謂曹安
曰吾不𧿹此城者為好官在也而謹護之公妻子既
出亡及牧有負生者迎而施舍焉於是乎俱免于難

噫奇哉余時正阻兵淮北寔詳公顛末以爲變亂之美談且聞公所以滅賊之策於人人扼腕久之山東群盜不過偷鼠之雄耳身無賴師無律烏合而起志不在大也壤隣相驅以臨此大患　朝廷鑿凶門命將出師散中帑錢幣不下數百萬連五六年而卒使徼外之兵然而山東西兩川河淮南北城陷者十三死者十五僵尸成丘流血成川使天下悔禍有隱憂者矣　國家養公百餘年靡以好爵裕以重禄章縫之流平居長節亢言炎炎一旦倉卒棄城逃生甚有

鬻陳貫敵以僥其身者吾見其人矣介冑之士食恩累世積威蓄銳以俟用於一朝廼聞風而靡猶豢[illegible]者忘意於膏粱卒見鼷鼠反怖而遁也否則幸禍以徼功養釁募以邀賞視安民命猶棄草菅然彼何心也哉

鄭文卷四

方處士墓誌銘

方氏世居歙東鄉歷遷開化元亂復避地于邑之慎山代有名德天順成化間有曰克共處士者諱儆少孤善即能誓志強立自慎山徙居崇陵連歲興土木任播遷收山川之利以身賁勞糾宗屬分貧積羸歲廣祀田爲則不匱居鄉閭溫溫無疾言倨容人多許其悃愊凡有紛難率就之平焉性不飲常預羞醴以款賢士對客笙歌宴樂久而弗衰吾文山昔嘗出遊處士給之于婺州

吾語人曰匪物之貽抑以其好賢焉耳其親賢長善施類如此初徐宿州瑲之窮也長而無室處士力妻以宗之女弟後宿州貴顯儒生學士翕然服其識也俗歸女牽重富輕儒亦因以少變云處士平生履患難一不動容色壯歲役于職貢褒斂方物挈厚直過鄱湖疾風失柁儔衆皆喪魄處士獨歌嘯若遺略不爲變及濟衆咸驚之以爲莫有道者其大都如此配吾氏有淑德能承處士之志生男五人綉縡綺績細孫男七人豪唐度承廣奠豪綺之子也幼時頴異有大志處士嘗摩其頂曰祖

宗積德百餘年天畀父豪將大我後乎每囑其子善成
之弘治甲寅月日年五十八而沒其亂命惟豪也後豪
果第進士著賢聲于毗沙二邑徵爲比部郎爲文伸縮
造化聲實日起將進爲名世之賢識者以處士方食其
報云處士既葬之十有七年余與豪定交吳中又七年
復合于京師因得詳處士行誼嘆曰君之賢達顧其所
哉豪感泣曰先公注目于豪豪深愧非達非珍無以慰
先公茲葬許年墓猶未忘子幸爲我圖之余覽狀復嘆
曰余嘗見隱君子不由學問冀作用自與道合者豈質

矣乃爾抑亦山谷之生不習五味其氣清明不近都會其風猶龐厚與及其食祿往往智巧者不能跂其萬一古所謂善人巧於用拙者其在斯人乎其在斯人乎再拜而為之銘銘曰

古有善人百年而興爰踐其德以維其成吁嗟乎處士之名

同安林處士墓誌銘

處士諱應宇應祿以字行曾大父五秀才大父乞奴父凱明世家同安之翔風裏翔浦山處士兄弟四人處士以

支予爲叔氏後少孤失學及長始知書旁獵衆技知星
數九章之類悉通其理值業中蕭勤動門户弗克竟其
所之比予元長即令讀書日勵以古人事業曰吾悔不
學聖賢耳毋令若蹈吾迹已也鄉故逃儒即農自處士
首先教予而後童稚之士起借元身立名揚處士弗及
見之耳處士平生好惡多用其天資每讀史至奸臣傳
必切齒唾罵及至忠臣義士未嘗不爲之泣下平生臨
義事不顧利害且以身當之弘治壬子海寇起處士計
執其首者數人後有反仇事露至其家以避之其事每

爲人所傳如此同安富室多坐食少務農桑處士身致
羸尚計口力田抱甕決渠備勞苦而適也間語其子曰
女雖讀書茲亦不可不知持家斬一潘雖禾頭木屑亦
不忍殄然有言以困餒又恤恤捐所有人以爲儉故又
稱其惠云先娶許氏生男某某 某夫女某適某某適某
某夫許以罪去娶鄭氏生男某某女某適某處士生正
統己卯月日卒弘治己未月日年六十五越壬戌與鄭
氏合葬長興里鞍嶺其後十六年爲正德丁丑元登進
士又明年友余于京師始以狀來乞銘於戲處士古所

謂木强者惜夫執之而未化也元今濟以學閑處士之
璞於是乎開矣於戲處士嗇於其身顧宜有元也銘之
曰
璞之純以開丁启之人

從叔南京監察御史竹泉公墓誌銘

從叔侍御公殯將行其孤昭泣告余曰自先子殁今八
禩然音日遐而德日幽孤之不肖也成矣後茲奪詎知
有先子也雖然兄之恥也余曰唏是誠余任也明幽追
遐今其圖之侍御諱行字世濟號志利學成幼不貳違

於行而無流懷故日載其耀弘治乙丑以春秋成進士出而執令于增城增城屬廣隩區逼五嶺歲厭大盜於是乎下則以爲民紀鉥兵順農以遷其途資以振淹以藉其生立方育類以論其恒德志是日引長民變而順臚言風蜚三年無秕政也入爲侍御史還軫台下復監廣右之守以罔安志又三年侍母憂去歸嗣父憂哀苦以死年四十而三方侍御未歸時有相者曰祿戾是數亦伊邇余時以侍御燕頷騎官有鶴武而亂髭必將大施志於民國不然之也乃今其然哉豐聚而嗇施草禮

而儉庸志士蓋惜之也侍御平生䟽曠彊義不下氣不
爲嗛嗛之德蓋蒿目而急世之憂其在增城也上任其果
嘗厲戈揚盾以蕩羣盗而三奪其魁又嘗擁枹鼓御櫜
鞬以身誘巨逋至犯其刃及袪以脫其好以奇制師類
如此曾祖塾兵部主事祖文韶父明壽官娶陳氏無子
娶祔壽官之封繼娶陳氏生男四人長即昭次某 某
孫男 某 某卜以嘉靖元年秋九月日瘞于赤龍之陰銘
曰
桂也可以爲麗大折而小泄也蔽于耆欲神用以拙也

誰之弗材而文持操也朗穆之抱真醕數世所肄也

特菴先生墓表

鄭子隱居鰲峰之北有高子激者九人與游時登山釣水嘲風謔月余以九人偕而九人亦莫予之逆也邦人見而指之曰十才子來矣復曰四先生蓋謔之之辭也然雖謔之而名亦副是日起激家最貧然以事母至孝事兄至弟身敦水得錢即以畀其兄叟紛紛為生卒歲無慍余久而難之丁丑秋余有四方之役激嘶其母陳氏之命來曰先公德浮于用有美弗徵激復弗克肖恐淺

於瀫之身後世亡述者先生幸哀而表之余覽狀嘆曰
風之下久矣自閫墻之刺作君陳不作漢晋唐宋以孝
友起家者一指數而盡傷哉吾方吊往昔而諦觀乎天
下久而弗吾應也何意乃今得高氏於吾之鄉吾無得
而闌之耶無幾何林子鉞傳子汝弁報曰瀫之毋於是
年月日死矣殯無容棺之所再旬日而即瘞於乎孝友
之門戾此其極也悲乎今者尚忍公之弗表哉高出宋
迪功定之後元有慶字逸三經爲醇儒入明旭嵌以行
業顯旭子基基生四子其端鑑字孔明者即公公少蘊

立傳載籍至于常犯紀臣侵君子妨父妻婦棄夫弟兄
相虐迭瞿然太甯叱咤而唾罵識者已知其有所不爲
矣爲文用古於今試輒不利晚以父目耄就分教曹州
尋遷清遠入官忻忻然歲分餘禀秋以其贏爲養先事繼
母至祖忘如所生者其於先世遺意悉以推諸弟曰吾
方食祖父之休矣鄉閭義之以爲聘行孝弟而公自視
歉如也父沒之後即無復宦情歸結菴以老曰時乎時
乎吾不知爲偶乎爲奇乎舉世溷濁孰與其潔衆人芚
芒孰揚其芳復自稱爲種蘭道人云於乎公才足以幹

世行足以轉俗其有緒餘見之丹青文字人皆寶而藏之況其大哉侯官吳鍧聞人也嘗曰先生如高陵廣淵吾未嘗陟其樊而涉其涯安能測其中之藴即使天假以位移孝移順施于有政豈但如古之所謂狂者不掩其志哉吾聞晉王祥之後衣冠之盛甲于江左公之弗施也或者天將侈之於其後也況瀫也復脩公之業耶公墓在螺峰之麓其詳見于舊志余今舉其大者表之後千百祀有道公之懿德者視吾之文

敬齋鄭先生墓表

先生諱伉字孔明其先赤石魯氏十世祖正叔出姑子
後遂爲鄭氏居常山之象瀨世濟其德至先生而大先
生吳康齋之高業弟子也風聞楚越之交盖閩然游於
萬仞者余生也晚不及挹先生之容近李子道者揖余
于京師求表先生之墓因得睹行蹟閩風慨然樂爲執
鞭而恨不可得者先生三歲聞父母哭而知哀五歲誦
故事十三讀易治舉子文理蔚然二十爲博士弟子及
省試一番不合棄之曰顯親揚名恐不在是也乃走豊
城拜于丁潛軒之門求踐履之實學時年三十有幾矣過之

復見康齋先生于崇仁康齋曰此間工夫非朝夕可得恐誤子遠來對曰此心放逸已久求先生復之耳敢欲速乎因受小學日自驗之心身徐得聞四子六籍之要久之於道若有見焉乃歸築室于龍池之上日取諸儒論議一切折衷於宋子凡古載籍鮮不讀但不讀佛老之書嘗謂其毀肢體滅人倫即不容誅又何待讀其書而後辯其謬哉一時名士若蘭谿童鳳山開化吾文山南昌張東白皆與相可否所著有易義發明卦贊讀史管見觀物餘論蛙鳴集凡數十萬言惜以燬盡其存者

僅十之一云吾嘗聞康齋之學最徑截直致不屑屑於文字箋註約破碎而大同之卓然有六經註我之見誠所謂發章句之迷而立於獨者夫章句猶筌蹄然本以發迷欲學者既得而忘之也非爲終身溺之而不究心於章句之外者乎吾聞其執喪極哀祠墓殯葬一本之家禮設義學立社倉事事皆著實地上作業要非所謂瑣瑣破碎者故自號曰敬齋又曰斷迷子蓋有得之康齋者矣然狹經濟之術三謁公卿而不一試豈所謂逆流退飛者耶古之君子知之則言言之則行聖人之心

顧亦何嘗忘天下哉使假先生以年其用舍内外之辯必有分矣先生行履備見傳志此特其大者余故表之以詔後之尚友者

[illegible]之四終

鄭文卷五

祭徐昌國文

年月日某謹以文告于昌穀徐君曰嗟來昌穀行與時忤文與古瀕而完爾精而反爾真嗟來昌穀至神者靈光至形者下殤維子玄玄維予起起吾悲者情吾不悲者理尚饗

祭巽所先生文

正德九年冬十二月朔日門人某薄奠于巽所先生哭而言曰于嗟先生昔何爲而來今何爲而往也昔也與

愚劇論天地古今人物事變每逸然有吞雲夢穎之筆
之氣而今乃不復能言矣每憂悲䠞佚必顛躓倒觴而
後已而今者不復歛矣愚嘗究先生之平生先生有大
能而賓于鄉而沉於郡而孫意於榮辱之海時也有母
耆而不為兒子常禮欲如志也闕時艱難欲興起古之
人而與之而使汗青於千祀不能一得其所欲輒拊髀
擊節放聲而慂之詩歌而褉之人人者於是乎有能名
有幹名有義行名亦有夸踔之名愚嘗默臆先生之履
昌也而今不然也謂之何哉人克天天克人人常天變

入變天常固也夫是者付之無可柰何之天乎斯綿宜之載者無期也或者大若實而別有所畀乎或者末世之天將反若度而不享善人乎何以行不辱古人爵不踰下士廪不盈三釜年不逮初衰而疾去此何之也雖然名榮身心之客也是故殼者凉者脩者折者支離者痀瘻者化萬不倫背位乎大順之巧也此處其豐孰分其嗇此專其姣孰主其豢若然者皆大通之有也而獨不聞之炎炎之岑岑者天何為也哉雖然死生則大矣雖然自其未始有始者觀之無大也天地無有也萬種

無生也無生無死也且無無也夫誰計生死於先生自
其未終有終者觀之生化死死化生生而復化死萬刼
廻其際以聽機萬種億小盡也天地億大盡也天誰計
脩短於先生昔人以生爲贅疽爲贅疣以死爲潰癰爲
縣解者亦矯也達生之道莫若以天行天行則襲矣不
知先生視一切榮辱起伏生死夭壽真不足以上心否
也昔見先生作所于巽一年于茲知所以順生乎知所
以順生則知所以順死矣而區區名榮不論也垂盡之
辰執余手而不言對兒女訣而無悲戀于正寢而逵然

是其雖不能擺脱於形開之年而卒能了悟於形蛻之日也愚在先生弟子列生則有情死當有哀愚盖不能忘情而哀先生也忘情亦難矣于嗟先生

哭内子袁氏文

維正德十一年歲次丙子夏四月壬子朔越十有六日丁卯乃亡室袁氏莊介二孺人沒之第五日也凶服告成某敬以𨠵薌醴果抱長男鳴梧令乳母抱次男夢麒携二女懋馨懋昭哭于柩前揮淚而言曰於乎痛心汝年幾何棄我及子女而長逝也吾生之辛苦崩迫窮阨

險阻一何至此極也吾年十三遭家事初落抗志經史
備嘗艱難汝來吾門吾猶未逹肅雍貞一得吾父母之
懽心吾得畢志祿仕者有汝也年二十三喪父二十四
喪母諸弟卝幼諸妹未歸吾又病㦧經年汝惟執喪襄
事撫吾弟妹有如母之道服事吾病湯藥之勞中饋之
賢吾心銘之吾之兄弟宗族與各戚屬知而難之吾出
而筮仕挈汝入京值時擾攘留滞淮北外無親故之援
內無妯娌之談二女在懷終日呱呱然吾竄身軍中出
萬死於一生得事事吳下始復挈汝而南汝之孤苦勞

祿吾言之滋吾悲也及竣事北去竊圖安享祿位以希
朝廷恩寵以酬吾父母之恩以慰汝追隨之苦酬汝相
我之能不意痰壅首禍肺氣交侵吾不敢尸素得告而
歸詎今三年方圖遠離以了心事於乎天乎遽奪汝而
先也寘契既逝吾今何心於世事耶垂絶之辰且諄諄
告我曰子幼身遭天數奈何不能覩其成立矣而食而
衣而乳寔惟君語畢眼汪汪不復出淚欷歔作聲於乎
痛哉臨訣之言吾終身在耳不實忘也吾夢熊生甫二
月無有知識他日解識人事知汝母顏面如何嗚梧已

了了人事晨昏呼毋啼號呼苦痛中腸如刺兵之刺切
也於乎汝生而凝靜端重人之愛敬出自其衷心僮僕
之不肖者憚之是汝之莊也然口不出惡聲居不褻人
雖同室兄弟相見如嚴賓然其於從卒錢帛請如也是
汝之介也吾命逆蹇未蒙　朝廷恩封榮汝之生而今
無及矣撫汝之行而私謚汝曰莊介盡汝之大乎不乎
吾言不朽亦可以慰汝之短乎於乎脩短數也雖然莊
周達生者也亦曰死生大矣聖人無情情之所鍾正在
我輩汝其知乎於乎哀哉尚饗

祭吾惟可文

正德十四年重九亡友吾惟可厭世凡七閱月矣思道南歸之便晋安鄭某抆淚寓辭將以絮醋告于惟可之靈於乎惟可竟中道而已耶果氣數之化終莫能逃而在天者不可以定而勝耶雖長賴短古固有之果人之君子於天爲小人耶抑有亘千古長存不與歲月論壽夭者耶於乎惟可中道而已矣昔余與子草次㝵會意氣所至雖隔南北越歲月而未嘗不若面談也乙亥之歲訪余于閩旬月之居與論天人之故于獨津津然如

既沐者厭塵垢之爲汚也惜余抱病不能從子武夷以共究其所未至耳繼是聞子貶損不咸三進而三捷余爲之語曰此豈足明彼志哉其叅果以病歸適余留滯天台寓書訂盟叅余有先人之志復未能從子之往也迺走千里追子于檇李之墟吉余以出處之道其意諄諄也其氣充充也余詰之曰吾江湖數年惟養得此意氣圓滿余應之曰子莫認客氣爲真氣認孤潔之行爲大道之歸歟惜子有先入之見未解余有遷就之疑未釋故未曾究其歸也於乎惟可今也無及矣臨別之辰

執余手曰出處事更勿復道風塵澒洞惟保精神節思
慮以養天年以圖後會吞聲歔欷若不忍舍去於乎惟
可天年幾何構李之墟竟爲永訣之地耶去年再得手
書有云情緒荒落日覺厭世將來光景知復有幾與兄
相會亦復知有幾也於乎惟可何悲傷之甚耶後會今
果無幾矣豈死生壽夭子顧先知之顧先言之以自廣
歟然陰陽晝夜天道之常而脩短厚薄亦氣數之定君
子但修其長存者死生壽夭顧不可以入於心也廼者
與思道論子何爲輒不理於口余云惟可只是氣太高

倘有高明者與語當有大轉移處詎未畢而子之訃音至矣於乎痛哉子之不竟文山其衰矣海内意氣相親能有幾何自今以後誰與共業子之不竟吾道其孤矣今方謀爲子之廬銘子之墓撫子之孤以盡余道義之情凡余力可及者余不敢怠也臨風寓奠子其慰余之區區

祭誠齋林司徒公文

正德十四年秋九月日晚生某摩禄京師謹以束帛寓辭于大司徒誠齋林公之靈曰維公謙恭而信清苦而

裕榮利是嬰不淫其志荐歷變故汎應安安菲衣蔬食
白首改顏服恭公朝罔越寸尺是為民上直建其的在
昔領南貪泉是苦民封以樹久大其所公來至止憩如
樹下泉為公出樹為之仆人亦有言夷齊不忒嗟哉此
水表公令德辛未之歲余方入仕乞言于公公詔之以
曰爵與祿爰在天定縱求而得亦天之幸天幸已矣心
術奈何求而不得所失是多噫嘻數言公寔躬行聞命
數年亦既服膺汨洞沒沒如新則然遲莫無成媿此提
撕至教在耳今曷敢忘䝉來許時體擬無方遽有訃告

使我心悄自今小子何所觀法矣雖紫酒期致區區在公碌碌未即馳驅茫茫帝鄉旦夕永隔臨風寓哀歎然自失

祭泉山翁文

繄公生世欽氣山岳眉蘇篤申異時遊作早歲太學執獲彭公避路之稱出諸儕輩雅曰文藝實以綱器鵬雛驥駒何遠弗至末天皇皇繁述孔良受帝之眷有儀有將帝方更始公即顯敷國子吏曹人材所樞盧收慎用公執其軌歷歲銓衡門不私謁南銓視篆孝德登

異公每抗詞感國重事帝或依違公乃求去後先四疏
不替匡輔　今上御極海内延注南畿重地公贊戎務
朝道方豐夙夜匪寧條策十二志切扶傾逆瑾亂政寘
運在剥詭諛得志公作遜客自公之遜瑾亦誅死瑾既
誅死公道復起輿厭是錫帝及其始尋加存問以有令
子令子振振寔帝翰臣乞還膝下侍色終身公居鄉國
垂十許年安穩豐豫有如神仙矧以燈下　書細字劇
談竟日延是閒暈堂兹九秩緯緯令終有燕孫子宦迹
西東及公屬纊一旦萃止非公景福曷克乃爾等鄉

五二

里小兒屬分下戚自鄙踈旁務公鑑識群居瞻佇惟是
山斗視公行藏卜世安否嘗公顯晴曰世將清公忽來
歸我思欽氷典刑日荒有淚盈把四海兄章瘞惜司馬
玉泉斯藏君子之先爲嘗者防百嗣未昌於乎尚享

祭伯固大理文

嘉靖二年秋八月念又四日友弟某邑自晉安謹以牲
帛醴果奠于启峰黃兄而哭之曰唏夫已焉哉其堅忍
之志純古之行經濟之學貞亮之節與夫冲粹之文世
唯兄一變至道亦唯兄素翁嘗云伯固殆精金美玉世

其然之而今也可再得哉方正德之末　批喉下之逆
鱗顛踣萬死而不死豈神將呵之天將秘之以王佐之
用於後皇魚水之逢耶及嘉靖更始乃稍試而即死於
乎天何為也哉所謂天未欲平治天下者是耶非耶彼
蒼冥冥吾不得而知也方兄受重杖伏蒲闕下余曰天
子且出兄遽應曰天子且出吾即牽裾而死之其一時
貞魂義氣宜可貫日月排雷電而竟不能回　武廟之
無柬何哉山川氣洩生賢幾何得一二如兄又竟落莫
以死豈造物者亦忌名耶唏夫吾道其寡矣某才質寡

勞志向依遠方伏兄以夾持之力不數年間良友凋盡已卒今復何言歸櫬過邑方奄奄病疚不克奔哭良負幽冥兹將儆駕赴命力疾一來兹雖粢酹成禮以去然區區無已之懷寔不但為世道慟也墓祠寂寥今則誰續摩挲故居昌勝摧感嗚呼尚享

太白山人哀辭

人生知遇至上下數千載兮余幸與夫子而同時胡識權之弗恒兮羌遷次而乖睽哀流俗之好汙兮懷脩姱夫焉施抑神龍使在野兮蝘蜓日戀慿于天池蠶蹇之

縹服兮騏驥反俛耳而四馳時方覆巢以破卵兮鳳鳥

逝而不來伏隂中以自營兮吟梁甫而興思日矯首以

引睇兮不及夫重華之嵒衣世誹訾其日相踵兮奎直

任而弗疑苟尺之獲之靡虧兮伊何指夫瑕疵循擊壤以

入洛兮世更詫夫鴻跡之大奇聘秦雲而忍心兮余固

知夫達士之不竒何二家之紛靡兮偃至教之凌遲無

或爭夫子之崇云兮將賢知者而過之羌遵夫韓張之

遺則兮遭老氏藝文而采茲惜日月之不長與兮奎僅

睹夫聖道之藩籬徒使衆口之呶呶兮秖云白甫之言

詩鹿門之耦耕兮德公遯皓乎龐眉曰二家之善者善
夭兮緊非孔氏之所知果南華之以死爲樂兮將爾返
其真而去新皇天茍一其嫉妬兮飯牛鼓刀者何終值
乎昌期余悲夫士素交之凋盡兮紛滂泪之日垂及茲吾
徒其向孤兮夫誰共業之余貽慨鶺居之遂聲兮已邈
若乎雲涯羌宿莽之未生兮來陳愬此誄辭吁嗟傷哉
乎邦家之痒兮余又奚旁及夫所私

夷穆大夫誄 有序

正德八年二月念又七日南安郡丞賀齋李公卒又明

年葬于會城北斗門之陰嗚呼已哉公有脩能後後然
旅進退于時卒且〈八〉生竟無有眞知者公由進士令定海
判順天左轉六安久次陟南安以去其伸縮起伏進咫
退尺所至以騏驥之才服役轅下卒未能究十之二三
其有治績非其至者也於乎憂世者其如何哉公之志
務以湛莫行萬物而不攖其心使之自炊累焉不欲爲
擾擾者嘐嘐然聲是仁義以惛亂乎天下其心蓋茫茫然定也
今之時猶詭相高儇㒓佰勝俛巧謫呵以取强而亨焉
以公之道而行乎今之時沆頓窒塞蓋有不能者矣嗟

夫世不爲公也已矣世而爲公反而淳顧不易易哉公爲詩褓觚漉藻鷹聲而成無扶攏峻峭之狀類於其爲人焉公仕止奉政大夫秩五品不得謚於太常其子源懼其久也名行之不彌竭也屬余私之記曰謚以尊名節以壹惠禮之古也式行爲名君子行其私稷謚法安民好靜曰夷中情見貌曰穆謹謚之曰夷穆大夫諱曰大夫之先出唐天潢大支至五爲鄭孝王孝王七繼王幖益昌誨作觀察撫有閩疆曰輕曰諝伯仲悉良將作刺史表中相望黃巢扇焰九土沸湯于孫草莽跣足徬

徵輕諝亡命依誨走藏僻壤古田僻鄉杉洋遂爲編戶
世耕且桑刺史之裔爰有皇臣鄭翊嘉祐爲宋特人中
丞通奉時罕其伍東徙會城石井有所世德嬋嫣榦葉
用膴是爲大夫始遷之祖歷世代十三崇替相錯夭夭昆
亞並特逾作伯師欒城仲守姑蘇以有圖徽肆于大夫
侁侁大夫惟道是服衣鉢禮樂冠袿詩書辛卯之秋逸
羣一呼激昂太學澡滯方隅材美不匱㶉羽翀翀爲名
相公藥籠中物之官海壖三事佐恤民之難治有甚悍
卒震蕩紛竜翔過强崛凱風自南洎草披拂牛刀割雞

遂論伸屈汗額血指乃處忞勿勤苦三載天子有詔辟

縣驪黄籍籍京兆內戚奪田公其訟科遲詔魚腹中有

要妙蒼蠅在前貝錦在後端士阨謟姦間亦摧區區六

安杳矣江瀆秉艱遠遣鮮不沮喧公乃來止磬折隨群

不屑不撥鏟來行莫有彼霍山踣跨弟振眄睃日愓餘

韃荐臻撽書至庭非公莫振公發其蘼病是用生蹟𤰞

隣壤得米數千旋茸室廬以處顛連襁負就食妥籍衖

壘凋瘵沉轉扑無咲驩一時流民如解倒懸昔我無秋

今我有田我不爲殍君侯之全我頣君疾于千斯年當

歐者咕走疏旌賢　天子曰俞時維巳巳薄言南安[illegible]
之丞貳閩冠蝟興西江有事三年陳師各老其技當時
徵公誰勝任便爰授翦屠爰㨗弓矢邑而元戎載陂崎
巇桓桓軍門執俘折馘入攘其績我食其力衆口嗷嗷
我心默默時命惟當愚巧曷畧成功着退吾子守黑爲
石之陽白田之側有田田田有水湜湜繩約膠漆豈侵
其德年義忘忘即兹幽域於乎巳哉公之安定以爲非
才巒巻傖囊乃以爲佳公之朴直動掣其肘回遹便給
於道何有吾徒遽遽公挈其儀非公私我我寔知之立

以文穆壹惠在兹以播明幽永古不澌

鄭文卷六

毖齋

昔單靖公襲卿佐于周三十年宮室不崇器無彤鏤身聳而除絜外內齊給凡有宴享罔有踰其上賓有禮事動即咨如是而爵不上中大夫秩不庇宗晉羊舌肸過焉靖公享之不殺寅而無私送不越郊賓禮餞贈視其上而從之肸告人曰觀單子之況我也其有興乎昔尹佚有言曰動莫若敬居莫若儉德莫若讓事莫若咨今單子皆有焉而重之以無私加之以不殺能辟怨矣居

儉動敬德讓事咨而能辟怨以爲卿佐其有不興乎單若不興后必昌其後靖公之世大蕃亂于周鄭乎曰單靖公古之良也年告將古之名能知人也敬儉讓咨怨之道也古語有之曰怨于政者昌于人怨于獲者昌于躬昌于躬者類昌于人者蠹善乎見素子之言曰怨慎也侈對則約怠對則敬滿對則謙疎對則密夫約則能儉不怠則能敬謙則能讓密則能咨吾觀古人之裕於用怨也而信見素子之善釋也吾觀見素子之言之也

得怨齋

嫂叔喪服辯

記曰嫂叔無服别嫌也又曰嫂叔之無服也推而遠之也傳曰禮本人情又曰禮以義起如親死子幼嫂有母之道情何嫌也有母之道而推而遠之義不可通也孔子曰周因於殷禮所損益可知也嫂叔之服也古禮或有之而在周公所損乎周公以前載籍不可考也或者秦燔之後漢儒增損謬失其真故記禮者非聖人之本書乎昔者子思之哭嫂也爲位而服不經見乎思於嫂無母之道者服不服可通也而爲位也情顧有所原而

不可已與自手思而爲位則前此之不爲位可知也是故先王之制禮也其固無常與謫退之祭鄭夫人云昔在韶州之行受命于元兄曰汝幼鞠于嫂喪服必以期退之之爲嫂服朞也以有母之道者也則前此之無服也後世之不服也又可知也按朱子家禮兄弟之妻小功報服同是固原情制義因周公之禮而損益之者與雖然論其常而未適於變也世有如退之者嫂有母之道而服亦以小功乎小功亦不稅乎小功不稅義之正也服而至於不稅則即疎矣嫂有母之道而可即疎乎

未情不可以即疎也義又不可以稅小功也然則朞正乎朞爲祖父母爲父兄弟爲衆子爲冢婦爲嫡孫爲姪皆聯屬至親自三年通喪之下至重焉者退之之爲嫂服朞也無乃過情與夫禮義之經也非從天降非從地出人情而已矣嫂叔之變也其惟大功與大功降于兄弟不得稅也余二弟幼亦鞠于嫂乃命之服大功竊爲論說以俟後之君子

教學篇

泰豆氏善御其攬六轡也內正心而外滑消然後以應

馬志和其吻唇輯其御勒是以回旋若一措輪蹄於容址之地忘其險也造父棄家而學焉三年不語術而示之趣又三年而後授之巧造父歸爲周穆王御八駿西遊遵崑崙以抵瑶池斷山懸壑若覆平地焉世傳造父善御而不知其自也蒲且子之弋也弱弓纖繳一振而連雙鶬用心專也動手均也詹何倣之以學釣處於漢沔之交剖粒爲餌引魚盈舟楚令尹敖過而神之曰是有道者也進之問術焉師其意以治楚國平心易政三年而楚國大治鄭子曰余嘗讀子至泰豆氏音其趣也

噫妙矣哉其通於聖人之教乎至矣何諸人盖亦嘆其善學也語曰雖小道必有可觀焉此類非耶射御固君子所器也古之君子會一以通萬是故摸其迹而弗解其真名曰學梗容聲而振蒙名曰訓笪匪但是之然也紀消子之養鬪雞也痀瘻丈人之承蜩也賤工曲技而上合乎至道之精而況其大哉作教學篇

宗誓

古人有言曰法勝則治恩勝則貳家長恩者也故難睦族又家之甚者也故尤難睦凡人之心有七情六欲情

欲太則偏內而輕外見人而不見己心口益繁則情欲
益太承之以不肖之心大貳之會也大族則尤其甚者
特行適疎盡言尅恩捐其欲則訾極其忠則尤襮其咎
則亂窮其歡則意衰人心之穀中也昔張公藝九世同
居或問之不答惟書忍字百餘夫忍以養恩恩以輯情
情同則通通則睦睦則久矣而又遡源以親之嚴分以
安之學問以漸之柔孫以開之貧則賑之喪則賻之吉
有慶善有勸小過則隱大過則讓不聽則止仁以和其
情義以殺其欲所以正忍也鄙語曰大忍小忍和睦安

穩鄭門祠堂之作以脩睦也凡我族人敦此矢詞

郁亮之三書題后

郁亮之爲裕州值中原盗起城陷死之　朝廷以爲光祿卿旌其忠也孔子曰士見危授命又曰察其所安亮之之授命以死也能安歟昔者山東之亂城破者十八九其間迎降竄伏者何限也雖然死難之徒或慷慨於一時或者偷生無路顛踣於鋒鏑之會者其跡似矣其心之所安如何哉近觀亮之三書乃其平生所與處元忠者其義分通明心辭昭曠亦駸駸乎知道歟吾聞知道

者決死生而不眩視義之可舉而安之故所惡有甚於死者不爲苟得也於乎三書之存於堯之可無賴哉元忠史氏也他日汗簡之定要須以此推其心矣正德十二年閏月晉安鄭某東遊歷會稽市其廬而書之

贈陳惟濬

易曰君子終日乾乾夕惕若厲無咎又曰不易乎世不成乎名遯世無悶不見是而無悶樂則行之憂則違之子思子曰君子素其位而行不願乎其外素富貴行乎富貴素貧賤行乎貧賤素夷狄行乎夷狄素患難行乎

患難故君子無入而不自得焉孟子曰萬物皆備於我矣強恕而行求仁莫近焉殀壽不貳修身以俟之所以立命也鄭子曰余嘗誦斯語竊見聖賢學問無時無處不洗濯此志故明晦夷險榮辱生死疑似之際斬然而不爲之變聖賢作用深矣哉昔明道好獵自見茂叔之後云已無此好茂叔曰何言之易也但此心潛隱未發一日萌動復如初矣洗濯此志難矣哉惟濬從事聖賢者也茲得罪南歸歸將田于臨川蓋處乎貧賤患難之間也於其行也書此以相其志他日相逢於烟霞之表

幸相與證其所得焉

贈伯固二首

易曰君子進德修業欲及時也聖人之志在扵天下國
家也語曰學而優則仕仕以行其所學也又曰隱居以
求其志行義以達其道求者求所達之道也達者達所
求之志也惟其志在扵天下國家也故雖事變扵身
而未嘗一日忘扵志也古之所謂道德之士類如此故
孟子曰予豈若是小丈夫然哉諫扵其君不用則怒悻
悻然見扵其面去則窮日之力後世諫臣率以詆訐而

去爲賢信如是則是爲巳尚有私意要其極豈真在於
天下國家者耶伯固之學無所不究精思力踐志欲見
可之行也嘗聞之素翁曰伯固殆如精金美玉要之非
如世所謂功名之士者茲以所學有靖於君獲戾而去
國咸奇其節而壯之此豈足以類伯固之志哉使伯固
有爲名之念則平生所學皆是虛文其去悻悻丈夫也
餘幾哉然公私人己之際相去絲縷之間矣是故憂患
蹇剝何處非致力之地稍有一息悔吝即爲私意即爲
爲我即非學問即非志節其爲功名亦爲非功名矣自

今以還尚相與勉之
伯固平生苦志勵青博涉甚至廢寢爲文字亦莫不求
拓其所極夫典籍文章寔人間一大玩物然一向爲之
未免有尋流逐末之弊於身心上畢竟無益至於癖焉
顧不反有害哉昔朱晦翁答潘叔昌云中年以後氣血
精神能有幾何不如且學上天然後旋學識字也又云
恨不早自盲者則夫典籍文章不直使人汩溺而弗能
起即伯固氣力強毅非復善夫脆弱者之匹然皆中年
以後入矣倘更失此他日對淵壽筌尚何及哉

贈馬子華

余嚮過建州讀陶園詩於辭氣間得子華之爲人要之必不止以文章鳴世者惕然存之到京論交于守中氏守中首舉子華以爲陽明之門立志最爲精猛者翼日復爲余曰子華至矣遂與其昕夕上下議論譚及幽玄見其卓譚及利害見其守審其神色見其所安於是乎益信吾守中之不吾誣也余嘗以文章究人底裏今復自慶其得之子華矣然人生百年猶石火之烱然易滅也中間惟二三十年與覔大業前此者智不及之後此

者力不及之二三十年能有幾何然一念怵遑遂至没世豈不為大可哀哉故曰君子疾没世而名不稱焉今之豪傑之士不為少矣其能談聖人之道亦不為少矣及觀其隱微利害之際往往變其所守者何哉志不堅也志不堅者心不誠也心不誠者名不稱也予華才力向往寧復有為名之病然誠之一字其實難識稍有一息汩没一毫矜持皆謂之偽矣故佛書有云求禪定即非禪定求解脱即非解脱余無似早衰無以與乎道德之言然一曲之明實猶乎維摩大士之於釋也故為子

筆畫之幸毋以々

跋文山墨蹟

昔余在吳下曾見文山墨蹟凡十餘條中說空坑兵敗之事較詳其後載徐妳環娘流落之由與此本相類其字畫月日亦相類時同觀者數人三讀欷歔爲之泣下余友啟泜夫跋云使公用于德祐之前國尚可爲使公不死于景炎之後身無所安時讀其詞咸願爲之執鞭不可得者初不暇論其真與贋也今觀一峰之論豈此本得之毛氏者乃其真蹟而吳下所見者誠所謂虞褚

蘭亭耶於乎百世之士片文隻字流落人間雖僞爲者
亦能使人興起其他可論哉

題戴節婦

少谷子曰貞節至難也人受剛中正賦又幼學尚志動
則円古之畸人一遭事變遂遷次以喪其平生况婦人
耶色之欲本諸天地之根成性也盛年守貞難於格虎
無論心徇夫本來安安者上也自防於禮法忍荼食蘗
者利也勉也及其成功一也余嘗曰斷髪截鼻者勇冠
三軍余讀節婦傳得其情未嘗不爲之降心焉黄貞維哉

氏母拮据一鄭國人稱之啻難矣然有反風滅火之報

節婦弗論也

題迪功集

昌穀吳人也十歲學古文章遂成章二十外稍厭吳聲一變遂與漢魏盛唐大作者馳騁上下今之世絕無而僅有者也年三十謁迪功尚憂中遂選平生所爲文曰迪功集識者見之曰昌穀之年其殆止是乎既而竟死昌穀且死抱是集付其子曰是不出門傳必以獻吉畫與獻吉見焉集中云云此本余得諸其家藏選本其子

手抄者今所行於洛陽者獻吉多爲更定矣昌穀真蓋獻吉雖與同調其丰神氣韻亦自有不相能者矣昌穀死今十年海内作者莫不輸真心恨不與同遊者余寔與同游而不知昌穀鄙説余之賤目也於乎千載下覽是集者竟如何也此本未盡録去俾余作語

跋高時菴真蹟

時菴世高士也余不及見高士獲交其似者高士於藝無不知亦無不能能亦無不精觀於此卷能具一隻眼者可攷也余性不好世俗寫法而獨愛宋吕之品格蓋

法度之中有神奇焉謂其天分迥絶者舍是而求其上者何患不至而不知其傳蓋出諸此也宗呂性至孝此其父手澤也春秋設其裳衣正以親存形魄所憑又親是物所以興乎孝也况是手澤又精神之粹然者是憑哉

題畫龍

昔張僧繇於安樂寺壁寫二龍不點睛謂點之即飛去閻立本亦名手也見之卻走不敢視夫龍神物也筆端之神而能造化之至此哉先儒言人心天地人心而日

天地則萬象萬物中其有也而謂之能造化也，亦猶宜僧繇之神物也，道眼中之易，易者也。今人自塞其天地，猶世俗之畫龍也，而責其不能神抑，得其疑似耶非耶？

易論二條

易言君子以趨吉避凶，防微杜漸，易也，者用於君子而勿用於小人者也。易，其聖人之時乎！如姤之時，五陽在上，一陰在下，小人雖微，其機則將盛也。然其道未成，其勢則可剪滅之者，杜其漸也。至於二陰在下，其道成矣，其勢難矣，在君子則有遯避之時，不可爲也，猶可去也。至於三陰在下天地否矣否之時君子將何逃乎亦惟守死善道定其志以竢天矣盖聖人可完名則完名可完身則完身遇否則完其志而已如一陰在上五陽在下小人尊而無權君子盛而多助剪之便也五王不去武三思自爲杌上之肉不明乎易之義矣

易變易也物極則反泰否相乘時之至天地不能已也堯舜最善用易堯舜盡聖人之權者也義黄相續至堯舜之世值乎極也則反之以朱均堯舜能祈天永命而權之以禪受以濟其極是明奪天地之變而反之正者

也故曰聖人贊天地之化育三代聖人則道乎其常矣

題立吾齋

林子志古名其齋曰立吾一日過少谷命申其義鄭子曰名其至矣吾我也即志古本來面目也人皆可以爲堯舜識得志古面目即是堯舜堯舜豈難爲耶豈易爲耶夫子之言曰可與適道未可與立聖賢立身無二道識得真吾而求以立之者自如飢渴之於食飲無之而不得而後爲真識饑渴切身舍食飲則身死真吾切心真吾不立則心死莊子云哀莫大於心死而身死次之

聞見之識如饑渴之於食飲也出於意氣入於才質才質局於彼此安能一了而百了意氣頹於衰暮安能一得而求得夫真立也者有真識者也無夷險無靜躁無久近巨細無聲色生死榮辱禍福一切舉不足以嬰其真猶砥柱之湍也罔覺也夫是之謂志古面目非耶昔夫子三十而立時則志意堅定萬變不搖也志古今其時哉愚見止此請質諸素翁與愧吾吏部家庭授受當有奇聞幸以相告

湧書授君用

漫書一本授君用此余心口也此學稍戾時禁然究竟不學則亦已矣若必為聖賢此是明正一條大路不可讓人先着脚也君用聰粹直截好根器入此甚不難不可蹉過此日豈再得僕回首旁蹊曲途悔之晚矣詞章雕蟲小技然不明此學雖工何益君用細思之從善如登從惡如崩要須下死工夫方做得聖賢事業君用稍過飛揚莫尚有照影自喜意思在善學者貴鞭其後

贈三子

高宗呂甘貧守節安安然人無知者又其性蕭然物外
下視瑣瑣者如市兒故憎多口云爾固信而行之未嘗
改也與余與克相爲貧賤之交未嘗漫及家事若將浼
焉者其天性知此事母致力爲養事兄至友余表其先
人之墓見其懸示云今學使者表章儒行愧余力綿薄
之而未信盖有案沫成河云然君子脩其在我者無盡
自今宗呂其益䢖脩之遯世不見知而不悔方謂之君
子宗呂無欲臻是哉
易曰君子終日乾乾夕惕若又曰潛龍勿用又曰見龍

在田天下文明顯時用會一龍也君子象龍德故龍曰
君子君子曰龍云然時[illegible]轉身有用舍乾乾惕若則
無終無始無首無尾是蓋之號業文之純非歟傳子善
學易者也知用夫具六今善其勿用時乎禹稷顏子易地
則皆然勿用在田一也乾乾惕若則在吾輩作爲如何
耳龜山云此日不再得學問成於勇決廢於優游傳子
其益脩所以如龍若而文明天下乱
施子天性好咲談善諧謔藹然可親然二者有志則無
害昔劉貢父善諧咲彼蓋立得脚跟故不病道故詩曰

善戲謔不為虐云云施子資質寂稱明悟讀書極易通曉
文理粲然然每以一科第為病余曰此未足以病施子
也君子病沒世而名不稱焉不在科第之云也聖賢千
言萬語只是教人誦為誦詩三百授之以政不達亦奚
以為讀書而不措之躬行余不謂之學也子張學干祿
子曰多聞闕疑云云祿在其中矣施子能以余之言病
病哉

跋東巡懷草

此本余伏闕罰跪時所草置懷中謂倪本端方思道曰

余死則爲出之時死者十一人而余最幸不即死
今存此草每静夜一披追惟往事未嘗不潸然痛哭也

鄭文卷七

答近夫

衰青田人来拜手書方復知吾兄日不忘情於區區也累書教我誠意懇切於尋常學問工夫誠以愛我至不覺其望之過也走個人哉年來汨沒憊甚荒蕪書已不能讀矣荒村尙帶[illegible]役身已不能靜且教鄉無大好尙所見者舉業所足者科[illegible]並立一身無以下人天分復踈且懶恐畢竟作[illegible]俗中人耳遠辱知己之辱此往何日思道服藥亦在此時仰[illegible][illegible][illegible]二三人聚首所得可

言幸毋忘惠愛之交不盡所欲言

與鄭文華方伯論[illegible]

承示宗譜歸而再三校[illegible]嘉熙宋淳以前恐非夾漈所訂者且如去疾乃穆公之子子産乃成公少子而譜皆遺之鄭莊歷官俱在世武之世終女南太守以死而譜云建元二年封太尉何據也玄卿之系亦爲謬矣按漢書鄭弘漢元時御史大夫鄭玄漢獻時大司農前漢僕射崇八世孫沖之孫與鄭太同時弘玄相去二百餘年而系玄爲弘之父此豈魯魚亥豕之誤或者名偶相同而淺

儒脩譜不考年代差異乃謬以康成行履實之以華其
先不自覺其訛舛至此與走意以崇玄自爲世若與鄭
莊同派莊固名流而漢書所載何不云莊幾世孫而獨
舉崇與沖且崇祖以訾又賓弟並俱不見譜沖雖見譜
世次復不類又按鄭太對董卓云東州鄭玄學該古今
莊太河南開封人崇玄北海高密人太與玄實同時其
云東州則其自爲世也甚明矣莊弘亦各自爲世弘太
山剛人代常玄成爲御史大夫傳記不云爲莊之後且
地亦不同而譜以爲莊曾孫何哉鄭莊之後鄭興之前

史傳皆無可考莊卒武帝世與光武時太中大夫相去二百餘年遂有二十三世之說似此類豈能強而通邪興生衆衆生安世按漢書安世子亮順帝時除爲郎又云太大司農衆之曾孫而譜系太乃爲五世孫又按夾漈譜序後漢計掾憮生二子長太次渾居西河見譜者十五世以世次計之則憮當爲安世之別子今譜不系亮而系琳輔憮爲三世必有以兄弟爲父子祖孫者矣夫莊弘玄興衆太皆著汗青者夾漈平生最長於考校豈有後先舛錯至此哉夾漈所訂莫始於渡江乎否未

嘉以還亦有舛錯如平與弟昭隨父過江至義熙元年
已百餘年而云是年還東陽年九十三卒于官亦已駁
矣陟顧莊露淑三公八世祖也三公旣爲天寶時人則
陟安得登天寶進士而陟子廣安得爲開元將軍太和
後天寶將百年而淑弟潛安得登太和進士此類豈足
爲傳疑意者夾縫之訂無此爵號或乃後人附會反以
亂其眞者當斷以大義削之豈可更因其舊以惑後人
卯伏讀傳疑辨甚辨甚然以三公斷爲梁陳時人恐未
必然按舊譜三公並居候官天寶二載因李承昭叛避

難從永太再從莆南湖而家焉後兩捨地爲寺移祖墳于
二丘於寺後西峰此非夾漈所訂乎夾漈後云吾祖寔
出滎陽過江入閩皆有源流者非是譜上之世次乎今
攄後民所述自三公而下四世遂至五季其支分派別
爵位林墓了然明曉耒老重脩亦皆依夾漈所訂者夾
漈讀書極多是譜信其所訂則三公乃爲玄宗時人無疑
也而黃滔所述陳永定二年之說不知何攄鎬以年世
計之自庠至三公已一十八世自永嘉至永定方二百
五十餘年不應世代如是之速也自三公至良士只四

世自永定至唐景福已三百四十餘年不應年考如是之長也若曰玄宗時人則世紀年數上下俱相蒙矣且舊譜數家合一不差必皆夾漈所定者其有差者直好事者欲華其衣冠之盛不據理勢之有無妄添科第官爵而已以致真贋混殽莫能卒辨反悉以爲僞耳又按耒老所稱仁儒譜云遠祖任閩刺史道由莆境見南湖甃峙盤拱葬祖墳一十二丘于山之陽寔永定二年也曰遠祖爲刺史似爲昭也曰永定二年似爲三公也而吳源述露公事跡乃云昭以永嘉入莆愛其南山遷祖

墳葬焉梁陳間露與弟莊淑廬護墓側因而卜居求定
中以夢捨地爲寺遷祖墳十二丘於西峰之下則仁儒
所載刺史所遷墓十二丘似爲昭也昭過江第二世而
曰十二丘必河南遷來者河南之孫子有無姑且勿
論然則懷懿之間竄身不暇豈遑遷墓于此之多之
遠乎且昭未曾家莆遊宦其地遂遷墓以從於人情
似大有不通者而吳源所述復持兩端焉既曰昭以
永嘉入莆遷祖墳葬焉又曰三公遷墓十二丘廬護
墓側細究前後紀載俱是以訛傳訛捕風捉影無有

真知灼見破千載之惑者且舊譜拾地事跡只云昔時或曰得之傳聞寔無永定之說也而曰三公梁陳時人不過因廣化寺碑湮泯釋子重立撰出無稽年號引以久遠其事使其後世子孫不得恃此爲據矣三公豈真梁陳間人哉且謬以戊寅爲庚申其情可識也舊譜又添所訂既不盡信乃援廣化一碑遂曉然而從之三公以上世數既不能信三公以下世數歷歷可証計之何如也執事以天寶之際爲近而易知而廣化之碑誠足徵耶以郡乘亦載真爲梁陳時

人耶就秉老上遡皐銘皐爲五代人也歷世不過八九而所捨田地尚堙沒不可知而碑牌祠堂盡爲釋子毁折則廣化寺之創安知其非天寶時邪閩自開元以前儒學衣冠間然無聞三公自天寶之世爲儒學開先而後林藻歐陽詹諸人始聞見于世此世所共明者而郡乘梁陳之說安知其不緣廣化之碑之謬乎管窺如此所謂校讐惟其是耳其有乖誕處尚幸聞之

答近夫

靖江人至拜手數已悉別後動履將有他出不及面
詢所欲聞為恨走到古田數日只聞青田之調青田在
他人號難理在君則從容所之而無其難者但責處賢
者蕩明耳雖益自努力毋損平生志向毋以彼我之
賢否位之上與下攙於心古人有安之勉之有終不
能違於懷者性資學問限之也君何如人哉自愛自
愛李自石已調泉州絕無介滯於心且甚樂亦嘗觀
其所忽非素有養者未或如是吾輩不能也走行止
尚未能決日抱苦心家人皆以歸必受飢餒爲勸畢

竟吾人不官而即貧死耶以此進止寔自皇報室人病血輙不育兒女事不可力致柰何豫冤在開化久久不得思道家消息方毋攔在庭故爲其負戚耳衢處風力易相聞幸以相聞餘惟加飡毋廢藥物不一

與近夫

五月得邸報兒在首錄再閱七月報兒以黃門南行慰甚慰甚當國得人賢而隱於下位者以次錄用兒固其先也重可為天下賀自逆瑾首禍讒既平盈廷真法毛政

綱雖稍革去而飾奸文倖者固未盡除也不去恐終亂政昔司馬公再相識者謂其不去元豐之惡人遂有後来之紛紛也今日之事兄睹之也兄望重言信且司言職吾君相方汲汲求言補罅塞漏之時也以身任天下之事非吾輩其誰篤篤爲天下自重走行藏尚未能自決今雖杜門不能盡棄人事爲虛名所累遂日酬應轉見勞苦世情尚同勢復不敢自異而逸也兄以我無朝參簿書之役爲得受用數年来索居愈益落莫意欲圖一出暫避旦夕飢餓顛[illegible]終不可改口復不能

容惡在散地雖每彿入或亦無大禍若隨群逐隊能免於意料不及耶今時雖未太平然朝有賢人亦非有大不可者必若畢志漁樵則有處分矣顧今名在官籍兄弟妻子所仰給而存者實未終忘意進取也今不可出遼暮歲年迺欲彈冠夜行識者不爲也如何如何明年春作意遊衡山順流當到留都圖一相見須所以教草跣之暇能不忘教我如昔時是爲大幸人去疾草草布此新寒手縮所為詩文未及録寄

與三房論祠堂事

祠堂祖宗大事善夫力薄而圖難識淺而謀大日夜營
思不勝驚怖猝聞三房子孫欲代而為之祖宗大幸善
夫亦大幸祖宗餘澤鍾於三房獨厚三房子孫能自顧
其田宅之盛財帛之贍皆曰祖宗之澤也思念祖宗久
無有棲止自為之固宜矣第不知堂成之後亦許各房
子孫入門而拜乎冬至之日各房子孫亦得陪祭於始
生之祖乎如此則祖宗地下必喜曰吾三房子孫富而
能義義而能公也族聞之兩歎吾大家之和之美也若
但支分汝我任氣而行之祖宗恐亦不享乎范文正云

宗族雖疏遠自其初視之皆我祖宗之子孫也況吾族澤尚未斬乎必欲任氣而私之恐復為祖宗僨事之子孫矣昔年聞有此舉鬨亦垂成矣中間僨事者誰乎三房欲自立之問其素也然使祖宗神無所依今又許年矣善夫力甚薄識甚淺固知不克負荷上念祖宗餘澤濫及於不肖使有今日而祖宗反無所倚焉內誠不自安也以事關宗族之公裒贊于衆善夫不避供役其間上代族長之勞耳非敢有所私也亦非敢有要以為功也而三房子孫乃不鑒其情而僨梗之一何視之不廣

也諺曰財多氣粗甚甚寔主其謀乎不然吾未見伏義之易也萬惟高明勿爲後生輩所移善夫固無私善夫實無要惟日夜悚懼之至

答仲鶡

一自廢歸杜門削迹不知當世乃爾紛紛霄漢故人亦彼此不相聞别執事已三年矣執事以言廢名在朝野而入於善夫之耳顧未久也丁原德再至始得其真伏讀手書遠拜君子之辱大丈夫既出而不爲禄仕要著實地正如執事之所也蠻夷瘴海困頓窮隨其所

之而安之然亦毋曰此固仕宦之捷徑也前代以直言得譴者他日公論一定每起為美官而天下人士亦以此多而侈之近世士大夫亦每効之以矯美名於一時及其貶竄遷則皆慰之曰是何傷哉固仕宦之第一籌也是豈臣子者之所以事君與士君子之所以立心哉執事俊頴百倍凡筆必能體此不感毫髮之差奚啻千里之謬也勉之勉之增城之僻陋執事之窮阨固甚不堪者閭湛元明兄在家朝夕晤語亦可慰志君子固有窮時也眠食惟善自愛

上周公儀方伯

易時不奉教言儋賞風味未敢暫息使至拜五月二日手書備審別後湖南動履并示所未聞頓增戴戀善夫何以被蒙知待如此竊計之當代非公於斥進之士未有並者深媿墨屎心不動行長不競時不能少答所期待比来百憂間志愈益淺落空人與幼子相繼奄棄雖稍自裁抑然終不能忘情迫復得肺腑疾不時舉發不能久視視久則即暈眩移時經傳筆硯不得不屏去今已久矣承喻以百尺竿頭莫惜進步誠扶我手之鶉者

令者熒魂既枯乃欲擿埴以索塗而善夫豈其人哉遠
拜大君子之辱出處一事未敢輕擬功名古人所熱中
者方今後生輩各執其巧其或出位亢言身遭貶竄則
曰讀書之能事畢矣不死則希越常格不幸而死亦收
忠義之名舉勇退者則揭日月而行以取捷徑沉冥數
載反如烈火之攻中惡在其養之高也古之人立身事
君而顧如是哉善夫最傷不能自檢制不能事人病日
加益復不能事事乃自廢以歸深恐坐此譏誚故一切
不敢通故人書兀兀至今日處荒村對棋夫俚子語古

士恥之今雖窮阨然必寔無所要也必不得已則當以
仕易耕大君子以為如何近来隴西吕仲木最為真正
而何粹夫魏子才王元凱輩次之然亦未知其心之所
安也因愛中不覺縷縷饒舌荊湖大方政務計倍他省
公暇望毋替樂物為國自愛心事千里悠悠善夫謹狀
七月五日

蕺文七卷　十二

鄭文卷八

與殷黄門

善夫啓石川鄙諫契兄走聞之揚雄君子在治若鳳在亂若鳳鷁明遴集食其絜者朱李善感之諫也人稱之曰鳳鳴不知鳳之於治亂也以鳴乎以顯晦其文乎聖人之言曰邦有道穀邦無道穀不知食其絜者有道穀乎非歟又曰邦無道危行言孫不知言之孫也將朝隱以保其身歟抑弃其跡而寘之山林之間歟惟聖人爲能搴權自賢人以下苟爲禄仕則固有成訓也夫苟不

爲禄仕則入山惟恐其不深入林惟恐其不密耳竊惟
吾石川之賢天下寔知之其官曰諫官而天下寔望之
方今蒙蓄盈庭豺狼在邑走閹黄門之爲職也爲天
子之耳目别不以薄書樸而煩之使專其視聽朝夕論
列以匡王不逮不聽則以身從之如知其不可則有去
而已寔非如伏馬之職於不鳴也今石川之職是官也
亦已再易時歟而顧默默然者將朝隱以保其身乎而
黄門顧非孫言之官也將顯晦其文不必拘於治亂之
時乎食其絜乎抑欲寘其跡而勢不由已乎大若實必

宏若聲顧將有所待而大鳴國家之盛乎而但爲禄仕
乎反覆思惟不能得吾石川之所也石川抱不世之才
希奇之珎其出其處所關甚重萬非瑣瑣者可以苟焉
者也君子所為或定有出於恒情之見而[illegible][illegible]思識之
外者惟不忝相聞是為慰走年来重罹憂患春夏之
交妻子相繼淪没衰憊浸疾未便能出門相從會叙無
由臨風切切所命録三子詩具剝楮善夫再拜七月念
又八日

上鄒二泉先生

善夫聞之韓退之曰士之享大名顯當世者莫不有先達之士負天下之望者爲之前焉士之能垂休光照後世者亦莫不有後進之士負天下之望者爲之後焉又曰下之人多負其能不肯語其上上之人多負其位不肯顧其下故高材多戚戚之窮盛位無赫赫之光當竊卑之曰退之不過爲名之士也夫名者實之客造物者所忌知者避之者也而可以故故取耶閣下負希世之材軼代之文絜身於繒璧勇退於急流以忠孝爲天下先而立於獨雖三尺童子皆知誦邵二泉之名也非退

之所謂垂休光照後世者其人歟然而赫赫之光豈賴
於後進賀天下之望者爲其後耶躬吐握以收豪杰之
士於門下豈有意於賛盛德取名譽於豪杰之口耶
而豪杰之士貴望光儀惟恐不出於大賢門下豈有所
希冀自論於謟諛之歸以取憐其戚戚之窮耶善夫無
似掌不以衆人相視非不知搏牛之蝱得附驥尾則一
舉千里顧身雖窮戚寧不肯効謟求薦以傷大君子之
明也竊嘗論之退之亦古之所謂豪杰者其上宰相書
至曰蹈於窮餓之水火大聲疾呼而望其憐之而不以

為諂焉退之豈但爲爲名之士哉君子之仕行其義也非以謀食也而曰仲尼皇皇然則陳蔡之間詎至於大聲疾呼而望人之憐之耶遂令後世之進取者莫不曰退之豪杰者也猶上書求薦以取其名附託物勢以成其便風天下以為準焉由是薦舉為市今者人有求薦章於韓持國者程正叔曰大賢居位却不求人乃使人求已是甚道理竊以朝廷設官因其才而授之任使下之人皆不求則庶寮百執事之位終歲而虚乎上之人視朝廷之官為公器不使恩自已出必求能者賢者克

之剩一材一藝之士豈皆遺而不用乎愚意尚奔競之風寖始於吾輩而貪饕躁貿之徒顧有所藉口而爲之者也平居長執此論以過韓退之不敢以語人恐遭失言之責敬三熏三沐而陳之大高明之前萬一不以爲狂妄惟俯垂教焉不勝幸甚

答姚元肖吏部

辱書教以不遠諄諄然所謂啓其聾而豁其聰浚其源而導其所歸者也走童子時即好為文辭每讀大人上林諸賦愛其窮高極眇鏗金戛玉奮然希剽其餘聲晚

遇王伯安于毘陵相語數日始計之心曰雕蟲篆刻壯
夫不為也乃始改念捆摭群書而求其鍵于今三年矣
蒼蠅紅紫未之有別者也深愧知已之辱深愧知已之
辱然曰林居有俯仰之累謂走必須一来固也走家素
貧入仕十餘年而不家食者纔一年比来八口愈不自
支豈故欲爲希僻不情之行乎乎然慕巢許之高哉顧
以病骨不可一日留闕庭得歸甚快初不計其来之時
與勢也方今事例凡起廢者必親致詞於州縣省司上
下凡三衙門四隣里正與醫學凡三覆結而後得達于

三

銓曹復待命幾月而始得一職也又盱者思起而乃艱其来者非所謂門有噬狗乎今天下好進之士不爲少矣其多才善能之集于京師而矯首拳足者亦不爲不多矣大臣之隨材任使分布内外四方亦豈乏一蠻夷曠莽之墟處棄飄斷聲息沉溺枯槁之士而皇皇然如恐遺之者哉沉溺枯槁之士不可謂盡不欲仕也仕亦不可以爲全爲禄也置之百執事之列亦不可謂無毗庶政而但蝗粱黍也是之進退界在兩難之間耳昔者韓退之三上宰相書汲汲求進嘗竊鄙之而三不報至

有周公之說跡其事又不能無悲其心也如其不爲祿而有憂天下之心雖孔孟亦嘗皇皇焉耳走寔匪材而貧乃甚之狂又甚之以退之之賢至於三上書而不報焉不待慧者知時宰之未必賢如周公也今上有周公而走獨守株其拙又甚之雖有憂天下之心無拄其顛於萬里之外也因閒論徑情及此似乎有所要而言之也皇悚皇悚北地早霜惟眠食爲道加愛不宣

答曾東石正郎

辱書承念及枯槁教以習忘使神完氣壯意思甚佳走

而性最困鈍勉書成癖每至於族必怵然揣思必得而後渊志然實無着地工夫隨得隨忘非所謂習於忘也思苦則神昏神昏則有陰陽之患比歸三年病不加少自計勛名事業當低頭於豪杰之士而豈在我輩疲薾之夫哉伏誦教言誠切膏肓敢不秪服請學近來文字已不多作非故爲是荒嬾也力寔有不逮者謬蒙比名於仲黙之列皇恐皇恐楚人得山雞其鳴近鳳也真文采近鳳也而語人曰鳳凰鬻于市得千金焉山雞之波厚名而實重價也能不愧於心乎真鳳過之能不撫掌

而笑乎謂白近緗緗近黄黄近朱朱近紫紫近紺紺近黑而曰白類黑　倫矣擬人當必於其倫實不副則訾咎深走豈敢當是哉邇來深自晦藏去之萬里之外三年之久平生故人漫不復相聞竊喜已漸不為人所識而執事遽為是言是固愛我偏不覺其言之過與相失時久每賞光澤無時少替時事如何心事如何風中惟不妨相告以慰念慕不備七月念八日

與德緒

易節不奉教音知郎署多事猶乎在山者之未靜也爾

杖比係戀或有恃而發乎蠻夷幽僻之鄉窮獨棲遲寂寞而生感觸不間時而忘情於洮事也比来作意出山相從無以謀食不圖天譴不德室人與次子相繼棄捐辛酸崩迫不自禁當命之蹇剥乃一至於此也且聞起發事例甚與志意相違讀書仗氣節處今世之道稍不至於凍餒切身有弗心自絶與猿狖同侶而弗悔者顧無田無桑十口所仰賴以衣與哺恤恤然必須一出而其途乃如此且柰何哉泉山先輩累累以先人未受封相讓竊以此事顧有數存焉非心之所能必者歟道宗

此行甚非其得已令弟已分門其毋䗶然於北堂之上
士處此有難用情者矣隔越時久勞心忉忉眠食惟致
和宣滯為道自愛不一一

與陳職方

竽亰奉別轉眼裘葛屛跡海上不能無萬里合散之感
也續聞動止佳勝且有職方之後大臣用才必欲當其
任如是哉深慰卑望竊計吾鄉同年八九人十餘年間
榮辱進退存亡之迹歷歷在目中如吾職方信不多得
也小弟最爲沉滞然每以死者自況中甚安之近築一

臥草房於小華之陰杜門自屏惟與貧賤時一二知己者還往糲飯藜羹甚覺適便伏觀起發數事已絕北轅之想耳近来親故稍以早出為勸未敢便論達觀譬如尚是一不第秀才亦安往以辭貧賤哉其况愈下則其心愈安也秋事方殷百惟為道自愛

復周方伯

使至拜手書教所未聞且示近夫事跡前此數日張道宗書来云聞近夫厭世駭怖悲辛不能為懷若信伯然又以常理推之此必無是事近夫為人精勁不肯逭細

人或者有忌者肆為無損益之謗以疑人之傳訛也善夫平生亦曾兩遭此故不以為信爾及讀尊諭輒潸然涕零肆近夫之文行乃止一黃門給事以死其平生歷履莫非險艱登籍以来即遭禍變在門者五年一出即外補非深山即遠海然而皆敝邑坎坷蹭蹬者又五年稍進一足即以夭死近夫平生匿德藏光多聞內植有鞱韞伯華之美而不居或曰文人多窮豈其然哉夫所謂先器識而後文藝者又未可深據而論也方今朝廷方切論列而近夫有言之責不及為朝廷一吐其平生

雖濟濟多士固不乏一近夫然正人君子日以淪謝無亦關係於世道此又不可止論近夫之身之窮也善夫平日取友如近夫者不能數人比歲歸輒見凋喪落魄可言師弟子恩義相通敢縷縷饒舌左轄之轉慰甚擬作衡山高為贈數日以近夫之故懷抱作惡不能發奇句就當寄上近詩凡三十六首附呈倘賜覽觀亦見其志之所存不宣

上見素中丞

嚮得從道容磬欬益深館遇之隆詩文之賜感愧萬倍

十

小子何幸得借聲於先達之與曾言焉者執事大仁人大君子也嘗與同輩論當世人物至執事則僉曰第一流使居相位其勛業所止豈處韓范富歐下哉吾夫不佞竊以四公行業在汗青可數也執事平生自許於四公何如時命際會且勿論其大節視四公何如韓富無文章歐差優於范其體格意氣卻不能達唐人上一等執事所為文自視於二公何如竊嘗求執事之平生所至毀淫祀佛像汲引善類陶淬後進皆是古人絕好處繼曉之攻姚州之譴時中外翕然即以唐介擬之每讀

執事之跡雖與日月爭光可耶介足以盡執事耶比者巴蜀之役命下即起赴國憂如歸首黜公孫以戮賊於千載之上祀諸葛以自表其素而後誓師卒靖藍曹其行事磊磊落落如此不知韓范陜西延慶之績有是否也及甫畢事即復引去去即杜門著書絕不叙西鄙勛伐無少疑滯焉不知呂公於出處闕數上果盡如執事信道不惑否也魏公歐陽公濮王之議不免微瑕之玷富彦國居洛朝廷待以裴晉公之禮三命而三不起一僧開堂片紙招之即赴焉此類尤可以比方執事之大

者但可與智者道未可與俗人言耳凡人貴耳賤目彼見四公之重係當時後来宋名相無及者而執事落落三十年不一日立于朝今遽曰配四公而齊之孰不愕然而眩者且執事自謂能如四公之得君邪使如四公之得君不能為其事業邪四公事業顧别有大於史傳所載者隱而不見邪就今日而論執事事業不足以表天下照後世邪此執事獨明之而善夫獨信之也然此豈一時之言哉世之人率執一代不如一代之説槩曰古今人不相及然則後世果無聖人出邪賢人盡[illegible]

之世邪六朝文氣大壞之後何以有濂洛關閩諸大儒
平居有此一種妄議不欲遂衆人常談執事以為何如
也幸進而教之林鈫秀才一經品題便作佳士就緻地
後進寔無出其右者志古殆疾盡去體否念念族譜叙
向曾面請惟終惠以慰早望侍門未由百惟若時爲吾
道自重

藝文卷

三

復見素公

小僕遣二日而大製且至捧誦再四有甚連城之獲善夫何幸得附以不亡于後也此素心也道里遙遠復即有行役力不克躬輸悃門下柰何地震陰為陽行春秋主權倖侵君將動有所變且主兵事吾閽閹竪執制小人犯君子連歲干戈不旋踵此其徵也春秋地震必曰之日者一日也今此以月月以時恐更有隱憂者矣天變决不虛作必不止此詩選序敢輕率為哉須得途間

擺脱去雜慮靜思半月方敢應所命顧恐佛頭上累糞矣孟太府事狀已附上山林立言道體最宜以時加愛不宣

畲城中諸友

數日褭方作書寄時勉是一好便也元旦高宗哲至得書宗呂復遭此內艱辛苦中何堪崩裂瑠州之行回期在何時冐此萬里長途凌厲風波恐莊公寒氈能如范希文之濟寒士乎太山孫明復時之未通其何堪其何堪厓老之不利於文也中無釋然乎走自別來坐臥閲

無一日好懷到杭幸遇周用賓孫太初作天目赤城之遊日料理山水事頗覺心源澄徹復與黃宗賢應元忠叅究聖學只是一大痛快回思二十年所下工夫皆是一場罔兩自今以往視世間一切真如蜜蜜與空花也近來復體驗得洪範九數較分曉看來天地間一理既通百理皆徹既識得個主人翁面目其餘不足辨也諸君子才器十倍書不幸當於此大事上一尋究定須有大了悟處如何時勉去甚促作書草草亮之亮之

與孫太初

鴈山歸即欲遣問得之人言皆云元宵左右即復返西湖嗣是或傳在湖州或傳在蘇州或云尚在嘉興莫得山人蹤跡坐是羿閣近得手教甚感指示迷途行藏事走有三不可姑且逐風塵以去未敢論也先見不真後慮不遠不能學箕山潁水柰何周用賓吾惟可聞即來就至今未見劉近得口報用賓是月初離江山惟可此數日離開化早晚當聚首湖上山人一春強半在湖州登高眺遠有過於西湖煙景乎其與游者有劉吾儕者乎攜杖徙來同海內故人聚散甚可惜留念留念詩叙

文已脫稿情辭殊不能盡然才力止此矣不敢為山人惜也

與城中諸友

別來八閱月彼此書問雖未嘗廢然視往時懽好邈若山河矣客途念身事時事絕無好懷抱雖以大道理自遣然胸明至詠荊軻自不覺其露出本色矣逢南枭復得生相見天涯骨肉團欒始一大開懷道路乖覲自安矣朝廷邊事似無大故但內外合八家用事 聖鸞轄出無時腹心之病不知往後竟作何結絕矣隱憂

隱憂滄灣平厓安穩如何百竹徃墓所習静果能降
伏其心否世高公衡沛夫得廪否不虘文輝文旭特㑹
相聚否此皆所欲聞近聞作古文會固是美事第作意
爲此亦害心且不能不㨿物議耳會晤未由心緒縷縷
惟端居守晦以觀時變不一

寄上林見素中丞公

會志道伯固備審動履康勝時善夫初到京而志道
已在行間不敢草草奉狀不接光範久矣去歲重九
前即别鄉土有是行寔一念功名降伏不下留抗甚人

細思身事顧未有的然必往者因乘間入天台與婁羽
黄綰居小有洞中數月于時意向即欲終其身作山谷
逸民矣比歸占範數且云年命甚促乃熟計前進効世
俗所謂顯親者了事即歸耳倘未即死當木蘭侍几杖
聞所以委心立命處是所深願近来時事益不可言
聖駕此度北征京師人心十倍皇悚盜賊僞稱行幸者
充斥州縣城隍守禦廢弛無餘倘一旦難作爲將柰何
楊石翁堅卧不起縉紳諸公雖有謀國美意此時權不
在手大家挨時日以竢運於天矣近聞江淮之間往往

龍鬬殺人漁陽各處六七月氷雹殺稼雲中大將軍亂鳴此是何等災變陰盛之極勢必至於陽爭者矣可畏可畏　慈聖太后祔廟之夜駕出而雹　册封傳制之夜駕出而雨滿朝衣冠俱在流潦之中天垂象見吉凶古之達人當此時尚食祿嘿嘿爲哉今天下之憂大率在邊防且如吾閩之變才缺數月之食而已今計邊儲動多數年而宮車在邊費百萬加以誅求無度上下離心外患且至恐有不忍言者矣閩中近事固是天意參之人事當路諸公亦不能辭其責且延平首禍其原

實自萬同知萬君爲人立意偏陂全不識大體平日者
事動結軍士怨讟及其告之復不肯少借聲色一以威
詐臨之既結以怨復絕以威人心最易動者也是誰激
之使變哉及既鼓譟爲亂却又倉皇給錢穀守姑息隨
其脅滿其欲而竟不能申國法誅首惡以弭亂階此風
既長更復何所畏忌哉繼是建寧邵武福州諸衛如相
授受然樹將壇奪鎖鑰厲戈鋋掠財物迫長吏向曾與
同志逆論已料其必至此也今日論奏復欲守小信而
不處首惡者以間是猶以草營伏火欲求頃刻亦然恐

燎原之勢又當不止今日也吾閩自古避兵之地看来
元元赤子詎安敢為變耶今之論事者苦於徇目前而
不揣其本而救時者大率顧近利而不慮其後安得而
不至此哉明公望重道尊言出而人必信服似此類正
當明示當路者議而行之安息一方固吾輩仁民愛物
的本意使以利害計之其陰德亦甚溥也萬毋以身處
江湖自阻如何如何方松厓鄭山齋年力精鋭而早就
閒散讀書求道當必有自得處起居幸毋惜為聞摳衣
未由惟若時保和為道自愛不宣

寄周方伯公儀

違侍以来九冊三辱手教亦曾冊三致書問雖乖越數千里如在左右也比處京師每於湖湘人得動定知君子勞心民事比閫中時較苦矣今天下之重在於食不足故其變在下其患在邊食之不足大率有三横征冗食與天灾是已三者常相須亦嘗相害而後喪亂乘之自古如此也京師近来歛益苛而費益侈江南財賦之地目下患害似大有天意催科無字二端實不可偏廢也今雖欲偏用之勢已有不能矣况得而兼耶三邊胡

虜近來復傳入自臨洮至鳳翔連數千里政猶心腹受
病而百邪顧乘之耳　聖駕此度北狩甲兵錢穀掃刮
殆盡使　社稷之福　祖宗之靈即未有壓城之敵內
變之憂尚萬一有之為柰何哉不敢即謂朝無豪傑也
我　國家立法如蔓絡相持一舉即牽掣非一人能專
其達而盡其長者今日方受其弊矣頃者閩中兵譟亦
坐此延平首禍當道寔大家推干計始終遷就遂使五
郡之兵乃敢肆然而起人心最易搖動況當此時哉潮
湘民謨曰如何大君子當事必有遠圖萬萬於常賦取

行其仁此時用世勢不可盡去苛政但每事寬一分百
姓自不思亂矣以爲何如觸目怵心不覺盡露其狂憤
其有妄言處伏候相告

答周方伯

使至拜手書琢重教以未至敢不祗服以無負君子盛
情比來待罪祠部四月于玆悠悠終日食粟而已方今
聖駕遠遊朝廷多故中外危疑感時觸目有不但可流
涕痛哭者大夫不經心天下則已矣既出門事事而晏
然散地竊禄安安豈其素心哉故園多難歸路無由惟

日咄咄耳夫君子以善夫樂此哉八月初閩城軍士復大譟衣冠盡爲所辱毫髮之間幾成數載之亂天幸就殄矣恐欲聞近事日新不敢盡言惟若時爲道自重幸甚

答林克相

張友至得緘篇章累牘誦之至四鼓未忍釋去時勞苦馬上歸大困卧床側讀不覺忘倦陳琳制作足以愈頭風似此信不虚也本末實主之論甚當詩文一事亦是世間一大玩物今看古人文字之極好者未免嘆賞忻

質欲執鞭而從之此寔是一欲關極易移人中人資質到此自不覺其遷就也就如覧執事制作平生執着頓已坐馳其如何其如何昔人云立言而朽君子不由固也嘗竊觀古聖賢立言皆自其充然自得處發之故曰有德者必有言不似今人雕心苦思如劉勰李賀之倫未免害心如何範數已補完乎似此類蓋真立言也自踏京塵此意漫復衰颯矣教我教我孫太初已卜居苕溪甚念我平生幸相聞走歸計決在明冬矣預報草草

答李沛夫

拜緘如見君子閩中兵革固去年地震之應也向已逆料其必然矣八月之舉幸收拾得甚佳顧吾閩終是福地倘此輩不專其利盡散以結人心則其勢遂不易收拾萬一殺一長吏則其勢亦不可收拾禍福之判毫髮之間矣可懼可懼吾儕論事要不可全歸天時前後禍機寔自延平失着故來流遂至此看來以寡馭衆以尊臨卑而能相安者全在紀綱今者三軍之衆即敢蔑其主帥肆然爲亂者由紀綱不立也紀綱之立又非是遏威福懸黜首之云也要在處置得宜以安其心分自定

矣只今以還不善整頓他日之禍又有出於天灾之外

者試事吾弟亦不利至此自是文字太古之過君子必

自反不可尤人應今之世亦須稍自抑所謂得魚即忘

筌是何害匆匆布此

答傅木虚

別来逗遛道路將一年方就此散地一無所施雖頂冠

束帶而角巾野服之興每在於鰲峰仙路與諸君子携

手也待了事即挂冠而来矣居京塵凡百無味惟得日

閱時變比来世故看得較熟竊逃於踈拙以完其生漸

泱有野老爭席之意矣如何閩中兵亂似此災異其應邪止此豈足為大惟君看草昧之際其氣象何如天地間只是理與勢此時節雖但補罅塞漏亦不可得易所謂二陰在下其勢已成其象則為遯遯之時君子不為也家室粗安梧子近出花幸無事此外不備

鄭文卷十

與顧華玉

報荒吏至拜手教奉畣湯及心事慰赧慰赧治台朞月聞廢墜以次而舉風化以次而成足見君子為政着實地上故能隨事有功也棄女一事所關傷天地和氣但習俗既久猶魚忘於江湖耳不知出令之後亦尚有梗化者乎此事必自巨室始須積誠以道之厲禁以申之遏其論財之流明其利害之歸然後數百年已成之風或可以漸而回也夫人非土木豈此一方獨無惡殺之

良心哉財利之心起而軋之也利有所重則愛有所忘耳如何此風一回執事平生掀揭之政能有過是者鄭重鄭重黄石龍邦之賢者其道未盡信者鄉閭之間責耳賤目矣獎進之責寔在君子餘不備

寄見素公

數年來荒嬾惟甚雖大君子之門亦不能以特致書問罪何可言然懷仰之私無時少懈也近來事變猝爾而成大可驚駭伯固以乘幸皆不死者毫髮之間耳古所謂畏途宦海信然信然其不至黨錮之慘者亦毫

數之間矣冬間作意南歸定家之後即負笈詣雲谷求
所未至前歲雖得侍許時然但於意氣中領畧髙深顧
道德至意畢竟未之有問也抑受教之地亦顧淺矣深
負提撕焉懋聞之子華者大有氣力嚮往之志誠爲
未涯恐欲聞病楚中努力布此山林道體百惟自愛是
爲慰是爲慰

寄悳南洲

久不得見兄書近聽天彝到方詳兄動履甚慰甚
慰吳德輝薦劉能勉一行以慰蒼生之望乎近日之禍

悔不用兄之言豈亦近名之弊遂至此乎初事始於朱
守中之宅同志者四五人意欲九卿率僚屬伏闕夜求
爲必成之計不料事既不諧勢不能中止其禍遂爾烈
至於此時記得臨祖一言繼之若出只做得郁兄之事
業倘今日與十一子同死不過是泡沫同斯矣雖欲爲
兄之詛便可得真不能消兄一咲也另出處事胸中稍
量真是停當以今觀之追想當時告語當時之聽之尚
如隔一重夢覺關也縱濕毛生草亦未必不以爲愚矣
歸志甚銳自今以往更無復功名係戀深居守拙盍

氏所謂其子弟從之則孝弟忠信顧亦何適而不可

哉顯仁親事尚爾優游古人介于石不終日言恐盱豫

則有悔也人事最易參差倘前言莫踐悔將奈何哉

石龍書中已漫及之幸動忍動忍尊公傳久廢文字畢

竟不快鄙意早脫當爲得上

寄黄石龍

報荒吏去後雅無好便繼以春夏變故卧𣏌垂死至今

精神猶似夢中作夢也膺天彝到得動定爲詳聞少

谷亭尚未成豈以不肖色取仁而行違不足以副君

子盛心乎向得爛柯之說良用警惕又聞訟事易歲未決竊恐處鄉要必學孔子恂恂然後無病橫逆之來自有三反利者衆人之心也吾輩但可撝謙較來亦自無不利矣詳東橋書中有黃氏多事之語參以天彝所告意者任民心盛凡有民瘼罔不盡言於當事者容或有不行乎納言須以其機聽言者亦以其明要必童蒙求我匪我求童蒙是聽之無不誠則言之無不行矣上下不交君子以儉德避難善夫近日之禍正蹈此失著所以談虎獨變也病初愈草草奉聞少谷巾漫往

答顧華玉

使至書惠珎重深領久要之情所云惡事擾心豈方田之事尚爾紛拏棄女之政不行於巨室乎肆今之時稍可以行所學者寔無過守令也况台州又非要途雖時或掣肘然執事聲實自隆行亦自無不得矣棄女一節前書已詳之方田自是草昧時事恐未可先甲三日自取紛拏也且一法既立百弊即生興一利不如除一害要之亦身體力行者之言也萬惟舉今之急務者以身先之以孫出之易所謂噬乾胏利艱貞終不若使人

無訟之爲无也畢竟大道理是如此萬毋以爲迂闊之談然以執事才力而但尼於近者小者不亦萬萬可惜哉善夫三月之禍幾爲清中之斷要其實亦是就於近小者之弊也玉輝堂閒尚未就此一勝事它日人比爲甘棠之愛顧使君自已事也亦須及時作意爲之人事因循能得何時就耶念念中一幅奉去横渠製也相聚未即東向縣情

與鍾偕甫

二

泉處書近六月方到計之沉滯歲餘矣盛情如江如

河感念感念納音之謡太有理走近來於生死關上並見得明白更不復憂疑矣以巨眼觀之天地尚不容一瞬況其餘哉昔作武夷棹歌有云藏裏黃棺壑上船秋風春雨自年年覺来天地終歸盡煉得丹成亦可憐要亦真見得是如此非孟浪而言之也如何京行何時動身走冬間準告歸矣萍踪杳杳合弃當在何時與何地也忉怛忉怛

畣孫太初

林茂貞来得三隱詩内云劉豫是何人天意亦草草

蓋京師士夫多以山人聲迹太著恐有王蠋之迫也及觀是詩知山人當此時節必能深自韜晦以保其身耳茗溪草堂近如何少谷山人獨高義甚盛也走自得罪之後形神甚衰至今調攝不復九月滿考既了初志即移疾去歸明春當過茗尋山人龍卧處以究大業此身恨未即奮飛也近來讀易覺得消息盈虛之理較親切此心已無復係累眼前富貴真不能熱中矣别後所進只此惟知已者教之

畣周方伯公儀

禍變猝爾而成而廟議數旬尚紛然未定孔子所謂季孫之憂不在顓臾而在蕭墻之內也荆湖正當上游虜出上策必先經略荆湖得荆湖則可坐瞰川陝而後北窺中原此誠可憂爲今計者即合擁衆扼蘄黃之口使不得逆流西指蘄黃不通勢必趨金陵大師扼其前四路兵乘其後我得其亡禽之必矣今觀渠始事即行刼掠蓋不過狂悖縱恣自速滅亡矣聞其將又皆闒茸亂臭之徒昔吳楚不得劇孟者知其必敗今天下事寔類諸君子收拾虜顧在成筭中但恐我一失策草澤乘

機而起良可深患也惟大君子留意留意病初起心緒棼亂不具

答黄石龍

潘令来承詩辭琢重讀之一大省悟領教領教是月已抗疏歸田計河解得發神遊左右盖已久矣居京師終爲紛華所縛幸與宋守中輩日相切磋尚自碌碌不見長進日来作用僅求得放心下落又輙爲文藝引去歲月因循柰何天曇戴星出入太爲官守所苦早晚亦欲行志耳陽明公立此大功傳聞不免于禍駭汗

駭汗古人云功業震主者身危又云功蓋天下守之以讓今成此不世之功而反危其身者豈讓有未至乎吾道其固窮矣心事縷縷恨不得對榻盡之草草布此

答曾東石太守

使至拜訊歎諸什驚服不可言斷斷乎無世之文也西江倉卒報變反掌之間收功於吾輩諸君子燕貂擁緋者可愧死耳天下事尚賴吾輩維持夫子所論衛靈公者朝廷養士何須正在瀕險利艱耳鄭重鄭重走在告

已兩月疏已再上又渴奉覿今復去爲老農圖會面何由數年來病轉加日惟坐一室自攝其身書不多讀文字之類亦未嘗作意爲之偶有感觸遣情而已

與林克相

明日發舟矣辱人來謝平崖善用功者當鞭其後平崖平日所長者姑且罷去平崖今日所短者在於何處須自身心上一體驗詞章上一意爲之最害事大根本上立得脚住於詞章何妨此實一得之愚再請質諸高明者論之好朋友最能夾持人萬萬擇交立脚不住汎交人

就物爲所移正人君子終日相對似覺無味且拘迫久
久當自有味自有樂處此非口頭應答言語也顧志仁
器局大好第恐於不痛不癢處安頓須要講明祈相與
便直率如此似不自量天地間同志一時能有幾人萬
萬彼此相諒也

與朱白浦

兩年間伐木之意勤勤教我深媿瀕薄不足以承之自
此遠離會晤之期又不知何時與何地也竊有所欲言
者公力量最大最能濕世然交游實大汎久不自覺不

能不汨沒其中也如何楊叔亨尚未有會處恐他日有以詞章誘之者相信不篤一爲所移實非善夫所望也萬望爲攻破此意歸發憤悱中布此未究

與楊叔亨

向來相與之意媿彼此因循不能有分毫相裨益今復彼此南北向晤無期奈何近見叔亨意向強半在於詞章上用力詞章實是玩器最能沉溺人區區於此求出頭未得而叔亨顧欲入頭耶古人用志不分分則兩無成立得大根本在所謂有德者必有言於詞章何難盍

□□學問之道無他求其放心而已求放心只是洗□□此心不令污下不令昏蔽不令一物夾雜其中則自然虛靈光大萬變之來應接自然分曉是則立其大者也此理初入頭最枯淡無味要須見得所欲有甚於生反身樂莫大焉田地何如則世間一切嗜好榮名聲利俱不足以易之矣善夫亦口耳乎此未有躬行但信之頗篤幸相與勉之

寄答應天彝

遠送信宿相期至意頗有出於言語之外善夫雖庸下敢拎自溥舍弟來得別後手書所喻寔中某之膏肓說中每一玩味未嘗不神色獨變也敬念敬念海內故人肯極言所失如兄者三數人耳某實自幸天之未嘗忘余也兄門路極端正且善侍忘復能舍己從人非大勇孟者未致能爾也然光陰如石火欻忽間耳四十以還請氣有減而無增者一念因循大事去矣萬勿以市朝為

不得用功自阻用功能如枺頭肯必擇幽靜之地而後
持護乎以兄之勇猛堅定正好於喧鬧中鍊此本體此
善夫得之愚願獻於兄者未敢自謂其能爾也汪子脩
諸兄爲叱名守中兄想在行不別致途次匆匆不盡

寄倪小野

正好相聚不意病卧有此乖別戀慕之情其可云自此
日遠光儀去之窮僻之鄉無復君子夾持之力不知將
来竟作何等人物驚飾驚怖新功惟日自損倘有會心
處嗒然若忘有我但恐尚作覺中之迷也老兄才識遠

[illegible]且番陸沉涪湛於世味即此去道已寂近過人已是
遠矣但有碁癖亦害事蓋溺之之云也毋曰吾托此而
逃也古人進德無有窮已行年五十當知四十九年之
非老亡勿輕自信更脩其所未至定自有會處新得幸
一一慰示遠憬風塵相見尚未有期也

寄顧未齋諭德陸江東司業

數年相與之情非筆舌可盡不意卧病彌時遂不獲終
事君子臨別又承至語戀戀若不忍舍我佩服以來一
切無益技能痛自减損日惟靜坐内觀其心近復覺得

一切技能非徒無益却是累性亂真之本盖此是結習之氣與性俱生者實未易知覺未易改除也古今多少豪傑鮮不從此路上斷送自今觀之真如蛣蜣戀糞丸未満達者一咲也古人有云沉迷習氣不可與入道因憶往時挾一才一技自以為特此以往莫之或先也然無雅也沉迷其中不知有糞丸之外也維老兄聞道大早無以氣力強毅橫進直前將無復形迹向與老兄遊談尚如隔紙辨色可謂人已兩失矣自兹意向稍定不忍厚自棄於君子風中幸毋惜一一提撕之至望至望

抵在不叙

寄川静中

舜別幾時逐有多少變故時事如浮雲但見日新一日耳高大蓋既死而避者綢想興居真若雲際竊以玄陰合沓未有不待雨而後霽也時事多故嘗賴多賢持護夫子所謂其愚不可及者廟堂諸君子當必有善用其拙者矣鄭重鄭重吾夫自歲下在告再疏方得請匪才多病端合掛冠去矣過淮南遙瞻金陵鬱鬱 太祖之神京與陵寢在焉良用興懷應念 先皇帝祝天

求才之意頗有獻於君子自此入山掃軌杳閉愈益荒矣惟君子肯能不忘情於我否也匆匆未究所念惟為道加愛

答蔡止所

克相到知動定優蹇良用抱贊而先生直能順受略不介心焉可謂顏之陋巷路之敝袍足以驗先生之所安耳去歲以歲差事欲改曆元議請先生任事竟復以為非急務中止近已付之守中蓋此司耳目者職事也善夫卧病易時近方得請以去今雖稍平復然自得罪以來

精神頓覺衰颯日惟求安靜緘默[illegible]所失安身立命
處尚瞢如也未聞布此何任想念

寄傳丕質

奉別將一年矣回首往事渾在夢寐中一時交游今俱散盡真如蓬廬假道託宿焉已矣近況如何正是孤臣孽子動心忍性時節況君年力方富萬毋以一才一節自止此身既來此天地間顧有所以安頓處此實君自己事自己有者求之有餘取之不竭然光陰易失二十年只在轉眼間過去少壯之日豈可再得哉動念動念

善夫賢體今幸稍安然神思已大不及往昔日惟倍加減

損稍覺有一段清靜尚未知畢竟何如也濟川近來學

業如何比于信是遠器當養之以正勿以近小拘之慰

慰

答蔡希顔

拜篇章深見伐木至意天地間同袍共業能幾人況又

合并無時耶嫉與足下一江之隔矣便未即命駕相從

善夫之自棄何如也早晚赴應黃二君子之招當過貴境

未敢先往者白浦新歸方料理人事竊欲徑趨台州回

稽擬二子到雲門禹穴之間按鵞湖故事合并數時如何草草奉畣且未備

與施侃

近兩乘只爲太初書事事已集所須者名公之詩與銘而已不蒙差人又不蒙寄聲何哉夫子云見義不爲無勇也太初平日於足下如何古人所謂死者復生生者不愧乎其言方爲托生死之交善矣爵禄遠也九百力不能及謀所以行其書表其墓欲少盡片心耳無他也故所賴共成其美者亦惟足下也前喻謂必藉於當路何

哉古人使意氣雖散萬金爲知己亦不惜吾輩力既及
爲又何必向道傍築室太初所遺者不過一妻一女其
大者在表章其身後之名使不泯其心事於後世方足
以慰其平生今其墓一荒丘矣宿莽一深人心遂倦後
日復有吾二人者注念乎人事參錯恐足下亦曰今且
罷休矣亭臺碑碣計不過數十金太初之書籍稍市之
儘足給事但須足下之力矣足下只視太初如生存則
允百爲無不力力無不盡盡無不美矣善夫嘗私論求
書以受人待足下也太初之墳須是買山郡陸侍御不必

土必須擇善地而遷之太初平生云平生陳正字死不愛人憐不爾恐非其志昔太白女云先人志在青山今墊東麓非其志毋使太初之魂鬱鬱不安於地下也劉元瑞處志彭賛諸公詩弁發下稾上校勘尚有數十字無下落選稾得借來一對尤見不吝急欲就事出語過直幸恕幸恕

答馬子莘

國賢至承教言并惟濬遠信惠我冢鄙良厚也惟濬冉得游陽明之門觀書中所云便大非京師時比經此大

慮之餘正古人所謂困心衡慮者啓其扃而進之沛然矣聞之國賢子華早晩亦欲往贛州意思甚好走頗有此意但以今歲占數逢華奉先人遺體不敢遠出也且赤城應黄二兄期在夏秋到閩無此二端甚欲從子之往也守中兄向游赤城胃與宿禹穴甚念吾子知吾子至贛西江未畢事定當作計為會耳國賢却是法器與論彌日一一合意勝友也

與伯冏

别後累得吾后峰動定歷此大患難真萬死中一生也

世事多故吾輩但當保嗇其身以待天下之清尉慰所
謂忠肝義膽贍多天下人口非所多也近來作用如何
山林無事想益定靜文字類較減損於往昔否此顧天
地間不可無者然分心太多自損道念吾兄何等力量
必不學山雞照影也善夫自杜門以來終鮮同志終日
兀坐轉覺荒落窮年學道尚不能去病奈何奈何相
會未即便中渴望教音切切

上見素先生書

違教席九五寒暑矣適歸甚欲裹糧造門畢所志以今

歲亡蓬逢華閑關待盡未即逮待展轉何可云遠惟山
林道體佳勝名教內真樂何限所謂子弟從之則孝弟
忠信是已松崖山齋想長相聚晚年精進當云邦有典
刑也伯固新功還理會文字否志古近況如何饒舌饒
舌時事艱危明公雖迹崖學寔繫天下之屬安石不出
當如蒼生何又況不爲安石者乎萬萬爲天下自重不
宜

與道夫

去後杳無音問豈便相忘耶曲江巨邑且當要衝令之

上人多驕而好諛近五嶺以南又最訐究吾兄之天性我最知之任真者近傲近傲則上益凌輕信者眩事眩事則已多咎順過者易餒易餒則下益欺任真固是美德然近傲則不可是以君子貴恭已君看游定夫之於胡提刑古人處上下之際何如迺輕信害事順過害德二者要在明理知學吾兄公餘恒把心政經熟玩行動坐卧恒惺惺此本體要得空空洞洞如鑑如衡及至臨事毋加審處定當一一分曉自無三者之病矣吾兄平日最排遣不過處是為不由甲科嫌於小就故稍拂意

即氣餒此只是不知學聖教中何有此色一等級若以道眼觀之更雖玄纁安車之來者只是瑣瑣況甲科乎若使心安理得孔子之乘田委吏將不足為乎哉萬萬以此身與天地同看自重自愛則留江雖小四時之氣八荒之理皆將備矣如何子積先生有道君子也間中幸以此意相聞當有教言也走近況公衡至能詳之不具

與倪小野

吳德翼來得思道去臘書報我兄十一月十六過懷玉知此時蒞任久矣新政四物之外更望行其意醫者

也我兄寬仁君子也以兄之才望南雄出塲其纔餘矣政事之暇尚有泰嶽否竊意當如溢聲美色以遠之蓋此寂悞事寄一郡民命不比在省中時也兄已須從性偏難克處克將去我兄之偏處在於何處饒舌饒舌善夫索居荒莫兀兀然適時今歲正值華運未敢以先人遺體遠遊也明春不死誠過羅浮與兄為會季銓省親韶州布此

上監司自白狀

念善夫得罪以來荐罹重疚辭禄還山將及一朞惟杜門

掃執料理病骨雖戶外事亦不與聞又自登籍十有七載家世食貧窮年蹤獨遇荒歲便不自給近有鄉人傳報不知何人妄指姓名詐取逋負致有[illegible]井之愬聞之驚愕不知所從竊念古有洗耳者尚恥飲牛於其下流又有顧地金而曰子何居之鳥而視之卑者其風節至今流動於天下顧善夫德薄望輕分不足以信一鄉儕群小䧞使欺負之徒敢假借姓名而累以溷濁之行以濟其貪又念有告曾參殺人於參母者未免投杼況善夫之小廉曲謹闇闇而未光耶竊嘗自咎年將四十古聖賢

則四體修治無少疲薾今善夫之耳目口鼻四肢百骸未
免潛伏病根寔不忍與草木同死乞身以歸日惟靜坐
一室以諗病痛之所由內觀其定外審其動誠恐過惡
伏於幾微不防而長大皇震亟務務使四體孔修百骸
用理今雖未能一一脩理然腹心之疾蓋或寡矣信如
所指則是盡剗其心腹無復生氣耳何論勝理之未仁
哉此無他假令善夫有管幼安之貞呂徽之之邈則亦安
有此也緣此干係行檢禮當伏門求直緣善夫伏枕彌年
不出戶庭又以告中不可衣冠謹此自白伏惟炤察幸

甚

鄭文卷十二

答王時行

使至承手書佳惠捧誦無已感念感念就詢興居嘉勝貴眷而下皆還籍安妥甚慰甚慰善夫近来閉門料理病骨檢方書品藥物他無所事也昔時華藻掃除殆盡一味静淡稍覺得逐物處少向所云静裏根尋非是閉門求静之云結廬在人境而無車馬喧其意思何如就以吾兄今日所事論之群盜在前寨旗伐鼓指揮應變而意思安閑此便是真静若有厭煩愛静意思即是病

痛竊知吾兄意思大丈夫得時而駕審時度德便當行其所學行義達道孔門一大事業也君時尚可為志尚得行吾何仕不可君時毛志沮亦何處不可君嘗懷引去不樂於作宦吾兄試思之恐落在渣滓窠中著夫非慕高尚之名而決於忘世者審時量力乃爾爾耳前月使人訪素翁應問吾兄之廬俯仰懷人不識何日再續麥斜鯉湖之好也使行促草草奉復不備

與湛甘泉

向歲獲侍吳門奉承教言祗服至今幾欲摳侍門下以

畢所志輙以人事相違馳仰馳仰歲裏過天台與應元

忠黃宗賢相約是秋至閩即欲爲西樵之訪不知遂所

圖否也緬惟山林道體幽勝於元忠處得聞教條正所

謂得英才而教育之是已歆念歆念善夫此數歲始知

門路然又汩汩沒沒未有歸宿回思十餘年間才脫欲

關尋墮理障一身百骸無非病痛日惟咸損華飾一就

恬淡稍尋得病源分曉然氣力微薄不知將來竟作何

等人也爲望有道者成物至情不惜夾持之力幸甚分

淺言深皇汗皇汗

答石龍兄

使至拜三書前書所喻極詳極切向日對面之談未有如此懇至也敢不秪承以期無負於左右西陵別後事跡略載芝谷書中日來惟閉門作靜業諦觀故處室中日見其病痛日見其未足也然但見其病痛未足又即未能除其根積以羸者詎非麗澤者無人而荒惰之氣時乘其隙乎信如所云信如所云又喻今之所勉惟平心觀理不執己見不掩過惡不矜小善不避疑訕深求古人之所以至若事事云爾即無不了但其中亦有可

起居不叙

寄聞靜中

奉別幾時遂有多少變故時事如浮雲但見日新一日耳善夫蓋既死而甦者緬想興居真若雲際竊以玄陰合沓未有不待雷雨而後霽也時事多故實賴多賢持護夫子所謂其愚不可及者廟堂諸君子當必有善用其拙者矣鄭重鄭重善夫自歲下在告冊疏方得請匪才多病端合掛冠去矣過淮南遙瞻金陵欝欝太祖之神京與陵寢在焉良用興懷應念先皇帝祝天

求才之意顧有獻於君子自此入山掃軌音問恐益荒矣惟君子者能不忘情於我否也匆匆未究所念惟為道加愛

答蔡止所

克相到知動定偃蹇良用抱鬱而先生直能順受略不介心焉可謂類之陋巷路之敝袍足以驗先生之所安耳去歲以歲差事欲改曆元議請先生任事竟復以為非急務中止近巳付之守中蓋此司耳目者職事也譬矣卧病易時近方得請以去今雖稍平復然自得罪以來

於死承教承教囊事完否令岳大人方作啓相通父杜
門未敢入城迎候候她日至莆奉謝簡憹也小妾新春
舉一女豚犬粗知向學未敢望其出衆人也令弟先生
承在通家惜不得一面若以神交亦即是同堂合席矣
二書俱作於燈下甚草草黄宅使人求去甚急故不暇
打點書札也
西興之别遂易寒温一時同袍俱各天一方學業未成
幽獨寡助深用悵惋方湖信是徃簡然山林中如此人
藐視王侯浩湛世味亦自不可及使其知學而力行之

未可量也蔡兄主白鹿虞佐可謂善處賢者矣近見蔡兄亦未免嘆貧藉禄養每出去甚長載道竟於此已乎爲善者懇矣得石門愧後事且護其喪可謂死於君子之手矣近得林克相書石門是春已得歸誠然誠然先生若來閩石門必無不從矣爲慰爲慰杭州奮書出於一時未嘗爲稿大意相期無敢自薄於君子與石龍兄處大段同也武夷甚可久居所惜近地絶無好學者須得諸君子來續晦翁之響台建本擾攘往來亦未甚跂涉秋氣益涼東道主敢不努力蹐事我輩既退處山谷

不當言但當進德脩業振作後進之士以培植元氣元氣厚則天運自回此言似迂然究竟是如此不然空憂何益如何素翁伯固儘憂世但將如彼何哉承諭危行孫言不敢不勉燈下作書如與兄對談但寫心事甚不文亮之

與梁曰孚

别後允數寄書再不得吾兄消息杜門索居無他念慮一則曰望太平使吾輩山林之下得以穩睡一則恐離群日久學業就荒矣聞應石門已南歸近亦有書來知

吾子居京師亦頗詩獨興懷興懷又聞白浦在西江與虞佐少有言白浦執言忠良會事古今多少賢達秪爲區區血氣所驅使害了一生此事果爾不敢爲白浦長也近況如何關河許遠音問稀闊不職繼此再得如往時否也苦心相聞不盡所欲語

畬思道

西湖別後得嘉興手札宦況今如何或出或處或久或速君子惟其是而安耳方今政治更始正吾輩行志時節先甲後甲理亂緒幹父蠱端在諸賢得時最雖失時[illegible]

得而易失時非高爵厚禄之云也古人往往寧蓬累而行者謂何際遇難也今天下百務極矣生民之苦未有甚於此時者矣事極而反常數也今海内豪傑之士皆有彈冠之志欲行其學但不忍辱其身矣吾兄珎重珎重善夫日来無他喜好近結草堂於湖曲日對田叟牧竪談村鄙中事仕進之念已索然無餘所餘者望治矣面晤未由臨風悵惜

答平庵

海濱杜門屢得動定甚欲吾子同隱今　皇帝道化維

新吾輩草茆荒僻莫不有茹連之志何者行義達道本吾儒性分内事吾輩羈縻廩祿相率引去者非好為孤潔之行也苦於上下不交也致君堯舜今其時乎時不可失天下第一等事莫讓與他人做去孔子三月無君則皇皇其志非以求富貴利達也萬萬自此堅忍其志伯子云一命之士苟存心愛物於人必有所濟百司庶職莫不有經濟存焉勿曰吾未當其位未得盡行其所學也吾夫病苦彌年煙霞之疾未瘳徒有耿耿耳拭目以俟同志者不備

畬倪小野

善夫啓曲江使人至李公衡至兩拜書兼以公衡口所稱述慰慰慰以南雄之小以吾兄爲之非是了公家事便爲稱職也况今 聖明在上切切求太平太平事業何所始何所終四時之氣自一心而推之萬方之政自一郡而天之是已吾兄琢重琢重善夫自掛家削迹荒村與野老無別近哭 先皇帝一進城耳又家食朝饘暮粥飲水甚苦也家拏輩不知吾輩安身處覺其局促勞苦耳夫子云邦有道貧且賤焉恥也士君子欲自愛

其身不為枉尺直尋則亦安往而辭貧賤哉芳兄遠念漫及心事天下將太平吾輩耕岩釣海何適不樂秋末天台諸友欲往少谷遂爲羅浮之行非湯說也

畬道夫

价來承惠草堂貲此時正窘促甚爲得力曲江新政甚有精神喜慰喜慰吾兄知剛柔内外之道乎孔子云禮以行之孫以出之外柔内剛剛柔相濟而不相勝者萬事之所以成也況一邑乎蒞事貴精勤又貴簡靜簡靜精勤而不簡靜則群小易欺簡靜而不精勤則衆務多廢二

者貴相須而不可偏有者也近聞吾兄甚精勤恐未必
簡静簡静寂難事必須學力學力非窮經傳古詞章
記誦之云也吾兄幼時曾熟讀大學與中庸今但舉二
首篇細思而力行之是耳方今　聖天子求治甚切吾
輩幸丁其時在外則堯舜其民百里雖小最近民者也
非求大學問安有大事業吾兄鄭重善夫自發彌年矣
古人幼學壯行上有聖君故不忍枉已以出也不然作
堯舜巢由歌誦太平如何明歲過羅浮經曲江欲作太
山孫明復乞俸錢耳添丁之信如何懸念懸念七月

五日善夫頓首

答戴宗道考功

近拜三月四日手書教愛良深所喻放浪山水間以有限之歲月供無窮之耳目意思大好再三把玩以爲藥石也走年來於山水之興不覺頓減非有所長進而恐喪志耆想亦精氣短少自然有不逮然也自渡江即聞孫太初之死一往吳興稍致死生交誼再又與應黃二子有風諾遂過天台與居月餘而後竟趨武夷與洋數日慨然有卜居之志實非爲山水濡滯也今者易寒暑

杜門荒村兀坐一室而已逃哭　先皇帝始一至城當
路子不知有僕也今　聖天子在上賢士幽側以次彙
征而不肖以貧賤如此恥也但久處淡泊內視平平耳吾
兄司人物衡鑑　聖天子如此求治而吾鄉尚苦酷吏
柰何昔　孝廟時有君而無臣至今爲恨非無臣也位
不當人人不當位上下頗追善夫徒有其志山林無頭
顱以此爲足下獻

答朱守中侍御

計兄是行必得會陽明必大有所得致知之說大好歟

年同志所講明所用力豈外得此物但舊説雜沓於胸臆不能脱然篤信而力行之也凡人挾其所有語之以所無則惑守其故常語之以所異非惟惑也且群然而議之耳善夫此歸惟杜門温習舊得静中時時紬繹始覺得此心大是難捉縛的物方見古人下死工夫處孔門由賜而下人物未可輕議也陽明先生立此大功業今又遭值聖明善夫目聽其大行不加意思以為法程未由侍履門下心歉如也素翁隱志甚堅山齋已在行松厓伯固想當膺命而起草野薄劣貧賤惟廿日惟祝

吾君聖壽萬年以致雍熙之治矣所以畚先之知如此

而已奉晤何時想憶極切

卷十二

答蔡廷彝

九月朔祝邵相聚惜無幾時念賢甥器識良可遠到妙年便試此大邑適承頽敝之後又正是盤錯時節今之所謂遠到者能文章取聲名作好官取榮貴已焉矣今看文章與貴權畢竟於心身上何所裨益惟吾甥試思之繁劇勞苦要須有簡靜者為之主一如明鏡何嘗不鑑物鑑而不留則身自不勞矣人能常清靜天地悉皆歸況宰一邑乎學問只有一源無夷險靜鬧無中夏無

矣蠻無窮約無官達君說忙裏發工夫然則閒時用甚工夫孔門學問是箇仁仁是箇愛今爲民父母愛便是本中間抑强扶弱興利除害大憲大辟皆自愛上推去勿作德念勿作功念此便是學問今之爲吏者多行其意氣意氣溢事能有幾時意氣重在名則徇名重在利則舍名而徇利意氣者害真之本也是以君子貴知學惟吾甥孫重善夫力薄躬行徒有空言敬爲吾甥盡之如何病中草草

答林茂貞

近拜名篇教言珍重林下諷詠真意何日忘之善夫杜門已無復仕進之念才微命薄雖退處閒廢尚恐不獲死所何幸今者再睹天日故雖窮約得為太平遺逸萬分俱足矣近林克相書報吾茂貞中興一疏切中時政若一一依還而行真足以復黃虞之治足驗吾兄所養之大素居雖僻時事多不及聞諫草幸寄下一紙以慰岑寂至望至望吾兄日用更作何功夫延尉事得稍行所畢否古人夷險靜閙皆致力之地也善夫比來精力覺得疲頓累鞭策不起日用驚懼過此時節便是衰頹之境

也有警語萬無惜以次相聞慰慰伯固兄行草草未盡

與吳德翼歐陽崇道論恤典事宜

讀嘉靖維新録竊想　新天子仁聖痛念海内久罹毒苦而已自今與民更始所以收天下之心者何物財者民之心也曰十五年以前盡行蠲免又曰已徵在官者准作下年該納之數又曰嘉靖元年以十分為率俱減五分伏玩　恤典是三年之内放民財賦者半也何者十五年全免十六年全徵元年減半此恤典正意也於免之中有已徵者若不准作下年全徵之數未見是

狡猾者稱幸也盖以十五年民知有赦故狡猾之徒或
徵而不納或納而不全或三分或七分今將十五年隨
其巳納多寡彸入下年全徵之數納三分者徵其七分
納七分者徵其三分使其十五十六二年皆如元年民
受五分之恵方稱　至意廼今當事者或以十四年以
前俱有巳徵與逋負者將准作下年該納之數一款一
置弗論殊不知十四年以前民亦知有赦夏楚之下其
有逋負者豈得巳哉　廟議此欵甚有斟酌但曰巳徵
在官本指十五年也却不明言十五年准作下年之數

本指十六年也又不明言十六年此盖一時言不盡意
處致使當事者疑似遷就不即將順其美迯者全徵之
命或者上傷聖天子之仁下傷萬民之心乎且僕聞之
君子貴從厚有此　聖天子在上切切求治正吾輩行
志達道時節縱有　聖意未及處就如長孺之發粟亦
得而行之況恤典顯然如是乃以文法疑似之際反使
民重困乎君以處置軍儲爲計二年之内尚有五分之
徵倘以諸色已徵未解者奏補亦何不可只撿一項剩
過餘鹽歲可八九千以補軍儲亦何不得竊以全徵之

意豈不以進貴之變乎進貴之變其旨未全在軍儲向與見素公反覆極論致亂之由有數端焉必不得已而去於斯二者何先曰去食食盡去而民不亂其本謂何蓋以三月失粮便足致亂則三邊健兒當有變矣三邊之卒至有三年無食云何不變況八閩軍士征戰日少且有生涯若處置得宜雖逋之十年保無變也今但談虎變色而不探其致亂之本僕恐全徵之事舉行不但傷萬民之心也昔　孝朝朝有君無臣憂世者傷之今天子仁聖正穎諸賢翊贊將順共成雍熙之治千載

一時也首先一事便使　朝廷失信於天下僕恐有志
之士不能無致憾如　孝廟時也僕自還山已分塡委
溝壑何幸復睹　明世有所見聞敢不爲知己者盡之
倘賜采行不勝幸甚

與歐陽崇道

徽粮事宜使君處置甚停當十六年令竟全徵乎下
民洶洶又聞十五年以前蠲除者今欲悉徵之果爾吾
夫有蹈東海死矣如　朝廷天下何士君子窮居讀聖
賢書便說欲兼濟天下及既得志爲富貴所乘便委之

曰時不可爲今上有　聖天子大賚四海吾輩時命蹇
得何爲而不獲・無所諉乃故爲悖戾以行其血氣奈
何奈何使君何等人品何等力量部下之民皆使君兒
女也陽城政拙至今照耀人耳目太公亦當立名垂千古
眼前得失不足視也非托至知不敢如此直率幸亮之
里後事近聞奸宄往往漁獵嚇錢此事恐須删定後面
定庶杜此弊水利是敢再上

答歐陽崇道

手教云云使君爲百姓之心極盛矣縣家誠不知使君

至意知人任使眞難今百姓戴使君眞過是父母故愛之無不至慮之無不深每使君行一好事惟恐其不勝復恐其未終竟以去也真切真切併圖水利二事蒙行縣俱未發出萬乞利導之倘有來言不便者皆私意也秋粮事百姓未得明降日受縣杖併猶豫如有所待又以十五年全納者十六年分一納在官倘准下年之數決無退還之理公議作何處分使君曷不揭一榜明開緣由以喻之民惟待使君一言僕不欺也懷安雖稍完民其無如矣使君試聞其怨讟之聲何如今之能皆[illegible]

之何如也饒舌饒舌

與宗滄

客夏拜篇翰情誼深厚至今在心嘗旋有報書山林況味大槩具陳矣世道嚮明賢人君子以次在位喜慰何可言善夫自揣不肖寔未足爲世用獨守愚拙亦安也或者又以無大尚掛名仕籍遭值 聖明乃似進非進似退非退經年閉門不無疑於終南之捷者善夫立脚未穩亦不能不動心於或者之云今自度旣非用世物料只是求一明白使得一意山林讀書談學教授子弟

名教内當做事尚多功名事業莫須有宿緣在吾夫覺
得無此分命也惟執事實知之何以教我瞻行瞻行鄭
鹿門劉函山正欲作書素翁行追不及也致此意至顧
至顧

與平厓

未入道以前連得詞翰邇来所養益深矣纔得上執政
書一一切中興漏畧處此後經綸可占也久不見報近
送素翁至西禪得閲新政數大事人恒言山林草野之
士嘗過憂易曰履霜堅氷至春秋防微杜漸謹之於始

詩稱不有初鮮克有終古聖人之意深矣深矣善夫[illegible]
瀏丘經望治之念如執熱者欲濯清風極真極切苟得
小康雖終身爲逸民死且樂之素翁行當又爲世道一
下吾兄身居言責凡平日所講明所欲言請先舉其大
者要者不特職分內事三十是立脚田地四十是不惑
田地七尺之軀寸寸是可愛惜者既不爲利害所軋此
外無足慮者萬萬爲天下珍重切望切望素翁行迫匆
匆寄囑不及起居

與歐陽崇道

善夫啓西禪寺再挹尊範江湖耿耿所欲言者不得從容
盡爲知己者一發愧負愧負水利事深欲留念向時向
執事陳說此事只爲一鄉民便熟計執事斷能信而行
之也不意一落縣家遂如石沉水就僕一里再三陳懇
竟不得遣官一視遂使執事美政頓成虛文矣今責上
批結一紙求覽若知此發行執事以爲行得否也僕亦
知郡邑公務寔繁瑣視此等事真若迂遠不切時務然
召信臣守南陽民呼爲召父史只稱其勸農桑開溝瀆
起堤閼晦翁提舉浙東歷窮山長谷鉤訪民隱首治四

明黄岩涇堰以爲民本蓋民無食設計盜賊皆自此起
究竟此事雖今之迂遠實古之切務也僕誠不以今之
能吏待執事猥辱知待遂首有此獻又私計晦翁是舉
請給公帑動數萬貫今此又百姓自爲特假上人威權
以齊一其力耳較前難若易也一落縣家及若是之
難目今暇時已過農務將起想成罷休矣水利與併圖
二事本是深耕薄斂表德至政至要也近聞併圖事亦
委之縣家徑申僕恐又成畫餅矣行此等事下民雖云
至頑至便然安習困苦實是坐以待斃實不知出此之

方只在在上者指其迷而利導之矣譬如黄口赤子困疴瘵但知啼號而已豈能理會其病源所在而求以捄瘵之耶今願執事視部下百姓即如赤子一般看聽其啼號之聲究其惻隱之心則所以接其病而投其藥者自不能已矣藥之不愈願日日夜旁皇遍求明劑决不坐待其斃也此實也情之所中發出性分內事也僕自病歸無所與於世事竊有惡美之論懸迫於執事實以執事志行相同自量言之必猶出於執事之心也

忉忉不勝勤繾萬惟終鑒在部下幸甚

三與平匡

素翁行後再發一啓專爲素翁議廟號事大臣以道事

君不合則去素翁一出只以成事不合以去天下其謂

何若不合而不去自處其謂何今世道雖有太平之望

然天下人心望治之機譬如使力挽溜車之輪纔轉動

依然復故處也且看近來一二事識者已占其末然矣

大抵天下事多是吾輩自壞三代以還其人才氣數乃

縣絕如此可嘆可嘆匡老近來有建白否治天下有本

議天下事有要 今上聖明要在親賢士養德性經筵

進講亦不在多言只把大學中庸誠意誠身上着實敷
說務在躬行要見二帝三王盛德大業皆由此進日昃
夕惕自然充拓光大聖德一日九百機務自此中指出
決無悖謬矣凡人氣質不大相遠今世學術不明緊用
其氣質變小人爲君子變君子爲小人只是風俗之化
公看劉瑾時多少才傑皆受變一番孝廟朝亦即是此
人才非天又別生一番人也此豈不是風之化在君在
言路要只去其太甚者微瑕寸朽值此 聖明要皆可
化爲忠以贖前過如何如何走蠢拙無比近來意向往

待止之間元無袧着飲水食粥中不悪也順報便人去

廹信筆云云百惟爲道自愛

答湛甘泉

近拜韶州手翰并大學中庸測古小學訓規連日披誦吾兄之沖養深矣善夫無大器局天機甚淺竊有志於是氣力卑弱而舉千鈞未見其勝者幸藉師友夾持至此今又去之窮海之濱閉門靜求尚覺或存或亡日用驚惕實未能伏得此心安帖乃今始知聖學之若是艱也向與應黃二子期到西樵後二子不果來闖自擬是春獨往今又不果矣近得宗賢與守中書備述陽明危

生有王成至意實切振趨但以出處未甚分明故遲遲矣大抵是向道之念未有如好好色惡惡臭之真也素翁正月離省下聞中途尚有新本尊翁令附去人早晚想聚京師也叔賢近況若何敬問百惟為道自愛不宣

三月望日

答石龍

自東陽一書後再不得消息前素翁去匆卒草草數字相聞而已不知何時到京師曾以何地相處謝

今上沖年百無玩好一味恭默誠堯舜之資也今日所

急者知學之臣以講明古帝王執中之傳使　聖德日
新月盛然後可以責成黃虞之治耳今日四方徵召多
是丘林中養君子今日所闕又非尋常百執事如先生
者直宜處以論思之地勿泥常格更得一二元臣鼓動
其間使舉朝皆相信附使有道君子得安其位行其志
積之歲年不患先王至治不見於今日也素翁去意却
欲徐徐或者多以爲君命召不俟駕竊想素翁意思正
以近世大臣去就太輕致所施亦多苟且故堅卧而強
起強起而濡滯者且審人主注用之果如何耳此老若

當軸直是要幹古人事業實大難得甘泉兄過詔有手
書并諸新得見寄連日闗過信多啓發處此時想聚論
京師有不一處幸與商量務歸大同至慰至慰南洲兄
起否久不相聞矣前領東陽至意平日所學何等得時
行志吾輩一大心事然君子蓋有自處者定不爲自便
也未向睽爲詳

與應南洲兄

久鈌聲問矣聞石龍竹江俱已就道甘泉此時亦已抵
京不知兄何日出門也先朝發置者率已登用諸賢一

時同朝寔太平之一大機會也竊以興致太平自有先
後緩急之序要須識得不貞大貞之理自古君子在位
能有幾時往往爲喜名好事者將好機會失却兄見林
茂貞應詔一本否議論得極正大處置得極縝密但其
言語太峻急無涵畜後來遂生出許多支節不相下氣
只就君子一邊便不能得其同心共濟矣吾鄮寂患是
分鄮相治則凡乗間而伺吾之隙者何所不至此事稍
覺轉動良可深慮兄其體念之近得甘泉兄訓規大學
中庸測分析條件覺得窒塞費氣力相見幸與明辯

之善夫識淺近答書未敢論也

上孫九峰大司徒先生

善夫癸酉秋獲送道旆南歸旋以疾去之海上侍養無由每瞻嵩南九峰欝欝蔚而朝廷之柱石在馬自我公去國十年而十年内之風物氣象何如也　今上聖明應運御天而我公實起而輔之是今日　聖君賢相一時同潛于襄漢之表今日飛龍在天而應之者固宜有九二見龍之大人也於乎不圖漢唐宋而後復見堯舜爲君皋夔爲臣而同廷合席也蒼生世道何其大幸哉公

之一出一處實　朝廷安危之係天下治亂之準也信
非以一節自止者可比方其萬一也今日斡轉元化整
齊綱紀非公其誰也　先朝之弊甚矣今者其後甲三
日也一動移間就可黃虞其天下使萬物各得其所願
良在此一大機會中萬萬不可失也善夫踈亢迂拙自
知當齟齬一世謬荷我公昔日樂籠中下品在教養徐
議之列銘深肺腑奉違十載中間稍出爲老人贈典隨
衆獲罪以不死餘軀復解去草野荒落竟不能時達其
私情隆想天人愧負門下多矣遭際明時正好執鞭爲

大君子御叉以病居不得聆謦欬於萬一情其謂何昔
温公謂元城先生曰知所以相薦否曰獲從公遊舊矣
曰非也光居閒足下時節問訊不絶光位政府足下獨
無書此光所以相薦也善夫於公視元城於温公迹實
相反敢自避其斧鉞之誅哉顧自原其望台之私實無
間顯晦希曠之迹有難以言語自文者因吳德夀之便
敬此布下悃伏望益為天下加愛不宣

畣楊叔亨

宗道至始得吾叔亨動定云各係公事亦不頻相見日

來切磋何入詞藻之學視往日較不動意否恨團聚日
淺很辱相與至意寔未有毫分稗益愧負可言容色
音問之闊又將二載矣善夫此歸只為求所以立着開
居靜守追其病痛所在日用應接爲所障礙處甚多不
見長進計今大馬之齒去四五十直咫尺間耳因念入
仕將廿載分内事未有一件成就此身負陶鑄多矣周
勤可所附來書是今日到拜教拜教前寄去口義多出
一時應會不足觀近稍看過儘有更定處累欲抄去求
吾叔亨評改且未能述而自歸以后無有從講着未曾

上紙大抵四子六籍只是一致但尋得源頭分曉萬軸破竹矣口義元不為著述第使聽者備不忘耳大學明德中庸性道教作何理會若苦去書本上搜求該博一旦年力衰莫却於何處安泊易理近頗見得幾分比舊説較濶大未敢謂斷然是如此行將與吾叔亨面論之春秋元是舉業上功夫今幸已不記憶大段彷彿得聖人意思未暇攻矣象山語録大槩在鳴寃録令人學象山如鳴寃之名可作口實耳古聖賢立言只是發明這一件事若讀書得法更不消許多朱子精義象山廣

天與不外此學者只管較量朱陸同異恐反被異端[illegible]
揄也吳德夫去促草率布此德敷克相俱無書幸引賤
名

與思道

自去夏拜緘後續奉三狀不知盡得達否倉忽為別又
是幾番物候耳日月如流吾二人者皆是四十左右不
知更有四十年於世更得幾番離合也學問未或事業
未建最大此負愧君父朋友多矣今雖去[illegible][illegible]學
竟吾輩平生所講明何事及將致用自是明[illegible]者所不

忍失善夫庸劣迂拙兄實知之其平生自揣實不敢過望其所以自待亦不忍自薄得一畔邑而治之績業壽變日不越百里容或有濟顧此官階似升下而出宰者當此　聖明善夫顧矯而尚高耶近士夫中多勸善夫可速出善夫私念出處夫不可輕窮達斷自有命前此僕僕道途旅進旅退於吾親上未補毫分而身心所失寔止尋丈倘不我棄顧當安諸命焉已矣惟兄其教之矣德翼謂安致書山東燈下草草

答歐陽崇道

承下閭求民安瘼之念謁然可揀以公之賢明進無似於忘形之地善夫顧忍隱情惜已自同寒蟬耶坊里事擾善夫耳目所及儘見公專寄報職後人戶者改正甚多百姓至愚而至神孳孳求幻及受其勢看來百姓儘爲恩威所囿轉移之速而不忍欺不敢欺者又在於揭日月之外也慰慰其首謝未盡者人間開自新之路其一二求平者又闢開自直之門可謂書盡其情平其政矣但鏤版一事善夫敢盡其愚人情彼此勢均收除之際於升合計便宜自有許多難處處里里

如此草冊甚至有抄謄管者非其緩急得已之罪也聽審間第不失以正對耳若一一刻定百姓千年受其縣擎勢必至於更易更易一多公忍盡誅之耶其法只在於部省府縣四冊一時俱了則自無弊矣鄙見如此望惟高明更裁之山林迂腐恐不足以窺公然用未敢便以爲是也

答王應時

承手教繾綣至意深悉別後動定執事行益高學益邃而取善益廣善夫不及也天下多故則小人攻君

子及稍無事則君子自相攻天下事最急是分鄜既已
分鄜決無有相成於是非之同以共濟天下者是國家
之大菽也執事其念之善夫久居荒寂日思海内故人
人各有長皆是善夫師表追憶教言恨不得縮地未止
是聞足音而喜也出山尚未有期奉晤無時幸爲道自
愛以慰遐念

答張昆命

平厓歸領教言且詢動止吾子以宏博之才加以恒嵩
河漢之助弘大幽邃無不有之矣善夫入山日深矣何

曰得與吾子共談天地古今之變以究出世之論也馬
江二子復得合并知吾子甚樂也夢澤竟遭此摧抑
過剛則折吾輩亦當自尤也聞擁車者通州足以
見夢澤之素矣閩浙之行莫是謾語否待待太初
豪奉去此走批點者此刻出之徽人徽人好事而畏
禍多將原題易以已名又將涉時事者削去可恨可
恨今此盡行塗去更有潯陽歌十首在汪希周處取
入之煩再刪過看與鄙意同否至望所惠書甚佳拜貺
拜貺

上陽明先生

善夫蒙天不棄癸酉歲得假毘陵之謁偎承至教奈以天質凡下無有其地因循歲年幸冊私淑諸人稍知向道是雖未及先生之門然竊念先生之恩信與生我者同死不忘也第恨立志不堅時作時輟比來業不加脩病不加少恐一旦即死與草木同朽不及終志門下不無負無涯之憾矣去秋擬出門冊沮於大病至今未復區區擬趨寸忱未有一日放下也子莘往敬布下意萬冀不棄絕於門下不勝幸甚又四

月十六日

答張起濱

適作書寄去程丞且至彼此相念一而已矣讀教札悉公已造高明地位生此天地得爲人爲男子復備此道明不求實作用以了此生良負覆載學問無處非致力之地所謂厭喧就寂避繁入簡去富貴以樂貧賤舍山林以混市朝凡有意必皆非也公根器大佳求所以安身立命處甚無難事辭章技能奚啻筍蕨也善夫資稟駁雜鞭策不起無以奮知已秋冬不免一出隨世遷

就非其志也承委作尊翁壽文於公有愛哉善夫自求
感後不忍作此項文字今敬爲樽翁傳如何文思蹇澁
亦須旬月可辦當有以復也未盡

鄭文卷十五

與朱白浦

近聞兄出視齊會歲裏一啓恐不及矣平厓此行與兄同地凡百數張自身而推者日與講明沛然中正矣喜慰喜慰善夫自得杭州書旋得南洲石龍二城承三兄誨被深恩何可喻之去秋湍擬吊風山即謁陽明宗瘖病纏糾至仲冬一日病增劇今五閱月矣尚面無人色精神氣血不及往時多矣近與平厓訂約異日過見鵝孔林當移兄爲會以罄所未言功名之論最其後者闢

于積于譙小野皆坐詘其有以取之耶惜哉惜哉高岳

上布此不盡

與陳天游方伯

善夫寡劣幽塞行不逮志百無及於人人謬承君子

過與不在遐弃之別乃不獲領光霽於謦欬之下以

增永能豈所謂入山舍玉入海而不探珠耶良愧良愧

善夫自去冬病危至今形骸盡死所餘者殘喘耳功名

事恐非樵牧之徒可以倖取近蒙有勸駕之命中賜

過揚反身自觀豈勝皇汗且自揆才力實不堪事事

[illegible]以平生數奇百病相代自分得穩卧於 聖明之世數年以死萬念俱足矣善夫何德以承君子之舉昔陳仲舉薦徐穉穉雖不出感念深矣病未愈莫拜堂下敬以狀致悃唯詧其所存幸甚

答季明德

春間得見懷之作備聞起居細惟草堂促席諸言常在懷抱也此時官理想得行所學學官一而已近見時祭所指將有紹興慶元之憂人心世事乃如此諒真見道君子必不爲所變也此道在天地更有何同異諸君子莫

是血氣異之也血氣愈用去道愈遠矣可嘆可嘆善夫
自冬徂夏純在病中今雖去體然尫憊甚矣餘情甚長
俟相見日盡之未一一

答魏子才

近南海李令書來始訪取得手教并三訓覩服玩不去
手敬拜嘉言承發示三端其提掇之意深矣深矣善夫
溺劣少不聞至教沉溷文字伏匿空虚者殆十許年中
賴朋友相麗稍因此中有未是然志不堅忍依違汩没
又將十許年今髮已種種矣自視實未有毫分植立好

無不如好好色惡惡不如惡惡臭即是無實知見故無此眞好惡日用夾雜者又何限日惟驚惕將終爲小人之歸矣此不敢自欺不敢欺人承諄諄至意實未有以畣君子之辱也鶴峰在此頗獲相觀摳侍何時天向肅惟君子體之不宣

與王時行

囊山之別便至今不相見人生幾何良友幾何苦哉苦哉伯固兄竟死矣善夫歲東一疾亦幾與吾兄長別少年兄弟今髮已種種平生勛業未曾植立毫分值此

聖明中夜思之蘊念何極吾兄盖當乎時命者也時豈易得惟吾兄以古上賢自待自心身上措之事業要令德性用事自然功用無疆矣歲裏有奉懷之作今并録去子才崇道俱有書道意抱戀不盡

與應南洲

春間得越中二手教繼得顯仁濟上種痘事近又得二兄宦蹟皆好音也善夫入秋病稍去體然神思大減眼就花齒半搖動百年未中而衰颯如此不肖可言耶白下之命於病軀散才甚稱且得以暇日求吾斯未信處

竊自慰也石龍兄此時想復任相聚之喜良莫可喻兄
在京師近況何如閱邸報氣象甚見逼促今日須得一
二元老休休有容魚設並蓄化小人為君子勿太黑白
使此輩不自安漸漸整頓將去或有可望士大夫誰非
可用之材今日用人只是不當位故俱不得其効處欲
言甚多相見在何時勞心忉忉

答張起濵

使至手書琺重悉兄心事良用縈念然君子唯脩其在
我者所謂遺而不録其失在人於我性分上良無一點

加損然吾輩因此復可加一段警惕進修工夫道理其實無窮學問到老只是不自滿望道未見看古人意思是如何兄如此根器當求作百世人物眼前細故何足上懷抱蓴鱸之思但看發出是道理是意氣意氣却能害心善夫意兄此時此地且可行所學盤根錯節正吾輩致力之地擇地而蹈之恐非聖賢正法萬萬免動此念如何如何善夫即日戒行矣劣才病體當局甚迷唯兄有以教之府治文冗次所就殊不成章尊翁傳并往稽愓萬千相會在何時寓緘切怛

與宗道

昨夢井水溢起而作歌偶便録此代啓素翁行已附一啓大約是述自已行藏於知已者迂拙唯甚不出意較多新正執之行亦不令走知想以走執遂頗固也有追送不及詩今亦録去乞爲轉之見走不忘於執之也此外唯勸東岡廣詢天下賢才布之百執事然人才各有偏勝用之當位然後可収其効此是培植　國家元氣至緊要者萬里寄懷唯此耳幸留神至念至念

畣小野

承手翰已悉存念賤體苦未佳山林中讀書談學之外
無多人事煩聒精神血氣已大非往時因審老兄民事
叢積尚有餘閒養靜之功過人遠矣出處上有此
聖明走非果以忘世也求人知與自衒以往者均是枉
已今日之出必以平生所究心者爲國家効尺寸安時
處義固難其進矣非敢任情也年歲不足家唯饘粥蔬
水大小皆便習只此至死不苦也承念承念南雄之政
聞有古人風甚慰時不可失眼前百姓少安未是至極
飲酒賦詩似亦無妨於政事然有二說不知是政平民

和後天下之樂乎抑只是郡事尋常自有餘力而得云云乎走芹曝之意惟恐老兄不肯爲古人也古人極難爲亦極易爲唯在堅其志而已如何思道近作何官久不通問矣會面何時不勝翹企

答歐陽崇道

近口事賀士只是要便宜公養聖賢之度愜公輔之量教戒之足矣萬勿動心朋戶之法居今之世勢不能清淨其源欲均節民力恐聖賢亦無有別法衆輕易舉民不見累凡百催徵併力分千亦甚易就且免侵漁細民

之弊此法甚美非一端也中有下戶爲朋者倘加至三四人行之十年消之自少矣尊稿妄點抹一二奉內閣下封伯此另是一世界中事春秋定曰紀異時事如此天下豈有太平之望耶不肖終老岩壑矣早秋欲往蘭溪吊章公即回至期欲請一引領于草草奉覆

啚林志道吏部

草堂奉接後冉承手教深眷謬旁何足以承之愧感愧感令弟到省善夫近臥病近方得問起居踈慯萬萬適得執事謝病消息明時壯歲建立事業自是吾輩分內

亭計執事才力豈宜閒居秋凉幸備辦上道以副
君相用賢至意至望至望善夫比日無一事長進又無
師友相覺發去日苦多大可驚怛作計負笈出遊莆實
在意中也未便云云功名事善夫嘗自揣而安之又恐
一向頽弱一旦即死何所藉以立於世未免與草木同
朽矣執事相知幸有以發之尊夫人壽文見委荷在通
家子姪萬當執後但善夫名位素薄文事又非所長操
墨班門白地退數舍矣豈敢豈敢素翁議禮疏聞再上
不知 聖意稍轉動否山齋伯固近況且如何附問未

面惟爲道自愛

答陳執之侍御

春間傳使節至出追送不及有詩附宗道處宗道歸發回此情未有以達左右也承諭道德之論出處之節敬佩敬佩時事已轉至此乎幾微之間治亂之判也廟廊臺諫想悉小貞之理中興自古與創業不相及要不令小人尋得吾輩空缺以爲口實大同而默化久久當自定也如何從仁爲何喪心讀書知道理乃有此癡不可曉不可曉草草布臆餘惟爲國自重不悉

答德敷

理事蕪沓未得侍不任縕懷南曹之命於懶拙病軀最宜崇卑不論也行色大段在莫秋親戚墳墓顧戀戀矣七夕後敬當過從君載自是遠器向會思抑深有成就之意萬勿苟而小之此却在父兄前輩聰明特達者何限然所就竟如何辭藻中亦見其意向所在文章猶美色最易溺人君非豪傑士鮮有知反者親事君載尚未除須與入白下如何竢面究

答汪希周太守

與人書

故清稲豐何德以堪之善夫别臣上即發寒熱疫疹喘連日瘠痿不勝畢竟吾人只是羹臛之分耶集山詩中吟干得無好佳思此外唯頭尊兄廣施仁惠然行之却有次第獲上則志得行審委任則澤下究去貪浮則政徹遂舞文之吏則法不撓勦惡人則民安同其好惡則民從廣詢博訪則得民瘼振風節表恬退闡幽伏則民勸此數者獲上最難人孰不欲令名令名衆之所忌獲上之道功則歸上怨則自歸民至愚而神畢竟令名自有攸往矣福州十邑惟福清稱梗一變尚未至齊治法

須是粗救大槩其風氣如是自古未有以變之也閭邑
在有穿窬奔鬻力之徒濱海造巨舟者多是強冠法
當去其太甚亦杜漸防微之道也芻蕘之見不覺縷縷
爲吾兄盡之病次言不成章惟採行一二幸甚

明南京吏部驗封司郎中鄭少谷先生墓碑

友人晉安 林釴 譔

鄭子少谷繼之氏諱善夫世居南湖閩邑大鄉歷代多顯者皆其族産獨鄭子結菴就賢劬詠今學賢者殊振絕也嘗誦曰墜道非時也委儒與世靡視古大峻脆志以降其趨吾固疾學之不變果懇學十年反之古孝廟乙丑歲年二十一第進士正德改元簒脩蘇松常鎮實録成隨繼居内外艱積六年起銓户部主事出理滸市關譏闗不敗名商人利之稱其能廢私也

武皇初赫柄中官鄭子善卦時嘆曰大丈夫當再龍鳳於世退見無骫枉我志力告得請乃築少谷草堂於金鼇峯作遲清亭俟天下之清交與鮮絶嚴居六載正德十三年有司勸駕起奪其疾改禮部祠祭清吏司主事十四年轉本司署員外郎三載考績 推恩父母如其官居禮部握蘭建禮宗伯咸賢其文學能秩相也是年三月 武皇將南狩齎謀諸寮来曰駕未發諫之可絶否吾股肱何勸吏兵刑諸曹郎中黄鞏等若干人同伏跪于 闕門疏惻切指斥嬖臣江彬及中官輩濁亂天下

也怒犯之　武皇杖之　闕下死者貶者落籍于民者
有差既南狩鄭子切告未得明年鈙至京師之館焉談
書時事曰　天子何可為計哉古云瞻戒勿怠後穉逢
殃吾胡可弗歸遂歸過浙則入孫一菴太初死走道場
山中哭之教治喪事畢游越山水至逾八月旋閩居湖
上歲多病必浦時月間已必往隹山水游或憫其羸老
之癖曰吾少谷靜中不留求佳突吾思其益諍器云江
南北山水畢受吾杖屨之嘉靖改元以都御史周季鳳
御史汪珊薦起為南京刑部郎中尋轉吏部驗封司主

建健眷式長樂值風雪屢理弗輟以病病且依依不休
其游至弗支強輿病歸歸一月不祿及歸已彌留憂思
所豐藏鄭子云請諸君勞苦必休少谷可以存神明魄
與訣力爭書授高凝傳汝舟一子曰脩身俟死吾念已矣
從容賦詩文妻子付託高傳二弟經理其寄延平書請
皆如云乃啓手足以逝歲癸未臘晦前二日周身棺
殮與汝舟治世后發笥皆囊橐鄉人始駭發鄭子之資
士知賢鄭子能有道其官嘆矣財利者世不學皆能自
嗜自逸俗殉涸厚僩然曰居官必多得財故有道者[illegible]親

二

自惑況鄉人夫㫋㫋仁義何以破愚愚利圖善昏世禽鹿
視肉如鮑子者能居道也夫觀鄭子婚嫁七弟妹賞業
皆其稚與孀者贍之田令以亮孩安節葬毋屬二十二人
其治身嚴厚沖澹高潔求象其道于家國誰昔曰任重
者身也遂畏者口也致遠者道也邪行之乎體違言不
存口道可要諸遠矣蓋寡交多親忠信則交愛其言可乎
鄭子踏言今徵見之實完固以沖澹譽振寓孫少谷先生
云計傳至者咸哀涕蓋憫賢者弗長世云時年三十九
益可哀夫茲事纖悉皆福州太守汪文盛之守陳鎡二

先生功德也二先生鄭子至友孤鳴梧少保孤恤二鄭
子知德於幽其創見友道叔世可興起矣墓在懷安西
郊外梅亭山山旁諸達汪先生念口碑可世垂以章顯
賢者云遷前室安人袁氏合隧遺言有二子哀不累其
托鄭子生成化乙巳歲十一月二十日也
論曰鄭子博學而能反之者也吾觀少谷子道論于通
經世要談欣哉言乎大有裨然可觀其概之正而已探
其要不忠信成節則非繡言觀交際編及余居京師與
游者盡海內名民其志念深常有以自下故皆以道相

膠漆孔子云斯焉取斯易曰同明相照同類相求雲從
龍風從虎信夫短長名位君子何可論之
嘉靖三年甲申十一月二十八日友人汪文盛陳鑭立
石

鄭少白詩集□卷存四卷

［明］閩縣鄭允璋撰

中國國家圖書館藏明嘉靖間刻本

鄭少白詩集□卷存四卷，明鄭允璋撰。允璋字德卿，閩縣人。嘉靖五年（一五二六）进士。歷官建昌府同知、廣東僉事等，撰有還丹發祕二卷。父汝美，兄允珪，子若霖、若楠，皆有詩名。

允璋詩宗杜甫，集中多用杜韻之什。此集中夢少陵篇云：「未信少陵死，居然夢裡逢。酒如平日愛，詩謂晚來工。齊名容李白，識字眇楊雄。不恨吾生後，尤能精爽通。」又云：「昔年曾一夢，未似此分明。自述憂時意，無心求後名。效顰慙陋質，曠世應同聲。無限羹墻念，雞鳴感悵並。」蓋所作一以杜詩爲範，多現實諷喻、風土人情之篇。又可述者，允璋與范欽（一五〇六—一五八五）交好，范氏天一閣集卷三寄鄭德卿詩，有「我欲擷此蘭，投贈同心子。路遠河無梁，霜霰溢中軌」句，又卷五答鄭德卿江行見懷之作，有「僊遊同李郭，高誼薄陳雷。忽枉舟中作，真憐洛下才」句，可知其才學頗爲當世所賞。

允璋詩集曾多次編刊。寧波范氏天一閣書目卷四著録：「鄭少白詩集五卷，刊本。明閩中鄭允璋著，嘉靖甲午楚朱廷立、曾烶，錢塘楊祐，麻城毛鳳韶序前；蜀湯紹恩、滇劉綸、同郡柯榮仁書後。」清初崑山徐氏傳是樓書目卷四著録又一部：「少白詩集八卷。明鄭允璋。四本。」可知此集非衹一刊，卷帙亦有多寡之分。初刻或在嘉靖十三年，曾於嘉靖間再經增補。此後刻本，惜多亡佚，僅存殘帙四卷而已。所存爲：卷四，五言詩，存四十五至六十二葉；卷五，六言詩，一至二葉；卷六，五言排律，一至六葉；卷七，七言律詩，一至二十五葉。（向　輝）

聞鶯

春事江頭晚交交黃鳥鳴柳濃須掩色風細故傳聲溢
似愁花落繁偏重客驚上林多彈射爲爾一含情

見落花

幾時春復暮處處落花多留滯楚城曲吾如歲月何碧
山還送色黃鳥已罷歌無限憐芳意長江日夜波

海樓贈李長沙 海樓李別號

李白人中傑直如海上樓洪流天地轉高拱日星愁波
及長沙潤心先老范憂滄浪不可極黃鶴並清秋

得何子書墨爾答之

闊別三十月遥傳一尺書汝哀卞子玉余飽武昌魚海上虞卿老山中杜若舒行藏兩未得吾道竟何如

戲贈祝靜庵同年二首

知子久好道日日念青山瑶草何人贈丹砂幾歲還壺中多福地海上遠塵寰胡不高飛去依依朝市間

尋仙脱塵網採藥入深山秖恐茫茫去雲深不得還誰真生羽翼道豈離人寰昔日松喬輩今能在世間

初夏即事

忽忽青陽暮悠悠朱夏初庭榴紅試蕋海燕紫穿廬遣日書慵展愁心髮欲踈南薰歌一曲惆悵意何如

日試祕炎氣江寬積雨波淹留且歲序飄轉任蓬科堤
線搖風柳池錢貼水荷同心二三子携酒數能過

悠悠

蕭散日悠悠直如不繫舟雲霄時北望江漢自東流佐
郡乏殊績隨時無遠謀本來慵簪紱秪爲世恩留

江亭夏日

龜峰娛住客漢水濯煩襟暑少侵江氣亭幽覆竹陰日
長偏閒寂雨積更蕭森念此閒居久能無生隱心

經實泰廢寺

借問何年寺東林空紫烟草深無故道野闢有新田碑

仆苔仍餵宫殘鐸尚懸也難逃刼火何處有諸天

在楚

夏來仍在楚索處轉思鄉吏隱眞何事醉吟時不妨山園孤閣翠芰散一池香蕭散吾將慣無勞歌楚狂

厭雨

麥田方怏潦入夏雨頻來江漢翻天去雷霆破地迴底須雲滿野空有酒盈杯脉脉凭闌罷繁愁不可裁

飲黄衆戎雙槜草堂

飄零念孤跡窈窕甜雙槜雲塢邀深坐塵顔愧静居竹枝巢水鳥石洺入江魚高尚眞憐女投間四十初

浮世名何用，閒居道自尊。鳥鳴雲樹靜，徑長薛蘿昏。白髪今爲興，丹心古馬援。知君陰德厚，玉立好諸孫。

訪畢世傑山居八首

谷口訪高隱，風傳擊鼓耕。倚松招白鶴，認藥劚黄精。案分雲林好，生憎世網縈。麓漿兼茗飲，漸覺旅魂清。

到此可忘世，溪風松下涼。落梅金滿地，迸筍戟穿墻。借石爲棋局，臨池戀芰裳。坐憐幽意足，不厭野人樂。

石徑松蘿細，沙田水稻昏。只疑彭澤里，不異浣花村。鳥起驚壺矢，篆香襲酒尊。相逢不一醉，恐負此東門。

沙竹江村靜，茅堂傍水開。相求無伴侶，共藉有莓苔。課

僕勤農事催詩試客才杳然有高興潦倒不停杯
看山憑小閣問柳到孤村洞色陰陰淨薇香冉冉繁人
稱將翊逕老灌漢陰園安得脫羈束訪君時叩門
東郭佳山水莊居汝占多百年眞樂地長日任狂歌野
色幽梧竹池香散芰荷晚移亭上酌擬借魯陽戈
四月寒雲谷探奇願不遠夕陽鐘出寺小徑棘牽衣鍛
茱杯盤便風塵車馬稀沙鷗不飛去應是共忘機
野上烟雲暮城頭鼓角催高談移白日嫩雨弄輕雷短
笛牛羊下空階鳥雀來清遊償夙抱擬醉習池回

登樓

縹緲仙樓迥長凭興不孤扳躋蹤病體吟眺想清酤暑氣清江漢陰涼奪舞雩翛然不欲下渾似坐冰壺

夢與空同人後論詩

二賢不可作客夢忽相逢詩品漢唐上神遊天地中古今無李杜關洛有英雄淚洒楚江水從來君子窮

再簡靜庵鳳岡

風塵空老大天地幾倉皇白髮何容易丹心益渺茫珠無處覓直種有時荒倘得二關助寧憂萬劫妨

觀悟真篇有感

谷神元不死動靜妙玄機從命非我[illegible]豈漫歸有

爲終害道無變不通微宇宙在吾手如何悟者稀

過寶通寺

避暑何所往唯應此寺來秋聲起寶樹溪日抱銀臺倚竹憐黄鳥開襟藉碧苔不辭方朔飲濺雪瀑如雷

懷黄鳳岡二首 雙槜堂名

矍鑠鳳岡老杜門無是非時歌竹葉壽身着芰荷衣一自楚城别幾宵魂夢飛遥將四十字不但惜相違

豈無文識者以雨自應稀風誼今人避勲名早歲煇江雲吟處暮沙樹望中微重憶雙槜别狂歌一醉歸

秋日勘災書感

豈昧垂堂戒驅馳不憚煩秋餘三伏氣煙靜數家村民病還多賦時憂可具言報災吾敢後萬一乞君恩

七夕書懷

落落殊鄉客堪令此夕逢人間闊別恨天上女牛同竹葉傾孤月絺衣怯緒風河橋倏爾就烏鵲豈微功

秋郊見雲態奇甚感賦

古道夏雲奇秋原今見斯直如龍倒掛忽訝馬爭馳神物元難測玄功似可疑蒼生望霖久竟惜一瓢施

別馬抑之別駕赴兖州二首

秋思更逢別相看無限傷寥落莫新命獨輝光請劍悲前事歌驪盡此觴不知東魯鴈何日到三湘

又

不忍馬周去欲行還把衣衹深遷客恨更惜故人稀報主豈云暮冲天從此飛西風催別駕過立思依依

秋日蘭溪舟中

孤舸借雄風飄然走馬同江豚吹白浪秋日醉丹楓讀易逢窓下移家萍水中三年淹薄宦國事竟何功

舟晚獨酌

落日蒼茫際到舡何處鍾鳴蟬球樹靜立鷺白沙叢酌

喜遨初月帆能飽正風微官足簡懶底用嘆飛蓬

見盆菊欲花漫書

五畝舒盆菊金風肅草堂爾從催氣候吾不厭秋光詩債償難盡機心淡欲忘佳期近重九擬辦對花觴

九日西樓對菊二首

一歲一九日誰能百歲留宴叨同上客詩合紀西樓不對黃花醉空擔白髮憂古來多勝事今日擬令收

偶縱高樓目雲霄正渺茫江光入虛牖鴈影下斜陽搖落何人賦登臨此日傷悲秋少陵老强醉菊花傍

一樂堂爲卓生寄壽乃翁賦

楚國經年客莆陽一樂堂狄雲時在望萊絲夢稍觴春
草方敷碧秋風又薦涼誰將游子意寫寄鴈南翔

謁疊山祠

下馬薦蘋藻瞻依重感余蠻鄉猶俎豆宋室已丘墟古
壁丹青剥秋山草木疎艱危天意在忿淚謾沾裾

九月毒炎如夏書感

撫序秋將邁炎蒸何太驕蚊蠅喧未減蕭艾色偏饒舐
覺絺衣厚空云梧葉凋端居感髀史試看李梅條

詠庭前菊

不向三春競偏饒九月榮姿添秋色好香助旅魂清見

俯不嫌晚掇英無限情南山亦在眼秖惜少淵明

除架

雜蒔功成後孤撑覺爾危此心無愛惡天道有盈虧猥瑣除繁蔓光明接浄曦客來瞻視處因慨少陵詩

九月二十日庭菊盛開丹求

對爾醉懷好娟娟白間黃露凝偏出色風靜更能香已足三秋咏何須九日觴所期長爛熳不改歲寒霜

送陳司訓歸蜀

一氊廿十載萬里返孤舟峽急秋猶險官貧老益愁劍雲迹旆色鱣館憶風流李白青天咏分杯爲爾謳

少溪爲周生賦壺公山名玉㵎水名皆近少溪

于寔濂溪後何輒歸少溪波凝光展鏡月晃碧如圭秀浴壺公蓋名於玉㵎齊風塵吾欲厭偕許濯纓栖

瑶峰爲高一宇賦峯在海中

屹立滄溟裏蒼蒼卓碧瑶浪排千古静天插一峯嬌靈秀鍾人特崑崙發脉遥丹梯一萬丈平地造青霄

白山書屋爲卓生賦

莆郡本多士卓生稱最良結廬白山側藜火騰奎光地静書聲遠岩秋桂影凉終看鵰鶚奮莫忘薜蘿堂

可山爲周子賦

之子惟山可長歌仰止詩屹然直獨會愛奚啻它移眼
底百年擾胸中五嶽竒亦知仁者樂尼父不吾欺

秋日謁關祠

秀攬江山勝儀瞻體貌竒三分無敵略百代有危祠嘉
會風雲歌秋天蘋藻悲人言精爽在時或見朱旗

石峯為余生賦　石屹立水中

壁立吞靈氣天遺壓巨流烟雲從變幻苔蘚自春秋豈
謂廟堂且能淹鷗鷺洲感時思砥柱日往富川陬

南崖　崖在分流山之南

巀嵲凌南斗千盤到上頭諸峰低擁翠一水瀏分流秋

淨烟霏歛天空島嶼浮奇觀不可盡落日更登樓

寄鄭寧波二首　棘庭漫藁鄭詩刻也

亦知能念我落落高川限越海波寧本瀟湘鴈書來對
床時白下並馬也金臺歲晚懷無那天長首重迴

三刀吾且爾五馬女優哉望劇江頭鯉情殊夢裡杯棘
庭音入雅海國政如雷不盡停雲思西風獨上臺

寄題鳳樓崖　崖中相傳有紫衣仙處焉

軒豁自天地玲瓏有鬼神口餘丹火竈不見紫衣人鳳
鳥何年至梧桐空自春寄吟有幽意陟眺底須親

雨中東蒙溪

不分朝來雨蕭蕭如許鳴風欺客絮薄雲媚晚天晴江上魚龍滯沙頭鴻鴈驚貂君有佳醞尚許破愁城

蒙溪席上賞十月菊 菊名紫袍金帶

久矣繁華歇遲哉爛熳芳黃團金作帶紫簇錦爲裳正色超凡草穠葩麗晚堂近筵看轉劇莫許不停觴

早寒

水國生寒早綿絨須昨日衣垂垂晚菊發蕭蕭北鴻飛未慣逢迎習虛憐埜寐歸酒杯與吟筆時得一無揮

經泰和寺感述

清絕山頭寺吾經感泰和鶩塵揭來擾擊壤古時歌僧

嬾鳴鐘晚林昏鋪葉多寶珠真底用口鮮照蓮窩

冬日紅菊

的的看來好居然春色回不於冬日見秪道杏林開琥珀何須並氷霜莫遽催天寒花亦醉吾可輟吾杯

詠庭鹿

挨頭防過鳥牴角狎嬉兒無復碧山跡徒然青山思虛名真汝憂馴豢不人疑靈囿他年事樊籠莫漫悲

見梅

金蕋方辭菊瑶花又試梅天時剥後復春意雪中回遁老狂吟在何郎遠興來底須頻索咲見爾自顏開

予訪周子至銀山寺飲於蘇亭項郭氏三子各以酒肴來附是日雨陰游觀弗遍三子曰昔蘇坡訪李翱茲山遂題公今唁周將無同乎余未敢當作詩見意

訪友銀山寺山高雨色寒摘蔬供酌便亭茗汲溪難木落滑巢見岩香細菊盤狂歌倚鉄壁諸勝不須看

久不見吾友相看情自妍一僧鳴閣鼓三子合亭筵雨後登高屐杯寬欲雪天偶同蘇命駕潦步媿前賢

僻遠可銷俗吾來不記遭橋頭僧慣迓峰頂寺能邅室香燈靜雲林虎兕號清時還偃蹇雙鬢晛蕭騷

世事青山好乾坤白髮新老僧猶擊磬漁叟朱吟春痼飲堪吾輩悲歌吊古人不應瀟灑地感慨重傷神

兩溪爲朱子賢賦

白髮兩溪水清風一釣艘對流搖日月夾鏡淨雲濤意得滄浪唱名隨鷗鷺遊澄清有令弟砥柱破滔滔

冬晴

逢逢風徹夜已下曉來晴雲淨天能碧江寒氣倍清樹暄婚午鳥山翠入孤城底事登臨倦凝眸有遠情

遊飛雲洞 洞中石形宛似人物上有一孔見天

寺比飛雲洞洞雲時自飛萬形天造似一竅日容輝古

跡僧能道茲遊願不遠三年飽奇勝似此眼中稀

赤壁山亭夜酌次韻二首

海吐洲前月盈盈向客浮聲寒落木外愁破紫岩頭吴楚何須問蘇坡不可留接天楚江水今古自悠悠

平生愛山水雙屐不嫌勞神助詩偏好冬遊興亦豪榮名眞鹿夢身世本鴻毛更隱吾無得醉鄉聊可逃

海山卷壽曾封君伉儷八十

八十鴻光健封貤龍誥新岡陵元有祝滄海本無津公豈米公是母曾金母隣流霞一萬酌一酌一生辰

慶泉丹飲見佳茗数品歸以詩索之

夙心偏愛菊吟賞醉高秋未論陶三徑眞憐汝一舟霜欺黄色艶客至爲香留乞取寒芳過茅堂伴酒甌

舟泊道士袱遊龍窟寺及報恩觀二首古牛散花俱洲名

江上北風急停舟尋勝遊寺紆三里徑雲護一仙樓寒窟龍應蟄深林鳥自幽乞詩僧洗硯寒月散花洲

千尺孤峰峻三年此度遊吹笙迎羽客攬勝上層樓水落古牛起松清雙鶴幽鐘聲出蘿竹漁火亂滄洲

富池蒙溪瑶峰酒集

舟泊富池口波揺夕照紅何知一劝至文得一尊同野逈蘼蕪白風高鸛鶴雄酣歌擊長劍寶氣已凌空

萬竹茅堂少飲

捫籐轉午蹬穿石到茅堂萬竹凝杯翠千山抱日黄試聲敲石磬探勝入奚囊白日烟雲淨飛瞬破混茫

百峰爲劉生賦 百峯劉生號也

琴台浮千里青天落百峰秀凌衡嶽上根插漢江東疊霧埋潛豹蟠松矯鬬龍降靈今生汝總角萬夫雄

咏石磬 浮金古磬名

洞口一懸石浮金亦避形苔添滋古色風擊出奇聲豈爲齊竽亂應同衛磬清廬山鐘作配千古播佳名

少泉爲張本盛秀才賦

誰謂斯泉小支流秖一涔盈科終會海潤物豈殊霖川

土朗爲嘆源頭莫漫尋古今觀水術軻也獲余心

重過劉生南塘半山洞用杜韻五首百里峯名

獨有南塘好幽奇揔可書千秋半山洞萬竹一茅廬林

容時聞鳥池清自躍魚風塵勞未了愛爾白雲居

隨世心元懶看山興不移峰嬌倉白里曲妙醉群兒吟

對十章樹魂清百頃陂野花偏嫋客爛熳點疎籬

竹裡芳堂淨斯遊憶曩時得魚親作鱠把酒遍題詩山

意忘簪組霜華付鬢絲興來即命駕於汝更何期

別比絕三月新松如許長雲歸元入洞筍出自排楷但

得從猿家直今辟稻粱君應咲塵世底事日皇皇
潦倒不嫌醉浮生誰百年看雲銷俗骨煮茗汲甘泉信有絶塵洞何須負郭田每來吟不倦吟竟意悠然

咏鷹

猛氣空凡鳥奇毛亦自文翻身掣紫電穿骨破秋雲杜詠多幽賞舗溪羡晚勲可能千百箇擊搏盡狐群

對雪獨酌用杜韻二首

富水三年雪愁催髮欲翁閭閻寒徹骨天地慘吹風爐焰麒麟赤杯翻瑪瑙紅半酣詩吟思欻覺世情空
裊裊簷前雪清吟襟首看誰能訪戴叟吾只念袁安臥

樹鳥求食依人鹿怯寒香醪敵嚴氣莫惜百杯乾

冬日富川漫述用杜韻三首

白髮慈帏律清時楚水遊苦吟無杜思索處有張愁激

烈心還赤蕭疎鬢欲秋一枝棲不厭誰謂是淹留

千里南荊國丹青失舊宮惟餘江漢水浩蕩秪翻空

曹霍雲添颯颯風乾坤蒼無色何處辨西東

落木悲孤客驚鴻起冷沙丘荒二四歲凍餒幾千家世

事浮雲去茅堂白日斜詩成多感慨忍得向人誇

有哀

北望頻回首風烟慘未開伊人胡至此今我不能哀憶

伴朱雲檻凄凉郭隗臺招魂應有作萬里爲君栽

近聞

昨者北來使傳聞恐未真九重更耳目諸子解簪紳天地元多事朝廷賴有人孤臣雙淚眼此日更沾巾

輓詩

誰爲直御史慷慨獨憐君一死更何惜千秋知有芬威元觸佞騘足本空群此日烏臺栢風聲不可聞

落日

日落江霧浮蕭索草堂幽切切隣家笛摇摇何處舟寒砧無緩響獨坐不禁愁誰有香醪在貂裘即汝投

題堂後松樹

千尺鬱蔚蒼蒼直上天蔽日光嚴冬排朔雪小斡覆蓋當衢

影龍橫蟄吟風耳入簧工師寧舍汝假寒本嚴廊

出郭

獨馬西郊外暉暉山日涼霧深江色暗風勁竹枝黃

漠還多擾衣冠荐可傷富川今日客雙鬢爲誰蒼

有客

有客來燕北新談縷縷長已知司馬相定卜宋朝康

月開天地風雲啓廟廊中堂聊一咲把酒咏明良

寄陳南安

北闕朝驂並西曹拆獄同飛纓君五馬塲嗣我孤鴻當
水渟雲處南安入夢中故人蹤底事惆悵一緘通

詠竹用杜韻

脩脩堂畔竹稚笋漸凌墻嫩翠籠烟濕清陰散夏涼鳳
毛久弗覩花實可憐香且作少陵伴新梢莫厭長

富川茅堂遣興

川上茅堂靜琴尊傍竹林百年幾遷客四海一沾襟塞
馬從渠失楚蘭時獨吟本來厭拘束索處獲初心

小至酒集次韻二首

小至杯盤集孤城晝刻長風飄雪皛皛雲漏日荒荒吾

道何消息天時有主張君看淒萬裡梅蕋故聆香
此節驚三遇吾衰感二毛日偏閒處長詩趣苦心高雪
裡潛春意尊前試嫩醪書雲臺懶上極目寸心勞

冬夜

鐘鼓罷初夜端居有所思清燈時獨語急柝爾奚悲處
世豈嫌拙成人空論遲從來不朽士起跡自顛危

種竹

課僕栽新竹休令琴影疎乘時須臘月乞種自村墟杜
甫東林補王猷佳興舒草堂觴詠靜瀟灑稱幽居

養拙

營拙富川上故人踈未踈君看三載謫誰寄一緘書關
塞虛鴻鴈江湖絶鯉魚草堂終日閉直似子雲居

紀異嘉靖廿四年十有一月壬申日夜半萬鳥喧飛過富水聲震林谷余聞之作此詩

長至前三日喧豗萬鳥來波濤天上洶甲馬夜中廻雉
雊商宗懼鵂鳴郤子哀麟經紀宋鷁物異豈無媒

憂

水旱年年歎征科處處逃流離横道路剽刼截江濤白
日群豺吼中宵萬鳥號民憂與物變短髮日蕭騷
千里蕭條甚年年生事微乾坤憂不細農圃願多違時
有星辰異民多寇盜歸安能黃杜輩立使一方肥

李氏二生來饋雙鯉

竹籠雙魚躍茅堂二妙來儀多將汝物愁破佰吾杯無復游儵洛安能起禹雷金盤飛鱠雪能掌念應灰

臈日用杜韻

臈日詩能好客邊愁欲消雪無當日片梅有接春條待罪猶荒郡寬恩自聖朝含情對江漢搔首向雲霄

雨夜聞笛用杜韻

一夜靜南隣笛凄凄巧弄聲惱人妨夢寐帶雨半分明已倚袁生妙堪悲馬援征關山正霾霧可得月華生

梦山陵

未信少陵死，居然夢裡逢。酒如平日愛，詩謂晚來工。齊名容李白，識字耻揚雄。不恨吾生後，猶能精氣通。

昔年曾一夢，未似此分明。自誌還憂詩意無，亦後名效顰。慙陋質，曠世感同聲。無限羨牆念，雞鳴感慨并。

讀何吉陽作吉陽何子沂別號也，何寄所爲詩文請益于余，余讀之有畏心焉。何曾索余作吉陽詩，久未有以復也，因寄此作

秀帙傳雲翼，茅堂對吉陽。道於今日下，楚有此人光。文踐先秦迹，詩𠦑二謝堂。大鵬眞欲賦，吾髮媿蒼蒼。

寄題翠屏寺用韵兩崖曾約遊，以事弗果

悵望翠屏寺，塵緣阻勝遊。約虛驄馬客，杯負菊花秋。白

日諸天靜青天一抹浮獨憐支遁甚蕭寥汝何憂

郭氏二子攜紅梅一幅索詩

白日山堂靜青衿二子來手攜梅一幅爛熳絳花開不數雲邊杏有憐雪裡魁歲寒裁短句春色筆端回

宿先賢寺石龍山名

寥落山中寺鐘聲靜夕陽石龍奇入座金竹短凌霄霽寒逾劇僧慵髮任長逃禪名未得愛亦白雲房

丙申元旦

三值正元旦長歌富水涯暖催寒谷鳥春動故園花髮變無須訝尊空不厭賒余居何事業如此答年華

贈李生宗川還進賢生號鉄筆

西江李鉄筆，抱術謁公卿。白下聲名久，胷中星斗明。老年愁道路，春日返鄉城。賦與吾生定，何須問五行。

越臺爲朱子賦 越臺山名，朱别號也。望海、凌雲俱臺名。

望海罷秦力，凌雲盡魏財。何如無九累，突兀接三台。形勝標南越，靈奇挺異才。登臨時載酒，不爲祭祥灾。

六言詩

秋日江村即事五首

千里蕉葭鵞鸛，四郊煙草牛羊。人向竹村沽酒，田喧金鼓逐蝗。

又

紅蓼白沙水淨，西風野樹蟬多。客思一天鴈影，夕陽幾處漁歌。

又

兩岸紛紛落葉，一江淡淡斜暉。避人鷗鷺飛去，採菱兒女歌歸。

又

天接煙波漠漠風疎蒂荻蕭蘆底事人爭喚渡昨宵雨急崩橋

又

歷歷窻前山色逢逢枕上風聲孤棹又之何處百年未了浮名

漫述四首

竊祿半生吴我封侯萬里何人叅軍豈卑尼父高官不耀蘇秦

又

多病累踈藥餌非才亦誤簪紳借問紅塵白馬何如野服綸巾

又

吟詩日能百首飲酒時可數杯未敗踈狂故態豈爲富貴良媒

又

白玉蒼蠅未損丹心黃髮難移不怨不尤最是多憂多懼奚爲

閩鄭 允璋 德卿

五言排律

初夏遊蕭園次韻

天地歸春日壺觴出郭時園林諧夙賞童冠喜相隨花竹虛堂靜烟蘿古木垂探奇豈憚遠陟峻不妨危白日消棋局青天落酒巵詩成銘翠竹纓濯弄寒漪勝境疑壺島流光惜鬢絲好山張遠畫疊籟發涼颸飄絮鷗舞晴絲綷蝶飛孤雲閒入洞返照欲依帷短楫分苔坐輕筵逐景移客來芳草閣魚躍芰荷池坐嘯輪蹄靜天

成識集奇摘花還自惜倚竹不緣疲歷覽皆如意悠悠
有所思先憂慚范訓成趣感陶詩暮暮吾歸矣他時念
在斯趍墟人絡繹喧樹鳥參差村急城將閉鞭慵馬信
遲披襟興不淺枕面暮微吹
行樂偕朋好尋芳到水涯不妨眠草徑暫得避塵沙澗
奏笙簫竹池喧鼓吹蛙青山環几席紫洞入烟霞谷口
鳴幽鳥雲邊落暮茄百篇慚斗酒七步羨才華坐列東
南美肴兼水陸嘉雅歡從倡和醉悄任欹斜勝事應難
遇村沽尚可賒玉觴休住手義旆不停車
詳植卷爲王海山老先生賦

赫赫大司寇明明總憲綱群情懸藻鑑八法屬權衡克
恤情斯得惟詳法用精翰音馳冰閑箴多尚斯良有斐
王夫子無斁國士英顧卿齊往不矜時勤勳名身荷三
朝眷胸藏數萬兵從范風寒虜膽韓將振天聲清白承先
世威儀仰後生帝心方倚毗大器重褒榮特簡輿情協
交孚德業成本兵猷素壯弼教肯非輕止辟先須辟明
刑欲措刑九章匡世典五用導民旌明勑新汙染防閑
遏亂萌調元建有極聽訟息無情不犯虛縲絏相忘樂
鑿耕一皐應帝載今代仰神京

贈金相士宗雅

金生抱相術所至動公卿老得華山談高爭衡嶽名懸河雄論好夾鏡兩眸明福壽歸吾母榮名許阿兄我慚無貴骨君取有神睛秋鶴憐同瘦寒梅擬並清玉堂疑過獎丹桂擬多榮徵證他年事留題此日情

甲午元旦十四韻

甲午正元日乾坤又一春九重端衮冕四海悉尊親日月王綱燦唐虞帝德臻雪消江漢冷髮改歲華新玉曆頒天上東風到海濱三陽回暖律萬里感孤臣躍起懷京國聯鵷憶禁宸山河懸日麗海宇轉風淳地僻文游少官貧儤娌嗔飛騰還有日流落莫傷神天亦有寒暑

人能無屈伸椒花歌頌好竹葉放眉顰簿領供時事詩
篇寫性真讒言吾道困生意動江津

贈馬撿庵十六韻

我愛馬周老十年我豸冠丹心堅石介鐵面照霜寒硎
落趦塵土飛騰振羽翰氷壺懸皎鏡砥柱屹狂瀾請劍
生何惜牽裾死不難烏臺風凜凜驄馬氣桓桓慷慨陳
時事憂勤陋素餐漢廷多涕淚梁獄倍辛酸處老著書
好東坡飽飲安吟詩富川曲濯足楚江干河洛聲華舊
嵩衡譽望寬蓋車終辯驥枳樹可淹鸞流落同今日從
容處小官歲寒見松栢交好永金蘭岐路莫悲阮斗山

胥勉韓他年老德業期不負盟壇

憂旱二十韻柬馬檢菴

炎風燎赤野旱魃逞驕陽枯樹鳩聲慘空齋客思長年荒千里莩江沸萬鱗殃渴虎窺泉澗痴龍卧水鄉兒冠虛禱請散髪欲顛狂底事甘霖絶多時火氣張天災還有自人事詎無傷似媿隨車應空思剪爪芳台星占礎潤戚戚見雲蒼賑恤籌勞晝飢寒盜可防不才叨組綬無意對杯觴萍梗嗟漂泊詩篇度景光愁深看短劍宦冷任空囊散地懷廊廟殊方戀梓桑久懸蘇雨抱安得赤霄翔流落經年久紛譁入念忘風塵同簿領竹柏共

風霜令汝[illegible]水傍憂心向誰道蹤影遂暌

荒一曲傳湘水絲音寄將

遥寄[illegible]用杜三十韻

瀟灑[illegible]水春燕鴻三改候天地一遷人薄劣懶昔[illegible]後衣巾青天横碧眼白馬倦紅塵冷龕較誰蒼深山虎豹隣揮杯時取醉吟筆日增新未敢辭泥滓焉能拔等倫慈幃頻入夢丹極遠馳神司馬還多病拔仙果後身未膺經世責頗耐守官貧鵬鶚高難附芝蘭切欲親江湖且日月鐘鼓但昏晨末俗争歆耀浮名咲認真丈夫須磊落志士忍艱辛粗糲聊充腹常羞

肯蔡琰濟書偏喜簡觴咏不嫌頻翻粲甘窮老甫求本貝臣嚴從時遣甫豹斃孰憐秦泛泛鷗相近呦呦鹿漸馴宴操秦漢上恬養富川濱曲學妨初抱幽心莫具陳賈生狂未減宣室名何因要識憂先樂無論屈後伸聖朝容拙物天意寓深仁世事看新局韶光轉疾輪樹勲思勸昂抗節擬凌岷賦與誰非命騫騰自有辰齊門輕鼓瑟渭老故研綸眼底多蕭艾人間少鳳麟鏌鋣試盤錯氷雪判蒲鈞

見邸報悼薛黃門曾侍御亡

天地悲歌裡存亡醉眼中百年都是客一死獨憐公檻

折英魂慘麟傷世道窮漫傳疑氏報感泣及兒童直筆
歸遺簡浮生付斷蓬索居留川子莫訝髮如翁

在楚三十韻

興國封疆僻蠻荒瘴癘稠方城非昔險漢水至今流毒
霧朝朝黑霾雲故故浮謫居安陋壤佐郡之殊猷采潤
傷蘭芷誅茅傍竹丘入厨無肉味饕腹有來年職廢緣
疎拙心閒絶怨尤放狂渾不減慮患未能周萍梗隨漂
泊乾坤信滯留悠悠看萬事落落度三秋敢謂公如鑑
生憎曲若鈎騂騂堪踽踏斥晏謾喧啾琬琰慙勲業犁
鋤憶畝疇國恩深未答民瘼痌難瘳或往嗟羊大人心

類獍猶化神吾敢望風俗日趨偷堂陛忘名分睚眦動劍矛邇來尤疫癘似覺豐饒柔水旱凶連歲飢寒盡一州兇頑歸寇盜賦斂逋誅求萬井晨炊息孤城夜角愁賣兒爺哭路畏賊婦登樓雲火荐焚屋窮村多住舟雪中人肴給野上竿塡溝日午豺狸出山空罔象遊衰寰貂蠹餧髮變雲毫抽借閭塵中馬何如海上鷗惻時詩句隱觸目酒杯休經濟思王覇絃歌羨子游不才慚一子寧免素餐羞

若霖入學勉示以詩

汝寄家書至方知補邑庠衣冠新氣宇俎豆舊宫墻禮

樂群英地綱常百代堂隆師非束脩會友貴文章忠孝
本前哲詩書探奧囊觀人先器識戒汝勿輕揚借問陶
家子何如孟氏郎撞樓吾敢望幹蠱易稱良白日毋虛
玩青雲合遠翔書香能播馥祖德驗流光未可離倉守
何由落汝傍裁詩示宗武淚濕少陵裳

憶若金若丹

金子頭角聳丹兒眉目清迥賓知揖讓賦性得聰明論
孟方粗誦言談似老成在家能我念戀母亦人情童限
時勤業書齋夜省繁幼冲偏憶汝眠食好隨兄別日揮
雙淚何時授一經見渠勞夢到覓句禁愁生

鄭少白詩集卷七

閩鄭　玄璋　德卿

七言律詩

寄郊祁欽三弟

天涯久矣斷鴻音南望勞勞繫遠心謝老夢中春草碧

狄公愁裡白雲深遣懷須借杯中物寫意時開案上琹

桂玉不堪供久客邇來四月之黃金

立秋風雨偶述

夢回枕上清魂雨葉落階前應候風天道北行衰火柄

尺書南去托賓鴻蕭蕭山色憐燕樹惻惻砧聲起漢宮

却憶幽風獻王業素餐秖覺愧周公

上陵感述

新秋雨露悲龍衮小相威儀媿駿奔萬里風雲龍虎踞
七陵香火古今存靈光潑潑在天地文武維維聯鷺鵷
先壠幾年荒展謁可能一疏動宸閽

十月五日對雪次韻

同雲漠漠天如暮風捲楊花處處飛穉子喧迎塩虎過
禁鍾靜放玉鴉歸堤邊寒柳未舒眼江上老梅愁放緋
多少陰崖幽澗草不知何日見春暉

次韻林見素司寇歸田留別

短疏朝投夕促裝秋風萬里別情長江山有約歸來老廊廟空煩物色忙知命哲人能去國候門稚子喜還鄉試將往事方今日綠野何如青野堂青野公居也

別胡廷用

異鄉同館已非偶況復相親若弟兄霄漢有期他日遇肺肝無惜此時傾三秋長劍催行色萬里烟雲引別情尊酒臨岐謾惆悵久要知不負平生

送張上舍歸綿州

綿州從古稱多士兩月論文惜爾才璞玉未應同瓦礫驊騮能久混駑駘黃金闕下分杯去白髮堂前咲口開

相見匆匆相別亟夢魂時遶謫仙臺

春日病起

憔悴羞看清曉鏡流光秖減少年容懷春有句招人和坐夜無燈覺我慵勿藥已瘳新歲病彈冠須趁早朝鍾青雲謾說酬初志欲線方慚負衮龍

迎駕

禮成大報翠華歸文武趨蹌迓衮衣玉宇風清春浩浩金臺塵淨雪霏霏鑾鳴鸞鳳來三島旗動龍蛇擁六飛精意格天祥福萃聖顔今日倍光輝

元旦早朝即事

紫陌雞鳴催馬蹄，曙鍾聲徹鳳樓西。一人高拱瞻依近，萬國懽呼舞蹈齊。殘雪欺春還白砌，東風放柳欲青堤。爐烟玉珮班初靜，廟祀傳宣引玉圭。

鄭少谷歸田枉詩次韻答之

如何三十齒先頹，毋乃憂腸日幾迴。杜甫詩篇多感慨，陶潛文字只歸來。半生故國林丘好，何處新亭兒女哀。欲賦閒居贈吾子，尊前時擬紫雲臺。

開堂未作百年計，抱甕聊爲此日謀。試問羊腸還駟馬，何如鷗水且扁舟。紛紛西北風沙暮，寂寂東南草木秋。留得故園三徑在，不妨元亮獨經丘。

端陽京師

光陰忽忽又端陽遊子天涯幾斷腸筆硯半生驚畫虎
東西何處覓亡羊詩筒茶鼎酬佳節蒲勺龍舟憶故鄉
雲樹蒼茫天萬里夢魂無礙到高堂

送邑簿張世弼之上海

金臺三月風沙暮拆柳都門愁客心未見窮民知賈劍
豈應終日伴鳴琴雲間財賦還多事服膺痌瘝定不禁
佐理爾能敷善政殷勤予欲領佳音

贈御醫錢孔元歸姑蘇

天上憐君拂袖歸春風萊綵戲慈幃直辭京國返鄉國

旆製荷衣更錦衣雨露苕林多世澤江湖鷗鳥遠塵[illegible]
卜陵他日虎丘曲千項雲頭共馬蹄

觀潮

錢塘之潮何處來掀天摇嶽眞雄哉不愁駭浪沮丹楫
喜得流雲凝酒杯九霄龍鬬倒南海萬里鵬飛摩上台
擬借仙槎泛河斗凌風直入黄金臺

春夜湖樓獨酌

百尺之樓千頃湖湖光涸瀁鳴鷗鳧清尊安得美人共
深夜厭聞孤雁呼惻惻寒欺酒欲散微微月入簾還疎
閑愁無計可驅遣詩句酬春聊自娛

答葉蓮峰惠龍尾硯

故人遺我蒼龍尾，錦理羅紋晝不如。靈氣毓成尤物後，神工剖斷紫雲初。鳳咮鴝眼休誇異，玉質金聲豈浪譽。擬倩良工銘歲月，報君應媿玖瑶虛。

雨後登樓西署

隔墻鞋閣池塘雨，催鴈風高天地秋。晝省一官還落落，萍蹤五載秖悠悠。樹留暮靄迷宮闕，雲散遥峰入署樓。却恠年來緣底事，夢魂無夜不南州。

壽朱綠溪宗伯八十

宗伯投閒八袠強，官家多事付人忙。沙鷗閒月緣溪艇圖史紛披書錦堂，松傲寒霜同晚節，梅飄香雪入春觴。
九峰三泖長流峙，樂壽如公總未央。

送張秋官南歸兼壽迺翁

仙郎乞養遂歸私，共羨山翁晚節奇。鶴髮喜看萊綵戲，
龍章光捧聖恩馳。虎丘花鳥供詩句，震澤波濤薦酒卮。
慈孝令儀鄉國式，芳名應並二疏垂。

臘月三日對雪次韻

凍雲釀雪暗關山，萬戶千門白氣漫。迎日簷頭銀箸拆，
立鴉枝上玉花殘。江南人卜豐年兆，塞北誰憐遠戍寒。
氷硯謾嫌呵兕穎，塵埃暫喜息長安。

底事朝來不見山乾坤黯淡雪漫漫光分月色入窗白
氣助風威催歲殘未有詩篇追大雅且憑尊酒却嚴寒
忍看凍餒塡溝瀆愧乏才猷獻治安
昨日雲迷雪壓山今朝四望更瀰漫舞空鶴訝誅翎墜
倚砌梅疑舞片殘未許天孫花並巧獨憐庭栢翠凌寒
眼前風景撩人甚不用敲推句自安

沛縣沮風登歌風臺次韻

沛水日中維短棹歌風臺上讀魏碑雲飛風起猶前日
虎息龍休感後思順應天人非偶爾矜誇父老欲奚[illegible]
却憐帝子權娛地[illegible]漫不知

劉季當年歸故沛歌風此地見殘碑威加四海非神武
法約三章慰渴思秦鹿已歸天日表楚猴安用霸王爲
謾言佐漢良平晨老董胸中却有知
臺上已無赤帝子臺前空有漢時碑强秦坐失抗儒策
猛士何勞返沛思逐鹿項亡歸曆數斬蛇嫗泣果人爲
寬仁延歷過三百肯專詩書未可知

宿武夷宮次平嵩韻

晚來值雨息長征羽客吹笙秉燭迎勝景未遊空入望
好峰無數不知名仙丹佛骨遺靈跡沙鳥嵓雲共宦情
却喜洞天容半榻一塵不到夢魂清

聞蟬

嘒嘒西風碧樹陰，幾番清切幾番沉。江亭閴寂能禁汝，節序推移忽愴心。須畏螳螂乘暮出，也應蟋蟀接秋吟。駱詩曹賦多情思，天地誰爲一賞音。

重陽潮城見菊

秋老潮城覺漸凉，却憐風景似吾鄉。黄雲壓地野禾熟，清氣熏人山桂香。籬畔參差明菊蘂，天涯寂寞過重陽。

赤水灘遣悶

風塵竹葉無緣分，役役勞予底事忙。

青迷遠岫留餘靄，白噴寒溪滚雪流。黯黯瘴雲偏羃而

移移疊石故成灘孤舟綫泝心逾急百丈横牽力更難
已借新詩排積悶還憑清醞引新懽

暮至通衢驛次韻

長樂驅馳六十里通衢列炬遠相迎可堪職曠多廢事所經郡邑多欠缺官且喜年豐暫息兵山迓旌旗收暮靄風揚鼓吹振秋聲胸中自信蹤經略閫外能無負聖明

登白鶴峰謁東坡祠次韻

宋迄于今幾百春惠州猶憶長公輪蠅汚白璧還誰玷法變青苗祗自新鶴去合峰留廟貌溪涵秋月會精神量移此地真天意要使窮荒識偉人

坡仙不逐白鶴愁天闊風高寒氣颼弔古徒增湘水感停車正值越江秋黨碑秖足表名節奸計那知貽媿羞采采江蘺心獨遠潺湲聲咽傍祠流

夫子芳名日月懸至今烱烱照山川雄文欲造馬黎地正氣難容宋室天底用西豐留寶帶虛煩玉殿賜金蓮殘碑讀罷峰頭晚獨對秋風一愴然

一壺亭爲李東渠中丞賦東渠名璋謫戍雷州寓居肇慶

渠老茅亭占數椽眼中佳致却無邊七星岩名西坳橫跬上斗三水水名東來浸碧天白髮蕭蕭能自遣丹心耿耿爲誰懸一壺消遣春長滿何地於公不泰然

蕉竹陰陰一逕斜亭前山色不妨遮薰風蓮放移蘭棹
小甕春香對菊花懶向世人談覆鹿醉來詩草點殘鴉
謫居莫道雷陽遠今古英雄淌海涯

蒼梧舟中書懷三首

孤舟桂水波濤壯十月茅烟瘴癘多地遠青天無旅雁
山空白日有妖魔幾宵客夢三山繞何日鄉書五嶺過
兒女不知風土惡隔窗嬉笑學蠻歌

蕭蕭晚色逐船來戰代堪聞寡婦哀蓋世愧非經世手
思鄉愁陟望鄉臺梅花吹落江頭白竹葉慵擎掌上杯
邊徼已承麾鉞寄微勞敢惜駑駘材

落日蒼茫野色曛歸林無數鳥群分菊香空負深秋賞
須嘯那堪此地聞寶劍光芒衝夜斗孤舟浩蕩泛江雲
羽書昨夜轅門急愁思西山冠盜群

軍門議征西山

西山斥堠起烽烟警急轅門檄屢傳擾擾犬羊真可殺
哀哀孤寡最堪憐青萍指顧狼星落白羽逍遥鳥陣堅
獨喜揔戎能節制奇勳應軼伏波前

藤江漫興

夾岸茅茨花竹幽鷗邊撒網幾漁舟生憎赤水驚神魄
頗愛藤江散客愁清韻可人鳴翡翠長梢刺眼長扶留

伏波聞有銅船在擬借揚帆恣遠遊

赤水灘

桂江之西藤江東中有赤水愁殺儂積石縱横伏牛馬奔湍噴薄過蛟龍百尋纜斷篙楫急三老覗奪風濤洶安得銅船繫鐵索瞿唐灧澦還從容

至日潯川舟中

至日潯江獨泛舟綠尊底事不銷憂秖憑詩句酬佳節安得鄉書慰僻陬畫刻乍添宮線覺年蹤漸逐海波流北堂燕喜園孫子應念天涯有遠遊

初陽潛復肇春生山意溪容入眼明百種幽懷吟裡遣

十年此日客邊迎瓦缸釀熟空浮蟻羽檄星流未息兵

更覺年來筋力異天時人事總堪驚

遊三海岩次前人韻

翠屏丹壁倚雲開萬丈嶙峋逼上台古洞谽谺多曲態

長松偃蹇總良材尋仙謾道蓬萊遠快目何須金碧堆

刻石懸無好詩句秪憑歲月紀曾來

許多奇怪難窮詰造物誰能測化工石鏡長明虛璧月

蜜房巧結倒崖蜂昌黎謾自誇盤谷勾漏何須羨葛洪

塵夢半生今日破紛紛世事眼中空

皖張可箴蘭總兵可蘭與余同事卒于師

臈月蒼梧識荷礽老成文雅將中儒盖棺東返三軍慟
推轂西征一劍孤定向雲臺參列宿秪憐瘴海失明珠
凋零後嗣休遺憾汗馬勳名自不枯

春日遊鳳凰山

小隊尋春上鳳凰鑾鄉風物轉輝光貔貅萬竈烟初靜
草木千山色漸蒼師善不勞雲鳥陣功成曾費斗升糧
伏波共説無雙績青史它年試較量

獵鳳凰山得麋

連朝山雨歇霏霏今日開明試打圍雙侵擬安懲將略
七擒如兕伏天威鎮鋣光射搀搶落組練晴熏草木輝

一陣香塵飛介馬懽呼報道獲康歸

師至新興次韻

旌旗今日駐新州大暑勤兵豈自由三月功成非我快
百年亂熄鮮民憂壯心夜拭雙龍劍清夢時飛五鳳樓
嶺海肅清吾分耳雲扶刻石亦何求雲扶山名即賊巢也

班師陽春道中聞鷓鴣感賦

曉烟淡淡日暉暉松振天風暑氣微仗鉞三時龍劍在
別家十月雁書稀踈狂自分難諧俗遜避何當早見幾

世事眼前應鮮得鷓鴣林外不須啼

讀張侍御閉關三疏感賦

武皇本意欲臨邊奚攬龍旂日月懸共喜六師尋返旆
豈知三蹕已回天乾坤有淚今偏墮堂陛牽裾古未賢
似此批鱗能不忤一時盛事却堪傳

富川至日病中

征車南北逐氛埃楚國仍逢至日來荒郡無能慚食粟
初陽有氣驗吹灰堂堂日月催光景皎皎氷霜見早梅
脾困經旬勤藥物可能對此獨啣杯

病起

伏枕兼旬戶晝扃謫居猶得簡逢迎年來似觧安恬淡
分薄那能冒寵榮曉鏡底幾回菜色寒宵展轉喜雞聲

簿書了却公家事山水琴尊足此生

春晴約友人遊山

經時不盡登山興明日擬携杯酒行野色獨佳春雨霽
飛泉亂落翠峰鳴爾能杖屨及時往余分江湖樂此生
三月風光隨處好不妨日日聽林鶯

送倪明府赴樂平

十年振鐸著賢聲浪跡相逢雙眼明富水青衿愁祖道
樂平赤子望雲旌碧舒堤柳牽離思香折江梅贈此行
百里侯邦非小寄好將三事牧群生

吳自山約遊赤壁行過不及赴賦此

淡淡村烟野色蒼，薰風送客雨增凉。孤征已度黄泥坂，
清興還飛赤壁堂。頗恠無緣山水勝，亦知未了簡書忙。
相煩爲我謝坡老，萬一重來致瓣香。

索居

索居久矣富川隅，扶病猶堪了簿書。闌裡景光如此過，
眼前荊棘未全除。愁堅杯戰恠無力，意到筆鋒還有餘。
江草芊芊回舊色，東風知不棄焦枯。

羅田道中値雨

百里驅馳山徑長，東風吹雨洗行裝。林花向客愁霏䨥，
天氣先秋薦爽凉。竹暗孤村烟火静，虎啼落日僕夫忙。

誰能一掃陰霾去放出金烏照萬方

飲沈麓村明府宅

晚衙吏散芳筵啓官燭光分玉漏長月印花陰移几席
雨催蛙鼓起池塘金華春泛濃濃艷綵筆詩題句句香
萍水論心憐沈約敢辭多病負清觴

分司雨霽夜坐

碧天淨淨雨初歇玉漏遲遲宵正長忙裡詩篇渾潦草
靜中心境自清涼竹簾光動千峰月寶鴨烟沉一篆香
檢點半生多少事未能寡過為疎狂

約麓村元月

終日勞勞成底用泥人塵事未能慶只宜脱帽移前飲
不厭挑燈夜半歸月色雲光憐此夕山鐘沙鳥送斜暉
誰能發興同看賞爛醉狂歌無是非

答麓村送石耳

三旬脾病未全瘳料理朝朝樂一瓻劇喜羅田生石耳
何勞山市覓雞頭開緘便覺清凉氣對食應忘肺腑愁
旋爲新詩附來使愧非瓊玖若爲酧

久雨戲柬譙東谷

暝雨連朝思欲迷隔林厭聽錦鳩啼赤霄底用沉沉霧
岐路空多滑滑泥入夢青山遲共訪哺雛紫燕靜雙栖

知音幸有譙東谷携酒能來興不低

同譙東谷李月峰遊清泉寺　寺有陸羽泉亭

丹崖紫洞畫圖開共訪禪林載酒來擬辨清吟酬勝賞
咲忘久戒縱深杯李膺自是千人俊譙秀元非百里才
旋汲香泉試山茗通靈更上陸公臺
風緣惟與江山厚隨處登臨興不闌野鳥野花皆有得
一丘一壑總堪觀羽觴擬醉藤蘿月衲子能供筍蕨盤
不厭清泉頻濯雪再來與爾共揚瀾

端午龍潭觀舟

繡標龍鼓競端日載酒觀舟思欲豪萬頃光涵雲氣濕

群龍酣鬬浪花高沅湘人去悲青史吊古詩成酹翠濤
世事從來多拂意蒲觴且得醉江臯

丹泉爲楊汝承太守賦

源頭混混終歸海洞口涓涓始出山已試餘波沾赤子
肯私煉鍔駐朱顏珠翻琥珀青雲濕色奪流霞白石殷
霖雨他年知不忝勲名應與傅嵓班

贈楊丹泉之京師

昔年觴序共鳴璆此日重逢感舊游政澤沛於江漢水
才華高出岳陽樓移官千里雲霄迥迴首三年日月悠
天上故人如問及爲言飄泊一虛舟

五月七日熱

鬱鬱炎蒸不啻焚，脫巾何處挹清芬。陰崖安得留冰雪，赤日愁看煉火雲。身遠管幬閒枕扇，夢凌松壑濆人群。幾時神物騰江漢，大作滂沱洗積氛。

見白髮書感二首

不堪懶散佐三刀，久矣蕭踈見二毛。勳業定誰千載後，江湖迴首五雲高。還童未得丹砂秘，却病能忘藥餌勞。經濟何緣酬聖代，只堪終日醉鄉逃。

衰鳳無勞歌楚狂，年逾四十仕猶強。不愁鏡裡霜華茁，頃願尊前玉斝香。蹤跡未離三楚去，夢魂時傍九霄翔。

乾坤眼底還多事莫惟江湖意未忘

劉蒙溪招遊道正寺病暑不能赴賦此

龍宮窈窕諸公集十里松蘿暑定無共倒花尊憐此地
獨勤藥問婉如吾賡歌不厭頻催燭燕笑何曾及向隅
業果偏梢壓刼累凌風直欲叩蓬壺

聞大同旋師

大同弗靖係安危消息眞傳喜復悲不是渠魁歸鼎鑊
肯教元帥返旌旗羽書卒歲烽聊熄輸輓中原力已疲
兵後諸城劇殘破秋高須早備胡兒

大水

富川積雨成洪水，野上驚看白浪奔。處處馬蹄妨道路，村村舟楫到柴門。汪洋秪助魚龍性，漂蕩誰憐菽麥翻。荒僻不堪多苦狀，一封誰與達天閽。

寄京中諸僚友

憶昔趨朝同躍馬，追懽暇日酒杯深。江湖雨歲孤臣淚，霄漢諸公一片心。燕塞枉多鴻便翼，楚山空有鳳凰吟。年來多病成疎棄，萬里題詩思不禁。

哀朱子文太守

霜寒鐵面肖我冠，五馬榕城暫解鞍。棠樹至今思召伯，
王褒氏昏廷齒安國范蔡兩長辭世票泊漸余尚未釁

却憶松州携手處不勝揮淚楚江干

憂旱二首

千里炎風捲地來三旬旱魃重爲災火雲不解作甘雨
田野驚鳥看飛執埃鳩鳥枝頭呼欲病蛟龍海上夢難回
閒闔眼底多愁態素食庸庸愧有臺

麥黃將歛逢淫滂苗長方耘困旱災三楚蕭條愁賦稅
幾年紛擾暗塵埃江湖意寫詩千首天地愁生日幾回
霖雨未能酬夙抱幾迴搔首望鄉臺

曬起

兀坐虛堂世慮遺日長無事獨支頤百年天地間中好

一枕羲黄分外奇破夢不嫌風送鳥催人秪恨雪侵髭

拂雲蕉葉娟娟淨興到抜來一寫詩

書懷二首

風塵十載一冠袍南北驅馳秪自勞多病豈能拋藥裏

踈才安敢望時髦年將伯玉非難覺詩媿唐人格未高

落魄經年尚狂態生涯只合問漁舠

卧病江干歲月虛明時組綬秪慚余乾坤日覺遠初抱

山水時堪慰索居閉戶書成非寂寞上天誰謂藉吹噓

江湖自遠雲霄路莫恠年來故舊踈

五月二十日喜京

十日炎蒸不可當曉來天氣稍清涼病捐未必丹砂力
愁去非緣竹葉香虛館暫閒童子扇南窗時展醉翁牀
文園消渴今何有底用仙家碧玉漿

五月薰風生嫩涼滿堦蕉葉拂雲蒼詩篇隨領各自好
朱帶迎寒總不妨擾擾蚊蠅他亦靜清清枕簟夢偏長
水崖松壑我何莫猶可啣杯覓醉鄉

牛湖洞避暑漫興 石月雪山洞中有也

千頃湖光聯洞陰洞前松桂羅蕭森無分晴雨石月朗
不問暑寒山雪深酒盞詩篇各自得井冰玉液何須尋
了無鳴鳥擾清晝秖有飛雲知此心

得林榕江書

闊別風塵僅歲餘，一緘忽至喜何如。憐吾作吏不稱意，
羨爾閑門多著書。夢裡扳櫳神渺渺，愁邊心事鬢踈踈。
九仙山接榕江水，早晚歸來共結廬。

謁甘將軍廟

將軍昔日角群雄，下瀨今看廟貌隆。千載英靈綏楚甸，
一生精力在吳宮。最憐赤壁焚曹鬼，獨惜荊州沮葛翁。
我亦升堂薦蘭芷，行人誰不仰高風。

黃鶴樓懷古

崔顥才名今古尊，我來何事更多言。興亡祇恁隨人變

風景偏銷逐客魂江漢波流還日夜楚宮烏雀自晨昏

長安迴首浮雲在徙倚詩成孰與論

獨凌黃鶴挹高寒萬壑微茫眼界寬落日荒原迷古跡

野烟芳草與誰看水雲淡淡從魚鳥風雨凄凄怨芷蘭

王氣伯圖俱寂寞凭欄祇有一長嘆

寄朱兩崖侍御

西臺諫草久稱奇近愛春遊絕妙辭似我不嫌投散地

如公豈合舍明時每憐綵杖臨崖壑擬訪青山對酒巵

落魄不堪供簿領尚能湖海共吟詩

喜董六自閩携家書至

杪春念爾閩山去首夏携書楚水廻白髮慈闈寛遠念
青雲諸弟總多才昨朝送喜勞鶯鵲今日開顔對酒杯
更愛辟兒能不懶萧窗筆硯少塵埃

卧病

經年卧病楚江濆藥裏長孤竹葉春瑣骨秪愁塵事集
疎狂不逐世情新娱情山水時招侣寫意詩篇嬾寄人
天地却驚雙鬢改江湖廻首一沾巾

寄林貞孚

去秋城舘迭相招别後音書两寂寥荒邵念余還卧病
青時憐女太逍遥分無事業標麟閣喜有詩篇對蟻瓢

暮倚江樓重廻首楚山閩嶠逈迢迢

次韻朱兩崖春遊之作十一首

晨發南溪

身世如萍水面浮芳時那可廢追遊溪南山色吟邊好
闕下封章夢裡休日月無情催素髮乾坤底事惹新愁
春林處處鳴幽鳥渡口誰橫一葉舟

翠屏寺僧妙杲索詩

歲月山中自古今東風昨又到禪林烟雲淡淡翠屏好
鹿豕綏綏芳草深塵世可能皆靜域清尊且得對遥岑
坡仙玉帶吾何有鎮爾山門只此吟

橋上再題翠屏寺

春山如畫玉流淙，佳境新詩未易降。數寺翠屏應第一，絶塵蒼隼底須雙。石橋爛熳繁花塢，山客留連費酒缸。擾擾乾坤多事在，謾將吾道付滄江。

望城山

崖老才華世所聞，一尊何日細論文。城山詩好勞遥寄，緑野春多肯少分。娱我扶衰供簿領，憐君發興爲烟雲。謾云流落非天意，暫與江湖遠世群。

郭城寺

隽□□□□□□□□□居占好山，白烏依依雙樹裡

疎鐘隱隱碧雲間春風芝傍山房畨晩留漁歸野水灣
福地肯容迯業東浮名底用羡塵寰

限韻

山中不識利名鄉啼鳥飛花自夕陽僧乞詩篇携硯至
雲拖山雨過溪涼壺觴羡爾臨芝谷早晩容余卜草堂
多病不勞勤藥物只須蕭散是良方

飲黄氏宅

茅茨水竹野人居底事能敎長者輿符酒清歌供谷鳥
堆盤細雪膾溪魚山中泮渙還憐汝世上紛譁一任渠
湖海不忘霄漢念秖緣本相未全除

再宿郭城

山寺幽奇數郭城陰陰松檜抱溪清龍宮小巧琪花遶
驄馬重來竹葉傾倚石撚髭詩欲穩飛泉鳴鳥雨初晴
最憐老衲和雲臥塵世那知有利名

題松庵

庵外長松手自栽庵門不爲俗人開雅情肯愛松花釀
秀句爭傳柱史才念我未能離簿領與渠一笑話莓苔
詩成欲寄庵前老早晚秋風送鴈來

登舟

木花冉冉綵青軍竟勝題詩兩不遠雨過山溪新漲碧

桂園野徑綠陰圍舟隨春水真如意浪借東風護作威
谷口漁樵爭嘖嘖喜看騘馬踏春歸

寄題龍岩寺

憚勞不到龍岩寺咲爾春遊未盡奇懶向洞門留好句
定能尊酒訂來期俗緣纏我須捐去此意恐僧猶未知
他日叅禪肯相引何妨雙樹共題詩

答劉蒙溪送慎言集訓 集訓敎東谷先生所著

獨憐真病在疎狂四十年來秪自傷偶讀蒙溪遺集訓
始知東谷指迷方金人三字章非短老子千言味更長
應是此書人盡得邇來漸覺少封章

久旱聞雷

林鳩叫罷天忽變暑氣蒸人不曾湯秖愛雷公催雨色可堪風伯助炎光湖波昨日看欲涸農圃三時愁轉狂江烟逐逐野雲走定有神龍何處翔

大冶縣感述

百里謾云淹將踐惠州飯足飽來拔君恩未得涓埃報民瘼其如水旱何泛梗韶光還自惜浮雲心事向誰歌倚天空有盧龍在白髮星星覺漸多

山川壇禱雨歸即得雨

下車即肅山川禱俄頃滂沱應禱來豈有誠能勞鬼享

秪緣天亦念民災伏中酷烈暑何在眼底焦枯生欲回
鳩鳥枯槔聲莫苦烟雲漠漠更鳴雷

避暑普濟寺次前人韻

蕭爽初秋山氣凉陰陰萬竹抱禪房谷幽不到侵人暑
風靜還聞供佛香花雨滿空三界淨藤蘿昏日古松長
山僧莫謂全無事也有犁鋤向築場

再遊普濟寺

不禁暑熱便來寺風殿玲瓏可納凉况有陰森萬个竹
更饒窈窕一山蒼黄庭僧散香猶裊紫洞雲深俗自忘
池藕如肪冰雪腕瑚盤時喜遠公將

伏中荅人惠瓜藕

旱氣張威熱欲狂，文園病渴未能降。玉漿石髓勞虚憶，白藕青瓜昔乍嘗。冰雪滿懷消宿暑，甘芳沁頰潤枯腸。投桃報李吾何有，三復詩篇秪自惶。

郊行見旱禾多槁

觀禾獨馬出西原，赤日炎風旱氣奔。辛苦桔槹空濟事，蕭條畎畆秪銷魂。不堪愁思催蓬鬢，忍見飢民塞郭門。眼底瘡痍難料理，素餐轉覺負君恩。

秋思

昨夜西風忽報秋，楚山底事尚淹留。鄉心擬寄雲中鴈

宦况時登江上樓殘暑未收三伏酷新詩不爲二毛憂
凄凉玉賦卿堪誦簡笑蕭蕭今古愁

縣前一山與余家鳳凰山形色宛相似感而賦

此

秪爲浮名別鳳凰此山相似感他鄉筆峰插漢當門秀
丹色盤空映樹蒼西楚兩閩疑一脉嵐烟雲磴亦相方
風塵十載成何濟對爾能忘晝錦堂

謁萬止齋祠有感并序止齋大冶人隱居赤山去縣三十里今崇虚寺即故址也從學于晦翁之門無他著作惟語錄載其問答千餘言晦翁有甚當甚善之許云

晦翁門下推豪邁語録編中見學純俎豆百年無愧色
乾坤此日有斯人赤山草木含輝耀碧漢星辰已隱淪
吾道底今多論議殘碑讀罷重傷神

喜范東石驛節山縣連日同遊普濟寺

寂寞山城恨寡儔美人何幸駐驊騮百年懷抱爲傾倒
幾處詩篇得倡酬竹寺一尊頻對雨楚江孤客正悲秋
可能日日追陪汝悵望凉雲天際流

秋日勘災遂至崇虛寺訪萬止齋讀書遺址

百折紆迴雲逕深龍宮窈窕愜幽尋赤山名山天設攤書
案白石巖泉飛奏谷琹秖爲閒闈來草野偶逢支遁話

松林直彌昔日傳經地不盡乾坤仰止心

是晚盛五峰攜酒來寺因談龜峰龍谷之勝

落日孤猿送嘯吟勘災偶爾宿東林最憐地主携尊酒旋掃山雲席竹陰吠犬鳴鷄人境遠碧岩黄葉虎蹄深半酣與爾窮幽事龍谷龜峰次第尋

冒雨至通山東兩厓

山雨不止山霧陰兩厓悵望難登臨敗垣蟋蟀向誰語落葉庭除還自吟濁酒盈尊秪寂寞美人隔水須招尋莫辭驄馬衝泥惡只恐明朝泥更深

喜兩厓見過用前韻

寂寞山城秋雨陰最憐驄馬此時臨便沽清醖對雨酌更喜新詩同我吟秋雲春夢且須置羅阜翠屏還欲尋風流似汝少在眼剪燭不妨涼夜深

兩崖爲朱侍御賦

東崖西崖高挿天秀靈不忝毓豪賢[illegible]中諫草豺狼避海内才名北斗懸峻節直看千仞上此心仰止十年前謝安未穩東山卧今日蒼生正可憐

飲兩崖宅二首

曉過溪南柱史家柴荊門巷爛開花谷風習習沙雲淨江鳥依依草閣斜尊酒不辭今日醉詩篇敢向主人誇

乾坤此會還能幾迴首風塵秪自嗟
四面青山護一家檻條墻蔓接庭花紫簫送酒不覺
白氈衝風任自斜懷向世人那得盡歌聞稚子亦能誇
溪南雲物有如此知友歸來無怨嗟

溪上望翠屏寄雨厓

輕舟下水捷於馬迴首翠屏秋可憐天地蕭條黃葉裡
江湖浩蕩白鷗前歲華冉冉催雙鬢塵世悠悠轉百年
昨日溪南看山色雨厓深處得神仙

送朱道士歸延平

東華觀裡一真人鶴氅霞冠物外身竹簡有書渾是道

藥爐無火自通神捧檄北辭丹鳳闕携琴南渡白雲津
幾時借得雙瓶水洗却浮生萬刼塵

聞鵲贈諸生赴試

擊皷吹笙侑綺筵森森玉樹總堪憐桂花自是逢秋好
禽鳥由來得氣先江上魚龍雷雨奮雲間星象璧奎聯
乾坤事業歸英妙珍重諸生各勉旃

雨

恠得秋來炎氣迸也知今日雨霏霏飛雲走霧惱人意
落葉繁枯空自悲萬里青霄姑月上一溪寒水雜蛟螭
天末鴻鴈無消息江漢停杯有所思

天游山人集二十卷（卷一至卷四）

［明］建安楊應詔撰

日本内閣文庫藏明刻本

天游山人集二十卷，明楊應詔撰。應詔字邦彦，建安人。嘗讀書武夷天游峰下，因號天游山人。明嘉靖十年（一五三一）舉於鄉，後十上春官不第。遍游燕趙齊魯間，卒業南雍。撰有閩學源流、五經辨疑、四書要義、衛道録、日史等。明儒學案有傳。

是書依文體分卷，計賦一卷、詩九卷、文十卷。書前有應詔傳記，録自閩書。應詔才華横溢，下筆不能自止，集中長文頗多。時人呼之「青蓮後身」，其行路難亦自謂「弱冠掣麒麟，白首猶道濱」，然志不得抒，擁褐山間，故集中屢言「垂老無聞」、「白首無聞」云云，觀抒懷賦、書懷二十二首，皆可見其胸中塊壘。應詔著述多佚，然於集中所存序文尚可窺知一二。如據天游日史序，知是書二卷，乃應詔自記生平言動過失以自警者。由衛道録序，知其不滿於佛氏駸盛，淆亂儒道，謂「取釋氏與吾儒不同内外體用之分者詳辨之，攟摭韓愈原道本論怪説，及吾程朱二大儒諸所雜學辨者附于後，揭聖學精微，與佛氏一片心肝玄竅，剖懸于此，庶學者將來不至有所眩惑」。

應詔嘉靖十四年從遊吕柟於南雍，服膺涇野之學。歸築道宗堂於華陽山中，祀濂溪及涇野。又終身躬行朱子之學，其滄州晦庵書院詩序謂「夢謁先生祠，見先生像曶仆，余環手從先生腋後力擁翊起而立焉，遥睇階墀下萬餘人羅拜于前」，直與孔子之久矣不復夢見周公同調。應詔反對「朱、陸同一説」，於王守仁編朱子晚年定論及其餘「異端」學術頗爲不滿，所作與傳石井書、與子德輿書、答許南華書、答鄒東廓先生書等多所論及，卷十二與章介庵辯朱陸書尤激憤，謂「朱、陸在宋爲大儒，承濂溪、二程、横渠之後，其根極領要、繼往開來者，蓋有所在。今不于其制心檢行之本原道之一者而言，而秖以其文詞訓述之緒餘道之一者而論；不以平生之定志、定守、定力爲説，而廼取其晚年區區不自滿假之談遷合謂之定論，是何誣朱、陸之甚」云云，其衛道之心，或可概見。

是書國内僅見中國國家圖書館藏殘卷。兹據以影印之全本，係日本文政年間（一八一八—一八二九）出雲守毛利高翰獻贈幕府者，明治初入藏内閣文庫，鈐有「佐伯侯毛利高標字培松藏書畫之印」。書中部分雙行小字爲刻成後剜改所致，如卷五長門行效唐初體，雙行小字「等作，寤而書于此，與詞客一噱」，當與正文大字「各令廣高唐、羽獵、長門」一體連讀。（金曉東）

天游山人集

閩書一百廿八卷布志云楊應詔字邦彥嘗讀書武夷天遊峯因號天遊山人少時從其祖杉官參祖試叩所欲為應詔言欲盡讀天下好書幹盡天下好事做天下好人年二十游庠序謁朱文公祠俯而嘆曰他日不廁豆籩非丈夫也年三十一舉于鄉十上春官不第其始上春官時魯齋山人張詩者見其文稱為司馬子長李太白復生應詔不屑也久之遍遊趙齊魯聞辛業南雍得奉常呂涇野柟之學喜其淵源有本遂師事之歸而叙道宗堂華陽山奉祀孔聖并顏曾思孟周程張朱諸賢及涇野其中揭涇野所嘗著敬靈問曰與參對年友溫陵蔡元偉亦潛心斯道者遂自泉往建相聚砥礪而他諸名士若鄒東郭守菴王龍溪錢菴荊川順之魏莊渠校章介菴袁或見而心合或聞而神往也應詔之學以寡欲正心為立本以不愧天為歸的於古今扯獻奇烈忠義慷慨之事嘘增激發夢寐見之雖沉潛深靜之意少而心懷斬豁殆亦聖門之謂狂者所著有閩學源流及困學二錄又有五經辨疑四書要義以發聖賢之旨有衛道錄以闢禪有日史以自記子德輿睦發司訓有世行

天游山人集目録

卷之一

賦

卷之二

五言古詩

從軍行七首

擁褐山中歲云暮矣晨起展篋中月録慨然嘆生因搦空長吁不覺泣下耿爾作詩二首

春日城南同友人韋齋祠晚憩屏山書院

丙辰歲十月于西鎮田穫豆

水簾洞

早春湖陽環山亭中課僮僕田種

與唐荊川別二首

環溪寺秋酌叙懷二首

濟寧溪閣

卷之三

來鶴亭　武夷水簾洞別東亭鄒翁

渡楊子由京口詣白下

游瑯琊寺

簡王遵巖

香淋寺泉上同友人夜坐次壁間龍溪緒山都峯三同志

五君詠

春日武夷次田豫陽督學蔡白石刑曹四首

春暮欲南歸夜過大史中允吳鈞泉宅宴酌叙懷二首

卷之五

卷之六

五言律詩

謁嚴陵祠二首

道金華訪陳雙山明府言懷

湖上

山中留王大僕東臺叙酌

出郭二首

夏日似樓松亭留别張星湖

新築遐觀亭白鶴山中作

觀雲池上夜坐有懷涇野呂師

白馬湖阻兵旋舟淮南旅寓簡王一山

秋日祝仁齋史大梅盛文湖馮斗山諸公過訪

大行玉巖黄子過訪留酌觀雲亭二首

由萬峯亭過一覽臺曉望

大風泛寶應湖旋舟寧國寺晚望廣陵茱萸灣西下夜泊

懷念庵子

出塞曲送郭將軍二首

九日同友人飲丹青閣晚望紫芝巖西下

丁未泉南道中山漲月海雨行紀懷二首

孟城閘寇放舟至江陽晚憇有述

贈高星士之燕臺二首

蕪城留別關西諸同志

雨夜

武夷山中

燕臺春暮畣葛新裘

己亥中秋華陽山中對月詠懷二首

春暮江上言懷

秋興四首呈渭厓東橋二公

湖上晚酌同古冲方伯南新諸子

哭大學士龍湖公二首

夜過東林同寶上人

戊午春日西竹與梅墩子覲梅對酌

卷之七

西觀餞林石樓[illegible]闕二首

雨花臺同林懋[illegible]北部

臨清閣野眺

春晚得涇野呂師書紀懷

北坪送查近川

秋晚入江郎山訪周用賓先生不遇

旅懷四首

壬辰春暮賸恩伯席上叙酌因簡馬子孟河

歌風臺

贈憲伯百川張公之滇南

悼林石樓二首

旅泊同潤溪子

寄王龍江地曹

紫騮馬

謁陳少陽先生祠

滄洲

重過虎丘寺

聖覽亭吳東蘭同陳雙山明府餞酌二首

寄從吾雷山人

濠上旅思

卷之八
七言律詩

金山寺

天目山中偶書

謁武穆祠

出郭

廣陵贈大史張玉溪之試南省

秋日由玄武湖過憑虛閣吳蕠塘北部招飲

山中留别王吉陽僉憲之桂林

壬辰古杭聞虜報三首

曉出東林如上人山房同兼山石峯衡雲三子

劉賁祠

江上別謝少崗因簡華山子

春暮王稚川司成宅宴酌留別

燕子磯次涇野呂師簡孫兼山侍御

贈蔡白石之守衡州

黄鶴樓次嚴養齋大史

丙辰南還客淮上阻兵即事二首

九仙觀懷古贈友人還關中

夜過駕部謝高泉宅有懷楊伯修侍御

蘆龍觀月夜望大江寄懷沱青門山人

登觀音巖鷲磯晚過大觀亭次喬白巖諸公詠

塵人也他日當嵥出寰界余亦自顧瞿然因

有是贈

卷之九

長安感遇八首

石笁山閣

歙州道中

華陽碧玉山堂中作會陳龍溪

閩雲中兵變

晨由武步橋東下覯御碑有述

寄何古林

七言絕句

卷之十二

書

卷之十三

序

卷之十五

記

卷之十六

記

碑

贊

卷之十九

傳

卷之二十

祭文

墓誌

前嵐游君墓誌銘

隴西彭母朱恭人墓誌銘

天游山人集卷之一

建安　楊應詔　撰

賦

九廟賦有序代宗伯費鍾石公作

明興大新禮樂

嘉靖皇上即位躬籍田幸辟雍新郊典頊者緣留都大廟災廷臣上議請復古制遂丕創九廟恢廓治執千載一時夫廟制惟周得其統漢人同堂異室之舉失禮惟甚矣自漢曁魏晉隋唐五代宋彌世共轍莫有克改作者迨我國初

高皇帝立極始樹四親廟蓋亦以世遠未及推焉耳昔
宋儒朱熹嘗謂古今天下有極大底事體天地合祭南
郊太祖不特立廟千五六百年無人整頓臣不意伏生
聖代何幸覩此竊嘗謂國家制作必假獻章以紀昔奚
斯歌路寢于魯司馬相如王延壽賦上林靈光于漢何
晏詠景福于魏李華李白頌含元明堂于唐代或有作
詞不乏人然咸軒砢至今要弗越矜曜夸詡營建瓌詭
靡關曠典其于國化紀風訓奚有焉
國家憲模文物動稽古並臣不惴輙忘駑劣故謹撰上
九廟賦一篇以風凡若干言始極其昡曜終折以今之

法軌非曰雕瓏詞翰以夸數子云耳是俾後觀者知我
聖朝一代制作亘古之盛有弗徒宮室焉已者請付史
氏其辭曰
粤皇明握金鏡而馭函寓兮爀洞嶔軼三五之登閎偉
高皇之龍奮揭旋斗極兮遂廓清海甸于胡戎文章進
七曜以騰華兮制作駃兩儀而埒崇緜十聖之緝熙兮
瑰爣觀　文皇之丕治鴻崔巍重奠寶鼎于燕劍兮殫
神京拓四海而虜功超皇儀帝槼其熿熀兮恉廟制曷
未宏以邃古雄圖懿軌緊天貽我　哲辟兮肇霑釀一
十四載嘉靖之淳熙矢神道以敷乂兮普天衢而元亨

葺仁義以建居兮方締道德㡿與之爲朋整禮園而修
樂圃兮典章法紀愜𠜂掉揚無細弗張于是鏡古範而
徵矩典樹清廟而設玄堂黝垩撑錯崛岉燐亂兮肖象
㡿圓方駕六典兮横九陽峻矍嵬揉河馭嶽兮景模倪
欲軼夫星斗鍔昭穆之𦐸分兮闢列廟而爲九規天地
以作基兮刹日月以爲牖世室聯延文武于東西兮重
屋抱陰陽以棼綷桔㰌𤼵骩上擬紫宮列纏兮儐匀陳
抵繚于尾箕之墟正殿岌嶪以中歸兮亢玄寢峻穾以
擁搕朱甍巖闕㴊總總其相轠轤兮灌𣤰罘罳魚翹而
鳥奮吁呼鑠哉偉乎九廟之巉嵯嶙峋坱㪘瑰嶮巇倬

詭兮其讋人也眇綾緭以嶸聳廓巇嵲而紛糅掉岧岧
而造天旁晻歙而欝霄高門嶄閌雲藿兮椽牛鼎剴劇
以紆矯崇牖四植而爭奮兮慓都宫棧齴以環據前奉
天之崎峴兮左神監之崔巍妥祖考于遐靈兮佶嵬嵬
噫寓宙虖神威羌大厦之虩虩兮嶄煙炎而波詭巇嵓
景以突兀兮勢欲熉而復飛雙闕嶻嶻而角兢兮西東
朕唐堂之脩衢猣十二通閉以谽閉兮雲閣㟧磼佹旻
衍虖八隅秧振杈枒喻虖神闔霅兮陽張傑傂離樓倬
虖如跂泬泬溶溶廟垣瀜淪嵒兮其絪緼狀若河靈兮
㠑太華而下龍門駣兮櫳梠以磐礲兮又蹻若巨鼇出

九淵而駕蓬丘楗楊馬而顛筱兮漩碚瀧以櫛窋翯虖
鱗差縱横絡繹紅采流延四戸兮八窻五闈兮九室鄧
林碕嶄以居楹兮方壺嵬揭以爲礩鎬璧欻烱聯以級
氷兮重簷恍軒巉而亘日青瑣丹犀白盛離離桀矱之
設上憲嵴墩兮經緯倬宏敞冠越虖周制雄碑吮星漢
以岋峨石趺伏龜螭而膠盭迤左墄右平而相燭兮訬
一望前堂後寢之汗漫泪彼旋室與傾宫兮鴻洞非羞
祀之靈所瑰弗盡其雄狀爾廼度城洫量廣輪模準水
梟巧奪天工嵌端門之金狄亘懸梁之飛龍曲枅黝窣
其倒景反宇蹇巘以騰空鏤檻逶蜷虖夯蚳兮楯軒婁

崛于宛虹楊玉扉而歷金鋪兮儵俛窈窕而陟龍從閈
崿嵫崟綺艸輪囷隨木貢形猿狖暴上榮而頹類兮靈
圄蹇西清以嫺窣崛宗祐巃其特起兮抗隋珠之瓏玲
崚巍壇之高衍兮矆儵㻒之逶迤窅奉先別殿之駊騀
兮仰中閭侁倒揭瑤光與玉繩排守祧而奠登兮怵石
函以聳兢躋蹬道之縈紆兮又巔巇而不可升瞰彤庭
之倘儻兮凜祖考之如在堂磈嵬而巀嶭兮神洋洋其
晻曖丹雘漾滄海之湯湯兮層闕西睨太行而却峙標
以盧龍兮鐔以碣石芬西山玉泉之前後拱帶兮背直
掎居庸南控虖河濟緬青陽總章其嶱峴兮鎬瀥瀁騎

鴻圖于億古矐謹身鎮極磦以凌霄兮沓不周特盪烜聳夫八埏頫檽椽其戢犇陂狎兮吾不知神劃鬼造廼若此屹流欄采拱虡電激耿金龍鐵鳳兮其雲連巖牖䟽繚宣其洞豁兮漩室查篠其嫕娟棼金釭之銜璧兮瓶玉樹之夾丣般垂王爾之徒荃抑何巧兮經始不日角麗闢妍河伯貢梅棵而蹇産兮海神鞭文石以躨跜日月吐沒于層櫨兮星霓反廻堞乎棼楣躡闉闕而翹觀兮既胙階而却倚披熵蕭之葱鬱兮目眩轉恍不識其東西洪鍾趪趪而嚚齬兮猛簴仡㨗獸以儷陳雙璧綴機衡于渾象兮倬敲寶鼎虡而擷玕琳爾其太廟巍

靡海峙山巉左昭右穆環拱而南俠六尸之威神滈二
祧之韡煌覌靈宫之嵏嶒兮崪虖若列宿棊晋于周天
攏三垣雲縹濁神嶽以閃炫兮東長庚而西啓明儼大
微起乎中央路寢峻翿以峴嵲兮夾室屹對立其高驤
粲北極之崧峪兮邅黄道之鏘鏘巍乎聖祖與神宗而
巖聳兮營鎮嵩嶒絞虖豐勲與茂烈頵掀乾以顛神兮
羌刮日而吮月神偓佺物采其碭駭寰厦駁聲靈于聳
峌高廟鑠駮犖億代以不遷兮豈群宗煥七世虖其可
觀德文謨標潰爛雲藻之昭回兮又何武威嵥嶻攢嫂
碣而虓立天揩鋪王道于砥平兮蹏尞歘靄國風虖清

謚羲農堯禹鷟晃衮裳爍霍圭璋倏曶一堂明明翼翼
暈皇容而翊神極砦碧嶙若覬三辟于殷宗兮靇雱霸
失漢之七制藻井繂疏雕卷龍桷典章璘瑞埵墕滲淚
文物閃錯爾其彪炳虖今古哤聒虖扶輿危壚崛慱山
以磐礴兮鄭咲肹梡巖以上嘘溶瑚璉豆硎而陁列兮
塊駢田間綵緻與璠璵巵朱千金戚之璀璨兮凒凒莞
筵玉几膠以相爚驕蘭謨譎瓌嚇人心膽兮奔斐緎侊
若陟大乙之玄居辟中門其巖綉陰肅肅兮環以神荼
與鬱壘凜蚩尤帶干將其拱護兮颷鞭鐍往而扶蘷魖
雰出尊反玷之否碕兮文磐若石蛟抱首于兩楹泓梳

屏之栟栟而碣硞兮何赤鳳軒揭以捎雲天窓戮流景以反㬫兮網戶亢朱綴而綺分長廊蹇象輿其轢幅夾廡礫旟旎夭矯而崢嶸靈淵迤澗東控玉河文華武英颺葩頷嗷闉閣欐桅荷蕖交植紫翠鱗鱗攢鼎蕣之嵯峨兮湛珊瑚之叢生虬螭蟠纍席于西廂兮雕虎攫黃目虖東序翠氣鎚浮巒而蓊蘢兮靈光曷蜈蜥飛抑以騰據瓊樓西邇玉鳳而軼翔兮罔觚稜金爵以神閃左玄宧而右赤熛兮前魏闕而後觀門蹇玉橋翶軋其跳蹧兮磋天壽其嶙峋徒倚後寢則遺矚乾清與坤寧啓祥新爍斜界脉垣髹形互呈圭璧徊獵宛若崑崙譎先

王之宗器鴻駢纚以統兮華蓋森森以下覆兮晃眷款
月出衣冠之所會巖廷鬱鬱其□□雷雨翽棼迷而滂
沛邑以日月之靈沼裒以萬年之喬檜于是周流四極
兮曆瞻虖群堂俛仰瞪盻兮陟降周章覿靈主兮棲棲
燦黼紱之煌煌其時類月饗春礿冬烝則又有河間東
平左右親王謇夫巖廊柱石之倫惟悛汗馬之臣英風
桓桓嶄立其傍肩伊呂跨禼夔冠雲臺炳麟閣魁昂儁
特樹鴻勳鐫太常矯鸞騰而鵠峙𢿎若寧河東甌開平
岐陽黔寧中山寧國武烈翊中興黼王度勒山海轟乾
坤峻磊砢補天之傑赫赫虖其匡時之良瑰佐命于列

聖昱匹饗于大烝雄華扁以霞駮弗巍碣其龍鱗繽玉筚鐵券于後先樛䉬朗耿烈以靈炳于是乎王秋孟月斗柄朝羲天子方羞殷典于時薦創大禮虖告成則使祝融掌火虖招拒司金建奔星之流旃兮崴迥天之巍冠六玄蚪之法駕兮佩蒼龍之純精檄欃槍虖以絜寓勅蓐收使粢盛肴樂胥薦明禋檄八簋絜三犧灌玄瓚邁膟膋禘繭栗樂雲和戛孤竹鼓大武之漻旬兮張鈞天而舞韶箾洞洞屬屬左應鼓而右華旗兮披河圖與夷玉金根銅匜山罍鷄彝翬飛跂列昂首翹翼揮祝蝦是胞翟飛廉雜遝以往來兮讋百神而嚴百辟于是慶

斯干之攸寧兮歌清廟之繹繹盤纍軒煬于重雲兮庭
燎閃于飛陛神宮烜百堵之熒熿兮趯騂駱閎一祖八
帝之威靈殷殷軫水木本原于孝思兮謇曷徒夸宮室
兮雄崴以鹿詭駃露盤之嶕嶢吸瀣氣之清澄瞷雕縷
之綷縩覽列祖之典刑仰鰲極之創統思金甌之守成
憬高廟之革天創元兮羌欲拓其撥亂之偉圖殫大宗
赫其薄伐兮逴抓掃龍堆虎谷之醜虜緬洪武中八法
六典胡整肅兮光芒芒聿炳國容于象闕旻羽林貔貅
之不驚兮趫忼慨張皇虜六軍懲巳巳土木之卒變兮
則思克戒履霜堅水于閹豎懷冲冲端拱于齋居兮凜

九朝德楧之可即曷漢庶寧藩作梗于宣廟武皇兮方
張欲振江漢以朝宗恥天子之巖巖穆清兮行取式孝
皇虖垂衣裳而天下乂轙帝驟皇馳于天寓兮爰鏡祖
功宗德虖世室揹雷揹而奮電鞭兮羌方悉滲之以夔
龍剡流砰礚猶海爗而山琿兮譬三年祫而五年禘蕭
鼓稠叕鬱灕芭瀿穆穆皇皇沖瀉虖無疆爾廼拂旋虖
須祗之囿兮翺偈虖錫嘏之堂事竟功弘戩穀泌溶鳥
獸蹌蹌甘露零兮集塏壇羲和舞兮浹帝旁威鳳翩躚
兮焱感黃龍雷鼓填填兮瑞重重巫咸降兮開天宮端
冕顒昂掩大庭轢黃虞丕曠古之侂觀兮峩樛煜以景

章軌同堂而異室欻蛾蠓以蝸角又何有虖趙宋兮漢
唐于是東埸蟠木西薄崦嵫北暢天墟南炫朱崖爛爛
暟暟干羽盎兮群臣和日月慶兮萬國來而上猶惕厲
弗已策治圖道方欲搆巍闕于莽良之野秩元祀虖灝
天之臺訊大塊以端居兮令渾沌以巧裁萃精誠乎玄
默祇祖考于心齋廼復抨天姥虖呈圖風后虖練日箇
老成以爲榱楝兮獵賢俊以爲砥石陳法度以爲茅茨
兮廓典模其垣壁壘長城于窮邊兮扃將帥北門之鎖
鑰慨言路壅闕啓以窒吾民聰兮誕洞開晃旒于閶闔
擣和風廾雨爲犧醢兮縈景星慶雲以爲環崿諫臣以

峻吾紀綱兮塹左右侍幸其天闕詔四靈以登歌兮則
直叱陰陽以視史柄四時徙五行爲饋祀兮蹇甄天下
禮義以爲組國生靈之命于華胥闢乾坤之户以嶙峴
萬寶禠麗群后穰穰化兮和氣浹德兮景風翔灌醴泉
虖玄圃燎朱草于中唐菲服御朒農桑汨節用以反本
兮復卑宫而頹墉登和平兮熠八荒搴蒼昊之純嘏兮
據鴻濛之寶岕遷乎方霙帝王祖考于神明之囿兮嶅
末渕斯世鴻皡而豐寧頌曰譽虖清廟欽魂块儻諶巊
嵲兮層宫巇列閎犖岩嵎卓配天兮巃嵸壞旭曠古以
來所未有兮祖武相繩駿惠宣哲晃前烈兮鎬鑣麗鴻

洞衍帝極神所棲兮熛潫龍文肸蠁豐融何爣爣兮於鑠宏圖瑞我皇明子子孫孫振振永世無極兮

懷親賦

正德巳巳余從大父遠宦于廣于時母没詔年甫九齡云洎壯游太學淹旅白下余父復没于家痛哉骨肉零落阻絶每一興思憯怛不止作懷親賦

皇天之不佑命兮何余生之多梗幼俛仰而靡怙兮蹇獨煢煢其坎壈中慌惚侘傺以自訟兮耿不知余之所愆焉飄風雰颲其傷人兮羌欲援靈氣以爲質抱箕裘

以紆悒兮閶庭闈而偃竚覔營營申旦而不寐兮心鬱結其誰語嗟民莫不穀孰無所天兮余獨罹此愍凶衷繹繹徑天地前度兮浩不知所從朝擥江蘺于南陔兮恨不纕申椒以自媚焉時與事之不然兮志紆軫而横潰憑高閔大丘之莽莽兮逴一望黄虞之淪黯感今歔昔余貿何知兮惛[illegible]若而盡傷進不能抗閶闔抒忠兮退又不能返吾初服中悶瞀以自苦兮情鬱菀而焉白漂風木飈空而憒憒兮眴忍撫荷衣兮大息怲余欲[illegible]膺攄行安之兮旣鴻鵠何一舉而高厲朝捫晨星以惜誦兮暮攬木蘭而鬱增思悄悄畦結而不可解兮憂愁

愆欲遐舉吾不能吾誠知董道不及古之人兮余願遵
前脩以遐邁世不吾知其亦已兮塊獨徬徨虖江介哭
哀哀而罷社兮蹇何爲虖履石過大儀而叩天閽兮愍
白榆之歷歷造句始指九天爲正兮詔巫咸而下之寃
鬱鬱涸瀁而四征兮何杳渺之不可期景刻木以展思
兮閔阜魚而憤慟與古昔而皆然兮焉又恂余情于涸
轍居戚戚曶隱隣還顧兮將往觀于四荒聲瞶瞶而無
聞兮心怛憯之求傷憑降割愍家之不造兮紛既離此
荼毒靡玄冥告余以處兮啄鳴鳩于前路衆嫮沓以媮
樂兮敝孰察余之優優恐芳草或先殞于霜露兮悼獨

立而寡仇雜韋弦以自紉兮聊步余馬虖方林窅冥冥
又若歲兮哀余生之無成憍夫好脩以爲常兮生豈不
欲羞社衡與芳芷騏驥委世不御兮余又焉能忍與此
終古紛緬昔儃佪迷子之洲兮吾每望玄雲焉掩潒握
翹虹而降觀兮夫又何愁與愁而相值蘇蓼莪以充禕
兮精瓊靡以爲粮車已軫中道其擢兮緊雖欲百毀夫
身亦何贖陟彼岵而週流兮蜷考亭而却睨森閬廣東
吳瀆灢邈兮焉歲冉冉而余去三江風飇湧以浩波兮
睎五嶺而墮悲心憭悷惘惘其未能釋兮孰今是而昨
非夫古人不以三公易吾志兮歙余尚求一養之未得

彼反哺跪乳者亦何情兮耿彌年世路而愁懺朝余蹠
天湖石巒兮夕復迤邐于鶴林忳狐兎躑躅而惜人兮
何虎豹哀號而慄闇重曰隱天地之無盡兮奔人生幾
何時謇親恩曷其極兮孰終身而慕之跪重華五十尚
蹇悴兮焉余生之黙黙曰繼志達孝有先軌兮惘何脩
違可奉虖徃則揭元龜以作猷兮竊指十極以自陳駟
瑤象以爲輿兮揖飄風與上征愍梧楸而籲呼兮哀昊
穹之莫余聞慾寓宙而眇觀兮願績行而遐踔朝夕凜
槼矱以自將兮恐脩名之不立馮孤憤之謂何兮一愴
惶而軫臆

天湖山賦

覽無諸之泱漭兮朝余將陟于大荒蹠紫巖而西騖兮羌又聿蹇傲虖湖山之陽洲沿紆而澗迤兮遡迴蹊虖直上坌炎陽湧而屏立兮觸靈峰而互巉巋郁郁割陰陽以昏曉兮塊崒嵬奔騰乎衆皺排晨光陰泉而礐礐兮何巖竅谾呀以砑鍧詭崴嵔卓犖南紀兮儼雲霧以騈環紛鐵獅白鶴旁余逝兮吾又胡有虖群巒亘坤輿擎半岫以戴穹兮直追肩吾以翹躡梵翔鳶舞鳳萬態其可盡兮何崕亭壘壘其巉列晻陽陵以幽討兮儵却月窟而東轉龔層陰之清涼兮般巖華雜而烱炫超連

蜷抵洞宮而息靈兮逝依風穴乎偃佇山崇高而擱天兮下留幽晦而多雨雙虹溢濞以倒海兮蹻一望琳宮龍池之澶漫日月夾澗以璧光兮雲影霏霏而下上拊花塘石鼓以颺歌兮綣余方闢陵陽于一息何谷風颼颼而戟人兮湛怪巖稜稜而吮日入紫芝余儃佪兮旦余將吸虗擥英迤王橋欵逿躅而幽思兮曷以一暢吾之高情前武夷嶢嶢而南峙兮淹窔兀靈囿虗出沒瑋晦庵隱屏之瑰磊兮濵千載孰神交于緲邈聊太行遺雲而翹想兮吾嘗悼虗梁公棼石床虹馭之畢閃兮焉蓬壺欲往而不可從嶃浮屠蟉虬而櫂詭兮珠樹嶒嶝

而揩蠱揚金策迤松磴以翺飛兮翮玄鶴啓香林于前
路遵大墳以周流兮聊衡皐以縱橫搴蓮華之綷縩兮
吸灝氣之清澄景章亥之高騖兮軼靈運之遠遊騰鸞
鳥辟風徃來兮溘梢冝極虖余上浮身嵬崔憑石臺遠
睎兮褰磬觀于閩越鬱喬喬追泰華直迅兮吾又何嵩
與衡之不可陟紛古今賢愚軌不一兮誰獨處乎山中
踔石泓以永喟兮曰塊一覽天地之無窮撫玄丘于遽
古兮馭飛雲于懸閣跋梅巖而掬三秀兮固逍遥以婾
樂戛高山流水于期牙兮憫丘中之素琴澗石瀨瀧瀧
聒吾耳兮蓊巖木穰穰而嘯禽登九霞之禪塔兮既覞

羽殿兵燹以忼慨焉山精木魅而號雨兮又神奔而鬼
怪憑高訝培塿弗弗以騰穹兮昱金光之閃目俯玄珠
于仞之赤水兮頓清奭谿而同域騐瑞巖而娛懷兮吾
將招梅僊郭姥以洋洋泊玄湖濯余纓兮渭又若泛虖
沅湘辛夷杜若杈枒汀浦兮芬相對余以競媚山閒閒
豸漠其無徒兮兀麋鹿起而聚談龍蛇澤其介鱗兮艸
木熿其文章猣蛟潭之迴飈兮儵復逴西庵于絶島尹
菖蒲九節而巖攢兮浩欲旁探仙踪之淵錯罔靈景六
六搌不可紀兮余固愛此山情好以莫展恠伯夷商歌
一去不返兮吾獨何爲虖偃蹇朝覿吾親余不可見兮

余祖塋側其旁麓　夕又叫閶闔吾不能憂滯滯觸玄境以沓衷兮詔豐隆前道而曷從端林居之靜養兮亦哲人之所逃彼蒼黎之暫悴兮吾亦何庸釋于衷抱噂風雲翩于天寓兮攀星宿卧于巖嶅壯大鵬九萬之逵晞兮蜷又忍恬鷦鷯于一椒上崢嶸列決兮下磐跌虖鼇極焉遊雲野馬之高馳兮奮濤水聚而相擊撥虎豹之幽宮兮悲巢居者之抗迹重曰嗽寒清于層巒兮聊吾駕以繾綣彼世方厭高而樂下兮其清濁兮余亦何以辨採蒙泉以息養兮蹇黔黿而遁逸渾萬象于同觀兮又何榮瘁之異植勒神龍以并節兮顛擘瓊華以矯靈渺山川

動靜之相涵兮眇仁智者其焉好超無為于泰初兮邁古哲而含情

抒懷賦

方伯雍里顧公來建訪余山中從容談道余因與游至歸宗作此以別

伊季夏之赫炎兮渭河水陵陽而灑潏巖崚礧而錯紆兮天氣雲谿而澄曭北斗招搖雲漢兮三垣迤列鈇以耀靈紛蒼龍白虎之騰踔兮偉先生儵喬迅而南征拜陽侯祝融以揚檝兮飭豐隆虖啓行驂太乙之象輿兮樹雄虹之華旌班藻繂而低昂兮騎連蜷豫章以膠葛

世泆汩趯趄而刺巚兮焉超夷而逴軌嘉泰道皇運之
罷鴻兮熛震祥飍騰光而爌煜玄蚪赤羽棼礇沗天逵
兮羌孰閔忠而效志古云賢哲者其殿邦兮天蹇植此
嫮節犖巉吸其區之精醇兮瑩璘瑞虎丘之瑰特龔珩
統玉璆于崑墟兮蟜傲譽傑于典墳裒粹古神謐于姖
孔兮鎬又何有虖機雲佩琬琰繽紛其繁飾兮矯箘簵
以瑱纕排大微瞰金鏡于帝閽兮嵬獨狃日月以并衡
朝鳴磬于龜皃兮夕扙鉞于河濡彼雄虺九首而跳梁
兮夫孰敢鴟張而伺余憋青衿之挑逵兮誕棫樸之鴻
化搴日觀珠樹之三英兮直驅儒墨而頓軫衆嘍蹀而

慢慆兮超靈媷而翯立陑呷嘎之僑婁兮諶汋約橥嬳
以自潔群荼毒爲吾民弇兮焉廼解虖三面之網戲豺
狼白日啖于都肆兮曷鷹鸇從而下上朘血膏以肉魚
兮轟鼓鍾以媮樂欷賢邪雜揉不同位兮喟憑膺而扼
腕叩閶闔遡重華而白行兮吾焉得從先生而遠翔瑋
黃鵠厲而高舉兮嗸一睹天地兮圜方惟古今德爲不
朽兮駟玉軑蟬嫣于江皐猗鄱湖而儃佪兮騎白鹿而
容鶩嶄伊川廉陼其巀嵲兮吾願遄承風虖遺則撫麟
符銅柱之硯砢兮爀燒敞八鴻之耿烈董鵜鳩之憲度
兮屹中甫之榦衡荃瑤琨于縣圃兮蟉朱草而掞天庭

風神彯電掣其碭駭兮召滃陽春于南土相觀民生何
多艱兮訾皇天特降玆碩輔緬傅巖昔起而相殷兮渭
水亦起而載周左雨師右雷公而進鶩兮騰褱夏而剗
流披金狄之琳琅兮焉駢豗虖夔龍時暖䟴而黕黕兮
疇獨論嫵闟以競容鞬皇輿之倥偬兮遻將蒐龍圖于
西極鋋貐狂揹夔魖于玄漠兮凛寒門之異異蕭蓐收
以清閒縱兮前文昌以奔屬等召伯于江沱兮佇阿衡
于帝域亂曰玄蓮湏洞時颼戾兮狐鼠翺舞罷馬騰兮
鸞皇高飛吾道安之兮彙法鍔紀賴賢聖兮黃虞大庭
豈淑季末可返兮江濤縈瀵狂瀾焉屹兮火龍清廟世

所欽燿兮黄鍾九鼎吁先生緊國砥礪兮

天游山人集卷之一

天游山人集卷之二

建安　楊應詔　撰

五言古詩

山中對酒放歌二首

天道無恒好、美物偶一奇、賢者或怛中、庸俗乆余欺、所以黔婁子、没齒甘蒿藜、公卿滿北邙、死没誰復知、偶得盈觴酒、且爾懽相持、相持不作飲、但與世咲之、

世事茫茫爾、誰辨濁與清、野狐解人拜、梟鳥下地行、古來憤世士、群夢而獨醒、尼父欲蹈海、伯陽去西溟、首陽甘餓亡、夷叔豈不仁、對酒且勿言、聊以慰我情、

黄五

從軍行七首

陰陰塞門道颯颯天雨霜徵兵未滿萬曷云多死傷旄頭獵火曜胡騎精且彊鳴笳慘龍城疊鼓亂天山折衝豈無人籌策愧不良排營赴武川彎弓射賢王心知且一死血戰何可當成功報我君捐軀爲國殤

疊疊東山役傷哉雨雪歌簡書豈不嚴王事當如何是時苦寒月胡騎屢經過疾風蹴驚沙衝冰墮層阿天子按劍怒三軍何敢譁啣枚向狼山負羽復交河王師古有言殺戮豈在多

朝渡魚陽津暮宿盧龍墩烈風何瀟瀟但見胡馬奔洗

馬長城窟窟乾遺鏃存下有烏鳶啼上有征人蒐長號
去里閭灑涕登鴈門丈夫蹈國憂一死焉足論
六師屯廣武五校出雲中憤身誓殺敵何况羌與戎軍
中異消息苦樂莫與同旃裘穨朔霜戈甲鳴胡風虜滅
兵即休虜强戰未終揮鉦促夜裝解柝奔曉虹將隶先
登麾豈敢泣途窮
去年戰皐蘭今年戰河綏親戚送我行誰復立踟躕轅
門鼓角哀胡虜安可虞受命遠從征何念妻與孥荷戟
去廣都王事急在途生當封侯歸死當終告誰
河西戍五郡君王欲開邊羽檄馳居庸烽火諠甘泉棄

絶父母去何時復來還即戎有勝筭倉卒多變捐刀斗
日夜鳴砦壘朝戒嚴男兒有勇畧所志豈燕然行行陰
山道淚下不能言

薊門饒殺氣虜騎奔寒雲分兵救朔方六關望我軍時
危邊計非豺虎誰其群士卒瘁且勞主帥寧盡聞出師
貴以律勝敗安可云君看衛霍將累戰獨高勲

擁褐山中歲云暮矣晨起展篋中日録嘅喨平
生因搁空長吁不覺泣下耿爾作詩二首

運生會有分榮悴理相乘淒淒田園中抱膝竊自憫三
十學已就五十名不成俛仰亦何吁自古多此人榮期

行帶索卒歲老道濱、柴桑朝乞食、擁褐恒苦吟、念此誠
固窮、古道良所欽、丈夫非遠志、死没當誰陳、
鴟梟嗜腐鼠、鳳鸞恒苦饑、清恩隨性然、達生亦自奇、千
秋萬歲名、余亦焉所知、尚父秉黄鉞、寧憶棘津時、申公
老蒲輪、白首猶抗辭、時來揮風雲、時屈甘蒿藜、婗婗復
遑遑、但爲世所悲、不見古昔賢、扼腕何涕洟、

春日城南同友人韋齋祠晚憩屏山書院

開春偶寡營、晨游或溪干、吾老將何之、山風吹我寒、書
院迤村墟、彷佛昔賢談、遺風欣禮樂、此老豈楊韓、瀟颯
六經夢、徘徊八卦壇、谿毛塞人心、石瀨猶幽潺、隔溪有

黄五

荷蕢伐木聲珊珊，狂歌且復去，日暮下滄浪。

丙辰歲十月中于西鎮田穫豆

途窮惟守拙，吾道但自欽。釋策還郊原，徬徨何苦吟。田作欣有獲，陶然幸冬成。飄飄向遠村，迢迢過西林。隴頭豆正黄，萁落葉如金。尚想南山篇，放曠敢自任。山中飽歲寒，日與風露并。四體豈不勞，苦節士所貞。禾埸稼穡登，斗酒聚比隣。道逢荷篠子，相與話殷勤。彼哉晋楚富，何足動吾心。

水簾洞

丙辰夏余辟兵濠上，旅困，憇水簾洞，道者云

舊洞已没水中因晚過采和祠𫛛望迤洞口西瞰莊子釣臺久之見歸雲與鯈魚出遊風與翩翩在目頓忘其倦也因爾有述

作客三十載、無日不夷猶、晚途備苦艱、況復旌甲稠、炎蒸復刮人、賴此林壑幽、欲募鍾期碑、來共采和遊、遑遑岐路間、悒悒懷前脩、白雲亦何心、千載爲我留、浮蹤恨不羈、旅計恒寡謀、西望蒙莊臺、可以澹消憂、落日慌自迷、失路誰相儔、蝴蝶春栩栩、鯈魚意悠悠、我懷良未紓、鬱蹇亦何投、

早春湖陽環山亭中課僮僕田種

閒居事耕稼，衣食仗自充。毋言筋骨勞，田野亦我衷。心志不獲紓，聊且計歲功。披簑沭朝雨，春作喜來同。負痾隴頭坐，相對有隣翁。村醪偶然熟，携我向田中。依依話桑麻，逐逐憂鴈鴻。荷耒復歸來，所願但年豐。世事靡所嘆，吾無學老農。

與唐荆川别二首

玄風久不作，吾道日以陵。茫茫天寓中，誰復識其眞。出門望八荒，世路梗我襟。背氣棼垢氛，道心猶未澄。邂逅高賢祠，欽此平生親。璵璠亮明暉，何以展慇懃。人生殊參商，義合靡比隣。君猶雲中鴻，余若川上萍。去去欽寤

間彷彿見古人、因君發深衷、日暮欲誰陳、

大化耿終古、履運恒慨然、營已奮前脩、撊心屬暮年、窮通靡所慮、逐逐何物牽、彌年向江湖、所志誠足憐、吾儕有眞訣、服食豈神仙、平生企高風、獨立羲皇前、君今棄雲鶴、倏忽八表還、顧我蓬室中、仰視煌煌天、野馬隨我游、麋鹿與我旋、漂零信蓬轉、道在復何言、

環溪寺秋酌叙懷二首 有引

余暇日同少崗天湖梅墩三子飲建城西積福庵寺酬游倦甚因出倚寺門與碧潭上人眺望時久雨初霽見兩溪虹然來自天稷過

其下而寺當吾郡東西衝俯視衆峯萬有嶫
嶫群負奇衒郁溪上䞇亘若來與吾人相嬉
遨徼逐者余不覺延佇久之顧少嵩子曰玆
寺以溪勝迺以積福名俗矣余與二三子環
溪而遊倚溪而嘯抑不知昔人曾有若余儕
到此者乎請更名之曰環溪寺可耶衆唏以
爲然謂余知言余遂感而賦之并以貽上人
蘊箎笥使他日有刻石溪側者將與兩溪黄
華白鶴相不朽焉

性拙不適俗，鬱鬱在田園。揭來三十年，誤落塵網間。負

策、遠遊遨、聊復適名山、白鳥川上飛、對此情歡然、倚錫

野雲飄、感事涕潺湲、綠樹知余心、谿鹿與我旋、時來賴

濁醪、還復開愁顔、世難紛纓人、㫚㫚鬓已班、爾年苦羈

旅、北上又南還、置之且勿念、聊寄餘生閒、

端居謝煩囂、志意薄太清、浮蹤局江湖、半百不自寧、世

短意恒多、恥與塵俗并、偶兹揭良朋、懽咲清谿潯、廻薄

萬古山、開我萬古心、是時秋寓濶、蘋蓼盡溪横、玄鶴時

一嘷、沙蜮或攫人、怪來百事非、感嘆中心驚、凝凝營目

前、踥踥終垂聲、縱浪似不羈、棲遲豈無成、白雲憺相對、

去去有餘情、

濟寧溪閣

寒陽夕且悲、南風煽微和、高臺臨廣衢、攜朋匒經過、百年倦行役、哀然何苦多、是時方東作、餉黍噪田家、飲罷且復去、不樂復如何、

瞋坐意不適、飄搖事行游、驅馬復歸來、何以慰我愁、歲月老彌至、有志不獲酬、川原愜心懷、林巒澹清脩、偶來歆物賞、聊茲永日留、

書懷二十二首

詩志所陳耳、古之人固有身居畎畝而心馳魏闕、蓋抑有不得已焉者、余年五十餘、抱璞

老山中不出每觸事攄懷感時嬰物不得已則言言則書或婉其言隱書之歲久積其編蘊篋中聊以自慰然亦豈徒言者後世其毋以阮步兵識我乎

逍遥布外野白露何悽清凝霜浩中途玄風襲衣襟出門縱所觀遥望箕山岑寒崖虎豹號幽戸鵾鳺鳴鶗鴂日以鳴大火日以沉榮樂非我居憯憯不能勝咄咄復何言古人可慰情

黄鵠凌崑墟飄風順翱翔斤鷃桑榆飛容柔芬朝陽恒恐霜霰零翛復毛羽傷嶋伏局衡阿蹙蹙不得安鳳凰

賁九苞倏起千仞嵩悠悠覩玄運惻惻沾衣裳
聖人揭元命鈞天播雲和煌煌禮樂司百官熺光華千
秋一言相車馬軒何多洛陽拜塵士望影聲孳孳鷦鸞
逝高崗游鯤颯鯨波臨岐泣世道孤憤其如何
玄霜翳中林浮雲翳泰階飯牛中夜興商歌一何哀神
勞嬰世網鬱抱不能推徃冬飄北江今春復南淮扃影
苦路岐鴻鴈相徘徊國憂亮何塞寸衷安所營願得麟
鳳音以解飢渴懷
騶虞不搏肉肯戀縈草莖鴟鴞嚇腐鼠豺豕何爲群山
以一簣虧河用蟻蛭頹愚夫營目前哲士炳其眞君看

扶摇羽熠熠戾高冥

嗟嗟夸毗子沓沓日何爲煎熬膏火塲寵禄何靡迷焉

見安期生駕海翺雲螭釆釆玉山禾綽綽藍田陂千秋

銅爵臺豪貴誰見之

中夜不能寐攬衣起踟躕踟躕亦何念憂疢與我俱明

月照高樓凉風吹故廬欝欝鴻鴈飛蟪蛄號庭隅白龍

苦魚服涸轍意不舒子輿去齊邦孔丘困魯儒捫物感

我懷喟唍將何如

松栢有本性桃李難爲顔賣珠誰家兒寶服光且鮮鬬

鷄長千道走馬新豐間千金買歌笑日暮不知還白玉

飄紫騮嗡㫚青雲端長安雞鳴市珠履何喧填寂寂草玄居楊雲方閉關

朔風動邊草殘陽散餘林晨興理方軌鳴蟬霑衣襟浮雲西北馳圓景倐㫚沉顧瞻濟京闕但覩松栢陰皇輿坐超忽撫景曠商參逢千乆巳寡何人識徽音蟋蟀迎宵征懷古傷我心

西園有高樹飄風何翩翩渥露日夕零啼鳥號其閒我行聞且悲駑馬不可前懷璞復里閭抗志結幽玄義和棄我去仰視浮雲還骨肉何阻紆中心愴以摧寤彼北門篇鬱憤復何言

淘河死河側悽鴈嗥江瀆居不附龍鳳常畏豺虎群趨
炎勢自溺玩物焉所云超脫渾沌關庶可達者論
巫雲集陽臺牽牛渡河津人生有神合婉孌餘芳馨云
何衆多子胥忌紛相仍平生敬愛客倏忽睚眦生虞卿
西去趙蘇子北還秦骨肉尚棄捐何況塗路人朱雞媚
朝暉陰魄忽夕暝古道意緯繣惻愴何時平
昔余有所思廼在匡廬南中有白鹿翁五老相追翔遺
我紫河車更復雙琅玕逝將往從之道阻何漫漫石樓
軒轅居青龍鬱盤桓豈不欲飛鴻海廣河焉梁肩促重
氛囂徘徊以徬徨世路棼嶮巇傾車誰孟門嘅茲焉所

從引領空長嘆、
重陰隕瑶露、氛霜何皚皚、玄運有代謝、人事胡相催、狐
兔穴兔園、梁王安在哉、吉凶同根株、寵禄禍所媒、黃金
雖云貴、于我賤蒿萊、
蓄刃以待割、抱璞迺見疑、鳴鳥西北翔、奄忽白日馳、賢
者委道途、貪夫登要塒、世路滯飛蓬、天命安可期、燕坐
臨廣庭、慽促不自非、古有金鏡言、聊可衡門規、
潼關八九月、白草霜且嚴、大軍下蒲坂、但聞鼓角諠、羽
林誰家兒、白馬來翩翩、旌旄曜日寒、烽火喧甘泉、憤身
誓殺敵、仰視赤日環、黃金市死士、鋒刃焉獨全、隴水孤

夜號，千去不一還，不惜遠戍苦，但傷白骨宽，成功歸大，
將犬將侯印刓，赫赫李輕騎，哀哀古所嘆，
六龍迴日御夸父渴澄林，女媧鍊補天，南山鬱嶙峋，斐
哉雕蟲兒，虹霓干帝庭，精衛啣木石，西填東海濵，愚公
豈不達，白首志靡寧，玄景多變遷，恃此將焉成，
智鳥擇深木，游鱗非苟安，古之得仙道，遺跡蒼雲端，覆
巢且破卵，神龍逝不還，玄運潾阻紆，羊膓路險艱，尼父
欲東夷，伯陽適西關，
朝出集賢門，南望淮清津，白骨蔓秋霜，川雲何陰陰，野
鬼跳山椒，石孤號空林，道有父老言，云此忠義横，時平

豈天伐空谷，俱飄淪。盧龍頓玉綱，遥視白日暝。我行重此聞，不忍回車音。麒麟廼罕祥，蹀血方魯庭。金張四五曹，白首何朱輪。鬱彼首陽子，哀哀耿我情。

仲春寒氣冽，玄雲遞逶迤。灼灼桃李花，無言下成蹊。人生靡金石，局蹐意何爲。服食求神仙，神仙豈可期。黄鵠日叫號，焉知我心悲。富貴運有時，勿爲世所嗤。

何曾食萬錢，張湯階九卿。聲華侁流輩，出入雕馬鳴鞅。途烱軒煌，錐刀相轢轢。豈知淹忽後，一旦旋埃塵。峩峩白玉堂，鬱鬱青松陵。東門徠鶴悲，北里歌鍾橫。還顧乎生營，腐裂何足陳。專諸擊龍淵，慓覈揮風雲。任俠雖足

鄗、千載有雄名、

端居息元化、鬱鬱秋氣悲、鶗鴂鳴東山、鵬鳥哀南陲、擲物沾裳衣世路與我違、出門望九州彷徨嘗告誰、東都窮黨錮多士亦何非、感嘆思憂傷、中道以屏營、棄置勿重陳、履運懷苦辛、

臨淮晚泊

役役三十載、徬徨未息機、如何岐路間、又覺此身違、昨發盱眙道、飄雲川上飛、我身猶飄雲、逝復何依依、朝行向淮濡、薄暮復吳扉、息旅愁偃佇、迷津欲問誰、旣上高城墟、遲睇林鴉歸、人生無根蔕、慽慽何苦悲、失事耿獨

語懷時不覺非坐對臨河叟鬱蹇方徘徊

贈鍾甌寧古原赴闕二首

鍾甌寧古原公南昌傑士也尹余建頻過余山中以正人君子清風高節慰嘆余余愧悚何敢當然即公言可知公也已北徵上銓曹復來話別余贈以詩云云

龍劒本難合高士恒寡儔召伯去南國訏謨壯皇猷棠陰有遺愛春滿海東樓鴨江矗雲濤蘆岸風寒颼夷門抱關者七十何所求丈夫有偉節臨别看吳鈎

黯黯古銅鏡清暉矅明穹何言張仲蔚猶翳蒿與蓬獨

抱三千犢誰與金門通兵輸紛薊徼烽火尚關東蓬人
彌天文士者廼固窮愧靡河南雋徒爾企吳公

田源庄居對雪

玄運黷不測霜露頻見侵歳寒吾久甘鬱鬱原野濱西
疇禾巳黄北隴麥正青前村虎吏號鷄犬夜不寧山中
生計薄雪片風稜稜無寧飢所驅忍聽田烏聲窮年厭
奔走深愧東臯耕薄田雖不獲所望豈斗升感事潸憤
歔娖娖徒苦辛隣翁時一過相對復談兵海東有狂寇
此寇何時平愁來擁褐坐濁酒聊自斟但恐鏑壘空何
以解我醒衣安晏然卧日暮獨含情

歲晚讀書華陽山中

晨興理盥沐飄散泉石涯寡營謝世牽道在亦何悲孰卷臨遠山逝與往哲馳上下千載餘意氣縱且橫吾年踰五十旦夕忘倦疲瞑懷見古人古人豈遠兮周孔亦我衷靡爲辭説皃草木歆春華揭揭與心怡野馬朝獻圖山雨夕催詩人生能幾何汩没竟何爲憂來令髮白誰復更計之經綸山澤中吾亦見吾奇酣吟邇磐石散髮又秋池池頭展帙坐前哲不吾欺榮悴有至理得失胡多岐沉溟娱物性賞心惟良知且畢一生事榮名豈所期

夢與王陽明公論學有引

余辛卯冬上春官與陳龍谿王吉陽二子宿舟中偶一夕夢見王陽明公公見余忽有慼容余迎詩謂公當今功業氣節文章道德名滿天下奚慼焉公憮然曰子他日當與余同余愧悚不敢當因有所辨質請益者久之公迺出數十冊子與余中有章石編萃石編編中又有爲龍不爲蠬說餘忘之矣寤而凜然因拈口號志于白史今來二十餘年丙辰夏余適避寇道南徐登瑯琊白龍池觀公手跡

晩過豐樂亭公有遺像其間徘徊興嘅瞻企不能已因有所感遂删舊作筆而紀于此

弱齡苦爲道永夜夢古人蹈盪宇宙間顔閔相追尋淹留踰歲月忽忽三十春朝來渡伊水西過白牛濵龍門有丈人相見情相親平生山斗瞻感此成慇懃示我錦荷囊佩我紫金經爲龍爲蠬説千載得典刑服食非外假至理悦吾心相彼孔氏門汲汲以爲仁如何禪佛徒而乂亂其眞王挙迷古墟金鏡論西秦竭來曠世子群醉而獨醒窮年厭江海不見所問津易簡豈無端支離竟何成蘆花思悠悠鴻鴈飛駸駸滄洲獨立處佇眄有餘情

留别王稚川太史二首

驅車越河梁歲晏將遠征鴻鴈飛何來翩翩傷我心俯視江海波仰觀天漢暝昔我同門朋阻絶參與辰之子發華藻磈砢揚天庭大史久已寡誰當振其聲王事劳㟯紆世路愁靡寧丈夫各異勢枝葉難相因斗酒相與歡願子展慇懃浮雲日夕飛去去天一涯顧瞻莽大道引領内含情

玄雲蔽高闕白日照西山圓景忽以沈流猋曷奔環熠雲中鴻隨風厲高天高天上何極尺鷃徒堁焉志士多悲心小人亦不閑巖冬霜霰零且復閉吾關澄江羨

遠艘世途多棄捐貧賤豈不安富貴非我歡人生異朝露飄忽隨波旋情交義在敦非子復何言

丙辰廣陵阻兵舟中月夜有懷趙浚谷中丞

六駮食猛虎壯夫陵天門人傳武安將氣震長平雲句踐善制吳六千皆水軍橫行在東南千古誰其群我亦草間人頗知治亂分胷藏黃石畧七日哭江濆鼙鼓震地來不見驃騎勲士卒血鯨鯢哀聲寧可聞闤闠機杼空烽火揮雲紅淮淝百萬師何時起謝公忠勇戀王室雲霄生雄風愁來涕淚號目斷天南鴻

天游山人集卷之二

天游山人集卷之三

建安　楊應詔　撰

五言古詩

壬子秋九日同諸文學謝南湖郡公菊圃賞菊

燕酌志懷四章

綺筵開石室高會在層林閒抱紫鸞簫來共黃花吟清歌理可續妙舞綏難尋羽匏激雲和慘澹發哀音感特經物智憂來醉難任徘徊將何望鬱鬱獨傷心

吾心久不適倏爾柴桑遊風流陶靖節千載固難儔主人愛客飲飲盡歌勿休絃管亂我前綺盤錯珍羞陽阿

艶中堂列鼎腯肥牛意氣感人心群起相獻酬朔鴈渺何來颯颯驚歲遒搁褁且勿嘆念此令人愁我愁亦何事懷瑾握良瑜側身纓弁列每愧爲世儒長歌噓鳳笙縱飲傾龍觴酹竭來擷芳林靡爲心志娯君子蹈大道小人抱區區瑶華焉可忘毋令白日渝白日逝我去我行向何方仰觀南山雲冒冒東籬傍時窮景適晏且復陶華觴觴槐戲中流明月亦已光今夕復何夕言醉君子堂佳期難再遇誓願永相望

來鶴亭

來鶴亭在錢塘三茅院頂左胥江右西湖煙

瀾夾兩腋下滙流林竹嶔嶔此吳山絶佳處
晨與衡雪獨遊環望群峯如飛野興飄飄紀
以兹作

客中多暇日行役非一朝縱蹇肆遐征放浪來三茅晨
雪霽巖丘幽鶴鸐松巢江湖佇望之督督兹雲霄繁襟
無以紓緬愁發長謡岳隴何陰雲怒氣奔胥濤徘徊群
山中坐想孤山高林逋隱處濁酒偶一壺且復慰寂寥人事
何匆遽世變紛周遭邈邈煙雨辰凄凄星露交擺落勿
復嘆聊以閒逍遥

渡楊子由京口詣白下

宵涉金山波旦發鐵甕城閲物驚遐東而我肆孤征登
川風尚和出舟陽巳暝渺兹躡淮途況廼瞻吳京洲圻
犇廻合林涯互嶮崢水宿盈朝昏雲霞澹淵沉乘虚誰
坎覩望遠增離心憑夷靜海波陽侯轟天庭豈無任公
釣奮彼焦丘銘楊濤意靡怡鼓檝艘復停虬螭擁煙瀾
神怪方嶮興仲連蹈東海伯陽遁西溟伊余在塵痾迷
復安所寧悠悠臨河悲兀兀濟川音境適物難駭時巇
道可任眷彼矩旦言聊以慰我情

游瑯琊寺有引

瑯琊寺舊志滁陽西南山中秀特甚余丙辰

五月避寇道滁陽自醉翁亭飯罷時適午冒暑疾驅馬登之至則自明月溪入觀庶子泉石罅瀺灂流迤泉側至白龍池探陽明石刻轉西循石屛棧上䮕歸雲欲往蹠日觀月窟之勝二亭俱已墮荆榛中矣尋小憩攬秀亭東望見長江一錬隱隱天際余因謂寺僧曰此寺以晋元帝名僧法深智儼作常畞二公詩勝且傳今晋帝法智上人羣醜諸賢焉在余徘徊者久之而去不覺日西矣歸途囬視了了諸庵亭若夢中忽忽不已因粘數語以

志寄飛雲道者

當午屏煩鬱松溪騁幽尋西崗縱遐矚眴矣登高林白石旣齒齒懸厓亦磳磁憑高眺遠江但見西日陰渺兹探月窟倏忽臨風琴野鳥知余至相過話登臨踟躕大浩蕩鬱鬱復何心

昔人隱柱下而我獨江濆五月來名嶽探奇意氤氳經聲在幽寺玄理幸而聞入谷陽稍微鳴泉㵎轉分頻年住山中胥興此山群高賢渺何之世變棼彌綸去去凌海笳悠悠謝垢紛何日還來此因之吊白雲

簡王遵嵒

余生平篤志古哲白首無聞歲乙未會王遵嵒白下丁未于泉南今復于此遵嵒文望日益有聲而余猶項項老蠹魚山林也故人相見惋咄與悼遐懷不一情寄于詞

束髮不外嗜慷慨懷古人朝握赤水珠西過崑丘陰河上有丈人相遘得余心閒來白馬談特作飛龍吟放蹇是何年飄忽猶到今平生負經濟浩砢凌天庭愧靡琬琰姿欲奪雲漢精文章華國器古人有遺音遑遑一千載誰過作者林班馬徒能辨廼不見余真余真非外假所唾皆典刑邂逅遘瑶車寒風播名珍天孫擲錦裳飄

泊滄江潯周之覽粹古日暮意何深

香淋寺泉上同友人夜坐次壁間龍溪緒山都峯三同志

偃息未停旅徬徨不覺非下馬憩香泉對此令人悲星露中宵下白鷗來去飛十年塵垢心洗濯豈云微一濯有真機感之欲語誰江漢去仍阻濠梁意未違黠也亦何識曲罷欲忘歸

五君詠

五君明節士也太僕楊君果齋翰林楊君慎暨名侍御楊君爵刑曹楊君徽之皆亢言直

諫接踵清朝偉矣余窮居闃寂企仰高風雖
存沒殊塗而感嘆同懷也耿爾有思作五君
詠
益川富奇傑關西多才賢古稱燕趙都節槩出其間所
以青雲士揭揭咸自完偉哉五君儔志意摩空懸清忠
秉王朝大義軒八埏生死雖殊區臣節良所憐余亦逢
干徒豈徒慷慨言窮年竄草莽慼慼不得安徑來滄海
上仰首噴龍泉西登太行道北望青城山豺虎日搆患
鳴鳳何時還紀綱焉主之天地黯黯然丈夫寧玉碎誓
不作瓦全失路誰云悶義風亦相關慨彼黃鳥謡嗟焉

激我肝

春日武夷次田豫陽督學蔡白石刑曹四首

晨游廣川渚暝投陽雲岑霜崖露葳蕤翠嶺光嶒嶙福

性便幽棲虛懷任空沉偶來散物賞皃復陵天庭躋嵛

萬寓觀連蜷飛飈騣西行鶩倏昣北甝邁玄林世路吁

阻紛淵雲憺㥬清聒聒麋鹿談湲湲谿泉平黃鵠渺何

來佇嘆一何深先民有遺𨇤脈脈得吾心

葛洪鍊丹鼎商顏歌紫芝伊人握玄化息偃林泉涯鳴

籟飀天和幽谷迴春姿曰余耽名山對兹神益怡涉川

蹇遐矯攀林塹卑棲未遂五嶽徃聊爾適九疑苔横霞

晻徑潭空雲迴谿睠來覔眞隱不爲蘭薄思徘徊夙所
好忽忽白髮垂彩幄聆虞絃空壇瞰秦碑攬物谿心懷
鬱旻悲路歧促促衡皐間太息將何爲
川澄已寘曠巖觀更澄朗晨星羅戶庭夕日照壚奔玉
壇肅且陰玄洞窈何敞巖虛紫衍光林潤紅霞上薄搴
南澗藻復擷西山蕙碧亟藹餘芬天瀑呈清響羽人熙
靈筌達士括玄象焉得乘日車于此却塵鞅朋情以鬱
陶春物正駘盪京洛誰所營中林聊靜養
東髮抱微向遠遊輿飛飈沉溟謝嬰錮谿此無窮門始
入水迴沿稍深霧絪縕林空天寓清春凈煙巒橫遥望

昇眞洞可以鑷精蒐昱昱蘿月暉颯颯松風屯莽㩳邅
蔽虧徯狖時奔崩情來境復佳事適道廼存緬邈山中
人山中思以繄希賢漱玄液欽聖揚華芬大道旣我昭
曠懷將焉論

春暮欲南歸夜過太史中允吳鈞泉宅宴酌叙
懷二首

春氣何冽冽月色寒九關故人開樽飲且復暫盤桓孤
鸞操雲和繁星粲中天豈無他所適欲此平生歡丈夫
敦遠道詎在盃酒間抱瑟佇復嘆嘅慨方悽然
對酒不能酌徘徊步前庭忼慷中夜間忽忽意未申華

堂鐙燭熒仰視雲漢明悲風西北來奄忽高闕横人生靡膠漆焉得長相親明發五湖去潸然傷我情

登梅巖同石樓林子

梅巖漢梅福棲隱處俗號鬼子巖舊傳晦翁曾授易于此余與石樓登之歡言春酌感而作詩

晨興起西游游彼湖山岡羈鳧慰遲暮野思方朝陽纍喬林縈罳罳溪風長松門鬱不開石濔春猶寒我行眺且紆上下幽鳥傍洞雲驚我飛麋鹿相與談十年浮海心茲晨頓難降仰視巖頭梅蓊勃亦已芳高枝却月

樹脩幹低風塘疏峯響行雲瑟瑟皆流光顧瞻愁人心

淹留沾衣裳昔人已何處而我獨悲凉空谷有遺音仙

蹤浩難攀去去復何言揮手凌蒼蒼歲晏黃鵠舉相將

天漢翔

俠客篇

金鞭控紫騮錦帶雙吳鈎連翩長楸間出入承明樓託

交金與張日與孟郭儔一朝荷主恩杖策其遠投長驅

瀚海波西踰洮河洲寶校光且鮮楛矢無淹留俯身躍

龍淵仰首揮蛇矛振踔過長楊白日驚虹流朝看羽檄

來烽火團道周赤丸徇知己白刃相起讐千知遠不還

却顧無鴈門橫行沙漠間誓節焉肯休左搗骨都營勇攫月支頭歸來報天子義氣凌九州麟閣爀以榮所願豈封侯壯士遠從征中顧何所私褁屍殪邊塲蹈死赴王憂

紀夢

夢神所馳也念在夢隨焉傳有曰至人無夢

余弱冠志道垂老無聞汨汨夢中可發一咲

處世一大夢胡爲夢所牽蕉鹿兩忘情感事徒泫然平生經濟心鬱鬱歲巳捐仲舒豈迂儒賈生靡浪言古人有深衷念往神亦遷枕上片時中突兀橫九天猛虎見

我號能羆對我蹲手執瓊瑶枝愁與日月旋世事何誤人逝已不及前尼父東周志肯受季孟憐富貴誰所圖寥落天人篇揭來滄海上曶曶帝王邊吕翁悲一幻莊叟欲忘筌蝴蝶猶栩栩逍遥到何年

井山庵竹林野眺二首有引

余性傲誕不偶世每暇嘯弄雲水堆中時間過梅墩子偶友人至因偕出游井山庵而雪厓上人迎道左入門握手相與談梅墩出豆觴飲余酒微酣適起四矚見後嶺巃嵸有可心處亟呼上人徃登之路坎紆陟梯上至則

逦竹林晻暧石几乎離列山竅時白雲往徠西望芝城一抹在眉角下境清而神逸旋視群竹亭亭如人立余前欸與余語余歡甚因命僮取酒復就石几飲俯吟仰嘯與雪厓梅墩談浩刼究空無旁及江湖幽渺而清風習習自東來不覺此身在太虛中飄若一葉然無所繫彼風燈泡沫喁喁者又奚足較于是起而立飲飲而醉醉而歌歌而復詎曰古有七賢余今不可謂四達乎欲刻韻裁詩紀勝日瞑矣不果歸而遂賡以此作紀歲月云時

丙辰陽月四日

物變嬰世情玄居憺心真超脫群垢氛始覺身世輕朱火謝遠郊凝霜浩衣襟感之天地覩晨游及兹林崎嶇懷浩蕩探泩登鴻津靡靡群木凋凄凄天際陰白雲倏蒼狗黃花或碎金憂來欲如何古人可慰情

山澤久同游語唉懽相持憑高縱奇懷感物須及時青陽留我去白髮皓如兹惱溢思難撩蹇傲神自怡人生牵百憂脉脉獨何悲世事莽代遷玄運難等期揭來一壺酒逝已不復疑當年不為樂後世欲何知

閒居竹樓午枕偃仰起覩壁中自警諸銘慨悟

交心耿爾有懷二首

平生少年時放遺恣遨遊西游咸陽中結交五陵豪賓劒直千金邂逅成周遭坐邁周元公相與話空寥授我紫金訣揭我斗極標嘉會難再遇千載爲一朝日月忽已馳天衢路招搖廻首西周岐鳳凰何時鳴美人不可見引領空雲霄

嚴莊抱冲寂楊子耽玄微懸車閉吾關忽忽時已衰嗟哉蘧伯叟豈悟昔年非感物激遐束白露沾我衣崑崙有玉英焉得登雲巍開軒睇八埏北風聲正悲寂寞桃李華憫嘆將安歸

滄洲晦庵書院

余自丙午春夢謁先生祠見先生像㑹仆余環手從先生腋後力擁翊起而立焉遥睇階墀下萬餘人羅拜于前今十星霜矣自武夷隱屏歸過滄洲始獲謁祠下林葉瀟瀟式瞻佇望不覺惘然因志懷一首

昨宿武夷曲今過滄洲東凄凉千古思何處訊屏翁陽崗潄榮葩陰瀨鳴絲桐晨興俯危巔豁若開群蒙心賞每難埶餘風復誰同谷飆日撼號朱火當明穹感兹發幽嗟兀坐意何窮

庚戌失意後留別董潯陽南還二首

君抱黼黻資，倏忽南陔歸。余亦西獻策，愴皇亦南飛。君門阻萬里，失路徒所悲。歲月豈誤人，同袍憐我違。明月照廣除，含情不能言。晨風鳴北林，蟋蟀鳴庭闈。相彼雲中鴻，何由覩容輝。人生無根蔕，惻惻獨沾衣。

陟彼燕山陽，送子蘆水潯。執手衢路間，慷慨何苦辛。轅馬悲且嘶，十步九不寧。丈夫敦遠道，盃酒聊追陳。商歌正憀吁，何以寫我襟。黃鵠蹈遠海，顧影竊自憐。憑高攬所思，淚與白雲併。艱危各飄轉，非子獨傷情。

雲際山同梅墩訪陸羽泉野眺有述

棲遲謝嬰錮疲薾超鴻濛閒多看山興散眺亦山中鳴
舸逈滄霞解帶臨華風林鳥覩人過寒鴜一徑通昔賢
不可見猶見昔賢容落月渺秋水靈光漾濱虹遷遷遠
公房沓沓[illegible]峯[illegible]蒹寒仍瘦山樽客幾同暝色急征
驂殘陽送遠鍾無能笙鸞去聊爾求羊蹤

乙未冬武林書院與督學少湖徐公談學夜分

贈懷二首

揮手別河梁北望天門墟佳晨難再得佇立路踟躕春
風桃李文眇在天一隅心源逈義孔道里豈阻紓喟言
駕輕鴻佩君雙龍珠

邂逅欽玄寤至道飽所聞義文逝千載伯樂誰其群文
夫崇令德所志豈華紛富貴靡壯圖謀畧横天文去去
山斗瞻喟啖浙東雲

壬子十一月北上留别華陽山居

良才不偶世覆運古來然我生抱衷素智智三十年剖
璞向征途豈戀區中緣邉風聒寒林飛鳥鶩遠天賦禀
丘壑資聊爾隨化遷邈邈去里閭遑遑徂前川巖松見
我悲振踔欲何言念在境俱適事往道不愆白雲尚相
待不久復來旋

大水

閩州五月間凍雨何翻盆欹我閉戶坐不覺大江橫湯湯千里來四郊渭已吞驚飈撼岸谷巨浪轟乾坤蛟龍逞異謀跌盪日月昏焉得囚雲師無由叩天閽哀哉群烝黎生計胡以存前年旱魃災官司乏休恤今夏重水沴邊徼勞兵屯誅輸罄茅蘆能不及鷄豚南隴麥已漂北澮禾復蝕田區泪波濤寡婦空柴門岌岌紫芝山即恐河侵淪群陰夾風雷寰夏日逾渾鸕鷀决脩泄黃茅瘴煙村所憂歷陽郭魚鼈寧足論平生經濟心漁舟颯崩奔白骨號野莽悵望悽江濆

憲臬柯雙華率爾訪山中不值奉答

結廬在林坰塊然閒幽處風霞澹逍遥菰葦亦容與仲蔚蓬蒿居逈寂何人識白雲數畝餘捲來釣秋水忘機沙鳥親長嘯海鵬舉日昃復衡茅含情向誰語

乙卯歲冬將北征赴春試重過武夷天游草堂紀別二首

擁踵未釋負蹭蹬蘅薄行朝來江海心攪物忽自驚舉條白雲酌倚澗緑蘿盟世路驅我去出門滲縱横道逢林間侶相話宿昔情飄揺天壤中持此欲何成

靡靡冬已夕凄凄白露繁驅車騖遠郊忽爾林壑閒抱策且西去何時復來還飛鳥相與征谿鹿隨我旋古人

有奇節豈獨巖竇間振衣還自立揹髀獨長嘆

己未仲春會同志蟸濟宫與吕沃洲敖鳳坡宋陽山萬月川鄒潁泉諸子論學有述

靡靡仲春月娟娟媚朝陽我生亦何資萃兹君子堂發論揚天文傾酵襲蘭芳人生靡金石倏忽參以商嘅彼群蚩兒酣溺膏火塲歲月不待人泚泚希聖航頽言朂明德邂逅莫相忘

少寡輪轂資養志在田園住亙京國遊衷服抱自然凝凝流俗習胡爲鴻鵠牽雕鏤非遠器轗軲迺大年至理在吾人吾人豈遠旃黠哉佛老徒亙盗吾道權沉瞑娱

天性默默欲何言

武夷水簾洞留别郭翁鄒師熊簡劉蛳泉及劉吾南黄損齋二郡公

世儒多汨没夫子獨聲靈振衣鸞鶴巔吐論煙霞芬揭來擷瑶芝西下銀河濆浥浥括玄象揭揭闓人文大道本無言對此欲何云平生好賢心况復高賢群入門松雪飛至理飽所聞去去山斗瞻行行謝垢紛相思更何日長望楚江雲

庚申九日同輿輔軾載諸兒及輅姪燮孫西鎮展墓暮歸有述

侵晨策方執出郭山氣凉池蕖葉且踈渚葛秋正黄物態久飽更壯氣猶未降窮年田畝中所志在虞唐颯颯時屢過悠悠鬢已霜勞苦亦何營奔駃空以忙朝來理白雲忽復過西崗孝思梗夙懷人事多悲傷丘隴何纍纍松栢高巉巖蒼猗須臾間倏已變其常驅車不復顧還望煙蒼蒼

天游山人集卷之三

天游山人集卷之四

建安　楊應詔　撰

七言古詩

太白酒樓歌

我昨釣白龍閑過陵陽東鳴鞭走馬向燕國手執金策騰鴻濛驅馳萬里不覺險赤脚遍躡青芙蓉魚臺訪古東魯奇長鋏直躡蒼雲梯危樓嶄嵲星漢側丹楹紫檻蟠虬螭黄河九曲雲外走恍惚半嶺鳴天鷄青蓮逸士在何許携我大叫傾金罍金罍琥珀入我手塊視萬寓真何有騎鯨捉月漭醉鄉登高望遠神徬徨君不見昔

日山翁倒醉習家池萬事擺脫空接籬習家庭館今塵
土惟有金谷銅駝秋露垂又不見漢朝胡廣稱中庸詭
世飾節鮀三公勳名千載在何處此輩臭腐眞沙蟲丈
夫處世貴奇傑驁極槌馱奔雲鴻世人笑我爲楚狂十
年獻策空明光荷衣飄轉龍蛇劒仰首逢人歌鳳凰折
腰那忍事權貴燕京累月醉杜康身抱日月丸橫騎龍
虎闞白壁明珠等唾視呼曹賭酒窮懽顏興來便作青
海舞赤爲倒盻沉西山鰲鱗鼉吸轟蜉蝣人生運命安
暇愁射虎將軍竟草莽牧羊小兒誰公侯直便痛飲百
花鐫何須吝愛千金裘千金倏易得白日去難攀賀狂

客李謫仙英雄與爾同萬年碣來豪氣噴薄元龍前金
龜六博換酒處至今酒壚花滿川鸞笙鳳管沸河嶽玕
繅錦軸揮雲烟閑看紫極天狼走酒酣突起怒欲吼巑
陽文亭三月春茫茫楊花愁殺人男兒得志麟閣名不
然齷齪骯髒誰風塵綺盤瓊舘醉明月槌牛撾鼓誼四
隣魯連壯志未辭趙明朝且上蓬萊行

行路難三首

弱冠掣麒麟白首猶道濱出門褰足何所徃雨雪交路
風凌凌君不見西山采薇子東海逐臭夫鴟梟嚇腐鼠
反爾卑視鸞凰徒孔雀飲江被牛觸阮籍豈不窮途哭

焦原九折雲盤盤失足一跌濱九淵陰崖鬼蜮白日敢殺人血染荆莽腥寒烟北有猰貐兮南猛虎我行拔劍不敢前閶闔九關誰爲通號呼仰視天重重丈夫毋詑不得志虬螭有時爲蛟龍

戚施得飽食硫磺壓其生下璞被楚刖鼠腊價連城世間萬事欻反覆得失那復能前陳西施負薪嫫女貴龍淵屛斥鉛刀庭眼前寵辱何僞眞君不見馮衍高才終去漢仲連抗志能却秦痛哭賈生不得位放論禰衡徒殺身行路難難于上青天古來賢達類亦然吞聲四座慎勿諠英雄垂名動萬年鬱蹇憔悴且立輌時乎時乎

將柰何

但畜青松心毋歌行路難余今行年逾五十裹裂精誠貫秋日世人視我如常人白首君門淚沾臆起看世上富貴兒鄉里小兒俱辟易從來志士多阨塞張良豈老下邳客一朝翊漢隆準公四海九州俱褫色絳灌公卿胡足數平津豎儒噲等伍富貴只流水唾視何夸嚇豐隆蓐收麾太階人生刎頸何嬿猜嗚呼彈鋏歸去來英雄豈蒿萊請君且醉金屈巵不見古時銅爵臺

武夷行

我是玉皇紫霞使翻身跳下黃鶴樓霓裳羽馭盤蛟蚪

前年麻姑寄書來邀我汗漫游便騎南斗麾青牛羲和
整轂列鉠鞭𩖟沓雷雨騰九閡不覺身到崑崙丘崑崙
丘拔地橫天幾千丈上有玄螭赤鳳廻崖之古雪下有
九曲星沙月蛸之寒濤天台雁蕩渭若雲海一點青螺
浮枯槎靈杼揷石壁不知僊家留此與誰用倒掛潑漢
三千秋至今黃木駕浪天柱東火烏琅草朝織煙濤紅
山夔魍魎閃朦不可測我昔聞六鼇圮死夸娥頹天親
遣五嶽來鎮中原中豈其麟洲玄島嶄嵑迺有此慌疑
是九霄白玉樓敢被共工頭撞碎墮地欻化作青蒼龍
秦碑漢礎天畔磨剛風金函玉檢磐紫虹女牛䭾駕來

天宮不然羅浮南紀之外誰當百粵之砥柱邇來四萬
八千年黃河滄海幾破卅崖頽幔亭綵幄龍蛇脛桃花
咲人兮人未還遏駍九色麟浩欲躅鼊天寓三十六洞
天蓮臺若木元氣升大王玉女遥相迎銕笛虎號煙石
裂千巖萬壑俄澇笙鸞聲仰天大呌控鶴僊携我直上
蒼雲巔葡萄菱石醉海月瓊壺拄倒天傾雲迴視齊州
九點眞瑣瑣天狼北斗射殺何不可始皇劉徹兩兒童
揮手問籛鏗籛鏗咲向我便欲乘此清虛長步金銀臺
嘗甚商飆吊古寒猿哀紫陽夫子莽不返聞說而今紫
府註金籙世間萬事東流海古之仙人幾人在白玉蟾

赤松子我欲因爾叩天鼓叩天鼓凌泰階瓊宮金闕在
何處白鹿青鸞歸去來

龍江歌贈郡大夫王公

君不見龍山越徼群嶽尊龍江下走萬壑奔雷門龍江
賢者川降神弱冠身掣生麒麟朱幡銅綬遥天垠會稽
人物甲江漢南國聲傳河嶽英只今四十大邦伯嶄立
龍門見顏色彤墀憶昔侍宵旰十年回首黃塵暗臧彪
窮虎幾寰區召父杜母誰胥漢風飈滚滚陵天日野人
那忍枯魚泣男兒得志五馬車感時報國何爲易排風
悵劍觀日臺攙搶直叱滄溟開况今乘輿江漢來千城

萬國紛塵埃九江雪黷旌旗赤交黴兵腥日虎豺噏習
黎元安可贖誅征日夜狐鬼哀大籓小鎮河崩奔器車
銀甕交荆杞書生直欲叩天鼓雷公砰訇憤草萊我欽
公家世忠義勲勞奕葉錚天地尚書名與嵩衡高中丞
道契乾坤秘傳家那獨温飽謀許身直欲身王國公令
復起諸暨中禹跡跋浪追暝鴻專城大纛既所柄號令
歷歷前賢風虞廷九牧真臯陶漢二千石推文翁山川
草木人文盛鍾鼎旂常德業雄古來英傑貴不朽盧李
天台剖南斗王曾乂識廊廟才賈生况遇河南守周郊
昌運鳳凰鳴唐室傑閣麒麟歸佇公龍江屹立萬古之

危峰於戲風牧皐稷長廻首

燕臺放歌癸丑還山作

天游老翁頭半白少小慣作幽燕客朝從漸離燕市歌暮逐荆卿叩秦闗韓公誰道膽如鐵曾宿庾闗探虎穴鄱陽十萬賊船飛一槳徑空俱失色胷中飽貯一千卷下筆崚嶒神鬼嚇昨過白虎觀出入銅龍樓一時經過皆貴游相與意氣凌嵩丘集賢學士趨執手紫髯將軍非我侔怪談闊議横泉流五經發難如叩鍾下視諸儒良可羞世人見我輕脫硜眼中風雲走虹蜺甯戚不遇葵丘君欲披肝膽竟誰是漢家徒識楊雲竒楊雲腹藏

經綸誰得知浪誇諸葛卧龍畧肯數公孫白馬兒老鶴七尺之瘦身曙星耿漢雙眼明男兒不能效衛霍奪取青海城亦安能碌碌碌閣下白首空玄經人生運命不自由且飲美酒酣高樓侄來唾視奔斗牛班超欲投筆侯羸老抱關仰天一大咲誰若瑣瑣兒女傳功名富貴待時至布袍歸且海東頭

隴頭水

隴坂嶄嶄巃嵸水悠悠戍夫含悽向水立抽刀斬水水不流沙寒月冷天曠絶黄狐跳梁水中咽驚風夜起群鳥悲哀波腥帶前軍血隴邊黄雲堆白骨隴草凄凄鬼聲

哭虜騎奔雲横且强將軍令嚴不可當前白登後黄河

征人日暮愁奈何

狂歌行贈林梅墩之令溧陽

十年浪跡長安道羡君今領赤銅符青袍白馬何翩翻

義氣稜稜動上都金陵元屬根本地　高皇于此奠鰲

極二水中分萬里之長江石頭龍磐嚇天地君今起作

畿輔臣身握雨露舒皇仁會須便作青瑣賓孤忠佇爾

白日廻蒼旻中朝載簡瞻鳴鳳南國觀風説福星雄豪

由來衆所望邇聞民力東南亦堪嘆誅輸血染幽薊雲

兵甲日釀炎荒旱况今烽火連關東天皇倏欲大起循

乂于隆中君已奮翮騰雲鴻鶱鸞飜鯨抃廻紫宫石屋山
南蕩湖北行見單父中牟德化同三吳材賦古云陸海
存此是河北淮南門我昔曾醉雨花墩盧龍西瞰江霧
昏别來一十已八載雨花風流今安在感時憂國送君
行惟有一片狂心動雲海雲海茫茫駕君去余亦東歸
鹿門處黄沙萬里捲塞烟風虎雲龍隨所遇乾坤倥偬
待英豪漢朝公卿誰牧竪宵涵金鏡凌虹蜺安得脚踏
煙霆相逐起旂常銅柱需鴻勳眼前富貴瑣瑣焉足論
湖亭祖席秋氣𦡱醉呼寶劍不忍分丈夫意氣豈盃酒
明日滄江望五雲

獲麟古渡歌

麟王者瑞也麟出時不知吾道窮矣鉏車子不知麟而其非麟者世之人反爭取寳且重焉嗚呼可悲哉麟不負春秋而春秋人負此麟多矣余頻道獲麟渡感而賦此以志

觀魚野磧煙不開獲麟臺下悲風來夕陽荒苔滴寒水梟纆人心黑如鬼七雄虎鬭幾春秋天欲悔禍人未悔靈物出其郊摧折棄草莽寒原野陰泊東魯我能悽惻重懷古渡頭虞人去不歸但覺荒林百獸號風雨君不見西伯渭川熊又不見昭烈南陽獲卧龍當時三顧樹

鼎績後車西狩何其雄笑殺鉏車子不識尼父翁碻破
兵車日飄瓦尼父棲棲何爲者七十二聘嗚天球忍令
抱麟痛哭于中野山南日暮衰鳳歌臨河日斷河圖馬
傷哉汶陽城巨釁未斬安得寧神物一麐魯國死春秋
三策空來今今亦何時爲亦何時天下棼棼惟見玄麋
白兎爭瑞呈軒轅阿閣郊藪日蹉跎吁嗟麟兮麟兮將
柰何

屛崖歌贈左史謝翁

屛翁七十雙瞳青身騎赤漢提璣衡少年挾策干紫庭
豫章琬琰丰骨神霜蹄蹶國悲且吁幾年擁腫來金陵

鳳凰臺邊豸角歌坐揭碧玉開雲蘿鷫鸘寒風裂衎垣
神鬼不動豈敢呵叱兹抱璧淮王門銀章皂簡騰風霆
風從古鑑日王前肯獻劉安鴻寶箴人言我朝藩封大
赤社青茅半天下周齊燕晋龍虎磐海璞淵珠錯聲價
其間翊佐皆世賢楊公方公松石堅忠勳義膽炫日月
王鏞金鍾天下傳翁今徂駕追連翩猰㺄饕餮不敢前
慈湖風雅耿蘆薇天祿青藜照錦川東平已見珪璋懿
河間耿耿聲名懸逢時慷慨意氣增垂老仍作王門賓
天寒楚國賈生席月滿梁園雪夜樽由來聖賢豈厄塞
龍泉貫斗焉可測侯門曳裾歌無魚六鰲駕海天風黑

上林丹禁花滿衢掩金鳴玉群龍趨屏翁屏翁廊廟器
十年不調今何如漢家未罷輪臺詔早晚江都起仲舒
崑崙山人歌
崑崙山人張子言燕臺豪士也長安一相見
呼余爲仙部謫來士大史青蓮後身病中酌
酒澆余相歡甚復嗐余以詩余窮途南還揮
手故人知己因有此贈
崑崙叟醉拍崑崙歌群山衰寂柰汝何昌明怒號決海
水扶桑日盪空嵯峨男兒意氣聳河嶽胷中虹蜺吐激
奔黿鼉世間萬事何足多夷齊西山枉餓死柳下東國

紛奔波青袍白馬歘浮萍古來惟有飲者智復靈我聞
李杜崑崙精天遣二子下世詩名張顛草書古云亦
雄壯鰲鱗虎揭屭雷雲邇傳徐李何鄭詞林龍翁復豪
談峻議排其門麟臺嘘唾雲錦棼手執大鏞摩天聞五
陵豪俠那復雄流沙簌濤搏虎豹金甌玉斝軒乾坤崑
崙叟富貴功名爾何有榮華世事草露風百年鑠鑠得
失誰好醜碣來誤落華嵩居拔劒直叱神鬼走散髮號
雲左其肘麒麟紫蕭翳鳳凰朝拂玉書朝北斗嗚呼崑
崙巉巖中有千尋之鐵鎖不可攀下有白水赤水聲潺
潺翁何不歸去流落紛人間滄海幾變爲桑田虎額虬

鬚困草澤文藻詩名四買不直錢藥鑪丹鼎鴻考槃長安軟塵十丈迷人顔七貴五侯車馬喧雲林飄泊繞帝宮紫鸞青牛復何處崑崙子歸來且卧崑崙山

東武行

邵伯湖邊悲暮春廣陵兵火來天垠扁舟半月不得進薪桂米玉愁相仍疆埸日望官軍至灞上痴兒只兒戲朝聞巳失東海營晚飯復醉西樓妓肩弓腰斧不敢前忍視殺人盈道邊主帥閉門但枯坐撾金伐鼓聲闐闐白日肝腦委塗泥蒼崖赤炬煙連天我聞拔劍空起舞道傍行人色如土牽兒棄女哭紛紛日暮豺豕登雲屯

邘南坐嘆睢陽援淮左不見劉將軍承平兵甲豈虛器
國事倒板焉可論迷樓溝水波赤血甕湖春氣盡黃雲
人言倭奴何可當此輩樸滅直犬羊九關梟獍當路號
古來變起皆蕭墻布衣委棄誰比數手叱雕弓氣如虎
孤蓬柳岸無與親岸上野狐猶攫人且與市童沽酒樂
莫言世事轉傷神

滇南歌贈督學李古冲公之晉寧

昆明天柱星漢邊龍門井闕氛祲纏英雄建節西南旋
峨眉白帝生紫烟烏蠻古稱禽獸習九夷項來亦禮義
萬里荒原日月寒法官要自褰帷入感君鬻起南詔愁

鶴慶麗江俱土酋此輩狠心久莫測刑教並控須寬柔
綉斧霜威讋蠻激義氣英風控斗牛漢廷久佇治安策
李泌行當帷幄籌我聞學校根本地海内衣冠近來誰
倒置白馬先生幾泥途青衿胄子俱兒戲何當常衮甄
英才佇見任延昌士氣掀日揭月信所從二十八宿羅
明穹感蒔怏覩西周鳳撥亂那起南陽龍古來賢哲遇
有神愧我憒咽愁填胷羡君今去滇池東呀嵃鑪芎開
鴻濛策書遥布青羊肆妖祭歘除金馬宫廊廟即今興
禮樂僰夷俗轉見鄒魯同繩橋火井兵戈緝雪嶺松州貢
篚通元氣沕穆苴麽間咲騎王楊九折關蝗蟆瘴雲紆

雖攀大夫事業終巉巖文翁德教轟三蜀諸葛威聲讋
百蠻古人化俗有所本請看萬古經石金華山

天游山人集卷之四

八閩文庫

八閩文庫

文獻集成

339

福建文獻集成

續編 集部 一五

吴格 主編

海峽出版發行集團
THE STRAITS PUBLISHING & DISTRIBUTING GROUP
福建人民出版社

本册目次

天游山人集二十卷（卷五至卷二〇）

[明] 建安楊應詔撰

日本内閣文庫藏明刻本

天游山人集

五至九

天游山人集卷之五

建安　楊應詔　撰

七言古詩

錢塘行

天津杜宇聲啼血紫極宮中蝕太白千騎萬乘瀰江來錢塘匯作帝王宅崔巍錢塘形崛奇江水黐軼昆明池天目煙叢踞虎豹巨區南浸𠅃蛟螭突兀離宮三十六嶕嶢斜撐鳳凰曲左有錢王廟前有吳帝墳秦望何年繫鼇石朱甍碧甃煙紛紛劍門鸞拱棲霞客石鏡雲迴女錦軍翠華紫陌香堆疊復有西湖更清絕六橋兒女

蹋春歸趙舞齊謳亂煙月寶山鬱鬱特地垂鑾輅飄飄
拂天峙西看瑶閣向江洲中有望海清暑騰蛟樓龍圖
虎殿光錯落牙檣錦繡輝金牛三千歌舞朱樓繞十二
煙花夾道浮憶昔霓旌下景園千官御輦雲龍喧高皇
前幸孝皇從鳳吹鸞歌徹九天已于玉津明射禮更向
高媒燔紫煙流蘇颯沓珊瑚鞭秦家車馬來翩翩火城
繡斧騰乾坤百辟九侯不敢前君臣偷息晏江沱隔江
愁唱伯麟歌一朝元兵那可遏武林劒戟森嵯峨皐亭
山北走胡馬趙家天地如崩瓦臨安城闕火夜紅芒角
妖星紫垣下九宮壇側倏降旛洗馬池邊淚堪把牽羊

蝍壁貔虜庭王孫帝女傯漂零青衣落落三河道黃蠹
愁瞻五國城道逢父老重嘆息我視宋事心厄苦國家
興亡何代無南渡君臣直囚伍朝諛龍衮真媚狐暮假
天威爲國虎遥從奴檜迄史韓此輩秖識和親事驕虜
貫家小兒更戲劇隻手上遮天眼力公田禍黨日月昏
顛倒四海何嗟及九廟衣冠頹阜山玉匣珠襦委寒莽
淋漓青血鬼夜呼帝王頭髗紛道途七閩五嶺龍雙去
沙溆無潮萬馬孤奸臣秖死爲身計那知巢破身塗地
昔時歌舞照湖山今日荒臺淚荆棘王臣混狗不可逃
星離雨散不終朝夜月春城太師第春風葛嶺相公橋

錢塘景勝渾如昨可憐紫殿璚宮今寂寞金碗雲飛岳冢沉鐵龍岸圻胥濤惡沉吟此事日黄昏野客愁歌湖上村黄旗紫蓋繁華歇剩水殘山何可論古來皇圖委替共如此世間萬事欻崩奔君看汴嶺夷臺地惟有山僧獨掩門

石樓滄海圖歌爲史大梅廼翁作

滄山墮碧海突起白玉龍石樓嶄崿嘘遠穹仙葩吐日開鴻濛中有馭氣黄眉翁呼風震電奔紫虹少齡挾筴遨黌宮十年護落淮徐東浩氣纏胷觸帝閽乾坤索寞雙眼無窮門手執七十二朶青蓮花天風颯颯來崑崙

崑崙玉壁鐵障隣天浮上有十二城兮五樓樓翁紫髯
青銅眸散髮左肘雙磐虬蝎來傲睨青天上累月一醉
輕王侯雲中時揭青竹鞭春湖遥遥木蘭舟拍樓浩浩
歌倒視黄河流彈棋擊筑興不盡琴娥日暮來沙頭沙
頭相視凌天闕痛飲狂呼真耳熱有時或擷敬亭雲醉
後更訪山陰雪雲雪隨我行迢迢向蓬瀛我昔一泛維
揚槎維揚來醉豪士家洞簫吹遍二十四橋月烹龍炮
鳳飡胡麻崆峒之真人邀我同翁弄紫霞嗷然迷樓動
仙樂千峰萬壑飛煙沙蜀閣秋畔見顏色甕湖雲水爭
我誇樓翁樓翁滄海精有子巉巉今帝臣銅符曜日來

西極雙凫騎海軒南閩身服五花馬脚踏雲錦茵河陽種桃巳干樹滿眼桃花夾岸春瑶池宴罷群仙靈倒聆白鹿青鸞俱我親世間萬事何足陳人生肝膽非吳秦功成佇爾武陵去他日行歌天漢津

破屋苦雨歌

君不見粤南雨大作山城一月成大壑黑風三日吹倒山紫芝臺前赤龍墮邐來天道多失恒亢陽苦雨常逡廵黄烏屋角天夜泣不知何雲蔽高日窮居況我泥濘中上屋下屋皆淤濕舍南墻崩聲打屋雨點攪床刮人骨山妻伏枕中夜悲愚兒抱燈蔽書讀嗟我欲寢不寢

坐長吁但覺荒村野狐啼古木平明起視江無天千村
萬落莽滄空人煙野船走市蛟龍逐飢鳥趐蹋岸樹倒
寒士艱阻困所常老農圉頓顛沛難禁當去年過夏凍
雨麥不食今年苦水田作空復亡男兒分不委溝壑上
穹號令誰紀綱陰陽驕悍反覆何可防我聞盜賊攘戈
白晝橫石橋倒斷天無梁又聞太平十日一風五日雨
天下何處非寧土雲雷須亂瀰乾坤一自陰晦無時已
陰晦無時已毒蛇猛虎乘人起君不見五侯甲第安如
山此時流蘇寶馬清且閑吁嗟天游子汝獨何爲困泥
滓攢眉蹙額顰慘愁欲死

馬將軍歌贈都督馬公永之遼東

將軍冀北之驍雄一生報國[illegible]精忠手握蛇矛臂雙弓龍堆北踰無羌戎攙搶屢沓鐵馬風仗下磊砢皆虎熊十年棄擲復金陵天書近起遼陽東將軍生來負奇氣此行皇威萬里須整勑一自正德年來禍屢作殺氣黃雲滿幽朔前年坩肅戕中丞去年大同殺主帥今年遼卒復干紀紐軼總制如童奴大刀猛斧潢池行何况羯虜疆場外湟中兒女哭震天虎峪龍灣盡葦芥黃沙瀚海愁雲飛燕支山下無行客嗚呼國家養士須何爲白日貔虎戲爲怪古者樹險嵩紀綱變起不獨于疆場此

時將軍亦痛哭上疏直欲陳天王烽火夜矅紫荊關羽書日震黃花崗軍輓旌竿蒿欲死魚麗陣寒鼓聲絶皇天不照余之忠誠三十六萬人何爲爾君不見光弼河陽刀子儀久滯戎戍驕霆發儵然鼓地出日月光閃騰旌旄用濟梟首細柳營三軍股慄無諠囂又不見李牧居鴈門日犒麾下烹牛豚胡人不敢南牧馬士卒猛踔無崑崙樓煩至今血染箭山海稜稜壯北門從來總戎恩法貴兼濟柙虎一縱豈可治國家九關崿金湯文皇六師神鬼辟懷光何年寇渭橋頡利鳴鞭敢燕市土木風煙憾未消魚川鳥鼠今何若叱劒奔黃河感時髮上

陽七

豎馬將軍國家邊境亂如此丈夫要當報明主蘆塞邊笳日夜聲起視白狼黃龍仍不庭野雀樓船寒賊膽烏鑾銅柱終威靈鴨綠江長白山天子不勞憂閫外將軍須爾作長城

短歌行醉別駕部謝高泉

長安日暮烏亂啼金宮玉闕花滿枝周南有士髮垂耳、倒着接䍦花下迷人言卿相多年少、時俗見我皆冷笑、青萍雷轟土花裂蒯侯揷天非惡客楚人重梟不識鳳竭來且醉咸陽陌、眼前寵辱不復分、曳裾誰過王侯門、明朝走馬襄橋去、世上功名何足論、

長門行效唐初體

楊子夜夢覲上帝紫霄宫時屈宋楊馬諸子俱在各令賡高唐羽獵長門等作寤而書于此執詞各一噱

長門曉日春風舒長門閣外度金輿綉輦雕鞍光緯繾璧殿瑶房雲透徐綺櫳鸞矯九華簝寳蓋龍渥雙明珠瑣闈複道中天起復有樓觀千門裏戚里笙歌軋廣陌仙掌層盤擁城闕遥看南斗河漢垂仰視北極星辰白星辰河漢向人光𦆭幕羅襦悲夜長銅壺倒天滴滀水玉笛簌風生苑凉苑凉瓊露墮瑶井更堪闕月掛扶桑菖蒲倚墻傍宫緑流螢滿堦慰幽獨當時笑語白玉堂

七刊

今日棄擲黃金屋金屋粧成鏁自憐清歌妙舞為誰前
洞房寥落寒柝悽銅駝門外烏夜啼娟娟淚眼芙蓉徑
隱隱閑過日月池仰天召賭清虛殿織女嫦娥兩堪羨
河邊支機七夕明廣寒桂兔三秋練錦幌春飄同帶花
懸甍風墮雙飛燕燕燕飛仍到未央棲可惜花飄君不見
羅幃翠鈿為君起金葉銀蠶與君織覆盆猶得襲斜光
永巷誰來蔽高日班姬辭輦團扇悲趙女那復前魚泣
龍衮光陵燕績藜鳳曆俄驚四時易四時旗下白日閒
青宮圖史羅後先姜妃仰羨關雎戒樊后卻止君王田
褒姒舉火周灰燼塗山濬水夏稱賢此時翹思古人懿

古人榮華皆夢寐蘭膏錦舫還朱筵白璧青蠅誰道捐
平陽望望車馬高甘泉縹縹圖畫妍娥眉異情控海嶽
燭龍一線銅樓懸子夫桐栢已寒莽鈎弋雲陵紛野煙
百子池畔芍藥吟昭陽殿裏秋復陰楊柳露垂鸚鵡杓
梧桐月冷鳳凰琴已將滄海視君紀直把青松矢妾心
妾心恨不如明月但憶明月常光輝蜩鷃高騫黃鵠非
瑶芝蓊憯紫蘭蕤高臺顧賢廣餘照夢寬長繞五雲飛

觀仲將軍六龍圖歌

將軍示我群龍圖赤日慘憺天模糊草囱浪湧狂欲呼
半壁舉眼無江湖一龍鱗角崢寒日一龍噓氣雲亂滴

一龍骯髒將空搏一龍破風風横海立江飜雨倒那可當
更有兩龍何虓敵海童水妃盡悶慄天湖跋浪雲景昏
赤光壓城天爲泣鍾繇已没洞徵死何人筆端寫置此
或云龍伯國人釣巨鰲六龍奮突蒼天高滿堂挂出雷
怒號四壁颯颯生秋濤靈物現怪類有以萬里榮光現
成紀世間萬事無僞眞鮮轍斗水亦有神九重不見南
陽招白日誰令群龍庭將軍此本從何得五花一擲風
寘寘龍堆胡關鐵馬塵荒茅鷄犬不得寧淮湖赤旱波
流血盜賊攘臂胡爲群平生好龍豈葉公轉睨龍圖無
限情

魏大夫行 贈魏及齋廷尉

魏大夫偉才骨鯁天下無少年獻策雄皇都聲華出入承明廬峩冠吮日金門赫峻節風威雪嶠孤閩海只今挾雷電總馬騰鞭朱雀符路傍人指福星過褰帷超野窮猿呼刑獄邇來失鑿勑法官要自風摽立彤庭豸綬霜稜稜手攬日月迴陽春奸胥鉅猾那敢覷砥柱倏轉奔滄溟是時海內苦荼毒錢神刑弊民魚肉撞鼓考鼓轟河濆饕餮爾輩群稱能羅鉗吉網滿天下乳虎蒼鷹何可聞天子黼然黎庶恤大夫捧詔令南國徙行開萬里雲海東那忍宼娶哭紫棘雲司白鵲巢召伯到處

棠花綠泰山猛獸弗敢雄古有咎繇今于公皇明已解
成湯網周室終收刑措功魏侯由來忠膽健抗封幾就
蓬萊獻十年回首滄江濵白雨青山自河旬邂逅决獄
眞有神普天薄海濡皇仁寶刀盃酒義氣親長虹紫電
麾斗垠男兒得志報天子汎掃六合垂鴻名

丹桂行

嘉靖辛卯夏四月學宫桂花盛開議者曰是
科當有偉人者出昔文敏國初發跡時學宫
桂花亦然時郡兵憲張圭山公暨楊陶園田
一竹諸大夫咸聯圖賦之楊子感而作歌焉

王光吐日青葳蕤廣寒桂樹幾樹閩巖隈芹池四月春
巳寥桂花亂滾如雪濤三十六宮秋氣豪寒香颯颯天
雲高造物每弄奇英雄邂逅一遇之我昔曾到廣寒闕
廣寒仙子眞奇特文彩相看雲漢長兔魄金精俱失色
人言此花昔開時文敏傑出天下奇三朝元老山河鎮
四海勲名草木知昔花此日華茸茸令人古人旋亦同
窮途飄灑鳴英風靈物崛起當人龍君不見昭烈羽葆
桑阿堅五節蒲渤海瑞柳標高頻錢塘錦樹將軍呼古
來賢達類如此邂逅豈即非皇圖世間萬事非偶然草
木榮落多象賢大人虎變人不測尚父終童豈論年梅

槺度江竟梁殿五柞磐雲還漢苑即今寰海民生欸坎
壈桂乎桂乎汝能同鹽梅可調鼎

潛江吟贈初子旦還楚

少年挾書劒浩氣横天垠半生落魄旋埃壒上天生我
八尺身男兒胷中有寶亦不貧感君意氣與君親看君
學識非凡倫東懸氷鏡梟鸞分即今同學涇野門鳴鋏
把臂泣神鬼高談激論廝乾坤排雲幾上鳳凰臺覽古
或吊盧龍墩典衣縱酒不足惜日月隱隱去我如雙鴻
憶昨同醉長安東長安市上琥珀濃槃筑荆卿竟何往
彤墀車馬摩春風布衣不得干紫宫我欲上書誰爲通

君也返棹令江東道路何必傷秋蓬仰天長嘯天且雄
遼廓萬物俯視俱在吾眼中男兒得志便作東山霖不
然聊且隱卧南陽龍風沙歲晚送黄鵠自古天馬麒麟
不碌碌初潛江汝莫敬名利關亦毋或墮玄虚藪世間
萬事如飄雲昨日破產今何有得錢沽酒聊復歌洞庭
春水還可作春釀年來一舸萬里紫蓋之衡峯與汝且

訪濂溪叟

武穆吟

余庚戌三月南歸謁岳祠夜卧湖上隱几間

六橋月澹澹平鋪孤山一帶煙氣恍惚見武

穆雕戈白馬南來對余忠憤義氣橫生相顧
愾然余夢中不覺嗟惋寤而作此寄歲月一
嘆
岳將軍義氣隊雷雲金肝鐵膽身絶群沙場百戰垂鴻
勳公家貔虎真健特誓作王臣殺強賊剛刀猛斧摧太
行兀朮諸胡驚褫魄朱仙落日戰聲苦諸公直欲痛飲
黃龍府如何一日金牌宣百萬生靈委驕虜兩淮父老
香戴頂我視宋相何其忍殺飛三字冤魂獄俊姥尚奸
爾同柄岳侯死恨遲二帝無歸期中原版籍丼戎狄九
廟泥塗心怎欺人言高宗何太愚長城自壞真可嗤和

親兩言誤却宋釀禍偷安空汝爲萬里龍蛇作雙櫬老江左樓臺今野草傷心千古北伐旗冢木尚護南枝鳥將軍一死憐鍾室五胡雲擾嗟何及孤忠顯慘胥濤赤棲霞嶺祠兵甲號五虎橋頭狐夜泣秦奴秦奴爾大横岳家父子誅何名君不見冤李綱死宗澤此事從來冤莫雪奸雄自古何代無白日反手天模糊格天紫閣走神鬼偃月銅駝驚夜烏是非千載東流水社稷坐視板蕩誰之辜嗚呼將軍今已徂遺憾匡山江月孤

醉歌行簡謝梅岐效李賀體

義和桒車鞭海走鄧林夸父渴南斗白老誰留金屈卮

春蠶愁結紛難糾媧皇補天石不頽岐陽彩鳳爭光輝
寶匣夜夜玉龍咽白帝下視眼垂血張華薜蠋久重泉
豐城雷火土花裂駑駘轢龍挾玉飛紫燕太行躋欲瘦
角聲軋天雲景愁湘妃鼓瑟江復幽渭川老漁釣竿碎
西山餓夫虀腸苦紅纓寶玦誰家郎雕鞍叱下氣如虎
塞翁失馬騎鹿迴天公小兒逆難揣子夫舊日平陽妾
朝來紫繡青宮列吳歈趙舞春風紅玳筵席畔生顔色
蒲萄酒熟瑪瑙傾龍䴥向人醉眼横商歌鬼哭星斗黼
西巖月冷江城白

古逸民行贈宜齋舒翁

鄱陽隱君子宜翁古貌古心清脩卓詣嶫然
有古逸民之風其子厥孫鄒江徤菴咸接踵
科第有聲于時余嘉焉爲作古逸民行贈之云云
鄱湖倒走八百里區廬上矗撐雲煙中有隱翁潛其間
霓裳羽馭颯颯大古前五月揮金不復顧十年種玉來
芝田散髮號雲在林藪蒼梧玄圃長周旋右挾廬敖左
韓終我知此翁心無窮閒來海上歌白石歲晚山中鞭
紫龍余亦蓬壺舊玉童昔年曾侍玉皇香案紫霞之洞
中珊瑚赤羽青竹鞭一謫人寓三千年仰翁行義神稟
然何年爲買廬山駕赤脚便上鄱陽船白鹿洞口相連

翩請翁斗酒開愁顔男兒未斬青海戎且脫羊裘伴月眠翁今有子爲帝臣白日手掣生麒麟裔孫復作青瑣賓冢冠鐵綬霜稜稜身騎赤漢提機衡翁家蘭玉盡金紫孝義高風動天地鍾鼎山林道所存朅來浩氣轟雷門鴟鴞腐臭那悲詫祥麟威鳳鳴乾坤脚踏燕然凌紫闈人生瑣瑣不足論着取飛雲駕黃鵠與翁浩蕩游崑崙

天游山人集卷之五

天游山人集卷之六

建安　楊應詔　撰

五言律詩

江上遇張秋渠侍御殷白野吏曹叙酌

登艫酣素月、霜燭華翀翀、獨檻烏窺席、寒汀秋弄人、暫別雲霄侶、還應菰葦親、滄洲今何夕、念子轉傷神、

九日游西山道院柬劉子陽

幸徃徒能憶、秋深病轉哀、不圖青女節、復對黄花盃、去國兵仍亂、懷人鴈未廻、離愁那可俟、猶共暮雲來、

別王洪宇之守漢陽二首

木落秋已晏天風嗥遠空北庭初下詔南楚得文翁手

叱五花馬身騎赤玉龍理閒別有作何日祝融峯

漢庭思碩輔胡爲君遠行森森三閭國飄飄動我心省

稼還荆口看雲入漢陰感時覞銅柱因唱武昌吟

泛九曲訪止止庵由卧龍潭西下

春入武陵路千峯散彩霞野心宜瀑水生計詫胡麻逃

世方隨鶴問程猶憶家漁舟迷遠近何處有桃花

山庄即事

世情多曲折田家無是非日昃荷鋤去閒來看鶴飛野

水明星棹春華湛客衣巖居頓以豁幽賞憺忘歸

謁嚴陵祠二首

倚檝嚴陵瀨，登登富春山。白雲去不遠，千載有餘閒。漢使形臺上，羊裘石室間。幽懷聊天地，獨鶴幾時還。

片月挂寒砧，秋煙澄碧林。我來漢鼎歌，獨眺古臺潯。諸將寧龍躍，先生豈陸沉。扁舟方遠去，出處未論心。

道金華訪陳雙山明府言懷

握劒不忍別，況忍別時歌。白髮交情在，青山故郡多。秋寒澹芳蘋，夕霽明綠莎。蘭江有明月，相憶心如何。

湖上

窮年傍水國，一望林煙蒼。暗槳飜愁色，逃空獨醉鄉。壯心能劒舞，短蓬入雲凉。且未尋源去，吾無學楚狂。

山中留王大僕東臺叙酌

逶巷無人至，荒郊空復村。雲閒良可侶，道在欲何言。長日琴書罷，寒堂歌舞諠。西巖月欲上，送客出柴門。

出郭二首

屏斥時將晚，迂狂世寡儔。澹雲猶照水，踈月故移樓。靜中觀物智，閒處買山謀。渭川有釣叟，吾意亦漁舟。

微風輕鳥過，斜立晚凉時。咲結煙霞侶，時來江海詩。逃世豈余分，樂天奚所疑。十年弧矢意，白首淚交垂。

夏日似樓松亭留别張星湖

暮春共京邑，首夏旋吳城。斗酒林中語，孤艘江上情。偶來蘅麓伴，況與白雲行。巖鶯知客意，欲別故啼聲。

新築遐觀亭白鶴山中作

窮年甿荒野，五十尚無聞。不逐煙虹去，誰知世徑分。寒城愁急柝，海浦但流雲。荒迷方自嘆，徙倚欲何群。

觀雲池上夜坐有懷涇野吕師

白首道南寄，捿遲亂遠思。閔回真好學，淵雲豈云奇。月寒垂釣際，天清隱几時。獨領風雩趣，行歌誰復知。

白馬湖阻兵旋舟淮南旅寓簡王一山

鼓角荒城暮，寒潮入望虛。明時今若此，歸計欲何如。霜

鬓愁中盡、鄉音病後疎、守株吾未可、去老越溪漁、

秋日祝仁齋史大梅盛文湖馮斗山諸公過訪

西竹山中留酌二首

短日竹林宴群公駕鶴來月寒城遂起秋晚菊花開引白頻看劍驚時更上臺相過未云醉繫馬獨遲迴

散地方高卧無媒草徑深不期金馬客言醉碧霞陰淡月生暝浦微歌動遠林天台夙所約何日重談心

高郵湖夜野眺同俞南石諸子

晚日菰蒲暝長天去鴈高醉懷還自健游子寧知勞汀穽漁父寐雲裴山鬼號故園今夕月誰憶在蓬蒿

早發龍江鶩楊子風颶大作舟幾危矣尋稍定

晚泊甓燕磯劃爾言懷二首

晨路雨未發，青山纜更牽。岸圻疑墮馬，風颶欲橫天。江漢煙鴻急，關河魏闕懸。時危覘龍劒，漂泊爾何年。

逐逐古河濱，遑遑欲問津。驚濤慎巨壑，落日愁遠人。時難思避，怪家遠鷺鷗。親怒來還擊，揖艱折誰爲陳。

秋日西竹山中

晚家茗水上，散髮但江濱。無事聽鳴鳥，占晴任野雲。憂來時起舞，老至況離群。綠蘿今夜月，曲罷欲誰聞。

懷王山侵晨道中

江晩月華沉、孤城歲已陰浮生半枯槁、十夢九山林鼓角天中暗、梅花春後深、客情良自苦、况復遠遊吟、

梅巖觀丁戊山人壁題紀懷

羈孤事已往窮年憂轉紛雲霞廿作客江海獨憐君林閒僧共老地僻鳥何群落日仙歌發懷人未遣聞

留別何子孟倫二首

都門一握手瀟颯壯心驚春風懷楚甸何日訪吳城感之雲間鴈悽其川上萍相將詎爲別寧憶中林行

短日長途上清霜未授衣徘徊瞻瑣闥寂寞復林扉時清恩焉極途窮客多違請問雙鳧履何時復北飛

春盡過任城作

途窮愁轉劇，老矣欲焉求。地僻鳥希侶，山青月近樓。悽其百年身，況復千里遊。還家何意晚，無處不悠悠。

謁胡文定先生祠

一入興賢里，儒風仰五胡。高賢疇昨，吾道日何孤。庭雨寒松勁，沙陰老鶴呼。徘徊增嘅感，脉脉愧潛夫。

贈周對崖還廬陵

林居嘆物化，霜降夕流清。脉脉懟吾道，悠悠恥近名。苦學心未已，懷時事轉驚。滄江落日處，握手何能情。

燕臺别友人之廬山

春氣柳陰微狂歌未覺非君今白鹿去余亦滄浪歸蹇拙徒言命漂零詎濕衣桃花南渡口日暮向柴扉

京口會梅墩

出戸寒星動整衣春露緐况洽素心侶悠然懷故園水容娱過客野色上征軒平生多少思對爾不能言

吴貞石來訪華陽山中留褐布相贈奉懷有作

相看兩不語相對有青山江海還公等林丘得我閒孤槎星漢上雙杖水雲間莫謂蓬壺晚猶當跨鶴還

老隱計終拙懷時思轉凄偶隨五馬去閒到竹林西郊閣鳳鱗遠兵戈虎兕啼風塵淨何日遲子訪樵溪

春暮同友人歸宗送客晚放舟東下

亭亭憐歲晚、脉脉向春華、不忍聽鶗鴂、相將擷柳花、曲渚雲留客、餘生酒作家、夕陽山更好、歸路又乘槎、

盧河月夜有懷謝子少嵩

相失燕臺北、相憶長河餘、林寒春夢杳、世難客情疎、少室豈終隱、鹿門時著書、病骨京塵暮、何人薦子虛、

燕京天壇寺別許古墅

軒車促明發、閣道紛塵埃、猶憐山海興、還上斗牛臺、去國黃花咲、懷人白鴈來、離寬渺楚越、相望各徘徊、

庚戌還山有述

躑躅旋燕甸棲遲復楚州還將金鏡策去作白雲遊世難嗟兵馬途窮看斗牛凭欄今白髮忽忽不能休

丙辰南還山居雜興四首

金殿意不恊歸來隴畝餘且作蘇門嘯豈著虞卿書驅犢還耕稼看花或灌渠隣翁休錯訝吾意已樵漁

息交在林藪累月不出門醉懶青藜徤吟多白髮繁谿雲良可侶山鳥欲誰論呼兒速玄鶴明發過崑崙

載酒竹林下携雲草閣眠羈心隨去鳥短遂入遥天釣舸今江漢衡皋長歲年問奇多過客莫訝有吾玄

家住南山下山氣日夕清未老寧揹世長貧得此生巖

華拂檻落林犬傍人行灌園吾自得聊適物外情

自傅巖廻虞芮道中次吕師詠

歇馬隱賢社社南梟鵰多落月響空山天風漾微波商霖不可作周道徒復歌蘋花醒客眼日夕柰愁何

道毗陵重訪唐荆川不遇晚謁龜山坡翁祠寄

懷二首

寂寞復故里行歌過吳中吾道乂巳寥佳人不可同幽華明石渚獨鶴下雲峯偶對一樽酒憶子意何窮

歲序巳云晏層臺夜沉沉睠兹靈隱地知君道者心池蕖明夕霽雲磬飛秋陰瑶華不可得悵望返中林

登鰲峯觀石壁詠紀懷

洞刻古苔濕，乘閒岸幘遊。荒[illegible]悲遠望，久客不知秋。雨急鳥迴席，江寒天倒樓。高人已何在，猶見昔風流。

天眞陽明書院二首

余夙聞天眞山水竒甚，山多石，石竅皆玲瓏。丹碧色書院當其中，左江右湖。余辛丑南歸，舟泊江滸，日西矣，急走觀瞻謁，見沙月半湧，來自松梢上，野曠天空，隔溪童子謳絃歌，犖犖猶恍若良知遺響在耳，更下廼登舟去，作此寄東郭鄒師，因柬王心齋、徐坡石二子。

辟地復松扉、千峯對夕暉、楚雲連野濶、湖影接天微、偃仰莊生達、徬徨蘧叟非、茅堂俯巖壁、兀坐意忘歸、

野性便幽棲、尋原路轉迷、偶茲滄石望、猶自白牛溪、渚葛忻寒綠、山鳩作意啼、我來懷不淺、獨立萬峯西、

即事

朔風吹嚴霜、野落木葉黃、荒村無寒煙、鬼火燒白楊、遺民盡醜虜、落日照漁梁、憫世封疆思、豪歌淚幾行

寄方平洲

幽棲却無事、長日下江村、白鶴意猶我、青山道獨尊、看雲還整駕、采藥欲忘言、不識濠梁客、何時過鹿門

大行王歲黃子過訪留酌觀雲亭二首

抱瘵方林卧相過永日餘君今趨瑣闥知有治安書虎節使仍遼龍驤兵未驅請纓誰氏子魏闕獨踟躕

迢遞王程急蒼茫秋已徹懷人動幽思騎馬到山扉清世愁俱寂衰顏酒欲頹還看歌舞罷日暮碧雲飛

由萬峯亭過一覽臺曉望

林卧景云晏朝來促雲行長吟山鬼走短褐道心清屏跡方多事逃空得此生西巖有高躅咄咄以含情

大風泛寶應湖旋舟寧國寺晚望廣陵茱萸灣西下夜泊

春江棲客望但覺暮煙横濤浪飜銀闕雲霞湧赤城誰

便騎鶴夢余豈羨魚情片舸鯨波裏微茫事遠征

途窮益增慟歲晚欲何投豹谷煙暝月、龍堂雨夜秋世

情空白髮吾道只滄洲、不及鴟夷子、飄飄天漢流、

懐念菴子

南州羅仲素大雅獨憐君白日羲皇上青天鸞鶴群物

外已忘言山中捐世紛何時還白鹿同汝看江雲

出塞曲送郭將軍二首

萬里提龍劒三秋赴交河白狼孤壘閉青海暮雲多羌

婦吹蘆葦胡兒擁駱駝功成擢大將凱奏定如何

勝伐忻銅柱將軍出武關窮冬還絶磧匹馬更陰山漢月邊笳慘胡雲殺氣閑河清是何日斬取月支還

九日同友人飲丹青閣晩望紫芝巖西下

習懶閒無事陵虚更有天偶來雲卧處相對意悠然林影悲寒角山風吹釣船飄揺猶未已去去攬梅僊

丁未泉南道中山漲月海雨行紀懷二首

雨逕秋且滑寒濤撼荆扉洞吐爭水渡野艇趂潮歸入海誰繁艳看山更遠暉客邊愁緒亂竹露夕微微

末路祗衰颯軺車去難攀蒼蓬寒帶雨海氣夜沉山獨鶴瀰雲下飢烏何處還包胥方慟哭七日向秦關

盂城聞寇放舟至江陽晚憩有述

一望維楊郭、滄茫去難分、江橋春罷市、海渚晝生雲、野白便林酌、城荒但鴈聞、鳴鉦入夜急、何處又屯軍、

贈高星士之燕臺二首

白日下滄溟、漁舠入手輕、赫風高桃便、春浪晚山明、去去鸞湖客、凄然魏闕情、行藏吾久忘、不暇訊君平、

閉門已多恨、春至尚離憂、海華明客棹、朔風響空樓、川途徂泛泛、天道暮悠悠、安得騎玄虹、從子俱遠遊

蕪城留別關西諸同志

歲暮轉行役、霜降夕露微、滄江一以眺、吾道孰云非、野

火驚城柝天風吹客衣凌高憎落木不謂送將歸

雨夜

更闌蟲尚鳴急雨撼江城蹇難人何處風波夢亦驚青雲時未得白髮坐來生展轉懷兒女天涯何限情

武夷山中

少小慕僊侶長游鬓已班悄然白石唱又過紫雲關地僻意俱[illegible]林空夢亦閒揭來騎煙虹薄暮不知還

燕臺春暮會葛新裒

遥遥涉京洛悠悠曠襟期看雲時遠適得酒輙自怡歲晏蓬科轉天清霜鶚遲無能懷魏闕念子欲何之

已亥中秋華陽山中對月詠懷二首

暝色起遥岸寒光澹幽廬偶玆山水間不覺人世踈谿猿繞樹白銀漢飛窓虚寂寞衡門子虞卿方著書

野燐光碎地絕勝是今宵莫辨蟾蜍影徒瞻鳥雀橋林寒風墮鴈江濶月通潮不寢驚城柝何村起夜樵

春暮江上言懷

落日客心懸春江興渺然棲遲猶爲道蹇拙任吾年戎馬煙花夕關河涕淚邊平生徐孺子絕不受人憐

秋興四首呈渭厓東橋二公

秋日湖南詔遥傳干羽征兵瀰三楚路雪牗九江城鳳

輦驚鴻號龍旂觸斗横周王有雄畧萬里倚戈行
歲暮還爲客江城亂未休群侯紛白馬大將擁雕裘盗
賊日閒熾邊隅誰荷憂羽書急漕輓愁絶仲宣樓
烽火曜長安粤都今將壇不知金壘道那閉玉門關象
魏雲初歛鑾江風正寒占城饒父老何處望王官
法駕汾陰日天行動羽軍宫壇朝簇仗郊樹暖侵雲秖
見豺虎鬬誰迴鵷鷺群聖朝新禮樂寂寞長卿文

湖上晚酌同古冲方伯南新諸子

不識東林路春游到幾峯雲深巖翠濕谿暝露華重斜
月談心逕青山何處鍾相識不爲樂良宵詎可逢

哭大學士龍湖公二首

庚戌春二月試罷余謁公長安邸中公閱余諸製作未終卷驚嘆曰子天下奇才也而潦倒場屋如此余兩典文銓子不遇何也雖然子服田者耳然子不勤耒耜時或操斧柯而山弄釣綸而水作漁樵業農事荒矣何望有秋乎子勉旃余看子他日終當大有聞于世時顧珠崖公在坐因相與嗟慰者久之嗚呼今公亡矣俯仰天寓曶曶有懷作此吊公爲海内知己一慟

悲風號大漠却望堷沾巾江漢嗟浮客乾坤失老臣朔北軍輸擾河湟虜騎頻誰當疏國事痛哭向楓宸

龍蛇歲云厄鵬鳥運難移莫測皇天意眞慙國士知楚臺烟雨夕金匱謀謨時不見西洲老長謡涕欲垂

夜過東林同賓上人

玄夜散清景神閒道性深自來松下酌兄聽丘中琴月嶠澄秋霽祇園酣夕陰快遊足以樂放懷因永吟

恩榮永感卷爲赧石梁侍御公題

朧木風不已皋魚今白頭君看茂陵涕猶挂白雲秋龍誥仍冉極銅駝想舊遊蓼莪終古恨却與越江流

癸巳清明修先毋墓立石

瞻雲忽黯慘登山烏鵲悲冢徑欻彫落牛羊知是非寸草三春日蒿臺萬載碑平生季路意痛哭欲何依

謁文敏公墓二首次江午坡督學諸公

昔過僕射陂今拜相國墳玉關天地杳金匱山河存代北風横馬交南海不雲今日燕臺將誰驅十萬軍

古木嶒雲杪英雄氣未消謁來懷古意聲望見三朝虎闘經綸略龍庭甲帳高平生韓魏業遺恨浙江潮

白下别徐子拱歸晉安

抱療方謝世端令增離憂寧知滄海夜復此仲宣樓故

國憐書劍長江看斗牛榴花金粟隱遲爾東陵侯

宿福山寺荊川晚過叙懷

夜深鈴殿冷露滴梧葉微殘霞拂秋空雙林澹月扉自憐虓靜僻何意與時違天花相對瞑咄咄欲忘歸

江夜有懷張子言山人

何處最相憶西陵一片雲當時醉玄閣此地若爲分一別三春餘頻宵或夢君相携更何日去訪白鷺群

梅仙山

梅福漢壽春人嘗抗三疏于朝元始中天下亂一朝棄妻子九江去世因傳以爲仙後有

人見福會稽者不知所終建城南故有梅仙

山秋日登眺慨此有作

抱甕且松門長風吹歲晷誰挾紫芝曲遥過白鶴村世難高賢逝臺荒古洞存曇花與川鳥相對復何言吳門吹笙去越徼乘雲行千年漢史傳落日空山名丹竈煙雲暝鸞江日夜聲仙蹤不可問徒使壯心橫

別孫子玄石之長沙

楚騷恨猶昨黃鶴盐沾巾滄洲春意滿綠樹為誰明草澤飄爲樂漁樵更可親從汝湘纍去無云吊屈平

孤山謁和靖祠

暝色漾遥空攀蘿陟層峯竹癡何肖我雲懶不從龍剩欲投竿去相過問遠公踟蹰方浩蕩㫚㫚宋陵東

胥臺訪文衡山不遇寫懷

遠烽乍可見差池螢亂飛澄江初月生踈林憺鳥歸且復琴樽語寧知世路違落葉暝巖色幽人方掩扉

戊午春日西竹與梅墩子觀梅對酌

玄境春突兀幽思轉堪嗟世上誰知己山中有歲華出浦雲呼侶談心燭又花孤愁吾已老何惜醉煙霞

天游山人集卷之六

天游山人集卷之七

建安 楊應詔 撰

五言律詩

采石謁謫仙祠二首

懸濤三十仞危閣倚幽潯尚想騎鯨客猶遺裒鳳音夜郎天更遠華渚歲還陰讀罷井泉賦飄然沾我襟

扁舟方遠適揺落復如何脉脉渭川叟凄凄江漢歌時清兵尚亂渚寂鴈頻過白也風流處寒雲向晚多

早發凉山由虎頭江西下

撋蘿星未徹過浦路猶分短褐一蓬雨寒江五虎雲旅

愁存世難鄉夢轉秋紛歸徑煙霞暝山香處處聞

秋日偕友人登梅巖晚還宿湖陽環山亭中

辟俗厭多事玄居方翠微爲尋林下約或叩雲中扉水鸛窺人過田蛙觸岸飛隣家有羌管漁火夜深歸

西苑六首效唐初體

金拆九霄靜銀河三島浮春陰團虎殿波雨撼龍舟勝地應歌舞清笳端袞旒卄泉横吹好瞻切暮雲愁

芙蓉南内道楊柳曲橋通羽士誰調馬鑾車勑射熊鈴風大液棹鶯語上陽鍾向晚天陵望偏成五色龍

玉樹煙花日群官簇仗齊露臺渾斗氣仙掌直雲梯雁

沼魚龍靜鷄房虎豹啼遥聞更符儆早晚羽林西
漢苑青丘麗周王絳殿遥風塵仍鼓角日月倒江潮巖
閃金光洞春分王女橋蓬萊有仙樂沾灑更丹霄
遲日誰芳浦層城紫禁幽殿臺低野碧河漢拂雲流寵
鶴憐歌席宫花自御溝勝朝多故事猶墮晚粧樓
鳳腋通仙府龍樓繞石堂白狼來絶徼金馬耀明光步
輦朱纓列天壇翠羽張君王好雄武長日賦長揚

癸丑同友人出京邑感懷

束髮抱微向老大今如何旅鴈客情澹清霜秋鬓多關
塞時聞虜朝廷誰請戈無云白馬令去國巳蹉跎

九日天界寺萬松庵頂同果上人

短裘聊水國白社淨金天傲遺物隨性支離我亦禪天
風散海濤雙樹楊紫煙間從支遁去月墮虎谿前

廿梅墅都閫晚留酌玉仙堂紀懷二首

晝角淨寒宵沉吟思轉遥樓臺谿月小鍾鼓玉堂高殺
氣驚燕塞秋風動虎橋感時殊未已況對霍驃驍
歲晏倦登臨寒城秋已陰屢來青石澗時有白雲心野
拆龍濤沸荒宫玉漏沉無言更樽俎颯颯夜堂深

寄少華山人

青山墮白帝玉華照金扉游子揭虎囊長歌行采薇蓮

臺三珠流金闕五雲飛請語雙茅龍何時復西歸

西觀餞林石樓赴闕二首

白日忽墮地駕言逝黄河偶携紫鸞簫送子青山阿鰲闕隱天仗彤樓擁玉坡臨風雙龍劍惻惋心如何

別路今駝浦秋深復鳳城風煙懷國涕江海故人情丹禁誰鵷鷺金吾且旆旌董生抱經濟萬里向承明

雨花臺同林旗峯北部

斜日鍾陵望天花散寶墩林風虎氣吼春暮海濤昏晉闕隱幽寺秦淮帶遠村頻來堪吊古不爲訪空門

臨清閣野眺

風塵無日凈晩坐林塘幽霜氣禾空野天寒雲斷樓莊
生悲北郭尼父欲東周誰識青山夜長謡故國愁
林卧鳥聲寂踈簷葉陏風春懷常斗北野夢半山中石
徑泉雨飛籬落曇花紅時艱愁未可去逐鹿門翁

春晩得涇野吕師書紀懷

抱病苦林卧春鴻復遠聲風煙千里面吾道百年情蹇
瘠悲原憲依宗有伯淳關西山斗在何以慰生平

北坪送查近川

煙塵望未巳彩鷁暮江紛五月凉風發滄洲獨送君珪
璋方魏闕戎馬更胡雲看爾登臺日還傳諫獵文

秋晚入江郎山訪周用賓先生不遇

曉徑翠參差山風松正花如何青鳥使不見碧雲家久病野心寂長鑱暮雨斜相思眇天末何處詫流霞

旅懷四首

魯連非辟世阮籍祗窮愁客路青陽逼家山黃葉幽風塵仍劒榼身世邪公侯父子天涯意相思薊北樓

一第他鄉隔孤蓬趂曉風客情春潤樹國事朔雲鴻命薄祗家蹇時難堪路窮鶺鴒何處語悽惻暮林鍾

骨肉阻沉溟天涯去鴈聲風塵今夜淚獨灑九江城隴木溪雲急隣烏夜月驚臯魚何痛哭倚鋏嘆吾生

伏劍頻來越嶋橈復去燕春陰淮浦道細雨柳花天歲
月心何苦關河信不傳故鄉誰甲馬愁墮晚風前

壬辰春暮曠思伯席上叙酌因簡馬子孟河

寂寂燕山道轔轔車馬紛客身愁處酒歸思日邊雲聖
世那棄物高才終有聞吾寧效阮籍子莫説劉蕡

歌風臺

江聲吼大澤雲物動高穹白馬丹青壁靈蛇草木風斷
臺猶王氣遺廟只凄鴻萬古英雄跡山河涕淚中

春煙迷故輦野日照荒碑金鼎人蹤寂銅駝鴉夜歸韓
彭豈負國平勃意何爲倚馬炎劉事長楊今是非

贈憲伯百川張公之滇南

野戍斷人行飄飄況遠征殊方還虎節何日取龍城燕徼風雲異蠻荒殺氣横感時須吉甫歲暮轉含情

悼林石樓二首

聞汝厲南去十月湖水長誼意湘潭棹翻令鵩鳥傷蠻煙荒古寨林吹繞横塘落月滿庭除念子復難忘

淼淼延陵樹悠悠寒江流末俗久已澆斯人不可留猿聲耿長夜鶴唳易深秋況慘山陽作潸然益我愁

旅泊同潤溪子

晨征星已稀暮宿螢正輝圓月澹清漢殘霞輕掩扉客

衣徒自潄游子久不歸安得雲中鴻相逐向南飛

寄王龍江地曹

昔別是何處相看淚滿衙高秋金谷宴十載治安書江海寬疑斷風塵計轉疎平生楊執戟重肯念相如

紫騮馬

金鞍照玉驄出入天寒中青鐙紆長氣朱汗鳴悲風倏巳來吳坂還復過新豐知音苟不存棄擲當誰雄

謁陳少陽先生祠

長劒俯巖阿危樓覆曉波獨來開吊古傷感復如何社稷誰九鼎乾坤失兩河向來憂切疏忠憤見君多

斜日丹陽路，暮雨煙霏微。東市遺寃寂，前朝楚水非。金戈曾報主，白簡獨沾衣。舊國重雲裏，啼鵑何處歸。

滄洲

溪柳簇雲暉，汀鴻高下飛。滄洲猶自適，五十不知非。歲月天邊客，行藏江上薇。半生誰戀國，痛哭欲沾衣。

重過虎丘寺

杖錫來吴市，排雲更虎丘。風塵仍客眼，江海豁春愁。怪石禪床古，龍池劒氣幽。生公遺法處，獨看雨花流。

聖覽亭吴東蘭同陳雙山明府餞酌二首

金華山水郡，作客偶經過。煙霜來市少，鼓吹入林多。山

看出中膳夏雲聆庭柯因君覔玄理日暮復如何
客裏何所適置酒臨高城故人有佳興鐃歌發壯聲亭
陰孤鶴翔林籟寒波生飲罷且復去展轉未忘情

寄從吾雷山人

璜溪有逸士，屏跡凌天濆，地上黃石編，山中白鹿群，時
時欲問道，日日爲思君，不識王喬駕，何年棄彩雲。

濠上旅思

旅鬓驚時改，菱歌動夕愁，蘭陵今夜月，目斷楚江頭，謝
客閑多事，山翁醉即休，長干春更好，去作習池遊。

湖陽環山亭初成言懷

建多川嶽勝處西鎮天湖陽有白龍蜿蜒數
百里東來下𨞬平洲曠莽翠巒峻峯千萬疊
陜溪羅拱内向余祖塋適其麓歲時翱登心
膽奇甚嘉靖戊申七月鑿方池駕環山亭其
上旋以竹卉石几左有喬木數十章余暇出
遊迺招白雲野鶴共倒醉于此俯仰今古時
咄咄興懷有述
躭幽事原衍倚眺復山扉乍喜郊園緑𦂳憐心賞達川
禽佚幽性林華閒朝暉陶然西嶼畔日暮未能歸
散地不自適徬徨水石間暝煙澹寒林殘陽渡遠山采

苓衡鹿下薄暮野雲還徒然忻物賞徙倚復何言

山陽留別章桐山

吾老將焉託窮年悲轉蓬[illegible][illegible]行[illegible]媢短劒欲誰雄天
潤還羇鳥時艱想卧龍獨憐綈袍處君有古人風

秋夜鷄鳴山中聽顥師彈琴同新褱大梅秋溟

紫峯諸子有懷二首

朱絃餞古思夕霞皎餘光師襄騎野鶴隨我下滄浪病
瘠憐歌短愁多知夜長遺聲不自已江上月蒼蒼

山居聊求夕相招託鳴琴商風秋意動槐葉朧雲深抵
向竹林卧愁來梁父吟不見南華子寥寥傷我心

首春魏及齋廷尉見訪西竹山中

草徑雪還暝桃花春始開幽林無客至白日駕雲來谿月澹在浦江聲寒滿臺相過無一事閒話草玄廻

淮上即事二首

窮歲漁陽北遥傳殺氣紛羽書飛瀚海鐵騎繞燕雲控扼關城險風沙豺虎群漫天鼙鼓急誰起郤將軍

祇訝軍麾動猶憐邉報稀元戎分鈇券内侍仗天威塞馬遼江凍湖城朔日飛萬里安南使流民歸未歸

牛首同中丞東橋公大常吕師

幽尋轉深入石室夌天開寧知白雲窟復有卧龍臺江

曉天花落林空溯鴈哀冶城春可醉兀坐意悠哉

丁巳中秋與少崗林復齋夜酌雲亭池上因憶往時偕稚川初泉曉醉雞鳴東林登塔頂眺大江有述

透逦披石磴招摇陟雲峯我來白露淨月落青山鍾秉燭催花語酣盃歌劒雄玄心猶未巳又過鹿門東不到東山久長歌北海樽艱難歎世事懷抱與誰論王闕看天柱巒江撼海門白雲知不散猶自月愁村

武林留别安成諸同志

雄劒鬱參天湖光縹緲間君看金牛臺何如白龍山蘭

皐谿月迥雲浦客星閒未擬苕溪去高歌天漢還

寄懷督學介庵章公特聞歸致自關中

去國寧辭淚、瀟條倍爾思、風塵孤劒在、心事暮雲知、白羽邊城箭、青衿棫樸姿、如何謝太傅、却掃盛明時、

哭西吾兄將軍詩三首

北伐龍蛇歲南屯虎豹軍殊方驚汝没淚徹九霄聞棣棣萼族凰麟空故群江門嗟我老白首暮停雲

寂寞復江汀東湖誰哭聲風塵豺虎恨天地弟兄情歲月關河阻邊隅甲馬橫無因將絮酒悽絶晉陵城

大樹雄威在青雲短劒存幾年防海戍百戰走花門鐵

券皇恩重金戈朔氣昏吾宗袛淪寂何處問乾坤

春日西津別業偶述

野外罕人事歲晚霜氣頻閒隨樵牧去日與魚鳥親帶月還乘艇斸雲正及春浣花吾老懶不愧草玄人

贈周進士仰峯北上銓曹二首

賈誼上書日終軍棄繻年古人有奇節邂逅見君賢草榻江湖遠雲臺斗牛邊相思未可極慷慨睨龍泉

歲晏雪漫漫離艘更遠灘梅花客中思春雲江上寒禮樂忻時盛兵戈方路難看君抱雄畧走馬向長安

中秋大常同聶順菴夜坐有懷何栢齋馬谿田

諸公

南樓清景夕隣邃誰家閒客裏驚逢節林間閒共君夜深白露濕坐久玄象分高歌渺不見涙墮越西雲

初秋大木亭同試上人墅眺

不謂遠公社秋今又給孤積煙生暝閣澹月下平蕪久客世情簡深崖暑氣無蓮華那負鳥忽忽暮雲徂

漢京篇效盧王體三首呈費鍾石尚書

周王開遠域丹極彤雲環遼塞天連海居庸石作關越裳亦已貢樓蘭誰遣官龍庭飛戰馬又報凱歌還

白羽陰山路黃雲瀚海幽幾年勞遣戍此日罷防秋粵

儌仍蛇豕華林散馬牛漢廷新治典近拜富民侯
綺甸野風和離宮晝輦過龍旌曾遠道鳳吹許登歌長
樂黃圖壯汾陰紫氣多金縢那記室昨日報嘉禾

九曲溪上聞東郭先生在白鹿濯纓亭率爾有
懷

玄論別何日清游能遠尋高峯流水近空齋秋思深看
雲應出谷習靜累中林尚有南飛鴻猶能傳我心

楊州宋水部少澤宴酌同王六橋諸子

昔聞騎鶴郡今過摘星樓春至兼愁別江寒還夜流相
招具鷄黍痛飲發歌謳今夕梅花爛不醉勿云休

哭章介庵公

介庵嘗以孔門任者目余頻過余山中以天降大任是人一章歌爲余勗余亦以大丈夫居天下廣居數言和焉别去歲月幾何吁今介庵死矣余質亡矣吾能喪我乎故人之情不能已見于辭云云

憶昔鶴臺日江海到如今吾道成衰夢寒風吹古林時違龍德隱天潤歲星沉讀罷孔壇䟕愁來更可任

淨慈寺懋蓮花洞晚眺湖上有懷太白山人

避地復何事駕言適朝氣采藿涉遠江懷君獨白雲草

楊林風寂孤城日暮曛誰更荒臺畔但令空歌鬧
結髮事玄理晨及西澗潯高風㨗重門寒葉飛秋林瑤
華日云曠亭闕歲還陰不見苕溪老幽懷況沉沉

首夏陽溪樓叙酌晚同梅墩子泛舟溪上

春盡郊原綠寒林欲避喧未迴河朔飲頻過習家村野
禽識人侶隻華漾酒樽近得靜中趣還從靜者論

留別呂愧軒之關中

世事不足憶相看情泫然子今適渭水余復遼東田白
露中宵下青山逐纜牵論交不忍別忽忽更何言

秋晚晨過南園有作

羈旅苦幽思白日草窓深屢欲觀雲氣時來餐道心遊
緣墮石澗飛雨過花陰鑿坯吾未可因唱滄浪吟

武夷道中聞東鄺鄒師寓晦庵書院天游觀以
詩見懷有躡步天游上未見天游主之句夜
乘月同西橋子肩輿步至沖佑宮聚宿有述

風塵無日息窮年老客星偶逐高賢駕閒過大隱屏鈴
寂道心靜雨餘石嶂青振衣千仞崗獨立想儀刑
忽忽廿年別悠悠世路違白日隨羽杖青山開石扉江
楓隨意綠海鶴傍雲飛游揚談欸處兀坐未能歸

送友人之楚因柬陳希齋

衡陽渺何許征駕鴈悠悠西風吹狂心東掛黃鶴樓草
樹洲前酌兵戈江上秋寄言羊叔子莫爾峴山頭

辛酉九月太平舟次晚坐聞寇警同典輔二見

避地飂蕭颯、林深斷客行、那知江浦夜、獨對月華明、兒
魅滄洲火、菰蒲白露聲、故鄉迷去鳥、何處更聞兵、

寄懷林梅墩

別子亦已久、念子不能遺、滄洲曲堵上、白日獨柴扉、析
急林鴉起、城氛海鶴歸、青山一片心、去逐刻雲飛、

天游山人集卷之七

天游山人集卷之八

建安　楊應詔　撰

七言律詩

燕臺留別友人簡邢雉山董潯陽二太史

唱徹驪駒將欲行，向人梅柳故離聲。樓船江上三春月，簫鼓雲中五鳳城。紫殿汾陰時饗帝，三吳羽檄又徵兵。漢家未罷蕭關役，慷慨何人識賈生。

鵞湖書院

禪刹瀟蹤向晚陂，鵞湖山下風凄凄。宋家日月天常運，閩徼魚龍道亦知。野澗松煙飜遠望，天寒石路恠多岐。

芝壇不死還絃管，絕壁寒流動我思。

薊北旅思

頻到王門誰鼓瑟，自咲迂儒尚鶡冠。天邊野鹿隨余慣，海上青山獨對閑。谿蓡夢迴驚世亂，客途老却見交難。故山何處不歸去，家在白雲生翠寒。

留別憲副夏山張公

懶散無從河上居，煙波相憶十年餘。北庭誰請終軍檄，南國忻瞻郭賀車。世短江湖祇談劒，時危戎馬未傳書。白頭停眼金門客，抱病何堪獻子虛。

金山寺

蘭橈月午登巍峯，碎地飄飄嘆轉蓬。松壇樹暝白鷗雨，海閣月落青山鍾。孤城斥候猶荒寨，三楚旌旗亂遠空。欲把一竿還自去，客心愁絕暮雲中。
海樹吮日霞峯明，朔風颯沓吹晝晴。玉臺倚劍天低岸，鐵甕橫江波打城。金鼓西來關月冷，魚龍東望石楓清。徘徊拄杖三江客，落日高歌何限情。

天目山中偶書

短策蹇驢又入山，山翁咲我鬢毛班。松陰野飯亦自適，流水白雲相與閒。枯槁豈堪悲世切，清虛幾復近玄關。碧臺西下桃花路，時看仙人騎鶴還。

謁武穆祠

朱仙鎮頭煙黯黯臨安湖北鴈飛飛千峯萬壑猶兵氣古冢高林空夕扉玉罯雄奸其事虜金牌大將竟何歸穹廬目斷棲霞月五虎黃龍今是非

出郭

黃花白酒過山城鸂鶒沙頭雙眼明不爲野雲生計薄閒看流水道心清秋寒松塔鶴孤夢月暝江樓角一聲沮溺遙遙休我訝此生已分東臯耕

廣陵贈大史張玉溪之試南省

金簡硐翩北極來青袍彩鷁潭花開柱下文章元爲國

關南經畧政須才三楚秋今龍虎鬬九江春囀鳳凰臺
何當便逐風雲起萬里觀濤共汝廻

秋日由玄武湖過凝虛閣吳蓀塘北部招飲

蘭舫開放酒盃同鬱鬱蒼蒼護寒風三島圖書淹日月
九天臺殿自魚龍吳江鐵鎖秋濤壯秦地金谷煙花紅
故國離居歲復晏布袍野杖意何窮

山中留別王吉陽僉憲之桂林

紫芝之山下煙水陰今日何日同登臨屨裏無心更天路
鸞凰作意在雲林青巖不負山翁醉長劍何憐莊舃吟
歲晏遲君武陵去桃花深處咲相尋

壬辰古抗聞虜報三首

烽火漁陽罷禁闈清秋白日羽書飛遥聞虎旅三城出不見龍驤獨馬歸紫塞煙沙軍餉罄黄河野草邊人非那看鳳徼新垂血更說雲中况被圍

秦城西下白龍斿一望遺黎恨未收繡斧兵氛揄嶠北旄星夜火朔邊頭金戈鐵馬誰開府徇監鷄房盡列侯彼古車攻明世事腐儒衰晚抱先憂

六邊風急鐵馬鳴歲晚飛狐滿甲兵山海潢池寇誰作乾坤土木變難平總戎遠戍黄花鎮天子曾臨白石城漢寨秦疆車馬地蠻煙愁絶虎縱横

曉出東林姪上人山房同兼山石峯衡雲二子

芝城春日春興劇市南橋頭多酒群正將洗眼看青竹

不意乘閒到白雲汲石風酣陞羽鶴繞臺花隱越王墳

平生只愛壺丘子斗酒相看[illegible]醉醺

劉蕡祠

羸馬獨驅還遠陂劉蕡祠下草離離九朝文物今何在

三策彤墀子獨奇天暝石亭埋玉樹春寒野螢騰虬螭

感時一掬英雄淚愁絶前山月滿池

癸巳立春城南與周東峯縣尹叙酌

江館逢君歲欲闌曉霞簫鼓佳江干海鳥舞風驚月墮

梅花凍雲吹客寒，春日未聞一寬詔。天涯誰薦五辛盤，碧鷄金馬今何夕。倚劍彈歌獨考槃。

過曹子建墓

片雨獵獵岐路中，殘碑猶自識英雄。高牙大纛東阿治，錦軸瑶編西漢風。銅雀不來秋殿老，卧龍何處暮煙紅。傷心欲話曹劉疏，漳水無言江更東。

己卯冬道南海西望交南海波瀰瀰遥憶宣廟初余曾大父都閫福公奉命征黎利死其地紀事二首

虎旅將軍出上京，樓船斜日動南征。三秋馱浦雲埋陣萬馬瀘江夜破城，運去英雄寧喪節，時平天漢未消兵。白頭銅柱磨崖意，腸斷天南淚眼橫。

炎徼驚傳豺虎群，勾陳何處靖妖氛。侍臣鼓角揺邊月，上將旌旄出海濱。嶺寨幾違淮北鴈，粤南今駐殿前軍。凄凉白纛傷心地，義氣猶横鐵馬雲。

送友人之蜀因簡謝高泉

柳色春堤觸眼明，旌旄擾擾動王程。嗚呼滄海談兵夜，飄軫天涯去國情。神女臺邊悲鴈遠，啼猿樹裏斷人行。相思無那浣花路，何日風雲逐馬卿。

海門

海門無計攙黿鼉落日飄零更此過南紀車書懸紫極蜀江樓艣接黃河平湖兵擾鴈鴻亂羣殿春寒歌舞多歲晚關城仍自借乾坤西北意如何

贈古林何侍御逮繫北上二首

驄馬飄零霄漢間孤城送客淚潺湲南荒夊靖豺狼道北闕誰當虎豹關繡斧江邊瞻使節鐵冠天上職龍顏草茅亦抱中興疏白日雷霆望汝還

彩鷁霜威馳海徼赤章朝奏動宸闈迴天日月青蒲迥憹世煙塵白髮繁痛哭賈生元爲國投荒唐介竟蒙恩十年廻首滄江意浩氣看君金馬門

山中聞邸報言懷

松根倒卧白露下聞鷄起舞觀星文抱璞可能頻去國
感時無自欲從軍階前短草雨欲濕谷口鳴鶯春相聞
閉戶草玄亦多事後世何人知子雲

哭宗伯涇野吕師二首

傷麟廻首嘆途窮槐館瀟瀟江海風别後音塵空白下
年來禮樂振關東西周未擬歌衰鳳北闕何因起卧龍
獨倚南天悵星斗碧臺瑶殿暮雲中
病起哲人堪一哭冷風吹雨過茅堂三疏忠邪懸日月
九朝砥柱誰綱常司馬衣冠傳洛社涪陵雲物只江鄉

王輿金鑑瞻依處淚滿乾坤白日黃

江上別謝少崗因簡華山子

送子河橋秋滿川蓼花夾岸明客船孤蓬野店人千里細雨離樽話十年去國未拋靈運屐閉關誰識子雲玄燕戈越儌無消息愁墮黃雲白鴈前

春暮王稚川司成宅宴酌留別

盃酒燕臺春思紛柳花颯颯動離䰟無能丹扆陳金鏡又向滄江斷白雲天上夔龍頻注望海東豺豕尚呼群煙波此去幾萬里即有瑶華誰寄君

燕子磯次涇野呂師簡孫兼山侍御

年來身世轉虛無遠水江亭入望孤春暮霜旌形吳越

時平釣舸自江湖排雲欲採鳳凰渚撫世徒驚龍馬圖

滿眼兵戈濤浪急西風落日好愁吾

贈蔡白石之守衡州

十年回首燕山游金鼓飄飄送彩舟黃鶴醉來曾挾笛

白蘋江上幾登樓車書萬里通南徼旌甲三湘壓上游

此去潁川知偉績恩君無那海東頭

黃鶴樓次嚴養齋大史

蘆花兩腋雲飄飄落日來登水國遥三楚風煙連海嶽

百年事業誰漁樵春草可憐雲夢渚川光不見黿鼉橋

湘班魚腹知何處猶聽笙鸞下紫霄

丙辰南還客淮上阻兵即事二首

柘關煙落接鑾都馬績壘破松陽孤中國古來相司馬羯夷今敢如匈奴胥臺血戰旌旗閃擕李城氛草木枯何處羽書圍更急江邊愁殺管夷吾

澱山不見劉將軍健戰羌兒殺氣氛柳蓬巳困三吳月鐵騎誰驅萬馬雲帥閫雕弧豈解武專城砲火只虛文山南悽絕維楊戍遠水燕都白日曛

九仙觀懷古贈友人還關中

越王城邊風物秋擕壺與客來危樓盧臺當眼夕煙澹

世路羈人去鳥愁鰲頂樹霾烏石寺螺洋兵撼白龍洲
無端又作秦吳別離思歸帆天際流

夜過駕部謝高泉宅有懷楊伯修侍御

放浪何事不歸歟卧病擁塞鬢已疎銅龍欲請朱雲劒
漢史誰收痛哭書虎豹嘯風谿月冷黿鼉踏浪春沙虛
風塵天下難可料與子去老桐江魚

蘆龍觀月夜望大江寄懷沈青門山人

吳門放船秋正清無數白鳥隨波明橫泉老石足幽事
短奮豪歌非我情九日邗臺閒對酒百年滄海幾談兵
梅花歲晚風煙冷何處騎鯨覓頂行

登觀音巖鷺磯晚過大觀亭次喬白巖諸公詠

懸藤古路澄巖扉倚釣間眺青苔磯江聲雪湧閣上下

石壁天倒烟霏微鷺洲鼉浦蒼山渺晉闕吳宮白鳥歸

歲晚登臨那王粲碧天幽思暮雲飛

過南屏孫大白隱居有懷少谷子

吹臺何處訪遺塵我愛當年鄭子真斗酒飄零三竺月

晚舟蕩漾越臺春荒茅兵擾哀南國短夜情高夢古人

莫更苕川老漁釣青山白雨轉傷神

邸報征安南即事

日南亦是先王域曾記樓船下遠山三廣兵氛連虎窟

黑河風旆迴龍關，珠厓豈合賈捐策，銅柱無因馬援還。
獨倚華峯望南斗，明庭何日竟平蠻。

姑蘇大司成莊衛魏公因顧雍里徐坡石二先
生遠音致訊奉酬二首

玄晏先生清且廉，卜居吏隱雲山便。虎丘鸞鶴白日靜，
金馬聲名赤漢懸。去國每憐陳子榻，懷人幾上洞庭船。
白頭佇眼江蘺暮，何地看雲更草玄。

一疏歸來楚越東，懶閒無事更秋風。天南木葉黃庭暮，
洛下巾車白露中。辟地雲霞有麋鹿，感時事業邪夔龍。
香灘歲晚還高躅，報爾幽尋到雪峯。

湖陽山亭留別王龍溪寄懷荆川子

三年不見此同心邂逅相餞臨高城酒邊臺榭荷石出天外鸞鶴凌風行衣冠況携東人語甲馬猶傳北去聲別後風神應不異蘆潭孤月向誰明

凌霄臺

風塵荏苒榴花洞杖履瀟散金粟臺撫景淸歌悲歲暮感時白日望雲來朔南士木民何惡淮北兵戈厓未廻世難途窮鶩久客片懷隻醆共誰開

寄陳竹泉參戎

撫世煙塵殺氣遥將軍勲伐䀆天朝碧鷄金馬來南極

銅柱麟臺動紫霄，控北屯營誰李牧，護羌閫帥說驃驍。
黄雲瀚海今何似，目斷天南五虎橋。

黄華樓次江貞齋學士簡西橋子

野曠雲晴嵐暑收，粤南天地此登樓。横江日月翩翩暗，
去國星槎渺渺浮。八駿御龍方遠徼，五關胡馬况深秋。
朔南薊寨旌旄外，愁對萱花天漢流。

春日過華山寺書懷次程習齋郡公

寒城片雨日欲晏，感事逢時歲月驚。長纓未請單于頸，
短褐又過越王庭。白龍天畔秋聲杳，黄葉山中僧夢清。
欲把楞嚴還遠去，海天颯颯暮雲情。

星鑑鄒生過相余者久之曰子神手意氣非風

塵人也他日當嶸出[illegible]顧矍然因有

是贈

蘆花潭畔又逢君，盃酒江亭日暮曛，白頭自睨非俠骨，

青藜何意參天文，海外樓船悲鼓角，朔南冠蓋動風雲，

燕然銅柱誰所事，歸去鹿門麋鹿群。

天游山人集卷之八

天游山人集卷之九

建安　楊應詔　撰

七言律詩

長安感遇八首

萬古山川壯幽薊，十年兵甲靜居庸。榆關北控皇陵險，河道東來虜帳重。灞滻行基曾牧馬，太行紫氣日盤龍。河圖鳳鳥誰消息，獨倚燕臺憶召公。

崑崙閶闔鬱岧嶤，金馬飄飄佇聖朝。禮樂兩郊瞻氣象，冠裳九廟迥雲霄。南洲秋渺超天駟，北極星橫跨海橋。聞道遼陽更深伐，腐儒何意獨漁樵。

露壓霜空秋雨横、蘆臺獨夜旅魂驚。九霄輦道青龍下，
三殿笙鏞紫鳳鳴、黄葦洮河雲斷雁、白狼磐谷柳依城、
無人解得郇謨字、落日西山重愴情、
綺苑中霄步綺疏、龍艘曾記戲西湖、百花陀暖秋雲淨、
銅馬亭陰江月孤、山水古今憐七澤、繁華吳蜀詫三都、
風煙着處從踈闊、愁看宣王獵碣圖
西風疋馬帝王洲、獨立縹緲之危樓、關塞極天飛鳥綏
胡沙滿地旆旌愁、燕然不見龍驤畧、瀚海仍傳博望侯
况是淮吳新甲馬、乾坤西北未紓讐
燕山凍雨半柴扉、郭隗臺西芳草微、桑麻滿堤溪霧合

車馬繞城春市非王麟赤厓群爭須黃纛蒼龍歲未歸

江邊何處無衣客夢寬愁逝五雲飛

紫帳愁飛赤虎旗千官玉輅擁龍墀雲邊仙掌金莖出天外麟臺綵仗移殿閣競陳周典禮蠻荒那識漢官儀

碧鷄寶鼎汾陰盛佇望槐壇有所思

鰲蹴天門鬱未開禁城春氣黯蓬萊孔明已放南陽卧顏闔何爲東郭哀温樹翰風青海塞朔鴻號雨黃金臺

憑高不盡東周思倚鋏狂歌獨幾迴

石竺山閣

秋風颯颯木葉暮短藜踈月開雲扉、未須天畔歌都護

又向山中採石薇、星河夜語松霧濕、漁火隣春灘鴈飛、
感時懷古意不盡、坐對林僧忘獨歸、

歙州道中

石角橫空煙氣昏、布袍揭揭動離魂、青天短騎來霜塞、
落日雙槎自海門、野水秋深無鴈至、荒城亂後幾家存、
愴惶歲月兵戈裏、白酒青山何處村、

華陽碧玉山堂中作呇陳龍溪

秋來無事但沙鳥、野幘芒鞋信所如、天遠碧臺浮紫嶂、
日寒飛雨過紅蕖、嗟余猶老梧丘釣、何客來傳大史書、
世短青山還復酌、浮雲北望思徐徐、

聞雲中兵變二首

陰山鴈郡旗鼓紛司馬遥憐諭蜀文鐵券早嚴龍虎陣
玉關那縱犬羊群吐蕃豈合圍唐塞張德何爲負漢軍
最恠紀綱誰所亂邊笳日暮慘黃雲

雲中虎立三關鎮百萬貔貅誰震驚王室金蘭委塗炭
龍灣兒女血邊庭朔方虛遣梟雄將天子親分神策兵
憤咽摩膺擲長劍夜來夢入大同城

晨由武歩橋東下觀御碑有述

短驷又過雲楓橋千峯萬峯秋未消懸厓使斷黃龍戍
何處一聲蒼玉簫虎豹歎風還月窟漁樵呼侶過山腰

飄零重有兵戈思長策何人答聖朝

寄何古林

斫地何勞歌劍雄客心曾留海雲東鳴空老鶴閒猶我
去國荒臺夜吼鍾朔徼音塵愁日暮粵南羽書仍未通
羅浮鐵橋春可醉與子相去凌芙蓉

春日歸宗巖登逡郭亭餞別少叅雙華柯公北
上

斜日滄洲金鼓聲畫船縹緲來寒城天邊斧鉞隨春下
海上魚龍送客行炎塞幾年曾靖虜朔臺今日尚言兵
碧波西去無多路歲晚觀君何限情

唐昌觀懷古

瓊花觀西湖水濆天清野落煙紛紛懷人玉樹且青鳥去國春山動紫雲綺苑群傳畔吕曲迷樓誰合景陽軍隋王玉輦今寂寞倚馬行歌愁夕曛

塞下曲贈友人之雲中

賀蘭山外沙雨青征鞍小住繫離情天寒朔漠胡笳渺月暝龍堆野壽鳴極塞即今勞遣戍監戎胡意效昇平蘇卿知爾終持節短騎何年絶朕城

謁鄒孟廟

石壇燈火暉乾坤、住馬倚嘆黄茅村、萬里驅馳鄒魯國百年今過聖賢門，儀秦甲胄衣冠詭，楊墨虛無俎豆存。
千古齊梁誰領略，河圖鳳鳥欲銷魂。

別續子宗舜之醴陵

匹馬蘆花下薊州，易水遥接滄溟流。西望河湟重萍梗，
北來吾意豈公侯。千城五虎山前月，雙劒九龍江上舟。
歲晚長沙更憐汝，朔雲寒鴈使人愁。

五門觀朝

閶闔曉鍾噌紫闕，禁垣春色擁西山。千官萬國趨蹌地，
玉溜金莖縹緲間。日華雙柱蛟螭吼，雲旆重關虎豹閒。
獨念群公盡環珮，草茅何以獻龍顔。

五言排律

宗伯涇野呂師六十壽詩五十韻

鴻哲起西土麟文燭北辰五雲瞻國瑞四海慶儒紳龍馬圖鍾聖華嵩嶽降中風神元穎異瑰瓌迥無倫洛下伊川秀關中張子醇東萊眞後裔尚父豈前身紫氣叢函谷黃圖壯帝闉抱才那干將鳴器更韶韺弱冠魁天下雄名甲海濱文星軒鳳沼諫草劘龍鱗金櫃柱下史銅駝臺畔珉感時頻國憤清望直庭伸不爲飽溫計寧能混涅磷忠誠董韓烈操履孔顏眞琬琰爰璀璨橡樟嶙嶙峋幾爲花縣宰昔冠玉堂賓道澤衣黎獻丹書貫

紫宸一麾卧河旬十載始成均墨刻虎丘石碑光牛渚
岷槐壇莘人傑石鼓羅天垠旌甲吁時梗師模屹化新
關閩源闡魯濂洛道還秦六館儒風盛三朝聖治神菁
莪殊久嘅棵棟豈無因佇見鳶魚躍何當龍虎馴巽端
驚赤幟吾道幾黃巾玉斝金甌正商彝周鼎陳唐虞恩
聖代山斗復吴堙宗伯皇朝典公孤帝輔親世方巽胡
耇天亦福端人社稷風雲會乾坤甲子辰年登老逾壯
世泰道胡屯司馬丹心赤文公白髮銀懷君耿金鏡閱
世偉靈椿藥籠諸生懿緇帷夫子仁即看揭元化更且
秉鴻鈞班馬文章匠夔龍廊廟珍禮樂三千教英賢七

十蝓參乎眞悟道皿也愧非隣剩籍彭宣寵那辭原憲
貧龍門脩趾廓學海望洋迷佇想盧峯月今三斗柄春
世途坐超名君子以經綸渭水濟川楫傅巖霖雨輪周
郊終鳳鳥漢閣尚麒麟慷慨青宫相從容帷幄臣不辭
竟調爕何得兕風塵舉世泥塗淖須公江漢津日月掀
黄道鯤鵬躍紫旻更看六經鑑萬古荷陶甄

金山寺坐吞海亭

鉅浸乾坤圻靈巖吳楚雄鍾聲喧虎穴旛影撼龍宫霧
甕松濤黑霞侵鼇背紅九江元氣外三極暮雲中絶頂
探金笈虛簷俯玉虹試登瓊鷲窟永憶鹿麋蹤鼋鼉朝

篏雨鵝鸛夜呼風法鼓瑶花墜天燈寶月空聚沙會累塔蹈海喟飄蓬誓得無生訣殷勤向遠公

盤山道中作

役役走兵馬悠悠向盤山聊尋蒼鹿去又與白雲還放曠情何極飄蓬鬓轉班天高廻北障地險見南關旅寓群言冦百年人幾閒未嗟吾道蹇詎謂世途難流血川原哭遺烽草木丹客愁何偃佇悽絶廣陵閒

贈閩建安佗泉考績北上二十二韻

墨綬南州裏朱輪北斗邊文翁宣蜀化揚簡置吳賢黎庶忻堯日循良覿漢年政聲三善著操介四知傳惠德

濡東海仁風煽潁川烹鮮移寶鑑製錦燿瑤編跡繼耆

君後名譏賈父前窮鄉誕春育天路欻喬遷緑野人耕

月花村吏擁船嚴威溪虎避清望壁魚懸蚤獲鳴琴理

翻思閉閣玄圭璋誠不玷保障節尤堅蔣斑非凡吏王

喬豈謫仙蠙頭期賛列烏府正聯翩日月掀黄道驊騮

躍紫煙棠陰渺東域冠蓋動南天佇見皇圖礪那驚虜

戒嚴最書留鳳掖忠氣烱龍泉會有虞翻疏應瞻郭賀

軒福星連閩越瑞日豁幽燕玉闕夔龍會金城虎豹纏

雙凫報王國萬里看騰騫

山陽辟地示同羈

旅游多曠跡羈苦非離心今宵吳會客獨抱楚江吟晨飡良茹玉夕棲故投林成樓煙黯黯蘆岸鴈駸駸失路同彈鋏懷人思鳴琴蹇拙愁焉極漂零歲轉深夢逐蒼梧日魂隨白馬砧篝燈話宿昔涕下誰能禁

毗陵白氏園二首

夕照廻山閣林觀散巖氛石捎穿浦月松晻渡江雲水館溪茅茁幽塘野芰芬偶過習家沼更弔吳公墳撫勝懷金谷悲時檢玉文倦來登劒眺寂寞野鷗群

行役客未了幽尋興轉饒坐携蒼玉杖誰弄紫鸞簫巖卧薔薇洞溪風日月橋荷錢文水面野角亂山椒嵩嶽

終期往濠梁道共招鳳歌棲隱地吾意且漁樵

春暮發京邑

彌年竄往路駕言懷辛酸朝來褻陳符時復叩玄闕逝將黄鵠舉而與白雲閒世事欻超忽王程蜀險艱何能辛奔走使我愁心顏去去泛煙霧悠悠復遠山夢常魏闕下家在滄波湾富貴不可求已矣吾終還

秋漢篇寄懷秣陵殷子

鷺水三江合靈巖五嶽齊萍蓬虛紫扆日月桂丹梯放逸懸幽想飄零憶遠棲虎臺燕望北龍湫漢峯西賸有崑丘興堪憐世路迷桃花歸隱處遲爾武陵溪

濠梁忻結屋瀛海胃飄蓬赤水金沙渺滄洲銀漢通濯
纓誰遠道鼓枻亦高風江漢危鷺外乾坤楚越東莊生
寧物遣阮籍祗途窮何日還尋汝來吟河上翁

秋日滙江樓同湖西張子二十四韻

勝地開鴻鎮危樓瞰紫穹石橋鸞渡繞金塔鐵御雄剩
可庾公月誰乘列子風天低吳苑碧霜靄粵臺紅芹水
虬螭圻芝山豺虎叢登臨時幾易感憤事還同鼓角鶩
江漢誅輸滿豫雍皇圖滄海闊麟閣赤霄崇放逐悲張
旭疎狂識孔融何能擬林卧獨忍泣途窮柳岸噓寒日
星槎拂彩虹鳴橈來蓟㣲鼓鋏向河東自笑屠龍客蹶

憐失馬翁三秋閒抱璞萬里各飛蓬吸景歌芳㕍懷賢
想昔蹤滄洲鐫王檢雲谷槭金鏞谿錯落星石河臨嶽
寶宮古人那蔓草吾道只瞑鴻慷慨文園病羈棲吳下
蒙乾坤周列寓日月宋諸公隱霧聊南豹鳴車起渭熊
感時天遠大去國思駢背贈有桃源薜誰憐漆室忠睍
闌懷八極長劍倚崆峒

豐樂亭宴酌晚謁甌王二賢及陽明祠有述

羈心浩難寫春色群峯前辟地聊幽寺尋眞入洞天偶
來滄海醉猶抱野雲眠世路驚心狹青山對鳥懸徘徊
方遠矚飄泊未言旋兵火何方客雲霞到處禪先賢有

遺蹤瞻睇轉潸然

七言排律

白下五日冐雨出江浦二首

五日龍江訊舸船，殊方飄泊重風煙。閩中角黍酬佳節，白市鶯花迥遠天。水馬蘭湯紛自媚，布袍藜杖籍誰憐。杜陵卒歲窮羈旅，方朔何人識謫仙。每憶田文生獨貴，虛嗟莊叟思猶玄。龍堆鴈徼無消息，北望天風一黯然。

又

金陵西下楚江頭，鳳闕遥觀白鷺洲。背雨孤鴻攢客淚，衝雲去鴈閣鄉眸。居人艾虎傳流俗，野老蒲觴悵遠遊。

去國寧憐賈生策感時况忍仲宣愁春風燕向登龍寺夜月秦淮度寢樓九夏羈棲迤南棹百年懷土望東周

暮春書懷

惱世不識齊門瑟謀身不厭魯國儒白馬金鞍光奕奕篳門圭竇胡區區天生豪傑欲鍾鼎獨覺志士多樵漁兵戈滿眼日秦漢乾坤不見還唐虞稽康好鍛豈世玩子雲閉閣空玄書白酒青山謀且適黄粱蕉鹿吾何吁

竹窰翁

齊巖老翁年八十方眼青銅髮如漆朝來海上鞭紫螭暮向山中煮白石胷含元氣噓三花脚蹴煙雲飛八極

世人埃壒那棄捐此翁泉石便醉眠朅來採藥嵩衡下
更欲觀奇牛斗邊銅龍金馬吁蜉蝣瑶壇石室真神仙
盧遨五嶽春天杖笵蠡三江夜月船世上浮漚何足問
請翁斗酒且開顔

集卷之九

天游山人集

十至十二

天游山人集卷之十

建安　楊應詔　撰

五言絶句

塞下曲

勁雪獵天山，烽火諠漁陽。人說李將軍，射殺左賢王。

日暮凱歌馳，千山亂鼓鼙。征人莫浪喜，聞又伐遼西。

曉度仙霞關

秦闕書難上，吳江淚欲垂。傷心棄繻客，不謂布衣歸。

廣陵謠

腰頭憤劒立，俗?聽江流。烽火補雪紅，兵甲何時休。

豺豕磨牙行殺人在道邊河水血流澌猶有鳴鉦船
古木隱狐鳴漁樵亦甲兵科頭倚蓬坐四野俱哭聲
斫地拔劒舞殺人却醉歌不見劉將軍曳戟奈爾何

秋夜留別友人

送君千里去余亦掩柴門落月照廣浦含情不復言

江夜有懷

聞道交河戍黃龍水不流如何漢飛將不遣過伊州
世路轉凄凄寒城更鼓鼙擱時燈暈裏何客說關西

偶書

稜稜古銅鏡圓于海中月照見古人心不見古顏色

辛丑還山口號

竹樓不作語知我返故廬牛背晚風意又落華山圖
古城餘霸氣草木露星文醉弄滄溟月閑看野馬雲
黃金囊已罄春盡釣臺歸短劍挿坐喁虹光夜深飛

秋夜飲陶園二首

陶翁嘗以天下士待余余戊子自三山失意
歸時八月望後四日公盛設歌舞西園款慰
飲余夜分駕彩鷁芙蓉花下棹謳中流簫鼓
閒作歌吹聲嘹嘹響遏行雲時池魚大駭驚
跳入舟輒命童取魚烹以相啖群嘯呼以爲

樂稍頃月落西巖矣撫勝興懷耿然作此以志

不逐紅袖嘆青山醉未歸沙鷗知我意猶自傍船飛
涼月西樓下簫鼓碧波虛酒甚歌黃菊夜寒煑白魚

春旱謡

村村吽布谷催耕麥不熟官家要新絲田夫作夜哭
去年春田淤今年春田裂請看遼陽軍鼉鼓聲未歇

送友人之黃山白鵝峯

萬壑樹聲哀千峯雲嶂開憑將卧龍手莫上釣魚臺

蘆龍觀懷古

偶傍洞雲行月墮鍾山寺海鶴或飛來似語六朝事

讀唐史五首

野雉禍炎漢皇英相黃虞破巢那麟趾感世憶關雎

祟朝戮三子長安雲氣昏錦綳誰家兒温飽宮中存

有腹劒能貯無屍棺可藏痛憤滔天罪悲凉偃月堂

干城盡豺豕倒柄誰唐周嗟嗟漢封建赳赳古諸侯

三百年天下忠奸竟若何朝綱委白馬清議痛黃河

夜宴張端巖太守東園

余生平不嗜聲樂端巖公識余髫髻時歲癸

卯公夕謝政家居余道姑蘇往訪公公廼留

酌余東園夜酣飲時歌吹管絃特盛羽匏飛越靚粧艷舞蘭膏耀人余潦倒竟夕意有所辟公晨起笑曰君真夙有道氣者世習錙銖不能染如此既歡留浹日别去有作寄懷云云

泉石有魚鳥山林誰公侯醉來千日酒忘却五花裘飲罷醉雲飛華堂敞翠圍沾衣多露裏感慨夜深歸

東坡樓

病起凭危閣秋聲亂遠峯獨立無人會寒林起暮鍾

五鶴謡有引

浙圭山張公兵憲君建樹大儒坊表晦庵之
里歲辛卯元日公忽夢五鶴高鳴于其上時
議者謂是科當有名儒出既而余叨鄉薦適
發軔于是今忽忽焉三十年餘矣每偃仰山
中莫知所嚮歲己未冬日自城南歸暮過是
坊有感焉遂作五鶴謠識思儆志因以厲將來

少小學爲道忽忽百年情西望泥丘山感茲欲何成
大雅久不作河洛靈氣鍾吾看朱晦菴萬古其人龍
凛凛寒泉舍滄洲五百年不謂前賢頽來者復當然
朝隨五鶴去暮過八卦壇世事飜馳波從今保歲寒

庚申首夏山中朝臥偶書八首

萬古來有此萬古去有此兀坐青天中此意誰能識

凝凝夸毗兒不識無極翁君看華陽山他年說臥龍

說有便不有說用便不用獨守這些兒肯與世簸弄

孔門多事業只是一箇仁超立群流外何人識我心

朝來鋤白雲暮去弄明月此味在山中山人那能說

横身迯世網舉眼客星孤領得華山雲來歸作臥圖

數月不出戶谿鳥澹相將隔雲鼓角喧猶自在滄浪

經濟世不能經濟理誰得試看古人心豈徒付簡帙

閒居偶書

百草皆夏生腐草獨夏死世事欸頽波君看孤竹子

田家即事

子責無時休妻去無迴頭勸郎且莫號前路暮雲愁

閩中八九月田野霜滿林野烏啄人肉野虎愁人心

牛羊下山夕隣翁渡溪水把火不照人深林呌孤鬼

黑雲南國亂黄葉故山貧盗賊何鄉囷荒村不見人

華陽書屋與海濵少岡夜話

蘭亭二妙會古道七聖迷酒殘千嶺白月落萬家西

歷陽晚泊

蘆潭月夜明客路半言兵羈心無處所愁掛石頭城

新築碧玉堂華陽山中作二首

朝引石爲客暮倚樹作門移家此山久山鳥解余言

古木有餘春古人誰與隣不謂山中好愛此山中人

俠客吟別友人之燕

寂寂朱雲劒挺挺魯陽戈男兒有義氣荆軻不足多

七言絶句

朔方行贈王司馬之大同六首

朔雲城北金鼓諠紇干山下胡騎環游兵已遣狼胥壘

大將誰當虎豹關

羽林十萬是雄師柔乾旄頭鐵騎馳龍驤今領驃騎部

虎壘遥懸大白旗

洮河鋒火震長安蒲海兵聲月窟寒天子直須誅叛逆

將軍更爲斬樓闌

黑山兵亂胡虜紛野狐殺氣奔黃雲九府宣錢賜戎士

五關愁殺郤將軍

文皇出師蘆水流武皇曾劍到邊州專城豈失黃金土

敗將先梟白藁頭

鐵騎横戈紫鴈塞玉關株馬白龍堆即防黠虜交河竄

更遣樓船泛海迴

九曲溪上

江風吹月鴈初歸八月九月蘆花飛自咲杖藜天寵我
年來賸有越山薇

韓文公祠

元和佛骨誰眼孔滄海鱷魚飜有神三百年來失詞伯
八千里外泣孤臣

吊太白山人墓

海月照客長鬚眉灘頭老鶴春還奇青山白首一竿竹
我獨憐君豈在詩
野煙衝雨過西湖三竺曇花今有無縹緲酒船權載我
杜鵑何處哭林逋

雲海奇觀堂夜坐書懷

露滴秋空酒未消滿林煙雨送寒潮如何楚水西城月不與愁人一夜饒

石友吟

崛奇翁不知何許人梅墩子好客一日延招入座側速報武夷海岳三十六洞天外史曰余近獲邇一奇人子夙駝奇者可速來歡譚嘯呼同一噱天游子廼披鶴氅戴華陽巾至入門見此翁風骨巉巉吐論皆煙霞氣邂逅間與立談不數言輙合言則皆世外肝膈語

襟量逸且閑不作今時俗兒女風波局娖靡
靡者態天游子驚訝曰余平生取友天下眼
空一世以鐵漢自許招不徠麾不去澄不清
撓不濁余不知世人世人亦無一能知余者
不意風塵中猶有此老者存于是即呼酒相
與飲飲劇恨相知晚痛酣至醉醉則大呼響
振林谷天外之白雲飛雨冐冐有聲日西矣
天游子欲別不忍舍猶與此翁盤桓于溪上
左手執海螯招鐵御紫芝諸山靈與訂交爲
城下盟穆然久且去志他日

風雨天涯曾作客平泉金谷幾逢君如今落得閒踈散
又向滄江看白雲
白鶴道人談更奇風塵見汝一咲之江流鼎鼎乾坤處
倒吐肝腸欲語誰

夾馬營

興龍地轉黄河竄夾馬城空夜月屯莫訝前朝事邊畧
虜騎猶住國西門

讀文丞相傳

柴市遺魂是與非宋家忠義更誰哀可憐一掬英雄淚
愁逐東流去不廻

山陽道中懷友人

月明曾憶聽吹簫萬水千山去路遥旅舘寒燈池草緑春風又度杜康橋

塞下吟

夢中無路向金微昨夜天山傳解圍塞鴈不來愁欲斷黄河白草幾人歸

雲亭夜坐

長空澹澹月半墮紫崖茅屋飛秋陰天機一點風微處只有桐花可語心

燕京謡五首

蕃兵不斷鴈臺遥河北胡王更聖朝九廟那新唐禮樂
兩階爭覩舜簫韶

黄鬚健兒腰角弓慣騎鐵馬疾追風赤九關吏爾何事
白晝攤錢燕肆中

大駕傳幸承天府長鋏誰歌觀日臺四海八荒車馬會
黄旗紫蓋帝陵開

乾坤九鼎要儒臣吾道千年汗簡青手把琅玕三十策
伊川何事到涪陵

銅盤羯鼓出東華金爵樓頭起御鵶白兩黄塵疲卒苦
緋衣駝衮落誰家

龍江即事

赤虹壓城江雨飛兵戈攪岸飜雲雷潯陽李白緣何痛成都杜陵猶未歸

西湖晚憇

鷺嶺龍峯鎖寂寥野臺湖日漾輕撓荷花見客渾不語獨看青山過六橋

村雪謡三首

田市飄踈雨點存短簫破屋月愁村隣家小兒煨芋火虎吏前溪誰打門

蓬茅凍雲濕不流飢烏對人相噪咻床頭無錢阿未苦

煙突無火郎正愁

窖頭小麥寒葉微松火鸕鷀灘不飛落日輞川山犬吠

野漁牧叟抱茅歸

武夷感遇四首

草色秋光靜不分山南猶見卧龍墳夜來雷雨連空下

牧童又盜前谿雲

帝傍投壺曾共汝天涯漂泊向人間麻姑王遠無消息

昨夜月明騎鶴還

望斷虹橋意眇然張仙别毋去何年松間茅屋月在水

洞口桔槹風打船

手把瓊枝拍天開隔雲誰識漢皇臺行人山下日冠蓋

野鶴飛去不知迴

蕪城懷古

西院千騎蹴亂霞迷樓九曲今誰家無情可訝金城卒

誤國誰言玉蘂花

太常秋夜同周一石侍坐吕師

涇師嘗謂余顔氏在孔門稱好學所學自不

貳過入雖不遷怒怒亦過也昔人謂不遠復

三字此吾儒作聖者三字符誠然書以自警

檻外飛雲誰是非山堂嘿坐碧松陰自咲滿身都是過

可能不貳學顏回

館娃宫

靈巖之寺花亂開吳王寺裏誰樓臺笙歌不載五湖去猶共姑蘇麋鹿來

金陵紀事

奮死誓師許尚寶反戈迎敵李昌侯白溝血戰千村暗淮浦清波萬古流

盧龍觀西兵氣昏八公草木何雲屯秋風落日卞壼廟百年遺限金川門

博平留别許南華

海石雲清鳥亂鳴柳花沿岸繫人情離懷何事便江水

一夜隨風到晉陵

由隱屏金鷄洞西下謁九峯書院

月白厓青鳥語寒紫陽洞前花珊珊歌斷玉笙無客識

晚風又過臥龍潭

今昔行悼荊川子二首

丙辰冬十一月余與唐荊川會滄州考亭時

田柜山同遊聚談移日臨别荊川進余謂曰

子性好動又愛以詩文忠義標榜處于今恐

非延壽保身之道余笑曰余性雖嗜動然山

中亦有靜味者在余雖于詩文處忠義感慨

然心腹腎腸中忠義實有不能已者忽忽世

途子謂我終何如荊川子聆余言廼與余大

笑而別未幾荊川子復出登顯途庚申夏余

重過滄洲荊川子死矣感今昔愴然因作此

爲荊川子一動

昔年曾憶滄洲行老鶴洲畔逈有情今日唐衢爲誰哭

青山西下寂無聲

前身自謂老頭陀石火光中較幾多今日我來無一事

白雲流水意如何

庚申六十華陽山居書懷

落落山中六十年此心應不愧皇天紫陽道脉黄真在後世何人識正傳

送方伯趙龍崗還蜀兼簡升庵二首

龍崗公嘗偕兵憲表裕春余同年朱龍江武夷數候余及同王吉陽游歸宗又有詩來寄曰好山無限堪題詠只少楊雄載筆來海内高人雅情寐寤無幾忽爾言别作此奉懷云

牂牁西下水灖灖日南樹色侵崆峒他年來覓丹砂法與公山前鞭玉龍

世間萬事不足論高人久住無窮門寄言爲訪升庵老
何時跨海來崑崙

天游山人集卷之十一

建安　楊應詔　撰

書

與甌南野尚書書

自南雍別來十年餘矣昨貴邑劉生至蒙手翰下教謂近山中用功眞切何如曩㫯下尚實齋居澄心寡欲所論今更加一番鎮定否果能畢竟打透得此關他日種種色色必皆有大受用處捧來教浣慰殊極僕少庸鈍苦不知學然竊有所嚮自分省事來一切嗜欲聲色世態習染頗能放下非徒能放下也蚤夜方于此生身心

性分緊峭内點檢不暇而暇此乎孟子曰生我所欲也所欲有甚于生者僕豈敢于吾明公欺也哉明公視僕何如人也浮屠家急急于透聲色一關余以此亦禪家小進步處自聲色而上凡一種魔障一種冀債一種罪愆皆聲色也魔障冀債罪愆之不去則雖不聲色而猶聲色矣謝上蔡有言透得名利關此便是小歇脚處然則吾儒非特名利關當透也聲色關當透也而凡一種畔援心一種歆羡心一種分外無益之思憧憧往來心則皆所謂名利也則皆所謂聲色也皆所謂名利聲色而不知爬梳之振刷而驅之透之可乎金篦之不力則

原書缺

原書缺

恒護視不敢或一推動亦不爲此石驅誘而匏繫歲月
匆忽今自尚寶視弱冠時已十餘年矣今去尚寶時所
論又十餘年矣二十餘年來不敢一稍涉此軀殼于大
火之場世之焦爛熒蠱一生者不必論志與年馳每中
夜以興此心耿耿然學之未純養之未熟英氣之未化
馳鶩于世之念未息以垂白而猶遑遑然奔走于江湖
此何爲者哉此毋抑明公所謂爲名所驅者耶而亦豈
有所圖將不暇顧已乎而僕尚有不知其端者昔漢諸
葛武侯娶醜婦議者謂武侯事業之本在此得清心寡
欲之助居多然此亦非知武侯者也使武侯不娶醜婦

而武侯亦清心寡欲矣程伊川曰吾受氣甚薄三十養
之寖盛至四十五十而後完吾平生以忘生徇欲爲深
耻門人謂伊川得力於此然此亦非知伊川者也使伊
川不以受氣爲薄而亦不至忘生徇欲矣蓋武侯方以
平定天下爲心彼其未出隆中而興漢覇吳攘魏之規
模已具伊川自年十八即以王道書上闕下未年貶涪
陵斥龍門蹇難阨折遭群撼不屈此其志量其氣魄何
如而謂區區一外物聲色能動之耶世儒類以欲根起
滅難斷爲言又以此窠臼自有生與性命同來比外邊
勢利稍不同此皆無志者此皆無見本體于裏面貼實

用力聖學關頭頂門上放過不老實着一針然于此放過則其他可知矣世欲之迷人直如濫泥坑子不能稍拔脚出則雖所謂好英雄亦倒却矣昔劉元城在海外斷酒絶欲數年歷乚瘴鄉竟完身名而歸彼元城視天下物何如然使元城不爲此亦不筭作鐵漢飲食男女者必當審辨定力于此然使此關透不得亦不筭作真儒真儒鐵漢今海内實到此境界者幾人明公視僕者自古聖賢從這裏做工夫自古豈有無室家聖賢者學終何如耶作聖直源深造粹養之功固不止此山中每磨鍊淬厲欲尋上一着路精進莫得其端倪或作或輟

窮居煢煢曠懷無與質懸企清源徒切瞻佇然聞明公北征之駕在來春僕又恨無由即趨謁傾倒尚實之緒論又不知當在何時也

與傅石井書

彌年來塊處山中友朋疎寡頓成枯落然此學真源亦有弟敢怠者得吾兄來建日相切磋此心益知奮迅無何別去追送江滸不及昨得來翰廼知秪家定省餘迪吉甚幸甚慰且來教戒僕語諄切懇到欲僕一切擺脫放下屛去詩文不事專意涵養非兄心友不聞此論且又曰兄嘗謂余雖不廢詩文然自有一段超然處審是

則是亦以詩文爲主而于此上求超然也然僕年來亦勤勤懇懇用力於學者而豈不知此學本原賓主之分耶僕前送兄江浙詩軸中有曰僕生平學以不愧天爲旨的一意于吾性分天理上體貼學而至此方喚作真學儒而至此方喚作真儒方欲與兄相淬厲兄來諭不一及此豈以僕不愧天三字語于聖學真源尚有歉耶而其所謂涵養者更復涵養何事其所謂超然超然者在何處而徒瑣瑣於詩文枝葉叢中爲勾當謂足了一生也而所謂知學者如是乎夫吾人之性原自天命來吾人之學亦必復此性完此天方爲不愧性有四端有

三綱五常有善有民物皆爲天吾人之存心養性明物察倫推而至經理民物得志兼善天下不得志則垂訓立言以善後世以廓此善無窮于詩文有可以警世者亦所不廢皆爲不愧天惟超然於此一心之中則自超然於此萬物之上惟超然于吾性分之微則自超然于吾天地古今之際此正僕之所謂學至此方爲超然者也而又何所主何所非主何所當事意何所當非事意何所爲擺脱放下何所謂非擺脱放下彼聲色貨利紛華者不足言而舉天下有一足動吾中者耶語有曰好仁者無以尚之此不愧天學也孔門語學只箇仁字

而其語微驗于學者只箇天字故曰下學而上達知我
者其天乎故知我者天也而獲罪于天無所禱如所否
者天厭之天厭之而罪我厭我者亦天也學者誠能以
知我惟天者自考而又以罪我厭我者自懼不以人之
可矯飾可罔詐自欺而以天老實我鑒臨陟降我左右
爲警曰戒慎恐懼謹獨實用其功而以天自視求全其
天此即所謂仁也仁則此心自然靈利自然脫灑自然
開豁融貫自然充盎而娛悅自無一息一念一處一物
之有間靜而存者靜此超然矣動而檢括動此超然矣
動靜俱超然在我則動靜俱與天者游無入不自得學

而至無入不自得此境界而又尚何所容屏去何所俟于擺脫放下而有欣羨畔援者存乎詩文固在外者粗迹耳然吾性分中亦有真詩真文天真發露者此亦可言屏去擺脫放下耶學而有得于天雖日不廢詩文吾謂之真學矣學而無得于天雖痛矜持日習靜屏詩文弗爲吾亦不謂之真學矣嗚呼此可易言也哉此可易言也哉僕少頗知所向居嘗以天理二字自點檢不敢或惰竊于此學真源自謂稍有見近獲與兄相琢瓏于天性天真處益認得親切昔周茂叔每令二程尋孔顔樂處孔顔之樂此正僕之所謂超然不愧天處無入不

自得者然知孔之樂以忘憂則知孔之發憤忘食于發憤而憂處求之矣知顔之樂而好學則知顔若孔之卓于其所苦欲罷不能處求之矣今世之學者方于不當擺脱放下者而擺脱放下之下學功夫一切不事方自以爲頓悟于所當擺脱放下者不擺脱放下潛滋暗長于其中葛藤不斷世染之不去習氣之不除唱爲虚談方自以爲養静方自以爲握玄牝方自以爲寡嗜慮討真心日墮于習懶養亡焉而不覺吁兹學之弊又可一二與不知道者道也耶此學之下士氣陷溺者不足論耳然使此學之上果真能如是隳體黜聰不落言筌不

涉塵障舉世誘無一粘帶直超萬物上然此亦不過黄
梅曹溪宗旨耳吾儒有用實學奚有于黄梅曹溪耶今
之言者類曰詩文最學者無用閒言語學者于日用閒
省得一二句閒言語簡得一二閒動作亦濟事固然兄
來翰曰兄崢天嶸地之規模震古耀今之氣魄炳日揭
月之英華迺不務爲三代以上事業而乃君爲漢唐以
下人品吁僕何人而敢以崢天嶸地震古耀今炳日揭
月自任也哉然僕雖迂戇庸愚亦頗知道少知此學向
往之方者僕亦何敢以三代者自外而以漢唐者自甌
耶舍何爲不憚煩不根本之祟而徒枝葉較計兄亦信

以爲三代漢唐之事業人品有異者哉三代漢唐此人心也此天理也惟學之有醇疵故其用之有浮華實際處不同三代上人純天理用事漢唐下則不免有戾天顛蹶人欲坑子者而豈獨詩文然也耶然世謂詩文爲無用閒言語矣然易河圖洛書六經三百篇此皆漢唐以上人事業也即此謂非有用之言語不可也謂非有得於天者不可也彼漢唐文人詩士之聲病不足訛其間儒先之格言法語亦不必論推而至于原道本論諸書雖謂此非有用之言語非有得於天亦不可也僕嘗無知識者何足以語此然余自少竊孜孜求爲有用之

學今年五十餘衰白老於山林不獲適有用而猶肯談
参無用之窠臼冐是以爲自得計也哉是不然耳世皆
知無用之爲無用也而不知無用之爲有用也僕近欲
于枯寂無用中稍發吾一二端倪以章吾可用之具不
然然則僕豈無所事于言者耶抑豈得已而不已于言
耶無所事于言得已而不已於言而言豈徒言者耶孟
子曰先立乎其大者則其小者不能奪之矣僕生平學
實于此用力至于韓子所謂其著書其明道其化今其
傳後僕不敢當此責嗚呼然此亦不可與他人言之惟
吾兄可也僕邇來覺年亦云邁竊欲謝絶世故完養神

明掛書劒大隱屏山中棲神無言之域陸象山曰收歛精神自作主宰以畢此學兄終能不吾信也耶武夷之約不知何時可一命駕與兄相傾倒臨楮謱謱尚有不盡其所欲言者幸亮之

答何古林侍御書

詔昔伏跡海隅覩明公碩望按吾閩繼以言國事逮繫去高風峻節震耀一時世嘗謂瑰瑋魁岸奇傑士不易得廼今見之嗚呼海内如吾古林公者可多得乎彼時僕直欲逐公車北上執筆左右叱風雲振起一時之懦頑方顛沛流離間見公志不撓氣不墮無幾微見於言

面益知公蓋素有所養者退未嘗不竊嘆以爲公不可
及然而天下事不可知既而果聞命公獲釋放南還則
又舉手加額以爲天之佑善人如是斯又海内吾儕士
紳者一大幸也嗚呼偉矣哉公之高名大節完矣心邇
天遐每寤寐英賢瞻企無由以窮索弗能展脩訊爲歉
去歲建邑葉生廻自廣廼獲領手翰俯及闕然久不答
爲罪甚鉅時值上春官匆遽近濡跡都下張沓偶至又
重辱遠書惠教詔何幸得此于公廼於詔拳拳如是
耶豈以詔于公有一日投分知己之雅者乎僕不肖然
于海内高人雄俊輙知所嚮往恨不獲從之游又況如

公者詔每於山中讀公之疏可憤可悲可感可慨可痛可涕者不一而足以爲公眞有呂獻可之先見自公以言事去國迄今幾十餘年矣今日天下視公所言特又何如耶賢者竄逸而結舌江海頹波一决不可復止滔天懷襄將來不知何所歸宿自稍有志者罔不仰空長吁奮臂而扼腕而況曰英儁之士乎悲夫悲夫此又不可與世俗尋常人道者也明公來翰曰人有不爲也而後可以有爲嗚呼僕何人而敢望於有爲耶僕少負性氣以天下爲志頗知所向歲乙未業南雍遂從事于涇野呂師之門廼始近裏着已收斂身心一意古人之學

自分不能一一中繩矱然于聖賢大節目大頭腦處亦
自分脚根眼界稍有所定迄今五十餘年老大猶無所
就歲役役奔走乎江湖此豈詔本心哉昔人曰賢者不
得志于今必取貴於後居嘗以此自誦然竊意有意於
取貴者亦非也來翰又曰士以氣節文章功業自負者
僅高于時彥一等然必自涵養做出來者始別吁此公
之教詔者至矣然詔亦嘗謂自古有不涵養之豪傑者
矣而未有不涵養之聖賢者也豪傑以其天資所似者
出而有爲或發而爲氣節文章功業未必無所得未必
不中道未必不與古人彷彿而暗合然較之於聖賢者

直是何如彼聖賢一意于身心德性自性分内上體驗自成自道而自證無纖銖外慕養盛逆順故時或以其涵養者發而爲文章則爲眞文章以其涵養者發而爲氣節則爲眞氣節以其涵養者發而爲功業則爲眞功業使倘或偏焉作情于較計馳鶩則亦終不免血氣用事浮華無根偏譎雜覇手段者之爲矣如此而氣節如此而文章如此而功業奚取乎諂庸愆何敢以古昔聖賢者自期待然竊有志焉此囦中夜憤心欲磨淬以起而不知所向者也駑駘腐質躪蹀不能前跂此踺彼蹇以一副當勝心錮之胷中世習粘染紛纏撲滅不去此

動如種子在地觸處發見因過而跅弛至於決裂者亦
多矣居嘗奮迅每蹙然内省不覺汗下前葉生來逈備
悉公動定知明公自謝政歸閉門掃軌與學者講學倡
道五羊間奮以天下斯文爲己任一時摳趨于門者甚
衆以公所樹立卓卓猶進脩惕厲不已若是又況夫他
又况予僕當何如詔嘗謂大丈夫進有進一步事業退
有退一步事功若公者可謂無愧矣然詔雖迂鹵亦安
能廾婗婗終與草木糞土者俱腐耶邇者抱璞春官徘
徊輦轂下進退徬徨而無據雖詔者亦知其時如何命
如何人之我知不我知如何然區區夙所向竊有不敢

自輕者倘得志則當仗節朝端效忠家國不敢負詎恇
關以負賢者知己之望不然則還舊隱養志武夷山中
近欲築小精舍天游峯側青泉白石從晦菴而游偃仰
一室嘯歌古人將一切習氣塵障洗刮磨礱之求其一
段眞靈本來面目處將來把玩作用使此生精神有所
寄不至遂泯爛偃仰夷游乎寓宙雖高賢亦謂僕者何
如邪此道在天地間活活潑潑自文清康齋白沙來無
人見得浮沉影響相習空談無裨實用者盈天下僕不
敢效其故趾匍匐于邯鄲茲明公以其日用允迪進退
完節者一起而提振之醒省世俗盲聾則將來東南學

者必有攺觀而文清康齋白沙之道僕亦何幸廼重見于今也空谷聞人足音甚喜甚慰來諭又謂山中無事時望以此意時提覺友朋同歸眞路此又益足覘明公待僕萬物一體盛心矣詔貧漢子亦何能出所有以贍人遼伯玉耻獨爲君子臨翰益增悚躍悚躍海内故人神交道合翹首西撫無由　合併以罄所論微公無以發吾狂草草奉白不悉詔頓首

與子德輿書

李邦振來得汝閏十一月書家事調停頗當書所言近聞中無事讀伊洛淵源近思録及康齋薛胡與陽明傳

習諸言恨不一切屏去舉業爲快此亦是能醒省邇來
一種俗學科臼尋上高處一着用心矣覽之甚慰但讀
諸賢語録不可徒于諸賢言語上玩索當于其躬行力
踐　實用處體驗不可作一齣閒勾當意氣邊感發但
當緊帖逐一于日用身心人情物變上理會實用其力
始得學無見根源偏于所向則雖役精疲力縱做得出
來只是一箇弄精鬼漢子聖人自得自成中正之道恐
不如是也聖學工夫無他惟在自家體貼天理從清心
寡慾上做將去吾人所以支離牽絆打合不成片者只
是見不得此耳夫心欲清心不徒屏絶私慮守冲抱一

爲清也凡一切世味物誘沾染者能放下俱安頓于道
理上勞攘不得我心便清矣欲之寡不徒謂背理者爲
欲諸凡種種諸嗜好紛華色相情昵者直勘破便不至
墮坑落穽立脚在人高處欲即寡矣心能清則神智日
開見便透感觸處便易得了會而學益日進欲能寡則
氣養得完神蓄得固柰得苦老練愈挫愈奮將何事不
濟況舉業乎從古聖賢于身心飲食男女做工夫汝父
平生得力者在此是以年五十餘不衰雖潦倒塲屋者
幾三十年而不倦不阻不困不靡不憤不鬱蓋有所恃
固然而亦以求吾志將祈終以達吾道天下汝不可不

知也聖賢所志者何事夫明德新民爲吾人首尾一體合用之學而專諸内遺諸外此老莊佛氏之所病不可以爲法義利公私之辨只在毫釐間世之儒者徒見舉業之溺人也遂曰誤人亂人心術者舉業耳彼無志者不必論已而有志者遂欲屏去之嗚呼舉業果誤人亂人者哉而固夫人自誤之亂之耳天下道理有正法眼藏天下學問有真的當切近工夫聖人之學與舉業要其歸一焉耳昔人妨功奪志之論辨之雖當然要之猶有未盡者故余嘗謂聖人之學此志也舉業亦此志也聖人之學此功也舉業亦此功也使其學果無爲已志

在天下國家之心而皆希世盜名之舉則雖迂言詭行縄趨尺步日從事聖賢之學憧憧亦何益吾不可謂其非迷途也使果有濟世康時之志而無干禄肥家利妻子之謀則雖經義策試而皆經綸大業矣是雖曰糊名易書套括無用之虛文吾不可謂其非實境也夫學苟蹈于迷途雖聖賢之學亦何觀學有得于實境則舉業亦不敢以爲下語有曰灑掃應對與精義入神者只是一理理一而事殊靡有精粗靡有上下故聖學之精者于舉業亦精矣苟舉業之荒疎者則雖事于聖學亦荒矣同此一精神同此一作用嗚呼此果可以易視也耶

而又何妨功奪志之有哉吾少自弱冠知志學時輙知所嚮往于我朝儒先獨愛康齋于程門諸賢獨僻愛尹彥明二公于余爲人絶不相類也然余獨愛之者葢二公皆老實頭子醇慤質直惟反躬著已處致力于余切有所警戒啓發爲對症藥耳彥明康齋固不事舉業者也然非獨彥明康齋也雖濂溪伊川康節亦何嘗于套括中運量人固各有所向不同彼明道横渠晦菴又非自舉子中出者耶之數賢雖不同然皆同耶耿天地同法式帝王同爲千聖紹絶學同爲萬禩開太平吾不敢謂伊川彥明康齋爲達以明道横渠晦庵事舉業爲非

亦不敢以明道橫渠晦庵爲通以伊川彦明康齋不事舉業爲固矣汝來書有此一段志向煞好但不可偏了亦不可不深省實着其力使古之聖賢生于今亦豈有不應舉者哉孔孟窮年汲汲遑遑于春秋戰國時者意亦何如也故吾人之學不在應舉不應舉但在立志種子眞與不眞用功實處切與不切耳苟立志之眞用功之切聖賢豈不可做今之講學者無論矣其下者譸張口耳筌蹄私利而已其高者亦不過以意見爲超悟以易簡爲頓門然究竟亦實是以虛名爲務今夫屠兒之禮佛豈不知慕佛之名然殺心不去終不能佛也娼婦

之學禮豈不知慕禮之名然習氣不除終不能禮也吾儒聖賢之學豈可以聲音咲貌襲取而爲者雖實深造實邁往猶有不能達苟溺志浸淫之未驅非機樸滅之不熄清心寡欲之道未盡則雖曰日從事于學惡可謂學哉此亦所謂屠兒孋妓之飾者耳千古眞源只在吾人心目間日用民彝物執事幹倫道天性處靠實的的信手做將去則積久自化余聞之能不遺外際者自不遺內際能不爲理障者自不爲事障不然枝葉聞見之崇本原處打疊不乾淨則雖苦心極力亦只是在外面牽惹湊合幇貼者于此學終無所發明終不能光大昔

陸象山謂今之講學者皆爲異端邪說夫象山之論雖過激然亦豈無見者哉夫講學本不期爲異端邪說而卒流爲異端邪說者無他只一僞字作之僞言僞行僞貌僞名而卒至以孔孟周程之緒餘而迺爲儀衍奔競邀結奸詭之囊橐夫是則亦何取于講學哉此其害毒陷人心術尤有甚于異端邪說者而入門初進步切不可不慎夫吾人在天地自有一無量莫大的光明寶藏此物在人人雖欲掩覆我亦不得我雖欲假藉人亦不得自靈自通上至天下至地中間巖巖挺挺須還我做箇真儒始爲不枉始爲不失此寶藏始方是宇宙間一

完人天地之肖子而此處作用消息工夫亦豈易易者
哉汝父平生亦可謂劼力于此者策勵砥行勤勤勉勉
三十餘年然迄今已白首矣而尚茫無一得大節目大
關鍵雖立動以不愧天三字爲此學之符然動容周旋
不能中禮居自謂巖巖在天地間雖寡過一功案循護
持未定人與已際滯隘未融化名與實處雖充實尚未
光輝每一興思不覺浩嘆亹亹焉不能已昔楊誠齋楊
東山父子在廬陵以忠節行義爲一邦彝楷入其門者
亦皆觀感爭圖畫以去吾嘗仰之慕之而胡文定五峯
及蔡西山父子在吾建以道學聞天下之皆所謂偉儒

巨哲者千載下其想望其人物爲何如吾嘗仰之慕之而尤愧悚不可及汝旣知所向豈可不省悟汝能是吾可自慰矣謀道不必近名而在厲志爲學不在多言而在實行吾人面前多少何限好田地勉矣哉他非余所望也

答費鍾石尚書書

令親吳曦寧至蒙手書督誨懇懇拳拳以眞儒實學爲談吁公之愛詔者何切也詔聞古之人愛人以心望人以道末世士大夫一切則以彌禮浮文常試故套從事而已若公可謂愛詔以心而望詔以道者詔曩乙未業

南雍從公太學始終凡六踰月然蹤跡半居太常涇野呂師之門其及太學者纔數日而已其間雖有公師私師之別公不以爲嫌既而公欲試六館諸生詔適以往送涇師北行辭公時已出教榜矣廼收回教榜爲詔更試期詔北渡江竟有所阻弗克赴暨還雖大違公之意公亦不以爲忤蓋公之知詔愛詔者特至凡詔平居庸爲志意趨向罔一不得之耳目詔在太學嘗謂六館諸生曰此子躬行可畏又曰此子真可謂講學者嗚呼詔無良詔何所動于公而公于詔廼獨優容寬假拳拳如是耶詔自六合送涇師歸即以乞還家寧親爲請公苦

留之又命六館諸生留之不得已詔瀕行復餞之江亭
錫之厚餽作書數通薦達焉于海内諸碩望巨公凡公
之所以待詔者皆大學諸生數十年之所無公破格而
施之詔亦破格而受之詔菲才何以當此銘刻銘刻愧
赧愧赧昔陳白沙在太學時司成邢公讓一日得其所
試龜山此日不再得之詩廼颺言于朝曰海内真儒復
出公嘗以此勉詔慰詔吁詔何人敢以白沙自負哉駑
駘腐質不自揣量僭妄竊有意于聖賢之學將求所安
身立命者非敢有衒于世自别公歸奔馳道途不意罪
深禍重延及先人未抵家而愚父已捐館舍矣匍匐驚

殞于地痛割憤惋腐心疾首詔本欲寧親得公及涇師
之教歸以少娛親旦夕而吾親違背不幸遽至此輿言
自悼五内崩裂煢煢喪疚中然猶幸得公及涇師之教
朝夕奉以周旋不敢一時少惰不敢一事少怠有所警
惕獲免罪戾吳甌寧至重承公命欲詔綴九廟賦將上
獻于朝昔東萊居喪猶以講學爲嫌詔寡識兼荒迷餘
何能仰頌茲大典辱公深知弗敢辭謹雕鏤譔成一帙
呈上邇聞公有北大宗伯之擢傾企不勝爲吾道歆抃
皇朝大新禮樂我公以巍才巨望俊節適躬遭其際想
旦夕扈法駕從容于兩郊九廟之間寤勿地必有所陳

程子曰有關雎麟趾之意而後可以行周公之法度方今周官法度滿朝廷關雎麟趾之意滿海内翊佐明王成一代卷阿鳴鳳之治繄必有在將來吉甫方叔天保江漢諸頌什穆然風于中外不可殫紀詔方拭目以觀此又何需詔贅者哭泣慟苦餘朝夕遑遑欲求免于不孝之罪痛莫知所爲臨楮感刻不盡所欲言擗踊殞慄不知公更何以教詔也

天游山人集卷之十一

天游山人集卷之十二上

建安　楊應詔　撰

書

與江貞齋諭德書

曩晉謁明公芝山公署談及氣節文章學術令人深省還山中彌日不能忘愚無知識竊謂氣節文章在吾人自是一串非兩事有氣節者發為文章則皆節義文章有文章者能為氣節則英華彪炳于氣節文章氣節固皆吾人學術中有用之物矣明公方今蓋所謂氣節文章場中先登者衰然碩望動天下僕顒仰有日遑遑一

登其門累欲請教考德訊業會先塋崩塌營緝瑣擾兼抱病盈旬弗果又廼重辱執事者手翰雄文琬琰下及海隅鄙儒不意過蒙明公奬掖湲引拳拳如此此誠有出僕之望外者嗚呼僕何以得此于公然僕亦何敢塊焉自外於大人君子長者之教也捧書驚企不識忌諱輒有所陳忘其固陋請終質教左右僕聞之氣節者國家梁棟文章者生民藥石之固有與天地俱存崢嶸瑰砢非世運之所能低昂非窮達之所能否塞故士必有擔當宇宙之胷襟整飭邦家之操畧黼黻今古之謨猷貫通天人之識鑒然後可以語此不然則所謂文章氣

節者只是一藝一能一行者耳一藝一能一行果可謂
學耶僕少苦不知學然亦學爲氣節文章人也而茫然
又莫知所宗尚孟子曰若夫豪傑之士雖無文王猶興
嗚呼古今豪傑者幾靡豪傑其無以自勵耶僕庸駑何
敢自望豪傑然竊嘗謂豪傑知所學則聖賢矣非豪傑
而能知所學則亦豪傑而聖賢矣學無有于豪傑聖賢
之别而惟在于吾之所學者能于豪傑聖賢之所從事
者而從事焉洗滌心原洞極本體超然于萬物之上磨
鍊之素精培養之愈熟則施之何所不可又况曰文章
氣節此區區吾之所嘗試者乎余聞古固有以一言而

爲百世師以其素履而爲天下望然古之人其所謂文章者不以詞藻勝而以義理勝其所謂氣節者不以血氣用事而以德性用事以故始終正大光明俊偉令之人則有不然矣此無他事內與騖外爲人者不同焉耳學事于內者精神收歛日上超學至于騖外而爲人則卒流于汙下矣故揚雄漢通儒也以劇秦美新而媚莽班固古良史才也比竇憲卒死于獄戴聖世所謂禮宗者也身爲贜吏子爲賊徒不顧馬融以博學爲梁冀草奏殺李固蔡邕以文章儁哲附董卓王肅經師也卒佐司馬昭篡魏陳子昂上神鳳頌明堂議獻諛武后柳宗

元劉禹錫謟合王叔文韋執誼淪陷八關奸黨其他若王維汙僞秩禄山李白竟失節永王璘此皆世所謂文儒學士能文章知氣節者之人也而皆朋炎隈亂喪志辱身蓋由禮義無以固其中而鉥于利禄迺至于此學不知乎道悲乎悲乎彼其所謂氣節文章者蓋巳掃地矣語有曰士先器識而後文藝嗚呼今天下之士習其所謂器識者何其所謂文藝者何我朝百八十餘年自國初洎中葉以來詞藻文翰强學慱辨之士不惟不多而通經篤古之學終有愧于古故余嘗求文藝之士于今十或得其二三矣求氣節行義之士于今十無得其

一二矣而道德之士百不得其一議者曰我朝經術節義不及兩漢詞章不及於唐而理學不及于宋嗚呼世果有古今而人心亦果有古今者耶人心無古今而謂經術節義文章理學獨有古今之異有是哉信斯然則世變江河之論其信然而人之理其漸以泯乎吁非也夫古今天下士氣之升降視學術之邪正晦明學術晦盲則人心陷溺而士氣之骫骳逶隨是非蕩然不知其所歸宿而不正者莫今爲甚明公視今天下何如哉彼道德者姑置勿論其所謂文章立言者非無文章巳流而浮詭矣其所謂氣節立行者非無氣節巳流而激亢

矣而又何敢曰求如古之立言立行者今則不然而並其所謂浮詭激亢者相推入於勢利之門而所謂浮詭激亢者亦無矣海宇中外　勢利二字薰盪乾坤塗縛人之耳目手足昔陸象山在臨安見廟觀異端之盛士女之奔赴嚮往以爲賞罰不明吁象山蓋誠知言得根本之論者今日之弊又豈直賞罰不明已耶而其所謂異端者不在廟觀佛老而在吾士大夫而其奔赴嚮往于佛老者其爲害猶小而奔赴嚮往于勢利名檢澌滅不顧毀譽顛倒不知膠午淆亂將來其害余有莫知其如之何斯已者而世教人心之蠱壞一至此極云可

勝痛嗚呼是無他學術不明人人失其本心而迷蝕其眞源焉故耳僕庸愚者亦何所知識然自少竊知有所志者年十八操文章二十見古之奇男子慷慨功名之圖思欲為天子建奇功萬里外恨不鎖吉囊閹韃之頸致于闕下二十餘博通群書年三十始折節反求于身心着意于古人之所謂學廼知海内眞豪傑者別有人矣雖然僕亦瓅瓅者亦何敢以古豪傑自況也悠悠山林五十餘年匏落無所適于用自分寓宙間着此一支離之人足矣未嘗敢以文章自負然已得世之輕薄子之誚矣未嘗敢以氣節自誇然已不免世之人迂僻詭

激者之論矣學不知道動輒得謗平生行履未得窺一二古人之藩籬而重得古人不可堪之詆詬自以老隱于世猶若此倘或稍出騁其欃散之能與今之得意者角逐又當如之何學不能反躬則失已失人而其所以終日從事者抵是一切鹵莽滅裂之圖悠悠牽補篤漏將來何以自立吁此固僕之蚤夜欲思奮慷慨激淬有不能一日已于斯者矣世俗狂瀾大海中必有一作觀者則天下始知廻觀而改聽氣節文章吾人餘事而于其閒求其調攝保固本體眞源將培植出來以爲天地寓宙之靈根則將來所謂千古聖賢豪傑擔當經緯今

古之衣鉢其必有所恃以傳者其能終隊哉明公有意乎傳有曰砥厲之側不拒頑鈍恃公知愛不覺縷縷多言至此鄙劣餘資欲藉大冶爐錘惟異明公不惜震淬之俾得鼓鴻臚而出可也相望天涯臨楮耿耿如何如何

與呂涇野先生書

謝子山至得余師三月五日書捧讀驚慰交集詔自維揚拜別吾師復南監未半月即告出奔馳南還爲寧親計未抵家迺聞愚父已於是歲十一月十三日棄養不覺驚殞墮地喪神褫魄痛割不可云喻詔本欲得吾師

之道歸以奉吾親而吾親已不待嗚呼悲哉詔而今而
後何以免于不孝之罪也詔曩在余師門下吾師嘗以
安貧改過四字教詔謂詔曰此吾儒學者日用用工至
緊帖者不安貧則心多累不能力吾學不改過則心日
放不能純吾學詔嘗領余師言而佩服之孜孜然惟恐
惰斁迺今罹玆大故遑遑無所措手足季路曰傷哉貧
也生無以養死無以葬滕文公遣然友問喪禮于孟子
以他日未嘗學問恐不能盡于大事與言至此不覺號
慟五内崩裂無以自存嗚呼詔于吾親凡可以竭力于
親固不敢以貧自委而朝夕慄慄求免于過非罪戾惟

恐爲吾親玷者而亦焉敢于吾親或忘也哉傳謂喪致
乎哀而止余師來翰曰賢者居喪與衆不同是何相信
之深也嗚呼詔于吾師之道敢有錙銖不信者耶吾師
嘗曰君子之學內以脩己上以事親又曰人于患難變
故中能惕然脩省始是學有得力處詔庸愚無所于知
識然竊嘗謂安貧改過在吾人居喪中爲第一義人子
所當盡能安貧雖不能及養吾親以孝而亦尚可喪吾
親以禮能改過雖不能及娛吾親以道而亦尚可繼吾
親以志嗚呼俯仰天窩形影寥寥長逝者寃鬼詔亦獨
且柰何哉詔不天詔昔年九齡已失吾母于廣今又卒

業南雍從余師學于白下失吾父于家每一興懷腐心
疾首平居所思自奮者惟是脩身育德砥節勵行以求
不負古聖賢之所自期待不知將來竟如何昔顏子在
孔門獨稱好學顏氏子亦可謂能安貧者亦可謂能改
過者夫子嘗曰吾見其進未見其止又曰語之而不惰
退省其私亦足以發是顏子之精詣何如也然顏子在
簞瓢陋巷中人不堪者而顏子獨樂焉是顏子之所樂
非樂于簞瓢陋巷也而其所樂固有出于簞瓢陋巷之
外者其天真天機流行之氣象可想然則學未至顏子
之屢空而樂則固不可言能安貧矣易曰顏子有不善

未嘗不知知之未嘗復行也夫顔子之不善非如今之人之所謂縱于惡者但視聽言動之稍涉于不中度或違禮則顔子已謂之不善矣而未嘗不知復行之間觀未嘗二字則顔子之所以點檢察識此身不容斯須少失而其不遠而復者其用功何等明快何等果勁乎然則學不至于顔子之毋我則固不可言能改過矣夫學不至屢空而樂不可謂安貧學不至毋我不可言改過蹇惶奮淬磨鍊怛惕　不能自已古之人愛是人則憂其無成余師于詔道義之愛何啻骨肉者然則余師亦寧得不爲詔一憂也耶學荒于粗心浮氣世習難除易

沾染道心難培易剥蝕貧與困相仍過與年日長惛頽
茸劣有志者所不忍恣靜躬自訟寧不振悼嗚呼悲夫
詔能已于痛也哉煢煢喪疚荒迷餘憯怛不知所事乎
居自檢飭惟以吾師解州所制士喪禮及喪禮觧與晦
菴家禮奉以周旋然近世儒者謂居喪大本在飲食男
女嫌疑間所當慎吳臨川亦謂哭踊袒絰斬衰饋奠喪
禮之文惟不飲酒不食肉不處内須㬰不忘哀者喪禮
之實詔不敢不勉然猶有大者焉遥企門墻心邇天遐
懇懇哀慟請教之忱非筆札所能盡其萬一臨楮但有
馳神風便惟冀吾師不遐教音鞭惕是禱詔草草不勝

泣血頓首

答許南華書

蘆河聚首無幾匆匆別去懸念深矣昨陳友道敝邑重蒙手翰俯教勤勤以問學爲義開陳懇到披玩益覺耿然嗚呼海内故人如吾兄嗜學者可多得也耶兄天資明爽直截自是任道遠器僕無似來翰中又謂提掇真知力任正學迺知建安青田統緒有在吁僕何人亦敢謂與于此也哉僕駑腐不自量竊嘗謂此學在吾人心中不容一毫私僞不容一毫剽刻兄謂安身立命之道在此誠然誠然有非外假者識得安身立命之道破方

是正學不識安身立命之道則其所學者只是跟人腳跟口嘴東走西走胡亂鶻突中無所主事至則侵擾于事擺脫不開夫如是雖曰學惡取于學也夫學所以完此心者也此心本體本自虛明本自廣大盡得吾心本體則安得吾身立得吾命安得吾身即所以安天下萬世之身立得吾命即所以立天下萬世之命體用一原錙銖不容少紊易曰寂然不動感而遂通此本體也故周子以無欲為聖功以為聖人能全其本體然聖人之所以能全其本體者亦不過乎能無欲焉耳聖人能無欲全其本體故隨所感自無所翳障吾人不能如聖人

之無欲而其所學者只當自寡欲入然欲不獨聲色貨
利窠臼而已凡有一種便安忻羨自私自利心皆是欲
將此一點便安忻羨心屛絕去凡自私自利根子皆斬
斷方爲寡欲由寡欲則漸可造至聖人之無欲然聖人
亦豈逃人絕世獨無欲者哉聖人所欲在天理上用事
是聖人雖有欲實與無欲同雖其有涉于向慕有涉于
承當所欲處要皆無一非此天理天機之流行彼佛老
氏則不然矣動則曰無住無我欲一切扞拒外誘于萬
緣不染之時使此心不涉一塵障然終不脫欲收攝自
家精神爲自私自利計則佛老雖曰無欲豈可謂眞無

欲者哉而人已内外天機觸處便隘兄以爲所學每于
反躬着己之際覺有許多侵擾謂皆涵養本體之功無
着落所致此實欲根不能斷焉耳欲根能斷則雖有所
侵擾不見其侵擾欲根不能斷自私自利則雖欲求免
于侵擾而日用所在操戈四敵爲吾蝨賊寇讐者亦多
矣故吾人之學不在求事物侵擾得我不侵擾得我只
在處事物道理能盡不能盡于其侵擾我處老實提起
磨鍊堅忍着力做工夫是故居處時則不免有居處事
一畨侵擾矣然吾于居處而恭而在恭上做工夫則雖
不免于居處之侵擾而一段天機自流行于居處時矣

黄五

執事不免有一番執事事侵擾矣然使執事而敬在敬
上做工夫則雖不免有執事之侵擾而一叚天機自流
行于執事時矣與人即不免有與人酬酢的一番侵擾
然使與人而忠在忠上做工夫則雖不免與人酬酢之
侵擾而吾一叚天機自流行于與人之時矣從古聖賢
處世處常處變其誰不自侵擾中來亦何能盡脫此一
副當樊籠羈縛也然聖賢胷中則自有不樊籠羈縛者
存故雖居處執事與人時惟見其吾有一番恭敬忠信
之道之當盡而不見其有居處執事與人之難苟見其
一番繁難便起一番厭怠起一番厭怠便秖見其一番

侵擾有所繁難厭怠侵擾心皆非學也兄謂此侵擾雖
比向之聲色貨利者稍不同然同爲翳障是矣然世之
人徒知聲色爲伐性之斧斤而不知伐我斧斤有甚于
聲色者徒知貨利爲戕生之鴆毒而不知戕我鴆毒有
甚于貨利者古之學者俱自世情物變上理會險阻艱
難盤根錯節處做出來故程明道曰不哭的孩兒誰
不會抱學者能抱得哭的孩兒于險阻艱難盤根錯節
處直是精透一番則自長進一番利器智度將來受用
必有大得力處不然只欲絶思慮守冲靖寡營爲此只
是佛老占便宜所爲耳聖學工夫果如是耶今之學者

病痛正坐此奈不得辛苦性分緊峭内不知用工獨知
獨覺地不知慎察區區却于閒議論妄見解處做許多
撇弄粧飾自以爲金針繡補妙詣不易得謝上蔡曰今
之學者能言眞鸚鵡耳嗚呼鸚鵡學者今之時豈少哉
紛紛逐逐以口耳言語作門户而于聖賢安身立命至
中至正之堂奥邃不知影響乎居相與習曰黜貨利而
實在利欲場所求中顛頓一生相與習曰屏聲色而私
居獨處地則又爲聲色妖魔所熒惑而去相與習爲輕
功名富貴而出處進退辭受取與閒稍得手則又至墮落臭
腐坑塹不知所振拔此何異醉夢人迺作醒語僕平生

不知學固亦醉夢人也然實不敢于醉夢時強作醒子講解窮年山中于此學躬行寡欲安身立命之道不敢放過力量雖不逮然實有奮厲不能自已者是非眞僞頗自能覺察而白首無聞尚茫無一得兄何以教我昔陸象山一夕步月庭中嘆曰可惜朱元晦泰山喬嶽學不見道枉費精神象山固余生平所心師者此固偶一時有激而論然躬行如吾元晦寡欲如吾元晦出處進退風節人品如吾元晦便是眞泰山喬嶽其謂學不見道者又于何處學方見道其謂枉却精神者又更于何處用精神始不枉余生平病痛實坐象山所論然于此

處辛苦學脉精神亦有不敢枉用者獨立頽波流俗中
楚然自懼余于南華兄爲知友不敢逞言潤論然此道
不直不見相期與砥行礪節庶此學欄柄在穹窩不至
墮于空談虛套稍有明于天下後世譊譊之多言雖取
罪取詆訾于今之學者萬萬無恨使他日臨汝間稱僾
有一陸青田吾閩中稱僾有一朱建安可也倘有所見
不惜相劝蕕兄以爲何如　臨簡嘐嘐毋咲爲狂毋咲爲狂

與章介庵辨朱陸書

僕索居于海内。故人多踈濶。又况明公者亦踈濶如此。
僕鄙吝可知矣。憶昔明公來按吾建。弗棄遺時相過談

議。僕叨侍杖屨。每出遊登山臨水意有餘。聞所至道妙
在目前。法言理論無非砭益。僕身心者佩沐殊多。別去
乙未寓南都涇野門下。重辱手翰。俯教并寄來學庸口
義中。有朱陸異同諸言。捧讀驚慰交集。嗚呼。僕與明公
濶畧之久。而簡書音問請教者亦可濶畧而久也耶。朱
陸學術異同僕懷疑久矣。竊不揣愚見請終教左右。嘗
謂古聖賢相傳之學不明于天下。而莫今惟甚。士生其
間。各以其意之所偏向。爲說人私其見。世俗紛紛姑無
暇論。大槩有二種。其一種祖述于身心之談。相習簡易
者曰。陸學其一種馳神于墳典。而講求經傳義理者曰

朱學。習朱學者則詆陸氏爲虛無。習陸學者則病朱氏爲章句。詆其爲虛無者于是乎有浮屠異端即心頓悟之辨病。其爲章句者于是乎有俗學支離泛濫之議。嗚呼。朱陸之所可辨所可議者。信有如議者所云耶。吁。亦舛矣。世皆知陸之有可辨者。而不知陸之有不可辨者。知朱之有可議者。而不知朱之有不可議者。朱陸之所可辨所可議者其言也。朱陸之不可議不可辨者其人也。道之存于人。不貴于言久矣。苟不以人論學而以言論學不以人求朱陸而以言語求朱陸然則今天下之紛紛亦何恠其然而學術之不得其真則愈趨愈下好高立異矜世自私今日海内之弊正坐此明公洞道之的而來翰云云廼亦有是論耶余滋不能無惑然明公中所引朱陸道一編及朱子晚年定論諸説僕尤不以爲然者夫朱陸在宋爲大儒承濂溪二程横渠之後其根極領要繼往開來者蓋有所在今不于其制心檢行之本原道之一者而言而秪以其文詞訓述之緒餘道之一者而論不以平生之定志定守定力爲説而廼取其晚年區區不自滿假之談遷合謂之定論是何誣朱陸之甚廼欲援朱而附陸而其間又欲宗陸而疑朱是非之不辨得失之不分家自爲意見人自爲門户故余

讀明公學蔀口義所論引序列諸言未嘗不撫卷三嘆吁以明公而猶若是又况夫他者哉然則朱陸二學數百年不決之案則何所于別其竟無所明已耶今之議陸學者曰象山主于尊德性議朱學者曰晦庵主于道問學而吳臨川亦曰朱子于道問學之功居多而陸九淵專以尊德性爲主問學不本于德性其弊必偏于言語訓釋嗚呼臨川固以尊德性道問學二說足以槩吾朱陸矣然是亦可謂知朱陸者哉自古聖賢其進修造詣果有專于所主而深于道者乎而其所謂大本大原者卒何如是果有異耶程子曰涵養須用敬進學則在

致知斯二者一併合下不可廢可廢則非道故世徒知晦菴之道問學矣而不知其平日之所謂反身入德敬義夾持之言其曰古人日夜遑遑汲汲只是要去理會箇身心者何事而吾晦菴亦未嘗一日不尊德性也世徒知象山之尊德性矣而不知子靜平日讀書徹旦不寐其謂看經書須看註疏及先儒解釋其謂伯敏格物爲下手處者何事而亦何嘗以致知爲他物而象山亦未嘗一日不道問學也嗚呼朱陸之學果可以執其牝牡玄黄形跡而論也哉大抵象山晦菴之學其本原則同而其入門者或異雖似有不同者然要之宗旨則各

有所重而學者固不可執是焉泥其別朱學教人自道問學途入而于道問學中成箇人陸學教人自尊德性途入而于尊德性中成箇人學者知朱陸之所以爲人則知朱陸之所以爲學矣能知朱陸之學而求至朱陸之人則雖其所學者自尊德性途入可也自道問學途入亦可也尊德性非上乘道問學非粗跡而尊德性到熟處不可謂德性此心中非學問貫通之境道問學到熟處不可謂問學此心中非德性渾含之天彼朱陸者固皆得于此心者也皆得于此心者而謂其他有異耶世無易牙則淄澠之水無以辨天下有精金美玉惟胷

中有精金美玉者而後識之今天下學問何以異此道術溺于多岐則人心牿于好異荀子曰學者學其所以爲人也學得其爲人則雖議論之或偏而不害其爲賢不得其爲人則雖意識之超卓見解之英奇而其根本者已繆矣昔司馬遷發憤作史記十萬餘言貫通今古而蘇潁濱則歷指其訣而直攻其非議者曰潁濱馬遷忠臣也嗚呼今日海内爲晦庵之忠臣誰也其亦爲象山之忠臣者誰也所養之未純則所論之或過于激而流于偏誠不能無者吾不敢爲象山晦庵隱晦庵曰子靜分明是禪學子靜之學自云自孟子來吾不知其所

以禪者然徐仲誠詹阜民鏡象下樓之喻與惡能心害
善亦能使心害之說其他收歛精神頓悟諸訓則雖晦
庵不疑其爲禪而象山亦能辯其禪耶象山曰可惜朱
元晦學不見道枉費精神鳴呼晦庵平生之所反身致
力于道者何如也然與何叔京黃直卿項平甫諸書深
覺其向者支離訓釋定本之失雖晦庵亦自不免于悔
矣此其去短集長望道如不及拳拳之心何况于他然
余竊謂象山言語雖禪矣而人則非禪象山平生于踐
履上着力于人情事變上做工夫而禪者如是耶晦庵
居嘗言語雖不能無過多之病而六經四書之註䟽萬

古耿耿日月爲世教人心者之鑑是果可謂枉費精神
者乎而朱陸之語亦不免各失之不平而過激焉耳夫
言語不平而過激吾不于其爲人者而論其一而論其
定廼反取其所見不同之論而一之而定之亦左矣今
之學者千種論萬般解正坐以言語求朱陸耳以言語
求朱陸而不以人求朱陸卒天下于朱陸見解不同無
據之迂談而不根究于朱陸身心有用之實學此何以
訓乎明公來翰曰子無拘守常說學當會于心焉耳嗚
呼僕無知識者亦何敢拘守常說者哉夫道無有于常
無有于異無有當會于心亦無有非會于心夫道固古

今天下公物者也道公于天下非晦庵所獨得私而有也亦非象山所獨得私而有也吾與晦庵象山俱有之吾不能爲已之象山爲已之晦庵學之不力實之不務而徒譊譊焉于朱陸晦庵象山同異之議何哉天下欲宗陸疑朱夂矣夂則難變也而今尤甚焉欲宗陸者起于好易簡者之弊欲疑朱者起于厭常立異者之弊宗陸者而不知陸之高處可宗者不在見解而在于踐履疑朱者而不知朱之大處不可疑者不在訓述而在于躬行古今天下只有此箇公道理人心亦只有此公議論又孰爲常說者哉明公所引草蘆所謂博之又博至

于雜精之又精至于巧以此疑吾晦庵者草廬亦過于論矣草廬之學豈知吾晦庵哉不知乎晦庵又豈知吾象山者哉學不得其大者紛紛鳴寃之録荷亭𧺝皮子之說亦秪見其不知量也已僕生平心師乎象山而行法乎晦庵不敢一息一念一事而或忘焉者明公視僕于朱陸者何如而謂敢有所低昂異論也然竊怪今之學者口朱陸而心不朱陸見解擬議朱陸矣而行不朱陸出處無朱陸三揖一辭之耿掖取予無朱陸堅石斷金之果決義利不分聲色不辨素躬實迪無朱陸青天白日之光明而所爲黷闒垢濁澒澋自以爲心傳乎唐虞

孔孟而胷次寔則鬼魅跖尨蠅營徇苟卑者則躭于儀衍申商之奸崇而高者亦不過拾禪佛之緒餘以自秘衍複顛倒不知而反呶呶于朱陸前聞人嗚呼悲夫悲夫學術之弊一至于此可勝嘆也哉程明道曰清談盛而晉衰然清談爲害却是閉言語又豈若今日之害道嗚呼明道豈亦無自而語者乎夫清談之盛晉以莊老之說誤天下而誤之者王何也禪學之盛宋以慧能杲老之說禍天下而禍之者張橫浦諸公也此皆所謂以夷而亂華者也以夷亂華率天下之人廼群群焉從事于夷狄之教陽儒而陰佛此習可長乎昔孟子在戰國

闢楊墨楊朱墨翟之言盈天下孟子凛凛有一日不能安焉者
嗚呼使孟子生于今又當如之何今之士大夫恬不知戒習虛
駕僞相踵成風又藉口欲爲象山之地以明道晦庵之所明斥
者而反欲爲吾晦庵之詆自以爲聖學真傳而不知其已流入
于異端左教者而不覺矣吾聖學有是也哉嗚呼亦可嘆也乎
宗陸疑朱之說吾亦無需于辨也已夫朱陸之異同立教終身
有不可强合者吾不敢爲二先生諱而其大本大原平生有不
容一毫少差者吾亦不能爲二先生掩然余竊嘗以爲象山之
道高于一己晦庵之道通于天下學晦庵學問思辨篤行塗轍猶
有可尋也下愚可以幾而及學象山惟高明自成自道如象山

者則可象山曰吾耳自聰吾目自明吾事親自能孝吾事長自能弟使人人非象山稍不及而不能窮理講學則亦寧能不免乎縱心任氣而失者乎故寧學晦菴而過無寧學象山而過學晦菴之教而過不失爲常說學象山而過不及則反墮于禪楊慈湖諸公可鑒已好高欲速以禪佛之似亂孔孟之真此固僕之平生之所見有終不敢爲明公隱者苟徒依阿雷同于今之世流俗者之論此不惟非明公平日教僕之意而亦豈僕之所望于明公者哉明公其必有所深感于此者矣學在得于心不在于言語異同恃公知愛故言至此僕罪多矣僕罪多矣倘不以爲然惟明公毋終靳其說亦幸有以教僕可也臨紙不盡但有馳情

與鄒東郭先生書

曩辛丑歲夏別余師及今中間曠澗幾二十年矣仰余師之教荒頹不能脩訊展一字爲歎極知簡慢罪甚兀坐山中彌年枯落無成嗚呼詔亦忍于枯落無成自甘也哉昔乙未在南都涇師門下詔質任踈鹵者平居不一至群公之門涇師嘗謂余曰如鄒東郭先生者余畏友也子他日終不可不一見吁明道如余師　此又豈特詔之所願見而已哉以數十年景仰之私渴欲請質無從歲庚子北征廼獲晉謁余師南都翰林別署相見蚤夕談欵餘詔時以自警十箴上質余師覽之忻然曰

子注心劼力可謂緊切真逕野篤實門墻中學然十箴之中收放心慎獨爲要欲收放心莫先慎獨嗚呼慎獨一學廼今日儒者以爲老生腐話非所謂玄牝上乘不足以悚動人之耳目莫之從事而其所從者率皆清虚高大之論至廼没首捕風捉影而無得茲又深可痛者夫獨者吾心之萌已所獨知獨覺之處易曰知幾其神乎夫易聖人之所以極深而研幾也幾者即獨也機之神之極深處即爲慎獨獨能慎則心自不放而心即理心不放而所謂理者于是乎在而理即學理不外一心學不外一理完乎理即所以完乎天故大學什誠意惟

在慎獨能慎獨則意可誠矣通書謂誠神機曰聖人能誠神而幾則可聖矣吁慎獨收放心之道是又可以易易語也耶明道先生曰有天德便可語王道其要只在謹獨又曰脩此道者在戒慎乎其所不覩恐懼乎其所不聞而已覩是則所謂戒懼不覩不聞之中者而慎獨工夫已于是乎在而晦菴迺以戒懼不覩不聞爲靜存以慎獨爲動察此又疑有過于分別者信若斯然則戒懼不覩不聞所謂不覩不聞爲何物而慎獨所謂獨者又何事有二致耶夫動靜非二道吾人靜存動察無兩功嗚呼不能慎獨者吾未見其能存心不能寡欲者吾

未見其能慎獨放心之事非一端而欲爲棘寡欲之道
非一·事而清心其要吾平生之矻矻苦力于學固亦以
收放心爲事者也而心日見其放雖檢制其欲于欲根
起滅者有以整斷之然欲又非可以一二枚舉者而吾
之放其心猶有莫知其所以然故每或思索義理有未
會心處則或至忘寢忘食或當食當寢亦不知所食者
爲何物所寢者在何處此皆過用其心而不覺至于詩
文之習尤甚此吾之心已放于詩文思索義理上去矣
心得無放否古人謂因世變而意氣有加者亦是將已
自家一種意氣陪絆他甚無謂詔生平負性氣每觸時

艱嘅國事不覺感嘆終日不樂對友朋呶呶大言此皆出于一時意氣感憤之私此吾之心已放于世變意氣上去矣心得無放否其他浮思雜慮憧憧往來不急之圖不可計筭夫吾之心放于詩文思索意氣吾不能收其放心皆是吾之不能慎其獨吾之獨不能慎處皆是吾之欲不能寡吾有欲以詩文義理軒然與古人亢衡並駕之心則吾焉得不役志而疲神吾有欲與豪傑驅馳天下之心則吾焉得不勞思而惕慮逞吾好于人不可着莫之地牿吾見必欲出人所不能到之境决裂性情以饕無益而聖賢明道之志憂世之誠急急果何爲

者而若是也耶嗚呼此固詔之所自知其過而不能免者也余師涇野呂先生曰學者當自怗怗實地行去身心緊切實事實理做來方是實學不可妄意高遠懸空杜譔而致力于無用今之學者其弊實坐此不能實意以積義有事爲事而廼欲懸空去做一箇勿忘勿助不能實意致中和戒懼乎不覩不聞而廼欲懸空去欲看一箇喜怒哀樂未發氣象何如不能實意學孔顔之所學而廼欲懸空去尋仲尼顔子之樂處外面求討箇滋味快樂來受用此何異却行而求前者乎兹其所謂舛者也嗚呼可戒也哉學術之偏至于如此詔不能不用

是殞懼昔蘧伯玉行年五十而知四十九年之非孔子有言年四十五十而無聞焉斯不足畏也已詔玆者何如行年已五十餘矣年日已邁而學不加進遑遑然不自覺其非習見與德心牽引粘帶互相持道義與紛華日交戰不能勝墮于世網科臼中自以爲能戒定其心而實不能絶利于百源自以爲不愧屋漏而實不能知幾于微眇嗚呼詔于此亦且如何哉此如泛一艘大海中茫茫浩無津涯不知將來其何所抵泊處董蓉山廻謹附此請教吾師程子曰學者爲氣所勝習所奪只可責志晦庵曰非全放下終難湊泊詔于此誠有不能不

放下而肆焉以奪其志者不能放下而肆焉以奪其志
此豈余師與涇野先生之教者哉翹踵清原神往如馳
山中困學苦心無處顧瞻非吾道余師所在風便專此
奉脩惟與吾師不惜終教之懇懇白首望洋之忱睽教
之懷諒余師必能統爲詔一鑒也草草不盡

天游山人集卷之十二

天游山人集卷之十三下

建安 楊應詔 撰

書

與羅念菴書

僕嘗謂士有曠世而相感異地而同符者道存焉故耳故道之所存則胡越肝膽焉僕不惴自少竊有所志每于海内高賢未嘗不心竊景慕嚮往之又況閎才瑋學如吾念庵兄者僕心之景慕嚮往者又當何如也丙辰自都下南還秋暮與荆川兄聚首建陽滄洲書院論心論學談及吾念庵輒心醉誠服嗚呼今之時人品道望

求如吾念庵者可多得也耶時俗一種問學悠悠沓沓中迷餖眞源汩没本體秖欲飾其私哄詠人而其顛覆于世習惽瞶之埸終身不悟此固僕生平之所厭聞者不足論而中有稍聰明英爽儁特者則又徒浮沉于釋老之門酣豢於禪者之說拾其緒餘自以談心談性不假筌蹄直超彼岸當下便爲眞種鼓其雄詭機變囂誕之迂談而欲傾動天下一時之耳目而其所爲所行廼反出禪氏脚根下其去禪者遠甚陽儒陰佛名曰儒而實非儒名曰禪而實亦非禪以是攻禪得不爲禪者所笑耶禪者高處在無欲吾儒超出禪者高處亦在無欲

而其實學實行則又康濟天下經理世道民物有偉功
嗚呼今天下學術之弊無庸議矣只一欲字亦勘不破
東南勢利諠鬧澒洞于乾坤口清虛而行垢穢面周孔
而心跖尨論學者棼棼而躬行者百無一二孔門不愧
天作聖之符實到此境界幾人徒增有識者浩嘆僕夙
無所知向者然嘗聆君子長者遺風自弱冠泊今翺游
江湖者三十餘年耳目中所習聞者惟吾念庵一二明
公而已超脱垢氛之外而其志其心直欲與天地萬物
而同游余與念庵兄雖無一面之雅天壤間欠此一會
極爲缺事然此心耿耿何嘗不一日不與吾念庵契此

行蹤落落亦何嘗不一日不與吾念庵游茲夏末忽得
佀報聞吾念庵將起用此心竊有所喜周對崖兄至廼
知不果嗚呼今之時世道人心可言也耶賢者出處関
係天下重輕人皆以念庵此一不出為吾道否余獨語
之對崖以念庵此一不出為吾道慶嗚呼今何時哉而
可出也白璧藏英斂郁于深山中光射牛斗使價而㞐
于魚目珷玞之側雖皦然不為青蠅所玷然終不若抱
璞之全古之人固有不以三公易吾介視爵禄如弁髦
唾視去不足輕重者為何如人昨荆川兄之出竊以為
喜亦竊以為疑世之議者吾不知何如荆川兄素有定

見定守者他日其大有所建白樹立完名完節洗濯而
歸僕於山中不能不爲知己躊躇顧惜賢者之舉動固
非常人所能測僕于吾念菴雖未嘗獲聚首一談議握
手一欵洽然念菴心事光明耿拔崢嶸磈砢余嘗于念
菴冬夏二游安湖書院諸記知之矣拳拳以欲根起滅
周子無欲爲聖功爲言每讀其文余不覺爲之起敬蓋
其學其論其心有深與余合者余嘗有詩憶念菴曰何
時還白鹿同汝看江雲世事浮漚飄瓦璅璅者何足置
齒頰千百年國家宗社生靈重擔子不在富貴者而在
吾人久矣鼎鼎乾坤砥柱稍眼界不明脚根不固徹底

心跡不明白此擔子一放倒再不可支撐天下視我爲何如後世視我爲何如區區外物斗筲者果足以動賢哲者胸臆耶僕無良何所能爲然亦竊有不敢自輕者平生駑腐篤志聖賢年逾五十而無成方兹垂白之年循役役奔走於江湖守株乎山林此亦豈僕得已者哉此亦豈僕得已者哉磨礱淬厲涵養之未純實踐之未到志不得不苦力不得不奮竊不量循有所俟不知此生此學竟何如念庵何以教我也天下事勢極則反循有可爲看他日而所憂所念者惟不能粹此素覆求不負天爲愧陸象山曰學者當于人情事勢物理上做工

夫然人情事勢物理上工夫極難做非習之靜養之素定者不能衡鑑識度稍未真則下手處必錯所從事雖曰人情事勢物理而實非人情事勢物理于一種無用套括不當粘帶者而無事迺粘帶其中不當牽惹者而着一分牽惹其內事不當憂慮者而代爲之憂慮時不可胃涉强爲者而過爲之强爲此皆所謂欲也皆所謂欲而日穰穰焉日憧憧焉而顧欲以此求所謂真源本體此無失之遠乎而幾何不與浮屠家所謂認賊爲子者哉僕嘗于此一副當閒腔套實不能脫去其于所當做工夫者亦不敢不勉人多厲志壯齡而或改節于衰

暮蓋其胸中元非真種子僕不能有此然窮年矻矻雖知所向而于聖脉真筌涵養本原學力緊峭内最上乘一步猶未透得以念庵平生粹養厚蓄于山中山林的靜味咀嚼處必深長世事定力把特久必牢固其必有教我者矣海内高賢每中夜興思寤寐不忘茲冬又復北上春官人事匆遽翹首石蓮不知何時得合併相與艤棹廬山之陽徘徊于白鹿之野與吾念庵圖一傾倒爲快昔人尚有欲尚友千古者又況于今耶古稱至德不易聞賢者每歎于難會然吾與念庵兄神交道合雖睽邈千里固非未同而强與言亦非必待面合而後可

言者千古聖傳必有所寄所賴不墜以傳而十狐九梟世習禪談瞽論所在黄然薨盪人將莫知所紀極吁僕于念庵獨能默默乎周對崖兄至因附此致恍臨翰愴惶不能道其萬一秉筆覼縷故所言止此想有道者必能得其肺肝焉幸亮之鑒之

答鄒東廓先生書

詔久别吾師今春至都下與醴泉潁泉兄會過獲吾師戊午冬十一月答詔手翰者捧誦焉拳拳懇至并新刻數事牖迪詔中有曰明道先生言戒慎恐懼乎所不覩不聞而此不覩不聞間由恂慄與威儀處合内外顯微

無間自慎獨一泒做來則允爲内聖外王之學矣嗚呼吾師砭劑詔者至矣詔何人敢不以是自期奮詔樗膚然曩飫聞吾師及涇野先生教竊亦知所嚮往矣詔嘗謂此道在天地間無賢愚無老少人人皆有此本體則人人皆有此工夫此本體工夫不容一息少間放下詔今春又不得意欲歸山中以完其初志以求了此身心夙學未知其力量終如何雖困踣憂苦艱瘁顛躓所不敢辭然亦有不能自已者昔人謂聖賢萬世天地宇宙渾渾淪淪一箇正統宗傳實在吾人所負荷這些子喫緊處須臾不可離雖之夷狄患難造次顛沛有不敢舍

者又况區區小小得失者哉孔子嘗謂人不知而不愠
爲君子又以遯世不見知而不悔惟聖者能之此等處
工夫此等處實際而爲聖作君子固要自恃書依乎中
庸遵道而行塗徑處過來詔于此塗徑尚猶有未諳諳
之尚未熟則其于不愠不悔之境界亦將敢曰遽謂已
能乎其于不知遯于世如古之隱者流不敢也而遑遑
求知于人欲以見于世如吾師來東所謂安小成鶩虚
遠者亦不敢也古賢哲之出處行藏關天下治忽理亂
是非非素有所操持把握者不能决以吾夫子嘗亦有
吾衰之嘆掩袂之悲已矣之感不容之論明王不出天

下莫能宗予之嗟不一而足然則吾夫子得無亦猶有所慍有所悔者存乎孟子去齊宿于晝充虞謂其有不豫色然孟子曰吾何爲不豫哉然至今味其言旨想其人風論實有不豫者在豈聖賢于此亦有所動心乎詔嘗謂不慍不悔者孔孟之體也而其間亦有不能不有所慍所悔者孔孟之用也聖賢豈果於忘世者哉而其心蓋實有大不得已爲者時之非聖賢獨可奈何耶詔庸駑無所智識然窮年碌碌奔走江湖年老大迄今猶自分鑿坏長隱爲山林計雖詔者亦知其將來時如何命如何時之不遇命之不遭孔孟知之矣以孔孟爲學則

其不得不以孔孟而爲心道之將行也歟命也天也天
之來孔孟不能却之止而必有所以處其來者道之將
廢也歟命也天也天之否孔孟不能使之亨而必有所
以處其否者詔自失意後中夜興思惟以學未成于已
道未獲明于時爲懼恐將來一旦遂至淹朝露以枉過
此生學苟成道苟明詔無憾矣餘非所計者詔近觀我
朝一二諸儒陳白沙海南一貢士耳吳康齋臨汝一布
衣耳彼同康齋白沙時握台鼎躋高位膴仕隆顯光榮
軒寵者不可勝紀然皆不旋踵灰飛煙滅泯泯無聞二
先生之學至今猶聲著天下籍籍于人口耳目以康齋

白沙二先生且然又況自康齋白沙而上者乎道在我
無論窮達孔孟且然矣然孔孟于此一泒本體工夫實
無一時間斷實無一時止息日兢兢日業業故其光明
後偉完融精粹迄今在天下萬世吾師又曰以文王之
純亦不已上下與天地同流其功實自緝凞敬止中來
故能無然畔援無然歆羨誕先登于岸嗚呼誕先登于
岸其功亦豈易易能者哉詔居嘗竊以此學自文王緝
凞敬止來由孔孟博約三十志立至從心所欲不踰矩
知言養氣四十不動心康齋白沙所養未到未純未足
論然自其本體康齋白沙者擴而上之以求至于文王

以求至于孔孟此去處慎獨寡欲懇峭工夫實非外假
要之其本來面目其充養極其靈神其變化元自流盪
于宇宙元自融貫于古今元自渾通于上下能慎獨而
寡欲則何所往非無畔援無歆羨之境不能慎獨而寡
欲則日憧憧擾擾棼棼亦何所往非其畔援歆羨者今
世之儒者正爲畔援歆羨心多動了紛華利欲道德之
念交戰于胸中以故其學不純粹無始終不能作天地
間完人其病正坐此詔不肖不敢不勉自古聖賢何嘗
不欲用世亦何嘗敢果于忘世世隆則道從而隆出而
有裨于國家世否則道從而否其隱而有關于風化此

皆是吾人及物處此皆是吾人功業此皆是道然其天地萬物一體氣象大君宗子父母天下王道之規模則有一時一日不能已于其衷者審其內外輕重先後之分求爲醇儒求爲實學方是完德而此不知不愠不見不悔作聖爲君子塗轍真源吾師其得無有終教我者乎醴泉顥泉兄共詔與呂沃洲傲鳳坡宋陽山諸公今春會同志靈宮詔時于中多有所規難質正者不能一一陳左右客另布歸軫忙忙風便惟巽吾師毋靳金玉終其陶鑄是禱翹踵南天臨楮不勝所馳戀詔頓首頓首

與陳明水書

僕于今之海内以講學名東南者知有吾明水久矣每
時顧南鴻恨不獲道金溪訪所謂象山草廬康齋舊日
講游之所相與質正明水爲快僕前于章介菴公處備
得明水爲人頃者于少府董蓉山傳石井兄處獲觀明
水之集又得明水之論而謂明水以講學登陽明之門
而又與陽明之徒異者嗚呼今之時講學者滿天下而
其所學者僕敢言也耶環東南數十吴越之區達磨慧
能之説充塞其間稍知學者不于六經語孟孔孟處追
尋而柢于達磨慧能處討究勦其餘緒摯其瞽談創爲
頭腦標柄相矜異吁學術之誤一至是耶一至是耶昔

伊川自涪陵歸嘆曰中國學者半流夷狄矣嗚呼可悲哉茲又豈特伊川時然耶世道日下人各以已所見者爲學師心率僞其論不可執着改頭換面甚者迺謂不假修省不事塗轍即心是聖一超而直入一悟頓了張皇排擯令人茫無所下手處禪者家曰直下便是動念即乖又曰認取本來面目今之儒者大段多本此其言曰工夫即本體動以本體論而謂握天機順其自然不息之誠方爲聖功信是則工夫可以無着矣天機所在即本體所在而又何即本體之云耶謂爲本體則是其受于天者有一箇靈神活潑的東西夫聖人之心如明

鏡止水故此心本體光明猶鏡也工夫磨刮此鏡者也
謂工夫即本體謂磨刮之物即鏡可乎鏡光明不能不
爲塵垢所慁人心光明不能不爲物欲所雜謂克治物
欲還吾心之光明則可謂克治工夫即吾心之本體則
不可謂磨刮塵垢還吾鏡之光明則可謂磨刮工夫即
吾鏡之本體則不可何也工夫有積累之漸本體無積
累之漸工夫有純駁偏全不同本體無偏全無純駁今
不問其幾之善惡不同用力之偏否邪正不同而槩謂
之天機槩謂之聖功如人孝弟此人心中事親從兄之
本體者也言行忠信篤敬此人心中言行之本體者也

今人但能事親不問割股廬墓溫凊定省之偏即可謂孝耶但能從兄不問其隨行服勞是否即可謂弟耶言忠信則可而強辨飾非者亦即謂之忠信可耶行篤敬則可而象恭色莊者其即謂之篤敬亦可耶此正如達磨之面壁呆坐以此爲工夫而不知吾心性中曾有此面壁呆坐之本體否金剛經所謂因無所住而生其心以此爲工夫而不知吾心性中曾有此因無所住而心生之本體否世教之衰邪說惑民吁可怪已今之議者又謂不達天機不悟聖功雖隨事省克飭身礪行秪落第二義而不知第一義天機聖功者又在何處夫道理

平鋪無上下無精粗程子曰必有事焉而勿正心勿忘勿助長與鳶飛魚躍同活潑潑地此天機也此等天機亦豈尋常襲取模擬著莫可得者故始必以集義爲事勿正勿忘勿助爲存主鳶飛魚躍爲樂地孔門獨稱顔氏爲好學顔氏之學工夫在不遷怒不貳過非禮勿視勿聽勿言勿動平實地做將去顔子得此天機而樂矣孔子萬世人心樣子然其自年十五而志於學至七十始從心所欲不踰矩不踰矩此孔子吾心本體也孔子亦得此天機而樂矣而其閒所立所不惑所知天命所耳順其工夫何其漸今曰工夫即本體即之一字得

無所謂頓說耶世之學者任智自私下學近裏着已之功未致而妄意上達囂然自謂立于無過之境當下即道廼至認氣爲理認知覺運動爲性並其夾雜麤惡者爲真源此亦何異於浮屠家所謂認賊爲子之喻僕無所知識者獨不能不深有所感僕竊讀明水癸巳與王龍谿錢緒山之書曰今之學者相習影響謂懲忿窒欲爲下乘遷善改過爲妄萌動則率性從心而不知狃其偏質便其故習而適遂非長過也嗚呼今之學術之弊明水數言盡之矣千百年吾道聖賢正脉在吾人老實去點檢老實去擔載斯不差錯箇途徑本體處澄然則

實用流行處昭徹去歲丁巳王龍谿來吾建偕諸朋相
與握談華陽山中龍谿曰學者只要箇悟余謂不解辯
吾道禪說是非不筭作眞悟龍谿曰學者只要箇眞種
子方得余謂不能透得聲色貨利兩關不筭作眞種子
相與質難辯議者久之龍谿亦笑納余言移時迺別去
嗚呼今海内識眞悟眞種子者幾何人哉道不在多談
從古來聖賢作用體貼實履處只有這些事明水又嘗
曰其近與人論學多自愼獨處發明此正僕所謂明水
雖游陽明門而議論却又與其徒異者正謂此嗚呼愼
獨二字此即聖脉也此即天機也此即所謂眞正當下

夫完其本體者也孟子曰養心莫善於寡欲故能寡欲
即能愼獨矣能愼獨則能不愧天能不愧天則此心澄
徹圓融渾化一私不作萬法皆明此境界不假牽補不
假裲帖自然靈利脫灑悟而至此是何等眞悟種子至
此是何等眞種子學至此即爲眞學儒至此即爲眞儒
徹上徹下徹天徹地不然譊譊見解好奇衒異鶩然自
是誑已誑人雖求磨治本體而適沉絆於執滯坑子而
反迷蝕其本體矣而乍欲便把着此心自謂之渾融振
拔而實則空虛而無用此可謂吾儒眞詮也哉僕踈鹵
少苦不知學然于寡欲不愧天工夫本體處竊不敢𨊿

落把持固守非流俗時態之所能移亦非拘儒瞽生異端邪說之所能惑世習奔攘傳會附和中余迺謂獨自信自知而直能超脫如此鄙心自度竊有不敢耳　生不惴欲向上爲孔孟聖賢之歸而又自甘爲佛老　行佛老者之說舉吾道一片大中至正之田地而潛爲幺麼詖謠邪遁之窠窟此何異操戈反射者而世儒方且挾其學雄談橫議猖狂恣肆日寖月淫欲以自便其沒檢束無忌憚之爲彼亦豈不知吾道正脉所在盖沈溺而不能自覺迷復而不能自反耳孟子曰我不直則道不見寥寥宇宙斯道日孤僕每懷此懼則振刷群疑以

祛俗惑吾不于明水望而誰望哉循有不盡更不悍也

天游山人集

十三至十四

天游山人集卷之十三

建安　楊應詔　撰

序

臨汝源流序

宋自濂洛諸儒得千載不傳之學于遺經陸象山以英資偉哲崛起青田臨汝間復有以紹濂洛諸儒之統而克光大之直踵乎唐虞精一孔門博約之旨故其言曰韓愈云軻之死不得其傳得其傳者我朝濂洛諸公而已然草創未甚光明今日不今大段光明更治何事又曰孟子之道至某而一光深以孟子自任嗚呼象山豈

欺我者哉故今天下言象山學者皆曰孟氏之學也然
象山非直孟氏之學也余謂象山之學堯舜禹之學也
孔顔之學也臨汝一派來自天稷唐虞洙泗間千古聖
賢之所提揭章示者此心耳此心此道隨所寓活活潑
潑何所泯息無界限無停運故宇宙即吾心吾心即宇
宙六經一吾心之註脚吾心即六經之印證大而天地
炳而日月滙而江河幽而神鬼吾心之流行遠而民物
吾心之徒與前乎千百世吾心之既往後乎千萬世吾
心之將來孰非心者故孟軻氏曰學問之道無他求其
放心而已又曰先立乎其大者則其小者不能奪然放

心知求則自不放而所謂先立乎其大者亦于是乎在而象山之學實得于此嗚呼此固千古心學之所從闡者也等而上堯舜禹孔顏之所相授受宗統相傳精一博約者實不外此夫人心惟危道心惟微危微之間必精以察之于將發未發之時一以守之于無思無為之際博以文者博而多識此心于文約以禮者約而檢束此心于禮而所謂尊德性道問學者皆從是出而象山生平之深造玄悟根極領要而謂其學度越近世諸儒所得獨真者要有所自而世之議者廼曰象山專于尊德性而畧于道問學或又以其早年與晦庵所見所論

不同而或廼詆之爲禪嗚呼象山果禪者哉夫象山心學也禪者雖亦善事于心然皆纂空守寂而象山超倬即其身之所見即道洞灼本體不假擬度自立自信自成直從人倫日用世變人情物理上帖帖做將去故其所見廣大高明直欲一超而至聖味其言雖不免有智者過之之失而雖擬議有未純一處然其大段易簡直截充實超達而讀書窮理居敬集義之功二者合一弁下雖一日有不敢息者故自窮居至筮仕自删定官輪對至之荆門而所疏所政所設施皆鑿鑿有關于世天德王道之規模而無一事一言之或牽補駕漏者而謂

禪者如是耶至其提揭吾道之綱維于白鹿義利一辨其喫緊人心處尤至要深中學者之膏肓直欲起其嬰錮廢疾而藥之懇切著明真得孟氏舜跖鷄鳴之喻聞者至流汗泣下晦菴刻于石至今讀之猶凜凜使人警省而惕厲其有關于世教風紀也大矣嗚呼象山之學其光明俊偉真切如此彼議者不知象山不足論已而其口談象山知慕象山者反亦取象山之道背而馳之而去故余嘗謂世之詆象山之學爲禪者不在象山而在學象山者象山之道無負于來學而其學者往往負于象山象山之道在實際而不在虛談象山之論雖過

高而其功則近裏着已今躬行心得之不孚而獨屑屑于見解意見之逞大本大綱之不立而徒于標榜頭腦私習勝心口說之騰稍有所得當下便以爲眞種便以爲超脱便以爲天機頓悟而其言行之不顧隱微之不愼出處之不明取予之不當要之眞源晦蝕義利關不能透故至于此象山之學學有得于心平生于此一關能勘破參之極透徹故其所辨義利者至纖至悉其謂吾儒與釋氏之分亦只是義利之别吾儒主于經世故爲義爲公釋氏主于出世故爲利爲私夫象山之辨釋氏禪說如是之嚴且厲而世之議者反以象山之學爲

禪爲墮于釋氏豈不冤矣哉豈不誤矣哉象山在當時與其兄梭山復齋相切劘世號爲三陸一時門弟子樞趨之盛如楊簡沈渙舒璘袁燮傅子雲之徒嶒見傑出皆敦履篤踐可觀雍雍于于有三代氣象孔氏闕里遺風瀰漫于江之東西一傳而草廬再傳吾明康齋者出壁立萬仞故象山身後自宋以來其學雖湮鬱不顯行于世者四百餘年然其道則如青天白日代有耳者所共聞有目者所共覩有心者所共識余平生學晦菴者也然于象山之學亦獨所深慕建少府蓉山董侯其祖仲脩公舊學于象山之門蓉山暇廼裒集虞道園趙東

山臺敦陽明東廓諸公之説爲臨汝源流録間出以示余索余序嗚呼蓉山固所謂能世其學者余獨喜象山之道迺大明于今世遂道象山之所以爲人與同志共勗而又有所不敢私且秘者因附其見于此

贈張前池叅閫浙東序

自古國家曷嘗不置爪牙之士鷹揚虎視之臣以爲國屏衛乎然余嘗竊怪其間日剖符厝將疆境反多事而醜虜闖肆憑陵者是豈無故耶蓋緣吾將弗得其人焉耳或得其人矣則又委任之弗一督寄之不專則雖有奇才焉安所展布上之人動或掣肘之稍弗協則下軍

門吏得以三尺法繩矣夫三尺法安可以待天下之畸
英雄俊偉豪也余聞古之名將有居代鴈門數十歲委
輸隨其幕府所用或控扼西山逾一紀弗易雖有讒毀
不能間是以胡人不敢南下向我發一矢寇敵環疆
圉莫敢動彼蓋有所讋服懲創固然令之任將者果能
如是耶薦辟出乎群賢牽制分于多門因仍苟簡甚者
召一大將直如徒隸然以一人言之而建不旋踵則又
以一人言之而罷去海隅鉅鎮以兒戲易置之而紀綱
之弗明賞罰用舍膠盭乖午夫如是則雖令日增一將
明日肇一官島夷有不生心而奸雄睥睨其間者有不

蔑視而竊笑也哉於嘻可慨也夫古今天下不患無將兵者而每患無將將之人昔先朝劉公江王德屢大破倭戎于櫻桃園及黠虜崇明島等處彼固何時今之偏裨將校卒伍中吾又安知無劉江王德其人沉謀而有勇者哉韓子曰所用非所養所養非所用嗚呼此其來又豈一朝一日之積也耶廣之龍川前池張公其爲將蓋沉謀有勇者邇

聖天子方憤東夷倡獗爲邊壤梗既重建撫臣鎮壓救綏之矣而間又以撫臣之疏本兵者之議于浙東嘉湖處特樹立叅闆府而以前池公簡任焉公洵克豫所養

者遵所用矣公之將畧吾不知何如然余嘗見公之爲
人雅近儒紳善談兵樽俎間左自稱能鑒别士每見事
風生則明敏而果决沉雄而奮迅嘗帥惠潮征魚窩勦
儋崖驅兵敢深入有偉功或曰舟師比步戰爲難倉卒
易變海寇竊發不虞每視風濤出没而突焉蜎起去若
電逝今則其難又有不可言者矣環官軍仰視海虜直
若觸虎豹藩然莫敢近然余聞前池公祖都督愚齋之
鎮廣南也方正統末黄蕭養亂廣右五嶺動摇驅艨船
數十萬蔽江而下而愚齋則以一箭取蕭養于舵樓之
間是不以舟師乎而勍寇卒以殄滅迄今山防海寨猶

群談稱愚齋都督公威靈者不置而公父愍菴則又提身征黎徼卒誓節委忠其地前池吾固知其爲廣少名將世忠武者族矣語有之勇將不如智將智將不如福將然天下事又惡可以福論哉夫古之英傑豪俊率多起于艱難憤惋無聊之餘彼其平居恥無以自見故一旦出則奮不顧身秉節策勳卒大稱奇于天下前池公其有所激矣公自結髮聞父難死王事故甫弱冠即以父蔭受閫鉞居營慷慨長呼而痛奮然則公斯行也又豈獨殄靖群寇戎式是南國已哉而振揚我國家三軍之氣恢廓萬里之長城實在于此昔周宣王時四夷交

侵玁狁亂于北蠻荆淮夷搔擾于南然賴方叔召虎諸虎臣不旋踵咸卒克底定今天下視方叔召虎時又何如也蠢爾倭戎糜爛中土五年于兹梗亂不已天子方聞鼓鼙有將帥之思欲破凡格以待天下之豪俊此固諸將歃血登陴不惜誓死時者故余于前池之行方以方叔召虎平定淮夷江漢中興之功于前池望而前池公感時夙有志報國者亦焉得晏然而已乎嗚呼前池公其何以自厲也

謝南湖詩集序

南湖公詩數卷廼公平居部署及出守夔蜀與吾建時

所作間嘗出以示余索余序焉余手之嘆曰嗟呼世嘗謂詩能窮人或者又謂因窮而後工迺南湖公今日官斌斌顯矣豈窮者耶何得之多而且工如此夫詩者人之情性寓焉得于天有所感抒于懷而不能已無所張動于機而不能不爲蓋亦各陳其志焉是故出而號于世者不一其陵謷雄瑋嶒岸者則弘龎恢達而恣肆逶和簡憺者則往往紓徐質直慤坦而冲夷其羇孤風土久阨塞摧挫流離之人感憤無聊鬱抑而三嘆而其抱才負器嫉世長往之士則又睥睨一世高視濶步斯其抒吐于懷于其天機者雖不同然要負其所有藴含嘅

哓鬱積則不能不各以其所能者鳴而各陳其所感故觀其詩其人存焉而窮達者弗論也南湖公楚産也楚故有屈原宋王唐勒景差之遺風三閭之國雲夢之區世嘗謂其人多憂抑怨悱而善悲今南湖公則不然和娯温厚平雅吾不敢以楚人目之豈其際時之亨不囿于風土者固如是而亦南湖公之于中自有所得故其由部署涉江寧道夔蜀泛彭蠡登武夷及吾建所至江濤洶湧魚龍飈吸出没山川鬱蒼風霞雲景之渺紆嶨次遒盪直若與萬物者游昔韋應物之守蘇州政暇則與郡中諸文士翺覽宴歌史謂應物性高絜鮮食寡欲

所居掃地焚香而坐而陶淵明在彭澤閉閤瀟然無一事不以家累自隨邑中所有公田亦惟令種秫而已夫以二公之瀟散沉逸有如此以故其詩粹深玄渺冲婉非夫人所及至今稱其詩者罔不曰陶韋陶韋云夫詩多本之風謡工拙不論故余嘗謂有陶之風逸而後有陶之詩有韋之高潔而後有韋之詩不能其人而徒欲模彷其言者未矣余窮人也耽于詩雖窮且厲若弗能工而于詩又蕡不知所嚮然于二公竊有慕焉故雖愧不能二公之爲人然每讀二公之詩直若與二公游周旋一堂翺偈于羲黄之世無懐大庭不知孰先孰後

鈞天廣樂閒作而九奏杳渺之音喧溢人耳低徊不忍去而仰視二公眞若香象朙鷗玄渡兀立于恒河大海中吁何其雅也南湖公之詩吾不知有二子否然余觀南湖公颺歷于中外沉鬱之久而超倬于世味紛華物垢尾瑣之外冲曠枯寂方與世若泊然無所遭而澹然無所嗜者舉天地萬寓無一物足以入而芥蔕其中而所詣玄遠矣是南湖公與陶韋窮顯雖微不同而南湖公之胷宇則亦陶韋之胷宇者也然則南湖之詩雖不謂之陶韋而亦謂之陶韋可也古今詩人不同各存乎其人雅俗不論窮達不論而惟寫其胷中一段之天眞

意與者爲佚陶韋之詩固非今之雕蟲靡曼組織藻繢者之所向余無知識者獨酷嗜不能已焉昔九方皐之相馬每索馬于牝牡玄黄之外以爲得余于南湖公有所感矣故既讀南湖公之詩卒業因識其所向者于後遂次列而歸之以爲南湖公序

贈郡公程習齋擢兵憲桂陽序

今天下諱言兵久矣自吳浙雲間兵興以來以倭戎小醜跳梁于吾東南財賦之區彌年弗克底定迄今爲梗是豈無一善兵固本者足折其衝耶世之議者動以書生迂儒視天下士而謂其不知兵不通世變秪催科簿

書斯會者徒耳嗚呼古今名將有一不出于書生吾儒
閒者耶夫天下之英雄豪傑雖其伏無盡是固不可以
一槩論余嘗謂古今　成天下之事者在才而其運
掉其才足以震動天下讋服戎心者在望有天下之才
而又有忠實爲國之心戴其望而馳之鮮不濟矣孰曰
有能善將民者而謂曰不能善將兵者耶故古之善將
民者必固結其民心于平時而後征繕營調始得民死
力于一旦善將兵者亦然投醪挾纊彼其視士卒如嬰
兒身與之同甘苦則一旦驅之雖蹈湯火赴深谿誰肯
有一不戮命以趨者今之將民將兵有若是者乎才望

忠智士之日遠之日益疏斥而徒取無用之套括浮蠹
者加之上而寵禄之嗚呼國家一旦有警有兵變此曹
可賴耶可悲也已西安習齋程侯守吾建公可謂才望
兼全者公習于兵事蓋公自壬辰登第公之才已淬練
于中外歷歷之深歸而侍養者十餘年而其忠孝之望
則又有以乆孚于天下士民　之瞻企故公之按吾建
下車不數月而民已緝矣余嘗與公談兵樽爼之上言
及海防倭戎事公輙慷慨然曰是無能爲者勦殄之無難
余不覺壯公之爲人然猶未有以驗公無何吾建山寇
竊發不旋踵掃逐竟不出公所料之外及倭戎自海上

寇吾省荼毒吾省肘腋地四郊戒嚴公聞警即厲馬登
城陴相吾建形勢日糾率軍旅凡嚴城隍以扞圉除戎
器以厲士速搬糴以清野遠斥堠以探敵不崇朝已具
與吾前之所欲言所欲爲者咸不期而合不戰而勝天
下英雄忠勇奮發所見畧同迥如是而今之議者又曰
今天下東南民力竭矣士氣靡喪時勢壞亂有不可爲
者夫古今天下何嘗無禍亂之世而亦何嘗無出而戡
禍撥亂之人時豈不可爲而所患者惟患無一忠實爲
國爲民而爲者耳有一忠實爲國爲民而爲者而天下
事足慮也耶余聞之古固有驅烏合之市卒而足以成

大功策淮淝之俘兵而足以破大敵彼何以得此蓋其忠勇足以動之將畧足以鼓之焉故耳而况今日國家東南之全鋒全勢又何如末季士大夫無所思奮養交養望速化以爲謀平居因仍逶瑣自視以靖定兵馬之不諳忠勇之不奮國勢之不恤稍有事則瞿然失措敵至至不敢面虜人發一矢此何爲者坐視吾民赤子魚肉而不顧甚者反取金帛出僥倖不得已之下策欲啗虜以去以幸一時苟安而曰吾將有乘敵之釁者然即使彼幸可餌即爲吾所掩于前使後有効者相煽而起孰爲之孰信之此又適所謂資寇兵盜粮而養亂者也

養亂者亂可已耶吁今天下是可不大鑒也哉兵不易
談余書生何所知識然蚤齡抱忠赤智幹緰有志天下
久矣習齋公至余建獨余奇余亦見習齋公深沉而慷
慨明哲而勇敢每觸事風生義氣所動智畧絶人吾知
習齋公之誠足以大有爲也茲由吾建而式是兵憲桂
陽也習齋公固善將民將兵者桂陽雖南隣交徼九溪
夷獠洞穴三苗之故居而
聖天子可以免南顧之憂矣然公豈獨是哉天下有事
非公蕫忠勇有膽氣者不可公夙諳兵知兵事他日有
建大將旗鼓鳴劒抵掌樹奇勲于燕然萬里外必公也

巳公行哉余于公固有不能不重以望之者

天游日史序

余作日史二卷凡生平言動必書言動日用有微失者必戒或曰學奚有於是昔上蔡顯道吕東萊皆有日録日記之作識者謂不若默識於心者之爲愈嗚呼學豈不欲默識於心而默識之學亦可易至也哉夫善學者無動靜無内外動而有養動即靜也靜而有主靜即動也外者不入外亦内也内者不出内亦外也學必合内外動靜始爲完善夫苟動者不慎則靜者馳矣外者不嚴則内者放矣古之人所以于學兢兢業業不敢惰者

實在此故自堯舜禹湯文武猶不免有諫鼓盤銘几杖
戶牖刀劍之箴顔氏在孔門獨稱好學夫子揭爲仁之
要心學之傳不他及而惟拳拳以視聽言動之非禮者
爲戒焉余少不知學然過不自量竊有志于聖賢居嘗
從事劼力于身心而又浩不知所向往曶曶奮企不已
故嘗規我於視聽言動之間余雖不敢有非禮之蹈而
求我之所以我者于視聽言動之際則不無纖微斯須
于非禮者而相戾夫吾之不敢非禮之蹈者吾之志也
而不能不纖微斯須于非禮而相戾者吾之行所不免
也夫吾之行不能免非禮　相出入而吾之心則又有

一日不能安于非禮者然則余之于吾史也可得無書乎而書之可得弗戒已乎然自吾日書之日背之日戒之而猶日忘之痛癢在身爬搔不能已仰視聖賢作用處不能不深有所愧使有盧扁者立于側當如何語有曰毫末不治將尋斧柯嗚呼斧柯可以已余之疾也哉夫古人于學不敢有一時一念一事之息昔余乙未年業南雍從吾師涇野呂先生游涇師嘗謂余曰子心地煞光明正大自是作聖路上人但習氣痕跡未化更當于深潛純粹處磨鍊一番洗滌一番方長進吾他日所望者子而已嗚呼嗟哉自余師之亡十餘年余師之言

猶在耳以今觀余余雖不敢自于非妄顛蹶余守然其
所謂深潛吾純粹吾者百不得其一每一披吾史則惕
然毛骨爲悚而憤厲不寧者累月舉數十年之心跡直
凜凜乎若夏鼎神奸在余前毫髮不能隱余不能違吾
志而動亦不敢違吾史昔司馬君實嘗自謂平生無一
事不可對人言者趙忭晝之所爲則夜必焚香告于天
夫司馬君實趙忭宋端人偉儒也而所爲所事若此故
余嘗即余心事亦自信扶肺肝可與人言矣執余之光
明正大者亦自信可質于天矣然言于人則爲人所非
所嫉質于天而天每于余困蹇拂鬱不能堪動爲天所

譴是言于人可矣求如司馬君實信于人余未之能矣質于天可矣而求如趙閱道之純覆順適于天余未之能矣吁此亦果何故也哉孔子嘗有曰丘也幸茍有過人必知之又曰假我數年五十以學易可以無大過矣夫孔子大聖人也茍有過則不以過爲諱而惟以得聞其過者爲己幸假年五十以學易然猶不敢謂爲無過而猶自謂可以無大過孔子且然他可知矣余生平學孔子者也固不甘爲有過人也孜孜然勉且厲求欲寡其過而猶不免與過終身焉然余所幸猶有賴于此故得不至乎賓隊　非禮而夢浪此一生不然瞑然以趨

日復一日非幾月貢而不悟學老大而無成年四十五十而無聞之固夫孔子之所嘗嘆而悲者然則余亦焉能免于夫子之所嘆所悲者哉古之人仁以爲己任死而後已余雖老　蓋有不能已者故述其所以自警者如此朝夕凜凜惟恐其有愧吾師不能進于聖賢而卒墮于小人之歸吁可不戒也哉可不懼也哉

作日史序

憲臺嘉績序

余嘗讀易至萃除戎器戒不虞及馬遷班固之兵律刑罰志未嘗不廢書而嘆謂國家建立兵憲之職其重也

如此豈偶然者哉蓋夫天下不可一日無兵而政令教戒尤不可一日無刑兵固刑之大者故我國初于海防山隘關寨之區皆特創樹兵備重臣以塡壓之皆所以樹民鎭也然余嘗怪邇百餘年以來往往兵刑之不得其統保釐者之失其畧封疆告警虜寇荐發而吾赤子又操其戈竊弄于潢池爲余民者斬斬然無以生識者傷焉此其間豈無一干城之士明允之長足以爲國之賴者哉要之其故有自已夫天下之事每墮于弛而馴至于極則有痿而不可舉之處姑息者率自以爲德而苛刻者則又視吾民如秦越然今夫執一轡以御騂突

固無望其不雕趫而奔蹷而挾毒兵利矢以急猛虎則尾大不掉廼重有不可測反噬之虞矣今之兵紀邊計者得無象之然乎故往者國家已巳之變而閩廣浙西黃鄧葉宗流諸寇相煽以動率由于此而國政之無經則疆埸之大駭於乎是可不鑒也哉是可不鑒也哉故余嘗謂天下中葉之運非大懲創無以振而本兵震懼威厲要必浹濡之以惇仁靖惠者始可以明作求綏而無事建業嚴亭張公其按節兵備吾建也四載餘矣公下車輒能師吾民以理而又徐濟之以寬重若公豈古所謂惇作求綏者耶夫公固吳世胄也其大父文僖暨考惕庵公皆爲

吾明國家偉臣公之雄威大畧余靡得悉稱已然余嘗與公談兵計及國家大事則見公靖雅而澗度循餙而警敏及其觸事激衷則又侃侃然威而弗苛以故吾民數十年來咸獲帖然晏息于此世之議者曰建在閩爲巖郡東北邊浙溫處諸壤郡有坑冶鉺礦徒竊發前此爲吾民梗者數矣自公之至舉按堵無警而福寧一帶環海之濱則又隣遐戎接倭夷邇勍寇大跳梁于吳藩風帆戰艦颯沓往徠視吾境直若虎豹區然莫敢近然則公何以得此或曰公有夙望明威足以鎮云公昔令溫之平陽處劇寇設奇制勝捐槖中金結死士殄滅之

如神識者咸謂公隱然有古儒將風故曰規細節者不能立榮名急近利者不能閎永圖昔韓魏公在宋人皆以爲宋之一代宗臣碩輔也然余嘗觀其鎭定武遭河朔荒則設法發粟活飢民數百萬定卒稍弗紀訴陳則又立斬其悍獷者十餘人宏仁而偉略一時威聲遼夏宋倚以爲重且安者數十年今之時天下中外吾又安知無韓魏公者出耶然今之時天下惟病無韓魏者耳中外睽睽而兵刑紀綱之隳紊夷狄盜賊之獷橫上方赫斯怒思欲得乎鎭鑰北門長城萬里之士禁中頗牧者卒起而任之公行其有遭已語有云天下有藎臣則

天下士氣重朝廷有紀綱則朝廷國勢重而求其將來振厲士氣壯安國勢者舍公當誰哉故余既頌崧高江漢之章爲公最而又喜天子得疆圉爪牙之臣國家將來者竊重有望也故于是言

衛道録序

佛氏盤據于中土也久矣異端百家九流俱亂吾道惟佛爲甚世稱老與佛老氏其說猶粗淺而佛氏則闊闊恣肆彌近理大亂真亦惟佛為甚嗚呼佛之爲吾道害者此亦豈特門庭之寇已邪鳴鼓操戈入吾室千五六百年來詖淫邪詭爲吾人心之大蠹者莫此爲棘而凡

吾儒之高明儁特者皆冥然被其所驅而不悟其有所
悟者則其所陷溺益深者矣今世之議者曰佛氏與吾
儒本同而末異吾儒曰求諸内也而釋氏亦求諸内也
吾儒曰立體以致用也而釋氏亦求致于神通妙用也
而其說尤爲簡徑直截而可從而其道尤爲玄弘高妙
怪怪奇奇而可嗜爲吾徒者亦習其誕莫之辨也是故
其猖狂輝赫震曜不獨其徒者侈高其門户而爲吾儒
者又陰影喝其門相與簸弄機鋒而鼓其雄詭不可捉
摸之說彼亦且闇然主之不覺其非竊吾說以熏是故
自其竊吾天命率性脩道之說以飾其清淨法身圓滿

報身千百億化身之非然反求其所謂天命率性脩道者何在而彼不覺也竊吾寂然不動感而遂通之說以飾其用而常空空而常用之非然求其所謂真寂真感者何在而彼不覺也竊吾默而識之無入而不自得者之說以飾其面壁呆坐自光明自神通大自在的之非而又不知所謂真默識真自得者何在而彼不覺也佛者謂余識得心即心可成佛明得性即其性不脩可見道然彼翹徒以其知覺淨智妙圓者爲心作用蠢然處爲性而視吾儒之所謂心之所謂性者則又有不相同而大相遠者矣是以吾儒自涵養義理上做出來爲聖

功。釋氏只是自收攝精魄上做出來，以爲佛性。吾儒自眞實地作用，便有參理民物，翊贊天地化育，如許經綸。釋氏亦不過自龐侗恍惚，影像裏而求箇不撲落的法王身，以爲天地不生不滅之法界。此其大相矛盾，又何啻相去什千百。然則其所謂本同者，又惡在其本同。其所謂末異者，又惡在其終不異。所謂簡徑者，惡在乎其爲簡徑；而所謂高妙者，又惡在其高妙也。嗚呼！此又可與不知佛，不知吾儒者論乎？夫自人心之盲昧，不知道，則不知所以爲道，故異端之亂吾道者，不在異端，而實在吾之爲異端者。是故蘇黄門兄弟以佛旨解《易》，而亂吾易矣游定夫以佛旨解論語而亂吾論語矣王安石以佛旨釋諸經而亂吾諸經矣程門侯謝諸高第以佛旨釋中庸而亂吾中庸矣吕居仁以佛旨釋大學而亂吾大學矣此所謂援佛證儒者也至若張橫浦楊龜山諸公聽杲老總老之教則廼一切不談佛而談儒改頭換面直以孔孟心印作曹洞法華筵中之玄解妙悟此又所謂儒名而佛行以儒譜佛者也夫援佛以證儒者是以佛而言儒其佛猶可辨也以儒而譜佛者則陽儒而陰佛矣其佛不可辨也不可辨者而余不爲之辨則彼以其道而亂吾儒之道而吾儒之道將孰從而析

者彼方以其學而亂吾儒之學則吾儒之所謂學者又孰從而明之其道不析其學不明其害不止吁嘻嗟呼爲吾儒者是可不寒心也哉故余嘗謂宋以前以佛氏之學亂吾人心亂吾道者在佛氏宋中葉以後以佛氏之學亂吾人心亂吾道者在吾儒士大夫在佛氏者是佛中之佛儒與佛猶角而爲二在吾儒士大夫者是吾儒中之佛則儒與釋混爲一區而吾孔氏一片田地已爲禪宗浸淫入而割據搬弄其中直欲飜騰吾藩籬而有之此其害將來又可勝言哉佛自周顯王時始入中國經隋梁自達磨至慧能杲老者千五百餘年而其說

其害益昌大如此今去杲老又數百餘年矣而其說其害將來又當何如然則天下中國其幾何不至胥而爲夷者幾希矣昔洪适刻橫浦傳心録諸經解于會稽晦庵謂其害烈于洪水夷狄猛獸嗚呼今日佛氏之害又豈啻洪水夷狄猛獸之慘而中外士纓紛紛拾禪宗緒說以自秘者又豈直一橫浦已耶余爲此懼故旣取釋氏與吾儒不同内外體用之分者詳辨之擴撫韓麗原道本論怪說及吾程朱二大儒諸所雜學辨者附于後揭聖學精微與佛氏一片心肝玄竅剖懸于此庶學者將來不至有所眩惑吁譊譊有言此亦豈余之得已者

哉邪説異端之熾有志者所不忍恝然非具千古正學
隻眼者亦不能別而世教人心之防余于是雖欲默亦
安得而默也

送史大梅序

内勝而外輕獨立而不屈于世此古英哲賢人養素自
重以道徇己不以道徇人者之所爲余壯歲游京師博
求此人于天下而邈不余見也竊謂國家長養士氣百
餘十年來如是之久是豈正氣剛直者難其人耶或有
之　其人潛曜不出而亦或其人當于事流離摧折
余莫得而一接而余眼中所覩率皆毀方瓦合旅進旅

退脅肩諂笑同流合汚之儔吁士生于斯時何其難也
夫士不難于其時而難于自立故士非其真有所見卓
然自信而不惑于流俗者鮮不免困踣阻閼而轗塞于
此陸贄韓愈能不屈于盧杞裴延齡皇甫鎛之時然
卒伸其節于唐司馬光朱熹能不屈于宋王安石惠卿
韓侂胄之時然卒昌其道于宋是數子者其節雖伸其
道雖昌而其身之困踣轗軻擯斥阻閼者亦多矣然數
子者亦豈甘于困踣轗軻擯斥阻閼哉而其勢有不得
不然若數子者可謂卓于自信而不惑于流俗者矣吁
今之以直道立朝而卓然能自信不惑于流俗者誰耶

維楊史子大梅舊與余同學于涇野吕師之門斯方令
松邑擢于銓曹行且佐天子出治令執筆于螭頭柱下
之列大梅子固思所謂以直道矢于時者矣然余與大
梅子徠遡于江湖履歷之久艱折于世味物變人情磨
挫之深大梅子老于才飫于學毅能自奮于功業余又
何疑焉然今之議者曰君子不失身聖人亦不違時夫
求不失身則必寡言䠞步求為世之謹勑士謹勑士古
之所謂鄉愿者也不違時則必不與時齟齬巧諛詭佞
以求緇銖不失色于人此世之所謂圓活人圓活人古
之所謂民賊者也鄉愿民賊豈余師之道哉余不敢望

此于大梅子。雖然余與大梅子夙同所學余師之道余
與大梅子固飽聞而熟稔于耳目者矣時違道不違時
屈道不屈故昔余師方登第不屈于逆璫輙退耕于野
既起官于朝亢疏不屈于執政左遷于解無何颺歷中
外禮曹諸秩又落落西歸矣而其出處行藏光明正大
俊偉不苟同于俗如此故余與大梅子方欲以所學以
余師之道相期于世大梅子固已嶅然龍騰鵠峙于天
下而余猶不免娖娖焉而老于山林然昔人云世路君
子少小人多賞罰升降是非毀譽諭沓詆訿饕餮檮杌
不可據憑惟賢者盡言蹇躬報國士素能有所立而自

信于道者，固非時之所能軒輊。然今之時亦難矣哉！傳有曰：君子不爲世之洶洶而易其行。余固有以贈大梅，大梅子其又何以處我也？

送樵川廖生序

古今人才無常，惟其所用，而其出而爲國家建功樹業，崢炳瑰砢而瑋奇，不可以一二數。或佐天子號令于明堂，或鞭箠四夷，驅長兵走萬里外，馳麾天下，而要皆彪揚震烈，不世出，是蓋其素所養深于蓄者固然，而亦上之人又有所淬厲柄用之故。世嘗言三代人才多選造出于學，春秋人才出于公胄，秦之人才出于客，兩漢人才多出于吏唐隋以來人才始出于科目嗚呼吁嘻又豈無自而然也而要其間固又有不盡出于學于公卿于客于吏于科目者夫古今人不甚相遠而或者謂其間又有大不相及者是故丙吉自魯獄吏起路温舒自縣吏起龔勝起于郡吏張敞起于卒史趙廣漢尹翁歸拔于郡史及獄胥王尊起于書佐此皆今之所謂府史者也而其人其事業其光明俊偉已如此余亦敢謂今之科目者而皆若人否乎脂韋澳闒陰賊貪賄詭譎奔佞梟鷙溪壑室家酺醢金玉使能洗心策志而不穽錮陷于流俗余亦敢謂今之府史者無丙吉張敞廣漢王

尊尹翁歸者出與三代者倫而又不有超出于今之科目之上者乎是皆不可度也世嘗譏詩書之士習經術而不知世務法律之士徒刀筆罔辨大體樵川廖生固習于法律起于吏者也余觀其人自雄偉奇傑也余雅愛與之游而不敢以今之吏者目焉廖生善酒尤使氣方共酣適醉歌睥睨天地忽據地大叫欲一聳肩長蹈于九垓上每舉秦漢奇男子事謂余丈夫苟遭時則可爲余不覺壯其爲人而取其奇然廖生隱于吏余隱于儒者也余每俯仰古之奇能節俠恨不獲當其時把臂親握其談迺今與之游焉樵川宋伯紀李公之鄉其忠

義風猷節聳世不泯今之時吾不知有李伯紀之風否然世異變人心不同安可以盡律惟有眞男子古英雄氣者自不能久偃蹇兀兀于世古稱興王之佐濟世之能類多有起于盜賊胥靡版築屠狗豢牛販繒之間者余雖不能識其人然竊于廖生有望焉若夫隨時突梯矯虔巧變機詐　肥升𣎴蠅營狗苟以自樹者則吾于廖生非所知矣

道南錄序

道南錄二卷臨海一所金公督學於閩時所譔也公按閩時建道南書院仰止明道龜山豫章延平晦菴五先

生有感焉因著爲斯録舊梓于台公次子存庵公復來
叅議吾閩藩事建郡守吾南劉公重梓焉兵憲舒健庵
公已闡而序之矣以余嘗在公郡弟子員末欲余言嗚
呼嗟哉道公於天下人心所同者余何言余何言然其
世學之弊心學之源則有不容于默者夫道一而已二
之則不是方今達磨慧能之説充蔴東南重爲吾學蠹
者不獨詞章功利之習而已或問濂溪曰聖可學乎曰
可有要乎曰有一爲要一者無欲也無欲則静虚動直
明通公溥此聖學淵源明道之得于濂溪者實在于此
故明道曰吾學雖有所受天理二字却是自家體貼出

來惟體貼天理則無欲矣故其定性論有廓然大公物來順應之說廓然大公無欲之大體也本體處天德之所由立物來順應無欲之實用也實用處王道之所流行舉天德王道不外于無欲焉得之然則聖學可知矣而吾道之淵源又可知矣故明道先生于龜山頴昌之別慨然嘆曰吾道南矣蓋深有見其然者嗣是一傳而豫章而延平又再傳而吾晦庵出焉皆以倡明此道而南方之學遂以盛龜山推本孟子性善之論深有得于中庸鳶飛魚躍之旨而豫章每欲觀于喜怒哀樂之未發延平教學者默坐澄心體認天理而晦庵存理遏欲

之言不一而足皆以明此而已而今之學者則有不然
矣逞意見而肆浮談崇虛無而畧實行譊譊焉執其所
自是者以逞自謂高明廣大而實非高明廣大也自謂
其易簡而實非易簡也此無他蓋未嘿識乎大公順應
之本體義利理欲之不分故耳義利理欲之不分故其
言行不相顧而出處之不審是非之不辯往往至于顛
倒陷溺惛亂憒于愚下之歸而莫之覺也其視吾明道
晦庵五先生之學何如哉臨海金一所公篤于道深明
于此者也故其道南一録懇懇切切求明道五先生言
行心法與晦庵明道之所以一者以詔後學公之清風

峻節美德卓行闔門父子不言而躬行不假余贅而公
次子存菴公復以倡明此學爲任詔庸篤者也何知識
然早年不惴嘗從事于吾涇野吕師之門竊私淑晦菴
者故鄱陽兵憲健菴舒公來吾建雅知余時與余至紫
陽書院以白鹿洞義利之規訓諸文學與余上下其論
懇言極辨者實爲此嗚呼道一而已道之不明者異端
蠱之也異端之蠱亦人心爲欲利所中者陷之也故絶
去人欲復還天理以求不愧于天以完其作聖之本體
明道晦菴五先生此學也而一所公及存菴健菴吾南
數公所論者此學也然豈惟是哉將天下人心所公得

于天者亦此學也人人有之但人人昧之耳程子曰有天德便可語王道其要只在慎獨學者能慎其獨則洞見本體不欺于天所在志氣精明以之脩已治人窮達不殊毀譽不驚患難不恤充實光輝世教民極賴以立人心賴有所振起而吾道將必有炳然天下者又況彼異端佛氏邪說能爲吾惑也哉能爲吾惑也哉余腐質寡學苦不聞道然竊有志者故既述一所公之所以教與余生平之所以學于明道晦庵者如此將以道南者告于天下不獨吾閩之人其亦庶有感而從焉者

[illegible]湖集卷之十三　二十

天游山人集卷之十四

建安　楊應詔　撰

序

呂涇野先生文集序

國家百八十年來，長養士氣，教澤其入人深矣，而其間脩詞立言、能文造理士，豈可謂無人，然求其以道鳴世、超然獨得千聖不傳之緒者，自文清、康齋之外，邈不多得。是豈醇儒難其人哉。昔子游、子夏在孔門，茵于文學科，夫游夏之文學，固非後世之所謂文章家者流也，然議者猶惜其不能並顔閔之列。吾嘗觀司馬遷作史記

于賈誼鄒陽枚乘吾丘壽王司馬相如嚴忌俱以文詞稱
不附之儒林于孔子獨冠之世家游夏倫亦列之其傳
後道之不貴于言固如此故余嘗謂有儒者之文有經
生文士之文儒者之文義理勝經生文士之文詞藻意
見勝董仲舒韓愈漢唐中儒者之傑然者矣其所立言
不可謂無見于道然猶不免王孟竹林繁露之譏三上
宰相書原鬼諸作儒者之戒愈仲舒不免焉以愈仲舒
且然又况夫他而遠出仲舒愈之下者也嗚呼儒者之
學之文是可易易論也耶夫儒者之言其言非苟皆吐
發于其允躬力踐之餘故其言有物而實而其得之于

沉潛湮鬱靜養體驗之久故其言皆有見灼理而精儒

而非實非精焉者得謂之儒乎宋興百餘年至嘉祐治

平熙豐隆興間而濂洛關閩諸儒出皆以道倡者也然

使濂溪不默悟心得安有于易通太極圖諸説明道伊

川不充養純粹編管涪州斥龍門安有于定性易傳邵

康節不遠覽潛心百原山中何有于經世横渠不志道

精思何有訂頑晦庵不深脩雲谷武夷隱屏安有易詩

中庸語孟諸註釋是數賢者自孔孟以來皆絶世人物

而其著述諸疏説自三代兩漢而還亦皆絶世文章則

雖謂其學紹孔孟可也明興幾百年而文清康齋出又

數十年而余師涇野呂先生出較之于宋斯道斯文又
何其久若是其希濶寥寥也然雖久而求其儒者之實
之精者寔在于此則其學雖亦謂孔孟濂洛關閩之學
可也文清康齋簡于言者而先生間雖不能無言而其
任重詣極厲世章訓其言又自有不茍焉者蓋先生自
武皇朝以進士及第第一人授官脩撰時逆閹柄國用
事先生方奉身遠疏退耕于野其在告者十餘年及今
上即位復起官翰林抗疏論列十三事與廟堂當路者
弗協而去謫官解梁至解梁興書院振民紀旋轉南都
銓曹考功郎及太常陟北司成所至帥躬服古以身諷

諫時朝著俱不便尋廼擢宗伯而南晚風節益厲右頃之上災變遂解官而歸蓋先生累起于阨蹇懲創而得于沉潛靜養眞積者獨久而深故凡其出處進退辭受取與雖至細微曲折所行皆道也而其發而爲文吐而爲言其所言所文皆其所行者也嗚呼此又可以文論先生也哉世之議者謂先生隱居樂道之文在關中巋巖皇猷之文在館閣澤潤生靈之文在藩解成德達材之文在國子洋洋金石之文在太常其典禮之文在宗伯探其味直若大羹玄酒質實如菽粟布帛而用則切于物紀倫道民生日用望之炳若雲漢昭廻芒寒色正

不可仰而視而其道則貫天地通乎天下國家卒歸于羽翼六經粹然為一王之法要之先生之文固醇儒之文矣醇儒之文夫豈操觚弄翰有之靡所補無之靡所缺者倫哉今之枝葉口耳玄虛之學盈天下數十年來惟先生躬行心得獨詣于古文凡數十卷余昔從先生爾下先生雅愛余嘗命余讎定之為十二卷及五經說翼六卷語錄五卷余竊以自規矣先生没衆梓之關中及真定者類繁浩不同中多出没余復感而序之嗚呼先生之文又奚待余序哉余借不惴生平得于先生者最深故輒以出告世之人俾知先生之道大而有非言

語所能盡而又不得不一言風教存焉耳

送操東川赴闕序

古之所謂名臣碩輔刑官法吏者豈徒然者哉而其所以能以法信天下蓋其能執法而不容人之撓法能以德用法而不以私恩小惠區區姑息者于吾法乎病是以人咸有所憚其在一郡一邑焉案不留獄境無逋奸而政刑肅其在天下則秉公而奉國侃侃朝著直若虎豹九關然雖夷狄盜賊莫敢動而兵刑張嗚呼舉政刑兵刑之肅且張其爲吾國之利豈小小耶是非特社稷之鎮也而國家之元氣精神命脉亦隨之吾民亦藉以

保釐而德化于是乎益將以布護益將以流行無壅閼

令之司法者能若是乎不囂然而弛則淫焉以逞矣其

不病吾國吾民而不重爲吾法病且撓無幾鄱陽東川

操公其節推吾建則有不然者公克以刑名自整勑不

苛不縱公豈所謂古法官者疇耶蓋公以茂年舉進士

而風威之儁拔才猷之通敏其果决有爲故下車未數

月而吾建庶獄咸稱理以不寃聞嘗一攝縣與郡治尨

坦盪不爲苛催科簿書期會間凡黠胥雄猾武斷爲吾

民梗者則一切鋤治之不少假公于吾建可謂能于持

法矣然余聞能于持法者必能于言法茲而節使之首

爲天曹之特徵臺諫之擢我國家固于東川將有所賴焉而議者曰今之臺諫則又有難者焉夫臺諫以言官者也今之時豈易言哉而言則寔有以關天下之安危然余竊怪近之知言敢言之士類多有不出于臺諫何耶是豈其臺諫者獨不以古之奇男子豪巖俊偉英傑自待耶群居鬨簮白筆列青蒲吾見巋然而莊矣訥然而慎矣委蛇緘默者則坐登巍階取顯秩稍一仰首伸眉論列是非旋不免竄之遐方重譴以去不然則天威震裂之下群有力者之反噬禍且不測矣是以國家頻年來事雖有關于大利害暨大興衰治亂安有一人開

口極力爲上而關說之者甚者黨奸醜正反從而讐嫉
媒孽之或墮于刑辟則又群睨交視而不救不啻秦越
人相視嗚呼國家樹官厝吏亦何以至是是可不爲之
寒心也哉故余嘗與東川公端居靜論未嘗不扼腕長
吁而見其深沉激奮忠讜儁烈其于國體民憂尤亹亹
然通練老成而却慮吾固知東川公他日必將大有爲
者夫賢者每恨不逢時既得其時則當行義以展其志
古今天下稱責任所重且難者宰相臺諫耳而臺諫尤
不易大丈夫生不得爲宰相得爲臺諫亦足矣宰相以
道揆天下之法而臺諫則以言正天下之法道揆立則

天下無汚風言官振則天下無隱弊東川公茲往其
作而任　天下有日矣夫其以法治吾郡既徵矣
則以吾郡者推之于天下奚往不可耶而政刑兵刑之
肅且張其誰敢肆語有曰國家元氣者在郡邑天下紀
綱者在朝廷夫國家天下之多事得一老成才鍊之士
足以緝然則將來求所謂砥石海宇朝著者舍吾東川
公當誰哉嶷嶷然而莊矣訥訥然而慎矣是非余所望
于東川者

壽菊山翁序

今世俗功名之士嘗咲山林之士爲迂得乎而山林者

亦往往嗤世功名者爲溺爲汙爲浮薄之皆非也夫功
名者求于出以善天下而山林者則退焉高尚以善其
身仕與隱一道焉耳嗚呼是可異觀哉然余嘗竊怪今
之天下無隱者非無隱之人也彼其索高價少室捷徑
終南之若人謂非隱者乎斯則身處乎山林而徒有山
林之聲者也至若賣藥長安市中弗貳價垂簾成都卜
肆日以卜爲業稍得錢則下簾讀書自若之若人謂非
山林眞隱者乎斯則身雖在城市而寔有山林之心者
也有其心者其風逸將廉頑立懦有其跡者則適足飾
世盜名而長僞故余嘗謂古之仕爲人其隱爲已今之

仕者則爲已其隱者爲人然非獨爲人也出則盜其爵禄盜其權勢於朝而其處則盜虛聲徽譽于鄉然則今之天下又非獨無隱者亦幷其隱之道重失之矣嗚呼是可不爲深長吁者乎吾黨有菊山雷翁者之若人蓋誠隱者流也雷固吾建望族世家里之瑣溪議者曰雷氏出唐雷萬春之後代多通顯仕者不乏人閥名峻節相項背後先爲世偉士而獨隱者余久未之見也迺今又有菊山翁焉傳有曰大隱在城市小隱在山林菊山翁余不可測然余聞翁孱弱貌不踰中人而其節岸則超偉而瑰砢年今七袠矣猶秉志分敦行履娵娵然抱

朴而守和居嘗覯其風味直若海外遺史道氣者之儔暇則枕谿石逐雲月上高巖呼鹿麋與漁翁樵叟相忘洲渚間余聞古之至人與道委蛇不干物芥蔕彼其視天地萬物虛舟飄瓦不一入其胸中又况世之紛華富貴瑣瑣臭腐者能嬰其念乎故昔蘇雲卿之于張仲遠魏仲先之于寇萊公郭延卿于呂文穆傅霖之於張乖崖友也數公固一代端人畸傑也少與之游及其貴至有終身求一見不可得者或見之亦莫得而狎望望然去焉惟恐其汙之是數子者亦何心也哉仕與隱各適于道而已故至今千載下想望之直若雲龍野鶴然不

相佯而道則相瀰心則相忘識者罔不嘻吁以為不可
及菊山翁之為人余不知其能與仲先雲卿傅霖數子
相上下否然翁之志之行余于翁于婿吾友丹峯子者
知之矣翁性夙簡雅不喜與流俗偶少嘗一受秩王門
旋即裂軒冕而棄之窮年足不一至城郭貴人之門建
多名公鉅卿翁視之藐如也平居惟屏物絕世累閉
門掃軌惟知山林丘壑之烟霞水石足吾老焉已耳又
遑計其他然則翁之視身者不其大視外者不其輕翁
非誠有所謂古逸民風者耶古逸民今之時可多得乎
余嘉翁人輒序列之為翁壽不欲泯泯也使世薦紳學

士王公大人。亦知山林之士。有高于世不可及焉者。是不可以風乎。

索笑録序

詩之爲藝微。而詩之道則關于名紀世訓者寔大。昔人謂文章經國大業。不朽盛事。獨詩異耶。詩固觀名紀世訓者何如。尤不可以易易論者。夫詩皆夫古賢哲幽人志士孤臣。憤惋不得已者之詞。彼操觚獵華據要者。即欲擬之未必能作。而作之未必能到。終不幽人志士孤臣與古賢哲者若也。夫幽人志士孤臣古賢哲者之于詩也。彼其情鬱結于中之久。故觸于外即有所感。登高

望遠或思鄉去國沉伏下僚蹠洪川闚鉅嶽攬蛟龍鬼
怪之宮虎豹之穴道古城闕吊戰場則時取夫天地風
雲黯慘草木鳥獸蟲魚遺跡而詩之而文之而其一段
精英靈爽氣則亦卒與天地山川草木者流行宇宙間
故其人沒矣而探其史冊則往往而在也嗟呼悲夫悲
夫夫古富貴隆爀而名磨滅者不可勝紀是豈盡喁喁
者而謂一操管簸弄文墨之士之獨幸耶是又不然矣
故余嘗讀唐四庫書歷觀古諸著述作者之林見其文
藻聲詠遺雅風流嘖嘖未嘗不欷歔不可及彼杜當劉
又何人而華清水柱雪車數詩至今膾炙人口其名在

人煒煒循咋乎夫並杜常劉乂之時握重權載高位者不知其幾今其人視杜常劉乂何如也夫古今之詩至唐爲盛夫杜常劉乂者唐人也然史又謂王維儲光羲善歌詩夫王維儲光羲者亦唐人也王維儲光羲之詩世皆稱其冲澹靚逸得風雅趣獨冠作者然昔人又以維光羲詩工矣然其浮詭輕躁不忠立身一失至汚僞秩卒爲世訾點則舉其生平之辛勤刻厲秪足爲後人嗤咲捧腹者之資耳又類有爲維光羲不滿者嗚呼以維光羲且然又况非維光羲者耶世之篡詞載言士亦可懼矣夫以一劉乂杜常不知其何幸僅獲一二于汗

簡迄今諷誦不衰以王維儲光羲之聲靈光燭百代然尚論其世者不以人廢言莫不欲追訟其人適爲有道仁人學士之所詬訾而姍議卒不能逃代所觀嗟豈不惜哉嗚呼悲夫此其幸不幸又不係于詩者如此余友雙山陳子少喜工于詩自郎署謫康州時其詩益進直若水湧而山出余嘗讀其參神一賦凌厲六合飄飄乎與天姥地與相翺于太虛唾視日月不獲世之滋垢而其他詩皆稱是故雙山子之在康州與少陵在夔峽張燕公在巴岳王粲之在江陵柳柳州在零桂上下數千載同一風致咸得江山之助居多雙山子固挺身行道

以風介樹于時倬嶸不群者間暇出其康州所作索吠錄示余相與訂正嗚呼詩如吾雙山子其爲黄鍾大吕于世其可傳無疑矣又焉可吠耶迺若余之駑腐徃濫其可吠者多矣夫詩文與時高下而賢者不能不免于時余雖樗散不能廢夫詩然余亦敢以區區之詩者自老也哉故因叙其與雙山相論列　如此弁以告世學詩者

送謝南湖郡公入覲序

古云二千石得其理則民自安于深山長谷之間至有老死不相徃來與上相忘于無事皡皡然如入化國上

古之風民歙然不見德者何以至是故余嘗稽漢吳公文翁黄霸朱邑召翁卿諸循吏傳史稱其廉平不苛寬仁靖簡與民休息是故政平而訟理而民從以化蓋古之吏道殉實不殉名上知所重令之吏人上者余靡得稱已非詭諛刻轢牟歛以爲資則椎擊斬磔人以爲務日較于速化而上之人又以喜怒毀譽低昂于其間猶弗恊則以法律簿書期會纆縛之矣雖有廉公靖雅者無以自見亦且排擯阻塞之而弗恤當是時吏治方若救火揚沸然非嚴酷何所取娱快然則郡邑亦何望其久安長乂而民安所獲寧也耶楚之南湖謝公之守吾

建公蓋所謂廉平長厚和易近民者故方公之自保寧而來乂也其仁聲德理訏謨偉法余未得而悉舉已然余嘗覆公庭則見公破觚爲圜恂恂然催科之緩緝訟獄之寬平簿書之脫畧號令之寧一與吾民相安無爲直若無所事事然者而奸胥猾吏亦且帖乎不敢舞其智以逞而雷霆轟烈震讋之威間有時而不測稍頃則又旋霽以和風甘雨直歛聲色不露矣老子曰太上不德是以有德下德不失德是以無德嗚呼若公是豈欲以德乂而直驅吾民于樸古熙皞之理者哉夫黃鍾大呂棄世寡識黠賈操奇羸紫敗素以售于市一朝而獲

價十倍今之吏治者固然其無足怪然自權術刑名法
理之論興天下淑人君子巨公長者固有不得終以善
文德聲去者矣余嘗聞于古能牧已者則能牧人而超
脫世變外或又謂南湖公宅巳以廉靖蓋善于自牧幾
于古之有道者性中逸韻澹而罕欲諸紛華靡所嗜政
暇則抱文墨詩歌自娛舉天地萬物無一得入而牢籠
之胷中灑灑直超出于九垓上是以領兩郡不遷官十
年而不調視之泊如也彼其是非毀譽不啻蚊虻之過
吾前而公以之動乎今之尊官膴仕躋崇握華者要皆
取辨于聲譽儇急諛詭貪饕以濟而老成廉潔則群目

之曰迂鈍弗便于事而雖有吳黄朱召者無所重于時嗚呼今天下惟病無老成鎮鍊廉恪以至是有一老成者而天下中外紛紛也耶南湖公往矣詩曰民亦勞止汔可小康夫古今治道汚隆每視賢哲升崇褒擢爲攺觀安知天下不有自我南湖公攺觀者乎

蠢遇録序

大中丞西沱吳公在諫垣封草數帙既籍成編命曰蠢遇録余覽之得其忠嘅然嘆曰甚哉諫道有關人家國余于是知君臣會合之難理亂之端蓋有弗可幾者夫子見之矣其曰諫道有五吾從其諷焉自古直言之臣

敢諫之士代不鮮人而其間所謂恢弘納諫之主豈少
也然相須之殷相遇之疎其所言每不足究其所施漢
之文帝唐之文皇可謂千載一時者矣而賈誼魏鄭公
危詞法論動中國體然誼之言雖微畧見于施行竟鬱
鬱不獲大試以殂而魏鄭公末年廼至有停婚仆碑之
咎以二子且然又况夫他也或曰然則德宗之于陸贄
宋神宗于蘇軾程伯子非耶然德宗與盧杞裴延齡比
而陸贄之言則疎神宗與安石合而程伯子蘇軾之言
廼拒忽弗聽而諸臣或有忠州之貶或下御史獄或不
旋踵落職以去故愚嘗謂君臣之相遇則雖奸雄詭佞

者言聽計從弗相遇則雖賢君良相如陸贄程灝蘇軾
賈生魏鄭公之忠者戮力矢心以水投石竟弗獲一騁
其志諫道治理卒齟齬抵扞是豈曰時與勢囿國家上
下否泰將有數扼其間乎毋亦有致之者耶余于是益
信會合其難理亂邪正循環遞倚然士君子不以世吾
遇焉廼揚世弗吾遇而黙今觀西沱吴公在我
敬皇朝紀綱錢穀邊防甲兵刑獄制度禮典人才進退
奸慝誠有乎人所不敢言不能言者而我
敬皇則皆從容聽納然靡獨西沱公也博觀其時則未
嘗見以一事謫言者我國家百六十年來士風元氣長

養實在于此於戲盛哉盛哉或又謂昔人焚藁造辟而言詭詞以出其視以諫諍付史官與公之録何如曰焚藁者非也此不過曲謹小亮欲以掩君孅以章己孠訑佞奸詭媒己之私耳以諫諍付史官其迹雖似激訐與衒名要之忠臣藎士憂治世危明主覧者得以規聞者有所鑒故昔古之君子事君以道格其心不得已則言言之不得已焉則書禹典臯謨是豈欲闇其忠而故表暴天下後世者哉余于西沱公有感矣西沱公奏議三卷其策邊紀劾將帥章異時火餙卒如所料辟邪一疏歷詆張道陵之奸歷代封襲之舛得崇正之道顯忠奏

欲褒録方孝孺周是脩鍊子寧齊黄之後酌其崇典禀然廉頑激懦風矣其他所言咸鑿鑿[illegible]是循子蕙佐邑吾甌者將梓焉余是弁其端使世知我國朝一時諫諍之盛其公之履歷志節則別有傳此不載

與王龍溪別言

龍溪子與余相別者十有七年歲丁巳夏五月龍溪由宛陵道建訪余華陽山中相見驚且慰暇因過余觀雲池上入道宗書院覽濂洛關閩諸儒位次及涇師教言者久之移佇古大梅樹下顧謂余曰與子相別如許年子藏脩山中之久作何功課涇翁教中所謂學必深潛

純粹始得者子試其方有何驗余聆之矍然曰嗚呼余之學方有病于此而何驗耶何驗耶夫道之在天下雖浩不知津涯然要其極致而充擴焉者此心耳此心之深潛純粹非外假然要亦吾心本體人惟汨其本體則此心與本來本體者始不相似矣昔横渠嘗自謂余十五年學箇恭而安不成明道曰可知學不成多少病在余别子十七年學一箇深潛純粹而茫無一得吾病何也吾嘗體驗此心于山中無事之時涵泳此心于山中獨居之久于深潛純粹者畧見端倪則不覺忻然自得于天邀風月而歌呼禽鳥而語觀庭草池魚而自適對

青山白雲流水而悠然遂謂此天者在我而其所謂深潛純粹此學一時一念一事反之已固然而時時念念事事徵之人則又有不然者矣而猶嶅然自是挺然超天地而獨立龍溪子哭曰此正子不深潛純粹者處耳子之病寔坐于此余未見有豫諸内而不咸利于外者然則余之病終不可去耶余嘗執是而獲世之訴訾迂戇嗤議不知其幾龍溪子曰子未服膏肓死瞑眩對症之藥耳子苟服之則必瞑眩一塲死一番少頃則瞑眩者復蘇死而槁然者復甦而精采百倍而不深潛不純粹之瘵除而其真深潛純粹之本體完矣世能病子耶

雖然余亦嘗求死瞑眩之藥以爲余不病也適又不遇
乎俞扁我者是故欲降伏磨礱此勝心而不去勝心不
去則技心生技心生則狂心作狂心作則英氣起于是
深潛者不深潛始不免激發而露矣純粹者不純粹始
不免張皇而過矣吾嘗卒是激發張皇者而趨吾自以
順吾趨也而不知周旋頓襲間人反視吾爲拘以是激
露張皇者見于行事吾自以爲可蹈道無失也而不知
已有守道不篤傷于急迫之弊矣嗚呼此義襲之學者
耳義襲者何有哉語有曰自大者不大矣自高者不高
矣夫天下之道何者不起于自大自高之弊而其深造

遠到者則亦何者不起于不自大不自高虚而忘其有而不自知其有之爲至今夫日月之𠑊然風雨之蓬然于天天亦不自知吾之有日月有風雨也雷霆霜雹之震烈雲漢山川草木之縈廻于天者天亦不自知吾之有雷霆霜雹有雲漢山川草木也天且然天且虚且化且忘而况夫學哉夫學非求之性外者也古之人充其極而至夫聖而賢者亦惟全吾之所有故以此學崢嶸而爲氣節者然此亦不過吾性之剛毅之氣節者而氣節之耳以此學彪炳而爲文章者然此亦不過吾性之英華之文章者而文章之耳出此學而創樹不世之經

綸掀揭無前之事功然此亦要皆吾性無見小無欲速
無雜霸心上之經綸事功者而經綸事功之耳而又何
所張皇而亦何所激發故幸而有之不足以爲能不幸
而無之不足以爲歉幸而遇于時不可謂吾達不幸而
不遇于世不可謂吾窮蓋吾之得于天者自定而亦何
容于張皇而亦何容于激發順其自然廼即道不然而
目鴻蒙而足睢盱而輕世肆志不顧而卒陷于異端他
誘果可謂醇儒耶龍溪子曰子知此子之病有瘳矣然
非獨子也余亦當服訓焉于是龍溪子將別余往矣余
遂叙列其言爲贈且以志別亦因并請教吾黨念菴荆

川諸君同志者

都閫顧龍川哀挽序

嘉靖癸丑夏吾建元戎顧龍川公没建士紳咸譔文誄之成帙天游子序之曰嗟呼語嘗謂山東出相山西出將豈其然也哉而人才顧可以風氣拘閡也彼隴西代北漁陽燕趙間古稱多驍雄將略慷慨之士彼其習于戎馬戰陣風氣其所長然吾聞之古善將者多不以勇勝以智勝不以兵戰而以心戰其有出而爲國家撥亂經世矅武者又不恃乎吾戰勝攻取而恃吾之精神閫望足以折衝控敵制勝者蓋有所在故我　國初一時

名將群起自濠梁盱亳間繇今觀之其鷹揚之器開國之勲是皆所謂一代智謀興王之偉佐矯矯虎臣長驅北伐余于是知將果有不可以南北論者矣四明龍川顧公其爲吾國家將也非一日矣公伉慷沉深有大略平居則悅禮樂敦詩書聆其言恂恂然如不能出諸其口及其遇事遄發每鞍馬間橫槊賦詩神閒氣定令人咄咄有封狼居胥之思嘗征洞酉遣劇寇廣野間則疾騎追之忽一日馳二百餘里其上下山坂如飛閒雖至瀕險危不顧世嘗云南北人將略所長不同南人不可以北將以今觀于龍川公豈然也惜公之閫鉞終于吾

閩焉巳耳尚使公秉白旄乘一障而北吾又惡知公不
有軼出于燕趙士古雄俊魁壘之上者哉夫天下人才
無論將與相風氣之南北惟老成長慮却顧者爲得而
習于輕詭勇躁寡謀者則往往率多僨績而敗事無益
國家成敗故余嘗旅金陵業大學與督府馬公求善見
其弱不勝衣射不能穿札曁其殄劇賊野雀窩摧群強
胡于白羊谷雄武不世出間北游道漁陽盧龍上谷訪
詢邊事聞今中外士大夫無不道北閫周公尚文之賢
者蓋公用兵動以奇取勝而邊境士談其智筭膽氣至
今歷歷可紀二公固北人也而威采武略風猷則又有

不囿于北者而皆不數年轉相淪斥徂落以死馬公以老死周公以憤死廼今龍川公則又以疾亡皆不獲竟其所用吁嘻悲夫悲夫是何天爲吾國家生兹元戎瑋烈詎生之遽奪之也耶傳曰雖無老成人尚有典刑方今疆埸騷駭南北邊圉日告警而覆軍亡將之釁屢相望境上而疆閫爪牙之臣求其可以控御南北老成鎮重而可典刑者誰也嗚呼孰謂今之將帥中有如吾龍川者而可以死乎天下多事遠方巖鎮得一良將則足以當數十萬之甲兵隱然一敵國而數十萬人士皆有所恃以無恐失一良將則邊圉固有闖然而動者矣夫

古今將帥不易得而天下事變每出于無窮余與龍川公非一朝一夕之好也余故述其爲國家屏翰長城而邊圉所恃以爲輕重不得已者如此以致其哀余吁于龍川公又得無言也

贈董蓉山參謀留都督府序

學術不明于天下則世多恣睢險薄繆悠詭誕之說而儒者之功用不白于世而或者廼藉以爲口實見其出而無所樹立建白議論多而成功少遂謂其不經世務不達時變也嗚呼儒者果徒議論而不經世務不達時變者哉果有之則亦非真儒者耳真儒者其制行達天

地通神明貫金石彼其平居所養之粹而天下之事盤
根錯節險阻艱難無一不得于動心忍性之餘而其智
度物鑒事慮率皆增益充廓于窮神至命知化之際平
居無苟學則出而所至無妄圖居則善俗出則善治此
又吾儒之常分無足怪者昔陸象山之于荆門朱晦菴
之于南康浙東象山晦菴固宋偉儒也而荆門南康浙
東之治至今千載下猶聳人耳目而扞城讞獄社倉
荒政諸法誠皆當時民生之刀圭穀粟若赤子立于慈
母之側有一日不可無者然二公阨于時絀于勢亦卒
不能竟其施大其用象山終于荆門晦菴以當路者所

嫉亦不旋踵請祠以去儒者高世而難合獨立而鮮與
固如此然要之不求知于一時而獨有信于天下萬世
彼世之議者徒見儒者迂遠而不切于事情也殊不知
儒者聽其議論雖迂踈不便乎流俗然究其歸則有彌
綸人物翊賛天地化育之功擴其跡雖似稽緩不能聿
求可功求成然要其間轉移風俗變易人心而俄頃功
化之助亦有不可誣者故余嘗謂儒者之出而無裨于
世非儒者之罪迺世不用儒者之罪信如議者所論即
是以槩儒者去儒道遠矣以今觀之象山之于荆門晦
庵之于南康浙東何如哉臨川蓉山董侯學爲儒者也

少厲志于道時往徠涇野東廓諸公之門其令楚枝江當路群以辟書薦已而擢佐守吾建二郡邑固象山晦庵政教號令鳴道倡學之所象山晦庵之道蓉山固飽聞而夙飫之者矣夫侯身儒者之行則其以儒者而治宜所治有最聲余少不備固亦學爲儒者也居嘗奮以聖賢自期待飭躬砥行　三十餘年老山林不出每愧不能以吾儒之道振曜當時張施于天下後世然空谷聞人足音則喜余于董侯竊有喜焉夫天下事非甲爲則乙爲世不多儒者希時通方瑰磊之士其反視道義繩尺禮法士如雠董侯來吾建于余獨稚相契合每過

余談道無何廼又以銓曹擢留都督府參佐去昔孔子答衛靈公問陳曰俎豆之事則嘗聞之矣軍旅之事未之學也世又遂謂儒者不閑于軍旅嗚呼孔子豈有不閑于軍旅者哉吾嘗觀其夾谷一會具司馬以從兵萊夷威振鄰國齊人皇皇歸其侵疆及一攝相事誅少正卯墮三都不崇朝三家無一有敢難之者則孔子固閑于軍旅矣董侯業儒孔子之徒兹而往于督府兵治武經奚有焉余夙聞侯有遠操雖貌儒者逡逡不勝衣然臨事則舒徐鎮定慷慨嘗令枝江填緝九溪諸蠻及來吾建守福寧適倭戎寇海上侯調治威禦有方而倭戢

弗敢犯吾觀平夷一録卓有成紀而況乎他夫儒者光明俊偉之業久不見于世余方幸儒者之道于蓉山竊稍有所試也故于其參佐留都督府也遂書此以別並以告世人使知吾儒之學有裨世用蓋敘非徒言焉已者

大學衍義全編序

大學心書也約已經世之典也宋儒真德秀作大學衍義若干卷本格致誠正脩身而竟於齊家以爲爲君法明興瓊山丘氏復譔衍義補若干卷而補其治國平天下者以終焉二書羽翼吾大學者功偉矣二書舊各有

敉訛舛甚陽平山泉吉公按吾閩病其漫漶迺合二書命吾郡侯習齋莘而梓焉自是學者益便觀閱矣序曰天下之道原於心自夫二而弗一偏而弗粹私而弗公者動各師其心以自是聒聒棼棼故老莊與佛氏竊吾誠意正心以清虛病吾學矣俗儒記誦詞章者流竊吾格物致知以私智小見蔫吾學矣管商申韓之徒竊吾治國平天下之道以權謀術數亂吾學矣夫其學之病也荒也亂也非他也要皆此心無所感觸無所稽據固然嗚呼自茲學之昌而吾道之决裂奔潰幾何能救不胥而爲夷而卒至泯泯也哉此大學衍義二書之所陳

于世亦有不可廢焉者余故曰大學心書也衍義二書
皆訂證此心者也自二書之出其指事切理者而寔根
極于天下國家之大而其通極世變希度時宜者則亦
原于此身心性命天道之微故自有所感觸則是非之
端利害之原邪正之紀興衰之故固勃然有興于此其
有所稽據則凡其身行履歷與紀綱國典張弛得失事
成敗政理沿革無不條分而縷析即其中誠有若乎檢
病而按方索形而懸鑑錙銖不爽者而大學之義于是
乎一旦犁然于天下彼老莊佛氏管商申韓詞章者亦
正職其不知此心之義焉故耳不知其此心之義故不

自見其非不自見其非故恣睢詭誕益縱其說焉莫之顧自有老佛說其後則有即心見性蔑情之說有聞見爲障山河爲病天地爲幻之說有俗儒訓詁說則有以格物爲扞格以致良知爲聖功述原道語復性者或遺格致或惟取致知而無頭柄之說譊譊簹鼓予人自有管韓權謀術數之說其後顛倒其賢否作意於誅輸甚而九品殊科桑楊舟車兩稅咸駕口于吾大學好惡理財之道日以逞而天下始紛紛矣是豈吾大學之始教至是也哉嗚呼有由焉耳故余嘗謂六經孔氏之教在人操戈叛而去之其害熻于一時膠柱刻核強而解之

援而用之者其害流于萬世一時者戕其生萬世者戕其心故自大學未作此書在天地聖君賢相堯舜禹湯文武得用之臯夔伊傅周召得翊賛之孔孟得教之自王跡熄而微言泯異端起大義乖彼老佛管商申韓俗儒詞章者方以詖淫邪遁私智左道竄入于吾大學之中欲文其私飾其說而反取吾大學者而紛之而亂之而大學始無全書矣吁是可無籍而紀之乎籍而紀之此固衍義全編之所由作而千古聖學治道之淵源于是乎係蓋不徒世教小補焉已耳余固序其書而爲之著云

贈兵憲舒鍾庵公之任湖藩序

古之所謂眞正大英雄豪傑其出而爲國家樹勲建業莫不光明俊偉琨砢軒特不肯一隨世少貶以就功名之圖而必欲攄其所志不徒揚揚一時而終耿耿百代蓋其所素抱固然故出則善君善民善治處則善身善俗得志則展廓其光明俊偉者在國家在廊廟邊庭不得志則歛其光明俊偉者在山林在簡帙無論窮達隨其所寓富貴不淫貧賤不移夷狄患難不易強禦不能加憸邪不能惑炳日揭月磊儻軒乾坤此固豪傑之所嘗試而古今有志士之所同彼其視代寓一切瑣瑣浮

雲者肯一動其中哉少動其中則不能成其所以爲豪
傑朱晦庵曰豪傑而不聖賢者有矣未有聖賢而不豪
傑者晦庵故爲是豪傑聖賢之辯蓋聖賢能爲豪傑之
所爲而豪傑不能守聖賢之所守能爲其爲而不能守
其守然此亦非眞豪傑者眞豪傑者即眞聖賢矣嗚呼
今之特所謂眞豪傑有志聖賢者可多得也哉余少不
惴蚤以古賢哲英乂者自期待亦以是望于天下遨遊
江湖三十年閱人多矣未見勤勞王事有若吾鄱陽徤
庵舒公者若公豈所謂古豪傑者非耶夫公與其父鄱
江公俱以名進士起家家世學之有素盖能以孝廉自

守者故其兵備吾建持身之清苦蒞事之慎勤凜凜以法自厲舉吾建奸民黠盜雄豪皆帖然牢籠把束于公三尺法之中莫敢肆公何以得此方倭戎亂海上吾建四郊告警公獨策馬登陴嚴城隍固封守豫儲胥謹斥候厚軍勞凡可爲賊扼者無不蚤圖而豫具其守寧州寧州迺倭虜往來出没必由之境而倭虜終不敢近寧州之城此固公兵聲威畧有以震讋之吾聞公在寧州日撫摩士卒每推赤心置人之腹中能與士卒同甘苦勞悴鞅掌雖連日夕不遑寢食故盜兵犯吾建境聞公聲即遁去嗚呼今之時勤勞國事若公者誠可多得也

歲天下多事每籍乎封疆守扞之臣封疆守扞無乏臣
故至此國家邇年來盜賊醜虜充斥中外何可言士風
士氣之骫骳汚下詭佞貪黷莫今爲甚公對余恒言而
鬱忿憂形於色余嘗謂今之世豪傑之士豈無人然多
恃其血氣用事每每至顛倒喪失其生平所常守用明
者熒惑人言而反暗用勇者偏于獨斷而實不免色厲
而內荏學無所見無足怪而公則有不然者兵憲吾建
所行所施設則集群策群智群力以事以爲明爲勇蓋
公天資近道負豪傑之才之氣者而又能厲之以學故
貌恂恂不勝衣而心則雄乎萬夫所至質直忠誠動人

有遠度誠有古儒將風來余建禮賢敬士雅知余余亦有獨知公者余嘗因公事覆公庭公笑迎謂余曰有天民者達可行于天下而後行之者天游子是也嗚呼余何人敢以天民自任垂老抱拙山林而謂獨超出于今之豪傑之萬萬哉但其心其志則不敢有茍同焉者天下事不敢言余于是因公天民之論益知公也已夫余生平以不愧天爲學公在余建所行所事動與余合嘗偕余及諸文學至紫陽書院論學或歲時出遊則涖蒼溪越長橋相與翱翔于韋齋屏山之祠俯仰天寓時以白鹿洞規揭于晦菴之庭拳拳義利之辯相勸勉以古

君子聲色貨利之戒爲戒盖公有志古聖賢學得其本者學得其本者舉外物紛華榮寵區區遷轉果足爲公動也公在余建彌年素稱善吾民吾兵者邇天曹適有湖湘少參之擢吾知湖湘之民之兵遇公其復有蘇已神龍久蟄一起則滃然騰九閡沛八埏雨天下公粹資雄才偉畧他日晋而握台衡者有日履華陟要爲國家樹大功業此固公之餘事不足歆羨爲公異者吾特喜國家百餘年之士風士習壞亂殊極他日將必有因公一易者公得無意乎天下知己最難余年老矣將來倘得志出而與公馳逐炳烈國家或終爲山林老儒未可

知待公功成日猶能騎欵段馬訪公于衡岳之巔廬山之麓盃酒論心共圖萬古不世之勲猷猶當有耿耿為公言者徤庵公其終視我何如乎徤庵公行哉居今之時憫今之俗余故有深嘅不能不重望于公者

天游山人集卷之十四

天游山人集

十五至十七

天游山人集卷之十五

建安　楊應詔　撰

記

游紫陽洞記

余頻道錢塘必過吳山登聯晉一瞻紫陽洞之勝未悉也歲乙卯冬至錢塘時積雪盈旬未巳余與同遊者張熊二子謀往探焉迺沿岳武穆于肅愍四忠節祠西上穿小幽徑轉北林行雪濕流澌莫能步延久抵其麓余至坐石圻紫陽洞天上旁睨有小石階門余排石入之則見林竹嶒岈中有石池泓然傍樵者指謂余曰此野

鶴仙鍊丹處也池水清寒中有石菖蒲衣被之池側後有采芝園余欲往雪甚弗果遥睇前忽石磓突出中有石類若林鹿者蹲其間余亟往趨之雪崚嶒落余廼復循石堵出迤邐前諸同游者俱已憇歸雲巖談且立余至見飛霤流氛從巖洞中出惛瞀莫辨余廼沿其側石罅徑東上欲訪野鶴仙祠廼呼觀中道者新澄偕往披松磴汎巖雪遡古瑞石洞入未至洞少許則見傍嵐岫巉齴石乳垂垂下奇甚洞灣環深窈而紆邃余入洞中神恍然莫知其嚮但仰睎巖竅上微劃剞有光古壁苔刻糢糊余且游且玩焉稍久出又沿石梯前始至祠拜

野鶴遺蛻如生瞻其像清臞而飛逸直若乎羽衣自海天西來嵘出塵界余熟觀之不覺毛骨微悚顧道澄曰此鶴何年復至乎余循庵側仰視屋瓦上并樹枝雪寒光縞練射耀人項余兩股亦徐徐風起矣同游者俱先下余迺與道澄復穿洞傍圻出行不數十步許則又見亂石磳巖自草樹雪中騰踔出群走四逸不可以億計方若初平擁群羊東下余驚異行且顧方追從之尋項忽又至一山巒洞口傍大鐫曰朝元路余顧謂道澄此路可深入否道澄未余應余迺擱蘿徑至其側見兩厓岞削壁起中微一綿露天光隱隱頂留一黄木騎其上

又狀若石梁然余莫辨欲梯之足叢雪中數尺許不能進跛躃悵而返至自小蓬萊衣履交濕矣諸從者俱有蹙容道澄延余至列仙堂巳廼謁老君遺像出余擁石欄佇覩欄側又有古大樹數十株並余立四境靜悄同游者相視矍然時林外雪紛篁竹漉漉然有聲猿猱跳且呼俄又若笙竽交奏天花　亂落渺不知此身坐鈞天廣樂直由崑閬玄壺踔而東也俯視錢塘一株萬家屋甍鱗次疊疊起玉寓玲瓏舉首群仙在空中招之不下余心益奇甚道澄廼復引余自迎眞橋東去不數步稍下見石翕中開余轉而出兩巖戸斷頗傍有大蛳石

蹲踞不暇顧亟往迎直島訪吊乎徐洞陽遺跡見洞門剚剚雪已閉而封矣余心猶未已復遣僕者入探之亦路閡阻而止不可得已迺過月波池謁紫陽徐與道澄至望江閣徙倚留天風蓬蓬與江聲從余肘背後東來胥濤湧洶歘吸風日不可辨余亟命道澄取管鑰啓玉虛樓趙孟頫聶大年等諸牌誌讀之稍久下群游者俱于歸雲佇息俟余矣余頃至見前時巖雪稍已開霽迺披青芙蓉屐揕左右聆而懸石露奇綉怪鸞驂鳳翥補衣石則又獻萼于前與歸雲角峙景益清神益逸坐久之直若入氷幄中覺寒益甚余迺顧諸從者曰此可酒

乎道澄曰無廼取茶飲之猶眷眷不忍去徐起躡補衣半
巔欹滑余廼脫衣與童子下身推趺上衣履霞躡石矻
矻危且墮群游者咸在下駭走嗤余曰天游子可謂判
命釣奇者矣余自補衣頂望咲曰余方欲摩龍鱗編虎
鬚以補袞非判命能耶時天已暮同雲四起又與古瑞
石飛來一石接余與益劇復欲取道躋之不果廼據青芙
蓉頂徬徨四矚道澄亦余從吮遥江搠重湖睎三吳之
全壤咭故宋之遺宮棲棲然如狂如遡不已道澄曰子
何感慨如是余咲顧道澄嘆曰嗟呼子知此石撐揭乾
坤幾何年于此而其閱世者不多耶方錢膠武穆王攤

兵下吳越據此宋高宗南渡國江南一時山川何如文物何如無論錢封宋社迺張紫陽平叔徐太師丁野鶴之仙跡亦久陳莫可詰矣而少保肅愍褚伍諸公嶸嶸何往眼中所覩者惟野馬之絪緼游禽之飛動天光雲影之上下川流之澔渺天地之穹窿神鬼之幽幻日月之昭迴四時寒暑之推運孰隆施是而其伏也無窮其賞也無盡一段精靈與余俱亭列于前者不可磨滅㕑沓遥猍迄今煌煌猶昨日餘者安存邪予謂我何也道澄聽嘿然余迺敲松石大呼而下諸同游者俱褫色余亦徐顧久不覺惘然自失以去遂記之

楊七

賓竹樓記

建環山多竹余廬當黃華北與西山相拱峙其下有古石階迤焉石階上有古樹數章磐矍雲漢旁峻竹蒼然于是益增樹以竹蓋環余廬皆竹矣嘉靖歲丙申余自北歸迺構賓竹樓其上日與群竹嘯處出則無他狎昵客有余諂者然余自弱冠即知取友天下走海内其閱人多矣有一吾竹者耶今世之覆方戴員拍手遊遨相徵逐之士平居無事出盃酒吐肺腑託慇懃携揭咲謔無不當人意稍一言不協則利劍剌其喉矣甚者詠聲勢騖權詐雖其夙所讙若昆弟者一旦臨小利害則反

眼不相識直若讐敵夷虜然嗚呼此曹可伐哉彼人其面而其心則陰于鬼蜮險于跖尨毒于蛇虺狼戾于豺豕朝夕求與而群之是求與鬼蜮蛇豕者伍矣迺若吾竹有是哉盤桓而嘯箕踞而遨居常披歷心膽以相示蘧蘧然詡詡然無纖銖時俗兒女者態間或作士人語鏗嶅獨出無畦畛舉天壤知己蓋莫有出其右者然余聞長老曰竹善幽曠雅與丘壑者相氣合又性疎散易可羅致余野人微竹奚嗜焉故自余與群竹而居也方其莫逆於心暇則延呼之與談今古敲雲月徜徉水石閒雖累月陶然不辭醉竹不吾拒及吾拂衣起取其直

遂者去其擁腫鈎崛者避逅立爲之俎豆高下巨則無少假藉竹啞啞然亦不吾懟故余與群竹交計自壬午迄今將三十餘稔于兹而其間得失憂喜悲愉舉顛瞀困拂乎余者何啻萬狀而竹有一日余舍耶計兹而去又不知幾何時作何態亦不知竹終能不余棄否彼翟公孟嘗之門其視吾之客何也或者又曰竹有六賢焉非世道者流也其質任勁特不隨時偃仰似史魚其居廉靖類伯夷甫節侃侃㦝立能面折人過非似汲長孺而其中空洞而達也則似蒙莊漆園叟方者迂怪者誕直又若古山澤之瞿羡門偓佺浮丘安期廣成子之屬

不可易而狎昔人有謂素交者此非乎曰然余與此君交亦非有私焉者竹樓無别貯有琴一張古書二千卷作竹樓記

游虎丘記

東南號佳山水控三江五湖之勝莫最于姑蘇姑蘇左淮海右洞庭靈巖嶄屹秀聳莫最于虎丘虎丘去州治僅數里濱接舟陸中多小溪曲磵陜其間如抱月然入其境不百步許泉之冽石之清林木之斷齶不可狀其中最幽僊者莫善和靖祠焉祠之前有平原緑疇一望漭渺嵐青攢白外與天接每暮色蒼靄令人神悖心釋

不已其上有浮圖吃漢抄下瞰姑蘇可一掌轉浮圖而南世傳生公講堂悟石軒在焉軒側有劒池側立數千尺兩崖壁峭如剖水清寒淲淲鳴且流中疑若有神物潛其間不敢睨視又行數十步下有鉅石礲敞磅礴可羅胡床十數座千人旁帶有小石橋平布其上白蓮挺挺華若丹碧水蒲蓊絡西行不半里許又稍下皆小石路邃邏其間泉益奇石益怪俄斗折突起松篁谽然則和靖讀書處也有野鹿角角方東下說若曰虎丘迺昔吳王闔廬葬所中多金鳧玉鴈銅駝水精碧海丹沙諸物布列昔始皇東游聞其勝欲伐之時有白虎盤攫其

巔不果以故名晉司徒王珣及弟王珉俱宅於此自王
珣去闔閭千餘載暨今又去王珣及王珉千餘載矣計
此山始墓而宅宅而復寺陵谷不知幾變幾遷吳晉之
宮室臺榭皆捌爲蒼煙白草野垣斷㮧與鬼燐瀟瀟出
没其所謂酒城鶴市者亦不知何許而和靖讀書臺獨
巋然雲霄焉將與此山相磨滅余與寺僧果嗟嘆久之
夫山川之關于人興廢盛衰又如此諺有言地以人勝
夫賢者宜百世祀豈亦以地故耶和靖祠有二一在今
姑蘇府治東南一在此皆有可據史云和靖拒豫中夜
遯去崎嶇叜水谷中彼其視死生何如匍匐于蜀客於

浩晚以崇政殿説書召至朝年已六十餘則疏和議斥奸檜即請祠去去廼之平江虎丘西菴舍焉舍側有三畏齋遺趾猶存虎丘多幽勝今和靖祠迺在於山之南梓神上廟貌悄愴余既游盤桓瞻企不能去泊暮廼歸舟中因爲記紀之寘于石以志噫後有來觀者其無所感矣乎時嘉靖二十八年夏四月三日

白鶴山修先母劉氏墓記

建城出郭東十里許有鶴山余母墓在焉正德己巳母劉氏從先考質菴依大父宦于廣卒廼歸葬于此自余母墓西轉石塔不半里有白鶴寺嶄立溪滸寺上有嶽

祠其旁則明相國文敏公祖墓在焉鶴山大延袤不數
里或曰世傳秦時望氣者謂此山王氣所鍾鑿之有二
鶴飛出故名云或又曰山形勢蜿蜒扶搖若鶴然今莫
可考余母墓横當鶴山腹鶴山東西有二磵夾山以瀉
余母墓面于東有水虹然自果嶺西來遶其下數曲東
出合大溪溪側有大石號虓若貔虎乎前立其下又有
古泉井二俗謂海眼母地麗衍嘉靖丙午冬余北上春
官其右旁下偶爲里中人所盜葬居頃之余北歸訟之
官未直冢上木又尋爲盜者戕伐歲戊申既構工鳩石
礫小石堵環㮘墓側爲經久計時溽暑余方與僕童操

瘢揷日有事其間面目黧黑手足躃攣每朝夕望白楊風生則攀枯木而號若無以自立者或余慰曰子何憤憤于此昔歐陽子年四歲而孤父崇公歸葬于吉終身且莫能展視事有不可直遂人固立身行道何如耳嗚呼痛哉余敢以歐陽子自諉耶夫歐陽子何如人也年二十登于朝其瑋名峻節雄視乎百代余學不免鄉人行不免鄉人罷駑遂瑣年今老大弗克自表見計余母没時余年甫九齡云聞先考曰余母宋大儒屏山劉氏裔夙善媺年二十九弗壽客死殊域路艱遡廻火而褁其骨歸葬焉正德乙亥闔家復遑遑從大父就祿嶺廣

間舉余母墓濵于黄茅白棘者不知幾禩矣廼今方圖封大之不果而又罹兹荼毒悲乎悲乎余之罪寧尚忍言也哉傳曰古者墓而不墳丘東西南北人也不可不識夫孔子且然他可知矣然傳又稱孔子少孤不識父墓晚問于聊曼父之母廼始合葬夫傳記所載不足信然以今觀或者歐陽子之言余又不能無異云夫仁人孝子一息不忍忘其親歐陽子史謂寓隨卒于潁二親墓在吉末年始克隴岡一表歲時祀事皆于西陽宫乎託夫歐陽子宋偉儒端人其心所安余誠有不能測者然迄今去歐陽子幾千載人無賢智愚不肖無不知誦

法歐陽子凡吏其上者罔不知式其親之墓人毋敢或殞稼余非其似今及吾身之存也傫傫然猶不能于余母庇傷哉又況曰數世後吾先塋其復有西陽宮可託者耶而又曰吾里中人寧保不余母鄙夷如歐陽子乎是未可知也禮不修墓詔爲此懼且虞余母之日毀泯泯也肇工起正月凡五逾月迺完其爲工三百六十石堦輪廣二十九丈高八尺有奇灣環路側旁左右樹二翼牆如跂左腋間鑿小石門又少南前爲塞門鏟灌莽剃荊棘壇壝之隳墮者整之冢木殘毀者易植之仆者起之以竢其長以識不忘時嘉靖二十七年夏六月二

日不肖孤楊應詔泣血記

武夷天游精舍記

余覽載籍武夷川嶽于寰寓中稱奇甚水繞山中詰屈環走若龍蛇然而天游峯則又在武夷絕頂于武夷中稱奇甚群巒峭地起攢蹙左右如童立綺青剜紫而大隱屏峯峴于前中有宋晦菴書院在焉余生平仰止晦菴者三十年屢欲鑿小精舍天游峯側弗獲遂時徠遄江湖僕僕然心已竊嚮往之矣歲乙卯秋買舟抵山下訪幔亭探虹橋邅洄中祐觀中廼偕觀羽衣牧叟徃沿九曲入至玉女蹊麓棹謳中流忽見斷崖懸壑千尺天

光白雲在水四壁閒然石激陵寒邈與人寓隔不知身在何際稍前取道金鷄洞遥睇天游直在雲巔莫可躡微旁向洞竅中留青紅瑟瑟有光余訝之牧叟曰此偓蛻也然余聞古至人不死飛昇物外牧叟適爲余嘐其故余罔暇詰直鼓枻向卧龍潭而去遂登陸覽石上鑱刻路巇仄不能步延久始穫至晦庵祠展謁坐寒寮仁智堂尋躕隱屏高處側望廻谿懸嶂層岫聯嵐旋抱而書院屹其間余顧牧叟曰晦庵千載醇儒此醇境豈誠天鑿神剜之以待高人者乎牧叟首頷之又西行路捎下至伏羲洞洞深黑不可入余染石書牧叟曰子亦好

奇甚也此洞數十年無一人至者余廼沿洞旁出路益
巇岸莫能步廼闖筍巖隨樵若魚貫上石欹滑余困極
牧叟直驅之俄側立天游峯半頂松蘿間號呼余又恍
若空中人語余且駭且前稍久循石棧東下倐一道中
開兩崖壁嶗嶒崚削松篁服路水瀧瀧鳴且流有石蛙
數種跳立尋至天游庵萬峰亭中與牧叟斂襟坐神耗
倦甚頃稍紓廼起四覩則又見群峯銜奇鬭采於前千
萬狀弗可縷覼而九曲溪瀾則灣環足下庵側有仙掌
峯一覽臺夾天游兩腋而峙兩雪瀑從腋中直瀉下天
游峯中歸矗不動余久瞪眎之弗覺神爽心釋憮然曰

此滄海金鼇何年移至此前有小石臺可俯瞰稍前面隱屏巖罅間又有小幽徑直嶍上石齒齒斧鑿痕宛在牧叟廼指以示余謂此昔人傳辟秦處今不可考稍頃牧叟又前導余摩鼇背西摺下數仞越石泓闊一覧臺遥挂絶壑余跼蹐然不能行磐趺欹傾者數牧叟則直桺而雲矣至則箕踞古槁樹下微嘯余續至仰睎之見槁樹霜根鐵幹骨立臨危巔不省爲何代物余倚牧叟股枕樹側石而卧下瞰九曲直又若馮雲氣廻薄旋突蹊水隅遥見飛鳶野鹿翱舞隨游者偕來時偪暮巳谷風撼嘐人肌骨不能久余徐復與牧叟還至庵中月在

松間矣林陰匝地余迺展胡床小憇山風颼颼俄又見鸞鶴聲自山右石壁上隱隱起旋弄穹中余駭之不及訊旁有道者曰此李仙鐵笛聲也嘗神游九曲間自此巖西去數丈許舊有鐵笛亭余聞詫且異與牧叟嘿坐夂迺就睡時巳下二鼓山幽深虛瓏不能寐辰輙起與牧叟登庵後咊呆道者新樓居佻又若此身出自空外與天接而巖枅谿雲飛動窓牖間余徘徊久之曰此真所謂雲巢者徐顧牧叟命毛頴扁之曰巢雲堂中為天游藏脩精舍牧叟咲曰子方欲出焉能寄傲于此吁余自丙戌迄今三十餘年始一至此余今年秋冬即兩至

楊七

人生萍梗不可測曶然而天下曶然而山林賢者出處
何常彼前隱屛翁何人也其所歷于官者僅九考在朝
不越四十日尋拂袖山中漱流襞石與其徒恵游偃仰
余自少結髮樂于泉石山水為伍計余今去余家距此
不下二百餘里今誠不能朝夕往然余少俟吾婚嫁已
完稍畢吾四方之志他日即懸車萬峯亭側棄妻子斷
家事從白雲長往與味呆分半榻松篁而居吾雖不敢
效魏王子騫學于神仙虛無杳幻之舉然偃仰一室嘯
歌古人澄心息慮滅景遺形擷茅飲澗出吾性中所有
于山川而樂之吟詠唐虞三代之遺風倘不然吾亦為

王者化外畎畝遺民亦足矣隱屏翁起于前余躡于後彼九曲之溪流三十六峯之煙霞徠往于藜杖孰能拒我此皆吾囊中物也予謂出而隱者不可予余他日終逸老于此以成吾願牧叟曰可矣于是遂與金鰲煮仙掌一覽臺諸峯盟因記之而去

觀雲亭記

山水之適足以娛人登高望遠則神形徬徨其樂令人忘死余自作竹樓後十餘年歲辛亥因貨得隣廢地廼命僮梳而敞之鑿爲方池架觀雲亭其上肘池側有小石渠自郡治西來迤城出則又搆雲橋于上以便徃來

環橋與吾亭不能百步許林麓拟抒堆窔余心樂之每登高以望則衆山群皺奔駛于前𦬊來貢奇獻郁舉荒荆白露頽垣斷壤中迺今有吾亭豈洵天造地設之真有所竢者邪然余甞謂遊觀山水之樂非富貴之物富貴者或得焉不能久亦不能朝夕狎惟與窮者宜余戁人與時不相合棄於世久矣憶昔自壬辰上春宦迄今凡二十餘稔于兹中閒涉齊浮越走吳魯𨒪徠燕趙之都見一時王公大人軒寵富貴者肩青紫摩天衢聲勢隆爀不旋踵湮滅或駢首以就刑戮而朱甍鉅屋沓沓陵墮于丘墟煙莽中矣疇昔交游並余握手而歡者或

偶得志去。或星散老死。舉世情物變之往來。不啻千萬
狀。竊焉唾手以盡。不可逆數。而余猶泛泛乎江湖。窮年
無所成。顧方屢冒涉乎魚龍之宮。崎嶇乎虎豹之徼間
或遘盜賊風波之恐。則往往卒夕叫號。驚悸而褫魄。僻
若飄雲。噏習大虛。莫知所稅駕者何哉。迺今老且衰。故
復得偃仰于此。以恣其山水之適。且樂然亦有舉世于
余無以尚者。夫同一此山水也。吾得以樂。而昔之人固
有登新亭而泣。臨峴山而悲。吾不知其泣且悲者何故
彼之心蓋亦有所係也。吾幸生于時。無用于世。其心無
所係。故得以從吾所好。以自紓其抑鬱無聊者之懷。而

又非苟焉冐富貴以求快其欲者之比故每風晨月夕
則與吾友朋觴雲亭歌雲橋而徃怡怡自得謔浪跳梁
古梅樹下偶興有所寄頹然就醉林陰山靄凉月滿空
不知其暮噫余嘗疑造物者鬱蹇纏塞于余盡天下莫
余極免及至是疑其間亦有厭飫余所嗜厚以望余者
又卒未可量也則其終果無意乎亭之休休可以祛余
愁亭之块块孰與余徃前乎此者吾不知此亭之前後
乎此者吾不知此亭之存余亦天地間贅疣者其又焉
所較時癸丑八月客飲既散因志焉寘于壁天游子記

碧玉堂記

碧玉堂在西竹山麓轉華陽書院左堂以碧玉名蓋取
珪璋吾身吾德之義云余歲時與客談心談學者多于
此時攜客自金鷄嶺西下循小菴曲徑逶邐入至釣月
墩墩側有古梅樹大如幄俯小石澗石澗水流澌自俯
洽東來與黃華龍泉諸水合迺由石澗野橋渡又西折
竹屏團立竹屏側有涵春軒軒前又架二楹緑蕉翠篠
覆其上旁幪幪微有光此余暇日北窗高臥處最宜于
冬夏又轉西行數十步有石壁藤蘿懸立藤蘿處雲滃
滃然起中有觀雲亭循亭側又東折少北迤陵虚臺而
上登道宗堂堂面前瞰又有脩池數十溪山縈抱竒刮

人心膽入謁群聖賢吾與客出坐大梧桔樹下仰眺不
愧天所神矍矍然悚惕又少頃西過存心養性堂小憩
白雲堆處觀賓竹樓故址猶存旋循竹徑石棧上石齒
齒巔錯甚緣崖綠陰自林間下罩人影蒼霞滿地又稍
頃迤鳶飛魚躍過洗心亭始至碧玉堂而諸臺榭又倒
視皆在其下吾與客兀若鵠立林杪俯仰洋洋相與擘
掌雲海奇觀相驚踔不已凭欄睇眄則見九龍之溪西
折而下群巒衆岫蒼翠色嶟矗雲漢直若五鳳翔舞空
畔朝煙暮靄特來與客應接不暇不可勝狀客亦與余
倏不知來自天外恍焉自失嗚呼偉哉余嘗探群玉山

適玉溪訪古城闕及前古賢哲幽人隱士之居講學論
道之地余於山水厭飫而飽觀久矣迺今無事營此兎
裘將老焉與諸友朋相爲講肄之所諺有云登高使人
心遐臨淵使人意深古之賢人君子藏脩游息每得於
山水之助居多故不特圖書禮樂佩玉鳴鑾琴瑟聲音
以爲養耳養目養身養德之具而已而其逸心壯氣高
風雅操仁智之情往往於山水焉發之故登巍嶽躋層
巒恨不能振衣壁立萬仞之上掉鴻川鉅浸汪洋濞滀
恨不能砥柱乎中流坐脩竹長林吸蒼虛清澍恨不能
與孤竹采薇者同其節入恠石鉅巖虎豹巉巉之宫恨

謨

不能與抱石滔海者同其高俯太山日觀瞰洙泗徬徨齊魯之郊恨不能低徊孔廟親炙夫子江漢秋陽皜皜者之儀形沿龍門覩河洛容與平陽蒲阪恨不能覿夏禹遺烈想像虞廷都俞吁咈之盛所至泠然與心謀所望悠然與神謀凡其瑰詭奇譎之區皆吾之砥礪磨礱之所而其所相與盤桓笑傲倘佯者皆其益友勝客也語謂君子比德于玉余誠不能一日舍於此余何爲者然以余三十年琢磨之力學欲無愧聖賢以求爲碧玉完人而不可得而況天地間之或往或來者又何如古人有韋絃之義余既感以自厲也因遂志之以告同志

而庋他日有過吾廬有知吾者有所考曰天游子昔曾讀書藏脩于此堂作於嘉靖甲寅某月某日歲己未自此歸某月某日記

三山游烏石記

余性癖山水自乙酉來三山迄今凡五到烏石三十餘年矣每游必攄曠懷肆遐探所以求快目觀者尚歉未得其詳余每語于余同年雙山陳子約與同游不果歲辛酉秋余適偕傅子丁戊二謝子天湖梧溪往丁戊導余自南澗石塔神光三寺流觀至勉齋書院余訊勉齋舊脩三禮處丁戊指神光所在已莫辨矣余適入書院

中見頽垣敗瓦古壁傍惟有一二樵夫漁叟僑窟宅于
內上有古大梁將墮丁戊謂余疾趨之余顧曰世有大
儒桂石天地如勉齋者此能壓乎因廼書院東而去過
胡蘆城丁戊指王氏所塡金蟒穴示余余廼歷群僧廬
復還甜靈鷲庵佇睇丁戊向余云此近有僧坐關者余
循石房木孔中見之丁戊詫其難余訝曰天地寓宙如
許寬此老衲秪于鼠穴中作妖何如笑而去復廼東石
磴上石級斗絕稍頃廼至華嚴巖畔觀唐李陽冰所書
般若臺篆刻于崖石頂上世稱此刻與處州新驛記縉
雲城隍記麗水忘歸堂銘天下爲四絕余攬罷又循巖

側石磴而上轉西至五通祠與二謝子啜茶其内少憩見前石巒間有嵓幄小祠燈火熒熒丁戊曰此神女祠也俗謂能眩惑人余笑曰世有癡漢子爲色鬼幺麼惑者眞英雄然耶稍頂又轉折五通祠上見舊所見人面竹蓊然森立如人者今無一存矣遂竹坪下瞰石觀音像嵬立巖側世傳唐天寶八載五月日山中雷雨大震湧出者載于甌陽詹所記余因詢僞閩時王氏斂民膏祈壽同像于此山中在何處丁戊謂不知但遙遙見東峯石頂上傳有金剛巨跡存焉余頭復與丁戊下石坡去又遂東瞰老佛庵故址丁戊喟曰此爲達官有所搆

移去矣相與訝禪宫消歇亦如此其下有霹靂嵓天孳石室尚存又復東下南望見石帽山在前丁戊指謂余此舊有隱者養高于此中有宿猿洞余與丁戊並肩上戲爲小絶二句偶過宿猿洞相携控鶴仙云云復東下迤觀海雲自天際來余與二謝子攀雲上觀杜痒石壁所鐫天地一聲鍾句歎然去又稍西迤兩石門進行不數十步見巖竅中亂厓齟立留石扇斗開丁戊曰此薛老峰也厓上有倒書薛老峰三字或謂薛老古仙不知何代人或曰廼唐侯官薛令逢與神光僧靈觀游創亭于此未可考稍頃又命山童前導越小客寮下至浴鵰

池見池在石壇上可一掬池中水泠泠徹人心骨余嘆曰此池昔雷雨自何處刮來于此丁戊復引余詣池下有石牀余倦甚因倒臥其上丁戊謂二謝子云此海山佳處每月夜風晨游人騷客恒招野雲海鶴醉于此余神灑然渴思飲不可得而去復旋西上又至一小庵見丁戊山人對庵祠長揖笑謂余曰子可無揖乎余愕然爲一揖揖罷訊其說丁戊曰此唐周朴剛顯祠也朴善詩介特士當黄巢破閩城入引朴而偪之官朴義形于色曰余尚不仕天子而肯仕賊乎朴竟遇害後宋張浚爲請于朝祠焉世板蕩求忠烈如朴者幾余嗟嘆久之

復招手二謝子過寒翠亭攬王公貴人石上題詠長嘯而下旋瞥忽至鄭霄臺矣見臺宇爌然新醒人目薄臺面而立旁有游客不知何處與余偕來東望海上漁舟樵杖聲隱隱又西下平沙透岸猍遞應接不暇余劃然嘆曰此三山奇觀也丁戊曰吁子知吾三山之奇而不知吾三山之苦余老于此者緬昔兵興以來自蕭梁迄唐宋元五代中巢賊王陳父子割據紛紛至今不知凡幾變矣余不暇枚舉即曩者正德己卯逬貴兵亂此山林木斫伐已焚如矣尋己未倭夷犯海上來寇吾城此山巖突石孔間稜稜皆甲兵蝟立梵宫琳宇回祿無遺

所遺者不過數拳荒石狐丘鳥道存焉耳子視今之勢
將來者又何如前小石嶂上不知何代紀兵變寇亂語
石刻猶模糊可見余聞而酸然不能聽迺與丁戊二謝
子復自臺畔迤石磋環觀中有大石屏向東峙丁戊謂
此余少年與二三野老賞月談心所余首肯之復與丁
戊行不數步轉石梯西折登烏石絕頂處與二謝子並
趺坐石上頗久丁戊四顧蒼莽指無諸城郭與余劇談
直見越王臺起城背北下九仙之觀東翥與此烏石對
蹲巇如龍虎相磐踞環三山直若瀛海中浮三青螺然
旗鼓二峰左右鼎列咸環拱内向丁戊復指西大王山

下曰此五代王審知郊天處也由大王山上蓮華峰一帶挺挺起民居鱗碎前荒莽中習習又有石槊斜出名曰横山樓樓下覆仁王寺循樓西上至大石坪又有宋社稷遺壇在石屋背鐫三大字余覧古今王圖霸業瞬息目睫下爲一慨丁戊復感嘆時艱兵亂不已余俯睎臺側有蔣之奇頴叔所刻因見石壁頂古松枝幹扶疎半頽落問丁戊曰此何人所樹滿山童然猶不意有此老龍骨者存丁戊因詫其所以舊有訛言烏石青起刀兵之故余一輾然不顧而下招丁戊二謝子飯于臺中余餓甚取飲丁戊不酒余獨廼引白滿而醉飲罷復呼

丁戊披長風沿山麓去翹觀見石巒上有晦菴題名在焉余聳慕仰睎不能已丁戊曰子廼敬晦菴如是晦菴筆跡行蹤淹没于世之白眼者多矣因與余話平遠臺石工事已復指南澗寺旁有晦翁大書石室清隱奇瑋甚淆翳污壞余徑欲取道往觀不果余慨嘆又迤東見一大石塊橫峭懸崖若雲幄蓋于上余與丁戊先後披蹀下至其中見有余同年謝宜相所書石天二字復旁由小曲徑出至東峯遥望前神女祠直西上又有秀巒嶄嵲兩崖壁陜聳內微露一線天嶫嶫在煙靄中可吸直若飛鸞舞于穹杪更西下有歷代所封惠安王祠余

歆欲取道觀又不果尋廼同丁戊二謝子又東去至一
巖閣曰天章臺時感唏民瘼跂懸落景平復廼初陽頂
北望與丁戊欲訪唐閩濟美觀稼之所邈不知何處而
昔時所謂崔公井謝公浴堂古跨鼇亭與蔡端明所題
幽幽境俱落落埋沒荒荆亂梗白露中雖欲探而無所
于考也余唏曰古人陳跡可慨如是丁戊復與余詫僞
閩王氏時此山觀刹之盛宋謝泌有詩云城裏三山千
簇寺夜間七塔萬枝燈今十弗獲存其一廼過瞰曾鞏
所記道山亭道書謂蓬萊洞天者余不以爲奇且行且
顧因詢丁戊往日所慕仙佛事丁戊慌容向余曰此余

平生所學之誤者今對子復何云方咄咄問余猶欲尋
昔仙翁任放鍊丹井處弁頭陀巖葬蔓中丁戊對以往
時亦未詣其所余廼與二謝子側立石罅巖末間留天
風蓬蓬來凡前所瞰不危亭睡捲石廻視俱冥冥半空
煙際矣稍須又東下轉小徑上見兩大石騰躍如二墻
堵然中儻敞可臺樹以遊烏石除隣霄此爲最旁有詑
者謂此中舊多石曩俱爲鎮府遣五丁所驅矣虛窿四
徹余因語丁戊曰于此作一天游亭以傍雙山子與子
團瓢行窩何如群曰可兩石東西相去不盈數丈前東
面海門遥睇五虎山自海上奔馳南來勢若六鼇在掌
自

上然江潮島溆汀煙嵐紫日夕不知幾千萬狀余與二謝子展眄訖又循石棧下行數十步又見有石梁橫介于絶壑直若天台石橋狀巉巉倒跨空畔橋側有冲天臺昔傳此崔公于放鶴處余視石梁神馳直攬蘿而下丁戊二謝子不能從余須至石梁側足逡巡蹴踖不敢躋而群童子則躡雲而渡衆嬉戲于巖莽中矣冲天臺背有蟠桃塢石磐陀礧磈不省何所云余擷幽覽勝久廼去對丁戊曰烏石舊傳三十六奇盡于此乎丁戊曰還有未盡者余足倦矣明當邀大虛禪者同游可乎余興劇益不能已前見大石嵺嵣叢薄中直趨之丁戊笑

曰此霸石無奇處余不能偕矣旋頭還復行迤邐神光
寺巖頂東下復見前所謁勉齋書院高甍崇宇隳落墟
壤榛莽間余不覺三嘆淒然佇立不能去丁戊廼爲余
細話其興衰之故曰此吾郡守汪白泉公所建也舊勉
齋祠及書院在仙跡坊弁太平公輔里元時創樹極偉
壯歲久汪白泉公移于是吁今去汪白泉公幾何時經
郡守士縉幾何人而荒頽如此賢者與天地無窮不係
祠之有無余聞勉齋閩產也世號大儒嘗受學于晦
菴之門得斯道正傳其學術政績言行在宋史可考余
生平亦私淑晦菴學于晦菴者雖與勉齋不同時然其

學與勉齋而實同心同道者世態江河兵火寇盜浮雲蒼狗倏忽變遷彼其或往或來者不足挂齒頰而斯道可息乎余是獨于三山世教人心有感焉不能無所望者于是盤桓既久日已昃廼與二三子下山去次晨丁戊更來約窮其勝余獨攜毛錐子往復盡飽昨所觀竟日始旋丁戊曰三山之行蹤故事盡于子矣余遂歸而書之因歷叙其所感所言者如此以告後來觀者時嘉靖四十年八月初四日建安楊應詔記

天游山人集卷之十五

天游山人集卷之十六

建安　楊應詔　撰

記

考亭晦庵書院記

歲乙卯秋七月余謁晦庵先生祠于滄洲既明年毗陵荆川唐子來訪余偕荆川及余同年龍崗朱子重謁先生祠遍考亭未至一舍徘徊閩南闕里亭下荆川謂余曰余昨道馬鋪憩寒泉訪先生舊履見雲莊西山諸書院聯絡暉映師弟高門大扁宛若游龜旵洙泗間低徊不能去晦庵之身後褒崇光顯軒寵廼如此彼林栗陳

賈何澹胡紘沈繼祖劉德秀姚愈余嚞諸人焉在今已灰飛煙散矣余曰嗟哉宋世之人心世變陷溺蠱壞一至于此彼佗胄武人不足責自趙丞相汝愚去國群小爭趨弃附和之當其時人與晦庵爲敵倡爲僞學僞黨逆黨死黨不軌之論排擯阻斥其間繩趨尺步稍以儒名者無所容其身而六經語孟至爲世大禁道學亦何負于宋故宋一代夷狄之禍爲烈然宋之夷狄不待完顏蒙古氏始見而紹熙慶元間朝廷士大夫之人心之夷狄久矣故以夷狄召夷狄衣冠之禍與宋終始於晦庵何與也余因與荆川晉謁祠下展拜晦庵畢出過講

堂見其西圖書盈架中有晦庵較讐手跡猶存荊川子曰此天地精華處晦庵生平之所以綱紀世道垂憲章教者亦寓于此然陸象山曰宇宙即吾心六經註我我註六經此亦偉見而後世世儒猶有譊譊不釋然于晦庵者嗚呼此亦草廬朱季支盧荷亭鹿皮子輩之陋說耳今之爲草廬朱季支盧荷亭鹿皮子者又豈少也末季學術晦盲人不知晦庵而徒欲以區區言語糟粕處求晦庵去晦庵遠矣此無足辨余又出西廡循階砌下與荊川求登晦庵竹林列祀先聖諸賢之所入門見群聖賢像儼然荊川因爲余歷指先賢跪坐巾服俎豆古

今之制因與龍崗子索晦庵夙所寫圖像而觀龍崗謂
偶爲逵官所取去弗果余咲曰晦庵之圖像滿前而又
奚圖像之索天地森布萬物山川鬱蒼方晦庵簿同安
守南康監浙東提刑于江西出鎮臨章晚又安撫湖南
之江陵而去主管崇福雲臺諸宫觀其間登對奏疏廷
和者不三四而所至政教赫赫在人而其他白鹿之規
訓衡嶽之唱酬雲谷之容與鵝湖之論辨精英靈爽颯
沓于上下故聽山泉野鳥至今猶聲響在耳撫白石青
林此皆晦庵也余平生仰止晦庵參前倚衡雖寤寐飲
啄間無一處非晦庵圖像所存而晦庵之精神意氣亦

無一處不與余圖像者而相值荆川子憮然嘆曰然哉然後于是廼過龍峯寺覽考亭山川風土之勝詰韋齋卜築之詳龍崗子余曰此書院建于先子去國光宗紹熙三年而淳佑初延敕賜以今名荆川因謂宋世濂洛關閩諸儒之盛而晦庵獨隆衍是不偶然而書院道脉代為時所崇仰余曰周東遷天地元氣萃于孔子宋南渡天地元氣萃于晦庵故大聖一賢獨當其盛而亦獨遘時之衰當其身不獲見斯道之少試而雖追崇于後而其身之擁塞遭罹困踣詬誹鬱蹇者亦多矣孔子且然晦庵何憾焉此又吾道世變興替之機無足怪

者今之時吾不知有晦庵否使晦庵復生于今吾知亦焉能免于今不見嫉于人而取讐于衆也耶漢唐來道學盛于宋而小人亦特盛于宋道學無與于小人而小人秖死與道學者爲敵彼此相形故晦庵能取信于後世而不能取信于宋之當時能取信于宋身後寶慶淳佑之間而不能取信于宋紹熙慶元之際亦其勢然也古今邪正是非君子小人不兩立然斯道欛柄推旋流行于代寓無一日息聖賢者迭出而嘗之不以世汚隆不以人升降龍崗子曰誠然誠然吾先子生平之所艱難奮淬砥厲者實在此于是日巳午迺過龍崗子飯飲

罷荆川泊暮猶不忍去方登高阜睨白雲而西望佘亦徙倚滄洲竹林間𥨸若有感也遂因叙其所相與言因記之如此

自得軒記

世固有逐物而喪我亦有欲墮體黜聰棄事遺世逃物而自繕之二者皆非也夫天下道毋意毋必毋固毋我有所係其心不大粥粥然自執而外者則其神不完昔南郭子綦隱几而卧仰天而嘘嗒焉似喪其偶彼豈眞若槁木死灰然者舉天壤萬有諸籟而不聞若子綦蓋見已不見物者也莊子出行于濠見儵魚出游從容嘆

曰噫魚之樂其然也然莊子亦惡知魚樂哉彼其所知者亦知之濠上耳濠上之眞機千古下有如周者乎吾莊周可謂見物不見已者也見已者內矣忘乎已而莫非物也見物者外矣忘乎物而莫非我也彼不知已者項項然方認已之爲是固矣而不知物者則又徒以物之爲適遂于物而目將熒焉而手將搔焉終日僕僕與物從事鬻弄其才智機械蓋非惟我病物而物亦病我矣而卒亡其有彼至人其然乎哉余聞之古之至人獨與道俱無入不自得蓋不必隨所寓皆化也而其悠然爽然之心浩然巖然之氣直與天地流行代寓中靈光

神奇變化天行我焉不加窮居我焉不損前行于無始鴻蒙未判于我不盡後天地而彫三光于我不老彼蓋得全于天固如是而豈汩于人者故余嘗欲求乎吾之所全而不敢累吾之所汩彼其銛于紛華之慕豢于勢利之途卒歲煎熬焦然不寧者吾幸免此然余亦非槁焉終泉石者徒也故余每出而奔走于江湖往來三十年不得已伏處山林退則時結廬于華陽西竹之上深居而靜養嘿坐而默思舉世終日嘻嘻然而樂也而余獨悲愁而鬱湮舉世煦煦安以居也而余獨不遑寧處人皆知我之勞也而不知我之適也人皆知我之空空

如也而不知我之有也吾豈異乎人者哉顧吾形雖有
餘苦而中則有餘閒吾雖不敢遺乎世而亦不能儕乎
世吾方汲汲然直若有所求而不獲彼天地間之或往
或來外物紛紛者吾又何暇取而納之胷中而爲置得
喪憂戚其間也耶故方余意有所會也翛然獨往當是
時眼空四海俯仰無人吾亦惟自安自信自慰自喻而
已然余亦焉敢自謂嶅然有所得巍乎挺天地獨存余
于道奚所知吾黨有從吾留于者幾之矣從吾于吾建
逸士蓋見内者也暇則過余西竹山中從余游携其歌
詩與余嘯詠俯仰而不顧其他閒扁其軒曰自得而索

余以記嗚呼若從吾子果真有見于天地萬物之眞源而忘焉者乎忘乎是則忘乎從吾子矣惜余猶濡跡江湖役役以事而未能有所忘之也然其以我視天地萬物既隨所寓焉皆我則我于天地萬物隨之寓亦皆天地萬物雖江湖異乎哉非惟江湖也雖天地萬物異乎哉天地也逆旅也室廬也其歸一而已而又奚可二觀孰爲之內孰爲之外孰爲我孰爲物余方委于事之不足恃而安于世之莫可逃方欲深造靜探焉莫得其端倪余固非子綦蒙莊其學者從吾子幾之矣他日余揭杖過鳳山之麓璜水之陽余見從吾子囿囿自得與萬

楊七

物游而不累于物而又有進于是者其不有以語我者耶余嘉其同鄉于余有所感也遂爲之記

華陽道宗堂記

余作竹樓華陽山中歲丙申三月列厝先聖諸賢名次日夕瞻企之歲久竹樓圮癸丑北歸夏六月復搆華陽書屋竹樓下其地與屋視竹樓爲敞矣廼移先聖遺像于其中旁列顔曾思孟配以濂溪明道伊川横渠晦菴余師涇野六先生扁曰華陽道宗堂丁巳夏五月落成于是朝暮展謁爲歲二丁元日及除夕釋奠焉夫古者國有學遂有序術有庠家有塾國學遂序術庠家塾之

義一也禮春官釋奠于其先師又大司樂凡有道有德者使教焉没則以爲樂祖祭于瞽宗噫先王之所以設教教人者何其勤且悉如是蓋學者不可一日無師友感發之功故使之爲先師樂祖者皆其平日所師我教我之人列之于學置之在上周旋俯仰于左右使之日有所感觸中有所規儆而趨于善者蓋有所在而又不但已焉凡春誦夏絃鄉射飲酒養老合樂勞農獻馘皆于是寓舉藏脩游息之所無一非其師保引翼之助故其放僻淫佚惰容邪氣無自而生者君子有取焉余少膚腐學苦不知向窮年老山中雖日離乎師友而取之

師友者嘗有所寄焉昔舜在深山中㥯跡于野人與木
石居與鹿豕游卒之聞一善言見一善行若决江河沛
天下傳後世余山中所居所游者雖亦不免與木石鹿
豕者爲伍也然其居所頼與先聖群賢而居焉而其居
之所感者則異于木石矣其所游者所頼與先聖群賢
而游焉而其游之所感者則異于鹿豕矣是以即吾學
所至行所得雖莫測其終與舜如何然其一念憂勤惕
厲磨淬觀省之誠每得之展謁對越之頃目擊道存故
時獲收余之放心陶余之德性耳目靜歛精神血氣有
所感奮循軌不亂蓋實有得于此而余生平幸有所夾

特亦不至墉窳而終于隕隊或曰昔晦庵晚年作群賢精舍于滄洲帥來學諸士行釋奠之禮意亦如此然滄洲精舍中所列有康節先生司馬文正公而今無之豈亦有所擇耶嗚呼是不然矣夫學每相與于觀感尤莫便乎近其人夫吾閩自龜山受學二程先生歸有道南之嘆嗣是一傳而羅豫章而李延平而晦庵則又親受業于延平者焉吾生于晦庵之里而學于關中涇野呂師之門夫數賢精神咳唾何一非余之所仰瞻師法者禮又謂學者必釋奠先師而後行事其有國故則釋奠無合夫龜山豫章延平晦庵皆吾閩之國故也而濂溪

二程橫渠涇野則吾國故之宗也而康節司馬則亦吾國故之派者余方于是取其人師其所行事以爲將來楷式學遑遑不能已而暇有所擇故旣感于禮聲宗家燕之義國故之說與古學者藏脩游息之助而因述吾閩千古道源之所自遠有所承爲不苟也列其大附其餘以見可宗者如此有所合有所不取以爲合者因記之俾後之人登斯堂者　有考焉耳

環山亭記

世之奇壘魁岸士每每多輕世肆志于山林畊有所託而逃也彼其憤世無聊高視而濶步固然故其縱浪山

水時撫雲霞水石以寫其悠然自適無援之情而非故有所放曠層嵓登磐谷駁鴻臺開舒吐胸中巉嶒磊砢不平之氣洋洋焉盤桓容與浹辰移日不忍去而非有所戀此豈其性有矯焉哉唐李渤之于廬山少室方渤之始至唐天子以右拾遺召不就愈貽書有索高價之論及渤之一出直言敢諫始終風節凜然諸葛亮隱于隆中而亮之伐魏欲吞吳之規畫皆自隆中已具矣卒焉三分鼎峙勳業竟不出草廬數言所料然則亮與渤所謂有所託以逃而寄者非耶其無所放無所戀然也余貧性疎脫不敢望古人然生平雅樂于山水爲伍每

遇山水奇崛處則終日怡然與忘故所居所到所游處率多山水與余相與環列吾建有天湖鎮山迺吾祖都閫福公海公委蛻處余少時從吾祖父後歲春秋祭掃游衍于茲泊壯或讀書其中迄今四十年餘矣而余于此山一日不能忘不能舍去嘉靖歲戊申八月芟蕪刋莽鑿方池遂駕環山亭其上歲時則載酒與二三客友朋蹇遨其間時思余祖福公從我　成祖文皇帝戰白溝河及征黎利九龍關海祖正統末隨保定伯梁公驅大軍勦勁寇温陵而鏖戰於洋尾周嶺之墟每風辰月夕直若千軍萬馬摩山而來環山之風聲鶴淚恍惚若

甲兵稜稜在目而其興慕感嘅者不能已今之時兵戈
顛隉倭戎胡虜劻勷視吾祖時又何如顧余兹年老矣
鬱鬱抱朴不能出而有所建樹而窮年偃傲山林余非
因有所放所戀者天其或終已吾于兹山矣乎昔漢武
帝南征北伐思霍去病之功于去病卒廼發屬國玄甲
軍起冢茂陵像祈連山表其功吾祖之英爽固有與此
山祈連相爲不朽者吾亭于兹以思吾祖聊以識余之
所寄故方余之遺傲笑呼縱浪于此山也不知天地之
爲大江海之爲無窮而此山於余亦不知余與此山之
相爲無盡箕踞而游攀援而譆而此山寓形穹宇夅處

於余余不敢謂其有所遭而余於此山亦不敢謂其無所樂而其所樂者固有在時艱世變之棼棼每撫時不能不懷吾祖而又不甘以少室隆中自老也彼天地萬物者其果有盡乎余非翦翦拘拘隨世取合者故且與二三子相忘偃蹇乎山中姑相與飲吾酒遂記之時已未歲秋八月某日

天湖山生墓記

葬者藏也生所愛死所安耳古之至人有與山川生死始終焉者亦委焉耳後世惑於風水以郭璞青烏經有遺體受蔭之說子孫至顛悖惛亂怪妄不知紀極嗚呼

嗟哉風水之溺人其繆如此且夫人生受命于天耶受
命于地耶古者牛眠之境鵲飛之鄉皆偶然焉耳夫人
受命夫天則樹德者順天而昌而子孫因寖以盛亂德
者悖天而亡而子孫因寖以衰此亦理也勢也而謂其
枯骨遺骸乘生氣于地能福利之也有是乎璞贅說不
足信然璞善名卜地者璞身後何如余生平不信於風
水之說然每登祖父先人塋域體魄之所則於其中栽
植松栢團築竹石以志其所思且愛余祖塋故在吾建
天湖之陽天湖廼建鎮山其白龍蜿蜒數百里自浙龍
泉西北來余愛其奇偉秀特歲丁巳冬余葬吾妻某于

祖塋兆西麓下因砰其左爲生冢焉昔晦菴葬其妻劉夫人於唐石大林谷九龍之踏亦虛其左自待蕉溪翁墓于潯陽亦然余僂僂何人亦敢以古先賢哲之蹤跡自託且附也然余有山水之癖而不能忘情於山水也以故然故然天湖勢曠儻左觀音菴舊有古書院遺趾不知何代所建失其名右有梅嵓晦翁講易之所而吾生墓當其中平沙透岸一望無際而千峯萬壑紆青繚翠環拱於前下有水瀌瀌若綠羅色擁萬石抱月迤東而流余樂之愛之歲時則招白雲野鶴與客友人倒醉於此每意有所適終日頹然不知其他昔人

有登鴻川勝岳殭臺至樂以忘死者或携壺酒掛杖
瓢使人荷而隨曰死便埋我而羊叔子昔與僚屬鄒
湛登峴山愛其勝徘徊欷歔不忍舍去曰百歲後有
知寬（魂）魄猶應登此後人因即其地祠之陶潛自譔祭
文雄歌擺脫形骸於柴桑栗里間迄茲千載下凡過
其墓者罔不歛衽起敬諺有曰山川風域以人勝而
峴山柴桑陶潛之墓之所至今以羊叔子陶潛而傳
余非羊叔子陶潛人也生平篤志古道奮以古先賢
哲自淬厲娖娖山林白首無聞錐將來者不知其何
如而窮達靡所計然亦自分其終與草木俱腐焉耳

土壤瓦礫相漸盡焉耳而又奚羨乎慕乎甯亢高

曠古之達生謂葬身於螻蟻亦可烏亦可魚鱉亦

可馬革亦可委生于大化而無所拘身於天地而

無所止此亦余夙所尚者余有此而已既以語客因

遂書之使他日有索吾者有所考而吾子孫亦庶不

以風水說惑且悖於此時嘉靖三十八年朞月日天

游子記

碑

嚴陵先生碑

嚴陵先生漢高士聖之淸者也方光武時獨披羊裘釣

大澤纔一出即返爵祿不能汚漢朝公卿不能下光武
不能屈終客星老于江上或者病先生之隘而不得聖
人之通以春秋之時夫子猶急急遑遑焉求出行其道
而況先生光皇故人豈不足握手帷幄以共理此亦不
識先生之心者矣先生之心猶夫子之心也夫子欲行
其道先生不欲耶況光武時一時新都之虐未盡熄卯
金之精未盡昌說者又謂光武之器度襟量子陵熟知
之一諫議大夫豈足展其志吁是不然苟可以行其道
不論其官先生之言不曰逢時行道天下悅阿諛苟容
要領絶此語又豈獨爲漢室公卿侯霸等告耶雲臺鴻

業昌期雲蒸龍矯風迅景從一時諸瑋傑雄俊奮起祀夏配天已光復漢家之舊物使先生而出亦不過一漢之名臣而已雖光武嚴急而房闥之偏吏事臺閣之非不無少補或揭其理道而上之然亦不過成漢一代寬厚之風而已鴻飛冥冥羅者不得而思使漢朝公卿不知先生爲何如人高風峻節扶繫九鼎雖至延禧末清議猶項背朝野雄奸睥睨不敢動嗚呼千載下如先生者豈可易得也哉堯舜在上下有巢由然則先生又非特漢之巢由焉已耳巢由猶當鴻熙皡洽元愷之世而先生獨處其難方西都之末諛讇成風峩冠博帶舉朝

至頌莽功德者千餘人非漢之士耶擔漢之爵口漢之禄而卑媚漢之賊隽詘亡節頑闒亡耻卒釀成大禍而不顧彼其心惟知爵禄之可酬豢而已甚至紀逡唐林者亦然而况夫他先生籌之悉矣故光武諸将之出則有以攘天下之夷蘇天下之生先生之不出則有以厲天下之節風天下之士其心則一其功則同孰多孰寡然則先生之清雖謂並巢由而上可也而其廉頑立懦耿拔振世之功在百千萬億世使世頌箕穎者不衰雖亦謂其有光于唐虞可也又獨漢已耶末世不多先生不識其心余既過富春恒登釣臺見雲山無恙江水湯

湯徘徊四望瞻企不已吁先生何其高也故遂碑以志
先生

祖司訓古庵楊公墓碑

古庵公生于閩兩宦游于廣竟没于廣已復歸葬于閩建安窀而墓焉按古庵公其先九江壽春人姓楊氏諱松字孟岳古庵其號也祖潮先以從戎起家曾祖福歷任都指揮使以征黎季犛死于交趾祖鐸父海征汀漳有偉功授建寧行都司都指揮僉事古庵公海公次子自幼習儒補郡弟子員性質愨不事表暴有遠度游郡校中恂恂然惟以道義自檢飭雖屢舉弗遭恬不以嬰

于意歲戊辰當貢于鄉同列有倪生遜者挾其輕俊欲與古庵公角遂攘其貢而有之古庵公咲曰余生平愧不能與古魁壘畸傑士相角逐樹立功名之場而廼欲與子競一貢耶一貢于某奚有也遂讓之同列咸多古庵公之義既而倪生試于省尋沒古庵公復仍是年貢請京授廣州府學司訓公至以作人育才爲已任時時教諸生以禮時提調郡公曹公樞甄拔郡群士雋灝泉書院中命公率以誨焉今學士泰泉王公佐等皆出其門泰泉公少貧甚公偉其才泰泉公嘗廪于學具束禮見公公視之咲曰子貧者何有是反却其餽重贈焉公

待士不以常格時泰泉公父以星曆術占人多奇中名
于鄉公嘗謂之曰余以才占汝子亦當奇中是歲庚午
秋泰泉果魁多士人咸謂古庵公為知人廣士凡得公
陶鑄者人人咸感慕公公在廣甫一歲餘無何又以丁
大夫人莊氏憂去矣古庵公自廣歸貧匱無以存三僦
屋而居性簡澹廓大居素不以生產為事故雖屢空泊
如也行古樸與人不苟合嘗假館郡西李氏家稍弗恊
即拂袖歸曰吾安能效老學究碌碌向鄉里小兒也窮
居饔粥或不繼公怡然自適嘗謂寓甫游義塲中不能
會飢餓倒人服闋至京復授廣之香山司訓公蒞任以

所學善人如前香山僻在廣之海隅士習嗜紛華樂游
衍躭聲利闒茸不振公則一以禮教率之閒居以道義
與諸生相琢瓏砥淬居謂曰人固自立陳公甫非汝諸
生隣邑偉儒乎公甫一貢士耳自從吳徵君歸倡道白
沙直以道自任崛起南服至今江門煙水白龍池之風
月與公甫吟弄罷揭揭如昨日猶有聲萬物生氣同時
並公甫握鼎鼐持衡樞者今安在也人須千古持个乾
坤不磨滅欛柄在手方是男子富貴僂僂目前駒隙者
何可勝筭諸生聆其言咸躍然無一不感迅思奮香山
學舍在城東蓮峯山下公暇則率諸生絃歌洋洋其中

所至人咸以楊賢師稱之學諭秦公邦儒桂林傑士也嘗聆公言亦以道義自立尤敬重公公微嗜酒少酣則鼻齁齁然睡雖有事群譟于側如不聞性喜詩暇則于山水間吟哦聲不絕嘗在京與海鹽張子璘者結爲詩社相倡酬别去張子作米老拜石圖贈公公喜不勝嘗挾以自隨曰此鐵心人今之世有幾耶閒居與嘯處呼爲石丈每出游歸則與石丈坐對盤桓歌呼人駭不省其何謂意雅愛山水不以世故芥蔕居樂與人親雖不苟合于人亦未嘗敢以色待物人視之蘧蘧然儒者也家雖貧樂于施予里中人有急者嘗濟之族子炳與昆

弟中爭田而訟公割己田數畒與之息其爭其敦行義
不計勢利類如此公胸宇灑落常睥睨天地萬物直若
蜉蝣然無所繫垂老獲一儒官竟死于官下骨肉兩詣
廣死者亦數人公臨没時執詔手以家事囑詔曰嗚呼
余生平學不能逮古人名位不能逮今人獨抱區區之
志與天地相終古者獨齋以没嗚呼傷哉後千載下其
復有知楊古庵者乎汝勉旃毋忘慰余泉壤矣嘻吁悲
夫悲夫余祖之言猶在耳計余祖之没及今三十有餘
年矣公没在正德己卯五月日葬在是冬十二月日墓
在建安東路白鶴山原公昔嘗自廣歸葬莊太夫人于

此余母亦于此而公今没矣亦并余祖母鄒氏葬于此此又非數乎自己卯及今幾四十年余猶寠寠然無有所樹立不克爲余祖一表見嗚呼詔寧忍余祖其終無聞矣乎嘉靖戊午秋九日登墓洒血松楸因述其生平著于左欲一碑不敢終殞墮與涇師白鶴三思亭記同樹而書以竢將來不肖孫應詔哀怛號慟謹志

書岳武穆王忠烈碑陰後

嗚呼寃哉武穆王之死終古英雄之恨直有欲籲天而無從者蓋王之將畧與韓淮陰同其遇害亦同而始終忠義不同其功業忠誠才識與諸葛武侯唐郭汾陽同

而其福履所遭際或死或生則不同嗚呼自古英雄誰有不死者而其死之可悲哀可痛恨有如武穆者乎王之在宋蓋南渡中興第一社稷臣也方高宗之南而金人群馬飲于江矣武穆奮自偏裨河朔間破楊么平李成計驅劉豫與虜人角無慮數十戰咸乘勝逐北及郾城一捷進兵朱仙兀术大挫䩄䩄䪥而走則直欲棄汴京去矣諸虜中夙不敢名王咸以父呼之嘗曰撼山易撼岳家軍難吁使武穆而在金虜中原有不足復矣洪皓嘗在金以蠟書馳奏謂金人聞王死諸酋酌酒相賀王自朱仙歸憤嘆曰十年之力廢于一旦父老百姓從

王而南者數十萬哭聲震野嗚呼孰謂宋有一武穆不能用則已而又忍殺之耶及武穆之死大行忠義兩河豪傑聞風皆解體散去而中原天下自是無復可望矣此王之死而可恨者一也武穆之死雖檜主之而實高宗聽之高宗于王嘗有精忠旗之褒嘗有中興專委之託高宗豈不知王者不欲恢復中原則已欲恢復中原舍武穆才傑誰可任者而忍殺之蓋高宗之惑于奸檜之說有日矣方檜留身奏事之時必以陛下舉族北轅獨以單身寄跡江沱亦不失一帝縱使武穆得捷收復汴京洒掃陵寢奉淵聖欽宗而歸當置陛下何地倘不

然則亦以陛下爲孤注而已檜與武穆不兩立檜主和
武穆主戰檜和高宗得以安枕武穆戰高宗惑于勝負
不可必騎衡之說故直聽檜殺武穆恬不動念雖以大
理薛仁輔李若樸何念猷之明其無罪不聽宗正士㒟
以百口保飛不恤布衣劉允升救之寘于極典范澄之
疏議剴切俱不省覽而拉脅兩橋王環之寃成矣嗚呼
嘻吁高宗亦何心也哉蓋高宗⿰于偏安⿰于父兄之
讐不雪故⿰于殺武穆武穆死九廟腥羶不復洒掃二
帝游寃漠北不復歸帝孰令爲之帝縱不爲生靈圖其
如趙氏何悲夫悲夫此王之死可恨者二也或者又曰

武穆之死檜與高宗不得辭其責焉已然武穆自爲亦有未盡者傳曰將在外君命有所不受使武穆不奉金牌乘勝長驅渡河踏賀蘭山直抵黃龍府克復中原而後就死未晚嗚呼奸臣當國如檜者武穆能得此于檜也哉檜自虜中闔家逃歸深刻捷辣之恩固以死許金虜矣故首至即以二策動朝廷使高宗不用檜則已用檜必主和主和武穆必不能成功汴中書生與兀术叩馬之言其逆料之審矣武穆雖欲矯命吾恐班師之詔不特十二金牌促之而已十二金牌召不至楊沂中張俊二軍已罷歸必有以騎翃代武穆者來矣武穆日以

復中原爲誓奸檜與兀朮通書曰以殺武穆爲圖一義不能廻群瀾武穆能得此于檜乎故以武穆之逡逡守將士之體不敢拒命于未班師之前而猶謂與張憲欲謀叛于已班師之後淮西十七札逗遛不進兵之罪章交然下矣嗚呼吾誰欺欺天乎武穆歸未一年輒與大獄陷之于死天下羣寃之無不切齒殺忠將以快敵人之謀故武穆之死雖成于張俊之媒蘗万俟卨之鍛鍊然莫須有三字手書付獄片紙實開萬古奸雄殺忠良者之覆轍誰生厲階乎至今爲梗昔劉宋收殺檀道濟道濟下獄瞋目曰自壞汝萬里長城嗚呼奸檜寧懼趙

宋國家長城之壞哉而以其身爲後世殺忠臣者口實也此王之死可恨者三也嗚呼天生一武穆以匡宋又生一秦檜殺武穆以誤宋武穆不死宋不亂偏安淩夷板蕩而至于亡故宋之殺武穆不足惜而宋之天下宋之社稷深可惜至使夷狄之禍與宋一代相爲存没而中原河北河南不見天日者二百餘年馴至于蒙古酋蘖一統中華而後巳嗚呼檜之惡上通于天矣檜誅武穆不得罪武穆而得罪天下萬世檜之肉雖與犬彘有不食之者嗚呼自古忠臣義士之死于奸臣之手者豈少哉余獨覧武穆之祠憤悒長號涕泣扼腕不能巳吁余于武穆又獨何悲也

天游山人集卷之十七

建安　楊應詔　撰

辨議

天辨上

或曰福善禍惡天之道信矣乎曰然夫福善禍惡者理也天理而已曷故焉然其間善惡之報又有往往不盡然者此豈天之理亦有時而舛歟曰否夫天以好善惡惡爲心以賞善罰惡而爲權栽培傾覆蓋有一定之衡而不可易焉者其有可易者則亦天之變焉者耳天之變不能久不久而復歸于正此天道也天道果爽乎然

則天者孰爲之曰天坱坱然者氣也而樞紐者理也天有理有氣有數理爲根骨氣機運量之相乘而數存乎其內人之禍福出焉理不變則天亦不變數有所窮而理則無窮人囿于天數之中雖善惡隱微者不能逃天之所鑒而天操其禍福于人無始終久近錙銖不爽然則惠迪吉從逆凶殖有禮覆昏暴惟若影響然其信乎曰然然今之議者曰天何能禍福于人而禍福之乖午其所禍福于人者氣耳氣生于物淫于物邪正雜揉故其災祥休咎錯亂者皆氣所爲非關于天而委于氣吁亦誤矣信是則天其形役于氣者歟氣何爲者而能乘

于天于理之外乎氣有壞理無息故理無邪正無常變
而氣有邪正不同數有常變之不一夫天之不能不生
正人而亦不能不生惡人不能無正氣亦不能無惡氣
固也然竊怪其間正人少而惡人反多正氣少而惡氣
反多者何也勢也數也非天之得已也故正人與正氣
應而福焉惡人與惡氣應而禍焉此理也常也正人或
爲惡戾氣之所中而蹇厄惡人或亦偶竊夫天之亨嘉
之氣者以自幸自全此戾于理也變也要之變者天道
居其十一而常者天道居其十九變之來其亦起于數
而勢之不得已者乎然則是可謂常者爲天而變者非

天也耶、常變不齊、而皆氣所為、而氣之中冥冥然其無
一主宰之耶、或者又曰、天道何恒之有、天無心任人所
值、吾見蹈道而死者屢矣、而服讒蒐慝奸回鴟戾者往
往福履終身焉、善者填溝壑、惡者排青雲、積善之家動
或凶眚、積不善之家代履休慶、天固無預于人也、嗚呼
嗟哉、有是乎、此亦過激之論矣、信斯然則天其不神靈
舛謬之甚者乎、是何其于不善者厚而于善者薄也、然
則書所謂天命有德、天討有罪者、其信非天本心耶、語
曰禍福無門、惟人所召、而徵召之幾循環往復無一而
誤、從古及今其作善者其有一不蒙天之佑者乎、其有

不然者則亦未遭焉耳、雖有不遭而困折終身然不旋
踵則亦大福隨之矣、作惡者有一不蒙天之譴者乎、其
不然則亦幸而漏網苟免于目前耳而或亦天之將奪
其鑒益其疾養其禍于將來、然不旋踵則亦大禍戾大
罪責震之矣氣之變終不能勝其理之常、而善善長惡
惡短、尤不可揣竿故不于其躬則于其後然其間作惡
者又以商臣爲口實、商臣何爲而嗣世光顯伯于中國、
然春秋弒君者三十六、而商臣爲罪首至今撫其簡冊
者、無不唾罵而商臣之惡、污穢萬古不已、由是而觀天
之福商臣耶、其禍商臣也、作德者以武穆爲稱寃而父

子將卒俱駢首就戮何辜然身没未幾而褒嫲軒寵至今武陵鄂渚廟貌磳葎晻昳湖山彼奸檜其骨與狗彘者俱腐久矣聞者尚切齒由是而觀天之禍武穆耶其福武穆也數之窮雖聖賢亦不能脱于難而前德之隱貽于後間雖有檮杌窮奇亦得襲其休而蒙其庇以没世故余嘗謂天之禍福于人有三有于其身者有于其後者至于其名則尤炳播章著天以之榮辱勸懲萬世其所以禍福之者尤大故曰人之爲善者不必福而福之理天已基之于作善時矣爲惡者不必禍而禍之理天已基之于作慝時矣孰非天者而謂禍福能逃于天

乎然則謂天之不能禍福于人者亦大妄矣或者又曰天有定有未定氣機之運有復有未復世之君子少小人多彼小人者特其未定之天闖然肆于惡無忌憚恣睢縱逞莫敢誰何固以天之不數數于人莫我察也而不知天已褫其魄亂其躬雖至于夷宗殞姓而不悟蓋至是而天者已定而小人者亦無及已故天之定氣之復雖有遲有速速之及于躬其禍昭羿莽隋煬是也彼其身固已當之矣遲之至于一二世而始及其禍烈秦政曹瞞諸人是也迺其子若孫靡有孑遺至是益見夫小人稔惡之鑒織跡一時而名紀是非千載而所謂天

者至是益定矣由是而觀天預于人耶無預于人耶彼以果茂灉瘠草木存亡得喪委夫天不足較者其為蔑天褻天焉亦甚矣

天辨下

或又曰傳謂人定者勝天天定亦能勝人天與人交相勝有諸乎曰然非也夫人惡能勝天哉天之勝以理人之勝以法而其法固夫理者為之也而惟在夫人有以自立人不能逃于天久矣天可勝乎天不可勝而天亦有不能自勝撓于氣而變者卒不能不有所與以藉夫人而人不可以其天者自恃而或戾于天無以仰承乎

天之所不及、楊子曰、天不人不因、人不天不成、不然泯泯棼棼、吾亦未見其可者、夫天不能無變、聖人不能無權、遇其變而權以通之、而立吾天者于天下、在聖人亦有不能已者、是故朱均之不肖、堯舜知之矣、而卒亦不以病天下、而開唐虞揖讓之天者、自堯舜始、桀紂無道、舉乎順天應人之師、開商周征伐之天者、自湯武始、太甲之不君、伊尹放之、管蔡流言而亂國、周公戮之、胄不避而不敢棄乎、吾君臣兄弟之天者、自伊尹周公始、天不生仲尼、萬古如長夜、而齊梁紛紛、孔孟生于時、能慹然乎開春秋戰國之天、作六經七篇以教萬世者、自孔孟始盜跖之壽顏子之夭齊景公之富伯夷叔齊竟餓死于首陽山天之不平如此而自篤其學自成其仁者自顏子伯夷叔齊始然顏子之夭而天下後世以爲壽伯夷叔齊之餓死而天下後世以爲生是數聖賢所處者人耶天耶謂之天吾弗得而知己然天意不可測孛變之來在于人于堯舜天不爲奪其嗣于湯武天不爲無其君于伊尹周公天不爲亂其君臣兄弟于孔孟天不爲靳其位于顏子伯夷叔齊天不爲嗇其遇而堯舜湯武伊尹周公孔孟顏子夷齊者方不惟不鬱塞于天之中而益且超于天之外際于變而不受于變勢不能

拘時不能撓分不能涸事不能亂而卒廼與其變與其
天者而相忘于無事嗚呼是數聖賢所處人耶天耶權
以通乎己之不堪法以濟夫天之不及至是乎而天者
亦且樂然于吾聖人體天立命相安無事之中矣然則
天誠有不能不藉夫人者歟曰然天所任者理而聖人
所任者法法以成天之能故曰天地設位聖人成能而
聖人之所以與天地合其德者以此或者又曰天變病
于氣而病于氣者非天所欲而調劑之者固誠有賴夫
人矣然天亦有一日不能忘之者是故堯之水三載湯
之旱七載天不能無警于堯湯也而堯湯卒以悟而民

不知災而堯湯則有以濟天之不及周末無寒歲秦亡無燠年天亦未嘗遽于彼周秦者絶也而周秦藐若無聞舉周秦民斬斬然故周秦雖卒以亡而天心亦戚矣然則天非私于堯湯而薄于周秦也天災流行國家代有堯湯有以濟天之不及故反禍而爲福周秦蔑視乎天故卒不能轉禍爲福而敗亂不可支此曷怪乎夫天者人之父母也人者天之子也子而克肖天豈不慶且悅彼周秦者固天之不肖子者也然則天亦有所擇而爲禍福之者歟曰否天無心者然天雖無心于作禍作福而不能無心于民彼惛不知者不能盡夫己之所以

爲天而反謂天之無預于人而直傲視乎天而不顧嗚呼此亦何棄天侮天之甚者乎古之君子一日不敢忘于天也其得志則以其天者行之當時其不得志則以其天之法俾憲于來世行之當時者賞罰明而天戒昭堯舜湯武伊傅周召諸人之所以治也行于後世是非勸懲定而天鑒章孔孟夷齊諸人之所以教也堯舜諸人處于天之常孔孟諸人處于天之變堯舜身其天于唐虞堯舜豈無所事者命九官誅四罪凡天之賞罰之法者堯舜無不得行而盡洩之矣而孔子不得志則以其天者徒見之空言無補筆之于易詩書禮樂猶未具

也于是乎又不得已焉作春秋春秋天子之事也而孔
子之志在春秋凡征伐會盟朝覲典禮命討無一乎不
叅而春秋所謹者尤獨嚴于賞善罰惡春秋其有所賞
原其心之善賞之也其有所罰誅其心之惡罰之也舉
筆削賞罰者皆自夫人之微暗曖護不可欺處章揭之
惟恐夫人不知天而以其天號于人故曰讀春秋其知
天道乎又曰春秋天書也然則天之心至是其亦稍白
矣乎曰然治亂者運也立君師代天者天也天得乎聖
人者理與法相輔車而行而福善禍惡之權凛凛乎始
有所統握而懸揭于天下而奸雄讒慝亂臣賊子皆痛

有所憚莫敢肆不然邪氣浸淫元氣益以壞三綱九疇益以斁如古之無聖人者出則天道其幾何而不絕乎然則天心益戚矣聖人之心益憂矣嗚呼此天說也

經議

春秋許世子止弒其君買

弒逆大惡也凡民罔不憝況世子乎禮世子于君有父之親有君之尊據三傳所載春秋許世子止書迺無故因世子不嘗藥遽擅加之以大逆不可逃之罪何也聖人以公置刑春秋據實而定法不應苟而已豈有妄誣人者然則其及許止者何曰經書世子弒君者三楚商

臣蔡般許止是也先儒以商臣般出于故許止陷于過
然過與故不同原其心則一而加之弑者罪止也其罪
止柰何曰夫商臣蔡般之跡顯然許止之事無所稽然
觀左氏所書夏許悼公瘧五月戊辰飲太子止之藥卒
太子奔晉據是則許止亦不可謂陷于過者矣過者不
奔奔者必非過而其心必大有所不安進藥而藥弑然
則殺人以挺與刃與藥有以異乎哉故經書曰弑此亦
據實書焉宜矣而先儒因傳有赦止聽止嘗藥之言廼
至曲爲之觧必欲求恊于經此殊失聖人討賊之旨矣
或曰春秋立法有變例以杜篡弑之萌遏惡于微不可

咼一而議故趙盾之書將以教後世之爲人臣者許世子止之書將以教後世之爲人子者不然夫人而能爲春秋亦何待于聖人吁有是哉亦誤矣夫春秋爲討亂賊正名分而作也夫欲討亂賊正名分而于名實之際廼故以其意出入之是非乖舛真僞眩亂而曰我立教我立教將來者何以辯故余嘗謂盾與止之事雖各不同桃園之逆在當時太史已直筆之有成案先儒謂穿之弑晉靈實盾之志而許止之進藥余亦惡知其非止處心積慮致然者乎天下事有誤而直遂其非亦有逆而不可掩其惡止奔晉曰我與乎弑者不立乎其位哭

泣歠飦粥嗌不容粒未踰年而死君子謂觀止自責可以原其罪矣吁此習公穀之說也嗚呼公穀之說可盡信矣乎公穀曰凡日弒者正卒也葬許倬者赦止不成于弒信是然則州吁無知督萬崔杼甯喜弒君者皆書日矣此亦可謂正其卒者乎陳靈蔡景之弒皆書葬彼徵書輩何人也是亦其可謂其非真逆者不成夫弒乎苟執是組證爲之辭然則奸臣賊子邵廣之徒皆可隱其罪而欺于天下後世矣大抵聖人春秋于亂賊討之甚嚴其責之甚備不容苟今夫天子讞獄之司無故加人以大辟則受法者不甚而聽獄者亦重有所慘慄而

不忍使許止非弑春秋直加之以逆俾與商臣蔡般同科國典所在大書于册此豈所謂大中至正之道者乎而聖人之心吾恐其不如是之刻矣故余嘗謂讀春秋之法經不合者則參之傳傳那合者則求之經必以經爲主始得其當故經書許世子止弑其君買者實弑也而傳則因止有不嘗藥之故而赦之然則止有可赦而聖人有不赦之者耶而謂聖人故入人之罪以立法非矣經書莒人弑其君密州者實非太子弑也而傳則曰太子展輿以國人弑君而自立使展輿果弑君之賊春秋有不書乎而謂聖人苟匿人之惡以長亂亦非矣此

賢傳有可疑者彼左氏親見國史猶然而況公穀去聖人已遠而諸儒迺欲悉因以爲例動曰春秋有變文而許止之事聖人有深意不本之討亂臣誅賊子之公心而徒致辯于嘗藥不嘗藥之末旁援曲證以爲說不信經而信傳何也嗚呼王莽進椒酒而平帝崩梁冀進煑餅而質帝没許世子止進藥而許悼公卒此其事雖微顯不同後世不以莽冀爲能詐君泯其弑逆之名而莽冀者亦卒無以逃于天下後世吁學者觀是可以斷許止之獄矣

春秋滕子來朝

或曰隱末年滕嘗稱侯矣此或書子或以爲時王所黜周衰不能升黜天下諸侯久矣其又有言在喪者然終春秋之世滕無復稱侯豈皆在喪乎此皆無說矣惟胡氏以爲春秋嚴亂賊之黨以其朝桓而貶之似矣然亦有可疑者夫桓篡隱以弟弑兄臣弑君首惡也滕不能討又先帥鄰國而朝之此附惡者也今于首惡者書曰春王正月公即位迺書曰公附惡者其來朝則反從而降其爵曰子而狄之此亦失輕重之衡矣雖曰爲宗國諱然春秋者名分紀綱書也豈宜倒置若是且黨惡者一人而終滕之後并其子孫不復見侯于書以一人而

禁其子孫此又豈所謂惡惡止其身者耶或曰滕後祿
祿無聞聖人亦無由進之此皆于名紀處涉于紊亂有
礙說者曰滕杞薛諸國皆近屬于魯者春秋時大國强
暴每責貢賦于小國小國不堪故其朝聘貢賦儀禮皆
視爵崇卑高下滕壤地褊小日見侵削無能以侯禮見
也故不得不自降而爲子以從事鄭子產爭承貢賦之
次曰鄭伯男也使從諸侯之貢豈能給此其勢蓋有不
得不然者若如胡氏所云則滕與杞皆朝于桓也皆黨
惡也然亦皆侯封也何聖人于滕則降而秋之而于杞
則又曰杞侯來朝顧不之降也乎胡氏又以杞志在援

齊難故聖人恕焉然杞自是而後又有稱伯者矣有或稱子者矣而聖人又屢降之何也先後彼此不同余嘗謂春秋有魯史據實之舊文有孔子筆削之新法先儒謂春秋大義數十諸凡亂夷夏之防如吳楚僭王者聖人則不得不痛貶而深絕之如書曰楚子吳子是也其擅相陵伐不顧王命者聖人則直削其爵而罪之如曰宋人執滕子嬰齊晉人及秦人戰于殽是也此又何以書乎禮諸侯世相覲春秋諸侯相朝無有一協于義者而况滕杞皆朝于逆賊之徒此蓋無需于貶者而罪明矣而其間或稱侯稱子稱伯不同此又有非得已者嗚

呼聖王不作諸侯朝會不常或以侯禮而朝或以伯子而會聖人皆從其自赴告者而録之以見其亂也此亦爲據魯史之文而已而後之議者則亦據魯史而論可也若曰某爲褒某爲貶乃屑屑較予奪賞罰于名號稱謂之間此非其甚者殊非聖人討亂賊正名分之實抵䶤不合求之不得又何得曲而爲之辭

春秋衛人立晉

禮諸侯世國凡告終稱嗣不書立繼故書立必有隱惡于中者謹廢置也此在春秋皆有成法傳于衛人立晉謂春秋于衛人爲著擅置其君之罪于晉所以明專有

其國之非非也信是然則衛承州吁亂後其國可無君乎公子晉亦可以辟位而卻乎周禮不行于天下久矣内無所承上不禀命之罪譏不在一國是豈獨衛然哉或又曰宋殤之弑也馮立閔之弑也御說立晉靈之弑也黑臀立厲之弑也周立皆不書而此獨書者以衛人賊討而君葬故耳此亦非也信是然則尹氏立王子朝此亦賊討君葬而後書者乎而復不去其王子何也夫抵春秋以筆削立法而于禍亂之衛必正其始其書衛人立晉所以懲諸侯紹國之亂也其書王子朝者所以正王室公族之亂也凡立云者不宜立者也故春秋于

衛人書曰立正以見衛承亂後石碏等不善于擇君于晉去其公子而名之者賤之也亦以見晉不宜君于衛焉云耳彼衛宣即位未幾即首擅兵以脩怨爲事繼而新臺釁作禽獸其行卒至二子併戮綱常淪斁吾觀墻有茨鶉之奔奔之詩皆惡不可聞傳至懿公卒爲狄所滅故亂衛國者自宣公始以狄召狄而衛之夷風奕世不已彼穀梁迺謂晉者得衆與賢是惡在其賢也哉故曰惟仁者宜在高位不仁而在高位是播其惡于衆也由是而言衛人之立晉其在高位宜乎否乎學者觀是然則春秋嚴立君之義首立法于隱公其他國不書立

而此獨書立者可知已

春秋晉弑其君州蒲

穀梁子曰稱國以弑其君其君惡甚矣諸儒咸祖其說嗚呼穀梁子非也春秋爲討亂臣賊子而作而亂賊之誅可逭乎而胡氏亦未明正書偃之罪殊有不可曉者夫弑君大逆討賊大刑春秋以名定罪不以私用刑故經書宋督弑其君與夷衛州吁弑其君完齊無知弑其君諸兒陳徵書弑其君平國楚世子商臣弑其君頵皆正名定罪當矣而欒書中行偃亦親弑其君者而獨不著其名氏何歟穀梁氏歸惡于君夫晉厲公之無道亦

未有過于齊襄鄭靈者然則君雖惡而可弑耶曰此固甚書偃之罪而深誅之者也人臣無將欒武子身爲元帥不能匡君于平時而驟廼欲弑君于一旦傳曰殺老牛莫之敢尸況君乎君天也天可懟耶晉厲公戮三郤不忍于書偃而書偃獨忍于厲公書偃其惡大矣故春秋不書書偃者所以甚書偃者也或曰春秋書法多變例故弑晉夷皋者趙穿也而激變者則趙盾弑鄭公夷者公子宋也而失權者則歸生弑楚虔者觀從也而徼利者則公子比弑齊荼者陽生也而本謀者則陳乞春秋據其跡誅其心皆得而書焉而況書偃乎其不書書

偃而書曰晉弑其君者亦以見晉人之不有其君而擅從書偃于惡書偃之逆用夫晉而晉人皆書偃之耳目故其始激厲公戮三郤者書偃也而終之殺胥童弑厲公者亦書偃也假手程滑執之匠麗氏以車一乘葬之翼東門國人惟其從書偃其專久矣然則晉國皆無君者乎曰然惟士匄韓厥則幾矣使晉皆士匄韓厥則厲公不可弑而書偃亦有所忌不敢動于惡惟夫不然故春秋不得不舉國而甚誅乎書偃者之黨春秋舉國弑者四莒庶其吳王僚薛君比及此是也啖氏曰舉國者自大臣也此其說得之矣故余嘗觀春秋于書晉厲公

之弑其義最詳首書曰晉殺其大夫郤錡郤犨郤至次書曰晉殺其大夫胥童晉弑其君州蒲其事不言可見夫殺三郤者厲公自弑之漸殺胥童者弑厲公之漸書必有釁而無故一朝而尸三卿執二執政于朝能無及乎書偃亦懼難而動也非真以晉社稷爲心者也然則晉悼即位逐不臣者七人而不及書偃此又與里克甯喜者大殊毋亦書偃其亦有可原者乎嗚呼書偃之罪深矣春秋變文誅之者亦章矣使春秋貸書偃則春秋可無作矣而亂臣賊子者接跡于世何以懼也

詩王風辯

或曰黍離諸詩其繫爲王風何也釋者謂平王徙居東都王城于是王室下同諸侯詩不復雅故貶之謂之王國變風而其冠於王者則服虔曰尊之云耳而實與列國無異嗚呼此亦豈其然也哉夫周室東遷政雖不逮而名分猶存當平王之初鄭武公猶入爲卿士衛武公實扞王于艱晉文侯尚尊乎錫命歷久而王號未替也惡有其詩而可貶者貶其詩與諸侯等是無王也已或者謂當是時名雖有王實與無王同天子擁虛器于上諸侯桀驁于下夫子降黍離爲國風焉者傷之耳吁此亦非夫子之心矣夫子作春秋于王稱曰天王于每公

必書曰春王正月而于王人則序于諸侯上無非尊周室而示天下俾知有王也夫春秋以平王而作者也而詩頌廼于平王而降之有是理乎夫然則詩之教所謂垂世立教者何也嗚呼自信序詩者之說詩雖存而亡巳久矣彼序詩者曰言一國之事謂之風言天下之事謂之雅妄以風雅辯尊卑見王黍離在國風則不得不謂降王室而齊諸侯信斯然則王者無風乎諸侯無雅乎謂王者無風而二南所謂文王之風豳風廼成王之風何也文王猶曰先爲諸侯則可而成王非王耶故謂王風降而豳風亦降矣謂諸侯無雅而賓之初筵與抑

皆衛武公之詩而皆列之。于大小雅何也武公初年其去平王者幾何耶觀是則說詩者亦鑿矣大抵夫子刪詩使風雅頌各得其所其謂之風謂之雅謂之頌者此直古人作詩之體耳而何嘗有天子諸侯之辯故其詩繫之于風雅頌則亦不過因其音節體裁焉別而歸之曰風者以民俗歌謠言語淺近易見而論曰雅者以其言語典正而猶有重復長短故有大小之分曰頌者以鋪張功德而言而亦何嘗有變風變雅變小雅變大雅諸譊譊者之異耶然則黍離諸詩之所以繫于王風者謂何曰此亦以民俗歌謠而論耳方周室未遷之時王化大同其聲天下之正聲也自平王遷而東之王化陵弛則其音廼東土之音耳而非天下之正音矣間雖有正音則亦散亂雜出錯見故即其所在詩曰王國風而豈以其王不正而遽曰貶之云乎孟子曰王者迹息而詩亡詩亡然後春秋作此蓋得之矣然或者又曰自邶鄘衛以下皆多平王以後春秋之詩安得謂詩亡其所謂詩亡者雅頌之詩亡者耳故大儒胡文定朱子皆謂當是時黍離降爲國風天下無復有雅故其詩不爲雅而爲風此夫子悲之固不得不繫而于國風之列耳吁此亦拘拘故說太滯之論矣夫爲詩亡爲雅頌然則獨

雅頌爲王者之詩而風獨非王者之詩乎且詩胡爲而
作也夫周當盛時王朝有採詩之官諸侯有貢詩之典
故所在詩或有作無論風雅頌而皆統于上得有所考
自平王東遷後政教陵頽不復巡狩于天下而太史太
師職其廢久矣當是時詩雖有作皆雜見于列國不屬
于王朝雜見于民而不屬于上詩之權散弛無所歸旁
落無所統此所謂詩亡耳亦何獨曰無雅彼黍離諸詩
其幸存者何故而逸詩所遺者又何限也故余嘗謂詩
亡則春秋不得不作詩以章王化春秋以存王權先正
謂詩與春秋實相表裏其義不可一日廢由是而觀則

知黍離諸什之所以係爲王風者以民風論不以國體世變論風雅以音節言不以天子諸侯崇卑等殺言亦明矣然或者又曰風雅論其體裁音節然考之小雅幽王諸詩若都人士若苕之華若何草不黄其與王風之黍離兎爰中谷諸詩夫何殊而況節南山正月雨無正等篇議者皆爲東遷後之詩故其詞曰周既卒斬何用不監又曰赫赫宗周褒姒滅之今皆入雅然則黍離諸詩獨不可付之雅耶且黍離之係爲王風者誰也曰此自左氏季札觀樂時已然矣王居衛後豳在秦前孔子删詩距季札六十有二年哀公十一年孔子自衛反魯

之後樂正雅頌各得其所然則左氏季札前黍離之係爲王風者又誰也說者謂周東遷與諸侯無異故其詩與列國風同惟以周號未絕故加以王則王者爲尊諸侯次之則其詩當列之二南後而冠于列國今迺又次邶鄘衛之下豈邶鄘衛之詩皆出於東遷之先者耶而墻有茨鶉之奔奔又皆宣姜之詩何也王詩舊次鄭上譜又退于豳下或先或後遂見所移嗚呼詩之膠戾乖舛離析若此者多矣世豈以今之詩爲真孔子三百篇之舊也哉夫載馳之詩衛懿之詩也迺在于文公之後淸人之詩鄭文公之詩也迺在于突忽之前葛藟之詩

平王之詩廼在于桓王之後皇皇者華君遣使臣之詩廼在于四牡之後詩之顛倒錯亂者類如此由是而觀則知今黍離諸詩惡知不有可列于雅者耶而小雅都人士諸詩惡知非有列于風者耶而今風雅之所載惡知非孔子所刪詩耶而風雅外之所遺者惡知其又非孔子所取者耶世遠言堙秦火煨燼左氏肇誣于前漢儒附會于後遂使數千年間世之讀詩者徒爭辯于刺淫不刺淫之小而大綱大紀廼不明于天下後世不亦悲乎昔人謂黜左氏而後春秋明削漢儒之序而後詩義著信哉余故因王風附其說于此

詩豳風辨

叙詩者其有深思乎觀孔子列豳風七月諸詩于變風匪風下泉之末其陳王道思治世之心可知矣說者曰七月之詩不當繫于豳風而當入于雅何也風雅有以異乎風以陳王化雅以陳王政鄭氏以豳七月爲周公辟流言居東時作毛氏又以擧兵東征時作皆以述先公遭難敍勤此序已志然晦庵詩傳載黄氏曰先儒以七月爲周公居東而作考其詩則陳后稷公劉之所以治國者方風諭而成其德是未居東也據此即其篇中吟味反覆推先公之盛德述稼穡之艱難無非欲爲訓

儆成王而設故余嘗謂詩之豳風與書之無逸其意一而已矣然不寧是又凡周公之賦文王大明綿及皇矣等篇皆上敘太王王季文王之事以戒成王者不一而足與豳風七月同然則文王諸詩皆入于雅矣而七月有不當比于雅者耶嗚呼此又何有於是也風雅者各亦以詩之體而論而其間則又有大者耳然或者曰豳風七月關係民事周禮取以入樂故籥章擊土鼓豳樂中春擊土鼓吹豳詩以逆暑中秋夜迎寒亦如之凡國祈年于田祖吹豳雅擊土鼓以樂田畯國祭蜡則吹豳頌擊土鼓以息老物而程子則以籥章之謂豳詩豳雅

豳頌非今七月等詩也嘗取周官凡嘗及樂者反覆推考以類證類校數其篇若名若九夏之王夏肆夏大射之騶虞貍首是其證也而未嘗有如籥章所龡樂舉詩雅頌之體無分者今考豳風爲詩凡七獨七月一篇與逆暑迎寒祈祭相入至鴟鴞以下六篇絕不相類又何得沿雅頌爲名而混之耶鄭氏不得其說反徒欲取七月一篇中而三分之曰此風也此雅也此頌也嗚呼是有一詩而可雜三體者乎夫然則論語所謂雅頌各得所爲樂正而所樂混淆不正之甚而周官又何取而樂也鄭氏遷就吾不知其所爲說者然晦庵則又有三說

焉一說謂豳詩吹之其調可以風可以雅可以頌一說
謂楚茨大田甫田是豳之雅噫嘻載芟豐田諸篇是豳
之頌謂其言田之事如七月也而王介甫則謂豳自有
雅頌今皆亡矣夫楚茨爲刺幽王之詩噫嘻諸詩爲成
周郊社之詩何得遽指以爲豳而豳者先公方自奮起
于戎狄之所亦何得而遽有雅頌惟前一說謂吹豳之
聲可雅可頌者似得之而王雪山亦謂一詩分爲三篇
章者非是其謂豳詩豳雅豳頌蓋各以風雅頌之器之
聲合籥耳凡爲樂器以十有二律爲之數度以十有二
聲爲之齊量故逆暑迎寒祈年祭蜡皆全用七月之詩

特以器和聲有不同耳而先儒皆以雪山此說考訂爲
精而歐陽文忠公亦疑謂別有豳詩與介甫意合而其
所考不知其何據然則是皆何所定耶夫取詩合樂者
取其有關于王道而已關于王道則關于天下國家朱
子曰周公以成王未知稼穡之艱難故陳后稷公劉風
化之所由使瞽矇朝夕諷誦以教之嗚呼此最得七月
作詩者之本旨矣推此意則七月實周公爲嗣王天下
國家所陳與雅詩公劉之所陳何異哉而不入于雅或
者又曰七月詩周公所作也公劉詩召公所作也俱當
旣王之後俱爲成王而設然而七月則載于豳公劉則

入于雅公劉豈非豳國之君七月豈非公劉之詩乎而先儒乃以爲周公遭變故七月爲豳風召公無變故公劉爲大雅意豈其然者此特其所關係何如而又何變不變之拘也陳氏曰七月言豳之風化焉公劉言豳之制度焉風雅之異在此夫制度者風化之具風化者制度之徵此皆于王道何別若論其體焉雅之行葦不云乎壽考維祺以介景福與七月之爲此春酒以介眉壽又何差殊也彭氏又曰七月公劉皆言民事也爲詩一也然七月之詩微及于昆虫草木衣服飲食之末較之公劉莫非興王氣象夫興王氣象固矣然書之陳王化

其風之及于草木乞若鳥獸率舞此其氣象有又何如耶其鴟鴞以下六篇皆周公所作及東人之歸美周公者或謂皆當繫于雅而或者又謂就豳言之七月東山正風也鴟鴞以下變風也雖言政事亦記土風似自無緣入雅然今觀如宣王之命召穆公之伐淮南仲之伐玁狁與周公之克殷叛民其事同耶否乎謂破斧之詩爲刺朝廷刺之與否且不暇論其與板蕩小旻諸詩之譏刺又同耶否乎彼之詩皆繫于雅此之詩則繫于豳是非豳與雅之有優劣也議者又謂豳風七月之詩次之風後雅前者專爲尊周公而設謂周公德高于諸

侯事同于王政故不敢淆之列國之風而獨敘于二雅
之前此亦非也蓋嘗玩詩至于孔子讀詩曰于七月見
豳公之所造周也嗚呼吾于是有以知敘詩者之意矣
夫豳周家王業根本之地公劉之所遷太王之舊所都
周公之所徘徊述詠注心者嗚呼令天下之亂病無周
公耳惟無周公是以不能行周先公太王公劉之道不
能行周先公太王公劉之道故不能遵周先公艱難基
王之業不能遵周先公艱難基王之業則不能纘周先
公嘅隆興王之化然則天下亦何怪其不紛紛也且周
自平王何時乎而述詩者是得無思也善夫文中子之

答程元曰豳詩居變風之末何也曰夷王以下變風不復正矣夫子蓋傷之也終之以豳風言變之可正也非周公孰知其艱耶變而克正危而克扶始終不失其本其惟周公乎繫之豳遠矣哉嗚呼此固序豳詩者意也

天游山人集

二十　十八

天游山人集卷之十八

建安　楊應詔　撰

箴銘

自警十箴

昔明道伊川年十四五歲時毅然有志于聖人然及年四十猶不及顏子之無我聖功之難精如此余少性疎鹵不知學然竊有志于道年今四十餘矣荒頽不能自振拔習氣與德心相消長磨刮淬鍊日復一日年已邁而學不加進志愈厲而德不能脩恐終之小人歸矣作十箴自斜庶朝夕知警焉

收放心

學問之道無他收其放心而已言無心則失之誕行無心則失之隋聽無心則失之惛視無心則失之眊接人以無心而慢揆事以無心而爽容貌以無心而弛行業以無心而罔蒞官無心則聾瞶居處無心則酩酊吁嘻心可忽耶放耶汝曷不自審也

惇履

高視濶步以趨而適爲愚坧容古貌爲眞而衆謂不情溫溫恭人迺德之基皦皦自好者卒墮于支離溫溫之人其貌如玉支離之人進退維谷故我思君子其儀不

忒學之靡他變化氣質質焉弗端毋曰其性語云威儀
寔以定命敦慎自天人皆汝賢傲惰無禮適爲世所鄙
得失在躬古重可鑒何爾狂迂何爾暴慢容止之間視
瞻厥重今徃柰何非禮勿動

窒欲

惟欲毒人酷于猛虎虎之毒人猶可驅也欲之弇人不
可踰也汚我者利穢我者色錐刀競入妖冶是昵彼惛
不知甘自蠹賊寡欲之人而學日昌多欲之人其心已
死嗚呼大地生吾國家望吾吾胡爲小人而不爲君子

懲忿

古人遇忿忘忿觀理今人遇忿逐物忘己物不全非已未全是何怒于家而色于市好惡之發人情所同古之哲人惟厚責躬百忍持家以恕推己失其心胷作我綱紀不堪在人不平在天隨事順應何苦忿焉苦忿纏膺寔自情賊古謂傷生亦反亂德顏子希聖廼不遷怒伯夷寡怨人是鮮惡爲學精神貴自收歛人之横逆亦可理遣疾甚則亂出悖廼違平居如何不覺其非

警隋

大禹何人廼競寸陰優游以肆余亦何心古云宴安鴆毒寔不可懐百行亢解職是之階莊敬日强怠忽銷志

靜而尸居動而盤樂朝則爾嘻夕則爾卧日月云邁是誰之過相彼天道於穆不已志士刻行鷄鳴而起終日乾乾乪爲君子不學將落卒汗下矣德焉何成業焉何廣嗚呼惜哉古人何爲而余乪如此

謹言

大言不慙人曰汝難放言不檢人曰汝傲惟口樞機寔禍所召嗟爾獨終日譊譊亦胡爲傷易傷煩而罔憚也語有云躁人之辭多吉人之辭寡躁人之辭枝吉人之辭審嗚呼汝終欲爲吉人乎躁人乎可不凛凛

責志

毋曰名之弗章惇乎其行毋曰運之未遭立乎其命毋曰家造多艱一任厥天毋曰人寔多凶惟厚責躬天下有不可挽者勢也有至可欲于人而天下莫能尚者德也道德有諸身而充于外日休者學也時難得而易失事在勉强而可責成者志也出乎處乎名乎位乎壽乎夭乎富乎貴乎于汝身何得也

好名

名者造物所忌毋多取諺有云負天下之名者而天下之謗恒隨故名者謗之囮也譽者毀之鵠也智者絶囮去鵠而不爲人所射汝好廉名人處其貪人豈汝堪汝

好正名人處其邪人豈汝容名利之場寔衆所競故好名者名未得而反以爲身災矣名高而處之以晦則無危才大而居之以不能則無爭古之人惟務實勝不務名勝實勝者而久自章名勝者而道日亡汝昔之少猶曰不知也汝今老矣是可不思也耶

補過

無口過身過易無心過難過發于言作于事者易覺而生于心者難測心過寇人虓如大敵操厥矢戈豈可不力言語之戾者心之馳也錯履之咎者心之謬也夫子大聖聞過爲幸何况蚩蚩群厥心病心跡之差沛决江

河涓滴懷襄滔天謂何君子之學貴自克己克之又克反身而誠矣萬化本原歸括于心汝嶅然以趨自以爲是反汩其真吁哀哉古固有不貳過而欲寡其過未能者彼蘧伯玉顏氏子何人

慎獨

獨警于居處于事爲人皆知之也獨警于天于心人不知之也一心之間天鑒在茲故夫人皆可以飾爲惟天不容僞汝曰冥冥而天寔昭昭汝曰不測而天寔赫赫古人之學防于未然不見是圖明炳幾先相在爾室尚不愧屋漏毫忽之差則千里之繆惟聖罔念作狂惟狂

克念作聖一念聖狂胡云可欺汝心之神明而天實臨之故由聖以善從善如登矣由狂而惡從惡如崩矣善惡之分實由于此始之不慎曷惟其巳嗚呼嚴矣乎可不戒也可不懼也

華陽筆冢銘

天地有靈氣有靈物物窮則反本而氣復散歸于無而其間則有不散者而雖死矣而其一叚精神靈彩則常流行寓宙間與鴻川峻嶽日月星辰草木陰陽神鬼天地相無窮與古賢哲相不朽萬古而非可以凡物視也嗚呼毛頴子汝功豈小哉汝昔曾從大禹刻石岣嶁執

簡從齊大史在齊從董孤誅趙盾在晉從孔子作春秋
在春秋從孟子述七篇在戰國老子騎青牛渡關汝從
寫道德經與關尹蒙莊齊物逍遥汝從之吏于漆園從
荀況在蘭陵從韓愈諫佛骨逐鱷魚在朝與潮陽伊川
貶涪陵龍門汝從之傳易朱熹號遯翁汝從而欲草劾
韓侂冑疏于雲谷蘇子瞻黄庭堅南遷汝從而與吳説
鷄距相浮放海外文天祥斬柴市汝從而歌六歌成仁
取義燕京故禹功得汝以紀齊晉二史得汝崔杼趙盾
惡有所書春秋得汝亂臣賊子有所懼孟子七篇得汝
尊王賤伯老莊荀韓得汝老莊荀韓之文以傳伊川晦

庵得汝註釋成其偉儒予瞻庭堅得汝海外節義不殞
隊宋家三百年文天祥得汝炳播其忠此數賢哲皆汝
之力也余生平得汝之力亦多矣老而耕于野五十餘
年汝日夕與余從事不離余左右然余亦憫汝之勞且
久今且禿然俱種種成一翁矣恐一旦冐霜露汝委骨
于野無所收拾恨何可言廼謀于家歛汝族類葬汝于
此嘉靖戊午十月十日草棺瓩榔以記汝勞以旌汝功
嗚呼汝億萬載後其尚有知而余從也耶冢不高高三
尺有奇在華陽西竹山坡下銘曰
汝精英瘞于此汝惠澤流于世吁汝功德是不獨利其

子孫繄國家柱石惟永年

華陽道宗堂六賢贊

濂溪先生贊

五宿纏奎南嶽鳩奇庖義周孔之胄次光風霽月之偉儀孰開我人抉秘摘微通書二語（志伊尹所志學顏子所學）太極數辭奕奕元公百世之師

明道先生贊

立朝者鸞停而鵠峙翊世者玉振而金聲質任從容不犯人力而道德仁義渾也天成逶迤聖域獨咀其真千載下誦言欽德者無論遠邇如坐春風中猶可想其儀

形也

伊川先生賛

言鑿鑿而精行耿耿而方採之雖其布帛菽粟之素而要之實不外乎天道人事至德之良不虞暴而露不深固而藏涪陵之謫龍門之徒此皆晚年進德之域易傳精微廸我懿矩而精詣卓識中行遠操吁懐先生兮可忘

横渠先生賛

關西夫子自視無前以禮淑人篤敬崇天訂頑之訓道理淵源衆沉酣于佛老而玄論匪迂世謂井田經界爲何事而獨志古初不奪流俗勇于聞道精思力踐偉矣

純儒

晦庵先生贊

俗學曰支離而不墮于偏禪學曰虚無而獨守其正亢志中行折衷群聖義理縷金而碎玉議論鞭風而震霆六經江河萬古日星卓哉先覺之偉傑允也諸儒之大成

涇野先生贊

先生之資既和且厚先生之道惟明與誠當異說之紛熾抱淳行而鮮倫不知者以爲棘水之學余以先生在關中横渠之後一人

天游山人集卷之十八

天游山人集卷之十九

建安　楊應詔　譔

傳

薛文清先生傳

薛瑄字德温世爲山西河津人其先自奚仲封薛城以國氏代系不記父貞教諭玉田時母齊氏一夕夢紫衣人來謁已而生先生學舍先生生甚異體清瑩五臟懸露闔家以爲怪欲棄焉祖仲義有識鑒聞其啼聲鴻遂謂必爲異人遂以生字卜之驚喜曰大吾門者此兒乎年六七歲教之詩書輒成誦日記數千百言自幼頎然

即善詞賦人咸以薛天才目焉父貞在滎陽監司陳宗
問行部至滎欲以奇童薦固辭不果于是遂厭科舉之
業慨然有求道之志矣先是高密海寧魏希文范汝舟
皆元耆儒也在王田先生俱延禮至家親師淑之諸老
儒嘗退謂人曰此子穎敏躬行可畏聖門有人矣永樂
庚子遵父貞諭舉河南解魁明年登進士名益奕軒縉紳
間尋丁父憂去居喪一遵古禮服闋上章欲就教職卒
所學宣德三年宣廟思振風紀廼擢先生廣東道監察
御史時三楊當國欲求識先生先生不肯往頃偶獲見
之班行中憮然稱嘆曰嗟呼薛公見且不可得況可得

屈耶會差監湖廣銀場或以賀先生舉古詩云此鄉多
寳玉慎莫厭清貧至則黜貪墨正法紀風節凛凛手録
性理大全一書潛心誦讀每至夜分方寢或思有所得
即起而燃燈記之或中宵不寐居頃之復丁繼母憂去
既闋正統初時有言天下學政不舉者上手詔遴選天
下碩儒任焉吏部尚書郭進首薦公命公提督山東學
校先生欣然曰此誠吾事至則首以朱子白鹿洞規開
廸學者先力行而後文藝所至親爲諸生講解不已懇
懇告之以爲已爲人之學隨其才造就先生在山東者
歷數年不事戞楚不輕黜一諸生人無老少賢愚不肖

皆以道學薛夫子稱之遠近間至有爲先生牌位生祀
者不幾以楊文貞公薦朝廷遣官召先生諸生咸奔屬
追送之若數百里啼泣不忍舍去召至授大理少卿作
大理箴以自警涖職未逾月輒辨錦衣衛巳成案大獄
十餘起指揮馬順心銜之巳潛譖先生中官王振處矣
時振用事一時權傾中外自三公而下莫不威怖震讋
方先生始至或有邀先生同往造振門稱謝者先生正
色曰安有受爵公朝拜恩私室耶巳而遇諸途衆皆望
風辟跪道左趨媚之先生獨抗不屈振益憾先生會有
百戸實病死其妾私于人欲嫁之妻弗聽遂誣妻魘魅

夫死先生力爲辨其冤振大怒廷叱言者劾先生都御史王文諂事振與馬順遂誣先生擅出入人罪當大辟下錦衣獄先是學士劉球亦因忤振下獄死及先生至人皆危之先生怡然曰理冤獲咎死何憾焉手持周易讀誦不輟時通政使李錫聞之驚嘆曰眞鐵漢也會獄將決有大臣爲申救于中者始獲免放歸先生家居凡六年閉門不出益殫精理學正統十四年己巳以言官群論薦起爲大理寺丞時虜騎薄都城矣公上講學咨治二疏既而命分守北門都帥同事者始疑其迂已聽其論議深敬焉遂咨以籌策先生曰以天時人事驗之

虜懸軍深入必不久行當宵遯矣已而果然貴州苗叛朝廷命將與先生督軍餉往征焉先生謂當先開以忠信然後耀武以威之貴州遂平事竣歸先生上疏言番州方外諸遠夷惟當羈縻不當類督責以貢賦非所以懷柔遠人之道不報遂乞致仕時學士江淵上章懇留明年擢南京大理寺卿時有富豪殘虐人命獄久不決執法者欲貸之先生曰死者何辜而富者獨釋朝廷法豈可如此竟論殺富豪者獄成衆口稱快中官與安守備南京至貴倨也先生至獨與安亢禮不少貶降與安悚然曰此老昔曾亢王振者其肯爲安屈也耶先生在

南寺署以法自整飭凡中官饋遺一不受時太監金英以事出使南京群迎送俱殷禮餞之江上先生獨不往英心異之及至都首稱曰南京好官惟薛卿耳入廼言先生于上上素聞先生名欲召大用之會有從中阻焉者尋廼改北大理寺卿草塲災上怒欲盡誅典守者獨以先生言獲免蘇松荒飢民有因乞糴火富户屋者蹈海以避罪上遣太子太保王文往廉之文以謀叛藉其五百餘家以聞先生亢章力辨竟亦獲蠲釋抵坐其渠魁四五人而已文于是益切齒先生先生亦不爲動頃復上陳致仕不允先生在太理前後平反極多人有録

成帙者天順改元英廟復位召以禮部侍郎兼翰林院
學士入內閣知制誥蓋上習知公學行獨久也嘗內侍
一日召入便殿上短衣先生不入上遽易服見之語浹
時皆正心誠意之言左右驚嘆羣詫曰此薛夫子也嗣
是曹石居中擅權播弄威福日甚一日先生會典會試
場事畢即爲乞休計或勸之且已者先生曰嗚呼君子
見幾而作寧可俟終日耶因連章懇疏引疾致政去未
幾學士徐有貞李賢許彬等皆下錦衣衛獄矣人皆謂
先生有先見之明先生家居四方來學者日衆至市館
不能容先生惓惓以復性爲教嘗曰此程朱喫緊爲人

處五經四書一性字括盡人須是復其性始爲成人歐
陽公謂性非所先大謬矣又曰學者讀書窮理須實見
得然後反諸其躬體而行之不然與買櫝還珠何異也
蓋先生之學以踐履爲主故其隨處以聖賢爲師圖書
箴規常在左右手不釋卷一言一動于理稍有違失便
覺身心不安常瞑目端坐研窮義理偶意有所會欣然
見于顏面不知手舞足蹈晚歲玩心高明默契其妙蓋
又有不言而喻者矣先生自謝政家居凡八載卒于天
順甲申六月十五日卒之日時風雷大作有白氣上升
享年七十有六訃聞朝廷贈以禮部尚書謚文清遣官

諭祭營葬事四方之士聞者莫不嗟悼先生性剛方正大先是在閣時以風槩自立同列時有私謁中貴者先生面斥曰狐媚狗趨吾所深恥故以曹吉祥專横先生亦不少假籍之當入閣初朝廷會以事當于謙王文凌遲處死先生謂同列曰此事人所共知者各有天理人心安可罔忠國公石亨艴然曰事已定無須多言會上召諸公議之先生遂曰陛下復登寶位天也時三陽發生不宜用重刑上凜然猶豫廼詔减一等諸皆默默無一語先生退即有去志矣南陽李公當國每以書寄先生先生始終不一答門人問之曰昔温公居洛與呂申

公亦然先生剛毅絶肖伊川其氣象亦類之同列中間有矜其迎復功者先生唉曰昔許魯齋不陳伐宋之謀爲何如人先生雖時愛面折人然其接人則渾然一團和氣可掬不語人以所未至其詩文平易冲澹近理所著有讀書録若干卷行于世其平生出處光明俊偉所學者俱見于此

論曰世有言儒者多言而少裨實用豈然哉今觀文清公蒞官所至敦學倡人洗宽澤物咸翕然有成理矣然竟不獲終其用而去豈誠儒者泥古不識變通信有如議者所云耶抑其道難進易退固如此夫天下君子少

小人多方君子在位小人側目爲君子者亦有奉其身以退而已故以英皇復辟文清公任閣豈固不欲五渝月而去然英皇晩年孜孜鋭精治理者使當時有能復薦之文清公必復起而召用天順之治决有可觀而儒者之道之業光明俊偉于時矣而卒不然李南陽諸公不得辭其責焉已或曰南陽當國貪位怙權黨羅倫擯岳正貶張寧夙忌文清者决不能與文清並立于朝夫道之脩不脩在已用不用則在人而其興衰隆替幸不幸寔有關天下國家生民之氣運孔孟于春秋猶然文清何與也

吳康齋先生傳

吳與弼字子傳號康齋撫之崇仁人父溥洪熙宣廟間國子司業砥學飭行在成均十八年天下皆稱曰賢師云先生溥長子甫生時祖逸愚公夢祖塋上有一藤盤旋而起翌日生先生少負氣岸在鄉校嶷然年甫弱冠輒知所向嘗讀伊洛淵源錄慨列諸道統心慨慕焉及觀明道亦嘗有獵心迺憮然嘆曰聖賢是不可學耶遂棄去舉子習家居靜坐小樓上日以沉潛義理收斂身心爲事蓋不下樓者二年居鄉尤執于古禮凡一言一動咸于古聖賢繩墨人雖屢嗤忤之奮不顧性不喜

妄與人交嘗省親太學斂處退約雖人亦不知先生爲
司成子也家故貧中歲愈窘匱先生處之澹如身畎畝
躬耕而食布衣藜褐舉世累不入其胷臆蚤夜淬厲惟
以嚮學爲勤雖在途次枕上或晚牧曉鋤終食間皆其
精思默誦處嘗自誓奮曰此志可一時一息少怠乎所
至學者景從雲附性峻介尤以師道自持居好書筆法
奇古自成一家詩文無作意皆自肺腑中天趣性眞流
出先生之學閎邃其陰陽卜數刑名律曆兵畧九流百
氏靡不融貫推遠之雖至天地海外窈冥不可考而原
也然要其極則本之日用身心情性倫要民紀間居家

事繼母純孝處妻子無惰容間嘗語學者曰吾平生得患難進了學少從洗馬楊文定公游文定公深器重之未嘗待以弟子禮嘗謂門人曰子傅他日必有用于世其人品器識非吾所及先生居鄉貧戹充養和粹雖以布衣未顯于時然聲聞日隆望之者無遠近賢愚皆以爲名德君子而道價響天下矣先是雲南山東道御史陳述涂謙及守臣何自學王宇等皆聯章交疏以名儒薦于朝先生堅不起先生嘗曰宦官釋氏不除天下吾未知其何如矣必除之吾可出人皆駭其言天順初英皇帝復辟時忠國公石亨知其賢廼首以先生薦上

謂內閣李文達公賢曰吳與弼何如人也對曰與弼行優德粹學有淵源此我朝一代之畯儒海內之逸士也上憮然于是遣行人曹隆即齎勑書禮幣徃起先生于家先生應聘意遲迴明年戊寅三月春始就道迨至京上命吏部官先生左春坊左諭德引見文華殿從容顧問其寵賚禮接之者甚厚矣先生迺苦以老病不堪職辭上慰勞再三徐顧文達公曰此老非迂濶者德器深中隱厚朕東宮前後左右可無此人耶須敦令供職先生懇辭上堅不允迺下詔褒留勑令先生遍禁中閱秘書講中庸內閣欵慰焉居數月先生章凡四上仍遣子

璵詰部稱疾部以聞上于是不得已憐其病始允之曰呉與弼竟棄我而去乎先生于是退廼上十策中有崇聖學廣言路清百僚恤庶民謹命令敦教化引列古先聖哲王條達明剴忠亦誠意懇懇感通諳國體切中君身者上益注念不已尋復召入内殿奬諭賜賚者甚渥仍遣行人王惟善送歸一日坐内庭上召令内官傳勅惟善曰與弼年老道途寒可爲朕善視護送至家拳拳諸語仍命有司月給以廩米歲時存問優隆焉其爲上所眷注寵遇推禮之如此先生初至朝一時風采動天下暨去人咸高其節然識者亦知先生經世之志有不

得已者非局于獨善矣先生生平魁壘論議英發善開
迪人人之聆其言者無不感動尤不以世變動其心嘗
駕舟歸中流遘風幾覆舉舟者皆愴惶無人色先生斂
襟危坐頃稍定或問曰吾存誠守正以俟耳驚怖何爲
平居敦復質行鄉人從而化徃時閩中盜起風熾四方
俱煽動撫之惡少亦有欲偵釁首難者先生預告鄉富
室散糶一境按堵遂獲以寧家貧不嬰意非其義雖一
介不取暇則與其徒遣遨嘯咏瀟散幽林泉壑間天機
活潑生意盎然遇可適意處則瞑坐終日嘗有詩曰靈
臺清曉玉無瑕獨立東風玩物華春氣夜來深幾許小

桃又放兩三花識者謂有吾與點也氣象先生行古慜
寡與世之縉紳學士王公大人初見其學瞿然顧化而
終不能究或有謂康齋見道于風日花草之間此亦非
深知先生者先生之道涵養性情獨求諸内自宋以來
箋註支離之學日棘喙戶啓門天下滔滔然矣先生居
深嘆惜之嘗曰言語多則道彌障反汩其真或者廼又
曰康齋先生所少著述耳然自孔子之門七十子獨稱
顔氏子爲好學顔氏子亦藉于著述也哉先生晚歲造
益深異端俗儒諸說不翳于目古聖賢往哲雖夢寐間
如見不能忘歲辛巳壬午杖屨走閩楚訪舊師楊少傅

慕及濂溪鞠菴而歸卒年七十九海内無婦人走卒華夏蠻貊無不知有康齋先生者先生所著有遺藁并日記若干卷其教人務靜養檢躬行已一切以篤實爲主故其稱曰學不逹諸天道不馴至于聖人不可謂成人即是先生學可知矣

論曰康齋履約守道亹亹不倦斯篤行君子矣豈夫聖門所謂剛毅木訥近仁者耶而其學之醇確廼如是及以石亨薦至朝上畀以崇官大爵義不受决去終老于山林噫又何果也易曰知幾其神乎世言胡安國汲引于秦檜楊時辟權于蔡京非其類已以今觀康齋何如

治歲乙卯丁母宋淑人憂先生哀毀骨立弱冠受尚書
于高教諭儔邑人孫行人昂及渭南薛思庵氏蓋已充
乎有所得督學邃庵楊公虎谷王公有識鑒每考校輒
以先生冠多士擢入正學書院與群俊茂游而先生學
益廣歲辛酉舉陝西鄉試先生年二十三矣明年會試
下第卒業成均迺與三原馬谿田秦世觀榆次寇子惇
安陽張仲修崔子鍾林縣馬敬臣諸同志相切劘砥躬
飭行暇則間與一二執友習古冠婚士相見諸禮于一
室輟舉業日孜孜惟以古聖賢進德修業規過輔仁爲
事日寖月積先生充養粹然德宇温盎而所見益闊倬

蓋有不知富貴所能淫貧賤所能移威武所能屈者矣
高陵高朝用時在京爲戶部員外郎時過翰林檢討王
九思謂曰予邑有顏子子知之乎九思曰豈呂仲木耶
二人亦時時往來先生所相談欵懽然乙丑敬皇帝龍
馭上升先生與諸生哭臨順天府衰具禮焉耳先生則
大哭涙輒潸潸然下群訝之以爲迂弗恤也孫行人沒
先生親衰絰哭拜弔者先生動以古禮古人行義自檢
律正德戊辰舉會試入廷對賜進士及第第一知先生
者罔不愕然爲先生喜曰迺今得眞狀元矣時中官劉
瑾柄持國政貴倖傾朝廷瑾故秦中人也以前康海與

先生三秦中出二狀元俱桑梓爲希特致殷禮來賀先生峻却之弗受瑾中微不平在脩撰翰林二年操介益淸苦祿入祗祀其先惟謹凡父母書問至必再拜使者而受之退而跪讀期功喪則爲位而哭門無饋遺時瑾擅權顓命日横甚朝紳重足一跡莫敢仰視于是西夏搆亂先生廼上疏請上入宫御經筵親政事則禍變可潛消寇亂可中已内外臣工亦可常保富貴矣瑾聞惡其言因夙有郄又絕不通問往來嘖嘖欲殺之先生廼浩然引疾而歸或勸之且已者曰是惡能及我也于是遂去瑾怒不解廼使校尉尾先生至眞定竟不得其過

而返先生在翰林與編修懷慶何公塘最相友善塘守
正不阿至是皆相繼引身去抵家數月瑾獲罪處陵遲
死其一時禍延及朝士大夫者甚衆而康海尋亦罹罪
譴奪職不免矣人咸服先生之明先生家居服麤茹淡
深修玄詣歲時則出而種樹涇渭間洋洋自適爲終身
計正德七年科道交章薦陜西巡按御史王庭相謂先
生往者拒逆瑾卓識偉節學術尤醇正宜召擢大用癸
酉迺起供舊職入朝于是上疏勸學謂文王緝熙敬止
咸和萬民斯享靈臺靈囿之樂元順帝荒淫滅德肆欲
怠于政事我太祖代取之人主安可不深念哉或謂曰

元主之戒傷於大直先生曰昔賈山借秦爲喻以漢文
尚能用之况主上資度過漢文遠甚柰獨不能爲賈山
乎疏進上亦嘉納未幾乾清宫災先生復應詔言六事
一曰逐日臨朝聽政二曰還處宫寢預圖儲貳三曰郊
社禘嘗祗肅欽承四曰日朝享兩宫承顔順志五曰遣
去義子番僧邊軍令各寧業六曰天下鎮守中官貪婪
取迴别用所言皆忠懇又累疏勸上用賢舉直錯枉不
報先生復引疾去友人崔子鍾在京嘆曰嗟呼古有直
躬進退不失其道者吾於吕仲木見之矣西安秋旱禾
槁甚先生歸白當路得薄征御史安陽張仲修時巡鹽

河東築何東書院成迺以三晉應祀名賢請定于先生先生曰儒者之道尚德不尚言後世論不正多貴文臧質故馬融訓詁附勢殺賢猶祀孔廟尹焞安貧不屈守死善道如朱熹亦短其致知以孔顏學觀之後儒失之遠矣故今定祀惟取大義不論文辭庶學者始知所向迪是時王公靈鳳爲都御史薦先生學行高古乞代巳任亦不報渭陽公病先生視湯藥衣不解帶者一年鬢鬢盡白丙子五月渭陽公卒先生痛哭嘔血先是宋淑人没先生少貧瘠無以歛權安厝城東隅二十年至是啓棺將合葬棺盡腐失其一指先生籲天號哭若弗能

生尋得之土壤遂合葬時大雨如注先生徒跣擗踊蹈
蹋泥濘中道路環觀至有泣下者葬已廬於中門外猶
旦夕哭先生篤于孝自少窘匱及貴先生前後居於家
凡十年讀書講學守道外一無所營將鎮守中官廖以
金幣米肉饋先生却弗受廖素黷横斂使者每過高陵
以先生故亦不敢恣交游間或潜有以數百金爲人請
託先生者先生笑而却曰人心如青天白日柰何以禽
獸焉相視也其人慙而退家居門室蕭然不異寒素服
闋都御史盛應期御史朱節熊相曹珪交章論薦辛巳
適今聖天子即位詔起先生先生遂翻然有嚮用志矣

明年壬午改元嘉靖先生應詔入史局纂修武廟實録
上御經筵先生當進講適值仁祖淳皇后忌辰先生口
奏宜存孫服之禮罷酒饌之賜朝論韙之癸未會試充
考試官多所取士在史局時上疏請尋溫聖學其畧曰
學貴於力行而知要蓋帝王與韋布不同故必慎獨克
己上對天心親賢遠讒下通民志天下中興太平之業
寔在於此伏望聖上留心體驗上矍然甲申四月奉修
省詔復以十三事上言自劾所言者皆格心責難之論
頗過激遂詔下獄尋謫山西解州判官去矣先生至解
仰堯舜故墟慨然欲以作士興化變俗爲己任會解守

卒先生攝州事首勸農桑恤煢獨時以贖刑帛絮米肉給民無告者又解丁繇重倍於他邑力白當路均融之歲省解民數千金捐西門西北隅鹽利於民築河堤以興水利解人及四方士來學者甚衆先生于是迺拓廢寺作解梁書院以處焉書院成中闢四齋迺選州民子弟茂俊儁異充其中習小學之儀歌豳南之什禮讓雍雍月朔帥耆民鄉老相與講讀會典諸禮儀於此時以呂氏鄉約文公家禮惇勉之其民間有孝弟節義稱著者則大書扁其門以爲勸求子夏之後衕司馬文正公之祠正首陽夷齊之墓刊訂關雲長之集于是禮教勃

興郡中道不拾遺行者不相忤政行化洽熙熙唐虞之
風矣友人過解者嘆曰古大賢循乂者之作用迺如是
豈漢良吏可耦耶丁亥以言官盧煥初杲薦轉南京吏
部考功郎中瀕行士民接踵數千人送至河干不忍舍
去哭聲震于野先生既渡河猶聞哭聲琅琅口占云試
聽黄河東岸哭爲官何必要封侯去後民益思不已迺
相與立祠祀先生鐫碑志遺德云先生至南都日親吏
牘尋擢南京尚寶司卿吳楚東南士自遠方來受業者
日千餘人上黨逸民佻闡亦相踵至其門冠屨錯沓濟
濟蹌蹌於柳灣鷺峯之下時張相羅峯再起道南京或

徵禮賀之先生以事辭通政使王激張甥也擢北祭酒公卿咸祖之江上先生亦却以故不往張嗛之累欲執退先生會病歸不果壬辰冬考績北上至眞定命下遷擢南京太常寺少卿居頃之太廟災先生上疏乞罷黜以荅天戒不許乙未陞北國子監祭酒時監中教典士氣久踈弛弗振先生至則曰此吾責也遂以師道自尊躬行率下敦禮讓厲節檢間取儀禮及爲詩樂圖譜令諸生講肄之申明監規五事上皆報可先生在監尤嚴整捐去一切煩文不事惟以德教故諸生中有疾者必問而醫之有喪者吊而賻之有死者則哭而歸骨其鄉

閒有孝廉著望者則揭於教榜旌之仍預撥其曆示勸
奏請減曆諸凡請託斬絶不行人弗敢或干以私于是
兩廳六堂諸僚屬罔不觀法清慎諸生皆循循雅飭圜
橋門而觀者曰我朝百年來自吴陳後以師道自立者
惟先生御史張景薦於上曰吕某德行文學風動天下
眞可謂一代海内碩儒當今師表者中官沈東暨群卿
貳亦咸時時詣大學請質左右中外一時以賢祭酒稱
擢南京禮部左侍郎禮部尚書霍素雅敬先生者先生
坦中甞相語以正語道以正道寖不合旣而所詆訌多
不從又有一變爲正人之論忤觸霍霍愈不平嗛之遂

陰爲揭帖短先生於朝一日諸公卿相偕謁孝陵着縗
服衣霍曰宜着緋先生曰上墓生衰宜縗服爲是衆從
之南京吏部缺官先生攝部事固薦文武士可任用者
數人己亥春上欲親視山陵于承天先生累疏勸止之
不報夏五月復進聖節表道過河南見餓莩盈途語所
在撫之抵京尋値奉天殿災迺上疏自陳乞休致上允
所請先生遂歸矣先生在位動遵古禮與時齟齬多不
合故不能終其所用如此明年庚子御史張光祖薦先
生學行超卓宜起擢大任不果先生立身與人交動以
誠初入禮曹霍尚書榜夏相過疵於通衢先生以言諷

七

之曰此告於天子者公迺以語諸路人可乎霍爲收其榜及抵京夏甚談霍短先生曰公位宰相容天下之賢何不可夏嘿然故夏與霍二公雖不相能皆賴先生言稍解然夏疑先生黨霍霍亦疑先生黨夏暨霍死夏去先生之心終不白亦不較時御史有劾湛公若水僞學者先生適進表在京白諸當路曰聖皇在上賢宰相輔之豈可使明時有學禁之風乎此聲一傳恐四方人心聞而解體事遂寢其識大義推忠信與物多此類先生性孝友嘗以修撰家居侍渭陽公渭陽公嘗怒其次子梓甚梓逃先生跪伏地顙以身代朴事繼母侯大淑人

孝謹篤至侯病頭風歎寒先生親搆得艾褥進之旣淑人卒先生哀毀盡禮未及葬壬寅夏六月先生左脅病癰廼日夕坐臥於北泉精舍事天堂然竟踰月卒卒之夕有大星自空下西殞於華陰三秦英儁有識者嗟異之曰吾邑哲人其頹矣高陵人爲罷市四方及解梁門人聞者皆爲位而哭年六十有四先生生凝厚方面闊輔微髭輪耳海口兩目神烱烱有光望者知其偉人平居端嚴恪毅及接人則和易可親性冲澹室無婢媵與配李淑人相處相敬如賓焉篤于倫義戊子歲飢則以常祿所得者盡賙諸族人事叔父傅如父姊劉家貧嘗

分財濟之無間色痛外祖宋無嗣每展墓流涕從舅宋璡流同州特尋訪迓歸之平生未嘗請謁干人亦不受人干謁不事生産旣没家無長物先生夙以誠敬自持言不違衷行不違道雖門人侍從數十年者未嘗見先生有偷語惰容云所在四方士輒就而問學先生教人以誠不語人以迂遠其學蓋自日用人情世變倫教物理致力推而達之天道皇王之大實不外此初在留都鶩峯學者六問陽明之學于先生者先生曰講其學而行非勿信可也不講其學而行是信之可也蓋先生學一以身體力行爲主不事枝葉意見剽掇嘗夢程明道

呂東萊二先生立涇野草堂上相與請質就正盖其學有所本如此其所著有四書因問周易説翼尚書説要詩説序春秋説志禮問内篇外篇宋四子抄釋小學詩樂圖譜及涇野文集詩集行於世子二長田舉人汝寧通判次昀以恩蔭授戸部照磨方先生時當世講學者甚衆所在譁然先生既没陝西提學建康謝少南與郡守李文昇迺祀先生正學書院海内人士雖華夏蠻貊無論識不識者罔不曰關西夫子呂仲木呂仲木云

論曰國朝儒者在河津薛文清臨川吳康齋餘干

胡居仁而關中先生溪田馬理曰先生之學自宋周程張朱來粹然一出於正醇如魯齋而著述惟盛貞如文清而知新則多斯言幾之矣然先生學以誠爲本實得於孔門躬行一語今世之儒眩奇騖異皆以己所自是者爲師動欲求多於古人而行寔不掩焉所至禪佛之說充斥海內先生嘗痛之謂晚年當與余相訂正其言旣先生西歸余愧不能從今世學益棘而先生沒矣嗟呼悲哉昔戰國時楊墨教興楊朱墨翟之言盈天下孟子辭而闢之孔氏賴以不墜議者謂孟軻闢楊墨其功不

在禹下而先生闢佛學禪說以附餘先聖之道然則先生之功又當何如耶世衰教微佛氏說盛於宋倡熾于我明其爲害比楊墨尤甚楊墨賊人心者也禍小佛氏誤人心者其禍大自先生作中外經生學士始知有所向不至於熒惑而禪氏之說賴以少熄吁微先生天下後世吾焉知其所終也哉吾焉知其所終也哉

華陽子傳

華陽子九江壽春人其先莫知所自後自壽春徙溫陵因家于建焉華陽子倜儻有大志少常慕武侯范文正

公之爲人性僻愛武夷天游山水因號武夷天游生晚更號華陽子華陽子年十四從大父古菴公宦于黄一日自無量寺隷學而歸古菴公立于庭以學詢之曰吾學欲博極群書行好事做好人不徒求聞達于時古菴公駭其言然已知其器度卓犖魁岸不群于髫髫時矣先是華陽子生古菴公夢大日照于家紅光滿室已而生華陽子古菴公心異之曰是兒必大吾宗也華陽子生有異性不作群童兒技長益簡樸無世態一種芬華習年二十游黌宫爗有聲里之王公大人縉紳學士時過之郡公及督學者皆優重焉時巡臺聶雙江兵憲張

圭山公樹五經書院設講宇延徵華陽子華陽子俱不就或問之曰非子所知者尋辛卯舉于鄉于是北遊燕趙齊魯久而歸所得雋然也而學益麗深閎廓上饒翰林汪東麓公來憲臬吾建事時脩郡乘心屬華陽子華陽子固辭之或謂郡乘延一郡人物是非權衡作弗當其人雖作何觀華陽子亦竟不就時不知所謂華陽子器識宏遠弱冠初歲時嘗謁徽國文公祠徘徊廡下嘆曰嗟呼大丈夫冠儒冠死没不能俎豆于是非人矣故居嘗痛自刻厲華陽子少有膽氣或曰嘗揭祖古庵公及祖母鄒二喪于大庾嶺中日暮矣時傳有欲竊故官

樞爲利者華陽子竟夜卧守空山間山夙多虎寧以身嬰虎口不顧遲明廼去正德十四年寧濠煽亂舟道彭蠡時戰艦來往湖中殺人湖水上刀劒相磨群盜乘機出沒華陽子已爲盜所偵幾不免俄以飈風脫舟人舉手相賀華陽子坐中流鼓枻自若其不爲世變眩奪如此少以道德功名氣節砥礪然時亦以詩文自娱壬辰嘗携所業長安邸中崑崙張子詩一見之驚異曰嗟呼此司馬子長謫仙才也海寓中何處得來因出酒肴相與歆繫筑醉呼大相激賞燕市中相樂也華陽子酒酣大噱熟睨崑崙子微哂曰子豈以一詩人文士識我耶

是非余志所存也因與商所學而去臨川介庵章公衮少許可嘗叩所論獨心服之曰子吾儒中遠器一日千里非若今之徒剽竊儒名者衮當讓子出一頭地歲乙未上春官歸廼卒業南雍因翺游白下時耳泉諸公講學于金陵者群如華陽子不屑也已而去從關中涇野呂先生游曰此真吾師涇野先生亦深器重華陽子廼自雙竹館移太常公署躬與居日夕親几席凡至道玄義精理妙旨先生無一不以語華陽子華陽子亦孜孜焉于先生言躬行不敢惰久之華陽子在先生門下名動諸公國子師鉛山鍾石費公南野歐公亦破格厚禮

華陽子先生一日謂之曰子心地光明正大作聖本體具矣所少深潛純粹功課耳無何北擢司成去遂書擬子如愚諸語規戒之同門士又以呂門顏子稱詑嘖嘖乎華陽子矣華陽子自從涇野先生歸歳丙申作道宗堂于華陽山中列祀夫子濂溪諸賢及先生懸其教語于上不獨仰玩佩服不忘也凡日夕一獻爲一動止必焚香親禀命之閒作日史以自警時適丁厥父質庵翁憂居喪疚朝夕藉先生教哭泣僻踊啜粟飲水喪埋饋祀錙銖于禮弗隕隊其他宅躬檢家制事俱以禮經名紀先生之道自整飭不少睽詭居亦不爲物態世變意

氣有加然方宇日多事兵甲荐興誅輸直指使出海内

瀟然繁費矣南倭北虜竊發閒閑居有所感因譔著中

與十策歲丙辰下第欲詣闕下獻之或見而咋舌曰此

何等時廼子草茅抗疏日也祇速賈禍耳姑卷而懷之

山林竢他日未晚遂不果自是歸一以著書講學談道

爲事閉門掃軌不出研窮義理之精微參徹諸賢哲學

術之藴奥遂頹然當世之念矣是秋暮毗陵唐荊川道

芝城來訪不遇居頃之華陽子肩輿躡至考亭相會于

滄洲精舍時田柜山在座相與質所學華陽子曰吾學

以寡欲正心爲主本不愧天爲歸的荊川曰何如曰學

不至不愧天天不筭作真學蓋吾人心中所性只有此天者在而其警惕徵驗于學者亦惟此天耳學能不愧天則獨行不愧影獨寢不愧衾內不愧僕御妻妾外不愧族黨友朋出而仕不愧君不愧吾民仰而前不愧乎前脩俯而後不愧來哲奚往非適耶不然此心便不靈爽此氣便不浩然終不能徹上徹下徹古徹今徹天徹地徹鬼徹神雖曰學豈所謂聖學也哉荆川相嘆喫深以爲然拒山子曰據子論非主敬集義三十年好工夫不能到難巳哉華陽子哭曰可知是難不難天下無數聖賢了吾生平斬丁截鐵于此一日不能已又豈獨三十

年耳是歲丙辰春華陽子在都下當是時年幾已六十矣凡八上春官而不遇或有勸之仕者焉華陽子睜目笑曰嗟呼子以我荏苒二十餘年奔馱萬里爲一官來耶即時未可爲吾且還吾山中了吾學耳蓋其立志之篤任道之勇雖老不衰又蓋有舉世不可奪者華陽子身儇長類野鶴然雙瞳炯炯如曙星世味澹無所嗜歲時暇則携一青鸞筇敲弄雲月所至遇有佳山水處便嘯遺終日怡然不去時時往徠武夷天游歸宗諸山中倦則歸卧華陽道宗堂與野雲流水相偃仰盈几户林巖嶒峇歲丁巳夏會稽王子龍溪過訪華陽子笑曰此

子不愧天對越所乎華陽子因與起坐觀雲池上啜茗取酒啗數盃哄擷古梅樹枝頭生意時諸友朋咸在稍頃天機一點蜚蜚自半空中來月堕梧桐間龍溪子廼去相對劃然無一語華陽子于道豁然自謂有所得巖巖超一世獨立嘗以吾君及于孔門亦當于諸賢群躬子分半席而坐其所自任者甚重且遠人皆駭怪之華陽子不以爲意姑蘇祭酒莊渠魏公嘗附書閩藩臬顛雍里徐坡石二公曰閩建安晦庵後學術行義有華陽子斯文有人矣世士縉多不識華陽子然時聞華陽子名則嘖嘖稱述焉華陽子自少志大言大其學閎灝無

所不闚推而遠至不可窮紀然其約于行已處則硜硜然甚固非其地不履雖一介不輕于取與居州黨急人之難解人之紛惟以倡士氣扶名紀爲事或至于意外橫逆之來直以虛舟飄瓦視之成敗是非得失無一能胥其胷中華陽子之學葢得于反視自勝者居多以故平居能守人之所不能守忍人之所不能忍每于動心忍性中人不能堪處激發焉不欺暗室屋漏不事容貌詞氣跡其外雖質任無可觀然其中春容鎮定葢有黯然人不能知而天獨知之者玄遠矣華陽子于座右嘗自書不愧天三字以自規儆然華陽子數奇居偃蹇鬱

塞困踣無所遭年三十舉于鄉五十餘猶老山林不出其于學苦心苦力蓋有一日不敢惰焉者或曰華陽子之學已洞見本體超然有得于心由濂洛闗閩直上遡孔孟不一少惑于佛老之説嘗見世之儒者拾釋氏緒餘謂即心可見聖脱畧實際嘵嘵以玄解頓悟自異華陽子深病之不以爲然也因攟摭先儒群論著衛道録警于世華陽子閒居著述頗多至十餘萬言然善自解弗事剽剥性磊砢嘗八至都下輙不踰月去足不一躡貴人之門間雖有欲招羅之不可得者斷斷然與世不苟合稽其言然其人可睹矣或謂華陽子行義又多有

不可紀者焉

論曰華陽子其有道者歟不然何始而超倬中而困蹇老而愈挫折愈奮淬始終一節白首靡渝語有謂遯世不見知而不悔者豈若人儔乎其志何介也然華陽子嘗有云處則爲名儒出則爲名輔其心即天下萬世之心其學即天下萬世之學而乃至使窮年自放斥其身于山巔水澨無聊之境吁嘻嗟呼嗟呼亦可悲也哉士不困行烈不章語曰君子之道一龍一蛇余于華陽子若是固有莫能知其所終者矣

吴烈婦傳

烈婦姓吳氏諱扶陽泉晉江靈源里人也今刑部主事何君珽妻父希淵在鄉里以行義聞烈婦性淑慧生數歲輙能知句讀無他好間謂父曰兒孱然女子耳天下事女子無可爲者耶父異之嘗以語其伯父長樂令澄公相語嘆曰此稚女不凡也他日不可字庸子無何有以何刑部君來議續室者父遂許焉烈婦微不欲嘉靖某年月日烈婦竟歸何君何君官刑曹曹治董獄理烈婦每囑大畨詆參鞫毋輕决撻何君素孱羸聆烈婦言嘗力疾親犴牘刑曹屬員例當次覆讞典靡所何當次烈婦則時時書至規儆之時會有郎官以言劾權貴詔

逮捕下獄省中外匈匈禍不測矣同官有希當路意故
嚴文巧詆鉗錮羅織之凡所需藥物扞阻艱弗與進何
君以爲言卒不聽歸憤懣弗平語之烈婦嘆曰噫是可
謂有人心者乎大節槩名檢吾士紳冠冕狐媚徇趨何
爲君不可不慎何君深頷之故往往時請獄中視言者
會朝方當言者以大辟獄久不釋言者亦卒藉何君調
攝裨護歲癸丑冬何君慮因江南久乃抵家疾大作烈
婦慮無以延日夕則焚香禱于天願以身代甲寅三月
何君病篤臨訣慟噤無一語何君知其志何竟死烈婦
于是悲憤搏膺大呼曰嗟呼哀哉哀哉天何奪吾夫之速

也吾無以生爲矣遂援刃截其髮納夫飯含中自誓烈婦尋譔夫行實事狀夏四月十四日晨與哭奠其夫何君几筵畢廼手書與其父母伯父諸兄者訣以五月五日從夫何君爲辭書罷痛哭父母伯父見其書者亦痛哭及至是日父母皆奔至廼烈婦就縊死矣烈婦死時手裂帛拜舅氏中堂及拜其父母又拜諸伯叔氏項帥諸卑幼者亦各拜已衆號呼莫能視烈婦色不動及死里中聞者罔不悲欷曰吁古有烈女婦如是耶里中爲龍市烈婦夙有偉志居不作恒婦態然號文墨好古畸人烈女之行故卒以是死伯父長樂公嘗字之曰扶陽

至是聞訃往視驚痛曰嗟乎哉是兒真不愧余名也已
烈婦死有遺文一卷梓于世
論曰余讀吳烈婦誄夫志及哀文囑後諸譔紀未嘗不
泫然下涕也亦耿烈烈不可及偉矣然又卒繼之以死嗚
呼古之貞婦烈女而死者豈少哉夫宋共姬以火死柳
貞媼赴井死皇甫嫒箠死而譚節婦死于兵此咸葆貞
完節抗慨不得已有足悲者迺若烈婦無嬰于變難不
憚自殺以殉夫何所激而爲是然至臨殞又斬斬不亂
吾聞烈婦死時讀書琅琅達旦不寐及處分家政各條有
紀從容暇豫若烈婦者豈所謂天性然耶是不惟能

死蓋亦謂善處死　矣世衰教弛彝行瓦裂抱世憤者所不忍言語曰禮失求諸野而道失在婦人吁嘻傷哉悲乎余于吴烈婦何言哉何言哉

舒鄱江傳

鄱江公饒人也姓舒氏諱載道其先宋爲山東人有公輔者擢進士通判饒州其子遷四公因家焉公曾大父添佑以行義稱鄉里大父昱由貢士授廣之竭石衛經歷竭石公居官耿介以氷蘗著碣石人至今稱焉竭石公生公父穆號宜齋先生篤學勵行先是居竭石時衛有指揮張雄者賢之因妻以女爲張孺人寔生公公生

歲餘母張孺人没宜齋義弗嫒寄育於隣里婦公在襁
褓屬幼孱弱多疾宜齋翁每憂之或夜夢紫衣人告曰
積德行善是兒以報汝毋慮也自是疾日愈稍長宜齋
翁授以句讀輒過目成誦年十二三能詩文十七應儒
士選邑令陳良翰深器重之於是選補郡弟子員公鋭
情經史家貧無所得書時假觀諸坊肆間遇有所得處
輒手疏成帙里中諸生無少長凡有所疑難皆請質於
公時兵備許公廷先迺以二子就學焉宗伯尚書王公
崇慶司徒尚書王公偉先後爲學憲素精識鑑少許少
至得公卷函爲稱賞曰此東南佳士也異日當爲偉器

蓋公少時已舉有聲稱矣歲辛卯領鄉薦公年時三十
七先是羅峯當國行選貢法天下郡邑諸生年老者多
蹇躓弗獲舉同邑生有俞綺者與公偕就試有司俞以
情告既有司以公應命公爲力辭遂讓之郡士大夫咸
多公義焉後一歲公亦以領鄉薦去矣頻上春官公謂
宜齋翁老獨居不樂赴歲庚子冬請于宜齋翁願以布
衣終侍菽水歡宜齋翁不可次年辛丑舉進士高等釋
褐之餘憮然曰吾願遂矣即爲乞終養計或有勸之少
緩以竢者曰吾以親之命而來今以親之養而歸不可
乎且聖天子以孝理天下吾得從所請以孝終足矣于

是遂懇疏不果報疏再上冢宰許公矍然嘆曰此近世士人臣子偉節三綱五常所係在是因爲請於上卒得俞旨公欵然拜命即日就道一時公卿大夫士莫不悚動嘖嘖嘆企而祖者塡都門群爲歌謡紀其事傳播中外初公再疏於朝有群鵲噪于舍將抵家前三日噪益甚時其子僉憲君侍宜齋翁側舉手箑祝曰越三日迺余祖誕辰也吾父倘及期至者鵲下集吾箑鵲果下公如期至彩衣稱獻歡溢左右人皆以爲孝所感云公既家居杜門却掃足跡不履公府家素貧有司歲時以禮餽公一無所受郡太守沈公熺爲擇郡邑諸生修贄弟

子儀從公游公因得樂育之間以爲宜齋翁養公孝忱篤至雖室無夙儲而膳羞寒暑服御必具無苟簡以故宜齋翁當老境日怡怡愉悅年八十餘形神爽朗行步若飛望者咸以爲僊云歲癸卯僉憲君舉鄉試拜宜齋翁庭下宜齋翁喜曰此余兒純孝所致吾後裔有人矣居無何宜齋翁捐館舍公哀毁幾絶歛殯以禮明年甲辰僉憲君舉進士公慟曰恨不令余父見也手書報僉憲君讀律考典毋餌世習以饕實用乙巳歲正月公適葬宜齋翁于郡芝山之陽葬畢結廬墓左猶日夕哭弗能輟聲道路聞者感動兵備楊公沔嘆曰安貧樂道始

終完節如鄱江者眞當求於古人中今之世可多得乎是歲僉憲君授南京刑部主事已省親將之官公曰獄者民之司命汝必欽恤如昔賢于死中求人生毋輕人生棄於死可也其事親教子動必以法盖如此歲丙午公服闋北上秋授兵部武庫司主事或以諺稱武庫富閙爲公戲者公不懌退著其室曰腹富甲兵方是富身閙戎馬始爲閙聞者慙服初部俸之入糧戸艱苦公視事一切釐革耗羨稽留之事四方便之冬授承直郎歲丁未提督京衛武學鋭精兵紀以國家武備與文教並行是以兩京有文學有武學迺悉著爲條章警訓之俾

士熟諳韜鈐戎典掌武教者日省月試相率督戒不敢
忘所有事由是士爭相濯磨秋京學以武進士舉者至
二十餘人多公所識拔前此無有也閱視京營整弊袪
蠹始公舉進士西北數邊警公嘗謂國家太平無事海
内忘兵久矣倘風飈卒然起吾輩豈能徒高枕弄呫嗶
耶是以武庫之任所至奉公憂國凡俸所嘗入悉登記
一籍題曰感恩私錄都御史戴公儒見之曰矢志忠藎
若舒子可謂一飯不忘君者其督武學時有教授徐某
者欲以所註參同契諸書獻於上公止之謂非道干進
不可以訓且上聖明必不爲若動事寢公尋奉命給武

臣諾教于南教授卒以其書進上賜徧管爲民教授曰
吾悔不信武庫君罷所甘心也公出京時大司馬王公
以旂約曰宜早還本兵機宜賴相籌畫蓋所重于公素
矣公頻行安人程氏卒於舟時歲丁未十月舟道南京
僉憲君以主事徒步扶毋櫬還饒公竣事抵家歲戊申
之春治裝將北上屬得微疾猶日取九邊輿圖講刮諸
要害守邊扞圉之法每得邊報終日不懌或勸之且已者公
曰叨官兵署正思欲及時恣度以爲報效之地安可以
病自沮病且劇南康通判徐登太以醫來拒弗納僉憲
君與其弟跪請至泣下公曰死生命也雖扁鵲何爲惟

謨

平生之志未及有所建明以稱報于朝廷爲恨然此亦
命矣病中猶嗜讀書間以詩自適有曰負郭久無田一
敵藏家令喜櫃多書又曰無憑春夢任長短爲愬堯夫
安樂窩其於死生貧富之際可謂達矣疾且革正襟危
坐而卒縣令曹公禾泣曰天不憖遺乎善人如此訃聞
京師尚書趙廷瑞及同官郎中周君鯤楊君金江君冕
等莫不走馬相報嘆息淚下大史潘公晟聞之曰嗟呼
嗟呼吾友鄒江迺竟是耶余儕典刑亡矣時嘉靖戊申
十二月十二日也享年五十有四公丰標秀特而器識
閎遂生有至性初失母事父至孝偶除日宜齋翁疾不

食公與安人亦不食每遇母忌辰必悲哀竟日又以母族疎遠在萬里外自碣石公歸不相聞者六十餘年恒訪詢之未可得自公拜疏歸養之日張氏之族適以書至京師此亦若有天數存焉者蓋公孝感所符也性恬澹廉靖寡外嗜縣簿有程某夜懷百金叩公門求解於當路者公峻却之指天自誓簿弗敢強門人彭一鶚或以田願輸于公公雅弗之受笑謂曰余聞之與人者驕人受人與者愧于人縱子無驕于師吾寧無愧于心乎家居朴素雖生徒脩贄有不足給于奉養則假貸以繼之郡守沈公燺没公感其義親爲經紀其喪扶其柩自

郡庭中出盖公自幼信義孝友其天性也賜養以歸布
衣徒步宗室南康王曰不可令舒先生與齊民伍迺遺
以良馬公却不敢當曰吾無以牧也恐重虛王惠南康
王益賢焉諸王貴人有造公者皆望麈起敬罄折如儒
生其見重於時如此縣有池産異荷並帶士相約爲令
賀公曰此瑞在得賢也吾邑中其必有彙征者已而果
驗如公言郡西南永福寺淳圖災諸生咸走白公以堪
輿家謂是爲文筆生焰之兆吾邑有光矣先生因作論
諭勉之其畧田吾人執寸穎經緯天地鑪錘古今鼎柱
社稷樹休聲建大節不假倚籍而巍然域中夫是謂之

文筆焉用籍釋氏浮屠爲哉矧吾道盛則釋教熄故唐文興於昌黎而佛骨毁宋文著於明道而佛光滅今浮屠之災正吾道興而異端熄之地也而何乃繆爲文筆生焰之談耶其議論識見著作關係世教風紀類若此公在武庫日鋭然欲以所學施於當時而不竟所用然條綱頗見獨天不假之年耳使今之士皆富甲兵於胸中間戎馬於邊上深慮却顧如公焉即豈有南北紛紛如今日者哉識者於公不能不動拊髀之思也公平生著述甚多不能紀有鄱江集若干卷藏於家公子二人長即僉憲君諱春芳次春和配安人程氏有令德先公

卒公之卒僉憲君將以嘉靖二十八年十月日葬公金
山之原前期三日天大雨不止至期柩出忽開霽日影
曈曈自憲司郡縣以至學官生徒諸長老送者數千人
莫不咨嗟忼愴哀動城邑及治墓域冉畢天雨復如注
鄉人程公珖爲賦雨中日以異之嗚呼篚中之鵲雨中
之日天胡爲數拳拳于公也哉是亦可以觀公也已公
死後數年御史曹公杅按部至鐃采觀民風爲公樹孝
廉坊於公宅里御史徐君紳又爲誌立石公墓側皆以
紀公云

論曰詩有之孝子不匱永錫爾類余嘗觀史至温嶠毛

義有感焉嶠功名之徒不足取也已然義亦知禄養而不知所謂善養之道以今鄱江公觀之鄱江豈古所謂食親之志者非耶其于孝義始終偉然矣或又曰鄱江子古君子卓行人也積德累行數十年其出與處咸有關於家國風紀仕雖未竟厥施而其子僉憲徤庵君方勤王事譜兵刑愼官守以道德風節樹於時巖然爲國遠器傳有曰求忠臣必于孝子之門余廼今於鄱江公見之矣

湖集卷之十六　三六

天游山人集卷之二十

建安　楊應詔　譔

祭文

華陽道宗堂釋奠涇野先生文

嗚呼先生之没于今十有六年矣余感先生教懇視先生者猶存歲時朔望跪奠先生始出或隱几兀坐則肅心香與先生教言者相對越嗚呼嘻吁詔于先生罔極之恩先生于詔父母骨肉之愛又可云喻也耶蓋先生之學本至誠而其教人者亦惟至誠以訓雖不廢言語而亦不徒事言語詔自乙未夏四月某日始見先生南

都先生一見即得余心于心志之微廓吾學于天下國
家之大凡所以諄戒陶成詔者皆在日用身心事物切
近間蓋先生之道切于日用身心事物故先生今雖亡
矣余于日用身心事物間無處不見先生則無處不念
先生則亦無處非先生于余參前倚衡之地于泰山喬
嶽則可想像先生壁立萬仞之風槩于光風霽月之際
則可見先生溫溫可掬之儀容于精金美玉則見先生
平日粹然無瑕之行義于大羹玄酒則見先生清廟醇
古質慤有用之文章而先生一片之心則又無俟余他
索也每一披先賢先哲之簡册繙啓卷于古聖賢所存

所用之心即得先生之心矣蓋又有無日不與余相耿
列者嗚呼孰謂先生其亡也耶先生生于世六十有四
年而其道則在百千萬億世當世淺知先生者則曰先
生棘水之學而深知先生者則曰先生伯淳之流余則
直謂自孔孟千五百年來自濂洛關閩諸儒躬行心得
之實惟先生獨傳之余亦于先生獨知之然先生之道
之學又何待詔言而詔獨于先生有不能已感之有不
能忘者嗚呼是又可云默也耶詔庸駑無所知識憶初見先
生同門有林旗峰者稱余先生曰昨見同門同志楊邦
彥氏其人嗜學詩文煞好先生咲曰此子心更好蓋余

見先生不四五日先生已謬知余矣余日夕事先生先
生獨愛余迺自其家雙竹公所移几席來大常寺書室
與余同居日夕論道談學或至夜分方已一夕月熒朗
余與先生坐紫薇花下稍久起謂余曰余門下千餘人
他日能不辛吾望者子而已子可自厲也余仰企愴惶
唯唯而退無何冬十月先生迺以大司成北擢而去矣
余追送渡江至六合維揚奉別先生手書學顏子景晦
翁數言付余握余手曰斯文之託在此蓋自是余與先
生相別者七八年先生宦跡又自北而南自南復歸致
關內余竟不獲再見先生無何先生迺告亡矣自別先

生南歸即煢煢居先人喪疚中先生遠致手翰來慰謂賢者居喪與衆不同當節哀以求其孝之大者余賴先生之言得免于不孝之罪然蚤夜思先生不置久不聞先生教音一日臨川介菴公以書至曰衮昨督學閩中暇與呂涇野談及吾子愀廓無畛畦灑落無留滯明達無遮覆相與嗟嘆者久之涇野不以余為佞涇野必深有見于吾子廼然嗚呼嘻吁悲哉先生固知余之深者然亦何廼信余之篤又如是于詔之久而不忘耶余在先生門下凡七踰月先生嘗自謂能知人余以人隱貌深中始終或變節為叩先生正言曰子他日當自知之

余迄今去先生已十餘年矣先生之言先生之教余錙銖不敢忘自日用交際飲食服御夢寐閒亦不能違先生然氣性之迂戇未化涵養之精純未至其自知他日終何如然沉思久自斷于心自盟于天曰余終不負先生及自斷自盟磨鍊淬礪涵養之久且深余于是豁然益深有感于先生能知人之言嗚呼肖像我者天地生我者父母知我成我者先生然則余于先生罔極之恩亦將何以報也耶世事世變不可期在天在人者不容必余所知者吾道焉已耳守吾之道惇吾之行以没吾之身乙卯秋余過武夷擬作濂洛關閩道宗堂于隱屏

天游峯之上祀周程横渠晦翁與先生不果自北歸華陽山中歲時瞻企思慕不已余年今幾六十雖老大潛心砥學不敢以老自弛他日倘出而獲用于世則翊世經邦忠君澤物誓以先生之道風範天下雖千艱萬折不敢挫没身焉後已然余亦竟知吾之道者何如耶此心耿耿直求至建天地質鬼神考三王俟天下百世不惑是雖不見先生是猶見先生要終乎不愧乎天不忘先生之教而已歲丁巳五月朔十六日謹以野芹山蒻致奠先生以致其敬嗚呼噫吁悲哉先生其鑒之先生其鑒之余又何言

祭封君李翠屏文代僉憲南江公作

嗚呼屏翁驂赤螭兮駕游龍靈連蜷兮翱天宫肇玉佩兮瓊琚塊獨胡爲兮山中丹鑪兮巖巔芝房兮木末有子兮帝臣璆鏘鳴兮紫閣擷瑶華兮披琅琳九關虎豹兮忽忽愁人承鸞章兮石室炳國憲兮龍鱗肅令子兮嘉儀望美人兮莫余覯白駒兮空谷停蘭橈兮容與鄉有隱賢兮寔啓余衷江波滔滔驟逝兮奈何乎公瀟瀟兮烈風肅肅兮秋月時不可兮邅逴蘭幽蕙芳兮尚稟公遺則踰高閭兮大息按名邦兮沾余臆人生電隙兮不朽者其後傑傑好脩兮廼毓德乎巖實采湘蘅兮薦

芷曠野兮無聞有肴兮在俎有酒兮在樽公曷歸兮虗
來青山兮白雲尚饗

祭少司空范衢村公文

嗟呼詩有之雖無老成人尚有典刑公今已矣吾建吾
邦所藉以典刑者誰也余少迂戇脫畧乎世故而傲睨
乎天下茫乎自託于寥廓莽𡨚之趨公鄉名德余頻過
公則見公嶷然其度鏗然其語雍然其容余未甞不知
起敬公而公亦雅識余也獨余取余負性好談天下事
間義氣激發每稠人廣衆中聒聒大言至觸時忌者不
恤動以古賢哲自期待公不以爲狂已而偃蹇屢上春

官弗遇飄泊于江湖年五十餘猶不官落魄而歸衆皆嗤余迂且妄也公亦不以余爲拙公蓋知余志有所在中有一段耿耿不可奪者嘗私謂余子他日終必當大有立于世嗟呼世之王公大人不下士久矣又况士之迂疎狂瑣如余也則亦孰余顧哉今之世有若公者乎流俗滔滔穰穰中埒以勢利相爭騖以名位自高稍得志則傾險懊譜機詐鬼蜮之習公位在卿輔猶與鄉人抗禮年八十餘鞠躬磬折見客疾趨不少惰履順惇信生平不作一睚眦冰炭若于世晚家益豐隆昌裕且大矣公服茹簡澹直若寒素然居未嘗至苟費一錢不以

林園樂公之諒之厚之儉誠可作法于世者公之在吾
邦其德豈易及也哉嗚呼公無需余贅矣公昔少舉巍
科秩清顯方忤逆璫左遷流落者久而後起所至陟方
伯中丞以冰蘗持其功德在人余不能悉然余昔業南
雍公與余久處白下公時位少司空朝夕則過余與余
談或暇則招余飲對余奕終日無怠容盤桓而嘯傲余
未嘗不高公公亦不以余鄉晚進或輕且褻也余生平
以古人道氣志槩自厲者見公翺翔公卿間飄然有出
塵之思嘗以退隱歸田謀于余余謂時尚可為公毅然
不留無何輙移疾去蒼顔白髮優游乎鄉里傲遣于山

揚七

林者二十餘年怡怡天和自適不以天下之勢顯動其中雖部使者屢薦不起一日迎謂余曰余嬰朝厚禄不能出有爲以圖報于時而久在告子抱天下才識不輕售而卋于久晦此亦吾邦他日所嗤咲百年樣子余樣子之未成不獲公之見而公已没矣嗚呼孰謂公遽亡也耶余生平受公之知深矣每進見於公見公之康强而矍鑠顔貌童如竊以爲慶嘗以我朝名德壽耇如洪洞韓公文毗陵胡公濙數公稱於公公未嘗不忻然以喜然公之喜者非以多歷年享遐齡爲快也余之稱于公者亦非以多壽若華封人私爲公祝也夫天之有意

于人家國也生壽耇瑞人必起而瑞國故天下所視以
安危後學所視以蓍龜昔之善觀人國者必稱焉語又
曰歲在龍蛇賢人之災夫丙辰之歲余邦之先達俊顯
者既蹇蹶于外而公之老成醇朴又復彫謝于內此亦
吾邦一時之丕厄也然則其所謂瑞國者竟何如嗚呼
已矣氣運之厄之亨鬱積而復章將有所待未可知余
建自昔道德文章功業忠義之士甲天下一時項背焉
相望余莫能紀迺今余方有所圖幸有可規括典刑余
者相起而夾持于天下今之一二老成亦盡矣嗟呼悲
夫悲夫余尚何言亦復何所望于世然則余于公之沒

得無慟乎而其慟也得不深有所感矣乎踽踽獨立而其所感所慟深有意斯世者公九京下其尚能終我知焉否噫吁嗚呼

祭文房五君文

戊午秋閏七月望後日天游子文事稍暇因祗心齋殷禮於道宗堂祀諸聖賢祀畢復陳酒肴潔觴豆致告文房五君之神曰嗚呼余與諸君從事華陽山中久矣相比肩握手余非諸君一日無所友諸君非余技能一日無所試余獲與諸君周旋始知所嚮故非唐虞三代之書不觀非堯舜禹湯文武周孔之道不學閒綴而爲文

非先王之法詞不敢文感觸而詩非三百篇禮義之正不敢詩此皆諸君力也自余知從事于此痛加凝一靖定之功不敢或牽引于聲色一蠱惑于貨利惟恐此力或分動心忍性堅志熟仁尚籍乎諸君磨礲警省而規訓儆諸君則吾幾怠矣故余生平日用無一事不可告于天與天知無一事不禀命于聖賢與聖賢語不自量思欲爲寰區中偉儒繼千聖之絶學道雖未成然憂勤惕勵已知所向往余貌雖瘠而心肥此皆諸君力也余不敢一日忘子得諸君時相翊賛左右余亦不敢有一日愧子雖然余猶有不能自已者焉夫天下之道無窮

學不可或一時少息人固有勵志于壯齡而或衰于遲暮以昭昭則信節而或志得意滿則解行出與處分爲兩截人余不敢有此倘時不吾遭余則與諸君終老于華陽白雲堆中矣苟際時得志而出則上不敢負吾君諸賢哲先師下不敢負吾學負吾心大丈夫義不顧身當蹇蹇作明代一藎臣誓爲殿上虎不爲踏效轅下駒誓請朱雲之劍不草梁冀之疏誓陳韓愈之佛表不作丁謂之天書誓爲天子社稷萬里之長城不作雄奸貪權固寵之三窟道之行不行不可知命之遇不遇不可必吾亦惟盡吾道以立吾命而已他非余所望諸君以

爲何如故余既列所事答神鴻休區區鄙志復紓陳于左欲以乞神之靈尚期終相余余不敢有所隕墮爲諸神羞惟神鑒之

祭林葵窓文

嗚呼葵翁天下事變無恒惟德不朽余于葵翁又復何言人生好醜百年夢寐蚤獲以興晚終于潰撫世徃還獨抱孤憤惟翁作德而滅超出常等世險慝而賊讒翁獨樸古以方世方機詐用事翁坦直而良舉世嬉嬉翁則自持舉世奔奔翁則獨與道攸存余頻過翁獲交令子翁不余鄙謂余可語世道詭逢友義鮮終余與令子

兮相與從容登山臨水兮翺翔乎仙宮令子視余兮若人中龍余與令子情投膠漆終日所言靡陀惟道與義時俗黨邪醜正群飛刺天余與令子不敢自賢媕婀相比簸弄機械靡荒淫于利則沉酣于欲余與令子中行獨復凡我與令子所爲皆翁之誨余雖高亢守古之義翁德冠邦閭忘年與友時或過余訓余親若子弟群習靡靡驕淫矜誇棄去人道悖同鬼蜮彼方自以爲得討絶根務華誰謂流俗中有如翁者耶翁之德教在楚與浙拂袖歸來仰翁明哲安定蘇湖明復太山世事擺脫飄飄詩社令子王臣才猷烜烈手握龍淵濟時之傑余

方欲與令子翺翔天末翁遽告逝能不永懷哲人長往典刑曷窮陰風颯颯明月滿空我肴惟潔我酒惟崇翁時騎白雲欲往焉從江漢滔滔不可返兮柰何乎翁

祭章介庵公文

嗚呼介庵公今已矣公之言在余耳公之教在余心余于介庵又復何言乎公之才龍淵大阿公之行堅石斷金公之望鴻川巨嶽公之學大呂黄鍾公之正氣見孔像一疏凜然爲斯文亦幟公之高節急流勇退與顔廓稍弗協即去直如祥麟威鳳在宇宙不可得羈縛此皆天下人所共知之天下人所共仰之而余之所知所

仰于公者此又豈一二言語所能云喻者耶嗚呼余于公獨能一日忘也公心事瑰硐青天白日懷耿耿于人不苟合來余建獨雅于余愛曰子他日必有所擔當負荷故每過余山中必以天之將降大任是人一章歌爲余勗大言若要熟必須從這裏過余深有感于公故自別公以來二十餘年余雖老于山中未出然其所磨厲余心志而苦運量余筋骨而勞堅忍余體膚而餓其貧困余身而空乏百志不廻而拂亂其所爲退而動心未嘗不以公之動心者而感奮退而忍性未嘗不以公之忍性者而激發然及今余之學雖尚未成道雖尚未立

然已　卓知所邁往奮迪有所把握不能已嗚呼海内故人知余之深信余之篤有如公與余師涇野者乎孰謂公遽亡也而今而後倘余學稍成余道稍有立而求其知我信我者又誰也嗚呼已焉哉余無復望矣鍾期死伯牙不復鼓琴吾道一脉吾建自朱晦菴來三百餘年于此遺響寥寥公又嘗謂余曰子負鳴世之資任道之器不可不勉余每誦公之言不覺踴躍而振奮自公別余之南都秉衡銓曹及督學關中歸皆以書來警勗余二書常在余目余顧諟恒若公立于余座右然凝神淬志努力向往有一日不能忘者實心實行實學諸語

其所以教詔師保我者甚切且至天不欲斯人有知乎則已天苟欲斯人有知乎余敢負公哉士伸于知己余生平雖未受業公之門而沐公之知之愛佩公之教者獨久自聞公之訃恨不獲臨公之穴素車白馬向墓門瀟瀟攀松楸長號天遠哲人云徂莫罄我衷聊采生芻跪西風一奠以寫千里知己之哀而已嘻欷悲哉言有盡而意無窮嗚呼公得無爲余一鑒矣乎

祭周前峯文代古冲公作

嗚呼前峯千尺之松盤根絕壑不獲匠石之顧而其下則有千歲之茯苓膏停而英蓄將出之爲世用龍淵大

阿閟於幽嶽古壤間其精光靈采未嘗一日不射于斗
牛之墟世固有奇物久而不彰者乎然則吾今于前峯
又何嗟也自古畸英雄俊得志則風雲不得志則丘壑
得志則珪璋廊廟不得志則黼黻乎六經得志則銘景
鍾摩燕然爲天子建奇功萬里外不得志則潜光巖穴
高風逸軌聲施于天下後世誦義者無窮而雖其間膠
午乖錯𢇁閡坱軋有不盡然者君子則付於其變其數
不可揣穽昔人云才高管輅位止一丞學儁崔駰官終
一宰吁古今人士又豈獨一管輅崔駰然耶以吾前峯
之軒特跡其生平所圖樹立淬厲者何如而一丞一宰

之禄尚弗克享也方其辛勤于一世艱馳于萬里垂老
獲一官甫策名仕籍遽廼徂落以死嗚呼此又何足爲
吾前峯慟耶世事淆紊天道杳冥其間得失憂喜悲娱
夭壽榮落是非禍福休咎千歧萬轍余誠有莫得而知
而余所知者吾前峯生前之行義没後之光靈卓犖倜
儻有二子之英偉則前峯之將來所以爲喬松爲龍淵
大阿膏澤靈光于世余皆莫可得究竟也而余于前峯
有交游之好夙夕之雅固非若今之世道交者昔壬子
之歲余方秉衡銓曹以擢用天下人才爲已任與圖薦
子而子廼不余待又豈意前峯遽去余而死也巳乎余

于前峯故人又何能爲情也哉古來賢哲者多坎屯而透瑣者則豐崇光顯偉人才士多夭閼而讒詭則隆肥壽耇此皆氣數之適然天地間之或往或來者無所據憑世變江河所恃者在已餘何足論悵青山之曠野惟麋鹿之奔奔我來吊子有酒盈樽白雲在天子今已矣臨穴撫宿草而悲吁嗚呼前峯聞乎不聞

代祭林小泉尚書文

偉嵩嶽之儲精兮帝特降生虖中冉握乾樞而鞏鰲極兮廼惟王而作輔羌共倕似禹之乂没兮世孰克掀掉虖璣衡曰宏父定辟有遐軌兮欷獨公蹇蹇而惠勤茎

元老柱石于三朝兮誕豈啻世縉紳于閩激篤忠貞以秉節兮其在古曰固罔遺茲壽耇般時俗偭矯矱以改錯兮爭嬛諑以詭逢般紛紛孰墮身檮觥兮孰步武虖夔龍余嘗覿公桀五馬于吳會兮喟群稱曰仁父領薇垣湞嶠之巖藩兮緬蕃戎孰不嚮風而內附斧鉞巉而幾甸兮虎豹嚇而九關世洪涊汩汩以陸沉兮公獨嶄嶄濯髮于洧盤還　聖辟之崛興而龍奮兮仰睎天孰王度之陸離秉周禮以殿邦兮公又特起而會之恢四郊之偉圖兮弼九廟之鉅典凜夏彝商鼎之錯陳兮芬奕世青宮而煒炫職鴟鳩董飭百度兮固克紹文安之

遺烈中歆憏其亦何傷兮衆嘵嘵又莫余涅𤩹喬梓搖
北斗而錚昂兮曰殷有尹陟之象賢古云公侯克復其
始兮余迄今廼益知其信然哲人元龜固時所鑒兮駟
玉虬浮雲而蹻立歲龍蛇玄化而作眚兮焉陰風霾霾
而蔽日醜直惡正洵世態兮蹇不知余之何心班維容
巖廊而坐鎮兮吾遽意公謇投老于山林釋萊公北門
之鎖鑰兮儵傳說之託星辰鞭豐隆驕日月于漭渺兮
擁雲怪炎海而焉適二老歸而召伯亡兮憫嫛緯堣直
恤兮周室夫何世臣者舊播遠兮世咸競美虖新進恍
典章汩亂以紛解兮余又恐皇輿與踔遐逖之焉騁淫哇

咬于大呂兮彼騏驎固蹷以窘步謇蘗孤白日起而晝號兮曷豺豕紛而載路時溷濁蚩蚩而爭騖兮廼老成者反弗憖遺哀民生之多艱兮吾又焉得叫靈閽而愬之憫砥柱朝野之無人兮悼邦國典刑者其何賴紛土木兵戈之震盪天寓兮余方欲起賢哲商確而無從道西河憑喬木以興感兮又焉得搴靈醑遡湘臯以抒臆撫世路鬱鬱獨懷我公兮稊旻空而號悲

墓誌

前嵐游君墓志銘

閩有儁士曰前嵐游君元者夙抱大志稟于學二十有餘年

煒有聲不苟于去就其先世業儒代居建之長平有八
世祖彌始徙居吾甌巖溪君生脩爽顴頯敦素覆父楷
正德戊寅與叔杠紆王貢京師沒君號慟不遠馳萬里
匍匐艱瘁持二喪以歸母劉氏葬弗獲其地居惶惶憂
見于容彌歲月迺獲遷祔于考楷翁側始釋間謂人曰
吾平生三十年心事遂矣游在建懋族兄弟寔繁有徒
君遘家難以一身董户役剸量綜幹不辭艱篤于孝友
君素精舉子業屢蹶于場屋而歸居輒自奮曰世奇男
子靡此途其無所見耶學有太者朝夕淬厲暇則執卷
怢向山水間嘯弄騫翔天地其有得意處則呼酒與古

人相俛仰對經史玩詠終日性不喜紛華習見世王公大人烜爀士輙避去己酉將貢京師留暴疾卒年五十三有子二人長大夏績學茂文嶷然頭角次大濩尚幼君質樸平居寡言語嘻咲不爲事物所勝世皆以遠大器望前嵐君前嵐君死諸友朋居嘗往來者無不殞涕懊恨前嵐君精于易有易義遺稿存于世嘉靖某年月日將葬其子夏來請銘銘曰

已乎前嵐何爲哉竟坎砢其身不可得者禄汝竟玉毁于璞矣不可必者壽汝竟强仕而終矣余于前嵐誠有不能知者然天道不可知吾亦安知之已乎前嵐何爲

哉太平之洋龍崗之麓鐫石幽墟瘞汝于此吁嗟後千百億年其尚有知吾前嵐者耶

隴西彭母朱恭人墓誌銘

嘉靖二十四年隴西彭母朱恭人卒越三年丁未季冬將祔兆睢龍山原男金華武義少尹君令暨弟仝以狀訊余曰令以王事蹇蹇輓運羈留都年老大獲一籌余母恭人没於家吾弟仝實周旋云令罪大弗獲時朝夕寢席湯藥飯含願夫子丐以銘爲吾母光寵天游子曰噫是可無銘按恭人徽國宋朱文公十一世孫女其考燉今翰林院博士恭人生有至性少與戸部員外郎臨

弟藩省都事陛相友愛甫笄字彭氏彭巨族代多名德
望于建大王舅舉于鄉職荆襄教事舅貴州按察司僉
事以名進士世家恭人自歸僉憲公長子野舟翁字野
舟翁爲人倜儻魁傑少業黌宮已瞱瞱有聞志瑰砢不
能堪世務居留自嘆曰大丈夫安事筆研間邪遂棄去
舉子習正德中以武功例授建寧右衛指揮使歲丙子
汀寇騷動翁獻策于轅門有奇畫當道者甚異之野舟
翁性泉石日與名山水伍躭于閒曠恭人雅相與賓於
室無違德恭人言中饋方先大夫僉憲公以民部郎出
守隰州尋擢僉憲雲貴雲貴舊百夷地荒壤冉克奉其

□鄒夫夫人以從命恭人姑吳夫人侍恭人祀
即如鄒夫人意歲時蒸嘗祀厥先籩俎醴肴必孝
丹翁卒慄弗懈即如僉憲味梅公意恭人男三人長少
尹君今有吏才次仝克厥家季即少子念也側室江氏
出恭人煦如己子余于少尹君有姻好弱女歸少
弟念亂子以旅以旅嘗余語曰恭人性和緩晚若
淵沇遺忘世味如崇古渾沌之時氣習閒居坐
數十輩牽挽羅立膝下啞啞然笑年七十餘缁
墜于禮諺有云賢者之裔與人不侔誠然誠
紉鬒坎封衆所同邪粹德中壼靜婉曷可儷

手睡龍之孱借以求綏耶蘭玉森庭

世耶於戲恭人於戲恭人

圖書在版編目（CIP）數據

福建文獻集成續編.集部.第二輯：7冊／吴格主編.--福州：福建人民出版社，2024.12.--（八閩文庫）.--ISBN 978-7-211-09689-3

Ⅰ.K295.7

中國國家版本館CIP數據核字第20254WT728號

福建文獻集成續編·集部（第二輯）

主　　編：吴　格
責任編輯：張煜傑
裝幀設計：張志偉
美術編輯：陳培亮
出版發行：福建人民出版社
電　　話：0591-87533169（發行部）
網　　址：http://www.fjpph.com
電子郵箱：fjpph7221@126.com
地　　址：福建省福州市東水路76號
郵政編碼：350001
經　　銷：福建新華發行（集團）有限責任公司
印刷裝訂：雅昌文化（集團）有限公司
地　　址：深圳市南山區深雲路19號
開　　本：787毫米×1092毫米　1/16
印　　張：248.25
版　　次：2024年12月第1版第1次印刷
書　　號：ISBN 978-7-211-09689-3
定　　價：3500.00元（全7冊）